상담 사례에 기반한

심리상담 이론과 실제 ^{제4판}

Nancy L. Murdock 지음

이은경, 이은진, 주영아, 이문희, 박찬정 옮김

Σ 시그마프레스

상담 사례에 기반한
심리상담 이론과 실제, 제4판

발행일 | 2019년 6월 20일 1쇄 발행

저　자 | Nancy L. Murdock
역　자 | 이은경, 이은진, 주영아, 이문희, 박찬정
발행인 | 강학경
발행처 | ㈜시그마프레스
디자인 | 김은경
편　집 | 류미숙

등록번호 | 제10-2642호
주소 | 서울특별시 영등포구 양평로 22길 21 선유도코오롱디지털타워 A401~402호
전자우편 | sigma@spress.co.kr
홈페이지 | http://www.sigmapress.co.kr
전화 | (02)323-4845, (02)2062-5184~8
팩스 | (02)323-4197

ISBN | 979-11-6226-197-2

Theories of Counseling and Psychotherapy
A Case Approach, 4th Edition

Authorized translation from the English language edition, entitled THEORIES OF COUNSELING AND PSYCHOTHERAPY: A CASE APPROACH, 4th Edition, 9780134240220 by MURDOCK, NANCY L., published by Pearson Education, Inc., publishing as Pearson, Copyright © 2017

＊ 책값은 책 뒤표지에 있습니다.

이 도서의 국립중앙도서관 출판예정도서목록(CIP)은 서지정보유통지원시스템 홈페이지(http://seoji.nl.go.kr)와 국가자료공동목록시스템(http://www.nl.go.kr/kolisnet)에서 이용하실 수 있습니다. (CIP제어번호 : CIP2019019732)

상담자는 내담자의 보다 나은 삶을 위해서 내담자와 발맞추어 의미 있는 상담이라는 여정을 함께 떠나게 된다. 상담자는 내담자와 함께 고군분투하면서 희로애락을 경험한다. 궁극적으로 내담자의 행복을 증진시키기 위해 상담자가 전문성을 갖추는 것은 특히 중요하다. 상담자는 내담자를 심층적으로 이해하고 수용하면서 앞으로 진행될 상담 과정에 대한 큰 그림을 가지고 있어야 한다. 그래서 상담자에게는 내담자를 조력하는 과정에서 가야 할 방향을 안내받고, 때로는 막다른 지경에 처한 듯한 막막함이 밀려올 때 든든한 힘이 되어 주는 상담이론서가 필요하다.

수십 년 동안 상담현장에서 내담자를 만나면서 또는 상담자 교육 및 수련 프로그램을 진행하면서 "상담장면에서 실질적으로 도움이 되는 상담 교재가 없을까?"라는 바람과 아쉬움이 있었다. 그런데 본서를 접하게 되면서 해답을 찾게 되었다. 상담이론의 주요 개념과 상담 과정이 알기 쉽게 구체적 설명과 함께 사례에 적용되어 제시되어 있어서 무엇보다 어렵게 다가올 수 있는 추상적인 상담 주요 개념이 생생하게 와 닿았다.

이 책은 전체가 알차게 구성되어 있다. 제1장에서는 상담이론을 어떻게 바라보고, 선택하고, 유용하게 활용할지에 대한 내용이 담겨 있다. 상담이론을 접하기 전에 준비 작업을 하게 한다. 본론은 역사적으로 주요한 상담이론과 최근 이론까지 망라한 총 15가지(정신분석, 신정신분석, 개인심리학, 인간중심치료, 실존치료, 게슈탈트 치료, 행동치료, 합리적 정서행동치료, 인지치료, 현실치료, 여성주의 치료, 가족체계 이론, 해결중심치료, 이야기치료, 마음챙김 접근)의 상담이론과 실제가 포함되어 있다. 마지막 장에는 고전 영화 '바람과 함께 사라지다'의 여주인공 스칼렛 사례를 중심으로 15가지 이론을 가지고 사례개념화를 하고 있으며, 15가지 이론을 비교 정리하면서 마무리를 짓는다. 이 책은 1장에서 마지막 장까지 조화를 이루면서 각 상담이론의 깊고도 아름다운 면모를 보여줄 뿐만 아니라 다양한 상담이론 간의 비교가 가능하다.

무엇보다 이 책은 장마다 특정 사례가 포함되어 있어서 상담이론을 직접적으로 사례에 적용하여 심층적인 이해를 할 수 있도록 하였다. 각 장의 구성은 서두에 사례가 제시되어 독자의 흥미를 유발한다. 다음 부분으로 상담이론의 배경, 기본 철학, 인간 동기, 주요 개념, 인간과 개인발달에 관한 이론, 심리적 건강과 역기능, 치료의 특성, 치료 과정 및 기법이 소개된다. 이러한 이론 부분은 앞서 제시된 사례에 적용하여 기술되기 때문에 가슴으로 이해가 되고 실제 적용하는 데 도움이 된다. 즉, 마치 각 장에서 다루는 이론을 토대로 주어진 사례의 내담자와 상담자가 실제로 상담하는 모습을 연상할 수 있다! 이뿐만 아니라 각 이론의 웹사이트 소개와 글상자에 제시되어 있는 내용은 재미를 주면서도 더 정도 깊은 공부를 하도록 도와준다. 특히 관련 동영상 자료는 쉽게 접근할 수 있는 시청각 자료로 활용할 수 있다. 또한 장마다 개인적·문화적 다양성 측면에서 이론을 평가하는데, 이는 다양성의 주제를 상담장면에서 숙고한 것이며, 소수집단에 대한 이해를 강조하는 부분은 시대의 필요에 부합한다.

상담 사례에 기반한 심리상담의 이론과 실제(*Theories of Counseling and Psychotherapy: A Case Approach*)를 읽다 보면 저자인 Nancy L. Murdock의 열정과 섬세함, 유머감각, 그리고 애정을 느낄 수 있다. 어려운 상담이론과 실제를 다채롭고 창조적인 구성으로 알기 쉽게 그러면서도 내용을 깊이 있게 다루었다는 점에서 경의를 표하고 싶다. 상담이론에 대한 심층적 이해와 주요 개념을 어떻게 적용하는지에 관한 필요를 느끼는 모든 상담자에게 이 책은 늘 곁에 두면서 자주 보는 애장서가 될 것으로 기대한다. 이 책은 초심 상담자에게는 상담에 대한 기본 토대를 다질 수 있는 기회가 될 것이며, 숙련 상담자에게는 상담에 대한 열정을 다시 돋우는 계기가 될 것이다. 또한 상담 전공생들에게는 상담이론에 대한 교재로서 이해와 적용을 가능하게 하며, 흥미와 깊이를 더해줄 것으로 기대한다.

이 책을 번역하면서 상담 전공의 선후배 선생님들과 함께 어우러져서 뜻깊은 번역 작업을 할 수 있었다. 그리고 번역된 원고를 전체적으로 다듬고 꼼꼼히 읽으면서 수정하는 힘든 일을 흔쾌히 맡아주신 이은진 박사님께 역자들을 대표하여 무한한 애정과 감사의 인사를 전한다. 마지막으로 번역서의 선택 및 완수까지 함께해 주신 ㈜시그마프레스 관계자 분들께 깊이 감사를 드린다.

2019년 4월 벚꽃이 소소하게 떨어지는 따뜻한 봄날
역자 일동

저자 서문

좋은 이론만큼 실용적인 것은 없다

– 커트 르윈

이 책의 목적

커트 르윈의 인용구는 이론의 역할과 활용에 대한 나의 철학을 잘 포착해준다. 나는 몇 년이었는지 기억이 잘 안 날 정도로 오랫동안 상담이론을 가르쳐 왔고, 스스로 이론광의 기질이 있다고 생각하고 있다. 사실 실제로 이론이 재미있다고 생각한다. 하지만 시간이 흐르는 동안 나는 적용할 줄 모르면 이론은 그다지 유용하지 않다는 것을 알게 되었다. 이론을 실용적이고 좋게 만드는 것은 다름 아닌 적용이다. 나는 학생들에게 이론에 대한 적용을 가르치기 위해 다양한 방법과 모델을 시도하며 부단히 노력해 왔다. 나에게도 어려운데, 이제 막 상담이론의 기초를 배우는 학생들에는 오죽하겠는가! 그렇기에 이 책을 쓰게 되었다. 즉, 이 책은 이론의 적용을 통해 이론의 가치를 입증하기 위한 시도이다. 이론은 내담자의 증상을 이해하는 데 활용될 때 진정으로 살아난다. 이론이 사례에 적용될 때가 이론적 접근의 제한점과 강점이 가장 선명하게 드러나는 때이다.

내담자의 증상을 이론적 구조로 이해한다는 것은 단순히 이론의 개념과 기법을 아는 것과는 다른 방식으로 이론을 이해해야만 하는 상황을 만들어낸다. 내담자의 증상을 이해하는 데 있어서 고려 중인 이론이 다른 이론보다 잘 맞지 않는 것 같으면 포기하고 싶을 때도 있다. 바로 이러한 상황이 발생할 때 배움이 일어날 가능성이 크다. 내담자들은 자신의 어려움을 이론적 용어로 제시해주지 않는다. 그들은 자신만의 언어로 이야기하며, 그들의 언어를 도움이 될 만한 방식으로 이해하는 것은 상담자의 역할이다. 즉, 상담자는 내담자의 호소문제를 이론적인 용어로 해석해야 한다. 또한 내담자들이 나를 혼란에 빠지게 할 때 바로 이론의 중요성을 깨닫는다. 그러면 자동적이고 습관적으로 반응하는 대신, 스스로에게 "방금 무슨 일이 일어났지?"라고 물을 수밖에 없게 된다. 이론은 나의 혼란스러운 상태를 진정시키고 정리해볼 수 있도록 도와준다.

이 책의 각 장에서 다양한 이론을 직접적이고 쉽게 제시하고자 노력하였다. 기존의 책과 다른 점은 각 장 시작에 제시된 내담자 사례에 대해서 각 이론의 개념과 과정을 적용해서 기술했다는 점이다. 나는 장마다 다른 내담자 사례를 소개하는 방식을 취하고 있다. 그 이유는 다음과 같다. 먼저 이론은 넓은 스펙트럼의 개인과 문화적 다양성, 그리고 다양한 괴로움에 적용될 수 있다는 것을 보여주고자 하였다. 또한 장마다 같은 사례가 반복되면 독자들이 흥미를 잃을 수 있다는 점을 고려하였다. 즉, 내용의 전문적 수준을 타협하지 않으면서도 최대한 흥미롭게 구성하고자 하였다. 하지만 다양한 이론을 같은 사례에 적용해보는 것은 흥미로우면서도 도움이 되는 활동이므로, 독자들은 이와 같이 각 이론을 의미 있는 방식으로 비교해보는 과제를 각자 해보기를 권한다.

선택한 이론

이 책에 어떤 이론을 포함해야 할지는 늘 중요한 질문이다. 어떤 이론은 당연하게 선택되고, 어떤 이론은 고민 끝에 선택한다. 심리치료 분야의 기초이며 많은 다른 체계의 발판이 된 전통적인 정신분석(정통 분석은 요새 흔하지 않을 수 있지만)을 포함하였다. 누군가 프로이트의 글만큼 사랑과 증오를 많이 받은 글을 써낸다면, 정말 중요한 무언가를 창조해낸 것이다. 다른 이론적 접근은 다음과 같은 몇 가지 기준으로 선택하였다. (a) 통용성 — 전문가들이 실제로 해당 이론을 사용하는지, (b) (설령 독자가 이론 전체를 취하지 않더라도) 상담 과정에 대한 이해에 기여할 수 있는 가능성, (c) 포괄성 — 이론이 개념적인 구조와 상담에 대한 지침, 적용 기법을 포괄하는 정도.

저자의 철학

나는 상담심리학자이며 과학자–임상가이다. 그리고 나의 이러한 전문가로서 정체성은 이 책의 구조와 내용에 영향을 주고 있다. 나는 개인의 강점에 주목하며 심리적 역기능만큼이나(혹은 보다 더) 심리적 건강을 지향하는 가치에 전념하고 있다. 나는 개인을 긍정적인 시각으로 바라보는 것을 선호하며, 이를 통해 개인적 강점과 삶의 모든 순간에 스며들어 있는 변화의 가능성을 발견한다. 개인의 결함에 주로 초점을 두는 것은 인간 정신에 대해 폐를 끼치는 것처럼 느껴진다. 따라서 나는 이 책에서 '환자(patient)' 대신 '내담자(client)'를, '장애(disability)' 대신 '역기능(dysfunction)'이라는 용어를 사용하였다. 또한 장마다 이론에서 제시하는 건강한 성격에 대한 설명을 포함하였다.

상담심리학자로서 중요한 정체성은 개인적·문화적 다양성에 대한 관심이다. 이 세상은 변화하며, 역사적으로 상담 및 심리치료는 백인, 서유럽, 남성 중심적인 수렁에 빠져 있었다는 것을 우리 모두 잘 알고 있다. 상담 및 심리치료 모델에 내재된 편견(예 : 개인주의에 대한 강조, 개인의 삶에서 사회적·문화적 영향을 과소평가함)을 인식하지 못하는 것은 무디고 비윤리적인 일이다. 각 장에서 이러한 이슈를 체계적으로 논하고자 노력하였다. 또한 사례를 제시할 때 다양한 문화적 배경의 내담자와 상담자를 선택하였다.

언어에 존재하는 성 편견의 영향에 대한 우려로 인해, 본문에서 단수 대명사를 번갈아 가며 사용하였다. 이론 장 내 대명사는 내담자와 상담자의 성별에 맞추었다. 내담자가 여성일 경우, 내담자 이슈나 이론적 논의과정에서 여성 대명사를 사용하였다. 치료자가 남성이라면, 치료자의 활동이나 과정에 대한 언급은 남성 대명사를 사용하였다. 다양하게 제시된 사례는 내담자와 상담자 역할에 각각 남성과 여성을 포함한다. 제1장과 제16장에서는 대명사를 교차하여 무작위로 사용하였다.

차례

제3장　신정신분석적 접근

 제4장　개인심리학

제5장 **인간중심치료**

 제6장 **실존치료**

 제7장 **게슈탈트 치료**

제8장 **행동치료**

 제9장 **합리적 정서행동치료**

제10장 인지치료

 제11장 현실치료

제12장 여성주의 치료

 제13장 가족체계 이론

제14장 해결중심치료

 제15장 이야기치료

제16장 마음챙김 접근

제17장 결론

CHAPTER 1

이론은 좋은 것이다

스칼렛은 중요한 관계 문제로 인해 상담실을 찾았다. 그녀가 깊이 사랑하고 있는 그녀의 남편, 레트는 그녀를 사랑하지 않는 것 같으며, 사실상 사라져 버렸다. 스칼렛은 또한 6개월 전에 죽은 6살 딸, 보니를 애도하는 중이다. 슬픔과 동시에 화가 치밀어오르며, 스칼렛은 자신의 상황에 대해서 할 수 있는 것이 없다고 느낀다. 그녀는 남편으로서 레트를 탓하는 마음이 크다. 그녀는 잘 먹지도, 자지도 못하고 있으며, 매일같이 공황발작과 기절을 반복하고 있다.

스칼렛은 농부의 맏딸이고, 두 여동생이 있다. 그녀의 아버지는 8년 전 말에서 떨어져 돌아가셨다. 아버지는 당시 술에 취해 있었다는 증거가 일부 있다. 애지중지하던 가족 농장은 침략군이 약탈해 갔고, 그녀의 어머니는 성홍열로 죽은 지 얼마 안 되었던 때다. 부유했던 가정은 이 침략으로 인해 풍파를 겪었는데, 이후 몇 년간 스칼렛과 여동생들은 근근이 생계를 유지할 수밖에 없었다. 마침내 스칼렛은 그녀만의 사업을 시작했다. 그녀는 세 번 결혼하였다. 레트는 그녀의 세 번째 남편이다.

스칼렛과 레트는 오래 알고 지낸 사이다. 레트는 스칼렛을 사랑한다고 오랫동안 주장했으나, 그녀는 다른 남자와 사랑에 빠져 있었기 때문에 응하지 않았었다. 스칼렛은 두 번째 남편을 잃은 후 레트에게 결혼을 승락하였다. 스칼렛은 레트와 자신의 관계는 서먹했지만 둘 다 보니에 대해서는 아낌없는 사랑을 주었다고 보고하였다. 결혼생활 동안 스칼렛은 레트를 사랑한다고 느끼지 않았다. 레트가 자신과 딸을 경제적으로 지원했기 때문에 용납했던 것뿐이었다.

영상 자료 1.1

스칼렛 소개하기

 https://www.youtube.com/watch?v=GQ5lCXMC4xY

6개월 전 보니는 조랑말에서 떨어져 죽음을 맞이했다. 레트와 스칼렛은 둘 다 절망하였으며, 평소와는 달리 서로에게 위로가 되었다. 고통 가운데 스칼렛은 마침내 자신이 레트를 사랑한다는 사실을 깨달았다. 하지만 레트는 스칼렛에게 화를 내고, 어둡고 안개 낀 날 사라져 버렸다. 스칼렛은 그 당시

"내일은 새로운 날이 온다."고 스스로를 다독였지만, 남겨진 상처와 분노, 보니에 대한 상실을 다루기 위해 애쓰고 있다.

여러분은 스칼렛의 상담자다. 그녀는 여러분을 바라보며, 레트가 돌아올 수 있도록 도와달라고 청한다. 여러분은 무엇을 할 것인가? 그녀는 울고, 기절하며, 공황발작을 일으키고 있다. 이러한 증상을 먼저 다룰 것인가, 아니면 (그녀가 가장 원하는 대로) 레트를 찾고 그녀의 사랑을 보여주어 그가 돌이킬 수 있도록 계획을 세울 것인가? 딸을 잃은 그녀의 슬픔은 어떻게 도울 수 있을 것인가? 그녀의 가정배경과 최근 과거력이 현재 상황에 어떠한 영향을 미치는가?

상담이론의 신중한 적용은 스칼렛을 도울 수 있는 지속적이고 일관성 있는 접근을 제공해준다. 멋대로 만든 아무런 이론을 말하는 것이 아니다. 내가 아무리 똑똑하더라도, 사람과 변화의 본질에 대한 나의 아이디어를 나열하는 것은 초심 치료자의 작업을 신뢰롭게 안내할 수 있는 체계를 만들어내지 못한다고 생각한다. 오히려 긴 시간 많은 노력과 검토를 거친 몇 가지의 이론에 주목해보는 것이 나을 것이다. 이 책에서 제시되는 이론들은 상담자로서 직업에 도움이 될 것이다. 이론을 검토하기에 앞서 몇 가지 기본적인 정의를 내리고자 한다.

이론이란 무엇인가

표면적으로 봤을 때 이론을 정의하는 것은 쉬워 보인다. 이론은 어떠한 현상을 설명하는 개념과 개념 간의 관계로 구성된다. 이론이 왜 필요한가? 매디(Maddi, 1996)에 의하면, 이론은 "이해하지 못한 어떤 것에 대한 이해를 돕기 위한 것"(p. 485)이다. 다른 식으로 언급하자면, 완벽한 세상에서 이론은 행동을 설명하고 예측할 수 있어야 한다. 상담현장에서는 또한 이론이 내담자들을 어떻게 도울 수 있을지에 대해 설명해주기를 기대한다.

여러분이 가장 관심 있는 이론은 상담 및 심리치료 이론일 것이다. 이 이론들은 내담자의 변화과정을 설명하고자 한다. 도움을 요청한 사람(내담자)을 돕기 위해 상대방(치료자)이 무엇을 할 수 있는지에 대한 처방을 제공한다. 여기에 더하여 일부 상담이론은 (심리적) 인간의 탄생, 발달적 주제, 그리고 건강한/건강하지 않은 심리적 기능을 제시한다.

심리치료는 무엇인가

이 질문을 읽는 거의 모든 사람이 이에 대한 대답을 가지고 있겠지만, 상담 및 심리치료에 대한 정의를 내리는 것이 이론과 실제의 연관성을 논의하는 데에 앞서 필요하다. 몇 가지 정의는 다음과 같다.

미국심리학회(American Psychological Association)의 17분과인 상담심리학회는 상담을 "개인적 성장을 방해하는 다양한 영역의 장해물을 극복하고 자신의 개인적 자원을 최적으로 개발할 수 있도록 돕는 것"(미국심리학회, 상담심리분과, 정의위원회, 1956, p. 283)이라고 정의하였다.

왐폴드와 이멜(Wampold & Imel, 2015)은 약간 다른 입장을 내세웠다.

심리치료는 (a) 심리적 원리에 기반하며 (b) 심리적 장애, 문제, 혹은 불만을 가진 내담자와 수련받은 치료자가 관련되어 있으며 (c) 내담자의 장애, 문제 혹은 호소하는 고통을 치유하고자 치료자가 의도한 것이며 (d) 각각의 내담자와 그(그녀)의 장애, 문제 혹은 호소하는 고통에 따라 다르게 적용되는 대인관계적 치료이다. (p. 37)

미국상담학회(ACA)는 또 다른 정의를 다음과 같이 제시한다. "상담은 개인과 가족, 집단에게 힘을 주어 정신건강, 심리적 안녕, 교육, 그리고 진로 목표를 성취할 수 있도록 돕는 전문적 관계이다." (ACA, n.d.)

어떤 정의가 가장 좋은가? 보는 바와 같이 모든 사람이 같은 정의를 내리고 있지는 않다. "개인적 성장을 방해하는 장해물 극복"과 비교하여 "내담자의 장애, 문제 혹은 호소하는 고통을 치유"한다는 언어를 사용하는 것은 어떠한 의미인가? 상담의 효과는 "정신건강, 심리적 안녕, 교육, 그리고 진로 목표 성취"에 국한되어 있는가? 이러한 철학적 차이는 이 책에서 제시된 다양한 심리치료 이론의 토대가 된다.

이 지점에서 늘 등장하는 질문은 이것이다. 상담과 심리치료는 다른 것인가? 전통적으로 심리치료는 '성격 변화'나 '깊은 작업'의 영역으로, 상담은 보다 기간이 짧고, 문제 중심적이며 훨씬 강도 낮은 작업으로 간주되었다. 현재 대부분의 사람들은 상담과 심리치료를 분간하지 않는데, 실제 활동보다는 서비스를 제공하는 개념의 차이 정도로 이해하고 있다고 볼 수 있다. 그러므로 이 책에서는 상담과 심리치료(그리고 상담자, 심리치료자, 치료자)를 혼용하였다.

영상 자료 1.2

정신분석가가 되는 수련 과정

 https://www.youtube.com/watch?v=24d-FEptYj8

이론은 과연 필요한가

상담이 무엇인지 조심스럽게 정의를 내려보았다면, 그다음 단계는 상담을 어떻게 하는 것인지를 생각하는 것이다. 지그문트 프로이트에서부터 심리치료는 이론에 기반한다는 전통이 있다. 프로이트에게는 물론 한 가지 이론밖에 없었다. 2000년대에 들어와서 우리는 500가지가 넘는 상담 접근을 찾아볼 수 있다(Kazdin, 2008). 이 상황은 혼란스러울 수 있으며, "내가 이론을 가지고 있는 걸까?" 하는 의문이 들 수 있다. 우리 모두는 "그건 이론일 뿐이야." 혹은 "이론적으로…"와 같은 말을 자주 들어왔다. 많은 사람이 이론과 현실은 별개라는 생각을 하고 있는 듯하다. 이론은 상아탑 위에 똑똑하신 학자님들께서나 관심을 갖는 것이고, 이들이 현실과 동떨어져 산다는 것은 누구나 아는 사실이다.

나는 이러한 의견에 대해 정중하게 반대한다. 나는 이론은 실제적이며 중요하다고 믿는다. 이론은 재미있다. 이론은 실제로 작동한다. 이론은 인간 삶에 필수적이다. 이론을 가지고 있지 않은 상담자는 내담자를 돕기 위해 부단히도 애쓰지만 길을 잃어버리기 쉽다.

이러한 주장은 과장되어 보일 수 있다. 이 장에서 그리고 이 책의 나머지 부분에서 이 주장, 즉 이론은 내담자와의 작업에서 중요한 역할을 한다는 주장이 어느 정도 일리가 있다는 것을 보여주고자 노력할 것이다. 조금 더 부연하자면 다음과 같다.

이론은 재미있다

이러한 언급은 과장되어 보일 수 있지만 실제로 나는 이론이 재미있다. 인간 활동을 이해하기 위한 다양한 방식을 알아가는 것은 늘 우리와 같은 '사람 관찰자'나 "저 사람은 도대체 왜 그런 거야?"라며 꼬치꼬치 참견하기 좋아하는 사람들에게는 늘 흥미로운 일이다.

이론은 실제로 작동한다

이 장에서 살펴보겠지만 주요한 상담이론은 실제로 효과가 있다. 제시된 이론은 왜 사람들이 특정한 방식으로 행동하는지, 사람을 성장시키는 데 필요한 것이 무엇인지, 바라는 방향으로 삶을 바꾸려면 어떻게 해야 하는지 등을 설명한다. 이러한 원리를 주의 깊고 비판적으로 적용하면, 심리적 증상이 감소하며 심리적 건강이 증진되는 것을 관찰할 수 있다. 더불어 좋은 심리치료는 자기이해를 도우며 궁극적으로는 행복을 이루어낼 수 있는 변화를 만들어낸다.

이론은 인간 삶에 필수적이다

이 제목은 사실 약간의 과장이 들어가 있긴 하다. 여기서 말하는 이론은 매우 일반적인 것이다. 즉, 인간은 홍수처럼 쏟아지는 정보를 조직화하지 않고서는 존재할 수 없다는 것이다. 잠시 읽는 것을 멈추고, 주변의 모든 것과 내적으로 발생하는 모든 것에 귀를 기울여 보자. 주변의 물리적 환경을 의식해보자. 이 글을 초록 잔디 위에서 읽고 있는가? 따뜻한가, 아니면 차가운가? 당신의 신체는 어떠한가? 배가 꼬르륵거리지는 않는가? 머릿속에 어떤 생각이 스쳐 지나가고 있는가?

어떤 말을 하고 싶은지 독자들은 감을 잡았을 것이다. 어떤 자극에 주의집중을 하고 어떤 자극을 배경으로 둘 것인가? 개와 말의 차이는 어떻게 구분할 것인가? 이러한 질문에 대답할 수 있는 것은 바로 이론, 즉 의미를 만들어내기 위해 정보를 조직화하는 어떤 구조이다. 이러한 구조를 도식(schema), 정보를 조직화하기 위한 인지적 구조라고 부르기도 한다. 도식은 도움이 되기도, 해가 되기도 한다는 점에서 흥미롭다. 먼저 도식은 통합된 전체로 정보를 조직할 수 있도록 도와준다('코끼리'를 생각해보고, 코끼리의 모든 속성을 나열해보자). 도식을 이미 가지고 있기 때문에 이러한 조직화는 자동적으로 일어난다. 도식 덕분에 우리는 정보를 효율적으로 처리할 수 있다. 또한 도식 덕분에 우리는 소통할 수 있다. (실재하는지 세상에 대한 합의된 해석에 불과하든지 간에) 비슷한 도식을 가지고 있기 때문에 다른 사람과 이야기를 나눌 수 있다. 도식 처리의 단점은 도식과 일치하는 정보는 재빨리 처리하는 반면 일치하지 않는 정보는 무시하거나 잊어버릴 수 있다는 점이다.

도식 이론은 상담자에게도 함의점을 갖는다. 우리의 전문적인 도식은 인간 경험, 삶, 세계, 그리고 내담자에 대한 정보를 조직화할 수 있도록 도와준다. 하지만 이론은 또한 가장 심각한 터널 비전(tunnel vision)으로 우리를 내몰아, 인식상의 편견을 만들어낼 수 있다. 이러한 위험에도 불구하고 도식 없이 정보를 처리하는 것은 거의 불가능할 것이며, 이론적인 구조나 가정 없이 내담자와 작업하는 것은 마찬가지로 불가능할 것이다. 정식 이론을 사용하는 것은 가정과 예측을 명료화하고 관찰하기 쉽게 만들어 놓는 것이라고 볼 수 있겠다.

이론 없는 상담자는 길을 잃기 쉽다

이론을 생각하지 않거나, 더 심각하게는 즉각 거부해 버리는 사람들은 어떨까? 비유를 들어보겠다. 미소리의 로타와나 호수에서 플로리다에 있는 키웨스트로 가기 위해서는 무엇을 해야 할까? 비행기를 타고 갈 수 있지만, 늘 운전해서 세븐 마일 다리를 건너보고 싶었기에 나의 차 미아타를 타고 가는 것을 택한다. 운전을 하기로 했으니 짐을 싸고 곧장 출발하면 될까? 물론 그럴 수도 있지만 나의 경우 미국 지도를 가장 먼저 펴볼 것이다.

　지도를 살펴보면서 몇 가지를 발견한다. 효율적이고, 자주 사용되는 몇 개의 주요 도로(주간고속도로)가 눈에 띈다. 풍경이 좋으나 덜 효율적인 시골길도 몇 가지 보인다. 즉, 로타와나에서 키웨스트로 가는 다양한 방법이 있다. 중요하다고 생각하는 기준(속도, 풍경 감상, 교통체증)에 따라 각각의 강점과 약점이 있다.

　이와 같이 상담이론은 상담자에게 지도와도 같다. 상담자와 내담자는 현재 위치와 목적지에 도달할 수 있는 길을 확인할 수 있다. 이론은 '좋은' 길을 안내한다. 복잡다변한 세상길에서 이론은 인간 경험에서 제시되는 수많은 정보 중에 어떠한 부분이 중요하며, 어떻게 조직화할 수 있는지를 안내한다.

　이론을 받아들이기를 거부하는 것은 지도 없이 운전하는 것과 같다. 내가 만약 가방을 싸고, 차를 타서 무작정 운전을 시작했다고 생각해보자. 키웨스트에 무사히 도착했을까? 그럴 수도 있지만 캘리포니아 혹은 보스턴에 도착했을지도 모르는 일이다.

　나는 로타와나 호수에서 남동방향으로 가야 키웨스트가 나온다는 것을 알고 있었다고 반박할 수 있을 것이다. 초심 치료자는 보통 내담자들을 대략 어떤 방향으로 이끌고 가야 하는지에 대한 감각이 있다는 점에서 일리 있는 지적이다. 하지만 이러한 느슨한 이해에 기반했을 때 몇 가지 문제가 발생할 수 있다. 모호한 아이디어에 의존하여 앞으로 나아가는 것은 실수를 동반하기 쉽다. 목적지에 도달하기까지 훨씬 오래 걸릴 수도 있고, 길을 아예 잃어버릴 수도 있다.

　위험부담을 기꺼이 즐기며, 모험적이며, 자유로운 영혼을 지닌 성격이라면 지도보다 직접 부딪혀 가며 찾아내는 것이 훨씬 흥미로울 것이라고 주장할 수 있다. 지도를 따르는 것은 흥미롭고 어쩌면 풍요로운, 미지의 장소를 탐험할 수 없게 만들어 버릴지도 모른다. 이에 대한 세 가지 대답이 있다. 먼저 지도를 사용하는 것은 '반드시' 고속도로로 가야 한다는 의미는 아니다. 지도를 사용하면서도 얼마든지 다른 길로 돌아갈 수 있다. 두 번째로, 경로를 벗어나 다른 곳에 들렀다가 갈 수도 있다. 가장 중요한 세 번째로, 이에 윤리적인 문제도 발생한다. 여러분은 혼자서 여행하는 것이 아니다. 어디로, 어떻게 운전해 갈지 알고 길을 안내하리라 믿고 있는 내담자가 여러분의 옆에 앉아 있다. 자유로운 방황이 몇몇 내담자에게는 도움이 될 수 있어도, 몇몇에게는 매우 위험한 일이 될 수 있다.

임무 : 여러분만의 지도를 찾아라

초심 치료자로 첫 내담자를 만날 때 꽤나 긴장했던 기억이 난다. 머릿속에 많은 이론이 있었지만, 나에게 안정감을 주는 특정한 하나의 이론은 없었다. 너무 많은 지도를 손에 쥔 채 어떤 것을 이용해야 할지 몰랐던 것이다.

심리치료 이론 중에 여러분의 마음에 맞는 하나의 이론을 선택하여, 그 이론을 지도 삼으라고 조언하고 싶다. 초심자로서 자신만의 이론을 개발하는 것보다 대가로부터 배우는 것이 훨씬 쉬울 것이다. 이는 하나의 이론을 맹신하는 우매한 외곬수가 되라는 것이 아니다! 내담자들마다 독특한 요구와 특성을 가지고 있어 상담자의 유연성이 필요하기 때문에, 외곬수가 되는 것은 오히려 비윤리적이다. (꽤나 타당성이 있는) 다른 접근방식이 존재하며 내담자들에게 해로울 수 있는 편견을 내재할 수 있다는 점을 염두에 둔 채, 이론은 비판적인 방식으로 적용되어야 한다. 또한 하나의 좋은 이론으로 시작하는 것이 그 이론으로 평생 살아야 한다는 의미는 아니다. 아마도 치료자로서의 진로과정에서 몇 번씩이나 이론적 지향을 바꿀 것이다. 단지 지금 제안하는 것은 어디에서 시작하고, 어떤 지도를 따를 것인지 의도적으로 선택해야 한다는 것이다. 이로써 이론을 어떻게 적용하는지 학습해감과 동시에 경험자들의 검증과정을 견뎌낸 접근에 기대고 있다는 약간의 위안을 받을 수 있을 것이다.

하나의 이론을 골라 어떠한 피드백을 받든지 간에 상관하지 않은 채 내담자들을 끈질기게 괴롭히라고 주장하는 건가요? 때로는 내가 가진 주요 이론에서 명시하고 있지 않은 다른 접근이나 기법이 도움이 될 때도 있지 않나요? 물론 그렇다. 실질적으로 나는 기술적 절충주의라고 부를 수 있는 접근을 지지한다. 하나의 이론적 구조(혹은 경험이 쌓여 갈수록 두 가지 이상의 유사한 접근을 통합시킨 것)에 바탕을 두되, 해당 이론에 부합하는 당신의 상담목표에 어떻게 도움이 되는지를 명확하게 알고 있는 상태에서 다른 이론적 기법을 사용하는 것이다.

반면 이론-널뛰기(theory-hopping), 즉 여건에 따라 언제든 벗어던질 수 있는 것으로 이론을 취급하는 것은 반대한다. 먼저 인간이 심리적·지적으로 이론을 쉽게 바꿀 수 있는 것인지 그 자체에 대해서 회의적인데, 인생에 대한 여러분의 시각과 일치하는 이론을 찾는 것이 주이론을 선택하는 과정의 중요한 일부이기 때문이다. 각 이론은 삶 자체에 대한 시각차를 지닌다. 또한 이론-널뛰기는 이론적 접근에 대한 피상적인 이해에 그치게 한다. 때로는 하나의 이론을 진정 이해하기 위해서는 버텨야 할 때가 있다.

이론적 접근의 유연성 주제에서 한 가지 매우 중요한 고려사항이 있다. 이론은 편견을 포함하고 있기 때문에, 특히 인종, 문화, 성적 지향, 젠더, 신체적 장애와 같은 부분에서 내담자에 대한 이해에 방해가 될 수 있다. 이러한 영역에서 발생할 수 있는 잠재적인 문제에 대해서 매우 민감해야 할 필요성이 있다. 여러분의 접근에 대해 내담자가 불편하게 느끼고 있음이 감지된다면, 주의 깊게 확인하라! 내담자와 슈퍼바이저, (비밀보장을 염두에 두고) 동료들과 논의하자. 내담자에게 문제가 될 수 있는 접근이라면 절대 고집하지 말자.

여러분만의 지도를 찾기 위한 도전과제를 수긍했다면 다음에 제기될 문제는 다음과 같다. 어떤 이론을 선택해야 하는가? 이 질문에 대답하기 위한 몇 가지 방식이 있는데, 그중 몇몇을 이 장에서 검토하고, 마지막 장에서 다시 이러한 복잡한 주제를 다루도록 하겠다.

이론을 활용하는 방법

이론의 문제점은 어떻게 적용할지를 모르면 사실상 별 소용이 없다는 것이다. 도움을 구하며 상담실 문을 열고 들어온 실제 내담자, 즉 '실제' 세계와 이론 간의 연결고리가 때때로 보이지 않기 때문에, 아마도 상아탑 이야기가 나오는 것이리라. 이론을 내담자에게 적용해 가면서 실제로 이론을 사용할 수 있도록 돕는 것이 이 책의 목적이다. (가족 체계 장을 제외하고는) 개인상담 및 심리치료 사례를 선정하였으며, 이론적 입장을 내담자에게 적용시키는 데에 주력하였다. 이러한 방식을 통해 적용과 정을 배울 수 있을 것이다.

윤리 : 전문적 가치와 기준의 역할

상담이론을 탐색하기에 앞서 전문가 강령에 명시되어 있는 공부해야 할 중요한 가치들이 있다. 여러분이 속해 있는 전문학회는 여러분에게 어떠한 이론을 선택해야 하는지 알려주지 않겠지만, 이론 선택 후 따라야 하는 전문 지침은 제공하고 있다. 여러분이 이 책을 읽고 있으면, 아마도 미국상담학회(American Counseling Association; ACA, 2005) 혹은 미국심리학회(American Psychological Association; 2002)의 윤리강령, 즉 합의된 윤리원칙에 관심이 있을 것이다. 다음에는 두 학회의 윤리강령 모두에 수록되어 있는 주요한 윤리 주제(강령에 따라 제목에는 차이가 있지만)를 제시하였다. 목적에 따라 본 리뷰는 매우 간략하게 제시되어 있다: 전문적 윤리에 관한 훌륭한 몇몇 저서(예 : Remley & Herlihy, 2014; Welfel, 2016)를 살펴보면서 이 주제에 대해서 따로 집중해서 공부해보길 바란다.

내담자 복지

유익과 범법행위에 대한 윤리적 원칙은 상담 전문가는 내담자의 복지에 늘 관심을 두며, 내담자에게 해가 될 수 있는 그 어떠한 행동도 하지 않아야 한다고 명시하고 있다(ACA, 2005; APA 2002). 이러한 명시는 사전 동의에서 상담 종결에 이르기까지 다양한 범위의 주제를 포함한다. 상담자의 가장 우선된 책임은 내담자에 대한 것이다! 상담은 상담자가 아닌, 내담자의 필요와 가치에 대한 것이다. 내담자의 복지를 책임지는 한 가지 방법은 다양한 형태로 나타나는 내담자의 다양성을 존중하는 것이다.

사전 동의

내담자 복지와 관련하여 사전 동의 주제는 미국상담학회(ACA)와 미국심리학회(APA) 윤리강령 모두에 등장한다. 간단하게 말하자면 심리치료에서 어떤 일이 일어날 것인지에 대해 내담자는 알 권리

글상자 1.1

이론적 모임에 참여하기

몇 해 전(상담이론 교수 경험이 얼마간 쌓인 이후), 나는 치료자들이 이론적 지향을 선택할 때 실제로 어떻게 결정하는지에 대해 관심을 가지기 시작하였다. 이 주제에 대한 흥미를 보인 몇몇의 학생들과 함께 연구를 설계하였다. 우리는 100명 이상의 치료자와 상담자, 대학원 과정 중에 있는 학생, 임상장면에서 일하고 있는 전문가를 대상으로 조사하였다. 치료자들은 각자의 이론적 지향을 보고하였고, (a) [콘(coan, 1979)의 모델에서 도출한] 몇몇 철학적 가정을 지지하는 정도, (b) 관계 통제(지배-복종)와 소속감(친밀-적대)의 차원에서 자신의 대인관계 행동에 대한 인식을 평정하였다.

응답자들의 이론적 지향은 크게 다섯 집단으로 분류되었다: 정신분석, 인지/인지-행동, 체계이론/대인관계, 인간중심, 실존/게슈탈트. 다섯 집단이 각 차원 중 어디에 주로 속해 있는지는 아래에 제시하였다.

철학적 가정

행동에 대한 강조	경험에 대한 강조
인지/인지-행동 체계이론/대인관계	정신분석 인간중심 실존/게슈탈트

요소에 대한 강조	전체에 대한 강조
정신분석 체계이론/대인관계 인지/인지-행동	인간중심 실존/게슈탈트

신체원인에 대한 강조	심리원인에 대한 강조
체계이론/대인관계 인지/인지-행동	실존/게슈탈트 정신분석 인간중심

대인관계 행동 : 대인관계적 지배성	
높음	낮음
정신분석	실존/게슈탈트 인간중심 체계이론/대인관계 인지/인지-행동

가 있다. 상담자는 내담자에게 (알아들을 수 있는 용어로) 자신의 심리치료적 접근, 내담자와 상담자의 권리와 의무, 잠재적 위험, 예상되는 이익, 상담자의 자격·상담료·청구 방법, 그리고 어쩌면 가장 중요한 (다음 절에서 더 자세하게 논의할) 비밀 보장의 한계를 알려줘야 한다(Remley & Herlihy, 2014). 대부분의 전문가들은 이러한 정보가 담겨 있는 문서에 상담자와 내담자가 서명하는 것이 옳다고 주장하며, 실제로 건강보험 간편성 및 책무성에 관한 법률(Health Insurance Portability and Accountability Act, HIPPA)은 특히 비밀 보장과 관련하여, 내담자가 서면상의 정보를 제공받아야 한다고 명시하고 있다(Remley & Herlihy, 2014).

18세 이하의 내담자와 작업하고 있다면, 상담자는 (몇 가지 예외사항을 제외하고) 이들이 법적으로 직접 치료에 대한 사전동의서를 작성할 수 없다는 점을 알고 있어야 한다. 부모 혹은 보호자의 동의가 필요하다. 하지만 아동의 나이에 따라 치료에 대한 '허락'만 받을 수도 있는데, 이는 동의서에 있는 내용을 아동이 이해할 수 있도록 설명하고 동의를 받는다는 의미이다. 어떤 상담자들은 사전동의서와 비슷한 서면 허락서를 사용하기도 한다. 어린 내담자들이 자신의 부모나 보호자에게 전달될 수 있는 내용을 이해하는 것은 특히 중요하다. 동시에 부모나 보호자를 상담의 협력자로 초대하는 것도 중요하다. 대부분의 부모는 아동의 상담자를 적극적으로 지지해준다(Welfel, 2016).

비밀 보장

상담에서 가장 중요한 주제 중 하나는 비밀 보장이다. 상담은 매우 개인적인 작업이며, 내담자가 상담에서 이야기하는 내용이 밖으로 새나가지 않는다는 점을 신뢰하는 것이 중요하다. 그러므로 내담자에게 비밀 보장의 한계를 설명하는 것은 매우 중요하다. 일반적으로 다음은 가장 명백하게 정의된 규칙이다. (a) 내담자는 상담자에게 내담자의 허락하에 정보를 공개하는 것을 동의한다, (b) 내담자가 자해나 타해의 가능성이 있는 경우 상담자는 정보를 공개해야 한다, (c) 아동에 대한 학대의 증거가 있을 경우 미국의 모든 주는 상담자가 이를 보고해야 한다고 명시하고 있으며, 노인이나 약자에 대한 학대의 증거가 있을 경우 많은 주가 이를 보고해야 한다고 명시한다. 또한 법원에서 여러분을 소환 혹은 여러분의 기록을 요청할 수도 있다.

또한 내담자가 치료자를 대상으로 소송을 걸거나, 치료자와 관계없이 진행하는 소송에서 심리적인 손해를 주장할 때 비밀 보장의 원칙이 파기될 수 있다. 주 및 연방법은 다른 예외사항을 각기 두고 있으므로, 유능하고 윤리적인 실무자가 되기 위해서는 이를 잘 알아야 할 것이다. 예를 들어 어떤 주에서는 범죄행위를 계획하고 있는 내담자의 계획을 공개하도록 법적으로 요구한다(Welfel, 2016). HIV 양성 판정을 받은 내담자와 성적인 접촉을 한 사람에게 이를 알려야 할지에 대한 것은 아직 논란 중에 있다. 이러한 규칙의 예외사항 또한 존재한다. 여러 조건으로 봤을 때 내담자가 죽음에 임박했을 때 자살을 생각하는 경우, 상담자는 이 정보를 공개하지 않아도 된다고 미국상담학회(ACA)와 미국심리학회(APA) 모두 명시하고 있다.

비밀 보장에 대한 주제는 매우 복잡하고 때때로 어렵다. 이에 대하여 더 공부하기를 바란다.

전문적 유능성

여러분은 전문적인 유능성이 구비되어 있는 실무만을 해야 한다. 이 문장은 단순한 것 같지만, 정확하게 전문적 유능성이란 무엇인가? 아마도 '내가 수련받은 것!'이라는 대답을 할 것이고, 이 대답은 정확할 것이다. 하지만 다른 윤리적 주제를 고려해봤을 때, 전문적 능력의 기준은 처음 보기보다 더 복잡하고 포괄적이다.

전문적 유능성은 여러분이 지식과 역량을 가지고 있으며, 이러한 역량을 발휘하고 내담자의 복지를 실현하는 데에 성실하다는 뜻이다(Welfel, 2016). 이는 또한 여러분이 전문적이지 않은 분야에 대해 인식하고 있다는 의미이다. 여러분은 아마도 매일 새로운 기술이나 접근에 대한 워크숍 홍보물을 받을 것이다. 한 번 워크숍에 참가하면 해당 개입을 실행할 수 있는 전문적 능력을 갖추었다는 뜻일까? 대답은 여러분이 받은 기존의 교육과 수련의 정도에 따라 '어쩌면'이다. 또한 개입이 증거-기반되어 있으며, 워크숍 강사들은 자격을 갖춘 사람들인가?

전문적 유능성의 원칙은 또한 자기-돌봄으로도 확대된다. 여러분이 소진이나 심리적 고통을 경험하고 있거나, 기타 다른 방식으로 손상되어 있으면 확실하게 전문적이지 않다(Remley & Herlihy, 2014). 손상의 신호를 미리 감지하고 이를 다루는 것은 여러분의 윤리적 책임이다.

다중 관계

예시로 시작해보자. 수지는 작은 마을에서 일하며 살고 있는 상담자이다. 5년 전 상담을 종결한 데이브가 그녀에게 데이트를 신청한다. 그녀는 어떻게 해야 할까?

대답은 수지는 윤리강령에 대해 열심히 고려하고 공부해야 한다는 것이다. APA와 ACA 둘 다 특정한 시기가 지나기 전까지(APA의 경우 2년, ACA의 경우 5년) 내담자와의 성적 관계를 금지하고 있다. 모든 윤리적 원칙은 상담자가 현재 내담자와 성적 관계를 맺는 것을 금하고 있다. 이중(혹은 다중) 관계에 대해서는 비교적 명확하다. 하지만 수지와 같은 질문이 생기거나, 성적인 관계가 아닌 다른 상호작용을 포함하고 있을 때는 더더욱 상황이 복잡해진다.

핵심적 질문 : 어떻게 결정하는가

여러분이 마땅히 공부해야 하는 선행연구를 보면 윤리적 의사결정에 대한 다양한 모델이 있다. 일반적인 수준에서 말을 한다면, 이러한 모델의 기본적 원리는 유사하다. 상황을 정의하고, 관련된 윤리원칙(과 법적인 절차 등)을 검토하고, 선행연구를 공부하고, 동료들에게 자문을 구하며, 그 이후에 결정하면 된다. 쉽지 않은가? 사실 이러한 결정은 정말로 어려울 수 있다.

한 가지 마지막 질문을 던지겠다. 친구 혹은 동료가 비윤리적으로 행동하는 것을 목격했을 때는 어떻게 할 것인가? 대부분 일단 범법자와 이야기를 나눠 비공식적으로 문제를 해결하고자 할 것이다(Welfel, 2016). 만약 비공식적인 해결방식이 실패한다면 전문기관, 자격위원회, 혹은 다른 권위자에게 고소할 수 있다. 하지만 이러한 상황에서 비밀 보장과 관련된 사안을 주의해야 할 것이다.

이 책에서 이론이 제시되어 있는 방식

이론적이며 윤리적인 과학자-임상가가 되는 것과 관련된 주제를 탐구했으니, 이제 직접 이론에 대한 내용으로 넘어갈 차례이다. 내가 선택한 주요 상담이론을 제시한 구조를 설명하면서 이 장을 마무리하겠다. (왜 이 이론들을 선택했는지 궁금하다면 '저자 서문'을 참조하라.)

사례연구

각 장은 사례연구로 시작한다. 대부분은 내가 만났던 내담자이거나, 학생들과 전문가들이 제공하여 수정한 실제 내담자 사례에 토대를 두고 있다. 식별할 가능성이 있는 내담자 정보는 변경되었다.

내담자 사례로 시작하는 이유는 단순히 이론을 읽는 것이 아니라 어떻게 적용하는지를 가르치는 데에 목적이 있기 때문이다. 설사 상아탑 위에서 개발되었다고 하더라도, 이론은 실제 땅에서 사용되어야 한다는 것이 나의 생각이다. 각 장에서 주요한 절 이후에 즉각적으로 이론을 적용하여, 이론을 어떻게 내담자에게 적용할 수 있는지를 보여줄 것이다. 장마다 다른 내담자를 사용하였는데, 이는 독자들의 지루함을 방지하기 위함이기도 하지만, 상담현장에서 마주하게 될 다양성과 복잡성을 강조하기 위해서였다.

배경

이론의 배경 정보 및 역사적 맥락, 그리고 이론적 접근에 대한 최신 정보를 찾아볼 수 있는 몇 가지 경로(주로 인터넷 주소)를 이론마다 제시하였다. 이론을 창시한 사람의 삶을 그 이론과 연관지어 보는 것이 '배경'을 읽는 가장 흥미로운 방법 중 하나이다. 많은 경우 접근의 지지자들에 대한 관련된 정보를 수록하였다.

기본 철학

이 부분에서 이론적 접근이 가정하고 있는 인간의 본성에 대한 관점을 담아내고자 노력하였다. 이론가 혹은 이론이 인간 존재를 어떠한 시각으로 바라보고 있는지를 탐색하는 것은 이론에 대한 탐색을 시작하는 데에 좋은 출발점이 될 수 있을 것이다.

인간 동기

인간 행동의 기초적인 동기에 대한 가정은 이론의 기본 입장을 매우 잘 드러내준다. 이를 명시하고 있는 이론도 있지만, 때로는 내가 이를 유추해야 하는 경우도 있었다.

주요 개념

이론적 접근을 이해하기 위해서는 해당 이론이 제시하는 핵심 개념을 이해할 필요가 있다. 이러한 개념은 심리적 건강과 역기능에 대한 이론의 관점을 반영하며, 이론에서 제시하고 있는 (제시하지 않는 이론도 있지만) 발달적 과정과 밀접한 관련이 있다.

인간과 개인발달에 관한 이론

많은 이론은 개인의 행동을 이해하는 데에 필수적인 발달적 과정을 제시한다. 이 부분에서 (몇몇은 그렇지 않지만) 만약 이론가가 제시하고 있다면 발달적 개념을 소개하였다.

심리적 건강과 역기능

내담자를 돕기 위해서는 각 이론에서 심리적 건강과 역기능을 어떻게 개념화하고 있는지를 이해해야 한다. 나는 상담심리학자이기 때문에 개인이 가진 강점에 먼저 주목하는 경향이 있다. 이론적 입장에서 건강한 사람의 특질과 특성을 강조하는 것은 내담자의 강점을 세워주는 하나의 방법이다. 내담자가 어떠한 고통 속에 있을지라도 건강하고 강인한 부분을 찾아낼 수 있을 것이다.

독자들은 내가 정신장애나 병리 등과 같은 용어 대신 역기능이라는 용어를 사용하고 있다는 점을 알아차렸을 것이다. 내가 이러한 용어를 사용하는 데는 두 가지 이유가 있다. 먼저 나는 강점 대신 '아픈' 면에 먼저 주목하는 것을 싫어한다. 두 번째, 내가 제시하고 있는 이론들은 역기능의 속성에 대해 각기 정말 다른 입장을 취한다. 어떤 이론은 스펙트럼상에서 '장애' 쪽 입장을, 또 어떤 이론은 인간 문제를 질병으로 개념화하는 의학적 모델을 단호하게 거부한다. 후자의 이론들은 역기능을 불완전한 학습, 호소하는 고통, 혹은 심지어 억압적인 환경에 대한 정상적인 반응으로 본다.

치료의 특성

이 부분에서는 몇 가지 세부항목으로 나누어 해당 접근에서 치료가 어떠한 방식으로 진행되는지를 기술하였다. 사정, 전반적인 치료 분위기, 상담기간이나 상담자의 적극적 개입의 수준과 같은 치료적 가정 등을 기술하였다. 다음으로 상담관계에 참여하는 내담자와 상담자에게 요구되는 역할을 설명하고, 마지막으로 이론에 기반한 상담 목표를 제시한다.

사정. 사정에 대한 두 가지 접근인 공식적 사정과 비공식적 사정을 기술한다. 어떤 이론은 두 가지 사정 접근 모두를 사용하고, 어떤 이론은 한 가지 사정 접근만 사용한다. 공식적 사정이란 심리검사(예 : 로르샤흐 검사)나 구조적 기법(예 : 아들러의 초기 기억)과 같은 절차가 갖추어진 과정을 의미한다. 비공식적 사정은 내담자와 이야기를 나누고, 상담회기 내에 내담자의 행동을 관찰하는 것을 의미한다.

치료적 분위기. 상담회기의 전반적인 분위기를 묘사한다. 회기의 구조, 내담자에 대한 전반적 접근, 기대되는 치료의 기간 등과 같은 주제를 다룬다.

내담자와 상담자의 역할. 많은 경우 이론은 치료자와 내담자에게 특정한 역할을 부여한다. 의사–환자 모델이 분명한 정신역동과 같이 어떤 이론들은 특성상 더 '의학적'이고, 다른 이론들은 내담자와 상담자 간의 수평적 관계를 명시한다.

상담 목표.　건강한 사람에 대한 정의에 기반하여, 안내 지도의 역할을 하는 이론은 여러분의 목적지를 설정할 수 있도록 도와준다.

치료 과정

이 부분에서는 이론과 관련된 중요한 사건, 과정, 혹은 단계를 제시한다. 때로는 저항이나 전이, 역전이(이것이 무엇인지 몰라도 괜찮다 — 다음 장에서 공부해볼 수 있다)에 대한 이론적 개념을 설명한다. 이론가들은 때로는 상담의 단계를 제시한다. 일반적으로 이론에 따라 이 부분에 제시되는 내용은 다를 것이다.

치료 기법

일반적인 소개 이후 이론과 관련된 다양한 기법을 제시한다.

개인적 · 문화적 다양성에 대한 논의

때로 이론은 편견적 요소가 담겨 있다는 비판을 받는다. 이러한 편견은 다양한 형태를 지닐 수 있으며, 윤리적인 상담자가 되기 위해서는 우리가 사용하는 접근에 문제가 있을 수 있는가를 점검해볼 필요가 있다. 대부분의 이론은 백인, 남성, 이성애자들이 개발하였다. 다양한 문화적 배경을 가진 사람들에 대한 인식 수준은 이론마다 상이하다.

CHAPTER 2

정신분석

지그문트 프로이트

바브는 47세 백인 여성이다. 두 번 이혼 경험이 있으며, 두 번째 이혼은 6년 전이었다. 바브의 최종 학력은 고등학교 졸업이며, 식료품 잡화점에서 계산원으로 일하고 있다. 바브는 빠르고 장황하게 말한다. 오랫동안 앉아 있는 것을 굉장히 어려워했고, 때때로 상담시간 동안 신체적 고통을 겪는 것처럼 보였다. 바브는 상담자와 눈맞춤 하는 것을 어려워했다.

바브는 우울하고, 감정 기복이 있으며, 갑작스러운 울음과 공황발작 때문에 찾아왔다. 그녀는 많은 신체적 질병과 불편감을 겪고 있다. 손 관절염, 반복되는 축농증, 두통, 안면마비, 신경학적 원인을 알 수 없는 현기증, 방광기능 저하, 무릎 타박상 등을 앓고 있다.

바브는 또한 스스로 인식하기에 현 남자친구에게 과도하게 의존적이며, 그 관계에서 복합적인 감정을 느낀다. 바브는 자신이 좀 더 '강한 사람'이 되면 좋겠다고 말했다. 바브는 자신이 사랑받지 못한 존재이며, 타인이 원하거나 필요로 하는 존재가 아니라고 느낀다. 바브는 "남자의 구미를 맞추는 데 질렸"지만 여전히 남자를 믿고 싶고, 그녀에게 '빠져 정신없이 사랑해줄' 누군가를 찾길 원한다고 했다.

바브는 신체적 성적 학대를 경험했다고 말했다. 그녀는 가족의 지인인 남성들로부터 5세 때 성추행을 당했다고 기억한다. 바브의 엄마는 바브가 10세 때 집을 나갔다. 바브와 어린 동생(여동생 두 명과 남동생 한 명)은 아버지와 함께 남겨졌다. 그리고 아버지는 그녀에게 10살부터 약 16살까지 지속적으로 성폭행을 자행했다.

바브는 17세에 고등학교 때 사귀던 연인과 결혼했고, 그 후 3년간 아이 두 명을 낳았다. 결혼하고 얼마 되지 않아, 남편은 결혼 전에 다른 여자랑 만났다는 것을 알려주는 편지를 바브에게 보여주었다. 그리고 남편은 결혼생활 10년 동안 지속적으로 외도를 했다. 바브는 첫 번째 남편을 '변태적인 사람'이라고 표현했는데, 이는 바브가 생각하기에 '더러운' 성적인 행동을 요구했으며 남편 자신의 성적 만족만 생각했기 때문이었다. 바브는 첫 번째 남편을 신체적, 정서적으로 폭력적인 사람이라고 설명했다. 첫 결혼생활 10년 동안 바브는 세 차례 자살시도를 했다. 첫 번째 시도에서 바브는 처방된 진통제를 과다 복용했다. 몇 달 후엔 2층 빌딩에서 뛰어내렸다. 그리고 마지막 자살 시도에서는 달리는 차에서 뛰어내렸다.

두 번째 남편은 애정이 많고, 바브를 보호하려고 하고, 따뜻하지만 말이 별로 없는 사람이라고 했다. 바브는 첫 번째 남편과 이혼하고 5년 후에 이 두 번째 남편과 결혼했다. 바브는 두 번째 남편을 믿게 되는 것이 매우 버거웠다고 말했다. 그리고 두 번째 남편과 결혼한 지 8년 후에 이 두 번째 남편도 그녀를 떠났다.

지금 바브는 50세 남성과 데이트를 하고 있다. 바브는 비록 그 남자를 안전하다고 묘사하지만, 관계에서 헌신하지 못하는 부분, 그의 반복되는 멀어졌다 매달리는 행동, 바브를 향한 신랄한 충고는 그녀를 불안하게 한다. 바브는 또한 이 유부남과의 관계가 그녀에게 이득이 된다고 생각하지 않음에도 불구하고 관계를 지속하고 있다.

바브는 10세 때 어머니가 집을 떠난 후로 어머니를 보지 못했다. 바브는 동생들과는 가끔 연락하지만 친하지 않다고 표현한다. 바브는 동생들이 그녀를 좋아하지 않는다고 말한다. 바브의 아버지는 8년 전에 재혼했고, 다른 주로 이사 갔다. 바브는 새엄마를 좋아하지 않는다고 말하며 아버지 집에 방문한 적은 없다고 했다.

배경

정신분석은 지그문트 프로이트(Sigmund Freud, 1856~1939)가 창시하였다. 프로이트는 다작가(多作家)였다. 프로이트는 (1893년부터 1938년까지) 45년간 작품을 썼고, 그의 사상은 전문가로 살았던 평생에 걸쳐 점진적으로 발전해 나갔다. 프로이트 이론에 대해 논란이 많지만 정신분석이 상담 및 심리치료에 끼친 영향은 막대하다. 프로이트 이전에 몇몇 철학자들이 무의식의 개념(Gay, 1988)을 논의했지만 아무도 무의식의 개념을 체계적으로 심리학적 작용에 적용한 사람은 없었다. 또한 프로이트와 프로이트의 동료이자 스승인 요제프 브로이어(Josef Breuer)는 심리적 역기능에 대한 '대화(talk)'라는 치료적 접근방법을 처음으로 탐색한 사람이다(Breuer & Freud, 1895/1937). 실제로 정신분석은 의심할 여지 없이 거대하고 견고한 최초의 서양 심리치료 체계이다(Safran, 2012).

지그문트 프로이트는 흥미로운 사람이다. 프로이트는 1925년 69세에 출간한 전기(S. Freud, 1925/1989a)를 비롯하여 많은 전기의 주인공이었다. 어느 전기를 읽는지에 따라서 프로이트는 좀스럽고 꼼꼼한 과학자로 묘사되거나 반대 의견은 받아들이지 않는 참을 수 없는 오만한 통제자로 표현된다. 아마도 가장 안전하게 프로이트를 바라보는 관점은 두 가지를 통합적으로 바라보는 것이다. 프로이트는 때로는 변변치 않은 겸손한 과학자였다가, 때로는 과학계에서 거부당하여 상처 입은 희생자였다가, 때로는 독단적이고 고집스러운 어조를 쓰는 절대적인 권위자처럼 보인다. 프로이트는 이따금 신경증 증세를 보이는 듯한 일 중독자(18시간에서 20시간 일하는 날들이 흔했음)로도 알려져 있다. 1890년대 후반에 프로이트는 자기분석에 착수했다. 자기분석의 내용은 꿈의 해석(*The Interpretation of Dreams*)(S. Freud, 1900/1913)을 포함한 그의 몇몇 저서에서 부분적으로 나타난다.

프로이트의 자기분석 대부분은 복잡한 가족 구성원과 관련이 있다. 프로이트는 아멜리아의 첫째 아이였다. 아멜리아는 제이콥 프로이트(프로이트의 아버지)의 두 번째 혹은 세 번째 부인이었다(심지어 이런 간단한 사실을 둘러싼 논쟁도 조금 있음). 제이콥의 첫 번째 부인이 낳은 두 아들은 프로이트 엄마(아버지 제이콥보다 20살이 어림)와 얼추 비슷한 나이였다. 그리고 첫 부인이 낳은 아들에게 는 자식이 있었는데, 즉 프로이트의 조카조차도 프로이트보다 나이가 많았다. 프로이트의 생애 초기 환경은 프로이트에게 탐색해볼 만한 흥미로운 퍼즐을 던져준 셈이고, 어떤 이들은 프로이트의 이론 이 이런 다소 일반적이지 않은 가족 구성원에 대한 고찰에서 비롯됐다고 추측한다(Gay, 1988).

지그문트 프로이트는 오스트리아 비엔나에서 생애 대부분을 보냈다. 그는 비엔나 대학에 17세에 입학했으며, 모든 이에게 귀감이 되는 학생이었다. 프로이트는 최종적으로 의학 경력을 쌓기로(과학 적인 측면에 굉장한 흥미를 지님) 결정하고, 1881년 의학 학위를 취득했다. 프로이트는 의학 실험실 에서 이미 인정받았던 그의 작업들을 계속 연구하길 원했지만, 마르타 베르나이스(Martha Bernays) 와 꿈에 그리던 결혼을 하기 위해 임상현장에서 마지못해 일을 계속했다.

1886년 9월, 프로이트는 장-마르텡 샤르코(Jean-Martin Charcot)와 공부하려고 프랑스 파리에 갔 다. 유명한 신경과 의사인 장-마르텡 샤르코는 히스테리를 연구한 사람이며, 의료 실습에서 최면치 료를 지지한 사람이었다. 샤르코는 생리학적 근거가 명백하게 없지만 신체적 증상이 나타나는 히스 테리를 연구하고 있었다. 이 병은 오로지 여성에게만 발병하는 문제로 여겨졌지만('히스테리아'라는 이름은 '돌아다니는 자궁'에서 온 말임), 샤르코는 히스테리가 남성에게도 나타난다는 것을 발견했다 (Gay, 1988). 저명한 프로이트 전기작가인 피터 게이(Peter Gay)는 "샤르코가 최면암시치료를 받도록 환자를 설득하고 히스테리로 인한 마비를 직접적인 최면 암시를 이용하여 치료하는 것을 보고, 프로 이트가 매우 놀라고 이에 감명받았다."고 말했다(1988, p. 49). 이는 히스테리라는 이해하거나 설명 하기 힘든 증상에 대한 획기적인 치료 접근이었다. 프로이트는 샤르코의 작업에 굉장히 매료되었고, 이를 차후 이론적인 토대로 사용했다.

프로이트는 파리에서 돌아왔고, 과학적인 흥미를 계속 지닌 채로 매일 임상현장에서 일했다. 프로 이트의 첫 번째 출판된 서적은 히스테리아에 관한 연구(*Studies in Hysteria*)로 요제프 브로이어와 1895년 에 공동 저술하였다(Breuer & Freud, 1895/1937). 게이(Gay, 1989)에 의하면, 프로이트는 1896년에 처음으로 정신분석(psychoanalysis)이라는 용어를 사용했다(p. xxxvi). 가장 널리 인정받고 찬사를 받은 프로이트의 책 중 하나인 꿈의 해석(*The Interpretation of Dreams*)은 1899년 출판되었다. 약간 사소한 것 일 수 있지만 이 책의 저작권 날짜가 사실 1900년이라는 건 흥미로운 사실이다(Gay, 1988).

신경증의 성적 기원과 아동의 섹슈얼리티에 대한 프로이트의 이론은 꽤 논란이 많았다. 여러분이 원한다면, [글상자 2.1]에 있는 꿈의 해석(S. Freud, 1900/1913)에서 발췌한 부분을 읽으며 정신분석 으로의 짧은 여행을 떠날 수 있다.

프로이트의 작업이 받아들여지지 않거나 관심받지 못하는 등 여러 어려움에도 불구하고, 프로이 트는 꾸준하게 추종자들을 모았다. 프로이트는 1902년 정신분석적 개념들을 토의하는 장으로 수요 심리모임(Wednesday Psychological Society)을 열었다(Gay, 1988). 몇 년간 이 모임에는 칼 융, 알프레 드 아들러 등을 비롯한 여러 사람들이 참여했다. 흥미로운 이야기들은 (프로이트 용어로) '정신분석 의 정치(politics of psychoanalysis)'에서 볼 수 있으며, 궁금하다면 이와 관련된 프로이트의 전기에서 찾아보면 된다.

프로이트는 1938년 나치가 침범하기 전까지 비엔나에 있다가, 나치 침범 이후에 런던으로 피난

꿈의 해석에서 발췌

수년 동안 나는 히스테리성 공포증, 강박적인 생각과 같은 특정한 정신병리적인 구조를 해결하는 치료적 개입에 골몰해 있었다. 나는 여기에 꽤 몰두했는데, 사실상 요제프 브로이어의 중대한 발언을 들은 이후로, 병리적인 증상이라고 여겨지는 정신병리적 구조에 직접적인 영향을 줄 수 있는 해결책과 치료법을 연구하는 데 빠져 있었다. 정신병리적인 아이디어의 기원이 되는 환자의 정신 세계 속에 있는 요소들을 추적하는 게 가능한 지점에서, 환자의 정신병리적인 아이디어가 허물어지고, 이로부터 환자의 마음이 나아진다. 다른 치료적인 노력들이 실패했다는 점, 그리고 이런 병리적인 상태가 마주하는 미스터리한 특성들은 내가 겪은 모든 어려움에도 불구하고 이 주제가 완벽하게 설명될 때까지 브로이어가 창시한 방법을 따르라고 설득하는 것처럼 보였다. 나는 언제 한 번 이런 과정에 관한 치료적 기법과 내 노력의 결과를 상세히 설명할 기회를 가져야 한다. 이런 정신분석 연구 과정에서 나는 꿈 해석(dream-interpretation)이라는 문제를 우연히 발견했다. 내 환자는 정해진 주제와 관련하여 자신에게 떠오르는 모든 아이디어와 생각을 알려주겠다는 약속을 한 후 꿈을 떠올렸다. 따라서 꿈은 아마 정신적인 연결(psychic concatenation) 속으로 끼어드는 것 같다. 이렇게 꿈이 정신적 연결 속으로 들어가는 것은 병리적인 아이디어가 환자의 기억 속으로 들어간다는 것이다. 다음 단계는 꿈, 그 자체를 증상으로 여기고 정신병리적인 증상에 효과가 있었던 해석 기법을 꿈에 적용하는 것이다.

꿈의 해석을 하기 위해서 환자는 정신적 준비를 하는 것이 필수적이다. 환자는 이중적인 노력을 해야 한다. 즉, 환자는 정신적인 지각에 주의를 기울이는 노력과 의식 표면에 올라오는 생각들에 대해 습관적으로 비판하는 태도를 없애는 노력이 필요하다. 주의를 집중하여 자기관찰을 하기 위해서 환자는 반드시 편안한 자세를 유지하고 눈을 감아야 한다. 환자는 사고-형성(thought-formations)을 하는 데 있어 스스로 생각하는 어떠한 비평도 가하지 말라는 안내를 정확하게 받아야 한다. 또한 치료자는 환자에게 성공적인 정신분석은 마음에 스치는 모든 것을 알아차리고 이야기하는 것에 달려 있으며, 주제와 관련하여 중요해 보이지 않거나 부적절하게 보이거나 말이 안 되기 때문에 아이디어를 억압하는 일은 없어야 된다고 말한다. 환자는 반드시 자신의 아이디어에 대해서 절대적으로 공평하게 존중해야 한다. 강박적인 아이디어 등에 관련하여 꿈에서 원하는 해결책을 얻지 못했다면, 이는 환자가 자신의 아이디어를 비판적으로 바라보았기 때문이다.

나는 환자가 성찰할 때 보이는 정신적인 상태와 환자 스스로가 자신의 정신적 과정을 관찰한 바가 완전히 다르다는 것을 알게 되었다. 환자가 성찰할 때는 대개 자기관찰하는 데 주의를 기울일 때보다 훨씬 더 많은 정신적 활동을 하고 있었다. 환자는 자기관찰을 할 때는 거짓 평온을 보이는 데 반해, 성찰하는 상태에서 환자는 심지어 긴장된 태도를 보였고 눈썹을 찌푸리고 있었다.

성찰과 자기관찰이라는 두 가지 경우 모두에서 환자는 주의를 집중했지만, 성찰을 하면서 자신의 비판 능력을 사용하고 있었다. 자신에게 떠오른 생각들을 알게된 후, 환자는 의식의 표면으로 올라온 몇 가지 생각을 거부하고, 또 생각들이 떠오르지 않게 차단하였다. 따라서 환자는 다른 생각들에 대해서도 전혀 의식에 떠오르지 않는 것 같은 태도로 임할 수 있다. 다시 말해서 환자의 생각들은 인지되기 전에 억압된다. 반면에 환자가 자기관찰을 할 때 비판적으로 생각했을 때는 배제되는 무한한 생각들이 환자의 의식 속으로 들어온다. 따라서 이렇게 수집된 자료들의 도움을 받아ㅡ이런 자료들은 자기관찰자에게 새로운 것임ㅡ병리적인 아이디어와 꿈-형성(dream-formations)에 대해 해석할 수 있다. 곧 알게 되겠지만 핵심은 잠들기 직전의 마음 상태, 그리고 최면 상태와 유사한 정신 상태를 유도하는 것이다. 이러한 정신 상태는 정신적인 에너지가 분산된다(주의력이 움직인다). 잠에 빠져들 때 비판하는 부분이 느슨해져서 원치 않는 아이디어가 떠오르고, 이는 우리의 아이디어 경향에 영향을 준다. 우리는 피로를 흔히 정신 상태가 느슨해지는 것으로 알고 있다. 떠오른 원치 않는 아이디어는 시각과 청각적인 심상으로 바뀐다. 이렇게 시각과 청각적 심상을 가지고 꿈과 병리적인 아이디어를 분석하려는 상황에서 이런 활동들은 의도적이고 신중하게 중단된다. 따라서 남은 정신적 에너지(혹은 이런 에너지의 일부)는 이제 표면으로 드러난 원치 않는 생각들을 추척하는 데 사용된다(잠에 빠져들게 되는 상태와는 달리). 생각은 이제 아이디어로서 정체성을 지닌다. 따라서 원치 않는 아이디어는 분석하는 데 필요한 원하는 아이디어로 바뀐다.

Freud, S.(1913). *The Interpretation of Dreams*. (3rd ed.). (A. A. Brill, Trans.). 원간본은 New York by Macmillian이 출간함.(독일어로 된 원전은 1900년에 출판됨)

을 갔다. 프로이트는 턱에 생긴 암으로 인해 죽음이 가까워지고 있었다(이는 아마 그의 악취미인 시가 담배를 피우는 것 때문일 것이다). 프로이트는 주치의에게 치사량의 모르핀을 맞고 1939년 9월 23일 생을 마감했다(Gay, 1989). 그러나 프로이트의 업적은 자신의 딸인 안나 프로이트(Anna Freud)에 의해 다시 살아났는데, 안나 프로이트와 관련된 이야기 또한 흥미롭다. 안나는 프로이트의 막내딸로 프로이트와 매우 친했다. 안나는 20대일 때 아버지 프로이트로부터 교육분석을 받았다. 안나는 의학이나 심리학 분야에서 어떤 공식적인 교육도 받지 않았지만 분석가이자 아버지의 지적 후계자가 되었다. 안나는 아버지 프로이트의 이론을 충실히 따른 옹호자이면서 동시에 아동에 대한 정신분석적 접근을 하여 그녀 스스로도 심리학계에 매우 중요한 기여를 하였다(제3장에서 안나 프로이트의 이론에 대해서 더 읽을 수 있음). 프로이트가 기꺼이 딸인 안나를 분석했다는 건 실로 주목할 만한 일이다. 이는 프로이트가 분석가를 위해 개발한 절제된 행동 규칙에서 심각하게 벗어난 일이기 때문이다. 어떤 프로이트 전기작가들은 이와 같이 프로이트가 분석 규칙을 위반한 것은 프로이트가 "분석 규칙보다는 믿을 만하고 유능한 지적인 후계자"에게 중요성을 두었다는 점을 반영하는 것이라고 했다(Sollod, Wilson, & Monte, 2009, p. 181).

프로이트의 아이디어들은 오늘날 우리가 아는 심리학과 심리치료의 실제에 토대가 되었다. 널리 알려져 있는 상담 및 심리치료 이론 대부분은 프로이트의 아이디어를 받아들여 구체화하거나 혹은 프로이트 이론에 반발하며 형성된 것이다. 정신분석은 인간 행동에 대한 시대에 뒤떨어지고 쓸모없는 이론이라는 주장이 있음에도 불구하고, 개념적으로 '전통적인' 정신분석과 변형된 형태의 정신분석 모두 오늘날에도 번성하고 있다. 프로이트 이론은 당대 획기적이었으며 현대 정신분석에 토대를 이루었기에, 이 장에서는 전통적인 정신분석 이론과 실제를 다룰 것이다. 제3장에서는 정신분석 이론의 다양한 변주를 공부할 수 있다.

미국정신분석학회(American Psychoanalytic Association)의 인터넷 주소는 www.apsa.org이고, 국제정신분석학회(International Psychoanalytical Association)의 인터넷 주소는 www.ipa.world이다. 이 두 사이트 모두 정신분석에 대한 최신 정보를 제공한다. 미국심리학회(The APA) 제39분과 정신분석분과는 미국심리학회 내에서 큰 분과 중에 하나이며, 정신분석심리학 학술지(*The Journal of Psychoanalytic Psychology*)를 후원한다.

영상 자료 2.1

지그문트 프로이트에 대한 다큐멘터리

 https://www.youtube.com/watch?v=3ySsLRwE3Lk

기본 철학

프로이트는 기본적으로 비관적인 사람이었고, 따라서 정신분석은 인간 본성에 대한 다소 어두운 관점을 드러낸다. 프로이트는 인간 본성이 내재적으로 긍정적이라는 주장을 펼치는 사람에 반대한다. 그는 "안타깝게도 역사가 우리에게 말해주는 것과 우리가 이제껏 경험한 바는 인간이 긍정적으로 타고났다고 말해주지 않는다. 그보다 인간 본성이 '선하다'는 믿음은 인간이 현실에서는 해악만 유발하지만 인간으로 하여금 삶이 아름답고 편할 것이라고 기대하도록 하는 악마의 현혹 중 하나로 보인다."(S. Freud, 1933/1964a, p. 104)고 언급했다.

프로이트는 인간 행동을 유전적으로 내재된 추동(drives)인 자기보호 본능과 성적 충동 그리고 파괴적인 본능 사이의 갈등으로 인해 초래되는 것으로 본다. 프로이트가 비록 환경적 사건과 유전적 소인을 인정하지만, 그의 관점에서 인간 행동을 이끄는 가장 강력한 힘은 성적 충동이다. 그리고 이런 성적 충동은 프로이트가 생각하기에 태생적인 것이다.

정신분석 이론에서는 인간의 성격은 6세 이전에 결정된다. 아이들은 유전적으로 결정된 발달순서에 따라 성장하는 존재로 간주되며, 정상적인 환경에서는 이런 심리발달 단계는 약 6세까지 진행된다. 그리고 이후에 심리적 발달 과정은 휴면기에 이르렀다가 사춘기에 다시 활성화된다.

프로이트가 바라본 아이들은 현대 관점에서 바라보는 아이들보다 훨씬 더 복잡하다. 프로이트는 아이들이 성적인 존재이며, 원시적인 소망을 충족하기 위해 굉장히 잔인하고 위험한 환상을 가지고 있는 존재로 믿었다(예 : 성적 본능의 충족)(S. Freud, 1940/1964b). 프로이트에 의하면 모든 정신병리는 그 기원이 생애 초기 발달에 있고, 다양한 정신내적 실체 사이의 갈등으로 인해 초래된다.

정신분석치료자 글렌다는 현재 바브의 행동이 그녀의 유전적 형질과 어린 시절 경험이 연합된 결과라는 가설을 가지고 바브와의 작업을 시작한다. 우선적으로 바브가 여성이라는 점은 프로이트에게 있어 성격 구조에 핵심적인 결정요인이다. 바브는 6세 이전에 성적 경험과 10대 때 겪은 성적 학대를 회상한다. 이 두 가지 성적 학대 트라우마는 그 자체로도 문제를 야기하기에 충분하지만, 바브가 보이는 증상의 본질은 바브의 초기 발달에서 비롯됨을 알 수 있다.

프로이트는 인간으로서 우리는 왜 그런 행동을 하는지, 즉 행동 원인을 잘 알지 못한다고 생각했다. 우리는 의식이 우리의 행동을 이끈다는 위로가 되는 신화를 더없이 행복하게 믿는다. 이에 대해 프로이트는 "사실 여러분은 포기하고 싶지 않은 여러분 안에 있는 정신적 자유의 환상을 가지고 있다."(S. Freud, 1920/1952, p. 52)고 말했다. 프로이트는 우리가 알지 못하는 힘(무의식)이 행동에 가장 강렬하게 영향을 미치는 근원이라고 주장했다. 프로이트에 의하면 무의식의 존재에 대한 증거는 일상에서 매일 일어나는 깜빡 잊어버림, 실수, '실언', 그리고 꿈에서 찾을 수 있다고 한다. 프로이트는 우리가 대개 무의미하다고 그냥 넘어가는 이런 사건들(깜빡 잊어버림, 실수, 실언 등)이 무의식적인 자료가 의식 표면으로 올라오는 것을 늘 감시하는 검열관이 방심하여 일어난 것이라고 본다. 이런 말실수의 좋은 예로, 결혼을 앞둔 새신랑이 미래 장인어른이 종교를 물었을 때 한 대답이 있다. 새신랑은 '기독교(Protestant)'라고 답하는 대신 발음이 비슷한 '매춘부(prostitute)'라고 대답했다. 프로이트는 이런 실수를 무의식적 성적 충동의 증거로 보았다. 즉, 무의식적 성적 충동이 임박한 결혼에 대한 흥분과 스트레스로 인해 의식 표면으로 드러난 것이다.

글렌다는 바브가 그녀의 증상의 진정한 기원을 미약하게나마 인식하기를 기대했다. 바브는 환경적 요소 때문에 울부짖음, 불안 발작 및 그 외의 증상이 발생했다고 보겠지만, 분석가의 입장에서는 이런 증상들이 발달 과정에서 겪은 초기 성적 경험과 그 후에 일어난 성적 학대에 대해 말하고 싶은 것을 숨기고 억압한 결과로 나타났을 것이라고 본다.

글렌다는 여러 사건에서 바브의 무의식적 기제가 작동하고 있다는 증거를 볼 수 있었다. 예를 들어 바브는 아마 '우연히' 그녀를 성폭행한 가족의 지인 이름을 말할 때 자신의 아버지 이름을 불렀다. 이런 잘못된 호명은 글렌다에게 참으로 굉장히 중요한 것이다. 바브는 또한 작업 중에 자신이 겪은 꿈들을 말했고, 글렌다는 이 꿈을 바브의 무의식적 작용을 이해하기 위해 살펴본다. 한 꿈에서 바브는 자신이 바다괴물에 붙잡혀 고문당하는 이야기를 묘사했다. 그녀는 노새를 탄 흰옷을 입은 노인에게 구출되었는데, 그러나 이 노인에게 구출되었을 때 혼란스러운 감정을 느꼈고 울음을 터트렸다.

글렌다는 이 꿈에서 바브가 성적 학대로 인한 고통을 다시 경험하고 있다는 것을 알았다. 괴물은 학대자였고, 물은 성적인 감정과 행동으로 여겨진다(너울거리는 파도를 생각해보라). 글렌다는 바브가 구조되었을 당시 느낀 혼란과 울음은 모순된 감정을 보여준다고 이해했다. 이런 모순된 감정은 (구조되었다는) 안도감과 성적 충족감을 느낄 가능성이 없다는 상실감(이는 무의식적인 것이다), 그리고 꿈에서 노인이었던 그녀의 학대자와 관련된 불안감과 공포들이다. 이 꿈에서 흥미로운 측면은 노새(생식 능력이 없는 동물)를 탄 무서운 남성이다.

인간 동기

프로이트(1940/1964b)는 인간 행동은 정신내적의 갈등으로 나타난다고 확신했다. 구체적으로 말하자면 무의식에 있는 본능적인 충동들은 의식적인 마음과 사회로부터 받아들여지지 않는 것으로 여겨진다. 따라서 정신 기구가 이런 충동들을 저지하기 위해 에너지를 가동한다. 즉, 행동은 이런 정신적인 힘들이 벌이는 전쟁에서의 타협된 결과이다.

글렌다는 바브의 현재 행동이 받아들일 수 없는 충동과 현실 사이에서 타협된 결과라는 것을 알고 있다. 바브가 현재 남자친구에게 느끼는 복합적인 감정은 아마 (a) 성적 욕구 충족에 대한 쾌락과 (b) 성적 표현에 대한 죄책감의 결과일 것이다. 이에 더해 그녀는 사회적으로 용인되기 쉽지 않은 (유부남과) 성적 관계를 맺고 있다. 또한 이러한 유부남과의 성관계는 성적 충동과 도덕적 양심의 갈등에서 비롯한다.

주요 개념

본능 이론

프로이트는 인간은 진화 과정에서 비롯된 선천적인 본능적 충동을 가진다고 가정한다. 프로이트에 의하면 이런 본능은 반드시 표현되어야 하며 그렇지 않으면 개개인은 제기능을 하지 못할 것이다[프로이트는 실제로 '병이 든다(ill)'라는 단어를 사용했다(1940/1964b, p. 150)]. 초기 저서에서 프로이트는 가장 기본적인 본능으로 에로스(Eros) 또는 삶(Life)의 본능을 확인했다. 훗날 그는 파괴적 본능을 기술하였다(흔히 타나토스 혹은 죽음 본능이라고 한다)(S. Freud. 1949/1940). 본능은 욕구 충족을 통해서 직접적으로 표현되는 것뿐만 아니라 다음과 같이 네 가지 다른 방식으로도 표현될 수 있다(Rickman, 1957, p. 77). 즉, 본능은 (a) 반대로 표현되거나, (b) 무시되거나, (c) 억압되거나(또는 무의식으로 추방된다), (d) 승화된다(또는 사회적으로 용인된 활동으로 표현된다).

삶의 본능은 자기보전(self-preservation)과 직접적으로 관련되어 있다고 여겨진다(예 : 배고픔과 번식은 개인과 종족을 유지할 수 있도록 한다). 비록 삶의 본능과 죽음의 본능을 반대로 보고 싶은 유혹을 받지만, 프로이트는 때때로 이 두 가지 본능이 하나로 융합된다고 말했다. 예를 들어 삶의 에너지 에로스는 사람으로 하여금 음식을 먹도록 하는데, 음식을 먹는 것은 음식을 파괴하면서 드러나는 파괴 본능을 허용한다(S. Freud, 1940/1964b). 어린아이가 배변훈련을 받을 때 죽음과 사랑의 본능은 가학증이라는 하나의 형태에 녹아 있는데, 이는 아이가 배변을 조절하도록 요구하는 사랑하는 양육자에게 점차 화가 나기 때문이다.

> 바브 사례에서 글렌다는 파괴 혹은 죽음의 본능이 그녀의 자살 시도에 책임이 있다고 본다. 그녀의 우울, 울부짖음, 파괴적인 시도들은 받아들일 수 없는 그녀의 성적 충동에 대한 처벌 욕구 때문에 일어난 결과로 볼 수 있다. 에로스를 둘러싼 문제들은 그녀와 남성 간의 파괴적인 관계를 불러일으킨 것처럼 보인다. 그녀는 성적 만족에 대해 금기시하지만 동시에 남성으로부터의 거부경험에 대해서는 화를 낸다.

프로이트는 타나토스보다 에로스에 대해 더 많은 이야기를 했는데, 타나토스는 프로이트 이론에 나중에 추가되었기 때문이다(S. Freud, 1923/1961a). 이러한 본능은 무의식적이고, 에로스의 경우에 리비도라고 불리는 에너지의 저장고를 지니고 있다. 심지어 프로이트는 리비도가 훨씬 더 일반적인 추동이라고 주장했지만, 리비도(libido)라는 용어는 성적 추동(sexual drive)과 점차 비슷한 개념이 되었다. 리비도는 매우 기본적인 추동으로 여겨지는데, 이는 인류의 보전을 책임지기 때문이다.

본능적인 에너지는 항상 그 에너지를 투자할 대상(대개 사람)을 찾는다. 이렇게 대상에 향하는 애착은 본능적 에너지를 방출하며 쾌락을 창조한다. 인간이 태어났을 때 리비도는 오직 자기(the self)를 향해 있는데, 이를 1차적 자기애(primary narcissism) 상태라고 한다. 그 후 다소 빠르게 자신을 보살피는 사람이 주요한 리비도의 대상이 된다. 아이는 커가면서 성인으로서 리비도를 투자할 반대 성(性)을 지닌 성숙한 사랑을 찾을 때까지 계속 다른 사람이나 대상에 삶의 에너지를 투자한다. 리비도의 여정에 대한 설명은 성적 발달 부분에서 더 다루어질 예정이다.

발달 과정에서 발생하는 문제는 그 발달단계에서 리비도의 고착으로 이어진다는 점은 주목할 만한 사항이다. 고착이 생긴다고 해서 무조건 신경증이 되는 건 아니다. 따라서 고착이 일어난 개인은 수정된 발달 경로대로 계속 간다. 그러나 훗날 트라우마 경험은 고착된 지점으로 퇴행을 일으킬 수 있으며, 퇴행이 일어나는 주된 방법은 오래된 풀리지 않은 갈등이 증상으로 드러나는 것이다.

글렌다는 바브의 리비도가 그녀의 초기발달 단계 어딘가, 아마 5~6세쯤 고착되어 있을 것이라는 가설을 세웠다. 바브는 발달단계에서 막혀 있는데, 이는 왜 그녀가 성인이 되어서 친밀한 관계를 갖기 어려워하는지 설명해준다. 글렌다는 바브가 삶에서 초기에 경험한 것들을 어느 정도는 현재 관계에서 반복할 것이라고 생각한다. 바브는 타인과 관계를 맺는 이런 미성숙한 방법으로 인해 계속 곤란에 처하게 될 것이다.

지형학적 모델 : 빙산의 예를 들어 설명

연구 초기에 프로이트는 세 가지 종류의 정신 내용을 구분하였다. 프로이트는 가장 명백한 것부터 시작하였는데, 그는 개인의 의식적인 자각을 설명하였다. 그러나 충격적이게도 프로이트는 의식적 자각이 행동의 원천이 된다는 사실을 부인하였다. 대신 프로이트는 대부분 인간의 행동이 무의식에서 비롯된다고 보았다. 따라서 우리가 일반적으로 생각하는 우리 자신의 행동을 일으키는 요소(우리의 의식적 사고)는 큰 빙산의 일각일 뿐이다. 실제 인간 행동의 동기 — 무의식 속에 존재하는 본능 — 는 휘몰아치는 바다 표면 아래 놓여 있다. 어떤 정신 내용은 의식에서 무의식으로 쉽게 이동하는데, 프로이트는 이런 자료를 전의식(the preconscious)이라고 명명했다. 프로이트는 비록 훗날 자신의 모델을 수정했지만(앞으로 나올 구조 모델을 보자) 정신 작용을 설명하기 위해 의식의 수준(levels of consciousness)이라는 전문용어를 계속해서 사용했다.

구조 모델 : 삼원구조

후기 이론에서 프로이트는 사람 마음에는 세 가지 기본적인 구조 혹은 실체가 있다고 주장했다. 프로이트는 이를 그것(It), 나(me), 그리고 내 위(over-me)에 있는 것이라고 불렀다. 더 친숙한 라틴어인 원초아(id), 자아(ego), 초자아(superego)는 이 용어가 채택된 이래로 그 뜻을 (영어로) 번역한 것을 대체하여 잘 쓰이고 있다(Karon & Widener, 1995).

원초아(id)에 대해 살펴보고자 한다면, 갓 태어난 아기를 관찰해보면 된다. 원초아는 가장 원초적인 심적 실체(psychic entities)로 본능적 충동이 거주하는 공간이다. 원초아는 즉각적인 만족을 추구한다. 아기가 배고플 때 무슨 일이 일어나는지 생각해보라 — 메시지는 '지금 먹을 것을 줘!'이다.

프로이트(1940/1964b)는 "불안에 의한 위험으로부터 살리거나 보호하려는 목적이 원초아에게 있진 않다."(p. 148)라고 언급하면서, 원초아(id)는 현실과 어떠한 실질적 접촉도 하지 않는다고 강조했다. 원초아는 전적으로 무의식적으로 쾌락 원칙(pleasure principle)에 따라 작동한다. 쾌락 원칙은 쾌락을 추구하고, 고통은 피한다는 것이다. 이런 종류의 정신적 과정은 가장 기초적이고 일차원적인 심적 활동이기에 1차 과정(primary process)이라고 부르기도 한다. 원초아의 쾌락은 본능적인 충동에 관련한 에너지를 방출하면서 본능적 충동을 만족시키는 것이다. 이런 에너지 방출 과정에서 본능적인 에너지는 사람을 포함한 대상에게 달라붙는다.

우리에게 가장 친숙한 심적 실체는 자아(ego)이다. 자아는 아이가 처한 환경에서 본능적 추동을 제지하려는 압박에 대한 반응으로, 원초아로부터 발달된다. 자아는 2차 과정(secondary process) 혹은 현실원칙(reality principle)에 따라 작동하면서 원초아의 충동을 만족하려고 애쓰는 동시에 위험에서 보호하려고 한다. 즉각적인 만족을 추구하고자 하는 본능적 충동은 그 특성 때문에 심지어는 유기체를 죽음에 이르게 하는 등 유기체에게 위험을 초래할 수 있다. 자아의 역할은 이와 같은 위험천만한 결과를 막는 일이다.

초자아(superego)는 가장 나중에 발달하는 심적 실체이다. 초자아는 부모나 다른 권위적인 인물이 내재화된 형태이다. 우리는 초자아가 우리의 양심이라는 것을 알며, 초자아는 또한 자아-이상(ego-ideal)이나 우리가 바라보는 완벽한 자아가 되도록 하는 수단이다. 프로이트(1940/1964b)는 초자아는 "자아를 관찰하고, 명령을 내리고, 판단하고, 처벌하겠다고 협박하는 등 정확하게 부모의 역할을 하는 것과 같다."(p. 205)고 주장했다.

[그림 2.1]은 니이(Nye, 1986)가 정신분석 이론에서 구조적인 모델과 기능적인 모델 사이의 관계를 그림으로 제시한 것이다. 이 그림은 세 가지 심적 실체 모두 무의식적인 부분을 지니고 있다고 강조하며, 원초아는 완전히 그리고 안전하게 무의식으로 존재한다. 자아의 부분을 주목하자. 자아의 부분에서 주로 방어와 원초아를 다루는 것과 밀접하게 관련된 심리적 과정은 무의식적이다.

바브의 자아(ego)는 현재 역기능적인 행동을 일으키는 무의식적인 힘 사이에서 고군분투하는 것처럼 보인다. 바브의 경직되고 과도한 요구를 하는 초자아(superego)는 기본적인 원초아 충동들과 전쟁을 벌이고 있다. 바브는 만족되길 원하는 성적 충동이 있지만 초자아 내면의 소리는 성관계와

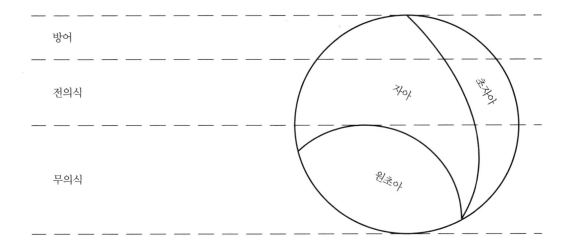

그림 2.1 성격에 대한 구조적, 지형적 모델의 통합

신체접촉은 금지되어야 하고 위험하다고 말한다. 초자아는 우울이나 울음짖음으로써 이를 통제하려고 한다. 글렌다는 이런 초자아적 처벌이 빈약한 자기개념과 극도로 엄격한 자아-이상을 초래했다고 추측한다. 바브의 원초아 충동은 만족을 얻으려는 투쟁을 하지만 이러한 충동은 사회적으로 받아들여질 수 없기에 행동을 통해서 직접적으로 표현되지 않는다. 바브의 자아는 많은 부담을 느끼지만 아직 온전하며, 따라서 바브는 상담관계에 참여할 수 있다.

억압

정신분석 이론에서 언급하는 가장 중요한 정신 과정 중에 하나는 **억압**(repression)이다. 억압은 받아들일 수 없는 정신적 자료들을 무의식에 보유하거나 무의식으로 밀어 넣는 것이다. 억압의 과정은 무의식적이며, 모든 억압은 항상 증상형성(symptom formation)을 한다. 억압은 정신 에너지를 사용하며, 트라우마 사건이 발생한 심리적 발달단계에 '갇히도록' 할 수 있다. 이를 전문용어로 **고착**(fixation)이라고 부른다. 어떤 이들은 억압을 가장 중요한 방어기제(후에 이야기할 것임) 중 하나라고 설명하지만, 프로이트는 억압을 더 일반적인 정신 과정으로 기술했다.

정신분석적 관점에서 보면 바브가 어린 시절 당한 성적 학대를 기억하고 있다는 것은 중요하다. 바브가 경험하는 증상들은 이런 성적 학대에 관련한 정서를 억압한 결과일 수 있다. 글렌다의 관점에서 볼 때 바브의 초기 성적인 경험들은 성적 본능을 과잉 충족한 것이다. 이런 과잉 충족은 성적 만족을 안전한 남성에게서 충족하겠다는 바브의 확고한 욕구를 설명해준다. 이런 욕구는 바브가 관계를 형성하려는 많은 시도에서 볼 수 있지만, 바브가 안전한 남자를 고르지 않는다는 점에서 이런 욕구가 역기능적인 특성을 띤다는 것이 명백하게 드러난다. 바브는 초기 경험들을 계속 반복하는 운명에 놓인 것처럼 보이며 이는 고착이 일어났다는 신호이다.

바브의 정신적인 과정들은 억압되었고, 이들을 떠오르게 하는 기억들은 오랜 분석을 통해서만 접근할 수 있다. 글렌다는 이런 기억들에 대해서 조심스럽게 개념화하는 과정을 진행하는데, 이는 정신분석에서는 이런 기억들이 소망 충족(wish fulfillments)일 수도 있다고 보기 때문이다. 이런 기억들은 어린 시절 성적 충동을 만족시키려는 아이들의 환상이 반영된 것이다. 즉, 성적 학대는 오직 바브의 환상 속에서 일어났을 수도 있다. 두 번째 종류의 해석은 바브가 겪은 어린 시절 성적 학대가 진짜라는 것이다. 두 가지 해석 중 어떤 것이든 바브가 남성과의 관계에서 꽤 심각한 역기능적인 모습을 보일 것이라고 글렌다는 예측한다.

상징으로서의 증상

프로이트(1920/1952)에게 증상은 심적 갈등의 상징이다. 프로이트는 초기 저서에서 증상을 항상 받아들일 수 없는 성적 충동의 표현이라고 묘사했다. "매순간 우리 분석가들은 환자의 성적인 경험과 욕구에 대한 분석을 따라가야 한다. 그리고 매순간 우리는 환자가 보이는 증상들이 (성적인 경험이나 욕구 충족과) 동일한 목적에 도움이 된다고 확신해야 한다. 이런 목적은 증상 자체로서 성적 소망이 충족된다는 것을 보여준다. 증상들은 환자의 성적 만족을 충족하는 데 도움이 된다. 이런 증상들은 현실에서 얻을 수 없는 만족을 대체한다."(p. 308)

가장 명백한 상징에 대한 예시는 임신을 소망하여 입덧으로 여겨지는 통제할 수 없는 구토를 하는 것이다(Nye, 1996). 가장 논란이 많은 프로이트 사례 중 하나는 엠마. E에 대한 사례인데, 프로이트는 이 사례에서 내담자가 반복해서 코피를 흘리는 것을 돌봄을 받고 싶은 소망으로 해석했다(Masson, 1984). 프로이트는 또한 증상은 받아들여질 수 없는 소망에 대항하여 나타난다고도 말했다. 이런 두 경우 어떤 것이든, 증상은 받아들여질 수 없는 생각이나 욕구가 의식 표면에 드러나는 것을 막으려는 시도들이다. 팔의 오직 일부만이 마비가 되는 장갑마비(glove anesthesia)는 자위행위를 방어하기 위한 방편으로 여겨졌다. 이에 더해 프로이트 이후 이론은 파괴적 추동(destructive drives)을 증상의 원천에 포함한다. 예를 들어 자살 시도는 죽음 본능이 활동하는 것을 나타낸다고 하였다.

글렌다의 관점에서 보았을 때, 바브의 증상은 성적 충동과 초기 발달단계에서의 고착으로 인해 발생한 갈등을 상징한다. 바브가 겪는 우울은 그녀의 받아들일 수 없는 성적 소망을 초자아가 처벌하고자 하는 결과이다. 바브의 공황발작은 아마 이런 성적 소망이 의식에 가까워질 때, 위험해질 때 혹은 이런 소망들이 표현되는 것이 사회적으로 받아들여지지 않을 때 발생한다. 생리학적인 바브의 증상은, 특히 신경학적인 증상은 아마 표현되지 않은 정신 추동의 표상일 것이다. 증상은 무의식적 성적 욕구를 상징할 가능성이 크다. 바브의 안면마비는 아마 금지된 키스에 대한 그녀의 소망으로 나타났을 것이다. 바브의 졸도는 아마 그녀의 아버지처럼 '그녀의 마음을 사로잡을' 남자에게 '정신을 빼앗기고 싶은' 소망이 반영되었을 것이다.

방어기제

자아는 억압뿐만 아니라 받아들일 수 없는 소망이 자각으로 올라오는 것을 막는 여러 다른 방법을 가지고 있다. 이런 전략들은 소위 방어기제(defense mechanisms)라고 불린다(Hall, 1954). 앞서 말했듯이 억압은 방어기제 중 하나이다. 방어기제는 무의식의 내용이 의식으로 뚫고 나오려고 하는 불안 신호가 나타날 때 촉발된다. 방어기제는 무의식적 내용이 현실에 드러나지 않게 하고, 자아의 기능을 간섭하거나 개인의 안전을 위협하지 않게 하기 위해서 현실을 왜곡한다.

방어기제는 굉장히 명백하게 작동해야만 방어기제라는 것을 인식할 수 있다. 이렇게 명백하게 방어기제가 작동할 경우, 개인이 사건을 인식하는 방식이나 사건에 대한 반응 양식이 굉장히 독특하게 보인다. 프로이트는 심지어 상대적으로 건강한 방어기제일지라도, 방어기제는 본능적인 충동에 붙은 에너지의 일부만을 방출할 수 있다고 경고했다. 예를 들어 사회적으로 용인된 라켓볼 게임을 하면서 공격성을 변형해도 본능적인 추동은 완전히 충족될 수 없다.

어느 자료에서 정보를 얻는지에 따라서 방어기제의 목록은 달라질 수 있으며, 프로이트는 한 자료에 방어기제의 목록을 열거한 적이 한 번도 없다. 이전에 설명했듯 억압은 심리적 방어기제의 초석이다. 다른 방어기제들에 대한 간략한 설명은 다음과 같다.

동일시(identification)는 한 사람의 특질이 다른 사람의 성격 구조로 들어갈 때 발생한다(Hall, 1954). 남성의 경우 이런 동일시의 과정은 오이디푸스 콤플렉스를 해결하는 데 있어서 중요하다(후에 다루어짐). 그러나 이런 동일시는 타인에 의해 위협을 받을 때에도 일어난다. 이러한 이유로 동일시는 때때로 공격자와의 동일시(identification with the aggressor)라고 불리기도 한다. 물론 긍정적인 정서를 통한 동일시도 가능하다.

전치(displacement)는 원래 표적 대상에서 방향을 바꿔 보다 덜 위험한 다른 대상에게 불편한 충동이 일어날 때 발생한다. 대표적인 전치의 예는 상사에게 화가 난 남성이 상사에게 공격성을 표현하는 게 아니라 집에 와서 자신의 부인, 자녀, 반려견이나 물고기에게 고함을 치는 것이다.

투사(projection)는 받아들일 수 없는 소망을 외적으로 돌리는 것이다. 예를 들어서 편집증적인 사람은 타인이 의도적으로 자기를 못되게 대한다고 인지하면서 자신의 본능적인 격노를 외현화한다. 이런 전략은 자신이 지닌 공격성을 외부세계에 두면서 공격적 추동에 따른 불안을 감소시킨다. 어떤 경우에 한 사람의 공격적인 투사는 타인에게 화를 불러일으키며, 그렇게 함으로써 본능적인 만족감이 어느 정도 성취된다.

반동형성(reaction formation)은 받아들일 수 없는 충동이 정반대의 형태로 나타날 때 발생한다. 강렬한 분노는 사랑으로 변형되고, 성적 욕구는 증오로 나타난다. 예를 들어 부모의 사랑을 독차지하려는 남매의 경쟁 의식에서 비롯한 여동생에 대한 분노는 과도하게 세심한 사랑의 형태로 탈바꿈할 수 있다.

승화(sublimation)는 가장 건강한 방어기제 중 하나로 여겨지는데, 받아들일 수 없는 충동을 사회적으로 수용 가능한 활동으로 바꾸는 것이다. 예를 들어 프로이트는 예술가들이 자신의 리비도를 창조적인 작품으로 승화한다고 생각했다. 축구선수들은 공격적 추동을 승화시킬 것이다. 매디(Maddi, 1996)에 의하면 사회적으로 용인되는 이에게 사랑을 표출하는 것은 근친상간의 소망을 숨기는 표현이기에 다른 형태의 승화라고 말했다(p. 39).

퇴행(regression)은 위협을 느낀 사람이 자신이 고착되었던 이전의 발달단계로 후퇴할 때 나타난다. 현재 상황에서 중압감이 너무 심하고, 현재의 방어기제와 자아기능이 이런 스트레스를 감당할 수 없을 때, 어린 시절에 삶을 살아갔던 방식으로 되돌아간다. 학령기 아동이 부모님께 거짓말을 해서 혼날 때 자신의 엄지손가락을 빨며 심적인 안정을 얻거나 몸을 동그랗게 오므려 태아 자세를 취한다.

바브는 그녀의 삶에서 성적인 이슈와 관련된 몇 가지 방어기제를 사용하는 것 같다. 바브는 아버지에 대한 성적 욕구와 그녀를 거부하는 남성에 대한 화와 분노를 억압해왔다. 바브는 위협적인 감정들을 다루는 데 있어서 아마 반동형성을 사용했을 것인데, 이는 바브가 지속적으로 친밀한 관계에 가치를 두고 친밀한 관계를 추구하기 때문이다. 그러나 바브는 고착으로 인한 불행한 운명에 놓여 있는데, 이런 고착은 바브가 과거의 패턴을 반복하도록 할 것이다 — 이는 결국 자신을 학대하고 버릴 남성을 찾는 패턴을 말한다. 바브는 남성과 관계 갈등을 겪을 때, 상대에게 수동적으로 대응하고 거리를 두며 아마 어린 시절에 삶을 살아갔던 방식으로 퇴행할 것이다. 동생들이 그녀를 좋아하지 않는다는 바브의 신념은 부모의 관심을 빼앗는 동생들에 대한 바브의 적대감이 투사된 것일 수 있다.

인간과 개인발달에 관한 이론

프로이트는 주로 성적 발달에 초점을 둔 초기 인간발달에 관한 복잡한 이론을 제시했다. 당시 빅토리아 시대에 충격을 안기며, 프로이트는 인간이 선천적으로 성적인 창조물이며 심지어 유아와 어린이도 성적 충동이 있다고 주장했다. 프로이트는 더 나아가 인간은 선천적으로 양성애자이며, 성정체성은 남성다움이나 여성다움을 향하고자 하는 내재적인 경향성에 의하거나 주요한 발달적인 위기를 극복하는 방식에 따라 결정된다고 했다(후에 제시되는 오이디푸스 콤플렉스와 관련한 논의를 참조하자).

정신분석 이론에 의하면 인간은 일련의 성적발달 단계들을 거치는데, 이 단계는 인간의 출생에서부터 시작되어 사춘기에 성숙된 성정체성을 확립하면서 끝난다. 심리성적 단계는 여러 신체 부위(성감대)에서의 성적 추동의 만족에 의해 확인할 수 있다(S. Freud, 1933/1964a). 과도한 성적 추동의 만족 또는 성적 추동의 만족 결핍으로 인해 특정 발달단계에 너무 많은 리비도가 투여될 수 있다(고착이 일어남). 그 결과 이후 발달단계를 다루는 데 어려움을 겪을 수 있다. 고착은 강도에 따라 다양하다. 우리는 모두 약한 강도의 고착을 가지고 있지만, 굉장히 큰 에너지가 한 발달단계에 달라붙게 된다면, 이는 아마 차후 삶에서 문제가 생길 수 있다.

첫 번째 성감대는 입이다. 따라서 첫 번째 심리성적 발달단계는 구강기(oral stage)라고 불린다. 유아(혹은 작은 원초아)는 처음으로 엄마의 가슴을 빨면서 영양분을 얻는다. 이렇게 젖을 먹으며 영양분을 섭취하면서 자기보전(self-preservation) 본능을 충족한다. 이런 자기보전 충족감은 재빠르게 이루어지며, 프로이트는 아이가 엄마의 젖꼭지를 빠는 것이 성적인 욕구를 충족시켜준다고 보았다. 여러분이 본 고무 젖꼭지, 엄지손가락을 비롯한 여러 물건을 빠는 모든 아이들을 생각해보자. 구강기는 대략 태어나서부터 1년간 지속된다.

구강기에 일어나는 약한 강도의 고착은 손가락 뜯기, 담배 피우기, 과식 같은 구강활동으로 나타난다. 더욱 심하게 고착되면 구강기 성격을 초래할 수 있다(Maddi, 1996). 매디는 이런 구강기 성격을 구강 공격적 성격과 구강 수용적 성격으로 나누어 설명했다.

두 번째 발달단계는 항문기(anal stage)이다. 이때의 충족감은 배설 기능을 통해 얻어진다. 프로이트는 이 단계에서 리비도 추동과 파괴적인 충동이 함께 녹아 가학증을 창조하기 때문에 이 단계를 가학적이라고 특징지었다. 초기에 유아는 자신의 배설물, 특히 변에 가치를 두고 자신이 소중하게 생각하는 사람에게 이를 '선물'로 준다(S. Freud, 1920/1952). 어릴 적 배설물에 관해 취하는 태도의 예로 내 조카 중 한 명은 자신의 배설물을 병에 담아 부모가 발견할 수 있도록 냉장고에 넣어두었다.

항문기 후기에 이르면, 아이는 언제 어디서 즐거운 충동을 만족시킬 수 있는지에 대한 교육이 시작되면서, 생애 처음으로 환경과 갈등을 겪는 상황을 마주한다. 즉, 정신분석 이론에 따르면 소변과 대변을 특정한 시간에 볼 수 있도록 하는 배변훈련은 차후 성격 형성에 지대한 영향을 줄 수 있다. 혹독한 배변훈련은 인색하고, 질서정연하고, 정확한 사람(항문 보유 성격)으로 만드는 데 일조할 수 있는 반면 지나친 허용은 지나치게 관대하고, 너저분하고, 애매한 사람이 되도록 기여할 수 있다(항문 배설 성격)(Maddi, 1996).

정신분석 이론에 의하면 인간의 가장 중요한 심리성적 발달단계는 4세에서 6세 사이에 일어나며 이 단계는 남근기(phallics stage)로 알려져 있다. 성적 만족의 초점이 점차 성기가 되어 가며, 어린 남자아이와 여자아이들은 남녀 신체의 차이점을 알아차리기 시작한다. 아이들은 이 연령 이전에도 성적으로 호기심이 있었다. 특히 아기의 기원에 대한 호기심이 있는데, 아이들은 아기가 항문에서부터 나왔다고 결론을 내렸다. 그러나 프로이트에 의하면 아이들은 점차 지식을 쌓으면서 무슨 일이 일어나는지 의심하기 시작하고, 남자와 여자아이 모두 자신의 관심을 성기에 돌린다. 이 지점까지 아이들은 남녀 성별 모두 성기가 있다고 받아들인다. 그러나 생식기 주변에서 얻는 충족감에 눈을 뜨면서, 남아만 성기가 있고 여아는 성기가 없다는 게 점차 확실해진다. 이런 자각은 여아나 성인 여성의 성기를 우연히 보게 되면서 올 수도 있지만, 부모나 다른 일반 성인들이 성관계를 맺는 것을 보고 생긴 트라우마를 통해 알 수도 있다. 어느 경우에든 남성과 여성의 생식기가 다르다는 것을 발견한 것은 중요하다. 이 지점에서 남아와 여아의 발달 과정이 급격하게 다른 추이로 전개된다.

남아들이 자위를 시작하면서 주요 애정 대상인 엄마(구강기에서 형성된 애착)와 무언가를 하는 환상을 갖는다. 이 지점에서 남자아이는 오이디푸스 콤플렉스(Oedipus complex)에 들어선다. 오이디푸스 콤플렉스는 자신의 아버지인지도 모르고 아버지를 죽이고 자신의 어머니와 결혼한 그리스 신화 주인공에게서 이름을 따왔다. 그러나 남자아이는 점차 여자아이가 성기가 없다는 것을 알게 되며, 성기가 없어지는 상황이 자신에게 일어나지 않을까 걱정하기 시작한다. 또한 남자아이는 자위를 할 때 어른들이 이전에 했던 경고들을 기억한다. 어른들은 그 문제가 되는 요소(성기를 일컬음)를 잘라버린다고 협박했다. 그 결과 남성 발달에 있어 강력하게 영향을 끼치는 **거세불안**(castration anxiety)이 발생한다. 남자아이는 어머니의 관심을 놓고 경쟁하는 아버지가 어머니에 대한 자신의 근친상간 욕구를 발견하고 거세라는 궁극적인 복수를 택할 것을 두려워한다. 결국엔 세상에 많은 사람들이 성기가 없을 것이다. 따라서 겁먹은 소년은 어머니를 향한 자신의 욕구를 억압한다. 프로이트(1933/1964a)는 대부분의 경우 오이디푸스 콤플렉스가 '끝이 난다'고 말했다(p. 92). 이런 과정의 결과로 남자아이는 아버지와의 동일시(공격자와의 동일시)를 통해 발달한 초자아가 처음으로 나타나게 된다. 남자아이의 경우 아버지와의 동일시는 어머니로부터의 애착 손실을 보상해주면서 위협적인 아버지로부터 보호해준다.

프로이트에게 있어 여성의 발달은 훨씬 더 복잡했다. 프로이트는 여성의 발달이라는 주제로 강연을 했다. 그 강연에서 "심리학 역시 여성에 대한 수수께끼를 풀 수 없다."고 인정하였다(S. Freud, 1933/1964a, p.116). 소년처럼 소녀도 엄마와 초기 애착을 형성한다. 그러나 여성으로 자라나면서 어머니에게 보이던 애착을 거두고 아버지에게 애착을 보인다. 하지만 이러한 중요한 두 번째 애착(아버지에 대한 애착)을 반드시 포기해야 하는 것처럼 보인다. 프로이트는 여자아이의 초기 발달단계는 사실상 남성적인 성향을 띠며, 이는 음핵이 남근과 유사하게 즐거움의 원천이라는 것을 발견할 때 정점을 찍는다고 주장했다. 그러나 여자아이는 곧 자신이 진짜 성기를 가지고 있지 않다는 것을 발견한다. 이런 자각은 프로이트가 종종 **엘렉트라 콤플렉스**(Electra complex)(Sollod et al., 2009)라고 불렀던 여성 형태의 오이디푸스 콤플렉스가 시작되도록 한다. 그러나 오이디푸스 콤플렉스는 일반적으로 남성과 여성의 발달 모두를 지칭하는 데 사용된다. 여자아이에게 있어 주요한 문제는 남근

선망(penis envy)이다. 프로이트는 남근선망이 절대로 해결되지 않는다고 생각했다. 사실상 프로이트 (1933/1964a)는 해결되지 않는 남근선망으로 인해 여성이 동성애와 '남성적'인 직업을 추구하게 된다고 여겼다. 여성동성애와 남성적인 직업 추구의 발달과정은 비정상적으로 여겨지며, 이는 여성이 남근을 지속적으로 추구한다는 것을 나타낸다.

여자아이의 경우 자신이 소망하는 남근을 얻으려는 방법으로 아버지와 성적인 애착을 추구하면서 시작된다. 여자아이는 점차 어머니에게 적대적으로 변하고, 자신에게 남근이 없는 것에 대해 어머니를 탓한다. 그러나 아버지의 남근을 소망하는 것은 좌절되고, 따라서 소망은 자신의 아버지로부터 '남근을 지닌 아기'를 갖는 것으로 변형된다. 불행히 여자아이는 남자아이에게는 있는 오이디푸스 콤플렉스를 해결시키는 압력인 거세불안이 존재하지 않으며, 따라서 여자아이는 만약 오이디푸스 콤플렉스를 모두 해결할 수 있다 하더라도, 이런 해결 과정은 남자아이보다 훨씬 더 천천히 일어난다. 따라서 여자아이들은 자신의 초자아 발달에 한계가 있고 한평생 질투와 시기하는 경향이 있다. 음핵은 현실적인 남근을 대체할 수 없기에 여자아이는 열등감을 느낀다. 여성은 지속적으로 자신의 남근을 찾으려고 하며, 남자아이를 임신하면서 남근 하나를 발견한다. 프로이트(1933/1964a)는 "엄마는 자신의 혈육인 아들과의 관계를 통해서만 오직 무제한의 충족감을 느낄 수 있다. 이러한 엄마와 아들 간의 관계는 전적으로 거의 완벽하며, 모든 인간관계에서 느끼는 양가 감정이 가장 없는 상태이다."(p. 133)라고 말했다. 엄마와 딸 관계는 딸이 엄마를 자식을 출산한 사람으로 재인식하지 않는 한 양가적이거나 적대적으로 남는다.

대개 남근기 후에는 성적인 활동이 없는 잠재기(latency)로 진입한다. 성적인 충동은 억압되어 있다. 그러나 프로이트(1924/1989b)는 이 시기에 가끔 어떠한 성(sexuality)에 대한 명백한 신호가 나타나거나, 어떤 사람들은 이런 잠재 기간 내내 성적인 활동을 보인다며 주의를 당부했다. 요컨대 핵심은 잠재기 동안 성적 충동이 완전히 억압되는 것은 아니고, 사람마다 나타나는 성적 행동이 다양할 수 있다.

프로이트에 의하면 성숙한 성(性)은 사춘기 때 접어드는 성기기(genital stage)에 발달한다. 이 기간에 성적 본능은 생식기능과 통합된다. 초기 발달단계에 있는 여러 다른 성감대 중 하나에서 과도한 쾌락을 느끼면 성기기 동안에 일어나는 성숙한 성(性)에 도달하는 과정을 잘 거치지 못할 수 있다. 그러면 애무 과정에 너무 몰두해서 삽입에서 해를 입을 수도 있고, 따라서 성관계를 통해 재생산한다는 기능을 충족시키지 못할 수 있다(S. Freud, 1924/1989b).

글렌다는 바브에게 풀리지 않은 오이디푸스 이슈가 있을 것이라고 확신했다. 먼저 생애 초기 성적 학대를 의심해 보는 것은 중요하다. 그녀가 정말로 학대를 당했는지 혹은 이런 기억이 오이디푸스적인 특성을 지닌 소망을 충족하려는 건지 명확하지 않다. 프로이트 관점에서 보았을 때, 이 두 경우 모두 발달 과정은 비슷하다. 학대가 사실이라면 오이디푸스 콤플렉스의 상징적인 충족은 바브를 오이디푸스 기간에 강하게 고착시켰을 것이다. 이런 고착으로 인해 그녀는 지속적으로 아버지를 사랑의 대상으로 찾았다. 바브는 '가족의 지인에게' 당한 학대를 통해 상징적으로 아버지를 얻었다. 이런 초기 학대 이후에 아버지는 (최소한 그녀가 청소년이 되기 전까지는) 그녀를 버렸으나 고착은 해소되지 않았고, 이런 고착은 믿을 수 없는 아버지를 다시 경험하도록 했다. 바브는 신뢰할 수 없는 첫 번째 남편을 선택하고, 이 남자를 믿을 수 없다고 여기면서 이런 아버지와의 관계를 재현했다. 아버지를 상징적으로 성취하면서 어머니에 대한 증오가 또한 커졌고, 이는 아마 바브가 다른 여성과의 적대적인 관계를 갖도록 했을 것이다.

성적 학대가 오이디푸스적인 소망을 충족시키는 것이었다면, 아버지를 실질적인 학대자로 상정 하는 것은 사회적인 맥락에서 받아들여지지 않기에 '가족의 지인'으로 변형되었다. 바브의 성학대 기억은 바브에게 억압이 완전히 일어나지 않았다는 것을 보여주는데, 이는 바브의 심리적 시스템 이 과부화 걸렸다는 신호이다. 두 가지 중에 어떤 경우든 바브는 오이디푸스 콤플렉스를 해결하지 못한 채로 이 단계를 지나쳤다. 바브가 10대 때 경험했던 성적 학대는 바브의 오이디푸스 고착을 강화시켰고, 남성에 대한 상반된 감정으로 그녀를 괴롭게 했다.

바브는 자신의 현재 남자친구와 관련하여 남자와의 오이디푸스 관계에서 양가적인 감정을 설명 한다. 바브는 남자에게 너무 의존적이 될까 봐 걱정하면서도, 남자가 자기에게 푹 빠지길 원한다. 글렌다는 이런 모순적인 충동을 바브가 해소하지 못한 심리적인 갈등이 있고 여성의 역할에 대한 동일시를 완전히 하지 못했다는 증거로 보았다.

심리적 건강과 역기능

건강한 사람은 사랑과 일을 할 수 있다. 건강한 사람은 최소한의 억압을 한다. 왜냐하면 그들은 주로 오이디푸스 콤플렉스를 해결하였고 그 단계에 덜 고착되어서 무의식적 내용이 덜 남아 있기 때문이 다. 따라서 정신분석의 목적은 무의식의 내용을 의식으로 끌어올리는 것이다. 즉, 개인의 억압을 줄 이는 것을 의미한다. 정신분석을 성공적으로 마친 개인은 무의식적 갈등을 의식의 표면으로 드러내 어, 무의식의 내용을 현재 행동이나 증상의 원인으로 인지하며 무의식적 갈등을 차근차근 해결할 수 있는 사람이다. 원초아나 초자아는 결코 완전히 없앨 수 없다. 따라서 삶이라는 것은 외부적 환경(현 실)의 요구에 맞춰 원초아와 초자아를 다루려는 자아(ego)의 노력이라고 보는 게 아마 중요할 것이 다. 실제로 정신분석 이론의 해석에 의하면, 건강한 사람은 가장 건강한 방어기제를 사용하는 사람 이다(Maddi, 1996).

역기능적인 사람은 특히 오이디푸스적 본질에서 해결되지 않은 무의식적 갈등을 갖고 있다. 프로 이트(1917/1963)는 모든 병리는 6세경에 시작되며, 심리성적 발달단계를 성공적으로 해결하지 못 했기에 발생했다고 주장하였다. 프로이트는 "신경증 환자의 어린 시절에 계속해서 반복적으로 되풀 이되는 경험 중에는 몇 가지 중요한 것들이 있다…. 즉, 신경증 환자들은 어릴 때 부모의 성교 장면 을 목격하거나 성인 어른의 성적인 유혹을 당하거나 거세 위협을 느낀다."(pp. 368-369)고 언급했 다. 성인의 역기능적인 행동은 풀리지 않은 갈등으로 인한 고착에다가 활성화된 트라우마 경험이 더 해져서 초래된다. 성인 트라우마는 어린 시절 고착을 재활성화시키고 증상을 발생시킨다(S. Freud, 1920/1952).

다양한 심리적 역기능에 관해 정신분석적으로 이해하려는 논의를 하기 전에, 프로이트가 진행한 대부분의 작업은 매우 좁은 범위의 내담자들을 통해 이뤄졌다는 점을 유념해 두어야 한다. 프로이트의 내담자 대부분은 신경증 환자였다. 그때 용어로 빌려 말하자면, 히스테리 혹은 강박 신경증으로 고통을 겪는 내담자였다. 오늘날 이런 역기능은 전환장애와 강박장애 혹은 강박성 성격장애라고 불린다. 프로이트는 다른 종류의 역기능에 대해서는 자세하게 논의하지 않았다.

불안(anxiety)은 심리적 역기능의 토대를 형성한다. 그리고 프로이트(1933/1964a)는 세 유형의 불안이 있다는 것을 확인했다. 즉 현실적 불안, 신경증적 불안, 도덕적 불안이다. 현실적 불안은 유기체가 처한 실질적 위험에 대한 적절한 감정적인 반응이다. 출생불안(birth anxiety)은 최초의 현실적인 불안이다. 신경증적 불안은 리비도에 대한 공포이다. 이는 현실적인 불안에 기반을 두는데, 왜냐하면 리비도적 추동이 표현되면 유기체에 대한 위협이 초래될 수 있기 때문이다. 도덕적 불안은 처벌적인 초자아에 대한 공포이다. 세 유형의 불안에 대한 반응은 본질면에서 동일하나, 도덕적 불안과 신경증적인 불안은 외적인 위협보다는 내적인 위험에 대한 반응이다.

프로이트 작업에서는 신경증적 불안을 가장 중요하게 다루었으며, 이런 신경증적 불안은 본능적인 충동이 의식에 가까이 다가올 때 발생한다. 자아는 원초아의 욕구가 충족된다면 야기되는 위험을 인식하고, 혐오경험으로서 불안이 드러나도록 한다. 대부분의 경우 억압은 불편한 상황을 없애주고, 충족되지 않은 욕구는 무의식으로 되돌아가게 한다. 만약 정신적 기구에 에너지가 감당할 수 없을 만큼 넘치면, 추동은 증상으로 전환되는데, 이런 증상은 불안을 야기하는 갈등을 상징한다.

프로이트가 가장 많이 작업하고, 가장 흥미를 느낀 이는 당시에 신경증적 히스테리라고 불렸던 환자들이다. 이런 신경증적인 히스테리는 원래 오직 여성에게만 발생한다고 여겨졌다(병리의 원인이 제기능을 못하는 자궁 때문으로 봄). 샤르코와 프로이트는 히스테리에 심리적인 결정요인이 있다고 강조하고, 이는 여성과 남성 모두에게 존재한다고 최초로 주장한 사람이었다. 샤르코는 어떤 종류의 트라우마도 히스테리를 유발할 수 있다고 생각한 반면, 프로이트는 1980년대와 같은 다소 이른 시기에 히스테리에는 성적인 기원이 있다고 주장하기 시작하였다. 이런 프로이트의 주장으로 인해, 그의 첫 번째 서적인 히스테리아에 관한 연구(*Studies in Hysteria*)(Breuer & Freud, 1895/1937)를 공동 저술한 스승, 요제프 브로이어와 결별하게 되었다.

프로이트는 신경증을 탐색하는 초기 과정에서 내담자들이 거의 언제나 남성 친족에 의해 자행된 성적 경험을 초기 기억으로 떠올린다는 점에 주목했다. 프로이트는 처음에 내담자가 말하는 이야기들이 사실일 것이라고 가정했고, 이런 트라우마를 신경증적 증상의 기원으로 보았다. 이런 가정을 유혹가설(seduction hypothesis)이라고 부른다. 그러나 훗날 프로이트는 자신의 정신분석 대상자(정신분석을 받는 사람을 뜻함)가 오이디푸스적인 갈망으로 이런 '장면(scenes)'들을 환상적 창조물로서 만드는 것을 보고 이 개념을 포기했다.

프로이트가 유혹 가설을 포기한다고 한 말은 1897년 프로이트가 절친한 친구인 빌헬름 플리스 (Wilhelm Fliess)에게 보낸 편지에 처음으로 등장하며, 프로이트는 1905년 성욕에 관한 3편의 에세이 (*Three Essays on the Theory of Sexuality*)에서 공식적으로 유혹 가설을 포기한다(Masson, 1984). 내담자의 기억을 환상이라고 치부하는 결정은 정신분석학 추종자들 사이에서 대단히 중요하게 여겨지는데, 이는 오이디푸스 콤플렉스를 이해하고 탐구하는 길을 열었기 때문이다. [글상자 2.2]는 프로이트가 왜 유혹 가설을 포기했는지에 관한 흥미롭지만 논란의 여지가 많은 검토 보고서이다.

글상자 2.2

용기의 실패? 프로이트가 유혹 가설을 포기한 데 대한 또 다른 시각

프로이트는 초기에 히스테리 내담자와의 작업을 통해 내담자의 고통이 생애 초기에 겪은(주로 남자 친인척이 저지른 성적 학대로 인한) 성적 트라우마로 인해 생겼다고 믿게 되었다. 이러한 관점은 다소 오해의 소지가 있지만 유혹 가설 혹은 유혹 이론으로 알려졌다.

1905년 프로이트는 내담자의 아동기 유혹 기억의 실제에 대한 관점을 바꾸었는데, 프로이트는 "성적인 체질과 발달의 요소보다 유혹의 중요성을 과대 평가하였다."고 선언했다(Masson, 1984, p. 129에서 인용). 프로이트는 또한 "그 당시 내 자료는 아직 빈약했고, 환자의 아동기에서 주요한 부분으로 차지한 성적으로 유혹당한(성인이나 나이 많은 다른 아동에 의해) 수많은 사례를 불균형적으로 우연히 많이 포함시켰다. 따라서 나는 (사례들은 의심할 여지가 없는 것도 있지만) 성적 학대 사건의 빈도를 과대 평가했다."라고 저술했다(Masson, 1984, p. 120에서 인용).

프로이트는 자신의 바뀐 의견에 대해 다음과 같은 여러 가지 근거를 제시하였다. (a) 유혹 가설에 기반해서는 자신의 내담자를 치료할 수 없다는 사실, (b) 히스테리의 발생률은 아버지에 의한 성폭력의 빈도가 믿을 수 없을 만큼 높다는 것을 보여준다는 사실, (c) 무의식은 현실 인식을 할 수 없다는 자신의 확신, (d) 가장 심각한 정신증의 경우 무의식의 내용이 의식 표면으로 올라오지 않는다는 사실이다(Masson, 1984). 대부분 정신분석 학자들은 프로이트가 자신의 의견을 바꾸지 않았더라면, 오이디푸스 콤플렉스나 인간심리학에서 환상의 역할과 같은 중요한 심리학적 기능의 측면을 발견하지 못했을 것이라는 데 동의한다.

그러나 제프리 매슨(Jeffrey Masson)은 이런 상황에 대해 다른 그림을 그렸다. 매슨(1984)은 프로이트가 글에서 저술한 바와는 다른 원치 않는 이유로 유혹 가설을 포기했다고 주장하였다. 먼저 프로이트는 신경증이 아동기 성적 경험에서 비롯된다는 주장에 대해 의학계의 외면을 받았다. 그 당시 빅토리아 시대의 성(性)에 대한 인식으로는 이런 주제를 논의할 수 없었고, 몇 의료 당국은 아동과 성인의 성적 학대에 대한 설명을 '히스테리적인 거짓말'로 치부했다.

매슨의 주장에 더 흥미로운 부분은, 프로이트가 절친인 빌헬름 플리스의 외과 수술 실수를 덮어주기 위해 자신의 주장을 바꿨다는 것이다. 프로이트의 초창기 정신분석 내담자 중 한 명이었던 엠마 엑스테인은 배가 아프고 월경에 어려움이 있다며 프로이트를 찾아왔다. 프로이트와 동료 플리스는 월경 문제는 자위의 결과라고 생각했다. 그러나 플리스는 (자위와 같은) 성적인 문제는 코에 그 기원이 있다고 믿었고, 따라서 코에 있는 비갑개(鼻甲芥)를 제거하는 외과적인 수술을 통해서만 치료될 수 있다고 믿었다. 1885년 초기, 프로이트와 플리스는 확실하지는 않지만 아마 이런 수술이 엠마의 문제에 대한 해결책이라고 생각했다.

수술 후에 엠마의 목숨을 위협하는 출혈이라는 엄청난 합병증이 일어났다. 다양한 치료방법들이 시도되었지만 소용없었다. 결국 외과의사가 자문에 응하여 호출되었고 엠마를 검사했으며 수술 과정에서 문제를 발견했다. 플리스가 "'실수로' 0.5m의 거즈를 엠마의 코에 남겨두었던 것이다."(Masson, 1984, p. 66) 매슨은 출혈이 서투른 외과적 과정의 결과였다고 주장했다. 그러나 프로이트는 친구의 명성을 지켜주려는 동기가 있었다. 공개적으로 실수를 인정하는 대신에 프로이트는 엠마의 출혈이 히스테리라는 '성적인 갈망'의 결과라고 개념화를 하였다(Masson, 1984, p. 67)

매슨은 프로이트가 유혹 가설을 거부한 것은 자신의 이론에 대한 의료계의 반응과 자신의 친구이자 동료를 보호하려는 욕구의 결과라고 주장했다. 더 나아가 매슨은 이런 문제를 조사하려는 자신을 정통적인 정신분석 학회가 피하고 꺼렸으며 프로이트 기록보관서에 자신의 접근을 금지시켰다고 주장했다. 매슨은 이런 조사를 한 동기는 정신분석자들이 내담자의 이야기를 환상이라고 치부하기보다는 내담자의 말을 믿도록 하기 위함에 있다고 주장했다.

정신분석 역사의 저명한 학자는 매슨의 조사에서 결

(계속)

점을 찾았다(Roazen, 2002; Sollod et al., 2009). 그 러나 이런 논쟁이 가르쳐주는 가장 중요한 교훈은 아 마 성적 학대가 계속 발생하여 왔고 아직까지도 불충 분하게 보고되고 있다는 것이다. 상담자는 내담자가 말 하는 바를 욕구에서 비롯한 환상이라고 탓하기 전에 주의 깊게 고려하는 현명함이 있어야 한다.

오늘날의 전환장애(conversion disorder)로 불리는 히스테리는 명백한 신체적인 원인을 찾을 수 없 는데도 신체적인 증상을 경험하는 상태이다. 예를 들어 팔꿈치부터 손까지 마비를 보이는 '장갑마비' 증상은 신경학적으로는 일어날 수 없다. 앞서 언급했듯이 장갑마비는 자위와 (아마 오이디푸스 콤플 렉스에서 비롯한) 자위 환상에서 비롯된 죄책감 때문에 나타나는 것으로 여겨졌다. 전환(conversion) 이라는 용어는 불안이 증상으로 전환되었다는 기본 가정을 전달해준다. 프로이트 관점에서 히스테 리는 수용할 수 없는 성적인 충동이 의식을 뚫고 나오려는 위험에서 비롯된 불안으로 나타난 결과이 다. 성인 신경증의 경우 해결되지 않은 아동기 갈등이 성인이 된 시기에 촉발된 것이다. 정신분석에 따르면 히스테리 증상은 항상 아동기 사건을 상징한다.

공포증(phobias)은 성적 충동이 처음에는 억압되었다가, 불안으로 전환되고 마지막에는 외부 대상 에 가서 달라붙어 발생하는 히스테리의 특수한 유형이다(S. Freud, 1920/1952). 공포증은 무서운 대 상을 멀리하도록 하는 구조를 만들며, 이런 구조는 리비도가 두려워하는 것을 상징한다. 예를 들어 광장공포증(agoraphobia)(문자 그대로 '옥외장터에 대한 공포증'을 의미함)은 개인이 공적인 장소에 있을 때 성적인 충동이 표면화되는 것에 대한 두려움이다. 프로이트는 거리를 걸을 때 만나는 사람 에게 성적인 충동을 느끼는 여성을 예로 들었다. 그 여성은 위험(불안)을 그 환경에 전치하면서 그 환 경을 피하면서 자기 자신을 보호한다(S. Freud, 1920/1952).

강박신경증(obsessive-compulsive neurosis)은 그 기원이 항문기 고착에 있다고 개념화된다. 이 시기 에 발달한 가학적인 충동이 강박신경증에 중요한 부분이며, 이런 가학적 충동은 엄격한 배변훈련으 로 인해 초래된다. 반동형성은 강박신경증을 겪는 사람에게 흔하게 나타나는 방어기제이다. 프로이 트(1920/1952)는 "'널 죽이고 싶어!'라는 강박적인 생각은 '널 사랑하는 것을 즐기고 싶어!'라는 의미 외에 다른 뜻은 없다."라고 언급했다(p. 353).

우울증(depression)의 경우 프로이트가 사용한 용어를 오늘날의 명명법에 맞추어 설명하기란 어렵 다. 프로이트는 두 가지 종류의 우울 증상을 밝혔다: 멜랑콜리아(melancholia)와 애도(mourning). 이 분류법을 현대적으로 대체할 수 있는 적확한 용어는 없다. 멜랑콜리아는 우리가 말하는 주요우울장 애(major depresssive disorder)와 비슷하다. 경도 및 중도의 우울은 (애도와 달리) 멜랑콜리아처럼 혹 평하는 초자아로 인해 초래된다. 애도와 멜랑콜리아 모두 대상을 상실하면서 시작한다. 그리고 이 런 대상은 흔히 사랑하는 사람이다. 애도는 사랑하는 대상에 대한 리비도를 점진적으로 거두어들이 는 과정이며, 이 과정에는 시간이 걸린다. 멜랑콜리아는 가혹하게 비판적인 초자아로 인해 발생한다 (Rickman, 1957). 그러나 더 심각한 병리의 경우 사랑하는 상실 대상에 대한 양가적인 감정이 동일시 (identification)를 통해 자아의 일부분이 된다. 즉, 초자아는 잃어버린 대상에 대한 격노의 감정을 자 아에게로 돌린다. 프로이트는 자신을 외면한 우울함(melancholic)에서 비롯된 불만들(예 : 무가치하다고 하는 등)은 사실 사랑하는 사람을 향한 것이라고 주장했다.

프로이트 시대의 용어는 정신증과 관련해서도 혼란을 야기한다. 정신보건의학계에서는 이런 상태를 조발성 치매증(dementia praecox) 혹은 좀 더 최신 용어로는 조현병(schizopherenia)이라고 불렀다. 프로이트는 망상분열증(paraphrenia)이라고 불렀다(Rickman, 1957, p. 105). 그러나 프로이트(1920/1952)는 개념적으로 이런 상태는 나르시시즘의 형태라고 설명했다. 프로이트는 리비도가 모든 대상에 대한 애착을 버리고, 자아에게 가서 달라붙을 때 정신증이 발병한다고 생각했다. 이런 사람들은 이기적이고 자기 위주로 생각하며 때때로 (리비도가 신체기관에 달라붙을 때) 건강염려신경증에 빠진다. 모든 심리적 역기능에서, 특히 정신병에서 '자아가 분열'되는데(S. Freud, 1940/1964b, p. 202), 이때 두 개의 분열된 관념 혹은 충동이 공존한다. 이는 바로 자아의 관념과 원초아의 충동이다. 본능적인 요소가 더 강해지면 곧 정신증이 발병한다.

글렌다는 어지러움과 마비 같은 바브의 몇몇 증상을 사실상 히스테리성 증상으로 본다. 바브의 자아는 강하지 않은데, 이는 생애 초기 발달에서 많은 에너지가 고착되었기 때문이다. 바브는 성공적으로 일을 하지 못하며 사랑하는 삶을 살고 있지 않다. 이는 그녀의 증상이 히스테리컬하다는 입장을 뒷받침하며, 바브에게 리비도적 에너지가 작동하고, 성적 학대에 대한 기억이나 아버지와 성적 관계에 대한 환상에 있어 억압이 발생한다는 것을 반영한다. 바브의 공황발작과 두통은 어떤 사건이 남근기의 오이디푸스 콤플렉스가 성공적으로 해결되지 않아 생긴 고착을 활성화시킬 때 발생하는 것 같다. 그리고 바브의 우울과 감정 기복은 받아들일 수 없는 충동을 초자아가 처벌하고자 하는 결과로 생긴 것 같다. 글렌다는 또한 바브가 남자와의 관계에서 겪는 어려움이 해결되지 않는 오이디푸스 콤플렉스 때문이며, 바브의 고착이 강화된 원인은 그녀가 청소년기에 경험한 성적 학대 트라우마 때문일 것이라고 이해했다.

치료의 특성

사정

프로이트는 내담자의 심리적 상태에 접근할 때 사정이 매우 중요하다고 생각했다. 그러나 이는 우리가 흔히 말하는 비공식적인 접근을 한 다음의 이야기다. 내담자의 증상이 신체보다 심리적인 원인에서 비롯되었다는 판단을 한 후에, 프로이트(1912/1958c)는 내담자가 분석에 적합한지를 알아보는 2주 기간을 가질 것을 추천했다. 프로이트는 조현병 내담자는 정신분석으로 다룰 수 없다고 생각했기 때문에, 히스테리나 강박적 신경증인 내담자와 조현병(망상분열증) 내담자 사이에 구별되는 진단을 내리고자 하였다. 정신분석에서는 지속되는 사정을 통하여 자유 연상, 꿈, 실수 등에서 내담자의 무의식적 단서를 찾는다.

현대 정신분석치료에서는 주로 내담자의 방어 특성이나 무의식적 갈등에 대한 정보를 얻기 위해서 공식적인 사정을 실시한다. 고전적인 정신분석에서는 (어떤 이들은 이 방법밖에 없다고 말하는데) 무의식적 내용을 평가하기 위한 방법으로 로르샤흐 잉크반점 검사(Rorschach, 1942)와 같은 애매

모호한 자극을 사용한다. 이런 방법을 통해 내담자는 자극을 보고 무엇을 연상했는지 말하고, 상담자는 내담자가 말한 내용을 기록하고 분석한다. 로르샤흐 잉크반점 검사에서 애매모호한 자극은 내담자의 무의식적 과정이 로르샤흐 잉크반점 카드에 투사되는 상황을 만들고, 상담자는 이러한 내담자가 보이는 반응의 특징들을 추론할 수 있다.

현대 정신분석가들이 연구한 정신병리를 진단하는 접근방법이 충분하지 못하다고 느낀 정신분석학회는 정신분석가들을 위한 진단체계를 개발했다. 이는 정신역동 진단 매뉴얼(*Psychodynamic Diagnostic Manual*)(PDM Task Force, 2006)이다. 이 진단 매뉴얼의 목차를 잠깐만 살펴봐도 평가와 진단 방법이 정신질환의 진단 및 통계편람, 제5판(*Diagnostic and Statistical Manual of Mental Disorders*, DSM-V)(American Psychiatric Association, 2013)과 굉장히 다른 접근 방식을 취한다는 것을 알 수 있다. PDM 웹사이트에 따르면 이 진단은 "마음과 뇌의 기능 그리고 이들의 발달에 대한 더 깊은 이해"를 제공하며, 정신질환의 진단 및 통계편람(DSM)을 보충하려고 만들었다(Alliance of Psychoanalytic Organizations, 2006)고 한다.

치료적 분위기

프로이트는 무의식에 접근하는 데 가장 효율적인 방식을 찾기 위해 많은 시간을 보냈다. 초기에 프로이트는 유명한 의사인 샤르코가 최면을 통해서 히스테리 증상을 재현하는 것을 보았기 때문에 최면치료를 굉장히 많이 사용했었다. 그러나 프로이트는 어떤 사람들은 최면에 잘 안 걸리는 것을 발견하고 이 방법을 버리고, 자신의 손을 내담자 이마에 가져다대며 기억을 촉발시키는 방법을 사용했다. 흥미롭게도 무의식을 이해하려는 초기의 시도에서 프로이트는 내담자에게 기억해내라고 강하게 북돋우거나 설득했고, 이는 프로이트 접근법에서 있어서 꽤나 해석적이고 강압적인 방식이었다. 이후에 프로이트는 이런 행동들을 '거친 분석'이라고 일컬으며 개탄했다(S. Freud, 1910/1957b). 한 때 브로이어와 프로이트는 한 명의 내담자를 함께 다뤘고, 이들은 히스테리를 치료하는 방법이 카타르시스를 느끼거나 혹은 감정을 표현하는 것이라고 믿게 되었다(내담자가 말하기를 '굴뚝을 청소하는 것'이다)(Breuer & Freud, 1895/1937, p. 20).

프로이트는 점차 우리가 정신분석과 관련하여 떠올리는 익숙한 태도를 우연히 발견했다. 이는 상담자가 치료관계에서 '물러나 절제되어(abstient)' 있거나 중립적인 자극으로 있는 것이다. 프로이트는 이런 상담자의 태도를 "고르게 떠 있는 주의력"이라고 묘사했다(S. Freud, 1912/1958c, p. 111). 프로이트는 내담자와의 상호관계에서 상담자의 성격특성을 지우고, 내담자가 자유롭게 자신의 무의식적 내용을 분석 상황에 투사할 수 있도록 내담자를 있는 그대로 두었다.

고전적인 정신분석에서 분석 의자는 가장 눈에 띄는 특징 중에 하나이다. 프로이트의 의자는 내담자에게 선물로 받았다(Gay, 1988). 프로이트는 중립적인 상담자의 태도와 내담자–상담자 간 확고한 경계를 강조했지만, 실제로는 내담자로부터 의자를 선물로 받은 사건과 다른 여러 일들(예 : 내담자를 식사에 초대한다든지, 자녀 안나 프로이트를 분석한다든지)을 통해서 정작 이런 규칙을 깨기도 했다는 것을 보여준다.

프로이트는 상담에서 내담자를 긴 의자에 앉히고, 상담자는 내담자의 시야에서 벗어나 뒤에 앉아 있는 규칙에 대해 적어도 두 가지 이유를 들었다. 첫째, 내담자가 상담자를 보지 못하게 되면 상담자의 중립적인 분위기를 유지하는 데 도움이 된다. 둘째, 내담자가 무의식적인 작업을 하도록 돕기 위해서는 상담자는 자신이 무언가를 직접 밝히거나 아니면 자신의 얼굴표정을 내담자에게 보여주는 것은 삼가는 것이 좋다. 왜냐하면 내담자의 무의식적 작업에 영향을 줄 수 있기 때문이다. 프로이트(1913/1958b, p. 134)는 또한 그가 단순히 하루에 8시간 동안 사람을 바라보고 있는 것을 좋아하지 않는다고 인정했다.

정신분석은 오랜 기간이 걸리는 과정이다. 프로이트는 내담자를 매일 보는 게 좋다고 생각했고(일주일에 6일 정도), 어떤 내담자는 이렇게 매일 몇 년을 지속해서 보는 게 옳다고 믿었다. 가벼운 사례 같은 경우는 일주일에 3일이 필요하다고 했다. 몇몇 정신분석가들은 심지어 휴가 때 내담자를 데리고 가기도 했다!

고전적인 정신분석을 실시하는 글렌다는 바브에게 일주일에 5번 상담에 오라고 했다. 그러나 경제적인 사정이 있다면 상담회기는 그보다는 더 적게 이뤄질 것이다. (내담자가 정신분석에 적합한지를 주의 깊게 살피는) 몇 번의 탐색회기 이후에 글렌다는 바브를 의자에 앉히고 기본 규칙(이는 차후에 다뤄진다)에 따르도록 했다.

프로이트는 최종적으로 자유 연상(free association)을 자신의 주된 분석 기술로 택했다. 프로이트는 내담자가 정신분석의 '기본 규칙(fundamental rule)'을 따라야 한다고 주장했다. 이는 내담자가 "심지어 말하고 싶지 않거나 중요하지 않거나, 실제 말도 안 되는 것처럼 보인다고 하더라도 머리에 스치는 모든 생각"을 분석가에게 말하는 것이다(S. Freud, 1940/1964b, p. 174; 원문에서 강조). 프로이트는 내담자에게 분석에서 이뤄지는 대화는 일상 대화와는 다를 것이라고 설명했다. 내담자는 어떠한 것을 이해하려는 노력을 기울이지 않고, 오로지 분석가에게 전적으로 솔직했다.

글렌다는 심지어 프로이트의 말을 빌려 바브에게 기본 규칙을 설명했다. 바브가 기본 규칙을 지키는 데 동의하면 글렌다는 바브와 정신분석을 할 수 있다고 결정을 내린다.

내담자와 상담자의 역할

정신분석 이론의 본질과 의학에서 비롯한 역사적인 뿌리가 내담자 역할과 상담자의 역할을 창출했다. 프로이트는 처음에는 내과의사였다. 그리고 우리 인간은 주로 무의식에 접근할 수 없다는 프로이트의 신념으로 인해, 치료자에게는 의사의 역할을, 내담자에게는 환자의 역할을 부여하게 되었다. 내담자들은 반드시 '기본 규칙'을 따르고, 치료자는 내담자가 떠올린 내용들에 대해서 정확하게 해석해야 한다. 덧붙여 치료자는 내담자의 보고가 실제인지 실제가 아닌지를 결정해야 한다(뒤에 나올 저항, 전이, 역전이에 대한 부분을 참조). 프로이트(1912/1958c)는 학생들에게 "자신의 모든 감정을 한쪽에 치운 채, 심지어 인간적인 연민까지도 한쪽에 치워두고, 가능한 한 능숙하게 수술을 집도하겠다는 단 하나의 목적에 온 정신적인 에너지를 집중하는" 외과의사를 본보기로 삼으라고 하였다(p. 115).

프로이트는 정신분석가로서 적절한 태도를 유지하기 위해 초심자는 반드시 자기분석을 경험해야 된다고 믿었다. "분석가는 정신분석을 통해 심리적인 정화 과정을 거쳐야 한다. 그리고 정신분석을 통해 내담자가 말하는 바를 이해하는 데 방해될 수 있는 자신의 콤플렉스를 점차 알아차리게 된다." (S. Freud, 1912/1958c, p. 116)

이러한 정신분석가가 받는 분석은 교육분석, 조절분석, 혹은 개인분석이라는 명칭으로 불린다. 흥미롭게도 로아젠(Roazen, 2002)은 프로이트의 제자이자 훗날 프로이트와 다른 이론을 펼친 칼 융(제3장 참조)이 교육분석에 대한 아이디어를 냈다고 근거를 제시한다.

영상 자료 2.2

정신분석가가 되는 수련 과정

 https://www.youtube.com/watch?v=yMSYAww8qD0

글렌다는 자신이 바브의 연상을 무의식적 과정 측면에서 듣고 이해할 수 있는 전문가라는 오리엔테이션을 가진다. 글렌다는 바브와의 회기에서 비교적 수동적이고 자신의 마음을 투명하게 드러내지 않으며, 바브에게 해석해줄 무언가가 있을 때만 적극적이 된다. 글렌다는 바브가 자신의 마음에 떠오르는 모든 것을 자유롭게 표현하여 분석적인 목표에 함께 도달하기를 바란다.

상담 목표

정신분석의 목표는 내담자로 하여금 무의식적 갈등을 드러내고 해결하도록 도우며 의식적인 과정에 에너지를 향하게 하여 자아를 강화하는 것이다. 정신분석가는 그다지 증상에는 관심이 없다. 이런 증상들은 분석이 성공적으로 이뤄지면 자연스레 사라질 것이다. 사실 무의식적 갈등은 필연적으로 다른 증상으로 드러나고, 이런 현상을 증상 대체(symptom substitution)라고 부른다. 증상 하나를 단순하게 제거하는 건 소용이 없다(Yates, 1960).

현대 정신분석치료자들은 분석적 방법의 목적에 대해 논의한다. 루보르스키, 오릴리랜드리와 아로우(Luborsky, O'Reilly-Landry, & Arlow2011)는 네 가지 분석의 목적에 대해 확인했다: (a) 증상 이면에 숨겨진 내적인 문제 밝히기, (b) 내담자가 통합할 수 있도록 돕기, (c) 현재 내담자에게 영향을 미치는 내담자 과거력에 새겨진 고통의 원인 알아내기, (d) 자기가 적절한 행동을 취하기 위해 필요한 내담자의 강점 발견하기(p. 39).

글렌다는 바브가 보이는 현재 행동과 증상이 과거의 무의식적 갈등과 어떻게 연관되는지 이해할 수 있도록 돕고자 노력했다. 바브가 자유 연상을 하면서 억눌렀던 기억과 정서가 점차 표면으로 드러났다. 바브는 특히 부모와 남매들에 관한 초기 기억을 찬찬히 살펴보았다. 글렌다의 도움을 받아 바브는 오랫동안 만날 수 없던 심리적 내용과 사건들을 알아차리기 시작했다.

치료 과정

아로우(Arlow, 2005)는 정신분석적 치료에 있어서 네 가지 단계가 있다는 것을 확인했다. 그러나 이런 네 가지 단계를 설명하기 이전에, 치료적 개입에 필요한 몇 가지 중요한 정신분석적 개념들을 이해해야 한다.

통찰

정신분석의 목적은 통찰(insight)이다. 내담자는 현재 행동과 증상의 기원이 어린 시절에 해결되지 않은 무의식적 갈등에서 초래되었다는 것을 이해할 것이다. 즉, 상담자는 내담자가 정신분석적 용어로 생각하도록 가르친다. 그러나 통찰에는 정서적인 요소 또한 지니고 있다. 이는 내담자가 치료적인 관계 속에서 갈등을 일으키는 무의식적 역동을 실제로 경험하고, 이해하기 때문이다(물론 치료자의 해석을 통한 도움을 받아 이뤄진다)(Safran & Kriss, 2014).

저항

어떤 분석에서든 무의식적 자아와 초자아가 작동하는 방식을 저항(resistance) 형태로 볼 수 있다. 무의식적인 내용이 표면으로 드러나는 것은 굉장히 위험하기 때문에 정신적 기구들(psychic apparatus)은 가능한 모든 수단을 써서 무의식적 내용을 의식 밖으로 밀어내려고 고군분투한다. 초기에 치료에 대한 저항은 말을 하지 않거나, 치료회기에 늦거나 오지 않거나, 정신분석가에게 비용을 지불할 수 없다고 하는 등의 형태로 드러난다. 이런 모든 저항 행동은 정신분석가에게는 '유용하게 사용할 수 있는 자원'이고, 결국엔 내담자에게 이를 해석해준다. 가장 격렬하고, 결국에는 가장 치유적인 저항은 전이 신경증이다(이는 후에 다뤄진다).

전이

수년간 프로이트는 작업을 하면서 전이(transference)가 성공적인 정신분석의 열쇠라고 확신했다. 전이는 오늘날까지 정신분석적 접근에서 가장 주요한 개념이다(Luborsky et al., 2011). 모든 내담자는 필연적으로 이전에 맺은 주요한 관계를 치료적 장면에서 그대로 경험한다. 그리고 이러한 전이 신경증을 분석하고 해결하는 것이 치료의 숨겨진 비법이다. 프로이트(1940/1964b)는 전이가 치료자를 향한 긍정적이고 부정적인 두 가지 정서로 이루어져 있기에 전이를 '양가적(ambivalent)'(p. 175)이라고 불렀다. 대개 고전적 정신분석 모델에서 치료자는 내담자의 어머니나 아버지의 역할을 대신한다. 즉, 내담자는 치료자와 사랑에 빠질 수 있으나(성적인 요소), 치료자가 이 사랑에 응답하지 않거나 내담자를 특별히 더 신경 쓴다는 모습을 보이지 않을 때 점차 화를 내기 시작한다. 전이 반응 대부분은 오이디푸스 콤플렉스에 기원을 두고 있다.

> 몇 번의 회기 후에 바브는 글렌다와 치료적인 관계를 맺을 것이다. 먼저, 이런 치료적 관계는 긍정적일 것이다. 그러나 관계가 발전하면서 양가적이고 저항하는 마음이 올라올 것이다. 바브는 아

마 어머니와 파괴된 관계를 다시 회복하기를 원하는 마음으로 처음에는 치료자를 꽤나 사랑할 것이다. 또한 바브는 (무의식적으로) 아버지와 특별한 관계를 다시 만들려는 시도를 할 가능성이 있다. 바브는 글렌다에 대한 모든 것을 알고 싶어 할 것이며, 글렌다에게 특별히 선호하는 것들(예 : 약속시간을 변경하거나 의자에 반드시 앉을 필요가 없는 등)을 들어주기를 요청할 것이다. 정신분석이 진행되고 글렌다가 바브의 이런 소망을 충족시키는 것을 거부하면서, 바브는 아마 글렌다에게 화가 날 것이고, 자유 연상 하기를 거부하거나 글렌다의 해석을 무시할 것이다. 바브는 또한 새로운 문제되는 증상을 보일 것이다. 치료자에 대한 양가적인 감정은 바브가 엄마를 경쟁자로 보며, 엄마를 자신이 남근을 갖지 못한 데 책임이 있는 사람으로 보는 오이디푸스 충동에서 비롯된다. 바브가 아버지에게 느낀 감정을 글렌다에게 전이한다면, 바브의 분노는 자신을 거부한 아버지에게 느끼는 격노를 치료자에게 재현하는 것일 것이다.

역전이

역전이(countetransference)는 치료자가 적절한 교육분석을 받지 않았을 때 나타난다. 과거에 치료자가 경험한 갈등이 내담자의 분석 상황에 투사되고, 치료자는 객관성을 잃는다(Safran & Kriss, 2014). 내담자는 점차 치료자에게 '특별한' 존재가 되거나(긍정적인 역전이), 또는 치료자는 점차 내담자와 논쟁하기를 원하거나 내담자에게 화가 나기도 한다. 상담자는 내담자 보기를 학수고대한다거나 또는 무서워할 것이다. 치료자에게 이런 역전이를 해결하는 유일한 방법은 교육분석자나 전문적인 상담자의 도움을 찾는 것이다.

대학원 말미에 글렌다는 완전한 자격을 갖춘 정신분석가로서의 자격증을 얻기 위해 교육분석을 받았다. 그 결과 글렌다는 지금 바브의 자유 연상을 중립적으로 들을 수 있고, 그녀 자신의 갈등에서 비롯된 상담자 반응을 피할 수 있게 되었다. 글렌다는 바브의 연상과 행동에 대해서 중립적으로 접근하기보다는 정서적으로 반응한다고 느끼게 되면서, 글렌다는 그녀가 느끼는 어려움을 다루려고 분석가를 찾을 것이다.

치료의 단계

아로우(Arlow, 2005)에 의하면 정신분석치료는 (a) 시작단계(opening phase), (b) 전이의 발달(development of transference)단계, (c) 훈습(working through)단계, (d) 전이의 해결(resolution of the transference)단계로 이뤄진다(p. 35).

시작단계. 초기 몇 회기의 경우 상담자는 일반적으로 내담자와 대면하여 면담이 이루어지고, 내담자가 분석에 적합한지 알아보는 노력을 한다(Arlow, 2005). 내담자는 반드시 분석적 과정에 참여할 수 있을 만큼의 지능이 있어야 하고, 제시하는 문제가 정신분석적 이론의 관점에서 볼 때 적절해야 한다. 상담자는 내담자의 문제를 관찰하고, 내담자의 이야기를 경청한다. 상담자는 내담자가 분석에 적합하다고 결정을 내리면 내담자에게 기본 규칙을 설명하고, 내담자로 하여금 분석 의자(카우치)에 앉게 한다. 내담자가 마음속에 떠오르는 어떤 것이든 말을 하면서 분석이 시작된다. 상담자는 이런 내담자가 말하는 바들을 관찰하며 내담자의 갈등과 방어기제에 대한 아이디어를 얻는다. 이 과정은 3개월에서 6개월 동안 지속된다(Arlow, 2005).

전이의 발달단계. 내담자가 자유 연상을 계속하면서 결국 현재 경험하는 어려움을 무의식적인 내용과 연관 지을 수 있게 된다. 이때 내담자가 분석가에게 과거 중요했던 인물을 전이하기 시작하면서, 치료자는 내담자의 삶에서 굉장히 중요한 인물이 되어 간다(Arlow, 2005). 아로우에 의하면 "내담자가 모든 치료자와의 상호작용을 전문적 관계가 아닌, 개인적으로 접근하여 치료적 관계가 왜곡되기 시작한다."(2005, p. 36)고 한다. 치료자는 이런 상호작용을 분석하고 이를 내담자에게 해석해준다. 처음에는 비교적 부드럽게 내담자의 표면에 드러난 부분에서부터 시작하여 점차적으로 깊은 무의식적 내용의 해석으로 진전해 나간다. 바로 이런 과정을 전이의 분석(analysis of the transference)이라고 부른다.

훈습단계. 치료가 진행되면서 전이는 다양한 형태로 나타나고 분석된다. 사건이 한 번 분석되고 내담자는 치료자의 해석을 받아들이게 되면, 분석의 또 다른 재료가 될 내담자의 과거로부터 또 새로운 기억이 떠오르게 된다(Arlow, 2005). 이러한 단계를 거치는 반복적이고 정교한 전이 분석은 내담자로 하여금 현재의 생각, 감정 그리고 행동이 과거와 어떤 연관성이 있는지에 관해 알게 한다.

전이의 해결단계. 분석가와 내담자는 내담자가 자신의 갈등과 전이 과정에 대한 통찰을 얻었다고 결정하면 치료 종결의 시점을 정한다. 보통 내담자는 치료자를 잃고 싶지 않기 때문에, 종결 날짜를 잡을 때 내담자의 증상이 재발되는 특징이 있다. 그러면 치료자와 내담자는 치료자를 잃고 싶지 않은 이런 충동을 분석한다. 이때 새로운 기억과 환상이 드러날 수 있다. 치료자는 내담자가 스스로 치료자가 없는 삶에 대한 환상을 다룰 수 있을 때까지 해석을 해준다(Arlow, 2005). 이 단계에서 치료는 종결될 수 있다.

치료 기법

치료자가 정신분석을 할 때 활용되는 기법은 극히 적지만, 사용되는 기법은 굉장히 효과적이라고 여겨진다. 일반적으로 상담자는 적극적이기보다 수동적이다. 따라서 이런 상담자의 태도와 맥을 같이 하기 때문에 두드러지게 외현적으로 눈에 띄는 기법들은 적다.

자유 연상

이전에 언급했듯이 치료자 무기 창고에서 가장 중요한 무기는 자유 연상이다. 무의식은 기본 규칙에 의해 만들어진 특별한 환경에서만 자기 자신을 드러내기 시작한다.

해석

정신분석가가 사용하는 두 번째 강력한 기술은 내담자의 자료를 과거 사건이나 무의식적 자료들에서 비롯된 갈등과 연관 지어 해석(interpretation)하는 것이다. 프로이트는 성숙하지 못한 해석이 내담자의 저항을 불러일으킨다는 것을 발견하였기에, 내담자가 자신의 연결고리를 발견할 준비가 거의 다 될 때까지 해석을 제공하면 안 된다고 주장했다. 더욱이 해석에 앞서 치료자는 반드시 내담자와 충분한 수준의 관계를 발달시켰어야 한다(이때 발달한 관계는 전이가 이뤄진 관계를 일컬음). 일반적으로 '표면적'인 자료는 상담 초반에 해석되고, 상담 후반에는 더욱 깊이 있는 무의식적 자료가 다뤄진다.

해석은 여기서 설명하는 다른 두 가지 기법인 저항 분석과 꿈 분석을 하는 데 중요한 역할을 한다. 전이에 대한 올바른 해석은 내담자가 자신의 행동이 치료자와 내담자 사이의 실제 관계가 아닌 과거에 맺은 관계에서 비롯됐다는 것을 바라볼 수 있게 해준다는 점에서 중요하다.

> 글렌다는 바브가 마음속에 떠오르는 것은 무엇이든 말할 수 있도록 배려했고, 바브가 분석 과정에 관여하면서 바브가 만들어내는 연상들에 관심을 갖는다. 바브가 초기에 떠올린 것들은 바브의 무의식적 충동과는 가깝지 않을 것이기 때문에, 글렌다는 이런 자료를 해석하는 데 있어 매우 일반적이고 조심스럽다. 예를 들어 바브가 남자에 대한 자신의 감정을 말할 때, 글렌다는 오이디푸스 이슈를 꺼내는 대신, 사랑받지 못하고 거부당했던 감정과 오랫동안 그리워했을 구원자에 대해 말할 것이다. 이후에 글렌다는 조심스럽게 남자에 대한 바브의 감정을 그의 아버지, 학대자, 그리고 마지막으로는 (바브의 삶에서 강력하고 중요한 사람을 표상하는) 글렌다에게 연결을 지을 것이다.

저항 분석

정신분석가는 반드시 내담자가 보이는 저항의 신호에 대해 민감해야 한다. (약속을 잊거나 아무 말을 하지 않는 등) 사소하고 흔한 저항이 치료에 방해가 되지 않도록 반드시 해석해야 한다. 증상은 아마 사라질 수 있으며, 내담자는 자신이 좋아졌다고 생각할 수 있다. 그러나 현명한 분석가는 이것이 건강으로 도피(flight into health)라고 불리는 또 다른 형태의 저항이라는 것을 안다(Safran, 2012). 분석가는 정신분석을 계속 진행하면서 전이신경증처럼 위협적인 자료와 관련된 저항은 훨씬 더 조심스럽게 해석하고 분석한다. 사실상 전이신경증은 내담자가 이를 해결하기 전까지 굉장히 여러 번 재해석되어야 한다(이런 작업은 훈습이라고 부른다).

> 분석의 어느 시점에서 바브는 심상치 않은 저항의 신호를 보일 것이다. 바브는 글렌다의 해석을 드러내놓고 반박할 것이고, 침묵하거나 치료회기에 참여하지 않을 것이다. 글렌다는 이런 저항에도 불구하고 좀 더 바브에 대해서 잘 알 수 있는 충분한 정보를 수집하면서 평정심을 유지할 것이다. 바브는 어느 시점에서 기분이 괜찮다고 하면서 분석을 그만 받고 싶다고 할 수 있다. 글렌다는 이를 힘겨운 내용을 다루는 데에 대한 반감으로 '건강으로 도피'를 한다고 해석할 것이다. 글렌다는 바브의 사랑받지 못하다고 느끼는 것과 무가치감을 느끼는 것에 대해서 반복해서 해석할 것이다. 새로운 정보가 표면화될 것이고 결국 깊은 수준에서 해석이 이루어질 것이다. 때가 되면 글렌다는 오이디푸스적인 내용을 포함하는 좀 더 깊은 내용을 해석하기 시작할 것이다.

꿈 분석

정신분석 이론에서 꿈은 프로이트의 가장 독창적이고 중요한 공헌으로서 특별한 자리매김을 하고 있다. 1900년에 쓰인 프로이트의 책 꿈의 해석은 아마 본인이 가장 자랑스러워하는 책이며, 많은 이들도 이 책을 프로이트가 쓴 가장 훌륭한 책이라고 여긴다. 프로이트는 꿈을 통해 상징적으로 소망을 충족한다고 했다. 프로이트는 "꿈은 그 자체로 신경증적 증상(neurotic systom)이며, 더욱이 모든 건강한 사람들에게 꿈은 헤아릴 수 없는 이점을 갖고 있다."고 저술했다(S. Freud, 1920/1952, p. 87). 꿈을 꾼 사람이 보고하는 내용은 발현 내용(manifest content)이라고 알려져 있다. 그러나 꿈에서 가장 중요한 부분은 잠재 내용(latent content)이다. 꿈 내용을 의식에서 받아들일 수 없기 때문에 꿈 작업(dream work)을 통해 위장된다. 꿈 속에서 나타난 요소들은 정신분석에서 가장 관심 있는 잠재적인 내용의 대체물일 뿐이다. 내담자가 꿈을 보고할 때 분석가는 그 꿈 내용에 대해 자유롭게 떠오르는 것(자유 연상)이 무엇인지 묻는다. 민감한 분석가는 이를 경청하고, 발현 내용으로부터 잠재 내용을 해석한다.

아마 짐작했듯이 "꿈에서 압도적으로 많은 상징은 성적인 상징이다."(S. Freud, 1920/1952, p. 161). [글상자 2.3]은 꿈의 요소와 그 이면에 있는 가설적 내용들의 목록을 보여준다. 그러나 이런 목록을 검토할 때 상징에는 여러 결정 요인이 있을 수 있으며, 꿈의 요소들은 보이는 것과 심지어는 정반대의 의미를 상징할 수도 있다는 것을 기억하자. 예를 들어 프로이트의 유명한 사례 중 하나로서 내담자(늑대 인간)는 잠을 자고 일어나서 창 밖에 늑대 떼가 미동도 없이 서 있는 것을 본 꿈을 꾸었다. 프로이트(1918/1955b)는 이 꿈을 내담자가 어린 시절 부모님의 격정적인 성교를 본 것을 상징한다고 해석했으나, 미동도 전혀 없는 늑대는 이런 행위와는 반대되는 모습이다.

> 바브는 글렌다에게 다음과 같은 꿈을 꾼다고 보고했다. 바브는 일터에서 (식료품 잡화점) 잡화가 담긴 가방 두 개를 옮기다가 발을 헛디뎌 넘어졌고, 이 때문에 가방 안에 물건이 흩어지고 유리가 깨졌다. 바브는 같은 매장에서 일하는 카를로스가 식료품 복도에 부주의하게 놓은 빗자루에 걸려 넘어진 것이다.
>
> 글렌다는 바브의 꿈을 오이디푸스 콤플렉스 자체로 보았다. 가방은 바브가 원하는 것으로 가득 찬 바브의 자궁을 상징한다. 바브는 남근 물질(빗자루)에 걸려 넘어지고, 모든 것이 부서졌다. 명확하게 바브는 성교에 대한 자신의 소망이나 성교에 대한 두려움을 표현하고 있다. 글렌다는 바브의 꿈에 대한 자유 연상을 기반으로 무엇이 옳은 해석인지 밝혀내야 한다. 바브는 꿈과 관련하여 두려움과 불안을 보고했기에 (상사에게 처벌받을 것에 대한 두려움), 글렌다는 바브의 꿈이 금지된 성교에 대한 두려움을 상징한다고 결론지었다. 여기서 금지된 성교는 아버지와의 성교를 말한다. 카를로스는 단지 꿈 검열관이 꿈 속에서 바브의 아버지를 안전하게 대체한 대체물일 뿐이다. 바브의 초자아는 상사의 형태를 취한다.

전이 분석

성공적인 분석의 궁극적인 열쇠는 전이 신경증 분석이다. 내담자는 무의식적으로 상담자에게 과거

글상자 2.3

꿈 상징의 의미

정신분석입문(*A General Introduction to Psychoanalysis*, S. Freud, 1920/1952)에서 프로이트는 "꿈에서 나타나는 수많은 상징은 엄청난 것이 아니다. 이를테면 인간의 몸 전체, 부모, 아이들, 형제와 자매, 탄생, 죽음, 나체 그리고 한 가지 더."(여기서 프로이트는 성교를 의미했다; p.160)라고 언급했다. 지금까지 프로이트에 의하면 꿈에서 나타난 상징 대다수는 성교와 관련이 있다. 아래는 정신분석입문에서 프로이트가 제시한 상징과 이에 대한 가능성 있는 해석의 목록이다.

상징	해석
집	매끄러운 벽면– 남성
창문가와 발코니– 여성	무언가를 시작하면 반드시 성공해야 해.
고위층의 저명인사(여왕, 황제, 왕 등)	부모
작은 동물이나 작은 벌레	아이들, 형제자매
(떨어지는, 흘러나오는) 물	탄생
기차를 탄 여행	죽음
옷, 제복	나체
숫자 3	남성의 생식기
길고 직립한 물건(막대기, 우산, 나무 등)	남근
뚫을 수 있는 물건(칼, 소총, 권총과 같은 소형 화기)	남근
물이 흐르는 물건(샘터, 수도꼭지)	남근
길어질 수 있는 물건(연필깎이에 넣고 뺄 수 있는 연필)	남근
풍선, 비행기, 체펠린 비행선	(발기한 속성의) 남근
날기	발기
파충류와 어류	남근
뱀	남근
공간을 둘러싸는 물건(구덩이, 잼 담는 것 같은 병, 유리병, 상자, 궤(櫃), 호주머니)	여성의 생식기
찬장, 난로	자궁
방	자궁
문과 출입구	질(膣)을 열기

상징	해석
교회, 예배실	여성
달팽이와 홍합	여성
과일	젖가슴
나무와 덤불	(여성과 남성의) 음모
풍경	여성의 생식기
기계	남성의 생식기
보석함	여성의 생식기
열매 맺기 전에 피는 꽃망울 혹은 꽃	여성의 생식기
놀기	자위
미끄러지거나 글라이딩하기	자위
이가 빠지거나 뽑히기	자위에 대한 처벌(거세)
춤추기	성행위
타거나 오르기	성행위
약간의 폭력을 경험하기	성행위
사다리나 가파른 곳, 계단을 오르기	성행위
창문이나 문	입술, 눈, 유두와 항문 등
열쇠	남근
오븐	자궁
쟁기	남근

에 중요했던 인물, 특히 부모의 특성을 전이한다. 내담자가 삶의 초기 상호작용과 관련하여 느꼈던 감정(예 : 부모에게 느껴지는 감정)이 내담자-상담자 관계에서 자명하게 드러난다. 분석가의 관점에서 보았을 때는 이러한 내담자의 감정이 비현실적으로 느껴진다. 왜냐하면 분석가는 치료적 환경에서 적절하게 중립적으로 존재했기 때문이다(Safran, 2012).

상담자는 신중하게 내담자의 행동과 느낌을 해석한다(가장 덜 위협적인 측면부터 시작함). 치료 초기에 발생하는 전이는 종종 애정이 어려 있고 긍정적인 감정이 담겨 있는데, 이는 내담자가 치료자를 '좋은' 부모로 이상화했기 때문이다. 분석가는 내담자로 하여금 자신의 무의식적인 내용을 더욱더 이해하도록 격려한다. 치료회기 동안 더 깊은 이슈들이 점차 에로틱하거나 적대적인 모습의 전이로 나타나며, 이는 강력한 저항을 초래한다(S. Freud, 1915/1958a). 예를 들어 여성 내담자는 남성 치료자가 자신을 사랑해주지 않고, 돌보지 않는다고 지각하며, 오이디푸스 시기에 아버지에게 느꼈던 거부감을 똑같이 느끼게 된다. 남성 내담자는 여성 치료자에게 자기 어머니에게 느꼈던 것 같은 감정을 전이할 수 있고, 치료자에게 있어 특별한 사람이 되어 주길 원하는 소망을 갖는다. 그러나 이러한 소망이 충족되지 못하면 점차 화가 날 수 있다. 위 예시들이 서로 반대 성별의 치료자와 내담자 관계를 보여준다는 것을 알았을 것이다. 그러나 많은 사례에서 전이 감정은 치료자의 성별과 무관하다. 예를 들어 권위자나 힘이 있는 인물을 향한 분노는 남녀 치료자 모두에게 전이될 수 있다.

따라서 분석가의 임무는 전이를 해석하는 것인데, 이는 내담자에게 자신이 느끼는 감정이 실제가 아니고 과거에서 기원하였음을 보여주는 것이다. 치료관계에서 전이가 반복적으로 계속해서 올라오는 경향이 있기에 이런 과정은 길고, 때때로 지루하다. 분석가는 이 과정을 훈습(working through)이라고 부른다.

> 치료가 진행되면서 바브는 글렌다가 자신을 돌보지 않는다고 느끼기 시작한다. 바브는 치료자로부터 거부당하고, 학대받고, 사랑받지 못하고 있다는 전이 감정을 느끼는데, 이는 해소되지 못한 오이디푸스 콤플렉스에서 기인한 것이다. 바브는 글렌다가 자신을 보살피지 않는다고 느끼기 때문에 글렌다에게 점차 화가 날 수 있다. 글렌다는 이런 감정을 아버지가 학대하고 방임하는 과정과 관련된 바브의 갈망에서 비롯된 전이 감정이라고 해석한다. 바브의 일부 감정은 아버지를 (자신에게서) 뺏어가는 엄마를 향한 분노에 기원이 있을 수 있다. 바브의 전이는 양가적인 경향이 있으나 글렌다의 사랑을 절박하게 찾거나(아버지에 대한 바브의 갈망을 반영), 글렌다에게 화가 나는 감정(오이디푸스 환상이나 어린 시절 방치된 경험 그리고 10대에 학대당한 경험의 결과로 발생한 아버지에 대한 분노를 반영)이 반복적으로 번갈아 가며 나타난다. 글렌다에 대한 불신은 바브 자신의 아버지나 어머니에 대한 양가적인 감정으로 인한 것이다. 글렌다는 바브가 느끼는 감정이 현실보다 바브 내면의 심리적 갈등에 기반한다는 점을 차분히 설명하면서 바브의 감정을 끈기 있게 해석한다.
>
> 결국 바브는 글렌다에게 느끼는 감정과 충동이 실제가 아니라는 것을 깨닫기 시작한다. 바브가 심리내적 과정의 특성을 충분히 이해할 때까지 글렌다와 바브는 이런 전이의 다양한 예시를 함께 살피며 훈습의 과정을 거친다. 바브는 남자에게 화가 나거나 다른 사람을 불신하는 등의 경향이 나타날 것이다. 그러나 바브는 이런 경향에 대한 통찰력을 가질 것이며, 원초아나 초자아가 아닌 자아의 처리 과정에 기반하여 이를 다룰 수 있을 것이다. 오랜 분석을 거친 후에 바브는 마침내 치료를 종결할 준비를 하게 되지만, 바브와 글렌다가 종결회기를 짧게 논의한 후에 거의 사라졌던 바브의 증상은 다시 나타났다. 글렌다는 증상의 재발은 바브가 안전한 분석적 관계를 포기하길 원하지 않는 마음에서 비롯된다는 것을 보여준다. 바브가 이런 해석을 온전히 이해할 수 있을 때, 바브는 진정으로 분석을 끝낼 준비가 되는 것이다.

개인적·문화적 다양성에 대한 논의

정신분석은 다른 많은 상담이론과 마찬가지로 개인을 둘러싼 환경보다는 개인이 변화할 필요가 있다는 입장을 취한다. 이런 정신분석의 가정은 페미니스트에 의해 반박된다. 즉, 페미니스트들은 사회의 많은 부분이 개인에게 해를 끼치며, 특히 여성과 소수자에 대한 사회적 억압이 이들을 취약하게 만들고, 개인에게 억압적인 사회 체계에 적응하라고 요구하는 것은 옳지 않다고 주장한다. 페미니스트들은 여성주의 운동 초기부터 프로이트를 비판해왔다(Enns et al., 1995; Kaplan & Yasinski, 1980). 즉 여성 행동의 강력한 동기가 남근에 대한 부러움이라는 프로이트의 아이디어는 분노를 일으키게 했으며 여성을 모욕하는 것으로 간주되었다. 여성이 부러워한 것은 사회에서 전통적으로 남성에게 부여한 힘이었지, 남성의 생물학적인 기관이 아니다! 페미니스트들은 또한 프로이트가 여성을 수동적이고, 열등하고, 비도덕적인 존재로 보며, 선천적인 열등감을 달래기 위해 평생에 걸쳐 남근을 끝없이 추구하는 존재로 본다고 비판한다(Kaplan & Yasinski, 1980). 정신분석 이론가인 카렌 호나이(Karen Horney)는 프로이트 이론에 대해 하고 싶은 말이 많았는데, 프로이트는 남성이 여성성을 두려워하는 원천인 '자궁 선망(womb envy)'을 간과했다고 지적했다(1932, 1930/1967). 이러한 비판의 초기에 프로이트(1925/1961b)는 "페미니스트는 우리로 하여금 두 성별이 지위와 가치라는 측면에서 완전히 동일하게 여겨야 한다고 압박하지 못해 안달인데, 오히려 페미니스들이 압박하고 있다는 사실을 부인하고 있다."(p. 258)고 대응했다. 광범위하게 볼 때 페미니스트가 규명한 몇 가지 문제점은 모든 이론에서 피할 수 없는 복잡한 문제이다. 치료자는 자신이 처한 환경과 문화의 산물이며, 이론에는 직·간접적으로 문화에서 정상으로 간주하는 것들이 포함된다. 명백하게 프로이트는 여성이 남성보다 가치 없다고 여기는 성차별주의 문화에 속해 있었고, 이에 영향을 받았다.

최근에 일부 페미니스트는 정신분석 이론, 특히 최근에 발달한 정신분석의 파생적인 이론들은 괜찮을 수 있다는 결론을 내렸다(Zanardi, 1990). 초도로(Chodorow, 1989)는 여성주의 정신분석의 일반적인 두 가지 접근을 설명했다. 이는 대인관계적 접근(interpersonal approach)과 프랑스의 포스트모던 접근(French postmodern approach)이다. 대인관계적 접근은 대상관계(object relations), 자기심리학(self psychology), 융학파의 접근(Jungain approaches)을 활용하여 여성성을 재평가하려는 시도를 한다. 정신분석을 변형한 포스트모던 접근은 심리치료에서보다는 문학적인 비평에서 더 사용된다. 이뿐만 아니라 정신분석에서 관계적인 접근(제3장 참조)이 대두되면서 심리성적 발달이론에 대한 의존도가 감소되었다. 여성주의적 관점에서 보면 정신분석에 잔존해 있는 가장 큰 문제가 심리성적 발달이론에 있다.

정신분석에서 문화적 다양성에 대한 주의를 좀 더 기울여야 된다는 주장들이 있다(예 : Foster, 2010; Haaken, 2008). 정신분석은 서양 유럽인이 중시한 가치에 뿌리를 두고 있다는 점은 명백하다. 정신분석 이론의 목표인 지성주의, 개성화 그리고 개인적 성취는 여러 문화에서 반드시 통용되는 것은 아니다. 유럽 문화권이 아닌 다른 문화권에서는 통찰이 반드시 귀중한 보물은 아니다. 정신분석에서 강조하는 개인적 정체성과 개성화라는 가치는 가족이나 집단 구성원을 더 중시하는 아시아, 히스패닉, 아프리카계 미국인을 포함한 다른 문화적 가치들과는 상응하지 않는다(Sue & Sue, 2013). 분석가의 비지시적인 태도는 권위적이고 지시적인 도움을 기대하는 아시아 문화(특히 중국)에서는 반(反)할 수 있다(Zhong, 2011, p. 224). 정통적인 정신분석은 집중적인 심리치료 비용을 지불할 수 있는 경제적 여유가 되는 사람들만 접근할 수 있을 것이다. 즉, 사회 계층에 따른 차별이 존재한다. 낮은 사회경제적 지위에 있는 사람 중에 얼마나 많은 이들이 자신의 내적 경험을 탐색하는 데 수년 동안의 시간과 경제적인 자원을 투자할 수 있을까? 게다가 수와 수(Sue & Sue, 2013)는 사회경제적 지위가 낮은 개인은 개인주의적, 통찰 지향적, 지적이라는 정신분석이 추구하는 가치와 아마 반대되는 가치를 지향할 수 있다고 지적했다. 알트만(Altman, 2013)은 좀 더 경제적인 부담 없이 정신분석에 접근할 수 있게 하고, 정신분석을 문화적으로 더 적절히 만드는 것이 현대 정신분석치료자가 이루어야 할 가장 중요한 과제라고 언급했다.

프로이트는 동성애를 도착증(perversion)이라고 불렀는데, 이는 동성애가 정신분석 이론에서 다루는 정상적인 성적발달에서 벗어났다는 의미이다. 프로이트는 공개적으로 성소수자의 성적 지향을 비판하지는 않았다. 그는 "이런 도착증 중에서 가장 중요한 동성애는 도착증이라고 불릴 만하지는 않다."고 말했다(S. Freud, 1925/1989a, p. 423). 그러나 일부 학자들에 의하면, **도착증**(perversion)이라는 용어를 사용하고 이성애를 정상 성적발달로 여기는 것은 부정적인 도덕적 판단이라고 할 수 있다(Murphy, 1984). 그리 멀지 않은 과거에도 미국 정신분석가들은 동성애를 병리적이라고 여겼다(Gelé et al., 2012). 그러나 현대 정신분석가들은 이와 사뭇 다르게 생각한다. 언젠가부터 성적 지향과 정신건강은 별개의 문제로 여겨졌다. 예를 들어 미국 정신분석학계의 주요한 인물 시드니 필립스(Sidney Phillips)의 발언을 보자. "성소수자를 도착증 환자라고 상상하는 것은 정신분석학의 오랜 고정관념과 편견이었던 분석되지 못했던 동성애 공포증이 내재된 결과이다. 그러니까 성소수자를 도착증 환자라고 하지 마십시오!"(Gelé et al., 2012, p. 951에 인용됨)

CHAPTER 3

신정신분석적 접근

안나 프로이트

테오는 여자친구 타미아로부터 상담 전문가의 도움을 받지 않으면 3년간의 관계를 끝내겠다는 이야기를 듣고 상담에 왔다. 테오는 키가 컸고, 아프리카계 미국 남성이었으며, 22살이었다. 테오는 현재 유명 대학교에서 수학과 컴퓨터 공학을 전공하며 대학 마지막 학기를 보내고 있었다. 테오의 계획은 졸업 후 입대하는 것이다.

테오는 비록 굉장히 차분히 말하기는 했으나 '폭발해버릴 것 같은' 감정을 느낀다고 말했다. 테오는 자신의 분노조절 문제를 비롯하여 이런 분노조절 문제가 자신의 행동과 어떻게 연관되는지를 더 잘 이해하기 위해서 상담이 필요하다고 믿었다. 가장 최근 테오는 타미아가 그의 전화에 응답하지 않고 밤새 '파티를 하며' 논 것에 화가 났다. 테오는 타미아가 파티 계획에 대해 이미 그에게 말했다고 하면서 테오가 화를 내는 것이 자신을 통제하려 하고, 위협하는 것처럼 느껴진다고 주장했다고 말했다. 테오 또한 가족 및 업무적인 관계에서 자신의 화를 조절할 수 없는 것을 걱정했다.

테오는 3형제 중 둘째였다. 태오가 10세 때 부모님은 이혼했고, 테오의 엄마는 자식들과 이사를 했다. 2년 후 부모님은 화해했고, 재결합했다. 테오는 부모님이 재결합하는 것을 원하지 않았고, 경제적인 문제와 아버지의 지속적인 사업 출장으로 인한 잦은 다툼 때문에 부모님이 함께 있으면 안 된다고 아직까지도 믿고 있다. 테오는 형이 자신과 동생을 돌보았고, 집안의 평화를 유지하고자 애썼다고 언급했다.

테오의 부모님은 모두 전통흑인대학을 졸업하였다. 부모님은 테오의 대학진학을 지지했지만 테오가 초중고등학교를 주로 백인학교에서 다녔기 때문에 대학은 전통흑인대학에 입학하기를 원했다. 테오는 비록 부모님의 소망을 따르지는 않았지만 자신이 아직 아프리카계 미국인이라는 정체성을 강하게 가지고 있다고 말했다. 테오는 부모님과 같은 발자취를 따르고 싶지 않아서 백인대학에 다니길 선택했다. 테오는 대학에 가는 것은 부모님으로부터, 특히 '수많은 싸움과 고함'에서 멀리 떨어지는 방법이라고 털어놓았다.

배경

정신분석 집단은 심리치료학계에서 굉장히 흥미로운 집단이다. 스스로 정신분석가라고 설명하는 치료자 집단 내에는 순수 고전주의자(예 : 정통 프로이트학파)부터 상대적으로 최근에 발달된 구성주의적 접근, 관계적 정신분석에 이르기까지 수많은 이론적인 진영이 존재한다. 오늘날 정신분석 치료자의 임상 실제에 기여하는 몇몇 눈에 띄는 이론적인 다양성이 존재한다. 즉, 여기에 대상관계, 자아심리학, 자기심리학, 대인관계 이론과 상호주관성 이론이 포함된다. 이러한 이론가/치료자들은 자신을 프로이트의 직접적인 지적 후예라고 여기지만 모두 프로이트의 이론을 확장하거나 정통적인 정신분석에서 아주 약간 혹은 유의미하게 많이 벗어나기도 했다. 그러므로 이러한 이론을 설명하기 위해 나는 신정신분석(neoanalytic)이라는 이름으로 명명할 것이다.

정신분석가들은 그들의 특정 관점에 대해 글을 쓰는 것을 좋아한다. 주요 학술지들을 훑어봤을 때 정신분석가들은 정신분석 이론의 다양한 갈래가 지닌 타당성에 대해 굉장히 많이 논쟁하는 것처럼 보였다. 정통 분석가들은 관계분석가들을 '불순'하고, '분석적이지 않다'고 비판하였고, 관계분석들은 전통주의자들이 과거에 살며, 낡은 개념을 고수하고 있다고 보았다. 정신분석학자들은 복잡한 용어들을 좋아하고 수려한 문체를 선호하는 것처럼 보인다. 따라서 그런 논쟁이 한창 중일 때 다양한 이름과 용어들로 인해 전혀 갈피를 못 잡게 한다.

논쟁의 주요 골자는 동기(motivation)에 대한 개념 정립에 관한 것이다. 유전적으로 내재된 본능적인 추동(성과 공격성)이 행동의 동기라는 프로이트의 신념 때문에 전통적인 프로이트 이론은 때때로 추동이론(drive theory)으로 불린다. 현대 변형된 정신분석은 추동이론을 어느 정도 수용할 것인지 혹은 거부할 것인지에 따라 특징지어진다(Wolitzky, 2011). 사실상 현대 정신분석 문헌의 고전은 J. R. 그린버그(J. R. Greenberg)와 S. A. 미첼(S. A. Mitchell)(1983)이 쓴 정신분석적 이론에서의 대상관계(*Object Relations in Psychoanalytic Theory*)이다. 이 책에서 그린버그와 미첼은 추동(drives)이 행동의 동기라는 프로이트의 개념을 빌려오느냐 혹은 인간의 동기를 타인과 관계를 맺으려는 내재적인 욕구(need)의 기능으로 간주하느냐에 따라 이론가들을 분류했다. 이 장에서 설명하는 네 가지 접근법을 보면, 자아심리학자는 프로이트의 본래 개념과 거의 비슷한 이론에 기반하며 좀 더 전통주의자인 경향을 취한다. 관계분석가는 추동이론을 거부하는 가장 급진적인 입장을 취한다. 자기심리학을 창시한 하인즈 코헛(Heinz Kohut) 때문에 자기심리학이 놓인 위치에 대해서는 약간의 논쟁이 있는 것처럼 보이는데, 하인즈 코헛은 초기 저서에서 추동이론을 받아들이는 것처럼 보인다. 그러나 이후에 코헛은 이런 추동적 관점을 버리고 좀 더 관계적인 특성을 취하였다(Fosshage, 2003). 그린버그와 미첼에 의하면 오토 컨버그(Otto Kernberg)는 자신을 추동이론가라고 주장하기를 좋아하지만 컨버그 이론에 대한 그린버그와 미첼의 분석은 이와 다르다고 제안한다. 대상관계 이론가와 관계 이론가(전통적인 추동이론을 받아들인 멜라니 클라인을 제외)는 인간은 타인과 관계를 맺고자 하는 욕구에 의해 동기화된다는 관점을 지니고 있다.

이론가들은 인간 동기에 대해 논쟁하지만 이들 모두 인간에게 있어 가장 중요한 관계는 주양육자와의 관계라는 데 동의한다. 즉, 엄마-아이 관계는 종종 관심의 초점이 된다. 엄마는 가장 중요한 존재인데, 엄마는 젖가슴을 가지고 있고, 이는 유아에게 있어 생물학적인 자양분의 원천이 되기 때문이다.

새로운 형태의 정신분석은 발달 영역에서의 프로이트의 이론을 초월한다. 예를 들어 새로운 형태의 정식분석은 정신증(psychosis), 경계선(borderline), 그리고 자기애적(narcissistic) 상태 같은 더 심각한 정신병리를 이해하는 데 도움이 된다. 이러한 유형의 정신병리 문제는 프로이트가 관심을 가졌던 신경증(neuroses)보다 더 이른 시기에 그 기원을 두고 있다. 즉, 신정신분석 이론가들은 '오이디푸스 이전' 발달단계에 대해 논의한다. 전형적인 자아심리학과 대상관계 이론에서는 개입방법에 있어서 비교적 전통적인 정신분석의 모습을 보이는데, 이들은 자유연상, 해석, 절제하는 치료자 태도를 중시한다. 또 다른 신정신분석가들은 변화에 주요한 수단으로 **작업 동맹**(working alliance)(치료적인 관계에 대한 정신분석적 용어)을 강조한다. 모든 신정신분석학파들은 무의식의 힘을 인정한다. 그린버그와 미첼(1983)에 의하면 추동 이론가와 관계 이론가를 구별해주는 것은 무의식의 내용이다. 즉, 추동 이론가의 경우 무의식이란 수용할 수 없는 성적인 충동과 공격적인 충동이 담겨 있는 것으로 여기는 반면에 관계 이론가에게 무의식은 "거부당한 자기와 타인의 특정 이미지들로 구성되어 있다고 여겨진다."(p. 382)

신정신분석가들 사이에서 인간 본성에 대한 관점은 다양하다. 예를 들어 대상관계 이론가인 멜라니 클라인(Melanie Klein)은 인간에 대해 다소 부정적인 관점을 제시하며 공격적인 본능에 대해서 꽝장히 많이 저술하였다. 멜라니 클리인은 리비도 에너지를 인정하였지만(이런 리비도의 에너지는 유아를 사랑의 상태로 이끔) 초기 발달단계를 끔찍한 것으로 묘사했다. 즉, 유아는 갈등적인 감정(주로 공격성)과 종잡을 수 없게 변하는 정서적인 상태로 인해 괴로워한다(Mitchell & Black, 1995). 클라인의 독창적인 생각은 [글상자 3.1]에서 읽을 수 있다. 다른 대상관계 이론가, 자기심리학자, 그리고 관계적 정신분석가는 최소한 인간 본성에 대한 중립적인 관점을 취하였다. 프로이트 체계에서는 자아를 초자아와 원초아가 싸우는 전쟁터라고 비유했는데, 이러한 입장을 반대하는 자아심리학자는 자아의 적응적인 역량을 강조한다. 이러한 자아심리학 입장은 아마 인간에 대해 더 긍정적 관점을 취하고 있음을 시사한다.

신정신분석적 저자들 사이에 존재하는 가장 근본적인 철학적 차이는 객관적인 실증주의자(프로이트처럼)인지, 혹은 상대적인 구성주의자인지에 달려 있다. 프로이트는 객관적인 실제 자료를 조작하면서 자연 법칙을 발견하는 자연과학처럼 정신분석이 성장하기를 원했다. 이 관점에서 본다면 정신분석가는 내담자 자료를 정확하게 해석하는 데 책임이 있는 과학자이며, 내담자를 위해서 무엇이 옳고 그른지를 아는 전문가이다. 명확하고 일관된 진실은 신체적 실제에 근원을 두고 있다(프로이트는 결코 이를 설명할 수는 없었음에도 불구하고 프로이트는 신경해부학적인 입장 지지).

일부 프로이트의 후계자들과 달리 현대 정신분석가들, 특히 관계적 정신분석가와 자기심리학자는 자신들의 철학에 있어 더 구성주의적인 관점을 취한다. 간단히 말하자면 그들은 '실제(reality)'를 관찰자와 무관하게 볼 수 없다고 여겼다. 한 사람에게 있어 진실은 다른 사람에게는 진실이 아닐 수 있다. 치료적 관계에서 '실제'(Reality)는 내담자와 상담자가 함께 구성한다. 이는 치료적 사건에서 내담자와 상담자의 역할을 강조하는 **두-사람 심리학**(two-person psychology)이라는 개념을 성립하게 한

초기 발달에 관한 멜라니 클라인의 견해

나의 관점에서—다른 곳에서 굉장히 자세하게 설명했듯이—젖가슴을 내사(introjection)하는 것은 몇 년에 걸쳐 이루어질 초자아 형성의 출발점이 된다. 우리는 아이가 첫 번째 수유 경험을 할 때부터 계속적으로 젖가슴을 다양한 관점으로 내사한다고 가정한다. 따라서 초자아의 핵심은 어머니의 젖가슴(좋은 젖가슴과 나쁜 젖가슴 모두)이다. 아이는 내사(introjection)와 투사(projection)를 동시에 하기 때문에 아이가 지닌 외부 대상과 내부 대상은 서로 상호작용하게 된다. 아이의 삶에서 곧 하나의 역할을 맡을 아버지 역시 처음에는 유아의 내부 세계의 일부가 된다. 감정의 급속한 변화는 유아가 보이는 특징이다. 유아는 사랑과 증오 사이를, 외부와 내부 상황 사이를, 지각된 현실과 이를 바탕으로 한 환상 사이를 분주히 오가고 있다. 그리고 이에 따라 아이는 내부 대상과 외부 대상을 비교하고 대조하면서 박해 불안(persecution anxiety)과 이상화(idealization)로부터 모두 영향을 받는다. 필연적으로 이상화된 대상은 굉장히 나쁜 박해자가 된다.

아기의 통합하고 종합하는 자아 능력은 성장해 나간다. 심지어 이런 능력이 개발되기 시작하는 몇 개월 동안, 유아는 점점 사랑과 증오를 하나로 통합하게 되고, 이에 따라 대상들이 지닌 좋고 나쁜 측면들도 하나로 합쳐지게 된다. 이는 두 번째 불안인 우울 불안(depressive anxiety)을 불러일으킨다. 유아가 우울 불안에 빠지는 이유는 유아 자신이 지닌 공격적인 충동과 나쁜 젖가슴(엄마)을 향한 욕망이 이제는 좋은 젖가슴(엄마)에 위험을 처하게 한다고 느끼기 때문이다. 아기가 생후 4개월쯤 지났을 때 이런 감정들은 더 격화되는데, 그 이유는 이 단계에서 아기가 엄마를 점차 인식하게 되고, 엄마를 한 사람으로서 내사하기 때문이다. 아기는 우울 불안이 심해지는데, 이는 아기가 자신의 탐욕스럽고 통제할 수 없는 공격성이 하나의 전체

대상(whole object)을 파괴해 왔거나 파괴하는 중이라고 느끼기 때문이다. 게다가 아기는 감정을 통합하는 능력이 신장되면서, 이제 이런 파괴적인 충동이 사랑하는 사람에게 향한다는 것을 느낀다. 이와 비슷한 심리적인 과정이 아버지를 비롯한 다른 가족 구성원들에 대해서도 일어난다. 아기의 불안과 이러한 불안에 상응하는 방어는 "우울 자리(depressive position)"를 구성하며, 우울 자리는 아이가 태어난 지 6개월쯤 되었을 때 가장 커져서 절정에 달한다. 우울 자리의 핵심은 사랑하는 내부 대상 및 외부 대상에 대한 파괴 및 상실과 관련된 불안과 죄책감이다.

우울 자리와 굉장히 밀접한 관련성을 가지면서, 오이디푸스 콤플렉스가 시작된다. 불안과 죄책감은 오이디푸스 콤플렉스가 시작되도록 하는 강력한 자극제이다. 불안과 죄책감은 점차적으로 나쁜 대상을 외부로 보내고(투사), 좋은 대상은 내재화(내사)하는 것을 필요로 한다. 욕망, 사랑, 죄책감. 그리고 회복하려는 경향성은 어떤 대상과 연결되고 증오와 불안은 다른 대상에게 연결되며, 외부 세계에서 내적 대상의 표상을 찾는다. 유아는 욕구를 완전히 충족시켜 주는 새로운 대상을 찾는 것뿐만 아니라 새로운 목표를 향하게 된다. 즉, 젖가슴의 집착에서 벗어나 남근으로 향하는, 즉 구강 욕망에서 성기 욕망으로 향하게 된다. 많은 요인들(전진하는 리비도 추동, 성장하는 자아의 통합 능력, 신체적·정신적 기술 발달, 외부 세계에 대한 적응력 신장)은 유아의 이러한 발달에 기여한다. 이런 유아의 경향은 상징 형성(symbol formation) 과정과 밀접하게 관련된다. 상징 형성은 유아로 하여금 한 대상에서 다른 대상으로 관심뿐만 아니라 감정과 환상, 그리고 불안과 죄책감이 옮겨가도록 한다.

출처 : Klein, M.(1951). The Origins of Transference. *International Journal of Psychoanalysis, 33*, 433-438.

다. 아인슈타인의 상대성 이론, 양자물리학, 하이젠베르크의 불확정성 원리가 반향을 일으키면서 자연과학 영역의 이러한 혁명적인 발상은 결국에는 사회과학 영역에 조금씩 침투되어서 정신분석 개념에도 스며들어, 완전한 객관적인 치료자/관찰자 개념은 종말을 맞이했다(R. C. Curtis & Hirsch, 2011).

신정신분석가들은 비록 프로이트의 심리치료 방식과는 약간 달라 보이기는 하지만, 주로 고전적인 정신분석적 기법에 의존한다. 이런 이유에서 이 장에서는 전통적인 기법의 자유 연상, 꿈 분석, 그리고 해석이 신정신분석의 관점에서 어떻게 사용되는지에 간략하게 초점을 맞추어 설명한다. 대부분의 신정신분석가들은 치료자와 내담자 관계에서 치유가 일어나며 (전이 해석을 통한 통찰의 효과를 넘어) 관계 자체가 치유적이라고 강조한다. 그리고 공감을 매우 중요하게 여긴다. 어떤 신정신분석학자들은 공감을 중요한 개입의 형태로 생각했다(Safran, 2012). 신정신분석가들은 또한 고전적인 정신분석 모델에서는 금기시되는 내담자를 지지하고 내담자에게 조언을 제공하는 것으로 알려져 있다(Safran & Kriss, 2014).

오늘날 임상현장에서 일하는 대부분의 정신분석가들은 한 분파나 그 이상의 다양한 분파의 분석가들, 그리고 아마 모든 분파 분석가들의 개념을 활용할 것이다. 이 장에서는 주요한 네 가지 신정신분석 분파들을 소개할 것이다. 즉 자아심리학(ego psychology, EP), 대상관계(object relations, OR), 자기심리학(self psychology, SP), 관계적 정신분석(relational psychoanalysis, RP)에 대해서 다룰 것이다. 이 분파들의 일반적 치료적 지향에 관한 상세한 설명들이 논리가 있어 보이지만, 현대 정신분석 이론을 어느 진영으로 분류할 것인지에 관한 논쟁이 있다는 것도 알아야 한다. 예를 들어 어떤 사람들은 코헛을 대상관계학자로 보는 반면, 또 다른 이들은 코헛의 접근방식을 관계적 정신분석이라고 설명할 것이다. 저자가 여기서 설명하는 것보다 더 깊이 공부해야 이런 논쟁들을 온전히 이해할 수 있을 것이다. 정신분석학에서 파생된 다른 중요한 이론도 무시하지 말기를 당부한다. 초기에 프로이트를 추종했던 사람 중 한 명이었던 칼 융의 관점이 [글상자 3.2]에 요약되어 있다.

글상자 3.2

분석심리학 : 융의 관점에서 본 정신분석

칼 구스타프 융(Carl Gustav Jung)은 1875년 7월 26일 스위스 북동부 케스윌이라는 마을에서 태어났다. 다른 많은 유명한 심리학자(빌헬름 분트, 에드워드 손다이크, 이반 파블로브)와 같이 융의 아버지는 목사였다. 융은 1909년, 미국으로 한 번 이주하긴 했지만 자신의 삶 대부분을 스위스에서 보냈다. 융은 심리학계에 지대한 공헌을 했다. 가장 주목할 점은 성격유형과 성격이론에 대한 융의 작업이다.

원래 지그문트 프로이트의 제자였던 융은 "성(sexuality)을 인간 행동의 주요 동기로 볼 수 있는가?"라는 이슈를 두고 결국에는 프로이트와 결별했다. 융에게 성(sexuality)은 인간의 심리적 과정에 영향을 미칠 수 있는 것들 중에 하나일 뿐이다. 이러한 성과 동일하게 혹은 성보다 더 중요한 것은 개인의 개성과 의미 탐색이다(Raff, 2007).

비록 융의 작업에 있어 가장 영향을 미친 사람은 지

(계속)

그문트 프로이트였지만(Casement, 2002) 1800년대 후반 많은 유럽인들처럼 융은 철학, 초자연적 현상, 미신, 상징들에 매료되었다(Doublas, 2005). 사회적인 상징의 공통적인 요소들을 알게 된 융은 인간 경험에는 공통적인 요인들이 있다는 관점을 가지게 되었다. 즉, 인간 경험의 공통적 요인을 원형(archetypes)이라고 명명했다. 융은 또한 동양 문화와 동양적인 관점으로부터 굉장히 많은 영향을 받았는데, 이는 융의 이론을 관통하는 핵심 주제인 정신내적인 힘(intrapsychic forces)의 균형을 강조하는 부분에서 살펴볼 수 있다.

성격의 유형론

융은 인간의 심리적인 구조를 **프시케**((psyche, 정신)라고 불렀다. 융의 성격 구조의 핵심은 **자아**(ego)이다. 자아는 '나(I)' 또는 '나(Me)'이며, 인간이 의식하는 성격의 측면을 담고 있다. **페르소나**(persona) 또한 사람이 의식하는 부분에 있는데, 이는 외부 세계로 보여지는 성격의 측면이다(Douglas, 2005). 페르소나는 사회적으로 적절하다고 판단되는 성격의 일부를 관찰자들에게 보여주면서, 본질적으로는 사회에서 적절한 자아로서 행동하도록 한다.

의식적인 자아와 균형을 맞추기 위해 융은 개인적 그림자(personal shadow)의 존재를 가정했다. 개인적인 그림자는 인간의 무의식적인 부분에 놓여 있으며, 부정적이거나, 해롭거나 고통스럽다고 간주되는 인간의 측면을 담고 있다. 융은 개인적인 그림자에는 아직은 덜 발달되었거나 인식하지 못한 인간 성격의 긍정적인 측면이 또한 포함될 수 있으며, 더 나아가 인간 무의식은 그 자체가 창의력의 원천이 될 수 있으며 개인에게 편안함을 줄 수 있다고 믿었다(Douglas, 2005).

집단 무의식(collective unconscious)은 모든 인간이 공유하는 일련의 지식, 믿음, 경험이다. 집단 무의식의 가장 중요한 요소는 **원형**(archetypes)이라고 알려진 패턴이다. 융은 원형이 지닌 세부적인 특성이 시간이 흐르고 문화를 거쳐서 변화될 수 있지만, 심지어 시각적 그리고 문화적인 세부요인은 바뀌더라도, 특정 원형의 본질적인 특성은 변하지 않는다고 믿었다. 하나의 예로 영웅 원형을 생각해보자. 어떤 사람에게 영웅의 원형은 번쩍이는 갑옷을 입은 기사의 이미지로 나타날

수 있다. 어떤 사람에게 영웅은 명백하게 사무라이일 것이다. 이렇듯 이미지는 굉장히 다를지라도 이들은 영웅 원형의 본질을 공유한다. 현재의 관심을 문화적 다양성에 둔다면, 융은 내담자의 원형적인 이미지를 정확하게 이해하려면 내담자가 속한 문화와 내담자가 자신의 문화에 대해 개인적으로 어떻게 이해하고 있는지를 이해할 필요가 있다고 믿었다.

다른 중요한 원형으로 **아니무스**(animus)와 **아니마**(anima)가 있다. 아니무스는 개인의 남성적인 측면을 표상하고, 아니마는 개인의 여성적인 측면을 표상한다. 이런 원형은 중국의 양과 음의 개념과 꽤 닮아 있다. 양과 음의 개념과 마찬가지로, 융은 모든 사람이 아니무스와 아니마의 측면을 지니고 있으며, 개개인은 반드시 자신의 성격에서 이 두 가지 측면을 이해하고 발달시키도록 노력해야 한다고 믿었다. 원형을 이해하는 것은 자기이해를 향상시키며, 다른 성별을 지닌 사람과 더 만족스러운 관계를 맺을 수 있도록 한다.

융은 무의식에 관한 프로이트의 고전적인 개념에 인간의 잠재력 영역을 덧붙였다. 무의식은 부정적인 정서를 담고 있지만, 융에게 무의식은 또한 인간 잠재력, 창의력, 실존적인 의미의 중심이 된다(Douglas, 2005). 이런 무의식에 대한 관점은 융의 이론이 프로이트의 정신분석과 다르다는 것을 보여주는 핵심적인 부분 중 하나이다.

융의 유형론

융의 유명한 공헌 중의 하나는 성격 유형에 관한 이론이다(Douglas, 2005). 융은 인간 성격의 세 가지 기본적인 차원을 이론화했다. 이러한 각 차원은 두 가지 반대 개념으로 이루어지며 이러한 반대 개념은 서로 균형을 이룬다. 한 사람은 일반적으로 두 가지 개념의 특성 모두를 어느 정도는 보이지만, 일반적으로 하나의 특성을 다른 특성보다 더 선호한다. 융의 다른 이론과 마찬가지로 융은 성격 유형에서도 균형을 강조한다. 내향은 외향을 통해서 균형을 맞출 필요가 있고, 사고는 감정에 의해, 감각은 직관에 의해, 판단은 인식에 의해 균형 잡을 필요가 있다.

융은 건강한 프시케(정신)는 **내향**(introversion)과 **외향**(extroversion)이 균형을 이룬다고 가정했다. 비록 오늘날 대부분의 사람들이 외향과 내향이 단순히 선

천적인 인간의 지향으로 이해하지만 융은 이런 개념에 관해서 더 깊은 의미를 찾았다. 내향은 자신의 내적 자기를 탐색하고자 하는 경향을 말한다. 내향적인 사람은 이런 탐색을 위한 홀로 있는 시간이 필요하며, 이런 탐색에서는 주로 자신의 정서적인 반응을 이해하고자 한다. 융은 내향적인 사람의 리비도 혹은 추동의 에너지는 자신에 대한 더 깊은 이해를 비롯하여 타인의 내적인 삶에 관한 깊은 이해를 지향하는 데 기원을 두고 있다고 가정했다. 즉, 내향적인 사람은 굉장히 소수의 매우 친한 친구들이 있다. 반면 외향적인 사람은 외부적인 대상과 외부 관계에서 의미를 찾는다. 외향적인 사람의 리비도는 다른 사람 곁으로 가도록 떠밀고, 타인과의 관계를 통해서 삶의 의미를 찾도록 한다.

두 번째 성격 차원은 **사고**(thinking)와 **감정**(feeling)이다. 사고적인 사람은 인지, 논리, 이성적인 생각을 선호한다. 이들은 가능한 모든 선택안의 세부사항을 이해하고, 그다음에 논리에 따라 결정을 내리기를 원한다. 이에 반해 감정적인 사람은 감정과 정서의 주기적인 변화 경험을 즐긴다. 즐거움, 우울, 소망과 만족은 감정적인 사람들의 경험적인 놀이터이다.

감각(sensation)과 **직관**(intuition)은 세 번째 성격 차원을 구성한다. 감각을 선호하는 사람은 자신이 보고, 냄새 맡고, 맛보고, 만진 것 등에 대해서만 믿을 수 있다. 자신이 감각으로 감지할 수 없는 것들은 의심한다. 반대로 직관을 사용하는 것을 더 지향하는 사람은 직접 인식할 수 없는, 신비로운 힘을 이해하고자 한다. 직관적인 사람은 종종 신체언어, 목소리 톤의 변화, 애매모호한 감정에 관한 의미 같은 잠재 의식적 단서를 알아채는 것에 능숙하다. 직관적인 사람은 아마 자신의 감각보다는 직감을 믿을 것이다.

가장 흔히 사용되는 성격 유형 평가는 **마이어-브릭스 유형 지표**(MBTI, Myers, & McCaully, 1985)이다. 그리고 이는 네 번째 차원인 **판단**(judging) 혹은 인식(perceiving)을 포함한다. 판단을 선호하는 사람은 종종 완전하지 않은 정보에 기반하여 결정을 내리고 즉각적으로 행동하는 것을 추구할 것이다. 인식적인 사람은 결정을 내리기 전에 가능한 한 많은 정보를 수집하는 것을 좋아한다. 인식하는 사람은 결정을 내리는 데 있어서 판단자보다 덜 서두른다. 빠르게 결정을 내릴 필요가 있는 사안은 또한 인식자에게 엄청난 불안

의 원천이 된다. 균형적인 사람은 가능한 한 정보를 많이 수집할 것이지만 여전히 불완전한 정보를 바탕으로 결정을 내릴 수도 있지만, 이후에 새로운 정보에 기반하여 적응할 수 있을 것이다.

융의 유형론은 다양한 상담 활동의 영역에서 사용되어 왔으며, 타인과 협력하여 개인의 기능 향상을 돕는 상담에서 유용성이 입증되었다(Douglas, 2005). 한 개인으로 하여금 자신의 성격 유형과 타인의 성격 유형을 이해하도록 돕는 것은 관계의 범위를 넓혀주는 데 기여할 것이다. 심지어 융을 한 번도 들어보지 못한 사람일지라도 많은 사람들이 MBTI 검사를 받았고 자신의 성격 유형에 익숙할 것이다. 이와 같이 널리 알려진 지식은 융 이론의 진실성 그리고 융 정신분석가들이 융의 업적을 이으려고 했던 노력의 증거이다.

심리적인 역기능과 치료

융은 인간발달의 일부로 **콤플렉스**(complexes)를 발달시키려는 경향이 있다고 믿었다. 콤플렉스는 성격의 가장 민감한 측면이다. 개인은 이해하지 못하거나 자아로 통합하기에는 너무 고통스러운 삶의 사건에 초점을 맞추면서 콤플렉스가 발달될 수 있다. 형성된 콤플렉스는 무의식으로 밀쳐진다. 개인이 복잡한 정서, 감각, 기억 그리고 콤플렉스 이면에 있는 의미를 풀려고 시도할 때 콤플렉스는 증상으로 드러날 수 있다. 개인은 이런 증상을 완화하기 위해서 콤플렉스를 의식으로 불러와서 자아에 통합할 필요가 있다(Casement, 2002).

예를 들어 보자면 피터가 자신의 큰형인 댄과 안정된 관계를 맺지 못했다고 해보자. 주로 댄은 피터에게 굉장히 잘해주었다. 피터를 돌보았고, 피터랑 놀았지만 때때로 댄은 굉장히 화를 냈고 난폭하게 굴며 피터를 때리기도 했다. 피터는 댄을 우러러보고 굉장히 잘 따랐다. 그러나 댄의 폭력성으로 인해, 피터 또한 댄에 대한 굉장한 두려움과 공포를 느꼈다. 피터가 12세가 되었을 때, 댄은 교통사고로 죽었다. 댄의 죽음에 대해 느끼는 피터의 감정은 너무나 고통스러워서 자아로 통합될 수 없었다. 따라서 피터는 이러한 감정을 개인적인 무의식에 억압했다. 피터가 개인적인 무의식에 억압한 감정은 그림자의 일부가 되었다. 피터가 성인이 되었을 쯤에 이런 감정들은 점차 콤플렉스가 된다. 그리고 이런 피터의 콤플렉스는 무의식적으로 그의 삶 속에서

(계속)

수많은 방법을 통해 표현되었다. 예를 들어 피터는 무의식적으로 멘토와 친밀한 관계를 맺는 것을 막았다. 피터는 또한 불안과 불신을 멘토에게 투사하였고, 멘토가 피터와의 관계를 불편하게 느껴 이를 끝내고 싶어하게 만들었다. 피터의 콤플렉스는 대인관계에 영향을 미쳤다. 피터는 의식적으로는 그를 버린 사람이 멘토라고 여긴다. 피터에게는 좋은 멘토란 없는 것이다.

융의 심리치료 이론은 분명히 무의식, 초기 아동기, 전이에 초점을 둔 정신분석적이지만 굉장히 많은 부분에서 인본주의적인 접근과 유사하다. 융은 유능한 치료자는 심리적 기능의 네 가지 주요한 원칙을 이해한다고 믿었다(Doublas, 2005). 첫 번째 원칙은 프시케(정신)는 자기조절 체계라는 것이다. 즉, 내담자는 자신의 콤플렉스를 치유하고 해결하기 위해 무엇이 필요한지를 안다. 두 번째는 무의식은 성격 내에서 보호기능을 가지고 있다. 즉, 자아를 고통스러운 감정과 생각으로부터 보호해준다. 무의식은 또한 창의력과 영감의 근원이며 자기를 이해하도록 하는 원천이 된다. 세 번째 핵심적인 원칙은 상담관계는 성공적인 치료에 굉장히 주요한 역할을 한다는 것이다. 융의 마지막 주장은 인간은 전생애에 걸쳐 성장할 수 있다는 것이다. 콤플렉스는 한 개인의 삶을 통해 생성될 수도 있고 해결될 수도 있다.

융은 치료를 네 단계로 나눈다. 부분적으로 음악의 음계(音階)와 비슷하게, 치료의 단계는 마치 솔로 연주가 될 수도 있고 함께 조화를 이루어 연주될 수도 있다. 치료의 첫 번째 단계는 고백(confession) 단계이다. 이는 상담자가 내담자의 과거력, 자아, 그리고 무의식을 탐색하는 단계이다. 고백 단계는 훗날 칼 로저스가 무조건적 긍정적 존중(unconditional positive regard)이라고 명명한 그 부분을 강조한다(제5장 참조). 상담자는 내담자의 성격과 과거를 판단하지 않으면서 탐색한다. 이런 상담자의 수용은 내담자의 숨겨진 자기 측면과 연관된 수치심과 죄책감을 완화시킨다. 융은 고백 단계 동안 전이가 강하게 일어날 것이며, 전이는 필수적이라고 언급했다. 내담자는 현재 탐색되고 있는 자기의 많은 측면을 상담자에게 투사한다(Douglas, 2005).

명료화(elucidation) 혹은 전이의 탐색은 치료의 두 번째 단계이다. 이 단계에서 상담자는 내담자에게 전이를 알려주고 전이의 근원을 탐색하기 시작한다. 고전적인 융의 심리치료의 경우, 상담자는 내담자의 출생에서부터 약 4세까지의 아주 초기 아동기 사건을 탐색한다. 교육(education)은 치료의 세 번째 단계인데, 이 단계에서는 명료화를 통해 얻은 통찰이나 행동을 통해 실행하기 시작한다. 대부분의 내담자는 치료의 네 번째 단계인 변형(transformation)에 도달하지 못한다. 변형 단계에서 내담자는 자기실현(self-actualization)에 근접한다. 융에 의하면 자기실현된 사람은 의식과 무의식적 경험 모두에 가치를 둔다. 자기실현을 한 사람들은 외적 환경과 내적 프시케(정신) 사이의 균형뿐만 아니라 자신의 의식과 무의식 간의 균형도 이룬다. 융은 자기실현한 사람은 굉장히 드물지만 사람들이 이 단계에 도달할 수 있다고 생각했다.

이런 치료의 네 단계 각각은 상담자와 내담자의 관계라는 멜로디 사이에서, 밖에서, 안에서 엮여 있다. 어떤 내담자는 오직 한 단계에만 관여할 것이다. 또 다른 내담자는 아마 치료의 두세 단계를 힘겹게 마주하고 있을 수 있다. 치료의 네 번째 단계에 도달하는 내담자는 드물며, 종종 말년을 보내는 내담자가 이 단계에 다다르기도 한다.

결론

융의 이론은 개인의 삶의 실존적인 의미와 더불어서 개인의 내적인 갈등에 초점을 둔다. 융의 이론과 삶은 영향력이 있는데, 그 이유는 부분적으로 융이 의미 있는 실존 유지의 중요성과 내적인 갈등 사이의 균형을 맞추는 데에 초점을 두었기 때문이다. 융은 1961년 사망했다. 융은 두 차례의 세계대전에서 살아남았고, 정신분석과 더불어 다른 심리학파들의 성장과 발달을 보았다. 융의 몇몇 아이디어들은 그 가치나 진실성에 관한 진지한 질문을 받았지만, 융 분석가들은 융의 이론을 계속해서 발전시켰고 오늘날까지 번영해 오고 있다. 융 치료 이론과 성격이론을 이해하면서 우리는 오늘날 심리학계에 큰 기여자 중 한 명을 어렴풋이 볼 수 있다.

출처 : J. Rico Drake 박사 허락하에 제공

자아심리학

개요

지그문트 프로이트 이후의 정신분석의 역사는 안나 프로이트(Anna Freud)로부터 시작된다. 안나는 1918년부터 1922년까지 아버지에게 분석을 받으면서 아버지의 진정한 후계자가 된다. 안나 프로이트에 관한 더 많은 정보는 안나프로이트센터(www.annafreud.org)에서 찾아볼 수 있다. 안나는 (멜라니 클라인과 함께) 아동정신분석의 토대를 세운 사람이자 방어기제 이론을 개발한 사람이다. 안나 프로이트와 그녀의 지적 후예들은 수년간 미국정신분석학회를 주름잡았던 자아심리학파를 발전시켰다(Wallerstein, 2002). 자아심리학은 전통적인 정신분석과 매우 비슷하다고 여겨지지만 안나 프로이트의 획기적인 책인 자아와 방어기제(*The Ego and the Mechanisms of Defense*)(1936/1966)에 설명한 것처럼 방어기제의 기능뿐만 아니라 자아의 적응적인 기능에 주목하였다.

또 다른 중요한 자아심리학자는 하인즈 하트만(Heinz Hartmann)이다. 프로이트에게 정신분석을 받았으며 사회학자 막스 베버와 잠시 연구했던 하인즈 하트만은 자아심리학에 몇 가지 중요한 아이디어를 제시하였다. 하트만의 유명한 책인 자아심리학과 적응 문제(*Ego Psychology and the Problem of Adaptation*)(1939)에서 자아를 초자아에 대한 종속에서 해방시켰고, 더 중요하게 원초아의 종속으로부터도 해방시켰다. 아직까지도 고전적인 추동이론에 충성하는 하트만에 대해서 그린버그와 미첼(1983)은 "전환기적인 인물"로 그리고 "두 모델을 모두 잡으려는" 인물이라고 묘사하였다(pp. 236, 268)

비록 어떤 이들은 마가렛 말러를 대상관계학자로 분류하지만, 나는 또한 자아심리학 부분에서 마가렛 말러의 심리발달 단계를 포함할 것인데, 이는 자아성장에 관해 잘 알려진 모델이기 때문이다. 다른 중요한 자아심리학자들은 조셉 샌들러(Joseph Sandler), 한즈 뢰발트(Hans Loewald)와 오토 컨버그(Otto Kernberg)가 있다. 그러나 컨버그의 작업은 대상관계 부분에서 논의할 것인데, 컨버그가 꽹장히 많은 부분을 추동/구조적인 이론보다 구성주의적 이론에 기대어 설명하기 때문이다.

월러스틴(Wallerstein, 2002)은 미국의 신정신분석적 접근에서 가장 오랜 연대를 지닌 자아심리학의 역사를 호소력 있게 저술했다. 자아심리학은 1950~60년대 미국정신분석학회를 주도했고, 자아심리학을 지지하는 이들은 자신들이 '분석적'인 치료자와 '비분석적인' 치료자를 구분할 수 있는 자격을 갖췄다고 생각했다. (그리고 비분석적인 사람들은 그 학회에서 명백하게 제명되었다.) 미국정신분석학회를 완벽하게 제압하던 자아심리학은 설리반의 대인관계 정신의학에 의해 자극을 받았고, 코헛의 자기심리학으로 인해서 진정으로 흔들리게 되었다. 결과적으로 많은 자아심리학자들은 대상관계(OP)나 관계적 정신분석(RP)의 개념을 자신의 작업으로 통합하였다(Kernberg, 2005). 월러스틴 또한 전통적인 자아심리학의 몇 가지 수정된 이론을 기술했지만(찰스 브레너, 뢰발트, 컨버그, 샌들러가 제안), 오늘날 미국심리학회에서 자아심리학의 진정한 양상이 어떠한지를 결정하는 것은 어렵다. 따라서 이 문제에 관하여 더 알기를 원한다면 스스로 파악하도록 여지를 남기며, 이 장에서는 주로 전통적인 자아심리학에 대해서 설명하고자 한다.

┌─ 영상 자료 3.1 ───
│
│ 안나 프로이트의 삶
│
│ ▶ https://www.youtube.com/watch?v=PxaQnXY0bEA
│
└───

주요 개념

구조 모델. 자아심리학자들은 성적 및 공격적 추동과 더불어 원초아, 자아, 초자아로 구성된 프로이트의 구조 모델을 그대로 유지한다. 그러나 전통적인 프로이트 이론가들이 본능(추동)을 강조하여 원초아(id)의 기능을 강조했던 것과 달리, 자아심리학 이론은 자아의 기능을 강조한다. 안나 프로이트와 하트만은 자아발달에 관심이 있었는데, 이들은 자아를 원초아의 충동을 조절하기 위한 산물 그 이상으로 보았다(Quintar, Lane, & Goeltz, 1998). 하트만은 자아는 원초아와는 별개로 독립적으로 발달한다고 간주했다. 프로이트는 원초아가 분화되면서 자아가 발달한다고 간주했다. 하트만의 접근의 경우 자아는 훨씬 더 활력이 있으며, 에너지를 가진 것으로 간주한다. 이는 하트만이 자신의 저서에서 **자아 자율성**(ego autonomy)이라는 용어를 사용하게끔 했다. 현대 이론가들은 자아의 집행 및 통합 기능에 가장 관심을 둔다.

하트만은 자아는 (원초아와는 분리된) 자아만의 에너지를 저장하고 있다고 주장했다. **중립화**(neutralization)라고 불리는 과정을 통하여 본능적 에너지는 자아 에너지로 전환된다(Fine, 1979). 자아심리학자들은 안나 프로이트가 설명한 방어기제와 더불어 인지(cognition), 현실 검정(reality testing), 판단(judgment)과 같은 자아의 기능을 연구했다(Wolitzky, 2011). 현대 이론가들은 또한 자아의 집행 및 통합 기능에 관심을 가지고 있다. 즉, 자아의 집행 및 통합 기능에는 외부의 정보를 조직화하는 것, 환경에 적응하는 것(예 : 원초아와 초자아의 요구를 충족시키기 위한 사회적으로 용인된 방법 발견), 그리고 평생에 걸쳐 마주하는 발달적인 도전 과제를 처리하는 것 등을 포함한다(Schamess & Shilkert, 2008).

자아심리학에 기반한 치료자인 이세벨은 테오가 원초아, 자아, 초자아의 갈등으로 힘겨워하고 있다고 생각한다. 테오가 느끼는 분노는 원초아의 충동이 변형된 형태이다. 대학에서 테오가 수행하는 능력을 바탕으로 볼 때 테오의 자아 기능은 온전하며, 넓게 보았을 때 적응적이다.

이세벨은 테오와 타미아 그리고 테오와 그의 부모와의 관계에서 테오의 원초아, 자아, 초자아가 갈등하고 있다는 증거를 찾아냈다. 테오의 원초아는 모든 성적 그리고 공격적인 에너지를 가지고, 타미아가 주는 잠재적인 충족감을 향해서 테오를 떠밀고 있다. 타미아가 밖에서 밤샘 파티를 하자 테오는 타미아가 다른 남자랑 함께 있을 수 있다고 걱정했고, 공격적인 원초아 충동이 타미아와의 관계에서 두드러져 나타났다. 테오는 분노를 표출했다. 테오 부모님, 특히 아버지에 대한 분노 또한 억압된 공격적인 충동에 기원한 것으로 보인다. 테오는 대학을 전통흑인기관으로 가는 것을 거부하면서 부모님께 반항했다.

반면에 테오의 초자아와 자아는 테오가 원초아의 충동에 따라 행동하는 것을 막고 있다. 분노를 조절하는 게 어렵다는 테오의 큰 걱정은 테오의 초자아가 작동하고 있다는 신호이다. 테오는 아마 이런 초자아가 명령한 결과로, 그리고 현 상황을 더 잘 다루고자 하는 자아의 합리적인 결정으로 상담에 왔다.

방어기제.　이 장 초반에 설명했듯이 안나 프로이트의 가장 중대한 업적은 자아의 방어기제에 관한 것이다. 안나 프로이트는 자아에게 닥친 세 가지 종류의 위험을 밝히면서 방어기제가 작동하는 이유를 상세히 설명했다. 이 세 가지 종류의 위험은 초자아의 분노, 추동의 위협, 그리고 외부 세계에서 비롯된 위험이다(Sollod, Wilson, & Monte, 2009). [글상자 3.3]에서 안나 프로이트가 제시하는 추가적인 방어기제에 대해 읽을 수 있다.

테오는 자신의 공격적인 충동을 억압, 공격자와의 동일시, 전치를 통해 다루는 것처럼 보였다. 테오는 오이디푸스 단계를 대체로 잘 보냈지만, 테오의 행동은 오이디푸스 갈등이 완전히 해소되지 않았다는 것을 암시한다. 그 결과 테오는 아직도 아버지를 향한 해소되지 않은 공격성을 느끼고 있다. 테오는 공격성을 표현하기보다 억압하지만 공격자인 아버지와 동일시하기도 하고, 타미아 같은 안전한 대상에게 공격성을 전치하면서 이런 추동 에너지의 기세를 꺾는 것이다. 이세벨은 테오가 오이디푸스 갈등에서 공격자인 아버지와 동일시하기 때문에 자기 자신을 화난 사람으로 본다고 생각한다. 그러나 테오는 자신의 분노를 타미아를 비롯하여, 아주 사소한 일로 좌절감을 주는 친구 및 동료 같은 다른 안전한 대상에게 전치한다.

갈등이 없는 영역.　하트만(Hartmann, 1939)의 갈등이 없는 영역(Conflict-Free Sphere) 개념은 "인간의 모든 심리적인 삶이 환경, 원초아, 자아, 초자아 간의 갈등에서 비롯되지 않는다."는 자아심리

글상자 3.3

안나 프로이트의 방어기제

아버지인 프로이트는 방어기제에 대해 정립했다. 여기에 딸인 안나 프로이트는 아래와 같이 우리가 위협적인 심리적인 내용으로부터 회피하는 방법들을 추가했다.

　　부정(denial). 심리적으로 위협적인 내용에 관련한 사건을 거부하는 것이다.
　　공격자와의 동일시(identification with the aggressor). 우리가 두려워하는 사람처럼 되는 것이다(소년들이 오이디푸스적 갈등을 해결하는 것처럼).
　　금욕주의(asceticism). 모든 욕구나 기쁨을 포기하는 것이다. 주로 성적 욕구가 나타나면서 거대한 위협을 느끼는 청소년들에게 많이 보인다.
　　이타적 양도(altruistic surrender). 타인의 만족감을

통해서 자신의 욕구를 충족하는 것이다. 다소 투사와 동일시가 혼합된 형태이다.
　　자기에게로 전향(turning against the self). 위협적인 충동이 환경 속으로 향하기보다 자기에게로 향하는 것이다.
　　역전(reversal). 정반대로 변화하는 것이다.
　　격리(isolation). 사건으로 인한 감정이나 의미를 제거하는 것이다.
　　취소(undoing). 위협적인 생각이나 행동을 무효화하는 의식을 거행하는 것이다. 강박 유형과 관련된다.

출처 : Monte, C.F. (1999) *Beneath the Mask: An Introduction to Theories of Personality* (6th ed), For Worth, TX: Harcourt Brace, pp. 204-207.

학자의 가설에 영향을 주었다. 이러한 관점에 따르면 생각하고, 인지하고, 기억하고, 학습하는 것과 같이 원초아 및 초자아와 무관한 자아 기능 영역이 존재한다는 것이다(Fine, 1979; Greenberg & Mitchell, 1983).

> 이세벨은 테오가 다양한 환경에서 효과적으로 활동할 수 있다는 점을 관찰한다. 이러한 점은 테오의 갈등이 없는 영역의 자아 기능임을 시사한다. 테오의 분노는 학교생활에서 테오 자신을 위험에 빠뜨릴 만큼 심각한 문제를 일으키지는 않는다. 그러나 테오의 분노는 타미아와 관계를 위태롭게 한다. 따라서 자아의 적응적인 측면이 테오를 상담에 오게 만들었다.

평균적으로 기대할 수 있는 환경. 하트만은 자아심리학 이론에 평균적으로 기대할 수 있는 환경(average expectable environment)이라는 개념을 추가했다(Fine, 1979). 평균적으로 기대되는 환경이 주어지면, 유아는 이런 환경에 적응하고 이런 환경이 제공하는 요소들을 사용할 역량을 지니고 태어났기에 건강하게 자랄 것이다. 만약 유아가 이런 지지적인 수준을 맞춰주지 못하는 환경에서 태어난다면 문제를 겪는다. 예를 들어 엄마가 우울할 경우 엄마는 아이에 관심을 기울이지 못하며 아이를 양육하는데 실패할 것이다. 이런 엄마의 방임은 이후 아이가 살아가는 데 있어 심리적(그리고 아마 신체적으로)인 결핍을 초래하게 할 것이다.

> 테오의 말에서는 완전히 명확하게 드러나지는 않았지만, 이세벨은 테오의 생애 초기 환경에 결핍이 있었을 것이라고 생각했으며, 이는 테오의 오이디푸스 갈등을 적절하게 해결하지 못하게 했을 것이다. 그러나 이세벨은 어린 시절 초기 환경은 테오가 성장하고 발달하도록 하는 데 충분했을 것이라고 예상했다. 테오는 평균적으로 기대되는 환경에서 태어났지만, 어머니가 아버지와 적대적이고 원만하지 않은 관계를 맺었기 때문에 어머니 또한 한동안 테오에게 관심을 기울이지 못했을 것이다.

인간에 관한 이론

초기 자아심리학자들은 본질적으로 프로이트의 발달과 성격이론을 채택했다. 따라서 이들은 프로이트의 심리성적 발달 모델과 이러한 모델의 함의를 따랐다. 예를 들면 이들은 인간의 성격이 아이의 본능이 충족되는 방식(또는 충족되지 않는 방식, 제2장 참조)에 따라 형성된다는 가정, 그리고 남근기가 가장 중요한 발달단계라는 가정을 따랐다. (이 다음에 다루는 말러 같은) 후기 자아심리학자들은 더 이른 발달단계에 관심을 보이기 시작했다.

 비록 안나 프로이트가 발달이론의 연장선상에서 아동발달 이론을 만들었지만, 말러의 작업이 역사적으로 더 중요하게 남아 있다. 말러는 "유아의 생물학적인 탄생과 심리적인 탄생은 동시에 일어나지 않는다. 생물학적 탄생은 극적이며 쉽게 관찰이 가능하고, 한 번만 발생하는 사건이다. 이에 반해 심리적 탄생은 천천히 펼쳐지는 심리내적인 과정이다."라고 주장하면서 '유아의 심리적인 탄생'을 설명했다(Malher, 1972, p. 333). 말러의 모델에서 유아의 심리적인 발달은 생후 4개월에서 시작되어 3세경에 끝나며, 이러한 발달은 공생단계(symbiosis)부터 시작하여 분리(separation)와 개별화(individuation)로 진전해 나간다.

아기는 출생 후 1개월 동안 정상적 자폐(normal autism) 상태에 있다. 이 상태에서 아기는 자기와 엄마를 구분할 수 없다. 고전적인 용어로는 아기는 절대적 일차적 자기애 상태에 있는 것이다(St. Clair, 2004). 출생 후 2개월쯤 되었을 때, 말러가 정상적 공생(normal symbiosis)이라고 명명한 단계가 시작된다. 이 단계에서 유아는 점차 엄마를 알아보기 시작하지만 엄마를 분리된 개체로서 인식하기보다 자신의 일부분으로서 인식하는 단계이다. 유아는 엄마와 융합되어 있다. '그만하면 좋은 양육'이 이루어지면 약 4~5개월쯤에 유아는 분리와 개별화의 네 가지 하위단계에 들어선다. 첫 번째 하위단계는, 아이는 분화와 신체 이미지(diffentiation and body image) 단계에 진입하며, 이 단계에서 아이는 엄마와 점차 신체적으로 거리를 두는 것을 견딜 수 있지만 엄마가 자신의 위치를 알고 있는지 확인하는 것처럼 보인다.

다음 하위단계는 연습(practicing) 단계로 아이가 걷는 방법을 배울 때쯤 시작된다. 아이가 스스로 일어나 걷게 되고, 세상에 대해 전적으로 새로운 시각을 얻게 될 때 이 단계의 정점에 도달한다. 이 시점에서 아이는 자기중심적이고 자기애적인 모습을 보이는데, 전형적으로 '아니'라고 말하는 기간이다. 부모의 지시에 아이는 "아니야!"라고 소리를 지른다. 이는 궁극적으로 독립의 신호다.

양육이 적절히 이루어진다면, 약 17개월쯤에 아이는 현실로 돌아와서 자신이 정말 부모 없이 홀로 있을 수 없다는 것을 깨닫는다. 아이는 분리불안을 경험한다. 이 사건은 재접근기(rapprochement)라는 하위단계가 시작된 것을 예견하며, 이 시기에 엄마와 애증이 엇갈리는 관계를 맺는다. 아이가 새롭게 찾은 자율성은 분리불안과 갈등을 일으킨다. 위기 속에서 아이는 친밀감과 자율성 사이를 왔다 갔다 한다. 이런 위기는 18개월에서 24개월 사이에 최고조에 다다른다(Mahler, Pine, & Bergman, 1975).

마지막 하위단계는 소위 정서적 대상 항상성과 개별성(emotional object constancy and individuality) 단계라고 불린다. 이 하위단계에서 아이는 엄마와 진정으로 분리할 수 있기 위해서 엄마의 긍정적인 이미지를 내면화한다. 이 하위단계에서는 정의된 종료 시점이 없으며, 자아와 초자아가 정교하게 공을 들이고 애쓰는 과정이 포함된다.

이세벨은 테오가 분리와 개별화 단계를 꽤 성공적으로 보냈다고 생각했다. 테오는 정교한 자아와 초자아를 지니고 있었고, 오이디푸스 단계 이전 시기보다는 오이디푸스 단계에서 비롯한 갈등으로 힘겨워하고 있었다. 그러나 테오의 증상을 다른 측면으로 보자면 테오는 사실 초기발달 시기에 어려움을 겪었을 것이며, 이런 어려움은 오이디푸스 갈등이 충분히 해결되지 못하도록 했을 것이라는 것이다. 애증이 엇갈리는 타미아와의 관계에서 보이는 분노는 본질적으로 테오가 자신의 어머니와 맺은 관계를 재현하는 것이다. 테오는 타미아가 자신을 두고 '사라질 때' 화가 나며, 이는 테오가 재접근기의 단계에서 갇혀 있다는 것을 시사한다. 즉, 테오는 어머니와 아버지에 대해 다소 강렬한, 그러나 복합적 감정을 느낀다. 이세벨은 아마 이 두 가지 설명이 테오를 돕는 데 유용할 것이라고 생각한다.

심리적 건강과 역기능

자아심리학자들은 주로 프로이트가 제안한 심리적 건강에 대한 설명을 받아들인다. 이는 본능적인 추동을 건강하게 억압하는 것, 사랑과 일을 할 수 있는 능력, 그 외 기타 등등이다. 자아심리학자들은 이에 덧붙여서 심리적 건강은 자아가 환경에 적응하는 질적 수준과 관련된다고 언급했다(Wolitzky, 2005). 프로이트처럼 자아심리학자들은 오이디푸스 콤플렉스를 많은 심리적 역기능의 근원으로 간주한다. 그러나 많은 자아심리학자들의 관점은 대상관계학자들이 바라보는 시각의 전조가 된다. 즉, 많은 자아심리학자들은 삶의 아주 초기 단계의 질과 유아를 둘러싼 환경의 적절성을 강조한다. 삶의 초기 환경에서 발생한 문제들은 이후 삶에서의 역기능을 초래한다.

예를 들어 말러는 엄마가 자라나는 아이에게 충분히 안전한 기지를 제공해주지 않으면, 아이는 독립성을 키우는 데 어려움을 겪거나 자아심리학적인 용어로 설명하자면 자율적인 자아를 발달시키는 데 문제가 생긴다고 주장한다. 하트만은 평균적으로 기대할 만한 환경이 제공되지 않으면 아이의 발달은 멈출 것이라고 언급했다.

브레너(Brenner, 1982)는 행동은 절충 형성(compromise formations)의 결과라고 제안했다. 심리적인 갈등은 네 가지 정신적 동기의 상호작용에서 발생한다: 추동의 압력, 초자아의 압박, 현실(예 : 외부 세계)에 적응하려는 자아의 동기, 불안과 우울을 피하거나 최소화하려는 자아의 욕구. 브레너는 모든 대상관계는 이런 네 가지 정신적 동기의 힘이 협상하여 나온 산물이라고 설명했다. 본질적으로 대인관계와 내면화된 표상은 절충 형성인 것이다(Wallerstein, 2002).

이세벨은 테오의 자아와 초자아는 적절하게 발달했다고 판단했다. 테오가 비록 오이디푸스 이슈를 조금 보이긴 하지만 말이다. 이런 오이디푸스 이슈는 전치, 공격성의 전치, 그리고 공격자와의 동일시와 같은 최적이 아닌 방어기제를 사용하는 절충 형성을 야기했다. 테오의 방어기제는 성적이고 공격적인 본능이 상대적으로 덜 위협적인 실체(예 : 동료나 타미아)로 향하도록 하는 수정된 형태로서 작동하며, 이로써 성적이고 공격적 본능은 어느 정도까지 충족된다. 그러나 상담을 찾을 정도로 테오의 기분이 나쁜 것은 (아마도 대학 환경에서 생긴 스트레스에서 비롯한) 너무나 거대한 에너지가 테오를 압도하고, 절충의 섬세한 균형을 깨고 있다는 것을 암시한다. 이런 일이 발생하면 테오의 초자아는 위협을 가하고 테오는 피폐해진다.

치료의 특성

사정. 자아심리학에서는 공식적인 평가를 거의 사용하지 않는다(Wolitzky, 2011). 대신 임상적인 면담이 사정의 주요한 방법이 된다. 이러한 임상적인 면담은 현재와 과거의 자아 기능을 관찰하고 방어기제가 작동하는 방식과 내담자의 현상태를 유발한 핵심적인 무의식적 갈등에 관한 정보를 얻고자 이루어진다. 그러나 이와 동시에 상담자는 전통적인 분석처럼 내담자가 정신분석적 치료에 적합한지를 판단한다. 공식적인 진단(예 : DSM-V, APA, 2013에 기초한 진단)을 아마 사용할 것이지만, 제2장에서 언급한 것처럼 정신분석가를 위한 진단 체계가 개발되었고, 이는 **정신역동적 진단 매뉴얼**(PDM)(PDM Task Force, 2006)에서 찾을 수 있다. 일반적으로 신정신분석적 치료자들은 내담자 증상보다는 증상 이면에 있는 주요한 역동에 참으로 더 관심이 많다(Wolitzky, 2011).

이세벨은 테오가 정신분석적인 심리치료에 적합한 내담자라고 결론을 내린다. 이세벨은 공식적인 DSM-V 진단 체계를 고려하지 않는다. 이세벨은 테오가 그녀와 어떻게 상호작용하는지 관찰하고, 테오의 일상생활에 대한 이야기를 듣는 것에 더 관심이 있다. 이세벨은 테오의 심리적인 역동에 관한 단서를 찾는다. 초기 면담에서 테오는 유순했지만, 테오 삶의 다른 측면에서 테오가 느끼는 분노에 대한 이야기는 갈등적인 역동이 있다는 것을 시사한다.

치료적 분위기 및 내담자와 상담자의 역할.　자아심리학에 토대를 둔 심리치료에 대해 요약하는 것은 어려워 보인다. 몇몇 자료들을 보면 자아심리학에 토대를 둔 치료자들은 고전적 정신분석처럼 중립적이고 객관적인 태도를 취하는 것처럼 보인다. 전통적인 자아심리학에 토대를 둔 상담자는 중립적이고 객관적인 태도를 취했으며, 이런 치료자의 태도는 의사-환자 모델을 내포한다. 이 모델에서는 전문 치료자가 내담자가 제공하는 자료들을 해석한다(Wolitzky, 2011). 그러나 자아심리학에 토대를 둔 치료자는 이러한 권위주의적인 모델에서 멀어지고 있다는 의견도 제시되고 있다. 예컨대 미첼과 블랙(Mitchell & Black, 1995)은 자아심리학이 자아의 회복 탄력성을 이해하게 되면서, 치료자가 무의식적인 자료를 이해하는 데 의미 있게 기여를 하는 내담자를 치료 동맹자로서 치료에 참여하도록 하는 데 관심을 갖게 됐다고 언급했다. 이는 내담자-치료자 역할에 대해 더 평등적으로 접근해야 함을 제안하는 바이다.

버클리(Buckley, 2003)는 비록 하트만의 영향으로 자아심리학에 토대를 둔 치료자들이 고전적인 정신분석 모델처럼 절제하고 중립적인 태도를 취했지만, 후기 자아심리학 이론에 토대를 둔 치료자들은 내담자와의 상호작용 모델을 더 제안한다고 언급했다. 예를 들어 버클리는 뢰발트(Loewald, 1989)의 아이디어를 널리 알리고자 했다. 즉, 뢰발트(Loewald, 1989)는 정신분석이란 내담자가 치료자와 내담자의 관계를 내면화하게 함으로써 내담자의 자아를 발달시킨다고 했다. 이러한 과정은 좀 더 구성주의적인 관점을 내포한다.

현대 자아심리학에 토대를 둔 치료자인 이세벨은 따뜻하고 친근한 태도로 테오를 대한다. 이세벨은 치료적인 노력에 있어서 테오의 협력이 중요하다는 것을 인식하고 있다. 테오는 자신의 분노가 다소 불편하다고 이야기하면서 친절하게 반응한다.

상담 목표.　자아심리학에 토대를 둔 치료자는 여전히 프로이트의 정신분석 목표를 받아들인다. 즉, 상담목표는 무의식의 의식화이다(Greenberg & Mitchell, 1983). 그러나 자아심리학에 토대를 둔 치료자는 두 번째 중요한 목표를 덧붙였다. 두 번째 상담 목표는 내담자의 세상에 대한 적응 능력을 향상시키는 것이다(Wolitzky, 2011).

이세벨은 종결회기가 되었을 때 테오가 자신의 행동에 대한 무의식적인 근원과 무의식적 갈등에 대처하기 위해 사용하는 방어기제들을 이해하기를 바란다. 테오는 부모에게 느끼는 분노와 더불어 자신의 미숙한 심리적인 구조를 보호하기 위해 분노의 참된 기원을 어떻게 억압했는지에 관해 통찰할 것이다. 이세벨은 또한 테오가 자신의 환경에 더 잘 적응하도록 도울 것이고, 테오가 자신의 역동에 관해 통찰한 바를 미래 상황에 적용할 수 있기를 바란다.

치료 과정

자아심리학 모델에서 심리치료는 자아심리학자에 따라 달라진다. 안나 프로이트(1936/1966)는 고전적 기법에 관심을 가장 많이 가졌다. 이는 방어기제와 전이에 대한 분석에 관심을 많이 가졌다는 의미이다. 다른 자아심리학자들은 전이를 초기 관계의 재현으로 보았고, 치료자의 정서적인 지지나 공감을 강조했다(Mitchell & Black, 1995).

고전적인 자아심리학 전통에서는 내담자는 자유 연상을 하고 치료자는 이를 해석한다. 전이는 매우 중요하다고 여겨지는 반면 역전이는 매우 해롭다고 여겨진다(제2장 참조).

이세벨은 자신과 테오가 창조하는 대인관계 과정을 다루지만, 추동과 관련된 과정을 관찰하고 해석할 필요가 있다는 것 또한 알고 있다. 이세벨은 교육분석을 받은 결과로 역전이가 일어나는 부분과 역전이에 대비하는 방법을 알고 있다.

치료 기법

전통적인 자아심리학 접근에서 치료 기법들은 고전적 정신분석의 치료 기법들과 동일하다. 즉, 자유 연상, (특히 전이에 대한) 해석 그리고 꿈 분석이 주를 이룬다. 그러나 자아심리학자들이 치료적 관계 안팎에 만연한 자아 방어 과정들을 강조했기에 자유 연상 기법이 하나의 기법으로서가 아니라 점차 분석의 목표로 인식된 점은 흥미롭다(Mitchell & Black, 1995). 이런 관점에서 안나 프로이트(1936/1966)는 다음과 같은 견해를 밝혔다.

심지어 오늘날 정신분석 초심자들은 자신의 환자에게 자유 연상을 하도록 설득하는 것이 아주 중요하다고 생각한다. 그리고 환자가 자유 연상 내용을 수정해서 말하거나 혹은 불편한 마음에 말을 하지 않는 것 없이 언제나 변함없이 모든 자유 연상물을 말하게 하는 것이 필수적이라고 생각한다. 즉, 환자가 분석의 기본 규칙을 완벽하게 따를 것이라고 생각하는 것이다. 사실 임상현장에서 그런 말 잘 듣는 온순한 환자는 거의 불가능하다. 기본 규칙은 어떤 특정한 시점을 지나서 절대로 지켜지지 않는다. 자아는 한동안 침묵을 유지하고, 원초아의 파생물은 이런 정적을 이용해서 의식으로 밀고 나간다. 분석가는 서둘러서 환자의 발언을 잡는다. 그러면 자아가 그 자체로 다시 활성화되고, 할 수 없이 따르는 척했던 수동적인 관용의 태도를 거부한다. 그리고 습관적인 하나 혹은 여러 방어기제의 도움으로 자유 연상이 흘러가는 것을 방해한다.(pp. 13-14)

이세벨은 테오에게 떠오르는 무엇이든 말해달라고 요청했다. 테오가 그렇게 하면 이세벨은 방어기제가 작동하는 증거를 찾은 다음, 이 방어기제 이면에 수반된 갈등에 대한 단서를 찾는다. 이세벨이 생각한 가설에 대해 꽤 자신감이 생기면, 이세벨은 테오에게 처음에는 방어기제를 그리고 나중에는 이면에 있는 갈등의 주제에 대한 그녀의 가설을 해석의 형태로 제시한다. 테오는 상담 초기에 타미아에게 느끼는 분노에 대해 한참 이야기했는데 점차 자신의 부모와 부모에 관한 초기 경험으로 이야기를 옮긴다. 테오의 방어기제가 작동하기 때문에 이렇게 옮겨가는 데에는 시간이 걸린다. 테오가 자신의 초기 경험을 말하기 시작하면서 테오의 감정은 점차 격해졌고, 결국엔 테오의 분노는 이세벨을 향한다. 이세벨은 조심스럽게 이런 심리적 과정을 해석하기 시작하며 결과적으로 테오가 심리적 과정을 통찰하도록 한다.

대상관계

개요

대상관계 집단 내에서 몇몇 굉장히 중요한 이론가들이 있다. 가장 인상적이고 반향적인 학자는 멜라니 클라인이다. 안나 프로이트와 그녀의 추종자가 속한 정신분석학회에서는 클라인을 이단아로 생각했다. 멜라니 클라인은 추동이론을 수용했지만, 여전히 관계에서의 정신적 표상(psychic representations of relationships)과 원시적 환상(primitive fantasy)을 강조했으며, 특히 공격적 충동을 역설하였다. 클라인의 아이디어는 기존 정신분석이론에서 크게 벗어났기에 1920년대 후반 유럽의 정신분석학계는 런던 학파(클라인과 추종자)와 비엔나 학파(안나 프로이트와 동료들)로 양분하게 되었다. 여전히 클라인은 오늘날까지 정신분석학계에 주요한 영향을 끼치고 있다(Mitchell & Black, 1995). 클라인과 안나 프로이트를 둘러싼 논쟁에 관해서는 [글상자 3.4]에서 더 읽을 수 있다.

글상자 3.4

멜라니 클라인과 안나 프로이트 :
아동정신분석의 발달에서 오랜 기간 열띤 논쟁 중인 선도자들

1927년 지그문트 프로이트는 자신의 동료이자 나중에는 전기작가였던 어니스트 존스에게 심각한 편지를 썼다. 이 편지에서 프로이트는 당시 영국 정신분석학회 회장인 존스가 자신의 딸인 안나 프로이트에 대항하는 캠페인을 총 지휘하는 것은 잘못됐다고 언급했다. 프로이트는 아동정신분석 심포지엄 공식 자료를 (존스가 편집인으로 있던) 국제정신분석학회지(*International Journal of Psychoanalysis*)에 출판한 것에 대해서 존스를 질책했다. 프로이트는 심포지엄 공식 자료를 출판한 것은 존스와 영국정신분석학회가 멜라니 클라인의 정신분석을 안나 프로이트의 정신분석보다 선호한다는 것을 뚜렷히 보여준다고 주장했다(Klein et al., 1927). 그리고 프로이트는 안나 프로이트의 아동분석에 대한 존스의 비평은 "용인할 수 없다."고 언급했다

(Paskauskas, 1988, p. 624)

프로이트는 어니스트 존스가 안나 프로이트의 아동분석기법을 비판하고 클라인을 칭찬한 것을 보면서 안나 프로이트를 향한 존스의 비난이 실제로는 자신을 향한 것인지 궁금해했다(Paskauskas, 1988). 그러나 존스는 클라인 편에 있던 유일한 단 한 명의 정신분석학자가 아니었다. 심포지엄이 개최되기 10년 전에 아동정신분석을 옹호하던 사람들은 점차 두 개의 구분된 진영으로 나뉘기 시작했다. 하나의 진영은 멜라니 클라인이 주도했고, 다른 하나는 안나 프로이트가 지휘했다. 런던에 있는 영국정신분석학자들은 클라인의 아동정신분석 이론을 수용한 반면, 비엔나의 분석가들은 안나 프로이트의 기법을 지지하였다(Donaldson, 1996).

프로이트의 꾸짖음은 어니스트 존스로 하여금 심

(계속)

포지엄을 출판한 자신의 결정에 대해서 변호하게 만들었다. 존스는 단순히 멜라니 클라인과 안나 프로이트 양측 모두의 주장을 공평하게 들어보기 위한 시도였다고 말했다. 존스는 다른 주요 정신분석학회지인 **국제정신분석학회지**(International Zeitschrift für Psychoanalyse)가 클라인의 작업을 출판하기를 거부하면서 불균형이 초래되었다고 주장했다. 존스는 **국제정신분석학회지**에 심포지엄의 내용을 출간하여 멜라니 클라인에게 안나 프로이트의 공격에 맞대응하여 자신의 이론을 더 넓게 방어할 수 있는 기회를 주려고 시도했다고 말했다.

멜라니 클라인은 1882년 비엔나에서 태어났으며, 정신분석의 역사에서 가장 영향력 있는 여성 정신분석가 중 한 명이다. 멜라니 클라인은 주로 발달이론에 기여했으며, 특히 아동정신분석 분야에 공헌하였다. 1927년 안나 프로이트가 **아동정신분석 기법의 소개**(Introduction to the Technique of Child Analysis)(A. Freud, 1974)를 출간할 때, 클라인은 어니스트 존스의 촉구에 반응하여 런던에서 자신의 발달이론 작업을 하기 시작하였다(Grosskurth, 1986). 안나 프로이트는 자신의 책에서 클라인에게 "프로이트적이지 않은"이라는 무서운 꼬리표를 붙이면서 클라인의 아동정신분석 방법을 공격했다(Donaldson, 1996, p. 160). 결과적으로 멜라니 클라인이 안나 프로이트의 비평에 대응할 수 있도록 아동정신분석 심포지엄이 개최되었다.

아동정신분석 이론을 정립하는 과정에서 멜라니 클라인과 안나 프로이트는 프로이트 업적에서 다른 요소들을 참조했다. 즉, 안나 프로이트는 발달이론을 참조했고, 멜라니 클라인은 치료적인 기법을 참조했다. 안나 프로이트는 프로이트의 아동발달 이론에 관심을 두었고, 성인에게 적용되던 전통적인 정신분석 기법은 아동에게는 적용될 수 없다는 결론을 내렸다. 성인의 정신분석은 환자의 자유 연상을 해석하는 것을 토대로 하지만, 이러한 자유 연상은 아동이 아직 개발하지 못한 수준의 언어적 능력을 필요로 하기 때문이다. 그러므로 안나 프로이트는 새로운 치료 기법을 개발하였다. 이는 교육적인 형태의 아동정신분석으로, 아동이 원초아의 충동을 억압하기를 바라는 측면에서, 아동의 자아를 발달시키고 강화하는 것을 목표로 한다(A. Freud, 1974). 안나 프로이트의 이론은 지그문트 프로이트의 아동정신 발달이론을 반박하지 않는다.

반면에 멜라니 클라인은 성인의 정신분석 기법을 아동정신분석에 접목시켰으며, 프로이트의 임상 실습에 초점을 두고 프로이트 발달이론을 수정하였다. 사실상 격렬한 논쟁 중의 하나는 클라인이 초자아 발달이론을 수립하는 데 죽음 본능을 반드시 포함시켜야 한다고 제안한 데에 있다. 클라인은 이러한 과정은 오이디푸스 콤플렉스를 해결하기 이전에 나타난다고 보았다. 멜라니 클라인은 자신의 아이와 동료의 아이들을 분석하면서 가혹하고 처벌적인 초자아는 아주 어린 시기에 나타남을 관찰했다. 그리고 클라인은 아이와 엄마와의 관계가 초자아를 형성하는 데 토대를 이룬다는 이론을 정립하였다. 이는 프로이트의 오이디푸스 콤플렉스와 초자아 형성의 연관성 주장을 반박한 것이다(St. Clair, 2004). 클라인은 구강기와 항문기에 보이는 아동의 공격적 성향이 (공격적 본능과 관련한) 아동의 가학적 환상의 증거라고 생각했으며, 이런 가학적 환상은 엄마에게 투사되고 적대적 대상들로 내사된다(Klein, 1927). 투사적 동일시를 통해 이런 처벌적인 내사들은 초자아가 된다.

클라인은 또한 분석회기에서 아동과 분석가 사이에 완전한 전이관계가 형성된다고 믿었다. 구체적으로 클라인은 부정적인 전이가 특히 중요하다고 주장했는데, 이는 아이들의 적대적이고 공격적인 충동이 아이를 정신분석에 처음 오도록 하기 때문이다. 클라인은 치료적인 과정을 진행하기 위해서 분석가는 반드시 부정적인 전이를 (때로는 강력하게) 해석해야 하고, 부정적인 전이를 전면에 내세워야 한다고 믿었다(Donaldson, 1996). 이에 대응하여 안나 프로이트는 아동의 공격적인 환상을 분석하는 클라인의 방법이 위험하다고 주장하면서 멜라니 클라인의 아이디어를 비판하는데, 이는 아이들의 발달하는 자아가 무의식 속에 있는 공격적인 충동을 꺼내어 다룰 만큼 충분히 강하지 않다고 여기기 때문이다(A. Freud, 1974).

멜라니 클라인(1927)은 그 운명적인 심포지엄에서 자신이 공개적으로 작성한 글을 나눠주었는데, 이 글에서 멜라니 클라인은 안나 프로이트 이론에서 몇 가지 핵심적인 측면들을 공격하면서 안나 프로이트의 아동정신분석에 대한 자신의 관점을 피력했다. 클라인은 아동의 자아에 초점을 두면서 교육적인 접근에 의존하는 것은 현명치 못하다고 주장했는데, 이는 아동이 공격적인 충동을 억압하도록 하여 치료의 목표를 무색하게 만들기 때문이다. 클라인은 또한 오이디푸스 콤플렉스를 무시하는 것은 분석가로 하여금 아이가 지닌 불안의 근원을 밝히는 것을 막게 한다고 언급했다. 이 글의 말미에서 클라인은 자신의 접근이 안나 프로이트의 접근보다 우수하다고 주장하였는데, 이는 클라인의 기법이 안나 프로이트가 사용한 기법과 비교해볼 때 아동분석에 더 효과적이며 분석한 효과도 더 오래 지속

되기 때문이다. 클라인이 발표한 후 다른 연사들은 클라인의 접근법을 지지하는 발표를 짧게 했다. 어니스트 존스의 마무리 발언으로 존스가 개인적으로 어떤 아동정식분석학자를 지지하는지 명확하게 드러났으며, 영국정신분석학회가 승인하는 마지막 표는 클라인학파의 아동정신분석에 던져졌다(E. Jones, 1927). 이 같은 심포지엄 내용을 출판한 것은 클라인학파와 프로이트학파가 오랫동안 키워왔던 갈등의 골을 더욱 깊게 하였다(Donaldson, 1996).

출처 : 애슬리 하인즈만 박사 제공. 허락하에 사용함

다른 중요한 대상관계학자는 R. D. 페어벤(R. D. Fairbairn)과 도널드 위니컷(Donald Winnicott)이다. 추동이론에 대한 충성이라는 측면에서 볼 때 페어벤은 아마 대상관계학자들 중에 가장 급진주의적 인물일 것이다. 페어벤은 추동이 대상을 향한다고 언급했다. 즉, 페어벤은 추동이 단순히 추동을 표출하도록 하는 쾌락에 향하거나, 혹은 대상을 추구하고 추동을 방출하는데만 단순히 향하는 것은 아니라고 이론화하였다. 페어벤, 클라인 그리고 그들의 동료들은 기본적으로 영국 대상관계학파이지만, 클라인과 클라인의 동료들은 클라인학파라고 별도로 분류해야 할 정도로 충분히 (다른 이론과는) 구분된다. 후에 이는 미국학파로 발전했고, 미국학파의 사단에서 가장 잘 알려져 있고 중요한 이론가는 오토 컨버그이다.

사람을 다루는 이론에서 대상(object)이라는 용어가 처음에는 약간 이상하게 들릴지 모르지만, 이는 프로이트가 본능이 겨냥하는 목표물을 설명하기 위해 사용한 용어이다. 전통적인 이론에서는 리비도나 공격적인 충동을 만족시켜주는 사람이 가장 중요한 대상이 된다. 대상관계 이론가들은 일반적으로 고전적인 추동이론을 거부한다. 대신에 대상관계 이론가들은 대상(주로 타인)을 그 자체로 추구하는데, 이는 프로이트가 생각한 것처럼 본능적 추동을 만족시키기 위한 수단으로서 대상을 추구하는 게 아니다(Wolitzky & Eagle, 1997). 대상-추구 과정은 생애 매우 초기부터 시작되므로, 대상관계 저자들은 오이디푸스 이전의 초기 발달단계와 엄마-아이 관계에 초점을 둔다.

주요 개념

대상. 대상(object)이라는 용어는 대상관계에서 여러 방식으로 쓰이며, 이는 대상관계학자들이 쓴 책을 이해하는 데 약간의 어려움을 준다. 가장 처음 사용된 건 외부 대상(external object)을 가리키기 위해서 대상이라는 용어를 사용했다. 즉, 외부 대상은 환경에 속하는 사물과 사람이다(N. G. Hamilton, 1988). 궁극적으로 가장 중요한 형태의 대상은 내부 대상(internal object)이다. 내부 대상은 의미 있는 타인과의 상호작용이 내면화되어 형성된 심리적인 구조를 의미한다(Sollod et al., 2009). 첫 번째 흥미의 대상은 (엄마의) 젖가슴이다. 내면화된 대상은 발달하는 아이의 자아의 일부가 되고, 의미 있는 대상과 아이가 맺는 관계의 질은—특히 대상에 대한 애착—개인의 기능 수준을 결정한다.

컨버그는 관계에 대한 내적 표상들을 양극성 심리내적 표상(bipolar intrapsychic representations)이라고 불렀다(Cashdan, 1988). 이런 관계에 대한 내적 표상은 자기 이미지, 타인에 대한 이미지, 그리고 이와 연관된 정서들로 구성된다(Cashdan, 1988, p. 17). 컨버그에 의하면 이런 내면화된 대상에 관한 정서는 본능적 추동 발달에 기여한다.

폴은 테오의 대상관계 치료자이다. 폴은 테오의 내적 세계에 살고 있는 대상의 특성을 감지하려고 노력하면서 테오가 지닌 내적 세계의 특성을 추측한다. 폴은 테오의 부모님은 테오의 형제들이 표상된 것처럼 테오에게 확실히 표상되었을 것이라고 생각했다. 테오는 자기 표상 또한 형성했을 것이다. 분노는 명확하게 이런 표상들에 달라붙었고, 이는 공격적인 추동의 근원이다. 성적인 추동은 테오의 어머니와 타미아라는 내적 표상과 아마 연관될 것이다.

투사. 대상관계 이론가들에 의하면 투사(projection)는 내사와 분열과 더불어 젖가슴이나 이와 관련된 원시적인 정서와 초기에 관계 맺는 방식이다(St. Clair, 2004). 이런 방어기제는 자기통합과 동시에 애착 대상을 보호하려는 목적을 지닌다(N. G. Hamilton, 1989, p. 1553). 이런 투사의 과정은 초기에 젖가슴 및 엄마와 맺은 관계와 관련되며 점차 유아에게 중요한 다른 대상(사람)으로 일반화된다.

투사는 대상에 연관된 느낌을 외부세계로 보냄으로써 그러한 감정이 우리를 해치지 않게 한다. 방금 젖을 먹은 행복한 유아는 자신의 감정을 젖가슴에 투사하고, 이는 좋은 젖가슴(good breast)이 된다. 마찬가지로 배고프고 화난 유아는 이런 기분을 다른 젖가슴, 나쁜 젖가슴(bad breast)과 연관시킨다. 유아가 경험한 엄마나 중요한 다른 개인과의 관계는 투사의 방식으로 좋아지거나 나빠진다.

폴은 테오가 아마 어머니의 만족스럽지 못한 젖가슴과 관련된 분노를 그의 어머니와 아버지에게 투사했을 것이라고 믿는다. 테오는 부모가 수많은 이유(예 : 테오의 대학 선택 등)로 자신에게 화났다고 보지만, 이런 화는 실상 부모에게 투사된 만족스럽지 못한 젖가슴에 대한 원시적인 분노이기에 덜 위협적이다.

내사. 무서운 세계를 안전하게 만드는 두 번째 방법은 무서운 세계의 나쁜 측면을 내면화하여 통제할 수 있게 되는 것이다. 내사(introjection)는 이러한 과정을 설명하기 위해 클라인이 만든 용어이다. 이런 내사는 유아에게 외부세계를 더 안전하게 만들어주었지만, 겁이 나는 내면세계를 만들어주었기에 문제가 된다. 어떤 이론가들은 좋은 대상 또한 내사된다고 말한다.

폴은 테오가 나쁜 젖가슴을 내사했는지 궁금해한다. 테오가 보이는 화는 아마 나쁜 젖가슴에 대한 분노일 것이지만, 투사는 결과적으로 이런 분노 감정이 점차 무의식으로 억압되게 하며, 이에 따라 현재 삶에 억눌린 분노가 갑자기 툭 튀어나오게 한다. 예를 들어 타미아에 대한 분노는 이러한 심리적인 과정의 결과이다.

분열. 분열(splitting)은 유아가 좋고 나쁜 정서를 다루는 또 다른 심리내적 과정이다(Cashdan, 1988). 분열은 위험한 감정, 대상, 충동을 쾌락적인 것들로부터 분리하는 정상적인 과정이며, 이는 유아가 위험한 감정, 대상, 충동을 더 잘 다룰 수 있도록 한다. 유아의 좋고 나쁜 감정은 처음에는 특정한 대상과 연관되지 않는다. 그러나 젖가슴(혹은 젖병)은 빠르게 유아의 감정과 연결되는 첫 번째 대상이 된다. 유아의 배고픔을 젖가슴이 해소해주면 좋은 젖가슴이 된다. 그렇지 못하면 나쁜 젖가슴이 된다. 이런 과정은 점차 확장되어 가면서 사람도 좋거나 나쁘게 인식될 수 있다. 주로 초기에 일반적으로 엄마가 나쁜 사람 또는 좋은 사람이 될 수 있다. 엄마는 완벽하지 않기에 유아를 충족시켜주는 데 필연적으로 실패할 수밖에 없고 이런 경우 엄마는 부분적으로 나쁜 사람이 된다. 좋고 좌절시키는 젖가슴/엄마를 겪은 데서 오는 불안을 다루기 위해 유아는 심리적으로 이 두 부분을 내사하고, 그러고 나서 좋은 대상과 나쁜 대상을 분열시켜서 내적 세계를 이룬다. 유아는 의식적으로는 엄마를 이상화하면서 한편으로 나쁜 엄마는 억압하는 경향이 있다(Cashdan, 1988). 이런 고통스러운 대상과 관련된 자아의 일부분 또한 억압된다. 페어벤은 억압된 나쁜 대상은 점차 거부하는 대상과 흥분하는 대상으로 분열된다고 주장했다(Scharff & Scharff, 2005). 거부하는 대상은 공격적인 충동과 연관되며 흥분하는 대상은 성적인 혹은 리비도적인 추동과 연관된다.

> 폴은 테오가 대학에서 겪는 스트레스와 더불어 타미아와 가까워지려는 시도가 실패했기 때문에 테오의 분열 기제가 망가졌다고 생각했다. (젖가슴, 엄마, 아빠) 대상과 관련하여 부분적으로 억압된 분노는 표면으로 드러났고 다른 대상들에게 향했다. 말하자면 테오는 실제 대상(즉, 젖가슴과 부모님)에 대한 화난 감정을 무의식 속에 유지한 채로 일부 억압은 아직까지 작동되고 있다.

투사적 동일시. 대상관계학자들이 기술한 다른 보호적 기능은 **투사적 동일시**(projective identification)로서 이는 이해하기 굉장히 어려운 개념이다. 본래 클라인이 설명하기를, 이 과정은 유아가 어떤 무서운 감정을 밖에 있는 다른 대상(예 : 젖가슴이나 엄마)에게 투사하면서 시작된다. 그러나 이런 위험한 충동들은 외부에 존재하여 통제할 수 없다. 이런 위험한 충동들을 해결하는 유일한 방법은 내면화 과정을 통해서 다시 자기에게로 가져옴으로써 무서운 대상과 관계를 지속하는 것이다. 몇몇 저자들은 무서운 대상을 다시 내면화하고자 하는 충동 또한 대상을 완전히 제거하고 싶지 않은 소망에서 비롯된다고 제안하였다(Flanagan, 2008a). 나쁜 대상은, 즉 유아의 일부가 된다. 투사적 동일시는 주로 무서운/위험한 충동의 측면에서 다뤄지지만, 투사적 동일시는 또한 긍정적 감정도 포함한다(추동이 충족되었을 때처럼)(St. Clair, 2004). 캐시단(Cashdan, 1988)은 이어 이런 역동은 목표 대상이 투사적 동일시와 일치하게 느끼고 행동하도록 유도한다고 언급했다.

> 테오는 투사적 동일시를 통해 나쁜 젖가슴을 자기에게로 가져왔다. 테오 어머니가 테오를 변덕스럽게 돌보아서 테오가 느끼는 흥분과 좌절은 대상에 대한 분노와 성적인 감정 모두를 불러일으켰지만, 이런 감정들은 너무 위협적이어서 자신의 외부에 둘 수 없다. 이와 유사하게 테오는 가족을 일찍이 버린 아버지와 동일시를 했다. 이런 유기에 대한 테오가 느끼는 분노는 곧 테오 자신에게로 돌아왔고 또한 이런 격한 분노는 테오의 다른 관계로 흘러 들어갔다.

인간과 개인발달에 관한 이론

대상관계 이론가들에 의하면 발달 과정은 원시적인 순수한 자기에서 시작하여 파편화를 통해 온전히 경험하는 자기로 나아간다. 주어진 환경이 옳다면 유아는 점차적으로 분열을 해소하고 다양한 내적 대상들을 전체로서 통합하는 능력을 발달시킨다. 자기는 내재적이며 태어나면서부터 존재한다 (Scharff & Scharff, 2005). 자기는 타인과의 상호작용을 통해 대상을 내면화하여 정신적 구조를 구축하면서 발달한다.

클라인이 보기에 유아발달은 고통으로 둘러싸여 있다. 이런 주제에 대한 클라인이 저술한 내용은 [글상자 3.1]에서 조금 읽어볼 수 있다. 죽음 본능이 유아 자기를 초토화시킬 거라는 위협 때문에 유아는 불안을 처음 경험한다. 이런 상황에서 유아는 박해 감정을 함께 경험한다(Klein, 1952). 이와 동시에 엄마가 먹여주고 돌보면 좋은 대상, 즉 젖가슴에 대한 내면화와 이상화가 이뤄진다. 박해 감정과 파괴소망은 나쁜 젖가슴에 투사된다. 이런 강렬한 정서를 다루기 위해 유아는 두 개의 내적 대상으로 분열한다. 유아의 정서는 사랑에서 분노 및 공격성으로 그 사이를 왔다 갔다 하고, 분노 및 공격성은 이후에 불안과 죄책감이라는 감정을 불러일으킨다. 이와 동시에 외부에 (젖가슴이 결국에는 일반화된) 엄마라는 대상이 있는 것처럼 아빠라는 대상도 존재하여, 총 두 가지의 외부 대상이 존재하게 된다. 이는 생후 6개월에 일어나는 단계로 편집-분열적(paranoid-schizoid) 자리라고 불린다.

클라인에 의하면 생후 6개월경 유아는 엄마를 한 명의 온전한 전체로서 인식하기 시작한다. 유아는 좋고 나쁜 대상이 통합되기 시작하면서, 나쁜 젖가슴과 연관된 공격적이고 증오의 정서가 엄마를 향한다는 것을 알게 된다. 아이는 자신의 끔찍한 증오와 공격성이 엄마를 향한다는 것을 인식하게 되고, 엄마와의 관계가 회복되기를 소망한다. 바로 이러한 발달은 우울(depressive) 자리를 불러일으킨다(Scharff & Scharff, 2005). 클라인(1952)이 보기에 우울 자리는 사랑, 공격성, 죄책감, 불안이라는 정서와 관련되는 오이디푸스 갈등의 시작점이다.

클라인은 우리가 이런 두 자리를 벗어나서 성장하기는 정말 불가능하다고 생각했다 — 우리는 평생에 걸쳐 이런 문제들을 해결하려고 애쓴다. 그러나 건강한 사람은 편집-분열적 자리보다 우울 자리에서 더 기능하는 경향이 있다(Scharff & Scharff, 2005).

> 폴은 테오의 현재 기능 수준은 부모, 특히 엄마와의 초기 경험에서 비롯됐다고 본다. 테오는 자신의 삶을 어느 정도 잘 살아가고 있는 것처럼 보이기에, 아마 우울 자리에 위치해 있을 것이다. 그러나 테오의 통제할 수 없는 분노는 편집-분열적 자리와 관련되어 있을 것이다. 테오는 아마 편집-분열적 단계로부터 완전히 벗어날 수 없었고 주기적으로 이 단계로 되돌아왔을 것이다. 테오는 아마 아버지에 대해 오이디푸스적 정서를 느낄 것이고, 어머니에 대한 사랑과 증오라는 절대 풀리지 않는 갈등으로 인해 어머니에게 분노를 느낄 것이다. 훗날 테오의 어머니가 아버지와 재결합한다고 했을 때, 어머니는 테오의 오이디푸스적 충족감을 상징적으로 빼앗았다.

스스로를 클라인의 추종자라고 칭하는 위니컷은 아동발달에 대해 꽤 많은 이야기를 했다. 위니컷은 유아가 필요로 하는 것을 거의 충족해주는 엄마를 설명하기 위해 그만하면 좋은 엄마(good enough mother)라는 용어를 만들었으며, 그만하면 좋은 엄마는 안전한 안아주는(버텨주는) 환경(holding environment)을 만들어주거나, 그 자체로도 안아주는 환경이 된다(Mitchell & Black, 1995). 엄마의 역할은 두 과정을 포함한다. 첫째, 엄마는 아이의 욕구가 충족되었는지를 계속적으로 확인하고, 이러한 엄마의 행동은 아이로 하여금 자신이 필요로 하는 대상이라는 것을 믿게 한다. 이는 유아의 자아발달에 필요한 전능감을 충족해주는 수준에 다다르도록 돕는다. 두 번째로, 엄마는 유아가 필요하다면 충분한 시간을 홀로 있게 해준다. 자기는 외부 현실과 내부 현실이 점진적으로 조화를 이뤄 나가는 과정에서 발달하기에, 유아가 외부 현실과 내부 현실 중에 어느 하나라도 제공받지 못하면 자기는 파편화된다.

중간 대상(transitional object)이라는 개념은 위니컷이 소개한 흥미롭고 독특한 개념이다. 중간 대상은 곰인형이나 담요 같은 물건이 해당되며, 그린버그와 미첼(1983)은 이와 같은 중간 대상을 "환각적인 전능감과 객관적인 현실 사이에 놓인 발달의 간이역"이라고 언급했다(p. 195). 아이는 전지전능한 자신의 세계에서 자신이 원했기에 곰인형이 생겼다고 믿는다. 부모는 아이의 개념에 동의하지만, 그 물건은 외부 세계에 존재하는 실재이다. 이런 애매모호함은 아이로 하여금 환상에서 벗어나 현실 세계와 상호작용할 수 있도록 돕는다.

> 폴은 테오를 위니컷의 관점에서 고려했고, 테오의 어머니가 충분히 안아주는(버텨주는) 환경을 제공하지 못했다고 추측했다. 테오의 분노는 테오가 자신의 대상들을 통합하여 자기감을 형성하지 못했다는 증거이기 때문이다. 테오의 어머니와 아버지는 서로 싸우느라 (그들의 싸움은 그들 자신이 지닌 불완전한 대상관계에서 비롯된 것임) 평온한 시간이 적었고, 이런 지속적인 싸움으로 인해 그들은 정신이 없어 어느 정도 충족되어야 하는 테오의 욕구를 무시했다. 테오는 어머니에 대한 분노가 너무 위협적이었기에 다룰 수가 없었고, 이에 어머니와 관련된 내면화된 대상은 분열되고 나쁜 부분은 억압되었을 것이다.
> 테오는 꼬마였을 때 자신의 친구였던 낡은 판다인형을 아직까지 가지고 있다. 테오는 아직 자신의 방 선반에 있는 루디(판다인형)를 쳐다볼 때 따스한 기분을 느낀다.

페어벤과 후기 대상관계 이론가들은 발달을 개별화와 타인에 대한 애착이라는 양극이 끌어당기는 힘 사이에 긴장을 풀어나가는 과정이라고 보았다(N. G. Hamilton, 1989). 페어벤의 관점에서 보면, 유아가 느끼는 강력한 정서는 초기에 생긴 자기감이 압도당할 정도로 위협적이기 때문에, 유아는 이런 정서를 부모에게 드러낸다. 부모가 유아의 이런 정서를 수용할 수 있고(페어벤의 용어로는 담아내기) 아이와의 유대도 여전히 유지한다면(안아주는 환경을 창조하면서), 유아는 결국 스스로 어떻게 정서를 다룰 수 있는지 배우게 될 것이다(N. G. Hamilton, 1989).

> 폴은 페어벤의 관점에서 생각한다. 테오는 자신이 부모와 유대를 형성하도록 하는 데 있어 엄마의 제한된 능력에 대해 화를 냈을 것이다. 이것이 테오가 부모와의 싸움에서 굉장히 화가 난 이유이다.

심리적 건강과 역기능

대상관계 관점에서 단순히 보았을 때 건강한 개인은 건강한 대상관계를 지닌 사람이다. 건강한 사람은 응집력 있는 자기감을 가지고 있고, 이들의 내적인 추동은 현재 맺고 있는 관계를 크게 왜곡하지 않는다(St. Clair, 2004). 내적 표상들은 좋고, 나쁜 대상들로 분열되지 않는다. 그보다 내적 표상은 많은 다른 특성을 지닌 전체 대상들(whole objects)로서 존재한다. 자아는 특유의 대상으로서 발달하며, 자아는 엄마와 같은 주요한 좋은 대상을 자기 외부에 있는 분리된 존재로 인식할 수 있다. 앞에서 강조했듯이 이런 자질은 생후 약 6개월경 아이가 우울 자리로 들어설 때 발달하기 시작한다(St. Clair, 2004).

대체로 대상관계 이론가들은 최적이 아닌 양육(즉, 나쁜 보살핌)에서 비롯된 대상관계를 강조하면서 심리적 역기능은 잘못된 초기 발달로 인해 발생했다고 본다. 예를 들어 페어벤은 유아가 위협적인 대상들을 억압하지만 그럼에도 불구하고 이런 대상들은 개인에게 영향을 준다고 생각했다. 개인은 본질적으로 자기의 일부 측면을 없애고 있지만, 이런 억압은 자기에 대한 좌절감과 부정적인 정서를 남긴다. 따라서 개인은 유기 공포를 느끼게 되고, 이런 유기 공포로 위협받을 때 분노하거나 극도의 결핍감을 느끼게 된다(Cashdan, 1988).

위니컷의 관점에서 안아주는 환경을 제공하는 데 실패한 엄마는 아이로 하여금 **침해당한 경험**을 하게 한다. 이러한 엄마는 아이에게 전지전능함이 발달하도록 허용해주지 않거나, 아이가 통합할 수 있는 조용한 시간을 할애해주지도 못한다. 발달이 멈추면 아이는 건강한 핵심 자기감을 발달시킬 수 없다. 대신 아이는 외부 세계를 다루고, 그동안 발달시킨 조그만 자기(little self)를 지키려고 거짓자기(false self)를 발달시킨다(J. R. Greenberg & Mitchell, 1983).

컨버그는 심리적 역기능을 대상 표상(object representations)의 통합의 결여로 간주했으며, 이는 컨버그의 어려운 용어로 비대사 양극 심리내적 표상(unmetabolized biolar intrapsychic representations)으로 인해 심리적 역기능이 발생했다고 본 것이다(Cashdan, 1988). 일반적으로 지나친 방어적인 분열에 의해 통합 과정에서의 어려움이 초래된다. 예를 들어 컨버그는 경계선 성격 조직이나 DSM-V 용어로 언급하자면, 경계선 성격장애의 개인에 관해 많은 글을 썼다. 컨버그는 이런 사람들이 꽤나 오랫동안 주로 공격성을 비롯한 많은 부정적인 정서를 느꼈고, 이를 견딜 수 없어서 분열되었다고 보았다(Levy et al., 2006)

컨버그 이론에서 논란이 되는 지점은 공격성이 기질적인 영향(즉, 유전) 또는 환경적 영향(예 : 학대경험)의 결과일 수 있다는 것이다. 공격성의 기원이 무엇이든 이런 공격성은 대인관계에서 지배적인 부정적인 정서를 초래하게 한다. 이에 따라 부정적인 대상(실제로는 부분–대상)은 내면화된다. 대상 표상은 자기에게 통합될 수 없고, 이는 컨버그의 진단 용어인 **정체성 혼란**(identity diffusion)을 초래한다. 컨버그에 의하면 "정체성 혼란은 자기 개념과 중요한 타인 개념의 통합의 결여를 의미한다. 정체성 혼란은 주관적인 만성적 공허감, 모순되는 자기지각, 정서적으로 의미 있는 방식으로 통합될 수 없는 모순된 행동, 그리고 타인에 대한 얕고 밋밋하고 메마른 지각을 반영한다."(1984, p. 12) 자기(self)는 취약하며 끊임없이 좋고, 나쁜 상태를 왔다 갔다 한다. 이러한 개인은 자신의 삶에서 다른 사람을 대할 때도 좋고 나쁜 대상으로 왔다 갔다 지각한다. 즉, 이들은 사람들을 매우 나쁘다고 보거나 매우 좋다고 극단적으로 번갈아 보면서 자신이 인식한 바에 따라 행동한다.

영상 자료 3.2

성격 및 성격장애에 관한 오토 컨버그의 설명

 https://www.youtube.com/watch?v=g9YAQay1ljc

폴은 테오가 내면화된 나쁜 대상을 가지고 있다고 본다. 이러한 나쁜 대상은 부모가 테오를 다루는 방식과 부모의 갈등관계가 만든 환경에 의해 형성되었다. 이런 정서들은 주로 억압되어 왔지만, 테오가 성장해야 하고 대학에서 복잡한 대인관계를 조율해야 하는 데에서 경험하는 스트레스는 정서를 억압하는 것을 힘들게 한다. 테오는 건강한 자기 혹은 통합된 내적 대상을 발달시키지 못했다. 테오는 투사, 내사와 더불어 초기 환경의 부적절감을 다룰 수 있는 분열이라는 방어기제를 사용했지만, 이런 방어기제들은 망가졌고 테오의 화가 표출되기 시작했다. 테오는 분노가 표면화되는 것을 무서워한다. 이런 분노는 강력하여 테오는 분노가 표출되면 중요한 대상인 부모님이나 자신의 흔들리는 자기(self)가 파괴될까 봐 무의식적으로 두려워한다.

치료의 특성

사정. 대상관계 치료자는 공식적인 사정 방법을 사용하지 않는 경향이 있다. 대부분 분석가들처럼 대상관계 치료자는 내담자 이면에 존재하는 심리내적인 역동 과정을 파악하려는 단서로 내담자의 행동과 언어적 내용을 관찰하는 데 더 관심이 있다. 대상관계 치료에서는 특히 내담자에 대한 치료자의 반응에 관심이 주어지는데, 이는 치료자가 치료관계 안에서 내담자의 자기에 관한 가설을 세워 나가기 때문이다(Frankland, 2010).

폴은 테오의 이야기를 경청하고 테오의 내적 세계를 이해하려고 노력한다. 폴은 테오가 자신에게 하는 반응들을 섬세하게 관찰하고, 타미아를 포함한 다른 사람들과 맺은 폭풍 같은 관계들에서의 이야기를 주의 깊게 듣는다. 폴은 테오의 대상관계에 대한 단서들을 살펴본다.

치료적 분위기 및 내담자와 상담자의 역할. 대상관계 치료자는 심리치료를 할 때 자아심리학에 토대를 둔 치료자와 마찬가지로 정통적인 정신분석가와 아주 유사해 보인다. 그러나 이들은 전통적 정신분석가보다 치료 환경에 더 관심을 가지는 경향이 있다. 즉 대상관계 치료자는 치료관계를 내담자가 양육자와 맺었던 초기 관계의 재현으로 본다.

클라인은 돋보이는 주장을 한다. 워커(Walker, 1957)에 의하면 클라인의 치료 접근은 클라인 자신이 아이들과 일한 경험에 영향을 받았고, 몇 가지 부분에서 전통적 정신분석가와 다르다고 한다. 먼저 클라인은 프로이트가 믿는 것보다 신경증이 더 이른 기간에 자리하고 있음을 확신했고, 그중에서도 구강발달 단계일 것이라고 생각하여 생애 초기 경험 단계를 강조했다. 앞서 서술했듯이 클라인은 내담자의 공격적인 충동에 훨씬 더 많은 관심을 두었다. 클라인은 아주 깊은 해석을 초기부터 하는 것을 지지했다(Walker, 1957). 표면에서부터 시작해서 깊이 있는 주제로 해석을 점진적으로 진행하는 것 대신에, 전통적인 정신분석치료에서 제안하는 시기보다 훨씬 더 이른 초기발달 역동에 기반한 해석을 제공했다. 미첼과 블랙(1995)은 클라인학파 치료에서 분석가와 내담자와의 관계는 프로이트 관점에서보다 훨씬 더 근본적으로 단단히 얽혀 있는 관계로 특징짓는다.

(역전이로 집중하지 못할 때를 제외하고는) 환자는 단순히 자신의 마음에 있는 내용을 일반적으로 중립적인 관찰자에게 드러내지 않는다. 환자는 원시적 대상관계(primitive object relations)로서 분석적 상황을 경험한다. 분석가는 때론 좋은 젖가슴이며, 마술적으로 변형되는 존재이다. 분석가는 좋

은 젖, 보호해주고, 보살펴주고, 원기를 회복하는 존재로서 해석된다. 분석가는 때로는 나쁜 젖가슴, 치명적으로 파괴적인 존재이다. 이는 독성이 있는 존재로 섭취했을 시 내부에서부터 파괴하는 존재로서 해석된다(p. 107).

위니컷은 분석 상황이 내담자가 유아 때 경험하지 못한 안아주는 환경을 제공한다고 보았다(유아기 안아주는 환경을 경험했으면 내담자로 치료에 오지 않았을 것이다). 치료자는 내담자를 침해하는 것을 반드시 피해야 한다. 왜냐하면 치료자가 내담자를 침해하지 말아야지 내담자의 참자기(true self)가 안전하게 나타나고 이러한 참자기가 거짓자기(false self)를 대체하기 때문이다(Kernberg, 1984; Mitchell & Black, 1995). 마찬가지로 페어벤은 내담자가 분석가와 쌓은 새로운 관계를 통해서 분석적인 변화가 일어난다고 생각했다(Mitchell & Black, 1995).

현대 정신분석가들은 분석 상황에서의 치료자의 권위라는 개념과 더불어 치료적 중립성에 대하여 최근 관심을 두고 있다. 컨버그(1996)는 이런 사안을 강조하며 치료자들이 교육, 훈련, 기술에 토대를 둔 치료자의 권위는 반드시 유지하되 치료자 자신이 치료관계에 개입하는 부분은 분명히 알고 있어야 한다고 주장했다. 컨버그는 "요약하자면 기술적 중립성을 지킨다는 것이 익명성을 의미하는 것이 아니며, 자연스럽게 행동하는 것이 분석가가 일관되거나 안정되지 않고, 환자와 관계에서 전문적인 역할을 하지 않는다는 것을 시사하는 것도 아니다. 기술적으로 중립성을 유지한다는 것은 정신분석가의 성격이 환자에게 영향을 미치지 않는다는 것을 암시하는 것도 아니다. 따라서 내담자는 필연적으로 치료자에게 영향을 주며 치료자의 역전이 반응도 나타난다."(1996, p. 146)고 저술했다.

폴은 안정적이고 안전한 치료 환경을 구축하려고 노력하면서 테오에게 적절하게 접근한다. 폴은 자신이 테오에게 끼칠 영향을 인식하지만 또한 치료관계에서 드러나는 테오의 대상관계에 대한 단서를 기민하게 파악하고자 한다.

상담 목표. 대상관계 이론자들에게 좋은 치료란 내담자가 건강한 대상관계를 복구하여 견고한 자기감을 갖도록 돕는 것이다. 위니컷은 치료 목표를 자기의 발달로 보았다. 페어벤의 치료 목표는 내담자가 치료 과정에서 보이는 잘못된 관계 패턴에 매이지 않고, 타인과 관계를 맺는 새로운 방법을 발달시키는 것이다. 컨버그의 치료 목표는 자기 안에 있는 부분-대상(part-objects)를 통합하고, 그 결과로 지속적인 자기 및 타인 인식을 유지하고 이에 타인을 공감하며 자기 경험을 성찰할 수 있게 하는 것이다(Levy et al., 2006).

폴은 테오가 내적 대상 세계가 표면으로 드러나는 것을 견딜 수 있기를 바란다. 따라서 폴과 테오의 치료적인 작업을 통해서 테오가 더 통합적인 자기감을 세울 수 있기를 바란다. 폴은 테오가 부모에 관한 정서를 직접적으로 다루는 데 오랜 시간이 걸릴 것으로 예상한다. 그 이유는 테오는 이런 정서들이 두렵기 때문이다. 이에 폴은 테오의 초기 자유 연상의 주제인 현재 관계부터 치료를 시작한다.

치료 과정

대상관계 치료자는 내담자의 **통찰**에 매우 관심을 가진다. 그러나 심각한 심리적 역기능을 보이는 내담자의 경우 기대되는 통찰의 종류가 일반적인 신경증 내담자에게서 기대되는 통찰과는 약간 다르다. 심각한 심리적 역기능을 지닌 내담자에게는 전이를 해석할 때 치료 초반에는 지금-여기 사건(here-and-now events)에 제한하여 해석한다. 이는 치료관계에서 나타나는 역동에 대한 통찰이 우선이라는 점을 시사한다. 그 이후에 내담자의 삶에서 일어났던 사건에 점차 주의를 둔다.

대상관계 이론가들은 또한 전이(transference) 현상에 매우 관심을 가진다. 이들은 내담자가 치료 과정 중에 자신이 오랫동안 대인관계를 맺었던 방식을 보일 것이며, 무의식적으로 분석가와의 관계에서 초기 관계를 재현한다고 믿었다. 예를 들어 페어벤은 내담자가 자신의 대인관계 양식을 바꾸기 어려운 만큼 초기 관계에서 형성된 '오래된 나쁜 대상'(Mitchell & Black, 1995, p. 122)으로 치료자를 경험할 것이라고 생각했다.

전통적인 정신분석에서 치료자는 정서를 담지 않고 중립적인 지점에 서서 내담자의 전이를 해석하면서 내담자를 객관적으로 다룬다(이렇게 하지 않으면 치료자는 나쁜 분석가가 될 것이며 역전이에 사로잡힐 것이다). 클라인 같은 몇몇 대상관계학자들은 이러한 치료자 역할에 대한 아이디어를 받아들인다. 예를 들어 컨버그는 정신분석이 세 가지 주요한 구성요소를 지닌다고 설명했다: (a) 분석가의 기술적인 중립성, (b) 해석의 사용, (c) 목표는 완전히 드러나는 전이신경증의 발달로 이러한 전이신경증은 해석을 통해서 해결됨. 그러나 컨버그(1984)는 치료자가 심지어 기술적인 중립성을 유지하면서도 내담자에게 따뜻하고 공감적이어야 하며, 더 나아가 내담자가 자신의 마음속에서 다루지 못하는 부분까지 공감할 수 있어야 한다고 주장했다.

컨버그는 내담자가 보이는 강력한 전이 때문에 비교적 심각한 증상을 보이는 내담자와 작업할 때는 기술적인 중립성을 유지하기가 어렵다는 점을 시인했다. 그 결과 컨버그는 치료 초기에 전이 해석은 즉각적인 치료적 상황으로 한정돼야 한다고 제안했다. (내담자의 발달적 내력에 기원을 둔) 뿌리 깊은 해석은 치료의 마지막 단계를 위해서 아껴둔다. 치료실 안팎에서 전이에 대한 어떠한 행동화(acting out)도 저지되며, 때로는 치료자가 중립성을 희생하고 직접적인 개입을 할 수도 있다. 긍정적인 전이는 해석되지 않는다. 대신 긍정적 전이는 작업 동맹을 형성하는 데 활용된다(Kernberg, 1984).

더 심각한 심리적 혼란을 겪는 내담자의 전이에서 발생하는 일들은 내담자의 원시적인 방어기제의 본질에 의해 설명될 수 있다. 즉, 내담자가 취약한 자기를 보호하고자 원시적인 방어기제를 사용하는 것이다. 컨버그는 이런 주된 부정적 전이가 매우 빨리 발달되는 데에 주목하며, 투사적 동일시가 이면에 숨어 있을 것이라고 생각했다(St. Clair, 2004). 내담자는 내적 대상이 통합되지 않았기 때문에 생애 초기 경험했던 부모가 남긴 공격적이고 무서운 대상 표상을 심리치료 과정에 가지고 오고, 이런 대상 표상을 치료자에게 투사한다. 그 결과 내담자는 치료자를 믿지 못하고 두려워한다. 그 다음에 내담자는 적대적이고 가학적으로 굴거나 또는 놀란 아이처럼 반응하는 방법을 통하여 자기를 보호하려는 시도를 할 것이다.

역전이(countertransference)는 내담자를 이해하는 데 도움이 된다(Scharff & Scharff, 2005). 내담자는 자신의 혼란스러운 대상관계를 분석적인 상황에 투사하기 때문에 치료자의 반응은 내담자의 내적 역동과 작용방식에 대한 진단적인 정보가 된다. 그러나 더 심각한 증상의 내담자의 경우 전이가 종잡을 수 없으며, 가장 부정적인 측면이 치료자가 일부 지닌 공격적이고 적대적인 반응을 끄집어 낼 수 있다(Kernberg, 1996; St. Clair, 2004). 컨버그(1996)는 치료자 자신이 전이에 기여하고 있는 부분을 점검해보는 수단으로서 지속적인 동료자문(peer consultation)을 추천했다.

영상 자료 3.3

대상관계 치료자인 질 세비지 슈라프 박사가 말하는 대상관계 이론과 치료

 https://www.youtube.com/watch?v=N0b7l2SMRiw

폴은 테오가 그의 초기 경험과 현재 겪고 있는 문제 사이의 관계를 이해할 수 있도록 도울 수 있기를 희망한다. 폴은 치료관계에 대한 테오의 반응과 더불어서 현재 태오 행동과 정서의 근본 원인에 대해 민감하게 주의를 기울일 것이다. 폴은 결국 테오가 다른 사람에게 화를 표현했던 방식으로 폴 자신에게 화가 날 것이라고 생각한다. 폴은 이런 화를 받아들일 것이다. 처음에는 두 사람 사이의 관계와 관련하여 논의할 것이고, 마지막에는 테오에게 있어 나쁜 대상, 특히 엄마와 관련된 초기 경험과 관련지어 논의할 것이다. 테오의 분노가 통제 범위를 넘어서려고 한다면 폴은 정서 표현에 대한 경계를 설정할 것이고, 테오와 함께 치료 밖에서 그의 삶을 구조화하는 작업을 할 것이다. 이런 과정에서 폴은 테오와 함께 있을 때, 테오의 기분과 그리고 그의 관계 역동 속에서 폴이 기여할 수 있는 역할을 주의 깊게 바라보며 머무를 것이다. 폴은 자신의 반응이 테오와의 작업을 방해한다고 여겨지면 자문을 구할 것이다.

치료 기법

전통적인 정신분석에서처럼 대상관계에서 사용하는 가장 강력한 기법은 해석으로, 특히 전이에 대한 해석이다. 컨버그(2001)는 치료에서 '세-사람(three-person)' 모델을 언급했다. "분석가는 한 편으로 전이-역전이 관계에 몰두해 있고, 다른 한편으로는 객관적인 거리를 유지하면서 환자가 설립한 내적 대상관계를 관찰하고 해석한다."(p. 536)

어떤 대상관계 이론가들은 치료에서의 관계가 실질적인 내용이 아니라 치료 요인이라고 믿는다. 예를 들어 위니컷은 치료장면에서 안아주는 환경이 내담자가 생애 초기에 놓친 적절한 관계를 제공한다고 믿는다. 부모역할이 잘못된 단계에 고착되었던 내담자는 이런 치료 환경을 통해 그 단계에서 벗어나 앞으로 나아갈 수 있다(J. R. Greenberg & Mitchell, 1983).

컨버그의 작업에 기반을 둔 최근 접근은 전이집중 심리치료(transference-focused psychotherapy)로 알려져 있다(Kernberg, Yeomans, Clarkin, & Levy, 2008; Levy et al., 2006). 전이집중 심리치료에서 구조화된 접근은 치료자와 내담자가 기대하는 부분을 세분화한 치료 계약서를 작성하면서 시작된다. 전이집중 심리치료의 주요한 기법은 명료화, 직면, 치료관계에서 지금-여기 사건에 대한 전이분석이다. 명료화는 내담자의 자기성찰 능력을 향상하도록 도우면서 내담자의 경험을 이해하려는 치

료자의 시도를 일컫는다(자기성찰의 어려움은 자기를 서투르게 통합한 결과로 여겨진다). 전이집중 치료자는 또한 내담자와의 의사소통에서 불일치를 직면한다. 이런 직면은 자기통합에 기반한 문제에 대한 가설인 심리적 분열(psychic splits)로 연결될 수 있다. 전이 해석은 치료자–내담자 상호작용을 초기 대상관계와 연결짓는다.

> 폴은 인내심을 가지고 테오의 말에 경청하며 상대적으로 중립적이면서도 지지적인 치료 환경을 유지하려고 노력한다. 폴은 관계에서 테오가 표출하는 분노를 해석할 것이며, 어떻게 테오의 정서가 부모, 특히 엄마와 연관되는지 볼 수 있도록 테오를 이끌 것이다. 치료관계를 맺고 있는 내내 폴은 올바르고 지지적인 안아주는 환경을 제공하고자 노력할 것이다. 이런 환경은 테오가 화와 두려움을 표현하고 통찰로 이르는 길에 있어서 필수적이다.

자기심리학

개요

자기(self)라는 단어가 암시하듯이 자기심리학은 자기의 발달을 집중적으로 다룬다. 이런 접근의 창시장인 하인즈 코헛(Heinz Kohut, 1913~1981)은 비엔나에서 태어났으나, 나치의 오스트리아 침략을 피해 1939년 시카고로 본거지를 이전하였다. 코헛은 전통적인 정신분석가로서의 전문적인 커리어를 시작으로 수년 동안 자신의 고유한 관점을 발달시켰다. 코헛의 관점은 그의 1971년 책, 자기의 분석 : 자기애적 성격장애 치료의 체계적 분석(*The Analysis of the Self: A Systematic Analysis of the Treatment of the Narcissistic Personality Disorder*)에서 쉽게 확인 가능하다. 1981년 코헛이 사망한 해에 그는 자신의 마지막 저서인 정신분석은 어떻게 치료하는가(*How Does Analysis Cure*)를 집필 중이었고, 이는 1984년에 사후 유작으로 출판되었다(Strozier, 2006). 코헛과 자기심리학에 대한 더 많은 정보는 국제정신분석학회 내 자기심리학학회(www.iapsp.org)에서 찾을 수 있다.

자기심리학의 부제목은 아마 "모든 건 나에 관한 것이다."일 것이다. 이는 코헛이 자신의 아이디어를 주로 자기애적 성격의 내담자와의 작업을 통해서 발달시켰기 때문이며, 이런 관점은 앞으로 살펴볼 수 있겠지만 자기의 개념에 매우 초점을 맞춘다. 원래 코헛은 자신의 이론을 자기애성 증후군에 전통적 정신분석 이론을 적용한 정신분석 이론의 보완물이라 보았다(St. Clair, 2004). 그러나 생의 말미에 가서 코헛은 자신의 이론이 더 폭넓게 적용될 수 있으며, 프로이트의 이론과는 평행선을 이루며 확연히 구분되는 기여를 한다고 설명했다(Mitchell & Black, 1995). 그럼에도 불구하고 코헛은 종종 정신분석과 자기심리학 세계 모두에서 최고가 되려고 노력하는 것처럼 보인다. 코헛은 전통적인 추동이론을 완전히 거부하지는 않았지만 내담자가 상대적으로 손상되지 않은 자기 구조(즉, 프로이트가 신경증이라고 부르는 것)를 지니는 경우, 추동이론에 대한 여지를 남겨놓았다. 코헛은 추동의 본질을 좀 더 완화시켰다. 예를 들어 정상적인 오이디푸스 단계의 충동은 리비도와 공격성이라기보다는 즐거움과 주장성이 된다. 그러나 추동이론은 나르시시즘과 같은 특성이나 성격장애를 이해하는 데 사용되지 않았다. 여기에서 자기심리학은 더 나은 대안책이다. 왜냐하면 자기심리학은 추동이론에서 중심을 두는 오이디푸스 갈등단계가 아닌 그보다 더 이전 발달에서의 문제를 강조하기 때문이다(St. Clair, 2004). 이러한 이유로 J. R. 그린버그와 미첼(1983)은 코헛의 심리학을 혼합 모델(mixedmodel)이라고 명명한다. 그러나 코헛의 아이디어는 안나 프로이트에게 '분석적이지 않다.'라는 신랄한 비평을 받을 만큼 '주류' 정신분석학파들이 보기에는 충분히 급진적이다(Mishne, 1993).

주요 개념

자기대상. 코헛은 유아는 자기와 타인을 구분할 수 없다는 주장을 강조하기 위해 자기대상(selfobject)이라는 특별한 용어를 만들었다. 이 용어는 다소 불명확하고 정확히 이해하기는 어렵지만, 자기대상은 자기의 일부 또는 자기와 관련된 환경에서의 개인을 의미한다. 코헛은 자기대상의 개념을 묘사하려고 자기-자기대상 관계(self-selfobejct relationships)라는 용어를 사용했지만, 많은 저자들이 간단히 자기대상관계(selfobject relations)라고 명명하기에 앞으로 이 장에서 자기대상관계로 명명한다.

유아가 태초에 자기가 없는 상태에서 자기를 갖춘 인간으로 성장해 나감에 있어, 유아를 달래고 지지하기 위해 자기대상은 존재하지만, 다 성장한 후에도 자기대상에 대한 욕구는 절대 사라지지 않는다. 가장 중요한 자기대상은 부모이다. 부모는 좋은 자기대상이 될 필요가 있지만, 유아의 성장을 촉진하기 위해 때로는 유아를 좌절시킬 필요도 있다(Kohut, 1984). 부모와 자녀 관계가 만족스럽다면 유아의 자기는 건강한 방식으로 자라날 것이다(Quintar et al., 1998).

> 샤를린은 자기심리학에 토대를 둔 치료자이다. 테오의 상태를 고려했을 때 샤를린은 테오가 자기대상에서 문제를 가지고 있다고 생각했다. 테오는 아마 완전히 통합된 자기가 확립되지 않았을 것이다. 샤를린은 테오의 부모가 테오를 키우면서 최적의 만족과 좌절을 제공했는지 궁금해한다. 부모는 파란만장한 삶을 살면서 자신의 부정적인 이슈를 다루느라 테오에게 요구되는 최적의 좌절보다 더 높은 수준의 좌절을 안겼을 수 있다. 이는 테오가 부정적인 자기대상을 발달시키는 데에 영향을 주었을 것이다.

붕괴불안. 코헛은 붕괴불안(disintegration anxiety)을 인간이 겪는 가장 기본적인 형태의 불안이라고 주장하면서 정신분석 이론에 붕괴불안이라는 개념을 추가했다. 코헛(1984)은 "붕괴불안을 설명하려는 시도는 설명할 수 없는 것을 설명하려는 시도(p. 16)"라고 인정했지만, 그는 붕괴불안을 심리적 죽음에 대한 공포라고 기술한다. 몰론(Mollon, 2007)은 심지어 상대적으로 건강한 (응집력 있는) 자기를 지닌 개인에게도 파편화의 위협은 존재하며, 모든 심리 방어기제들이 이런 참혹한 태초의 붕괴불안을 막기 위해 작동한다고 기술했다.

> 테오는 대체로 무의식적이긴 하지만 아마 붕괴불안을 겪을 것이다. 이러한 불안은 응집력 있는 자기감을 지원해주지 못하는 잘못된 대상관계에서 기원한다. 테오는 이런 붕괴불안을 억압하고, 자신을 지켜주고 안전감을 제공하는 데 실패한 자기대상에게 분노로써 표출한다. 또한 테오는 이를 현재 상황에서 중요한 타자인 타미아에게 주로 전이한다.

인간과 개인발달에 관한 이론

아마 예측하겠지만 코헛의 관점에서는 발달에 있어 자기(self)를 강조한다(St. Clair, 2004). 자기는 자기대상과의 관계를 통해서 성장한다. 건강한 자기를 확립하는 데 있어서 두 개의 중요한 과정(혹은 기능)인 거울반응과 이상화가 중요하다. 그리고 두 가지 자기대상, 거대 과시적 자기(grandiose exhibitionistic self)와 이상화된 부모 이마고(idealized parental imago)는 반드시 발달되어야 한다. 어린아이는 "날 좀 봐봐! 멋지지 않아?"라고 말할 필요가 있다. 이는 거대 과시적 자기가 작동하는 것이고, 부모는 아이에게 인정과 감탄을 담은 거울반응(반영)을 해줄 필요가 있다. 부모 이마고(parental image)의 발달에 있어서 아이의 이상화가 필요하다. 즉, 아이는 부모를 완벽하다고 바라보며 부모는 이를 즐기고 있음을 아이에게 전달한다. 마지막으로 쓴 책에서 코헛(1984)은 세 번째 자기대상 기능인 **쌍둥이 관계**(twin-ship)에 대해 조명했다. 이는 원래 거울반응에 포함된 개념이었으나, 이후에 거울반응과 구분된 개념이 된다(Togashi & Kottler, 2012). 쌍둥이 관계는 한 사람이 다른 사람과 같음을 느끼고, 다른 사람도 또한 그와 비슷함을 인식하는 것과 관련된다. 더 포괄적으로 쌍둥이 관계는 전 인류에 속한다는 인식이다(Kohut, 1984). 다시 말해 이런 과정은 자기구조(self-structure)를 구축하는 데 필수적이어서 아이가 "와, 나 엄마 같아!"라고 인지하는 동안 부모는 아이에게서 자신을 본다는 느낌을 아이한테 주어야 한다. 심지어 이런 욕구들이 어린 시절에 충족되었을지라도 코헛(Kohut, 1984)은 우리가 여전히 우리의 삶 속에서 어느 정도는 거울반응, 이상화 그리고 쌍둥이 관계를 추구한다고 생각했다.

코헛이 명명한 공감적 부모자녀 관계에서 이상화, 거울반응, 그리고 쌍둥이 관계는 주축을 이룬다(St. Clair, 2004). 대체로 건강한 부모들은 이를 잘 수행하지만, 이 과정에서 불가피하게 애로사항이 발생하고, 이로 인해 아이의 욕구는 충족되지 못한다. 물론 심하지 않은 정도의 애로사항은 아이에게 응집력 있는 자기발달을 촉진시킨다. 왜냐하면 이런 혼란에 대해 아이는 오히려 이상화, 거울반응, 쌍둥이 관계와 같은 기능을 자기 내면으로 조금씩 가져오기 때문이다. 공감 속에서 발생하는 이런 애로사항들은 **최적의 좌절**(optimal frustrations)이라고 불린다(Kohut, 1984). 자아는 최적의 좌절과 함께 코헛이 명명한 변형적 내재화(transmuting internalization)라는 거대 과시적 자기와 부모 이마고를 내면화하는 과정을 통해서 점차 발달한다(St. Clair, 2004). 모든 것이 순조롭다면 이런 표상들은 자기와 이상화된 초자아에 대한 좋은 감정을 고조한다(Kohut, 1984). 무엇보다 가장 중요한 것은 아이들이 응집력 있는 자기감을 발달시키는 것이다.

정상적인 발달(혹은 좋은 분석)은 세 가지 자기대상 기능에 의해 지원을 받는 자기(self)를 형성한다. 내면화된 자기대상의 균형은 개인마다 다르며 이는 성격에서의 특정한 경향성을 만든다. 코헛에 의하면 성격 유형은 어떤 극(거대 과시적인 측면과 이상화된 측면)이 우세하느냐에 따라 결정된다(J. R. Greenberg & Mitchell, 1983). 거대 과시적인 측면이 강하면 매사 확신에 차고 야망 있는 사람이 된다. 이상화된 자기대상이 우세하면 완고한 이상과 가치를 지닌 사람이 된다. 세 번째 유형의 성격은 쌍둥이 관계 기능에 반응하여 형성된다. 이런 성격 유형의 사람은 자신과 뜻이 맞거나 아주 비슷한 절친한 친구들에게 둘러싸여 있을 때 기운이 나고 지지받는 느낌을 받을 것이다(Kohut, 1984).

코헛은 전통적인 추동이론과 심리성적 단계에 대해 양가적인 태도를 보인다. 코헛은 우리가 현재 만나는 유형의 내담자와 프로이트가 보았던 내담자가 다르다고 확신했다. 예를 들어 코헛은 오이디푸스 발달단계를 인정했으나, 후기 저서들에서는 오이디푸스 발달단계를 부모에 대한 즐거움과 애정의 단계로 보았다(Kohut, 1984). 코헛은 이 단계에서 보이는 강렬한 성적 그리고 공격적 충동을 때때로 잘못된 발달의 결과로 보았다(심리적 건강과 역기능 절 참조).

테오의 어머니와 아버지는 테오랑 놀아주기도 하고 테오의 놀이 결과에 대해 감탄하기도 하면서 테오에게 좋은 부모 대상이 되려고 노력했다. 예를 들어 테오의 어머니는 테오의 판다인형 루디와 (물론 테오한테서) 말하는 방법을 배웠고, 테오와 함께 인형 루디와 생동감 있는 대화를 나누었다. 테오는 또한 부모를, 특히 테오가 보기에 중요하고 힘이 있는 아버지를 이상화하였다. 샤를린은 테오의 쌍둥이 관계와 이상화 과정이 어땠을지 궁금해한다. 아버지의 빈번한 부재가 이상화된 부모 이마고를 내면화하는 데 방해가 되었을까? 테오가 쌍둥이 관계를 부모 중 누구 한 명과 경험했을까, 아니면 형제나 친한 친구와 겪었을까?

심리적 건강과 역기능

자기심리학 모델에서 건강한 사람은 건강한 자기들을 지니고 있는 사람이고 일반적으로 구조적인 완결을 이룬 응집력 있는 자기를 지닌 사람으로 정의한다(Kohut, 1984). 코헛은 건강한 사람의 정점은 성공적으로 오이디푸스 발달단계를 거쳐 온 이성애자라는 전통적인 프로이트학파의 개념을 거부했다. 코헛은 "역사에는 의미 있고 위대한 생애를 보낸 수많은 사람들이 있지만, 그들의 심리성적 구조가 꼭 이성애에 맞춰진 것도 아니었으며, 그들이 양가적이지 않은 대상 사랑에 전념한 것도 아니었다."고 기술했다(Kohut, 1984, p. 7).

코헛은 자기대상(idealizable selfobjects)에 대한 욕구는 평생 지속된다고 믿었다. 건강한 사람과 병리적인 사람은 자기대상을 추구하고 활용하는 방식면에서 구별된다. 코헛은 다음과 같이 의견을 밝혔다. "우리는 거울반응을 하는 자기대상(mirroring selfobjects)을 찾아내어 우리에 대한 반영하는 자기대상의 반응을 통해 성장하고, 또 한편으로 이상화하는 자기대상을 찾아내어 그들에 대해 느끼는 열정으로 생동감 있게 살기를 추구한다. 그러기 위해서 우리는 한편에는 가용할 자기존중감과 포부를, 다른 한편에는 핵심 이상과 목표를 소유해야 한다."(Kohut, 1984, p. 77) 또한 우리는 반드시 인류에 속한다는 느낌을 지녀야 하며, 이상적으로 우리에게 쌍둥이 관계를 지지해줄 수 있는 자신과 아주 비슷한 친구인 또 다른 자아(alter egos)를 가져야 한다.

자기심리학에 의하면 심리적 역기능에 이르게 하는 기본적인 문제는 자기와 관련된 부분이며, 이는 양육자와의 생애초기 경험에서 발생한 결핍으로 거슬러 올라갈 수 있다. 이에 J. R. 그린버그와 미첼(1983)은 다음과 같이 언급했다. "코헛이 정신병리의 원인을 부모의 자녀에 대한 만성적인 공감 실패로 보듯이 정신병리의 원인은 부모의 성격병리에 기인한다."(p. 355; 원문에서 강조). 이런 지속적인 부모의 공감 실패는 자기(self)가 있어야 할 곳에 '블랙홀'과 같은 구멍을 만들며, 이는 일반적으로 위협과 관련된 극단적인 정서적 반응을 통해서만 관찰할 수 있다(Mollon, 2007).

코헛(1984)은 세 가지 다른 종류의 심리적 역기능에 관해 인식했다. 이는 정신증(psychoses), 자기애적 성격장애(narcisstic personality disorders), 구조적-갈등 신경증(structural-conflict neuroses)이다. 정신증은 가장 근본적인 자기가 발달하지 못한 경우이다. 코헛은 정신증을 가진 개인과 치료 작업은 할 수 있지만, 그들로 하여금 참자기(true self)를 창조하도록 돕는 것은 거의 불가능하다고 믿었다. 왜냐하면 참자기를 창조하려면 내담자가 자기를 잃는 것을 보상하기 위해 세운 방어를 허무는 작업이 필요하기 때문이다. 대신 분석가는 내담자가 이미 지니고 있는 위태위태한 방어기제들이 넘어지지 않도록 떠받들어주는 도움을 줄 수는 있다(Kohut, 1984).

자기심리학은 코헛의 자기애적 성격장애 분석에 의해 아마 가장 잘 설명될 것이다(Kohut, 1984). 자기애적 성격장애 내담자의 경우 기본적인 자기감은 형성되어 있지만, 그 속에 중대한 결함이 있다. 즉, 이들은 자기의 이상화되거나 과대적 측면이 발달되지 못했다. 후기 저서에서 코헛은 쌍둥이 관계 자기대상을 내면화하지 못한 경우에 대해서도 논의했다. 양육자(적절한 상태와 비교했을 때)가 아이에게 거울반응, 이상화, 그리고 쌍둥이 관계에 대한 욕구를 지속적으로 충족시켜주지 못하면 자기애적 상처에 민감한 '취약한' 자기를 초래하게 한다(Kohut, 1984). 자기감이 파편화되었기에 붕괴불안은 일어난다. 극단적인 경우 앞서 설명한 '블랙홀' 효과가 명백하게 드러난다(Mollon, 2007). 아이가 거울반응, 이상화 또는 쌍둥이 관계에서 결핍이 일어나거나, 혹은 어떤 방식으로든 이런 욕구들과 관련하여 트라우마를 겪었기 때문에(예 : 이상화된 부모로부터 거절을 당하는 등) 변형적 내재화(transmuting internalizaiton)는 일어날 수 없다. 이에 아이는 자기대상을 절대 내면화할 수 없고, 응집력 있는 자기를 발달시키지 못한다. 아이는 붕괴불안으로 혼란스러움을 느끼고 괴로워하면서 결핍된 부분을 채워줄 자기대상을 추구한다. 이런 개인은 충족되지 못한 욕구에 만성적인 허기를 느끼며 이런 허기를 평생 필사적으로 추구한다. 예를 들어 지속적으로 칭찬과 존경을 추구하거나 '접촉-회피 성격장애'로 명명되는 트라우마를 겪은 사람들이 해당된다(Kohut & Wolf, 1978, p. 422).

구조적-갈등 신경증(structual-conflict neuroses)을 설명하면서 코헛은 전통적인 정신분석에서 초점을 두는 심리적 역기능의 유형에 대해 언급했다. 구조적-갈등 신경증은 남근기 발달 과정 중에 문제가 생겨 나타날 수 있다. 앞서 언급하였듯이 자기심리학에서 오이디푸스 단계는 발달 과정의 주축으로 고려하지 않는다. 대신에 "건강한 부모의 아이들은 오이디푸스 발달단계에 즐겁게 진입한다." (Kohut, 1984, p. 14) 부모가 아이의 자기주장과 애정을 소중히 여기면 모든 일은 순조로울 것이다. 이 단계에 부모가 좋은 자기대상으로서 기능하지 못하면 코헛이 설명한 오이디푸스 콤플렉스(Oedipal complex)가 나타난다. 아이는 두 종류의 불안을 겪게 된다. 즉, 아이는 일차적 불안(primary anxiety)과 이차적 불안(secondary anxiety)을 경험한다. 일차적 불안 혹은 붕괴불안은 자기상실의 공포이며(즉, 하나 혹은 그 이상의 자기대상의 상실에 대한 공포이며, 자기대상 없이는 자기가 존재할 수 없다), 인간이 경험할 수 있는 가장 일차적이고 주된 공포이다(Kohut, 1984). 이차적 불안은 건강한 오이디푸스 자기(Oedipal self)가 상실되고 남자아이에게는 거세불안을, 여자아이에게는 남근소망을 불러일으키는 오이디푸스 성적 및 공격적 충동이 우세할 때 나타난다.

핵심을 말하자면 코헛은 심리적 문제를 일으키는 원동력은 붕괴불안이고, 이는 생의 모든 단계에서 나타난다고 주장했다. 잘못된 양육(부모의 거울반응, 이상화 혹은 쌍둥이 관계 기능 중 어느 하나에서라도 의미 있는 실패)은 자녀로 하여금 결함 있는 자기대상 관계와 응집력이 약한 자기감을 초래하게 한다.

샤를린은 테오의 문제가 잘못된 초기 양육관계로 인해 초래되었다고 생각한다. 테오의 부모는 자신들의 갈등으로 정신이 없어서 테오가 아주 어린아이였을 때 충분한 거울반응, 이상화, 그리고 쌍둥이 관계 경험을 제공해주지 못했을 것이다. 그 결과 테오는 변형된 내재화를 하지 못했으며 또한 자기대상은 테오의 마음을 달래주지 못했고 이에 테오는 붕괴불안을 경험했다. 타미아가 친구들과 밤새 노는 경우와 같은 일이 있을 때마다 테오의 자기감은 흔들렸고 쉽게 위협받았다. 타미아가 자기 주장을 했을 때 테오는 폭발했다. 타미아가 자신을 옹호하면서 테오의 자기감에 도전하였기 때문이다.

테오의 문제들이 훨씬 더 초기 역동에서 비롯됐지만 샤를린에게는 이런 문제들이 어느 정도는 오이디푸스 콤플렉스와 관련된 것처럼 보였다. 테오가 두드러지게 공격적인 충동을 경험하고 있는 상황에서 샤를린은 테오가 성적 충동 또한 경험하는지 궁금해한다. 그러나 샤를린은 일차적인 문제의 원인이 반영 욕구에 있을 것이라고 생각한다. 테오의 부모는 너무 정신이 없어서 테오에게 반영을 충분히 하지 못했다. 테오와 타미아가 싸웠을 때 타미아가 그랬던 것처럼 테오는 누군가로부터 또는 어떤 사건으로부터 테오가 전지전능하지 않고 완벽하지 못한다는 메시지를 암시받았을 때 쉽게 상처를 받는다.

치료의 특성

사정. 자기심리학에 토대를 둔 치료자는 공식적인 평가를 좋아하지 않는다. 대신 상담자는 내담자가 지니고 온 자기결핍의 본질을 파악하기 위해 내담자에 대한 관찰을 중히 여기며 특히 회기 중에 내담자의 행동을 관찰하는 것을 중요하게 여긴다.

샤를린은 자신에 대한 테오의 정서적인 반응을 살펴보면서 회기 내에서 테오의 행동을 조심스럽게 관찰하고 테오가 지닌 자기구조 응집성 수준을 살펴보고자 노력한다. 테오는 일상적인 이야기를 할 때 샤를린과 처음으로 꽤 수월하게 관계를 맺어 나갔다.

치료적 분위기 및 내담자와 상담자의 역할. 코헛(1984)은 자기심리학에 토대를 둔 치료관계는 전통적인 정신분석과 달리 좀 더 따뜻하고 덜 형식적이라고 주장했다. 자기심리학에 토대를 둔 치료자들은 전통적인 정신분석가들보다 내담자에게 더욱 정서적인 측면을 허용한다. 코헛은 이러한 내담자에 대한 태도 차이가 자기심리학에서 공감이라는 개념이 확장되어 나타난 결과라고 설명했다. 자기심리학에 토대를 둔 치료자(내담자의 문제가 초기 경험의 박탈에서 기원했다고 봄)는 내담자의 욕구와 자기애적 요구를 그동안 억압했던 욕구의 출현으로 이해하여 반갑게 맞이한다. 그러나 자기심리학에 토대를 둔 치료자는 내담자의 이런 욕구들에 대해서 공감하면서도 직접적으로 충족시켜주지는 않는다(이를 충족시켜주는 것은 엄청난 실수일 것이다). 반면에 전통적인 분석가들은 아마도 이런 내담자의 욕구들을 오이디푸스 갈등과 관련된 공격 및 리비도적인 욕구를 회피하려는 시도로서 개념화할 것이다.

영상 자료 3.4

공감에 대한 하인즈 코헛의 설명

 https://www.youtube.com/watch?v=ZQ6Y3hoKl8U

자기심리학에 토대를 둔 정신분석이 비형식적이고 규율에 대해 좀 더 관대하다는 점은 사실이지만 자기심리학 접근에서의 내담자는 어디까지나 환자이다. 치료자는 반드시 내담자에게 공감을 해야 하지만, 동시에 내담자의 전이 현상에 대해 정확한 해석을 제공해야 한다.

> 샤를린은 테오에게 공감적인 환경을 제공하려는 시도를 하면서 동시에 치료관계에서 어느 정도의 권위를 반드시 유지해야 한다는 것을 알고 있다. 샤를린은 그녀가 할 수 있는 가장 객관적인 태도를 유지하면서 숭배와 공감을 받으려는 테오의 필사적인 노력에 응답하지 않는다.

상담 목표. 자기심리학에 토대를 둔 개입의 목표는 자기구조의 결핍을 바로잡는 것으로, 코헛의 1977년 책 제목에서 보듯이 '자기를 재건'하는 것이다.

> 샤를린은 테오에게 올바른 환경과 해석을 제공함으로써 테오가 파편화된 측면을 통합하여 응집력 있는 자기(coherent self)를 형성하기를 바란다. 테오는 부모 (그리고 관련된 내적 자기대상)에 대한 분노를 재경험할 것이지만 샤를린이 적절한 이상화와 거울반응을 해준다. 그 결과 테오는 이런 대상들을 재통합하고 더 안정적인 자기에 대한 인식을 정립할 것이다. 테오는 처음에는 사건들을 완전히 자신과 관련되어 있고 위협적이라고 인식한다 그러나 후에는 그의 삶에서 일어나는 일을 좀 더 객관적으로 평가하는 안정적인 인지 과정을 사용할 것이다.

치료 과정

자기심리학 모델에서 치료는 전통적인 정신분석적 치료와 많은 부분에서 매우 유사하다. 자기심리학적 접근에서 사용되는 주요한 기법은 해석이며, 특히 전이 현상에 대한 해석을 다룬다. 자기심리학에 토대를 둔 치료에서는 꿈분석 또한 사용한다. 그러나 치료의 최종 목표는 다른 형태의 정신분석적 치료와는 다르다. 즉, 자기심리학에 토태를 둔 치료 목표는 통찰을 얻거나 자아의 능력을 확장하는 것이 아닌 자기(self)를 재구축하는 것이다.

자기심리학 모델에서 치료의 핵심은 공감이다. "자기심리학적 접근을 지배하는 가장 중요한 규칙은… 이해가 언제나 설명에 앞서야 한다는 것이다."(Kindler, 2007, p. 65; 원문에서 강조). 치료에서 내담자는 자기대상에게 원했지만 좌절된 초기 욕구를 재활성화시킨다. 본질적으로 치료자는 내담자에게 자기대상으로서 기능해야 한다. 즉, 치료자는 내담자의 초기 환경에서 부재했던 거울반응, 이상화 또는 쌍둥이 관계 기능을 제공해야 한다(Kohut, 1984). 상담자가 이러한 기능을 제공하는 데 있어서 필연적으로 실패할 것이다. 이런 치료자의 실패가 최적의 실패라면 내담자는 변형된 내면화를 진행하여 자기구조를 구축할 것이다. 자기심리학 모델에서 저항은 내담자가 핵심자기에 대한 초기 공격의 반복을 피하려는 시도로 여겨진다.

자기심리학에 토대를 둔 치료의 중요한 측면은 치료자라는 사람이 전이 과정에서 필수적인 존재로 여겨진다는 것이다. 내담자는 거울 전이나 이상화 전이를 나타내야 한다(J. R. Greenberg & Mitchell, 1983). 코헛(1984)은 또한 후기 저술에서 내담자가 자기 자신을 치료자와 비슷하다고 바라보는 쌍둥이 전이를 인정했다. 치료자는 기본적으로 내담자에게 자기대상을 제공해준다. 치유의 과정을 통해 치료자는 내담자에게 발달 과정 중에서 무엇이 어긋났는지를 요약해서 보여준다(Kindler, 2007; Kohut, 1984). 이런 과정은 세 단계에 걸쳐 일어난다: 방어 분석, 전이의 발달, 그리고 자기와 분열되고 억압되었던 자기대상 사이의 공감적인 관계 형성(Kohut, 1984).

치료 과정에서 치료자는 필수적으로 내담자를 좌절시킬 것이며, 이런 좌절이 최적이라면 이는 내담자의 변형된 내재화를 이끌고 새로운 자기구조를 정립시켜줄 것이다. 예를 들어 내담자 수지가 치료자 라파엘을 이상화한다. 그러나 라파엘이 수지가 말하는 것을 잘 이해하지 못하거나 수지가 상처받을 것을 무시한다면, 라파엘은 완벽한 치료자의 지위는 실패한 것이다. 치료자는 이 다음에 **붕괴와 회복**(disruption and repair)이라는 일련의 과정을 점검하며 치료자의 실패와 이에 대한 내담자의 반응을 반드시 논의한다(Kindler, 2007). 치료자가 내담자의 관점에서 붕괴를 이해하는 것은 매우 중요하다. 이는 내담자가 지닌 자기대상 실패에 대해서 알려주기 때문이다. 치료자가 이해한 바를 내담자에게 전하면 공감적인 유대는 복구되며 내담자의 자기는 강화된다. 부모와의 관계에서 실패한 것들이 치료자와의 관계에서도 발생한다. 이는 내담자로 하여금 자기를 성장하도록 돕는다.

> 샤를린은 테오에게 필요한 거울반응과 이상화를 제공하면서 테오에게 공감하려고 애를 쓴다. 샤를린은 테오에게 거울반응과 이상화 대상이 되는 것에 실패하더라도 내담자와의 관계를 회복할 수 있다면 이러한 붕괴가 오히려 도움이 될 것을 안다. 테오는 샤를린이 마칠 시간이 되어 회기를 마무리했을 때, 샤를린에게 화를 내며 자신의 초기 좌절 경험을 치료자와의 관계에 전이한다. 다음 회기에서 샤를린은 테오가 겪은 화를 가져와 부모와의 초기 경험과 연결하려는 시도를 한다. 다른 회기에서 테오는 샤를린이 타미아에 대한 자신의 화를 해석할 때, 자신을 존중(반영)해주는 데 실패하여 샤를린에게 이해받지 못한다고 느껴서 화를 낸다. 샤를린은 완벽한 치료자가 되는 데 실패한 것에서 더 나아가 타미아의 무례함 또한 재현할 것이다. 이런 일련의 과정으로 인해 테오는 분열되었고 억압됐던 자기대상을 통합할 수 있는 계기를 맞이하게 되었다.

치료 기법

코헛(1984)에 의하면 자기심리학에 토대를 둔 치료에서 가장 중요한 기법은 해석이다. 킨들러(2007)가 기술하였듯이, 이해와 설명이라는 두 요인은 효과적인 해석을 위해 반드시 존재해야 한다. 치료자의 공감적인 반응이 내담자의 감정과 욕구를 타당화할지라도, 치료자는 여전히 그 욕구를 충족시켜줄 수 없기 때문에 이해는 새로운 자기구조를 이끄는 최적의 좌절을 제공한다. 이 과정에서 형성(혹은 재형성)된 내담자와 치료자 간의 공감적 유대는 내담자의 직접적인 욕구 만족을 대체하고, 이런 관계 맥락에서 변형된 내재화는 새로운 자기구조를 유발한다.

샤를린의 해석은 테오와 그의 부모님과의 초기 관계에서 발생한 분노의 근원을 중심으로 이뤄진다(부모가 거울반응과 이상화를 제공하는 데 실패). 샤를린은 또한 이상화 및 거울 전이가 실패할 것이라는 것을 알면서 테오에게 공감한다. 샤를린은 그녀가 실패하는 지점에 대해 민감하게 느낀 결과, 과거의 관계와 치료적 장면에서의 상호작용에 대해 연결 짓는 해석을 테오에게 해줄 수 있었다. 샤를린이 테오에게 자신의 실패를 말하는 과정을 통해서 테오의 방어와 억압은 서서히 약해지며, 테오는 자신의 자기구조에 수반하는 문제가 표출된 자기대상을 재통합할 수 있다. 변형된 내재화는 이런 자기구조의 붕괴를 초래하고 서서히 테오는 새로운 자기구조를 구축한다. 다른 사람에게 괄시당하는 느낌을 덜 받고, 이런 사건들에 대해 분노를 덜 표출한다.

관계정신분석

개요

정신분석학파의 네 번째 물결을 통칭하여 관계적 학파(relational school)라고 부른다. 이는 아마 현재 미국에서 가장 흔하게 수행되는 형태의 정신분석 심리치료일 것이다(J. Mills, 2012). 이 접근의 기원은 산도르 프란체츠키(Sandor Franzecki)와 피정신분석가의 잠깐 동안 이루어낸 작업에서 찾아볼 수 있다. 1940년대 말 해리 스택 설리반(Harry Stack Sullivan)은 대인관계정신의학(interpersonal psychiatry)을 창시했다. 해리 설리반은 분석가는 개입을 자제하는 빈 스크린이라기보다 참여적인 관찰자라고 주장했다. 관계정신분석(relational psychoanalysis)이라는 용어는 특정한 이론을 설명하기보다 종종 현대 정신분석의 관점을 묘사하는 데 사용되어 혼란을 야기하기도 한다(Ghent, 2001). 어떤 시기에 관계정신분석이라는 용어는 특정한 이론적 접근을 설명하기 위해 사용되었는데, 이는 국제관계정신분석과 심리치료학회(International Association for Relational Psychoanalysis and Psychotherapy)를 창시한 스테판 미첼(Stephen Mitchell)의 치료적 접근이다. 이 학회의 웹사이트는 www.iarpp.net이다. 이 학회의 공신력 높은 소식지의 회보에서 겐트(Ghent, 2001)는 다음과 같이 서술하였다.

> 관계(relational)라는 용어는 그린버그와 미첼이 1983년 설리반의 대인관계 이론과 페어벤의 대상관계 이론에서 용어를 요약하면서 처음으로 정신분석에 적용하였다. 이런 모델들이 설명하는 정신발달에 있어서의 공통점은 정신적 구조가 타인과의 관계에서 비롯된다는 것이다. 적어도 이런 측면의 정신적 구조는 심리치료적 개입으로서 접근 가능하다.(p. 7)

이상하게도 관계정신분석 접근의 '성경(bible)'이라고 할 수 있는 책은 정신분석 이론의 대상관계(*Object Relations in Psychoanalytic Theory*)이다(J. R. Greenberg & Mitchell, 1983). 이 장에서 소개할 내용은 대개 미첼이 관계-갈등 모델(relational-conflict model)이라고 불렀던 미첼의 모델에 중점을 둔다(Mitchell, 1988).

주요 개념

자기. 관계정신분석 이론가들은 자기(self)를 오랜 시간 동안 반복적으로 나타나는 경험과 행동 패턴 및 이와 관련된 의미라고 정의한다(Mitchell, 1992). 미첼은 자기에 대해 쓴 글에서, 자기(self)가 지니는 시간적인 특성 때문에 우리 개개인은 굉장히 다양한 자기들(selves)을 가지고 있으며, 우리가 경험하는 어떤 자기가 다른 자기들보다 더 진정성 있게 느껴진다고 주장했다. 그러나 안전에 대한 욕구(불안에 관한 다음 장에서 볼 수 있음)는 자기 표현의 정도를 조절한다. 진정한 자기 표현으로 인해 우리가 소중히 여기는 타인이 불안해하고 화를 내거나 뒤로 물러나게 할까 봐 두려워하기 때문에 (Michell, 1992), 진정성 없는 혹은 거짓 자기(false self)가 나타날 수 있다.

관계정신분석가 민-웨이는 테오의 증상을 살펴본다. 민-웨이는 테오가 자신의 평생 관계 경험에 기반한 의미와 행동 꾸러미를 내재한 채 심리치료에 임했다고 추측한다. 민-웨이는 테오가 아마 부모의 폭풍 같은 갈등관계를 목격한 결과 생에 초반에 불안을 겪었을 것이라고 추측한다. 테오는 또한 생애 초기에 부모 및 타인을 관찰하면서 인간관계를 많이 배웠을 것이다. 그는 아마 관계는 깨지기 쉽고 갈등이 있으며, 관계 파트너는 때때로 상대 파트너를 버린다고 협박하는 것을 배웠을 것이다. 이런 의미와 패턴들은 현재 테오가 가진 자기(self) 버전이며, 진정성이 있지도 않다.

관계 매트릭스. 관계정신분석 치료자는 관계에 초점을 둔다. 내담자의 증상은 관계 매트릭스 구성요인을 통해 해석된다(St. Clair, 2004). 관계 매트릭스는 자기(self)와 자기가 관계를 맺는 대상 (object), 그리고 자기와 대상 간의 상호작용 패턴으로 이뤄진 가설적 구인이다(Mitchell, 1988).

몇 가지 관계 매트릭스는 테오의 현재 증상을 설명함에 있어 유의미하다. 가장 중요하며 두드러지는 관계 매트릭스는 간헐적으로 소리치고 화를 내는 타미아와의 관계 매트릭스이다. 민-웨이는 이 패턴이 평생 지속될 패턴이라고 생각했다. 아마 이런 관계 매트릭스는 부모에게서 배웠을 것이다.

추동이론. 관계정신분석학에서는 본능적 추동이라는 개념을 거부한다. 그러나 갈등, 공격성, 성 (sexuality)이 인간관계에서 가장 중요한 요소라는 개념은 버리지 않았다. 성(sexuality)은 (친밀함이라는 관점에서) 가장 강렬한 관계 형태이고, 관계가 맺어지는 필수적인 부분으로 여겨진다(R. C. Curtis & Hirsch, 2011). 공격성은 공격자와의 동일시 혹은 좌절의 결과로 간주된다. 갈등은 관계에서 지속적으로 발견된다.

민-웨이는 테오의 분노가 관계 갈등에 기원을 두고 있을 것이며, 심지어 이 분노는 테오가 부모를 관찰하면서 배운 상호작용 패턴 중 하나일 것이라고 가정했다. 초기에 배운 이런 관계 패턴은 테오의 현재 관계에서 명백하게 드러난다. 민-웨이는 테오가 부모와의 관계에서 부모에게 받은 격렬한 갈등과 버림으로 인해 소망과 분노의 정서를 무서워할 것이라고 추측했다. 또한 테오는 부모의 분노가 테오와 부모와의 관계에 지장을 주었다는 것을 배웠다. 때로는 그 분노가 테오에게 기습적으로 돌아갔고, 때로 그 분노는 부모 중 한 분이 떠나가게 하였다.

불안. 설리반은 불안을 유아의 초기발달에 있어 핵심으로 보았다. 사실 불안은 애착하려는 욕구를 불러일으킨다(Mitchell, 1988). 유아는 선천적으로 안전한 환경을 찾고, 유아나 양육자의 불안 요소는 안전하지 않은 환경을 만들어낸다.

겉보기에 아무렇지도 않은 테오의 내면에는 불안이 있다고 민-웨이는 생각했다. 이런 불안은 불편한 관계와 진정성 없는 자기에서 비롯되었고, 결국 테오의 평생 관계 경험과 관련이 있다. 테오는 친밀함이 갈등을 불러일으킨다고 여기기 때문에 친밀함을 두려워한다.

인간과 개인발달에 관한 이론

관계정신분석 이론가들은 발달 이론에 의지하는 경향이 있는데, 이는 자기(self)의 발달을 이끄는 초기 사건을 중요하다고 강조하기 때문이다. 관계정신분석 모델의 경우 인간은 타인과 관계를 맺는 방법을 습득하고자 하는 주요한 동기를 가진다는 개념을 수용한다(J. R. Greenberg, 1999). 미첼(1988)은 다음과 같이 주장했다. "내적인 존재와 더불어 실질적인 교류라는 관점에서 타인 매트릭스와 관련해서 타인 매트릭스와 관련된 자기감을 보전하려는 강력한 욕구가 있다." 그리고 "더 나아가 심리적으로 의미 있는 인식이라는 측면에서 타인과의 관계 매트릭스를 벗어난 고립된 '자기(self)'는 없다."(p. 33) 관계정신분석학 체계에서는 기질과 같은 유전적 혹은 생물학적 영향에 대한 인식은 어느정도 있으나 성격에서 가장 중요한 것은 관계 패턴의 습득이라고 본다(R. C. Curtis & Hirsch, 2011).

민-웨이는 테오가 현재 관계를 맺는 방식(자기 혹은 성격)은 자라면서 겪은 경험과 관련이 있다고 가정한다. 테오는 자신 주변의 관계를 관찰하고, 또한 타인과 관계를 맺으려고 시도한 결과를 통해서 어떻게 타인에게 반응하는지를 배웠다. 테오는 그동안 관계 맺음에 있어 성공적이지 못했다. 테오는 친밀함을 두려워하고 화를 쉽게 내며, 자기 자신을 조심스럽게 보호하고 자신의 참자기와 특히 타미아와의 관계에서 감정을 드러내는 것을 두려워하기 때문이다.

심리적 건강과 역기능

관계정신분석 이론의 경우 심리적 역기능은 자기와 타인에 대한 응집력 있고 지속적인 경험을 형성하지 못하도록 막는 발달 문제에 기인한다고 본다(J. R. Greenberg & Mitchell, 1983). 진정성 있는 자기의 경험과 표현 속에서 풍부한 삶을 사는 건강한 개인이 진정성 없는 자기 표현 속에서 사는 이들보다 더 흔하다(Mitchell, 1992).

문제는 발달 동안 역기능적 관계를 경험한 개인이 '협소한 관계 매트릭스(narrowed relational matrix)'를 형성했을 때 발생한다(Mitchell, 1988). 그 결과 타인과 유대관계를 맺길 바라지만, 관습적으로 고착화된 자신만의 방식으로 협소한 관계만을 형성할 뿐이다. 다시 말해서 관계에서 건강의 신호는 유연성이다(R. C. Curtis & Hirsch, 2011).

테오의 현재 노력은 아마 그의 협소한 관계 매트릭스와 연관되어 있을 것이다. 타인과 관계를 맺는 테오의 제한된 방법은 테오가 자라난 환경과 맺은 관계들의 비극적인 결과와 관련이 있다. 테오는 일찍이 친밀한 관계가 위험하다고 배웠다. 친밀함은 관계를 망가뜨리는 분노를 불러일으킨다. 아직까지 테오는 자기감이 흔들리고 무의식적으로 자기 손상을 두려워하기 때문에 자신의 분노를 조절하는 데 어려움을 겪고 있다. 상처를 입고 버려지는 것으로부터 보호받는 방법은 역설적으로 화를 내는 것이다.

치료의 특성

사정. 다른 신정신분석 접근처럼 관계정신분석 치료자는 공식적인 사정 및 진단에 관심을 주지 않는다. 치료자는 단순하게 자신이 할 수 있는 한 최대한으로 내담자를 이해하고 내담자가 관계를 맺는 특징적인 방법에 대해서 이해하고자 한다.

> 민-웨이는 간단하게 무엇 때문에 상담에 왔는지 테오에게 물으며 테오와의 작업을 시작한다. 테오는 솔직하게 이야기하고, 민-웨이는 테오가 말하는 모습을 조심스럽게 관찰한다. 민-웨이는 테오가 그와 어떻게 상호작용하는지에 주목하면서, 테오와의 관계에서 끌어당겨지고 밀쳐지는 느낌을 경험한다.

내담자와 상담자의 역할. R. C. 커티스와 히어쉬(2011)에 의하면 관계정신분석 임상가는 강렬한 치료적 관계 발달을 북돋우기 위해 내담자를 일주일에 한 번 이상 보는 것을 선호한다. 이는 전이의 출현을 촉진한다. 관계정신분석 관점을 채택한 현대 정신분석가들은 전통적인 이론가와는 다르게 치료관계를 보는 경향이 있다. 전통적인 정신분석학 이론에서 치료자는 객관적이고 중립적이며 치료에 있어서 내담자의 진행 과정에 관여하지 않으려고 애쓴다. 반면에 관계정신분석가는 이런 개념을 버리고, 대신 두-사람 장(Two-person field)이라는 개념을 선호한다. 즉, 치료자는 심리치료를 내담자와 상담자가 관여하는 대인관계의 진정한 만남으로 인식한다. J. R. 그린버그와 미첼(1983)은 다음과 같은 견해를 밝혔다. "정신분석치료에서 일어나는 사건들은 미리 예측되는 환자 신경증의 역동적인 구조가 발생하거나 펼쳐지는 것이라고 이해되지 않는다. 그보다 환자와 분석가 사이의 상호작용으로 인해 사건이 만들어진다."(p. 389) 전이와 역전이는 내담자의 갈등이 만들어낸 산물이라기보다는 치료자와 내담자 모두에게 상호 간 영향을 주는 것으로 보인다. 이런 인식은 전통적인 정신분석보다 관계정신분석이 상대적으로 덜 권위적인 치료 모델이라는 것을 암시한다. R. C. 커티스와 히어쉬(2011, p. 88)는 치료자와 내담자 간의 관계가 상호작용적이지만 불균형이라고 표현했다. 치료자와 내담자 모두 관계에 기여하고 있지만 치료자가 내담자보다 훨씬 덜 자신을 개방한다.

> 민-웨이는 테오와의 관계에서 자신이 기여하는 부분을 알고 있다. 민-웨이는 자신이 테오와의 상호작용에 어떠한 영향을 미치는지 그리고 전이는 어떻게 발달될 건지 궁금해한다. 민-웨이는 따뜻하고 친근한 태도로 테오에게 다가가면서 관심을 보이며, 테오에 대한 자신의 반응에도 주의를 기울인다.

상담 목표. 개략적으로 말하자면 관계정신분석치료는 일반적으로 전통적인 정신분석치료와 목표를 공유한다. 즉, 내담자가 좀 더 자유롭게 일하고, 놀고, 사랑하기를 돕는다(R. C. Curtis & Hirsch, 2011). 좀 더 자세하게 말하면 관계정신분석적 접근의 목표는 내담자로 하여금 문제로 판명된 대인관계 패턴을 변화하도록 돕는 것이다. 내담자는 생애 초기에 형성된 오래되고 제한된 관계 패턴을 포기해야 한다. 궁극적으로 이런 대인관계의 변화는 더 진정성 있고 충만한 자기 경험을 가져올 것이다.

민-웨이는 치료 과정을 통해서 테오가 타인과 관계를 맺는 새롭고 더 자유로운 방법을 발달시키기를 희망한다. 그렇게 할 수 있다면 테오는 더욱 삶이 의미 있고 관계는 충만해질 것이다. 민-웨이는 테오가 대인관계에서 친밀함과 분노의 역할을 이해하도록 도울 것이며, 이런 정서의 역할을 테오가 자신의 부모와 관련하여 관찰하고 경험한 것과 연결하는 데 초점을 둘 것이다. 이런 역동이 어떻게 민-웨이와 타미아의 관계에서 일어나고 발달하는지 보는 것 또한 중요하다.

치료 과정

관계정신분석에서 가장 두드러지는 특징 중 하나는 심리치료의 중요한 목표가 내담자에게 타인과 상호작용하는 새로운 방법을 제공한다는 점이다. J. R. 그린버그와 미첼(1983)은 다음과 같이 언급한다. "환자는 신경증적 자기 충족적 예언을 초래하는 태초의 대상관계를 지닌, 닫힌 세계에 살고 있는 것처럼 보인다. 환자와의 새로운 상호작용을 통해 치료자는 내담자의 닫힌 세계에 진입할 수 있고 내담자에게 새로운 관계 가능성을 열어줄 수 있다."(p. 391) 정신분석가는 최우선적으로 내담자로 하여금 치료자를 새로운 대상관계로 경험하는 안전한 환경을 창조한다. 이를 통해 치료자와 내담자는 추후 전이 문제가 발생하여도 전이에 기반한 서로 간의 상호작용을 쉽게 밝힐 수 있다(J. R. Greenberg, 1999).

관계정신분석 이론가들은 전이(transference)라는 용어를 사용했으며, "분석가는 전이 '밖에서' 온전히 기능할 수 없다."(J. R. Greenberg & Mitchell, 1983, p. 389; 원문에서 인용)고 항상 강조한다. 내담자가 자신의 대인관계 내력 및 패턴을 치료에 가져오며, 치료자가 이에 어떻게 반응하는지(혹은 반응하지 않는지)에 따라 내담자에게 미치는 영향은 달라진다. 예를 들어 J. R. 그린버그(1999)는 분석적인 중립성에 대해 재개념화하면서, 때때로 냉담하고 절제하는 분석적인 태도는 내담자의 부모가 내담자를 다룬 방식과 비슷하여, 내담자는 치료자와의 관계에서 부모님과의 관계가 반복되는 느낌이 들 수 있다고 지적했다. 이런 치료자의 태도는 내담자로 하여금 즉각적으로 치료자를 과거 경험했던 대상으로 여기게 하며, 이는 치료 과정을 방해한다. 이런 상황에서 분석가는 충분히 무르익지 않은 전이를 막고, 내담자의 관계 패턴을 잘 이해하기 위해 아마도 자신의 일부를 내담자에게 개방하는 것을 고려해야 할 것이다(J. R. Greenberg & Mitchell, 1983).

궁극적으로 미첼(1992)은 관계정신분석 치료 과정에서 치료자와 내담자의 독특한 만남이 이루어지며, 이는 "분석을 한다는 것은 환자와 치료자 모두가 온전히 진정성 있는 경험에 도달하기 위해 애쓰는 과정으로, 두 사람(환자, 치료자)이 이 관계에 완전히 관여되었을 때, 이 과정은 흔치 않고 귀중한 일종의 자유와 진정성을 보장한다."(p. 19)고 주장하였다.

역전이는 치료자가 무의식적으로 전이를 실현할 때 작동하기 시작하며, 전이는 치료자가 내담자의 삶에서 중요한 누군가의 역할을 하는 것을 의미한다(R. C. Curtis & Hirsch, 2011).

민-웨이는 테오에게 과거에 경험한 대인관계 패턴의 흔적에 민감하게 주의를 기울이면서 말하고 싶은 것은 무엇이든 말해달라고 요청한다. 민-웨이는 테오와의 관계에서 가능한 한 진정성 있는 태도를 가지려고 노력하며, 자신의 감정과 생각을 자각한다. 테오는 처음에는 정서적인 표현은 피하면서 민-웨이와 피상적으로 대화하려고 한다. 민-웨이는 테오와 멀리 있다고 느껴 이에 대해 언급을 한다. 테오는 민-웨이가 자신을 이해하지 못한다고 말하면서 화를 낸다. 민-웨이는 가능한 한 침착하게 이런 감정에 대해 테오와 이야기하려고 시도한다.

치료 기법

관계정신분석 모델의 기법은 모든 다른 신정신분석적 모델에서 사용하는 기법과 본질적으로는 똑같다. 치료자와 내담자는 대화에 참여하고(자유 연상이라고 불리든 아니든 간에), 치료자는 이러한 내담자의 이야기에 대해 해석을 한다. 꿈은 중요하게 여겨지며, 관계정신분석 치료자들은 꿈이 어떻게 내담자의 삶과 연결되는지에 관해 항상 관심이 있다(R. C. Curtis & Hirsh, 2011). 치료자와 내담자 관계는 흔히 논의되며, 궁극적인 목표는 이런 치료자와 내담자의 상호작용을 내담자의 초기 그리고 현재 중요한 타인들과의 상호작용과 연결짓는 것이다. 치료자가 내담자의 전이를 깨달았을 때 이러한 검토를 하는 것이 특히 중요하며, 이 과정을 몇몇 관계정신분석학자들은 **상호 실연**(mutual enactment)이라고 부른다(R. C. Curtis & Hirsch, 2011).

테오와 민-웨이는 그들의 관계 경험에서 어떤 부분이 그들의 고유한 상호작용인지, 어떤 것이 테오의 이전 관계에서 비롯되어 온 것인지를 구분하기 위해 함께 작업한다. 민-웨이는 테오가 치료자와의 관계와 타미아 및 그의 부모 관계 사이에 존재하는 유사점을 보도록 작업을 한다. 이런 과정 속에서 민-웨이는 테오가 막 폭발하려는 감정을 덜 느끼도록 하는 타인과 맺는 새로운 방법을 개발하도록 도우려는 시도를 한다. 희망적이게도 테오는 상담에 오기 전 자신을 괴롭혔던 분노를 느끼지 않고 타인과 관계를 맺는 방법을 배울 수 있다.

개인적 · 문화적 다양성에 대한 논의

전통적인 정신분석은 젠더와 문화적 편견에 대해 주로 비판을 받아왔지만 몇몇 사람들은 신정신분석적 접근은 다양성 문제에 있어 훨씬 더 우호적이거나 이런 이슈에 깨어 있는 민감한 상담자에 의해 적절하게 수정될 수 있다고 주장한다(Hansen, 2010). 그러나 여전히 신정신분석 치료자들 사이에서는 문화적 다양성에 대한 주의를 요구하는 목소리가 있다(Eng & Han, 2007; Haaken, 2008; Moncayo, 1998; Schlosser, 2009). 특히 엄마와의 관계가 중요하다고 강조하는 초기 이론가들은 여성주의 관점에서 문제의 소지가 있어 보일 수 있다. 과장해서 말하면 엄마는 모든 정신병리가 흘러나오는 주요 발생지로 보인다. 공정하게 플래너건(Flanagan, 2008b)은 자기심리학자들은 아이는 엄마만이 아니라 부모 모두와의 관계를 강조한다고 말한다.

자아(ego)와 자기(self)의 관점은 아마 많은 심리치료에서 개인주의를 과잉강조하는 데 책임이 있을 수 있다. 이런 단점으로 인해 이런 이론들을 집단주의를 강조하고, 개인적 욕구보다 가족을 존중하는 문화적인 배경을 지닌 내담자에게는 최적이 아닐 수 있다. 심지어 대인관계 관점에서 보았을 때 진정성 있는 자기(authentic self)라는 개념은 아마 문화적인 부분이 압축된 표현일 수 있다. 진정성 있는 자기가 실제로 문화적으로도 맥을 같이하고 적응적인 경우에 가족의 요구에 반응하는 것은 역기능일 수 있다.

울리츠키(Wolitzky, 2011)는 신정신분석적 접근에서 강조하는 정서의 표현은 감정표현을 자제하는 문화적 규율과는 상충될 수 있다고 지적했다. 또한 신정신분석 치료자는 상담에 있어 많은 구조화를 하지 않는 경향이 있으며, 이는 치료자가 능동적이고 선도적인 입장을 취하는 게 익숙했던 문화에 속한 개인이 기대하는 바와 상충될 수 있다.

오늘날 행해지는 정신분석은 또한 이성애적 성적 지향을 제외한 다른 성적 지향의 내담자를 대하는 데 있어 훨씬 더 유연하다. 비록 프로이트가 동성애에 대한 양가적인 입장을 취했지만, 전통적인 정신분석학자들은 역사적으로 동성애적 성적 지향을 정상에서 벗어났다고 명명했다. 이와 대조적으로 초도로(Chodorow, 2002)는 1970년 후반 같이 이른 시대에도 불구하고 미첼(Mitchell, 1978)은 동성애를 병리적인 관점에서 바라보는 것에 대해 엄청난 비판을 했다고 언급했다. 오늘날 많은 정신분석학자들은 동성애에 관해 미첼과 같은 입장을 취하는 경향이 있다. 캐소프(Kassoff, 2004)는 관계심리치료가 특히 성소수자 내담자에게 유용하다는 것을 발견했는데, 이는 이 이론에서 강조하는 구성주의적인 관점이 실제에 대한 다양한 관점을 반기며, 다양한 성적 지향을 인식하는 데 일맥상통하는 지점이 있기 때문이다. 이 장에서 언급된 건강한 성숙의 특성에 대한 코헛의 주장은 이런 관점을 확실히 지지할 것이다.

CHAPTER 4

개인심리학

알프레드 아들러

제임스는 작고 마르고 안경을 쓴 17세 아프리카계 미국 남학생이다. 가족서비스기관에서 제임스의 새로운 입양가정에서의 적응 문제에 대한 상담을 의뢰해 왔다. 제임스의 현재 문제는 권위자에 대한 반항, 거짓말, 도벽, 부적절한 성행위이다. 제임스의 주변 어른들(양부모, 사례관리자)은 '제임스의 태도'에 대해서 좋지 않게 말했다. 제임스는 현재 고등학생이며 여름방학 동안 상담을 받게 되었다.

제임스는 4남매 중 둘째로 태어났으며, 친어머니 이름은 데니스로, 18세 때 제임스를 출산했다. 데니스는 제임스 외에도 3명의 자녀가 더 있는데, 제임스의 누나 카렌과 두 명의 남동생인 칼과 제프이다. 제임스의 친부모는 결혼하지 않은 상태로 제임스를 출산했으며, 제임스의 형제자매들은 아버지가 각각 다르다. 제임스의 친아버지에 대한 정보는 단지 친아버지가 죽었다는 사실 외에는 알려진 바가 거의 없다.

제임스가 8세, 누나와 남동생들이 각각 9세, 6세, 3세였을 때 부모의 심각한 방임으로 인해 위탁가정에 맡겨졌다. 친어머니는 알코올문제를 가지고 있었으며 '신경쇠약'을 겪고 있었다. 그의 계부도 자녀들이 위탁가정에 맡겨진 그 시기에 가출해 버렸다. 집은 너무 가난했다. 두 개의 침대가 있는 집에 14명이 거주했으며 집은 더러운 옷과 그릇들이 여기저기 난잡하게 흩어져 있었다. 아이들을 위한 어떠한 식사도 준비되어 있지 않았으며, 아무도 아이들을 돌보지 않았다. 위험한 흉기가 동원되는 큰 부부싸움이 자주 일어나서 경찰들이 수시로 오곤 했다. 제임스의 어머니는 자녀들의 문제행동을 다루는 방법으로 아이들을 오랜 시간 방에 감금했다. 제임스는 적어도 한 번 이상은 계부에게도 신체적 학대를 당했다.

제임스와 그의 형제자매는 그 이후에도 오랫동안 여기저기 위탁기관을 전전했다. 제임스는 기숙치료센터에서 거주하기도 했다. 제임스의 친모와 계부는 이따금씩 자녀들과 연락을 취했지만 결국 부모로서 권리를 박탈당했다. 제임스는 도둑질과 싸움으로 학교에서 자주 문제를 일으켰으며, 성적도 아주 나빴다.

제임스는 15세 때, 폭력문제로 위탁가정에서 쫓겨나서 응급보육센터로 옮겨졌다. 제임스는 응급보육센터가 도움을 받을 수 있는 마지막 장소라는 말을 들었다. 제임스는 보육센터에서 정착하려고 노력했고, 그 이후 다시 새로운 위탁가정으로 배치가 되었다. 제임스는 겉으로는 새 가족과 잘 지내는 것처럼 보였다. 새로운 위탁가정은 처음에는 이상적인 가족처럼 보였다. 즉, 양부모는 친자식 외에 아이들을 더 입양하기 시작했고, 양부모의 친자식들과 제임스 외에도 다섯 명의 아이가 함께 있었다. 그러나 지금은 양부모가 이혼에 대해 얘기하고 있어서 가족이 큰 혼란을 겪고 있다.

제임스는 학교로 되돌아가기를 원한다. 왜냐하면 제임스의 사회적 관계는 거의 학교에서 이루어지며, '미친' 집에서 벗어날 수 있기 때문이다. 그는 학교 친구들이 많으며 소녀들에게도 인기가 많다. 제임스는 최근에 일자리를 구해서 스스로 아주 자랑스러워하고 있었다. 그러나 제임스가 술에 취해서 친구들이 끌어내는 모습을 고용주가 보고, 제임스를 해고시켰다. 제임스는 상담에서 자신의 느낌에 대해서 말하고자 애쓰며 자신의 행동에 대해서 책임지고, 자신의 문제에 대해서 남을 탓하지 않으려고 노력했다. 제임스는 상담에 대한 동기가 있지만 모든 사람이 변화한다면 자신도 변화하기가 좀 더 쉬워질 것이라는 점도 인정했다. 제임스의 목표는 학교 과정을 이수하는 것이며 직업을 가지고 자립하는 것이다. 제임스는 또한 화를 조절하고 사람들과 잘 지내는 부분에 대해서 계속 상담받기를 원한다.

배경

개인심리학(individual psychology, IP)의 창시자인 알프레드 아들러(Alfred Adler, 1870~1937)는 오스트리아의 비엔나에서 곡물 상인의 여섯 자녀 중 둘째 아들로 태어났다. 아들러의 집안은 유대인 중류계층이었다. 아들러는 어릴 때 연약하고 겁이 많은 아이로 특징지을 수 있으며, 구루병으로 고생했으며, 성대문제 때문에 말더듬이가 되었다(Manaster, 1977). 아들러는 5세 때 폐렴에 걸려서 거의 죽을 뻔했지만, 오히려 이러한 경험이 의사가 되기로 결정한 계기가 되었다. 의사가 되고자 하는 선택이 죽음을 극복하도록 힘을 불어넣어준 것이다(Ansbacher & Ansbacher, 1956; Sollod, Wilson, & Monte, 2009). 우리는 아들러의 이론가로서의 삶과 그가 만들어낸 창조물 사이의 관련성을 알 수 있다. 즉, 아들러가 어릴 때의 열등감을 극복한 것이 그의 의학적 경력과 이론적 사상의 토대를 마련해 준 것이다.

아들러는 25세 때 의대를 졸업 후 내과의사로 일하기 시작했으며 2년 후 라이사 티모페주나(Raissa Timofejewna)와 결혼했다. 아들러는 남녀평등에 대해 절실한 필요를 주장하는 진보적 사상가(E. Hoffman, 1994, p. 48)였으며, 아내인 라이사는 '반종교적 정치 혁명가'이자 '전통적인 가정주부로서의 삶을 싫어하는 열렬한 페미니스트'였다는 사실이 흥미롭다. 아들러와 라이사는 네 명의 자녀를 두었는데, 그중 커트와 알렉산드라는 커서 정신과 의사가 되어서 아들러의 연구를 계속 발전시켰다. 아들러의 첫째 딸 발렌타인은 아들러와 라이사의 사회·정치적 사상을 이어받았다. 발렌타인('발리')은 러시아로 이민을 가서 스탈린체제에 항거했으며 1937년 홀연히 사라졌다. 이러한 딸의 실종 사건으로 아들러와 라이사, 특히 아들러는 극도의 근심과 괴로움에 사로잡히게 되었다. 발렌타인은 결국 스파이 행위라는 죄목으로 투옥되었으며 투옥된 지 2년 후 44세에 생을 마감했다. 알프레드 아들러는 그의 딸, 발렌타인에게 어떤 일이 벌어졌는지 알지 못한 채 생을 마감했다.

1895년, 아들러가 의대를 졸업한 지 3년 후 첫 연구물이 출간되었는데, 그 당시 재단사들의 참혹한 근로조건의 폐해에 대해 논의한 연구이다. 아들러는 이 연구에서 우선적으로 사회적 조건의 개선에 특히 관심이 있었음을 보여주고 있다. 아들러는 사회개혁집단인 사회민주운동의 회원이었으며, 이러한 가치관은 아들러의 이론에서 자명하게 나타나고 있다(K. Adler, 1994). 아들러가 처음 개원을 했을 때, 비엔나의 사회경제적 지위가 낮은 이웃들을 돌보았다(Ansbacher & Ansbacher, 1956).

1902년 아들러는 프로이트의 비엔나 모임의 일원이 되었다. 프로이트와 아들러, 이 두 심리학 이론의 거장들의 관계는 많은 논쟁의 주제가 된다(Ansbacher, 1962; Fiebert, 1997; Gay, 1988). 아들러는 일반적으로 프로이트의 제자로 알려져 있지만, 아들러와 그의 지지자들은 프로이트와 관계를 맺기 이전에 아들러 이론의 초기 버전은 이미 출간되었다고 주장하고 있다(Sweeney, 2009). 프로이트가 수요일 토론모임에 아들러를 초대하기 전에는 프로이트와 아들러 간에 실질적인 교류는 없었다(E. Hoffman, 1994). 인본주의 심리학자로 유명한 에이브러햄 매슬로(Abraham Maslow)는 아들러가 프로이트와 다른 관점을 확립하면서 자신이 프로이트의 추종자라는 사실을 강력하게 부인했다고 주장했다. 아들러는 프로이트가 아들러 자신에 대해 길을 잃은 제자라고 소문을 퍼뜨리고 다니는 것에 분개했으며, 프로이트를 '사기꾼', '음흉한' 사람이라고 불렀다(Maslow, 1962, p. 125). 흥미로운 사실은 프로이트에게 분석받지 않은 유일한 수요 모임 일원이 바로 아들러라는 점이다(Maniacci, Sackett-Maniacci, & Mosak, 2014).

이러한 논쟁에도 불구하고 1902년에서 1911년까지 아들러는 프로이트 모임의 적극적인 일원이었으며, 프로이트는 아들러를 비엔나 정신분석학회의 후임 회장, 즉 계승자로 지목했었다. 하지만 프로이트와 아들러 사이에 중요한 이론적 차이가 생겨서 결국 1911년 아들러는 비엔나 정신분석학회에서 탈퇴를 했다. 프로이트와 아들러 간의 핵심적인 논쟁 주제는 인간행동의 주요 동기 측면이었다. 물론 프로이트는 인간행동의 동기를 쾌락 또는 성으로 보았다. 이에 반해 아들러는 인간행동의 동기를 대인관계/사회성으로 간주했다(Sollod et al., 2009). 명백히 이러한 견해 차이는 화합할 수 없는 정도였다(Gay, 1988). 그리고 나서 아들러는 자유정신분석연구학회(Society Free Psychoanaytic Research, Ansbacher, 1929/1969)를 창설하였으며, 후에 개인심리학회(Society for Individual Psychology)로 학회 이름을 개정하였으며, 1914년에는 개인심리학에 기여하는 첫 번째 학회지가 출간되었다(*Zeitschrift fur Individual Psychologie*)(Mozdzierz & Mozdzierz, 1977). 1912년에는 아들러의 첫 주요 저서인 신경증적 구조(*The Neurotic Constitution*)를 출간했다.

제1차 세계대전 후 아들러는 사회변화 육성에 전념하여, 비엔나에 있는 학교들에서 아동지도클리닉을 세우는 일을 도왔다. 아들러는 클리닉에서 아동들과 함께 지내는 교사와 다른 일반인을 대상으로 아동의 행동을 이해하는 데 있어서 아들러의 사상들을 활용할 수 있도록 가르쳤다.

나치가 기세를 올릴 즈음인 1929년에 아들러는 미국으로 건너가서 미국에 있는 동료들이 아동지도를 할 수 있도록 힘을 북돋워주었다(E. Hoffman, 1994). 아들러의 전기작가, 에드워드 호프만(Edward Hoffman)에 의하면 아들러의 부인, 라이사는 비엔나에 남아서 오스트리아 공산당의 핵심 인물로 계속 일을 했다. 아들러가 미국으로 오게 되자, 미국심리학회의 창시자인 스탠리 홀(Stanley Hall)을 포함한 많은 미국 심리학자들은 개인심리학에 관심을 보였다(Ansbacher, 1970). 아들러는 컬럼비아대학교의 교수직을 수락하여 열정적인 강의를 계속했다. 아들러는 1937년 스코틀랜드 애버딘에서 강의 중에 심장 발작으로 67세의 나이에 생을 마감했다.

아들러의 연구 목록들은 많지만, 그의 이름을 딴 대부분 연구들은 아들러가 쓴 것이 아니라 그의 공식적 강의에 의해 수집되어 다른 이들에 의해서 편집되거나 제시된 것이다(Ansbacher, 1929/1969). 여러분은 [글상자 4.1]에서 아들러 이론의 일부를 읽을 수 있다. 아들러의 아이디어들은 유능한 수많은 지지자들에 의해 발전되고 널리 알려지게 되었다. 이전에 언급했듯이 커트와 알렉산드라는 아버지인 아들러를 계승했다(E. Hoffman, 1994). 시카고에 있는 알프레드 아들러 연구소의 창시자인 루돌프 드라이커스(Rudolf Dreikurs)는 아들러의 제자였으며, 아동에 대한 아들러의 아이디어들을 대중화시키고 확장시켰다. 이 외에 개인심리학 이론에 대한 주요 저자들로는 해롤드 모삭(Harold Mosak), 도널드 딩크마이어(Donald Dinkmeyer), 하인즈 안스바허(Heinz A nsbacher), 그리고 로웨나 안스바허(Rowena Ansbacher)가 있다. 아들러 이론은 합리적 정서행동치료, 가족체계 이

글상자 4.1

알프레드 아들러의 개인심리학

때때로 개인심리학이란 제목의 정당성이 의심을 받는다. 그러나 이러한 정당성을 의심받는 이견들은 전적으로 옳지는 않다. 과학과 예술에서의 특정 지식의 목적은 전체의 한 부분으로서 개인의 생활양식을 이해하는 것이다. 따라서 우리의 주제도 전체를 이해하고, 연약한 지구의 지각(지구 표면을 둘러싸고 있는 부분)과 다른 성별과의 사회적 관계로 연결된 인간의 삶을 이해하는 것과 관련된다. 전체의 일부이자 사회적 관계로 연결된 인간의 삶은 각각 분리될 수 없으며, 모든 인간은 다음과 같은 필수불가결한 개인의 태도적 질문에 대해 답한다. 첫째 인간은 우정, 우애, 그리고 타인과의 사회적 연결성을 확립해야 하며, 신뢰, 책임감, 타인의 복지, 현재와 미래의 인류를 위해 관심을 가지는 동료가 되기 위해 필수적인 특성을 발달시켜야 한다. 두 번째 질문은 보편적 영향력에 관한 것으로, 유용성, 일, 창조를 위한 가정을 제공한다. 즉, 이러한 질문은 사회적 삶에 관한 것이며, '유용한' 것은 바로 사회를 위해 이로워야 한다는 의미를 입증해주었다. 두 생물학적 성별 간의 관계는 사랑과 결혼이라는 질문에 대한 해답을 요구한다. 이 질문은 또한 타인과의 연결성, 사회적 삶과 미래(자녀)의 관점과도 연관된다.

모든 개인은 언제나 삶의 크고 작은 질문들에 대해

서 답하고 있다. 우리는 그 해답과 다양한 사람들의 여러 가지 해답에 주목할 수 있으며, 그 해답들을 이해할 수 있다. 수학문제처럼 이러한 질문에서 절대적인 참/거짓은 결코 발견되지 못한다. 우리는 최종의 진리에 대해 감사하지도 않는다. 우리는 단지 고군분투하고 있는 중이다. 그래서 우리는 많은 실수와 해법에 의해 휩쓸리고 있다. 인간은 사회적 유용성을 위한 삶의 문제를 해결하기 위해서 문화를 창출함으로써 그 해답을 도출해냈다. 우리는 사람마다 옳다고 여기는 해결책이 다르다는 것을 느끼고 지각한다. 그리고 사람들의 노력, 사회적 삶에 대한 태도는 언제나 주류문화에 의해서 승인되거나 거부되거나 비난받거나 압력을 받거나 끌려가게 된다. 모든 사람은 또한 자신의 방법과 해법을 인지하고 판단한다. 또한 사람들은 개개인의 해결책과 자신의 삶의 전체 완결성 사이에 늘 존재하는 벌어진 틈에 의해 고무되기도 하고 직면하면서, 자신의 전체성을 완결하고, 성취하는 데 애를 쓰고 있다. 즉, 우리는 열등감을 언제나 느끼고 자극하는 방식으로 산다.

출처 : Adler, A. (1927). Individual psychology. *The Journal Abnormal and Social Psychology, 22*(2), 116-122. Published by the American Psychological Association.

론, 그리고 현실치료에 영향을 주었다.

아들러학파는 현재 비교적 작지만 아주 열정적인 집단으로 자리매김하였다. 개인심리학회지(*The Journal of Individual Psychology*)에서는 수많은 연구와 상담실제에 대한 논문들이 게재되어 있다. 아들러학파는 시카고, 밴쿠버, 브리티시콜럼비아에 분과를 가지고 있으며, 웹사이트(www.adler.edu)에서 정보를 검색할 수 있다. 아들러 연구소는 뉴욕, 워싱턴, 샌프란시스코에 있으며, 아들러심리학회(www.alfredadler.org), 아들러심리학의 국제학회(www.iaipwebsite.org)가 두루 분포되어 있다.

기본 철학

아들러는 인간조건에 대한 낙관론적 관점을 지닌 성장이론가이다. 그는 인간은 원래 완벽을 추구하며, 이러한 완벽 추구는 인간 행동의 가장 중요한 동기라고 믿었다(A. Adler, 1929/1969). 하지만 이런 낙관론은 인간 본성에 대한 긍정적 관점을 가진 것을 의미하는 것은 아니다. 즉, 아들러는 인간 본성에 대해서는 중립적 입장을 취했으며, 인간은 선하거나 또는 악하다고 믿었다(Maniacci, Sackett-Maniacci, & Mosak, 2014). 아들러는 인간은 다른 사람들의 지원 없이는 살 수 없기 때문에 사회적 관심을 중요하게 여겼다(Dreikurs, 1953). 아들러에 의하면 인간은 열등감을 느끼는 경향을 타고나는 것처럼 '사회적 관심'도 인간이 선천적으로 타고나는 성향이다. 사회적 관심과 열등감 사이의 균형 방식이 개인의 심리적 세계를 결정한다. 개인심리학 이론에서의 핵심 용어는 **총체적(holistic)**이라는 단어이다. 즉, 사고, 느낌, 행동, 그리고 심리적 기능은 개인의 목표 추구를 향해 지향된 하나의 통합된 체계이다.

아들러는 온건한 결정론자로 묘사된다(Ansbacher & Ansbacher, 1956). 즉, 아들러는 인간 행동을 일반적 원리나 법칙에 의해 이해될 수 있다고 생각하지만, 또 한편으로는 이러한 이해는 개연성 있는 추론이라고 여긴다. 아들러의 경우 개인은 자신의 인생 행로를 창조하며 이러한 창조성이 주어진 시간에서 삶의 행로와 궁극적인 목표를 변화시킬 수 있다고 본다. 아들러의 명언을 인용하면 다음과 같다. "중요한 것은 우리가 무엇을 가지고 태어났느냐가 아니라 타고난 것들을 어떻게 활용하느냐이다."(Ansbacher & Ansbacher, 1956, p. 176). 여기서 아들러는 유전이나 생물학적 체질이 중요한 것이 아니라고 말하고 있다. 아들러는 개인은 신체적 한계를 극복해서 아주 잘 성취할 수 있으며 이러한 고군분투는 사회에 중요한 공헌을 하게 된다고 믿었다.

초기 사회 구성주의자 중의 한 명인 아들러는 개인은 어떤 객관적 외적인 준거보다는 개인의 지각에 의해 현실에 대한 관점을 결정한다고 믿었다. 아들러는 유전과 환경의 영향에 대해서 다음과 같이 언급한다.

> 개인이 외부세상과의 관계를 결정짓게 하는 요인은 유전도 아니고 환경도 아니다. 유전은 개인에게 단지 어떤 능력을 부여할 뿐이다. 환경 또한 개인에게 단지 어떤 인상을 줄 뿐이다. 개인이 부여받은 능력과 환경으로부터 받는 인상 그리고 이러한 능력과 인상에 대한 개인의 해석은 개인이 자신의 삶에 대한 태도를 수립하기 위해 자신만의 '창조적'인 방식으로 사용되는 벽돌에 비유될 수 있

다. 이러한 벽돌들을 사용하는 개인적 방식, 다른 말로 하자면 삶에 대한 태도가 바로 외부세상에 대한 관계를 결정짓게 한다.(Ansbacher & Ansbacher, 1956, p. 206)

사회운동가로 유명한 아들러는 인간의 건강을 위해서는 사회적 변화가 필요하다고 믿었다. 예를 들면 아들러는 권력과 우월성 추구 발달을 '우리 문명의 가장 두드러지는 악'으로 특징지었다(1927/1998a, p. 62). 아들러는 또한 남성성에 대한 과대평가와 여성의 열등성에 대해 믿는 문화적 현상에 대해서도 많이 언급했다(1927/1998a, p. 106).

샌디는 개인심리학 이론을 토대로 상담을 하는 제임스의 상담자이다. 샌디는 기본적인 인간의 긍정적 본성에 대해 성찰하고, 이러한 인간의 긍정적 본성에 대해서 알고 있다. 즉, 샌디는 제임스가 비록 문제행동을 보이지만, 내면에는 강점과 더 나은 존재로 나아갈 수 있는 가능성이 있다고 믿고 있다. 제임스의 어떤 부분은 유전되었으며 또 다른 많은 부분은 외부의 영향을 받았지만, 샌디는 제임스가 자신을 둘러싼 세상에 대한 자신의 관점을 창조했으며 그러한 관점은 또한 변화될 수 있다고 여겼다.

인간 동기

인간은 우월성을 추구하도록 동기화되었다. "우리 모두는 강하고, 우월하고, 완전하다는 느낌을 주는 성취를 이룸으로써 목표에 도달하고자 고군분투한다."(Adler, Ansbacher & Ansbacher, 1956, p. 104). 개인심리학은 우월성 추구의 동기를 권력에의 의지, 중요성 추구, 극복하기를 소망함 같은 다양한 용어들을 사용하여 표현하기도 한다. 개인심리학에서 보는 인간은 본능에 의해서보다는 우월성의 목표에 의해 '이끌려지는' 존재로 본다(as in the psychoanalytic view; Ansbacher, 1970).

역설적으로 인간은 또한 열등감으로 인해 괴로워한다. 초기에 아들러는 열등감은 비교적 미발달된, 방어 없는 형태로 타고나는 것으로 여겼다. 즉, 열등감은 우리를 둘러싼 세상보다 우리 자신이 작고 힘이 없다는 느낌이며 우리의 존재 여부는 양육자에 의해 달려 있다고 느끼는 것이다. 열등감은 결과적으로 우월감에 대한 추동을 초래하게 한다. 그러나 이후에 아들러는 이러한 이론을 수정해서 인간에게는 목표 추구가 우선이며, 열등감은 목표 추구가 좌절될 때만 나타난다고 주장했다(Maniacci, Sackett-Maniacci, & Mosak, 2014). 이 외에도 인간에게는 선천적으로 타고나지만 초기에 덜 발달되어 있는 소속에 대한 욕구가 있다. 아들러는 우리가 아기일 때, 우리 주변 사람들이 우리에게 음식과 물을 주고, 안전하게 지켜주기 때문에 소속욕구는 생존에 필수적인 것으로 간주했다.

궁극적으로 중요한 점은 개인이 어떻게 중요성 발견과 타인에 대한 감정(공동체감)을 조화시키느냐이다. 아들러에 의하면 이러한 해결책은 개인적이며, 창조적인 과정이라는 것이다. 한 개인을 알기 위해서는 우월성을 성취하는 데 있어서 개인적인 계획을 알아야 하며, 이러한 우월성 추구의 개인적인 계획은 열등감과 소속감을 다루는 도식을 제공한다.

샌디는 제임스가 열등감을 아주 잘 숨긴다고 생각한다. 제임스는 확실하게 열등감을 가지고 있지만, 겉으로는 힘 있고 거만하게 보인다('태도'). 제임스는 전반적으로 사회에 대한 소속감이 없는 것처럼 보이지만, 실상 어울리는 친구들과는 연결된 느낌은 가질 수도 있다.

주요 개념

생활양식

아들러에 의하면 모든 사람은 5~6세 때까지 자신의 삶을 위한 계획을 발달시킨다고 한다. 아들러는 이러한 계획을 **생활양식**(lifestyle)이라고 명명했으며, 생활양식은 세상에서의 지각과 행동을 포함하여 개인의 전 생애를 안내한다(Carlson, Watts, & Maniacci, 2006). 안스바허와 안스바허(1956)는 다음과 같은 아들러의 복잡한 개념들에 대한 정의를 나열했다. 즉, 복잡한 개념들은 "자기(self), 또는 자아(ego), 인간 고유의 성격(man's own personality), 통합된 성격(unity of personality), 자신과 삶의 문제에 대한 개별적 형태의 창조적 의견(individual form of creative opinion about oneself and the problems of life), 삶에 대한 전반적 태도(whole attitude to life)"(p. 174)를 포함한다.

생활양식은 아동이 자신의 환경에 적응하는 방식이다(Dreikus, 1953). 모든 생활양식은 목표를 가지고 있으며 목표는 다음과 같은 두 가지 중요한 특성을 지닌다: (a) 개인은 대개 목표에 대해서 자각하지 못한다, (b) 목표는 허구이다. 아들러는 목표는 외적인 현실에 기반하는 것이 아니라 개인에 의해 창조되는 것이라고 언급했다(Ansbacher & Ansbacher, 1956). 그러므로 때때로 목표는 허구적 목표로서 언급된다(Dinkmeyer & Sperry, 2000). 개인의 목표는 중요성에 대한 욕구와 공동체감(또는 사회적 관심)이라는 두 가지 영향력의 상호작용에 의해 초래된다. 아들러에 의하면 다른 사람을 진정으로 이해하기 위한 유일한 방법은 타인의 생활양식의 목표를 이해하는 것이라고 했다. **모든 행동은 목표 지향적이다.** 모든 행동은 생활양식의 목표 성취를 향해 나아간다.

개인이 환경, 유전적 영향, 경험을 생활양식과 관련된 목표로 어떻게 해석하고 결합하는지는 개인의 창조적 힘에 달려 있다(Ansbacher & Ansbacher, 1956, p. 177). 개인의 중요성 추구(예 : 목표)의 방식은 개인마다 독특하다. 예를 들면 일란성 쌍둥이의 사례를 보면 똑같은 가족일지라도 다른 생활양식과 목표를 갖게 된다. 왜냐하면 개인심리학 관점에서 보면, 그들은 비록 똑같은 기본 재료를 가지고 있다 하더라도 세상에 대해서는 다르게 지각하며, 창조적 힘도 다르게 활용한다. 그들 자신의 능력과 환경에 대한 지각은 아주 다르며, 다른 신념과 목표를 창조한다. 심지어 겉으로는 거의 똑같아 보이더라도, 그들의 행동은 아주 다를 것이다. 대안적인 관점에서 보면, 유전적으로 구성요인은 동일하고 신체적으로 똑같기 때문에 동일하게 대해 진다면 지각 도식도 유사해질 수 있다.

부모나 다른 가족들의 영향은 생활양식의 발달에서 아주 중요하다. "가족은 개인이 첫 번째 접하는 사회이다."(M. F. Schneider, 2007, p. 43) 부모는 자녀의 신념과 가치의 모델이다. 그러나 아들러는 부모의 영향을 생활양식의 유일한 '원천'으로 자동적으로 가정해서는 안 된다고 경고한다. 왜냐하면 무엇보다 생활양식의 발달은 개인적 · 창조적 · 해석적 과정이기 때문이다. 그럼에도 불구하고 아들러는 부모가 자녀양육에 진정으로 헌신하지 않는 경우라고 할 수 있는 자녀에 대한 학대, 방임, 버릇없이 키우는 것에 대한 결과들을 기술했다. 예를 들면 버릇없이 키워진 아동은 세상은 자신이 원하는 대로 즉시 모든 것을 제공해주어야 된다는 개념을 가지고 자라난다. 방치되었거나 학대당한 아동은 세상은 무섭고 적대적인 곳으로 간주하게 된다. 지나치게 엄격하거나 처벌적인 환경에서 자란 아동들은 억제되어 있으며, 자유 추구에 대한 추동을 발달시킬 수 있다(Adler, 1929/1969).

> 샌디는 제임스가 어릴 때 방임되었다는 것을 알게 된다. 그리고 샌디는 제임스가 이러한 초기 경험으로 인해 세상을 혼란스럽고 적대적인 곳으로 보게 되었다고 가정한다. 제임스의 열등감은 혼돈의 초기 환경에 의해 심해졌을 것이다. 샌디는 생활양식 발달을 위한 결정적 시기에 제임스에게 실제 가족이 과연 있었는지가 의문이 생긴다. 제임스는 아주 방임되어 자란 것처럼 보인다. 제임스는 생활양식을 가지고, 사회적 공헌보다는 개인적 우월성을 추구하는 목표를 가진 것으로 보인다. 제임스의 목표는 아마도 다음과 같다. "다른 사람들은 악이고 위험하기 때문에 나는 그들이 나에게 상처 주기 전에 내가 그들을 제압해야 한다." 제임스는 아마도 위탁가정에 배치되기 전에 이미 그의 삶의 경험을 통하여 이런 삶의 방식을 학습했을 것이다. 즉, 제임스의 현재 행동은 주로 공포스러운 상황에서 생존하기 위해 필요한 행동이라고 볼 수 있다.
>
> 샌디는 제임스의 타고난 강점과 약점에 대해서는 모른다. 그러나 그가 가정에서 안정감을 사실상 느낄 수 없었으며, 그 결과 그의 생활양식을 발달시키는 데 영향을 주는 중요한 역할 모델의 부재를 경험한 것처럼 보인다. 만약 제임스가 정말로 신체적 학대를 당했거나, 신체적 학대와 정서적 억압을 모두 당했다면, 아마도 제임스는 억눌린 느낌을 가질 것이다. 샌디는 억제된 아동들은 이러한 억제를 방출하기 위한 추동을 발달시킨다는 아들러의 개념을 알고 있었기에, 제임스의 억제된 역동이 제임스의 반항적인 삶의 패턴에 기여한다고 가정한다.

사회적 관심

개인심리학의 가장 중요한 공헌점은 인간 조건에 깊이 새겨진 사회적 부분을 강조한 것이다(Carlson et al., 2006). 아들러의 경우 인간이 그가 속한 사회에 얼마나 관심을 가지느냐에 따라 개인을 평가한다. 사회적 관심은 소속감과 공동 이익을 위해 타인들과 협력하는 것으로도 개념화할 수 있다(Carlson & Englar-Carlson, 2013). 만약 "아무도 날 사랑하지 않아, 모든 사람들은 나를 미워해, 나는 가출해서 벌레나 먹을 거야."라고 반복해서 말하는 개인이 있다면, 이를 개인심리학자는 역기능적인 개인으로 간주한다. 사회적 관심을 외향성과 혼동하지 말아야 하며, 진정한 사회적 관심은 개인이 공동체에 기여하는 것으로 간주된다(Ansbacher & Ansbacher, 1956, p. 141).

사회적 관심의 잠재성은 오직 선천적으로 타고나는 것이다. 이동기 때 사회적 관심의 감정은 육성되고 지지받아야 한다. 아동이 발달하는 동안 아동이 부딪히는 문제들은 사회적 관심의 수준을 자주 격감시킨다. 아들러는 사회적 관심을 감소시켜주는 다음의 두 가지 일반적인 문제들을 확인했다. 신체장애로 야기된 문제, 잘못된 부모양육 또는 성차별주의, 인종차별주의, 계급주의 같은 환경적 영향으로부터 기인한 문제이다(Adler, 1927/1998a). 아동이 신체적 문제(발달지연 또는 신체장애)가 있을 경우, 사회는 전형적인 양육방식으로 이러한 아동을 대하지 않기 때문에 오히려 아동의 발달은 저해된다. 성별, 인종, 계층으로 인해 타인으로부터 부정적 반응을 경험한 아동의 경우 살아남기 위한 방법은 일등을 하는 것이라고 배울 수 있다. 부모가 자녀를 응석받이로 키우거나, 방임하거나, 억누른다면, 결과적으로 아동은 사회적 관계에 대해서 왜곡된 태도를 갖게 된다. 건강한 아동은 타인을 공감하며, 전반적으로 사회에 공헌하도록 격려된다. 아들러는 한 개인을 온전히 이해하기 위해서는 한 개인이 타인을 어떻게 대하는지에 관해 주의를 기울여보는 것이 필요하다고 생각했다(Ansbacher & Ansbacher, 1956).

샌디는 제임스가 가족의 지지를 받고 사회적 관심을 갖도록 격려받는 환경에서 자라지 못했다고 생각한다. 사실 제임스의 초기 환경에서는 기껏 양육자의 중립적 태도가 최선으로 간주될 정도이다. 싸우고 학대가 있는 환경에서는 사회적 관심의 감정발달이 저해된다. 샌디는 제임스가 아프리카 미국인이기 때문에, 그가 사회에 들어오면서부터 특히 아프리카계 미국 어린아이로서 계속 인종차별과 압제를 당하지는 않았는지 궁금했다.

샌디는 제임스의 최근 행동에서 사회적 관심의 감정을 보게 되면서 힘을 얻는다. 제임스의 지금까지의 삶을 살펴보면, 타인과 협력하지도 않고, 때때로 반항적 행동을 드러냈다. 제임스는 도둑질, 폭력, 거짓말 같은 사회적으로 유용하지 않은 행동을 했다. 그러나 최근에 그는 친구들과 상호작용하는 데 관심을 보이기 시작했다. 이것은 제임스의 환경에서 아주 긍정적인 변화의 단서가 될 수 있다. 샌디는 제임스의 사회적 관심의 감정을 키우고, 사회적으로 유용한 행동의 통로가 될 수 있도록 도울 것이다.

열등감

익숙한 용어인 **열등 콤플렉스**(inferiority complex)는 아들러가 전적으로 사용한 용어는 아니다(Ansbacher & Ansbacher, 1956). 아들러는 **콤플렉스**(complex)보다는 **감정**(feelings)이란 단어를 더 사용했는데, 이것은 아마도 콤플렉스라는 단어가 프로이트학파의 분위기를 풍기기 때문에 콤플렉스라는 단어를 피했을 것이다(Brachfeld, 1951; Ansbacher & Ansbacher, 1956에서 인용). 하지만 아들러는 자신이 "열등 콤플렉스와 우월 콤플렉스의 아버지"라고 불린다는 사실을 알았을 때(미국 여행 동안), **열등 콤플렉스**라는 용어의 위력을 확실히 체감했다(Brachfeld, 1951; Ansbacher & Ansbacher, 1956, p. 256에서 인용). 알프레드 아들러는 결국 열등 콤플렉스라는 용어를 채택했으며, 열등 콤플렉스는 전형적으로 역기능적이거나 또는 평범하지 않은 열등 감정으로 간주했다.

열등감은 삶의 정상적인 부분이다. 아들러학파는 열등감을 삶의 정상적인 부분으로 여겼기 때문에, 우리가 스스로에 대해서 평가할 때도 자기평가가 올라갔다가 내려갔다가, 또는 마이너스에서 플러스로 언제나 변화한다고 본다. 열등감의 좋은 점은 우리에게 좀 더 나아지고자 하는 동기를 부여한다는 점이다. 사실 아들러는 열등감이 인간으로 하여금 그들의 삶을 향상시키기 위한 노력을 하도록 하기 때문에 인간문화의 토대라고 여겼다(Ansbacher & Ansbacher, 1956).

열등감은 아주 어릴 때부터 시작된다. 즉, 아동이 그를 둘러싼 환경보다 자신이 너무 작고 약하다는 것을 깨닫게 되면서 열등감이 시작된다. 아동이 경험하는 열등감의 경우, 아동이 타인에 의해 어떻게 대해지고, 아동이 어떻게 상황에 대해 해석하고, 반응하는지가 중요하다(Ansbacher & Ansbacher, 1956). 만약 타인이 아동에게 너무 많은 요구를 한다면, 아동은 열등감에 반복적으로 직면하게 된다. 만약 아동이 값진 도기그릇처럼 대해진다면, 아동은 환경에 대해 분명히 다른 해석을 할 것이다. 어른이 아동과 어떤 관계를 맺느냐는 아주 중요하며, 어떤 문화 전통은 아동들에게 해롭기도 하다. 예를 들면 어떤 문화 전통에서는 아동을 진지하게 대하면 안 된다는 신념이 있는 경우도 있다. 아들러(1927/1998a, p. 61)는 "아동을 조롱하는 것은 실제로 범죄다."라고 경고했다. 왜냐하면 아동을 비웃는 것은 아동으로 하여금 자신이 중요하지 않는 존재라는 느낌과 열등감을 초래할 수 있기 때문이다.

그러나 열등감이 전적으로 부족한 사람은 어떤 사람인가? 그 해답은 **우월 콤플렉스**(superiority complex)에서 찾을 수 있다. 우월 콤플렉스는 사회적 관심 없이 자신이 중요하다는 가짜 느낌을 수립하는 것이다. 이 용어는 자주 사용하지는 않지만, 아들러는 우월 콤플렉스를 보이는 사람은 자신이 열등하다는 느낌을 오히려 알려주는 것이며 거만한 행동은 자신의 문제로부터 회피하기 위함이라고 주장했다(Ansbacher & Ansbacher, 1956, p. 260). 어떤 관점에서 보면 열등감을 가진 사람은 또 다른 형태의 우월 콤플렉스를 형성한다. 우월 콤플렉스는 흔히 거만하거나 또는 허풍을 부리는 행동으로 드러난다. 예를 들면 청소년기 남자의 오만함을 들 수 있다. 이런 모습을 보게 된다면, 아들러는 "우리는 그들에게서 언제나 열등 콤플렉스, 그리고 열등감을 극복하려는 바람도 함께 발견하게 될 것이다. 그들은 좀 더 좋게 보이기 위해서 스스로 자신을 치켜세우는 노력을 하여, 가장 쉬운 방법을 통하여 자만심과 우월감을 성취하는 것 같다."(1929/1969, p. 29)고 말할 것이다.

자신을 무기력하고 약하다고 여기는 개인은 주변의 사람들에게 자신에게 관심을 보여달라는 취지로 우월성을 전달한다. 이와 비슷하게 우울하거나 자신의 외모에 대해서 비하하는 개인의 경우, 주변 사람들로 하여금 주의를 끌도록 하는 행동을 하기 때문에 결과적으로는 타인에 대한 영향력을 행사할 수 있다.

> 샌디는 제임스가 우월 콤플렉스를 통하여 열등감을 확실히 드러낸다고 생각한다. 제임스는 겉으로는 냉담하고 동요하지 않는 것처럼 보이지만 도둑질, 폭력 등의 사회적으로 유용하지 않는 방법으로 힘을 얻으려 하고 있다. 즉, 제임스는 타인을 패배시킴으로써 자신이 중요하다는 느낌을 얻으려고 한다. 그리고 제임스의 사회적 측면은 여자들에게 매력을 발산하는 능력이 있다는 점이다. 샌디는 제임스의 폭력적인 행동, 여자들에게 매력 발산 등이 제임스가 숨기고 싶은 실제 절망감에 대한 방어기제임을 알았다. 상담장면에서 제임스가 지금 그리고 과거에서 느꼈던 열등감을 드러내는 것은 좋은 징조가 된다. 제임스는 과거 그가 처한 환경에서 분노, 폭력행동을 통해서 타인들에게 힘을 추구함으로써 열등감에 대해 대항한 것이다. 제임스는 거짓말과 도둑질을 통해서 타인들을 속임으로써 우월감을 추구했으며 '부적절한' 성행위를 통하여 힘을 느꼈다. 그러나 제임스는 이런 방법들에 대한 재숙고 중에 있는 것 같다. 제임스는 사회적 관심에 대한 감정들을 경험하기 시작하며, 우정을 경험하고 교육을 통해서 중요한 것을 추구하기 시작했다고 말한다.

기본 과제

아들러는 세 가지 기본 과제 또는 삶의 문제로 사랑, 일(직업), 공동체를 제시했다(Ansbacher & Ansbacher, 1956). 이러한 삶의 문제는 사회적으로 유용하거나 또는 유용하지 않은 방법으로 해결될 수 있다. 왜냐하면 실제로 세 가지 모든 과제는 사회적 관심과 관련된다. 타인의 향상에 기여하고자 하는 소망이 없이 사랑할 수 없으며, 일도 언제나 어느 정도의 사회에 기여한다(범죄행위는 제외).

아들러는 공동체 생활, 또는 사회에서 만나는 과제들은 협력을 통해서 성취될 수 있다고 믿었다 (Ansbacher & Ansbacher, 1956). 사회는 협력적인 태도 없이는 존재할 수 없다. 그리고 사회는 구성원들 간에 노동의 분화 없이는 존재할 수 없기 때문에, 사회의 과제는 자연스럽게 직업으로 유입된다.

대부분 사람들은 어느 정도 직업적 과제에 성공한다(Dreikus, 1953). 직업이 사회적 유용성 측면에서 다양하지만, 사람들은 주로 하나의 직업을 발견할 수 있다. 예를 들면 아동을 가르치는 일은 높은 수준의 사회적 관심을 가진 직업인 데 반해, 주식시장에서 거래를 담당하는 일은 사회적 관심 수준이 다소 낮다. 아들러는 초기 직업상담자들 중의 한 사람이었다. 아들러는 "아동에게 조기에 어떤 직업을 가질 것인지를 질문하는 것은 이로우며, 나는 학교에서 아동에게 직업탐색에 관한 질문을 해야 하며, 아동이 자신의 직업에 대해서 고려할 수 있도록 이끌어주어야 한다."고 말한다(Ansbacher & Anbacher, 1956, p. 431). 직업 선택은 생활양식의 좋은 지표가 된다. 예를 들면 어린 소녀가 ⓐ 항공우주기술자 또는 ⓑ 패션모델이 되고 싶다고 말할 때 소녀가 가진 세상에 관한 다양한 관점이 표현되는 것이다.

아들러는 사랑을 "이성의 파트너를 향한 가장 친밀한 전념으로 여기며, 사랑은 신체적 매력, 공동상속, 자녀를 갖도록 결정하는 것"으로 표현한다(Ansbacher & Anbacher, 1956, p. 432). 아들러가 언급하는 사랑에는 두 가지 주요한 특징이 있다. 첫째, 아들러는 '반대(oppsite)' 성보다는 '다른 성/이성(other)'이란 용어를 사용한다. 아들러는 소위 말하면 성별 간의 경쟁을 중요하게 여기지 않는다. 둘째, 아들러는 이성애 관계만이 가치롭고, 동성애는 남녀 관계에서 발생할 수 있는 도전을 수용하는 것에 대한 두려움의 반영이라고 언급한다(Ansbacher & Anbacher, 1956). 아들러는 특히 레즈비언에 대해서 좀 더 자세히 언급했는데, 레즈비언은 남성성에 대한 항의(이후에 언급할 것임), 또는 남성역할을 취함으로써 권력을 얻고자 하는 바람이라고 주장했다(Ansbacher & Anbacher, 1956). 현대의 아들러학파는 이러한 관점에 동의하지 않는다.

모삭과 드라이커스(1977a, 1977b)는 아들러가 다음과 같은 두 가지 다른 인생 과제를 넌지시 암시하고 있다고 언급했다: ⓐ 자기에 대한 대처, ⓑ 실존주의적 과제. 첫 번째 과제인 자기에 대한 대처는 자기와 잘 지내는 것과 관련된 과제이다. 우리의 고군분투는 이중성의 개념, 즉 우리 안에 있는 선과 악, 잘못과 선의, 도덕과 부도덕, 강함과 나태가 함께 존재하기에 야기된다는 것이다. 이러한 이중성은 잘못된 것으로 이길 수 없는 내적 투쟁만을 초래한다. 이러한 내적 갈등이 좀 더 복잡해지면 우리가 살고 있는 문화는 우리에게 우리가 가치롭다는 정보를 거의 주지 않기 때문에 우리는 자신의 가치를 끊임없이 확신하지 못하게 된다. 따라서 우리의 과제는 인간이 완벽하지 않음에도 불구하고 우리 자신의 가치를 발견하고자 하는 것이다.

실존적 과제는 우주에서의 나의 존재를 발견하는 것과 관련된다. 이 과제는 종교와도 연관된다. 모삭과 드라이커스(1977b)는 이러한 과제는 전통적인 종교를 통해서 이루어질 수 있음을 논의했을 뿐만 아니라 무신론과 불가지론에 대해서도 인정했다. 실존적 과제는 인간 본성의 일반적인 모습 발달시키기, 사후세계의 유무에 대해 받아들이기, 삶의 의미 고려하기를 포함한다(Mosak & Dreikurs, 1977b).

제임스는 각각의 인생과제에 관해 어려움을 겪고 있다. 샌디는 제임스가 타인들과 협력하는 데 어려움을 겪고 있지만 좋아하는 친구들이 있는 무리에서는 어울리기를 원한다는 사실도 알고 있었다. 제임스가 취업한 부분은 좋았지만 음주로 인해 직장을 잃게 되었다. 제임스는 여자에게 인기가 있어서 사랑의 과제를 실험하는 듯이 보였지만 아직 관계에서의 진정한 사랑의 문제가 여전히 남아 있다. 샌디는 제임스가 자신을 수용하기 위해 고군분투하고 있다고 가정한다. 제임스는 세상으로부터 지속적으로 부정적 피드백을 받았으며, 이러한 부정적 피드백은 제임스가 스스로를 어떻게 보느냐에 영향을 미친다. 샌디는 제임스가 당면한 삶의 혼란 때문에 정작 실존적 질문에 대해서는 진지하게 고려할 여유가 없을 것이라고 짐작한다.

기본적 오류

생활양식의 일부분인 기본적 오류(basic mistake)는 생활과제를 회피하거나 낮은 수준의 사회적 관심 혹은 권력에 대한 강한 욕구를 반영하는 습관적이고 자기패배적인 인지를 뜻한다. 모삭(Mosak, 2005, p. 71)은 기본적 오류를 다음과 같은 다섯 가지 유형으로 정리하였다.

1. 과일반화
2. 안전을 얻기 위한 잘못되거나 불가능한 목표
3. 인생과 삶의 요구에 대한 잘못된 인식
4. 자기가치의 축소 혹은 부인
5. 잘못된 가치

샌디는 제임스가 하나 이상의 기본적 오류를 가지고 있다고 생각한다. 제임스는 자신이 바뀌는 게 아니라 불공평한 세상이 바뀌어야 한다고 생각하는 한편, 이러한 태도가 가지는 문제점도 깨닫기 시작하였다. 모든 사람은 위험하다는 과일반화 때문에 제임스는 타인을 신뢰하는 데 어려움을 겪는다. 제임스는 표현하지는 않지만 아마 자기 자신이 가치 없는 사람이라고 여기고 있을 것이다. 그는 잘못된 행동 방식(예 : 폭력이나 절도행위)을 보여 왔다. 이러한 행동들은 그가 고정관념적인 남성성에 가치를 두고 있음을 시사한다(추후 논의).

인간과 개인발달에 관한 이론

앞서 논의되었듯이 아들러는 개인의 생활양식이 약 5세 정도에 정립된다고 보았다. 생활양식은 유전과 환경, 개인의 창조적인 작업에 의해 생애 초기에 발달되며 쉽게 변화되지 않는다(Adler, 1929/1969).

아동은 작고 연약한 상태로 삶을 시작한다. 이를 관찰한 아들러는 모든 삶은 상당한 열등감과 함께 시작된다고 가정하였다(Ansbacher & Ansbacher, 1956). 아동은 자기 주변의 환경을 관찰하면서, 자신만의 인상(삶에 대한 해석)을 형성하게 되며, 이는 생활양식으로 발전된다. 아동은 당면한 환경을 살펴보면서 어른들을 관찰하며 그 체계 내에서 힘을 얻는 방식을 깨닫게 된다. 아동의 신체 상태와 가정환경은 아동이 삶의 문제를 어떻게 직면하는지에 영향을 주지만, 아들러는 이 문제를 해결하는 데 있어 가장 중요한 것은 개인의 창조적 힘이라고 강조하였다. 아동은 미성숙하기 때문에 상식보다는 자신만의 독창적인 해석을 종종 사용한다. 아들러(1929/1969)가 사적 논리(private logic)라고 명명한 이러한 논리는 상식과 상반된다(Carlson et al., 2006). 낮은 사회적 관심을 가진 사람들의 경우, 그들의 사적 논리로 인해 언제나 보살핌을 받거나 타인과 싸워 이기는 것과 같은 우월감을 달성하기 위한 잘못된 목표를 가질 수 있다. 하지만 이와 달리 사적 논리는 개인이 삶의 악조건들을 이겨내고 사회적 기여자가 되는 반대의 상황 또한 일어날 수 있게 한다. 아들러는 다음과 같은 예시를 제시하였다.

> 불행한 경험을 가진 어떤 한 사람은 미래를 위해 바꾸어야 할 점을 생각할 때를 제외하고는 그 기억에 머무르지 않는다. 그는 "우리 아이들이 더 나은 환경에서 살 수 있도록 그런 불행한 상황들을 바꾸기 위해 노력해야 해."라고 생각한다. 하지만 같은 경험을 가진 또 다른 사람은 "삶은 불공평해. 다른 사람들은 항상 좋은 것만 갖지. 세상이 날 이따위로 대하는데 대체 왜 내가 세상을 좋게 대해야 해?"라고 생각한다. … 또 다른 사람은 "난 불행한 과거를 가졌기 때문에 내가 뭘 하든지 용서받아야만 해."라고 생각한다. 이 세 사람의 이러한 해석은 그들의 행동에서 드러날 것이다(Ansbacher & Ansbacher, 1956, p. 209).

가족의 영향력, 가족의 구도는 아동의 발달에 매우 중요하다. 아마도 개인심리학의 개념 중 가장 친숙한 개념은 출생순위(birth order)일 것이다. 아들러는 가족 내에서 아동의 위치가 아동의 발달에 중요한 영향을 미친다고 보았다. 가족 내 위치라는 현상은 적어도 다음과 같이 두 가지 방식으로 바라볼 수 있다(Shulman & Mosak, 1977). 첫 번째 방식은 단순한 순서적 위치(첫째, 둘째, 셋째 등)를 생각해볼 수 있다. 두 번째 방식은 출생순위(맏이, 중간 아동, 막내, 혹은 외동)를 생각해볼 수 있다. 아들러는 두 번째 체계 방식을 주로 사용하였으며(Ansbacher & Ansbacher, 1956), 아들러학파 상담자는 아동의 실제 순위가 아닌 심리적 위치를 강조하였다(Carlson & Englar-Carlson, 2013). 예를 들어 어떠한 이유로 첫째가 무능력하다면, 둘째가 그 역할을 대신하게 될 수도 있다(Dinkmeyer, Dinkmeyer, & Sperry, 1987). 이와 유사하게 나이 차이가 많이 나는 늦둥이는 '새로운' 가정을 형성한다고 여겨진다(Adler, 1931/1998b). 아동의 성별, 가족의 크기와 같은 다른 변인들 또한 출생순위 경향에 영향을 미칠 수 있다(Adler, 1929/1969, p. 92). 그렇기 때문에 다음에 제시되는 다양한 출생순위와 관련된 특성에 대한 설명을 대하는 데에는 주의가 요구된다.

맏이는 부모와 융합하여 절대적인 관심을 받는 왕이다. 지대한 관심을 받고 자라난 아동은 어른과 교류하는 데 있어서 일반적으로 매우 능숙해진다. 그 후 아동은 동생에 의해 '퇴위'를 당하는데, 이는 첫째 아동의 관점에서 보자면 매우 불행한 사건이다(Adler, 1929/1969, p. 12). 그 결과 첫째 아동은 힘을 매우 중요시 여겨서 훗날 권위적인 위치에 오르고자 하는 경향을 가질 수 있다(Adler, 1927/1998a). 첫째 아동은 규율을 중시하며 보수적인 태도를 가지는 경향이 있다(Ansbacher & Ansbacher, 1956). 역설적으로 아들러는 첫째 아동이 문제아가 될 가능성이 가장 크며, 그다음으로 문제아가 될 가능성은 막내가 크다고 생각했다. 첫째 아동이 동생의 탄생과 함께 바뀌게 된 상황을 받아들일 수 없을 때 반항을 하게 된다(Ansbacher & Ansbacher, 1956).

왕위찬탈자인 둘째 아동은 첫째를 따라잡는 데 주력한다. 둘째 아동은 첫째 아동과 반대인 삶을 살 가능성이 크다(Sweeney, 2009). 이러한 경쟁은 둘째 아동이 가족 내 모든 구성원을 능가하는 결과로 도출할 수도 있다. 하지만 만약 첫째가 너무 특출하다면, 둘째 아동은 낙담하며 포기할 수 있다.

중간 아동은 종종 손위아래 형제들 사이에 끼어 있다는 느낌을 받는다(Sweeney, 2009). 다른 아동들이 누리는 혜택(예 : 부모의 관심, 손위형제들의 돌봄)에서 제외된 그들은 특별히 불행하다고 느낄 수 있다. 그들은 갈등을 싫어하는 경향을 보이며 모두를 위한 정의를 바라는 중재자 역할을 한다(Carlson & Englar-Carlson, 2013).

막내는 가족들로부터 관심을 많이 받는 것과 동시에 가장 작은 존재이다. 아들러는 "그 어떤 아이도 가장 작은 존재, 또는 아무도 신뢰하거나 믿어주지 않는 존재가 되는 것을 좋아하지 않는다."(Adler, 1927/1998a, p. 150)고 언급하였다. 막내 아동은 또한 다른 사람들이 자신의 일을 대신해주는 것에 익숙하며 타인으로 하여금 이러한 역할을 하도록 유도하는 데 뛰어나다(Carlson & Englar-Carlson, 2013). 그렇기 때문에 이러한 아동들은 어떠한 의미에서는 특권을 가지고 있음에도 불구하고, 힘에 대한 강력한 욕구, 최고가 되고자 하는 욕구를 가질 수 있다. 또 다른 형태의 막내는 뛰어넘을 수 없는 손위형제들을 가졌거나 자존감이 낮은 아동이다. 이러한 아동은 포기해버리고 겁쟁이가 되거나 회피적이 될 수 있다(Adler, 1927). 어떠한 경우에 막내는 너무 많은 부모를 가지기 때문에 응석받이가 될 수도 있다(Stein, 2000).

외동은 어른의 세상에서 자라나며 관심의 중심에 있는 것을 좋아한다. 하지만 외동은 다른 아동들과 협력하는 방법을 배우지 못할 수 있다(Stein & Edwards, 1998). 외동은 형제자매라는 경쟁자는 없지만 아빠라는 경쟁자가 있다(Adler, 1931/1998b). 대다수의 경우 그들은 매우 세련되고 높은 수준의 언어를 구사하며, 어른들과 능숙하게 교류한다(Stein, 2000). 아들러(1927/1998a, p. 155)에 의하면 어떤 외동들은 매우 보수적인 환경에서 자라날 수도 있는데, 이는 그들의 부모가 위험한 삶의 경험을 했기 때문이다. 이러한 아동은 종종 과보호를 받는데, 이러한 점이 그들이 독립하는 데 어려움을 겪게 하며, 자기중심적이고 사회적으로 무용한 삶을 살게 할 수도 있다(Adler, 1927/1998a; Stein, 2000).

가족 구도의 다른 측면에는 가족의 가치관과 분위기, 부모의 본보기, 가정 내에서 아동의 역할 등이 있다(Peven & Shulman, 1986). 아들러(1931/1998b)는 어머니의 역할은 자녀에게 협동을 가르치는 것이며 또한 남편과 그녀를 둘러싼 주위 세상과 관계를 맺어야 하며, 이러한 모든 과제에 대해서 '차분하고 상식적으로'(p. 101) 직면해야 한다고 주장하였다. 어머니는 아동이 경험하는 첫 번째 신뢰할 만한 인간이다.

자녀의 삶에 미치는 아버지의 영향력은 조금 더 후에 발휘되는데, 이때 아버지의 역할은 "자신이 아내와 자녀에게 좋은 동반자이며 사회에서 좋은 사람임을 증명"하는 것이다(Adler, 1931/1998b, p. 106). 아버지는 남성의 위치에 과한 가치를 두지 않도록 주의해야 하며 자신의 일이 아내의 일보다 더 우월하다는 미신을 영속화하지 말아야 한다.

아들러는 자녀에게 사회적 관심을 가르쳐주고 "가족 이기주의(family egoism)를 줄이도록" 가르쳐주는 것이 부모의 역할이라고 주장하였다(Adler, 1927, p. 122). 가정 내에서 벌어지는 실수는 훗날 다시 반복된다. 협동과 용기를 배우는 데 실패한 아동은 건강한 개인의 특성인 소속감을 형성하지 못하게 된다(Ferguson, 2010).

부모관계는 가정 내 다른 관계의 모델이다(Dinkmeyer & Dreikurs, 1963). 또한 아들러는 자녀들이 바라보는 부모관계가 자녀들이 동반자적 관계와 이성에 대해 가지는 인식에 영향을 미친다고 주장하였다(Adler, 1931/1998b). 아들러는 아동들이 부모 사이에 존재하는 다름을 재빠르게 파악하기 때문에 부모는 서로 협동하는 모습을 보여주어야 한다고 언급하였다.

성별은 아동발달에 매우 중요한 영향을 미친다. 사회 내 남성적 편견에 대한 아들러의 잦은 논의와 비난은 그를 초창기 페미니스트로 보이도록 한다(Bitter, Robertson, Healey, & Coley, 2009). 언뜻 보기에 아들러는 우월성과 열등성을 남성성과 여성성과 동등시하였기 때문에 성차별주의자로 보일 수 있다. 하지만 그가 진정 하고자 했던 것은 사회가 성별을 바라보는 방식을 묘사하는 것이었다(Mosak & Schneider, 1977). 양성 모두 남성성 선언(masculine protest)이라는 형태의 사회적 압박과 씨름한다. "우리의 문명은 대체로 남성적 문화이며, 아동은 모든 성인이 우월한 힘을 가지지만 남성의 위치가 여성의 위치보다 높다는 인식을 가지게 된다."(Dreikurs, 1953, p. 47) 아들러가 '선언(protest)'이라는 헷갈리는 용어를 통해 나타내고자 한 것은 양성 모두 자신의 남성성을 선언하도록 촉구된다는 점이다. 남아는 "난 진짜 남자가 될 거야."라고 다짐하며 그와 달라 보이는 것들에 대해 저항하게 된다(Dreikurs, 1953, p. 47). 아들러(1931/1998b)는 "거의 모든 곳에서 여성의 삶은 낮은 가치를 부여받으며 부차적인 취급을 받는다."(p. 98)고 지적하였다. 아들러는 이러한 사회적 태도가 심각한 결과를 초래한다고 주장하였다. 아들러는 "그러므로 우리는 여아가 발달하면서 겪게 되는 어려움을 인식하고 있어야 한다. 여성에게 남성과 동등한 권리가 주워지지 않는 한 삶, 문화적 사실, 공존의 형태와의 온전한 화해를 기대할 수 없다."(1982, p. 15)고 언급하였다.

사회의 편견에 직면한 소녀들은 여러 가지 길을 갈 수 있다. 남성성 추구는 "숨겨지고 변화되며, 여성은 여성적 방식을 통해 승리하는 방식을 추구하게 된다. 남성으로 변화되고자 하는 욕구는 분석 중에 빈번하게 발견되곤 한다."(Adler, 1982, p. 36) 어떤 여성들은 자신들의 열등한 위치에 대해 체념하게 된다. 또 다른 여성들은 전통적인 여성 역할을 싫어하고 저항하며 그 결과 레즈비언이 될 수 있다(Ansbacher & Ansbacher, 1956). 드라이커스(1953)에 의하면, 주어진 역할을 받아들이기를 거부하는 여성들은 남성적인 목표를 채택한다.

하지만 드라이커스(1953)는 대부분의 사람들이 힘과 권력을 원하기 때문에 어떠한 형태의 남성적 목표를 가진다고 덧붙였다. 아들러 또한 궁극적으로 힘과 권력에 도달한 것이다. 아들러는 남성성 추구는 힘을 갖고자 하는 좀 더 일반적인 인간 경향성의 특별한 형태라고 결론 내렸다. 모든 개인이 항의하고자 하는 욕구에 시달리는 것은 아니다. 몇몇 사람들은 자신의 성별에 대해 꽤나 만족해하는데, 이는 아마 그들이 상대적으로 낮은 수준의 열등감을 느끼며 사회적 관심이 높기 때문이다(Mosak & Schneider, 1977).

아들러학파 이론가들은 사회적 관심과 개인의 활동 수준에 따른 네 가지 성격유형을 제시하였다. 이 유형들의 명칭은 다분히 서술적이며, 다음과 같이 이루어져 있다. (a) 군림-지배적 유형, (b) 기생

-의존적 유형, (c) 회피적 유형, (d) 사회적 유용성 유형. 개인심리학 이론에 의하면 사회적 유용성 유형이 가장 건강한 형태이다(Sollod et al., 2009, p. 138).

제임스는 둘째 아들이다. 샌디는 제임스의 상황이 출생순위 가정을 문자 그대로의 진실로 받아들이면 안 된다는 사실을 알게 되었다. 제임스는 둘째 아동이 일반적으로 보이는 노력을 보이지 않는다. 그보다 그의 모습은 힘을 얻기 위해 반항하는 첫째 아동의 모습과 더 유사하다. 제임스와 그의 형제들은 제임스가 8세가 되기 전까지 혼란스러운 가정환경을 경험하였는데, 이는 아동과 어른 사이에 역할과 책임의 혼란을 가져왔을 것이다. 제임스가 7세가 된 후부터 경험한 여러 위탁가족들은 그의 혼란을 가중시키고 적대적인 환경에 대한 그의 반항을 강화시켰을 것이다. 제임스의 행동적 표출(행동화)은 그에게 힘과 주변 사람들의 관심을 가져다주었다. 샌디는 제임스의 첫 번째 가정환경이 마초적인 남성성(예 : 힘을 얻기 위해 신체적 힘을 휘두르는 것)에 대한 모델을 제공하였으리라고 예상한다. 실제로 제임스의 양아버지는 그를 신체적으로 학대하였는데, 이는 제임스가 어린 시절에 신체적 폭력이 타인으로부터 관심을 받고 타인을 통제하는 방법이라고 배웠음을 시사한다. 샌디는 제임스가 때때로 기생-의존적 행동을 보이기는 하지만 대체로 군림-지배적 유형을 보여준다고 생각한다.

심리적 건강과 역기능

개인심리학에 의하면 건강한 사람은 잘 발달된 사회적 관심을 가지며, 자신의 인생의 과제를 해결해 나가는 데 있어서 사회에 기여한다. 건강한 사람은 문제를 정면으로, 용기 있게 만날 수 있으며, 사회적으로 건설적인('유용한') 방법으로 문제들을 해결할 수 있다. 건강한 개인은 인생의 과제에 성공하고, 공동체에 기여하며, 그리고 이성 파트너를 찾고, 사회적으로 유용한 일을 발견하게 된다. 불완전성은 인간 삶의 정상적인 상태이므로 건강한 개인은 불완전함을 수용할 용기를 지닌다(Dreikurs, 1953).

아들러는 심리적 역기능의 특징을 사회적 관심의 결여에 두었다(Ansbacher & Ansbacher, 1956, p. 156). 심리적으로 건강하지 않은 개인은 개인적인 우월성을 목표로 삼고, 생활양식도 결과적으로 자기존중감을 보호하는 것에만 초점이 맞추어지는데, 이러한 과정을 자기를 보호하는 과정이라고 일컫는다(Rule, 2006). 심리적 역기능은 낙담과 같은 의미가 된다. 왜냐하면 이러한 개인은 "삶의 유용한 측면을 향해 나아가는 용기"를 상실했기 때문이다(Adler, Ansbacher, & Ansbacher, 1956, p. 255에서 재인용). 이러한 개인은 미발달된 사회적 관심과 사회적으로 유용하지 않는 방식으로 힘과 우월성을 추구한다.

심리적으로 건강하지 않은 개인이 보이는 보호 경향은 열등감과 낙담으로부터 개인을 보호하는 방어이며, 여러 가지 형태를 띤다(Carlson et al., 2006). 심리적 증상은 개인을 보호하는 무의식적 형태라고 할 수 있다. 좀 더 의식 수준에서 접근 가능한 보호 형태로는 변명하기, 공격적으로 되기, 위협적이라고 지각되는 과제로부터 거리 두기, 삶에서 가능성들을 제한하기 등을 들 수 있다.

아들러는 광범위한 심리적 역기능에 관해 논의했다. 아들러는 심리적 역기능을 잘못된 생활양식의 결과로 간주했다. 잘못된 생활양식은 사회적으로 지향되기보다는 이기적이며, 삶의 과제에 직면했을 때 개인의 권력 또는 가치만을 보호하기 위한 충동으로 특징지을 수 있다. 일반적으로 아들러는 신경증(불안, 우울)을 삶에서의 실패로 간주했다(Ansbacher, 1970). 신경증을 가진 사람들은 삶의 과제에 대하여 주저하는 태도를 보인다. 즉, 신경증은 삶의 과제를 회피하는 두드러진 경향이 특징이다(Dreikurs, 1953). 드라이커스(1953)가 언급하였듯이 "신경증은 전쟁지역 밖의 가짜 전투장이다. 삶의 정면이 아닌 저편에 있는 동떨어진, 마치 주요 무대가 아니라 부차적인 무대에서 씨름하는 것이다."(p. 88) 아들러는 신경증을 "예, 하지만" 성격으로 불렀다. 신경증은 언제나 무언가 성취하기를 원하지만, 성취할 수 없는 이유들을 찾고 있다(Ansbacher & Ansbacher, 1956). 신경증은 삶의 과제에 대한 책임을 회피하기 위해서 변명을 하게 하며, 경험하는 열등감은 삶의 과제에서 실패할 것이라는 메시지를 전달해준다. 신경증은 심지어 실패의 트라우마적인 결과를 피하기 위하여 증상으로부터 오는 고통을 감내한다.

신경증은 우월성을 추구한다. 그러나 신경증 개인들의 삶의 계획은 사회적 관심이 결여되어 있으며, 삶의 '유용하지 않은' 측면을 선택하며(Ansbacher & Ansbacher, 1956), 집단의 이익에 기여하기보다는 개인적 이익을 추구한다. "다양한 형태의 신경증 행동의 공통적인 기능은… 우월성이라는 숨겨진 목표와 밀접하게 관련된 자기존중감을 지키기 위함이다."(Adler, Ansbacher, & Ansbacher, 1956, p. 263에서 재인용).

신경증은 아동기에 근원을 두고 있다. 신경증이 될 가능성이 있는 아동은 어떤 방식으로든 지나친 부담감을 갖게 되며 용기를 상실하게 된다. 신경증으로 될 가능성이 큰 세 종류의 아동의 특징을 살펴보면 다음과 같다(Adler, Ansbacher, & Ansbacher, 1956). (a) 발달 초기에 기관 열등감을 경험한 아동, (b) 버릇없이 키워진, 또는 응석받이로 키워진 아동 (c) 방임된 아동이다. 그러나 이런 아동들이 신경증으로 되는 것은 외부요인, 즉 협력을 요구하는 과제에 달려 있다(Ansbacher & Ansbacher, 1956, p. 296). 만약 아동 또는 성인이 자신이 충족할 수 없다고 믿는 도전적인 협력적 과제에 의해 압도되었을 때 신경증은 겉으로 드러날 것이다.

신체적 문제, 또는 기관 열등감을 경험한 아동은 자신의 신체에 초점을 두며, 삶의 의미가 타인에게 기여함으로써 얻을 수 있다는 것을 알기 어렵다. 이러한 아동의 경우 자신과 타인을 비교하는 자연스러운 과정이 오히려 상황을 악화시킬 수 있으며, 심지어 다른 사람들이 이러한 아동을 동정하고, 놀리고, 피한다면, 상황은 더 나빠진다(Ansbacher & Ansbacher, 1956). 기관 열등감을 가진 아동의 경우 특별한 창조성과 강력한 사회적 훈련이 이루어진다면 심리적으로 건강하게 자란다.

버릇없이 제멋대로인 아동은 타인이 그를 위해 모든 것을 해줌으로써 우월성을 성취한다. 이러한 아동은 즉각적인 만족을 경험해왔고 삶의 문제에 대해서 씨름하고 해결하는 방법을 배우지 못했기 때문에 오히려 열등감은 강화된다. 또한 많은 제멋대로인 아동들은 어른들이 싫어하는 행동을 발달시키며 그러한 행동을 통하여 타인으로부터 주의를 끈다. 예를 들면 극도의 낙담, 과민반응을 보이거나, 도움을 요청하는 신체적이고 심리적 문제들이다(Ansbacher & Ansbacher, 1956). 아들러는 제멋대로인 아동의 생활양식에 대해 부모를 전적으로 탓하는 점에 대해서 경고했다. 왜냐하면 제멋대로인 아동이 부모 때문이라는 증거는 거의 없으며, 또한 생활양식은 개인의 창조물이기 때문이다

(Ansbacher & Ansbacher, 1956). 개인심리학 관점에서 보는 양육에 대한 개념화는 [글상자 4.2]에 기술되어 있다. 또 다른 흥미로운 사실은 아들러는 지그문트 프로이트가 바로 제멋대로인 아이였다고 생각했다(Adler, 2004).

방임 또는 '미움'받는 아동들은 결코 사랑과 협력에 대해 배울 기회를 갖지 못한다(Adler, 1930/2009, p. 106). 그들은 신뢰할 만한 타인을 보지 못했기 때문에 세상을 적대적이고 압제적으로 본다. 그 결과 방임된 아동들은 그들에게 영향을 미치려는 타인의 시도에 대해 저항하며 드러나게 반항적인 모습을 보이거나, 또는 수동적으로 저항한다(Dreikurs, 1953).

글상자 4.2

꼬마 한스의 사례 : 거세에 대한 두려움인가 또는 제멋대로인 아이인가?

우리가 한스 사례에서의 사실들을 검토해보면 오이디푸스라는 용어가 잘못 선택된 것을 알 수 있다. 콤플렉스라는 용어는 엄마를 포기하기를 원치 않는 제멋대로인 아동의 특징이다(Adler, Ansbacher & Ansbacher, 1956, p. 185에서 재인용).

꼬마 한스 사례는 지그문트 프로이트가 가장 많이 논의한 사례 중의 하나이다. 꼬마 한스는 말에 대한 공포증을 가진 소년이다(Schoenewolf, 1990). 프로이트는 아동기 성에 관한 정보를 찾고 있는 중에 한스의 아버지에게 자문을 해주었다. 한스의 아버지 맥스는 아들인 한스에게 정신분석치료 같은 것을 시도했다. 아버지는 한스가 말한 것을 기록하고 프로이트에게 보고했다. 아버지는 프로이트의 조언을 토대로, 한스의 진술 또는 행동을 해석했다. 한스는 정상적인 발달 증후들을 프로이트에게 보여주었다. 한스는 약 3세쯤 '자위'에 집착했으며 그때쯤 동생의 출생으로 인해 큰 스트레스를 경험했다. 여동생이 태어난 그 이듬해(약 4세 때), 한스는 말에 대한 공포를 발전시켰는데, 한스는 수레의 말고삐를 당길 때 말이 그를 물고 떨어뜨려서 죽일 거라는 공포에 시달렸다.

프로이트는 아버지를 통하여 한스를 분석하여 결국 "5세 소년의 공포증 분석(Analysis of a Phobia in a Five-Year- Old Boy)"(1909)이라는 분석 이야기를 출간했다. 프로이트는 말은 아버지를 상징하며, 한스의 증상들은 오이디푸스 콤플렉스에 기원한다고 해석했다. 한스가 아버지(말)에 대해 가지는 공포는 자신의 어머니에 대한 성적 욕망에서 기인한다. 만약 아버지가 한스의 어머니에 대해 느끼는 성적 감정을 알게 된다면, 아버지는 한스를 물어뜯기까지 한다는 것이다(예 : 거세). 한스가 수레의 말고삐를 당기는 동안에 말에 대한 특정 공포가 일어난 것에 대한 두 가지 해석이 주어진다. (a) 엎드린 말을 발길질하고 호되게 때리는 것은 소년이 아버지가 죽기를 바라는 소망을 상징한다. 그리고 (b) 뒤집힌 수레는 엄마의 자궁을 상징하며, 수레가 넘어진다면 경쟁자들(다른 가능한 여동생)도 떨어질 것이다.

타우(Taub, 1995)는 꼬마 한스의 사례를 개인심리학적 관점에서 재개념화했다. 아들러와 프로이트가 보는 발달관점은 서로 다르다는 것은 여러분도 예상하듯이, 타우의 개념화는 오이디푸스 추동보다는 중요성의 추구를 강조했다. 한스는 여동생의 출생에 큰 영향을 받은 아주 제멋대로인 아이였다. 한스의 생활양식은 여동생이 태어나면서 잃게 된 왕좌를 되찾기 위해 주력하는 것으로 형성되었다. 타우는 꼬마 한스에 대한 개인심리학적 관점에서의 가설적 치료과정을 기술했다. 즉, 두 회기는 부모와 작업하는 것에서 시작해서 다음으로 한스에 대한 놀이치료가 진행된다.

부모와 상담하면서 한스가 성에 대한 호기심에 대해 자연스럽게 표현하면 음경이 떨어지게 되거나 또는 의사가 음경을 제거한다는 말을 듣게 되었다는 사실을 알 수 있었다. 이러한 성에 대한 정보는 한스를 두려움에 떨게 했으며, 동시에 자위에 집착하도록 강화시킨 것이다. 한스의 말 공포에 대한 아버지의 해석(한스가 엄마와 함께 자고자 하는 바람에 관련된 것, 그리고 결과적으로 아버지를 두려워하는 것)은 한스로 하여금 더 혼란스럽고 두려움을 느끼게 했다. 동시에 한스의 말에 대한 공포와 성에 대한 호기심은 '가족 프로젝트'가 되었다(Taub, 1995, p. 339). 한스의 아버지는 한스가 성에 대해서 말하는 모든 것을 충실하게 받아썼으며, 한스는 자신의 행동에 대해서 부모의 많은 관심을 받았다. 개인심리학적 관점에서 보면 한스의 분노와 불안은 이해가능하다. 즉, 한스의 분노와 불안은 가족 내에서 우월한 자신의 위치가 손상당한 것과 연관되며, 자신의 침대가 부모 방으로부터 다른 곳으로 옮겨진 것과도 연관된다. 한스가 고통스러워하자 부모는 한스의 모든 행동에 관심을 가지게 되었고, 그래서 그는 제멋대로의 아이가 된 것이다.

한스의 행동이 초래한 가족환경을 살펴보면, 한스의 엄마는 남편과의 성관계를 회피하고자 했기 때문에 한스로 하여금 엄마에게 위로를 주고, 바싹 달라붙도록 북돋워주었을 거라고 추측할 수 있다. 한스의 아버지는 한스가 그들 부분의 성관계의 분열을 초래한다고 화를 낼 수 있으며, 엄마는 남편에게 한스에 대한 애정을 비판하는 것에 관해 화를 내며, 남편의 비판적 행동에 대해 분노할 수 있다. 타우는 만약 한스의 부모가 한스의 행동(예 : 자위)을 간과하고 부부관계를 해결했다면, 모든 상황은 개선되었을 것으로 본다. 한스도 또한 자위와 아기 출생의 근원에 대한 제 나이에 맞는, 정확한 정보를 필요로 한다. 놀이치료는 한스로 하여금 안전하고 비판단적인 관계를 경험하도록 할 것이다. 한스는 이러한 환경에서 자신이 특별하고, 공포와 여동생에 대한 질투를 표현하도록 허용되는 환경에 있었기 때문에 놀이치료를 좋아했다. 그러나 치료자는 한스에게 과도한 칭찬이나 맹목적으로 사랑하지 않고, 한스를 "존중하고, 신뢰롭게, 격려"하면서 대했다(Taub, 1995, p. 343). 치료자는 한스와 그의 가족들과 작업하면서, 한스가 사회적 관심을 가지고, 중요성을 추구하는 다른 방법을 모색하도록 힘을 북돋워준다.

이상에서 살펴보았듯이, 정신분석과 개인심리학은 꼬마 한스 사례에 대해서 아주 다른 관점을 보이고 있다. 우리는 한스의 실제 사례를 통하여 이론적 구조가 내담자에 대한 우리의 사고에 지대한 영향을 미친다는 점을 아주 생생하게 배울 수 있었다. 한스 사례는 프로이트가 자신의 임상 작업을 기꺼이 노출한 프로이트의 실제 사례이다. 타우가 이 유명한 사례에 개인심리학적 관점을 제시한 것은 용기 있는 일이라고 할 수 있다.

아들러는 가장 어려운 사례인 정신증을 이해하는 데 있어서 다른 많은 상담이론가들과 다른 제안을 했다. "가장 병리적인 사례인 정신증을 가진 사람들이 가장 높은 목표를 가지고 있음을 알 수 있다."(Adler, Ansbacher & Ansbacher, 1956, p. 314에서 재인용). 조현병, 그리고 특히 편집증(아들러가 정신증 부분에 편집증을 포함시켰는지는 명확하지 않음)을 가진 개인들은 아주 깊은 열등감을 차단하기 위해 신 같은 느낌을 얻는 것을 목표로 삼고 있다. 그들은 목표가 너무 높기 때문에 정작 타인에 대한 관심도 전적으로 잃게 되고 상식도 잃게 되고 현실과 접촉하지 못하게 된다. 아들러는 정신이상을 "가장 정도 깊은 고립"으로 기술했다(Ansbacher & Ansbacher, 1956, p. 316). 아들러는 정신증을 가진 개인은 삶에 대한 준비가 거의 되어 있지 않기 때문에 타인으로부터 철회하게 된다고 묘사했다. 정신증을 가진 개인은 대인관계 기술과 직업적 관심이 결여되어 있으며, 이성과의 관계를 포함해서 모든 것에 대해서 실패할까 봐 두려워한다. 결국 그들은 타인들이 그들을 이해하지 못하는 한 뒤로 물러나 있다. 편집증을 가진 개인은 타인에 대한 불신으로 인해 자신만의 고유한 현실, 정치적 견해, 종교를 창조함으로써 사회적으로 수용한 현실 관점들에 대해서 반대한다(Ansbacher & Ansbacher, 1956, p. 318).

제임스는 방임된 아이다. 그의 초기 삶의 환경은 혼돈과 가난으로 인해 안정된 가족 구조가 아니었다. 제임스의 첫 번째 가족과 그 이후의 위탁가정에서도 학대가 계속되었다는 증거가 나오고 있다. 샌디는 제임스가 이런 열악한 환경에서 자랐음에도 불구하고 많이 적대적이지 않은 점에 놀랐다. 아마도 제임스에게 타인에 대한 믿음을 전적으로 잃지 않게 한 초기 환경에서의 신뢰할 만한 누군가가 있었을 것이다.

최근까지 제임스는 삶의 바람직하지 못한 측면을 걸어오면서, 사회에 공헌하는 것에 무관심했다. 샌디는 이러한 삶의 패턴이 제임스를 신경증으로 발전하게 했다는 점을 알게 되었다. 제임스는 타인을 희생시키더라도 자기존중감을 추구하고자 했다. 겉으로 보면 제임스는 주저하지는 않고, 신경증적인 낙담적 태도도 보이지 않는다. 그러나 제임스는 치료장면에서 좀 더 편안하게 느끼게 되었을 때, 학교에서 열심히 생활하고 사람들과 깊은 유대 관계를 유지하는 것이 다소 두렵다는 것을 인정했다. 샌디는 제임스가 신경증적인 특성, 즉 자신이 무가치하다고 느껴져서 고통스럽고, 실패할까 봐 두려워서 오히려 삶의 과제에 온전히 참여하지 못함을 알게 되었다. 제임스는 실제로 열등감을 느낀다거나, 너무 혹독한 세상에 대해 화가 난다는 사실을 어떤 누구도 알 수 없도록 숨기면서 사람들 앞에서는 오히려 남성다움을 과시한다.

치료의 특성

사정

개인심리학자들은 사정의 두 유형인 공식적 사정과 비공식적 사정을 지지한다. 공식적 사정과 비공식적 사정에 대해서 각각 다룰 것이지만, 사실 공식적 사정이 이루어지는 동안 비공식적 사정도 함께 이루어지고 있다.

공식적 사정. 공식적 사정은 상담자가 비교적 구조화된 방법을 통하여 내담자의 생활양식의 정보를 수집하는 것을 의미한다. M. F 슈나이더(M. F. Schneider, 2007)는 생활양식을 사정하는 과정은 일반적으로 치료동맹에 중요하게 기여한다고 언급했다.

아들러는 생활양식을 사정할 수 있는 면접 구조를 발전시켰다(Ansbacher & Ansbacher, 1956). 아들러는 아동과 성인을 대상으로 다양한 면접 지침서를 공식화하면서, 내담자를 이해하고자 할 때, 다양한 삶의 영역(예 : 강점, 사회적 관계, 흥미, 낙담적 행동들)을 포함하는 일련의 질문을 유연하게 사용하도록 추천한다(Ansbacher & Ansbacher, 1956, p. 405). 질문의 예로는 "형제자매가 몇 명이세요?" 그리고 "현재의 직업을 결정하기 전에 다른 어떤 직업을 고려하셨나요?" 등이 될 수 있다. 엑스타인, 밀리렌, 라스무센, 그리고 윌하이트(Eckstein, Milliren, Rasmussen, & Willhite, 2006)는 현재 어떤 개인심리학 치료자들은 전체 버전의 공식적 면접 방법을 사용하고 또 어떤 치료자들은 덜 구조화된 간단한 방법을 사용하기도 한다고 했다.

질문하기는 개인심리학에 토대를 둔 치료 사정에서 중요한 기법이다. 내담자에게 "만약 증상이 사라진다면 당신의 인생이 어떻게 달라질까요?"라고 질문을 할 수 있다(Mosak & Maniacci, 1999, p.

135). 만약 내담자가 "더 좋게 느껴지겠죠." 같은 모호한 대답을 한다면, 상담자는 내담자의 현재 문제에서 신체적 부분의 가능성을 고려해야 한다. 그러나 여러 번 내담자가 이런 모호한 대답을 한다면, 내담자의 문제는 좀 더 복잡하며 내담자의 삶의 목표에 대해서 넌지시 암시해주는 것이거나 또는 현재 문제는 내담자가 삶의 과제를 회피하도록 도와주는 것일 수 있다는 것도 고려할 수 있다 (Carlson & Englar-Carlson, 2013).

개인심리학 상담자는 가족 구도, 즉 출생순서, 부모의 영향, 가족 역동을 포함한 내담자의 가족 특성에 관심이 매우 많다(Maniacci, Sackett-Maniacca, & Mosak, 2014). 이러한 가족 특성은 드라이커스(1952~1953)에 의해 고안된 구조화된 면접을 통해서 자연스럽게 사정할 수 있다. 면접자는 내담자에게 자기자신, 형제자매, 부모, 그리고 가족 구성원들 간의 관계에 대해서 기술하도록 요청한다.

> 샌디는 내담자의 생활양식과 가족 구도를 사정하는 데 있어서 공식적 방법을 사용하는 것을 선호한다. 샌디는 제임스에게 위탁가정 배치 전후의 가족생활에 대해 얘기할 수 있도록 온화하게 격려한다. 샌디는 제임스가 어떻게 해서 자기중심적이고 공격적인 양식을 추구하게 되었는지에 관한 단서를 찾는다. 이러한 단서들은 그의 초기 환경에서 찾을 수 있다. 제임스는 특히 중요한 사람들로부터 주의를 끌거나, 자신이 원하는 것을 얻기 위해서 공격적인 행동을 한다. 제임스는 자신의 문제는 거의 다른 사람들 탓으로 돌리기 때문에 현재 증상은 없다고 본다. 샌디는 제임스에게 다음과 같이 질문한다. "사람들이 사라져버린다면 당신의 삶이 어떻게 달라질까요?" 제임스의 첫 대답은 "어떤 사람도 나를 괴롭히지 않는다면 내가 원할 때마다 내가 원하는 것을 할 거예요." 샌디는 제임스의 이러한 답변을 제임스의 자기중심적 생활양식을 반영한다고 여겼다. 왜냐하면 제임스는 다른 사람에 대한 기여를 고려하지 않은 채, 자신 고유의 관심거리만 추구하기를 원했기 때문이다. 그러나 제임스가 편안해지고, 샌디를 신뢰하기 시작하면서 제임스는 학교를 마무리하고, 직업도 구하기를 원했다. 그리고 아마도 실제 여자친구도 사귀었다. 이러한 변화된 목표들은 좀 더 책임감 있고 사회적으로 유용하다고 할 수 있다.

아들러(1927/1998a)는 "무작위의 또는 의미 없는 기억은 없다."(p. 41)고 믿었다. 그러므로 개인심리학에 토대를 둔 상담자는 초기 기억에 많은 관심을 갖는다(ERs; Carlson et al., 2006; Mosak & Di Pietro, 2006). 내담자의 초기 아동기 기억은 삶에 대한 현재의 관점, 또는 생활양식을 반영해준다 (Mosak & Di Pietro, 2006). 초기 기억들이 사실인지 사실이 아닌지는 문제가 되지 않는다. 중요한 것은 초기 기억들은 개인의 삶의 계획과 목표에 대한 가치 있는 단서를 제공한다는 점이다(Ansbacher & Ansbacher, 1956). 초기 기억은 개인의 사회적 관심의 수준에 대한 정보를 밝혀준다. 예를 들면 루이스는 해변가에서 모래성을 만들었던 기억을 한다. 만약 그녀가 작은 남동생을 도와서 성을 지었던 것으로 기억한다면, 성을 혼자 지었던 것으로 기억하는 것보다 사회적 관심이 좀 더 명확하게 드러난 것이다. 칼슨과 잉글라-칼슨(Carlson & Englar-Carlson, 2013)은 초기 기억은 하나의 사건, 한 번 발생한 사건의 기억이어야 한다고 제안했다. 내담자가 말할 수 있고 느낌에 대해 명확하게 기술할 수 있는 생생한 기억이어야 한다. 상담에서는 내담자에게 약 8~10개의 초기 기억을 일반적으로 요구한다.

제임스의 초기 기억 중의 하나는 엄마가 계부와 싸우는 장면이다. 계부는 의자를 방에 던지고, 집을 쑥대밭으로 만들었다. 두 번째 기억은 누나인 카렌과 밖에서 함께 놀고 있다가 발가락이 찔렸다. 카렌은 제임스의 발가락에 키스했으며, 제임스는 한결 나아졌다.

샌디는 제임스의 초기 기억에 의해 혼란스럽기도 하고 고무되기도 했다. 첫 번째 기억은 어른과의 관계에서 부정적 관점을 나타내주며, 문제는 싸우거나 신체적 공격을 통해 해결된다는 관점을 보여준다. 그러나 두 번째 기억은 제임스가 다른 사람의 돌봄을 인정하고 수용할 수 있다는 점을 보여준다. 아마도 제임스는 타인들과 협력한다는 것이 어떤 것인지 아는 것 같다. 왜냐하면 꿈에서 두 아이가 서로 같이 놀면서 협력하는 모습을 보이기 때문이다.

아들러는 꿈에 관한 이론에서 정신분석적 관점과 차별을 두었다. 개인심리학 체계에서의 꿈은 과거를 다루기보다는 미래 지향적으로 간주한다. 꿈은 개인이 현재 직면하는 어떤 문제를 표상하며, 사적 논리로 가득 찬 것으로 여긴다(Bird, 2005). 꿈은 문제에 대한 해결책을 제공하지만, 이런 해결책들은 때때로 단순하다(Ansbacher & Ansbacher, 1956). 예를 들면 만약 당신이 하늘을 나는 꿈을 꾼다면, 아들러는 당신이 어떤 특정행동을 취할지에 대해 고군분투하고 있다고 언급할 것이다. 꿈은 당신에게 다른 사람들은 할 수 없는 것(하늘을 나는 것)을 당신 자신은 할 수 있다는 느낌을 줄 뿐만 아니라 기운을 북돋워준다. 따라서 이런 꿈은 과장된 우월감을 전해준다(Ansbacher & Ansbacher, 1956, p. 363). 꿈에 대한 개인의 사적인 논리의 영향으로 인해 꿈의 상징들은 프로이트 같은 고정된 체계를 통해서 해석할 수 없다(Bird, 2005).

제임스는 샌디에게 꿈에서 자신이 르브론 제임스(야구선수)가 되었다고 얘기한다. 제임스는 스포츠를 전혀 하지 않고, 특히 야구도 하지 않는다. 샌디는 제임스의 꿈은 과장된 우월감을 반영한다고 가정한다.

비공식적 사정. 개인심리학적 관점에서 보면 사정은 상담자가 내담자를 만나는 순간부터 시작된다고 본다. 아들러는 내담자 개인에 관한 정보를 얻기 위해서 내담자와의 악수에서부터 시작해서 내담자의 모든 행동을 고려한다. 상담자는 내담자의 모든 행동, 언어적 행동과 비언어적 행동 모두를 주의 깊게 관찰한다.

제임스는 첫 시간에 약속시간에 맞게 도착했다. 샌디는 제임스가 어떤 방식으로 자신을 드러내는지를 가까이서 관찰한다. 샌디는 제임스가 자신감 있고 건방지게 보이려 했으며, 히피 패션을 하고 있음을 주목한다. 제임스는 샌디와 악수하지 않았으며, 의자에 기대어 앉아서 다리를 꼬았다. 제임스는 아주 적대적이지는 않았지만, 상담 과정에 참여하는 것 같아 보이지는 않았다. 샌디는 제임스가 '냉담'하게 보이려고 하고, 일반적으로 타인과 관계 맺는 방식이 '상대방보다 냉담하게' 보이려 한다는 가설을 내렸다. 샌디는 제임스가 사람들로부터 멀어지려고 이렇게 냉담하게 행동하는 것은 아닌지 궁금했다.

치료적 분위기

아들러식 상담자는 내담자가 변화할 수 있다고 확신한다(Carlson & Englar-Carlson, 2013). 개인심리학 상담은 신념, 희망, 사랑이라는 세 가지 중요한 요인에 의해 안내된다(Mosak & Naniacci, 2011). 상담자의 신념은 자신감과 내담자에 대해서 기꺼이 비판단적으로 경청하고자 하는 의지에 의해 고무된다. 희망 또한 낙담한 내담자에게 필수적이다. 상담자는 내담자로 하여금 삶과 치료에 대한 도전들을 수용하도록 격려해야 한다. 내담자가 가지는 희망은 상담자로부터 이해받는 느낌에서부터 나온다. 상담자의 내담자에 대한 사랑은 물론 가장 일반적인 감정이다. 내담자는 상담자로부터 돌봄을 받고 있다는 느낌을 받아야 한다. 상담자의 공감적 경청은 내담자로 하여금 돌봄을 받는다는 느낌을 받게 하는 데 중요한 조건이다. 그러나 "내담자를 어린애 취급하거나, 과잉지지하거나, 피해자화되게 하는 함정"은 피해야 한다(Mosak & Maniacci, 2011, p. 84).

개인심리학에 토대를 둔 상담의 경우 상담자의 중요한 목표는 내담자의 생활양식을 이해하는 것이다. 즉, 개인심리학에 토대를 둔 상담자는 내담자의 세상을 다루는 방식에 대한 그림을 그리기 위해서 적극적 경청, 공감, 관찰을 활용한다(Mosak & Maniacci, 2011).

아들러는 치료 기간은 내담자가 보이는 협력 수준에 달려 있다고 생각했다. 그러나 아들러는 대부분 사례의 경우 내담자는 3개월 이내에 진전을 보인다고 생각했다.

> 샌디는 제임스가 인생에 대해 어떤 관점을 가졌느냐를 이해하기 위해서 열심히 작업했다. 샌디는 제임스에게 자신의 얘기를 하도록 요청하고, 기본적 상담기술을 사용하여 그녀가 할 수 있는 한, 제임스의 세계로 들어가기 위해 적극적으로 노력하고 있다는 것을 알리고자 한다. 샌디는 제임스에게 그의 삶이 더 나아질 거라고 확신하고 있다고 얘기하면서, 제임스가 미래에 대한 희망을 가지도록 노력한다. 샌디는 제임스가 변화할 능력이 있다고 믿는다. 샌디는 제임스에 대한 신뢰와 수용과 이해를 진실하게 표현한다. 그리고 샌디의 제임스에 대한 돌봄은 제임스로 하여금 자기 자신과 상담자(샌디)를 신뢰하게 한다.

내담자와 상담자의 역할

아들러식 상담에서 상담자와 내담자의 관계는 평등하다(Carlson & Englar-Carlson, 2013). 상담자는 우월감과 비슷한 어떤 것도 피해야 한다(Dreikus, 1953). 매나스터(Manaster, 1990)는 개인심리학적 상담은 "면대면, 두 명의 전문가의 협력적 학습이며, 두 명의 전문가란 내담자와 상담자로, 내담자는 자기 자신에 대한 전문가이며, 상담자는 이론과 사회적 관심을 강조하는 데 관련하여 내담자를 조력하는 전문가이다."(p. 46)라고 언급했다.

개인심리학에 토대를 둔 상담자는 교육자이자 격려자이다(Sweeney, 2009). 상담자가 교육적 기능을 수행하기 위해서는 적극적이고 지시적이어야 한다. 좋은 격려자가 되기 위해서 상담자는 따뜻하고 인간적이어야 한다(Peven & Shulman, 1986). 상담자의 인간적인 부분으로 상담자는 잘못을 저지를 수 있다는 사실을 인정하고, 기꺼이 실수하고 실수를 알아차림으로써 삶에 대한 용기 있는 접근을 손수 시범을 보일 수 있다.

개인심리학에서 상담자와 내담자 간에 평등 역할을 강조하지만, 내담자는 여전히 상담 과정에서 학습자이다(M. F. Schneider, 2007). 내담자는 자신의 삶을 선택하지만, 우선적으로 잘못된 생활양식을 인식해야 한다. 상담자는 내담자의 오류에 대해 언급한다.

상담 목표

아들러는 다음과 같이 말한다. "우리는 실제로 큰 실수를 취소하거나 더 작은 실수들로 대체하고자 노력하며, 우리가 저지른 실수들이 앞으로 더 이상 해가 되지 않도록 실수들을 좀 더 줄이고자 노력한다."(Ansbacher & Ansbacher, 1956, p.187). 개인심리학에 토대를 둔 상담자는 내담자로 하여금 삶의 과제를 성공할 수 있도록 잘못된 생활양식과 이기적인 목표를 이해하고 변화하도록 돕는다. 드라이커스(1953)는 심리적 건강은 "동료애적인 태도"로의 수정(p. 85)과 삶의 목표 수정을 통해서 이루어지며, 더구나 "심리적 치료의 성공은 상담자가 소심하고 낙담한 내담자의 삶에서 내담자와 함께 두려움 없이 협력하는 능력에 달려 있다."(Dreikus, 1953, p. 85)고 언급했다. 요약하자면 개인심리학에 토대를 둔 상담 목표는 내담자로 하여금 사회적 관심의 증가를 도모하면서, 내담자에게 생활양식에 대한 통찰을 제공하는 것이다.

샌디는 제임스가 다른 관계에서도 마찬가지로 상담관계에서도 선택권이 있다고 여기며 제임스를 존중한다. 샌디는 심지어 상담자의 역할이 제임스로 하여금 잘못된 생활양식을 이해하도록 돕는 것이라는 것도 알고 있지만, 제임스를 상담관계에서 평등하게 대한다. 제임스와 함께 협력하고 격려하는 방식으로 작업하는 것은 제임스로 하여금 그의 상황에 대해서 책임을 지게 하며, 동시에 사회적 관심이 높은 관계에 노출시키는 것이다.

치료 과정

아들러학파는 상담은 다음의 네 단계를 통해 진전한다고 본다. 즉 상담은 (a) 관계수립, (b) 사정, (c) 해석과 통찰, (d) 지향점 재설정(Carlson & Englar-Carlson, 2013)의 단계로 나아간다. 관계수립 단계에서는 공감이 결정적이다. 아들러는 "공감은 상담자가 지녀야 할 필수적인 부분이며, 상당한 정도로 자기 자신을 상대방의 입장에 놓아두는 재능"이라고 언급했다(Adler, 1929/1969, p. 25; 원문에서 강조). 개인심리학 상담자는 내담자와 신뢰로운 관계를 형성하기 위해서 내담자에게 주의를 기울이는 행동과 적극적 경청하기를 활용한다. 상담자와 내담자 간의 신뢰로운 관계는 내담자가 자신의 감정을 상담자로부터 이해받는다는 것을 경험하는 데에서부터 시작된다. 또한 상담자는 내담자가 변화할 수 있는 힘을 가졌다는 것을 확실히 전달하는 것이 중요하다. 상담자는 내담자가 치료를 시작할 수 있는 시작점 역할을 하며 치료는 상담자와 내담자 간의 관계를 통해 이루어지는 중요한 과정이라고 격려해준다(Dinkmeyer et al., 1987). 내담자와 상담자 간의 목표에 대한 불일치는 저항을 초래할 수 있기 때문에 내담자와 상담자 간에 목표 일치는 필요하다. 딩크마이어 등(Dinkmeyer et al., 1987)은 관계수립 단계에서 상담자는 내담자의 행동의 목적에 대한 가능한 가설을 공감의 형태로 제공할 수 있다고 제안했다.

> 제임스는 좋아하는 것을 할 수 있도록 다른 사람들이 도와준다면 아주 행복할 것이다. 샌디는 제
> 임스가 받아들일 수 있는 방식으로 작업을 시작했으며, 제임스의 관점을 열심히 이해하고, 이해한
> 것을 제임스와 적극적으로 의사소통한다. 샌디는 제임스와 함께 어떻게 목표를 합의해 나갈지 고
> 심했다. 결국 '타인을 돌보기' 위한 제임스의 아이디어에 동의하기로 결론 내렸다. 왜냐하면 제임
> 스의 아이디어는 자신의 행동에 대해 책임을 지며, 좀 더 사회적으로 공헌하는 방식으로 행동하는
> 것과 관련되어 있기 때문이다.

상담의 사정 단계에서 중요한 부분은 생활양식 분석이다(Dinkmeyer et al., 1987). 개인심리학 상
담자는 내담자에게 삶의 과제에 대해서 질문하고 내담자의 생활양식 그리고 생활양식과 연관된 목
표에 대해 이해하도록 노력한다. 아들러식 상담자는 내담자의 생활양식이 상담회기에 영향을 미침
을 인식한다(Mosak & Maniacci, 1999). 상담자는 늘 내담자의 행동에 주의를 기울인다. 즉, 상담자는
내담자가 목표를 성취하기 위해 노력하는 모습을 언제나 지켜보고 있다. 다른 말로 표현하자면 상담
자가 내담자의 사적 논리를 이해하려고 노력한다는 것이다(Sweeney, 2009). 예를 들면 우울한 내담
자의 행동은 자신에 대해서 부정적으로 얘기하는 것을 포함할 것이다. 개인심리학 상담자는 내담자
가 주의를 끌려고 하거나 또는 삶의 과제에 대한 책임을 회피하고자 하는 행동을 내담자가 목표를 도
달하기 위해 하는 행위로 해석할 수 있다. 만약 내담자가 스스로 쓸모없는 존재라고 여긴다면, 내담
자는 심각하고 어려운 삶의 도전들을 다루려고 노력하지 않을 것이다. 동시에 내담자는 타인들의 주
의를 끎으로써 사회적으로 유용하지 않는 방식으로 우월성 목표를 성취하고 있다.

딩크마이어 등(1987)은 개인의 '최우선순위'를 밝혀내는 것은 생활양식을 이해하는 데 도움이 된
다고 제안한다(p. 96). 이러한 연구자들에 의하면 우선순위의 네 가지 유형은 지배하기(ruling), 기생
하기(getting), 회피하기(avoiding), 사회적으로 유용함(socially useful)이 포함된다. 내담자의 목표와 기
본적 오류는 내담자가 우선권을 어디에 두는지와 연관된다.

> 샌디는 제임스가 중요하다고 여기는 것을 어떻게 성취하는지에 대해 이해하고자 작업한다. 제임
> 스의 생애 아주 초기 환경에서, 아마도 '거친 녀석'이라고 인정을 받았거나 또는 무시를 받았을 것
> 이다. 제임스는 주로 무시당한다고 느꼈고 두려웠을 것이다. 제임스는 거친 행동 때문에 오히려
> 부모의 관심을 받은 게 분명하다. 그 결과 제임스의 과거 행동은 우선적으로 타인을 지배하려고
> 했고, 그럼으로써 타인을 이겨내는 것처럼 보인다. 제임스는 현재 그의 주된 관심거리를 수정하려
> 고 하고 우선적으로 좀 더 사회적으로 유용한 목표를 설정하려고 하는 것 같다. 제임스는 학교를
> 졸업하고, 취업을 해서 타인과 좀 더 생산적으로 관계를 맺는 방법을 배우고자 한다. 이러한 목표
> 들은 명백히 제임스의 우선순위의 변화를 보여주는 것이다.

상담의 세 번째 단계에서는 해석과 통찰이 이루어지며, 이 단계에서 상담자는 내담자로 하여금 자
신의 생활양식을 이해하고 이러한 생활양식의 기능을 어떻게 그리고 왜 선택했는지에 관해 자각하
도록 도와준다(Carson & Englar-Carson, 2013). 그러므로 해석은 이 단계에서 중요한 역할을 한다.

해석은 잠정적인 질문 형식으로 제시되는 것이 효율적이다. 또한 "상담자는 불완전할 수 있다는 용기를 내담자에게 시범 보여주는데, 이는 통찰력 있는 해석만큼 내담자에게 배움을 준다."(Dinkmeyer & Sperry, 2000, p. 101). 때때로 상담자는 내담자의 삶의 목표나 우선순위에 대해서 고의로 과장된 표현을 하면서 내담자가 스스로 웃기를 희망한다.

> 샌디가 제임스의 생활양식에 대해 해석을 한다. 샌디는 또한 제임스가 이러한 해석에 대해서 관대하고 그리고 잠정적으로 여길 수 있도록 도와준다. 샌디는 제임스의 초기 환경에서의 거친 행동을 강조하며, 그가 방임과 학대로 인한 감정을 발산하기 위한 방식으로 격렬하고 반항적이 되었음을 이해한다고 전달한다. 샌디는 제임스에게 다음과 같이 말할 수 있다. "당신도 아시다시피, 과거에 진퇴양난에 빠진 느낌이 들었을 거예요. 그래서 타인들이 당신을 마음대로 함부로 하지 못하게 하기 위해서 오히려 타인들에게 먼저 거친 행동을 보이려고 했지요. 당신이 힘을 가져야 타인들이 당신을 망칠 수 없도록 막을 수 있으니까요." 샌디는 제임스가 실제로 냉담하고 젠 체하고, 세상의 어떤 것도 자신에게 영향을 미칠 수 없다는 것을 보여주는 모습에 관해서 제임스와 함께 농담을 할 수 있다. 샌디는 제임스가 초기에 경험했던 두려움에 관해 신중하게 다룰 것이다. 최상의 경우는 샌디가 제임스와 함께 제임스의 모습에 대해 작업하기 전에 제임스가 이런 자신에 대해서 표현하도록 하는 것이다.

만약 통찰 단계가 성공적이라면 상담자와 내담자는 지향점 재설정(reorientation) 단계로 들어간다. 내담자는 상담자의 해석에 대해서 받아들이고, 실수나 잘못된 목표에 관해서 자각하게 되고, 상담자와 함께 예전과 다르게 행동하는 방법을 찾게 된다(Dinkmeyer & Sperry, 2000).

> 제임스는 잘못된 삶의 목표가 어떻게 문제행동을 초래했는지 서서히 자각하게 된다. 제임스는 왕따를 당했고, 그로 인해서 힘과 가치감을 증가시키고자 일련의 노력을 한 사실을 숨겼다. 제임스는 이러한 동기를 자각하기 어려웠지만, 샌디는 제임스가 삶에서 진실로 고군분투하고 있다는 것을 이해하고 이렇게 이해한 사실을 제임스에게 말해준다.

개인심리학에 토대를 둔 상담장면에서 일어날 수 있는 저항은 여러 가지 상황에서 야기될 수 있다. 아들러는 저항을 "삶의 유용한 측면으로 복귀하는 데 있어서의 용기 결여"라고 생각했다(Ansbacher & Ansbacher, 1956, p. 338). 다른 개인심리학자들의 경우 저항은 내담자와 상담자가 서로 다른 목표를 향해 나아갈 때 일어날 수 있다고 제안했다. 예를 들어 내담자는 잘못된 목표를 향해 계속 나아가는 경향이 있고, 상담자는 내담자 행동의 근원이 되는 역동에 관해 논의하기를 원할 때이다(Peven & Shulman, 1986). 또한 페벤과 슐만에 의하면, 저항의 원인은 상담자의 직면적 해석을 들 수 있는데, 상담자의 직면적 해석은 내담자로 하여금 사회에 대한 적개심을 불러일으킬 수 있기 때문이다.

아들러는 아동발달에 관심이 있었기 때문에, 역기능적 자녀의 부모를 이해하고 조력하는 데 헌신했다. 아들러는 상담자가 자문하는 부모에게 자녀의 잘못된 행동에 대해 비난하지 말 것을 강조했다. 부모는 상담자를 찾아올 때 이미 불안과 열등감을 느끼기 때문에, 상담자가 부모를 지지하고 격려해야 한다고 조언했다. 이러한 지지는 상담자가 부모에게 잠정적으로 제안할 수 있다는 분위기를 만들어 나가는 것이다.

만약 샌디가 제임스에게 생활양식을 이해하도록 재촉했다면, 제임스는 샌디의 시도에 대해 저항했을 것이다. 제임스는 방임되고 학대당하면서 자라왔기 때문에 누군가가 그를 통제하려고 하는 데에 아주 민감할 수 있다. 제임스는 타인을 쉽게 믿지 못한다. 제임스는 자기 자신과 자신의 행동에 대해 책임을 지려고 노력한다고 말한다. 샌디는 제임스가 반항적 성향을 드러내지 않도록 하기 위해서 우선적으로 제임스와 함께 그의 행동에 대해 책임지는 부분에 대해 작업하는 것이 더 낫다고 생각한다.

치료 기법

개인심리학 상담자가 사용할 수 있는 기법들은 아주 많음에도 불구하고 여기서 전부 나열하지는 않는다. 개인심리학 상담자는 기법상 절충형이다. 왜냐하면 "아들러 이론은 이론과 부합되는 어떠한 모든 기법도 사용할 수 있다고 보기(Manaster, 1990, p. 46) 때문이다. 예를 들면 칼슨 등(Carlson et al., 2006)은 결정을 못하고 갈등하는 내담자를 돕기 위해 두 의자 기법(게슈탈트 기법; 제7장 참조)을 사용한다고 제안했다 그들은 내담자는 상황의 찬반을 표현하는 의자들 간에 왔다 갔다 하는데, 흥미롭게도 내담자의 실제 선택은 내담자가 마지막에 앉은 의자가 된다고 언급했다.

개인심리학 상담자들이 지지하는 주요 기법들에 대해 다음과 같이 간단히 기술한다. 개인심리학 상담 기법에 대해서는 칼슨 등(2006) 또는 모삭과 마니아치(1998)의 논의에서 더 정교하게 살펴볼 수 있다.

해석

내담자 행동에 대한 해석은 개인심리학 상담자의 중요한 개입 중의 하나이다. 상담자는 내담자의 생활양식, 그리고 생활양식과 관련된 목표에 대한 가설을 설정하기 위해서 수집된 모든 정보를 활용한다. 이러한 수집된 정보를 토대로 주의 깊고 잠정적인 통찰을 도출한다(Sweeney, 2009). 아들러는 내담자의 이해를 넘어선 해석은 도움이 안 된다고 경고하면서 다음과 같이 언급했다. "개인심리학에 대해서 어떤 것도 이해하지 못한 사람이 마치 도덕적 태도로 선을 행하듯이, 내담자를 엄하게 책망함으로써 치유하려는 시도를 한다."(Ansbacher & Ansbacher, 1956, p. 335). 딩크마이어와 스페리(Dinkmeyer & Sperry, 2000)에 의하면, 해석이란 (1) 생활양식, (2) 현재 심리적 활동과 심리적 방향성, (3) 생활양식과 관련된 목표·목적·의도, (4) 사적 논리와 사적 논리가 어떻게 작용하는지에 관한 자각을 창출하는 것이다(p. 99).

제임스는 자신의 '태도'가 용기와 사회적 관심이 결여된 채, 자신이 세상에서 중요한 사람임을 입증하려고 애쓴 역기능적인 방식에 불과했다는 점을 쉽게 받아들이지 못할 것이다. 제임스가 고통스러워하는 열등감을 느끼지 않기 위해 다른 사람들에게 힘을 행사하려고 했던 부분을 제임스가 볼 수 있도록 샌디는 아주 신중하게 도와야 한다. 샌디는 제임스가 다른 사람들이 그를 해치기 전에 오히려 그가 타인을 속이거나 상처를 줌으로써 힘을 얻으려고 하는 생활양식을 가지고 있다는 사실을 볼 수 있도록 천천히 신중하게 도울 것이다. 제임스의 사적 논리는 타인들은 악해서, 속이고 상처를 줘도 마땅하다는 것이다. 그러나 현재 제임스의 행동은 다소 사회적으로 유용하게 보인다. 제임스는 그의 삶에 대한 책임감과 유용한 목표에 대해 좀 더 많이 말하고 있다. 샌디는 제임스의 이런 변화에 대해 격려한다.

격려

격려는 해석만큼 중요하다. 왜냐하면 격려는 내담자로 하여금 자신의 강점을 발견하게 하고, 자신의 선택을 통하여 세상에 영향력을 발휘할 수 있다는 자신의 힘을 인정하게 하기 때문이다(Eckstein et al., 2006). 격려는 칭찬과 똑같지 않다. 이상적으로 격려는 내담자가 바람직한 변화 또는 변화를 시도하기 전에 행해진다(C. L. Thompson & Rudolph, 2000). 격려는 내담자들이 상담하러 오게 되는 계기인 낙담과 싸워 이기기 위해서 활용될 수도 있다. 격려는 내담자에게 더 나은 삶을 살 수 있다는 희망을 준다(Mosak & Maniacci, 2011).

샌디는 제임스에게 한 인간으로서 신뢰하고 있다는 사실을 전달했다. 샌디는 제임스가 말하고 있는 목표들을 성취할 수 있다고 생각한다. 그러나 샌디는 제임스에게 목표를 성취할 수 있음을 너무 많이 강조함으로써 그를 치켜세우지 않도록 주의를 기울인다. 샌디는 제임스를 진심으로 지지하며, 그가 학교나 다른 사람들과의 관계에서 더 좋은 방향으로 나아갈 때 격려한다. 샌디는 제임스를 조력하고 세우기 위해서 제임스가 성공한 삶의 순간을 찾는다. 예를 들면 샌디는 제임스가 일을 구하거나 학교에서 싸우지 않고 하루를 지내는 부분에 대해 찬사를 한다.

자연적 결과와 논리적 결과에 대해 살펴보기

내담자가 자신의 선택에 대해 책임감을 가지게 격려하는 하나의 방법은 내담자에게 자신의 행동의 결과를 경험하게 하는 것이다. 자연적 결과들은 사건들이 단순히 순리대로 가도록 두어야 한다는 것을 의미한다. 즉, 세상은 이런 결과들을 부여한다. 우리는 아주 자주 부정적 결과를 막아줌으로써 타인을 '구하려'고 노력한다. 머라이어가 숙제 안 한 것에 대해서 부모가 교사에게 변명하는 것이 이에 해당된다. 우리는 자주 자연적 결과가 발생할 수 있도록 어느 정도의 불편감을 견뎌야 한다. 예를 들어 나는 어느 한 가정을 상담했는데, 그 부모는 10대 딸이 욕실 바닥에 더러운 옷을 두는 것에 대해 아주 질색을 한다. 나는 부모에게 딸이 욕실에 옷을 벗어 둔 채로 있다면 어떤 자연적 결과가 초래되는지에 관해 마음에 그려보도록 했다. 13세 여자애가 좋아하는 옷이 더러워서 입을 수 없을 때의 결과를 상상해보도록 했다. 나는 어린 여자애들은 결국은 옷을 집어서 세탁바구니에 넣을 것이라고 말하면서 부모를 안심시킬 수 있다.

논리적 결과는 다른 사람의 개입에 의해 초래된다(Sweeney, 2009). 개입하는 사람은 타인에게 삶의 사회적 규칙들을 가르치는 것이다(Mosak & Maniacci, 1999). 앞서 인용한 예를 보자면, 10대 자녀

의 옷을 집어들기로 결정한 부모는 자녀의 옷들을 어디에 둘지 결정할 수 있다. 따라서 한동안 자녀
는 중요한 옷을 빼앗긴 셈이 된다. 이러한 논리적 결과는 처벌과는 다르다. 왜냐하면 논리적 결과들
은 바람직하지 않은 행동과 논리적으로 연관된 사회적 규칙들에 기반을 두기 때문이다. 논리적 결과
들은 호의적인 태도와 표적이 되는 선택을 강조한다(Sweeney, 2009). 아들러(1931/1998b)는 "처벌,
특히 신체처벌은 언제나 아이들에게 해롭다."고 주장했다. 동료애의 정신이 주어지지 않는 가르침은
잘못된 가르침이다."(p. 106)라고 언급했다.

제임스는 직장에서 술을 마신 후 일자리를 잃었을 때 무책임한 행동의 자연적 결과를 경험했다.
만약 제임스가 무언가를 훔쳤다면, 그의 양부모는 논리적 결과를 부여하는 방식으로 그에게서 뭔
가를 한동안 빼앗았을 것이다.

마치 ~인 것처럼 행동하기

많은 내담자들은 그들의 행동을 "만약… 테면 좋을 텐데"라고 말하면서 변명한다. '만약 ~인 것처럼
행동하기' 기법은 이러한 상황을 위해 고안된 것이다. "만약… 테면 좋을 텐데"가 있다면, 내담자는
그것이 실제인 것처럼 행동하도록 요청받는다(R. E. Watts, Peluso, & Lewis, 2005). 트레이시는 친구
가 적은 이유를 설명할 때 자신이 예쁘지도 않고 자신감도 없다고 한탄했다. 그래서 언제나 비참하
다는 것이다. 개인심리학 상담자는 만약 그녀가 예쁘고 자신감이 넘친다면 어떻게 행동할지 물어본
다. 그리고 나서 내담자가 다음 주 동안 예쁘고 자신감 넘치는 식으로 행동하게 했다. 개인심리학 상
담자가 이런 기법을 사용하는 것은 내담자로 하여금 자기개념의 변화와 이전에 탐색하지 못했던 행
동들을 학습하거나 실제 하도록 도움을 주기 위함이다.

처음에 제임스는 앞에서 거친 모습을 보여주었기 때문에 '마치 ~인 것처럼 행동하기' 기법을 사용
하는 데 적절하지 않았다. 그는 "만약… 다면 나는 그것을 더 잘할 텐데."라고 말하기보다는 타인
들을 탓하는 경향이 있었다. 그러나 시간이 지나면서 제임스는 샌디와 함께 있을 때 더 편안해하
면서 샌디를 신뢰하게 되었다. 이 시점에서 제임스는 자신이 직장이나 학교 같은 '정상적' 사회 상
황에서 불안함을 느낀다는 것을 알아차리고 있다. 제임스는 "내가 사람들을 더 신뢰한다면 직장이
나 학교에서 불안하지 않을 텐데."라고 말한다. 샌디는 제임스에게 다음 주 동안 사람들을 신뢰하
듯이 행동하면 어떤 일이 벌어질지 살펴보도록 요청한다.

버튼 누르기

모삭(1985)은 정서를 조절할 수 없다고 여기는 내담자를 위한 버튼 누르기를 고안했다. 내담자는 유
쾌한 장면 또는 사건을 보고, 동반되는 느낌을 학습하도록 교육받는다. 그다음에 내담자는 부정적
느낌(예 : 고통, 당혹감, 분노)을 불러일으키는 장면을 상상하고 그 느낌에 주의를 기울인다. 마지막
으로 내담자는 원래의, 유쾌한 감정으로 전환하도록 요청받는다. 즉, 상담자는 내담자가 어떤 것에
초점을 둘지를 선택함으로써 그의 정서를 만들어 나갈 수 있음을 가르친다.

샌디는 제임스에게 좋아하는 여자와 함께 있을 때 경험했던 느낌을 떠올리도록 요청한다. 그러고 나서 샌디는 직장에서 해고되는 것을 생각하고 그때의 감정에 초점을 두도록 안내한다. 그다음 샌디는 제임스에게 첫 느낌에 다시 초점을 두도록 요청한다. 샌디와 제임스는 어떻게 생각들을 변화함으로써 기분이 변화할 수 있는지에 관해 의논한다.

일단 멈추기

일단 내담자가 상담자의 해석을 받아들인다면, 지금까지 사용했던 힘을 행사하기 위한 자기만의 독특한 방식을 그만둘 수 있다. 내담자가 바람직하지 않은 행동을 시작하기 전에 자신만의 방식을 그만두기는 실제로 어렵다. 타메라는 자기비난을 하면서 운동하는 것을 회피하는 경향이 있다. 타메라는 이러한 자기비난과 회피 방식으로 두려워하는 실패를 피한다. 그녀가 자신을 폄하하는 것을 일단 멈추고 "난 완벽하지 않아도 괜찮아."라는 지향점 재설정을 한다면, 자신의 신체에 대해서 비난하지 않으면서 타인과의 관계는 더 향상될 것이다.

제임스는 발끈 화를 내서 물건들을 던지는 경향이 있다. 샌디는 제임스의 이런 행동은 열등감과 싸워서 이기기 위한 하나의 방법이라고 생각한다. 즉, 제임스가 얼마나 힘이 있는지 증명하고자 하는 것이다. 제임스는 열등감과 싸워서 이기기 위해서 말로써 타인을 폄하하기도 한다. 샌디는 제임스가 열등감을 느끼거나, 타인이 제임스를 폄하할 때 인식할 수 있도록 그의 생각과 느낌을 관찰하도록 요청한다. 결국 제임스는 기존의 패턴을 그만둘 수 있었고, 불안감을 느낄 때 타인과 어떻게 관계하는지를 알게 되었다.

이미지 창조하기

모삭(2005)은 내담자에게 잘못된 목표를 보여주기 위해 이미지를 사용하도록 한다. 대다수의 경우 이런 이미지들은 심지어 유머스럽게 사용될 수 있으며 내담자는 자신에 대해서 웃게 된다. 이를테면 끊임없이 실패하고 도움을 요구하는 것을 통해서 타인을 통제하려는 내담자에게는 스스로를 찰리 브라운, 연을 먹는 나무와 싸우는 찰리 브라운이라고 생각하도록 안내한다. 찰리는 언제나 연을 날리지만 나무는 언제나 이긴다. 그러고 나서 5센트를 받고 상담해주는 찰리의 친구인 루시를 찾는다!

샌디는 제임스에게 타인을 위협함으로써 타인들에게 힘을 행사하고자 하는 충동이 느껴질 때마다 아놀드 슈왈제네거라고 상상하도록 했다. 샌디는 제임스가 타인을 위협함으로써 힘을 행사하는 방식을 보일 때 제임스를 아놀드라고 부르고 윙크하며, "안녕, 잘 가!"라고 말한다.

타인을 기쁘게 하기

아들러는 내담자에게 어떻게 하면 다른 사람들을 기쁘게 하는지에 관해서 매일 생각하도록 조언함으로써 내담자의 잘못된 생활양식에 직면하게 한다(Ansbacher & Ansbacher, 1956, p. 347). 만약 내담자가 이러한 상담자의 안내를 즉시 받아들인다면(아들러에 의하면 이런 경우는 아주 드문 경우라고 함), 내담자가 타인에 대한 관심을 가지는 쪽으로 변화하며 결과적으로 사회적 관심이 증가하게 된다. 만약 내담자가 이를 거절한다면, 증상 이면에 있는 동기(목적)가 나타난다. 상담자는 내담자에게 남을 기쁘게 하고자 하는 동기를 직면시키기보다는 타인에게 관심을 가지도록 계속 요청한다. 예를 들면 아들러는 타인은 내담자를 기쁘게 해주지 않기 때문에 타인을 기쁘게 하라는 지시에 반대한 사례를 소개했다. 아들러는 이 내담자에게 타인이 그를 기쁘게 해주지 않는 점에 대해서 염려할 필요가 없으며, 내담자 자신의 건강을 위해서 남을 기쁘게 해야 된다고 간단하게 언급했다.

샌디는 제임스에게 남을 기쁘게 하는 과제를 내주기로 결심했다. 제임스에게 남을 기쁘게 하는 일은 어렵고 새롭지만, 그에게 다음 며칠 동안 어머니를 돌보도록 요청했다. 제임스는 어떤 일을 할지 고심한 결과, 집 안의 작은 일들을 도왔고, 쓰레기를 정리했다. 그 후 제임스는 정기적으로 집안일을 돕는 의무를 기꺼이 한다고 얘기해서 샌디를 놀라게 했다.

역설적 의도

때때로 반암시(antisuggestion)로 불리는 역직관적 기법(Carlson et al., 2006)의 경우, 내담자는 자신의 증상에 대해 오히려 강화하도록 격려를 받는다. 예를 들면 빌리는 실제로 발끈 화를 내도록 요청받을 수 있다. 빌리는 짜증을 내면 엄마가 그에게 가사일을 안 시키기 때문에, 가사일이라는 책임을 면하는 데 짜증 내는 것은 아주 효과적인 방법이었다. 그래서 빌리는 심지어 더 짜증을 심하게 내도록 요청받는다. 아들러는 이 기법의 근거를 '수프에 침뱉기'라고 부르거나, 증상을 내담자에게 해가 주는 방식으로 재구성화하는 것이라고 언급한다(Maniacci, Sackett-Maniacci, & Mosak, 2014). 역설 이면의 아이디어는 내담자가 증상과 증상의 결과에 대한 자각을 증가시키는 것이다(Dinkmeyer et al., 1987). 또한 역설은 불합리하게 보이기 시작하기 때문에 내담자로 하여금 증상을 포기하도록 돕는다.

샌디는 제임스를 위한 실제로 좋은 역설적 지침이 생각나지 않았다. 샌디는 제임스가 하루 중 어떤 시간에만 화를 내는 연습을 하도록 제안할 수 있다. 만약 제임스가 이를 받아들이면, 화의 사회적 기능은 없어질 것이다. 만약 제임스가 이를 받아들이지 않는다면 보통의 일상을 살아갈 것이며, 그에게는 나쁘지는 않을 것이다. 또 다른 선택안은 제임스에게 냉담하지만 다른 사람들이 그의 냉담함에 대해 완전히 이해하지 못할 수도 있으니, 좀 더 강하게 냉담한 행동을 해서 타인들의 반응을 관찰하도록 요청한다. 샌디는 제임스로 하여금 냉담함이 무엇을 의미하는지, 타인들을 폄하하는 것이 어떻게 친밀한 관계 맺기를 방해하는지 검토하기를 희망한다.

개인적·문화적 다양성에 대한 논의

아들러는 아마도 계층 차이의 영향을 인식한 첫 이론가 중의 한 사람이며, 남녀 평등을 주장한 초기 지지자 중 한 사람이었다. 그는 여성이 경험했던 사회적 구속을 인식했으며, 그 시대의 대다수 문화에서의 여성 역할의 평가절하에 대해서 명확하게 깨닫고 있었다. 이러한 관점에서 보면 우리는 이 이론이 성별을 고려한 측면에서는 다른 접근들보다 다소 덜 편향될 수 있다고 말할 수 있다. 그러나 아들러는 여성의 역할에 대해서는 상당히 정형화된 관점을 가졌다. 즉, 만약 여성이 전형적인 남성적 직업을 추구한다면 '남성다움'의 목표를 보여주는 것으로 특징지었다. 페미니스트들은 이러한 아들러가 가진 여성 역할에 대한 가치를 가부장제를 유지하는 것으로 간주할 것이다. 동시에 현대의 페미니스트들은 개인심리학 상담과 여성주의적 상담 사이의 많은 유사점을 발견한다(Bitter et al., 2009).

개인심리학 이론은 사회적 관여와 관계의 중요성을 강조하는데, 이것은 아시아와 아메리카 원주민의 문화처럼 개인보다는 집단을 중시하는 문화적 가치와 일치한다(C. L. Thompson & Rudolph, 2000). 예로 요한센(Johansen, 2005)은 개인심리학의 기본 철학은 이슬람교 신념과 일치한다고 주장했다. 개인심리학회지(*Journal of Individual Psychology*)에서 문화와 개인심리학 부분에서 두 가지 특별 이슈가 소개되었는데, 스페리와 칼슨(Sperry & Carlson, 2012)은 세계 도처에 퍼져 있는 아들러의 사상과 상담을 조명하면서, 아들러의 사상과 상담이 그 문화의 실재에 맞게 적용되어야 하며, 대부분의 이론이 많은 나라에서 도움이 되는 것으로 보인다고 주목했다. 이 주제의 논문들은 불가리아, 남아프리카, 일본, 중국, 한국, 그리고 이스라엘 등 많은 나라에서 개인심리학 접근을 활용한다고 기술했다.

아들러는 인종차별주의와 계층차별주의의 해로운 영향을 알고 있었다. 이러한 점은 아들러가 동시대의 다른 이론가들과 명확하게 구별되는 점이다. 평등주의적 상담관계와 개인들과의 협력, 그리고 사회에 대한 강조는 여성과 다양한 배경의 내담자와 작업할 때 가지는 개인심리학 이론의 강점이다. 동시에 이론은 서양에서 오리엔테이션된 구인들인 개인적 선택, 통제, 책임을 강조한다. 아들러가 남녀 평등주의를 강조하는 측면은 어떤 문화의 가치와는 일치하지 않을 수 있다(Sperry & Carlson, 2012). 개인심리학 상담에서는 또한 통찰(생활양식에 관한)이 중요하다. 이러한 지향은 행동지향적 문화의 가치(아프리카 미국인 공동체)(Sue & Sue, 2013)와 불일치할 수 있다. 이와는 대조적으로 퍼킨스-독(Perkins-Dock, 2005)은 "(a) 집단적 결속과 사회적 관심의 개념, (b) 가족 환경에 중요성을 두는 점, (c) 협력적 목표 설정, (d) 다세대별 전수되는 유전적 기질, (e) 개입전략의 융통성"(p. 235)과 같은 개인심리학의 여러 가지 원리들은 아프리카계 미국인 가족들과 작업하는 데 적절하다고 주장했다.

아들러가 비판받는 부분 중의 하나는 동성애에 관한 그의 관점이다. 아들러는 동성애자의 생활양식을 왜곡된 것으로 간주하며(Ansbacher & Ansbacher , 1956), 성소수자 생활양식의 선택은 사랑의 과제를 회피하는 것으로 특징지었다. 현대의 아들러학파는 이런 입장을 고수하지는 않는다. 실제로 현대의 아들러학파는 이들에 대한 편견과 차별은 압제의 결과로 나타나는 열등감을 초래한다고 이해한다(Maucieri & Stone, 2008; Trail et al., 2008; Yang et al., 2010). 아들러는 동성애에 대한 관점을 피력하는 데 있어서 저술에서 제안하는 것보다는 실제로는 더 관대했다는 증거 또한 있다. 일화를 소개하면 맥도웰이라는 한 사업복지가가 게이 내담자에 관해서 아들러에게 자문했다. 그의 설명에 따르면, 아들러가 동성애의 내담자에 관해서 들은 후, 내담자가 행복한지 질문을 했다. 맥도웰은 동성애 내담자가 행복하다고 대답하자, 아들러는 "음… 우리는 그를 그대로 내버려두는 게 어때요?"라고 말했다(Manaster, Painter, Deutch, & Overholt, 1977, p. 82에서 인용됨).

CHAPTER 5

인간중심치료

칼 R. 로저스

리처드는 48세 백인 남성이다. 그의 최종학력은 고등학교 졸업이며 지난 3년간은 보험판매원으로 근무하였다. 이 기간 전에는 통신회사에서 관리직을 맡았지만, 스트레스가 너무 심해 퇴사하였다.

리처드는 우울감으로 신체적 · 사회적 · 직업적 기능에 영향을 받는다. 리처드는 이러한 우울감을 지난 2년 동안 경험하였다고 보고한다. 리처드는 우울감을 겪는 동안 자주 피곤해했으며, 사회적으로 고립되고 직장에서 비효율적으로 기능했다고 묘사한다. 지난 2년 동안 그의 수입은 상당한 수준으로 감소하였다. 리처드는 주요 생계부양자가 된 아내 샌디를 의지해야만 하는 것에 죄책감을 느낀다. 리처드에 의하면 샌디는 종종, 매달 공과금을 낼 때 비언어적인 방법으로 그에 대한 불만을 표현한다. 리처드와 샌디는 금전적 문제에 대해 자주 말다툼을 한다.

리처드와 샌디에게는 두 명의 성인 자녀(나탈리와 제임스)가 있다. 두 자녀 모두 지난 5년 사이에 대학을 졸업하였다. 리처드에 따르면 두 자녀 모두 그의 현재 수입보다 더 많이 벌고 있다. 이 상황은 리처드로 하여금 무력감을 느끼게 한다. 그 결과 리처드는 나탈리와 제임스로부터 정서적인 거리감을 느끼며, 두 자녀 모두 자신보다는 샌디와 더 가깝다고 여긴다.

리처드의 사회적 활동은 주로 아내와 보내는 시간과 직장에서 보내는 시간 외에는 없다. 리처드는 컴퓨터를 하거나 책을 읽으면서 여가 시간을 보낸다. 그는 가까운 친구가 아무도 없다고 보고한다.

상담회기 중 리처드는 불편해 보이며 눈 맞춤을 유지하는 것을 어려워하며, 잠깐의 침묵에도 불안한 웃음을 터뜨리고, 자신의 불편감에 대해 횡설수설하였다. 리처드는 변화에 대한 동기를 가지고 있어 보이지만, 자신의 상황에 대해 이야기하는 데 어려움을 겪는다.

배경

인간중심치료(person-centered therapy)는 칼 로저스(Carl Rogers, 1902~1987)에 의해 정립되었다. 40여 년이 넘는 세월 동안 발달된 이 접근법은 세 가지 명칭을 가지고 있다. 로저스는 처음에 자신의 이론을 비지시적 치료(nondirective therapy)로 명명했으나, 이론을 발전시킴에 따라 이를 내담자중심치료

(client-centered therapy)로 재명명하였다. 1980년대에 그는 인간중심 접근법(person-centered approach)이라는 용어를 사용하기 시작하였는데, 이는 그 이론이 상담 상황 외 여러 상황(예 : 교육, 집단 리더십, 국제문제)(C. R. Rogers, 1980; Zimring & Raskin, 1992)에서도 적용되었기 때문이다.

로저스는 "가까운 가족관계이지만 매우 엄격하고 비타협적인 종교적·윤리적 분위기, 노동의 가치에 대한 숭배로 특징지어지는 가정"에서 자랐다(C. R. Rogers, 1961, p. 5). 그의 가족은 그가 12세 때 농장으로 이사하였으며, 그 결과 로저스는 농경, 특히 과학적 측면에 관심을 가지게 되었다(C. R. Rogers, 1961). 로저스는 대학에서 처음 2년 동안 농경을 전공하였으나, 관심사가 변하여 뉴욕에 있는 유니온 신학교에서 신학을 시작하게 되었다. 하지만 컬럼비아대학교에서 심리학 수업을 들은 후 다시 진로를 바꾸어 그곳의 임상심리 프로그램에 들어갔다.

전통적 실험심리학과 검사에 중점을 둔 프로그램에서 1931년에 학위를 받은 후, 로저스는 첫 번째 직업으로 뉴욕 로체스터에 있는 아동학대방지학회(Society for Prevention of Cruelty to Children)의 아동연구학과에서 일하였다. 그곳에서 로저스는 불우한 환경에서 온 내담자들을 돕기 위해 애쓰며 인간중심치료의 초석을 다지게 되었다. 로저스는 전통적 정신분석 방법들에 대한 불만이 커져감에 따라, 점진적으로 자신의 상담이론을 형성하기 시작하였다. 로저스는 그의 발달을 촉진시켜준 몇몇의 사건들을 기술하였는데, 아마도 가장 감동적인 사건은 그가 한 문제아와 그의 어머니를 거의 포기하게 된 시점에서 일어났다. 로저스는 문제의 오이디푸스적 근원을 모자에게 이해시키기 위하여 몹시 애썼으나, 결국 자신의 힘으로는 그들을 돕기에 역부족이라며 체념하게 되었다. 마지막 회기가 될 뻔한 그 회기를 마칠 때즈음, 로저스는 이 상황을 남자아이의 어머니에게 설명하였다. 그 순간 아이의 어머니는 로저스에게 성인 상담도 하느냐고 묻고는 자신의 문제에 대해 비통해하며 설명하기 시작하였다. 로저스(1961)는 "그때서야 진정한 상담이 시작되었으며, 결과적으로 이는 모자 모두에게 매우 성공적이었다."(p. 11)고 묘사하였다. 이러한 초기 경험들은 로저스로 하여금 주어진 문제가 무엇이며 어떻게 해결할 수 있을지를 아는 사람은 사실 내담자라는 결론을 내리게 하였다. 이 가정은 인간중심 접근법의 토대를 이룬다. 이 이론의 주요 부분들은 1950년대 후반과 1960년대에 발전되었는데, 대부분은 (a) 로저스의 첫 직장에 만연하였던 정신분석적 모형(C. R. Rogers, 1961), (b) 그 당시 점점 힘을 얻어 가던 실증주의적, 행동주의적 전통(C. R. Rogers, 1977)에 대한 반동으로 이루어졌다.

로저스는 1940년에 오하이오주립대로 옮겼으며, 그 후 시카고대학교로 이직하여(1945~1957) 학생상담센터를 설립하였는데, 이 센터는 후에 상담 및 심리치료 센터(Counseling and Psychotherapy Center)로 재명명되었다. 센터의 설립과 로저스의 연구 프로그램의 시작에 대한 기록은 코넬리우스-화이트와 코넬리우스-화이트(Cornelius-White & Cornelius-White, 2005)에서 확인해볼 수 있다. 재미있는 이야기를 하나 덧붙이자면, 그 당시 기술은 매우 낙후했기 때문에 유명한 상담회기[익명이었던 상담자 패터슨(Patterson, 2000)에 따르면 로저스가 분명하다고 한다]의 첫 번째 녹음은 유리 디스크를 통해 이루어졌으며, 한 회기를 녹음하는 데에만 10개의 디스크가 사용되었다.

로저스는 위스콘신대학교(1957~1963)에서 학구적인 활동을 많이 했다. 그 후 로저스는 캘리포니아 라졸라에 있는 서구 행동과학연구소로 이직하였으며, 후에 라졸라에서 인간연구센터를 설립하였다. 이곳에서 로저스의 전문경력은 마무리를 지었다. 그 사이 로저스는 여러 편의 논문과 서적을 집

글상자 5.1

'치료적인 성격 변화를 위한 필요충분 조건' 부분 발췌

조건

나는 임상경험과 동료들의 임상경험, 그리고 유용한 관련 연구들을 고려해서, 건설적인 성격 변화를 시작하는 데 필요하고 충분한 여러 가지 조건을 알아냈다. 나는 성격 변화를 위해 찾아낸 필요충분 조건들이 의외로 간단하다는 사실에 스스로 놀랐다. 나의 이러한 진술은 정확성을 가지고 확신을 갖는다는 의미가 아니라 어떤 이론의 가치에 대한 기대를 하게 된다는 점이다. 즉, 나의 이론에서 증명될 수도 있고 또는 증명될 수도 없는 일련의 가설들을 진술하거나 내포할 수 있으며, 이는 우리 지식의 장을 명료화하거나 확장시킬 것이다.

나는 여기서 주저하지 않고 한 번에 성격 변화 과정에서 기본이라고 여겨지는 여섯 가지 조건에 대해 아주 명확하고 요약된 용어를 사용하여 진술할 것이다. 여기서 서술되는 여러 가지 용어의 의미가 즉각적으로 분명하게 와 닿지 않을 수도 있지만, 다음 장 설명 부분에서 명확히 제시할 것이다. 간단한 진술이 독자들에게 더 의미 있게 와 닿기를 희망한다. 좀 더 자세한 소개 없이 기본적 이론적 입장부터 서술하고자 한다.

건설적인 성격 변화가 일어나기 위해서는 다음과 같은 조건들이 성립되어야 하며, 장기간 이러한 조건들은 유지되어야 한다.

1. 두 사람(내담자, 상담자)은 서로 심리적으로 접촉한다.
2. 내담자로 불리는 사람은 불일치적이고, 취약하고, 불안한 상태에 있다.
3. 상담자라고 불리는 사람은 관계에서 일치성이 있고, 통합되어 있다.
4. 상담자는 내담자에 대해 무조건적 긍정적 존중을 한다.
5. 상담자는 내담자의 내적 참조틀에 대한 공감적 이해를 하고 공감적으로 이해한 것을 내담자와 나누려고 한다.
6. 상담자의 공감적 이해와 무조건적 긍정적 존중을 내담자에게 전달하는 것만으로도 내담자에게 도움이 된다.

상담에서는 어떤 다른 조건도 필요하지 않다. 만약 이상의 여섯 가지 조건이 성립되고 여섯 가지 조건이 장기간 유지된다면 건설적인 성격 변화 과정은 이루어질 것이다.

관계

첫 번째 조건은 최소한의 관계, 심리적 접촉이 이루어져야 한다는 점을 명시한다. 나는 의미 있는 긍정적 성격 변화는 관계 안에서 일어난다는 가설을 설정한다. 물론 하나의 가설이지만 입증될 것이다.

두 번째 조건에서 여섯 번째 조건은 관계에서의 각 사람의 필요한 특성을 정의함으로써 필수적으로 간주되는 관계의 특성을 정의하고 있다. 첫 번째 조건에서 의도한 것은 두 사람이 어느 정도 접촉해야 하며, 각각은 서로 경험의 장이 다르다는 점을 지각해야 됨을 명시한다. 심지어 각 개인이 경험의 장이 다르다는 것을 의식적으로 자각하지 못할지라도, 만약 '의식 수준 밑에서' 각 개인이 경험의 장이 다르다는 것을 인식한다면 충분할 것이다. 긴장형 내담자가 상담자의 존재를 자신과 다른 존재로 지각하는지는 알기 어렵다. 그러나 내담자가 유기체적 수준에서 상담자와의 다름을 감지하는 것은 틀림없다.

어려운 경계선 내담자와의 상담장면을 제외하고는 나의 엄격한 연구 관점으로서는 이러한 조건에 대한 조작적 정의를 내리고 내담자와 상담자 간에 이러한 조건이 충족되었는지, 충족되지 못했는지를 알아보는 것은 비교적 쉽다. 이 조건이 충족되었는지 알아보는 가장 간단한 방법은 단순히 내담자와 상담자 모두의 자각을 알아보는 것이다. 만약 내담자와 상담자 각각 상대방과 개인적으로 또는 심리적으로 접촉하고 있다고 자각한다면, 이러한 조건은 충족된다고 볼 수 있다.

치료 변화를 위한 첫 번째 조건은 단순하며 하나의 가설 또는 선결조건으로 명명해야 한다. 첫 번째 조건

(계속)

없이는 다음의 조건들은 의미가 없으며, 첫 번째 조건이 다음의 조건들의 근거가 된다.

내담자의 상태

내담자는 '불일치되어 있고, 취약하거나 또는 불안'하다고 명시되어 있다. 여기서 사용된 용어들의 의미는 과연 무엇인가?

불일치성은 우리가 개발하고 있는 이론에서의 기본적 구인(구성개념)이다. 불일치란 유기체의 실제 경험과 개인이 경험에 대해 표상하는 자기 이미지 사이의 불일치를 언급한다. 어떤 학생은 총체적 또는 유기체적인 수준에서, 어떤 건물의 3층에서 대학과 시험에 대한 공포를 경험할 수 있다. 왜냐하면 대학과 시험은 학생으로 하여금 근본적인 부적절감을 느끼게 하기 때문이다. 그런데 학생은 부적절성에 대한 공포가 자기 자신에 대한 개념에는 부합하지 않는다. 따라서 학생은 자신에 대한 부적절감을 느끼기보다는 대학 건물의 모든 계단을 오를 때, 대학 캠퍼스를 지나다닐 때 비합리적 공포를 느낀다. 부적절성에 대한 공포를 있는 그대로 인정하는 것은 자신이 고수하는 자기개념을 반박하는 것이다. 즉, 이해할 수 없는 공포를 차라리 인정하는 것이 기존에 고수했던 자기개념과 모순되지 않기 때문이다.

또 다른 예는 외아들이 집을 떠날 계획을 세울 때마다 알 수 없는 병이 발병하는 엄마의 이야기이다. 엄마의 실제 바람은 유일한 만족의 근원인 아들을 곁에 두는 것이다. 그녀는 실제로 아들을 떠나보내고 싶지 않은 바람을 가지고 있지만, 이러한 바람은 좋은 엄마로서 고수하고 있는 자기개념의 이미지와 불일치할 것이다. 그러나 그녀의 질병은 자기개념과 일치한다. 그리고 경험은 왜곡된 형식으로 상징화된다. 인식되는 자기(아픈 엄마는 관심이 필요하다)와 실제 경험(아들을 붙잡고 싶은 바람) 사이에 기본적 불일치가 나타난다.

개인이 자신에 대한 불일치에 대해 자각하지 못할 때 불안과 혼란에 취약하게 된다. 어떤 경험은 아주 갑자기 또는 아주 명확하게 일어나서 불일치는 부인될 수 없다.

만약 개인이 자신에 대한 불일치를 어렴풋이 인식한다면, 소위 불안이라고 알려진 긴장 상태가 발생한다. 불일치는 분명하게 인식될 필요는 없다. 불일치는 인식 수준 밑에서 감지해도 충분하다. 즉, 불안은 어떤 위협되는 내용의 자각 없이 자기에 대해 위협적이라고 인식하는 것이다. 개인은 자기개념과 분명하게 반대되는 경험의 요소에 대한 자각을 하게 되면서 이러한 불안이 치료에서 드러나게 된다.

출처 : Rogers, C. R. (1957). The necessary and sufficient conditions of therapeutic personality change. *Journal of Consulting Psychology, 21*(2), 95–103.

필하였는데, 그중 가장 유명한 글은 아마도 **상담과 심리치료**(*Counseling and Psychotherapy*, 1942), 내담자 중심치료(*Client-Centered Therapy*, 1951), 진정한 사람 되기(*On Becoming a Person*, 1961), 존재의 방식(*A Way of Being*, 1980)일 것이다. [글상자 5.1]에서 로저스의 널리 알려진 논문 중 한 편에서 발췌된 내용을 확인할 수 있다.

로저스는 1960년 후반과 1970년대 개인 상담을 넘어서 참만남 집단상담의 리더가 되었다(Krischenbaum, 2004). 로저스는 인생 후반기에 갈등을 해결하고자 세계 도처에서 대규모의 워크숍을 개최했으며, 1987년 노벨평화상 후보에까지 지명되기도 했다(Cain, 2013). 노벨평화상으로 지명되던 날, 로저스는 낙상했으며 며칠 후 수술 중에 심장마비로 생을 마감했다(Weinrach, 1990). 로저스는 두 자녀가 있으며, 그의 부인은 1979년에 사망했다. 그의 딸, 나탈리는 상담자가 되었으며, 결국 인간중심 이론과 표현적 방법들을 통합하는 자신만의 치료법을 개발했다(예 : art, movement)(N. Rogers, 1953; Sommers-Flanagan, 2007).

칼 로저스는 여러 면에서 개척자이다. 그는 상담을 받으러 오는 사람을 지칭하는 말로 내담자(client)란 용어를 처음으로 사용했다. 그는 이 용어의 사용에 대해 다음과 같이 언급한다. "내담자는… 적극적으로 그리고 자발적으로 문제에 대해서 도움을 얻고자 하는 사람이며, 내담자라는 용어에는 상황에 대한 자신의 책임을 포기한다는 어떤 개념도 포함되어 있지 않다."(1951, p. 7) 아마도 로저스의 가장 중요한 공헌은 엄격한 연구에 그의 상담 과정을 기꺼이 진술했다는 점일 것이다. 로저스는 상담회기를 기록한 첫 인물이며, 그의 아이디어들을 검증하기 위해서 이러한 상담회기 기록들은 활용되었다. 연구에 사용된 원고들과 기록물들을 통해서 로저스가 어떤 상담자인지 상담자로서의 특징을 알 수 있다. 상담과 심리치료(*Counseling and Psychotherapy*, 1942)라는 책에는 로저스의 상담회기 기록물 중의 한 상담사례 전문이 실려 있다. 로저스는 위스콘신대학교 심리학과 교수로 재직 중에 조현병 내담자와 함께 인간중심치료를 한 것에 대한 대규모의 연구를 계획하고 진행했다(글상자 5.2 참조).

칼 로저스는 가장 영향력 있는 미국 심리학자 중의 한 사람이다(Cain, 2013). 그는 1956년 미국심리학회(APA)에서 과학적 공헌으로 인해 첫 세 명의 수상자 중의 한 명으로 선정되었을 때 그의 영향력 또한 입증되었다. 로저스는 1972년에는 전문성 공헌에 대한 미국심리학회(APA) 수상을 해서 두 개의 상을 수상한 유일한 사람이 되었다. 그는 1946년에는 미국심리학회(APA) 회장이 되었다.

시먼(Seeman, 1990)은 상담이론이라는 것은 필연적으로 상담자의 자서전이라고 주장했다. 솔로드, 윌슨, 그리고 몬트(Sollod, Wilson, & Monte, 2009)는 로저스가 개인적 자유를 강조하는 것은 그가 어릴 때 엄격한 환경에서 자란 것 때문이라고 언급했다. 로저스의 저서나 내담자와 작업한 부분에서 그의 사람됨이 기꺼이 드러남으로써 로저스 이론과 그의 삶이 일치한다는 것을 확실히 알 수 있다. 로저스는 상담 전문가로서 삶뿐만 아니라 그의 개인적 삶에서까지 진솔성의 중요성을 절실히 주장한다. 그는 상담자의 진솔성이 상담 과정에서 결정적임을 점점 더 확신하게 되었다. 그리고 그는 진솔성을 그의 삶에서도 적용했다. 그는 개인적 경험에 관해서 적어도 네 번(1961년, 1972년, 1980년, 1987년)(Kischenbaum & Henserson, 1989 참조)은 기술했다. 이러한 로저스의 개인 삶에 대한 기술을 통하여 그의 개인 철학을 탁월하게 삶에 실현하는 모습을 볼 수 있다.

칼 로저스는 상담과 심리치료 이외의 영역에서도 인간중심 이론의 개념을 적용했으며, 그의 이론은 단순히 내담자의 변화에 대한 이론으로 간주되기보다는 대인관계와 학습에 대한 접근으로도 간주된다. 예를 들면 그는 결혼(C. R. Rogers, 1972)과 교육(C. R. Rogers & Freiberg, 1994)에 관해 저술했으며, 세계평화에 공헌하는 세계 도처의 참만남 집단상담(C. R. Rogers, 1980)을 진행했다. 로저스는 세 가지 심리치료 접근(*Three Approaches to Psychotherapy*) 비디오에 출현하며, 글로리아라고 하는 내담자와의 인간중심치료를 보여주고 있다(Shostrom, 1965). 글로리아와의 상담회기는 이상적인 상담관계를 보여주는 고전으로 간주되며, 오늘날 여전히 상담 전공생이 열심히 시청하고 있다. [글상자 5.3]은 이 비디오와 관련된 논쟁을 기술한다.

인간연구센터에서는 로저스의 연구를 계속했고 웹사이트(www.centerfortheperson.org)를 운영했다. 또 다른 흥미로운 인터넷 사이트는 인간중심과 경험적 심리치료 및 상담의 세계 학회(WAPCEPC)이다(www.pce-world.org). 그리고 아버지의 사상에 철학적으로 토대를 둔 예술치료자인 로저스의 딸이 세운 인간중심표현예술협회의 웹페이지가 있다. ADPCA의 첫 회의의 결과로 학술지인 인간중심리뷰(*Person-Centered Review*)는 1986년에 출간이 시작되었으며, 1992년에 인간중심학술지

(*Person-Centered Journal*)를 출간하였다(Raskin, Rogers, & Witty, 2014). WAPCEPC는 현재 인간중심과 경험적 심리치료 학술지(*Person-Centered and Experiential Psychotherapies*)를 출간한다.

인간중심 접근의 유명세는 최근 미국에서는 감소했지만, 유럽에서는 여전히 인간중심 이론에 대한 관심이 많다(Cooper, O'Hara, Schmid, & Bohart, 2013). 독일과 영국 같은 나라에서는 연구와 상

글상자 5.2

위스콘신 조현병 프로젝트

1957년, 칼 로저스는 새로운 도전들 감행했다. 그는 위스콘신대학교로 옮겨와서 심리학과 교수가 되었다. 그는 시카고대학교 학생들에게 성공적이었던 내담자중심치료가 다른 내담자들에게도 도움을 줄 수 있는지 궁금했다. 그래서 그는 위스콘신 심리치료 연구진과 협력해서 조현병 내담자에게 내담자중심치료가 효과적인지 검증하기 시작했다(C. R. Rogers, 1967).

연구는 5년 이상 진행되었다. 여덟 명의 상담자 모두 인간중심치료에 오리엔테이션된 상담자였으며 상담은 무료로 제공되었다. 로저스도 프로젝트에 참여한 상담자 중의 한 명이었다. 참여집단은 급성 조현병 집단, 만성 조현병 집단, 정상 집단이 포함되었다.

(입원환자나 자기보고를 못하는 내담자는 제외됨). 연구에 총 48명이 참여했으며 무작위로 치료집단과 통제집단으로 할당되었다. 심리검사 측정도구(로르샤흐와 MMPI 등)를 포함해서 다양한 측정법이 사용되었으며, 상담관계도 측정했다. 공감, 무조건적 긍정적 존중, 그리고 상담자 일치성을 포함해서 심리학 이론의 중요한 구인을 측정하기 위해 척도가 개발되었다. 상담 과정의 측정은 상담관계에 관여하기 위한 내담자 경험과 능력 수준을 포함했다. 전반적으로 이 연구는 큰 규모로 실시되었다.

불행히도 이 연구는 로저스가 계획한 만큼 실제 진행이 순조롭지는 못했다. 연구팀 중의 한 성원이 윤리적 의무사항을 어겼다. 로저스(1967)의 담화 부분은 정말 로저스가 한 것인지도 명확하지 않았고, 자료의 일부분이 완전히 사라졌고, 대부분의 통계적 분석도 다시 해야 했다. 이런 불협화음이 연구팀 안에서 만연했지만, 결국 완성되어 출판되기는 했다. 로저스(1967)는 이 시기를 "자신의 전체 교수 재직 동안 가장 고통스럽고 비통한 시기"(p. 371)라고 특징지었다.

연구 결과는 혼재되었다. 분석 결과는 처치집단과 통제집단 사이에서 일부 비교에서만 차이를 보여주었다(예 : 조현병 입원 내담자가 처치받지 않은 입원 내담자보다 경미하게 좀 더 높은 수준의 이완을 보여줌). 그러나 전반적인 치료집단은 통제집단과 비교할 때 더 높은 수준의 향상을 보여주지는 못했다. 조현병 입원 내담자들은 인간중심치료를 받은 것과 상관없이 긍정적 변화를 보였다. 공감과 일치성이라는 두 가지 치료조건 정도를 높게 지각한 내담자들이 이러한 조건에서 낮게 지각한 내담자보다 두 가지 성과 지표(객관적 검사점수와 임상가에 의한 평정)에서 향상을 보여주었다는 점은 인간중심치료의 이론을 지지한다고 볼 수 있다. 한 가지 흥미로운 결과는 상담관계를 평가하는 데 있어서 내담자와 관찰자의 평정은 비슷하였지만, 상담자의 평정은 내담자와 관찰자의 평정과는 부적 상관관계를 나타냈다. 즉, 상담자의 평정은 내담자(또는 관찰자)의 평정과 반대로, 상담자가 높게 평정하면, 내담자(또는 관찰자)의 평정은 낮게 나타났다.

로저스와 동료들은 연구 결과가 다소 고무적이라고 여겼다. 관계 조건들과 성과 사이의 관련성은 전도유망하게 보였으며 연구자들이 이러한 지표가 유의미하게 나올 수 있도록 신뢰롭게 측정한 것도 사실이다. 로저스는 좋은 치료의 조건은 신경증 내담자나 조현병 내담자나 모두 똑같다고 결론 내렸다. 로저스가 연구로부터 얻은 가장 중요한 통찰 중의 하나는 조현병 내담자는 함께 작업하는 데 있어서 전형적인 내담자와 다르지 않다는 점이다(C. R. Rogers, Gendlin, Kiesler, & Truax, 1967, p. 93).

글상자 5.3

누락된 249개 단어의 의미

1965년 상담 및 심리치료의 세상을 바꾼 영상이 제시되었다. **심리상담의 세 가지 접근법**(Shostrom, 1965)에서 글로리아라고 하는 용기 있는 여성이 세 명의 상담자, 칼 로저스, 프리츠 펄스, 앨버트 엘리스의 내담자가 되었다. 세 부분은 각 상담자가 그들의 이론적 관점을 설명하는 것부터 시작해서 글로리아와 20분간 상담을 진행하며 이 작업에 대한 이론가들의 평가로 마무리된다. 세 번째 면담의 마지막 부분에서 글로리아는 세 명의 상담자에 대한 반응을 보여주었다. 글로리아는 로저스와 경험한 상호작용에 대해서 로저스는 사람과의 관계를 아주 만족스럽게 맺는 굉장한 능력의 예를 보여주었으며, 뛰어난 상담자 능력을 보여주었다고 했다(Weinrach, 1990). 글로리아와 칼은 그녀가 45세에 죽음을 맞이하기까지 15년 동안 편지로 왕래했으며, 이 기간에 실제 만난 것은 한 번밖에 없었다.

글로리아와 칼이 상호작용하는 한 회기는 논쟁의 여지가 있다. 상담 영상이 끝날 즈음, 글로리아는 칼에게 "당신이 제 아버지였으면 좋겠어요."라고 말했더니, 칼은 "당신이 나에게는 아주 멋진 딸처럼 보입니다."라고 대답했다. 이 회기를 마친 후 논의에서, 로저스는 이러한 상호작용은 전이와 역전이로 명명될 수 있지만, 지적으로 사례 개념화하는 것을 일축시키며 관계의 가치를 훼손하는 것이라고 언급한다.

다소 놀라운 결과로서 글로리아와 칼의 상호작용의 의미는 **심리치료**(*Psychotherapy*) 학술지에서 격렬한 논쟁의 주제였다(Bohart, 1991; Weinrach, 1990). 칼 로저스가 사망한 6개월 후에, 바이라흐(Weinrach, 1990)는 영상에 포함되지 않은 면담의 249개의 단어 부분을 발견했다. 분명히 영상은 남아 있지 않지만, 회기의 음성 녹음은 남아 있었다. 이 부분에서 글로리아와 칼은 대화를 이어갔으며, 글로리아가 아버지라는 인물에 대해 사랑을 갈구한 것은 하나의 '신경증'임을 알 수 있다. 바이라흐(Weinrach, 1990)는 다음과 같이 제안했다. 글로리아가 아버지에 대한 사랑을 갈구하는 모습이 전형적인 패턴, '오래된 신경증적 욕구'(p. 283)

라는 것이 알려졌다면, 로저스는 영상에서의 상담자로서의 전문성은 상실한 것으로 보일 것이다. 대신에 로저스는 단지 글로리아의 전이반응에 대해 해석하는 데 실패한 모습, 핵심을 잘못 파악한 인간적인 상담자로 보일 수 있다. 바이라흐의 관점으로는 좀 더 문제가 되는 것은 로저스가 글로리아에 대해 느끼는 역전이 감정 부분이며, 이로 인해 글로리아의 전이에 대한 실패한 반응을 초래했다는 것이다. 바이라흐는 만약 로저스가 오랫동안 반대해 왔던 정신분석 이론이 지지하는 이러한 역동을 알아차렸다면, 인간중심 이론에 대해서 의문을 품었을 것이라고 주장했다. 바이라흐는 누락되었던 249개의 단어가 영상에 포함되었다면, 로저스는 불명예스러워졌을 것이라고 넌지시 암시했다.

보하트(Bohart, 1991)는 로저스를 보호했으며, 바이라흐의 관점은 정신분석적 관점에 기반하며, 절대적 진실이 아니라고 반박했다. 보하트(1991)는 로저스가 전이 과정을 인용한 것은 적절한 것은 아니었다는 점에는 동의하면서, "바이라흐가 실제 말하고자 하는 것은 로저스와 글로리아의 상호작용에서 전이해석을 선호한다는 점"이다(p. 497)고 언급한다. 보하트는 다음과 같이 말을 이어 나간다. "로저스가 전이를 다루지 않았기 때문에 치료적 실수를 했다고 비난하는 것은 바이라흐가 언급한 이론적 구인으로 로저스가 하지 않았기 때문에 로저스가 실수했다고 말하는 것과 같다."(p. 497) 보하트는 글로리아가 그녀의 경험(그녀는 남성 인물로부터 수용받고자 하는 바람을 요구할 때)을 무시하는 경향이 있음을 지적하면서, 글로리아의 느낌을 전이로 분류하는 것은 인간중심 관점에서는 글로리아가 가진 사람에 대한 불신을 타당화하는 것으로 해로운 것임을 강조했다. 보하트는 로저스가 글로리아에게 한 반응을 '역전이' 같은 반응으로 간주한다면, 실제로 그런 부분이 결코 상담장면에서 상담자의 말로 표현될 수 없다."(p. 501)고 의문을 제기했다.

바이라흐(1991)는 보하트의 의견에 대해서 오히려 글로리아-칼 상호작용의 전이적 본성에 대한 개념화

(계속)

로 방어했다. 바이라흐는 로저스가 늘 보하트로 하여금 로저스 같은 할아버지를 가지고 싶은 소망을 불러일으키게 한다고 느꼈으며, "로저스라는 사람이 보하트에게 불러일으키는 그 감정이 보하트가 로저스에 대해 그렇게 열띠게 방어하게 만드는 것은 아닌지" 궁금하다고 하였다(1991, p. 505). 더구나 바이라흐(1991)는 "보하트가 로저스의 글로리아와의 상호작용에서 보이는 것을 포함해서 로저스가 하는 모든 것에 대해서 무조건적 긍정적 존중이라는 상담 원칙을 적용하는 것처럼 보인다."(pp. 505-506)고 적고 있다. 바이라흐는 로저스의 상담 영상은 역사상 최고의 인공품이자 가장 최악의 상담사례로 간주되어야 한다고 결론 내렸다. 보하트는 바이라흐의 반박에 명확하게 대응하지 않았다.

이러한 흥미진진한 공박은 아마도 이론적 렌즈가 어떻게 사건의 해석에 영향을 미치는지를 보여주는 좋은 예로 간주되었다. 바이라흐가 글로리와 칼의 상호작용을 전이와 역전이로 보는 것은 그가 가진 정신분석적 관점의 영향으로 인한 것이다. 그의 관점에서 보면, 내담자와 상담자 간의 상호작용은 초기 경험의 재현으로 간주하며, 로저스가 이 과정을 인식하거나 개입하지 않았기 때문에 이 상호작용을 부정적 치료적 사건으로 평가한 것이다. 이와 대조적으로 보하트는 인간중심접근을 지지하며, 글로리아와 칼의 상호작용을 진정한 친밀한 느낌의 교환, 긍정적 사건으로 간주했다. 두 이론 중의 어떤 이론이 '진실'되는지는 결론 내릴 수도 없고, 다만 서로 다를 뿐이다. 여기서 우리가 배우는 교훈은 우리가 '진실'로 아는 것은 다만 다양한 관점 중의 하나로 간주할 수 있다는 점이다.

담 개입의 프로그램이 활발히 이루어지고 있으며, 세계 도처에서 인간중심치료 접근의 조직들이 있다(Krischenbaum & Jourdan, 2005, 18개의 명단이 제시되어 있음). 로저스 접근법의 구성요소들은 현대의 대인관계와 상담기술의 수련 프로그램에서 명확하게 보여지고 있다(Hill, 2014; Ivey, & Zalaquett, 2016).

기본 철학

인간중심 이론의 특징은 주어진 지지적 환경에서 인간은 선한 경향성을 가진다는 기본 명제에 있다. 칼 로저스(1961)는 이러한 명제에 대해 아주 확신했으며, 다음과 같이 진술한다. "인간이 자유롭게 기능할 때 인간의 기본적 본성은 건설적이고 신뢰롭게 나타난다…. 우리는 누가 공격적 충동을 조절할 것인가 질문할 필요가 없다. 왜냐하면 인간은 모든 충동을 받아들일 것이며, 타인에게 사랑받고 타인을 사랑하려는 욕구는 자신을 장악하고 실패하게 하는 충동만큼 강하기 때문이다. 현실적으로 공격성이 적절한 상황에서는 우리는 공격적일 것이다. 그러나 공격성에 대한 욕구가 승리한 것은 아니다."(p. 194) 이러한 진술은 인간에 대해 과도하게 긍정적 관점을 지녔다는 이유로 비판을 받았으며, 인간 본성 면에서 악한 가능성에 관한 로저스와 롤러 메이 간의 가장 유명한 논쟁을 일으키게 했다(May, 1982; C. R. Rogers, 1982 참조). 이러한 주제에 대한 논의는 현재까지 계속 이어지고 있다. 보하트(Bohart, 2013)와 슈미트(Schmid, 2013a)는 로저스가 인간의 악한 행동에 대한 가능성을 절대 부인하지 않았다는 점을 언급하고 있다. 그들이 언급하기로는 로저스가 의미하는 바는 개인 기능에 대한 조건이 파괴적이지 않다면, 인간의 실현화 경향이 인간으로 하여금 긍정적이고 건설적인 방향으로 가도록 추진할 것이라는 것이다.

로저스(1980)의 관점에서 보면, 인간 행동은 모든 살아 있는 유기체의 공통점인 선천적으로 타고난 성장하고 발달하고자 하는 욕구의 결과이다. 타고난 성향이 발현될 수 있는 조건이라면, 다른 이론가들에게 의해 가정된 인간의 부정적 경향을 전혀 보이지 않고 인간의 잠재성을 완전히 실현한다는 것이다. 로저스(1996)는 "인간의 가장 깊은 본능을 파괴적으로 보는 인간의 악행을 인간의 핵심으로 보는 상담자들과 반대로, 인간이 진실로 가장 깊어지고, 유기체의 자각능력으로서 인간의 본성을 실현화하는 데 자유로울 때, 인간은 전체성과 통합성을 향해 나아간다는 점을 발견했다."(p. 193)고 기술했다. 인간중심치료 상담자는 인간이 때때로 파괴적이거나 또는 반사회적으로 행동하는 것을 인정하지만, 이러한 경향은 환경에서의 경험의 산물일 뿐이지 인간정신의 산물이 아님을 주장한다(Bohart, 2013).

> 다릴은 리처드의 인간중심치료 상담자이며, 리처드가 선천적으로 긍정적이고, 발전해 나갈 수 있다고 가정하고 상담을 시작한다. 리처드는 타인에게는 역기능적으로 보일 수 있는 정서와 행동을 보인다. 그러나 다릴은 리처드 내면에는 성장하고 실현하고자 하는 잠재력과 타인과 의미 있는 생산적인 관계를 수립하고, 일도 효율적으로 할 수 있는 잠재력을 가지고 있음을 확신한다. 다릴은 리처드에게서 상담에 기꺼이 참여하고자 하는 작은 단서를 보았으며, 리처드에게 지지적으로 반응할 때 리처드로부터의 작은 희망의 불꽃을 보았다.

인간중심치료 상담자의 경우 내담자가 자기결정성이 있으며 그들의 행동에 대해 충분히 책임을 수용할 수 있다고 본다(Bohart, 2013). 각 사람은 더 나은 사람으로 성장하고 더 나은 사람이 될 수 있는 자원과 강점이 있다. 개인의 자율성에 대한 이러한 존중은 상담적 상호작용에서 평등의 태도를 이끌어냈고, 이러한 상호관계가 인간중심 이론을 적용하는 맥락에서 중요하다(van der Veen, 1998). 로저스는 '자유'라는 것이 상담관계에서 하나의 중요한 요인이라고 언급했다. 로저스는 내담자(상담자도 물론)는 상담 환경에서 자기의 모든 측면에 대해서 자유롭게 탐색해야 된다고 믿었다. "내담자는 어떤 유형의 도덕적 또는 진단적 평가로부터 완벽히 벗어나야 한다. 왜냐하면 내가 믿기로는 모든 이러한 평가들은 언제나 위협적이기 때문이다."(C. R. Rogers, 1961, p. 34)

인간중심치료의 특징은 인본주의적이고 현상학적이다(Rurhven, 1992). 인본주의 접근에서는 사람을 성장 지향적이고 타인과 조화를 이루는 존재로 간주하고, 개인을 신뢰한다. 또한 로저스 접근은 현상학적인데, 이는 개인을 이해하는 데 있어서 가장 중요한 요인은 개인이 경험하는 현실에 대한 지각이라는 점이다. 왜냐하면 개인에게는 자신의 지각이 바로 현실이기 때문이다.

> 다릴은 리처드를 자신과 평등한 한 사람으로 대했으며 리처드에게 상담관계의 본질과 내용을 결정하도록 격려한다. 다릴은 리처드가 상담의 기본 자료를 제공할 것으로 믿었으며, 리처드에게 무엇을 얘기하고 싶은지 질문한다. 이러한 태도는 다소 리처드를 당황하게 만들고 다소 불편하게 만드는 경향이 있음에도 불구하고, 상담관계에서 리처드의 선택과 결정에 대해 온화한 지지를 계속 보낸다. 다릴은 리처드에 대한 사정, 진단, 평가 방식 없이 리처드의 세계에 관해 이해하기 위해서 최선을 다할 뿐이다.

인간 동기

인간중심 이론가들은 인간 행동의 유일한 동기는 건설적이고 긍정적인 방식으로 잠재력을 충분히 발휘하기 위해 성장하고자 하는 경향이라고 믿는다. 살아 있는 존재는 유기체(로저스는 전인 또는 다른 생명체를 의미하는 것으로 이 용어 사용) 경험을 최대로 발휘하고 해로운 경험은 피하도록 고투한다. 인간중심 이론가들의 경우 인간은 타고난 공격성 또는 파괴적 성향이 없다고 보지만, 개인이 자신의 존재를 향상시키기 위해 무언가를 얻기 위해 자신을 주장할 때 공격성 또는 주장성이 때때로 성장하는 수단으로 활용될 수도 있다고 본다. 예를 들면 식량을 구하기 위해서 동물을 죽이는 것은 유기체의 실현화로 방향 지어진 하나의 공격적 행동이다.

> 다릴은 리처드가 자기자신을 성장시키고 향상시키고, 사람들을 포함하여 그의 환경과의 조화를 이루고자 하는 동기가 있음을 안다. 상담 초기 리처드는 이러한 자기실현 경향에 근거한 일관성 있는 행동을 보이지는 않고, 오히려 다소 막힌 듯이 보인다. 하지만 다릴은 리처드가 방해물로부터 해방되어야 함을 안다. 다릴은 상담적 상호작용을 통해서 지속적으로 리처드의 성장 경향을 기대하고 존중할 것이다.

주요 개념

경험

로저스(1959)는 두 가지 방식으로 경험(experence)이란 용어를 사용했다. 명사로서의 경험은 주어진 순간에서 개인이 겪고 있는 모든 것을 의미한다. 경험에서 특히 중요한 것은 정서이다. 왜냐하면 정서는 사회적 규칙을 위해 억제되고, 부인되고, 왜곡되는 경향이 있기 때문이다. 로저스(1959)는 무의식적 과정이 존재함을 인정했지만, 무의식적 과정은 객관적으로 연구될 수 없기 때문에 경험의 정의에 무의식적 과정을 고려하지 않는다. 따라서 경험은 의식에서 활용가능한 사건에 국한된다.

동사로서 경험하기(experence)란 개인을 둘러싼 환경에서 일어나고 있는 사건들, 그리고 개인 내적으로 "순간에 발생하고 있는 감각적, 또는 생리적 사건"(C. R. Rogers, 1959, p. 197)을 받아들이는 과정을 의미한다. 인간중심 이론에서 경험이란 용어는 특히 중요하다. 왜냐하면 인간은 성장하기 위해서 정확하게 경험하고, 유기체에게 이로움과 해를 주는 사건들을 구별해야 하기 때문이다. 왜곡이나 방해 없이 지각되는 경험의 정도는 개인의 기능 수준을 결정한다.

> 다릴은 리처드의 심리적 건강을 위해서는 경험에 대한 정확한 지각과 경험의 상징화가 중요하다는 사실을 알고 있다. 리처드는 심리적 경험(우울 느낌을 보고할 수 있음)뿐만 아니라 환경에서 무슨 일이 일어나고 있는지 명확하게 주의를 기울일 수 있다. 그러나 리처드가 상담에 오고자 하는 바람을 가진 것과 리처드가 우울하다고 인정하는 것은 리처드가 어떤 방식으로 탈선을 경험하고 있음을 나타내주고 있다.

실현화 경향

가장 기본적인 인간과정은 "유기체를 유지시키고 향상시키는 방식으로 모든 능력을 개발하는 유기체의 타고난 경향, 즉 실현화 경향(actualizing tendency)이다(C. R. Rogers, 1959, p. 196). 이러한 실현화 과정은 개인의 생물학적 · 심리적 성장과 관련 있다. 성장은 언제나 자율성 방향으로 나아가면서 개인 존재의 내적 조절을 이끈다. 성장은 또한 좀 더 복잡한 수준을 향하게 된다(C. R. Rogers, 1980).

다릴은 리처드에게서 실현화 경향의 단서를 발견한다. 리처드가 경험하는 불편감과 두드러진 우울감은 아주 성장적이라고는 볼 수는 없지만, 리처드가 자신이 겪는 갈등에 관해 얘기할 때, 좀 더 잘 살고 싶고, 덜 고립된 생활을 원한다는 성장 경향성을 감지할 수 있다.

유기체의 가치화 과정

로저스는 인간은 끊임없이 자신의 경험에 대한 평가 과정에 참여한다고 생각했다. 즉, 인간은 사건이 자신의 성장에 기여하거나 또는 방해하는지를 결정하기 위해 사건에 대한 평가를 한다. 인간은 성장을 만들어내는 경험을 향해 나아가며 성장을 방해하거나 성장에 기여하지 못하는 경험으로부터 멀리하려고 한다. 건강한 사람의 경우 실현화 경향을 근거로 해서 자신의 경험에 대해 지속적으로 평가한다. 간단한 예를 들자면 3세 샤샤는 뜨거운 난로에 손이 닿았을 때, 손을 난로에서 떼었다. 왜냐하면 화상을 입는 것은 유기체의 성장을 향상시키지 못하기 때문이다.

다릴은 리처드의 행동에서 유기체의 가치화 과정(organismic valuing process)의 단서를 발견할 수 있다. 리처드에게서 이러한 유기체의 가치화 과정의 단서를 종종 관찰할 수 있지만, 리처드의 행동은 또한 유기체의 가치화 과정이 아닌 다른 영향에 의해 동기부여될 수 있다. 예컨대 리처드는 여가 추구는 완전히 즐기지만(독서와 컴퓨터 작업하기), 가족과 다른 사회적 관계는 회피한다. 건강한 대인관계는 성장 지향적이다. 따라서 다릴은 리처드의 대인관계는 유기체의 가치화 과정과 불일치하게 행동하는 상황이라고 가설을 내린다. 아마도 상담하러 오는 개인들의 경우 유기체의 가치화 과정과 역행하는 모습이 더 자명하게 나타난다. 왜냐하면 상담하고자 하는 욕구는 어떤 유기체의 가치화 과정에 문제가 있음을 시사하기 때문이다.

자기

인간은 세상에서 성장하고 세상을 경험하기 때문에 이러한 경험의 부분을 자기(self)라고 명명하게 된다. 개인이 '나'로서 인식하는 모든 경험과 경험에 연관되어 있는 가치가 자기개념(self-concept)이 된다(C. R. Rogers, 1959). 예를 들면 내가 탱고를 잘 춘다는 것을 알아챘을 때, 이러한 경험은 나의 자기개념의 일부가 된다. 만약 내가 탱고 춤에 가치를 둔다면, 이러한 경험은 긍정적 자기개념에 기여하게 된다.

로저스는 만약 경험이 우리의 자기개념과 불일치한다면 또는 경험에 부정적으로 가치가 부여된다면, 우리는 경험을 지각하는 데 어려움을 겪을 수 있다고 언급한다. 만약 내가 아침에 일어나는 것이 어렵다면 나의 자기개념에서 나는 아침형 인간이 아니라는 구성요인이 포함될 수 있다. 만약 아침형 인간이 아니라는 점에 부정적 가치를 부여한다면, 이러한 경험은 아침형 인간이 아니라는 점을 알아차리는 정도에 따라서 부정적 자기개념을 형성하는 데 기여할 것이다. 사실 나는 아침 5시에 늘 일어나야 한다고 주장할 수 있지만 내 친구 중 아무도 내가 오전 5시에 일어날 것을 믿지 못할 거야! 인간중심 이론에서 중요한 자기개념 구성요인은 이상적 자기로, 개인이 되고자 하는 자기이다. 나의 이상적 자기는 '탱고 댄서'와 '아침형 인간'의 특성을 포함할 수 있으며, 이러한 이상적 자기의 특성들 중 유일한 하나만이 나의 실제 경험과 일치한다.

리처드는 아마도 부정적 자기개념을 지닌 것 같다. 그는 자기자신에 대한 여러 가지 '부정적'인 면을 인정하고 밝힐 수 있다. 그는 사회적으로 위축되고 일에 비효율적이다. 왜냐하면 리처드는 자신과 자녀들에 대해 호의적이지 않게 평가하기 때문이다. 즉, 리처드는 부적절감을 느낀다. 리처드의 자기진술에서는 긍정적인 부분이 거의 보이지 않고, 다릴 또한 리처드의 이상적 자기에 대해서 인간으로서는 성취하기 어려운 너무 완벽에 가까운 정도라고 언급한다.

자기실현화 경향

자기실현화 경향(self-actualizing tendency)은 일반적인 실현화 경향의 한 측면으로, 자기가 성장하고 가능성을 극대화하는 성향을 의미한다. 개인이 기능을 잘할 경우 유기체의 가치화 과정과 자기실현화 경향은 함께 기능한다. 유기체에게 좋은 것은 또한 자기에게 좋은 것으로 인식된다. 유기체에게 나쁜 것으로 인식되는 것은 자기에게도 나쁜 것으로 인식된다. 다른 사람과 포옹하는 것은 신체적으로나 자기욕구 면에서 모두 나에게 유익하다.

리처드가 우울하거나 경직되거나 상관없이, 다릴은 리처드의 내면에 자기실현화 경향이 있다고 확신한다. 다릴의 적절한 지지가 리처드에게 주어진다면, 리처드의 유기체적 실현화 경향과 자기실현화 경향은 리처드가 최고로 기능하도록 할 것이다.

타인에 대한 긍정적 존중과 자기존중에 대한 욕구

모든 인간은 타인에 대한 긍정적 존중 욕구를 가지고 있으며, 이러한 욕구는 자기체계로 확장된다. 우리는 타인에 대한 사랑에 가치를 두며, 우리 자신에 대해서도 긍정적으로 가치를 부여할 필요가 있다. 로저스(1959)는 존중에 대한 욕구가 타고난 것인지, 학습된 것인지에 대해 명확히 말할 수는 없으나, 자기에 관한 긍정적 존중 욕구는 중요한 타인으로부터의 경험을 통해 학습된다고 아주 명확하게 언급했다.

리처드의 긍정적 존중에 대한 욕구는 그의 부인이 그를 인정하지 않을 때 자명하게 드러난다. 그는 성취 면에서 자신과 자녀들을 비교할 때 부적절감을 느끼듯이 긍정적 자기존중 부분에서도 결핍되어 있다.

가치의 조건화

긍정적 존중에 대한 욕구는 개인으로 하여금 주변의 중요한 타인들로부터의 사랑을 추구하도록 동기부여를 한다(C. R. Rogers, 1959). 개인은 중요한 타인에 의해 자신에 대한 어떤 부분(지각, 느낌, 또는 행동)이 긍정적으로 평가되거나 부정적으로 평가되는 것을 지각할 때, 가치의 조건화가 초래된다. 사랑에 대한 욕구는 아주 강렬해서 우리는 중요한 타인으로부터의 수용받지 못하는(사랑받지 못하는) 경험은 부인할 것이다. 이러한 역동을 잘 보여주는 고전적인 사례로, 토니라는 아이가 좌절되고 화가 날 때 보이는 역동을 살펴보면 알 수 있다. 인간중심 접근 관점에서 볼 때 화는 인간 경험의 자연스러운 부분이다. 화는 유기체의 성장을 손상시키지 않는다. 토니의 부모가 토니의 화에 계속해서 부정적으로 반응을 보인다면, 토니는 앞으로 화를 부인하거나 왜곡할 경향이 있다. 토니는 화가 나기 시작할 때 불안을 느끼거나 '나쁜' 것으로 느끼기 시작할 것이다. 그리고 토니가 이상적 자기에 부합하려는 노력으로, 심지어 자기 자신을 화를 전혀 내지 않는 사람으로 간주하기 시작할 것이다. 이와 대조적으로 토니의 부모가 토니의 화를 비판하지 않고 수용한다면, 토니는 화가 나는 경험을 왜곡하거나 자기 것이 아니라고 부인할 필요가 없다. 토니는 화를 경험할 수 있고, 그러고 나서 다른 일을 할 수 있다.

처음에는 가치의 조건들은 외부적이다. 즉, 가치의 조건은 행동에 대해 다르게 가치를 부여하는 타인들(부모)의 반응, 때때로 사회적 기준(예 : 남자는 울면 안 돼, 여자는 소리지르면 안 돼.)에 기반한다. 그러나 개인은 반복해서 가치 조건화와 일치하는 행동에 대해 중요한 타인으로부터 인정을 받으면, 얼마 후 이러한 조건은 자기의 한 부분으로 내면화된다(C. R. Rogers, 1959). 이러한 변화가 발생하는 경우 개인은 유기체적 가치 부여 과정을 통하여 경험을 평가하는 것이 아니라 내면화된 가치의 조건화에 근거하여 경험에 대해 가치를 부여한다. 개인은 평가의 내부 소재(유기체적 가치 부여 과정)보다는 외부 소재(왜냐하면 그의 가치는 자기가 만든 게 아니기 때문)에 의해 작동하게 된다. 가치의 조건화는 사회적 규칙에 기반하기 때문에, 실현화 경향과 늘 부합하지는 않는다. 사실 가치의 조건화는 실현화 경향과는 조화를 이루지 못한다.

영상 자료 5.1

글로리아의 가치 조건화를 보여주는 부분에 대해서 생각해보자.

 https://www.youtube.com/watch?v=m30jsZx_Ngs

다릴은 리처드의 자기개념은 가치 조건화로 인해서 형성되었음을 알고 있다. 리처드의 죄책감과 우울은 내면화된 가치의 조건화에 불일치하는 경험의 결과일 것이다. 예를 들면 리처드는 어느 정도의 돈을 벌어야 하며, 가족의 주 부양자가 되어야 한다는 명백한 가치에 매달린다. 리처드는 남자는 강해서 가족을 부양해야 한다는 조건을 충족하지 못한다. 그의 자녀들이 그보다 더 많이 돈을 벌기 때문에 리처드는 자기에 대한 부정적 지각을 확증시켜준다. 리처드가 직업을 바꾸려고 결정하는 것은 '남자는 스트레스 상황에서 휘청거리며 안 되고 남자로서 약한 모습을 드러내면 안 된다.'는 조건화된 자기와 불일치한 것이다.

인간과 개인발달에 관한 이론

삶은 하나의 적극적인 과정이다(C. R. Rogers, 1980, p. 118). "간단히 말하자면 유기체는 언제나 무언가를 추구하고, 언제나 무언가를 시작하고, 언제나 무언가를 향상시킨다."(p. 123; 원문에서 인용). 심지어 가장 나쁜 조건에서도 모든 유기체는 긍정적인 방향으로 성장하기 위해 고군분투한다. 따라서 유아기부터 삶의 여정은 시작된다.

유아는 실현화 경향에 의해 동기화되고, 유기체의 가치화 과정을 토대로 경험을 평가한다. "유기체를 유지시키고 향상시킨다고 지각되는 경험들의 경우 긍정적으로 가치를 부여한다. 유기체의 유지 또는 향상을 방해한다고 지각되는 경험은 부정적인 가치를 부여한다."(C. R. Rogers, 1959, p. 222). 아기들은 자연스럽게 긍정적인 가치로 나아가고 부정적인 가치를 멀리한다.

아동은 자라면서 경험의 일부를 자기(self)로서 정의한다. 자기의 분화는 실현화 경향의 하나의 파생물이다. 즉, 완전히 기능하는 인간의 잠재력은 자신이 누구인지에 대한 인식이 발달하는 것과 관련된다. 더구나 경험은 정의된 자기개념의 확립을 이끈다. 아동은 자기의 발달과 함께 타인으로부터의 긍정적 존중에 대한 욕구나 긍정적인 자기존중의 욕구가 나타난다.

아동은 점진적으로 자기의 어떤 경험은 타인에 의해서 긍정적으로 가치를 부여받고 자기의 어떤 경험은 부정적으로 가치를 부여받는다는 것을 알아차리게 된다. 부모, 교사, 그리고 아동의 삶에 중요한 타인은 '좋은 소년' 또는 '좋은 소녀'에 필수적인 아동의 행동에 대해 반응한다. 아동은 긍정적 존중에 대한 욕구가 아주 강렬하기 때문에, 이러한 중요한 타인의 평가를 내면화하여 가치의 조건화가 확립된다. 아동은 조건화된 자기에 일치하는 자기 경험만 추구하고, 불일치하는 자기 경험은 피하거나 부인한다. 예를 들면 마가리타는 처음에 진흙에 흠뻑 젖어서 노는 경험이 즐거웠다(예 : 유기체의 가치화 경향과 일치). 그러나 마가리타는 엄마로부터 예쁜 하얀 드레스와 구두가 엉망이 된 것에 대해서 호되게 꾸지람을 듣게 되었다. 그리고 나서 마가리타는 엄마로부터 부정적인 관심을 경험했기 때문에 진흙놀이의 즐거운 경험은 부정적 경험이 되고 말았다. 결국 마가리타는 이러한 가치의 조건화를 내면화하고 더 이상 옷을 더럽힐 수 없었다. 사실 그녀는 심지어 손 씻는 강박 성향으로까지 발전하게 되었다.

완벽한 세상에서는 개인은 무조건적 긍정적 존중의 분위기를 발달시킬 수 있다. 로저스(1959)는 무조건적 긍정적 존중은 아동의 모든 행동에 대해서 긍정적 가치를 부여하는 것을 의미하는 것이 아니라고 신중하게 말하면서, "부모는 아동의 모든 행동에 대해서 똑같이 가치를 부여하지 않음에도 불구하고 아이를 자랑스럽게 여긴다."(p. 208)고 기술하고 있다. 아동에게 수용적인 환경을 제공하면 아동은 가치의 조건화에 의해 방해받지 않으면서 타인의 긍정적 존중에 대한 욕구와 긍정적 자기존중에 대한 욕구가 유기체적 가치화 과정과 대립하지 않는다.

리처드는 명백히 자기존중에 대해서 외부요인에 의해 조건화되어 있다. 다릴은 리처드의 초기 경험에 대해 정보가 많지 않지만, 리처드의 초기 삶에서 중요한 타인의 평가에 의해 리처드가 조건화되었다고 생각한다. 예를 들어 리처드의 현재 직업상 겪는 문제 상황(이직과 수입)은 아마도 일에 대한 초기 내면화된 가치로 인한 것이다. 즉, 일이란 남자로서 아주 중요한 부분이라고 내면화된 것이다. 직장을 바꾼다는 것은 자기를 돌보는 것으로 지각될 수 있지만, 아마도 리처드는 "이 일을 절대 포기하면 안 돼." 그리고 "어려움을 견뎌야 돼." 같은 전통적 가치와 불일치하는 것으로 간주한다. 다릴은 리처드가 자신의 마음을 표현하기 어려운 환경에서 성장했기 때문에, 다릴뿐만 아니라 가까이 있는 사람들에게 자신의 마음에 대해 개방하기를 주저하고 꺼린다고 가정하고 있다.

심리적 건강과 역기능

로저스(1961)에 의하면 '좋은 삶'은 하나의 과정이지 하나의 최종 목적지가 아니다. 건강한 사람은 일치성이 있는 사람이다. 단순하게 말하자면 자기에 대한 지각이 자신이 경험하는 것과 일치한다는 것이다. 건강한 사람은 경험에 개방적이고 평가에 대한 내적 통제소를 가진다(유기체의 가치화 과정). 개인은 유기체의 과정에 의해 인도된 옳은 길을 따르기 위해 자기 자신을 신뢰한다(C. R. Rogers, 1961). 건강한 개인의 경우 경험은 자각에서 자유롭게 수용되고 유기체의 욕구에 따라 평가할 수 있다. 개인은 긍정적 자기개념과 무조건적 자기존중을 가진다. 모든 경험은 왜곡 없이 정확하게 인지된다. 즉, 개인은 자연스럽게 실현화하는 경험으로 나아가며 잠재력의 최대화에 기여하지 않는 경험은 멀리하게 된다(Raskin et al., 2014).

건강한 개인은 삶에서 창조적이고 위험을 감수한다. 로저스는 건강한 개인이란 그(그녀)가 속한 "문화에 반드시 '적응'하는 것은 아니며, 전적으로 순응하는 사람이 되지는 않을 것이다. 그러나 어떤 시대나 어떤 문화에 속하든 건강한 개인은 요구되는 욕구와 균형 잡힌 만족을 이루며 그(그녀)가 속한 문화와 조화를 이루면서 건설적으로 살 것이다(C. R. Rogers, 1961, p. 194; 원문에서 인용)라고 기술한다. 개인의 경험을 모두 수용하는 데 있어서 중요한 부분은 인간이 수반하는 모든 느낌을 경험하면서 자기에 대해 진솔하게 표현하는 것이다.

인간중심 이론에서 역기능은 자기와 경험 간의 불일치로 정의된다. 개인의 자기는 조건화된 것이다. 어떤 경험은 내면화된 가치의 조건화와 불일치한다. 개인은 유기체의 가치화 과정을 통해서라기보다는 가치의 조건화에 따라 자기 참조적 경험을 평가하느라고 바쁘기 때문에 실현화 경향과 자기실현화 경향과 갈등을 겪는다. 조건화된 자기와 유기체적 경험은 불일치하기 때문에 실현화 경향과 자기실현화 경향은 결별하게 된다.

사람이 조건화된 자기와 불일치하는 경험과 마주하게 될 때 경험은 일반적으로 '의식 수준'에서 명료하게 처리되지 못한다. 즉, 불일치하는 경험은 오직 흐릿하게 지각된다. 조건화된 자기와 불일치하는 사고, 정서, 지각에 대한 명백한 인식은 자기개념의 변화를 초래할 수 있지만, 조건화된 사람은 이런 변화를 반기지 않는다. 이런 조건화된 자기와 불일치하는 경험은 자기에게 위협적이다. 왜냐하면 불일치 경험은 타인으로부터 긍정적 존중을 얻는(그리고 자기에 대한 긍정적 관심) 능력을 위협하기 때문이다. 불일치 정보는 불안을 야기한다. 그 결과 개인은 방어적이고 경직되며, 경험을 부인하거나 왜곡하게 된다. 방어는 '신경증'으로 기술하는 전형적인 개인의 특징이다(C. R. Rogers, 1959). 개인의 불일치되는 행동은 일관성이 없다. 때때로 개인의 행동은 조건화된 자기에 의해 인도되고, 때때로 유기체의 가치화 과정에 의해 인도된다. 개인은 받아들일 수 없는 경험에 대해 끊임없이 방어하기 때문에 취약해진다. 개인은 불안하고 경직된 자기개념을 보호하고 있다. 평가 소재는 내적(예 : 유기체의 가치화 과정; C. R. Rogers, 1959)이라기보다는 외적(역설적으로 내면화된 가치 조건화에 잔재되어 있음) 요인에 있다.

만약 개인의 경험이 자기와 아주 불일치되고(예 : 많은 경험은 자기에게 수용되지 않음) 만약 불일치된 경험이 아주 강력하거나 또는 갑자기 일어나면, 개인의 방어는 제대로 작동되지 못하고, 압도될 수 있으며, 경험은 자각 면에서 상징화된다(C. R. Rogers, 1959). 자기구조가 손상되면 개인은 와해된다. 신경증과 유사하게 개인의 행동은 어떤 때는 조건화된 자기에 의해 인도되고, 어떤 때는 '실제' 자기(예 : 유기체의 가치화 과정)가 회복되어 행동을 인도한다. 이렇게 일관적이지 않고 변동수준이 신경증보다 좀 더 심각한 경우 우리가 보통 정신증으로 일컫는 것과 비슷하게 보인다. 로저스 (1959)는 사회적 상황에서 전형적으로 부적절하게 여겨지는 성적 행동을 보이는 급성 정신증의 예를 제시한다. 이런 개인은 단순히 그의 실현화 경향(예 : 성은 유기체에 좋은 것이다)을 따르고 있다. 그러나 가치의 조건화는 그로 하여금 성을 부인하게 한다. 자기가 너무 많은 불일치로 인해 손상당하게 되면, 이러한 부적절한 성적 행동은 표현된다. 왜냐하면 성적 경험의 욕구는 자각 면에서 상징화되기 때문이다.

신경증과 **정신증** 같은 용어를 사용했음에도 불구하고, 로저스는 전형적인 진단적 절차와 체계를 많이 사용하지는 않았다. 이전에 개인을 '방어적' 대 '와해된' 상태로 범주화하는 것에 대해 로저스 (1959)는 다음과 같이 말했다. "기존에 늘 사용했던 분류보다 더 기본적인 분류처럼 보이며, 아마도 치료를 고려하는 데 있어서 더 결실이 있을 것이다. 개인을 방어적 또는 와해된 상태로 분류하는 것은 개인 자신의 실체로서 신경증과 정신증의 개념으로 분류하는 것을 피하게 되며, 신경증과 정신증으로 범주화하는 것은 불행이며 잘못된 개념이라고 믿는다."(p. 228)

인간중심 이론에서 모든 역기능의 근원은 자기(개념)와 경험 간의 불일치에서 찾을 수 있다. 예를 들어 우울은 부정적 자기개념과 연관되어 있으며, 부정적 자기개념은 지나친 가치의 조건화로 인해 초래된 것이다. 조건과 불일치되는 경험들은 인식되지 않게 된다. 그리고 우울의 정도는 지각되는 경험의 유형과 본질에 따라 달라진다. 불안은 인식되지 않은 불일치와 조건화된 자기를 방어하고자 하는 욕구로부터 초래된다.

리처드는 자기개념과 경험 간에 불일치를 보인다. 상담장면에서 리처드는 신경증적인 웃음으로, 불안의 단서를 보여주면서 불편하게 행동한다. 그는 자신을 드러내기를 꺼린다. 왜냐하면 리처드의 내면화된 가치의 조건화는 자신의 느낌에 대한 진솔한 표현하는 것을 방해하기 때문이다. 리처드는 불안 또는 그 뒤에 숨겨진 느낌에 대해서 감히 얘기하지 못한다. 그는 '강해야 된다'는 가치에 조건화되어 있어서 자신을 진솔하게 드러내는 것은 이러한 조건화된 자기관점에서 위배되기 때문이다. 리처드는 타인으로부터 조건화된 반응이 두렵고, 아직 다릴도 기존의 사람들과 다르지 않다고 여기기 때문에 진실한 자기를 보여주는 것이 두렵다. 리처드는 우울을 보고한다. 다릴은 리처드의 슬픔이 조건화된 자기를 실현할 수 없기 때문에 나타나는 것으로 보고 있다.

치료의 특성

사정

인간중심 상담자는 사정의 어떠한 형태도 사용하지 않는다. 많은 인간중심 상담자는 단호하게 진단을 반대한다. 로저스는 내담자를 사정하고 진단하는 것은 치료적 상호작용에서 내담자를 단지 대상으로 바꾸게 하는 것이며, 상담자와의 거리를 두게 하는 것이라고 생각했다.

다릴은 리처드가 상담받기로 한 것에 대해 반긴 후에 리처드에게 어떻게 도움을 주는 것이 좋을지 질문한다. 다릴은 어쨌든 리처드와의 대화의 흐름에서 '면담'을 지시하지도 않고 어떤 식으로 방향을 제시하지도 않는다.

치료적 분위기

로저스는 상담을 두 개인 간의 참만남으로 간주했다. 로저스는 내담자를 배제하고 상담자만이 전문가라는 관점을 강렬하게 거부했으며 상담자의 태도 및 철학이 내담자와 상담자 관계의 성공에 핵심이라고 주장했다. 인간중심 상담자는 상담에서 내담자의 자유와 자율성을 강조하며, "상담자 개인은 실제로 역할을 하지만, 상담관계가 주요한 정수 부분이다."(Rogers, 1977, p. 21)라고 강조한다. 비유하자면 운전자 자리에서 내담자가 회기의 수와 빈도, 상담자의 유형, 그리고 궁극적으로 상담에 참여할지 여부를 선택한다. 여러분이 예상하듯이 인간중심 상담자는 처치(treatment)라는 용어가 의학적 의미가 함축되어 있기 때문에 처치라는 용어를 싫어한다(Raskin et al., 2014).

내담자와 상담자의 역할

인간중심 상담에서 상담자와 내담자는 평등하며 상담자는 내담자가 자신에 대해 탐색하는 데 있어서 함께하는 한 명의 동반자이다(C. R. Rogers, 1986a). 이러한 경험을 기술하는 데 있어서 로저스(1986a)는 "나는 상담자로서 내담자를 이끌기를 원하지 않는다. 왜냐하면 내담자는 자신의 고통의 근원의 경로에 대해서 나보다 더 잘 알고 있으며… 내가 원하는 것은 내담자 옆에서, 때로는 한 발 뒤처지고, 내가 좀 더 경로가 명확하게 보일 때는 한 발 앞서가고, 그리고 내 직관에 의해 인도될 때만 좀 더 앞으로 나아간다."라고 말한다(pp. 207-208).

인간중심 이론에서 상담자의 역할은 내담자가 잠재력을 발휘할 수 있는 환경을 제공하는 것이다. 상담자의 결정적인 두 가지 과제는 내담자의 경험에 대해 이해하기 위해 고군분투하는 동시에 치료관계에서 상담자 자신의 경험에 대해 기꺼이 개방하는 것이다. 라스킨 등(Raskin et al., 2011)은 "내담자 중심 상담자는 내담자를 한 사람으로서 만나는 위험을 감수해야 하며, 진솔성 있고, 협력적인 관계에서 서비스를 제공해야 한다. 기법들을 사용하는 것과… 타인과의 관계에서 자기 자신으로 존재하는 것은 다르다."(p. 149; 원문에서 강조).

내담자의 역할은 바로 자기 자신이 되는 것이다. 내담자는 가능한 한 많이 자신의 경험과 접촉해야 하며 치료적 여정에서 안내자가 된다. 초기에는 내담자가 경험하고 표현할 수 있는 정도는 불일치의 수준과 직접적으로 연관이 된다. 극도의 불일치를 보이는 내담자는 일치하는 내담자보다 더 그들의 경험에 대해서 편안하게 말하지 못할 것이다.

> 다릴은 대인관계적 참만남에서 리처드를 파트너로 여기고 다가간다. 다릴은 리처드에게 가르치거나, 평가하거나 조언을 하지 않는다. 다릴은 리처드와 개인적이고, 진솔성 있는 방식으로 만나고, 리처드의 경험을 가능한 한 많이 이해하도록 노력한다. 다릴은 리처드가 편안하게 느끼면서 자기 자신을 드러내기를 기대한다.

상담 목표

인간중심치료의 목표는 내담자로 하여금 충분히 잠재력을 발휘할 수 있는 여정을 가도록 촉진하는 것이다. 만약 적절한 조건들이 이루어지면, 내담자는 상담자의 수용을 경험하며 결과적으로 자신의 경험을 좀 더 충분히 수용하여 실현화 경향과 좀 더 접촉하게 된다. 인간중심 상담의 좀 더 좁은 목표는 내담자가 불일치에서 일치로 향해 나아가는 것이다. 성공적인 인간중심 상담은 가치의 조건화를 감소시키거나 제거하는 것이며, 자기와 경험 사이의 불일치를 감소시키거나 제거하는 것이다.

> 다릴은 리처드가 조건화된 자기와 불일치하는 경험에 대해 자각하고 이러한 경험들을 자신의 가치로운 측면으로 받아들이기를 희망한다. 만약 상담이 성공적이라면, 리처드는 자기 자신의 모든 측면을 받아들일 것이다. 즉, 리처드는 강하고 가족을 부양하는 이상적인 남성상이 '실패'했다고 여겨서 자신의 살아 있는 측면들을 부인하거나 왜곡했는데, 이러한 부인하거나 왜곡한 자기 측면을 자유롭게 수용할 것이다. 리처드는 자연적인 유기체의 가치화 과정에 따라서 긍정적 또는 부정적 경험을 평가할 것이다. 예를 들면 리처드는 일에 대해 고통에 빠져 있기보다는 스트레스를 줄이기 위해서 오히려 직업을 바꿈으로써 자신을 돌보는 데 가치를 둘 것이다. 리처드가 자신의 느낌을 경험하고 타인에게 진솔성 있게 표현할 수 있게 된다면, 좀 더 조건적이지 않은 관계를 맺을 것이며, 부인과 자녀를 포함하여 타인에게 좀 더 개방적이 될 것이다.

치료 과정

드라이든과 미튼(Dryden & Mytton, 1999)은 인간중심 이론의 발달에서 역사적 세 단계를 확인했다. 가장 초기 단계(1940년과 1950년)의 경우 상담적 상호작용에서의 비지시적 본질을 강조했다. 카타르시스 모델에서 내담자는 정서를 표현하고 방출한다. 그리고 상담자는 어떤 조언 또는 해석을 제공하는 것을 금한다. 통찰은 내담자 자신에 의해 성취되는 것이다. 상담자는 내담자의 느낌에 대한 반영을 통하여 내담자를 이해하고 수용하고 있음을 전달한다.

인간중심 이론의 두 번째 발달단계에서는 상담자의 태도가 강조된다(1950년 후반과 1960년 초기). 로저스는 비지식적 접근(예 : 내담자가 사용하는 단어 반복하기, 조언 주는 것 피하기)이 '기법'처럼 된 것을 알아차렸다. 기계적이고 수동적인 이러한 체계의 특성에 대해서 불만족한 로저스는 내담자와의 관계에서 상담자의 태도에 초점을 두기 시작했다. 특히 변화에 대한 원동력은 내담자 내면에 있다는 신념에 토대를 두고 있다. 상담자는 오직 내담자의 내적 여정에서 내담자를 정확하게 이해하고 지지하는 것만 필요하다.

드라이든과 미튼은 인간중심 이론의 세 번째 변화(1960년 중반에서 후반)는 로저스의 상담자로서 실제 경험으로부터 초래되었다고 보고 있다. 그들은 로저스가 싫어하는 어떤 아주 혼란된 내담자와 작업하면서 로저스가 "내담자가 나에게 너무 의존해서 덫에 빠진 듯"한 느낌이 들었다(1999, p. 64)고 설명했다. 결국 로저스는 내담자와 분리할 수 없을 것 같은 아주 매몰된 느낌을 인식했다. 이 위기는 너무 심각해서 로저스로 하여금 내담자를 다른 상담자에게 의뢰하게 하고 일시적 휴식을 취하게 만들었다. 사실 로저스는 한동안 부인과 함께 다른 곳으로 옮겨서 피해 있었으며, 그 후 얼마 지나서 동료와 함께 상담자로서 일을 재개했다. 이러한 사건을 통하여 로저스는 치료관계에서 상담자가 정직해야 한다는 점을 깨닫게 되었다. 로저스는 만약 자신이 내담자에게 정직했다면, 관계가 이렇게 파괴적으로 되지 않았을 것이라고 믿었다. 후에 로저스의 인간중심 이론은 상담자의 일치성, 또는 진솔성을 매우 강조하게 되었다.

로저스는 내담자의 타고난 성장 경향을 발현시키는 데 필요한 것은 바로 상담자가 내담자에게 성장 경향을 지각하도록 최적의 환경을 제공하는 것이라고 했다. 상담자는 내담자에 대한 적절한 태도와 상담 과정에서의 모험에 대한 적절한 태도를 유지함으로써 이러한 환경을 창출한다. 간단히 말하자면 상담자는 내담자의 성장을 위한 촉진적 환경을 조성하도록 작업해야 한다. 즉, 로저스(1957)는 내담자의 변화에 대한 필요충분 조건으로 상담자의 일치성, 무조건적 긍정적 존중, 공감적 이해(이 세 가지 조건을 핵심조건이라고 부름)라고 언급했다. 이러한 필요충분 조건은 상담이론에서 아주 중요한 역할을 차지하며, 각각의 개념에 대해서 논의할 것이다.

그러나 상담의 조건에 대해 논하기 전에, 상담에서 우선적으로 선행되어야 하는 부분은 내담자와 상담자 간의 심리적 접촉이 이루어져야 한다는 점이다. 내담자와 상담자, 두 개인은 각각 경험의 장이 '다르면서'(C. R. Rogers, 1959, p. 207), 심리적으로 접촉하고 있다. 만약 여러분이 이 장의 서두에서 로저스의 저서 초록을 읽었다면, 여러분은 내담자가 상담자로부터의 무조건적 긍정적 존중과 공감을 지각하는 중요성을 물론 알 것이다.

일치성

일치성(genuineness)은 순수성, 투명성, 실제성으로도 불리며(C. R. Rogers, 1980), 상담자가 치료 순간에서 자신의 경험에 대해 자유롭게 흐르듯이 자각하는 것을 의미한다. "상담자가 상담관계에서 있는 그대로 그 자신이 되어 갈수록, 즉 전문가로서 유명세나 또는 개인적 겉치레를 하지 않을수록, 내담자는 건설적인 방법으로 변화하고 성장할 가능성이 있다."(C. R. Rogers, 1980, p. 115). 상담자는 자신의 경험에 대해 자각할 뿐만 아니라 이러한 자각은 언어적이고 비언어적으로 명확하게 표현된다. 만약 이러한 상담자의 자각이 내담자에게 도움이 된다면 상담자의 느낌과 반응은 내담자에게 전달된다. 인간중심 이론이 발달함에 따라 로저스는 일치성이 좋은 상담의 열쇠라고 확신하면서 다음과 같이 기술했다. "10년 이상 나는 진솔성 또는 일치성, 그리고 진솔성의 표현이 상담관계의 가장 중요한 부분임을 언급하려고 노력했다."(C. R. Rogers et al., 1967, p. 511).

로저스는 일치성의 의미를 명료화하기 위해 노력하면서 다음과 같이 기술했다.

일치성의 의미에 포함되지 않은 내용부터 우선 진술하는 것이 나을 것이다. 일치성은 상담자가 자신의 모든 느낌에 대해서 겉으로 표현함으로써 내담자에게 부담을 준다는 의미가 아니다. 또한 일치성은 마음속에 떠오르는 대로 충동적으로 쏟아내는 것을 의미하는 것도 아니다. 상담자가 전체자기를 내담자에게 개방하는 것을 의미하는 것도 아니다. 그러나 일치성은 상담자가 경험하고 있는 그 자신의 느낌을 부인하지 않으면서 상담관계에서 존재하는 지속적인 느낌들에 대해 기꺼이 투명하게, 그리고 적절하다면 내담자에게 알리는 것이다. 일치성은 고백적인 전문적 관계를 취하기 위해서 겉치레를 보이거나 전문가의 가면 뒤에 숨으려는 유혹을 피해야 한다는 의미이기도 하다.(Rogers, 1967, p. 101; 원문에서 강조)

로저스(1966, p. 185)는 상담자가 내담자에 대해 어떠한 지속적인 부정적 느낌을 경험하지 못했다면 최상이지만, 만약 상담자가 내담자에 대한 지속적인 부정적 느낌이 경험된다면 표현되어야 한다고 생각했다. 왜냐하면 부정적 느낌은 숨겨질 때 더 해롭기 때문이다. 상담자가 부정적 느낌을 숨기는 것은 허세를 부리는 것이며, 내담자도 상담자의 부정적 느낌에 대해서 알아차릴 것이다. 현대의 인간중심 이론가들은 상담자의 부정적 느낌을 표현하기 위한 지침들을 개발했다. 즉, 상담자는 개인적 반응으로서 자신의 느낌에 대해 명료화하고, 잠정적으로 여겨야 하며, 이러한 상담자 느낌에 대해 표현할 때는 도움이 되는 긍정적인 태도로 내담자에게 명확히 전달해야 한다(Elliott, 2013a).

로저스(1959, 1980)는 삶의 모든 순간에서 인간이 일치성 있게 되는 것은 불가능하다고 인정했다. 로저스는 "심지어 만약 일치성이 삶의 필수 조건이라면 치료라는 것은 있을 수 없다."고 말했다(1959, p. 215). 왜냐하면 어떤 사람도 항상 자신의 경험에 대해 완전히 자각할 수는 없기 때문이다. 중요한 것은 상담자가 존재하고, 내담자와 상호작용하는 그 순간에 상담자가 자신의 경험을 자각하는 것이다. 로저스는 다음과 같이 언급했다. "따라서 완벽하지 않은 인간이 완벽하지 않은 다른 인간에게 치료적 조력을 할 수 있다."(p.215)

다릴은 리처드와 함께하는 상담회기에서 충분히 자기 자신이 되고자 노력한다. 다릴은 리처드가 언어적 그리고 비언어적으로 의사소통하는 것에 집중하면서 리처드와의 관계에서 자신의 고유의 경험들에 대해서 자각한다. 때때로 다릴은 리처드에게 그들의 상호작용에서 무엇을 느끼는지 표현한다. 예를 들어 다릴은 리처드에게 거리감이 느껴진다고 말한다.

무조건적 긍정적 존중

상담자는 내담자에게 완전한 수용과 돌봄을 주면서 다가간다(C. R. Rogers, 1980). 로저스는 이러한 태도를 기술하기 위해 '소중히 여기다'라는 말로 표현했으며, 우리는 이러한 느낌에 의해 덫에 빠질까 봐 한편으로 두려워하기 때문에 이러한 느낌을 경험하는 것은 모험이라고도 덧붙였다. 타인을 수용하고 돌보는 느낌은 우리를 실망시킬 수도 있고 때로는 타인들이 요구적일 수 있기 때문에, 이러한 수용과 돌보는 느낌을 타인에게 쏟는 것이 두렵기도 하다. 사실 로저스(1961, p. 52)는 이러한 상담자의 두려움이 주로 내담자를 향한 '전문적 태도'를 취하는 데 있어서의 주요한 책임에서 나올 수 있지만, 한편으로는 이러한 두려움이 상담자와 내담자 사이의 거리를 창출하기도 하고, 상담자가 상처받는 것으로부터 보호해주기도 한다고 생각했다. 로저스는 "관계에서의 어떤 순간에 타인을 돌보는 게 안전하게 느껴지고, 긍정적 느낌을 갖게 하는 한 사람으로서 타인을 여기고 관계할 때 실제 무조건적 긍정적 존중(unconditional positive regard)이 일어나는 것이다."(1961, p. 52)고 언급했다. 로저스(1966)는 무조건적 긍정적 존중 규칙의 예외적인 부분에 주목했다. "극도로 미성숙하거나 또는 퇴행적인 개인과 작업할 때는 조건적인 존중이 관계를 맺는 데 있어서 무조건적 긍정적 관심보다 더 효과적일 것이다."(p. 186)

다릴은 리처드의 성장을 위해서 어떤 조건이나 평가 없이 리처드를 수용해야 한다. 다릴은 리처드를 한 사람으로서 소중히 여기며, 리처드에게 돌봄을 주면서 소중한 존재임을 진솔하게 전달한다.

공감

공감(empathy)은 한 개인이 마치 그 사람이 된 것처럼, "'마치 ~인 것처럼' 조건을 잃지 않은 채" 타인의 내적 경험을 지각하는 것이다(C. R. Rogers, 1959, p. 210; 원문에서 인용). 로저스(1980)는 공감을 "일시적으로 타인의 삶에 거주하면서, 판단 없이 섬세하게 움직이게 하는 것이다."(p. 142)라고 말하면서 공감을 하나의 상태이기보다는 하나의 과정으로 여긴다. 만약 상담자는 진실로 정확한 공감을 한다면, 심지어 내담자가 전적으로 접촉하지 않는 의미와 느낌까지도 지각할 수 있다.

> **영상 자료 5.2**
> 칼 로저스의 공감
> https://www.youtube.com/watch?v=iMi7uY83z–U

상담자는 내담자에게 공감적 이해를 전달해야 된다. 그러나 로저스(1980, p. 142)는 내담자로 하여금 전적으로 무의식적 느낌을 자각하게 하는 것에 대해 경고를 주었다. 왜냐하면 이런 무의식적 느낌은 너무 위협적이기 때문이다. 대신에 상담자는 '내담자의 자각 끝자리에서 내포된 의미들을 살짝 들여다보는 것"에 초점을 두어야 한다고 했다(C. R. Rogers, 1966, p. 190).

불행히도 로저스에 의하면(1980) 초기의 정확한 공감에 대한 개념은 상담자의 반응에만 엄격하게 초점 맞추어졌다고 한다. "내담자의 느낌에 반영하는 것"이 마치 인간중심 이론과 동의어가 되어 버린 셈이다. 상담기법으로서 느낌의 반영을 가르치는 것은 인기가 있었다. 그러나 로저스(1986b)는 이러한 접근은 종종 로봇 반응을 이끈다고 생각했다. 즉, 공감반응은 "내가 대학원 시절, 나는 네가 … 말하는 것을 들었어."라는 농담 섞인 구절 같은 것으로 오인을 받았다. 로저스(1980)는 "나는 몇 해 동안 우리의 상담 접근이 완전히 왜곡되어 간다는 점에 아주 당황했다. 나는 공감적 경청에 대해 거의 말하지 않았으며, 내가 공감적 태도에 대해 강조했을 때도 공감적 태도를 어떻게 실천하는지에 관해서는 거의 말하지 않았다."(p. 139)고 말했다. 대신에 로저스(1986b)는 내담자의 '느낌을 반영' 할 때, 진정으로 "내담자의 내적 세계를 제대로 이해했는지"를 점검하고자 노력했다는 점을 강조했다(p. 376). 메리와 투더(Merry & Tudor, 2006)는 인간중심 상담자는 내담자의 사고, 신체감각, 환상

같은 내담자 경험의 다른 측면을 배제하고 느낌에만 초점을 맞추는 것은 아니라고 좀 더 명료하게 주장했다.

> 다릴은 리처드 입장에서 충분히 이해하려고 애쓴다. 다릴은 자신과 리처드 사이의 경계를 잃지 않은 채, 가능한 한 "리처드의 관점으로 보려고" 노력한다. 때때로 다릴은 리처드가 부인하거나 왜곡한 느낌들에 대해서 리처드에게 말하고자 하는 바람이 자신에게 있음을 알아차렸다. 예를 들어 다릴은 리처드가 남편으로서 그리고 가족의 부양자로서의 역할에서 부적절감을 느끼는 것을 인식한다. 만약 리처드는 이러한 부적절감을 느끼거가 부적절감의 의미가 표면에 부각하기 시작한다면 불안해할 것이다. 상담관계의 지지적인 분위기에서 다릴은 리처드가 부적절감을 경험하도록 조력한다. 그러나 다릴은 리처드가 이런 부적절감을 경험하도록 강요하지는 않는다. 즉 다릴은 리처드가 준비가 되어 있지 않다면, 리처드가 이런 느낌을 알아차려야 한다고 어떤 식으로도 주장하지도 않는다.

상담에서의 네 번째 조건?

후기 저술에서 로저스(1986a)는 조력 관계의 네 번째 특성에 대해 논의하기 시작했다. 로저스(1986a)는 그의 아이디어에서 과학적 토대가 없다는 것을 인정하면서 상담자로서 최선을 다할 때, "경미하게 변화된 의식상태… 온전한 치유"(p. 198)로 들어간다고 믿었다. 이러한 초월적 상태는 즉흥적인 행동을 초래할 수도 있지만, 내담자의 경험과 거의 마법처럼 일치한다. "그러한 순간에서 나의 내적 영혼이 상대방의 내적 영혼에 도달하며 접촉한다."(p. 199) 로저스의 이러한 초월적 상태에 대한 논의에도 불구하고, 이후의 인간중심 이론에서는 초월적 상태라는 네 번째 조건에 대해서는 거의 관심을 기울이지 않았다.

치료 과정의 단계

로저스는 상담 과정을 내담자의 불일치성에서 일치성으로 나아가는 점진적인 과정으로 간주했으며, 내담자들이 이러한 여정을 통과하는 단계를 관찰했다. 흥미로운 사실은 로저스가 미국심리학회(APA)에서 차별화된 과학적 공헌으로 상을 수상했을 때 그의 연설문에 이러한 '과정 개념'(p. 142)을 발전시켰다. 로저스는 이전의 작업을 논의하기를 원하지 않았다. 대신에 그는 성격 변화에서 새로운 관점을 취하기를 원했으며, 새롭게 대두된 관점은 관찰자의 관점으로부터 얻은 변화 과정 관점이었다(C. R. Rogers, 1961). 로저스(1958)는 상담회기를 녹음한 테이프를 수없이 반복하여 검토하면서, "가능한 한 순수하게 들어보고자 노력하고 있다. 나는 과정에 대해서, 변화에 있어서 의미 있는 요소들에 관해서 포착할 수 있는 모든 단서를 흡수하기 위해서 노력했다."고 언급했다. 이러한 연구를 통해서 로저스(1958)는 7단계의 변화 과정을 확인했다. 나는 다음과 같이 풍부하고 생생한 7단계의 변화 과정에 대해 전달하기 위해 로저스(1958)의 저서에 있는 그대로를 인용하고자 한다.

1단계. 이 단계에서 개인은 자발적으로 상담실에 찾아오지 않는다. 개인은 보통 자신에게 어떤 문제가 있다고 보지 않기 때문에 변화는 일어나지 않는다. "느낌과 개인적 의미는 인식되지도 않고, 자기 것으로 여겨지지도 않는다."(p. 143) 그리고 개인은 친밀한 관계를 두려워한다. 개인은 자신에 대해서는 말하지 않고, 외적인 것에 대해서 말하는 경향이 있으며, 경직된 자기구조를 가진다.

2단계. "개인은 첫 번째 단계에서 자신에 대해서 충분히 받아들여지는 경험을 할 수 있을 때, 두 번째 단계로 나아간다."(p. 144) 로저스는 이러한 접촉이 어떻게 이루어졌는지에 관해서는 확신할 수 없었지만, 일단 이러한 접촉이 일어나면 개인이 경험의 연속선상을 따라 좀 더 전진해 나간다고 했다. 개인은 자기와 관련이 없는 주제들에 대해서 얘기하며, 외적인 문제들에 대한 책임을 인식하지 못하는 것처럼 보인다. 이 단계에 있는 개인은 상담하러 오지만, 로저스는 이런 개인을 힘든 고객으로 여겼다.

3단계. 자발적으로 자신의 필요에 의해 상담하러 오는 내담자가 이 단계에 속한다. 만약 2단계의 개인이 계속 나아간다면, 좀 더 유연성 있는 경험하기와 표현하기로 발전해 나간다. 3단계에 있는 내담자는 자기의 경험과 느낌에 대해서 표현하지만, 아주 거리를 두고 객관화된 방식을 취한다. 내담자는 충분히 자신을 경험하지 못한다. 느낌은 지각되지만 나쁜 것으로 인식된다. 자기는 여전히 경직되어 있음에도 불구하고 희미하게는 인식된다. 내담자는 또한 경험에서 모순을 인식한다.

4단계. 이 단계에서 개인은 좀 더 강렬한 느낌을 표현하기 시작한다. 그러나 이러한 느낌은 여전히 대개 과거 경험으로부터 기인한 것들이다. 내담자는 자기와 경험 사이의 불일치에 대해 자각하기 시작하며, 어느 정도 자신의 힘든 부분에 대해서 책임을 지기 시작한다. 때때로 느낌은 현재에도 슬그머니 경험되지만, 내담자는 이러한 경험하기를 두려워하고, 수용하기를 어려워한다.

5단계. 만약 적절한 수용적인 분위기가 형성된다면, "4단계는 좀 느슨해지며, 자유로운 유기체적 흐름은 증가된다."(p. 144) 5단계의 내담자는 느낌을 경험하기 때문에 느낌을 경험하고, 자유롭게 표현한다. 이러한 경험은 완전히 두려움이 없는 것이 아니다. 그리고 슬그머니 오는 느낌은 때때로 내담자를 당황하게 한다. 하지만 개인은 "자기 느낌들이 자신의 것이라는 것"을 더 자주 표현하며(p. 145), 진솔하게 느낌을 수용하게 된다. 내담자는 경험의 내적 참조틀(유기체의 가치화 과정)을 인식하기 시작한다. 로저스는 이 단계를 "첫 단계로부터 수백 마일 떨어진 심리"(p. 145)라고 특징지었다.

6단계. 로저스는 6단계를 "아주 독특하고 때때로 극적인 국면"(p. 146)으로 기술했다. 내담자는 이전에 "막혀 있었던" 느낌을 "즉시적으로 그리고 풍부하게" 경험한다(p. 146). 내담자는 느낌을 충분하게 받아들인다. 내담자가 느낌을 충분히 받아들이는 그 순간 자기는 더 이상 대상이 아니다. "이느낌이다. 거의 자기 의식적 자각 없이 이 순간에 존재한다."(p. 146; 원문에서 강조). 자기와 경험 간의 불일치는 자각에서 극적으로 상징화되고, 따라서 일치로 전환된다. 핵심을 말하자면 내담자는 가치의 조건화 때문에 부인했던 자기의 측면이 된다. 로저스에 의하면 내담자가 일단 경험하면, 이 과정은 돌이킬 수 없다.

7단계. 로저스는 마지막 단계의 변화는 상담관계의 내외적 부분에서 일어나는 것으로 보고 있다. "변화되는 느낌, 자신에 대한 기본적 신뢰… 자신의 것으로 받아들이는 인식이 성장하고 지속되고 있다."(p. 148) 자신을 신뢰하도록 배운 내담자는 삶의 토대로서 유기체의 가치화 과정을 계속해서 활용한다. 자기(self)는 지각되는 대상이기보다는 경험하는 과정이 된다. 이제 가치의 조건화는 내면에서 만들어지고 토대를 둔 가치와 구인들로 대체된다. "내담자는 내적 성향, 몰입, 변화의 질을 심리적 삶의 모든 측면에 통합시킨다."(p. 149) 이 단계의 경우 관계의 특징으로 진솔성, 자유, 일관성, 그리고 명확한 의사소통을 들 수 있다.

모든 내담자가 이 마지막 변화단계에 도달하는 것은 아니다(C. R. Rogers, 1961). 사실 로저스는 어떤 사람들은 유연성에 가치를 두지 않고, 로저스의 사상에 대해서 반대한다는 사실도 알고 있다. 로저스는 만약 내담자가 1단계에서 시작한다면 7단계에 이르기까지 여러 해가 걸릴 수 있으며, 이러한 7단계까지 이르는 진보는 아주 드물다고 말한다. 흔히 2단계에서 상담을 시작한 내담자들이 4단계에서 종결될 수 있으며, 종결 시 상담자와 내담자 모두는 상담성과에 만족한다.

로저스(1987)는 변화 과정에 저항하는 내담자의 두 가지 유형을 인식했다. 첫째, 이전에 부인했던 느낌을 자기와 상담자에게 드러내야 하는 고통스러운 경험을 겪어야 되는 데 대한 자연스러운 꺼림이 있다. 결국 이런 느낌은 드러내서 고통을 겪어야 하기 때문에 부인된다. 두 번째 저항 유형은 상담자에 의해 유발되며, "해석 제공, 진단과 판단"으로 인해 야기되는 것이다(C. R. Rogers, 1987, p. 186). 만약 상담자가 핵심적 조건을 제공하면서 안전한 관계를 만들어준다면, 내담자가 저항을 함으로써 자신을 보호할 필요가 없을 것이다.

> 리처드는 3단계에 있다. 리처드는 우울과 부적절감, '불쾌한' 느낌을 경험한다. 리처드는 경직된 구조가 느슨해지는 것에 불편해하면서 자기와 관련된 주제를 회피하며, 다릴과 참접촉하는 것을 꺼린다. 만약 다릴이 수용적이고, 진솔적이고, 공감적이라면, 리처드는 자신의 조건화된 자기와 부합하지 않는 경험을 했을 때, 조건화된 자기를 보호하기 위한 경직된 구조를 더 이상 고수하지 않는다. 리처드는 현재 느낌(분노 같은)을 경험하기 시작할 것이며, 이런 경험을 수용하기 시작할 것이다.

치료 기법

인간중심치료에서 기법은 없다! 사실 우리는 전형적으로 기법(내담자에게 직면하기, 해석하기 등)을 내담자로 하여금 자신의 경험을 발견하고 해결책을 발견하도록 돕는 것으로 보기보다는 내담자에게 지침을 주고 객관화하는 것을 돕는 것으로 간주한다. 이전에 언급했듯이 '느낌의 반영'을 인간중심상담에서의 주요 기법으로 간주하기 시작했을 때 로저스는 이에 반대했으며, 중요한 것은 상담자에 의해 전달되는 태도라고 언급했다.

인간중심 이론은 비지시성을 강조했기 때문에, 여러 해가 지난 후에는 특정 기법 사용의 결여가 오히려 이 접근의 중요한 약점으로 지각되었다. 따라서 인간중심 이론의 변화가 일어나기 시작했다. 즉, 인간중심 이론은 내담자의 경험 수준을 향상시키기 위해서 상담자의 의도된 지시적이고 적극적인 개입의 활용을 포함하면서 발전해 나갔다(예 : Gendlin, 1996; L. S. Greenberg, 2011). 호세포위

츠와 마이란(Josefowitz & Myran, 2005)은 인간중심 상담에서의 활동 역할에 대해 논의했으며 인간중심 상담자의 두 가지 일반적인 '유형'을 확인했다. 첫 번째 상담자 유형은 '경험주의자'로 명명되며, 이 유형의 상담자는 젠들린(Gendlin, 1996)의 초점화 접근과 정서중심치료(Goldman & Greenberg, 2015; S. M. Johnson, 2004)의 구성요소에 관심을 가지는 이들이 포함된다. 이러한 상담자의 경우 내담자에게 상담 방향의 통제권을 주는 것을 강조하는 '비지시적 내담자중심 상담'과 비교하자면, 상담자의 적극성과 지시성을 더 많이 허용한다(Josefowitz & Myran, 2005, p. 330). 정서중심치료는 인간중심 접근, 게슈탈트 접근, 실존적 접근과 맥을 같이하며, 이러한 이론들의 기법을 사용했으며, 빈의자 대화법 같은 기법도 사용했다(L. S. Geenberg, 2011; Goldman & Greenberg, 2015; 제7장의 글상자 7.3 참조). 젠들린(1990, 1996)은 내담자의 경험, 즉 내담자가 그들의 문제에 대한 신체감각에 집중하도록 안내하는 초점기법('느끼는 감각'; Cain, 2013, p. 172)의 발달을 강조했다. 이러한 기법 역시 내담자로 하여금 '막힌' 느낌을 풀어내게 하는 목적을 가지며, 상담회기 내에서 내담자의 경험을 강화하는 데 초점을 맞춘다.

현대의 인간중심 이론의 또 다른 유형은 관계적 관점으로 치료 동맹의 쌍방의 본질을 강조하는 관계적 정신분석과 비슷하다(Schmid, 2013b). 그러나 나는 인간중심학파 내에서 좀 더 지시적이냐 또는 다른 체계로의 기법을 통합했느냐가 '진짜' 인간중심 접근이냐에 대해 논쟁하는 것은 마치 정신분석학파 내에서 어떤 것이 정신분석에 적합하고 그렇지 않느냐를 논쟁하는 것과 비슷하다고 본다(Bohart, 2012). 현대 인간중심학파의 일부 지도자들은 인간중심 상담자는 핵심적인 상담자로서의 태도가 유지되고, 지시성이 너무 많이 강조되지 않는다면 인간중심 이론 내에서의 다른 체계의 기법의 통합은 바람직하다고 생각했다(Bohart, 2012; Kirschenbaum, 2012). 나탈리 로저스의 표현치료는 본질상 지시적이지만, 키르센바움(Kirschenbaum, 2012)에 의하면, 로저스는 나탈리의 표현치료에 대한 노력을 인정했다는 점에 주목해야 한다고 하였다.

인간중심 접근의 스펙트럼상에서의 나머지 끝부분에 있는 프로티의 치료전 접근법(pre-therapy)이 있다(Prouty, 1998; Werde & Prouty, 2013). 인간중심 상담의 첫 번째 주안점은 심리적 접촉을 확립해야 함을 주목하면서, 프로티는 '손상된 접촉'(p. 389)을 가진 개인(조현병으로 명명되거나 정신적 문제를 지닌 사람들)의 심리적 접촉 과정에 초점을 두었다. 이러한 흥미로운 이론은 접촉을 확립하는 데 도움이 되는 반영의 아주 구체적인 유형에 대한 세밀한 기술이 포함된다. 이런 반영의 예는 다음과 같다. "팔장을 꽉 낀 채로 바닥에 앉아 있군요."

인간중심학파 내에서 또 다른 흥미로운 접근은 동기강화 상담(motivation interviewing, MI)이다(W. R. Miller, 1983). 물질남용 개인에게 주로 사용할 수 있는 동기강화 상담 접근법은 인간중심 상담의 무조건적 수용과 공감적 태도와 개인의 변화에 대한 동기를 고취하기 위하여 고안된 소크라테스식 질문하기를 결합한 것이다(Hettema, Steele, & Miller, 2005). 동기강화 상담은 또한 해결중심 상담과 조금 비슷하다(제14장 참조). 예를 들면 내담자의 생각과 느낌에 대해 탐색하는 데 있어서, 동기강화 상담 접근의 상담자는 "뭔가를 불러일으키려고 추구하고… '변화를 추구하기 위한 대화'—내담자의 바람, 능력, 이유, 변화에 대한 요구를 표현—를 하고, 반영적 경청을 하면서 반응한다."(Hettema et al., 2005, p. 92; 원문에서 인용). 이 접근법은 변화에 대해 전념하기 위해 고안된 단기 접근법이며, 일반적으로, 1~2회기로 이루어진다.

인간중심 접근법은 어린 아동을 대상으로 하는 놀이치료에 아주 효과적임이 증명되었다(Raskin et al., 2014). 로저스의 제자 중 한 사람인 버지니아 엑슬린(Virginia Axline, 1947)에 의해 첫 번째로 개발된 아동중심 놀이치료는 실현화 경향에서의 긍정적 잠재력 개념에 토대를 두고 있다. 아동은 놀이치료를 통하여 분노와 공포 같은 힘든 느낌을 표현할 수 있으며, 행복한 느낌도 언제나 표현할 수 있다. 수용적인 상담자는 아동의 느낌을 인정하고 아동의 느낌을 반영해주었다(Batton, Ray, Edward, & Landreth, 2009). 아동은 상담자와의 비지시적이고, 수용적이고, 안전한 관계경험을 통하여 자기에 대해 알게 되고 자기를 수용하게 된다.

> 다릴은 전형적인 인간중심 상담자이며 리처드를 위한 적절한 조건을 제공하려고 진심어린 노력을 할 것이다. 다릴은 리처드를 무조건적으로 수용하며 리처드의 경험을 이해하고 이해한 바를 리처드에게 전달하고자 노력할 것이다. 다릴은 상담자의 일치성을 중요하게 여기기 때문에 리처드에게 진솔하며 순간순간 리처드와 함께하려고 노력할 것이다.

개인적·문화적 다양성에 대한 논의

인간중심 이론은 다양한 배경의 개인들에게 유용성을 강조하는 면에서 혹평과 호평을 받았다. 다른 많은 상담이론과 마찬가지로 인간중심 이론은 개인에게 너무 많이 강조를 두고 있으며, 사람의 삶과 행동에 미치는 가족과 문화적 영향에 관해서는 비교적 주의를 기울이지 못했다고 비판을 받는다(Cooper, 2013). 수, 아이비, 그리고 페더슨(Sue, Ivey, & Pedersen, 1996)은 "많은 심리학자들은 세상에서 사회와 문화의 주류가 집단주의적 정체성 개념을 더 지닌다는 사실을 인식하지 못한다. 심리학자들은 개인을 심리사회적인 측면에서 정의하지 않는다."(p. 5)고 언급한다. 인간중심 이론가는 가족과 문화적 집단에 대한 의무 같은 가치는 대개 간과하고, 평가의 내적 소재를 지나치게 강조한다(Usher, 1989).

포이라질(Poyrazli, 2003)은 "로저스식 상담은 인기가 있음에도 불구하고, 터키 문화에서는 치료적 충돌이 일어날 것이며 터키 문화에서 활용하기에는 부적절하다."(p. 111)고 단호하게 말했다. 그녀는 인간중심 이론의 주요한 문제점을 인용했다. 즉, 포이라질은 인간중심 이론의 개인주의와 정서적 표현의 강조, 가족의 힘 경시, 구조의 결여, 상담자의 권위 결여를 비판했다. 그러나 다른 비평가와 마찬가지로 포이라질은 터키 내담자와 상담할 때 인간중심 이론의 핵심 조건은 유용하다고 말했다. 스펜젠버그(Spangenberg, 2003)는 남아프리카 내담자를 상담할 때 이러한 핵심 조건들은 유용하다는 점에 동의하면서 성공적인 인간중심 상담이 되려면 가족, 공동체, 문화의 맥락을 고려하여 내담자를 이해해야 한다고 주장했다. 포이라질과는 달리 스펜젠버그는 인간중심 상담자의 비지시성은 내담자에 대한 존중으로 간주했으며, 상담자가 내담자에게 진보할 기회도 주지 않고 내담자에게 조언을 하거나 제안을 하려는 유혹에 넘어가서는 안 된다고 주의를 주었다. 오야마(Oyama, 2014)는 일본에서의 인간중심 이론의 변형에 대해 기술했다. 제2차 세계대전 후에 소개되었기 때문에 이 접근은 개인주의를 덜 강조하는 쪽의 문화적으로 좀 더 부합하는 방향으로 점진적으로 변형이 이루어졌다.

인간중심 이론에서 개인주의를 강조하는 것은 개인이 속한 환경, 조직, 사회가 변화하는 것이 아니라 개인이 변화해야 된다는 태도를 이끌어낼 수 있다. 사회적 구조가 종종 개인을 압제한다는 인식 없이 개인은 실현할 수 있다는 관점은 여성, 인종 및 소수 민족 집단, 게이, 레즈비언, 양성애자에게는 이롭지 못한 개념으로 간주된다(Sue & Sue, 2013).

챈틀러(Chantler, 2005, 2006)는 인간중심 이론에 대한 이러한 비판에 동참하며 "성별, 계층, 인종 차원을 가치의 조건화에 포함"(2006, p. 51)시키면서 가치의 조건화 개념의 확장을 제안했다. 즉, 챈틀러는 가치의 조건화 개념을 확장시킴으로써 사회적 고정관념의 내면화와 그로 인한 부정적 영향들을 인식하게 했다. 챈틀러는 인간중심 접근으로 상담하는 주류집단의 상담자는 자신의 특권의식이 자신의 삶에 어떤 영향을 미치는지, 그리고 이러한 요인들이 내담자와 상담할 때 어떻게 영향을 미치는지에 관해 검토해야 한다고 조언했다. 여성주의 이론과 마찬가지로 챈틀러는 주류집단이 아닌 내담자와 상담할 때 특히 사회적으로 전수된 권력의 이슈를 강조했다. 그녀는 인간중심 상담자는 균형 잡힌 치료적 관계를 만들려고 노력하지만, "상담관계에서의 평등하고자 하는 바람은 있지만, 상담자와 내담자가 평등할 것이라는 의미는 아니다."(2005, p. 253)고 하였다.

길런(Gillon, 2008)은 인간중심 상담에서는 남성 내담자와 어떻게 작업하는지에 관한 검토를 요구했다. 길런은 인간중심 접근은 취약성, 경험, 관계를 강조하기 때문에 전통적인 남성의 역할로 강하게 사회화된 남성은 상담에 충분히 참여하게 할 수 없다고 주장했다. 길런은 남성은 그가 속한 사회에서 '느끼기보다는 생각하고 행하도록' 격려되었기 때문에 인간중심 상담의 공감적, 정서중심의 분위기는 전통적인 남성의 관계방식과 모순된다고 보았다. 인간중심 상담자의 일치성의 경우, 남성성의 전형에 따르면 약한 모습으로 인식되어 남성 내담자에게 불신과 상담자의 신뢰를 떨어뜨리는 역할을 할 것이다. 그러나 길런은 인간중심치료가 남성성의 전형과 일치하는 행동을 요구하지 않는 환경을 제공할 수 있음을 주목했다. 또한 길런은 남성 내담자에게 상담 초기에 교육하는 데 있어서 남성성의 경향(예 : 거리두기, 객관화하기)을 고려한 언어 사용하기, 남성 내담자가 겪는 표현하기와 경험하기의 어려움에 대해 공감하기 등을 활용할 것을 제안했다.

유럽의 백인문화 출신이 아닌 내담자의 경우 상담자로부터 더 많은 지침들을 기대하고 바랄 수 있다. 맥두갈(MacDougall, 2002)은 방향 제시의 결여는 내담자를 좌절시킬 수 있기 때문에 인간중심치료 상담자는 조언과 제안 같은 대안 행동을 고려해야 한다고 권고했다. 퀸(Quinn, 2013)은 백인문화권이 아닌 내담자와 인간중심 접근으로 상담할 때 두 가지 적응이 필요하다고 말했다. 첫째, 상담자는 내담자의 질환을 이해하는 데 근간이 되는 내담자의 문화(아주 광범위한 이해)를 이해해야 한다. 둘째, 상담자는 내담자가 상담자를 어떻게 지각하고, 촉진적 조건을 어떻게 지각하는지에 관해 주의를 기울여야 한다.

수와 수(Sue & Sue, 2013)는 심리학 이론에서의 자기개방을 강조하는 것은 비유럽권 문화의 내담자에게는 문제가 될 수 있다고 언급했다. 명확히 말하자면 자기개방은 인간중심 이론에서의 초석이지만, 이런 자기개방에 가치를 두지 않는 문화권(아시아 문화권의 개인)의 내담자는 자기개방 접근에 대해 잘 반응하지 않을 것이다. 또한 '주류' 개인들을 불신하는 데 충분한 이유가 있는 내담자들은 인간중심 상담에 참여하는 것을 꺼릴 수 있다. 인간중심치료에서는 통찰을 높이 평가한다. 즉, 유럽 이외의 문화권과 낮은 수준의 사회경제적 지위(SES)의 개인들은 통찰의 가치를 공유하지 않을 수도 있다. 특히 후자의 내담자들은 통찰보다는 구체적인 삶의 문제에 더 관심이 있을 수 있다(Sue & Sue, 2013).

인간중심 이론은 다양한 기원을 가진 내담자와 상담하는 데 적절한 강점을 가지고 있다(Gain, 2010). 상담자가 아닌 내담자가 상담 목표를 결정한다는 가정은 건강한 성격에 대한 문화적으로 부여한 부담을 덜어준다(Usher, 1989). 사실 로저스는 아마도 개인을 신뢰하는 인간중심의 신조가 내담자가 속한 문화적 가치와 개인적 역사를 존중하는 분위기를 창출할 것이라고 말했다. 필수적으로 인간중심 상담자는 내담자의 세계를 걷기를 원한다. 프레이리, 콜러, 피어슨, 그리고 다실바(Freire, Koller, Piason, & da Silva, 2005)는 98명의 낮은 사회경제적 지위를 가진 브라질의 방임된 아동과 청소년을 대상으로 인간중심 접근을 한 상담 과정과 성과에 대한 연구를 실시했다. 그들의 보고서에 따르면 98명 내담자가 프로그램에 참여했으며, 1회기에서 39회기 사이의 범위에서 출석했다(평균 12회기). 프로젝트 초기에는 내담자들이 비지시적 접근에 대해 당황했지만, 그들은 이득이 되는 독특한 관계를 활용하는 법을 빠르게 배우기 시작했다고 보고했다. 저자의 보고에 의하면 그들은 대인관계, 정서적·학업적 기능 면에서 향상을 보였다고 한다. 그러나 이러한 주장을 지지할 어떤 자료도 제시되지는 않았으며, 이 연구는 통제집단을 사용한 성과 연구방법을 사용하지 않았음도 주목해야 된다.

인간중심 접근이 실제로 평등적 관계에 가치를 두었는데, 이는 여성주의 상담 접근의 가치와 일치한다는 점이다(Waterhouse, 1993). 그러나 페미니스트들은 인간중심 이론이 여성들이 살고 있는 사회적·정치적 맥락을 무시한다는 점을 지적한다(Chantler, 2005; Waterhouse, 1993). 즉, 인간중심이론에서 사회적·정치적 맥락을 무시하고, 개인의 자율성과 변화에 대한 개인적 책무성을 강조하는 것은 사회적 역할과 규준이 여성의 잠재력 실현을 막고, 오히려 문제를 여성 탓으로 돌리는 사실을 간과한다는 것이다. 워터하우스(Waterhouse, 1993)는 "로저스학파의 관점에서는 상담의 변형적 힘에 대한 강한 신념이 있는데, 이는 최상의 경우는 과잉야심을 보이는 것이며, 최악의 경우에는 무모하고 무책임한 것이 된다."(p. 62)고 했다. 더구나 여성이나 다른 역사적으로 압제당하는 구성원들의 경우, 여기-지금에서의 단지 자각을 원하는 것이 아니라 현재 사회적 맥락에서의 역사적 영향을 이해해야 하는데, 인간중심 이론에서는 이러한 부분에서 공감을 하는 데 어려울 수 있다.

성소수자의 관점에서 보면 인간중심 이론에 대한 많은 비판과 함께 강점도 제기한다. 상담자가 내담자를 온전히 수용하는 것은 긍정적일 수 있다. 그러나 성소수자 지지자들 역시 심리적 진단의 실제를 포함해서 차별과 편견에 기여하는 문화적이고 역사적인 영향을 경시하는 이론에 대해 비판한다(Livingstone, 2008). 가치의 조건화 구인은 사회적 가치 조건화를 포함해서 확장해서 이해할 필요가 있다. 르무아레와 첸(Lemoire & Chen, 2005)은 성소수자 청소년의 상담에서 인간중심 상담의 활용에 대해 논의했다. 즉, 상담자가 제공하는 핵심적 조건은 청소년이 자신의 성적 정체성을 탐색할 수 있는 안전한 상황을 창출하게 하지만, 상담할 때 적어도 다음과 같은 세 가지 요소는 추가해야 한다고 주장했다. 즉, 상담에서 인간중심 이론의 핵심 조건을 제공하는 것뿐만 아니라 청소년의 성정체성에 대한 신중한 타당화, 성정체성에 대한 개방과 관련된 위험과 이득, 그리고 내담자의 연령에 적절한 방식으로 성소수자 공동체로의 사회화를 포함시켜야 한다.

어쨌든 로저스는 다양성과 압제를 고려하는 면에서 앞서가는 심리전문가였다. 생애 말엽 즈음, 그는 정치적으로 관여하며 집단의 자각과 인간 행동에서의 사회적 요인을 제안하면서 고통받는 사회적 집단의 개인들(남아프리카와 남아메리카)과 함께 대규모의 참집단 상담을 진행했다. 로저스는 저서, 개인의 힘(*On Personal Power*)에서 인간중심 접근이 다양한 개인, 즉 아프리카계 미국인, 성소수자, 멕시코계, 필리핀계 등과 상담하는 데 있어서 인간중심 접근의 유용성에 대해 논의했다. 로저스는 "소수집단 구성원들은 백인을 향한 극도의 분노와 비참함을 느낀다…. 분노에 대해 경청해야 한다. 이는 단순히 듣는다는 의미가 아니다. 그들의 분노에 대해 수용해야 하며 내면으로 받아들여야 하며 공감적으로 이해해야 한다…. 백인이 그들에 대해 공감적 경청을 하기 위해서는 자신의 느낌, '공정하지 않는' 비난에서 느껴지는 분노와 적개심에 대해 경청해야 한다."(pp. 133-134; 원문에서 인용 및 강조)고 언급했다. 그러나 어떤 저자들은 로저스가 상호의존과 공동체의 문화적 규준의 의미에 대해서 충분히 인식하지 못했기 때문에 다양한 문화의 이러한 경험들이 로저스의 사고에 거의 영향을 미치지 못했다고 주장한다(Holdstock, 1990). 오랜 기간 인간중심 지지자인 패터슨(Patterson, 2000)은 문화적 다양성에 대해 강조하는 것은 상담자가 내담자의 문화적 배경에 기반하여, 그들이 할 것을 수정하기 때문에 상담자가 너무 기법 위주로 나아갈 수 있다는 의견을 피력했다. 패터슨은 문화적 다양성을 강조하는 것은 사람들 사이의 차이만을 강조하기 때문에 해롭다고 언급한다. 다른 인간중심 이론의 지지자들은 패터슨의 의견에 반대하며, 인간중심 상담자는 많은 사회적 서비스 영역에서 보이는 억제와 차별의 역사적 패턴을 번복하지 않기 위해서는 다양성의 주제에 대해 주의를 기울여야 한다고 언급했다(Lago & Hirai, 2013).

CHAPTER 6

실존치료

어빈 얄롬

헬렌은 43세 백인 여성으로, 부부문제 때문에 상담을 받으러 왔다. 헬렌은 예일대학교에서 극작가 예술 석사학위를 받았다. 헬렌과 그녀의 남편인 스티브는 세 자녀를 두었는데, 10세 루크, 12세 그레이스, 14세 찰스이다. 헬렌이 스티브를 만났을 때는 스티브가 48세였으며, 그 당시 헬렌은 예일대학교에서 학업에 열중하고 있으며, 스티브는 뉴욕에서 채권거래원으로 일하고 있을 때이다.

헬렌은 시카고 교외 지역에서 5남매 중 셋째로 자랐다. 헬렌의 가족은 겉으로 보기에는 '완벽한' 가족이었다. 아버지는 매우 성공한 외과의사였으며 일상적인 자녀들의 삶에는 관여하지 않았다. 어머니는 자녀들에게 사랑을 주며 안정적이었지만, 다소 내성적인 성향이었다. 헬렌의 어머니는 다른 사람들로부터 인정받기를 원하기보다는 타인들이 그녀에 대해서 어떻게 생각할까에 더 신경을 썼다. 어떻게 보면 헬렌의 가족환경은 온화한 방임에 해당된다. 즉, 자녀들의 행실은 모범생 같아서 어떤 누구도 잘못되었다고 생각하지 못했다. 그러나 사실 헬렌의 두 자매는 섭식장애를 겪었으며, 남동생은 간간히 싸움질을 하거나 알코올 중독에 빠지기도 했다.

스티브와 헬렌은 결혼 후 뉴욕에서 살았다. 헬렌은 극장에서 행정직으로 일했으며, 찰스를 임신했을 때 글을 쓰는 것을 그만두었지만, 밤에는 어느 정도의 글도 썼다. 그들은 돈도 꽤 많이 벌었지만, 스티브가 일이 잘 안 풀릴 즈음에 도박을 하기 시작했다. 스티브가 그들 수입의 대부분을 도박으로 날려버렸음을 헬렌이 알게 되었을 때는 헬렌이 임신 8개월 즈음이었다.

헬렌은 마음이 점점 더 황폐화되어 갔지만, 어떤 일이 있든지 참는 가정환경에서 자라왔기 때문에, 즉각적으로 남편이 적절한 관리를 받을 수 있도록 도왔다. 어린아이들을 위해서는 집이 필요하다는 생각에 집을 마련하기 위한 방도를 찾기 시작했다. 헬렌은 부모님이 스티브를 절대로 받아들이지 않을 거라고 예상했지만, 결국 부모님에게 도움을 요청했다. 부모님은 헬렌 가족이 시카고로 이주하도록 제안했다. 왜냐하면 시카고는 스티브를 위한 일자리도 있으며 뉴욕보다는 시카고에서 생활하는 것이 덜 빡빡하기 때문이다. 어쨌든 헬렌의 부모님은 헬렌 가족이 거주할 시카고 집의 계약금을 지원해주었다. 헬렌의 가족은 시카고로 이주해서 지금까지 똑같은 집에서 10년 동안 살고 있다.

최근에 헬렌은 친구와 뉴욕에 놀러 갔을 때 우연히 예일대학교 학창시절의 지도 교수님을 만났다. 교수님은 헬렌에게 무슨 일을 하고 있는지 물었다. 헬렌은 교수님의 질문이 반가웠다. 하지만 마음속으로는 자신이 재능이 없기 때문에 일이 없는 것은 당연하다고 여겨왔지만, 정작 교수님의 질문을 받자 자신이 아무것도 안 하고 있음에 무안해졌다. 교수님은 헬렌에게 그녀가 대학원 시절 우수한 학생이었으며, 교수진들이 그녀의 재능과 통찰에 자랑스러워했다고 말했다. 교수님은 헬렌보다 8살 연상이었으며, 아주 미남이며 이혼한 상태였다.

교수님은 헬렌에게 술을 마시러 가자고 제안하면서 명함을 주었다. 헬렌은 그의 제안을 받아들이지는 않았지만 명함을 간직하고 있었으며 스티브에게 교수님과 만난 얘기를 하지 않았다. 헬렌은 결혼생활의 위기를 견뎌내고 있지만, 사실 아주 힘든 상태이다. 헬렌의 남편은 그녀의 진로에 대한 야망을 지지해주지도 않고 자신의 악행에 관해서는 결코 진실로 직면하지 않는다. 헬렌은 그러한 남편을 둔 한 여성으로서 평범하고 지루한 존재라는 사실에 체념한 상태이다.

헬렌은 '착한 소녀'였고, 사려 깊은 여성이었고, 누군가와 바람을 피워서 가정을 파괴하는 데는 관심이 없는 좋은 엄마이다. 그러나 헬렌은 남편이 여전히 '옳지 않은 짓'을 할 수 있으며, 이런 상태가 앞으로의 결혼생활에 계속 유지될 것이라는 느낌 때문에, 지금 아주 갈등하고 있는 상태이다. 헬렌은 남편에게 결혼생활을 끝내자는 말 한마디도 하지 못한 채, 남편의 도박에서 초래된 위기를 10년 동안 묵묵히 견디어 왔다. 그러나 헬렌은 자신과 그녀의 진로에 대해 관심을 보이는 교수님을 우연히 만나면서 교수님께 관심이 생기기 시작했다. 따라서 헬렌은 자신에게 관심을 보이지 않는 남편에게 화가 났으며 자녀들이 좀 더 컸으면 좋겠다는 바람을 느끼기 시작했는데, 이러한 자신의 갑작스러운 방황에 대해 걱정하면서 상담을 요청하게 되었다.

배경

심리치료에 있어서 실존주의적 접근(실존치료)은 실용적이기보다는 좀 더 철학적이며, 특정 이론적 오리엔테이션보다는 좀 더 태도 면을 강조한다. 실존치료는 실존철학, 존재에 대한 연구 그리고 현상학(우리가 실제로 알 수 있는 모든 것은 우리 자신의 경험에 의거한 것이다)(Cooper, 2003)에 근간을 두고 있다. 실존치료에서 표방하는 많은 아이디어들은 서로 밀접하게 연결되어 있다. C. T 피셔, 맥엘웨인, 그리고 드브와(C. T. Fischer, McElwain, & DuBoise, 2000)는 "실존주의 심리학은 결정론, 유물론, 현실주의를 교정하기를 바라는 사람들의 마음 같은 접근법이다."(p. 245)고 주장했다. 많은 상담자들은 아마도 실존치료의 아이디어를 사용한다. 얄롬과 요셀슨(Yalom & Josselson, 2014)은 모든 인간은 궁극적인 관심사에 직면하기 때문에 실존치료의 아이디어들은 모든 상담 접근법의 한 부분이 되어야 한다고 주장했다.

노크로스(Norcross, 1987)는 "실존치료 과정은 자주 잘못 정의 내려져 있고, 광범위하게 오해되고 있다."(p. 43)고 경고했다. 이러한 진술은 여전히 오늘날에도 진실로 와 닿는다. 여러분은 실존치료에 대한 공부를 시작하는 데 있어서 실존치료가 좀 더 전도유망하지 않은 것으로 믿을 수도 있다. 그러나 나는 실존치료가 모호한 것이 아니라 좀 더 명확해질 것이라는 희망을 갖는다. 다음의 얄롬의 입장을 살펴보면 도움이 될 것이다. 어빈 얄롬(Irvin Yalom, 중요한 실존치료자)은 실존치료를 "개인의 존재에 근거를 둔 문제에 초점을 둔 역동적 접근"(1980, p. 5)으로 정의한다. 실존치료학파 내에 두 가지 일반적인 오리엔테이션이 있다. 첫 번째는 대륙 또는 유럽학파이며, 분석적 지향에 근간을 두고 있으며(정신분석 이론의 내용을 정확하게 수용하지는 않음), 인간 조건의 제한점과 비극을 강조하는 경향이 있다(I. Yalom, 1980). 두 번째는 1960년대 미국에서 일어났으며, 인간의 잠재력과 참만남을 강조한다. 여기에 관련된 학파가 인본주의 중심의 학파이며, 칼 로저스, 제임스 부젠탈, 그리고 에이브러햄 매슬로가 해당된다. [글상자 6.1]을 읽어보면 정신증에 대해 독특한 견해를 피력하는 유명한 유럽 실존주의자 R. D. 랭을 접하게 될 것이다.

실존주의 심리치료학회로 실존주의 심리학 및 심리치료 국제학회(International Society for Existential Psychology and Psychotherapy)가 있으며, 개인적 의미의 국제 네트워크(International Network on Personal Meaning)의 분과로 웹사이트(www.meaning.ca)에서 알아볼 수 있다. 학회 논문은 실존주의 심리학 및 심리치료 국제학술지(*International Journal for Existential Psychology and Psychotherapy*)에서 2004년 7월부터 발간을 시작했다. 두 번째 학회는 의미치료와 실존적 분석학회이다(Society of Logotherapy and Existential Analysis)(www.existential-analysis.org).

글상자 6.1

R. D. 랭의 정신증에 대한 실존주의적 접근

실존치료의 특징은 사회적 통념에 대해 논쟁하는 것으로, 삶의 명백한 목적 뒤에 숨겨진 무의미성 또는 우리의 사회적 본성에도 불구하고 지속되는 피할 수 없는 고독에 대해 다루는 것이다. 로널드 데이비드 랭(Ronald David Laing)은 스코틀랜드 정신과 의사이며, 그의 이론적 관점은 실존치료와 정신분석 사이의 중간지점이라고 할 수 있다. 그는 중증의 정신병, 특히 조현병을 치료하고자 노력했다. 그는 정신증을 그 자체로 의미 있는 실제로 접근하면서 치료했다. 이러한 관점은 정신증을 제거되어야 하는 비상식적 증상들의 집합체로 간주하는 일반적인 관점과는 반대 입장이다.

랭은 1956년에서 1960년까지 런던의 타비스탁 클리닉에서 정신분석자로서 수련을 했으며 대상관계이론, 특히 존 볼비, D. W. 위니콧, 윌프레드 비온, 찰스 리크로푸트(랭의 수련 분석자)의 연구에 주로 영향을 받았다. 또한 마틴 하이데거, 장-폴 사르트르, 마르틴 부버, G. W. F. 헤겔을 포함하여 수많은 실존철학자들의 영향을 받았다(M. G. Thompson, 2000;

A. Lang, 2007). 랭이 실존주의와 정신분석적 관점을 혼용했다는 사실은 랭의 첫 번째 저서인 **분리된 자기**(*The Divided Self*, 1960)에 명백히 드러나고 있다. 랭은 조현병이 생물학적 질병이라는 사회적 통념에 이의를 제기한다. 랭은 조현병은 인간이 압도적인 고통의 실존적 절망으로부터 자신을 보호하기 위해 사용하는 하나의 복잡한 방어기제인 정교화된 거짓―자기 체계―이며, 심각한 소외로부터 벗어나기 위한 하나의 시도이며, 자신도 모르게 끊임없이 대인관계적 고립으로 더 깊게 들어가게 하면서 참자기를 무효화시키는 것으로 간주한다.

랭의 다른 주요 저서는 **경험의 정치학**(*The Politics of Experience*, 1967)이다. 랭은 이 책에서 주로 실존적 관점에 전념하면서 더 이상 단순화할 수 없는 인간 경험의 본성을 주장하고 정상과 비정상을 나누는 정신분석 이론을 반대한다. 또한 랭은 개인으로 하여금 그들의 생생한 경험의 진정성을 배반하도록 강요하는 사회적 방식도 비판했다. 랭은 자기자신을 열렬한 인본주

(계속)

의자이며 내담자 중심자라고 단호하게 밝혔다. 그러나 그는 또한 경계 없는 급진주의자이며, 그의 비전은 건강과 역기능 사이의 구분도 없고, 경험 그 자체로의 현상을 제외하면 붙잡을 '실제'가 없는 실존적 혼란을 내포한다.

랭의 스타일은 실제 어떠한가? 쿠퍼(Cooper, 2003)는 랭이 저서에서 실제 자신이 사용하는 기법에 대해서는 거의 쓰지 않았지만, 내담자의 모든 경험에 대해서 내담자의 현실에 기반하여, 관심과 진지함을 보여주었다는 점에 주목했으며, 랭이라는 사람의 매력과 묘한 무례함도 언급했다. 예를 들면 랭은 긴장병 환자의 반복적인 동작과 증상들을 모방하고, 환자들이 소외의 고치에서 세상의 존재로 나와서 그에게 결국 말을 할 때까지 수개월 동안 환자가 보이는 자세를 따라하면서 함께 앉아 있는 것으로 유명하다(Cooper, 2003). 랭의 기법에 대해서 좀 더 세밀하게 설명해주는 이는 M. 가이 톰슨(M. Guy Thompson, 1997)인데, 그는 킹슬리 홀 시절 동안 랭에게 실존주의 정신분석 수련을 받은 제자이다. 킹슬리 홀은 위계질서와 전문적 위계 없이 랭을 포함하여 내담자와 상담자가 함께하는 그룹 홈이다. 킹슬리 홀은 비교적 '정신적으로 온전한' 사람부터 중증의 조증 또는 정신증의 사람까지 다양한 사람들이 함께 있다. 이론화된 경험 정치의 혼란을 구현한 것이다.

톰슨(1997)은 랭의 접근의 주요 목표는 '경험에서의 충실'이라고 기술했다. 즉, 상담자(이 경우 킹슬리 홀 공동체의 치료)는 내담자를 심리학적 관점, 사회학적 관점에서 보거나 일반적인 사람들의 관점에서 내담자를 보는 것이 아니라 내담자가 전적으로 경험하고 있는 고유의 고통으로 내담자를 봐야 한다는 것이다. 톰슨은 제롬의 사례를 제시했다. 제롬은 긴장성 조현병과 거식증을 겪고 있는 젊은 남자이며 킹슬리 홀과 비슷한 포틀랜드 로드에서 치료를 받았다. 포틀랜드 로드는 랭이 관리하는 공동체로 톰슨도 얼마간 함께 거주한 곳이다. 고통스러운 유형의 치료는 전혀 없었으며, 공감이 최상의 치료법임에도 불구하고 공동체 성원들은 제롬과 관계를 맺고 심지어 음식을 먹게 하는 시도

를 성공하지 못했다. 제롬은 더 깊은 고립으로 빠져갔으며, 방에서 용변을 하기 시작했고, 끔찍한 욕창이 생겼으며, 위험할 정도로 야위었다. 공동체 사람들은 무섭고 지쳐서 제롬의 위험한 행동에 대해 전적으로 수용하며, 제롬을 혼자 두었다. 어느 날 제롬은 방에서 나와서 화장실을 사용하며 다른 공동체 사람들에게 얘기하고 먹기 시작했다. 그들은 어리벙벙해서 제롬에게 그동안 무엇을 했는지 물었다. 제롬은 "나는 방해받지 않고 자유를 경험하기 위해 수백만 수를 세고, 또 거꾸로 숫자 영이 될 때까지 수를 셌다."고 말했으며, 오랫동안 사람들이 자신을 방해했기 때문에 이 과업을 하기 불가능했다고 말했다(Thompson, 1997, p. 609). 톰슨에 의하면 제롬은 이후에 정신증 재발이 더 이상 없었으며 일상의 삶으로 되돌아가서 잘 산다고 했다.

랭은 급진주의자이며 기존의 상담이론과 접근을 반대했지만, 어느 정도 명성도 얻었고 선동가이기도 하다. 그는 정신의학과 심리학을 열렬히 반대하고 형식화된 수련을 멸시하며, 더 깊은 이해를 위한 길로서 환각제의 수용을 주로 지지했다(Thompson, 1997; Cooper, 2003; A. Laing, 2007). 랭은 톰슨에게 정신분석 수련의 필요조건 중의 하나인 개인분석이나 프로이트의 표준 요약본을 읽는 것 이외에 환각제(LSD)를 복용해야 한다고 얘기했다(Thompson, 1997). 랭은 내담자들과 파티를 하거나 휴가를 함께 보낼 뿐만 아니라 환각제를 사용하는 것으로 유명하다(Thompson, 1997; Cooper, 2003). 랭은 1989년 프랑스 생트로페에서 테니스를 치다가 심장바미로 생을 마감했다. 그의 마지막 유언은 의사의 점잖지 않은 옷을 보고, 자신만의 철학이 담긴 말을 했다. "의사입니까? 옷이 지저분하네요?"(A. Laing, 2007). 소금의 날 알처럼 랭의 무한한 생각으로 인해 많은 유용한 관점들을 그의 작업에서 수집할 수 있었으며, 가장 중요한 점은 인간답지 못함을 인간다움으로 만드는 그의 고집센 노고에 있다.

출처 : Adam Hinshaw의 호의로 허락하에 사용함

기본 철학

실존치료의 기본 철학은 인간은 자유롭고, 자신의 고유의 삶에 대한 책임이 있으며 자기 실현화에 대한 잠재력이 있다는 것이다(Craig, 2008). 이 접근은 때때로 다소 비관적 접근처럼 보일 수도 있다. 쿠퍼(Cooper, 2003)는 실존치료가 무엇인지에 관한 질문에 "인간중심치료와 유사하다…. 단지 좀 더 비참할 수 있다!"(p. 1)고 답했다. 랜들(Randall, 2001)은 실존치료의 주요 철학으로 "각 인간의 삶은 적대적이거나 무심한 우주에서 유한한 드라마를 상연하는 것이며 삶의 목적은 전혀 주어진 것이 아니라 책임감에 의해 단련된 고의적이고 의식적인 행동을 통해서 각 개인이 새롭게 선택해야 하며, 사람들 간에 서로 아무리 친밀감을 느끼더라도, 각자는 삶의 고독에 직면해야 된다."(p. 260)고 제안했다. 프랭클(Frankl, 1984)은 "사는 것은 고통이며, 살아남는 것은 고통 속에서 의미를 발견하는 것이다."고 덧붙였다. 또한 실존주의 이론가들은 인간이 창조하고 사랑할 수 있는 능력에 대해 인식했다. 프랭클(1984)은 "사랑은 인간이 갈망할 수 있는 궁극적인 최고의 목표이다…. 인간의 구원은 사랑을 통하여 그리고 사랑 안에서 이루어진다."(p. 57; 원문에서 강조)고 기술했다.

실존치료 이론가들은 다음 구절을 좋아한다. "존재는 본질에 앞선다."(M. Adams, 2013, p. 11). 즉, 이 말은 우선적으로 우리가 있고, 그러고 나서 우리는 우리가 누구인지, 우리의 본질을 개발하기 위해서 우리의 창조적 힘을 사용한다는 의미이다. 우리는 기본(예 : 유전자, 성별, 인종, 문화)에 관해서는 통제할 수 없으며, 죽는다는 사실과 언제 죽을지 모르는 채 세상에 던져진다. 우리는 오직 선택하고 책임지고, 선택하고 책임지는 데 동반되는 불안을 경험한다. 우리는 처음의 기본 영역을 넘어서는 것들을 수용하기 어렵기 때문에 우리가 선택한 것이 우리가 된다(M. Adams, 2013).

> 라스는 헬렌의 실존주의 상담자이다. 라스는 헬렌을 성장하고 발전하는 데 잠재력을 가진 자유롭고, 책임감 있는 사람으로 여기고 있다. 헬렌은 지금 꼼짝달싹도 못하는 것처럼 보이지만, 그녀의 괴로움과 슬픔은 그녀 내면에 있는 창조성과 사랑의 가능성을 드러낸 것이다.

인간 동기

프랭클(1984)은 인간의 기본 동기는 의미를 발견하는 것이라고 주장했으며, 대부분 실존치료 상담자들은 이에 동의한다. 그러나 이러한 의미의 근원에 대해서는 다소 불일치가 있다. 프랭클에 의하면 의미는 각 개인에게 잠재되어 있으며, 각 개인은 궁극적인 진실한 소명을 가지고 있으며 이러한 의미를 발견하는 것이 과업이라고 했다(Cooper, 2003). 다른 실존치료 이론가들에 의하면 의미는 발견되는 것이 아니라 창조되는 것이다.

프랭클(1984)은 삶의 의미를 세 가지 경로를 통하여 발견할 수 있다고 주장했다. 삶의 의미는 첫째, "일을 창조하거나 또는 행위를 함으로써, 둘째, 어떤 것을 경험하거나 또는 어떤 사람과 만남으로써, 셋째, 피할 수 없는 고통을 향해 나아간다는 태도를 취함으로써"(p. 133) 발견된다는 것이다. 어떤 이들은 프랭클이 은연중에 의미에 대한 종교적 측면을 옹호한다고 비난하기도 했다(I. Yalom, 1980).

실존치료의 구성요소는 심리적 기능의 무의식적이고 역동적 본질에 대한 아이디어를 일반적으로 받아들이지만, 여기서 무의식적 내용은 프로이트가 제안한 본능적 추동은 아니다(Yalom & Josselson, 2014). 실존치료에서의 무의식은 실존의 참본질을 뜻한다. 우리는 다만 무의미한 세상에서 있는 유한한 존재일 뿐이다(Cooper, 2003).

> 라스는 헬렌의 의미 발견에 대해 궁금해한다. 라스는 과거에 헬렌이 글쓰는 일, 결혼, 자녀양육을 통해서 의미를 발견했다고 생각한다. 라스는 헬렌이 경험하고 있는 모호한 불안은 지금 자각의 수면 그 밑에 있는 죽음에 대한 인식으로부터 기인한다고 생각한다.

주요 개념

존재방식

실존치료 이론은 인간 존재에 초점을 두고 있다. 실존치료 이론가들은 각 존재방식에 대해 다르게 명명하며 독일어를 사용하고 있다. 첫 번째 존재방식은 주변세계(*Umwelt*), 즉 물리적 환경에서의 존재이다. 두 번째 존재방식은 공존세계(*Mitwelt*), 즉 타인과의 관계, 사회적·대인관계적 세계에서의 존재이며, 세 번째 존재방식은 고유세계(*Eigenwelt*), 즉 내적 심리적 세계(주관적 경험에서 존재)에서의 존재이다. 마지막 차원은 영적세계(*Uberwelt*), 즉 영성세계에서의 존재이다. 진실로 진정한 존재는 모든 영역에 주의를 기울이는 것을 의미한다. 그러나 주어진 시점에서 우리가 가장 관심을 갖는 전형적인 한두 가지 존재방식이 있다(van Deurzen & Adams, 2011).

> 헬렌은 타인과의 관계에서(공존세계)에서 주로 기능하는 것처럼 보인다. 헬렌은 적어도 그녀를 둘러싼 환경(주변세계)과 내적 심리적 세계(고유세계)를 희생하면서 살아왔다. 그녀는 최근 교수님을 만나기 전까지 가족에 관해 걱정하는 데 많은 시간을 보냈다. 그녀는 내적 심리적 세계(고유세계)로 들어가고 싶은 유혹을 느끼지만 원가족의 초기 양육 경험이 그녀로 하여금 자기 초점화된 지향에 대해 불편감을 느끼게 한다.

불안

실존치료 이론가는 모든 사람은 불안을 경험한다고 가정한다. 메이와 얄롬(May & Yalom, 2005)은 "불안은 살고자 하는 욕구, 우리의 존재를 보존하고자 하는 욕구, 그리고 우리를 주장하려는 욕구로부터 기인한다."(p. 271)고 언급했다. 따라서 불안을 경험하는 것은 정상적이고 예견된 것이다. 그리고 얄롬에 의하면(1980, 2008), 가장 강력한 불안은 죽음에 대한 자각과 연관되어 있으며 때때로 이를 실존적 불안(existential anxiety)이라고 부른다(M. Frank, 2011). 그러나 다른 이론가들(예 : Søren Kierkegaard)은 실존적 불안을 우리가 우리의 잠재력을 실현하지 못한다는 자각에서 온다고 했다(Arnold-Baker & van Deurzen, 2008). 불안은 여러분이 읽은 실존치료 이론가들에 따라 다른 형태로 다가올 수 있지만, 이러한 이론가들은 "불안은 한 명의 스승이며, 장애물이나 제거되거나 피해야 할 무언가가 아니다."(van Deurzen & Adams, 2011, p. 24)라고 언급한다.

라스는 헬렌의 명확한 목적의식의 상실과 불안에 대해 주목했다. 헬렌은 실존적 불안에 대해 명확하게 자각하고 있다. 즉, 라스는 헬렌의 불안은 그녀가 유한성을 느끼고 재능을 활용하지 못한다는 느낌과 관련된다고 생각한다.

궁극적 관심

얄롬은 인간존재의 네 가지 실존적 주제인 죽음, 자유, 의미, 고독을 확인했다(I. Yalom, 1980; Yalom & Josselson, 2014).

죽음. 인간의 궁극적 관심은 죽음이다. 왜냐하면 얄롬에 의하면 "죽음은 언제나 인간을 안절부절못하게" 한다(1980, p. 29). 우리 인간은 실제로 자신의 죽음에 직면하기를 회피하려는 아주 강한 성향이 있다. 그러나 우리가 자신의 죽음에 직면하는 것을 피할 때 우리는 오히려 궁극적인 공포를 경험한다. 그 결과 우리 대부분의 심리적인 삶은 운명에 직면하는 것을 피하는 데 초점이 맞춰진다. 촉발되는 죽음과 죽음이 유발하는 불안은 대부분 역기능의 근원이다. 그러나 죽음에 대한 자각은 우리로 하여금 목적을 가지고 살도록 하고 인간애에 대한 자각을 갖게 한다. 이러한 관점에서 보면 "죽음은… 삶을 풍부하게 한다."(Yalom & Josselson, 2014, p. 269)

> **영상 자료 6.1**
> 어빈 얄롬이 죽음에 관해 논의하는 장면을 보자.
> https://www.youtube.com/watch?v=yMbklYpZ1v8

자유. 실존주의적 관점에서 보면 인간 존재의 핵심은 자유이다. 얄롬(1980)에 의하면 "개인은 전적으로 자신의 고유의 세상, 삶의 계획, 선택, 그리고 행동에 대해 책임이 있다."(p. 9) 메이와 얄롬(2005)은 개인이 자유에 대해 수용하는 것은 끔찍한 결과를 초래한다고 언급한다. 만약 우리가 전적으로 자유롭게 선택하고 행동한다면, 우리는 "우리를 지탱해주는 토대가 없고, 오직 혼돈, 허무, 아무것도 없음을 인정해야 한다."(p. 280) 따라서 궁극적으로 자유라는 것은 우리 자신(우리의 행동 또는 행동화하지 않는 부분)에 대해 책임이 있다는 것을 내포한다.

자유에 대한 자각은 선택할 책임도 내포한다. 비록 우리가 자유를 자각하지 못하더라도, 우리는 계속해서 선택을 하고 우리의 행동은 선택한 것을 반영한다(Norcross, 1987). 자유, 선택, 책임의 현실은 우리에게 실존적 죄책감이란 개념을 가져오게 한다. 죄책감은 실현되지 못한 가능성에 대한 경험이다. 실존적 죄책감은 피할 수 없다. 왜냐하면 우리는 매순간 어떤 선택을 하고, 그러므로 우리는 다른 가능성은 버리기 때문이다(Cooper, 2003).

누군가가 어떤 극한 상황에 갇히게 되고 실제로 그 상황에서 벗어날 어떤 방법도 없다면 어떻게 하면 좋을까? 이 질문에 프랭클(1984)은 답을 주었다. 그의 사상은 홀로코스트에서 직접 경험한 사건에서 많은 영향을 받았다. 그는 강제수용소 수감자들에 관한 감동적인 사연을 기술했다. 강제수용

글상자 6.2

죽음의 수용소에서 – 프랭클의 저서에서 발췌

우선 "비극적 낙관주의(tragic optimism)"에 대해 무엇을 이해하고 있는지 우리 자신에게 질문해보자. 간단하게 말하자면 로고 테라피에서는 (1) 고통, (2) 죄책감, (3) 죽음이라는 인간실존의 측면을 '비극의 3요인'이라고 부르며 비극적 낙관주의란 이러한 비극의 3요인에도 불구하고 낙관론을 유지한다는 뜻이다. 사실 이 장에서는 다음과 같은 질문을 제기할 수 있다. 고통, 죄책감, 죽음에도 불구하고 삶에서 이러한 낙관론이 가능하다고 말할 수 있는가? 다르게 질문한다면 삶은 비극적 측면에도 불구하고 잠재적 의미를 유지할 수 있는가? 결국 삶은 어떤 조건에서도 의미 있을 가능성이 있으며, 심지어 죽을 것 같은 고통에 처한 사람일지라도 삶에 의미가 있다는 것을 전제할 수 있다. 다음으로 인간 삶의 부정적 측면을 긍정적 또는 생산적인 것으로 창조적으로 전환시키는 인간의 능력을 전제로 할 수 있다. 즉, 중요한 것은 인간이 어떤 주어진 상황에서 최선을 다한다는 것이다. 그러나 '최선(best)'이란 단어는 라틴어로는 '낙관(optium)'을 뜻한다. 즉, 비극적 낙관주의란 비극에 직면한 낙관주의를 의미한다. 인간의 잠재력은 (1) 고통을 인간의 성취와 완수로 전환, (2) 죄책감을 좀 더 나은 상태로 변화, (3) 삶의 덧없음을 책임 있는 행동 동기로 변화시키는 것이다.

그러나 낙관주의는 명령되거나 요구되는 것이 아님을 명심해야 한다. 심지어 낙관주의는 모든 역경에도 불구하고, 모든 희망에도 불구하고 무차별적으로 강요되는 것도 아니다. 신념과 사랑이 명령되거나 요구되는 것이 아닌 것처럼 희망도 명령되거나 요구되어서는 안 된다.

유럽문화처럼 미국문화의 특성도 반복해서 '행복해지기를' 명령하고 요구한다. 그러나 행복은 추구될 수 없다. 행복은 결과로 일어나야 한다. '행복해져야' 하는 이유가 있어야 한다. 행복해질 이유를 발견하게 되면 자동적으로 행복해질 것이다. 우리가 알고 있듯이, 인간 존재는 행복을 추구하는 것이 아니라 주어진 상황에서 잠재되어 있고 잠복 중인 가능성 있는 의미를 실현함으로써 행복해질 이유를 발견하는 것이다.

이와 비슷하게 웃음이라는 현상의 예를 들자면, 여러분이 누군가가 웃기를 원한다면 여러분은 그에게 농담을 해야 한다. 그를 웃도록 자극하거나 그에게 스스로 웃도록 함으로써는 진짜 웃음을 일으킬 수 없다. 카메라 앞에서 '치즈'라고 말하면서 웃도록 자극한다면, 인위적인 웃음에 얼은붙은 얼굴만이 찍힐 것이다.

출처 : From Frankl.V. E. (1984). *Man's Search for Meaning*. Beacon Press(Boston)의 허락하에 재인쇄함

소 수감자들은 마지막 음식을 다른 사람에게 주며, "그들은 한 가지를 제외하고 모든 것을 사람들에게 주었다. 인간의 자유는 주어진 상황에서 어떤 태도를 취하는지 선택하고, 어떤 방식을 취할지 선택하게 한다."(p. 86) 프랭클은 나치 강제 수용소에서의 경험이 의미치료(로고 테라피) 이론에 어떻게 영향을 미쳤는지에 관해 기술한다. [글상자 6.2]에서 프랭클이 쓴 책의 일부분을 읽어볼 수 있다.

의미. 대부분 실존치료 이론가는 인간 실존에 의미가 내재되어 있는 것은 아니라고 했다(Yalom & Josselson, 2014). 그러나 프랭클은 이전에 언급했듯이('기본 철학' 부분) 이러한 철학적 관점을 취하지 않는다. 그는 각 개인의 의미는 독특하며 어려운 과정을 통해서 발견되며, 의미 발견 과정에서 아마도 피할 수 없는 고통이 따른다고 믿었다.

고독. 실존치료 이론가에 의하면 우리는 언제나 그리고 궁극적으로는 혼자이다. 만약 우리가 의미

를 창조하기 위해서 죽음, 자유, 그리고 책임을 수용한다면, 우리의 외로움에 대한 깨달음은 피할 수 없다. 인간은 여러 방법으로 외로움을 다루지만 아주 큰 딜레마도 보인다. 왜냐하면 타인과의 연합을 통해 안전감을 느끼려고 너무 노력하는 것은 오히려 자기에게 해가 될 수 있으며, 또한 타인과 연결하고자 하는 노력을 포기하는 것은 공허감을 초래하기 때문이다."(Randall, 2001, p. 261)

영상 자료 6.2

실존주의적 분석회기이다. 이 회기에서 강조하고 있는 내담자의 네 가지 궁극적 관심에 대해 생각해보자.

 https://www.youtube.com/watch?v=X6hdJ8dtilk

라스가 생각하기에 헬렌은 궁극적인 관심들, 즉 인간 존재의 실존 주제들과 씨름하고 있다. 그녀는 아마도 적어도 죽음에 대한 불안은 자각하고 있지만, 다른 궁극적 관심 영역에 대해서는 아직 자각하지 못하고 있다. 헬렌은 현재 상황이 마치 덫에 걸린 듯 느껴지며, 여전히 이런 느낌을 갖는 것 자체에 대해 죄책감을 느낀다. 헬렌은 오랫동안 자녀를 양육하는 데 의미를 두었다. 헬렌은 자기 가치감은 그녀의 실존과 관련 있다고 말하면서, 지금 어떤 것을 잃어버리고 있다는 것을 발견한다. 헬렌은 작가로서의 일에서 발견하는 의미와 목적을 상기시킨다. 라스는 헬렌이 일에서의 의미와 목적을 깨달았기 때문에, 아마도 타인으로부터 고립감과 모호한 죄책감을 느낀다고 생각한다.

방어

우리가 아무리 회피하려고 열심히 노력해도 궁극적인 관심 주제들에 대한 자각은 피할 수 없다. 우리는 궁극적인 관심 주제들 중의 하나를 자각하게 될 때 불안을 경험한다. 불안의 결과는 필연적으로 방어를 이끈다. 얄롬(1980; Yalom & Josselson, 2014)에 의하면, 가장 중요한 불안은 죽음과 연관되어 있고, 우리는 이러한 죽음에 대한 자각을 피하기 위해서 두 가지 중요한 방어를 사용한다고 한다. 즉, 두 가지 방어는 우리 자신이 특별하다는 인식과 최고의 구원자가 도와줄 것이라는 개념이다. 만약 우리 자신이 특별하다면 죽음은 피할 수 있지만, 타인의 죽음은 피하게 할 수 없다. 만약 우리가 마법적 구원자를 만난다면, 마법적 구원자는 우리를 죽음으로부터 구해줄 것이다.

라스는 헬렌이 자기 자신을 특별하다고 느끼기보다는 자신을 도와줄 구원자가 있다는 신념이 더 강하다고 가설을 세운다. 즉, 헬렌이 교수를 만나고 난 후 남편에 대해 실망하고, 불만이 급증한 것도 이러한 가설을 뒷받침해준다.

인간과 개인발달에 관한 이론

실존치료 상담자는 인간 실존에 대한 핵심적인 이슈들을 지향하기 때문에 성격이론에 대해서는 관심이 없다. 실존치료 상담자는 각 개인은 자신이 누구인지 결정하기 위해 순간순간 편견에 의해 무언가를 선택하게 된다고 주장한다. 우리는 언제나 어떤 존재로 되어 가는 과정에 있다. 그래서 우리를 진단적 범주 또는 성격 범주를 통한 고정된 자기로 상상하는 것은 도움이 되지 않는다(Arnold-

Baker & van Deurzen, 2008). 성격이론과 발달이론은 정상적 패턴에 기반하기 때문에 개별 내담자의 독특한 경험을 포착하지 못한다. 게다가 실존치료 상담자는 내담자의 과거보다는 현재 경험에 더 관심이 있다. 그러나 일부 실존치료 이론가들은 애착에서 분리 또는 타고난 개별화로 가는 발달적 순서가 고독의 실존적 딜레마와 연관이 있다는 점을 인식한다(I. Yalom, 1980). 따라서 제3장에서 제시한 바와 같이 신정신분석적 아이디어는 실존치료의 관점과 부합한다.

> 라스는 헬렌을 성격유형으로 기술하는 도식을 통하기보다는 헬렌의 입장에서 헬렌을 이해하고자 한다. 그러나 라스는 헬렌이 여자로서, 엄마로서, 부인으로서의 신념과 아이디어들이 그녀의 초기 환경에서 영향을 받았음은 인정한다.

심리적 건강과 역기능

실존치료 관점에서 보면 건강에 대한 좋은 정의는 **진정성**(authentic)이다(Maddi, 2005). 진정성은 용기와 결단력을 포함한다. 진정성은 죽음에 관한 우리 고유의 불안에 기꺼이 직면하는 것과 관련된다(Vontress, 2013). 이런 관점에서 보면 건강은 인간의 한 부분으로서 피할 수 없는 불안을 다룰 수 있는 것이다. 진정성 있게 되는 것은 자기 자신을 속이지 않는 것을 의미한다. 즉, 자기기만은 잘못된 신념을 행하는 것을 뜻한다(Satre, 1956, Yoder, 1981에서 재인용).

실존치료의 관점에서 보면 심리적 역기능은 검증되지 않은 삶을 살아감으로써 초래되는 결과로 간주된다(Arnold-Baker & Deurzen, 2008). 우리는 고유의 삶의 가치와 의미를 생각하지 않고, 단지 군중과 함께 우리의 길을 즐겁게 나아가고 있다. 만약 나의 좋은 친구 라우라가 최신 아이폰을 샀다면, 아이폰을 가졌다는 것이 삶의 원동력이 된다. 이러한 유형의 실존은 진정성이 없는 것이며, 실존치료 상담자는 이런 현상을 잘못된 신념으로 살아간다고 명명한다(Vontress, 2013, p. 149).

얄롬(1980; Yalom & Josselson, 2014)에 의하면, 심리적 역기능의 주요 근원은 갈등이며, 개인과 주어진 실존, 특히 죽음에 대한 자각 사이의 갈등이다. 얄롬은 본능적 추동이 수면으로 드러나서 불안을 야기하고, 그런 다음 방어와 역기능이 나타난다는 정신분석적 개념을 다음과 같이 수정했다. 즉, 궁극적 관심(특히 죽음)에 대한 자각은 불안을 야기하고, 이러한 불안은 방어기제를 촉발한다. 좀 더 간단하게 말하자면 사람은 "인간조건의 가혹한 사실('주어진' 경험)에 직면한 결과로 절망에 빠지게 된다."(I. Yalom, 2003, p. xvi) 내담자들은 인간의 자유와 함께 오는 의지의 마비로 인해서 괴로울 수 있다. 내담자들은 타인과 미친 듯이 융합함으로써 고립감에 대응할 수 있다. 많은 내담자들은 무의미한 느낌을 경험한다.

그러나 인간에게 주어진 것 중에 가장 중요한 것은 죽음이다(Yalom & Josselson, 2014). 우리 고유의 죽음의 개념에 대해 다룰 때, 이전에 언급했듯이 우리는 대개 두 가지 중요한 방어기제(내가 특별하다고 느끼거나 최고의 구원자가 있다는 믿음)에 의지한다. 얄롬은 특별하다고 느끼는 방어기제를 편집증과 자기애와 연결시켰다.

얄롬은 최고의 구원자 신념 또한 인간의 역기능을 초래할 수 있으며, 특별하다고 느끼는 방어기제보다는 덜 효과적인 방어기제라고 언급했다. 최고의 구원자에게 시간과 정열을 쏟는 것은 자기상실과 제한된 생활양식을 초래할 수 있다. 이러한 방어기제는 자신이 질병에 걸렸을 때, 그리고 특별한 구원자 타인이 위협당할 때 붕괴될 수 있다.

부젠탈과 브랙(Bugental & Bracke, 1992)은 심리적 역기능을 보는 또 다른 방식을 제시했다. 그들은 최근 대중문화는 목적이나 의미 없이 개인적 성취에만 초점을 둠으로써 공허감과 자기애를 부추긴다고 주장했다. 우리는 의미의 결여로 인해 공허감을 경험한다. 이러한 의미의 결여는 부분적으로 관계 연결성의 상실로 기인되며 이러한 관계 연결성의 상실은 현재 생활양식이나 규준과 연관된 것이다. 우리는 우리 자신을 타인의 눈을 통해서 정의하며, 방향을 탐색하고 완수하려는 유혹에 빠지며 좀 더 많은 것을 추구하는 데 의미를 두고, 필사적으로 멋있는 외모를 꾸미고, 타인에게 전적으로 보여지는 나로서 나를 정의하려 한다."(Bugental & Bracke, 1992, p. 29; 원문에서 강조). 부젠탈과 브랙의 관점에 의하면, 건강한 사람은 "존재에 대한 자각에 집중"(p. 29)하며, 내적으로 진정성 있는 자기를 탐색하는 것과 관련된다.

매디(Maddi, 2005)는 무의미성의 세 가지 유형으로 식물인간, 허무주의, 모험성(p. 108)을 들었다. 가장 심각한 무의미성 형태가 식물인간이다. 이 유형의 개인은 거의 삶의 의미를 가지고 있지 않다. 허무주의 개인은 역설적으로 삶에 의미가 없다고 주장하는 데에서 오히려 의미를 발견하기 때문에 혐오와 분노를 경험한다. 역기능의 가장 덜 심각한 형태는 모험성이다. 이러한 내담자는 삶의 의미를 확립하기 위하여 심각한 위험(도박, 약물남용, 신체적 모험)에 노출되기 쉽다. 매디는 "많은 존경받는 기업인이나 전문직에 종사하는 사람들은 그들의 활동이 사회적으로 수용받느냐에 상관없이 이 범주(모험성 범주)에 속한다."(p.108)고 주장했다.

프랭클(Frankl, 1984)은 '전형적인' 신경증과 실존적 신경증을 명시적으로 비교했다. 전형적인 또는 병리적 신경증은 다른 이론가들에 의해 확인된 심리적 과정에서 근원을 찾을 수 있다. 프랭클은 실존적 좌절 또는 삶의 의미의 결여로 인해 어려움을 겪는 심인성(누제닉) 신경증에 더 관심을 보였다. 프랭클의 로고 테라피는 로고(logos) 단어에서 기원하며, '로고'는 '의미'를 뜻한다.

스피넬리(Spinelli, 2001)는 정신증에 대한 실존적 입장을 제시했다. 스피넬리는 정신증 내담자의 증상 발현에 대한 생물학적 설명에 대한 결정적 증거가 없음을 논하면서, 중증 내담자의 경험에 대한 의미를 이해하기 위해서는 전형적인 진단을 버려야 한다고 제안했다. 스피넬리는 두 가지 내담자 유형을 확인했다. 즉, 스피넬리는 정신적 혼동에 대해 두려워하는 내담자 유형, 그리고 정신적으로 혼란된 경험을 오히려 진실로 믿는 내담자 유형을 확인했으며, 후자 내담자가 전자 내담자보다 도움을 주기 더 어렵다고 했다.

라스는 헬렌이 현재 경험에 대해 말한 것에 대해서 심사숙고한다. 헬렌은 명확한 목적의식이 없으며 자신에 대해서 '지루한' 느낌을 경험한다. 헬렌은 의미를 발견하지 못한 상태이다. 현재 헬렌은 실존적 과제에 직면하는 것을 거부하고 자기기만 없이 사는 용기가 없기 때문에 그녀에게는 진정성이 없다고 볼 수 있다. 그러나 헬렌이 상담하러 온 것은 그녀가 올바른 방향으로 변화하고 있음을 시사하기 때문에, 그녀는 절망감과 유한한 실존의 현실에 직면하기 시작할 것이다. 헬렌은 지금 당장은 삶에서 중심은 아닌 것 같다. 즉, 그녀는 타인의 요구에 따라서 더 많이 살며 자신이 아주 힘들다는 것을 무시해버린다. 그녀는 다소 식물인간처럼 보인다. 그러나 라스는 헬렌이 자기를 정립하기 시작한다고 본다.

치료의 특성

사정

실존치료 상담자는 공식적 사정을 많이 활용하지 않는다. 대부분 실존치료 상담자의 경우, 사정과 진단은 개인의 실존의 핵심을 포착하지 못한다고 여긴다. 더구나 사정은 내담자와 상담자 사이의 거리를 멀게 하며, 효과적인 치료를 위한 진정성 있는 참만남을 방해한다. 실존치료 상담자는 내담자가 가진 자신과 세상에 대한 가정과 판단을 살펴볼 것이며, 또한 내담자가 개인의 삶을 검토하는 데 있어 중요한 과업을 착수하는 것에 관심을 가지고 있는지 살펴볼 것이다(Arnold-Baker & van Deurzen, 2008).

라스는 진정성을 유지하면서, 헬렌에 대해 알기 위해 헬렌의 내적 세계에 들어가기 위해 최선을 다한다. 그는 헬렌이 불안정하고 삶의 의미에 대해 의문을 품는다는 그 사실이 바로 치료 시작의 좋은 단서가 된다고 보았다.

치료적 분위기

실존치료는 경험적 접근이며 내담자와 상담자의 즉각적인 주관적 경험에 주로 초점을 둔다(Schulenberg, 2003). 실존치료 접근은 아주 철학적이기 때문에 여러분은 실존치료 상담자는 전형적인 철학자처럼 생각에 잠기고, 수동적이고, 내적으로 향하는 모습을 보일 것으로 예상할 것이다. 만약 여러분이 이렇게 예상했다면 사실을 오해한 것이다. 실존주의 상담자는 내담자와의 관계에서 아주 적극적이다(C. T. Fischer et al., 2000). 애덤스(Adams, 2013)는 실존치료 상담자의 특징으로 상담자의 지시적 태도를 들었다. 왜냐하면 애덤스는 자신의 고유한 가정을 결코 버릴 수 없었으며 상담자가 비지시적인 태도로 임하는 것은 잘못된 신념을 행할 수 있다고 믿었기 때문이다(p. 45). 애덤스는 실존치료 상담자는 내담자에게 솔직하며 내담자가 고유한 방향을 발견하도록 돕는 데 있어서 진솔한 모습을 보인다고 말한다.

실존치료 상담자가 적극적이라고 하지만 내담자의 문제에 대해 해결책을 주지는 않는다. 사실 실존치료 상담자는 내담자를 도전시키며, 내담자에게 궁극적인 관심들에 직면하도록 용기를 북돋워주는 경향이 있다(Cooper, 2003). 반 두르젠(van Deurzen, 2006)은 "상담자의 개방적인 태도는 격려되고 상담자는 내담자를 응석받이가 아닌 존중, 돌봄, 이해의 태도를 가지고 대한다."(p. 283)고 덧붙였다.

일반적으로 실존치료는 단기모델에 적합하지 않는다. 얄롬은 전형적으로 내담자를 여러 해 동안 상담하며 때때로 일주일에 두 번씩 상담하기도 한다. 그러나 얄롬은 많은 상담자들이 장기심리치료가 불가능한 환경에서 일한다는 사실을 알게 되었다. 사실 실존치료 1회기 시간제한적 모델도 있다 (Strasser & Strasswe, 1997).

라스는 자신이 누구인지에 대해 확실한 이해를 하고 있다. 상담 과정에 전념할 열정을 가지고, 헬렌과 상담관계를 맺기 시작한다. 라스는 상담 과정 동안 어떤 일이 일어날지에 관해서는 확신할 수는 없지만 상담 과정 동안 겪게 될 도전에 대해 반기고, 헬렌이 도전에 대해서 잘 다룰 수 있다는 믿음을 가지고 있다.

내담자와 상담자의 역할

전형적인 실존치료 상담자는 내담자를 위해 아주 진실한 돌봄을 주는 사람으로 기술된다(Bugental & Kleiner, 1993). 실존치료 상담자는 또한 상담 과정의 신비적 요소를 제거하고 내담자에게 진정성 있는 관계를 맺도록 노력한다. 상담자는 내담자와 진정성 있게 관계하는 부분으로서, 반 두르젠(2010)이 언급했듯이, 상담자는 '실존적으로 나태해서'는 안 된다(p. 256). 상담자는 고유의 실존적 주제에 대해 주의를 기울여야 한다. 이러한 실존적인 면밀한 검토를 동반하는 치료자는 권위 또는 치료적 중립성 뒤에 숨지 않을 것이며, 얄롬과 요셀슨(Yalom and Josselson, 2014, p. 287)이 '길동무(fellow traveler)'로 표현했듯이 내담자를 동등하게 대할 것이다. 상담자는 가능한 한 진정성 있고 진솔적이어야 한다. 이러한 치료적 태도를 취하기 위해서 실존치료 상담자도 치료를 받아야 한다(van Deurzen & Adams, 2011).

R. A. 월시와 맥엘웨인(R. A. Walsh & McElwain, 2001)은 내담자와 상담자는 치료적 참만남에서 서로에게 노력과 시간을 쏟기도 하고 서로 위험에 처하게 하기도 한다고 강조했다. 이와 비슷하게 스피넬리(Spinelli, 1997, 2007)도 치료를 상담자와 내담자 모두에게 하나의 도전으로 여겨진다고 언급했다. 스피넬리는 상담자는 치료 과정에 한 사람의 관찰자가 아니라 적극적인 참여자가 되어야 하기 때문에 내담자의 경험에 의해 상담자의 가치와 신념이 흔들릴 수 있는 위험에 처할 수 있다고 주장했다. 내담자는 모든 측면에서 자신의 본성을 명료화하도록 도전받는다. 스피넬리(1997)는 상담관계를 촉진시키기 위해서 상담자는 내담자의 세계에 대해 '알지 못한다'는 태도로 임해야 한다고 기술했다. 즉 "상담자가 내담자의 세상에 대해 기꺼이 탐색하고자 하는 태도는 세상에 존재하는 내담자의 독특한 방식에 접근하고, 그러한 내담자의 방식을 존중하게 하며 또한 상담자 자신의 편견과 가정(개인적 편견과 가정이나 전문적인 편견과 가정 또는 둘 다 포함)에 대한 도전을 받아들이게 한다."(p. 8)

내담자 또한 상담 과정에서 적극적인 참여자가 되어서 삶의 선택에 대해 고군분투하게 되고 자유를 인정하는 경험을 하게 된다(Schulenberg, Hutzell, Nassif, & Rogina, 2008). 내담자가 궁극적인 관심 영역에 직면하기를 꺼릴 때, 실존치료 상담자는 이를 저항으로 명명하기보다는 회피(van Deurzen, 2010) 또는 자기기만(K. J. Schneider, 2011)으로 명명한다. 이러한 내담자의 회피 또는 자기기만 반응은 내담자가 상담자의 안건을 수용하지 못하거나 또는 기존의 안정되고 익숙함에 머물고자 하는 정상적인 바람에 기인하는 것으로 볼 수 있다.

라스는 헬렌과의 상담관계에서 상담자로서 내담자의 세계를 '알지 못한다'는 태도를 취하고, 가능한 한 진정성 있는 태도로 임할 때 비로소 치료관계에서 무엇을 하고 있는지 알아차릴 것이다. 라스는 헬렌에 대해서 신중하게 돌보고 그녀가 선택한 길과 그녀의 괴로움과 고통에 의해 도전받을 준비가 되어 있다.

상담 목표

실존치료의 목표에 대한 가장 간단한 진술은 아마도 노크로스(Norcross, 1987)가 언급한 다음의 기술이다. "심리치료의 목표는 사람들이 자유로워지는 것이다. 즉, 내담자가 증상이 없어지고, 자신의 가능성을 자각하고 경험하는 데 자유로워지는 것이다."(p. 48) 반 두르젠(van Deurzen, 2012)은 다음과 같이 실존치료의 목표에 대해서 좀 더 자세하게 기술했다.

> 실존치료의 목표는… 삶을 명료화하고, 성찰하고, 이해하는 것이다. 삶에서의 문제들은 직면되며 삶의 가능성들과 한계들은 탐색된다. 실존적 접근법은 전통적인 의학적 모델을 가지고 사람을 치유하지 않는다. 내담자는 병을 앓는 환자로 간주되지 않으며 다소 삶에서의 아픈 또는 생활에서 서투른 사람으로 간주한다.(p. 30)

실존치료 상담자는 내담자가 가능한 한 진정성 있는 삶을 살도록 돕기를 원한다. 내담자가 진정성 있는 삶을 산다는 것은 가장 두려운 궁극적인 관심주제이자 가장 중요하고 필수불가결한 죽음을 받아들이는 것과 관련된다(Strasser & Strasser, 1997). 실존치료 상담자는 또한 내담자가 책임(상담을 받으러 오게 된 상황과 변화하는 것에 대한 책임)을 수용하기를 원한다(Adams, 2013). 실존치료 이론가에 의하면, 타인에 대한 공감과 삶을 바라다보는 유연성 있는 창조적인 방식은 우리의 자유와 책임에 대한 수용과 함께 수반된다(Todres, 2012). 궁극적으로 삶이 지루하고 무감각하게 느껴지고, 행복하지 않은 내담자는 "내적 침묵의 가차 없는 정직함으로 자신과 직면"해야 한다(van Deurzen, 2012, p. 204). 그리고 나서 내담자는 자신이 진정으로 무엇에 가치를 둘지를 결정하고(삶의 의미 부여) 부여한 의미를 위해 노력할 수 있다.

> 라스는 헬렌이 결국은 '현재의 막힘'에서 벗어나서 진정한 경험을 할 것으로 희망한다. 헬렌은 자신의 자유와 함께 홀로 책임을 져야 하는 것도 받아들여야 한다. 라스는 헬렌이 제한된 실존과 실존적 공포로 인해 우선적으로 포착될 수 있는 고독을 알아차릴 것이라고 믿는다. 그러나 라스는 헬렌이 결국은 현재의 실존을 검토하고 삶의 새로운 의미를 발달시키는 방향으로 전환함으로써 혼란에서 벗어나는 길을 찾을 거라고 확신한다.

치료 과정

실존치료의 시작은 치료기간, 장소, 치료비를 포함해서 명확한 계약으로부터 시작된다(Arnold-Baker & van Deurzen, 2008). 초기회기는 강렬하고, 신뢰로운 치료적 관계를 수립하는 데 초점을 두어야 한다. 그다음으로 실존치료의 실제 작업단계가 이루어진다. 실존치료 상담자는 내담자를 네 가지 존재방식의 측면(주변세계, 공존세계, 고유세계, 영적세계)에서 내담자의 자료를 사정한다(Aronold-Baker & van Deurzen, 2008). 상담자는 내담자에게 가장 익숙한 존재방식을 앎으로써 내담자가 가진 강점과 약점, 그리고 신념과 가치에 대해 검토하도록 도와줄 수 있고, 내담자의 자기기만이 일어나는 상황에 관해 부드럽게 지적할 수 있다(Aronold-Baker & van Deurzen, 2008).

피셔 등(Fischer et al., 2000)은 현대의 모든 실존치료 접근법들에서 보이는 세 가지 일반적인 주제로 관계, 이해, 그리고 유연성(p. 248)이 포함된다고 언급했다. 즉, 상담자는 관계에 전념해야 하며 관계의 뉘앙스에 집중해야 한다. 그리고 이해하기란 상담자가 내담자의 세계에 들어가기 위한 진지한 노력을 해야 한다는 의미이다. 내담자 개개인이 독특하기 때문에 상담자는 내담자에게 다가가는 데 있어서 융통성을 발휘해야 하며, 회기 간/회기 내에서 접근 또는 오리엔테이션 면에서 변화를 도모할 필요가 있다(R. A. Walsh & McElwain, 2001).

실존치료 상담자는 언제나 궁극적인 관심사에 대해 명심하고 있음에도 불구하고, 얄롬은 우리에게 이런 궁극적인 관심사가 모든 내담자 또는 특정 내담자에게 언제나 최우선은 아니라는 점을 상기시켜준다. 얄롬은 우리에게 "치료는 이론 위주가 아니라 관계 위주가 되어야 한다."고 주의를 주었다(2003, p. xviii). 그러나 M. 프랭클(2011)은 실존치료에서 가장 중요한 과정은 내담자가 자신의 실존적 주제를 알아차리는 것이라고 말했다.

모든 실존치료 상담자는 관계를 하나의 실존적 참만남으로 간주하며, 이러한 관계는 진정성 있고 신뢰로워야 한다고 여기고 있다. 부젠탈은 존재(presence), 즉 순간에 충분히 관여하는 질에 관해서 저술했다(Bugental & Bracke, 1992). 최상의 치료가 되기 위해서는 상담자와 내담자 모두가 충분히 존재하는 것이 필요하다(K. J. Schneider, 2011).

실존치료에서는 대인관계적 접근을 취하기도 한다. 실존치료의 경우 내담자의 대인관계 패턴을 자기, 타인, 그리고 세상에 대한 태도의 반영으로 여기며 세상에서의 존재방식으로 간주한다(Spinelli, 2007). 이러한 관점에서 보면 치료관계는 내담자의 자기를 반영하는 것으로 해석할 수 있다. 상담자와 내담자 간의 관계는 치료의 중심이 된다. 스피넬리(2002)는 실존치료 접근법들이 상담자와 내담자의 여기-지금에 초점을 두는 측면, 즉 '우리'로의 존재를 경험하기는 다른 상담 접근법들과 비교할 때 특별한 부분이라고 제안했다(p. 113).

K. J. 슈나이더와 크루그(K. J. Schneider & Krug, 2010)는 실존치료의 세 가지 단계에 대해서 확인했다. 첫 번째 단계에서는 내담자가 불안해하기 때문에, 상담자의 목적은 내담자와 돈독한 관계를 형성하며 내담자가 자기를 경험하도록 돕는 것이다. 두 번째 단계는 내담자의 의지와 관련되며, 그 결과 내담자는 더 깊은 자기경험의 탐색과 책임감을 갖게 된다. 마지막 세 번째 단계는 창조성의 하나인데, 내담자는 주어진 삶을 자각하면서 동시에 삶의 의미와 목적의식을 더 강하게 깨달으며 자신의 세계에 적극적으로 관여한다.

스피넬리(1997)는 전이와 역전이에 관한 흥미로운 관점을 제시했다. 스피넬리는 전이와 역전이 용어로 사건을 명명하는 것은 내담자와 상담자를 과거에 머물게 함으로써 실제 참만남의 본질을 회피하게 한다고 주장했다. 대신에 스피넬리는 반향(resonances)이란 용어를 사용하면서 반향은 현재 상담자와 내담자 간의 참만남에서 그들 자신을 나타내는 '가치, 신념, 정서'의 증거로서 간주되어야 한다(p. 37; 원문에서 인용)고 언급했다.

영상 자료 6.3

어빈 얄롬은 심리치료의 본질을 기술하고 있다.

 https://www.youtube.com/watch?v=73wVVNrDl4I&list=PLAC6564852C9AA64B&index=2

라스와 헬렌은 치료 계약에 합의함으로써 상담을 시작한다. 치료관계가 시작됨에 따라 라스는 할 수 있는 한 최대로 헬렌의 세계에 들어가려고 노력하면서, 순간순간 현재에 머물고 자신에게 진실하고자 한다. 라스는 헬렌과의 참만남이 둘 모두의 변화를 일으킬 것이라고 기대한다. 라스는 헬렌이 비록 고유세계(내적 심리적 세계에서의 존재)를 고려하기 시작했지만, 공존세계(타인과의 관계에서의 존재)에서 가장 편안해한다는 것을 관찰한다. 라스는 헬렌의 말을 주의 깊게 경청하면서 한편으로는 헬렌과의 관계에서 궤도에서 벗어나거나, 혼란스럽거나, 참만남과 관련된 정서를 경험할 때가 있을 것이라고 예상한다. 라스는 헬렌과의 관계에서 일어나는 여러 가지 경험에 대해서 진정성 있게 다루도록 노력할 것이다.

치료 기법

실존치료 상담자는 기법을 좋아하지 않는다. 사실 쿠퍼(2008)는 "실존치료 상담자는 무엇을 한다고 하기보다는 무엇을 하지 않는다고 말하는 것이 더 낫다."고 언급했다(p. 237; 원문에서 인용). 실존치료 상담자는 진정성 있는 관계에서 상담 기법은 잠재적인 방해물로 간주한다. 실존치료 상담자는 내담자를 의미 있는 수준에서 이해하는 방식을 취한다(Vontress, 2013). 대다수의 실존치료 상담자들의 경우 특정 상담 기법을 옹호하지는 않지만, 실제로 기존의 상담 접근법에서 사용하는 광범위한 개입들을 사용하는 경향이 있다(Fischer et al., 2000). 예를 들면 대부분의 실존주의 상담자들은 자기탐색, 통찰, 그리고 도전을 치료의 중요한 요소라는 점에 동의할 것이다. 얄롬(1980; May & Yalom, 2005)은 내담자로 하여금 네 가지 궁극적인 관심사와 연관된 불안이 공정한 게임이라는 것을 자각하도록 돕는 어떠한 개입도 지지했다. 나는 실존치료 지지자들이 언급한 몇 개의 기법에 대해서 제시할 것이다. 이 기법들은 실존치료의 목표를 실현하는 데 도움이 된다.

소크라테스식 대화법

실존치료 상담자는 내담자가 자신의 고유 경험과 가치를 탐색함으로써 의미 있는 해답을 찾을 것이라는 믿음을 고수하면서, 내담자가 자기탐색을 하도록 조력한다(Tate, Williams, & Harden, 2013). 상담자는 내담자의 자기탐색을 돕는 대화를 할 때 해결책 또는 조언을 주지 않도록 세심하게 주의를 기울여야 한다. 왜냐하면 답을 주거나 조언을 주는 것은 실존치료의 실제와 불일치하는 '전문가'의 입장이기 때문이다.

헬렌은 라스와 함께 그녀의 삶에서 무엇이 중요한지 논의한다. 라스는 헬렌에게 "요즘 무엇이 당신을 제일 행복하게 하나요?", "최근에 가장 중요하게 여기는 것이 무엇인가요?", "당신이 언제나 고수했던 우선순위가 있나요?" 또는 "당신을 위해 변화할 게 있나요?" 같은 여러 가지 질문을 한다. 헬렌은 이런 질문에 대해서 라스와 나누면서 공허감과 씨름하며, 실제로 그녀에게 무엇이 중요한지 알 수 없었으며, 그녀 내부에서 죽음을 느낀다. 라스는 헬렌에게 내부에서 느껴지는 죽음에 대해 말하도록 요청한다.

괄호매김

실존치료 상담자는 내담자의 세계를 충분히 이해하기 위해서 자신의 신념과 편견을 중지하는 것을 배워야 한다(Cooper, 2008). 이런 과정을 괄호매김(bracketing)이라고 명명하며, 스피넬리가 제안했듯이 상담자는 내담자의 세계를 '알지 못한다'는 태도를 취해야 한다는 것이다. 그러나 현대의 실존치료 지지자들은 상담자 입장에서 완전한 객관성을 취하는 것은 불가능하다는 것을 알고 있다. 우리가 할 수 있는 최선은 내담자의 세계를 탐색하는 데 방해가 되지 않도록 상담자인 우리의 가정에 대해 자각하는 것이다(Cooper, 2008).

라스는 헬렌과의 참만남이 이루어질 때 그의 신념과 가치를 명료하게 알아차리도록 노력한다. 그러나 라스는 헬렌과 함께 있을 때, 그의 신념과 가치를 모두 명료하게 알아차리는 것이 불가능하다는 것을 깨달았다. 그래서 라스는 자신의 가정들을 중단(괄호매김)하려고 노력하지만, 여전히 자신의 가정들에 집중하지 않고 있다는 것을 자각한다.

비언어적 행동에 주의 기울이기

실존치료에서 강조하는 것은 존재의 자각이며, 실존치료 상담자는 내담자의 비언어적 표현을 관찰하고 내담자 또한 비언어적 표현에 주의를 기울이도록 요청하는 데 관심이 많다(Cooper, 2003).

라스는 헬렌의 현재 상태를 나타내주는 비언어적 단서를 관찰한다. 라스는 헬렌이 깍지낀 양손을 꼭 잡는 것을 보고 그녀에게 이런 행동에 대해 주목하기를 요청하고 지금 무엇을 경험하는지 기술하도록 했다. 헬렌은 고립감과 외로움이 느껴지며, 깍지낀 양손을 꼭 잡는 것을 보고 스스로를 위로하는 것이라고 답한다.

자기개방

실존치료 상담자에게는 내담자와 함께 그들의 개인적 반응을 공유하는 것은 아주 일반적이다. 상담자는 내담자에게 자기개방(self-disclosure)을 할 수 있다(K. J. Schneider, 2008). 상담자는 진정성 있게 현재에 존재해야 한다는 실존주의 가치에 근원을 두기 때문에, 상담자의 자기개방은 깊은 치료적 참만남을 하는 것으로 간주된다. 상담자는 두 가지 방식으로 개방할 수 있다. 즉 상담자는 치료과정(예 : 내담자–상담자 관계)에 관한 개방, 또는 상담자 자신의 실존적 고군분투(Colledge, 2002)에 대한 개방을 할 수 있다. 얄롬과 요셀슨(2014)은 상담자의 자기개방은 주로 순간순간에서의 치료

관계에 관한 것이어야 하며, 이러한 관계는 '치유하는 검증된 치료관계'라고 언급한다(p. 288; 원문에서 인용). 상담자의 자기개방은 내담자의 세계관을 명료화하고 도전시키는 데 도움이 될 수 있다(Spinelli, 2007). 상담자가 자기개방을 할 때는 주의를 기울여야 한다. 왜냐하면 상담자의 자기개방이 내담자를 압도하게 하거나 혼란스럽게 할 수 있고, 또는 내담자의 탐색 과정에 초점을 두어야 하는 데 상담자로 초점을 전환시킬 수 있기 때문이다.

> 라스는 기꺼이 헬렌에게 현재 순간에 일어나는 것에 관해 자기개방을 한다. 예를 들면 라스는 헬렌과 거리감이 느껴지는 감정에 대해 말할 것이며, 그녀와 충분히 참만남을 이루고자 하는 실제 소망을 표현한다. 라스는 또한 자신이 발견한 삶의 의미에 관해서도 얘기할 것이다.

역설적 의도

실존적 상담 기법 중 가장 잘 알려진 것이 역설적 의도(paradoxical intention)로, 프랭클(1984)에 기원을 두고 있다. 역설적 의도는 프랭클이 **신경증적 공포**(죽음에 대한 실제적 공포와 비교됨)라고 불렀던 증상에 주로 사용되었다. 역설적 의도는 내담자에게 문제되는 증상 또는 문제와 '동행'하게 하거나 증상을 고의로 경험하게 하거나, 그 경험에 유머를 덧붙이는 것을 포함한다(Schulenberg et al., 2008). 공포가 아무리 강하더라도 공포와 마주하는 경험을 하게 된다면 오히려 우리 자신에 대해서 웃을 수 있고 그럼으로써 증상과 거리를 둘 수 있는 독특한 인간의 능력을 발휘하게 된다는 것이다. C. T. 피셔(1991)는 내담자가 증상을 경험함으로써 내담자와 상담자로 하여금 내담자의 증상을 이해하도록 한다고 덧붙였다.

> 헬렌은 어느 특정 증상, 전형적인 증상에 대해 언급하지 않았기 때문에, 라스는 역설적 의도를 사용하는 것은 적절하지 않을 수도 있다고 생각한다. 그러나 라스는 헬렌이 막힌 듯한 느낌을 충분히 탐색하도록 하기 위해 헬렌에게 의도적으로 '지루함'을 경험해보도록 요청하고자 한다.

탈숙고

프랭클이 제안한 또 다른 전략은 탈숙고(dereflection)로, 내담자에게 세상으로 주의를 돌리도록 지시한다. 프랭클은 어떤 고통을 겪는 개인의 경우, 너무 의도적으로 내적 과정에 초점을 두는 경향이 있다고 보았기 때문에 고통을 겪는 개인은 이러한 내적 과정에 초점을 두는 경향에서 벗어나야 한다고 주장한다.

> 헬렌이 지나치게 자기 초점화가 된 것처럼 보이지는 않았다. 오히려 그녀는 오랜 기간 타인의 요구를 만족시키려는 패턴으로 살아온 듯하다. 라스는 헬렌에게 탈숙고 기법을 사용하는 것은 적절하지 않다고 여기지만, 치료에서 이후에 탈숙고가 유용하다고 여겨지면 사용할 수 있다고 본다.

꿈의 분석

얄롬(1980)은 꿈분석(dream analysis)을 아주 좋아한다. 정신분석가들은 꿈분석을 통해 정신적 실체 사이의 무의식적 갈등을 살펴보는 반면에, 실존치료 상담자는 꿈분석을 통해 내담자의 네 가지 궁극적인 관심 영역과 관련된 이슈들의 발현을 살펴보는 데 초점을 두고 있다. 꿈분석에 대한 또 다른 관점은 반 두르젠(2012)이 제시했는데, 그는 꿈을 통해서 실존의 네 가지 수준에서의 의미를 탐색하고자 했다. 실존의 네 가지 수준은 물리적 수준(예 : 신체적 실존에 어떤 위험과 위협이 있는가?), 사회적 수준(예 : 꿈의 사회적 · 문화적 맥락은?), 개인적 수준(예 : 꿈꾸는 이의 동기는?), 영적 수준(예 : 실제로 내담자에게 무엇이 중요하고, 중요한 것을 어떻게 얻는가?)을 포함한다(p. 173). 비록 상담자가 내담자의 꿈의 어떤 다른 의미 또는 내담자가 발견한 그 이상으로 생각하고 있을지라도 꿈의 의미를 결정하는 것은 전적으로 내담자의 몫이다. 반 두르젠(2012)에 의하면, 내담자가 꿈의 의미에 따라 행동할 준비가 되어 있을 때 꿈의 의미를 발견하는 것이 좋다.

> 헬렌은 강물에 휩싸여 가는 꿈을 꾸었다. 꿈속에서 헬렌이 강물에 휩싸여 갈 때 그녀의 가족은 강둑에서 그냥 그 장면을 쳐다보고 있었다. 그러나 대학 교수는 강둑에서 어찌할 바를 모르면서 놀라면서 그 과정을 함께했다. 라스와 헬렌은 꿈의 의미에 관해서 함께 탐색하면서, 그녀의 무기력감, 가족과의 관계, 그리고 그녀의 궁극적인 고립감을 상징하고 있음을 발견한다. 꿈에서 말하고 있는 것처럼 교수는 유일한 희망이다. 교수는 궁극적인 구원자일 것이다. 그러나 깊은 수준으로 들어가면 교수라는 인물은 헬렌이 새로운 삶의 의미를 발견하고자 행동을 취하는 헬렌의 바람의 일부가 반영된 것이다. 라스는 꿈이 물리적 수준에서 일어났지만 많은 사회적 요소들도 역시 관련됨을 주목한다. 또한 흥미로운 사실은 헬렌은 꿈에서 공포를 느끼지 않으며 의도적으로 무슨 일이 발생하고 있는지를 관찰한다는 것이다. 라스는 이것이 치료에 좋은 신호라고 생각한다.

유도된 상상

얄롬(1980)은 죽음에 대한 자각을 증가시키기 위해서 심상기법을 사용했다(p. 175). 내담자는 여러 방법으로 죽음에 대해 명상하도록 요청받는다. 예를 들면 자신의 장례식에 관해 그림 그리기, 자신의 부고장 쓰기, 또는 어디서 · 어떻게 · 언제 죽을지 생각하기가 포함된다. 이런 심상기법은 내담자로 하여금 무엇이 의미 있고 중요한지에 대한 자각을 증가시키고, 삶에 대한 책임감을 가지도록 촉구할 수 있다.

> 라스는 헬렌이 그녀의 죽음에 대해서 숙고하고 있다는 것을 알고 있다. 헬렌은 처음에 죽음에 관해 숙고하는 연습을 두려워했지만, 이제는 죽음에 관해 생생한 그림을 그릴 수 있게 되었다. 그녀는 외로움의 느낌과 연결되면서 운다.

개인적 · 문화적 다양성에 대한 논의

실존치료는 다양한 배경의 내담자들에게 아주 유용하게 활용될 수 있다. 실존치료 지지자들은 실존치료는 문화를 초월해서 인간의 실존에 대한 보편적인 관심을 강조한다고 주장한다(Vontress, 2013). 본트레스는 수많은 실존적 아이디어들은 비서구권 문화의 가치와 부합한다고 언급한다. 비서구권 철학의 경우 인간은 물리적 환경과 분리될 수 없다는 관점은 실존치료의 주변세계(*Unwelt*)와 관련 있고, 우리는 다 연결되어 있다는 관점은 실존치료에서의 공존세계 개념(*Mitwelt*)과도 부합된다. 쿠퍼(2008)는 실존치료 이론가들이 문화적 이슈에 대해서 많은 관심을 기울인 것은 아니지만, 실존치료는 개인의 독특성을 강조하기 때문에 '통합'의 도전을 이끈다고 주장했다. 실존치료는 특히 주변인에게 적절할 수 있다(p. 261). 그러나 실존치료 이론에서 개인적 선택과 책임을 강조하는 것은 백인 서구권 유럽인보다는 다른 문화권 사람들의 다양성을 고려하는 데 있어서 문제가 될 수 있다. 특정 문제는 역사적으로 압제를 경험한 집단 출신의 내담자일 때 일어날 수 있는데(예 : 성소수자, 아프리카계 미국인, 아메리카 원주민), 이러한 압제를 당하는 내담자들의 경우 자유의지를 강조하지만, 자신의 세계관에 거스르는 선택을 하게 된다. 그러나 프랭클(1984)은 심지어 선택을 할 수 없더라도 고통 속에서 의미가 발견될 수 있다고 주장한다.

벌린과 구제타(Burlin & Guzzetta, 1977)는 실존치료의 주제들은 특히 여성에게 적절하다고 주장했다. 예를 들어 실존치료의 "사람이 주체이지 대상이 아니다."라는 가치는 문화적으로 여성의 외모적 매력의 차원을 지지하는 것보다는 여성 자신의 내면에서 가치를 발견할 수 있도록 힘을 북돋워준다(p. 262). 이와 비슷하게 K. J. 슈나이더(2008)는 권력, 성별, 섹슈얼리티(sexuality) 같은 여성주의 치료와 관련된 주제들은 용기, 자유, 책임감을 강조하는 실존치료의 강조점과 부합하지만, 실존치료에서 발견되는 제한점과 한계도 함께 고려해야 한다.

일부 실존치료 이론가들은 동성-동성애라고 불리는 것은 역사적이고 사회적 권력의 역동(이 부분을 이해하기 위해서는 제15장의 푸코의 사상에 대한 논의를 언급할 수 있음)의 조작의 결과이며, 사회적으로 구성된 본질은 선택의 요소를 내포한다고 주장한다. 이러한 입장은 성소수자의 사상과 격돌할 것이다(Medina, 2008). 크래브트리(Crabtree, 2009)는 성소수자로 정체감을 형성한 개인이 경험한 편견과 차별을 무시하는 사회적 권력을 단념시키기 위해 섹슈얼리티라는 용어를 사용한다고 제안했다. 메디나(2008)는 이러한 부분의 논쟁을 초월해야 하며, 그 대신에 내담자의 섹슈얼리티의 구성과 그들이 부여하는 의미에 집중해야 한다고 힘을 불어넣어주었다.

CHAPTER 7

게슈탈트 치료

프리츠 펄스

제시카는 30세의 아프리카계 미국인 여성으로 경찰관이다. 그녀는 신체적으로 건강하고 언어를 유창하게 사용하며, 상담받는 것에 대해 개방적인 태도를 보인다. 제시카는 이혼한 상태이며 '데일'이라는 5세 아들이 있다. 제시카와 데일은 여러 해 동안 데일의 친부와 교류한 적은 없다.

제시카는 2년 동안 함께 동거한 랜디와의 관계문제로 상담을 받게 되었다. 최근에 제시카와 랜디 사이에서 심각한 폭력이 있었다. 제시카가 랜디의 머리를 손질하면서 그의 머리카락을 너무 많이 깎아버리자 랜디는 버럭 화를 냈고, 이에 제시카는 사과를 했다. 랜디는 계속 화를 내며 일어나 집을 나갈 거라고 협박을 했다. 제시카는 랜디가 떠나서 다시는 돌아오지 않을까 봐 두려운 마음에 랜디의 차 열쇠를 움켜잡았다. 이를 본 랜디는 문을 잠그고, 블라인드를 닫으며, 제시카 목을 조르며 벽에 밀쳤다. 랜디는 이렇게 폭행을 한 후 침대로 물러섰다. 이 커플은 이 일이 있은 후로 이 사건에 대해 더 이상 말하지 않았다. 이 사건은 제시카와 랜디의 관계에서 일어난 네 번째 폭력이었다.

제시카는 4남매 중 첫째이다. 제시카의 부모는 제시카가 12세 때 이혼했으며, 그녀의 어머니는 이혼 후 곧바로 재혼했다. 엄마의 재혼으로 인해 그녀는 두 명의 이복 형제자매가 생겼다. 그러나 제시카는 이복 형제자매들과는 친하지 않았다. 제시카는 '정상적' 아동기를 보냈고 10대에는 어느 정도 정서적 혼란(이혼에 대한 반응)을 경험했지만, 전반적으로 그녀가 생활했던 가정은 비교적 고요했다고 말한다. 제시카는 엄마의 특성을 냉담하고 사무적인 사람으로, 엄마와의 관계는 어려웠다고 얘기한다.

제시카의 친아버지는 재혼하지 않았고, 그녀가 경찰관이 되겠다고 말하기 전까지는 생부와 좋은 관계를 유지했다. 그러나 제시카의 친아버지는 제시카가 경찰관이 되고 싶다고 얘기했을 때, 다음과 같이 아주 부정적으로 말했다. "경찰놈은 돼지야, 만약 네가 경찰이 된다면, 나는 절대로 다시는 너를 보지 않을 거야." 제시카는 아버지의 반대에도 불구하고 그녀의 소망대로 경찰관이 되었으며 지난 8년 동안 오직 3번 아버지와 얘기를 나누었을 뿐이다.

제시카는 랜디가 화가 날 때만 랜디를 두려워하지만 그렇지 않을 때는 랜디와 잘 지낸다고 말한다. 제시카는 랜디와의 관계에서 잘못된 것은 자기 탓이라고 책임을 지려 한다. 랜디는 과거 폭력 사건들에 대해 문제의식도 없고 상담을 받으려 하지도 않는다. 제시카는 랜디를 그들의 관계에서 중요한 사람이라고 여긴다. 제시카의 아들인 데일과 랜디는 보통 잘 지내나 가깝지는 않다.

제시카는 랜디와 더 이상 싸우지 않기 위해서 좋은 방법을 알기를 원한다. 그녀는 랜디와의 관계의 많은 문제들에 대해서 자신이 책임이 있다고 본다. 제시카는 자신이 랜디가 원하는 대로 더 잘해주려고 노력한다면 모든 것이 잘될 거라고 예상한다.

배경

게슈탈트 치료(GT)는 접근하기에 어느 정도 어려운 주제들이 있다. 게슈탈트 치료에 대한 역사적 기술은 프리츠 펄스(Fritz Perls, 1893~1970)의 화려하고 논쟁 여지가 있는 치료 실제에 초점을 두고 있다. 펄스(1969b)가 76세 때 쓴 다음과 같은 자서전의 문장을 보면, 펄스라는 사람의 특징을 짐작할 수 있다. "나는 신경증에 대해서는 미국, 아니 세상에서 최고의 치료자라고 믿는다. 이러한 과대망상은 어떤가요?"(p. 228)

펄스의 부인인 로라를 포함해서 많은 사람들은 게슈탈트의 이론과 실제에 기여했으며, 게슈탈트 이론은 펄스가 발달시킨 접근에서부터 현재까지 상당히 발전해 나갔다. 저자들은 종종 '펄스주의(Perlsim)'라고 언급하는데, 펄스주의란 독특한 치료행동 양식(예 : 공식적 워크숍에서의 현란하고, 직면적인 치료행동을 보임)을 뜻한다(Parlett & Hemming, 1996a). 현대의 게슈탈트 치료의 변화 방향은 일반적으로 펄스의 치료 스타일보다 덜 직면적이며, 치료관계에 더 관심을 기울인다. 이 장에서 나는 현재 실행되고 있는 게슈탈트 접근법에 대해 전달할 것이며, 또한 펄스의 게슈탈트 접근의 특성들도 기술할 것이다.

아마도 펄스는 아주 화려한 특성을 지녔고, 게슈탈트 치료를 공식적으로 시연할 때 눈길을 끌게 하기 때문에, 이론에 대한 호평과 혹평이 언제나 동시에 주어졌다. 펄스는 아주 논쟁적인 인물이며 '더러운 늙은 남자'라고 스스로 고백했다(F. Perls, 1969b), 클락슨과 맥퀸(Clarkson & Mackewn, 1993)은 펄스에 대해서 다음과 같이 언급했다.

> 펄스라는 사람은 누구와 그리고 언제 얘기하는지에 따라 달라진다. 어떤 사람에게는 영웅이며, 또 어떤 사람에게는 괴상한 사람이다. 또 어떤 사람에게는 잔인하고, 또 다른 사람에게는 상냥하고, 또 어떤 사람에게는 관대하고, 또 다른 이들에게는 세상에서 최고의 수혜자이다. 어떤 이에게는 천재이며, 또 다른 이에게는 거의 문맹의 비지식인이다. 어떤 이에게는 사교적이고 행복하게 보이고, 또 다른 이에게는 외롭고, 타인과 진솔한 관계를 맺기 어려운 사람으로 보인다. 또 어떤 이에게는 아름다운 감각적 남자로, 다른 이들에게는 추한 아첨꾼이자 더러운 호색한 늙은 남자로 보인다. 어떤 이에게는 자기애적 과시자로, 또 다른 이에게는 부끄러움 많고, 위축되고, 내향적이어서 사랑구애도 못하는 사람으로 보인다.(p. 30)

펄스는 처음에는 고전적 정신분석에서 수련을 받았으며, 그의 첫 번째 이론적 시도는 프로이트의 성적 추동을 갈망 추동으로 대체한 것이었다(Harman, 1990). 첫 번째 저서인 자아, 갈망, 공격성(*In ego, Hunger, and Aggression*)(1947)에서 펄스는 이러한 아이디어를 전통적인 정신분석 이론에 통합하려는 시도를 했다. 후기 게슈탈트 치료 이론에서의 경험의 동화(또는 소화)와 내사의 거부, 또는 전체를 삼키는 것을 강조하는데, 이는 정신분석 이론의 '구강적 은유(oral metaphor)'로 보인다. 펄스의 후속 저서들은 정신분석 이론의 어느 정도의 특성을 유지하지만, 점진적으로 정신분석 이론과 기법으로부터 분화되어 간다.

펄스의 사상에 주요 영향을 끼친 분야는 게슈탈트 심리학이다. 게슈탈트 심리학은 인간이 지각적 자극으로부터 어떻게 의미를 창조하는지에 관해 탐색하는 지각심리학 분야이다. 이러한 접근의 영향은 인간 경험의 총체적 본질과 전경-배경 관계에 관한 펄스의 아이디어에서 찾아볼 수 있다(184쪽 '욕구' 참조). 그러나 게슈탈트 치료 이론이 발전함에 따라 순수한 지각적 게슈탈트 이론의 영향은 감소되었다. 펄스는 게슈탈트 이론에서 사용하는 전통적인 과학적 접근에 불편함을 느꼈기 때문에 고전적 게슈탈트 이론에 전적으로 전념할 수 없음을 깨달았다. "나는 학문적 게슈탈트 과정은 절대로 수용하지 않는다."고 펄스는 기술했다(1969b, p. 62).

게슈탈트 치료 이론은 연극, 라이히의 신체치료, 롤프식 마사지, 그리고 실존주의자와 선 철학에 영향을 받았다. 정서를 포함한 정신적 에너지가 신체 속에 저장되었다고 믿는 빌헬름 라이히(Wilhelm Reich)는 펄스의 1931년부터 1933년까지의 분석가였다.

펄스는 1893년 진보적인 유대인 가정에서 태어났으며 독일, 베를린의 교외에서 성장했다. 펄스는 세 자녀 중 막내였다. 그의 어머니는 자녀들에게는 헌신적이었다. 이에 반해 아버지는 정서적으로 냉담하고 물리적으로도 멀리 떨어져 있었으며(사업차 여행이 많음), 알려진 바에 의하면 수많은 외도를 했다고 한다(Clarkson & Mackewn, 1993). 펄스는 10세까지는 아버지보다는 엄마와 친밀했으며, 그가 학문적 수양이 깊어짐에 따라 오히려 부모님과의 관계는 더 악화된다. 펄스는 청소년기 동안 반항적이었고, 한 학교에서 제적을 당했지만 그의 독립심을 확인해준 두 번째 학교에서는 졸업이 가능했다. 펄스는 청소년기 동안 연극에 매진했으며, 이러한 경험이 게슈탈트 치료에서 비언어적 행동을 강조하는 것에 영향을 미쳤다(Clarkson & Mackewn, 1993).

제1차 세계대전 후 펄스는 1920년에 의학 학위를 받았다. 그는 신경정신과 개업의로 일하기 시작했다(Clarkson & Mackewn, 1993). 펄스는 31세 때도 여전히 엄마와 함께 살았으며 카렌 호나이(Karen Horney)에게 정신분석을 받기 시작했다. 카렌 호나이에게 받은 분석 기간은 짧았으며, 상담 회기 동안 카렌 호나이는 거의 아무 말도 하지 않았으며 상담시간이 끝났음을 말로 표현하는 것이 아니라 마루에 발을 질질 끄는 행동으로 알려주었다. 이렇게 분석경험은 아주 부정적이었지만, 펄스가 전통적인 분석가가 되는 길을 열어준 분석 경험이었다(F. Perls, 1969b). 1926년, 펄스는 독일의 프랑크푸르트로 이주했으며, 거기서 게슈탈트 심리학에 정통하게 된다. 펄스는 교육분석을 마친 후에 정신분석가로서 확립되어 갔으며, 1928년에서 1933년 동안 베를린에서 개업의로 활동했다.

클락슨과 매큔(Clarkson & Mackewn, 1993)에 의하면, 게슈탈트 치료에서 실존적 영향을 받은 것은 그의 부인, 로라 포스터 펄스(Laura Posner Perls)를 통해서이다. 그녀는 현상학자로 부버와 후설과 함께 연구했다. 로라와 펄스는 1926년에 만났고 1929년에 결혼했다. 그들은 두 자녀, 레나테와 스티브를 두었다.

로라와 펄스는 히틀러가 독일의 수상이 될 때 베를린을 떠났다(Clarkson & Mackewn, 1993). 그들은 결국 남아프리카로 가서 정신분석 남아프라카 기구를 세웠다. 이 기간에 펄스는 회의차 유럽으로 간 적이 있는데, 이때 지그문트 프로이트를 만나기를 희망했다. 펄스는 아프리카에서의 행적이 받아들여지지 않았고, 프로이트도 그에게 거의 관심을 기울이지 않아서 실망하게 되었다. 이 일을 겪은 직후에, 국제정신분석협회(International Psychoanalytic Association)에서는 유럽에서 분석가로 수련받지 않은 분석가는 세계 어느 곳에서도 인정될 수 없다고 선언했다. 남아프리카에서의 펄스의 행적의 무효화는 펄스의 발달에서는 아주 강력한 사건이었다.

펄스는 제2차 세계대전 동안 남아프리카에서 내과의사로 일했으며 1946년 미국으로 이주했다. 로라와 그의 자녀들은 1년 후 미국으로 이주하게 되었다. 뉴욕에서 펄스 부부는 개업을 했으며, 결국 뉴욕의 게슈탈트 기구를 창립했다. 이 기구에 참여한 사람들은 다양한 관심과 강한 성격을 소유한 사람들이었다. 이 기간에 펄스는 처음으로 동양의 종교와 내담자에게 생활 상황을 재현하게 요구하는 제이콥 모레노가 개발한 심리치료의 한 형태인 사이코드라마와 만나게 되었다.

게슈탈트의 기본 교재로 여겨지는 게슈탈트 치료 : 인간 성격에서의 흥분과 성장(*Gestalt Therapy: Excitement and Growth in Human Personlity*)(F. Perls, Hefferline, & Goodman, 1951)은 게슈탈트 기구의 초기 구성원 간의 활기찬 생생한 논의의 산물이다. 팔레트와 헤밍(Parlett & Hemming, 1996a)에 의하면, 이 책의 원래 원고는 50페이지 분량이었고 펄스가 폴 굿맨에게 책으로 만들어줄 것을 요청했다. '변덕스럽고, 탁월한 사상가'로 묘사되는 굿맨은 이 작업을 잘 해냈다. 따라서 어떤 저자들은 이 책을 굿맨의 업적이라고 언급한다(G. Wheeler, 1991). 이 책의 첫 절반 부분에서의 자각 연습은 랄프 헤펠라인이 기여한 것으로, 랄프 헤펠라인이 대학생에게 이러한 자각의 연습을 실시했다. 이 책은 종종 '펄스, 헤펠라인, 그리고 굿맨(또는 PHG)'이 저자로 언급된다. 그리고 이 책의 장점은 여전히 논쟁의 주제들을 포함한다는 것이다. 이 책에는 게슈탈트 치료 접근의 기본적 요소들이 있지만, 난해하고 읽기 어렵고 시처럼 복잡하고 깊은 의미가 있는 것이 특징이다(Parlett & Hemmimg, 1996a).

프리츠 펄스는 1956년에 심장병을 진단받았으며 63세에 홀로 플로리다, 마이애미로 이주했다. 펄스와 로라의 관계에서 갈등이 생겼으며, 이혼은 하지 않았지만 함께 의미 있는 시간을 보내지는 않았다(Clarkson & Mackewn, 1993). 마이애미에서 펄스가 치료자로 있었을 때, 애인 마티 프롬을 만났다. 이들의 연인관계에 대해서 주변에서 비난을 했다. 클락슨과 매큔(1993, p. 23)은 이들의 연인관계는 더할 나위 없이 '부적절하며 비윤리적'이라고 언급하였다. 하지만 펄스는 프롬과의 관계를 그의 삶에서 가장 소중한 순간이었다고 언급했다. 프롬과의 관계는 결국 프롬이 젊은 남자와 사랑에 빠지면서 끝이 났다(F. Perls, 1969b).

펄스는 1960년 서부 해안가로 이주해서 1964년 캘리포니아, 빅서 에살렌 기구에 가입했다. 그는 당시 건강이 안 좋았다. 아이다 롤프가 펄스를 치료했는데, 치료법은 만성적인 긴장을 근육 마사지를 통해서 낮춘다는 것을 강조한다. 펄스는 많은 심리적 역동은 신체적 문제로 옮겨진다는 확신을 더 가지면서 이러한 치료법에 대해 호의적으로 반응했다.

에살렌은 1960년대 인간의 잠재력 운동의 센터로서 유명했다. 이 센터는 교사나 프로그램 참여자의 성적 참만남과 약물사용을 포함하여 자유분방한 스타일로 잘 알려져 있다. 에살렌에서 펄스는 롤로 메이, 버지니아 사티어, 그리고 에이브러햄 매슬로를 포함해서 많은 유명인들과 만나게 되었다

(Clarkson & Mackewn, 1993). 펄스는 에살렌에서 많은 사람들 앞에서 게슈탈트 치료를 시연하는 워크숍을 시작했다. 게슈탈트 **치료 축어록**(*Gestalt Therapy Verbatim*)은 펄스의 워크숍 편집본으로 주로 구성되었는데, 1969년에 출간되었다(F. Perls, 1969a). 에살렌에서 펄스와 다른 사람들의 별난 행동에 대한 흥미로운 설명은 W. T. 앤더슨(W. T. Anderson, 2004)의 책, 업스타트 스플링(*The Upstart Spring*)에서 찾아볼 수 있다.

펄스는 1969년에는 에살렌을 떠나 캐나다 밴쿠버, 코위찬 호수에서 게슈탈트 공동체를 시작한다. 보고서에 따르면 펄스는 그곳에서 행복했고, 수련 과정을 이끌며, 여러 권의 책도 집필했다. 그러나 건강은 빠른 속도로 악화되었고, 1970년 3월에 수술 직후 심장마비로 세상을 떠났다.

M. V. 밀러(M. V. Miller, 1989)는 게슈탈트 **치료 축어록**(*Gestalt Therapy Verbatim*)를 소개하면서, 게슈탈트 치료는 1960년대의 산물이라고 언급했다. 즉, 밀러는 1960년대를 "무모하게 장난스럽고, 난잡하고, 이상향적이고, 반항적이며, 또한 60년대의 분위기는 좋은 유머 아니면 분노로 표현될 수 있으며, 복잡하거나 또는 단순하게 다루어진다."고 기술했다(p. 19). 펄스는 치료자로서 전문성의 발전뿐만 아니라 철학 면에서도 발전을 도모했다. 또한 전통적인 보수적 정신분석에서 벗어나서 자유를 사랑하는 장대한 게슈탈트 치료 접근, 권위에 반항, 순수함으로 회귀를 강조하는 방향으로 발전해 나갔다. 펄스 자신과 게슈탈트 치료는 히피 세대의 상징이 되었으며(Crocker, 1999), 약물남용과 '자유로운' 섹스, 삶의 새로운 시도에 대한 전통적인 규준을 거부한다. [글상자 7.1]에서 **게슈탈트 치료 축어록** 발췌 중 펄스 부분을 읽을 수 있다.

게슈탈트 치료의 제2~3세대인 어빙, 폴스터, 린, 제이콥스, 그리고 게리 욘테프는 '펄스주의'를 연상하게 하는 측면보다는 좀 더 온건한 게슈탈트 형태로 발전시켰다(Parlett & Hemming, 1996a, p. 95; J. C. Watson, Goldman, & Greenberg, 2011). 바그너-무어(Wagner-Moore, 2004)는 '현대의 게슈탈트 치료'를 '하나의 온화한 로저리언 버전'이라고 기술했다. 그러나 게슈탈트 치료 이론에서 혼란스러운 점 중의 하나는 핵심적 원리와 치료 방법에 대한 광범위한 인식은 있지만, 이러한 원리와 치료 기법을 어떻게 실천해 옮기는지에 관한 전통적인 원칙은 거의 없다는 점이다(Parlett & Hemming, 1996a). 1997년 미국 게슈탈트 치료학회(American Association of Gestalt Therapy)의 두 번째 국제회의에 참석한 225명을 대상으로 조사한 결과, 게슈탈트 치료는 이론에 의해 정의되기보다는 어떻게 실행되는지(예: 자발적, 진정한, 창조적, 생생한, 내용 지향과 대조되는 것으로 과정 지향)에 의해 주로 정의된다는 것이 밝혀졌다(Bowman, 1998, p. 105). 나는 오늘날도 게슈탈트 치료가 이론에 의해 정의되기보다는 치료의 실행에 의해 정의되는지 생각해본다.

M. V. 밀러(1989)는 "게슈탈트 치료는 더 이상 많은 흥분과 논쟁거리를 생산해내지 못하는 주변 자리의 치료에 해당된다."고 언급했다. 대다수 심리치료자는 게슈탈트 치료에 대해서 듣고 있지만, 비교적 소수만이 게슈탈트 치료에 대해서 알고 있다."(p. 20) 게슈탈트 치료의 다소 우울한 상황을 나타내주고 있지만, 특히 유럽에서는 게슈탈트 치료적 지향에 관한 의미 있는 활동이 여전히 이루어지고 있다. 욘테프와 제이콥스(Yontef & Jacobs, 2014)는 게슈탈트 치료기구는 미국의 주요 도시와 세계 많은 도시에 존재하고 있다고 주장한다. 미국과 캐나다에서는 정서중심치료(글상자 7.2 참조)를 게슈탈트 치료와 인간중심치료의 결합으로 보고 있으며, 정서중심치료를 훌륭한 이론적 발달로 여

글상자 7.1

게슈탈트 치료의 축어록 발췌

우리는 기본적인 갈등을 가지고 있다. 기본적 갈등은 다음과 같다. 모든 개인, 모든 식물, 모든 동물은 유일한 각각의 타고난 목표를 가진다. 즉 개인, 식물, 동물은 모두 그 자체를 실현하도록 타고난 목표를 가진다. 장미는 장미이고 장미일 뿐이다. 장미가 캥거루처럼 되고자 하는 실현 목표는 없다. 코끼리는 코끼리로서 실현하고자 하는 목표가 있을 뿐인지, 한 마리의 새로서 실현할 목표를 가지고 있지는 않다. 자연의 경우 구조, 건강, 잠재력, 성장은 모두 하나의 통일된 어떤 것이다.

다양한 유기체, 많은 사람들로 구성된 사회도 그 특정 사회 자체를 실현해야 하는 원리가 적용된다. 즉, 많은 수천 개의 세포로 구성된 국가, 사회는 외적 통제 또는 내적 통제에 의해 조직화되어야 하며 각 사회는 특정 사회 그 자체를 실현하는 경향이 있다. 러시아 사회는 러시아 사회 자체를 실현하고, 미국 사회, 독일 사회, 콩고 부족들은 각각 그들 사회를 실현하고, 변화시킨다. 역사에는 언제나 법이 있다. 사회가 그 사회의 한계를 넘어서서 확장한다면 생존할 능력을 잃은 사회가 되며 결국 사라지게 된다. 문화들은 흥망성쇠한다. 사회가 세상과 충돌할 때 사회가 자연의 법칙을 위반하게 되면 생존 가치를 역시 상실한다. 따라서 우리가 자연의 기본(우주와 우주의 법칙)을 떠나 개인과 사회의 유물이 되자마자 우리는 우리의 존재 이유를 잃게 된다. 우리는 실존의 가능성을 상실하게 된다.

그렇다면 우리는 어디서 우리 자신을 찾을 수 있는가? 우리는 한편으로는 자기를 실현하기를 원하는 개인으로서 나를 발견한다. 또한 우리 자신이 사회에 깊게 내재된 나로서 나를 발견하기도 한다. 진보적인 미국 사회의 경우 개인은 자신이 원하는 요구와는 다른 요구들을 갖게 된다. 그래서 여기에는 기본적 충돌이 있기 마련이다. 이러한 개인주의 사회에서는 우리의 부모, 교사에 의해 발달이 표상된다. 이러한 사회는 진정한 성장의 발달을 촉진하기보다는 자연적 발달을 침해한다.

우리의 존재를 왜곡하는 두 가지 도구가 있다. 하나의 도구는 집착(stick)이다. 이것은 치료 상황에서 재앙적 예상(catastrophic expectation)으로 반복해서 나타나게 된다. 재앙적 예상은 다음과 같이 들린다. "내가 만약 위험을 감수한다면, 나는 더 이상 사랑받을 수 없을 거야. 나는 외로워질 것이고, 곧 죽을 거야." 이것이 바로 갈굼이다. 그다음 도구는 최면(hypnosis)이다. 나는 여러분에게 최면을 건다. 나는 여러분이 내가 말하는 것을 믿도록 체면을 건다. 나는 여러분에게 내가 말한 것을 소화하고, 동화하고 맛볼 기회를 주지 않는다. 여러분은 매혹적인 내 목소리를 듣고 여러분이 소화하거나 또는 토할 때까지 나의 '지혜'를 개걸스럽게 삼키거나 또는 여러분의 컴퓨터에 집어넣고 다음과 같이 말한다 "이것은 흥미로운 개념이군." 정상적으로 여러분이 알다시피, 만약 여러분이 학생이라면, 여러분은 오직 시험 답안지에만 개걸스럽게 집어넣은 것을 토하도록 허용한다. 여러분은 모든 정보를 삼키고 토하고 나서, 자유로워지고, 학위를 받게 된다. 나는 여러분이 어떤 것을 배우거나, 어떤 가치를 발견하거나 또는 교사 또는 친구와 경험하는 과정에서 기본적으로 죽은 정보는 동화되기 쉽지 않다고 말하고자 한다.

출처 : Excerpted from Perls, F. S.(1969). *Gestalt Therapy Verbatim*. Lafayette, CA: Real People Press.

기고 있다. 정서중심치료에 대한 충분한 지지적 연구들이 축적되어 가면서 정서중심치료는 증거에 기반한 경험적 심리치료로서 언급된다(L. S. Greenberg, 2011).

현재 게슈탈트 치료에 관한 많은 자료 출처들이 있으며, 수많은 조직들, 게슈탈트 치료 웹페이지(http://gestalt.org)와 게슈탈트 치료 네트워크(www.gestalttherapy.net) 같은 웹사이트와 학술지들이

글상자 7.2

게슈탈트 치료 + 인간중심치료 = 정서중심치료

정서중심치료(emotion-focused therapy, EFT)는 인간중심치료(PC), 게슈탈트 치료(GT), 그리고 체계적 접근의 구성요소들의 결합이다. 정서중심치료는 인본주의와 비병리적 철학에 기반하여, 정서를 중요하게 강조하고 동시에 우리가 정서에 어떻게 반응할지에 대해 구체화한다. 개인은 정서에 대해 적응적으로 처리해야 한다. 개인이 정서를 처리하는 데 실패할 때(정서처리 실패는 정서에 주의를 기울이는 것을 회피하거나 또는 원하지 않는 정서를 또 다른 좀 더 수용 가능한 정서로 전환하지 못하기 때문임)나 정서를 조절하지 못할 때 또는 정서로부터 의미를 창조하는 것이 어려울 때, 역기능이 초래된다(L. S. Greenberg, 2011). 정서중심치료의 목표는 내담자로 하여금 좀 더 자유롭게 경험하고 좀 더 적응적으로 행동하기 위해 정서를 경험하고 정서를 재처리하는 것을 향상시키는 것이다. 정서중심치료 상담자는 처음에는 온화하고, 수용적인 치료관계를 창출한 다음에 내담자가 부적응적인 정서를 경험하고 전환하도록 돕는 데 적극적이고, 지시적 기법들을 사용한다. 정서중심치료 이론가는 인간중심치료와 똑같이 치료적 동맹을 강조한다. 즉, 치료자는 일치성이 있어야 하며, 공감적이고 민감성을 갖추어야 한다(L. S. Greenberg, 2011).

정서중심치료에서는 인간중심치료와 게슈탈트 치료를 활용한다. 즉, 특정 정서를 경험하는 데 초점을 두는 부분은 인간중심치료에서 찾아볼 수 있다. 그리고 좀 더 깊게 경험하는 데 도움이 되는 의자 대화법(두 의자 기법과 빈의자 기법; Murdock & Wang, 2008)은 게슈탈트 치료(이 장 후반에서 논의됨)에서 사용했던 것과 유사하다. 인간중심치료에서는 내담자의 정서적 탐색을 향상시키고 내담자에게 새로운 의미를 얻게 하며 좀 더 적응적으로 행동하기 위한 느낌의 변형을 이끌어준다. 두 의자 대화법은 내담자로 하여금 갈등을 겪거나 차단되어 있는 경험에 대해서 좀 더 충분히 경험하도록 도와준다.

있다. 그리고 게슈탈트 치료학회(www.aagt.org)는 2016년 회의를 개최해서 게슈탈트 치료가 여전히 치료자들에게 관심을 받는다는 것을 보여주었다. 최근의 책 게슈탈트 치료(*Gestalt Therapy*)(Wheeler & Alexsson, 2015)는 게슈탈트 치료의 역사와 현대의 관점을 제시한다.

기본 철학

게슈탈트 치료의 경우 인간은 성장을 지향한다는 관점을 취하고 시작된다. 아주 기본적 가치는 전체론이다(Youtef & Jacobs, 2014). 인간은 환경으로부터 분리될 수 없으며 부분으로 분리될 수 없다(예 : 몸과 마음은 분리될 수 없다). 신체적 기능과 심리적 기능은 본질적으로 관련이 있다. 사고, 감정, 신체 감각은 통일된 존재의 부분들이다. 게슈탈트 치료 이론가는 종종 인간 본성에 대해 논할 때 분리될 수 없는 심리적·신체적 측면을 전달하는 데 있어서 유기체(organism)라는 용어를 사용한다. 개인 경험과 접촉하는 과정을 유기체적 자기조절(organismic self-regulation)이라고 명명한다(Youtef & Jacobs, 2014).

게슈탈트 치료는 인본주의적/실존주의적 접근이며, 개인의 선택과 책임을 강조한다(Clarkson,

2014). 사실 게슈탈트 치료 상담자는 종종 이런 관점을 강화하기 위한 반응 능력(response-ability)이란 용어를 사용한다(F. Perls, 1970a). 게슈탈트 치료의 또 다른 중요한 특징은 현상학적 관점을 지닌다는 점이다. 즉, 자각을 다른 상담 접근들처럼 어떤 목적을 위한 수단으로 보기보다는 자각 그 자체를 최종 상태로 강조한다(Clarkson, 2014).

게슈탈트 치료 관점에서 인간은 선하지도 악하지도 않는 존재로 보는 중립적 관점을 취한다. 펄스는 인간을 단순히 또 다른 생물학적 생명으로 본다. 그러나 게슈탈트 치료 이론에서는 인간의 성장과 실현화에 초점을 두기 때문에 인간 본성에 대한 긍정적 관점을 지지하는 것처럼 보인다. 게슈탈트 치료 이론에 의하면, 모든 유기체는 타고난 완수를 향한 성장과 실현화 경향을 가지고 있다(Clarkson, 2014). 게슈탈트 치료에서는 강조점이 성장과 즐거움에 있지, 역기능에 있지 않다(Sheldon, 2013, p. viii).

게슈탈트 치료는 창조적이고, 자발적이고, 위험을 무릅쓰는 것을 강조한다(Wheeler & Axelsson, 2015). 건강한 행동은 때때로 사회적 규범과 갈등을 일으킬 수 있음을 예상할 수 있다. 펄스(1970a)는 다음과 같이 기술했다. "사회는 건강한 기능이나 자연적인 기능이 전혀 없는 쪽으로 이동하고 있고, 우리의 욕구와 사회의 욕구, 그리고 자연의 욕구는 더 이상 함께 조화를 이루지 못하는 쪽으로 이동하고 있다. 따라서 건강하고 충분히 온전한 정신을 가진 정직한 개인은 제정신이 아닌 사회에 존재할 수 있을지 의구심을 가지면서 반복해서 갈등을 빚을 수밖에 없다."(p. 16)

많은 상담 접근(예 : 인간중심치료, 정신분석)과 유사하게, 후기 게슈탈트 치료 상담자는 인간 조건의 타고난 관계성에 강조점을 둔다. 실제 게슈탈트 치료에서는 관계적 접근을 중요시 여기고 있다(Jocobs & Hycner, 2009; Wheeler & Axelsson, 2015). 현대의 게슈탈트 이론가는 인간의 삶에서 인간의 상호의존적 역할에 초점을 두고 있다. 여러분은 현대의 저자들이 커트 루인(Kurt Lewin, 1951)의 장이론(field theory)을 재강조하고 있음을 알 수 있을 것이다. 장(field) 개념에 대해 정확하게 정의 내리기는 어렵지만, 장을 (a) 치료의 주관적인 본성에 대한 자각과 관계에서의 치료자 관여에 대한 자각(Parlett & Lee, 2005), (b) 내담자의 경험적 장, 또는 내담자가 자신의 경험을 조직화하는 방법에 대해 주의를 기울이고 탐색하는 것(Joyce & Sills, 2010), 그리고 (c) 언제나 맥락을 강조하는 것으로 해석할 수 있다. 우리는 관계적 접근에서 객관성 이상의 주관성을 강조하는 것을 배운다. 즉, 어떤 객관적인 진실한 실제는 없다. 왜냐하면 실제로 중요한 것은 세상에 대한 우리의 지각이기 때문이다(Frew, 2013).

> 엔리코는 제시카의 게슈탈트 치료 상담자이다. 엔리코는 제시카가 환경 내에 있는 존재로서 성장하고 있는 유기체적 삶을 산다고 가정하며, 제시카가 자신의 실제를 어떻게 이해하고 조직화하는지를 이해하고자 노력한다. 제시카는 창조적인 방식으로 성장하고, 그녀를 둘러싼 세상과의 관계에서 그녀 자신을 실현할 잠재력이 있다. 제시카는 책임을 수용하고, 자기실현을 할 수 있는 방향으로 선택을 할 능력이 있다. 엔리코는 제시카로 하여금 사회적 규칙에는 역행될 수 있는 진정한 잠재력이 드러날 수 있도록 조력할 것이다.

인간 동기

인간의 행동은 욕구를 만족시키기 위한 추동에 의해 동기화된다. 인간에게는 생물학적이고 심리적인 욕구 모두 중요하다. 게슈탈트 치료 이론에서 특정 욕구의 목록을 제시하지는 않지만, 생물학적 욕구는 분명히 중요하다고 할 수 있다. 그리고 게슈탈트 치료 문헌을 좀 더 읽어보면 아주 중요한 욕구는 다른 인간 존재와의 관계 연결성이라는 것을 알 수 있다. 게슈탈트 치료의 실존적인 철학적 토대는 인간은 의미를 창조하고자 하는 바람에 의해 동기화된다는 것이다(Clarkson, 2014).

　인간은 또한 유기체의 성장을 위해 조절하도록 동기화된다. 즉, 인간의 자기조절 과정의 목적은 환경과의 조화, 성장, 또는 실현화이다. 자기조절은 유기체를 위하여 어떤 것이 좋고 나쁜지를 결정하는 과정과 연관되며, 이것은 좋은 것을 수용하고 나쁜 것은 거부하는 방향으로 이끌어진다. 인간은 자기조절 경향을 타고나기 때문에 변화하는 환경에 쉽게 적응한다(Crocker, 1999).

　엔리코는 제시카가 성장하고 성숙하기 위하여 자신의 욕구를 만족시키고자 고군분투하고 있다고 보고 있다. 제시카는 타인과의 접촉을 원하며, 성장을 최대로 실현할 수 있는 경험에 끌린다. 제시카는 조화로운 방식으로 환경에 적응하기 위해 노력한다.

주요 개념

접촉

게슈탈트 치료에서 접촉(contact)은 삶의 핵심적인 특징이다. 접촉은 환경과 만나는 것으로 정의될 수 있으며, 이때 언급한 환경은 외부의 것, 또는 자기의 측면이 될 수 있다. 보기, 듣기, 만지기, 움직이기, 말하기, 냄새 맡기, 맛보기는 환경과 접촉하는 방식이다(M. Polster & Polster, 1990). 건강한 접촉은 새로운 요소(예 : 아직 유기체의 한 부분이 아닌 것)의 **동화**를 초래하며 결국 성장을 이끈다(F. Perls et al., 1951). 접촉 이후에 유기체는 접촉의 결과를 '소화하기' 위해 어느 정도 물러나 있다(Mann, 2010). 동화는 공격성과 파괴성을 포함하며, 공격과 파괴는 유기체의 새로운 경험을 만드는 데 필수적인 자연스러운 과정이며 결국 성장을 창출한다(F. Perls et al., 1951). 따라서 게슈탈트 치료 상담자는 공격성을 반사회적 행동으로 보기보다는 자연스럽고 건강한 삶의 부분으로 간주한다.

　효과적인 접촉은 삶에 아주 중요하다. 왜냐하면 접촉은 욕구만족을 위해 필요하기 때문이다. 아마도 가장 중요한 접촉의 형태는 타인과의 접촉이다. 접촉은 충분히 깨어 있는 상태, 즉 우리가 고의로 누군가를 만지는 것 같은 의도적인 형태 또는 매일의 생활에서 고의로 하는 것이 아닌, 자동적인 형태로 일어날 수 있다. 고의적이 아닌 자동적으로 일어나는 접촉의 예로서 환경과 접촉하는 동안의 숨쉬기를 들 수 있다.

　개인은 **접촉 경계**(contact boundary)에서 환경과 접촉한다(Mann, 2010). 접촉 경계의 중요한 한 측면은 자기와 타인 간의 분화라고 할 수 있다.

　제시카는 환경과 기본적인 접촉을 할 능력이 있다. 제시카는 건강하다. 건강하다는 의미는 그녀가 필요로 하는 기본적인 것을 얻을 수 있다는 뜻이다. 엔리코는 제시카가 수많은 관계를 맺고 있는데, 이는 그녀가 다른 인간과 어떤 종류의 접촉을 수립할 능력이 있다고 본다. 제시카는 자기감을 가진 것처럼 보인다. 엔리코는 제시카의 자기에 대한 인식이 관계에 따라 다를 수 있다고 생각한다.

욕구

삶은 욕구 만족(need satisfaction)의 과정이다(J. C. Watson et al., 2011). 게슈탈트 치료 이론가는 이러한 욕구 만족 과정을 기술하기 위해 주로 '전체(whole)', 또는 '형태(shape)'를 의미하는 독일어인 게슈탈트의 개념을 사용한다(O'Leary, 2013). 게슈탈트는 전경(figure)과 배경(ground)이 있다. 즉, 전경은 두드러지는 특징을 뜻하며, 배경은 두드러진 특징을 제외한 나머지 경험을 의미한다. 지각적 용어로 전경은 명확하게 주의를 끌며, 전경 외 나머지 모든 것은 배경이 된다. [그림 7.1]을 보자. 여러분이 그림을 어떻게 이해하느냐는 어떤 특징이 여러분에게 와 닿는지에 달려 있다. 만약 여러분이 주의를 전환시킬 수 있다면, 여러분은 이 그림에서 두 가지 다른 지각이 가능하다는 것을 알 것이다(젊은 여성 그리고 늙은 여인). [그림 7.2]는 지각에 관한 게슈탈트 치료 이론의 또 다른 기본적 측면을 보여 준다. 즉, 우리는 단편들을 완성된 게슈탈트로 통합하고자 고군분투하고 있다는 사실이다.(여러분은 말과 기수가 보이는가?)

게슈탈트 치료 이론에서 욕구란 불완전한 게슈탈트를 의미하며 유기체의 자각으로 명백해진다.

그림 7.1 전경-배경 연습

그림 7.2　지각 통합과제

욕구는 전경이 되고, 나머지 경험은 배경이 된다. 여러분이 아주 배고플 때 지금 읽고 있는 문단에 집중하기가 얼마나 어려운지를 생각해보자. 여러분 마음은 아마도 피자의 이미지로 이동할 것이다! 하나의 욕구가 일단 전경이 되면, 사람은 욕구를 만족시키기 위해 행동을 시작한다. 유기체가 욕구를 만족시키는 데 성공할 때 게슈탈트는 완전해지며 소멸된다(Frew, 2013). 욕구는 지각적으로 사라진다. 이 시점에서 유기체는 '비옥한 공허(fertile void)'의 상태가 되며(Joyce & Sills, 2010, p. 39), 순수하게 자각하는 상태를 경험한다. 순환주기로 이 부분을 기술하자면, 개인이 완결(closure)에 도달했다고 말한다(Frew, 2013). 그러나 곧 또 다른 불완전한 게슈탈트가 나타난다. 유기체에게 가장 긴급한 욕구가 주어진 순간에 전경이 된다(Yontef, 1995). 욕구의 자각(awareness)이 이러한 순환에서 핵심이라는 점을 주목하자.

욕구의 출현, 욕구의 만족, 그리고 게슈탈트 소멸이라는 연속적인 과정은 삶의 본질이다. 건강한 성장은 전경-배경 순환의 자연스러운 리듬을 요구한다. 게슈탈트 치료 이론가는 **경험 또는 자각의 순환**(cycle of experience or awareness)에 대해 그림으로 표현했고, 클락슨(Clarkson, 2014)은 모든 사람은 자신만의 순환주기를 가지고 있음을 확인했다. [그림 7.3]에서 자각의 순환주기를 제시한다.

　엔리코는 제시카와의 초기 상호작용에 대해서 아주 기본적인 관찰을 했다. 엔리코는 제시카가 환경에 대해 자각하고 있다고 본다. 엔리코는 그녀가 상황에 따라 자각 정도가 다를 수 있다고 가정한다. 제시카는 생물학적 욕구는 적절히 충족시킨다. 엔리코는 제시카가 말한 것으로부터 현재 제시카의 욕구에 대해 추론하려고 애쓰며 그녀에게 전경은 사랑받고자 하는 욕구가 아닐까 생각하고 있다. 현재 제시카는 일과 랜디 외의 다른 사람과의 친밀한 관계에 대해서는 배경으로 여기는 것 같다.

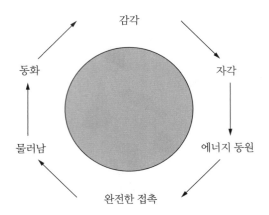

그림 7.3 자각의 순환주기

양극성

게슈탈트 치료는 인간기능의 총체적 본질을 강조한다. 따라서 게슈탈트 치료의 경우 양극성의 힘을 인식한다. 즉, 만약 어떤 것이 존재하면, 반대 또한 역시 존재한다는 것이다. 예를 들어 빛은 어둠을 내포하며, 오른쪽은 왼쪽을 창조한다(F. Perls, 1969a). 다른 양극성의 예로는 삶과 죽음, 착한 경찰과 나쁜 경찰, 수동성과 공격성, 그리고 남성성과 여성성을 들 수 있다(Levitsky & Perls, 1970). 펄스는 프로이트가 초자아를 인정할 때 가장 중요한 양극성 중의 하나를 기술했다고 주장했다. 그러나 프로이트는 초자아의 반대극에 대해서는 명명하지 않았지만, 펄스(1969a)는 초자아의 반대극을 **인프라자아**(infraego, 자아 아래)라고 명명했다. 좀 더 일반적인 양극성에서는 상전(top dog)과 하인(underdog)이 있다. 현대의 게슈탈트 치료 상담자는 관계 연결성/분리를 중요한 양극성 목록에 추가했다(Yontef & Jocobs, 2014).

양극성은 삶의 자연스러운 부분이다. 그리고 우리는 양극성의 양극단 모두를 갖는다. 그러나 때때로 우리는 양극성의 한쪽 극단을 수용하기를 원하지 않는다. 그래서 우리는 이분법적으로 경직되고 연속선상에 한 극단을 거부하게 된다(Yontef & Jocobs, 2014).

> 엔리코는 제시카가 수많은 경험의 양극성에 대해 인식할 수 있을지에 관해 생각한다. 특히 제시카에게 중요한 양극성은 선-악, 강함-약함이다. 제시카는 랜디와의 관계에서 강함-약함 양극성 측면 중에서 강한 부분을 거부하는 것처럼 보인다.

접촉 혼란

자각 순환이 혼란에 빠지게 되면 문제는 접촉 경계에서 나타난다. 펄스 등(1951)은 접촉이 방해되는 기본적 방식을 확인했다. 접촉이 이루어지지 않는 과정을 **접촉 혼란**(contact disturbances) 또는 **경계상의 문제**(boundary problems)라고 부른다. 또는 때때로 자각에 대한 저항(resistances to awareness)이라고도 부른다. 전통적 게슈탈트 치료 상담자는 만약 접촉을 방해하는 방식이 만성적으로 부적절하게 사용된다면 역기능인 방식으로 여긴다(F. Perls et al., 1951). 예를 들어 내사(경험의 전체가 삼켜짐)

에 대해 논의할 때, 펄스 등은 "이 시점에서 우리는 프로이트와 다르다. 프로이트는 어떤 내사는 건강하다고 했지만…. 프로이트는 내사와 동화 사이에 구별을 명확하게 하는 데는 실패했다."(p. 190)고 주장했다. 대부분 현대의 게슈탈트 치료 상담자는 이런 내사 과정을 접촉의 변형(modifications)으로 간주하며(단순히 개인이 환경과 만나는 방식의 변형으로 간주), 이러한 과정은 잠재적으로 선하지도 않고 악하지도 않다고 주장한다(Clarkson, 2014). 프루(Frew, 2013)는 이러한 접촉 변형을 처음에 문제로 여긴 것은 문화의 영향 때문이라고 했으며, 현대의 게슈탈트 치료 상담자는 접촉 변형이 내담자와의 대화에서 질적으로 중요하게 나타나지 않는다면, 내사를 방해 또는 회피로 고려하지 않는다.

펄스의 경우 가장 원시적인 접촉 혼란을 내사(introjection)로 간주했다. 내사는 소화되지 않는 경험이나 음식 섭취를 의미한다. 유아는 음식의 내사에 의해 생존한다. 그리고 초기 아동기에서는 부모의 태도와 가치에 대한 아동의 내사는 어느 정도 피할 수 없는 특징이다(E. Polster & Polster, 1973). 유아의 경우 내사의 유일한 대안은 토하기 또는 침 뱉기, 영양분 자체를 박탈시키는 것이다. 아이가 치아가 일단 발달하게 되어 물 수도 있고 씹을 수도 있게 되면, 아이는 신체적 그리고 심리적으로 모두 소화하고 동화할 수 있다(Clarkson, 2014). 예를 들면 우리는 사회 규칙(내사의 확실한 단서)에 기반하여 작동하고, 작동해야 한다(Mann, 2010). 여러분은 상냥해야 하며, 조용해야 하며, 규칙에 순종해야 한다! 게슈탈트 치료 이론에 의하면, 문제는 우리가 이런 사회적 규칙이 우리 자신의 가치인지를 진정으로 고려하지 않는다는 점이다. 또는 전형적인 게슈탈트 치료 방식대로 말하자면 우리는 사회 규칙을 씹지도, 소화도 동화도 하지 않는다는 것이다. 사회 규칙은 우리의 위장에 남아 있는 이질적이고 낯선 것들이다.

내사의 반대는 **투사**(projection)로 자기의 원하지 않는 부분을 환경으로 쫓아내는 것이다. 펄스와 동료들에 의하면, 우리는 충동을 자각하지만 충동에 대처할 수 없기 때문에 충동은 밖에서 오는 것이어야 한다고 결론 내린다. 투사의 좋은 예는 타인이 우리를 미워한다고 믿음으로써 우리 자신이 누군가를 미워하는 경험을 피하는 것이다. 투사는 내사에 기반할 수 있다. 왜냐하면 투사를 촉구하는 "그렇게 하지 말아야 돼."는 아마도 내사이기 때문이다(E. Polster & Polster, 1973). 투사에 대해 좀 더 기능적인 관점은 투사가 공감에 필수적이라는 점이다. 공감은 타인의 경험과 동일시하는 것과 관련이 있고 공감을 하는 하나의 방법은 자신의 경험을 하나의 지침으로서 활용하는 것이다(Parlett & Hemmimg, 1996b).

융합(confluence)은 내사와 유사하지만 내사와 다른 점은 융합은 온전한 자기 상실을 뜻하며, 융합되어 있는 개인은 자기와 환경(주로 타인) 사이를 분리할 수 없다는 것이다(Mann, 2010). 욘테프와 제이콥스(2014)는 개인이 철회하는 것이 적절한데 철회할 수 없게 되었을 때 융합이 일어난다고 언급했다. 타인과 융합하고 있는 개인은 자신의 신념과 가치에 대해 표현하는 데 어려움이 있다. 융합의 좋은 예는 범죄조직의 일원이 되는 아동은 범죄조직의 정체성을 채택한다. 융합이 경계선 혼란 상태지만, 융합은 특히 친밀한 관계에서는 건강한 것이 될 수 있다.

반전(retroflection)은 수용할 수 없는 충동을 자기에게 향하게 하는 것으로, 예를 들면 존은 누군가를 한방 때리는 것을 참기 위해서 자신의 근육을 긴장시킨다(Mann, 2010). 따라서 게슈탈트 치료 상담자는 내담자가 어디서 자각이 차단되었는지 단서를 찾기 위해서 내담자의 신체적 표현에 관심이 있다. 반전은 건강할 수도 있다. 왜냐하면 우리의 충동(타인을 때리는 것 같은)을 표현하는 것이 때때로 위험하기 때문이다. 반전이 적응적인가의 정도는 개인이 충동을 제한하는 데 있어서의 합리적 이유가 있느냐에 달려 있다(F. Perls et al., 1951). 자각은 건강한 반전을 이해하는 열쇠이다. 펄스 등 (1951)에 의하면 자각되지 않은 만성적인 반전은 억제와 같고, 따라서 신경증이 된다.

다양한 저자들은 여러 가지 다른 방어들과 접촉 혼란에 대해서 확인했다(Yontef, 1995). 개인은 환경과 자기와 접촉을 하지 못한 채, 자신을 고립시킬 수 있다. 철회(물러남)는 그 당시에는 건강할 수 있음(예 : 나쁜 것 피하기)에도 불구하고, 지속적인 고립은 역기능적이다(Yontef & Jacobs, 2014). 편향 (deflection)에서는 충동은 무뎌지고, 꺾인다. 예를 들면 케이시는 분노를 누그러 뜨리기 위해서 웃어 버린다(Yontef, 1995). 편향은 우리가 타인과의 상호작용을 피하거나 또는 차단될 때 보인다(O'Leary, 1992).

> 제시카는 여러 가지 접촉 혼란에 대해 보여주고 있다. 엔리코는 제시카가 여성은 주장하거나 화내면 안 된다는 문화적 가치를 내사했다고 생각한다. 제시카는 자신에 대해 비판적이다. 이러한 제시카가 자신에게 향하는 분노는 원래 랜디에게 향하는 분노가 자신에게 향하게 된 반전된 느낌이다. 랜디로 하여금 가정에서 통제하도록 내버려두는 것은 제시카와 랜디가 융합하고 있다는 증거가 될 것이다.

인간과 개인발달에 관한 이론

펄스는 정신분석의 발달이론을 수정했으며, 성적 본능을 갈망의 본능으로 초점을 옮겼다(Clarkson, 2014). 유아들은 빠는 것에서 무는 것으로 진보한다. 발달은 소화하고 동화되기 위해 음식물을 잘 씹을 수 있는 능력과 함께 최고점에 달한다. 비록 이 모델의 요소들이 파괴적으로 욕구만족의 과정을 기술하는 것처럼 보이며, 먹기와 관련된 은유(예 : 전체를 삼키는 의미로 내사를 표현)를 사용하지만, 펄스와 동료들은 후에 이 모델을 강조하지 않았다.

게슈탈트 치료는 발달이론이나 성격이론은 아니다(M. V. Miller, 1989). M. V. 밀러(1989)는 게슈탈트 치료의 반지성주의적 편견(주로 1960년대 산물의 영향들)은 행동의 '이유'에 대해서 무관심한 것에 원인이 있다고 주장했다. 펄스(1969a)는 심지어 "게슈탈트 치료에서는 왜(why)와 왜냐하면 (because)이란 단어는 더러운 단어로 여겨진다."고 말했다(p. 44; 원문에서 강조).

게슈탈트 치료 상담자는 정교화된 이론 면에서는 부족할 수 있지만, 아동기 사건의 중요성은 알고 있었다. 펄스(1970a)는 "성숙은 환경적 지원에서 자기지원으로 나아가는 발달이다."(p. 17)라고 언급했다. 아동은 건강하게 성장하기 위해 사랑과 존중뿐만 아니라 환경으로부터의 지원도 필요하다 (Yontef, 1995). 욕구만족의 좌절과 관련된 아동기 사건은 성인기에서도 생생하게 영향을 미치며 개인의 문제를 만들어 간다. 펄스는 아동은 좌절을 다루고 극복하는 법을 배울 필요가 있으며, 좌절을 다루고 극복함으로써 독립심이 키워진다고 주장했다. 펄스가 말하길 "성장하는 과정에서 두 가지 선택안이 있다. 아이는 성장해서 좌절을 극복하는 법을 배우거나 버릇없이 자라게 된다."(1969a, p. 32)

자기(self)는 단순히 접촉 경계에 있는 유기체이지만, 적극적인 경험의 변형자로 간주된다. 자기는 삶의 예술가이다. 자기는 "전체 유기체/환경의 상호작용 안에서의 오직 작은 요소일 뿐이다. 그러나 자기는 우리를 성장하게 하는 의미들을 발견하고 만드는 결정적인 역할을 한다."(F. Perls et al., 1951, p. 235)

> 제시카는 전적으로 환경적 지지를 필요로 하는 상태에서 지역사회에서 성인으로서 적절하게 기능할 수 있는 자기지원 수준으로 발달했다. 그러나 엔리코는 그녀의 초기 아동기의 욕구좌절 경험이 여전히 그를 괴롭히고 있다고 생각한다.

심리적 건강과 역기능

게슈탈트 치료 이론에 의하면 건강한 사람은 환경과 조화를 이루고 사는 사람이다. 자기조절 과정은 개인으로 하여금 유기체의 변화하고 있는 욕구들을 알아차리도록 안내하며, 이러한 알아차린 후에 행동을 조직화하게 한다(Yontef & Jocobs, 2014). 유기체는 단순히 자기조절의 자연스러운 경향을 따르며, 좋은 것을 섭취하며, 소화하고, 그리고 동화한다(Clarkson, 2014).

건강한 개인은 환경과의 상호 연관성을 인정하며, 자기지원을 하고 있음에도 불구하고, 자신을 돌보는 것과 타인 및 공동체의 욕구에 주의를 기울이는 것 사이의 균형을 잡는 데 여전히 어려움을 겪는다(Mackewn, 1997). 게슈탈트 치료 상담자는 유기체의 욕구를 충족시키기 위해 환경을 변화하는 것과 환경에 맞게 유기체를 변화하는 것 사이의 균형을 기술하기 위해서 **창조적 적응**(creative adjustment)이란 단어를 사용한다(Yontef & Jocobs, 2014).

환경과의 건강한 접촉은 "빈 배경으로부터 힘을 얻어 밝게 빛나는 전경"을 초래한다(F. Perls et al., 1951, p. 255). 욘테프와 제이콥스(2014)의 용어로 말하자면, "건강은 좋은 게슈탈트의 특성을 갖는다는 것이다. **좋은 게슈탈트**(good Gestalt)는 명확성과 좋은 형태로 조직화된 지각적 장을 형성한다." (p. 312; 원문에서 강조). 어떤 욕구가 가장 중요한지 명확해지면, 개인은 그 욕구에 주의를 기울일 수 있다. 그리고 밝게 빛나는 욕구는 만족된다. 일단 욕구가 만족되면 게슈탈트는 완성되고, 또 다른 전경이 나타난다.

건강은 또한 살아 있는 하나의 진정한 실존으로 기술된다(Yontef, 1995). "미해결된 과제가 쌓이지 않는다면 개인은 무엇을 하든지, 어떤 상태로 있든지 상관없이 자유롭게 행동하며 아주 충분히 강렬하게 존재하며, 개인과 관계하는 주변 사람들은 개인을 인식하고, 함께 존재하는 느낌을 경험한다." (Enright, 1970, p. 120; 원문에서 강조). 건강한 개인은 자발적이고, 감정적으로 반응적이고, 표현적이고, 타인과 직접적 상호작용을 할 수 있으며, 진정성 있게 타인과 관계할 수 있다. 건강한 개인은 삶에서 한 선택에 대해 책임감을 가지며, 사랑하고 일하고 놀 수 있다."(Wheeler & Axelsson, 2015, p. 43)

게슈탈트 치료에서 역기능은 개인이 환경과 조화를 이루지 못한다는 관점을 강조한다. 신경증은 자각의 순환 방해로 인해 초래되는 '성장장애'로 간주된다(F. Perls, 1969a). 바그너-무어(Wagner-

Moore, 2004)는 자각의 순환 과정에 대한 다소 협소한 관점(모든 혼란은 욕구 자각의 실패로 기인함)과 현대의 게슈탈트 치료와 연관된 좀 더 넓은 관점을 확인했다. 확장된 관점의 경우 자각 순환의 붕괴는 개인이 욕구나 목표를 자각하고 실행은 하지만 욕구를 만족시키는 데 실패할 때도 발생한다.

게슈탈트 형성과 붕괴의 연속적인 과정이 어떤 방식으로 실패할 때, 미해결된 과제가 초래되며 충족되지 못한 욕구는 방황하여 개인을 괴롭힌다(O'Leary, 2013). 중요한 충족되지 못한 욕구는 자각과 접촉의 건강한 과정을 방해하면서 개인의 에너지와 심리적 자원을 소진시킨다. 개인은 명확히 현재의 욕구를 지각하지 못하며 원하는 것에 관해서 혼란스러워하거나 또는 불확실해한다. 또한 개인은 틀에 박힌 전형적이거나 경직된 행동을 보일 수 있는데, 이는 개인이 항상성을 위한 유기체적 발견이 아니라 미해결된 욕구에 의해 지배됨을 나타내주는 것이다(Clarkson, 2014). 실제로 미해결된 과제는 종종 차단된 정서이기 때문에 분노 또는 슬픔 등으로 표현될 수 없다(O'Leary, 2013).

게슈탈트 치료 상담자는 역기능적인 행동이 현재에는 더 이상 기능적이지 않지만, 초기 어려운 상황(언제나 아동기)에서 만들어졌을 당시에는 창조적 적응이었다고 인식한다(Yontef & Jacobs, 2014). 아마도 이러한 역기능적인 행동은 상처 또는 고통으로부터 유기체를 보호하며 위기상황에서 제한적으로 욕구를 만족하게 했다. 그러나 불행히도 이러한 신경증적인 자기조절(neurotic self-regulation)의 사용은 이제는 개인이 자발적으로 반응하거나 환경에 창조적으로 반응하는 것을 오히려 방해한다. 즉, 경험을 수용하는 건강한 유기체적 자기조절은 경험을 통제하려는 의지로 대체되는 것이다(Yontef & Jacobs, 2014).

펄스(1969a)는 현대사회(미국과 유럽 국가에서 존재하는 현대사회로 정의)는 건강하지 못한 기능의 발달에 많이 기여한다고 주장했다. 서양의 문화는 개인으로 하여금 인위적으로 마음과 신체를 분리하도록 격려한다(Clarkson & Mackewn, 1993). 사회적 규준은 종종 공격적 행동에 대해서 처벌을 가한다. 게슈탈트 치료 상담자에 의하면 공격적 행동은 정상적이고 도움이 되는 인간의 행동 유형이다. 또 다른 게슈탈트 치료 상담자는 사람들이 '무언가를 해야 된다'고 느끼는 것은 초기 인생 단계에서 내사된 것이며 건강한 유기체적 자기조절에 필요한 것은 아니라고 주장한다.

만약 우리가 자신의 경험에 충분히 오랫동안 초점을 두게 된다면, 결국 불편하거나 또는 불쾌한 어떤 것을 우연히 만날 것이다. 우리는 선천적으로 불편하거나 불쾌한 경험을 피하기를 원하기 때문에 지금의 현재 자각을 차단한다(F. Perls, 1970a). 우리는 매번 우리 자신의 잔인성 또는 공격성을 경험하기를 원치 않는다. 우리는 우리의 자각 내에서 잔인성과 공격성을 견디기보다는 그러한 경험을 내 것으로 인정하지 않는다. 펄스에 의하면 우리는 경험을 차단함으로써, 어른으로서 책임을 지기보다는 가짜 사회적 역할로 물러서는 두려움에 떠는 아이들과 같다는 것이다. 즉 "이러한 가짜 역할을 한다는 것은 자신의 잠재력을 동원하는 대신에, 지지를 위한 환경을 동원한다는 것이다. 즉, 우리는 무기력해지거나 바보짓을 하거나, 질문을 하거나, 감언으로 꾀거나 아첨하기를 통해서 환경을 조종한다."(F. Perls, 1970a, p. 18)

만약 내담자가 가짜 역할을 벗어버릴 수 있다면 내담자는 꼼짝달싹 못하게 하는 지점인, 곤경(impasse)에 대해 관찰할 수 있다. 즉, 곤경 상태에서 내담자는 더 이상 환경으로부터의 지원도 못 받고, 적절하게 기능하기 위한 충분한 자기지원도 받지 못한 상태이다(F. Perls, 1969a). 매큔(Mackewn,

1997)은 곤경을 성장과 성장에 대한 저항이 교착 상태에 있는 지점으로 특징지었다. 욘테프와 제이 콥스(2014)는 곤경 경험을 공포의 하나로 기술했다. 우리는 곤경과 오랫동안 접촉하는 것을 피한다. 왜냐하면 곤경은 우리로 하여금 "꼼짝달싹 못하게 하는 막힘에 대한 실존적 책임을 지게 하며 곤경에 대해서 다양하게 경험할 수 있도록 선택 능력을 취하도록 강요하기 때문이다. 그리고 우리는 이러한 선택과 직면하기 위한 충분한 환경적 지원 또는 자기지원을 받지 못했다. 우리는 미지의 두려움에 의해 마비된다."(Mackewn, 1997, p. 171) 만약 내담자가 충분히 오랫동안 곤경에 처해 있을 수 있다면, 내담자는 결국 진정성 있게 경험하기 시작하고 결과적으로 자기지원과 향상된 자각을 가지게 될 것이다(Clarkson, 2014; O'Leary, 2013).

게슈탈트 치료 상담자는 우울, 불안 같은 전통적인 역기능의 형식으로 불리는 것에 관해서 논의하는 데 열정을 소비하지 않는다. 그들은 정서를 충족되지 못한 욕구 또는 위험에 관해 자기에게 알려주는 신호로서 인식한다(Cole, 1998). 이런 관점에서의 한 가지 예외는 불안을 두 가지 가능한 과정으로부터 기인한 것으로 본다. 첫 번째 과정은 인지이다. 불안은 "미래에 초점을 두기 때문에 나타난다. 즉, 불안은 현재에 집중하지 못하게 한다(Yontef & Jacobs, 2014, p. 315). 펄스(1969a)는 이러한 특성을 이색적인 방식으로, '무대공포증(stage fright)'으로 명명했다. 불안은 또한 잘못된 호흡을 통하여 초래될 수 있다. 개인이 각성될 때 깊은 호흡을 필요로 한다. 만약 개인이 얕고 빠르게 숨을 쉬게 되면 불안 공황을 느끼는 것 같은 증상을 경험하기 쉽다(예 : 과잉각성; Yontef & Jacobs, 2014).

제시카는 적절하게 환경과 통합하지는 못했다. 그녀는 환경과의 접촉을 차단하고 있었으며, 미해결된 과제를 쌓아두고 있었다. 엔리코는 제시카의 위축된 엄마와의 초기 경험이 제시카의 애정에 대한 미해결된 욕구를 야기했다고 가정한다. 엔리코가 생각하기에는 제시카는 욕구에 대해 자각하는 것이 고통스럽기 때문에 차라리 그녀의 욕구를 매장시켜버린다고 본다. 따라서 제시카는 나름 해결책으로 친밀한 관계에서 그녀의 욕구와 느낌을 부인해버리는 것을 배운 것이다. 제시카에게는 경찰이 되고 싶은 욕구에 대해서 아버지가 반대한 경험이 또 다른 미해결된 과제로 남게 되었다. 제시카는 아버지와 친밀감을 느꼈으나, 최근에 아버지와의 관계에서 전적으로 소외감을 느끼게 된 것이다.

제시카는 오래된 방어기제를 사용하여 경험의 측면을 부인한다. 따라서 랜디와의 관계도 어려움을 겪는다. 제시카는 랜디와의 관계에서 어떤 생생한 느낌을 경험하지 못하고 있다. 아마도 그녀는 소녀와 여성이 '친절해야 된다'는 사회적 규칙을 내면화하고 있는 것 같다. 더구나 제시카는 엄마와 아빠와의 관계에서 충족되지 못했던 애정과 수용 욕구가 랜디와의 관계에서 되살아난다. 그녀는 자신의 느낌과 욕구를 경험하거나 표현하는 것 대신에, 랜디에 대한 불만족을 오히려 자신에게 반전시켜 그녀 자신의 행동에 대해 비판하게 된다. 그녀는 또한 랜디와의 관계에서도 그녀의 욕구와 원함에 대해 표현하지 못하고 융합을 보여주었다.

치료의 특성

사정

욘테프(1995)는 게슈탈트 치료 이론에서는 사정을 절대적으로 금지하는 것은 아니라고 말하지만, 게슈탈트 치료에서 사용되는 공식적 사정은 없다. 게슈탈트 치료에서는 내담자가 삶에서 어떻게 기능하는지에 관해서 평가하는 데 강력한 관찰력을 활용하는 상담자 자체가 바로 사정 도구라고 여긴다. 게슈탈트 치료 상담자는 사정과 치료를 개인 경험의 모든 측면들(생리기능, 인종, 사회적 맥락, 가족관계 등)에 주의를 기울이는 하나의 통합된 과정으로 본다. 게슈탈트 치료 상담자는 환경과 접촉하는 개인의 패턴, 자각수준, 개인이 가진 환경적 · 개인적 자원의 정도에 관해 상세히 살펴본다(Yontef, 1995). 인라이트(Enright, 1970)는 게슈탈트 치료 상담자가 내담자에게 "앉아서 생생하게 느끼면서 어디서, 어떻게 잘못되었는지 주목하자."고 얘기하는 것을 관찰했다(p. 113).

사람에게 라벨을 붙이는 것은 비인간적이라는 인본주의 사상에 토대로 둔 강경한 게슈탈트 치료 지지자들은 전통적 진단에 대해서도 의심스러워한다(Clarkson, 2014). 어떤 이들은 진단적 용어가 전문가들 사이에 의사소통을 돕고 치료를 촉진한다고 본다(Joyce & Sills, 2010). 게슈탈트 치료에서 사용되는 가장 공통적인 사정 내지 진단적 질문은 "당신은 지금 무엇을 경험하고 있나요?"(Yontef, 1995, p. 272)이다. 즉, 게슈탈트 치료 상담자는 내담자의 현재 자각 상태를 사정하는 데 가장 관심이 있다.

> 상담 첫 시간, 엔리코는 제시카에게 인사를 하고 왜 여기 오게 되었는지 간단하게 묻는다. 엔리코는 제시카가 랜디와의 갈등에 대해서 얘기하는 것에 대해 가까이 경청하면서 관찰한다. 제시카가 말하는 동안 엔리코는 그녀의 목소리톤과 신체적 반응에 주목한다. 제시카가 대화를 쉴 때, 엔리코는 "제시카, 지금 무엇을 경험하고 있나요?"라고 질문한다. 제시카는 경직되고 놀라면서 엔리코를 쳐다본다. 그리고 나서 제시카는 머뭇거리면서 치료 시작에 대한 불안한 느낌, 랜디에 대한 두려움, 그리고 외로움에 대해 기술하기 시작한다.

치료적 분위기

게슈탈트 치료의 핵심은 상담자가 내담자의 즉각적인 경험을 강조한다는 점이다. 유명한 게슈탈트 슬로건은 "나 그리고 당신, 여기 그리고 지금(I and Thou, Here and Now)"으로, 펄스가 철학자 부버의 글에서 차용한 구절이다(Yontef & Jacobs, 2000). 이후 욘테프와 제이콥스(2014)는 게슈탈트 치료의 본질인 현재와 경험을 강조하기 위해서 "무엇을 그리고 어떻게, 여기 그리고 지금(what and how, here and now)"의 구절로 수정했다(p. 317).

현재에 존재하라는 말은 과거나 미래가 치료의 주제가 절대 될 수 없다는 의미는 아니다. 즉, 과거나 미래의 치료 주제들은 기억하기와 계획수립을 통하여 현재에서 검토될 수 있다(Clarkson, 2014). 로라 펄스(Laura Perls, 1992)는 게슈탈트 치료가 과거나 미래를 다루지 않는다는 오해에 대해서 다음과 같이 답변했다. "과거는 우리의 전체 삶의 경험, 우리의 기억, 향수 또는 분노, 특히 습관과 문제, 모든 미해결된 과제, 고정된 게슈탈트에 영원히 존재한다. 그리고 미래는 우리의 준비와 시작, 기대

와 희망, 불안과 절망 속에서 존재한다."(p. 52)

전통적인 게슈탈트 치료 상담자는 지적 활동에 대해서 의구심을 가진다. 왜냐하면 지적 활동은 경험하고 행동하기보다는 무엇에 관해서 말하기를 초래하는 경향이 있다. 또 다른 유명한 펄스주의는 "정신을 잃고 감각으로 돌아온다."(F. Perls, 1970a, p. 38)는 것을 표방한다. 지적인 이해를 구하는 것('왜'라는 질문에 답하기)은 삶을 회피하는 것이다. 게슈탈트 치료 상담자는 "현대 삶에서 우리는 너무 많은 설명으로 고통스럽다. … 펄스의 게슈탈트 치료는 설명을 포기한다. 사람들은 어떤 일이 발생하는 것에 대한 인내심이 없다. 우연한 사건은 결국 최상의 설명이다."라고 믿는다(M. V. Miller, 1989, p. 12). 말하는 것보다 행동을 강조하는 것은 언제나 자각 내에서 실험들을 하게 한다. 즉, 상담자는 내담자에게 상담회기에서 부인했던 삶의 측면을 적극적으로 경험하도록 요청한다(Wheeler & Axelsson, 2015).

치료회기에서 내담자로 하여금 미해결된 상황을 경험하게 하는 것은 불안을 야기하기 때문에, 펄스는 치료를 '안전한 위기(safe emergency)'라고 특징짓는다(F. Perls et al., 1951, p. 286). 안전한 상담 환경에서의 거부 경험의 재경험은 게슈탈트의 완수와 경험을 소화할 수 있게 한다. 중요하게 고려되어야 할 점은 내담자가 상담자(안전성)로부터 지지를 받는 것과 치료적 위기(위험)를 경험하는 것 사이의 균형을 유지하는 것이다. 내담자가 '안전하지만 불모의 지역'에 머물러 있게 해서도 안 되며, 너무 많은 위험에 노출하게 해서도 안 된다(M. Polster & Polster, 1990, p. 104).

현대의 게슈탈트 치료 접근은 펄스가 제안했던 것보다 더 중도적 입장을 취한다. 내담자에 대한 지지는 아주 중요하며, 펄스보다 여기-그리고 지금에서의 내담자와 상담자 간의 관계의 수립과 탐색을 더 강조하는 경향이 있다(J. C. Watson, et al., 2011). 게슈탈트 치료 상담자는 내담자와의 진정한 관계를 위해 고군분투하며, 이를 상담자의 존재(presence)라고 언급한다(Brownell, 2010). 바그너-무어(2004)에 의하면, 현대의 게슈탈트 치료 상담자는 치료관계를 치료의 핵심으로 간주하고, 1970년대의 게슈탈트 상담자보다 전형적인 기법을 덜 사용하는 경향이 있다. 욘테프와 제이콥스(2014)는 좋은 상담자는 내담자의 과정에 주의를 기울이면서 동시에 상담자와 내담자 간의 관계에 초점을 두어야 한다고 언급했다.

게슈탈트 치료 상담자는 적극적이다. 즉, 상담자는 내담자로 하여금 경험의 다양한 측면에 주의를 기울이도록 지시한다. 치료자의 주요 과업은 내담자로 하여금 경험을 차단하는 지점을 발견할 수 있도록 도와주는 것이다(J. C. Watson et al., 2011).

게슈탈트 치료는 단기 상담이나 장기 상담으로 이루어진다(Yontef & Jacobs, 2014). 펄스는 뜨거운 자리 방법('hot seat')을 사용한 집단심리치료가 모든 다른 상담 방식보다 우월하다고 주장하지만, 현대의 게슈탈트 치료 상담자는 개인상담, 부부상담, 가족상담, 집단상담, 그리고 조직적인 게슈탈트 치료를 실행하는 데 있어서 펄스의 기법의 우월성에 대한 펄스의 의견에 동의하지 않는다(Jacobs & Hycner, 2009). 그러나 프루(2013)는 게슈탈트 치료가 장기 접근으로 가장 효과적이며, 쉘던(Sheldon, 2013)은 게슈탈트 집단치료는 최선의 상담 방식이라고 주장한다.

엔리코는 제시카가 남편에 대한 희생을 하지 말고 여기, 지금 머물도록 요청한다. 엔리코는 자신이 얼마나 정직하고 개방적인 방식으로 제시카와 관계를 맺는지 스스로 관찰한다. 엔리코는 제시카에게 '어떻게' 그리고 '무엇을' 이라는 질문을 많이 하며 '왜'라는 질문을 하지 않는다. 엔리코는 제시카가 랜디와의 관계에 대해 얘기할 때 느껴지는 현재 경험을 말하도록 격려한다. 엔리코는 제시카가 아빠, 엄마, 가족에 관해 얘기할 때, 그들이 여기 그리고 지금 있다고 여기고 그들에게 느껴지는 감정에 관해 탐색하도록 격려한다.

내담자와 상담자의 역할

앨버트 엘리스(Albert Ellis)와 합리적 정서행동치료(제9장 참조)가 동일하다고 보는 것처럼, 게슈탈트 치료의 상담자의 역할과 프리츠 펄스가 동일하다고 혼동해서는 안 된다. 펄스(1970a)의 게슈탈트 치료 버전의 경우 상담자의 역할은 내담자로 하여금 스스로 지원하게 하는 것이다. 상담자는 내담자가 상담자로 하여금 자신을 돌보게 시도하는 모습이나 진술하기를 꺼리는 모습에 직면한다. 펄스가 가장 좋아하는 명명 중의 하나가 '가짜(phony)'라는 단어이다(Nelson-Jones, 2000). 명확히 직면(confrontation)은 펄스의 게슈탈트 치료의 상징이었다(Yontef & Jacobs, 2014). N. 프리드먼(N. Friedman, 2003)은 펄스 버전에서의 상담자는 무대감독 또는 코치로 비유되며 로라 펄스는 프리츠 펄스가 내담자와 상호작용하는 이러한 직면 방식을 '환자로부터 외면하기'(p. 63)라고 주장했다. 이러한 극도의 직면은 현재 많은 게슈탈트 상담자에 의해 사용되지는 않지만, 어느 정도의 직면은 게슈탈트 치료 상담자들이 다양하게 사용하고 있다.

최근 게슈탈트 치료의 경우 펄스의 거친 스타일이 다소 부드러워졌다. 게슈탈트 치료 상담자는 내담자와의 관계에서 진정성, 현재 중심, 투명성을 강조한다. 진정성은 상담자와 내담자 사이의 위계적이지 않은 동맹을 증진시킨다(Frew, 2013). 게슈탈트 치료에서의 대화 또는 관계적 측면에서(Jocobs & Hycner, 2009), 인정(acknowledgment)은 내담자와 상담자 간의 의존성, 또는 실제 상호 의존성으로 이루어지며, 상담자의 "지지, 건강한 융합, 연민, 친절, 내담자의 소망의 타당성에 대한 수용은 좋은 치료적 태도의 요인이다."(Yontef, 2009, p. 44)

게슈탈트 치료 상담자는 자각을 진단적 도구로 사용하여 상담에서 그들 고유의 경험에 접촉한다. "아무것도 제외되지 않는다. 어떤 것도 관련 없다고 간과할 수 없다. 타인의 존재에서 여러분의 신체는 비자발적으로 무엇을 하고 있는가? 여러분의 근육이 긴장되어 있는가 또는 무언가를 말해주고 있는가? 이완되어 있는가? 여러분의 주의는 흐트러졌는가 또는 여러분은 관심에 사로잡혀 있는가? 만약 백일몽이 시작되었다면 언제, 어떤 백일몽을 꾸는가?"(Mackewn, 1997, p. 47; 원문에서 강조). 클락슨(Clarkson, 2014)에 의하면, 게슈탈트 치료 상담자는 이러한 자각 수준을 유지하기 위해서 의미 있는 정서적 전념을 해야 한다. 상담 수련생은 게슈탈트 치료 상담자에게 개인심리치료를 받아야 한다. 팔레트와 헤밍(Parlett & Hemming, 1996b)은 "게슈탈트 치료는 자신의 접촉 스타일 또는 신체적 경험을 자각하지 못하는 사람만 대상으로 하는 치료접근은 아니다."(p. 207)라고 경고한다. 게슈탈트 치료 상담자는 좋은 신체건강 상태에 있고, 개인에게 유용하다고 여겨지는 휴식, 여가, 식이요법 같은 좋은 습관을 실천하는 것이 중요하다(Clarkson, 2014).

게슈탈트 치료의 경우 내담자는 적극적으로 자기발견 과정에 참여한다. 내담자는 치료에서 제공되는 것을 시험하고 적절한지 살펴보는 것을 배우게 된다(Yontef, 1995). 게슈탈트 치료자는 내담자가 상담자와의 불일치(심지어 분노)에 대해 표현하는 것을 존중한다. 왜냐하면 내담자가 상담자에게 이견에 대해서 표현하는 것은 내담자의 자기지원을 강화하기 때문이다. 마지막으로 게슈탈트 상담자는 내담자가 상담자의 가치와 의견을 내사하기를 원한다.

> 엔리코는 중도 입장의 게슈탈트 상담자이다. 그의 첫 번째 목표는 제시카와 진정성 있는 관계를 맺는 것이다. 엔리코는 제시카가 그녀의 경험에 대해 얘기하는 것과 또한 그녀가 말한 것에 대해 상담자 자신의 반응에 주의를 기울이면서 관찰한다(예 : 엔리코는 제시카의 경찰제복을 입은 이미지를 작은 아이의 이미지로 자각함). 엔리코는 또한 근육이 긴장되고 제시카를 구조해주고 싶은 충동을 느낀다는 사실에 주목한다.
>
> 제시카는 상담자의 도움을 열망하며, 상담자에게 그녀의 상황에 대해 마음을 열고 개방한다. 제시카는 엔리코와 함께 치료에 기꺼이 참여하려고 한다. 제시카는 자신이 원하는 것과 상담에서 선호하는 것에 대해서 표현하는 데 다소 어려움을 겪었지만, 엔리코는 제시카가 욕구를 표현할 수 있을 때까지 그녀의 경험에 머물도록 도와준다.

상담 목표

게슈탈트 치료의 가장 큰 목표 중의 하나가 자각(awareness)이다. 펄스(1969a)는 다음과 같이 언급한다. "자각 그 자체는—자각 그 자체에 의해, 그리고 자각 그 자체로—치유적일 수 있다."(p. 16; 원문에서 강조). 자각에는 두 가지 유형이 있다. 첫 번째 자각 유형은 순간, 과정에 대한 자각, 또는 내용의 측면이다. 두 번째 자각 유형은 자신의 고유의 자각에 대한 자각이 있다(Mann, 2010). 핵심은 게슈탈트 치료는 내담자가 치료 상황에 대해 자각하기를 원할 뿐만 아니라, 내담자가 다른 상황에서도 이러한 자각하기를 적용할 수 있도록 자각의 과정에 관해서도 이해하기를 원한다. 이러한 자각의 이득은 행동에 대한 책임감을 증진시킨다(Yontef, 1995). 팔레트와 헤밍(1996b)은 게슈탈트 치료의 목표는 다소 다를 수도 있지만, 과정은 "개인으로 하여금 자유와 선택의 삶을 살 수 있도록 충분한 자기지원을 증진하는 것"이어야 한다(그러므로 책임감 증진)고 말한다(p. 205; 원문에서 인용).

접촉 스타일이 역기능적이라면 자각의 증진을 위해서 접촉 스타일의 수정이 필요하다(Frew, 2013). 이러한 접촉 스타일의 수정은 궁극적으로 개인의 성장을 초래할 것이다. 왜냐하면 증가된 자각은 필요한 것들을 동화(소화)함으로써 환경과의 더 나은 조화와 유기체의 향상을 초래하기 때문이다. 따라서 게슈탈트 치료의 목표는 성장이라고 할 수 있다. 사실 많은 게슈탈트 치료 상담자들은 사람들이 상담받으러 오는 것은 교정 때문이 아니라 게슈탈트 치료의 촉진적 측면 때문이라고 주장한다. M. 폴스터와 폴스터(M. Polster & Polster, 1973)는 "치료가 너무 훌륭해서 아픈 이에게만 제한할 수 없다."(p. 7)고 언급하면서 게슈탈트 치료의 성장 지향성을 강조했다.

> 엔리코는 제시카의 미해결 과제를 자각하도록 도와주고 싶었다. 명백히 제시카는 엄마아빠와 관련된 미해결 과제가 있다. 엔리코는 제시카로 하여금 환경과 그녀 자신의 측면들과의 접촉을 회피하는 방식을 인식하도록 도와주고 싶었다. 엔리코는 제시카가 환경 또는 관계에서 어떻게 해야 된

다는 생각은 없다. 단지 엔리코는 제시카가 자신을 위해서 결정할 수 있도록 자각하기를 원한다. 이상적으로는 제시카가 삶에서 자각과 책임감에 가치를 둘 것이며, 이러한 자각과 책임감이 치료 밖에서의 앞으로의 삶의 경험에 유용하게 사용되는 도구가 될 것이다.

치료 과정

게슈탈트 치료의 세 가지 핵심요소로는 관계, 자각, 실험(Clarkson, 2014)이 포함된다. 첫 번째 상담 단계에서 상담자와 내담자 간의 진정한 관계가 수립된다. 상담자와 내담자의 관계는 자각이 탐색되는 매개가 된다. 예를 들면 상담자에게 의존하고자 소망하는 내담자는 회기에서 이러한 의존 경험에 대해서 강하게 기술하면서 명백히 드러날 수 있다. 물론 상담 과정에서 내담자의 자각은 결정적이다. 왜냐하면 내담자가 상담하러 온 계기는 내담자가 자각 과정이 차단되었기 때문이다. 실험은 더 깊은 자각을 창출하는 치료적 활동이다.

레비츠키와 펄스(Levitsky & Perls, 1970, pp. 140-144)는 다음과 같은 게슈탈트 치료 규칙을 기술했다. 가장 중요한 규칙은 (a) 현재에 머물기, (b) 나와 그리고 너를 유지하기, 또는 자각과 진정한 의사소통 강조하기, (c) '그것'이 아닌 '나'라는 단어 사용하기, 또는 모든 진술에 대해 책임지기, (d) 질문하지 않기(왜냐하면 질문은 상담자의 어떤 것을 요청하는 것이며, 내담자의 수동성 또는 게으름의 측면으로 간주되기 때문)가 포함된다. 내담자는 질문을 진술로 바꾸도록 요청을 받는다. 치료집단에서 내담자는 '험담 안 하기' 규칙을 준수한다. 내담자는 타인들에 관해서 얘기하면 안 되고, 어떤 개인들이 여기 있다고 여기고, 그 개인에게 직접적으로 말해야 된다. 올리어리(O'Leary, 2013)는 '언어 기법'을 제시했는데, 즉 이 기법은 '나'라는 언어를 사용해야 하며, '할 수 없다'를 '하지 않겠다'로 수정해야 하며, 수식어를 없애고(예 : 아마도, 그런, 아마도), 모호하거나 수동적인 단어 대신에 요구한다는 단어를 사용해야 한다.

다른 상담 접근과 달리 게슈탈트 치료는 인간 존재의 핵심적 측면으로 신체적 또는 몸의 감각과 기능을 강조한다. 미해결된 과제는 종종 내담자의 몸에서 나타난다. 더구나 팔레트와 헤밍(1996b)은 게슈탈트 치료에서 "신체는 지혜의 근원, 유기체적 진실의 제공자로 간주된다."(p. 200)고 언급한다.

게슈탈트 치료 상담자는 '변화에 대한 역설적 이론'을 언급한다(Yontef & Fairfield, 2008, p. 91). 이 구절에 의하면 변화하기를 시도할수록 똑같은 상태에 더 머무를 수 있다는 의미이다. 즉, 변화는 자신이 누구인지에 대한 자각과 수용을 함으로써 이루어진다. 게슈탈트 치료 상담자는 내담자가 변화를 위해 압박을 가하는 측면들과 동조해서는 안 되기 때문에 내담자의 변화하고자 하는 압박에 대해 알아차려야 한다. 이러한 맥락에서 펄스 등(1951)은 게슈탈트 치료 상담자는 창조적인 무관심(creative indifference) 태도를 취해야 한다고 주장했다. 이러한 다소 혼란스러운 구절은 상담자가 진실로 내담자에게 무관심해야 된다는 의미가 아니라, 상담자가 특정 성과와 과정에만 과도하게 정열을 쏟아서는 안 된다는 의미이다(Mackewn, 1997). 조이스와 실스(Joyce & Sills, 2010)는 창조적인 무관심은 욕구만족 후에 따르는 상태로 충분히 비워 있을 때 가능하다고 강조했다.

현대의 게슈탈트 치료 상담자는 '장(field)' 개념을 참조하는 경향이 있다. 이러한 장(field) 개념은 레빈(Lewin, 1951)의 장이론에서 기원을 찾을 수 있다. 레빈은 행동이라는 것은 개인과 환경이 작용하는 하나의 기능이라고 주장했으며, 이러한 개념은 다소 모호하다. 장의 개념으로 본다면 개인은 언제나 맥락 내에서 간주되어야 한다. 맥락은 치료자와 치료적 상황 역시 포함한다. 상담자는 치료에서 핵심적 부분이며 멀리 떨어진 관찰자가 아니다. 더구나 팔레트(2005)에 의하면, 장은 숨겨진 구조이며, 치료에서 검토되어야 한다. 즉, 현대 게슈탈트 치료에서 관계를 강조하는 것과 연결된다. 상담자와 내담자 모두 여기-지금 상황에 집중하고 주의를 기울여야 한다(Jacobs & Hycner, 2009). 장의 관점의 또 다른 중요한 함의점은 가족체계 치료자와 마찬가지로(제13장 참조), 게슈탈트 치료 상담자도 장의 어떤 변화가 나머지 부분에 영향을 미치는 것을 자각한다는 점이다(Yontef, 2005).

게슈탈트 치료에서 내담자의 저항은 씨름하거나 제거되거나, 극복되는 것이 아니다. 사실 프루(Frew, 2013)는 "게슈탈트 치료에서 저항의 개념은 없다."(p. 240)고 단언했다. 대신에 오히려 저항을 해가될 수 있는 경험으로부터 개인을 보호하는 유기체의 에너지로 확인했다(Yontef & Jacobs, 2014). 전형적으로 이러한 저항 행동(예 : 신경증적 적응 또는 접촉 변경)은 이전에도 기술했듯이, 과거경험에 대한 적응적 반응으로 기원한다. 게슈탈트 치료 상담자는 내담자에게 저항을 극복하도록 원하기보다는 내담자가 저항을 경험하고, 격려하며, 자각하기를 원한다. 의미 있는 접촉을 회피하는 방식인 저항은 미해결 과제를 해결하는 데 활용할 수 있다(Joyce & Sills, 2010). 또한 저항을 역기능으로 판단하는 것이 아니라 탐색되어야 하는 접촉의 변경으로 간주될 수 있다(Clarkson, 2014).

게슈탈트 치료 상담자는 전이와 역전이에 대해 확인해야 하지만, 그들은 전통적인 정신분석자와는 다른 방식으로 전이와 역전이를 본다(Joyce & Sills, 2010). 전이는 내담자가 습관적으로 경험을 어떻게 구성하는지에 대한 단서로서 볼 수 있지만, 내담자가 순전히 왜곡되게 세상을 지각하는 방식으로 간주하지는 않는다. 게슈탈트 치료 상담자는 우리가 과거를 현재에 데리고 오고, 특히 미해결 과제를 현재에 가지고 오는 것을 알아차린다. 그러나 게슈탈트 치료 이론에서는 상담자가 내담자와의 상호작용에서 투입해야 하는 부분을 고려하고 치료 상황에서 치료자가 기여하는 부분을 검토해야 한다고 언급한다. 상담자는 치료적인 참만남을 위해 변화될 여지가 있고, 잘못을 인정할 수 있는 준비가 되어 있어야 한다((Yontef & Jacobs, 2014).

클락슨(Clarkson, 2014)은 역전이의 세 가지 유형을 확인했다. 첫 번째 역전이는 상담자가 내담자와의 관계에서 미해결 과제가 활성화될 때 발생한다. 게슈탈트 치료 상담자는 이러한 사건을 기민하게 알아차려야 하며, 슈퍼비전 또는 개인치료를 통하여 이러한 역전이 반응(괄호매김이라고 불림)을 다룰 수 있어야 한다(Mackewn, 1997, p. 95). 둘째, 상담자의 반응은 내담자에게는 삶 또는 과거 타인에 의해 경험되는 것과 동일하게 여겨질 수 있다. 아마도 이때의 상담자의 역전이는 내담자의 전이 행동에 대한 반응일 수 있다. 셋째, 클락슨은 상담자가 내담자의 경험에 대해 경험하는 데 있어서 융합에 기반한 반응—내담자가 심지어 회피하고 있는 느낌, 사고, 반응 경향성—에 대해 논의했다(p. 128). 상담자는 게슈탈트 치료의 대화적 본질에 대해 계속해서 인식하고, 관계에서 자신의 고유의 기여 부분에 대해 알아차려야 하며, 역전이 유형들을 구별할 줄 알아야 한다.

엔리코는 제시카와 함께 게슈탈트 상담의 세 가지 요인에 초점을 맞추었다. 엔리코는 제시카와 비교적 쉽게 관계를 맺었지만, 처음에는 피상적 접촉 수준에 머물렀다. 시간이 지남에 따라 엔리코와 제시카 관계는 좀 더 진정성 있게 나아간다.

　엔리코는 자각을 언제나 중요하게 여긴다. 엔리코는 제시카와의 관계에서 자신의 경험에 대해 자각하도록 노력하고, 상담에서 그가 하는 모든 것은 제시카가 경험에 대해 자각하도록 돕는 것에 초점을 둔다. 예를 들면 제시카가 엄마에 대해 얘기할 때, 엔리코는 제시카가 다소 밋밋한 톤으로 얘기하는 것에 주목한다. 엔리코는 제시카에게 그녀의 목소리가 어떻게 변화했는지에 관해 알아차렸는지 물어본다.

　엔리코는 제시카가 엄마와 아빠에 대한 느낌에 접촉하는 데 고군분투하고 있음을 안다. 엔리코는 제시카에게 이 회기에서 부모에 대한 느낌을 경험하도록 요청하는데, 이때 제시카가 신체적으로 더 닫혀 있고, 언어적으로 덜 반응적이라는 점에 주목한다. 이러한 제시카의 저항에 대해 탐색하면서, 엔리코는 제시카가 신체적으로, 정서적으로 어떻게 느끼는지에 관해 질문한다. 만약 제시카가 여전히 자신을 보호하고자 하는 욕구를 보인다면, 엔리코는 이러한 부분을 제시카의 강점으로 받아들이면서 제시카가 스스로 자신을 보호하는 모습을 언어적으로 표현하도록 돕는다. 엔리코는 제시카에게 '나'라는 주어를 사용하여 표현하도록 격려하지만, 치료 규칙에 관해서 단호하게 언급하지는 않는다.

　엔리코는 역전이가 발생할 수 있다는 점을 자각함에도 불구하고, 역전이에 주목하지는 않는다. 엔리코는 치료 상황에서 방해가 되는 자신의 고유의 문제에 대해 탐색하기 위해서 자신의 게슈탈트에 집중한다. 엔리코는 제시카와의 상호작용을 침해하는 자신의 이슈 단서들에 대해 살펴보는 데 방심하지 않을 것이다. 엔리코는 제시카가 지시와 지지 받기를 원하고 있음을 경험했다. 엔리코는 제시카에게 지시와 지지를 해주었는데, 이를 제시카의 미해결된 과제에 기반해서 작동하는 그녀의 전형적인 방식에 그가 반응하는 것임을 확인했다. 엔리코는 제시카와 함께 그의 반응에 대해 나누고 그들의 경험에 대해 탐색한다.

치료 기법

게슈탈트 치료라고 하면 흔히 기법이 떠오르며, 특히 대화기법과 '텅빈 의자' 기법으로 인식된다(후에 논의함). 현대 게슈탈트 치료 이론가와 치료자는 이러한 관점에 반대하며 "대부분의 현대 게슈탈트 상담자는 침해 또는 박탈과 관련된 기법보다는 상담자와 내담자 사이에서 일어나는 명백하거나 암묵적인 세밀한 상호교환에 대한 이해와 탐색, 그리고 대화가 특징인 치료적 관계를 중요시한다."(Clarkson, 2014, p. 27)라고 언급한다. 실제 게슈탈트 치료 상담자는 기법상으로 절충적인 입장을 취한다. 즉, 자각을 촉진하는 어떠한 기법도 수용가능하다.

　이전에도 강조했듯이 펄스의 마지막 경력은 집단으로 작업하는 것이었고, 펄스는 개인치료는 시대에 뒤떨어졌다고 생각했다(F. Perls, 1970a). 1960년대 후반 동안, 펄스는 대규모의 전문가 수련 워크숍에서 작업했으며, 여기서 그는 청중 구성원을 초대해서 내담자로 참여하도록 했다. 필수적으로 그는 대중 앞에서 내담자와 1회기 개인 상담을 시연했다. 내담자는 '뜨거운 의자(hot seat)'를 가정하고, 펄스는 내담자가 자각하도록 하기 위해서 다양한 시도를 했다.

현대의 게슈탈트 상담은 일반적으로 구조적 기법을 사용하지 않는다. 대신에 내담자의 자각을 위한 현재-중심의 현상학적 탐색을 선호한다(Brownell, 2010; Jacobs & Hycner, 2009; Joyce & Sills, 2010). 현대 게슈탈트 상담의 경우 자발적으로 내담자와 상담자가 함께 창조한 한 가지 종류의 실험을 한다는 것이 핵심 특징이 된다. 나는 다음과 같이 전통적인 게슈탈트 상담에서 사용하는 기법들의 일부를 기술한다. 여러분은 대부분 현대의 게슈탈트 상담자는 덜 구조화된 접근을 사용하고 있음을 명심해야 한다.

실험

실험(experiments)은 내담자의 자각을 증가시키는 활동이다. 실험은 내담자로 하여금 새로운 경험을 창조하게 한다. 실험 결과는 예측할 수 없기 때문에 종종 안전한 긴급사태(safe emergencies)라고 명명한다(Brownell, 2009, 2010). 실험은 대부분 상담자에 의해 제안되지만, 내담자가 이러한 제안된 실험에 대해 거절할 수 있는 상담관계가 되어야 한다(Joyce & Sills, 2010). 실험의 자발성은 중요하다. '창조적인 모험'은 내담자와 상담자의 순간순간의 경험으로부터 야기된다(Roubal, 2009, p. 272). 실험은 종종 특정 내담자를 위해 만들어진 한 종류의 실험으로 기술되지만, 여기서 기술되는 많은 기법들은 자각에서의 실험이다. 대화는 아마도 가장 유명한 예이다.

엔리코는 제시카와 함께 작업하면서, 그와 제시카가 함께 자각을 증진시키는 실험을 자발적으로 고안할 것이라고 기대한다. 엔리코는 제시카에게 주의를 기울인다. 엔리코는 제시카가 랜디와 싸우는 상황에 대해 얘기할 때, 의자에서 몸이 움추러들고 팔장을 끼는 것을 알아차린다. 엔리코는 제시카에게 이러한 감각을 자각하는지 묻는다. 제시카는 하나의 실험을 시도하는 것을 좋아하는가? 제시카가 동의할 때 엔리코는 제시카에게 몸에서의 감각에 초점을 맞출 수 있는지, 그리고 이렇게 느껴지는 몸의 감각에 관해서 기술할 수 있는지 물어본다.

상담자의 자기개방

게슈탈트 치료 상담자는 때때로 그의 경험에 집중하게 된다면, 내담자에 대한 그의 자각을 개방하게 될 것이다(Wheeler & Axelsson, 2015). "상담자는 때때로 지루하고, 혼란스럽고, 재밌고, 화나고, 신나고, 성적으로 각성되고, 놀랐고, 궁지에 몰리고, 방해받고, 압도된 느낌 등을 경험한다. 이러한 모든 반응은 내담자와 상담자 모두에게 무언가를 말해주며 치료 경험의 많은 생생한 자료를 포함한다."(E. Polster & Polster, 1973, p.18). 게슈탈트 치료 상담자는 진정으로 경험에 대해 개방하고, 그리고 나서 내담자와 상담자는 관계의 즉시성으로 이러한 경험에 관해 논의한다. 윌러와 액셀슨(Wheeler & Axelsson, 2015, p. 33)은 이러한 상담자의 자기개방은 "어떤 것이든 허용되는 것"이 아니라 언제나 내담자에게 도움이 될 때만 수행되어야 한다고 경고하고 있다.

엔리코는 아이로서의 제시카와 경찰관으로서의 제시카가 다르게 느껴진다고 자기개방을 한다. 제시카는 엔리코의 말을 듣고 갑자기 눈물을 흘리기 시작하며, 이 순간은 아이처럼 느껴진다고 말한다. 엔리코는 이 순간 그가 제시카를 돌보고 있는 것처럼 느껴진다고 대답한다.

대화법

게슈탈트 치료 상담자는 증가되는 자각과 미해결된 과제를 강조하면서, 때때로 내담자에게 상담회기에서 대화를 창조하도록 요청한다. 이러한 대화는 (a) 자기의 부분들, (b) 상담자 또는 내담자의 과거 또는 현재에서의 주변 사람들과 이루어질 수 있다(Hycner, 1987). 대화는 또한 내담자 성격 내에서의 '분리(splits)'된 부분 또는 양극단 사이에서 창출될 수 있다(Levitsky & Perls, 1970).

역사적으로 아주 유명한 대화법은 상전(top dog)과 하인(underdog)이다(Levistsky & Perls, 1970). 이러한 실험에서 내담자는 자신의 두 가지 부분을 시연한다. 내담자는 비판적이고, 요구적인 상전과 투덜대고, 변명을 사용하는 하인의 역할을 한다. 인간에게는 타고난 결정적인 양극단이 있다. 펄스(1969a)에 의하면, 우리는 자신을 괴롭히는 방식으로 상전과 하인 사이의 갈등을 사용한다는 것이다. 상전-하인 대화에서 내담자는 두 가지 극을 번갈아 가면서 대화한다. 내담자는 상전처럼 쥐고 흔들고 하인처럼 불평을 한다. 대화의 목표는 자기의 이러한 두 가지 측면을 서로에게 듣게 하는 것이다. 궁극적으로 자기의 이런 측면들에 대한 충분한 표현으로 인해 이러한 양극단의 자기 측면의 통합을 초래할 것이다(M. V. Miller, 1989). 두 가지 측면은 더 이상 서로 '분리(split off)'되지 않고, 성격의 부분들로 통합된다. 많은 현대의 게슈탈트 치료 상담자는 이러한 대화법의 유용성이 있음에도 불구하고 이러한 대화 버전을 구식으로 치부하고 거부하기도 한다(Clarkson, 2014).

대화법에 대한 현대의 관점은 정서중심치료(EFT; 글상자 7.2 참조; Elliot, Watson, Goldman, & Greenberg, 2004; L. S. Greenberg, 2011)에서 찾을 수 있다. 정서중심치료 상담자는 두 의자 대화법과 빈의자 대화법 사이를 구별한다. 두 의자 대화법은 자기의 분리된 측면을 치유하는 것이 목표인 반면에 빈의자 대화법은 미해결 과제를 위한 개입이다. 내담자는 빈의자에 어떤 것이나, 어떤 사람도 배치할 수 있으며, 배치된 대상에게 말한다. 종종 내담자는 의자에 배치된 사람 또는 투사된 것들에 대한 역할을 하도록 요청받는다. 이러한 접근은 의미 있는 타인과 미해결 과제가 해결되는 상황 창출하기, 내담자가 내적 갈등을 해결하도록 돕기, 그리고 내담자가 위협적이고 두려운 행동을 하도록 실험하는 것에 활용된다(Crocker, 1999).

> 엔리코는 제시카가 엄마와의 사랑과 소속감에 관한 미해결 과제가 있다고 가정했다. 엔리코는 제시카가 엄마에게 말하고 싶은지 물어본다. 이에 제시카는 처음에는 주저했지만, 엄마에게 대화를 시도하는 실험을 하는 데 동의한다.
>
> 엔리코 : 엄마에게 지금 제시카가 지금 경험하고 있는 것을 말해보세요.
> 제시카 : 난 엄마와 가까이 있길 원해.
> 엔리코 : 지금 어떤 느낌이세요?
> 제시카 : 전 슬퍼요. 화가 나요. 전 당신을 상처주고 싶어요.
> 엔리코 : 다시 말해보세요.
> 제시카 : 나는 화가 난다!

투사한 부분 시연하기

내담자로 하여금 자기의 소유되지 못한 부분에 대한 경험을 증대시키기 위해서 게슈탈트 치료 상담자는 내담자에게 투사의 역할을 하도록 요청한다(Sapp, 1977). 예를 들면 만약 내담자가 어떤 사람이 자기에게 화내고 미워한다고 느껴진다면 상담자는 내담자에게 화내고 증오로 가득한 사람 역할을 하도록 한다. 그리고 나서 상담자는 내담자에게 자신에게도 이러한 특성들이 있는지 물어본다(Levitsky & Perls, 1970).

제시카는 투사하는 것처럼 보이지 않았기 때문에, 엔리코는 투사 역할을 하는 기법은 사용하지 않았다.

과장하기

만약 내담자가 경험의 어떤 측면(전형적으로 비언어적)을 자각하지 못한다면, 게슈탈트 치료 상담자는 동작을 과장하도록 안내한다(Levitsky & Perls, 1970). 내담자가 하는 원래 표현은 불충분하거나 미숙하다. 상담자는 내담자가 좀 더 진정성 있게 행동하도록 돕는다. 내담자는 다리를 흔들 수 있다. 기민한 게슈탈트 치료 상담자는 내담자에게 더 과장해서 다리를 흔들도록 요청한다. 이는 내담자가 이러한 다리 흔드는 행동을 알아차리며, 이러한 표현과 연관된 내담자의 신념, 느낌, 과거사에 대한 자각을 증대시키려고 시도한 것이다(Wheeler & Axelsson, 2015). 이러한 과장하기 기법은 또한 내담자의 진술에도 사용될 수 있다. 즉, 상담자는 내담자가 얼버무리는 것을 들으면, 내담자가 그 말을 좀 더 힘 있게 반복하도록 요청한다.

엔리코는 제시카가 엄마에 관해 얘기할 때, 제시카의 어깨가 구부러지는 것을 알아차린다. 엔리코는 제시카에게 어깨를 구부리는 것을 알아차렸는지 물어본다. 이에 제시카는 "별로 그렇지 않은데요."라고 대답한다. 그래서 엔리코는 제시카에게 긴장감을 과장하게 나타내도록 요청하며 이러한 과장된 긴장감이 어떤지 말하도록 요청한다. 제시카는 엄마에게 받은 심리적 타격으로부터 자신을 보호하고 있다고 말한다.

반전

관찰가능한 행동은 때로는 주요한 충동의 반대(예 : 극단의 반대쪽)라는 것을 인식하면서, 게슈탈트 치료 상담자는 내담자에게 반대로 행동하도록 요청한다(Levitsky & Perls, 1970). 예를 들면 부끄러움을 타는 내담자는 외향적으로 행동하도록 요청할 수 있다.

엔리코는 제시카가 랜디와의 관계에서 수동적이며, 언제나 랜디를 만족시켜주려고 노력하는 점을 관찰했다(빈의자 기법에서 제시카가 랜디와 대화하는 장면 관찰). 엔리코는 제시카에게 빈의자의 뒤에 랜디를 앉히고 두목처럼, 성마르고, 고압적인 여성으로 행동하도록 요청했다.

꿈작업

펄스(1970b)는 꿈을 '통합으로 가는 왕도'(p. 204)라고 명명했으며, 꿈을 인간 표현의 가장 자발적인 형태로 간주한다. 프로이트의 꿈에 대한 입장은 암시적인 데('꿈은 무의식으로 가는 왕도') 반해 게슈탈트에서 꿈을 다루는 방식은 전통적인 정신분석에서 강조하는 방식과 아주 다르다.

게슈탈트 치료의 꿈작업(펄스의 접근)의 경우 내담자는 꿈의 부분들에 역할을 주며 꿈의 각 부분에 고유의 언어와 경험을 부여한다. 펄스(1970b)는 내담자가 꿈에서 등장하는 모든 사물과 사람에게 목소리와 행동을 주면서 '시연(play)'해야 한다고 주장한다. 왜냐하면 꿈에 나타나는 사물들과 사람들은 꿈의 요소로 상징화되는 자기의 경험하고 있는 측면을 표상하기 때문이다. 대부분 이러한 측면들은 내담자가 자기 것으로 소유하지 못한 것이나 또는 내담자의 삶에서 중요한 사람을 표상한다 (Staemmler, 2004). 상담자는 꿈을 본질적으로 내담자에게 의미 있는 것으로 간주되는 것으로 이해하고 상식 수준에서 벗어난 해석을 해서는 안 된다(E. Cain, 2013).

조이스와 실스(Joyce & Sills, 2010)는 꿈작업에 대한 좀 더 광범위한 접근에 대해 기술한다. 전통적인 꿈의 부분들을 실행하는 방법을 포함해서 내담자는 (a) 현재 시제로 꿈에 대해서 얘기하기, (b) 꾸었던 꿈과 다른 결말 창출하기, (c) 꿈의 줄거리에 대해서 비언어적으로 표현하기, (d) 꿈의 요인들 간에 대화법 같은 개입으로부터 혜택을 받을 수 있다고 제안했다.

제시카는 정원사가 되는 꿈을 꾼다. 제시카는 꿈에서 괭이와 삽, 정원용 장갑을 가지고 있다. 그녀는 매우 기뻐서 꽃과 채소들을 심고 그것들이 자라는 모습을 본다.

엔리코는 제시카에게 꿈의 부분들을 연기하도록 요청한다. 우선적으로 제시카는 괭이가 되어서 흙을 파서 일군다. 그다음에는 삽이 되어서 흙을 운반한다. 장갑은 모든 것을 보호하고 있다. 꽃과 식물은 흙과 싸워서 햇빛을 받으면서 나온다. 이제 엔리코의 상담실을 이리저리 움직이면서, 이러한 꿈의 요소들에 대한 신체적 자각을 한다.

양극단과 작업하기

게슈탈트 치료 상담자는 내담자의 겉으로 드러나는 행동에 어떤 것들이 포함되어 있는지에 관해 자각하지만, 종종 무엇이 누락되어 있는지에 더 관심이 있다(Parlett & Hemming, 1996b). 이와 비슷하게 내담자는 자기의 한 측면을 억제하거나 "자신의 것으로 인정하지 않으려고 한다". 즉, 자신의 것으로 소유하지 못하는 측면은 양극단의 한 지점이 되는 경향이 있다. 게슈탈트 이론에서 확인되는 양극단의 예들은 지저분한-깨끗한, 강한-약한, 사랑-증오, 의존감-책임감, 가장 유명한 상전-하인이다. 게슈탈트 치료 상담자는 덜 독한 언어를 사용하면서 내담자에게 양극단에 주의를 기울이도록 한다(Parlett & Hemming, 1996b). 내담자는 투사를 시연하는 방식과 비슷하게 양극단에 대해 시연하도록 요청받을 수 있다. 내담자는 두 의자 대화법에서, 중요한 것으로 확인된 양극단 각각의 역할을 하도록 요청받는다(Mann, 2010).

제시카는 강함과 약함이라는 양극단성을 보여준다. 제시카는 거칠고 강한 경찰관이지만, 관계에서는 약하고, 의존적인 사람이다. 엔리코는 제시카가 이러한 분리에 대해 자각하도록 돕기 위해서 이러한 양극단의 모습 모두를 시연하도록 한다.

자각 훈련 또는 신체 작업

어떤 의미에서 모든 게슈탈트 상담은 자각 훈련이라고 할 수 있다. 좀 더 자세하게 살펴본다면, 게슈탈트 치료 상담자는 내담자와 함께 내담자로 하여금 신체 감각에 대해 좀 더 알아차리도록 작업한다. 왜냐하면 신체 감각은 자각을 방해하는 경험의 측면들에 대한 단서를 주기 때문이다(Wheeler & Axelsson, 2015). 상담자는 내담자에게 중요하게 여겨지는 신체 감각—호흡, 목소리 톤, 신체 동작 등—에 좀 더 가까이 주의를 기울이도록 요청한다.

엔리코는 제시카가 랜디에 관해 얘기할 때 주먹을 꽉 쥐는 것을 보았다. 엔리코는 제시카에게 주먹 쥐는 행동에 주의를 기울이고 이러한 긴장이 어떻게 경험되는지 주목하도록 요청한다. 엔리코는 심지어 제시카에게 주먹을 쥐는 행동을 '시연하도록' 요청한다.

개인적·문화적 다양성에 대한 논의

많은 비평가들은 게슈탈트 치료의 개인적인 편향성에 대해 지적했다. 새너(Saner, 1989)는 "대부분 미국의 게슈탈트 치료 이론가와 상담자는 문화적 가치의 영향에 대해 자각하지 못하고 있으며 고정된 게슈탈트는 개별주의, 또는 개인적 신경증만으로만 잘 기술되어 있다는 사실을 알지 못한다. 나는 미국에서 만들어진 현대의 게슈탈트 치료의 형태는 보편적으로 타당하지 않으며 진실로 문화 간에 타당하고 의미 있으려면 게슈탈트 치료의 이론적·방법론적 수정이 필요하다."(p. 59)고 언급한다. 이와 비슷하게 프리스터(Priester, 2014)는 미국적인 개인주의는 자기개방, 카타르시스, 개인적 책임감, 그리고 현재를 강조한다는 점에 주목했다. 그러나 게슈탈트 치료의 최근의 관계적 접근은 이러한 비판을 덜 받게 될 것이다. 클락슨(Clarkson, 2014)은 "현재, 자기에 대한 책임감은 우리의 세상을 공유하는 타인들에 대한 책임감도 포함한다는 인식이 증가하고 있다."(p. 32)고 말했다. 여전히 프루(Frew, 2013)는 유기체의 자기조절 같은 개념은 집단주의 문화에 속한 개인과는 맞지 않다고 언급했다.

게슈탈트 치료에서 언어적·정서적·행동적 표현을 강조하는 것은 많은 집단주의 문화의 가치와 상충된다(Sue & Sue, 2013). 전통적인 히스페닉/라틴 그리고 아시아인은 정서와 행동의 통제를 지혜의 부분으로 간주한다. 따라서 게슈탈트 치료가 자기개방을 강조하는 것은 이러한 집단의 가치와 반대 입장일 수 있다. 하지만 게슈탈트 치료가 통찰을 거부하는 것은 행동을 원하는 개인에게 적절할 수도 있다. 게슈탈트 치료가 내용에 비교적 초점을 두지 않고 모호한 구조로 진행되는 점은 히스패닉/라틴 내담자 등의 다양한 문화적 배경을 가진 내담자에게 혼란을 줄 수 있다(Sue & Sue, 2013).

프루(2013)는 게슈탈트 치료가 맥락을 강조—게슈탈트 치료 상담자는 독특한 관계망에 내재된 각 내담자를 이해해야 함—하기 때문에 다양한 배경의 내담자에게 적절하다고 주장했다. 게슈탈트 치료 상담자는 내담자가 보이는 경험을 수용하면서 내담자의 경험을 이해하고 타당화하도록 고군분투한다. 프루(2013)는 "게슈탈트 치료 상담자는 내담자가 제공하는 어떠한 문이든, 그 문을 통해서 내담자의 집으로 들어간다."(p. 223)고 언급했다. 따라서 내담자를 반겨주고 타당화하는 상담자의 태도는 다양한 배경의 내담자를 수용하는 것이다.

게슈탈트 치료 이론 저자들은 성소수자에게 관심을 갖는다. F. 커티스(F. Curtis, 1994)와 싱어 (Singer, 1994)는 그들의 책에서 한 부분을 할애하여 게이와 레즈비언 커플을 위한 게슈탈트 치료 부분을 제시했다. 싱어는 게이 커플을 위한 게슈탈트 치료가 기존의 게슈탈트 치료와 다르지 않음을 알려주면서 게이 커플의 특정 이슈들에 대해서도 잘 기술했다. 커티스는 대부분 문화에서 이성애자에 대한 강한 편향성을 가진다는 점과 레즈비언에게 중요한 이슈들에 대해 논의했다. 그리고 레즈비언 내담자의 수치심 주제에 관련해서 적용할 수 있는 게슈탈트 치료에 대해서도 언급했다.

앤즈(Enns, 1987)는 게슈탈트 치료에서의 여성주의 관점을 기술했다. 그녀는 게슈탈트 치료가 자각과 개인적 힘을 강조하기 때문에, 여성주의적 지향점과 여러 가지 방식에서 일치한다고 주장했다. 이러한 여성주의적 체계 안에서 여성은 문화적으로 낙담시키는 자기의 부분(예 : 분노의 강렬한 느낌들)에 대한 자각을 하도록 격려될 수 있다. 게슈탈트 치료는 또한 여성이 자신을 타인과 분리해서 정의하는 데 있어서 기존의 규준을 적용하는 데 반대한다. 동시에 게슈탈트 치료에서 강조하는 책임감과 개인주의는 여성주의 관점에서 보면 문제가 될 수 있다. 앤즈(1987)는 다음과 같이 언급했다. "게슈탈트 치료에서의 주어가 단수형으로 술어는 '해야 한다(shoulds)'는 이제는 위험할 가능성이 있으며 복수형이 주어가 되어서 '해야 된다(should)'로 대체해야 한다. 즉, 한 개인이 전적으로 자율적이어야 하고 자기를 의지해야 하며 자기 결정적이어야 한다는 것은 아니라는 것이다(p. 941; 원문에서 인용). 이러한 개인주의 접근은 개인을 둘러싼 환경 요인의 역할을 경시하는 것이며, 최악으로는 환경 요인을 고려하는 것을 주지화와 변명으로 치부한다는 점이다(p. 94).

앤즈(1987)는 또한 게슈탈트 치료가 인간의 기본적인 상호 연결성을 간과한다고 주장했다. 게슈탈트 치료 모델에서의 자율성은 남성 가치와 많이 유사하다. 많은 페미니스트들에 의해 논의된 관계를 중시 여기는 여성의 가치와 상충된다. 게슈탈트 치료 모델에서는 전형적으로 여성을 타인으로부터의 사랑과 인정을 받고 유지함으로써 자기가치를 가진다고 보고 있다. 그러나 게슈탈트 치료에서 성장과 개인의 책임을 지지하는 것은 여성 내담자로 하여금 그들에 대한 타인의 지각보다는 자기자신의 가치를 발견하도록 도울 수 있다. 또한 게슈탈트 치료의 최근 관계적 접근은 이러한 비판에 대해서 수용하고 있다.

펀바커(Fernbacher, 2005)는 상담자 자신이 치료 과정에 대해 늘 자각하면서 게슈탈트 치료에서 자각을 강조하는 것은 다양한 배경의 내담자와 작업하는 것을 촉진한다고 언급했다. 그녀는 또한 게슈탈트 치료의 장이론 구인은 내담자와 상담자를 이해하는 데 있어서 맥락(예 : 문화·사회·정치적 체계들)을 고려하게 한다고 언급했다. 그러나 펀바커에 의하면, 게슈탈트 치료에서 비언어적인 관찰과 개입에 너무 의지하는 것은 자제해야 되는데, 이는 내담자가 처한 맥락에 대한 표현의 의미와 영향을 이해하는 데 개인마다 차이가 있을 수 있기 때문이다.

CHAPTER 8

행동치료

B. F. 스키너

셜리는 혼자 사는 79세 백인 여성이다. 그녀는 두 번 결혼을 하였으나, 두 남편 모두와 사별하였다. 셜리는 자녀가 없으며 일가친척 모두와도 사별하였다. 그녀는 무직이며 생활보조금 및 연금을 받아 살아가고 있다.

셜리는 여러 번 가게에서 물건을 훔치다 체포되어 시 법원으로부터 상담에 나올 것을 명령받았다. 의무적 상담을 받게 된 것이다. 셜리는 형편없는 도둑이었던 것으로 보인다. 그녀는 자신을 보고 있는 주변 사람이 있는지 확인하지도 않은 채 그냥 무작정 백화점에서 물건을 집어 들고 밖으로 나가려 하였다.

셜리는 막내로 태어나 시카고에서 자랐다. 어머니와의 관계는 매우 불행했는데, 셜리의 표현을 따르자면 어머니는 사랑이 없고 매몰찼으며 고압적이었다. 셜리는 아버지가 자신을 어머니로부터 지켜주지 않았다는 것에 분노하였지만, 아버지와의 관계는 좋았다고 보고한다. 셜리는 대학에서 회계학을 전공하였으며, 1940년대에 경제활동을 하던 소수의 여성 중 한 명이었다. 셜리는 자신이 그 당시 남성들이 주를 이루던 투자관리 쪽 일을 맡았으며 그 일을 매우 성공적으로 해내었다고 회상한다. 그녀의 첫 남편은 군인이었다. 결혼 후 그녀는 일을 그만두고 남편의 부대배치에 따라 미국과 동남아시아 여러 곳에서 생활하였다. 셜리의 두 번째 남편은 자동차 정비소 사장이었다. 결혼생활 동안 셜리는 주부로서의 역할에 충실하였으며 봉사활동도 다녔다. 셜리는 두 번의 결혼생활 모두 매우 행복했으며 보람찼다고 묘사한다.

현재 셜리는 노인정에 주 1회 봉사활동을 나간다. 그녀는 더 이상 운전을 하지 않고 버스를 이용한다. 셜리는 아파트에서 살고 있으며 봉사활동을 제외하고는 자신의 삶에 별다른 사회적 교류가 없다고 보고한다.

최근 가게에서의 절도행위에 대해 마지못해 이야기하면서, 셜리는 가게에 들어서면 물건을 훔치고자 하는 강박적 사고에 시달린다고 보고한다. 셜리는 무언가를 훔쳐서 가게에서 나오기까지 불안한 느낌을 계속해서 경험하며, 물건을 훔치고 나면 즉시 그녀의 행동에 대해 죄책감을 느낀다. 셜리는 특정 물건을 훔치는 것은 아니라고 말한다. 셜리는 40대일 때 어머니가 돌아가신 이후 절도행위를 시작했다고 보고한다. 그녀의 첫 번째 남편은 이 사실에 대해 알고 있었으나, 그때는 그녀가 스스로를 조금 더 잘 통제할 수 있었다고 한다. 두 번째 남편은 그녀의 이러한 행동에 대해 알지 못하였다. 셜리는 최근에 들어서야 이러한 절도행위 때문에 법적 문제를 겪기 시작하였다고 한다.

셜리는 상담에 오는 것에 대해 불만을 가지고 있다. 그녀는 자신의 '강박적 절도(그녀의 표현)'를 막을 수 있는 건 그녀 자신밖에 없다고 믿으며, 상담이 별다른 도움이 되지 않을 것이라고 생각한다. 셜리는 상담자를 만나는 것을 매우 창피하게 여기며, 자신의 행동에 대해 상당한 수치심을 보인다.

배경

행동치료(behavioral therapy, BT)는 인간 학습에 관한 여러 다양한 관점을 포함하는 모형과 기법의 집합체이다. 이 장에서는 전통적 행동치료 모델 및 기법과 더불어 **인지행동치료**(cognitive behavior therapy, CBT)에 기반을 둔 기법 또한 함께 다룰 것이다. 인지행동치료는 혼란스러운 개념일 수 있다. 어떠한 경우에는 인지가 행동에 미치는 영향에 대한 개입을 포함하는 행동적 접근을 의미하기도 하며, 또 다른 경우에는 모든 인지적 접근(예 : 제9장 및 제10장에서 다루어지는 합리적 정서행동치료와 인지치료)을 의미하기도 한다. 현재 대부분의 행동치료 상담자는 인지의 영향력을 인정하지만, 몇몇 강경행동치료 옹호자(예 : 앞으로 소개될 전통적 행동분석가들)는 변화의 대상은 오로지 행동이어야만 한다고 주장한다. 하지만 실제 상담장면에서는 이 장에서 다루어질 행동 요소와 인지치료 및 합리적 정서행동치료와 유사한 가정과 개입을 적절히 섞어 사용하는 실용적 접근이 주로 사용된다.

모든 행동치료 접근법은 "폭넓은 심리연구(실험 · 사회 · 인지 · 발달심리)에서 도출된 개념을 적용하고, 문제행동에 대한 정신내적 혹은 병리적 모델을 거부하며, 치료효과에 대한 경험적 평가를 강조(C. R. Glass & Arnkoff, 1992, p. 609)"한다는 공통점이 있다. 행동치료는 또한 특정 행동의 과거 개인사적 원인보다는 현재 원인에 초점을 맞춘다(Spiegler, 2013a).

행동치료는 수많은 학자에 의해 오랜 기간 발전되어 왔기 때문에 이 장에서 이 치료법의 포괄적인 역사를 모두 다루기는 어렵다. 이 장에서는 행동치료에 기여한 주요 인물을 중심으로 한 짧은 개관이 제시되며, 관심 있는 독자들은 글래스와 안코프(Glass & Arnkoff, 1992) 혹은 피쉬맨과 레고, 뮬러 (Fishman, Rego, & Muller, 2011)의 글을 참고하길 바란다.

행동치료는 정신분석 모델에 대응하여 나왔기 때문에 초기 행동치료 이론은 내담자의 내적 사건이나 개인사보다는 관찰 가능한 행동을 강조하였다(Goldfried & Davison, 1994). 프랭크스와 바브락 (Franks & Barbrak, 1990)에 의하면 "행동치료는 1950년대 후반에 그 당시 만연해 있던 정신역동의 병리적 모델에 대한 반정신주의적(antimentalistic)이고, 어느 정도는 편협한 대안으로 시작되었다(p. 551)." 초기 행동주의학자는 관찰할 수 있는 행동만을 예측하고 통제하고자 하였으며, 생각이나 감정의 영향은 배제하였다. 현대 행동치료는 인간의 행동에 미치는 인지 및 정서적 요인을 조금 더 인정하고 있다. 스피글러(Spiegler, 2013a)에 의하면 "대부분의 현대 행동치료 상담자들은 직접적으로 관찰 가능한 행동만을 다루는 것은 너무 제한적이라고 믿는다. 인간은 신념을 가지고, 기대를 품으며, 상상을 하는 존재이기 때문이다. 인지 과정은 직접적으로 관찰될 수는 없으나 사람이 행동하고 감정을 느끼는 데에 확실한 영향을 미친다."(p. 264)

행동치료의 가장 초기 근원은 러시아 과학자인 이반 파블로프(Ivan Pavlov)와 그의 고전적 조건형성(classical conditioning) 실험으로 볼 수 있다. 개의 섭식행동을 연구하던 도중 파블로프는 개에게 침을 흘리게 만드는 음식과 종소리를 연합시켰을 때, 후에 개가 종소리만을 듣고서도 침을 흘리는 것을 발견하였다. 이 모델에 대해서는 나중에 조금 더 심도 있게 논의할 것이다.

조셉 울페(Joseph Wolpe, 1960)는 이 고전적 조건형성 모델에 근거를 두고 불안을 이해하고 치료하는 상호제지(reciprocal inhibition) 접근법을 고안하였다. 피쉬맨과 프랭크스(1997)는 상호제지에서 파생된 체계적 둔감법(systematic desensitization)이 처음으로 정신분석에 대응하여 1940년대와 1950년대에 인기를 얻은 접근법이라고 보았다.

미국 행동학의 시초는 존 B. 왓슨(John B. Watson)과 1913년에 심리학 개관 학술지(*Psychological Review*)에 실린 그의 논문 '행동주의학자의 관점에서 본 심리학'으로 볼 수 있다. 파블로프의 연구에 영향을 받은 왓슨은 심리학에서 '정신주의(mentalism)'를 없애고 인간 행동을 이해하고자 의식에 대해 탐구하는 것을 멈추어야 한다고 강력하게 주장하였다(Fishman et al., 2011). 이 주제에 대한 왓슨의 글 중 일부를 [글상자 8.1]에서 확인할 수 있다.

글상자 8.1

존 B. 왓슨, 행동과 정신병리를 논하다

지난 수년간 내(존 B. 왓슨)는 의사들이 가지고 있는 정신병리의 개념을 이해하기 위해 노력해 왔다. 최근 나는 한 의학 모임에 참석하여 신경쇠약을 성공적으로 치료한 의사의 이야기를 들을 기회를 갖게 되었다. 그는 신경쇠약을 가진 여러 환자들의 사례를 제시하였는데, 환자들 모두 심각한 신체적 문제를 보이지 않았고 중추신경계 반사반응도 정상이었기 때문에 그 의사는 이 질환이 '전적으로 정신적'이라고 결론 내렸다. 그리고 그러한 환자의 자아 상태, 즉 의식의 전반적인 내용, 내부로 향한 주의, 특이한 주의의 장을 묘사하였다. 그 논의의 막바지에 두세 명의 저명한 의사가 발표자가 그 질병을 '정신적'이라고 명확하게 말한 것에 대한 만족을 표명하였다. 달리 말하자면 그들은 발표자가 신경 기능적 사례를 볼 때 중추신경계의 병변이나 신경계의 유독성을 확인하지 않고도 질환의 존재를 인정한 것에 동의한 것이다.

그 자리에 있던 유일한 심리학자였던 나는 그 의사가 사용한 '정신적'이라는 용어를 이해하지 못하겠다고 말할 수는 없었다. (나는 이 주장으로 말다툼이나 격렬한 논쟁을 불러일으키는 것이 아니라, 나의 무지를 고백하고 논의를 위한 공통의 장을 찾고자 한다.) 그 회의의 연장선으로 나는 정신병리라는 용어에 대한 나 자신의 생각을 형성하고자 하였다. 여기서 먼저 밝혀야 할 것은 나는 병리라는 용어보다는 다른 용어에 대해 더 해박하다는 점이다. 정신분석적 용어(의식과 그 외의 것들에 대한 개념들)를 이해하기 어려웠던 경험이 나로 하여금 정신병리에 대한 나 스스로의 개념을 형성하도록 하였다.

나는 몇 년 동안 프로이트(그리고 다른 정신분석학자들)의 열렬한 학생이었다. 하지만 그들의 용어에 대

(계속)

해 더 깊이 알아갈수록(p. 590) 나는 그 이론의 주요 요인을 설명하는 더 간단하고 상식적인(동시에 더 과학적인) 방법이 있으리라 확신하게 되었다. 나는 프로이트의 이론이 진실이라고 믿지만, 수업시간에 이에 대해 강의할 때 심리적인 용어 대신 그 이론에 영향을 준다고 생각되는 생물학적 요인(프로이트 자신도 이 가능성을 인정하였다)을 사용하게 되었다. 프로이트가 제시하는 핵심 진리는 "어리고, 부분적으로 버려진 습관과 본능적 반응체계가 아마도 항상 우리의 성인 반응체계의 기능에 영향을 주며, 우리가 앞으로 형성할 새로운 습관 체계에도 어느 정도 영향을 줄 수 있다는 것이다."

　…나는 습관 형성에 관한 일상적인 용어를 사용하여 이를 설명하지 못하는 가장 주된 이유는 '언어'를 단순한 운동습관의 체계로 보지 못하는 데 있다고 생각한다. 의사소통을 더 경제적으로 하기 위해 인간은 **언어습관**(언어화된 단어, 내적 언어 등)을 형성하였다. 이러한 언어습관들은 일반적인 **신체습관**(눈-손, 귀-손 등)에 맞춰 형성된다(여기에서는 표현의 편의상 언어습관과 신체습관을 대조시킨다). 이러한 언어습관과 신체습관 사이의 일반적 상응은 축구장에서 잘 나타나는데, 운동선수는 경기 도중 보였던 복잡한 움직임의 연속을 경기가 끝난 다음에 말로써 설명할 수 있다. 또한 경기장에서 어떻게 움직일 것인지를 이야기한 운동선수가 후에 그대로 그 움직임들을 실행하기도 한다. 단어는 행동 속에서 만들어졌으며, 행동과의 연결점을 빼면 아무런 기능적 의미를 갖지 못한다. 나는 최근에 언어를 **조건적 반사**(conditioned reflexes)의 광범위한 체계로 보아야 한다고 생각하게 되었다. 우리는 모방을 통해 단어를 배우지만, 단어는 **특정 행동을 시발시킨 자극에 대한 대안**으로서만 기능적 위치를 부여받을 수 있다. 간단한 예시가 이 논점에 대한 이해를 도울 수 있을 것이다. 열린 창문으로 들어온 차가운 공기가 침대에 누운 아이로 하여금 이불을 끌어당기게 한다. "아가야, 이불을 덮으렴."이라는 양육자의 말 또한 같은 행동을 불러일으킨다. 물론 언어와 같이 복잡한 습관체계에서 단어는 대안되었던 본래의 자극(즉, 처음으로 기능하였던 본래의 연합)으로부터 점점 멀어지게 된다. 하지만 모든 단어에 대한 최종검증은 그 단어가 행동을 충분히 대표(대신)할 수 있는가에 달려 있다. 예를 들어 학생에게 실험을 실시하는 방법에 대해 설명하는 데 어려움을 겪는 교사는 결국 그 실험을 행동으로 보여주게 된다. 즉, 단어는 우리의 행동과 동작을 나타내는 단축된 방법이다.

출처 : Watson, J. B. (1916). Behavior and the concept of mental disease. *Journal of Philosophy, Psychology, and Scientific Methods, 13*, 589-597.

　왓슨과 그의 대학원 지도 학생 로잘리 레이너(Rosalie Rayner, 후에 왓슨의 두 번째 부인이 됨)는 꼬마 앨버트를 대상으로 한 그들의 유명한 연구에서 파블로프의 조건형성을 적용하여 조건화된 두려움을 만들어내었다(글상자 8.2 참조; J. B. Watson & Rayner, 1920/2000). 그 후 왓슨의 제자인 매리 코버 존스(Mary Cover Jones; 1924/1960a)는 이러한 개념을 활용하여 피터라는 3세 아이의 두려움을 제거하였다(글상자 8.5 참조). 흥미롭게도 존스(Jones, 194/1960b)는 또한 아이의 두려움을 제거하는 데 관찰학습의 유용성을 인정하였다.

　학습의 두 번째 모델인 조작적 모델(operant model)은 고양이의 행동에 관한 E. L. 손다이크(E. L. Thorndike)의 연구에서 시작되었다. 손다이크는 고양이를 퍼즐상자에 넣어두고 상자 밖에 음식을 두어 고양이가 상자를 탈출하도록 유도하였다. 시도가 반복될수록 고양이들은 점점 더 빨리 상자를 탈출할 수 있게 되었다. 이 관찰을 통해 손다이크는 행동은 그 행동의 결과를 통해 학습된다는 효과의 법칙(law of effect)을 고안하였다(Kazdin, 2001).

　B. F. 스키너(B. F. Skinner)는 극단적 행동주의라고도 불리는 조작적 접근과 관련된 가장 유명한 학자들 중 하나이다. 이 접근은 행동의 결과에 초점을 둔다. 대부분의 연구를 실험용 동물(쥐와 비둘기)

글상자 8.2

꼬마 앨버트 이야기

존 B. 왓슨은 유명한 행동주의 학자였다. 1920년에 그와 그의 대학원 지도학생 로잘리 레이너는 왓슨이 이전 논문에서 명시한 조건형성 원리에 따라 인간에게 두려움을 만들어낼 수 있는지를 확인하고자 하였다(J. B. Watson & Morgan, 1917). 그들은 이 연구를 위해 꼬마 앨버트를 연구 대상자로 선정하였는데, 앨버트는 11개월 된 아기였으며 그들의 표현에 의하면 "무신경하고 감정적이지 않은 아이"였다(J. B. Watson & Rayner, 1920/2000, p. 313).

왓슨과 레이너는 앨버트에게 하얀 쥐를 보여준 뒤, 앨버트가 그 쥐를 만졌을 때 망치로 쇠막대기를 내리쳐서 시끄러운 소리가 나게 하였다. 앨버트는 즉시 괴로워하였으며, 그러한 연합이 두 번째로 일어나자 울기 시작하였다. 이 연합은 일곱 번 진행되었으며, 이를 통해 쥐의 모습은 확실하게 강한 반응을 이끌어내게 되었다. 마지막 시도에서 앨버트는 *"네 발로 기어서 도망갔는데, 너무 빨리 도망가는 바람에 책상 위에서 떨어지기 전에야 겨우 붙잡을 수 있었다."*(J. B. Watson & Rayner, 1920/2000, p. 314; 원문에서 강조)

왓슨과 레이너는 또한 조건화된 정서적 반응이 다른 자극으로도 이어지는지를 실험하였다. 그들은 앨버트에게 토끼, 개, 물개가죽 코트, 솜뭉치, 산타클로스 마스크를 보여주었다. 왓슨의 머리카락을 포함한 이 모든 자극들은 앨버트에게서 반응을 이끌어내었다. 앨버트의 반응은 실험종료 후 5일이 지난 뒤에도 여전하였다. 마지막으로 연구자들은 조건형성에서 시간의 영향력을 확인하였는데, 31일이 지난 후에도 추가적인 소리와 자극 연합이 없었음에도 불구하고 공포반응은 지속되었다.

앨버트에게는 불행하게도 지속력에 대한 실험이 진행된 그다음 날 병원에서 사라져버렸다. 왓슨과 레이너는 앨버트를 탈조건화(deconditioning)할 수 있는 기회를 가질 수 없었지만, 두려운 대상을 음식이나 성적 자극과 연합하여, 혹은 습관화(habituation)가 일어날 때까지 단순히 반복해서 보여주는 것이 반응의 '피로(fatigue)'를 일으킬 것이라고 예측하였다.

행동주의 이념에 따라 왓슨(과 레이너)은 연구 보고서의 논의 부분에 프로이트 관점을 포함시켰다. "만약 프로이트학파 상담자가 그들의 가설을 고집한다면, 20년이 지나 앨버트가 상담을 받으러 온다면 그가 가지고 있는 물개가죽 코트에 대한 두려움이 그가 3세 때 어머니의 음모를 가지고 놀다가 크게 혼난 경험에 기초한다고 분석할 것이다."(J. B. Watson & Rayner, 1920/2000, p. 317)

을 대상으로 진행한 스키너는 자신의 연구 결과가 인간의 행동에 대한 개입에 적용될 수 있음을 알았지만 이를 시도하지는 않았다(Spiegler, 2016). 실제로 스키너와 동료들은 입원치료를 받고 있는 조현병 환자에게 조건형성 원리를 적용하는 보고서에서 처음으로 **행동치료**라는 용어를 사용하기도 하였다(Fishman et al., 2011). 하지만 스키너는 자신의 연구의 광범위한 적용에 더 큰 관심을 가지고 있었는데, 이는 자신의 소설 월든 투(*Walden Two*; 1976)에 묘사된 행동주의적 원리에 기반을 둔 공동체의 모습에서 드러난다. 다른 학자들은 스키너가 확립한 원리들을 심리적 역기능을 다루는 데 적용시켰는데, 아이욘과 아즈린(Ayllon & Azrin)은 토큰경제(token economy) 개념을 고안하였다(Glass & Arnkoff, 1992). 토큰경제는 바람직한 행동을 하였을 때 동전과 같은 토큰을 주는 것을 통해 행동 변화를 이끌어낸다. 토큰은 후에 대상자가 원하는 것(예 : 맛있는 음식이나 장난감, 놀이시간 등)으로 교환될 수 있다.

행동치료의 세 번째 형태는 학습에서 관찰의 중요성을 확인한 앨버트 반두라(Albert Bandura)의 연구에서 시작되었다(Spiegler, 2016). 반두라(1969, 1974)는 사회학습 이론의 창시자인데, 이 이론은 타인의 행동을 관찰하는 것과 같은 사회적 사건이 학습에 미치는 영향을 강조한다. 특정 행동의 시범을 보여주는 개인을 모범, 즉 모델(model)이라고 부르기 때문에 이 접근법은 때때로 모델링 이론(modeling theory)으로 불리기도 한다.

관찰의 영향력을 알게 된 것은 혁명적이었다. 왜냐하면 관찰학습을 통해 연구자들이 학습의 인지적 과정에 주의를 기울이게 되었기 때문이다. 반두라는 연구 참여자들이 관찰을 통해 특정 행동을 배운 후에 같은 상황에서 그 행동을 실행하기를 거부할 수 있음을 발견하였다. 이러한 연구 결과는 학습이 어떠한 방법을 통해 인지적으로 저장된다는 가설로 이어졌다(Kazdin, 2001). 현재 상담에서는 일반적으로 모델링을 다른 행동기법과 함께 사용하는데, 예를 들어 상담자는 내담자에게 특정 사회적 기술을 가르쳐주기 전에 그 기술을 시범적으로 보여줄 수 있다(Spiegler, 2013a). 현대의 사회학습이론을 지칭할 때는 사회인지이론(social-cognitive theory)이라는 명칭이 주로 사용된다(Wilson, 2011).

행동치료의 역사를 논의하는 데 있어 한스 아이젠크(Hans Eysenck)와 그의 심리치료 연구를 포함하지 않을 수 없다. 고전적 조건형성 행동주의 학자였던 아이젠크는 행동주의적 접근을 제외한 다른 접근법을 심리치료(psychotherapy)라고 불렀으며, 행동주의를 옹호하기 위해 다른 접근법을 폄하하는 데 많은 노력을 기울였다. 아이젠크(1960)의 다음과 같은 주장은 특별히 논란의 중심이 되었다. "학습이론은 원인에 대한 가설을 제시하기보다는 신경증적 증상을 단순히 학습된 습관이라고 여긴다. 증상 기저에 신경증이 있는 것이 아니라 증상은 그 자체로 증상인 것이다. 증상을 제거하면 신경증도 사라진다."(p. 9; 원문에서 강조).

행동치료는 현재 매우 중요한 접근법으로 여겨지고 있다. 주요 행동치료학회에는 행동 및 인지치료학회(Association for Behavioral and Cognitive Therapies, ABCT)(www.abct.org)가 있다. 이 학회는 1966년에 설립되었으며 2005년까지는 행동치료의 발전을 위한 학회(Association for Advancement of Behavioral Therapies)로 불렸다. ABCT의 공식 학술지는 행동치료자(Behavior Therapist)이다.

행동주의의 하위범주 중 하나는 응용행동분석(applied behavior analysis, ABA)이다. 응용행동분석은 주로 자폐증 아이들과 작업할 때 사용되며 조작적 학습 원리에 기반을 두고 있다(응용행동분석 지지자들은 이 치료법이 자폐증 외의 다른 여러 사례에도 유용하다고 주장함). 이 치료는 아이들을 대상으로 한 집중적 행동치료에 관한 획기적인 논문을 발표한 연구자의 이름을 따서 '로바스(Lovass) 치료법'이라고 종종 불리기도 한다. 로바스(Lovaas, 1987)는 매우 집중적인 치료(2년 이상 지속된 주 40시간 치료)를 통해 연구에 참여한 절반의 아이들이 정상 수준의 지능검사 결과를 보이게 되었다고 주장하였다. 이에 대한 여러 비판에도 불구하고 이 치료법은 현재까지 널리 사용되고 있으며, 매우 효과적이라고 여겨지고 있다(Axelrod, McElrath, & Wine, 2012). 학회로는 국제행동분석학회(Association for Behavior Analysis International)(www.abainternational.org)가 있다.

> **영상 자료 8.1**
>
> 응용행동분석
>
> https://www.youtube.com/watch?v=SLBLnNxzftM

　행동치료만을 위한 첫 번째 학술지는 아이젠크와 라크만이 시작한 행동연구 및 치료(Behavior Research and Therapy)이며, 조작적 조건형성 원리를 지지하는 첫 번째 학술지는 1968년에 처음 출간된 **응용행동분석**(*Journal of Applied Behavior Analysis*)이다(Fishman et al., 2011). 행동치료에 관해서는 **행동연구 및 치료**(*Behavior Research*)와 **행동 수정**(*Behavior Modification*)을 포함한 여러 학술지가 있다. 미국 심리학회의 25번째 분회는 행동분석분회(www.apadivisions.org/division-25)이다. 그들의 역사적 뿌리를 기리기 위해 이 분회는 매년 혁신적인 연구에 B. F. 스키너 상을 수여한다.

　S. C. 헤이즈와 로마, 본드, 마스다, 릴리스(S. C. Hayes, Luoma, Bond, Masuda, & Lillis, 2006)는 행동치료의 제3의 물결은 인지적이지만 생각의 특정한 내용(고전적 인지치료가 중점을 두는 부분; 제10장 참조)보다는 생각의 맥락과 기능에 더 초점을 둔다고 보았다. 즉, 이러한 접근법 — 특별히 수용전념치료(acceptance and commitment therapy, ACT) — 은 생각이 나타나는 상황과 그 생각이 행동과 그 너머 삶의 만족에 미치는 영향을 다루고자 한다. 이와 관련해서 마음챙김 접근법을 다루는 제16장에서 ACT와 변증법적 행동치료(dialectical behavior therapy)를 논의할 것이다.

기본 철학

현대 행동치료는 특정한 이론적 접근이라기보다는 조금 더 일반적인 지향을 나타내기 때문에, 그 기저의 가정을 살펴보는 것은 이 치료법이 현재 어떻게 실행되고 있는지를 이해하는 데 도움을 줄 수 있다(Antony, 2014). 마텔(Martell, 2007)은 행동치료의 여덟 가지 기본 원리를 제시하였는데, 이는 [글상자 8.3]에서 확인할 수 있다. 이 장에서 제시되는 행동치료의 철학에 대한 개관은 행동치료의 원리를 포함하고 있다.

　행동주의자는 인간 본성에 대해 중립적인 입장을 취하는 편이다. 행동주의자는 유전적 영향을 인정하지만 궁극적으로 행동은 환경에 의해 결정된다고 믿는다. 그렇기 때문에 인간을 선천적으로 선하거나 악한 존재로 보는 것은 무의미하다고 여긴다(Skinner, 1971).

　행동주의 상담자는 개인의 기질적 특성보다는 행동적 특성에 더 중점을 둔다(Spiegler, 2016). 행동주의 상담자는 기질적 특성을 사용하여 누군가를 묘사하기보다는 그 사람이 어떻게 말하는지를(예 : 매우 빠른 속도로 말함) 더 묘사하고자 한다. 극단적인 경우에 행동주의 상담자는 전통적인 진단 분류보다는 행동 문제나 생활에서 나타나는 문제에 대해 논의하고자 한다. 왜냐하면 행동주의 상담자는 전통적 진단이 불명확하고 특질 언어를 사용한다고 여겼기 때문이다. 하지만 행동치료 자료들을 살펴보면 체계적인 정리를 위해 전통적 진단 분류가 종종 사용되는 것을 발견할 수 있다.

　울맨과 크라스너(Ullmann & Krasner, 1965)를 포함한 초기 행동학자는 행동변화에 대한 전통적 접근은 '의학 모델(medical model)'에 기반을 두고 있다고 주장하였다(p. 2). 질병 모델이라고 불리

글상자 8.3

행동치료의 원리

1. 행동(공적이거나 사적이거나에 상관없이)은 결과에 따라 강화되거나 약화된다.
2. 보상을 받는 행동은 증가하며, 처벌받는 행동은 감소한다.
3. 행동치료 접근은 구조적이기보다는 기능적이다.
4. 긍정적이거나 부정적인 환경적 자극과 연합된 중성적 자극은 주어진 상황의 특성을 띠게 되며 긍정적이거나 부정적이 되도록 조건화될 수 있다.
5. 행동주의는 반정신주의적이다.
6. 행동치료는 자료 중심적이며 경험에 기반한다.
7. 내담자가 상담에서 보이는 변화는 반드시 그들의 일상적 삶으로 일반화되어야 한다.
8. 통찰만으로는 내담자에게 도움을 줄 수 없다.

출처 : Martell, C. R. (2007). Behavioral Therapy. In Rochlen, A. (Ed.), *Applying Counseling Theory : An On-line, Case Based Approach*, pp. 143-156. Upper Saddle River, NJ: Prentice Hall.

는 이 접근은 심리적 어려움을 겪고 있는 사람을 아프거나 병들었다고 여겼으며, 이러한 질병은 개인 내적인 기저 원인이나 메커니즘(예 : 억압된 갈등) 때문에 발생한다고 간주한다. 그러므로 이 관점에 따르면 변화되어야 할 것은 증상이 아니라 그 기저의 원인이다. 원인을 치료하지 않는다면 증상의 종류만 바뀌지 증상 그 자체는 여전히 지속된다고 여겨졌는데, 이 과정을 **증상 대체**(symptom substitution)라고 불렀다. 심리적 역기능에 대해 의학적 접근을 접목시키는 것은 '의사가 가장 잘 안다'라는 태도로 이어지는데, 이는 행동의 진짜 원인이 눈에 보이지 않기 때문이다. 의학 모델의 중심에는 진단이 있으며, 치료 또한 진단에 따라 진행된다.

역기능적 행동에 대해 행동치료는 의학 모델과 극명한 대비를 이루는 심리적 혹은 학습 모델을 취한다. 이 모델은 겉으로 드러나는 행동에 초점을 맞추는데, 인지행동치료의 경우에는 인지에도 주의를 기울인다. 즉, 이 모델은 기저의 원인이 아닌 증상에 관심을 둔다. 행동은 그저 행동으로 여겨지며, 사회적 규범에서 벗어나기 때문에 병리적이라고 여겨진다(Bandura, 1969). 행동치료 상담자는 스스로에 대해서 내담자를 돕기 위해 학습에 관한 실험연구 결과를 따르는 과학자로 여긴다. 행동치료 상담자는 행동의 깊이 숨겨진 원인을 찾아 나서지는 않는데, 이는 문제를 해결하기 위해서 그 원인을 반드시 알 필요는 없기 때문이다(Wilson, 2011). 실제로 몇몇 행동치료 상담자는 **행동치료**라는 용어보다도 **행동 수정**이나 **행동의 환경적 분석**과 같은 대안적 표현을 선호하기도 한다(Sherman, 1973).

인간 행동에 있어 인지와 정서가 가지는 역할에 관한 인지치료 상담자들 사이의 분쟁은 오랜 기간 지속되어 왔다. 이러한 논쟁은 행동치료의 여러 유형을 확인할 수 있게 해주는데, 극단적 행동주의부터 인지행동 수정에 이르기까지 다양한 형태의 행동치료가 존재한다. 왓슨과 스키너의 주장에서 출발한 극단적 행동주의는 인지나 다른 추론된 과정을 행동의 원인에 대한 설명에서 배제시킨다(Goldfried & Davison, 1994). 즉, 이 이론가들은 생각과 감정의 존재는 인정하면서 이 생각과 감정이 여타 행동과 다름없이 선행조건과 결과를 조작함에 따라 통제되거나 수정될 수 있다고 보았다

(Rummel, Garrison-Diehn, Catlin, & Fisher, 2012). 마텔(2007)은 조금 더 온건한 입장을 표명하였다. "행동주의자는 신체와 분리된 정신이 존재한다는 것을 인정하지 않는다."(p. 147) 극단적으로 이러한 이론가들은 '정신병리의 외곽 모형'을 고수하며, 인지적 지향성을 지닌 행동주의학자를 향해 의학 모델을 받아들이고 있다고 비판을 가하기도 하는데, 이는 이들이 직접적으로 관찰 가능하지 않은 개인 내적 사건에 주의를 기울이기 때문이다(Reitman, 1997, p. 342).

이 스펙트럼의 다른 끝에는 인지행동 상담자와 사회학습 이론가가 있는데, 이들은 인지와 심상과 같은 내적 사건이 행동을 이해하고 변화시키는 데 가지는 영향력을 인정한다. 대부분의 현대 행동치료 상담자는 아마 이 인지행동 범위에 속할 것이다. 실제로 1982년에 ABCT 회원들을 대상으로 이루어진 한 연구는 그들 중 대다수가 인지기법을 사용하는 것을 보여주었다(Gochman, Allgood, & Geer, 1982). 또한 크레이그헤드(Craighead, 1990)는 ABCT 회원 설문조사에 응답한 69%의 사람들이 인지행동 지향성을 보고하였다고 밝혔다. 라스트와 허슨(Last & Hersen, 1994)은 "상담을 실제로 진행하는 대부분의 현대 행동치료 상담자는 부적응적 행동 및 정서 반응을 매개하는 인지의 중요성을 인정한다."(p. 8)고 기술했다. 행동치료 원리를 명확하게 보여주고자 이 장에서 다루어지는 내용은 대부분 전통적 행동치료에 기반을 둘 것이다. 독자들은 현대 행동치료 상담은 실용적이고 통합적이라는 사실을 기억해주길 바란다(Martell, 2007).

> 자넬은 셜리의 행동치료 상담자이다. 그녀는 온건한 행동치료 상담자이며 때에 따라 인지적 과정에도 주의를 기울인다. 자넬은 셜리에게 중립적인 태도로 다가가며, 셜리의 행동이 대부분 환경에 의해 결정된 것이라고 가정한다. 그녀는 몇몇 상담자들(몇몇 행동 상담자들까지도)은 셜리의 행동을 정신질환 진단 및 통계편람(*Diagnostic and Statistical Manual of Mental Disorders*, DSM-V)에 따라 강박장애와 연관 지을 것을 알고 있다. 자넬은 진단적 분류보다는 단순하게 행동을 묘사하고 이를 뒷받침하는 요소를 찾아보는 것을 선호한다. 자넬은 또한 셜리가 문제행동을 보일 때 드는 생각에 대해서도 관심을 갖는다.

인간 동기

행동학자는 인간이 환경에 적응하고자 하는 동기를 가지고 있다고 보았다. 이 관점에서 적응은 곧 생존을 의미한다. 그렇기 때문에 우리의 행동은 생존에 필요한(소중하거나 강화적인) 것을 얻고 생존에 도움이 되지 않는(혐오적인) 행동이나 경험을 피하게 하는 역할을 한다. 스키너(1971)에 의하면 "행동의 결과에 더 예민하게 영향을 받는 유기체가 환경에 더 잘 적응하여 살아남을 때, 조작적 조건형성의 과정은 발전해 갔다."(p. 114) 조금 더 일반적인 차원에서 울페(1990)는 적응적 행동을 "개인의 필요를 채워주거나, 고통이나 불편 · 위험에서 벗어나게 해주거나, 혹은 불필요한 힘을 낭비하지 않게 해주는 행동(p. 8)"으로 정의하였다.

> 자넬은 셜리의 행동을 그녀가 환경에 적응하기 위해 최근에 택한 방법으로 보았다. 셜리는 긍정적 자극을 추구하며 부정적 상황을 피한다. 이러한 관점에서 셜리는 생존에 필요한 자원을 찾으며 해

로울 수 있는 상황을 피하고자 한다. 불행하게도 셜리의 행동은 부적응적인데, 이는 이 행동이 오히려 그녀를 사회와 반하도록 만들기 때문이다. 자원(즉, 가게에 있는 물건들)을 얻는 것은 어떠한 면에서 적응적일 수 있지만, 사회적 규율에 따르면 셜리의 행동은 역기능적이다.

주요 개념

현대 행동치료를 이해하기 위해서는 학습의 세 가지 주요 모델을 이해하는 것이 필요하다. 이 모델들은 파블로프주의의 고전적 모델, 스키너주의의 조작적 모델, 그리고 모델링 혹은 관찰 모델이다. 고전적 모델과 조작적 모델은 독특한 기법들을 가지고 있으며, 관찰학습 이론은 행동에 영향을 미치는 인지 · 사회적 요인에 추가적인 주의를 기울이면서 조작적 · 고전적 개입을 향상시키는 데 기여한다(Bandura, 1969). 이 모델 사이의 구분이 불명확하고 모델들의 기법 간의 연관성이 생각만큼 단순하지 않을 수도 있지만, 학습이론들에 대한 기본적인 이해는 여러 상황에서 유용하게 사용될 수 있다.

고전적 조건형성

고전적 조건형성은 비자발적이고 반사적인 과정으로 여겨진다(Ullmann & Krasner, 1965). 이 모델에서 자극과 반응 사이에 진화론적으로 존재하는 관련성은 새로운 자극과 연합되며, 이 새로운 자극 또한 반응을 야기하게 된다. 파블로프의 경우 이 연합은 종과 음식, 개의 침을 포함한다. 사람의 경우 다음과 같은 도표로 예시를 나타낼 수 있다.

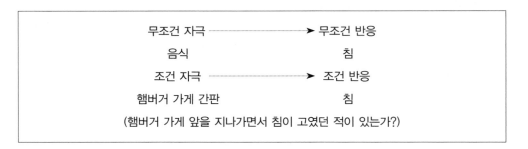

이러한 고전적 조건형성 모델은 울페의 역기능적 행동을 변화시키는 **상호제지**(reciprocal inhibition) 접근법의 기초가 된다(Wolpe, 1960, 1990). 울페는 객관적인 위협이 존재하지 않는 상황에서 나타나는 불안은 역기능적인 행동이라고 보았다(Wolpe, 1960). 하지만 또 다른 상황에서 불안은 자연적이며 적응적인 반응, 즉 "유해한 자극에 대한 유기체의 특정한 자동적 반응 패턴(Wolpe, 1960, p. 88)"이 될 수 있다.

예를 들어 작은 뱀은 나에게 그다지 위협적이지 않기 때문에(만약 내가 그 뱀이 무독성이라는 것을 알고 있다면) 큰 불안반응을 불러일으킬 만큼의 자극은 아니다. 하지만 왜 나는 그 뱀을 보았을 때 놀라 소리를 지르며 도망가게 되는가? 고전적 조건형성 모델에 따르면 우리에게 뱀은 다른 위협적인 무조건 자극과 연합된 조건 자극이다. 그 무조건 자극(많은 경우 이 자극의 정체는 알 수 없다)이 본래 불안반응을 일으켰던 것이다. 뱀이 지금 불안을 야기하는 이유는 이 무조건 자극과 연합되었기 때문이다.

조건 자극과 조건 반응 사이의 관계는 무조건 자극이 없는 상황에서 조건 자극을 반복해서 제시하는 것을 통해 약화되거나 제거될 수 있다. 이 과정은 소거(extinction)라고 불린다(Wolpe, 1990). 예를 들어 파블로프는 개에게 음식을 주지 않으면서 반복해서 종을 울릴 수 있다. 점차적으로 그 개는 종이 울리더라도 침을 흘리지 않게 될 것이다. 즉, 침을 흘리는 반응이 소거되는 것이다. 몇몇 행동치료 기법들은 소거 원리에 기초를 두고 있다. 예를 들어 노출치료(exposure therapy)에서는 내담자에게 작은 뱀을 계속해서 보여줌으로써 그와 관련된 불안을 사라지게 한다.

> 셜리의 문제행동이 불안을 동반하기 때문에 자넬은 고전적 조건형성이 연관되어 있을 거라고 가정한다. 가게에 있는 것과 불안 사이에 어떤 연관이 셜리 안에 형성되어 있으며, 이 불안은 셜리가 물건을 훔쳐 가게에서 나오면 사라진다. 자넬은 셜리가 가게에 있는 상황과 실제로 위협적인 어떤 상황 사이에 어떤 연관을 짓게 된 것은 아닌지 궁금해한다. 아마 셜리는 오래전에 가게 안에서 목숨을 위협받는 경험을 했을 수도 있다. 개입적인 측면에서 보면 본래 어떤 조건형성이 언제 이루어졌는지는 크게 중요하지 않다. 하지만 자넬은 불안이 가게가 아니라 다른 것과 조건화된 것은 아닌지 확인해야 한다. 예를 들어 이 문제는 셜리가 집을 떠날 때마다 불안을 경험하는 것처럼 조금 더 일반화된 것일 수 있다. 자넬은 셜리와 함께 이 주제에 대해서, 그리고 상점을 떠나면 갑자기 불안이 사라지는 경험에 대해서 더 탐색을 해야 한다고 생각한다.

조작적 조건형성

B. F. 스키너에 의해 정교하게 고안된 조작적 학습모형은 행동이 그에 따른 결과로 인해 유지된다는 생각에 기반을 두고 있다. 행동이 개인의 적응에 기여하기 위해 환경을 조작한다는 것을 강조하기 위해서 **조작적**(operant)이라는 용어를 사용한다(Nye, 1996; Skinner, 1953). 이러한 조작적 조건형성 모델은 행동이 자동적이라고 보는 반응적(respondent; 고전적 조건형성) 학습과 대조된다.

조작적 모델의 경우 행동은 결과에 달려 있다고 여긴다(Skinner, 1971). 특정 행동을 유지하는 결과는 **강화**(reinforcement)라고 불린다. 특정 사건이 강화인지, 아닌지는 "개인의 생물학적 자질, 과거 학습, 그리고 현재 상태(Milan, 1990, p. 71)"에 따라 결정된다. 간단한 예를 들자면 사람에 따라 짠음식을 좋아하기도 하고 단음식을 선호하기도 한다. 이때 짠음식을 좋아하는 사람에게 감자칩은 초콜릿보다 더 큰 강화효과를 발휘한다.

강화인자에는 정적 강화와 부적 강화라는 두 가지 종류가 있다(Skinner, 1953). **정적 강화인자**(positive reinforcer)는 바람직한 행동이 나타났을 때 좋은 것을 줌으로써 행동의 발생 가능성을 높인다. **부적 강화인자**(negative reinforcer)는 혐오 자극을 제거함으로써 행동의 발생 가능성을 높인다. 여기서 **정적, 부적**이라는 표현이 일상에서 흔히 쓰이는 개념과는 조금 다르다는 점에 주목할 필요가 있다. 행동치료에서 **정적**이란 무언가를 추가함으로써 행동의 증가를 이끄는 것을 의미하며, **부적**이란 행동을 **증가**하도록 하기 위해서 무언가를 제거하는 것을 의미한다(Nye, 1996). 즉, 부적 강화는 처벌

(punishment)과 다른 개념이다. 꼬마 존이 옆으로 재주넘기에 성공했을 때 엄마가 머리를 쓰다듬는 것은 정적 강화이다. 꼬마 존은 아마 더 자주 재주넘기를 할 것이다. 반대로 짜증내는(혐오자극) 로라 때문에 힘들어하던 아빠가 과자를 줘서 로라의 짜증을 멈추게 한다면, 아빠의 과자 주는 행동은 부적 강화를 받게 된다. 앞으로 아빠는 로라의 짜증을 멈추게 하기 위해 더 자주 과자를 주게 될 것이다. 한편, 로라의 입장에서 로라는 앞으로 과자를 받기 위해 더 자주 짜증을 내게 될 수 있다. 즉, 로라의 짜증내는 행동이 과자를 통해 정적 강화를 받는 것이다. [글상자 8.4]에 정적 강화와 부적 강화에 관한 또 다른 예시가 제시되어 있다.

강화인자는 다양한 형태와 모습을 취할 수 있다. 가장 기본적인 강화인자는 생존과 번식이라는 진화론적 목표와 연관된 음식과 성이다(Nye, 1996). 스키너(1953)는 이들을 원시 강화인자(primary reinforcer)라고 명명했다. 역사적으로 생존과 관련지어진 여러 가지가 강화인자로 작용한다. 스키너(1971)는 뜨거운 햇빛을 피해 그늘 안으로 들어가는 사람의 예시를 들었다. 그늘로 옮겨가는 행동은 온도가 낮아지는 결과로 강화를 받는데, 이는 유기체의 생존에 도움을 줄 수 있다.

초심 행동치료 상담자는 한 사람에게 강화적인 것이 반드시 다른 사람에게도 강화적인 것은 아니라는 점을 알아야 한다. 또한 특정 강화인자의 영향력은 시대에 따라 달라지기도 한다. 어떤 결과가 강화적인지 아닌지는 여러 요인에 의해 결정된다. 예를 들어 배부르게 식사를 하고 난 직후에는 음식이 강화효과를 낼 수 없다. 좋은 것이 지나치게 많은 경우를 포화(satiation)라고 부르는데, 이때 강화인자의 효과는 감소된다(Skinner, 1953). 사람과 시대에 따라 강화인자가 달라지는 문제를 피하기 위해서 행동치료 이론가들은 형성적 조작(establishing operations) 개념을 제시하였다(Lejuez, Hopko, Levine, Gholkar, & Collins, 2006). 형성적 조작은 "다른 환경적 사건의 강화적/처벌적 효과와 빈도 수를 조정함으로써 유기체의 행동에 영향을 주는 환경적 사건, 조작, 혹은 자극(Lejuez et al., 2006, p. 457)"을 의미한다.

여러 많은 것이 그 자체로는 원하는 결과가 아니지만 어떤 원하는 결과와 연관되기 때문에 정적 강화효과를 나타낸다. 이러한 조건 강화인자(conditioned reinforcer)는 강화와 비슷한 시기에 일어나기 때문에 강화효과를 나타내게 된다(이는 고전적 조건형성과 유사하다; Reynolds, 1968; Skinner, 1953). 어떤 자극은 여러 종류의 강화인자와 함께 일어나는데, 이러한 자극은 일반 강화인자(generalized reinforcer)라고 부른다. 일반 강화인자의 대표적 예시는 돈이다. 종이나 금속 물체 자체는 정적 강화효과가 없지만, 강화효과가 있는 다른 것들(음식이나 옷과 같은 생존을 도와주는 물건들)과 연관되기 때문에 강화효과를 나타낸다. 타인의 관심은 조건 강화인자인데, 이는 아마 음식이나 옷과 같이 생존에 필요한 것들을 얻기 위해 아기들이 타인의 관심을 끌어야 하기 때문일 것이다(Ullmann & Krasner, 1965). 환경을 조정하는 것은 일반 강화인자인데, 이는 여러 강화인자들이 이 행동 뒤에 따라오기 때문이다(Skinner, 1953).

어떤 경우 환경 내 자극이 특정한 규칙이 작동되고 있음을 알려주기도 한다. 변별자극(discriminative stimulus)이라고 하는 이러한 자극은 신호등과 유사하게 작동한다. 초록불이 들어올 때는 길을 건너는 행동이 강화를 받는다(원하는 곳으로 가게 되는 조건 강화인자). 빨간불은 그 행동이 강화되지 않는다는 신호를 보낸다(예 : 차에 치이는 처벌을 받을 수 있다). 하지만 신호등은 진짜

글상자 8.4

인간과 고양이의 행동수정

나는 스캇이라는 고양이를 키우고 있다. 스캇은 때로는 '지옥에서 온 고양이'라는 별명으로 불리기도 한다. 대부분의 고양이들처럼 스캇은 자기가 원하는 때에 자기가 가고 싶은 곳에 간다. 스캇은 동네를 돌아다니는 것도 좋아하고 내 발치에서 자는 것도 좋아한다.

가끔 스캇은 밖에 있다가 집 안으로 들어오고 싶어 한다. 인내심이 없는 스캇은 들어오기 위해 방충망을 박박 긁어댄다. 예전에 누군가(나는 아니다)가 스캇이 방충망을 긁을 때 안으로 들여보내주면서 이 방충망 긁기 행동을 강화시킨 것이다. 행동 수정을 공부하는 사람으로서 나는 한 번도 이 방충망 긁기 행동을 정적으로 강화시킨 적이 없다. 하지만 몇몇 손님들 때문에 이 행동은 간헐적으로 강화가 되어 왔다. 이 간헐적 강화 계획(intermittent schedule of reinforcement) 때문에 스캇은 새벽에도 몇 시간 동안이나 이 행동을 지속하게 되었다.

스캇의 행동에 대해 나는 어떻게 반응해야 할까? 나는 방충망 긁기 행동을 혐오 자극으로 여기기 때문에, 제일 먼저 든 충동은 스캇에게 소리를 지르는 것이었다. 하지만 나의 이러한 행동은 매우 빨리 사라졌는데, 이는 이 행동이 아무런 변화를 이끌어내지 못했기 때문이다. 나는 소거 접근(즉, 절대로 방충망을 열어주지 않는 것)을 택할 수도 있지만, 스캇이 간헐적 강화 계획을 받는 중이기 때문에 이 행동이 소거되기까지 매우 오랜 시간이 걸릴 것이다. 그 사이에 방충망도 여러 번 갈아야만 할 것이다. 스캇을 쫓아버리는 것은 나에게 더 혐오적인데, 왜냐하면 그러기 위해서는 내가 자다 말고 일어나서 밖으로 나가야 하기 때문이다. 게다가 스캇은 내가 자기를 쫓아오는 것을 정적 강화인자로 받아들일지도 모른다! "와! 엄마가 침대에서 나왔어! 이거 재밌는걸? 또 이렇게 해봐야지!"

어느 날 밤 나는 물 한 잔을 손에 쥐고 있었는데—아마 스캇과 물 사이의 관계를 관찰했던 흐릿한 경험을 떠올렸기 때문에—방충망을 통해 물을 뿌리기로 결정했다. 빙고! 스캇은 도망갔고, 나의 물 던지기 행동은 '부적' 강화를 받았다. 방충망을 긁는 혐오 자극이 물 던지기 행동을 통해서 사라진 것이다. 그다음에 스캇이 방충망 앞에 나타났을 때 내가 무엇을 했겠는가?(당연히 물을 뿌렸다.)

하지만 스캇의 행동은 어떻게 되었는가? 방충망을 긁는 행동이 감소되는 결과를 불러일으켰기 때문에, 스캇이 처벌을 경험했다고 볼 수 있다. 처벌은 단순하게 행동을 억제할 뿐이며 회피와 같은 다른 문제를 야기할 수도 있다. 하지만 스캇은 집 안에 있는 것과 음식을 너무나도 좋아하기 때문에 나를 완전히 피하지는 않았다. 그 대신 스캇은 문 긁기 행동을 다른 행동으로 대체하게 되었는데, 바로 큰 소리로 우는 것이었다. 차악을 선택하며 나는 이제 스캇이 울 때마다 곧장 방충망을 열어준다(결과적으로 우는 행동을 정적 강화하는 것이다). 가끔씩 스캇은 방충망에 살포시 손톱을 얹어서 나에게 자신이 이를 잊지 않았음을 알려주고는 큰 소리로 운다. 하지만 대부분의 경우 우리는 우리가 형성한 현재 규칙에 만족한다.

변별자극은 아닌데, 이는 조심만 한다면 빨간불일 때 길을 건너고도 원하는 곳에 가게 되는 강화를 받게 되기 때문이다. 아마도 도개교 신호등이 조금 더 나은 예시가 될 수 있을 것이다. 빨간불일 때 도개교를 건너려고 한다면, 강화가 아니라 물에 빠지는 처벌을 받게 될 것이다!

변별자극에 의해 행동이 통제받을 때 이 행동은 자극 통제(stimulus control) 아래에 있다고 여겨진다. 돈과 같은 경우 변별자극은 조건 강화인자가 될 수 있다. 돈을 주면 원하는 것을 얻을 수 있다는 신호를 보내기 때문에 돈의 취득은 강화효과를 나타낸다(Ullmann & Krasner, 1965).

변별자극이 형성된 후에는 **일반화**(generalization)로 인해 강화된 행동이 변별자극과 유사한 자극이 주어진 상황에서 나타날 수 있다. 예를 들어 로라가 짜증을 부릴 때 아빠로부터 과자를 받는다면, 아빠는 짜증내는 행동에 대한 변별자극이 된다. 로라는 또한 다른 어른들이 있을 때 짜증을 부리기 시작할 수도 있다.

소거(extinction)는 강화를 지속하는 행동이 제거되고 반응의 빈도수가 점차 줄어들다가 끝내 사라지는 것을 뜻한다(Skinner, 1953). 그 행동을 뒷받침하는 관계가 더 이상 존재하지 않기 때문에 행동이 소거되는 것이다. 하지만 중요한 점은 소거의 초기 과정에서 분노나 짜증과 같은 '정서적 행동'이 일어날 수 있다는 것이다(Skinner, 1953, p. 69). 또한 소거 상황에서 목표행동이 더 강력해질 수도(즉, 빈도나 강도가 심해질 수도) 있다(Sherman, 1973). 예를 들어 샘은 샐리에게 매일 전화를 하거나 저녁에 찾아가는 등 애정 어린 행동을 보일 수 있다. 하지만 샐리는 어느 날 샘과의 관계를 끝내기를 원하게 되어 샘의 이러한 행동에 대한 강화를 멈출 수 있다. 처음에 샘의 행동은 더 강해질 수 있다. 그는 매 시간 전화를 걸고 매일 밤 그녀의 집으로 찾아갈 수 있다. 그는 또한 분노나 슬픔과 같은 정서적 행동을 보일 수도 있다. 샐리가 계속해서 샘을 무시한다면, 샘의 이러한 행동은 점차 줄어들다가 사라질 것이다.

강화는 모든 반응 후에 주어질 수도 [연속 강화(continuous reinforcement)], 어떤 반응에는 주어지고 어떤 반응에는 주어지지 않을 수도 [간헐적 강화[intermittent reinforcement)] 있다. 목표행동의 소거에 대한 저항은 강화 계획에 따라 달라진다(Skinner, 1953). 간헐적으로 강화된 행동은 소거되기가 매우 어려운 반면에, 연속 강화된 행동은 소거되기가 쉽다. 실험실에서 비둘기의 행동은 1만 번에 한 번꼴로 강화되는 계획에 따라서도 유지될 수 있다(Skinner, 1953). 나의 고양이의 방충망을 긁는 행동은 강화 사이의 간격이 긴 간헐적 강화 계획을 따랐다(글상자 8.4 참조).

처벌(punishment)은 강화의 반대되는 개념이다. 처벌인자는 행동이 일어날 가능성을 줄이는 것을 의미한다. 예를 들어 내가 한겨울에 집 열쇠를 잃어버린다면 나는 이 행동에 대해 강한 처벌을 받게 되는데, 왜냐하면 이 행동 때문에 나는 매우 혐오적인 경험(추운 날씨에 노출되는 것)을 하게 되기 때문이다. 그 후 내가 이 행동을 반복하는 일은 없을 것이다.

조작적 행동은 유기체가 자유롭게 발산하는 행동이다. 하지만 원하는 행동은 **조성**(shaping)을 통해서도 형성될 수 있다. 그 과정에서 점진적으로 더 원하는 행동에 가까워지는 반응은 강화를 받는다.

자넬은 조작적 학습이 셜리의 절도행위를 설명할 수 있는지 생각해본다. 이 관점에서 절도행위는 무언가에 의해 강화를 받는다. 일반적으로는 절도행위가 그 결과로 얻게 되는 물건들에 의해 강화된다고 생각될 수도 있다. 하지만 셜리는 훔치는 물건이 특별히 정해져 있지는 않다고 보고하였는데, 이는 물건 자체가 강화적이지는 않음을 시사한다. 자넬은 불안 제거가 셜리에게 매우 큰 부적 강화효과를 가지기 때문에 가게를 벗어나는 것이 매우 강하게 강화된 행동이 된다고 생각한다. 초기에 셜리는 가게에서 불안을 경험하다가 이를 줄이기 위해서 거의 무의식적으로 이전에 배웠던 물건을 집어드는 행동을 했을 수도 있다. 그 뒤 그녀는 가게를 벗어났다. 이 사건들의 연속에서 불안의 감소는 가게를 벗어나는 행동을 강화시키며, 이는 절도행위를 강화시키는 조건 강화인자가 된다.

관찰학습

반두라(Bandura, 1969, 1974)는 사람이 타인의 행동을 보는 것을 통해 학습할 수 있다고 주장하였다. 사회학습이론(social learning theory; Bandura, 1969)이라고도 하는 이 접근은 학습의 인지적 측면을 포함한다. 관찰학습에서 인지적 측면을 포함하는 것은 무언가를 관찰을 통해 배워서 나중에 실행하기 위해서는 어떠한 과정을 통해서든지 뇌에 저장하기 때문이다. 관찰학습은 새로운 행동을 배우는 데 중요한 역할을 한다. 임의적으로 여러 행동을 시도해본 후 환경에 의해 조성되는 것보다 관찰을 통해 배우는 것이 훨씬 더 효율적이다(Bandura, 1969).

예를 들어 볼링을 배우는 상황을 생각해보자. 볼링을 전혀 할 수 없는 사람이 친구들의 요구 때문에 볼링장에 가게 된다. 친구들과 어울리기 위해 그 사람은 볼링신발을 신고 레인 앞에 선다. 거의 자동적으로 이 사람은 제일 먼저 다른 사람들이 볼링공을 던지는 모습을 관찰할 것이다. 만약 친구들 중 남을 가르치는 걸 좋아하는 친구가 있다면, 그 친구가 볼링공을 던지는 과정을 단계별로 보여주며 가르쳐줄 수 있을 것이다. 이때 이 친구는 모범, 즉 모델이 된다. 그 사람은 공을 집어들지 않고서도 볼링의 기초에 대해 배울 수 있다. 물론 제대로 볼링을 하기 위해서는 연습이 필요할 것이다. 반두라(1969)에 의하면 역할극 개입에 모델링이 종종 사용되는데, 이때 내담자는 상담자가 어떤 행동의 모범을 보이는 것을 먼저 지켜본 다음에 그 행동을 시도하게 된다.

역기능적 행동과 기능적인 행동 모두 모델링을 통해 학습될 수 있다. 예를 들어 타인이 불안을 촉발시키는 사건을 겪는 것을 목격함으로써 공포증이 생겨날 수 있다(Bandura, 1969; Wolpe, 1990). 이러한 현상은 대리학습(vicarious learning)으로 불린다.

모델링 이론은 조작적 이론과 잘 연결되는데, 이는 모델의 행동에 대한 결과가 관찰자의 행동에 영향을 미치기 때문이다(Bandura, 1969). 예를 들어 매리가 다른 아이들이 수업시간에 발표한 후에 칭찬받는 것을 보게 되면, (매리가 선생님의 정적 강화를 중요하게 생각하는 경우에) 자신도 그 행동을 할 가능성이 커진다. 이와 유사하게 처벌된 행동 또한 관찰을 통해 학습될 수 있다.

> 자넬은 셜리의 행동에서 모델링이 어떤 역할을 하였는지에 관해 궁금해한다. 절도행위의 어떤 측면들이 모델링을 통해서 학습되었을 수도 있지만, 셜리가 형편없는 도둑이라는 점을 고려하였을 때 그러할 가능성은 작아 보인다. 만약 셜리가 제대로 된 도둑을 보고 배웠다면 아마 물건을 숨기고 눈에 띄지 않게 행동하였을 것이다!

인간과 개인발달에 관한 이론

전통적 행동학자들은 '성격'이 범상황적인 행동의 지속성을 묘사하는 추상적인 용어라고 인정하지만, 기본적으로 성격이론이나 발달단계에 큰 관심을 갖지 않는다(Zinbarg & Griffith, 2008). 이들은 성격이라는 용어가 그다지 유용하지 않다고 생각한다. 만약 내담자의 과거사가 중요하다면, 이는 학습 과거사라는 관점으로 다루어진다. 레이놀즈(Reynolds, 1968)는 개인의 과거에 있었던 강화를 이해하는 것이 현재 새로운 연결을 만들고 행동을 변화하는 데 도움을 줄 수 있다고 주장하였다.

현대 행동학자들은 범상황적으로 나타나는 어떤 특징들(예 : 사회성; Antony, 2014)이 있다는 사실을 인정한다. 하지만 행동치료 상담자는 변화될 수 있는 행동을 가장 중요하게 여긴다.

자넬은 셜리의 아동기 경험에 큰 관심을 두지 않는다. 하지만 자넬은 절도행위의 과거사에 대해서는 관심이 있으며 셜리에게 어떻게 처음 물건을 훔치게 되었는지를 물어본다. 셜리는 어머니와 사별한 후 얼마 지나지 않아 상점에 갔다가 급작스러운 불안감에 당황하였던 기억을 이야기한다. 그녀는 눈에 띈 첫 번째 물건(고급 만년필)을 집어들고 곧장 가게를 벗어났다. 그 후에 그녀는 죄책감과 수치심을 느꼈으며, 체포될까 봐 그 가게에 되돌아가는 것을 두려워하였다.

심리적 건강과 역기능

전통적으로 행동주의에서 심리적 건강은 사회문화적 맥락에 맞는 적응적 행동을 의미한다(Antony & Roemer, 2011a). 적응적 행동이란 개인의 생존을 도와주는 행동을 의미한다. 행동치료 지지자들은 유전과 생물학적 요인이 행동에 미치는 영향을 인정하지만, 대부분의 행동은 학습된 측면을 가지고 있다고 주장한다(Spiegler, 2016).

심리적 역기능은 부적응적 행동이며, 이는 적응적 행동과 같이 학습 과정을 통해 형성된다(K. Jordan, 2008). "소위 말하는 증상이 바로 문제"(Sherman, 1973, p. 18)인 것이다. 또한 역기능적 행동은 학습의 부재, 즉 기술의 부족으로 인해 나타날 수도 있다(K. Jordan, 2008). 특정 행동이 역기능적인지 아닌지는 주어진 상황에서 그 행동이 적응적인지 부적응적인지에 달려 있다. 행동치료에서는 의학적 모델과 달리 행동을 정신병리와 동등한 것으로 여기지 않는다.

고전적 조건형성 관점에서 심리적 역기능은 불안(혹은 두려움)과 행동의 잘못된 조건형성에서 기인한다고 본다. 즉, 두려움은 본래 중성적이었던 조건자극과 연결된 무조건 반응인 것이다(Wolpe, 1990). 울페는 어떤 행동(예 : 손톱 물어뜯기, 지나친 인색함, 야뇨증)은 불안과 연관되어 있지 않다고 인정하였지만(Wolpe, 1990, p. 9), 대부분의 신경증적 행동을 불안을 야기하는 상황에서 학습된 습관으로 보았다. 울페(1990)는 조현병과 반사회성 성격장애, 약물중독이 근본적으로는 생물학적이지만, 조건형성 과정을 통해 문제 행동 패턴을 변화시킬 수 있다고 여겼다.

울페는 신경증을 "지속적인 부적응으로 학습된 습관으로서 불안이 가장 주요한 특징"(Wolpe, 1990, p. 23)이라고 정의하였다. 이러한 신경증은 다양한 경로를 통해 습득될 수 있다. 첫 번째로, 신경증은 단순한 고전적 조건형성에 의해 생겨날 수 있다. 위협적인 상황에서 야기된 불안이 그 상황에 있던 어떤 자극과 연합되는 것이다. 그 상황이 심각하게 트라우마적이라면 , 단 한 번의 경험으로도 이러한 연합이 생겨날 수 있다. 예를 들어 전쟁터에서의 불안이 총소리나 사이렌소리에 조건화될 수 있다. 그 사람은 총이나 사이렌 소리 자체가 위협적이지 않다는 사실을 알고 있지만, 그러한 소리를 전쟁터가 아닌 곳에서 듣게 되더라도 불안을 경험하게 된다.

공포는 관찰을 통해서도 조건화될 수 있다(Wople, 1990). 어떤 자극에 대한 타인의 극심한 공포 반응은 관찰자로 하여금 그 자극에 대해 고전적으로 조건화된 두려움을 가지게 할 수 있다. 만약 데이

먼이 어린 시절 엄마가 큰 개를 보고 매우 두려워하는 장면을 목격한다면, 그는 똑같은 신경증적 공포를 형성하게 될 수 있다.

이와 유사한 과정을 통해 신경증적 공포는 잘못된 정보로 인해 형성될 수도 있다(Wolpe, 1990). 자위행동이 실명을 야기한다는 오래된 공포가 이러한 신경증적 기제를 잘 나타내준다.

고전적 조건형성 관점은 불안과 그와 관련된 부적응적 행동에 중점을 두는 것처럼 보이지만, 울페(1992)는 여러 형태의 우울 또한 불안에 기반을 둔다고 주장하였다. 실제로 그는 우울증의 60%는 신경증적, 즉 그의 관점에 따르면 불안에서 기인한다고 예측하였다.

자넬은 셜리가 상점 내에서 경험하는 불안이 고전적 조건형성을 통해 만들어진 것은 아닌지 생각한다. 셜리에게 상점 내에서 경험하는 불안의 역사에 대해 질문하였을 때, 셜리는 불안을 촉발시키는 특정한 것이 있는 것 같지는 않다고 답한다. 그녀는 그냥 어느 날부터 상점에 들어가면 극심한 불안을 경험하기 시작하였다고 한다. 이러한 불안 경험이 어머니와의 사별 직후에 시작되었다는 점이 흥미롭기는 하지만, 자넬은 이 정보가 특별히 유용하지는 않다고 생각한다.

조작적 관점에서 보면 역기능적 행동은 강화에 의해 유지된다. 스피글러(Spiegler, 2016)는 행동의 과잉(excess)과 결여(deficit)라는 부적응적 행동의 두 가지 분류에 대해 설명하였다. 행동 과잉은 지나치게 강하게 혹은 지나치게 자주 실행되는 행동을 뜻한다(p. 55). 나의 생각으로는 주어진 상황에서 부적절하거나 비효과적인 행동 또한 이 분류에 포함된다. 행동 결여는 주어진 상황에 필요한 행동을 배우지 못했을 때 일어난다. 이 관점에서 과잉 행동은 현존하는 환경적 강화인자에 의해 지속된 부적응적 반응이며, 결여의 문제는 필요한 행동의 결핍을 포함한다. 행동의 결여는 행동이 처벌받거나 강화되지 못할 때도 일어날 수 있다.

사회학습적 관점에서 보면 역기능적 행동은 모델을 관찰함으로써 학습되고 유지, 혹은 억압될 수 있다는 점에서 조작적 관점과 상통한다. 개인이 적절한 모델에 대해서 관찰하지 못했다면 그가 속한 문화권에서 중요하다고 여겨지는 특정한 행동을 배우지 못할 수도 있다. 예를 들어 여러 개의 포크가 사용되는 만찬에 가보지 못한 아이는 격식 있는 식사자리에서 포크를 어떻게 사용할지 모를 수 있다.

행동치료 지지자들은 공식적 진단을 좋아하지 않지만 일반적인 진단분류에 관한 이론을 제시한다. 예를 들어 조작적 이론가들은 우울증이 개인의 **행동 목록**(behavioral repertory)의 문제에서 기인한다고 본다. 페스터(Ferster, 1983)는 우울증이 지나치게 잦은 수동적 행동과 적응적·능동적 행동의 감소로부터 기인하는 것으로 개념화하였다. 결과적으로 우울한 사람은 환경으로부터 정적 강화를 잘 받지 못하게 된다(Ferster, 1983). 개인이 불편한 상황으로부터 오는 스트레스와 불안을 회피할 때(예 : 수동적이고 우울한 개인이 침대에서 나오지 않는 것을 통해 가기 싫은 직장을 회피하는 것), 도망가는 행동은 강화된다. 이러한 우울증의 개념은 행동 활성화(behavioral activation, BA)라고 알려진 개입방법으로 이어졌다(Dimidjian, Barerra, Martell, Muñoz, & Lewinsohn, 2011). 행동 활성화는 내담자가 불쾌한 경험으로부터 도망가는 것을 막고 능동적이 되는 것을 통해 정적 강화를 얻게 한다.

또 다른 행동주의학자들은 우울증이 개인이 환경에 대한 통제가 없다고 여길 때, 즉 자신의 행동과 결과 사이에 아무런 연관이 없다고 느낄 때 일어난다고 보았다. 이러한 '무력감' 관점은 "개인이 지각하는 환경을 통제할 수 있는 자신의 능력"(Goldfried & Davison, 1994, p. 234; Seligman, 1975 참조)이 정서 상태에 중요한 역할을 한다고 제시한다.

조작적 관점에서 사회적 기술의 결여는 잘못된 학습(즉, 사회적으로 부적절한 행동이 강화되었을 때)이나 단순한 행동의 부재(즉, 개인이 그 사회적 행동을 배운 경험이 없을 때)에서 기인할 수 있다. 어떤 사회적 행동은 처벌을 받았을 수도 있다.

자넬은 셜리의 절도행위가 불안의 감소를 통해 강화되었을 수도 있다고 생각한다. 즉, 절도행위가 부적 강화를 받은 것이다. 상점에 들어설 때 셜리는 불안해지고, 물건을 훔침으로써 상점에서 도망쳐야만 하는 상황을 만드는 것을 통해 불안에서 벗어난다.

치료의 특성

사정

행동치료에서 사정은 매우 중요하다. 사정은 "내담자가 가지고 있는 기질보다는 **행동**"(Glass & Arnkoff, 1992, p. 599; 원문에서 강조)에 초점을 두는 과학적 과정이다. 공식 · 비공식 사정이 모두 활용되지만 행동학자들은 성격 사정을 하거나 증상의 기저에 있는 원인을 알아보고자 하지는 않는다. 쿠넬과 리버맨(Kuehnel & Liberman, 1986)은 행동 사정은 내담자의 결여된 부분뿐만 아니라 강점까지도 포함해야 한다고 언급했다. 행동치료 상담자는 행동을 용이하게 하는 강화의 근원에 대해서도 알아본다.

공식적 진단(예 : DSM-V에 따른 진단)은 기질 지향적인 의학 모델에 기반을 두고 행동의 기능적 분석과는 큰 연관이 없기 때문에 행동치료 모델에는 적절하지 않다. 하지만 행동치료 상담자는 실용적인 이유(예 : 보험료 지급에 필요하거나 병원 내에서 근무하는 경우) 때문에 정식 진단명을 사용하기도 한다(Spiegler, 2016).

행동치료에서 사정은 개입과 밀접한 연관이 있으며 개인의 현재 행동, 특히 선행조건과 결과에 초점을 둔다(Zinbarg & Griffith, 2008). 몇몇 행동치료 상담자들은 인지와 신체적 요인과 같은 유기체적 변인들 또한 포함시킨다(Goldfried & Davison, 1994). 행동의 변화를 명확히 확인하기 위해 기저선(baseline)이 일반적으로 사용된다(Zinbarg & Griffith, 2008).

행동치료에서 사정은 **기능적 분석**(functional analysis)으로 여겨지며, 그 분석의 요소는 ABC라는 약어로 기억할 수 있다(Antony, 2014). 여기서 A는 선행사건(antecedent), B는 행동(behavior), C는 결과(consequence)를 나타낸다. 사정이 실시된 후 확인된 목표행동을 유지하는 조건에 대한 가설이 세워진다. 사정의 초기에 기록되는 기저선의 패턴은 그 행동을 통제하는 요인이 무엇인지에 대한 실마리를 제공해줄 수 있다(Kazdin, 2001, p. 104). 목표행동을 정하는 과정은 협력적이며, 다수의 목표행동이 정해질 수도 있다.

행동치료에서 행동은 여러 다양한 방법을 통해 사정될 수 있다. 앤토니(Antony, 2014)는 내담자의 행동이 상황에 따라 다르기 때문에 다양한 상황에서 다양한 방법과 다양한 정보원을 통한 사정이 이루어져야 한다고 제안하였다.

이론적으로 가장 순수한 형태의 사정은 독립적이고 훈련된 채점자가 내담자를 여러 상황에 걸쳐서 직접적으로 관찰하는 것이다(Goldfried & Davison, 1994). 이러한 형태의 사정은 비용과 시간이 많이 들기 때문에 연구기관 외에서는 거의 이루어지지 않는다. 연구기관 내에서도 표본(예 : 하루 8번씩 진행되는 10분 관찰)이 사용된다. 그 대신 행동치료 상담자는 직접 내담자를 관찰(예 : 상담장면 내에서의 역할극이나 심상기법)하거나, 내담자의 주요 타인에 의한 관찰, 그리고 내담자의 자기보고를 활용한다.

가장 단순하고 비용 효율적인 사정방법은 내담자 면담을 포함하는 비공식 사정이다(K. Jordan, 2008). 구조화된 면담 지침[예 : 불안장애 면담 지침(Anxiety Disorders Interview Schedule); DiNardo, Brown, & Barlow, 1994]은 이러한 사정의 구조를 잡아준다. 사회적 기술과 같은 행동들은 역할극을 통해 사정될 수 있다. 이때 상담자는 목표행동의 존재 여부를 관찰하거나 기록할 수 있다.

행동치료 상담자는 종종 내담자에게 상담회기 사이의 행동 빈도수를 기록하도록 하는데, 이 기법은 자기-모니터링(self-monitoring)이라고 불린다. 자기-모니터링에는 세 가지 문제가 있을 수 있다. 첫째, 내담자는 자신의 행동을 정확하고 정직하게 기록하지 않을 수 있다. 둘째, 자기검토가 일상의 흐름을 방해해서 내담자가 불쾌한 감정을 느낄 수 있다. 셋째, 종종 관찰 시에 행동이 변화되는데, 가장 흔한 경우 바람직하지 않은 행동이 감소하는 추세를 보인다(Spiegler, 2016).

행동치료에서 공식적 사정은 주로 표준화된 검사도구나 증상 체크리스트를 통해서 이루어진다. 예를 들어 울페(1990)는 윌로비 신경증 설문지(Willoughby Neuroticism Questionnaire)와 공포 설문지(Fear Survey Schedule)가 행동치료에서 매우 중요하다고 주장하였다. 그는 "이 검사도구들을 사용하지 않으면 심각한 정보의 부족을 초래하게 되는데, 이는 마치 심장병이 의심될 때 의사가 심전도 검사를 하지 않는 것과 유사하다."(1990, p. xi)고 말하였다.

행동 체크리스트와 설문지는 인지행동적 형태의 행동치료에서 자주 활용된다(Spiegler, 2016). 내담자는 벡 우울증 검사(Beck Depression Inventory; Beck, Ward, Mendelson, & Erbaugh, 1961), 강화 설문지(Reinforcement Survey Schedule; Cautela & Kastenbaum, 1967), 혹은 시험불안 행동검사(Test Anxiety Behavior Scale; Suinn, 1969)를 완료할 수 있다. 이 외에도 여러 가지 다양한 검사도구들이 존재한다.

자넬은 셜리와 간단한 면담을 진행한다. 자넬은 주거 상황, 사회적 활동, 경제적 지원 등을 포함한 셜리의 현재 상황에 대한 여러 가지 질문을 한다. 셜리는 봉사활동이 재미있기는 하지만 그 외 시간에 함께 시간을 보낼 친구들이 더 많았으면 좋겠다고 보고한다. 자넬은 셜리의 사회적 기술, 특히 자기주장 행동에 대한 검사가 필요하다고 생각한다. 이를 위해 자넬은 자신과 셜리의 교류를 주의 깊게 관찰한다. 자넬은 셜리가 때때로 눈 마주치는 것을 피하거나 매우 작은 목소리로 말하는 등 수줍어하는 모습을 보이는 것을 확인한다.

자넬은 셜리가 상담에 오게 된 사건에 대해 부드럽게 질문한다. 셜리는 처음에는 머뭇거렸지만 최근의 그 절도 사건에 대해 이야기한다. 셜리는 이 행동이 거의 매주 일어난다고 고백한다. 자넬은 이러한 사건들에 대해 구체적인 질문을 하며 셜리의 행동을 면밀히 이해하고자 한다. 자넬은 설리가 실제로 물건을 훔치는 것을 관찰하는 것을 고려하다가 그 대신 상담장면에서 역할극을 하는 것으로 결정한다.

치료적 분위기

행동치료 상담자는 행동이 선행사건, 유기체적 변인, 그리고 결과에 의해 예측될 수 있으며, 그렇기 때문에 "임상적 상호작용은 일종의 실험을 내포한다."(Goldfried & Davison, 1994, p. 4)고 가정한다. 이러한 과학적 접근에 대한 강조는 행동치료 내의 상담관계의 본질이나 필요성에 대한 상당한 논쟁을 야기하기도 하였다. 한쪽 극단에 있는 아이젱크(Eysenck, 1960)는 전이에 기반을 둔 정신분석적 관계를 거부하며 "행동치료는 이러한 부속물을 필요로 하지 않으며, 현재 치료적 관계에 대한 근거는 전혀 충분하지 않다…. 어떠한 경우에 일반화를 위해 개인적 관계가 필요할 수도 있겠지만, 항상 그러한 것은 아니다."(p. 19)라고 주장하였다.

그와 반대로 다른 행동학자들은 치료관계가 행동치료에 있어 중요하다고 강조한다. 예를 들어 울페(1985)는 "내담자에 대한 신뢰, 긍정적 존중, 그리고 진지한 수용은 행동치료의 중요한 요소"(p. 127)라고 주장하였다. 골드프라이드와 데이비슨(Goldfried & Davison, 1994)에 의하면 "인간 문제를 개념화하는 현실적인 접근법이라 할지라도 내담자와의 따뜻하고 진솔하며 공감적인 상호작용을 배제해서는 안 된다."(p. 7) 라스트와 허슨(Last & Hersen, 1994)은 굳건한 치료관계 없이 내담자에게 행동치료에서 필요한 모든 자기관찰과 연습을 하도록 하는 것은 무리라고 덧붙였다.

대부분의 현대 행동치료 상담자는 좋은 상담 성과를 내기 위해서는 좋은 관계가 중요하다고 생각한다(Antony, 2014). 일례로 행동치료 상담자는 내담자가 바람직한 행동을 하도록 강화할 수 있다(Goldfried & Davison, 1994). 놀랍게도 최근에 수정된 행동치료 접근을 제안한 학자들은 상담에서 치료적 관계가 강력한 요인이라고 강조하였다. 이러한 행동학자들은 내담자와 친밀하고 진술한 애착관계를 형성해야 한다고 주장하였다(치료동맹을 강하게 하기 위해 정적 강화 사용)(Antony & Roemer, 2011a).

설리가 상담이 자기와 맞지 않다고 생각하기 때문에 자넬은 설리와 굳건한 관계를 형성하는 것이 매우 중요하다고 생각한다. 자넬은 설리와의 대화에서 지지적이고 진솔한 태도로 관심을 표현하고자 노력한다.

내담자와 상담자의 역할

행동치료에서 상담관계는 협력적이며, 내담자는 공동 상담자로 여겨진다(Spiegler, 2016). 상담자는 내담자의 모델(Goldfried & Davison, 1994)이 되며, 내담자가 스스로의 상담자가 될 수 있도록 필요한 기술을 가르쳐주는 조언자가 된다. 행동치료 상담자는 매우 능동적이고 지시적이다.

행동치료에서 상담을 받는 사람은 환자가 아닌 내담자로 여겨진다(Sweet, 1984). 내담자는 행동 사정과 목표 설정에 능동적으로 참여하며 성실하게 숙제를 수행한다. 내담자는 교사/상담자가 가르쳐주는 내용을 배우는 학습자이다.

자넬은 셜리를 협력자로 대하며, 셜리가 상담에 자발적으로 오지 않았던 사실도 염두에 두고 있다. 자넬은 셜리에게 조언자 역할을 하며, 셜리가 자신의 삶을 향상시키는 데 도움을 줄 수 있는 몇 가지 생각을 제안한다. 셜리가 이 제안을 받아들인다면, 자넬은 셜리가 행동치료에서 함께하는 파트너가 되어 목표 설정과 숙제 수행에 참여하기를 기대한다.

상담 목표

단순히 말해 행동치료의 목표는 부적응적인 행동을 감소 혹은 제거하고 적응적 반응을 가르치거나 증가시키는 것이다. 수정될 행동을 설정하는 일은 생각만큼 쉽지 않다. 전통적으로 행동치료는 흡연, 체중 증가/감소, 특정 공포증과 같이 매우 특정한 행동을 목표로 삼아왔다. 이러한 행동은 쉽게 관찰이 가능하며 수량화가 용이하다. 하지만 종종 내담자는 이보다 훨씬 더 복잡한 문제를 가져오며 자신의 문제를 구체적이고 관찰 가능한 행동의 형태로 보고하지 않는다. 예를 들어 많은 내담자들은 우울증을 없애버리기 위해서 혹은 현재 맺고 있는 관계가 불만족스러워서 상담에 왔다고 이야기한다.

스피글러(Spiegler, 2016, p. 57)는 죽은 사람 법칙(dead person rule : "죽은 사람만이 할 수 있는 일을 내담자에게 요구하지 마라."는 규칙)을 제안하였다. 죽은 사람만이 모든 행동을 멈출 수 있다. 그렇기 때문에 일반적으로 어떤 행동을 제거하려고 하기보다는 다른 행동을 하도록 제시하는 것이 더 바람직하다. 예를 들어 "샤워할 때 벗어놓은 옷을 '정리'하라고 하는 것이 화장실에 옷을 버려두지 '마라'는 요구보다 낫다."

내담자 문제가 원하는 만큼 간단하지 않다는 사실은 행동 목표 설정에 대한 더 심도 깊은 논의로 이어졌다(Marsh, 1985; J. K. Thompson & Williams, 1985). 현대 행동치료에서 목표행동은 인지와 정서를 포함하며, 이때 목표는 "내담자의 전반적인 기능의 **중요한 측면**"(Marsh, 1985; p. 66; 원문에서 강조)을 포함하는 것이 필요하다. 다시 말해 행동치료 상담자는 전통적 행동치료의 구체적인 목표는 내담자가 원하는 결과와 일치하지 않을 수 있다는 점을 염두에 두어야 한다.

J. K. 톰슨과 윌리엄스(J. K. Thompson & Williams, 1985)는 조금 더 극단적인 관점에서 "사용 가능하고 편리한 기술 때문에 많은 행동치료 상담자들이 생각하기보다는 개입하려고 한다."(p. 48)고 지적하였다. 그들은 어떤 내담자 문제는 본질적으로 실존적이기 때문에 다른 관점에서 바라볼 필요가 있으며, "장기 상담과 치료관계에 초점"(p. 49; 원문에서 강조)을 둘 필요성을 인정해야 한다고 주장하였다.

셜리와 자넬은 두 가지 상담 목표를 세웠다. 첫째는 셜리의 절도행위와 관련된 불안을 감소하는 것이며, 둘째는 사회적 기술, 특히 자기주장 행동을 증가시키는 것이다. 그들은 또한 셜리가 삶에서 도움이 될 수 있는 사회적 교류를 할 수 있도록 관련된 문제를 해결하는 부분에 동의한다.

그들이 세운 구체적인 목표는 다음과 같다. (1) 셜리는 백화점에 가서 물건을 훔치지 않고 물건 하나를 사거나 혹은 구경을 할 것이다. (2) 셜리는 눈 마주치기와 목소리 키우는 것을 포함한 새로운 사회적 행동을 배울 것이다. (3) 셜리는 적어도 주 3회 사회적 교류(봉사활동 제외)를 할 것이다.

치료 과정

행동치료 상담자는 상담이 사정과 개입이라는 두 단계로 이루어져 있다고 본다(Wolpe, 1990). 내담자의 행동에 대한 기능적 분석을 통해 목표행동을 설정하고, 그 후에 개입이 이루어진다. 이 과정의 초기에 내담자는 행동치료가 문제와 개입을 바라보는 관점에 대한 간략한 설명을 듣는다(Wolpe, 1990). 골드프라이드와 데이비슨(1994)은 내담자의 오해가 상담을 방해할 수 있기 때문에 상담에 대한 내담자의 기대를 알아보고 다루는 것이 중요하다고 명시하였다. 행동치료 상담자는 내담자가 이러한 기대를 가지고 있는 이유에 대해 공감해야 하지만 이를 무조건적으로 받아들여서는 안 된다(Goldfried & Davison, 1994). 상담자는 내담자의 과거에 대해 공감적인 태도로 들으면서 동시에 내담자가 자신의 문제를 행동적인 관점에서 제조명하도록 도와주어야 한다. 요약하자면 행동치료 상담자는 내담자에게 행동주의 모델을 가르치는 것이다.

행동치료 상담자는 상담의 첫 회기가 매우 중요하다고 본다. 상담의 첫 회기는 다음과 같은 네 가지 목표를 가지고 있다. "(1) 내담자와의 라포 형성, (2) 내담자의 문제 이해와 목표행동 설정, (3) 문제 행동을 유지시키는 상황에 대한 정보 수집하기, (4) 내담자에게 행동치료와 비밀보장에 대해 알려주기"(Spiegler & Guevremont, 2003, p. 83). 첫 회기의 마지막에 내담자와 상담자는 서면 상담계약서를 작성할 수도 있다(Goldfried & Davison, 1994). 계약서는 일반적으로 상담비용과 취소방법, 회기의 빈도 등 절차상의 세부사항을 포함한다. 계약서는 또한 상담장면 안팎에서의 내담자와 상담자의 행동에 대한 기대(예 : 회기 사이에 내담자가 숙제를 수행하리라는 기대)를 명시한다.

내담자가 행동치료에 저항하는 모습을 보일 때 행동치료 상담자가 모든 책임을 진다. 이러한 저항 주제에, 골드프라이드와 데이비슨(1994)은 "'절대 내담자의 잘못이 아니다.' 모든 행동이 규칙에 따른다는 가정을 정말로 믿는다면, 상담 도중 발생하는 '그 어떤' 어려움도 상담자가 사례를 제대로 평가하지 못한 데서 기인한다고 보는 것이 더 타당하다."(p. 17; 원문에서 강조)고 주장하였다. 다른 상담자들(특별히 정신분석적 상담자)이 전이와 역전이라고 부르는 것을 행동치료 상담자는 자극 일반화라고 부른다(Beach, 2005). 예를 들어 '전이'의 경우에 상담자는 내담자의 삶의 어느 한 부분이나 순간에 존재했던 다른 자극 대상과 유사한 것이며, 이때 내담자는 자신이 이전 대상에게 반응했던 것과 같은 방식으로 상담자에게 반응하게 된다.

자넬은 셜리와 좋은 작업동맹을 맺기 위해 노력한다. 자넬은 행동치료의 기본사항에 대해 셜리에게 설명해주며, 셜리의 불안과 절도행위 또한 학습된 것이며 셜리가 노력한다면 바꿀 수 있음을 알려준다. 상담에 비자발적으로 오게 된 셜리는 상담에 힘을 쏟아야 한다는 것에 불만을 표현했지만 절도행위를 멈추는 것이 좋을 것 같다고 마지못해 동의하였다. 자넬은 상담에 억지로 나와야만 하는 셜리의 불만에 대해 공감한다. 셜리와 자넬이 상담에서의 목표를 함께 세운 다음, 자넬은 셜리에게 상담 목표, 상담자와 내담자의 의무, 기대되는 상담의 결과가 명시된 서면계약서를 주었다.

치료 기법

행동치료에서는 다양한 기법이 사용된다. 대부분의 기법은 겉으로 드러나는 행동에 초점을 맞추지만 어떤 기법은 인지와 같은 내면적 사건에 초점을 두기도 한다(Wolpe, 1990). 이 기법 중 몇 가지는 상담자가 실행하며, 다른 기법은 내담자가 스스로 사용할 수 있도록 내담자에게 가르쳐준다. 사용되는 많은 수의 기법은 인지적 측면을 내포하고 있다.

이완 기법

점진적 이완 기법(progressive relaxation training)은 그 자체로 치료적이기도 하며(K. E. Ferguson & Sgambati, 2009; Goldfried & Davison, 1994) 다른 행동치료 기법(예 : 체계적 둔감법)의 토대가 된다. 골드프라이드와 데이비슨은 두 가지 종류의 이완 기법에 대해 설명하였다. 첫 번째 종류는 **점진적 이완**(progressive relaxation)으로, 한 번에 한 부위의 근육을 긴장시켰다가 이완시키는 것을 의미한다. 예를 들어 상담자는 내담자에게 오른손을 꼭 쥐었다가 이완시키게 한 다음에 그 차이에 집중하게끔 할 수 있다. 이 행동을 몇 번 반복한 다음에 상담자는 내담자에게 팔을 긴장시키게 하는 식으로 온몸의 주요 근육으로 옮겨갈 수 있다. 내담자가 이 기법을 스스로 연습하는 것이 중요하기 때문에 예전에는 내담자에게 지시문이 녹음된 오디오테이프를 주기도 하였다. 요즘은 스마트폰이나 다른 아이팟, 팟캐스트가 이 역할을 대신해줄 수 있다.

두 번째 이완 기법은 놓아주기식 이완(letting go)이다(Goldfried & Davison, 1994). 이는 사실 앞서 설명된 긴장 이완 방법의 좀 더 발전된 형태이다. 긴장 이완 방법을 잘할 수 있게 된 내담자는 긴장을 건너뛰고 바로 이완을 할 수 있다.

> 자넬은 셜리에게 점진적 이완 기법을 가르쳐주기에 앞서 이 기법이 무엇인지와 그 유용성을 설명해준다. 그 뒤 자넬은 셜리가 점진적으로 온몸을 이완하는 것을 도와준다. 셜리는 집에서 연습할 수 있도록 오디오테이프를 받아 간다.

노출치료

공포증과 강박행동을 치료하는 데 널리 사용되는 노출치료(exposure therapy), 혹은 **홍수법**(flooding)은 내담자가 불안을 야기하는 자극을 직면하면서 일반적으로 보이는 반응(예 : 도망가거나 강박적 행동을 하는 것)을 하지 않는 것을 포함한다(Hazlett-Stevens & Craske, 2009; Levis, 2009). [글상자 8.5]에 제시되어 있는 매리 코버 존스(Mary Cover Jones)가 피터라는 내담자와 작업한 내용은 이 기법을 잘 나타내준다. 노출은 심상을 통해서나 실제 상황에서 이루어질 수 있으며, 내담자가 원래의 반응을 하지 않도록 하기 위해 상담자가 그 상황에 함께 참여하기도 한다. 또는 내담자의 주요 타인이 도움을 위해 초청될 수도 있다. 이러한 이유로 이 기법은 **반응 방지**(response prevention)를 포함한 노출법이라고 불리기도 한다(Antony & Roemer, 2011b). 예를 들어 나는 예전에 전등 스위치에 대한 강박을 가지고 있는 내담자를 만난 적이 있다. 이 내담자는 자기 스스로 '그냥 하지 않기' 기법을 발견했다.

글상자 8.5

매리 코버 존스, 아이들의 공포를 없애다

매리 코버 존스는 미국 행동치료의 선구자 존 B. 왓슨과 함께 일했던 대학원생이었다. 두 편의 논문에서 존스는 왓슨과 레이너(1920/2000)의 유아의 공포에 관한 연구(꼬마 앨버트 연구; 글상자 8.2 참조)를 바탕으로 진행한 그녀의 연구를 설명하였다. **실험심리학회지**(*Journal of Experimental Psychology*)에 투고한 논문에서 존스(1924/1960a)는 고전적 조건형성을 통해 공포가 생겨났다고 여기며, 아이들의 공포를 제거하기 위한 노력을 기록하였다.

이 연구를 위해 존스(1924/1960a)는 어린이집에서 70명의 아이들을 선정하였다. 집에서 돌봄을 받지 못해(예 : 부모가 아프거나 맞벌이 부부여서) 잠시 시설에 맡겨진 아이들 중, "일반적으로 정적(기분 좋은)이거나 조금 부적(기분 나쁜)인 반응을 이끌어내는 상황에서 심한 수준의 공포"(p. 39)를 보이는 아이들이 선정되었다. 이 아이들의 공포는 혼자 남겨지는 것, 시끄러운 소리, 갑작스러운 동물(쥐, 토끼, 뱀)의 등장 등과 관련되었다.

존스는 사례연구 형태로 여러 가지 기법을 사용했다. 예를 들어 그녀는 공포 대상에 대해 좋게 이야기하는 '언어적 호소'는 효과가 없음을 알게 되었다. 공포 대상이 다른 아이들과 함께 있는 자리에서 제시되는 '사회적 억압' 방법 또한 효과가 없었다. 반두라(1969)의 이론에 대한 전조처럼, 존스는 사회적 모방이 공포에 대한 개입으로서 효과적일 가능성을 확인하였다. 하지만 존스는 공포를 제거하는 데 가장 좋은 방법은 직접적인 조건형성이라고 주장하였으며, 이에 대해 '공포에 대한 실험실 연구 : 피터 사례(A Laboratory Study of Fear: The Case of Peter)'(1924/1960b) 논문에 자세하게 기술하였다.

피터는 꼬마 앨버트와 유사하게 쥐, 털코트, 토끼, 솜뭉치 등 희고 털이 난 물체에 대한 공포를 보이는 2세 남아였다. 피터에게 흰쥐를 보여준 뒤(피터는 소리를 지르며 넘어졌다), 존스(1924/1960b, p. 46)는 실험 동안 다음과 같은 반응을 관찰하였다.

존스는 피터에게 두 가지 조건형성을 하였으며, 이

놀이방과 아기침대	저항 없이 장난감을 골라서 침대 안으로 들어갔음
하얀 공이 굴려졌을 때	공을 주워 듦
아기침대 난간에 걸쳐진 털 러그	러그가 치워질 때까지 읊
아기침대 난간에 걸쳐진 털코트	코트가 치워질 때까지 읊
솜뭉치	훌쩍이며 물러서서 읊
깃털달린 모자	울음
파란색 털 스웨터	두려운 기색 없이 쳐다보고 돌아섬
하얀색 천으로 된 토끼 인형	관심이나 두려움을 보이지 않음
목재 인형	관심이나 두려움을 보이지 않음

를 통해 피터의 두려움이 완전히 사라지고 심지어 연구 막바지에는 피터가 토끼에게 애정 어린 표현을 하기도 하였다고 보고하였다. 조건형성의 첫 단계에서 피터는 토끼를 두려워하지 않는 다른 아이들이 있는 상황에서 토끼를 보게 되었다. 점진적으로 피터가 토끼에게 더 가까이 있어야 하는 상황이 제시되었다. 두 번째 단계에서는 피터가 음식을 먹는 동안에 우리에 갇힌 토끼가 피터 가까운 곳에 놓여졌다. 토끼와 피터 사이의 거리가 매일 좁혀졌으리라고 가정된다.

존스는 토끼에 대해서만 공포 행동의 소거를 보였을 뿐만 아니라 흰 솜뭉치, 털코트, 그리고 다른 물체들에 대해서도 공포를 보이지 않게 되었다. 피터는 또한 새로운 동물이나 익숙하지 않은 상황에도 덜 두려워하는 모습을 보였다. 하지만 피터는 그 후 피터를 낙담시키는 가정환경으로 돌아가게 되었는데, 피터의 어머니는 피터의 두려움을 이용해서 그의 행동을 통제하려 하였다("집 안으로 들어와 피터! 안 그럼 누가 와서 잡아간다!")(Jones, 1924/1960b, p. 51). 불행하게도 그 후 피터의 삶에 대해 알려진 바는 없다.

그는 불안을 느끼면서도 집 안의 전등 스위치를 만지지 않았다. 즉, 그는 자발적인 노출 및 반응 방지를 하고 있었던 것이다. 이 기법은 이 내담자에게 매우 효과적이었으며, 그의 전등 스위치를 껐다 켰다 하는 행동은 사라지게 되었다.

이 기법 기저의 메커니즘에 대해서는 다양한 이론적 개념화가 제시되어 왔다. 이론적으로 소거법에 근거를 두고 있기는 하지만, 마사드와 헐시(Massad & Hulsey, 2006)는 노출이 트라우마 사건으로 인해 형성된 기저의 조건형성을 제거하는 것이 아니라 단순히 약화시킬 뿐이라고 언급하였다. 다른 이론가들은 노출이 새로운 연합을 만들어내며, 이는 이전의 불안과 연계된 연합의 발현을 억누른다고 보았다(Zalta & Foa, 2012). 최근에 제안된 개념화 또한 노출 동안 경험하는 불안을 견디는 것을 배우는 것이 불안을 감소시키는 것보다 더 중요하다고 강조한다(Abramowitz, 2013).

노출은 사용하기 까다로운 기법이다. 성공적으로 이 기법을 사용하기 위해서는 (1) 상담자의 정확한 사정과 개념화, (2) 내담자의 충분한 준비, (3) 견고한 치료관계 등이 필요하다(Zoellner, Abramowitz, Moore, & Slagle, 2009). 상담자는 내담자가 실제로 경험하는 고통을 다룰 준비가 되어 있어야 하는데, 이는 이론적으로 노출을 너무 빨리 끝내는 것이 기법의 실패 혹은 불안의 증가로 이어질 수 있기 때문이다(Marshall & Gauthier, 1983). 홍수법은 내담자를 자신에게 가장 강한 공포의 대상에게 긴 시간 노출시키는 것을 포함한다. 잘타와 포아(Zalta & Foa, 2012)는 내담자가 점진적 노출을 선호하기 때문에 홍수 기법은 현재 자주 이용되지 않는다고 보고하였다. 또한 노출법은 점진적 노출보다 더 효과적이지는 않다고 알려져 있다. 점진적 노출을 위해서는 공포 위계(fear hierarchy)를 확인해야 하는데, 이에 대해서는 후에 체계적 둔감법을 다루면서 더 자세히 설명될 것이다.

때때로 노출 개입에다 기술 훈련이 함께 이루어지기도 한다(Marshall & Gauthier, 1983). 예를 들어 대중연설 두려움이 있는 내담자에게 심상을 통해서나 실제 상황에서의 노출을 활용할 수 있지만, 추가적으로 내담자에게 대중연설 기술을 가르쳐주는 것이 필요할 수도 있다. 인지행동적 접근에서 상담자는 내담자가 홍수법을 경험하는 동안 사용할 수 있는 인지적 대처방안을 가르쳐준다. 내담자는 먼저 이러한 대처전략 문장을 연습하게 되는데, 처음에는 이를 소리 내어 말하다가 점차적으로 속으로 연습하게 된다(Meichenbaum, 1977).

영상 자료 8.2

노출치료

 https://www.youtube.com/watch?v=wE5F–FjbTRk

자넬은 실제 노출법(in vivo exposure)과 반응 방지가 셜리에게 유용할 수 있다고 생각한다. 셜리는 상점에 들어가 불안을 경험하면서도 물건을 훔치지 말아야 한다. 자넬은 셜리와 함께 '현장학습'을 나갈 수 있다. 함께 여러 가게를 방문하면서 자넬은 셜리가 아무것도 훔치지 못하도록 할 수 있다.

체계적 둔감법

이 기법은 고전적 조건형성에 의해 공포를 불러일으키게 된 자극이 주어진 상황에서, 불안(혹은 다른 바람직하지 않은 행동)과 양립할 수 없는 반응이 나타난다면 공포와 그 자극 사이의 연합이 끊어질 것이라는 울페(1990)의 주장에서 발전되었다. 울페는 이 과정을 **상호제지(reciprocal inhibition)**라고 불렀는데, 이는 한 반응(불안)이 대립되는 반응에 의해 제지되기 때문이다. 현재 체계적 둔감법은 노출치료의 또 다른 형태로 여겨진다. 가장 흔한 방법으로는 점진적 노출이 근육 이완과 연합된다(Spiegler, 2016). 하지만 점진적 노출과 함께 다른 반응(예 : 즐거운 상상, 유머, 성적 흥분) 또한 이 과정에서 사용된 적이 있으며, 약물(진정제)과 이산화탄소 흡입 또한 사용되어 왔다.

체계적 둔감법의 초기 단계는 (1) 점진적 이완 기술 가르치기와 (2) 불안 위계 만들기로 이루어진다(Head & Gross, 2009). 앞서 설명된 것처럼 점진적 이완은 내담자가 부위별 근육을 한 부위씩 긴장시켰다 이완시키는 과정을 포함한다.

불안(혹은 공포) 위계는 내담자에게 공포를 불러일으키는 상황의 목록이며, 100점 척도에 따라 가장 위협적이지 않은 상황부터 가장 위협적인 상황까지의 서열이 매겨진다. 골드프라이드와 데이비슨(1994)은 각 항목 사이의 간격이 10점 이내일 것을 제안한다. 간격이 10점 이상일 경우 그 사이에 새로운 항목이 적어도 하나 이상 더 포함되어야 한다. 대부분의 이러한 위계는 12~24개의 항목을 포함한다.

이 과제가 완료된 다음 실제 둔감화 과정이 시작된다. 내담자는 이완된 상태에서 위계상 가장 아래에 있는 상황이나 대상을 상상하게 된다. 내담자는 심상이 불안을 야기할 때 이를 나타낼 수 있는 신호(예 : 손가락 들기)를 정하게 된다. 심상은 5~7초간 지속되며, 그 후 상담자는 내담자가 이완된 상태로 돌아오도록 돕는다(Head & Gross, 2009). 요점은 이완이 불안을 상쇄할 수 있을 정도로 불안 수준을 낮게 유지하는 것이다(Sherman, 1973). 이 과정은 내담자가 더 이상 불안을 느끼지 않고 그 상황이나 대상을 상상할 수 있을 때까지 반복된다(Head & Gross, 2009). 내담자가 이에 성공하면 그 다음 위계 항목을 상상하도록 지시된다. 울페(1960)는 상담회기마다 2~4개의 항목이 제시될 수 있으며, 큰 무리 없이 위계상 가장 위에 있는 항목까지 도달하는 데는 일반적으로 10~30회기가 필요하다고 주장하였다.

자넬은 절도행위와 연관된 셜리의 불안을 다루는 데 체계적 둔감화가 제격일 것이라고 생각한다. 자넬은 체계적 둔감화 과정에 대해서 셜리에게 설명하고 둘은 함께 불안 위계를 만든다. 예상된 것처럼 셜리가 가장 두려워하는 심상은 혼자 상점 안에 있는 상황이다. 셜리는 이 장면을 100점으로 평가했다. 셜리의 불안 위계는 [그림 8.1]에 제시되어 있다.

자넬은 그다음 회기에 둔감화 과정을 시작한다. 자넬은 셜리에게 점진적 이완을 실시하도록 지시한다. 그 후 자넬은 셜리에게 집 안에서 상점에 갈 생각을 하는 장면을 떠올리게끔 한다. 그 즉시 셜리는 손가락을 들었고, 자넬은 그녀에게 몸을 이완하고 심상을 머릿속에서 지우도록 한다. 자넬은 셜리가 더 이상 불안을 표현하지 않을 때까지 이 과정을 반복하며, 그 후 위계에 있는 다음 항목으로 넘어간다.

100	상점 안에 혼자 있는 것
95	상점 문을 열고 들어가는 것
90	상점 옆 버스정류장에 내리는 것
80	버스를 타고 상점까지 가는 것
75	상점까지 가는 버스에 올라타는 것
65	버스정류장까지 걸어가는 것
55	상점에 가기 위해 집을 나서는 것
50	훔친 물건을 보는 것
40	다른 사람에게 상점에 갈 것이라고 이야기하는 것
30	상점에 갈 생각을 하는 것

그림 8.1 셜리의 불안 위계

혐오 기법

혐오 기법은 행동치료에서 최후의 수단으로 여겨진다(Wolpe, 1990). 혐오 역조건형성(aversive counterconditioning)이라고도 하는 이 기법은 고전적 조건형성 모델에 기반을 두고 있으며, 바람직하지 않은 정서적 반응과 혐오 자극의 연합을 포함한다. 가장 흔하게 사용되는 혐오 자극은 전기충격과 구토를 유발하는 약물이다.

이 기법은 예상 가능하게도 많은 논란의 대상이 되어 왔다. 이 기법은 동성애 '문제'에도 적용되었다. 1960년대에 성적 지향의 변화에 많은 관심이 쏠렸으며, 많은 경우 이러한 개입은 내담자에게 동성애적 자극(예 : 사진)을 보여주면서 전기충격을 가하는 식으로 이루어졌다. 이 전기충격은 양성애적 자극이 주어졌을 때는 멈추었다(Haldeman, 1994). 당연하게도 이러한 치료법(내담자가 자발적으로 치료에 참여한 경우에도)의 윤리적 문제가 지적되었다. 윤리적 문제와 이 기법이 정말 혐오를 만들어내는지에 대한 논쟁, 효과를 지지하는 연구 결과의 부족으로 이 기법은 1970년대에 중단되었다(Haldeman, 1994; LoPiccolo, 1990).

혐오 기법은 알코올 의존을 치료하기 위해서도 사용되어 왔다(Antony & Roemer, 2011b). 대부분의 경우 이러한 접근은 구토를 유발하는 약물을 사용하였는데, 전기충격이 사용된 사례도 있었다. 음주문제를 다루는 전통적인 개입보다 이 치료법이 과연 더 유용한가에 대한 의문 또한 제기되어 왔다(Wilson, 1987). 혐오 결과가 더 이상 주어지지 않을 때 재발률이 높다는 결과 또한 나타났다(Antony & Roemer, 2011b).

혐오 기법의 사용이 타당해 보이는 경우는 발달장애를 가진 개인의 자해 행동을 치료할 때이다. 많은 수의 이러한 내담자는 머리를 찧거나 다른 위험한 행동을 하면서 스스로의 안전에 위해를 가한다. 이때 내담자의 팔이나 다리에 패드를 부착시킨 뒤, 바람직하지 않은 행동이 일어날 때 전기충격이 가해질 수 있다. 이러한 개입을 실행하기 위해서는 이 기법의 필요성에 대한 상세한 개관을 제시하는 것이 일반적으로 요구된다(Nord, Wieseler, & Hanson, 1991).

자넬은 혐오 기법이 셜리의 사례에 적합하지 않다고 생각한다. 이 기법은 최후의 수단이며, 셜리의 문제는 다른 것보다도 불안에 관한 것이기 때문에 혐오 기법이 불안을 증가시킬 수 있다는 점에서 오히려 역효과를 불러일으킬 수도 있다.

조성

조성(shaping)은 새로운 행동을 가르치는 과정을 의미한다. 조성의 첫 단계에서 행동치료 상담자는 언어적 지시 등을 통해 내담자가 어떠한 방식으로 행동하도록 한다. 이 단계에서 모델링이 사용되기도 하는데, 상담자가 이 행동의 시범을 보이거나 내담자에게 이에 관한 영상을 보여줄 수도 있다. 이 첫 번째 반응이 형성된 다음에 상담자는 원하는 최종 반응에 가까워지는 반응만을 강화한다(K. F. Ferguson & Christiansen, 2009).

자넬은 조성이 셜리의 사회적 기술의 결여를 다루는 데 사용될 수 있다고 생각한다. 자넬은 눈 마주치기와 적당한 크기의 목소리를 사용하는 시범을 보여주고, 후에 셜리가 그 행동을 시도할 때 칭찬할 계획을 세운다. 처음 셜리의 시도는 조심스러울 수 있지만, 자넬은 그 행동을 강화하고 셜리가 더 나은 반응을 보이도록 조언해줄 것이다. 자넬은 셜리의 향상된 행동에 대해 또 강화할 것이다.

강화

행동치료 상담자는 정적 강화와 부적 강화를 사용하여 원하는 행동의 빈도수를 증가시킬 수 있다. 예를 들어 내담자가 숙제를 완수한 것을 칭찬하는 것은 내담자가 앞으로도 숙제를 해낼 가능성을 높여준다. 하지만 부적 강화는 사용되기가 조금 더 어려운데, 이는 바람직한 행동이 나타나면 사라지는 혐오자극을 찾는 것이 어렵기 때문이다. 행동치료에서 상담자의 언어적 반응은 중요한 강화의 근원이 되는데, 비치(Beach, 2005)는 이를 언어적 조건형성(verbal conditioning)이라고 명명하였다. 비치는 상담자가 자신이 강화하는 언어적 행동이 무엇인지 살펴보아야 한다고 주장하였다. 예를 들어 상담자가 문제에 대해 이야기할 때는 "음, 그래요." 등과 같은 반응을 보이면서 성공 경험에 대해 이야기할 때는 아무런 반응을 보이지 않는다면 내담자의 상황을 악화시킬 수 있다(Beach, 2005).

내담자는 종종 자기강화(self-reinforcement)를 배우기도 한다. 예를 들어 내담자는 헬스장에 가서 운동을 한 다음에 뜨거운 목욕이나 저지방 아이스크림 등을 자기 자신에게 선물해줄 수 있다. 또 다른 자기강화의 예는 스트레스 면역 훈련(stress inoculation training)에서 나타난다(Meichenbaum, 1977). 이러한 경우 내담자는 스트레스 상황에서 인지적 대처를 사용한 후에 스스로에게 그 성공을 축하하는 말을 건넨다("그 상황을 잘 견뎌냈네! 잘했어!").

자넬은 정적 강화가 셜리에게 적용하기 좋은 기법이라고 생각한다. 자넬은 셜리가 상담에 오는 것을 칭찬하고 셜리가 자신의 삶에 대해 이야기할 때 관심을 기울이며 고개를 끄덕이는 것으로 그 행동을 강화한다. 자넬은 셜리에게 자기주장 기술을 가르치는 데에도 정적 강화를 사용할 것이며, 숙제를 완료할 때에도 정적 강화를 사용할 것이다. 자넬은 또한 셜리가 상점에서의 실제적 노출을 견딘 다음에도 정적 강화를 사용할 것이다.

변별 강화

변별 강화(differential reinforcement)는 원하는 행동을 강화하는 동시에 원치 않는 행동을 소거하는 것으로 이루어진다(Wallace & Najdowski, 2009). 일정 기간 목표반응 외의 다른 모든 행동이 강화될 수도 있으며, 원치 않는 행동과 양립할 수 없는 반응이 강화되기도 한다(Nemeroll & Karoly, 1991). 예를 들어 엄마가 딸이 텔레비전을 덜 보기를 원한다면, 엄마는 텔레비전 시청을 제외한 거의 대부분의 다른 행동들(예 : 독서나 집 밖에서 뛰어노는 것)을 강화할 수 있다.

자넬은 셜리에게 변별 강화를 어떻게 적용할 수 있을지 확신할 수는 없었다. 자넬은 셜리와 함께 상점에 간 후에 셜리가 멈추지 않고 상점 안을 걸어 다니는 것을 강화할 수 있다. 그녀는 또한 셜리가 종업원과 대화하는 것을 강화할 수도 있다.

소거

소거(extinction)는 행동을 유지시키는 강화를 제거하는 것을 포함한다. 매우 흔한 예시 중 하나는 부모의 관심이 아이의 짜증부리는 행동을 강화하는 경우인데, 이때 부모는 단순하게 더 이상 그 짜증에 반응하지 않을 수 있다. 소거만을 단독으로 사용할 때에는 처음 개입이 시작될 때 증가될 수도 있는 목표행동을 견디는 것이 중요하다(Sherman, 1973). 더 강도 높은 짜증을 견디는 것은 절대로 쉬운 일이 아니다!

셜리에게 소거란 실제적 노출법과 동일한데, 이는 절도행위가 불안의 감소에 의해 일정 부분 유지되고 있기 때문이다. 하지만 조작적 소거를 위해서 셜리는 매우 어려운 행동, 즉 물건을 집어든 다음에 상점 밖으로 나가지 말아야 한다.

처벌

처벌(punishment)은 사건의 결과가 행동의 감소나 제거로 이어질 때를 의미한다. 개입에는 두 가지 형태의 처벌이 존재한다(Milan, 1990; Skinner, 1953). 첫 번째 형태는 우리에게 가장 친숙한 것으로, 바람직하지 못한 행동이 일어난 다음에 혐오 사건이 적용되는 것이다. 이러한 형태의 처벌은 뒤따르는 자극에 의한 처벌(punishment by contingent stimulation)이라고 불린다(Milan, 1990). 아이의 엉덩이를 때리는 것은 이 형태에 속한다.

처벌의 두 번째 형태는 원치 않는 행동이 나타날 때 원하는 상황이 종료되는 것으로 이루어진다. 예를 들어 리사가 동생을 때린 다음에 아빠는 리사가 보고 있던 텔레비전을 끌 수 있다. 이러한 형태의 처벌은 정적 강화인자의 제거라고 볼 수 있기 때문에 자극 제거에 의한 처벌(punishment by contingent withdrawal)이라고 불린다(Milan, 1990). 이와 유사한 기법에는 반응 대가(response cost)가 있는데, 이때 개인은 강화적인 무언가를 포기하도록 요구된다. 수표를 잘못 쓸 경우 은행에 벌금을 내는 것이 하나의 예시가 될 수 있다.

또 다른 형태의 처벌인 타임아웃(time-out)은 정적 강화인자를 일정 기간 제거함으로써 이루어진다. 이 기법의 익숙한 예시는 교실에서 찾아볼 수 있는데, 수업시간을 방해하는 행동을 한 아이는 타임아웃 방으로 보내질 수 있다. 여기서 중요한 것은 이 상황에서 아이에게 그 어떤 강화도 주어져서는 안 된다는 점이다. 일반적으로 강화인자는 단기간(예 : 1~2분) 동안만 이루어지는데, 이는 더 긴 기간이 타임아웃 기법의 효과를 증가시키지 않기 때문이다(Kazdin, 2001). 또한 타임아웃이 소거 기법으로도 생각될 수 있다는 점에 주목하여야 한다. 즉, 이 기법은 행동을 유지시키는 강화인자를 단순하게 제거한다.

행동의 변화를 위해 처벌을 사용하는 것에는 몇 가지 단점이 있다. 첫째, 처벌은 행동을 억누르기만 하기 때문에 그 처벌이 더 이상 존재하지 않을 때 문제행동이 다시 나타날 가능성이 크다(Skinner, 1971). 또한 인간은 혐오 조건을 피하고 싶은 동기를 가지고 있기 때문에 처벌은 회피 행동을 만들어낼 수 있다(처벌을 피하는 가장 좋은 방법은 처벌자를 피하는 것이다). 처벌은 또한 수치심, 분노, 짜증, 불안, 혹은 우울과 같은 부정적인 정서 상태로 이어질 수 있다(Milan, 1990). 사람들은 이러한 혐오적인 상태를 피하기 위해 처벌받은 행동을 떠올리기를 거부하거나 음주나 약물남용 등의 역기능적 행동을 취할 수도 있다(Milan, 1990). 마지막으로 이러한 부정적 감정은 처벌을 진행하는 대상(예 : 부모나 학교, 경찰)과 연합될 수도 있다(Kazdin, 2011). 또한 처벌은 공격적인 행동을 모델링할 수도 있다. 이러한 이유 때문에 처벌은 최후의 수단으로 여겨져야 하며 매우 조심스럽게 사용되어야 한다(Antony & Roemer, 2011b).

만약 처벌이 반드시 사용되어야만 한다면, 바람직하지 않은 행동이 일어난 직후에 내려져야 한다(Mein이 & Casey, 2012). 또한 간헐적 처벌보다는 지속적이고 연속적인 처벌 계획이 더 효과적이다(Kazdin, 2001).

> 자넬은 셜리가 스스로를 처벌하겠다고 하지 않는 이상 처벌이 효과적이지는 않을 것이라고 생각한다. 어떤 면에서 셜리는 이미 스스로 처벌을 받고 있는 것으로 여겨진다. 즉, 셜리가 물건을 훔친 다음에 죄책감과 수치심을 느끼기 때문이다. 하지만 이 처벌은 그녀의 행동을 멈추는 데 효과적이지 못했던 것으로 보인다. 체포가 일종의 처벌로 보일 수도 있지만, 매번 일어나는 것이 아니기 때문에 효과적이지는 못하다.

주장 훈련

울페는 내담자가 대인관계 상황에서 역기능적인 불안을 경험하는 경우 자기주장 행동이 필요하다고 여겼다. 주장적 행동은 "불안이 아닌 다른 감정으로 사회적으로 적절하게 표현하는 언어와 동작"(Wolpe, 1990, p. 135)으로 정의된다. 울페는 불안이 사회적 상황과 (고전적) 조건화되었으며, 상호제지를 통해 자기주장 반응이 불안과 맞서며 이러한 조건형성을 약화시킬 수 있다고 생각하였다. 주장 훈련은 내담자가 대인관계에서 경험하는 분노를 표현하는 방법을 가르치는 것을 포함하는데, 이는 분노가 불안을 제지하기 때문이다(Wolpe, 1960).

다른 몇몇 행동치료자들은 이 기법에 대해 조작적(즉, 기술 결여) 관점을 취한다(Duckworth, 2009b). 상담자는 주장적 행동에 대해서 내담자에게 설명한 다음에 그 행동에 대해서 시범을 보이거나 그 행동을 수행할 수 있도록 언어적 지시를 줄 수 있다. 상담자는 그 후 내담자의 행동을 조성하며, 더 나은 자기주장 반응을 하도록 강화한다. 행동치료 상담자는 일차적으로 칭찬을 강화인자로 사용하지만, 내담자가 아동일 경우에는 사탕과 같은 다른 강화인자가 사용될 수도 있다.

셜리에게 주장 훈련은 매우 적절하다. 자넬은 셜리가 눈을 마주치고 조금 더 큰 목소리로 말하며, 자신이 원하는 것을 요구하도록 가르칠 것이다. 예를 들어 셜리는 동료 자원봉사자에게 함께 영화를 보러 가거나 저녁을 먹으러 가자고 권하는 것을 연습할 수 있다.

자극 통제

많은 수의 행동은 하나 혹은 그 이상의 자극에 의해 통제된다. 앞서 설명된 것처럼 이 자극은 **변별 자극**이라고 불린다. 이러한 행동에 대해 가장 흔히 사용되는 예시는 흡연과 음식섭취이다. 흡연자는 흡연행동과 관련된 특정한 촉발요인(trigger, 예를 들어 배부른 식사를 하는 것)이 있다. 만약 밤에 침대에 누워서 과자를 먹는 사람이 있다면, 그냥 침대에 눕는 것 자체가 먹고자 하는 욕구를 불러일으킬 수 있다. 실제로 비만인 사람은 배가 고파서가 아니라 환경 내의 촉발요인에 대한 반응으로 음식을 먹는 경우가 많다.

행동과 연관된 변별 자극(일반적으로 다수의 자극)이 명확하게 확인되었으면 그 행동을 만들거나, 증가시키거나, 혹은 줄이기 위한 환경이 조정될 수 있다(Poling & Gaynor, 2009). 일반적으로 행동치료 상담자는 내담자에게 이 과정이 어떻게 진행되는지를 알려주고 내담자가 변별 자극의 여부와 정체를 확인하도록 돕는다(Kazdin, 2001). 그 이후 내담자는 이 기법을 실행하는 책임을 맡게 된다. 어떤 경우에 행동치료 상담자는 내담자가 원하는 환경 방향으로 바꾸는 것 또한 도와주기도 한다.

만약 어떤 자극이 바람직하지 않은 행동을 통제하고 있다면, 내담자는 처음에는 주로 그 행동을 회피하도록 지시된다. 그 후에 내담자가 행동에 저항할 수 있도록 이 자극에 대한 점진적인 접근이 이루어진다(Kazdin, 2001). 또 다른 경우에는 어떤 행동을 통제하기 위해 그 행동을 하나 혹은 다수의 자극과 연합하는 것이 필요할 수도 있다. 예를 들어 줄리가 자주 과식하는 문제를 겪고 있다면, 정해진 식탁에서 식사를 할 때에만 음식을 먹도록 제한하는 것이 유용할 수 있다. 즉, 줄리가 텔레비전을 보거나 다른 장소에 있을 때는 음식을 못 먹게 하는 것이다.

자넬은 셜리의 절도행위가 백화점이라는 자극에 의해 촉발된다고 본다. 셜리는 식료품 가게나 다른 상점에서는 물건을 훔친 일이 거의 없다고 보고한다. 자넬은 상점과 절도행위 사이의 연관을 끊기 위해서는 셜리가 한동안 백화점에 가는 것을 피해야 한다고 생각한다. 자넬은 셜리에게 일주일 동안 매일 식료품 가게에 가는 숙제를 내준다. 첫째 날에 셜리는 가게 안으로 들어갔다가 바로 걸어 나온다. 둘째 날에는 가게 내의 통로 하나를 걸어갔다가 나온다. 매일의 시도 후에 셜리는 어떠한 방식으로든 자신에게 정적 강화를 제공한다. 셜리가 불안이나 훔치고자 하는 충동을 더 이상 보고하지 않을 때까지 점진적으로 식료품 가게에서 보내는 시간을 늘린다. 그 후 이 과정은 백화점을 대상으로 되풀이된다.

내현적 조건형성

내현적 조건형성(covert conditioning) 과정은 행동 변화를 위해 심상을 사용한다. 내현적이라는 용어는 내담자가 행동의 변화와 행동을 유지했을 때의 결과를 실제로 경험하는 것이 아니라 상상을 통해 경험한다는 것을 나타낸다(Cautela, 1994). 또한 심상 속 행동을 바꾸기 위해 결과를 조작하는 과정도 내현적으로 일어난다.

코텔라(Cautela, 1994, p. 3)는 활용될 수 있는 여러 가지 내현적 조건형성 과정(예 : 민감화, 소거, 내현적 정적 강화, 내현적 부적 강화, 반응 대가)을 제시하였는데, 이들 중 대부분은 단순하게 행동치료 기법에 심상을 접목시킨 것이다.

자기통제 삼제(self-control triad)는 조금 더 복잡한 형태의 개입으로, 세 단계로 이루어져 있다. 제1단계에서 내담자는 목표행동이 나타날 때 "그만"이라고 외친다. 내담자는 그 후 심호흡을 하고 이완한다(제2단계). 제3단계에서 내담자는 즐거운 장면을 상상하는 것으로, 이완하고 자기강화를 제공하는 즐거운 상상을 한다(Kearney, 1994).

내현적 조건형성의 일반적인 과정은 다음과 같다(Cautela, 1994). 첫째, 내담자의 심상 능력이 확인 된다. 이때 필요하다면 심상 연습이 숙제로 주어진다. 그 후 내담자는 목표행동을 실제로 하는 상상(그 행동을 하는 자신의 모습을 비디오카메라를 통해 보듯이 하는 것이 아니라 1인칭 시점에서)을 한다(Kearney, 2006). 예를 들어 내현적 정적 강화의 경우, 내담자는 성공적인 행동을 상상하도록 지시받을 수 있다. 이 장면이 명확하게 떠오르면(내담자는 이를 손가락을 드는 것과 같은 신호를 통해 나타낸다), 상담자는 내담자에게 즐거운 장면(강화인자)을 상상하도록 지시한다. 이 과정은 상담회기 내에 여러 차례 반복되며, 녹음된 지시문과 함께 숙제로도 주어진다.

> 내현적 조건형성, 특별히 내현적 둔감화는 백화점과 연관된 셜리의 불안을 없애는 데 사용될 수 있다. 자넬은 셜리가 백화점에 들어가서 불안이 자라날 동안 그 자리에 머무르며, 그 후 아무것도 훔치지 않고 그곳을 벗어나는 일련의 행동을 상상하도록 도와줄 수 있다. 강화 또한 추가될 수 있는데, 이때 셜리는 백화점에 가는 상상을 성공적으로 마친 다음에 즐거운 장면을 상상할 수 있다.

모델링

모델링(modeling)은 종종 다른 기법과 함께 사용되는 유연한 기법이다. 가장 기본적인 형태의 모델링은 단순한 관찰인데, 이때 내담자는 모델이 목표행동을 수행하는 것을 지켜보게 된다(Spiegler, 2016). 모델은 일반적으로 점차 더 어려운 과제를 수행해 나간다. 예를 들어 고소공포증이 있는 내담자가 있다면, 그 내담자는 모델이 발판 위에 올라서는 것에서부터 시작하여 최종적으로는 20층 높이의 건물 발코니에서 밖을 내려다보는 모습까지 관찰할 수 있다.

모델링의 또 다른 형태는 참여자 모델링(participant modeling), 혹은 유도된 참여(guided participation)이다(Spiegler, 2016). 이 접근에서 모델(일반적으로 상담자)이 목표행동 시범을 보인 후 내담자가 그 행동을 실제로 연습해본다. 모델은 내담자가 점진적으로 더 어려운 행동을 수행하는 것을 도와준다.

셜리는 모델링을 통해 새로운 사회적 기술을 배운다. 자넬은 알맞은 목소리 크기와 눈 맞춤을 보인 후 셜리에게 이를 상담회기 내에 연습하도록 한다. 자넬과 셜리는 함께 셜리가 행동적 문제를 가지고 있을 수 있는 상황을 확인하고 셜리가 할 수 있는 새로운 반응을 만들어낸다. 자넬은 적절한 행동을 먼저 시범보인 후 셜리가 시도해보도록 한다.

자넬은 백화점에 대한 둔감법의 첫 단계로 모델링을 사용하는 것을 고려해본다. 자넬은 모델이 가게에 들어가서 살 물건을 고르고 값을 지불한 후 가게를 나오는 장면을 촬영할 수 있다. 셜리는 불안을 경험하지 않고 스스로 이 행동을 할 수 있을 때까지 이 비디오를 회기 사이에 시청할 수 있다.

행동적 자기통제

행동적 자기통제(behavioral self-control)는 내담자가 스스로 행동치료 기법을 사용할 수 있도록 내담자를 가르치는 것을 의미하며, 특정 기법이라고 보기는 어렵다. 캔퍼와 캘로리(Kanfer & Karoly, 1972)는 이 접근법이 효과를 보이려면 내담자가 상담 목표와 그 과정에 진정으로 전념해야 한다고 언급했다. 이들은 '의도 선언문(intention statement; p. 411)' 작성을 촉진하는 요인(예 : 현재 행동의 부정적 결과, 정적 강화의 가능성)과 방해하는 요인(예 : 실패 시 처벌 가능성)이 무엇인지에 대해 설명하였다.

앞서 소개된 대부분의 행동치료 기법은 행동적 자기통제 모델로 활용될 수 있다. 예를 들어 한 연예인이 흡연욕구가 들 때마다 손목에 감긴 고무줄을 튕긴 영상이 텔레비전 광고로 나간 적이 있다. 이는 혐오 자기통제 과정(혐오 역조건형성이나 처벌에 기반을 둔 자기통제)의 좋은 예시이다. 행동적 자기조절 접근의 또 다른 예시는 내담자에게 자극 통제 과정을 가르치는 것이 될 수 있다.

영상 자료 8.3

이 비디오의 처음 2분을 보자. 어떤 행동치료 기법이 사용되고 있는가?

 https://www.youtube.com/watch?v=XOeZqFaoeF0

개인적·문화적 다양성에 대한 논의

행동치료의 몇 가지 특성은 다양한 내담자에게 적용될 수 있도록 도와준다. 행동치료의 내재된 구조성, 상담자의 지시적인 역할, 그리고 상대적으로 적은 정서에 대한 강조는 동양 문화권 내담자에게 잘 받아들여질 수 있다(Shen, Alden, Söchting, & Tsang, 2006; Sue & Sue, 2013). 이에 반해 스피글러(Spiegler, 2013b)는 행동치료의 직설적인 면이 일본이나 북미 원주민 문화와 같은 문화권의 내담자에게는 문제가 될 수 있음을 언급하였다.

아프리카계 미국인 내담자는 상담자가 신뢰할 만하다고 여기면 협력적 치료관계에 긍정적으로 반응할 수 있다. 하지만 동양계나 히스페닉계 내담자의 경우 위계를 중시하는 문화적 분위기 때문에 상담자가 조금 더 격식 있게 접근하는 것을 선호할 수 있다. 실질적이고 즉각적인 행동치료 접근은 현재 지향적인 북미 원주민 및 알래스카 원주민에게 적절할 수 있다(Sue & Sue, 2013). 이에 반해 행동치료의 목표설정에 내포된 미래 지향성은 이들에게 불편감을 조성할 수 있다. 패튼 등(Patten et al., 2013)은 청소년을 위한 금연 개입을 제시하면서 행동치료가 알래스카 원주민에게 적용될 수 있음을 시사하였다. 이 개입은 집단 활동과 마을 어른들의 증언을 포함하였으며, 인지행동 이론에서 기인한 사회인지 이론(social-cognitive theory)(Bandura, 2004)에 기반을 두었다. 패튼과 동료들은 문화에 맞게 조정된 개입은 성공적이었으며, 자기보고 자료에 따르면 단기 금연에 효과적이었다고 보고하였다.

스피글러(2016)는 행동치료가 문제행동에서 환경이 가지는 역할을 강조하기 때문에 문화적 차이를 고려할 수 있다는 점에서 다양한 문화권의 내담자들에게 잘 적용될 수 있다고 주장하였다. 챔블레스(Chambless, 1986)는 환경적 요인에 대한 강조는 문제에 대해 내담자를 탓하지 않게끔 한다고 말하였다. 또한 챔블레스는 아프리카계 미국인 내담자는 행동치료의 능동적이고 지시적이며 문제 중심적인 접근에 긍정적으로 반응할 가능성이 크다고 생각하였다(p. 7). 개입이 내담자 각자의 필요와 문화적 배경, 현재 상황에 맞춰 조정될 수 있다는 점 또한 행동치료가 다양한 내담자에게 잘 활용될 수 있도록 도와준다(Spiegler, 2016).

행동치료의 몇 가지 측면은 여성주의 가치와 부합한다. 페미니스트들은 학습이 환경적 요인에 의해 영향을 받는다는 행동주의적 주장이 문제에 대해 내담자 탓을 하는 기존의 접근법과 다르다는 점에서 긍정적으로 반응하였다(Kantrowitz & Ballou, 1992; Worell & Remer, 2003). 행동치료는 자기도움(self-help)을 강조하고 내담자가 스스로 나아갈 방향을 정하도록 격려하는데, 이는 여성주의 철학과 일치한다(Hunter & Kelso, 1985). 기술 발달에 대한 강조와 환경에 대한 내담자의 통제력을 향상시키는 것을 목표로 삼는 것 또한 여성주의적 이상과 일맥상통한다.

그와 동시에 행동주의자는 내담자 삶의 사회정치적 맥락을 간과한다는 비판을 받을 수 있다. 칸트로위츠와 발루(Kantrowitz & Ballou, 1992)는 건강을 적응적 행동이라고 정의하는 것은 문제가 있다고 주장하였다. 무엇이 적응적인지는 누가 정하는 것인가? 그들은 지배적 사회집단(즉, 백인 남성)이 이를 결정하며, 이는 여성 및 역사적으로 억압을 받아온 다른 집단들에게 불공평하며 편향적인 기준이라고 주장하였다. 건강의 정의에 대한 논쟁 기저의 더 광범위한 문제는 아마 통제일 것이다. 즉, 행동치료 상담자가 강력한 사회문화적 요인을 고려하지 않은 채 내담자의 행동 변화를 '만들어'내는 것이 괜찮은가에 대한 문제이다(Ivey, D'Andrea, & Ivey, 2012). 편견과 차별을 받고 있는 내담자는 이 사회적 문제들이 상담 과정에서 다뤄지지 않는다면 오해를 받고 있다고 느끼게 될 것이다. 또한 인간 행동에 대한 이성적이고 과학적인 접근에 대한 행동치료의 강조는 백인, 남성, 유럽계 가치를 반영한다. 이는 여성과 다른 문화적 집단에 속한 사람들의 관점과는 매우 다를 수 있다(Kantrowitz & Ballou, 1992).

콜린스와 맥네어(Collins & McNair, 1986)는 행동치료가 행동의 환경적 결정요인을 강조하지만, 행동치료적 개입은 대부분의 경우 개인의 행동을 목표로 한다고 언급하였다. 이러한 편향은 여성과 소수집단의 구성원을 향한 억압을 지지하는 것으로 보일 수도 있다. 특히 여성을 대상으로 한 기술훈련 개입에 대해 콜린스와 맥네어는 문화가 아닌 여성을 치료하는 것이 전통적인 성역할 행동을 강화시킨다고 주장하였다(예 : 어머니와 아이의 역할에 중점을 두는 부모 훈련의 경우). 또한 이들은 전통적 성역할 고정관념을 가진 상담자에게 소수집단에 속한 여성의 적극적인 대처 방법이 부적응적으로 비춰질 수도 있다고 지적하였다. 하지만 다른 연구자들은 최근의 행동주의는 이전에 비해 내담자 문제의 환경적 측면을 더 면밀히 고려한다고 주장하였다(Spiegler, 2016). 특히 인지행동치료는 여러 문화권에 속한 내담자에게 적용 가능한 것으로 보인다(Horrell, 2008).

1960년대 후반에 행동치료 상담자는 동성애의 성적 지향을 바꾸는 데 조건형성 기법을 사용하는 것을 지지하였다(Glass & Arnkoff, 1992). 하지만 1974년에 행동치료의 발전을 위한 학회의 회장이었던 제럴드 데이비슨은 회장단 연설에서 이러한 시도를 지속하는 것은 비윤리적이라고 주장하였다(Davison, 1976). 글래스와 안코프(Glass & Arnkoff, 1992)에 따르면 이러한 데이비슨의 간청은 동성애가 DSM-IV의 진단분류에서 빠지게 되는 데 기여하였다.

CHAPTER 9

합리적 정서행동치료

앨버트 엘리스

앨런은 27세 백인 남성으로 한 물류창고에서 재고를 옮기는 일꾼들을 감독하는 일을 맡고 있다. 그의 아내 테레사는 30세 아시아계 여성이다. 앨런은 독실한 가톨릭 가정의 외동아들로 태어났으며, 그와 테레사 또한 독실한 가톨릭 신자이다. 테레사와 앨런이 참여하는 대부분의 친목모임은 성당과 관련되어 있으며, 그들은 성당 활동에도 열심히 참여한다. 앨런의 부모는 차로 두 시간 거리에 위치한 다른 도시에 살고 있으며, 테레사의 부모는 서해안에 살고 있다. 이 부부에게 자녀는 없다.

앨런은 불안과 불안에서 기인한 반복적인 행동 때문에 상담을 찾게 되었다. 앨런은 집에서 방을 나올 때 전등이 꺼졌는지를 확인하기 위해 그 방을 여러 번 들락날락거린다. 어떤 때에는 전등 스위치를 껐다 켰다 하지만, 또 어떤 때에는 그저 스위치를 바라보기만 한다. 앨런은 또한 퇴근길에 누군가를 자동차로 치지 않았는지 걱정되어 이를 확인하고자 왔던 길을 되돌아가기도 한다. 앨런을 가장 괴롭게 하는 것은 통제할 수 없다고 느끼는 어떤 종교적이고 기분 나쁜 심상이 머릿속을 맴도는 것이다. 앨런은 그 심상을 묘사하는 것을 꺼렸으나, 그 심상이 성모 마리아와 관련된 성적인 내용을 담고 있다고 털어놓는다.

앨런은 이러한 증상들이 여러 형태로 적어도 5년 정도 지속되었다고 말한다. 그는 테레사와 결혼하기 직전에 두려움에 온몸이 마비되는 것 같은 경험을 했다고 기억한다. 그 당시에 상담을 통해 증상이 어느 정도 완화되었으나, 불안감이 여전히 신경 쓰일 정도로 남아 있었다고 한다. 그 후 몇 차례 짧은 기간 강박행동이 지속되었으나, 전등 스위치를 확인하는 것처럼 그다지 심각하지 않은 수준이었다. 앨런은 한 달여 전에 종교적인 심상과 누군가를 자동차로 치는 것에 대한 걱정이 시작되면서 이 문제에 더 신경을 쓰게 되었다고 한다.

상담장면에서 앨런은 불편하고 불안해 보인다. 앨런은 말을 빠르고 조용한 목소리로 하며, 상담에 대한 동기가 있어 보이지만 자신의 증상들에 대해 어쩔 줄 몰라 하는 모습을 보인다.

배경

합리적 정서행동치료(rational emotive behavior therapy, REBT)를 창시한 앨버트 엘리스(Albert Ellis, 1913~2007)는 다채롭고 대담한 인물이었다. 엘리스는 본래 성(性)치료사였다가 정신분석가로 재수련을 받았는데, 그는 후에 수동적이고 더딘 정신분석적 방법들에 대한 불만 때문에 자신만의 새로운 이론을 만들게 되었다(Ellis, 1994b). 엘리스는 또한 REBT가 그의 젊은 시절 "개인적인 신경증 반대운동"의 산물이었다고 회고하였다(Ellis, 1997a, p. 76; 글상자 9.1 참조). 이 장을 시작하기에 앞서 엘리스가 어떤 인물이었는지를 잘 반영하는 글 하나를 인용하고자 한다.

> 내가 심리치료자가 된 (진짜) 이유는 무엇인가? 한마디로 훨씬 덜 불안하고 더 행복한 사람이 되도록 나 자신을 돕고 싶었기 때문이다. 물론 다른 사람들도 돕고 싶었고, 좀 더 나은 세상을 만들기 위해서 투쟁하는 건강하고 행복한 사람들이 있는 더 좋은 세상이 되도록 돕고 싶기도 했다. 하지만 내가 진정으로, 그리고 원래 원했던 것은 나를, 나를, 나를 돕는 것이었다! (2004, p. 73; 원문에서 강조).

처음에 REBT는 합리적 치료(rational therapy, RT)로 불렸으나, 1961년에 엘리스는 정서적 요소를

글상자 9.1

합리적 정서행동치료자여, 너 자신을 치유하라!

어린 앨버트 엘리스는 여자아이들을 무서워하였다. 엘리스가 19세가 되던 해, 그는 이 문제를 어떻게 좀 해결해보고자 마음을 먹었다. 그는 이미 대중연설에 대한 공포를 이겨낸 후였다. 그의 말을 빌리자면, "나는 나 스스로에게 이렇게 말했다. '빌어먹을, 만약 실제상황 둔감법이 어린아이들에게 효과가 있다면, 나에게도 효과가 있을 거야. 내 연설 공포에 이걸 시험해보자. 만약 실패하면, 실패하는 거지. 불안감에 죽는다면, 죽는 거지! 어쩌겠어!'"(Ellis, 1997a, p. 71). 이 실험을 통해 현재 수치심 공격하기(shame attacking)로 알려진 기술이 탄생하였으며, 그 효과 또한 입증되었다.

엘리스는 그 후 이 기술을 여성 공포증에도 적용해 보기로 하였다. 그 당시 그는 브롱크스 식물원 근처에 살았으며, 이 아름다운 공원을 자주 방문하였으나 여성과 어울리는 것은 상상으로밖에 해보지 못하였다. 스스로에게 "시도해봐, 마음 졸이지 말고!"(1997a, p. 72)라고 말하며, 자기 자신에게 다음과 같은 숙제를 내주

었다. 7월 한 달간 매일 식물원에 가서 벤치에 앉아 있는 여성을 발견하고, 그 옆자리에 앉은 다음에, 장장 1분 동안 대화하기! 엘리스는 그 한 달 동안 130명의 여성과 함께 그 숙제를 진행하였으며, 놀랍게도 단 한 여성도 소리를 지르거나, 구토를 하거나, 경찰을 부르지 않았다. 과학자였던 엘리스는 다음과 같이 보고하였다. "30명은 그냥 가버렸다. 내가 말을 꺼내기도 전에 날 거절한 것이다! 하지만 난 나 자신에게 강경하게 말했다. '괜찮아. 이제 표본에 딱 100명이 남았잖아. 연구하기 딱 좋지!'"(1997a, p. 72)

그 처음 100명 중 엘리스는 한 명과 데이트를 약속하게 되었지만, 그녀는 약속장소에 나타나지 않았다. 엘리스는 노력을 계속하였으며, 그가 말을 두 번 건 100명의 여성 중 3명과 데이트를 하게 되었다. 그의 첫 REBT 실험은 매우 성공적이었으며, 실제로 그는 그 후 어느 곳, 어느 때라도 여성들과 대화를 나눌 수 있게 되었다.

강조하기 위해 합리적 정서치료(rational emotive therapy)로 명칭을 바꾸었다(Ellis, 1995b). 마지막 'B'는 합리적 정서치료의 중요한 요소임에도 널리 인정받지 못하였던 행동적 요소를 부각시키기 위해 1991년에 포함시켰다. 엘리스에 의하면 합리적이라는 단어는 실수였는데, 이는 합리적이라는 단어가 절대적인 기준을 암시하지만 실제로 그러한 기준은 없기 때문이다(Ellis, 1999e). 그는 인지정서적 행동치료(cognitive-emotive behavior therapy)가 더 적당한 명칭임을 알았지만, 인지행동치료에 선수를 빼앗겼다고 말하였다.

앨버트 엘리스는 1913년에 펜실베이니아 주 피츠버그에서 세 명의 형제 중 맏이로 태어났으며, 뉴욕시에서 성장하였다. 엘리스의 초기 아동기는 온화한 방치 속에 보내졌다. 그의 아버지는 출장이 잦았던 판매원이었으며, 어머니는 육아에 대해 자유방임주의적 태도를 지니고 있었다(Ellis, 2010). 그의 부모는 엘리스가 12세가 되던 해 이혼하였다. 그 후 엘리스의 아버지는 거의 모습을 보이지 않았으며, 가정을 경제적으로도 부양하지 않았다.

엘리스는 어렸을 때 여러 신체적 질병을 앓았는데, 그로 인해 여러 번 병원에 입원하였으며 퇴원해서도 회복하기까지 신체 활동을 삼가야 했다(Yankura & Dryden, 1994a). 12세가 된 엘리스는 글을 쓰기 시작하였으며, 16세 즈음 탐독하기 시작한 철학 및 심리학에 대한 책과 논문들은 그의 이론 개발의 초석이 되었다.

아동기와 청소년기 동안 엘리스는 수줍음이 많았으며 사회적으로 회피적이었다. 엘리스의 다독 습관은 그가 19세가 되어 대중연설에 대한 공포를 이겨내고자 하였을 때 큰 도움이 되었다(Ellis, 1997a). 그는 실제상황 둔감법(in vivo desensitization)을 지지한 여러 행동학자(매리 코버 존스와 존 왓슨; 제8장 참조)의 초기 글들을 읽었으며, 스스로에게 많은 대중연설하기 숙제를 내주었다. 그 결과 엘리스(1997a)는 연설을 즐기기 시작한 자신을 보며 놀라게 되었다. 그 후에도 엘리스는 여성을 대하는 데 대한 불안감에도 이러한 둔감기법을 적용하였다(글상자 9.1 참조).

경영학 석사를 받은 후 작가 지망생이 된 엘리스는 생계를 위해 여러 일자리를 옮겨 다녔다. 이 기간에 엘리스는 방대한 양의 글을 썼으나 출판에 어려움을 겪었다. 같은 시기에 그는 **성적 문란에 대한 변론**(*The Case for Sexual Promiscuity*)을 집필하기 위하여 성에 관한 광범위한 자료를 찾아 읽고 조사하였다(Yankura & Dryden, 1994a). 엘리스는 그의 친구들과 측근들 사이에서 성에 대한 권위자 비슷한 사람이 되었으며, 작은 자문업을 시작하기도 하였다(Blau, 1998). 28세가 된 엘리스는 컬럼비아대학교에 입학하여 결혼·가족·성치료에 대한 훈련을 받고 임상심리학 석사 및 박사학위를 받았다.

엘리스는 첫 번째 직장에서 대학원에서 배웠던 권위적이고 조언적인 접근법의 약점을 깨닫게 되었다. 엘리스는 교육분석과 슈퍼비전까지 갖춰진 전통적인 정신분석적 학습과정을 밟기 시작하였다. 그는 이 과정을 통해 정신분석적 긴 의자 사용법, 꿈 해석, 전이 신경증에 대해 배웠다. 엘리스는 이러한 '심오한' 치료가 내담자에게서 더 큰 변화를 이끌어낼 것이라 기대하였지만, 결과는 실망스럽게도 그의 기대에 미치지 못하였다. 그의 내담자들은 정신분석 이론이 약속한 심오한 변화를 보이지 않았던 것이다. 전통적 정신분석의 효과성에 대한 회의가 든 엘리스는 해리 스택 설리반, 카렌 호나이, 오토 랭크와 같은 학자들이 주장한 정신분석의 여러 변형을 시도해보기 시작하였다. 엘리스는 이러한 접근법들을 더 좋아하였는데, 이는 이들이 정신분석 이론을 사용하면서도 자유연상이나 꿈 해석과 같은 더디고 힘든 방법들은 제외하였기 때문이다.

이러한 정신분석의 변형들이 기존의 정신분석보다 더 빨리 내담자 변화를 이끌어내는 것처럼 보였음에도 엘리스는 여전히 자신의 치료 결과가 불만족스러웠다. 그는 정신분석과 행동치료를 융합해보기 시작하였으며, 통찰 자체만으로는 내담자를 '치료'하기에 역부족이며 행동적 변화 또한 필요하다고 믿게 되었다(Ellis, 1994b). 엘리스는 1954년에 행동학, 철학, 심리학에 대한 자신의 지식을 통합하기 시작하여, 1955년 1월부터 합리적 치료를 실행에 옮겼다(Ellis, 1992a). 1956년도 미국심리학회(APA)에서 그는 합리적 치료에 관한 첫 번째 논문을 발표하였다. 엘리스는 1959년에 합리적–정서적 치료협회(Institute for Rational-Emotive Therapy)(Ellis, 1992a)를 설립하였으며, 1962년에 기념비적 저서인 상담치료에서의 이성과 정서(*Reason and Emotion in Psychotherapy*)(1994년 개정)를 출판하였다.

이러한 일련의 사건은 엘리스의 길고 긴 논란에 휩싸인 경력의 시작을 알려준다. 엘리스는 허튼 짓을 용납하지 않는 태도와 전문적인 자리에서 자유로운 비속어를 사용하는 것으로 그 이름을 알리게 되었다. 그가 경력을 쌓기 시작할 당시에는 정신분석과 성에 대한 보수적인 태도가 심리학 분야에서 지배적이었다. 엘리스의 개방적인 생각들은 이러한 문화와 정면으로 충돌하였다. 실제로 엘리스는 처음에 여대생들의 사랑을 주제로 박사논문을 쓰고자 하였으나, 너무 논란의 여지가 크다고 여긴 교수진은 이를 허가하지 않았다(Yankura & Dryden, 1994a). 심리학자들은 또한 그의 합리적 정서치료에 대해서도 그다지 수용적이지 않았다. 엘리스는 "이 치료의 강한 인지적 요소가 아들러학파 사람들을 제외한 거의 대부분의 사람들을 경악하게 만들었다."고 기록하였다(1992a, p. 9). 하지만 결국에는 엘리스의 고집이 성과를 내었다. 그의 이론은 여러 전문단체들(미국상담학회, 미국인도주의자협회)로부터 인정을 받았으며, 엘리스는 1985년에 APA의 학문기여 공로상을 받았다. 현재 REBT는 국제적인 영향력을 미치고 있으며, 심리치료의 주요 접근법 중 하나로 받아들여지고 있다.

REBT를 자세히 들여다보면 지그문트 프로이트의 학문적 후손들의 이론과 여러 유사점을 발견할 수 있다. 엘리스는 알프레드 아들러, 카렌 호나이, 해리 스택 설리반과 실존주의 철학자들(하이데거, 키에르케고르, 부버, 사르트르 등)로부터 영향을 받았다고 말하였다. 그는 또한 윌 슈츠, 프리츠 펄스, 그리고 1960년대의 참만남 운동(encounter movement)의 영향도 받았다(Ellis, 1994b). 한편으로 엘리스(1997a)는 다른 이론가들에 대해 단호하게 비판적이기도 하였는데, 한 글에서 다음과 같이 서술하기도 하였다. "소크라테스가 궤변가였다는 건 명백하다. 플라톤은 종종 어리석은 이상주의자였다. 칸트는 용감하게 신을 내던지고 나서는 겁쟁이처럼 뒷문으로 다시 신을 들여왔다. 프로이트는 과일반화를 일삼았다. 융은 명석했으나 엉성한 신비주의자였다. 빌헬름 라이히는 꽤나 정신병적이었다. 칼 로저스는 좋은 사람이었지만 겁쟁이 애송이였다."(p. 70)

엘리스는 20세기 가장 다작한 심리학자 중 하나였다. 그는 800편이 넘는 논문과 70권이 넘는 책을 출판하였다. 그의 이론에 대한 초기 비판에 답하는 엘리스 글을 [글상자 9.2]에서 확인해볼 수 있다.

엘리스는 여러 해 동안 금요일 밤마다 앨버트 엘리스 연구소(Albert Ellis Institute)에서 REBT 시연을 하였다. 입장료는 5달러였으며, 두 명의 운 좋은 관객이 엘리스를 위해 내담자 역할을 시연하도록 선택되었다. 엘리스는 80대에 접어 들어서도 개인 · 집단 REBT 및 REBT 슈퍼비전, 강의, 그리고 글을 쓰며 매주 80시간씩 일하였다.

앨버트 엘리스의 합리적 정서치료에 대한 초기 변론

로버트 J. 스미스 박사(Robert J. Smith, 1964)는 최근 한 논문에서 합리적-정서적 심리치료에 관한 몇 가지 흥미로운 이의를 제기하였다. 스미스 박사는 그의 귀중한 논문에서 이론의 창시자에게 이론적 관점에 내재된 난점들에 직면하고 그러한 관점을 뒷받침할 만한 실험 자료를 제시할 것을 강경하게 요구하였다. 이제 나는 합리적 정서치료가 스미스 박사가 제시한 논점들을 충족하지 못하는지 심사숙고하여 살펴보고자 한다.

스미스 박사는 먼저 합리적 정서치료가 역사적인 합리주의에서 스스로 떨어져 나왔기 때문에 다음과 같은 질문이 제기된다고 하였다. 합리성의 기준은 어떻게 결정되는가(예 : 상담자는 합리적이지만 내담자나 환자는 그렇지 않다)?

그 질문에 답을 하자면, 엄밀히 말하자면 거의 모든 현대 심리치료 체계들이 환자를 비합리적(즉, '신경증적,' '병든,' '혼란스러운')이라고 주장한다는 것이다. 이러한 주장은 대부분 정의적 가치체계에 기반을 둔다. 상담자가 아닌 철학자(예 : 니체 철학자)는 (1) 환자는 비합리적이지 않은데, 이는 불안이나 적대심은 당연한 것이며 개인이 누려야 할 감정이기 때문이라고 주장하거나, 혹은 (2) 환자는 실제로 비합리적이지만, 어떤 인간 가치들은 비합리성에 의해 향상되기 때문에 오히려 좋은 일이라고 반박할 것이다. 즉, 합리주의, 프로이트주의, 로저스주의 혹은 다른 심리치료에서 어느 정도 임의적인 정의에서만 환자를 비합리적이라고 여긴다.

하지만 다행히도 대부분의 환자들은 자신들이 삶에서 좋지 못한 결과들을 경험한다고 보기 때문에 상담에 온다. 따라서 환자들은 자신이 자기 패배적, 비이성적, 혹은 비합리적이라는 상담자의 말에 동의한다. 심리치료에서 환자들은 정서적으로 덜 불안하고 더 합리적이 되기 위해서 삶의 방식을 변화하기를 원한다고 가정하며, 상담자는 이에 도움을 준다고 가정하게 된다. 그렇기 때문에 합리적 정서치료에서 합리성은 스미스 박사가 말한 것처럼 "합리적 치료 상담자들이 공동으로 수용하는 어떠한 것"이 아니라, 대부분의 상담자와 환자가 수용하는 것이다.

상담자가 환자의 정서적 어려움을 어떻게 환자의 언어로 표현하고 자기실현을 도우면서도, 경직되고 제한적인 문화적 규범에 따라 환자가 정의하는 '자기(self)'로부터 떠나도록 도와줄 수 있는가? 합리적 정서치료는 스미스가 '순진한 절충주의'라고 부르는 것을 통해 이 문제를 온전히는 아니지만 어느 정도 해결한다. 환자가 자신의 목표를 자멸시키기에(예 : 자신감 있고 안정적이길 바라면서도 스스로를 불안하게 만드는 것) 대체로 비합리적이라는 것을 수용하면서도, 합리적 정서치료는 환자에게 그가 실패나 성공, 혹은 타인의 인정에 상관없이 무조건적이고 절대적으로 스스로를 수용하지 않는 한 그가 바라는 목표를 이룰 수 없음을 보여준다.

다시 말해 합리적 정서치료는 특정한 목표(예 : 불안하지 않고 자신감 있는 상태)가 '좋다' 혹은 '합리적'이라고 (어느 정도 임의적인 정의에 의해서) 가정한다면, 이러한 목표에 도달하기 위한 과학적이고 실질적으로 입증 가능한 방법이 고안되고 가르칠 수 있다고 주장한다. 합리적 정서치료가 밝혀낸 것 중 하나는 안정감과 가치감이 영구적으로 뿌리 깊게 자리 잡기 위해서는 임의적이고 문화적인 규범에 매여 있어서는 안 된다는 것이다. 그 대신에 진정으로 자기 수용적인 개인은 자기 스스로의 고유한 만족을 추구하며, (현실적인 이유 때문에 어느 정도는 신경을 써야 하겠지만) 문화적 압박에 순응하기 위해 크게 애쓰지 않는 자기 자신을 좋아한다.

출처 : Ellis, A. (1965). An answer to some objections to rational-emotive psychotherapy : *Psychotherapy: Theory, Research and Practice, 2*, 108-111. Copyright © 1965 American Psychological Association. 허락하에 재인쇄함

┌─ **음성 자료 9.1** ───
음성파일 4:15-13:07을 통해 어려움을 겪고 있는 사람을 대하는 방법에 관한 앨버트 엘리스의 논의를 들을 수 있다.

 https://www.youtube.com/watch?v=_rwkU8BfVgk
└──

앨버트 엘리스는 2007년 7월에 세상을 떠났다. 2010년에는 그의 자서전 올 아웃(*All Out!*)이 출간되었다. 엘리스의 업적은 그가 1995년에 설립한 앨버트 엘리스 연구소를 통해 이어지고 있다(http://rebt.org). 최초의 REBT 학술지 합리적 삶(*Rational Living*)은 연구소를 통해 1966년에 처음 발간되었으며, 1988년에는 합리적-정서적 인지행동치료학회지(*Journal of Rational-Emotive & Cognitive-Behavior Therapy*)로 명칭이 바뀌었다(Neenan & Dryden, 1996). 현재 여러 명의 REBT 이론가들과 상담자들이 활발한 활동을 이어가고 있으며, 그들 중 다수는 앨버트 엘리스로부터 직접적인 지도를 받았다. 이들 중에는 REBT 실무자용 가이드(*A Practitioner's Guide to Rational Emotive Behavior Therapy*; 2014) 제3판의 저자인 레이몬드 디귀세페, 크리스틴 도일, 윈디 드라이든, 바우터르 백스가 포함되어 있다. 앨버트 엘리스 연구소와의 철학적 의견차이로 인해 REBT 네트워크(REBT Network)(www.rebtnetwork.org)가 2006년에, 엘리스 REBT(Ellis REBT; www.ellisrebt.co.uk)가 2012년에 각각 설립되었는데, 이는 엘리스의 뜻을 이어가고자 하는 엘리스의 아내인 데비 조페 엘리스(Debbie Joffe Ellis)의 노력의 산물이었다. 최근 출판된 REBT 관련 도서인 다시 보는 앨버트 엘리스(*Albert Ellis Revisited*; Carlson & Knaus, 2014)에는 현대 과학자들과 실무자들의 주석이 더해진 엘리스의 글이 모아져 있다.

기본 철학

REBT는 엘리스가 스토아학파 철학자인 에픽테토스의 주장을 의역한 한마디 문장으로 요약될 수 있다. "사건이 아니라 그 사건을 바라보는 우리의 시선이 우리를 괴롭게 한다."(2005, p. 259) REBT 이론의 핵심에는 사람이 자신의 생각과 감정, 행동을 통제할 수 있다는 가정이 있다. 내담자가 타인이 자신으로 하여금 어떠한 감정을 느끼게 '만든다'고 이야기하면 엘리스는 다음과 같이 대답하곤 하였다. "그건 불가능해요. 그 누구도 당신이 어떤 것을 느끼도록 만들 수는 없어요. 야구방망이를 사용하지 않는 한 말이죠."(2002, p. 110)

엘리스는 그의 이론이 구성주의적이라고 여겼다. 즉, 엘리스는 개인이 자신의 현실을 만들며, 외부로부터 타당화된 어떤 현실이 아니라 개인의 현실에 대한 지각이 행동을 결정 짓는다는 점을 강조하였다(Ellis, 1998a). 엘리스의 후기 저서들을 보면, 엘리스(Ellis & Ellis, 2011)는 철학적으로 REBT는 건강한 정신 과정과 행복 사이의 연결을 강조하였다는 점에서 티베트 불교와 유사하다고 주장하였다.

엘리스는 온건한 결정론자로 표현될 수 있다(Ziegler, 2000). 그는 개인이 삶에서 어느 정도의 선택권을 가지지만, 유전적이거나 생득적 잠재성이 또한 상당한 영향력을 행사한다고 생각하였다. 실제로 엘리스(1979c)는 인간 행동의 80%가 생물학적 요인에 귀인되고, 20%만이 환경적 영향에 귀인된다고 기술하기도 하였다(p. 17). 만약 누군가가 행동의 그렇게 큰 부분이 생물학적으로 결정된다면 행동변화를 시도하는 것이 과연 무슨 의미가 있는지를 질문한다면, 엘리스는 생득적 특성들도 바뀔 수 있다고 답할 것이다. 다만 그러한 변화는 매우 어려우며, REBT를 통한 '뼈를 깎는 노력(push your ass, PYA)'이 요구될 뿐이다(Ellis, 1998b).

REBT 이론은 인간 본성에 대해서는 꽤 중립적인 입장을 취한다. 즉, 인간이 본질적으로 악하거나 실현적이라고 보지 않는다. 아마 REBT 지지자들은 우리 모두 안에 신과 악마가 조금씩은 존재한다고 여길 것이다. 엘리스(1994b)는 인간에게는 희망이나 소원을 당위적 진술(반드시 가져야만 할 것)로 만드는 성향과 더 나은 삶을 위해 노력하는 성향이라는 두 가지 강력한 성향이 있다고 서술하였다(pp. 14-15). 즉, 인간은 비합리적이면서도 합리적이도록, 자기실현적이면서도 자기패배적이도록 생물학적으로 만들어졌다는 것이다(Ellis & Ellis, 2014).

REBT는 행동에 대한 책임이 자기 자신에게 있으며, 사람들은 특정 행동이 '나쁜지' 혹은 '좋은지,' 자기와 사회에 유익한지 혹은 해로운지를 쉽게 알 수 있다고 보았다. 좋고 나쁨의 기준은 공동체 내 기준에 따라 합의된다(Ellis, 2005). 엘리스는 사람들은 항상 변화하는 과정 속에 있기 때문에 어느 한 시점에 그들의 가치를 평가하는 것은 불가능하다고 주장하였다(Ellis, 1994b).

> 라파엘은 앨런의 REBT 상담자이다. 라파엘은 앨런을 맞이한 후 상담을 찾아온 이유에 대해 묻는다. 라파엘은 앨런이 자기 자신과 같이 강점과 약점을 지닌 그저 한 명의 인간이라고 생각한다. 앨런은 아마 몇몇 비합리적인 모습들을 보일 것이지만, 또 다른 상황에서는 전진적이고 생산적인 모습을 보일 것이다. 라파엘은 앨런이 현재 인식하는 세상은 어떤 모습인지를 염두에 둔다.

인간 동기

REBT 상담자는 사람들이 "(1) 혼자 있을 때, (2) 사회적으로, 다른 사람들과 함께, (3) 특정 몇몇 사람들과의 친밀한 관계 속에서, (4) 정보를 모으고 교육을 받으며, (5) 생산적으로 일하며, (6) 미술, 음악, 문학, 철학, 오락, 운동과 같은 여가 활동을 하면서, 생존하며 어느 정도는 행복하기(Ellis, 1994b, p.18)"라는 전반적인 목표를 가지고 있다고 가정한다. 엘리스는 근본적인 인간 동기는 쾌락을 얻고 고통을 피하는 것이지만, 인간은 또한 행동적 선택이 가져올 영향에 대한 미래적 시야를 지녔음을 암시하며, 사람들이 장기적인 쾌락주의자가 되어야 한다고 믿었다.

> 라파엘은 앨런을 생존과 행복을 추구하는 사람으로 본다. 라파엘은 현재 앨런의 행동이 본질적인 인간 목표를 만족시키기 위한 것임을 알아차린다. 앨런에게 배우자 테레사와 직장 및 성당 친구가 있다는 점에서 앨런이 사회적이고 친밀한 관계를 추구한다는 (그리고 그러한 관계를 만들었다는) 것을 알 수 있다. 앨런과 테레사는 성당 소프트볼 팀에 속해 있다. 앨런은 대부분 생산적으로 일하지만, 최근에는 그의 불안이 일을 방해하기도 한다. 또한 불안으로 인한 사회적 회피 행동 때문에 집에서 보내는 시간이 예전보다 더 많아졌다.

주요 개념

ABC 개념

REBT는 쉽게 *ABC*로 표현될 수 있다. *A*는 선행사건(Antecedent event) 혹은 활성화 경험(ActivAting experience), 즉 우리에게 벌어진 관련된 사건을 의미한다. *A*는 또한 역경(Adversity)을 나타내기도 한다(Ellis & Ellis, 2011). 생각이나 상상, 감정, 타인 등 사람의 마음을 상하게 만드는 것은 거의 무엇이든지 다 *A*가 될 수 있다(Wolfe, 2007). 드라이든(Dryden, 2013)에 따르면 대부분의 경우 *A*는 활성화 사건에 대한 추론을 포함한다. 예를 들어 *A*는 단순히 내가 영화관 계단에서 넘어졌다는 것이 아니라, 계단에 넘어졌는데 모든 사람이 나를 바라보며 '정말 칠칠맞지 못한 사람이네!'라고 생각했다는 추론이 포함되는 것이다.

*C*는 결과(Consequence), 혹은 보통 우리가 *A*의 결과라고 생각하는 것이다. *C*는 정서적인 사건(슬픔, 행복, 불안, 우울 등)이나 행동(일의 지속, 회피, 강박적 행동 등)이 될 수 있다. 또한 *C*는 건강한 정서(슬픔이나 행복 등)가 될 수도, 건강하지 못한 정서(우울이나 불안, 분노 등)가 될 수도 있다(Ellis, 1999d).

건강하거나 건강하지 못한 감정을 경험하는 것은 *A*에 대한 인식에 달려 있다. *A*는 *C*와 직접적으로 연결된 것이 아니라 *B*, 즉 *A*에 대한 신념(Belief)을 통해 연결된다(DiGiuseppe et al., 2014).

REBT의 *ABC* 모형은 매우 간단해 보이지만(*A*가 *B*를 활성화시키고, *B*가 *C*를 야기한다; $A \times B = C$), 정서 · 신념 · 행동이 서로 상호작용한다는 점에서 개념적으로 이해하기 어려울 수 있다(Ellis, 1994b). 즉, 느낌은 보통 인지적 요소와 관련되며, 역으로 인지적 요소도 느낌과 관련된다. 또한 행동은 생각 및 감정과 함께 얽혀 있다. 예를 들어 내가 이 세상은 반드시 공평하고 정의로워야 한다고 굳게 믿는다고 가정해보자. 그렇다면 어떤 사람이 식료품점에서 내 앞을 새치기해 끼어든다면(*A*), 나는 나와 같은 신념을 가지고 있지 않은 다른 사람에 비해 이 잘못을 몹시 더 막중하게 인지할 것이다. 나의 신념(*B*) 체계에 따라 *A*가 훨씬 더 부정적으로 여겨지는 것이다. 매우 강력한 *A*(예 : 허리케인)가 야기할 수 있는 다양한 *C* 또한 이러한 인간 경험의 상호관계에 대한 예시가 될 수 있다(Ellis & Dryden, 1997).

> 라파엘은 앨런의 상태에서 몇몇 *A* · *B* · *C*를 확인하기 시작한다. 앨런이 상담을 찾은 이유가 *C*이기 때문에 라파엘은 *C*, 즉 불안과 원치 않는 반복적 확인행동(전등 스위치와 퇴근길)에서 시작한다. 앨런의 *A*는 *C*보다 조금 더 불확실하다. 앨런은 반복적인 행동 전에 위험과 연관된 생각이나 심상이 떠올랐으며("전등을 켜두면 나쁜 일이 일어날지도 몰라." 혹은 "내가 누군가를 차로 치었을지도 몰라."와 같은 단순한 문장들), 이들이 반복적인 행동을 촉발시키는 것 같다고 보고한다. 종교적 심상 경험은 *C*이지만 *A*이기도 한데, 이는 그 심상이 불안, 수치심, 죄책감이라는 또 다른 *C*와 연결되어 있기 때문이다. 이러한 심상이 어디에서 비롯되는지는 확실하지 않다.

신념

신념은 우리가 자신에게 말하는 단순하고 서술적인 문장이나 우리에게 특별한 의미를 가지는 심상이나 상징이다. 통합적으로 우리의 신념은 우리의 삶의 철학을 형성하며, 이는 "우리 삶의 대부분을 지배하거나 망가뜨린다."(Ellis, 1994b, p. 46)

REBT 이론에 따르면 신념에는 합리적 신념(rational belief, *rB*)과 비합리적 신념(irrational belief, *iB*)이라는 두 가지 종류가 있다. 기술적인 수준에서 본다면 합리적 신념은 "논리적이거나, 경험적으로 지지되거나, 실용적(Ellis, David, & Lynn, 2010, p. 3)"이다. 합리적 신념은 이 세 기준 중 적어도 하나를 충족시켜야 한다. 합리적 신념은 보통 가볍거나 경미한 정서로 이어진다(DiGiuseppe et al., 2014). 드라이든(2013)은 "독단적이지 않은 선호, 실제보다 상황을 악화시켜 보지 않는 신념, 불편을 감수하는 신념, 수용하는 신념(p. 4)"이라는 네 가지 종류의 합리적 신념을 서술하였다. 이러한 합리적 신념들은 다음에 제시되는 비합리적 신념에 대한 설명을 읽고 나면 더 잘 이해될 수 있다.

비합리적 신념은 완고하고 당위적이다(Bernard, Ellis, & Terjesen, 2006). 이러한 신념은 보통 비논리적이며 비현실적이지만, 항상 그러한 것은 아니다. REBT 초기 이론은 다양한 비합리적 신념을 제시하였다(예: "나는 반드시 주변 모든 사람으로부터 사랑받고 인정받아야 한다."). 일반적으로 엘리스는 핵심 비합리적 신념은 요구적(demandingness)이며, "세상은 반드시 공평해야 한다.", "나는 반드시 완벽해야 한다." 혹은 "다른 사람들은 반드시 나를 친절하게 대하고 나를 사랑해야 한다."와 같은 당위적인 진술로 이어진다고 말하였다(Ellis, 1994b). 비합리적으로 생각하고자 하는 성향은 합리적으로 생각하고자 하는 성향과 같이 생득적이다(생물학적 기반을 가진다; Ellis, 1979a).

사람은 비합리적인 생각에 아주 의존할 때, 당위적 진술에서 파생된 다른 종류의 비합리적 생각에 빠질 수 있다. 당위성 없이는 이러한 생각이 나타나지 않는데, 이러한 비합리적 신념은 (1) 악화시켜 보는 신념(awfulizing), 혹은 상황을 지나치게 나쁘게 보는 것, (2) 견딜 수 없음(I-can't-stand-it-itis), 혹은 낮은 좌절 감내력(low frustration tolerance, LFT), 즉 나쁜 일들은 절대로 일어나서는 안 되며 만약 일어난다면 자신은 견딜 수 없으리라는 신념, (3) 매도하기(damnation), 혹은 자신이나 타인, 세상을 완전히 끔찍하다고 평가하는 것을 포함한다(Ellis & Ellis, 2014). 디귀세페 등(DiGuiseppe et al, 2014)은 '낮은 좌절 감내력'을 좌절 감내력으로 변경하였는데, 이는 많은 내담자들이 실제로 경험하는 좌절의 양이 너무 방대해서 이를 감내하는 것이 어렵기 때문이었다(다시 말해 낮은 좌절 감내력만의 문제가 아닐 수 있다).

영상 자료 9.1

영상파일 7:10-8:48을 보자. 글로리아가 가지고 있는 비합리적 신념은 무엇인가?

 https://www.youtube.com/watch?v=odnoF8V3g6g

우리가 비합리적 신념을 항상 알아차리지 못하는 것은 이러한 신념이 의식적 수준과 무의식적 수준 둘 다에서 나타날 수 있기 때문이다(Ellis et al., 2010). 인간은 자신의 비합리적 신념을 붙잡고 자기 스스로에게 계속해서 되뇌는 습관을 가지고 있다. 결과적으로 이러한 신념은 하늘에서 내려온 진실처럼 느껴지는 기본 (비합리적) 철학으로 탈바꿈된다(Ellis, 1994b). 그 후 이러한 역기능적 기본 철학은 여러 방법을 통해 강화된다. 이 철학은 강한 부정적 감정을 불러일으키는데, 이는 그 철학이 진

실인 것처럼 느껴지게 한다. 이러한 철학은 순환논법을 사용한다(예 : 만약 내가 실패한다면, 나는 나쁘다. 나는 실패했기 때문에 나쁘다).

영상 자료 9.2

영상파일 10:31-12:51을 통해 앨버트 엘리스가 글로리아의 비합리적 신념을 탐색하는 과정을 볼 수 있다.

 https://www.youtube.com/watch?v=odnoF8V3g6g

라파엘은 앨런의 무의식적 비합리적 신념을 쉽게 추측할 수 있다. 라파엘은 앨런이 전등 스위치에 관해 "전등 스위치를 전부 끄지 않으면 끔찍한 재앙이 닥칠 거야!"와 같은 어떤 지나치게 심각한 신념을 가지고 있다고 생각한다. 이와 유사하게 앨런은 또한 "나는 반드시 그 누구도 내 차로 치어서는 안 돼. 만약 그런 일이 일어난다면 그건 정말 끔찍할 거고, 나는 정말이지 몹쓸 사람이 되고 말 거야!"라고 생각하고 있을 수도 있다. 라파엘은 앨런의 종교적 심상이 무엇에 관한 것인지 고민하고 있으며, 아마 앨런이 '절대로' 그런 상상을 해서는 안 되며, 그런 상상을 한다면 그는 무가치한 버러지, 정말이지 쓸모없는 인간이라고 스스로에게 말하리라 추측한다. 이러한 특정 신념들 기저에는 앨런이 가지고 있는 세 가지 당위적 진술이 있다. 가장 중요한 첫 번째 진술은 "나는 '반드시' 완벽해야 한다."이다. 또한 앨런이 때때로 다른 사람들로 하여금 그를 나쁘게 대하도록 만드는 치료하기 어려운 증상들을 가지고 있기 때문에, 다음과 같은 두 가지 당위적 진술도 가지고 있으리라 예상된다. "다른 사람들은 '반드시' 나를 잘 대해줘야 해.", "세상은 '반드시' 살기 쉬운 곳이어야 하고, 그렇지 않으면 나는 견디지 못할 거야." 앨런은 상황을 악화시켜서 바라보고 있으며, 스스로를 무가치하다고 평가하며, 낮은 좌절 감내력으로 괴로워하고 있다. 이러한 증상들 때문에 앨런은 자기 스스로를 완전히 나쁜 사람으로 인식하고 있다.

상담 목표

REBT에 의하면 사람들은 모두 목표를 가지고 있으며, 이러한 목표가 좌절될 때 가장 중요한 *A*가 발생하게 된다. 우리는 모두 생존하고 행복하고자 하는 일반적인 목표를 가지고 있지만, 이는 우리가 다른 사람들과 공유하거나(직업적인 성공 등) 개인에게 고유한 특정 하위목표로 옮겨진다. 가장 보편적인 목표 중 하나는 사랑받는 것이다(Ellis, 1995a). 우리에게 중요한 타인이 우리에 대해 불만을 가지고 있다는 정보를 얻게 되면, 사랑받기 위한 목표가 좌절되며 우리는 *A*, 즉 선행사건을 경험한다. 엘리스에 따르면 또 다른 보편적 목표는 편안함과 성공이다(Ellis, 1995a). "우리는 자연적으로 사랑, 힘, 그리고 재미를 추구하는데, 이러한 것들은 종종 우리 삶에 즐거움을 더해주며 우리의 생존을 도와주기 때문이다."(Ellis, 1999c, p. 8)

어느 정도 행복하고자 하는 앨런의 목표는 그의 강박적 행동에 의해 위협을 받고 있다. 그는 전등 스위치를 확인하기 위해 그의 일상적인 생활리듬을 깨야 하며, 퇴근길에 차로 누군가를 치지 않았는지 확인하러 나가 봐야 하기 때문에 집에서도 편안하게 쉴 수 없다. 그가 경험하는 불안과 우울은 또한 그의 편안하고 성공하고자 하는 목표를 방해한다. 라파엘은 앨런이 그의 불안하고 강박적인 행동 때문에 직장에서도 어려움을 겪고 있음을 알게 된다. 라파엘은 다른 사람들에게 인정받고 아내에게 사랑받고자 하는 앨런의 목표 또한 어느 정도 좌절되었다고 추측하는데, 이는 그의 이상하고 불안한 행동이 종종 다른 사람들로 하여금 앨런을 멀리하도록 만들고, 테레사도 그의 '확인하는' 행동(전등 스위치와 퇴근길)에 짜증을 느끼고 있기 때문이다. 앨런은 테레사와의 관계가 나빠지는 것에 대해 가장 많이 염려를 하고 있다. (라파엘은 추가적으로 테레사가 앨런의 행동에 대해 "나는 견딜 수 없어."라는 생각을 가지고 있지 않은지 생각해본다.) 라파엘은 또한 앨런에게 종교가 매우 중요하며, 그의 종교적 심상이 앨런에게 그의 목표(신과 성당 사람들이 보기에 가치 있는 사람이 되기)를 이룰 수 없으리란 생각을 심어준다고 추측한다.

인간 가치 평가와 무조건적 자기수용

REBT에서는 전반적으로 인간 가치를 평가하는 것, 즉 자기 자신이나 타인을 온전히 좋거나(all-good) 온전히 나쁘다고(all-bad) 보는 것은 허용하지 않는다. 사람과 행동은 분리되어야만 한다. 누군가 나쁜 행동을 할 수는 있지만, 그것이 그 사람을 나쁜 사람(엘리스의 표현을 빌리자면, 썩어빠진 사람이나 버러지; Ellis, 1999a)으로 만들지는 않는다. 엘리스(2005)는 다음과 같이 주장하였다. "당신 스스로에게 분명하게 말하라. '나는 좋거나 혹은 나쁜 행동을 했어. 그 일이 스스로 일어난 건 아니니까 내가 한 일이지. 그리고 나는 내 능력과 연약함 때문에 앞으로도 여러 좋은 행동과 나쁜 행동을 하게 될 거야. 하지만 나는 내 행동이 아니야. 그저 좋거나 나쁜 행동을 하는 '사람'일 뿐이지."(p. 15; 원문에서 강조).

가치에 대한 전반적인 판단을 내리기보다 개인은 무조건적 자기수용(unconditional self-acceptance, USA)을 위해 힘써야 한다(Ellis & Ellis, 2014). 무조건적 자기수용은 두 가지 방법 중 하나를 통해 얻을 수 있다. 한 방법은 자기 자신을 판단하고자 하는 자연적 성향에 맞서 싸우며, 자기 스스로를 단지 살아 있는 인간이기 때문에 좋은 사람으로 보는 것이다(Ellis, 1999b). 스스로를 내재적으로 좋은 사람이라고 보는 것은 정의적이기 때문에 문제가 된다. 즉, 언제든지 다른 누군가가 와서 그 정의에 반대하며 "너는 버러지야."라고 말할 수 있으며, 이때 누구의 주장이 맞는지를 증명할 수 있는 방법이 없다는 것이다. 또한 엘리스(1999b)의 "잘못되기 쉽고 종종 엉망진창인 인간(p. 54)"이라는 표현처럼 자신 또한 자신의 불완전함을 지속적으로 대면할 수밖에 없다. 더 나은 방법은 자신에 대한 그런 평가 자체를 하지 않는 것이다. 그저 단순히 행동, 생각, 감정을 합리성의 기준에 따라(예 : 목표를 이루는 데 도움이 되는지) 좋거나 나쁘다고 평가하는 것이다(Ellis, 1999a).

이러한 REBT 법칙은 우리 자신에 대한 평가뿐만 아니라 타인에 대한 평가에도 적용될 수 있다. 엘리스는 무조건적 자기수용과 함께 무조건적 타인수용(unconditional other-acceptance, UOA) 또한 같이 실행하는 것이 가장 좋다고 주장하였다(Ellis & Ellis, 2014). 다른 사람들도 인간이기 때문에, 그들 또한 우리를 나쁘게 대하거나 우리가 그런 나쁜 대접을 받을 만하다고 여길 수 있는 것이다! 그러므로 무조건적 타인수용은 행동은 미워하되 사람은 미워하지 않는다는 기준을 자신에게 적용하는 것처럼 타인에게도 적용하는 것이다. 이와 유사하게 엘리스는 무조건적 인생수용(unconditional life-acceptance, ULA) 또한 심리적 어려움을 최소화하기 위해 필요하다고 주장하였다(Ellis & Ellis, 2014).

앨런은 스스로를 무가치한 인간이라 평가하고 있는데, 이는 특별히 그가 통제할 수 없다고 느끼는 불편한 종교적 심상 때문이다. 그는 스스로를 무조건적으로 수용하지 못한다. 오랜 시간 불안과 반복행동을 경험해 왔기 때문에 그는 자신은 어딘가 문제가 있으며 100% 나쁜 사람이라고 믿는다. 그는 또한 대부분의 다른 사람들이 자신과 자신의 역기능적인 행동을 수용해주지 않기 때문에 무신경하고 심술궂다고 여긴다.

이차적 혼란

우리가 스스로 원하지 않는 부정적 감정과 행동(C)을 만들어낸다는 것만으로도 충분히 나쁜 일이다. 하지만 REBT에 따르면 우리는 거기서 더 나아가서 "절대로 비뚤어진 생각을 하면 안 돼, 절대로 혼란스러운 감정을 느껴서는 안 돼, 절대로 역기능적인 행동을 해서는 안 돼!"라고 믿는다(Ellis, 1999a, p. 81). 심란한 ABC 경험을 할 때, 우리는 결과(C)를 활성화 경험(A2)으로 여기게 되고, 그에 대한 B에 사로잡히게 된다. 엘리스는 이러한 현상을 이차적 혼란(secondary disturbance)이라고 불렀는데, 이는 이러한 현상은 첫 번째 ABC를 잘못 다룬 것(A1에 대해 iB로 반응한 것)에 대한 반응으로 나타나기 때문이다. A2 혹은 기존 C(결과)에 대해 iB(비합리적 신념)로 반응함으로써 문제는 더욱 커지게 된다. 우리가 스스로에게 절대로 형편없는 생각을 하거나 불안해지거나 하면 안 된다고 이야기할 때, 우리는 이차적 혼란, 혹은 증상 스트레스(symptom stress)를 만들게 된다(DiGiuseppe et al., 2014).

예를 들어 만약 어머니가 나에게 소리를 지른다면(A1), 나는 "뭐, 엄마가 그러지 않으셨으면 좋겠지만 이게 나나 엄마를 끔찍한 사람으로 만들지는 않아."라는 합리적 신념(rB)으로 반응할 수 있다. 이러한 사건은 어느 정도의 짜증이나 가벼운 불편감을 가져올 수 있지만, 이러한 감정은 건강한 부정 정서이다. 반대로 나는 "엄마는 나한테 절대로 소리 지르면 안 돼. 난 그걸 견딜 수 없고, 엄마는 끔찍한 사람이야!"라는 비합리적 신념(iB)으로 반응할 수도 있다. 이러한 두 번째 경우에는 결과(C)가 분노가 될 수 있으며, 심지어 분노한 행동(예 : 어머니에게 소리 지르기)이 될 수도 있다. 만약 내가 소리를 지른다면, 나는 A2를 만든 것인데, 왜냐하면 나는 즉각적으로 "나는 모든 순간에 완벽해야 하고, 절대로 냉정을 잃거나 누군가에게 못되게 굴면 안 돼. 만약 그렇다면 나는 버러지야!"라는 비합리적 신념(iB)으로 반응하기 때문이다. 그 뒤 나는 이차적 혼란인 C2, 즉 수치심, 죄책감, 혹은 우울감을 만들게 된다.

엘리스(1999a)는 내담자가 자신은 상담을 잘 받아야만 하고 상담자는 완벽하고 신속하게 큰 도움을 주어야만 한다는 당위적 진술로 인한 삼차적 혼란(tertiary disturbances)를 만들기도 한다는 사실을 발견하였다. 이러한 삼차적 혼란은 상담장면에서 일차적 혹은 이차적 혼란을 다루는 동안, 혹은 그 전에 발견되고 논박되어야 한다.

라파엘은 앨런이 상당한 이차적 혼란을 보인다고 생각한다. 불안해지거나 강박적인 행동을 할 때(C1이자 A2), 앨런은 스스로에게 이렇게 해서는 안 되며(iB2), 그렇게 어리석고 미성숙한 방식으로는 절대로 행동해서는 안 된다고(iB2) 말한다. 또한 그는 인생이 이렇게 어려우면 안 된다고, 이렇게 살아가는 것이 어려우면 도무지 견딜 수가 없다고(iB2) 생각한다. 이러한 신념(B)이 분노와 우울이라는 감정(C2)을 만들어낸다.

인간과 개인발달에 관한 이론

REBT는 성격이론을 제시하거나 발달에 대한 상세한 논의를 제공하지는 않는다. 앞서 논의된 것처럼 REBT의 경우, 인간은 유전적 영향과 환경적 학습 둘 다의 영향을 받지만, 기질적인 요소의 영향이 더 크다고 가정한다(Neenan & Dryden, 2011). 엘리스는 발달과정에 대한 논의는 하지 않았으며, 프로이트의 심리성적 발달단계는 그의 완벽을 향한 강박적인 추구의 산물이라고 여겼다.

생물학적 영향은 비합리적으로 생각하거나 감정적으로 반응하거나, 혹은 역으로 성장하거나 실현화하는 성향의 개인차를 포함한다. 행동적 성향(예 : 강박적 행동) 또한 내재적으로 결정된다(Ellis, 1997b).

가장 중요한 환경적 영향은 타인들이다. 우리는 부모, 형제, 교사, 또래, 그리고 종교적 혹은 정치적 집단을 포함한 우리 주위의 사람들로부터 규칙과 행동의 기준 및 목표를 받아들인다. "여러분은 다른 대부분의 사람들처럼 당위성을 추구하는 사람으로 태어났으며, 거의 불가피하게 부모의, 사회의, 그리고 개인적 규칙들을 가져다 어리석게도 당위적 진술로 만들어버릴 것이다. 그렇기 때문에 여러분이 가지고 있는 당위적 진술의 대부분은 당신 스스로 만들고, 반복하고, 학습한 것이다."(Ellis, 1995a, p. 4; 원문에서 인용). 물론 이러한 규칙을 내면화하지 않아도 되지만, 우리는 그렇게 하고자 하는 인간 본성을 지녔다.

예를 들어 줄리의 부모가 그녀에게 성적을 올려야만 한다고 말할 때, 엘리스(1995a)에 의하면 그 말의 진짜 의미는 모든 과목에서 A를 받는 것을 선호한다는 것이다. 대부분의 부모처럼 그들은 줄리가 설령 전 과목 C를 받더라도 평소처럼 행동하고 그녀를 여전히 사랑할 것이다. 하지만 타고난 뒤틀린 인간 심성 때문에 줄리는 선호적인 ~해야만 한다는 진술을 다음과 같은 당위적 진술로 바꾸게 된다. "나는 반드시 전 과목 A를 받고 완벽해져야 해. 만약 그렇지 못하면 정말 끔찍할 거고, 난 무가치하고 썩어빠진 버러지가 되어 버릴 거야."

이러한 당위적 진술의 상당수는 우리가 어리고 미성숙한(나쁘고 경직되어 있으며 비뚤어진) 사고 과정을 가지고 있을 때 만들어진다(Ellis, 1995a). 우리는 이러한 비합리적인 생각을 성인이 되어서도 간직하며, 우리가 무엇을 하는지도 모르는 채 우리 스스로를 끊임없이 재세뇌시킨다.

라파엘과 앨런은 앨런의 아동기나 그가 어떻게 현재 상태까지 오게 되었는지에 대해 논의하는 데 긴 시간을 할애하지는 않았다. 라파엘은 앨런의 어떤 행동과 신념은 그의 초기 삶의 단계에서 비롯되었을 수 있으며, 어떤 특징들은 생물학적 영향의 결과일 수 있음을 알고 있다.

심리적 건강과 역기능

REBT 관점에서 보면 건강한 사람이란 일상에서 합리적 신념에 주로 의지하는 사람을 의미한다. 건강한 사람은 절대적인 당위적 진술보다는 유연하며 선호하는 생각을 활용하는 경향이 있다(Dryden, 2013). 무조건적 자기수용은 건강한 개인의 특징인데, 이러한 사람은 자신의 심리적 기능에 책임을 지고 자신이 불완전한 존재임을 수용하기로 선택한다. 건강한 사람은 상황을 악화시켜 보거나 당위적 진술을 하는 것 등 비합리적인 인간 성향을 여전히 지니고 있지만, 대부분의 경우 그러한 성향을 이겨낼 수 있다(Ellis, 1995a). 높은 좌절 감내력(high frustration tolerance, HFT) 또한 심리적 건강의 중요한 측면이지만, 이는 마음에 들지 않는 상황을 언제나 수용한다는 의미는 아니다. 그와 달리 높은 좌절 감내력이란 불만족스러운 상황을 단기간적으로 수용하되 원하는 목표를 이루기 위해 그 상황을 바꾸고자 노력하는 것을 의미한다(Harrington, 2011).

건강한 사람들은 유연성과 열린 태도에 가치를 두고 편협성에 맞서는 건강한 기본 철학을 가지고 있다(Ellis, 1994b). 심리적 건강의 핵심 특징 중 하나는 (절대적인 요구와 반대되는) 상대주의적인 생각과 욕구이다. 자기이익은 주요가치 중 하나인데, 이는 건강한 사람들은 "내가 나 스스로를 보살피지 않는다면, 다른 누가 그러겠는가?(Ellis, 1985, p. 108)"라는 사실을 깨닫기 때문이다. 하지만 그들은 자기이익과 사회적 관심 사이에 균형을 잡는데, 이는 그들 대부분은 사회적 집단 내에서 행복하게 살고 싶기 때문이다. 만약 그들이 집단의 이익과 반대되는 행동을 취한다면, 그들은 행복하게 살 수 있는 환경을 만들지 못할 것이다.

수용(무조건적인 자기 · 타인 · 인생수용)은 건강한 사람의 주요특성 중 하나이다. 즉, 자신과 타인의 인간적 불완전성과, 인생은 복잡하며 자신의 통제를 벗어난 요소들에 영향을 받기도 한다는 사실을 인정하는 것이다. 하지만 수용은 체념과는 다르다. 건강한 사람은 할 수 있는 한 자신의 세상을 능동적으로 바꾸어 나간다(Dryden, 2011). 실제로 엘리스(1999c)는 REBT 상담자의 역할은 내담자가 사회정의와 관련된 비합리적 신념(iB)를 다루는 것을 도와주는 것뿐만 아니라 건강하지 않은 A(선행사건/활성화 경험)를 바꾸도록 격려하는 데 있다고 주장하였다.

건강한 사람은 REBT 철학을 받아들인다. REBT 철학의 가치는 장기적인 쾌락주의, 자기이익, 사회적 관심, 자기지시, 타인에 대한 관용, 애매하고 불확실한 삶에 대한 수용, 변화에 대한 유연성과 열린 태도, 그리고 과학적 사고에 대한 가치를 포함한다(Ellis, 2005). 자신 이외의 무언가에 대해 전념하는 것은 그 무언가가 사람, 사물, 혹은 생각에 대한 것이냐에 상관없이 중요하다. REBT는 또한 위험 감수, 비완벽주의(nonperfectionism), 그리고 비이상주의(nonutopianism)를 강조한다(Ellis, 1985, p. 110).

REBT의 관점에서 역기능이란 단순히 말해 비합리적 신념, 조금 더 광범위하게는 비합리적 철학 체계를 가지고 세상을 살아가는 것을 뜻한다. 엘리스(2003)는 "인간의 혼란은 아동기 양육을 비롯한 환경적 힘에 의해 영향을 받지만, 가장 큰 원인은 비뚤어진 생각을 하고자 하는 내재적 성향에 있다."(p. 205)고 주장하였다.

어려움을 겪는 사람은 그들이 선호하는 것을 당위적 진술로 바꾸어 버린다. "불안하고 우울하며 분노에 찬 사람들은 신경증적 혼란을 만들어내는 많은 역기능적 생각이나 비합리적 신념을 가지고 있다. REBT 이론은 이러한 신념이 거의 언제나 정상적인 바람이나 선호를 절대적인 당위적 진술 · 명령으로, 비현실적으로, 비논리적으로, 경직되게 승격시키는 것에서 출발한다고 본다."(Ellis, 1999d, p. 477) 이러한 사람은 상황을 악화시키거나, 매도하고, 절대 견딜 수 없다는 태도를 보인다.

요구성은 심리적 역기능의 핵심에 있으며, 이로부터 모든 문제가 시작된다. 상황을 악화시켜 보기, 좌절을 견디지 못하는 것, 인간 가치의 매도는 "내 요구가 받아들여지지 않는 상황은 정말 최악

이야.", "난 이걸 견딜 수 없어.", "나·당신·세상은 버러지야."와 같은 근본적 당위성에서 출발한다.

자존감 문제가 있는 내담자는 **자아혼란**(ego disturbance)을 경험하고 있다고 말하며, 그 외의 모든 역기능은 **불편혼란**(discomfort disturbance)으로 불린다(Neenan & Dryden, 2011). 드라이든(2009)은 다양한 형태의 역기능을 그와 관련된 철학, 신념, 결과(예 : 불안, 수치심, 우울) 등을 통해 자세히 묘사하였다. 예를 들어 자아 외 불안(non-ego anxiety)을 가진 사람은 "자아 외 개인적 영역에서 위협과 경직된 요구, 낮은 좌절 감내력을 가진다."(p. 6)고 묘사하였다. 그와 달리 자아불안(ego anxiety)은 자아에 대한 위협, 경직된 요구, 자기비하적(자기경시적) 신념을 가진다.

엘리스는 성격장애, 심한 우울증, 강박장애, 정신증과 같은 몇몇 심리적 역기능은 트라우마의 초기 경험과 타고난 유기체적 결함의 상호작용으로 일어난다고 보았다(Ellis, 2002). 이러한 증상을 보이는 개인은 "괜찮은 정상적인 신경증 개인"(p. 198)보다 유전적으로 타고난 더 큰 정서적 민감성과 혼란스러운 행동을 보인다(Ellis, 1997b). 이들은 종종 이상한 행동을 하면서 살아가며 더 많은 좌절과 비판을 경험할 수 있다(Ellis, 1994a). 심지어 심각한 역기능을 가진 사람은 실제 결점에 대해 심각한 이차적 혼란을 만들어내는 경향이 있다. 이들의 좌절 감내력은 쉽게 심각한 수준으로 낮아지며, 이들은 "내 증상은 '절대로' 날 괴롭게 하거나 방해하면 안 돼!"라고 주장한다. 이들은 그러한 결점을 가진 것에 대해 자기를 비하한다(Ellis, 1994a). 이러한 문제들은 이러한 역기능을 가진 사람들을 매우 다루기 어려운 내담자로 만든다(Ellis, 1994a, 1997b).

라파엘은 앨런의 몇몇 생각과 행동이 불안과 강박행동 같은 생물학적 성향에서 비롯된다고 생각한다. 앨런은 강박장애를 가지고 있는 것으로 보일 수도 있다. 라파엘은 전등 스위치, 차로 사람을 치는 것, 두렵고 성적인 종교적 심상과 연관된 앨런의 비합리적 신념을 확인했다. 라파엘은 또한 앨런이 삶에서 일어나는 사건들을 자기비하적인 인지과정을 통해 대하는 방식에 대해 알고 있다. 앨런은 자기경시적이고 낮은 좌절 감내력을 가지고 있다. 최근 재발된 강박행동 때문에 앨런은 다음과 같은 신념을 가지고 있는 것으로 보인다. "나는 이렇게 결점이 있어서는 안 돼! 내가 모든 방면에서 완벽하지 않다는 사실을 견딜 수가 없어! 게다가 내가 이런 모습이면 모든 사람들이 나를 못마땅해할 거야. 나는 절대로 모두로부터 사랑과 인정을 받지 못할 거고, 그건 정말 견딜 수 없는 일이야! 나는 이 불안이나 타인의 거절을 견딜 수 없어! 나는 썩어빠진, 결함이 있는 인간이고, 나는 이 증상들을 절대로 없애버릴 수 없을 거야. 그렇기 때문에 나는 절대 행복한 삶을 살거나 나에게 중요한 사람들로부터 사랑받지 못할 거야. 이건 너무 견디기 힘들어!" 앨런은 자아혼란과 불편혼란을 둘 다 명백하게 보이고 있다. 그는 불안, 강박행동, 심상 때문에 스스로를 비하하고 있으며, 그의 삶에 있는 아픔과 어려움을 견디지 못하리라고 믿고 있다.

치료의 특성

사정

이전 REBT 학자들은 상담 전에 내담자가 포괄적인 평가를 받는 전통적(의학적) 사정 모델을 거부하였다(DiGiuseppe, 1995a). 하지만 최근의 몇몇 REBT 지지자들은 공식적 사정을 활용하는 경향을 보인다. 예를 들어 앨버트 엘리스 연구소에서 상담을 시작하는 내담자는 첫 회기 전에 상당히 복합적인 자기보고식 질문지를 작성해야 한다(DiGiuseppe et al., 2014). 내담자의 신념을 사정하기 위한 많은 수의 자기보고식 질문지가 제작되었는데, 이에 대한 논의는 마카베이와 맥마흔(Macavei & McMahon, 2010)에서 찾아볼 수 있다. 이때 사정의 목표는 REBT 사례개념화이다(Dryden, David, Ellis, 2010).

REBT 상담자는 내담자의 신념 체계를 직접적으로 측정하기 위한 여러 구조화된 기법을 사용할 수 있다. **생생한 REBT(vivid REBT)**라 불리는 이러한 공식적 기법들은 후에 논의될 것이다.

비공식적인 사정은 내담자에게 상담을 찾게 된 연유를 묻는 것을 포함한다. 그 후 상담자는 이야기를 들으면서 A · B · C 및 REBT 치료와 관련된 다른 특징들(예 : 인지적 유연성, 문제해결 능력, 이차적 정서혼란의 지표)에 주의를 기울인다(DiGiuseppe, 1995a). 보통 결과(C)가 가장 먼저 탐색되는데, C(결과)는 내담자가 상담을 찾게 된 이유이기 때문이다. 내담자와 상담자는 가장 중요한 C(결과)가 무엇인지에 대해 동의한 다음에는 A(선행사건/활성화 경험), 그 후 마지막으로 B(신념)를 탐색하게 된다. REBT의 지지자들에 의하면 비합리적 신념(iB)은 의식적으로 쉽게 알아차릴 수 없는 경우가 많기 때문에 내담자의 iB(비합리적 사고)를 알아내는 것은 어려울 때가 종종 있다(Ellis, 1994b). 단순히 내담자에게 A(선행사건/활성화 경험)나 C(결과)에 대해 어떻게 생각하는지를 질문하면, 내담자는 대체로 핵심 iB(비합리적 신념)보다는 A(선행사건/활성화 경험)에 관한 자동적 사고나 추론을 보고한다(DiGiuseppe et al., 2014).

상담자는 내담자의 비합리적 생각에 대한 논박을 시작할 수 있지만, 이는 가장 효율적인 방법은 아니다. 그와 달리 REBT 상담자는 핵심신념에 도달하기 위하여 **추론연결(inference chaining)**을 사용한다(DiGiuseppe et al., 2014). 이 과정에서 상담자는 내담자에게 그 생각이나 추론이 사실이라고 가정하도록 한 뒤, "그리고는 어떻게 될까요?" 혹은 "그것이 의미하는 바는 무엇인가요?"라고 질문한다. 그 뒤 비합리적 신념(iB)이 밝혀질 때까지 내담자의 대답에 대해 추가적인 질문을 한다.

예를 들어 래리는 사람들 앞에서 춤추는 것을 싫어하지만 그의 여자친구인 팸은 클럽에서 춤을 추고 싶어 한다. 이 논쟁 때문에 그들의 관계는 나빠지기 시작하였고, 래리는 상담자를 찾아오게 되었다. 다음은 일반적인 사정 과정을 나타낸 담화이다.

래리 : 전 그냥 춤추러 가기가 싫어요. [A(선행사건/활성화 경험)]

루이스 : 왜 그렇죠?

래리 : 너무 끔찍할 테니까요. [C(결과)]

루이스 : 무엇이 끔찍한가요?

래리 : 제가 춤추는 모습을 다른 사람들이 보는 것이요. [추론]

루이스 : 만약 그런 일이 벌어진다면 어떻게 될까요?

래리 : 사람들이 제가 완전 몸치라는 걸 알게 되겠죠. [추론]

루이스 : 다른 사람들이 당신이 몸치라는 것을 알게 되면요?

래리 : 저를 비웃겠죠. [추론]

루이스 : 비웃으면요?

래리 : 정말 끔찍하겠죠. [*iB*(비합리적 신념)]

루이스 : 비웃는 게 왜 끔찍한가요?

래리 : 저 자신이 멍청하게 느껴질 테니까요. [암시된 *iB*(비합리적 신념) ― 요구]

이 예시에서 상담자는 사람들 앞에서 나쁜 모습을 보이는 것에 대해 악화시켜 생각하는 래리의 문제에 다다를 수 있었다. 하지만 상담자는 아직 래리가 "나는 반드시 완벽해야 해." (즉, "나는 절대로 멍청하거나 완벽하지 않은 모습을 보여서는 안 돼."), 혹은 "다른 사람들은 반드시 언제나 나를 인정하고 좋아해줘야 해."라는 핵심 기저 요구를 보도록 도와주지 않았다. 더 들어가는 질문들은 이 중요한 철학을 나타내 보여주었을 것이다. 이 예시에 나타나는 것처럼, 내담자는 정서적 당혹감에 기여하는 추론에 대한 *iB*(비합리적 신념)도 가지고 있다(예 : 래리가 춤을 추면 다른 사람들이 비웃을 것이라는 추론은 그것이 끔찍할 것이라는 생각과 연결되어 있다). 이러한 추론 또한 궁극적인 핵심 *iB*(비합리적 신념)와 함께 탐색되어야 한다(Dryden, 1995b). 이 예시는 또한 내담자의 추론이 잘못될 수 있음을 보여준다. 예를 들어 래리가 춤을 추는 모습을 본 사람들은 비웃는 것이 아니라 박수를 칠 수도 있다!

어떤 내담자는 정서경험에 이름을 붙이거나 감정을 *A*(선행사건/활성화 경험)에 연결 짓는 것을 어려워하는데, 이러한 경우 전형적인 대화를 통한 사정은 효과적이지 않다. 드라이든(1995c)은 이러한 경우에는 생생한 실제 방법을 사용할 것을 권하였다. 생생한 사정은 다양한 형태로 나타날 수 있다. 첫째, 상담자는 평소보다 훨씬 감정적이고 생생한 언어를 사용할 수 있다. 또한 *A*(선행사건/활성화 경험)에 대한 심상유도(guided imagery)는 내담자로 하여금 감정이나 인지를 더 온전하게 경험하게끔 한다. 상담자는 내담자에게 상담회기에 그의 문제 상황과 연관된 사진이나 상징물을 가지고 오도록 요청할 수 있다. 마지막으로 드라이든(1995c)은 대인관계적 악몽기법(interpersonal nightmare technique)에 대해 설명하였다. 이 기법에서 내담자는 자신이 가장 두려워하는 사건에 대해 연극 대본과 같은 짧은 글을 쓰게 된다. 녹음된 대본을 들으면서 상담자와 내담자는 이를 통해 드러나는 신념을 탐색할 수 있다.

드라이든(1995c)은 또한 상담회기 내에 문제 상황을 재창조하거나(합리적 정서 문제해결; rational emotive problem solving, REPS)(Kanus & Wessler, 1976), 실제 상황에서 사정을 진행하는 것을 포함하는 좀 더 위험한 기법들에 대해 서술하였다. 예를 들어 합리적 정서 문제해결에서 상담자는 내담자에게 비판을 가함으로써 비판적 타인의 행동을 재창조할 수 있다. 드라이든이 명시한 것처럼 이 기법은 내담자를 힘들게 할 수 있으며, 상담자는 내담자의 반응을 면밀히 살펴야 한다. 만약 내담자가 그 방법을 부정적이라고 판단하면 상담자는 즉시 그 기법을 사용한 이유를 설명해야 한다.

실제 상황에서의 사정은 현지 조사를 포함한다. 내담자와 상담자는 실제로 상담실 밖, 내담자의 문제와 가장 연관된 장소에서 사정을 진행한다. 예를 들어 동물공포증이 있는 내담자의 경우에는 동물원이나 동물 보호소에 갈 수 있다. 다시 강조하자면 상담자는 이 기법이 내담자에 미치는 영향을 매우 신중하게 관찰하여야 한다.

라파엘은 공식적으로 표준화된 검사를 통해 앨런을 사정하지 않기로 결정하였다. 그 대신 라파엘은 앨런이 상담을 찾게 된 이유에 대해 질문하고 그의 A · B · C를 파악하기 위해 노력한다. 라파엘은 앨런의 비합리적 신념 여러 개를 확인할 수 있었지만, 상황에 대한 선행사건(A)은 확실하지가 않았다. 어떤 위협에 대한 지각이 전등 스위치를 확인하고 차를 모는 것과 관련된 앨런의 비합리적 신념을 촉발시키는 것으로 보인다. 선행사건(A)은 생각일 수도, 전등 스위치의 모습일 수도, 혹은 누군가를 차로 치는 것에 대한 상상일 수도 있다. 또 다른 가능한 설명은 앨런이 단순히 생물학적으로 불안에 대한 취약성을 가지고 있으며, 불안이 이차적 결과(C)가 되어 그의 신념체계를 촉발시킨다는 것이다. 앨런의 결과(C)는 불안, 반복행동, 우울, 수치심, 죄책감, 그리고 아마도 (이를 직접적으로 표현하고 있지는 않지만) 분노를 포함한다.

라파엘은 앨런이 반복행동 전과 그 행동을 하는 동안에 무슨 생각을 하는지를 탐색하기 위하여 반복행동에 대한 심상 사정을 실시할 수 있다. 이 방법은 앨런의 신념의 구체적인 내용에 대한 실마리를 제공해줄 것이다. 추론 연결은 다음 대화에서 나타나듯이 전등 스위치를 확인하는 행동을 이해하는 데 도움을 줄 수 있다.

라파엘 : 전등을 껐는지 확인하기 위해 방으로 다시 돌아가야만 할 것 같은 생각이 드신다고요?

앨런 : 네.

라파엘 : 왜 확인을 해야만 한다고 생각하세요?

앨런 : 전등을 껐는지 확실하지가 않아서요.

라파엘 : 전등을 끄지 않으면 어떻게 될까요?

앨런 : 뭔가 나쁜 일이 일어날 거예요. [추론]

라파엘 : 어떤 나쁜 일이요?

앨런 : 모르겠어요. 그냥 나쁜 일이요. 집이 불타 버릴지도 모르죠. [추론]

라파엘 : 만약 그런 일이 일어난다면요?

앨런 : 그럼 정말이지 끔찍하겠죠. 그리고 그건 제 잘못일 거예요. [C(결과─불안 · 강박행동)로 이어지는 iB(비합리적 신념)]

위험할 수도 있지만 라파엘은 대인관계적 악몽기법을 통해 사람을 차로 치는 것에 대한 앨런의 공포를 탐색할 수 있다. 이러한 사정법은 생생하게 이루어질 수도 있지만, 만약 라파엘이 이 방법을 선택한다면 아마 앨런을 도와주기 위한 대처문(coping statements, 추후 논의)을 함께 사용해야 할 것이다.

치료적 분위기

REBT 상담은 적극적이고 지시적인 특징을 가진다. 엘리스(1992b)는 "만약 상담자가 대부분의 상담자들이 그러하듯이, 유약하고 모범생 같다면 내담자에게 그다지 큰 도움이 되지 못할 것이다. 상담자가 자신의 성격 특성을 활용하여 무기력한 내담자를 독려하고 재촉하지 않는다면, 잘못된 방향으로 아주 열심히 나아가고 있는 사람들을 도울 수 없을 것이다."(p. 95)라고 주장하였다.

REBT에서 상담자의 권위적인 태도는 내담자에 대한 무조건적인 수용과 함께 어우러진다(Wolfe, 2007). 엘리스(1995a)는 또한 "로저스주의 상담자와 달리 REBT 상담자는 적극적이고 강하게 내담자에게 자기 자신을 무조건적으로 수용하도록 가르친다."(p. 16)고 주장하였다. 상담자는 내담자를 격려하고 지지하며, 내담자가 변화할 수 있다는 자신감을 투사한다(Ellis & Ellis, 2014). REBT 상담자는 종종 유머를 사용하는데, 이는 내담자의 중요한 문제 중 하나가 자기 자신과 자신의 문제, 세상을 너무 진지하게 바라보는 데 있기 때문이다(Neenan & Dryden, 2011). 하지만 드라이든과 니난(Dryden & Neenan, 2006)은 REBT 상담자는 치료관계에 도움이 되는 것이 무엇인가에 따라 기꺼이 격식을 차릴 수도 격식에 얽매이지 않을 수도, 자기개방을 하기도 하고, 하지 않기도 하며, 혹은 유머스럽거나 또는 진중해질 수도 있는 대인관계적 유연성을 가져야 한다고 주장했다.

대부분의 최근 상담 접근들이 그러하듯이 REBT 또한 치료적 동맹을 중요하게 여긴다(DiGiuseppe et al., 2014). REBT 상담자는 적극적인 경청과 공감적 반응, 그리고 무조건적인 수용을 내담자에게 전달한다. 엘리스는 치료관계를 중요하게 여겼지만, 관계에 따라 치료관계를 지나치게 강조하는 것은 내담자의 기분이 좋아지게 할 수는 있지만 상태를 나아지게 하지는(즉, 행동의 변화) 못할 수도 있음을 언급하였다(Ellis, 1996). 또한 엘리스는 의존적 성향이 있는 내담자에게 매우 친밀한 관계는 악영향을 줄 수도 있다고 주의를 주었다. REBT 상담자는 A(선행사건/활성화 경험)에 대한 설명을 지나치게 길게 하지 않도록 하는데, 이는 과거사는 '옆길로 세는 것'(Ellis, 1979b, p. 95)으로 여겨지기 때문이다. 이와 유사하게 내담자가 C(결과)에 매몰되도록 두는 것은 비생산적으로 여긴다. 중요한 것은 C(결과)의 원인인 iB(비합리적 신념)로 가도록 인도하여야 한다.

엘리스는 REBT가 다른 상담 접근보다 더 효율적이라고 주장하였지만, REBT가 단기상담인지는 확실하지 않다. 엘리스(1996)는 종종 "불쌍한 지그문트 프로이트는 비효율적 성향을 타고나고 양육되었지만, 나는 효율적 유전자를 가지고 양육된 것 같다."(p. 4; 원문에서 강조)라고 말하곤 하였다. 이 유머스러운 주장에도 불구하고, REBT 평균 상담회기에 대한 증거는 아직까지 제시되지 않았다. 엘리스(1996)는 '일반적 신경증'을 가진 대부분의 내담자는 20회기 이내에 나아진다고 주장하였다.

> 라파엘은 앨런을 존중하고 수용하는 열정적이고 적극적인 상담자이다. 라파엘은 관계에 있어 솔직하고 정직하며, 앨런 또한 라파엘의 그런 모습을 기대한다. 라파엘은 앨런의 이야기에 공감적으로 반응하며, 앨런에게 성가시고 두려운 증상에 대한 불편감을 자신이 이해하고 있음을 전달한다.

내담자와 상담자의 역할

REBT에서 상담자의 역할을 묘사하다 보면 재미있는 사실을 발견하게 되는데, 바로 상담자의 역할이 앨버트 엘리스의 성격과 유사하다는 점이다(Garfield, 1995). 엘리스의 독특한 직면적이고 지시적인 방식이 REBT를 진행하는 '지침서'가 되었으며, 엘리스는 더 유하고 간접적인 접근은 덜 효율적이라고 믿었다. "만약 상담자가 솔직하고 직접적이며 적극적이라면 많은 내담자들이 더 자주 더 좋은 결과를 얻을 것이다. 하지만 항상 그러한 것은 아니다!"(Ellis, 1994b, p. 54). 엘리스와 엘리스(2014)

는 일반적으로 REBT 상담자가 조금 엄격하며 온화함과 사랑이 넘치는 것처럼 보이지는 않지만, 그럼에도 불구하고 동시에 공감적이고 무조건적으로 수용적이라고 서술하였다.

REBT 상담자가 되기 위해 앨버트 엘리스를 흉내낼 필요는 없다. 이론을 잘 알기만 한다면 좀 더 온화한 방법으로 이를 적용할 수 있다. 올페(2007)는 심지어 "좋은 REBT 상담자가 되기 위하여 권고적인 목소리 톤을 쓰거나 욕을 할 필요는 당연히 없다."(p. 188)고 말하기도 하였다.

REBT 상담자는 "종종 매우 빠른 적극적 · 지시적 · 설득적 · 철학적 방법을 사용한다."(Ellis & Ellis, 2014, p. 214). 상담자는 내담자가 ABC 모형을 배우도록 도와주는 교사 역할을 한다. 상당수의 REBT 상담자들은 내담자와 격식 없는 방식으로 관계를 맺기도 한다(Dryden, DiGiuseppe, & Neenan, 2010).

REBT 내담자는 상담자의 학생이지만 높은 참여도와 활동력이 요구된다. REBT에서 내담자는 열심히 노력하여야 한다. 엘리스는 우리가 생각하고 느끼며 행동하는 방식이 변화될 수는 있지만, "노력과 연습만이 비합리적 신념을 바로잡고 그 상태를 유지시킨다."(Ellis & Ellis, 2014, p. 154; 원문에서 강조)"고 주장하였다.

> 라파엘은 앨런에게 친절한 교사이자 ABC에 관한 전문가로 다가간다. 앨런은 이러한 구조화된 접근에 잘 반응하며 REBT 학생으로서 열심히 노력한다.

상담 목표

REBT에는 두 가지 주요 목표가 있다. 첫 번째는 비합리적 사고의 변화를 통해 그와 관련된 역기능적 정서와 행동을 감소시키는 것이며, 두 번째는 내담자에게 REBT 철학을 가르치는 것이다.

가장 단순한 수준에서 REBT의 목표는 내담자들이 비합리적 신념을 합리적 신념으로 변화하도록 돕는 것이다. "REBT는 어려움을 겪고 있는 사람에게 그들의 극심한 당위적 진술을 보여주는 것이 아마 상담자가 줄 수 있는 가장 중요한 도움이라고 주장한다."(Ellis, 1999a, p. 80). 엘리스는 A · B · C가 변화가능하다고 주장하였다. 하지만 그는 우리에게 통제권이 거의 없기 때문에 A(선행사건/활성화 경험)를 변화시키는 것은 어려울 때가 있다고 주의를 주었다. 어떤 경우에는 B(신념)를 먼저 바꾸지 않는 이상 C(결과)를 변화시킬 수 없다(Ellis, 1994b, p. 22).

그러므로 신념은 많은 REBT 개입의 목표물이다. 하지만 REBT 상담자는 또한 내담자가 무조건적인 자기수용, 높은 수준의 좌절 감내력, 그리고 무조건적인 타인 및 세상 수용에 대해 배우기를 원한다(Ellis & Ellis, 2011). 더 나아가 REBT 상담자는 내담자가 역기능적인 기본 철학을 변화하도록 돕는다. 엘리스(1994b)는 "더군다나 만약 당신이 기본 당위적 태도를 변화시킴으로써 대단한 철학적 변화를 만들어낸다면, REBT는 당신이 이를 통해 자기비하적 감정과 행동, 그리고 부정적이며 경험에 상반되는 자동사고를 변화시킬 수 있으며, 이러한 건강한 변화를 지속하고, 당신 자신을 덜 취약하게 만들 수 있다."(p. 23)고 가정할 수 있다. 이상적으로 REBT 내담자는 앞서 묘사된 건강한 사람의 철학을 받아들이게 된다.

내담자는 자신의 철학을 바꾸기 위해서 세 가지 주요 목표를 달성하여야 한다. "첫째는 자신 스스로가 역기능적 생각·감정·행동에 책임이 있음을 인정하고 자신의 부모나 문화, 혹은 환경 탓을 하는 것을 멈추는 것이다. 둘째는 불필요하게 마음이 혼란스러울 때 자신이 어떻게 생각하고 느끼며 행동하는지를 명확하게 아는 것이며, 셋째는 자신의 신경증적 인지·정서·행동을 바꾸기 위해 열심히 지속적으로 노력하는 것이다."(Ellis, 1985, pp. 110-111).

마지막으로 REBT는 내담자의 기분이 단순히 좋아질 뿐만 아니라 상태가 나아지기를 기대한다. REBT 내담자는 삶 속의 ABC에 대한 통찰을 가져야 하며, 또한 지금까지와 다르게 행동하도록 노력하여야 한다(Ellis & Ellis, 2011).

앨런을 향한 라파엘의 목표는 여러 가지이다. 우선적으로 라파엘은 앨런이 그의 구체적인 비합리적 신념을 좀 더 합리적인 신념으로 바꾸도록 돕고 싶어 한다. 특별히 앨런이 가지고 있는 이차적 혼란을 다루는 것이 중요한데, 이는 이 문제를 다루지 않고는 새로운 철학을 성취하는 것이 불가능하기 때문이다. 앨런은 삶을 바라보는 그의 방식을 바꾸어야만 하는데, 이는 그가 삶을 바라보는(방식으로 인해), 어떤 형태의 증상(불안, 집착 경향성)을 항상 경험할지도 모르기 때문이다. 앨런은 (자신의 증상을 포함한) 자기수용을 강조하는 철학을 만들어 나가야 하며, 그의 비합리적 성향에 맞서고 타인을 수용하며 인간존재의 불확실성을 수용하기 위해 노력해야 한다.

라파엘은 또한 앨런의 행동변화를 원한다. 이상적인 결과는 앨런이 반복행동을 하고자 하는 욕구를 물리칠 수 있게 되는 것이다.

치료 과정

REBT는 사실 ABCDE 모형을 따른다. *D*는 논박(dispute)을 의미한다. 내담자의 잘못된 신념과 철학이 포기되기 위해서는 논박 과정이 필요하다. 내담자가 자신의 *iB*(비합리적 신념)를 포기할 때 새로운 효과(effect), *E*를 경험하게 된다. 상담이 매우 성공적이라면 *E*는 또한 효과적인 새 철학을 의미하기도 한다(Ellis & Ellis, 2011). 흥미롭게도 새롭게 배운 *rB*(합리적 신념)의 강화에 대해 논의하면서 버나드(Bernard, 2009)는 엘리스에게 "내담자로 하여금 합리적 신념에 동의하게 하고, 이를 적용하게 하기 위해서는 *F*(새로운 느낌)를 추가해야 한다."(p. 70)고 제안했다.

REBT에는 두 가지 종류가 있다. 첫 번째는 일반적인, 혹은 세련되지 못한(inelegant) 형태이며, 두 번째는 선호하는, 혹은 세련된(elegant) 형태이다. 세련되지 못한 REBT에서는 여러 형태의 인지치료에 공통적으로 포함된 인지행동적 개입을 통해 내담자가 건강하고 합리적인 행동을 배우도록 돕는다(Ellis & Ellis, 2011). 세련되지 못한 REBT는 종종 비합리적 신념에서 파생되는 내담자의 추론에 초점을 맞춘다. 예를 들어 상담자는 "내가 춤을 잘 추지 못하면 모든 사람이 비웃을 거야."라는 내담자 진술의 타당성에 대해 직면할 수 있다.

이와 달리 세련된, 혹은 선호하는 REBT는 당위적 진술과 '절대 견딜 수 없어.'라는 생각을 가진 내담자를 대상으로 한다. 상담자는 내담자가 더 기능적인 기본 철학, 즉 REBT 철학을 받아들이도록 돕는다(Ellis & Ellis, 2011). 세련된 REBT에서 상담자는 내담자에게 선호와 당위성 사이의 차이를 가르쳐주며, 이때 목표는 "앞으로의 삶에서 선호를 거창한 요구로 바꾸지 않도록 돕는 것을 통해 취약성을 낮추는 것"(Ellis, 1995b, p. 71)으로 삼는다. 요약하자면 내담자는 스스로의 REBT 상담자가 되도록 교육받는 것이다. 세련된 REBT의 결과 중 하나는 내담자가 자기 자신을 벗어난 무언가(가족, 일, 혹은 정치적 대의)에 헌신하는 것이다(Ellis, 1991).

울페(2007)는 상담자의 첫 번째 과제는 일반적으로 내담자의 정서적 혼란을 완화시키는 것이라고 주장하였다. 그러나 울페는 상담의 두 번째 단계에서 자기실현이 다루어져야 한다고 주장했다는 점에서 REBT에서 벗어난 것처럼 보일 수도 있다. 하지만 그녀가 의미한 자기실현은 인지·정서·행동적 변화를 포함하는 단기 및 장기 목표를 세우는 것을 포함하였는데, 이는 모두 REBT 철학과 상통한다.

내담자 저항은 여러 요인에서 비롯된다. 어떤 경우에 내담자는 상담자가 자신에 대해 잘못 이해한다고 믿기 때문에 저항하기도 한다(Ellis, 2002). 하지만 단순하게 변화가 어렵기 때문에 저항이 발생하기도 한다. 예를 들어 엘리스(2002)는 어떤 내담자는 "변화는 그냥 어려운 정도가 아니라 정말 어려워! 절대로 이 정도로 어려워서는 안 되는데! 끔찍해! 그냥 포기해버리는 게 낫겠어!"(p. 27)라는 신념을 가지고 있다고 제안하였다. 엘리스는 REBT(그리고 다른 상담들)에 저항하는 내담자를 어려운 고객이라고 불렀다(Ellis, 1987). 저항의 가장 중요한 원인은 비합리적으로 생각하고 "미래보다는 그 순간의 쾌락에 집착하는"(Ellis, 1987, p. 365) 단기적인 쾌락주의자가 되고자 하는 인간의 본질적인 성향 때문이다.

내담자 저항의 다른 원인들 중에는 자신이 경험하고 있는 문제에 대한 부끄러움, 증상에서 얻는 이차적 이득을 포기하기 싫어하는 마음, 스스로에게 벌을 주어야만 한다는 신념, 그리고 완벽주의 및 거대성이 있다(Ellis, 2002). 전이와 유사한 현상(예 : 내담자-상담자 부조화, 정신분석에서 말하는 전통적인 내담자 전이, 내담자와 상담자 사이의 진솔한 호감) 또한 저항에 기여할 수 있다. 마지막으로 내담자는 반항심이나 유도저항, 무망감, 혹은 판단적이고 도덕주의적인 상담자에 대한 반응으로서 저항을 나타낼 수 있다.

울페(2007)는 역전이는 상담자 인지와 직접적인 상관이 있다고 언급하였다. 울페는 상담자에게 자신의 비합리적 신념("내담자가 계속해서 늘어놓는 지루한 말을 견딜 수 없어.")에 대해 논박하도록 권고하였으며, [글상자 9.5]에 나와 있는 REBT 자기도움 활동지를 활용할 것도 제안하였다. 엘리스(2001) 또한 이와 유사한 관점을 보였으나, 역전이가 합리적인(즉, 도움이 되는) 면도, 비합리적인 면도 동시에 가질 수 있다고 언급하였다. 예를 들어 내담자를 돕고자 하는 상담자의 욕구와 동기는 상담에 도움이 될 수 있다. 그와 반대로 엘리스(2001)는 상담자 자신의 낮은 좌절 감내력(그리고 내담자를 향한 호감)이 상담을 방해했던 경험을 묘사하였다. 디귀세페 등(2014)은 상담자가 내담자와 같은 비합리적 신념을 가지고 있을 때 역전이가 발생한다고 언급하였다. 그 결과 상담자는 내담자의 비합리적 신념을 힘써 논박하는 데 어려움을 겪게 된다. 당연히 이를 바로잡기 위해서는 상담자가 자기 스스로에게 REBT를 적용하는 것이 필요하다. 만약 좋은 REBT 상담자가 되고자 한다면, 엘리스(2003)의 논문 "가장 어려운 내담자, 나 자신 다루기(How to Deal with Your Most Difficult Client-You)"를 자세히 읽어보는 것이 도움이 될 것이다. 그 논문에서 엘리스는 상담자가 빠지기 쉬운 비합리적 신념에 대해 특별히 기술하고 있다. 예를 들어 상담자가 늘 다수의 내담자를 성공적으로 치료해야만 한다고 믿는다면 논박이 필요한 때이다.

라파엘은 앨런의 비합리적 사고를 논박하고 앨런이 이 과정을 배우는 것이 필요하다고 생각한다. *D*(논박)는 *E*, 즉 새로운 효과(불안, 수치심, 분노의 감소)뿐만 아니라 새로운 효과적인 철학으로 이어질 것이다. 상담 초기에는 앨런의 증상에 초점이 맞춰지며, 라파엘과 앨런은 역기능적인 정서와 강박행동으로 이어지게 하는 *iB*(비합리적 신념)를 수정하는 작업을 할 것이다. 보다 세련된 해결책은 앨런이 자기관용, 장기적 쾌락주의, 자기이익, 사회적 관심, 자기지시, 타인에 관한 관용, 삶의 모호함과 불확실성에 대한 수용, 변화에 대한 유연성과 열린 태도, 그리고 과학적 사고에 대한 가치를 가지는 것이다. 라파엘은 배우자와 성당에 대한 앨런의 헌신을 격려할 것이다.

앨런이 상담 작업을 받아들이는 데 머뭇거린다면, 라파엘은 그 저항의 원인을 탐색할 것이다. 라파엘은 자신의 행동을 돌아봄과 동시에 앨런이 처한 상황에 대해 부끄러워하거나, 무망감을 느끼거나, 변화하지 못하리라 여기는 것은 아닌지에 대한 가설 또한 확인할 것이다. 또한 낮은 좌절감내력이 앨런을 주저하게 만들 수 있다. 혹은 앨런이 자신의 종교적 가치를 위배하는 끔찍한 생각에 대해 자기 자신을 벌하는 것이 저항으로 나타날 수도 있다.

치료 기법

REBT의 주요 기법은 *D*(논박)이다. 앨버트 엘리스는 상담장면에서 논박을 매우 빨리 사용하곤 하였다. 하지만 다른 REBT 상담자들은 논박 전에 교육이 이루어져야 한다고 주장할 것이다. 니난과 드라이든(2011)은 사전 동의의 원칙에 따라 내담자에게 REBT에 대해 가르치는 것(가장 중요한 것은 생각과 감정 사이의 연결성)이 상담자의 첫 번째 과제라고 조언하였다. 드라이든(2012)이 특별히 내담자를 위해 집필한 합리적 정서인지행동치료를 통해 정서적 문제 다루기(*Dealing with Emotional Problems Using Rational-Emotive Cognitive Behavior Therapy*)와 같은 다양한 자료 또한 내담자에게 도움이 된다. 또한 어떤 내담자에게는 ABCDE 모형을 직접적으로 가르치는 것이 효과적일 수도 있다. 상담자는 내담자에게 어떻게 *A*를 확인하고, *B*(아마도 *iB*)를 찾아내고, 이들을 *C*와 연결할 수 있는지에 대해 가르칠 수 있다. 궁극적으로 내담자는 자신의 *iB*(비합리적 신념)를 논박함으로써 *E*, 즉 새로운 효과적 철학에 도달하는 방법을 배울 수 있다. 내담자는 그 과정에서 아마 *F*(새로운 느낌), *rB*(합리적 신념)에 동의하고 이를 적용하는 것이 필요할 수도 있다(Bernard, 2009). 니난과 드라이든(2011)은 내담자가 또 다시 REBT 상담자를 찾지 않고도 상담에서 배운 것을 새로운 상황에 적용할 수 있도록 가르쳐야 함을 강조하였다.

REBT 기법에는 여러 가지가 있으며, REBT 상담자는 일반적인 인지행동치료를 포함한 다른 상담이론의 여러 기법을 가져와 사용하기도 한다. 이어지는 절에는 REBT의 특징적인 기법들을 소개하고자 한다.

논박

인지적 논박은 주로 *A*(선행사건/활성화 경험)가 사실이라고 가정하는데서 시작한다(Dryden, David, & Ellis, 2010). 예를 들어 래리의 상담자는 "당신이 사람들 앞에서 춤을 추면 그들이 당신을 비웃을 것이라고 가정해봅시다."라고 말할 수 있다. 비록 *A*가 굉장히 비논리적이라 할지라도 *A* 너머에 있는 신념에 도달하기 위해서는 이에 도전하지 않아야 한다.

엘리스와 엘리스(2011)는 현실적, 논리적, 실용적이라는 세 가지 기본적인 논박의 형태에 대해 설명하였다. 현실적 논박은 신념의 "진실 혹은 사실적 현실"(p. 24)에 초점을 맞춘다. 예를 들어 리사에게 "스티브가 당신을 차버렸으니 당신은 실패자이며 썩어빠진 사람이라는 당신의 신념을 뒷받침하는 증거는 무엇인가요?"라는 질문을 할 수 있다.

논리적 논박은 신념 기저의 근거를 목표로 둔다. 캐티의 상담자는 그녀에게 "한 과목 시험에 낙제했기 때문에 앞으로 있을 모든 시험에서 낙제할 것이라는 생각은 논리적인가요?"라고 질문할 수 있다. 빌, 코펙, 그리고 디귀세페(Beal, Kopec, & DiGiuseppe, 1996)는 다음과 같은 재미있는 예시를 소개하였다. "전 정말 캔터키 복권에 당첨되고 싶어요. 만약 당첨되면 1,000만 달러를 얻을 수 있거든요. 우와, 그럼 앞으로 절대 일을 안 해도 될 거예요. 그런데 그렇다면, 제가 복권에 정말 당첨되고 싶으니까 제가 반드시 복권에 당첨되어야 한다는 제 생각은 논리적인가요?"(p. 217; 원문에서 강조).

실용적 논박은 상담자와 내담자가 어떤 신념을 가지는 것의 결과를 탐색하면서 이루어진다. 상담자는 내담자에게 그 신념을 계속해서 가질 때 일어날 일에 대해 생각해보도록 한다. 조르제의 상담자는 다음과 같이 질문할 수 있다. "자, 당신이 뭔가를 잘못할 때마다 '나는 정말이지 **썩어빠진 버러지**야.'라고 생각한다면, 어떤 감정을 얼마나 자주 느끼게 될까요? 왜냐하면 당신은 신이 아니라 인간이기에 언젠가는 잘못을 하게 될 테니까요!"

엘리스와 맥라렌(Ellis & MacLaren, 2005)은 삶의 만족에 초점을 두는 철학적 논박을 더하였다. 어떤 경우 내담자는 문제에 너무 몰입된 나머지 더 큰 존재의 문제를 보지 못하게 된다. 자신이 뚱뚱하고 못생겼다고 믿는 한 내담자에게 상담자는 다음과 같이 말할 수 있다. "몸무게 때문에 굉장히 속상해하시는군요. 그런데 혹시 당신 삶에 다른 의미 있고 중요한 것들이 있지는 않나요?"

디귀세페 등(2014)은 상담자는 아주 심각한 트라우마 사건을 경험한 내담자가 상황을 아주 나쁘게 보는 신념에 대해서 논박할 때 주의를 기울여야 한다고 당부했다. 트라우마 사건의 나쁜 정도에 대하여 논박하는 것은 오히려 치료동맹에 문제를 일으킬 수 있다. 그 대신 상담자는 요구성이나 낮은 좌절 감내력을 다루는 것을 고려해볼 수 있다.

라파엘은 앨런과 함께 모든 논박 방법을 사용해본다. 라파엘은 앨런에게 만약 집이 불타 버린다면 그것이 그의 잘못이고 그가 가치 없는 사람이 된다는 신념을 뒷받침하는 증거가 있는지를 물어본다. 또한 전등 스위치를 껐다 켜는 것을 멈추지 못한다면 그는 비난받을 만한 버러지라는 법이 어디에 적혀 있는가라고 물어본다.

논리적 논박은 다음과 같다. 만약 앨런이 이러한 기분 나쁜 심상을 갖고 있다면 그가 완전히 무가치한 인간이라는 생각은 논리적인가? 만약 친구가 이러한 신념을 가지고 있다면, 앨런은 그 신념이 논리적이라고 여길 것인가? 물론 이런 기분 나쁜 심상을 없애버릴 수 있다면 좋겠지만, 그렇지 못하다면 그는 의미 있는 삶을 살 수 없게 되는가? 실용적 논박은 다음을 포함한다. 만약 퇴근길에 누군가를 차로 치게 된다면 세상과 자신의 존재가 완전히 끝날 것이라는 신념을 지속적으로 하는 것은 자신에게 어떤 결과를 가져오는가? 언제나 완벽해야 한다는 신념이 가져오는 결과는 무엇인가? 철학적 논박은 다음과 같은 질문이 될 수 있다. 이 행동이 삶의 중심이 되어야 하는가, 아니면 이 외에 다른 중요한 것들이 있는가?

독서치료

REBT 내담자는 종종 읽기 과제를 받게 된다. 이러한 과제는 보통 다양한 형태의 엘리스의 글로 이루어진다. 엘리스의 저서 중 한 권인 행복하고 덜 혼란스러워지기(*How to Make Yourself Happy and Remarkably Less Disturbable*, 1999b; 글상자 9.3 참고)는 특별히 내담자나 상담자가 아닌 일반 대중을 위해 쓰였다.

앨런이 독서를 즐기기 때문에 라파엘은 그에게 〈행복하고 덜 혼란스러워지기〉 책을 빌려준다. 또한 라파엘은 앨런에게 앨버트 엘리스 연구소 웹사이트를 방문해서 그곳에 있는 자료들을 보도록 격려한다. 매주 라파엘은 앨런에게 이 활동들을 통해 무엇을 배웠는지를 물어본다.

전도

앨버트 엘리스는 여러분이 REBT를 전하는 제자가 되기를 원한다! REBT 상담자는 종종 내담자에게

글상자 9.3

REBT의 긍정적 사고하기 방법 : 스스로 시작하는 신념 다섯 가지

1999년 저서 **행복하고 덜 혼란스러워지기**에서 엘리스는 원한다면 사람은 변화될 수 있다고 언급하였다. 사람의 변화를 위해서는 단지 노력, 연습, 그리고 올바른 태도가 필요할 뿐이다. 자기도움의 지지자였던 엘리스는 다음과 같은 신념이 행복의 열쇠라고 제안하였다.

1. 내가 나 스스로를 괴롭히는 경우가 많기 때문에 나는 분명히 나 자신을 괴롭히는 것을 그만둘 수 있다.
2. 나는 정서적·행동적 문제를 불러일으키는 비합리적 생각을 분명하게 줄일 수 있다.
3. 비록 나는 확실히 불완전하고 쉽게 마음이 혼란스러워질 수 있지만, 또한 다르게 생각하고 느끼며 행동함을 통해 심리적 어려움을 줄일 수 있는 능력이 있다.
4. 나의 정서적 문제는 내가 관찰하고 변화시킬 수 있는 생각·감정·행동을 포함한다.
5. 어려움을 줄여 나가기 위해서는 거의 항상 노력이 필요하다.

출처 : Information from Ellis, A. (1999). *How to Make Yourself Happy and Remarkably Less Disturbable* (p.30–38). © 1999 by the Albert Ellis Institute. Reproduced for Pearson Education, Inc. by permission of Impact Publishers®.

밖으로 나가서 친구와 친인척들이 비합리적 신념을 다룰 수 있도록 도우라고 격려한다(Ellis, 2002; Neenan & Dryden, 2011). 이는 다른 사람의 문제를 확인하고 분석하는 것이 자기 자신의 문제를 확인하고 분석하는 것보다 쉬울 때가 있기 때문이다. 물론 다른 사람들이 모두 이에 긍정적인 반응을 보이지는 않을 것이라는 사실을 내담자에게 알려주어야 한다. 이를 위해서는 후에 논의될 실제 상황 둔감법(in vivo desensitization) 연습이 필요할 수도 있다.

> 라파엘은 앨런에게 만약 그럴 수 있는 기회가 있다면 아내나 그의 성당 친구들이 겪고 있는 어려움을 도와주라고 격려한다. 예를 들어 (너무 민감한 주제가 아니라면) 앨런은 테레사의 신념, 즉 앨런의 반복행동을 견디지 못할 것이라는 신념을 다룰 수 있다.

녹음

REBT 상담자는 종종 상담회기 녹음파일을 내담자에게 주고 회기 사이에 듣도록 한다(Ellis & MacLaren, 2005). 이 방법은 여러 방면에서 효과적이다. 상담회기에서 일어난 모든 일을 내담자가 기억하지는 못하기 때문에, 녹음파일을 다시 들으면서 잊어버린 부분들을 다시 확인할 수 있다. 또한 녹음파일은 내담자들에게 그들 자신의 생각을 들을 수 있는 기회이며, 이를 통해 그들의 상황을 조금 더 객관적으로 바라보도록 도와준다.

엘리스(2011)는 내담자가 핵심 비합리적 신념을 확인하면 이를 두세 개의 (강한) 논박과 함께 녹음할 것을 권하였다. 내담자는 그 녹음파일을 들을 뿐만 아니라 다른 사람들과도 나누어야 한다. 논박을 더 잘하기 위해서는 여러 번 녹음하는 것이 필요할 수도 있다.

> 앨런은 규칙적으로 상담회기 녹음파일을 집에 가져가 복습한다. 그는 이 활동이 그의 변화된 생각과 철학을 연습하는 데 도움이 된다고 말한다. 가끔 앨런은 테레사에게 그 파일을 들려주기도 한다. 앨런은 또한 그가 가장 즐기는 신념(이렇게 나쁜 생각을 하고 있다니, 나는 정말이지 쓸모없는 망나니야!)과 그에 대한 여러 논박을 녹음한다. 그는 매일 밤 성실히 그 파일을 듣는다.

재구성

재구성은 내담자가 대상을 다른 방식으로 보도록 도와주는 것이다. 예를 들어 상담자는 내담자가 A(선행사건/활성화 경험)를 골칫거리가 아닌 도전으로 보도록 격려할 수 있다(Ellis & MacLaren, 2005). 자기비판은 자기도움으로 재구성될 수 있지만, 물론 이는 내담자가 자신에 대해 어느 정도 덜 완고해진 다음에 이루어지면 좋다.

> 라파엘은 앨런이 '확인하는' 행동을 자신과 테레사를 보호하기 위한 행동으로 이해하도록 격려한다. 물론 이는 극단적인 방법이지만, 이러한 재구성은 이 증상에 대한 앨런과 테레사의 걱정을 감소시키는 데 도움을 줄 수 있다.

멈추고 모니터링

내담자가 자신의 생각을 알아차리는 것을 매우 어려워하는 경우에는 환경에 신호물을 두는 것이 도움이 될 수 있다. 신호물을 볼 때마다 내담자는 멈춰 서서 그 순간의 생각을 관찰한다(DiGiuseppe et al., 2014). 신호물은 손가락에 묶은 끈, 컴퓨터 화면에 붙인 쪽지 등 여러 가지가 될 수 있다.

앨런은 몇 년 동안 끼지 않은 반지를 오른손에 끼기로 한다. 그 반지를 볼 때마다 그는 그의 생각을 탐색하고 기록한다. 그 후 앨런은 그 생각이 잘못된 신념인지 분석할 수 있다. 또한 가능한 때마다 라파엘과 앨런은 상담회기 중 생각 기록지를 사용하여 앨런의 반복적 행동이나 심란한 심상까지 이어지는 일련의 사건을 추적한다.

합리적 대처문

내담자는 자신의 비합리적 신념을 논박하는 과정을 통해 효과적인 새로운 철학을 창조해낸다. 이러한 효과적 철학의 일부는 합리적 대처문이다. 내담자는 변화에 대한 노력의 일환으로 이 문장을 복습하고 연습해야 한다(Ellis, 1995b). 합리적 대처문의 예시는 다음과 같다. "내가 원하는 것이 내게 절대적으로 필요한 것은 아니야. 나는 그저 그것을 선호하는 것이고, 만약 그게 없더라도 어느 정도 행복하게 살 수 있어."(Ellis, 1995a, p. 19) 엘리스(2002)는 이러한 문장은 현실적이어야 하며, 실제로 세상에서 일어나는 것인지 확인되어야 하며, 필요에 따라 수정될 수 있음을 강조하였다.

라파엘은 앨런에게 합리적 대처문을 사용하도록 가르친다. 라파엘은 앨런에게 반복적 행동을 억누르고 스스로에게 다음과 같은 말을 하면서 불편함을 견디도록 한다. "만약 내가 전등 *끄는* 것을 잊어버리면, 무슨 일이 일어날 수도 있어. 그럴 가능성은 희박하지만, 만약 실제로 나쁜 일이 일어나더라도 난 그 일에 대처할 수 있어. 그 일은 정말 끔찍하게 나쁘지는 않을 거고, 나는 끔찍하고 나쁜 사람이 되지 않을 거야." 퇴근길과 문제가 되는 심상에 대해서도 비슷한 문장들이 만들어질 수 있다. 앨런은 이 문장들을 먼저 심상기법을 사용하여 연습한 다음에 실제 상황에서 연습해볼 수 있다.

합리적 정서 심상법

합리적 정서 심상법(REI)(Maultsby & Ellis, 1974)은 중요한 정서적 논박 기법이다. 합리적 정서 심상법의 경우 내담자는 눈을 감고 상담에서 목표로 잡은 끔찍하고 역기능적인 정서를 떠올린다. 정서적 경험을 온전히 할 때 내담자는 상담자에게 신호를 보낸다. 이때 상담자는 내담자에게 그 감정을 건강한 부정 정서로 바꾸도록 지시한다. 내담자가 이 변화를 성취한 다음에는 천천히 상담장면으로 돌아오도록 한다. 상담자는 내담자에게 현재 감정이 어떤지, 그리고 어떻게 건강하지 못한 감정을 건강한 감정으로 변화시킬 수 있었는지에 대해 묻는다. 추가적으로 이 기법은 내담자가 두 번째(건강한) 감정을 선택하게 함으로써 내담자가 건강하고 건강하지 못한 감정을 구분할 수 있게 된다는 장점을 가지고 있다.

라파엘과 앨런은 전등 스위치 행동을 가장 먼저 다루기로 한다. 앨런은 눈을 감고 방을 나선 뒤 스위치를 확인하지 않으면 느낄 불안함을 느끼기 위해 노력한다. 앨런이 그 감정을 온전히 경험하고 있다는 신호를 보내면, 라파엘은 앨런에게 그 감정을 좀 더 건강한 감정으로 바꾸도록 요구한다. 앨런은 좀 더 건강한 감정으로 바꾸는 데 상당한 어려움을 경험한다. 처음에 그는 어떤 감정으로 바꾸어야 할지를 모르겠다고 말한다. 라파엘은 앨런에게 염려를 느끼도록 제안한다. 앨런이 정서적 변화를 경험한 다음에, 라파엘은 그를 눈을 뜨게 한다. 그들은 앨런이 불안을 염려로 바꾸기 위해 무엇을 했는지에 대해 이야기를 나누고, 앨런은 자신이 생각을 변화시켰다고 보고한다. 예를 들어 앨런은 "무언가 끔찍한 일이 일어날 거고, 그건 다 내 잘못이야. 이 끔찍한 일이 일어나는 걸 막지 못했기 때문에 나는 불완전하고 끔찍한 사람이야."라는 생각을 "무언가 끔찍한 일이 일어날 수도 있지. 만약 그런 일이 벌어진다 하더라도, 그걸 막지 못했기 때문에 내가 무가치한 사람이 되는 건 아니야. 끔찍한 일이 일어나지 않도록 막을 수 있으면 좋겠지만, 반드시 그렇게 해야 하는 건 아니고, 그렇게 할 수 없을 때도 있어. 이 실패가 나를 썩어빠진 사람으로 만들지는 않아."로 바꾸었다. 앨런은 또한 전등 스위치와 끔찍한 사건 사이의 연결이 현실에 근거한 것이 아닌 것 같다는 생각을 보고하였다.

상담자의 대담한 행동

이 개입은 언어적일 수도 비언어적일 수도 있다. 엘리스는 이 방법을 욕설이나(이를 통해 타인의 평가에 영향을 받지 않는 모습을 모델링해줄 수 있었다) 썩어빠진 사람, 버러지, 망나니와 같은 언어적인 형태로 자주 사용하였다. 비언어적인 대담한 행동은 더욱 극적이다. 상담자는 상담회기 도중 물구나무서기를 하면서 내담자에게 그 행동을 평가하도록 요구할 수 있다. 내담자가 그 행동이 조금 이상하다고(혹은 멍청해 보인다고) 대답하면, 상담자는 다음과 같이 대답할 수 있다. "자, 그렇다면 이게 저를 이상하거나 멍청한 사람으로 만드나요?"

라파엘은 앨런의 부끄러운 부분인 전등 스위치 확인하는 행동에 대해 논의하던 도중 자리에서 벌떡 일어나 어지러워 중심을 잡지 못할 때까지 노래를 부르며 제자리에서 빙글빙글 돈다. 앨런은 처음에는 충격을 받았다가 나중에는 라파엘을 보며 웃음을 터뜨린다. 라파엘이 숨을 가다듬은 다음 둘은 방금 일어난 일에 대해 논의한다. 라파엘은 합리적 생각을 모델링하면서 그의 행동이 어리석어 보일지라도 그것이 그를 멍청하거나 무가치한 사람으로 만들지 않음을 강조한다.

유머

REBT 상담자는 부드러운 재미를 추구한다(DiGiuseppe, 1995b). 상담자는 절대로 내담자를 놀려서는 안 되지만, 내담자의 어리석은 행동이나 생각은 유머로 사용할 수 있다. 엘리스는 이 목적을 위해 REBT 노래를 만들었다(Ellis & MacLaren, 2005; 글상자 9.4 참조).

라파엘은 앨런에게 유머를 사용하는 데 있어 조심스러운데, 이는 앨런이 그의 문제에 대해 매우 민감하기 때문이다. 라파엘은 전등 스위치 문제에 대해 앨런과 함께 가벼운 농담을 할 수 있다. (대체 몇 번이나 그 행동을 하는지? 특별한 스위치나 특정한 색깔을 가진 스위치만 그런 건지? 라파엘의 사무실에 있는 스위치도 확인하고 싶은지?) 하지만 라파엘은 이러한 유머를 사용하기에 앞서 앨런과의 관계가 견고한지를 확실히 할 것이다.

글상자 9.4

앨버트 엘리스와 함께 노래를

완벽한 합리성
[곡조 : 루이지 덴차의 '푸니쿨리 푸니쿨라(Funiculi, Funicula)']

누군가는 생각하지, 세상에 올바른 방향이 있어야만 한다고.
나도 그래 — 나도 그래!
누군가는 생각하지, 조그마한 결점이라도 있으면,
살아갈 수가 없다고 — 나도 그래!
나는 내가 슈퍼인간이라는 걸 증명해야만 하니까,
사람들보다 더 뛰어나다는 걸!
보여줘야 해, 내겐 뛰어난 혜안이 있다는 걸,
언제나 위대한 인물이라는 걸!
완벽하고 완벽한 합리성만을
당연히 난 가져야 하지!
불완전하게 살아가는 건
상상도 할 수 없는걸!
합리성은 나에게 완벽한 것!

사랑해줘, 사랑해줘, 오직 나만을!
[곡조 : '양키 두들 댄디(Yankee Doodle Dandy)']

사랑해줘, 사랑해줘, 오직 나만을
당신이 없으면 난 죽을 거야!
당신의 사랑을 확실히 해줘
내가 당신을 절대 의심하지 못하도록!
나를 사랑해줘, 사랑해줘, 완벽하게 — 열심히, 열심히
노력해줘
하지만 당신 또한 사랑을 요구한다면
난 죽는 날까지 당신을 미워할 거야!
나를 사랑해줘, 사랑해줘, 언제나
빈틈없이 완벽하게!

당신이 오직 나만을 사랑해주지 않는다면
세상은 질척한 시궁창이 되어 버릴 거야!
끝없는 상냥함으로 나를 사랑해줘.
아무런 조건 없이.
만약 조금이라도 날 덜 사랑한다면
당신의 그 가상한 용기를 미워하겠어!

나를 위한 당신, 그리고 나를 위한 나
[곡조 : 빈센트 유먼스의 '두 사람을 위한 차(Tea for Two)']

내 무릎 위에 앉은 당신을 상상해봐
나를 위한 당신, 그리고 나를 위한 나!
그러면 당신은 보게 될 거야
내가 얼마나 행복한지를!
당신이 나를 찾는다 해도
나를 절대로 만날 수는 없어
나는 자폐증적이니까!
신비주의자들이 으레 그렇듯이!
그리고 나와는 위대한 일만을
연결해줘!
만약 당신이 감히 신경을 쓰려 한다면
내 배려가 금세 끝나 버리는 걸 보게 될 거야.
나는 공평하게 나눌 수 없으니까!
만약 당신이 가정을 꾸리기 원한다면
나를 아기처럼 돌봐주면 돼.
그러면 내가 얼마나 행복한지를 보게 될 거야!

미치지 않았으면 좋겠네!
[곡조 : 댄 에멧의 '딕시(Dixie)']

오, 내가 정말 온전한 사람이었으면 좋겠어 —
에나멜 가죽처럼 부드럽고 아름다운!

(계속)

오, 타고난 침착함이 있다고 여겨지면 얼마나 좋을지!
하지만 나는 탈선해 버릴
운명인 것을!
오, 우리 엄마아빠처럼 미쳐버리는 건 얼마나 슬픈 일
인지!
내가 미치지 않았으면 좋겠네! 만세! 만세!
내 마음이 덜 끌렸으면 좋겠네.

모호한 것들에!
물론 덜 미치기로 마음먹을 수도 있겠지만—
내가 그냥 너무 게으른 걸 어떡해!

출처 : From Ellis, A. & MacLaren, C. (1998). *Rational Emotive Behavior Therapy : A Therapist's Guide* (p. 70). Atascadero, CA : Impact. © 1998, 2005 by The Albert Ellis Institute. Reproduced for Pearson Education, Inc. by permission of Impact Publishers®.

역할극

REBT에서 역할극(role playing)은 다양한 방법으로 사용된다. 월페(2007)는 역할극이 내담자가 상담자를 찾은 이유인 실질적 문제를 해결하기 위해 사용될 수 있다고 언급하였다(예 : 적극적으로 감정 표현하기). 역할극은 또한 내담자에게 역기능적 결과를 가져오는 상황을 연기해보게 함으로써 내담자의 비합리적 신념을 평가하는 데 사용될 수 있다. 비합리적 신념 논박에 대해 어느 정도 배운 내담자에게는 합리적 역할 전환(rational role reversal)이 도움이 될 수 있다. 이때 내담자는 상담자의 역할을 맡아 상담자의 역기능적 신념을 논박한다. 가장 좋은 효과를 내기 위해서 상담자는 내담자 연기를 해야 한다(Dryden, 1995c). 내담자에게 잘 받아들여질 것 같으면, 상담자는 "불쌍하고 가여운 나! 이렇게 약골인 나에게 세상 모든 사람은 친절해야만 해!"와 같은 유머러스한 과장을 할 수도 있다.

라파엘은 내담자 역할을 맡아 앨런이 전등 스위치를 확인하는 행동과 운전에 대한 두려움에 관한 비합리적 신념을 논박하도록 할 수 있다. 라파엘은 또한 '나쁜' 생각을 가지고 있는 것에 대해 죄책감을 느끼는 내담자 연기를 할 수 있다.

합리적-비합리적 대화법

드라이든(1995a)은 합리적-비합리적 대화와 관련하여 여러 기법을 기술하였다. 이 기법들은 모두 비합리적 신념과 합리적 신념 사이의 교환을 포함한다. 지그재그 접근(zigzag approach)에서 내담자는 합리적 신념의 목록을 만든 후 비합리적 신념을 사용해 합리적 신념을 공격한다. 그때 합리적 변호가 형성되며, 이는 다시 비합리적 신념에 의해 공격된다. 이 과정은 내담자가 비합리적 공격을 더 이상 할 수 없을 때까지 계속된다. 이 기법은 [그림 9.1]에 제시된 바와 같이, 내담자가 종이에 그리면서 진행되기 때문에 '지그재그'라 불리게 되었다. 두 의자 역할극(two-chair role playing)을 통해서도 이와 같은 종류의 대화가 진행될 수 있는데, 여기에서 내담자는 합리적 의자와 비합리적 의자 사이를 오고 가며 대화를 진행한다.

라파엘은 전등 스위치와 관련된 신념에 대해 앨런이 지그재그 분석을 하도록 한다.

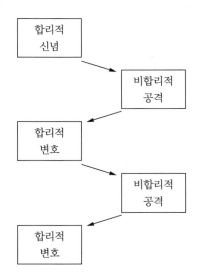

그림 9.1   지그재그 대화 양식

출처 : Dryden, W. (1995). *Brief Rational Behavior Therapy*(p. 152). New York : John Wiley & Sons, Limited.

강화와 벌

REBT 상담자는 내담자가 숙제를 끝내면 스스로에게 강화를 주게 한다(Ellis & MacLaren, 2005). 이와 유사하게 내담자가 숙제를 끝내지 못할 경우 내담자가 하기 싫어하는 벌이 주어진다. 예를 들어 제니가 수치심 공격하기 숙제인 큰 백화점 안에서 3분 동안 춤추기를 완료한 다음에는 제니가 좋아하는 패스트푸드를 먹을 수 있다. 만약 숙제를 하지 못하면, 제니는 그녀가 싫어하는 지하실 청소를 한 시간 동안 하게 된다.

라파엘은 앨런에게 하룻밤 동안 전등 스위치를 건드리지 않고 지내면, 그다음 날 20분 동안 컴퓨터 게임을 할 수 있다고 말한다. 만약 전등 스위치를 확인하면, 그다음 날은 하루 종일 게임을 할 수 없게 된다.

기술훈련

내담자가 올바른 신념을 가지고 있다 하더라도 목표 추구를 방해하는 기술적 결함을 가질 수 있다. REBT 상담자는 내담자에게 자기주장 행동을 비롯한 다른 사회 · 대인관계 기술을 가르쳐준다(Ellis, 2005). 실제로 이 기법은 내담자와 상담자가 삶의 향상을 위해 노력하는 상담의 두 번째 단계에서 잘 활용될 수 있다.

앨런이 종종 사회적 상황에서 어색함을 느끼기 때문에 라파엘은 그에게 대인관계 소통기술을 가르쳐주기로 한다. 그들은 일상적인 사회적 상황에 대한 역할극을 하고, 앨런이 할 수 있는 반응을 고안한다. 이러한 경청 및 반응 기술은 앨런과 테레사의 관계 또한 도와줄 수 있다.

실제 상황 둔감법

행동치료에서 가져온 실제 상황 둔감법은 간단히 말해 내담자에게 두려워하는 상황을 경험하도록 요구하는 것이다. 일반적으로 강한 인지적 대처문 및 논박문이 사용된다(Dryden & Yankura, 1993). 해링턴(Harrington, 2011)은 이 접근을 '거기에 머물기(staying in there)'(p. 14)라고 불렀는데, 이는 고통스러운 상황에서 도망치는 것이 낮은 좌절 감내력을 강화시키기 때문이다. 반복이 중요하기 때문에 내담자는 스트레스 요인에 반복적으로 맞서야 한다. (마치 엘리스가 130번이나 여성을 만났던 것처럼!) 이 기법은 공포증치료에 자주 사용되며, 실제 상황에서 진행하는 것이 너무 두렵게 느껴질 경우에는 상상을 통해 진행될 수도 있다. 내담자는 상상 속에서 두려운 상황에 맞서며, 반박과 대처문을 소리 내어 연습한다.

> 앨런은 실제 상황 둔감법을 적용하기에 완벽한 내담자이다. 라파엘은 앨런에게 전등 스위치를 끄고자 하는 욕구를 억누르라고 말한다. 라파엘은 앨런이 불안을 경험하겠지만, 그 불안은 합리적 대처문을 스스로에게 되뇌는 것을 통해 이겨낼 수 있다고 설명한다. 또한 라파엘은 앨런이 퇴근길을 되돌아가지 않으면서 비슷한 대처법을 사용하도록 요구한다.

합리적 신념에 따라 행동하기

이 기법은 개인심리학의 '마치~ 처럼(as if)' 기법과 유사하다. 비합리적 신념에 많은 시간이 사용된다는 점을 생각하면, 내담자가 상담자와 함께 만든 합리적 신념을 사용하도록 격려하는 것이 당연히 필요하다.

> 앨런은 마치 그가 '만약 내가 완벽하지 않다면, 그건 나쁜 일이겠지만 끔찍하게 나쁜 건 아니야. 집이 불타 버린다면 그건 운이 나쁜 거지.'라는 신념을 정말로 믿는 것처럼 행동한다. 앨런은 그가 마치 그 사건을 막지 못하더라도 완전히 무가치한 사람은 아니라는 사실을 믿는 것처럼 살아간다. 다음번에 그가 심란한 심상을 경험하게 될 때, 앨런은 스스로가 쓸모없고 악한 사람이 아니라 단순히 조금 결점이 있는 사람이라고 믿는 것처럼 행동한다.

숙제

REBT 상담자는 거의 항상 내담자에게 숙제를 내어준다(DiGiuseppe et al., 2014). 숙제는 내담자의 문제에 맞춰 고안되며, 여기에 기술된 수치심 공격 훈련이나 독서치료와 같은 기법들을 포함할 수 있다. REBT 상담자는 내담자가 숙제의 효과를 볼 수 있도록 내담자와 함께 주의를 기울여 숙제를 만든다(Dryden, DiGiuseppe, & Neenan, 2010). 자주 사용되는 숙제는 [글상자 9.5]에 나와 있는 REBT 자기도움 활동지이다(Ellis & MacLaren, 2005). 내담자는 이 활동지를 매일 작성하며, 그다음 상담회기에서 상담자와 내담자가 함께 그 내용을 살펴본다. 연습을 위해 [글상자 9.5]를 앨런의 ABCDE를 사용하여 완성해보라.

> 라파엘은 앨런에게 숙제로 자신의 생각을 (특히 어려운 상황에 처했을 때) 관찰해보게 한다. 라파

글상자 9.5

REBT 자기도움 활동지

A(활성화 사건 혹은 역경)

- 경험하고 있는 고통스러운 상황에 대해 간략하게 요약하라. (이 상황을 카메라로 찍는다면 무엇이 보일 것인가?)

- A는 내재적이거나 외재적, 실제적이거나 상상에 의한 것일 수 있다.
- A는 과거, 현재, 혹은 미래의 사건일 수 있다.

D(비합리적 신념 논박)

iB(비합리적 신념)

iB(비합리적 신념)를 찾기 위해 다음을 확인하라.

- 독단적 요구(당위적 진술)
- 상황 악화시켜 보기(끔찍한 일이야.)
- 낮은 좌절 감내력(견딜 수 없어.)
- 자기·타인 평가(나/그는 나빠, 무가치해.)

논박을 위해 다음에 답하라.

- 이 신념을 가지고 있는 것이 나에게 어떤 결과를 가져오는가?

- 나의 비합리적 신념을 뒷받침하는 증거는 어디 있는가? 그것이 사회적 현실과 부합하는가?
- 나의 신념은 논리적인가? 나의 선호에서 출발된 것인가?
- 이 일이 정말 끔찍한가(최악인가)?
- 정말 나는 이 일을 견딜 수 없는가?

C(결과)

건강하지 않은 주요 부정 정서 :

주요 자기패배적 행동 :

건강하지 않은 부정 정서는 다음을 포함한다.
- 불안
- 우울
- 분노
- 낮은 좌절 감내력
- 수치심
- 상처받음
- 질투
- 죄책감, 부끄러움

(계속)

E(효과적 새로운 철학)	E(효과적 정서 및 행동)
	새로운 건강한 부정 정서 : 새로운 건설적 행동 :

더 합리적으로 생각하기 위해서는 다음과 같이 노력하라.

- 독단적이지 않은 선호(소원, 바람, 욕구)
- 나쁜 정도 평가(나쁘다, 운이 나쁘다.)
- 높은 좌절 감내력(기쁘진 않지만 견딜 순 있다.)
- 자기·타인에 대한 전반적 평가 내리지 않기(나와 타인은 불완전한 인간이다.)

건강한 부정 정서는 다음을 포함한다.

- 실망
- 염려
- 짜증
- 슬픔
- 후회
- 좌절

출처 : From Ellis, A. & MacLaren, C. (1998). *Rational Emotive Behavior Therapy: A Therapist's Guide* (p. 70). Atascadero, CA : Impact. © 1998, 2005 by The Albert Ellis Institute. Reproduced for Pearson Education, Inc. by permission of Impact Publishers®.

엘은 앨런이 자신의 비합리적 신념을 적어보고 논박해보도록 REBT 자기도움 활동지를 활용할 수 있다. 실제로 앨런의 신념에 대한 거의 모든 것이 숙제로 활용될 수 있다.

수치심 공격하기

수치심 공격하기는 잘 알려진 REBT 기법 중 하나이다(DiGiuseppe et al., 2014). 이 기법에서 내담자는 몹시 부끄러운 일을 하도록 지시받는다. 여러 예시가 있을 수 있는데, 예를 들어 물구나무서며 엘리베이터 타기, 햄버거 가게에서 노래 부르기 등이 될 수 있다. 하지만 내담자의 문제와 연관이 있는 행동을 하는 것이 가장 좋다. 이 기법을 사용하는 근거는 이 훈련을 통해 내담자가 부끄럽다고 해서 죽지는 않으며, 다른 사람들이 자신을 이상하게 여긴다고 해서 그것이 정말 끔찍한 최악의 상황은 아니라는 것을 발견하기 위함이다. 이 기법을 사용할 때 합리적 대처문을 같이 사용하는 것이 바람직하다.

┌─ 영상 자료 9.3 ─
영상파일 18:41-20:07을 보자. 이 영상에서 앨버트 엘리스가 사용한 기법은 무엇인가?

 https://www.youtube.com/watch?v=odnoF8V3g6g

라파엘은 앨런을 위한 수치심 공격하기 훈련을 고안한다. 라파엘은 앨런에게 퇴근길에 신호등마다 멈춰서 차창 밖으로 머리를 내밀고 "지금까지 내가 누군가를 치었나?"라고 외치게 한다. 만약 앨런이 이 숙제를 재미있게 받아들인다면 이 훈련은 성공적일 것이다. 하지만 라파엘은 이 숙제를 내주기 전에 먼저 일련의 좀 더 안전한 수치심 공격 훈련을 앨런에게 제안한다. 앨런과 테레사는 정해진 시간 동안 거실 전등 스위치를 껐다 켰다 할 수 있다. 그 뒤 앨런은 가까운 친구에게 자신의 전등 스위치를 껐다 켜는 행동에 대해 이야기하고 그 행동을 보여줄 수 있다.

개인적·문화적 다양성에 대한 논의

엘리스(1992a)는 자신이 "동성애자 해방운동을 옹호한 첫 번째 저명한 심리학자"(p. 10)라고 주장하였다. 실제로 엘리스는 동성애가 아직 금기시되던 때에 동성애에 관한 고전에 서문을 쓰기도 했다 [1951년에 출판된 D. W. 코리의 미국의 동성애(*The Homosexual in America*)]. 성 해방에 관한 엘리스의 노력과 자기·타인 수용에 대한 REBT의 강조 때문에 엘리스와 그의 지지자들은 REBT가 성적 지향성에 대한 편견이 없다고 주장한다.

다문화 문제를 다루며 엘리스(2002)는 "모든 인간이 그러하듯이, 상담자 또한 편협한 생각과 완고함에 빠지기 쉽다."(p. 203)라고 인정하였다. 하지만 엘리스 또한 REBT가 강조하는 무조건적 자기·타인 수용이 문화적 다름에 열린 태도를 촉진시킨다고 덧붙였다.

이론적 수준에서 개인적 책임성에 대한 강조와 문제는 개인 내에 (비합리적 신념의 형태로) 존재한다는 REBT의 관점은 사람의 삶에 사회·문화적 요인이 갖는 영향을 과소평가할 수 있다. 부정적 고정관념과 억압의 대상인 집단(예 : 여성, 소수민족, 성소수자)에 속한 사람들은 이러한 편견적 태도와 선입견적 행동에 큰 영향을 받으며, 이들에게 이러한 영향에 대해 다르게 생각해보라고 하는 것은 그들의 기능을 저하시킬 뿐만 아니라 그 자체로 차별적일 수도 있다. 세상이 공평하지 않다는 REBT의 가정은 선입견적 태도와 차별적 행동의 수용으로 보일 수 있다. 물론 엘리스는 REBT는 내담자로 하여금 그 상황이 나쁘지만 최악으로 끔찍한 것은 아니라고 가르치며, 사회적 정의를 위한 노력에 따라 A(선행사건/활성화 경험)를 변화시키도록 내담자들을 격려하는 것이 매우 적절하다고 주장한다(Ellis, 1999c). 엘리스(2005)는 이렇게 말하였다. "내담자는 자신과 타인을 무조건적으로 수용하고 역경을 만났을 때 높은 좌절 감내력을 성취할 수 있다. 대부분의 다문화 문제는 편견과 편협함을 포함하며, 이는 REBT가 특별히 반대하는 것이다."(p. 195)

로빈과 디귀세페(Robin & DiGiuseppe, 1997)는 REBT는 모든 문화권의 내담자에게 적절한 개입 방법이라고 주장하였다. REBT 연구 결과들을 인용하며 그들은 REBT가 정신분석과 같이 더 개념 의존적인 이론과 달리, 검증되지 않고 문화적으로 다를 수 있는 개념들에 의존하지 않아도 된다고 언급하였다. 그들은 추가적으로 REBT의 감내와 수용과 같이 금욕주의적인 철학적 가치는 서구 유럽, 동양, 북미원주민과 같이 다양한 문화에 적용 가능하다고 주장하였다. REBT의 경험주의적 관점이 몇몇 근본적 문화적 가치(예 : 영성)와 상통하지 않는다는 것을 인정하면서, 로빈과 디귀세페는 그럼에도 B(신념)-C(결과) 연결을 보여주고 내담자에게 그 정보를 사용할지 선택할 수 있게 하는 것이 문화를 존중하면서도 도움이 될 수 있다고 주장하였다. 그들은 비서구권 문화에서 온 내담자를 상담할 때 상담자가 (1) 내담자에게 상담에서 기대하는 바를 이야기해주고, (2) 내담자의 기대는 무엇인지를 탐색해야 한다고 제안하였다.

REBT는 적극적이고 지시적이며 단기적인데, 이는 비서구권 문화에서 온 많은 내담자들이 기대하는 바와 상통한다(Sue & Sue, 2013; Wolfe, 2007). 사프, 맥닐리, 토레스(Sapp, McNeely, & Torres, 2007)는 아프리카계 미국인 내담자들이 적극적-지시적 개입을 선호한다는 점을 지적하며 REBT가 사회문화적 맥락이 내담자의 호소문제에 끼치는 영향(예 : 노예제도나 분리정책, 선입견, 차별의 현재 영향)에 따라 조정되면 이 집단의 내담자들에게 효과적일 것이라고 주장하였다. 실제로 이러한 A(선행사건/활성화 경험)는 디귀세페 등(2014)이 주의하여 다루라고 제안하였던 트라우마 사건일 수 있다. 이 경우에 상담자는 그 끔찍한 A(선행사건/활성화 경험)를 견딜 수 있는 내담자의 능력을 다루어야 한다.

첸(Chen, 1995)은 REBT 기저의 가치(논리적 사고, 정서의 인지적 통제, 교사로서의 상담자, 적극적-지시적 상담)는 중국 문화와 일치하며, 그렇기 때문에 이 문화적 집단에 다른 상담이론들보다 더 잘 사용될 수 있다고 주장하였다. 하지만 직면 접근이 교사의 질문에 대한 답을 모르는 것에 고통을 받는 중국인 내담자들에게서 부정적 반응을 이끌어낼 수 있기 때문에 논박의 방법은 수정되어야 할 수도 있다. 그 대신 첸은 상담자가 내담자에게 더 많은 대안을 제공하는 교훈적 논박을 제안하였다. 또한 중국인들이 일반적으로 감정 표현을 불편해하기 때문에 정서적 기법은 주의해서 사용되어야 한다. 엘리스(2005)는 어떤 내담자에게는 간접적 방법이 더 효과적이기 때문에 이러한 경우에는 이야기, 우화, 비유 등을 사용하는 것이 적절하다고 언급하였다.

다른 주요 이론과 유사하게 REBT는 개인에 초점을 맞춘다. 건강한 사람은 독립적이고 자율적이다. 이러한 가치는 더 집단주의적인 문화(예 : 동양이나 히스패닉 문화)에서 온 내담자나 영성이 매우 중요한 내담자와 충돌할 수 있다(Sue & Sue, 2013). 만약 상담자가 이러한 편견들을 인식하지 못한다면 집단주의적인 내담자는 의존적이고 미성숙하며, 가족이나 타인과 융합되어 있다고 여겨질 수 있다(Sue, Ivey, & Pedersen, 1996).

문제와 변화에 대한 책임을 대부분 개인 내(예 : 인지)에서 찾기 때문에 REBT는 성차별적이라고 비난받을 수 있다. 미국의 문화적 규범은 여성을 평가절하하며, 이에 동조되어 여성에게 "징징거리지 말고 해라."라고 말하는 것은 여성의 정신건강에 영향을 주는 매우 현실적인 요인들을 등한시하는 행동이다. 하지만 울페(1986)는 REBT의 목표는 여성주의적 이상과 여러 방면에서 일치한다고 주장하였다. REBT는 성역할 고정관념의 기반이 되는 당위적 진술과 '사랑에 목매는 것'을 목표점으로 삼아 논박한다(Wolfe, 1986, p. 401). 개인의 책임에 대한 강조와 상담의 목표를 설정하는 자율성, 자기주장에 대한 격려는 여성주의적 가치를 지지한다. 울페(1986)는 추가적으로 REBT가 여성(그리고 다른 사람들)이 A(선행사건/활성화 경험)의 변화, 혹은 여성과 다른 집단들을 억압하는 사회적 조건의 변화를 위해 싸우라고 격려한다고 주장하였다(p. 401).

초기 저서에서 엘리스는 종교적 혹은 영성적 신념이 입증될 수 없기 때문에 비합리적이라고 보았다. 하지만 엘리스는 나중에 그의 관점을 바꾸었으며, 문제가 되는 것은 절대적이고 독단적인 종교적 신념이라고 주장하였다(Ellis, 2000). W. B. 존슨, 리들리, 그리고 닐슨(W. B. Johnson, Ridley, & Nielsen, 2000)은 엘리스의 관점의 변화를 관찰하고, 건설적인 종교적 신념과 파괴적인 종교적 신념 간의 차이를 구별할 수 있게 도와주는 종교적 민감성을 지닌 REBT에 대해 설명하였다. 이를 위해서 상담자는 그들 자신의 종교적 신념을 탐색하고, 상담에서 종교적 문제를 다루는 유능성을 도모하기 위한 전문성을 갖추어야 한다.

CHAPTER 10

인지치료

아론 벡

스티브는 38세 백인 남성이다. 그는 회복 중인 약물 중독자를 위한 거주형 요양시설에서 지내고 있으며, 지역병원이 후원하는 직업치료 프로그램에 참가하고 있다.

스티브는 중상층 가정의 외동아들이다. 그는 가정생활이 비버 클리버[이상적 미국 가정을 그린 드라마 '비버에게 맡겨둬(Leave it to Beaver)'의 주인공]와 같이 '끝내줬다'고 표현하였다. 스티브는 아버지는 좋은 부양자였지만 거리감이 느껴졌으며, 어머니와의 관계 또한 거리감이 느껴졌다고 보고한다.

스티브는 초등학교 3학년 때 사립군사학교로 보내졌다. 그는 7학년이 되었을 때 국립학교로 전학을 갔지만, '돌출행동(하루는 비키니를 입고 학교에 가기도 했다)' 때문에 퇴학을 당했다. 스티브는 퇴학당한 후 군사학교에 다시 입학하여 졸업을 했다.

스티브가 11세가 되었을 때 그의 부모는 별거 후 이혼하였다. 스티브는 어머니와 함께 살았으며, 어머니는 그가 17세가 되던 해 재혼하였다. 스티브는 어머니가 이혼 때문에 매우 슬퍼하였지만 그에게 "다 괜찮을 거야."라고 말하며 "강한 모습을 보이셨다."고 기억한다.

군사학교 졸업 후 스티브는 해군에 들어가 4년간 있었다. 제대 후 스티브는 자동차정비소에서 일하던 중 소변에 피가 비친다는 것을 알게 되었다. 아버지는 스티브를 종합병원으로 보내 검진을 받게 했는데, 검진 결과 왼쪽 신장에 문제가 있음을 알게 되었다. 스티브는 이 시기에 그의 첫 번째 우울삽화가 시작되었으며, 첫 번째 조증삽화 또한 곧 따라왔다고 보고한다. 정신과 의사는 스티브를 양극성장애로 진단하고 리튬 치료를 시작하였다.

1990년에 스티브는 약혼하였다. 그 즈음 그는 교통사고를 겪었는데, 상대 운전자가 그 사고로 사망하였다. 스티브는 그 당시 술에 취해 있었기 때문에 사고를 기억하지 못하지만, 경찰은 그 사고가 상대 운전자의 잘못이라고 판단했다. 하지만 그는 과실치사로 기소되었으며, 집행유예를 받았다가 손해배상금 만 달러를 내게 되었다. 이 기간에 스티브의 아버지는 스티브에게 지지적이었다. 하지만 그의 조부모는 스티브의 어머니가 친구와 일가친척들에게 스티브와의 '의절'을 선언했다는 이야기를 전해주었다.

이 사건 후 스티브의 약혼녀는 스티브가 다시 술을 마실 경우 떠날 것이라는 최후통첩을 전달했다. 스티브는 금주는 어렵지 않았다고 보고한다. 1년 뒤 스티브의 약혼녀는 그를 떠났으며, 스티브는 다시 술을 마시기 시작했다. 약 4개월 뒤 스티브는 자원해서 스스로를 지역 퇴역군인 행정부의 음주·약물남용치료 센터에 입소했다. 스티브는 그 후에도 재발을 겪고 치료센터에 두 번 돌아갔다. 그는 현재 안타부스와 리튬 처방을 받고 있다.

스티브는 직업치료 프로그램의 일환으로 상담에 나오고 있다. 그는 자신이 너무 미성숙하며, 자신의 '돌발행동' 때문에 자기존중감도 타인의 존중도 잃어버리게 된다고 말한다. 스티브는 자신을 있는 그대로 받아들이지만, 가끔은 부모의 마음('알코올중독자에 양극성장애' 아들)을 생각해보면 두렵기도 하고 슬프기도 하다고 보고한다. 그는 가끔 그의 상황에 대해 우울해지기도 한다. 스티브는 상담자에게 회복해서 좋은 직업도 갖고 자립하고 싶다고 말한다.

배경

인지치료(cognitive therapy, CT)라는 정식 명칭은 일반적으로 아론 T. 벡(Aaron T. Beck)이 1960년대 후반부터 개발하기 시작한 이론을 뜻한다. 사실 앨버트 엘리스, 아론 벡, 혹은 그의 딸인 주디스 벡(Judith Beck)이 아닌 이상, 실제 상담장면에서는 행동치료(제8장), 합리적 정서행동치료(제9장), 그리고 인지치료(제10장)는 뚜렷하게 구별되지 않는다. 실제로 인지행동치료(cognitive-behavioral therapy)는 인지치료(CT), 합리적 정서행동치료(REBT), 문제해결치료(problem-solving therapy)(D' Zurilla & Nezu, 2007), 자기지시 훈련(self-structional training)(Meichenbaum & Jaremko, 1983), 변증법적 행동치료(dialectic behavior therapy)(Linehan, 1993a), 대처기술접근(coping skill approaches), 수용전념치료(acceptance and commitment therapy)(S. C. Hayes, Strosahl, & Wilson, 2012)를 포함하여 인지가 역기능과 개입에 미치는 영향을 다루는 여러 이론들을 아우르는 일반적 명칭으로 종종 사용된다(K. S. Dobson, 2012). 실제 상담의 경우 여러 상담자들은 이 모든 접근법에서 기법을 가져와 절충하여 사용한다. 인지행동치료는 매우 대중적이며, 탄탄한 경험적 증거가 뒷받침된다고 널리 인정받고 있다. 이 장에서는 벡 부녀(특히 주디스 벡)의 글들을 읽으면 알 수 있는 순수한 형태의 인지치료(CT)에 대해 다루고자 한다.

인지치료(CT)의 창시자 아론 벡은 러시아계 이민자의 아들이었다. 바이사르(Weishaar, 1993)에 의하면, 벡의 어머니인 리지 템킨은 의사가 되고 싶었으나, 이는 초기 1900년대 시대상으로는 현실적으로 이루기 어려운 일이었다. 리지는 사회주의적 성향을 가진 인쇄업자인 해리 벡과 결혼하여 다섯 명의 자녀를 두었으며, 아론 벡(1921년 탄생)은 이 중 막내였다. 벡 가정은 매우 독실한 유대교인이었다.

벡의 두 형제는 어릴 때 죽었다. 이는 아론이 태어나기 전까지 벡의 어머니를 심각한 우울증에 빠지게 하였다. 그 결과 어머니는 벡을 과잉보호하였다(Weishaar, 1993). 벡은 7세 때 골절된 부위의 감염으로 인한 패혈증으로 거의 죽을 뻔하였다. 바이사르(1993)에 의하면, 오래 지속된 질병과 입원, 수술로 인해 벡은 불안과 공포증을 가지게 되었다. 벡은 또한 잦은 결석으로 1학년을 유급하였다. 벡은 그가 멍청하고 다른 사람들도 그렇게 생각한다고 믿었다. 이러한 신념은 오히려 벡이 열심히 노력하도록 만들었고, 모범생이 되어 고등학교를 수석으로 졸업하였다. 이 기간에 그는 팀(템킨이라는 그의 중간 이름에서 비롯됨)이라는 애칭을 얻었는데, 그의 아내와 가까운 친구들은 그를 이 애칭으로 불렀다(Weishaar, 1993).

벡은 브라운 대학생활 동안 신문배달과 방문판매를 하며 필요한 경비를 충당하였다(Weishsar, 1993). 그는 영문학과 정치과학을 전공하였으며, 진로상담자를 찾아갔을 때 YMCA 상담자가 되라는 권유를 받았다. 유대인에 대한 할당제도에도 불구하고 벡은 예일 의대에 들어가 1946년에 의학박사를 수여받았다. 바이사르에 의하면 벡은 자신의 불안이 오히려 의대에 가기로 마음먹게 한 이유 중 하나라고 고백하였다고 한다. 벡은 혈액 · 상처 공포증을 이겨내고 싶었던 것이다. 그는 또한 유기 · 발표 · 고소공포 등 다른 여러 두려움을 가지고 있었다(Weishaar, 1993, p. 13).

신경학에 잠시 발을 담갔던 벡은 정신의학에 관심을 가지게 되어 정통 정신분석학 수련을 받았다. 경력 초기, 벡은 심리치료학 연구를 통해 우울증이 안으로 향한 분노라는 프로이트의 가설을 검증하고자 했다. 하지만 벡은 우울한 사람이 상실감과 자기비난에 깊이 빠져 있음을 발견하게 되었다(Hollon & DiGiuseppe, 2011). 우울의 피학대성에 대해 이어진 일련의 연구는 우울의 두드러지는 특징은 피학성이 아닌 비관과 부정성(negativity)임을 명확하게 보여주었다(Clark & Beck, 1999). 거의 같은 시기에 이루어진 벡의 임상적 경험 또한 그의 이론적 발달에 도움을 주었다. 벡은 내담자들이 자유연상 중 보고하지 않는 생각들이 있음을 알게 되었다(Beck, 1997a). 대부분의 이러한 생각은 분석적 관계와 관련이 있었으며(예 : 상담자가 내담자에 대해 어떻게 생각하는지에 대한 염려), 내담자의 현재 정서 상태와 밀접한 연관이 있었다. 벡은 이러한 생각들[후에 자동적 사고(automatic thought)로 명명됨]과 그가 내적 소통체계(internal communication system)라고 부른 것을 연구하기 시작하였으며, 이는 인지치료의 시작을 의미한다(Beck, 1997b).

벡은 그의 이론에 있어 다른 상담자의 기여를 인정하면서도 현존하는 심리치료로부터 배울 점은 별로 없다고 언급하였다. 벡이 영향을 받았다고 인정한 학자 중에는 철학자 임마누엘 칸트와 인지이론가 마그다 아놀드, 조지 켈리, 앨버트 반두라가 있다. 벡은 앨버트 엘리스를 그가 전통적인 정신분석 이론에서 분리할 수 있도록 도와준 선구자로 묘사했다(Beck, 1991). 벡은 엘리스의 REBT와 자주 연관되는 에픽테토스 인용구["인간을 움직이게 하는 것은 어떤 대상이 아니라 그 대상을 바라보는 시선이다(에픽테토스, Beck, 1976, p. 47 재인용)]"를 1976년에 출판된 그의 유명한 저서 **인지치료와 정서장애**(*Cognitive Therapy and the Emotional Disorders*)에 사용하였다.

벡은 다작한 작가이자 연구자였으며, 몇백 편의 연구논문과 여러 권의 저서를 출판했다. 그의 업적은 의학 분야와 심리학 분야 둘 다에서 인정을 받았다. 1989년에 벡은 APA의 응용심리분야 과학상을 받았다. 그는 또한 행동치료발전학회(Association for the Advancement of Behavior Therapy)의 공로상(1998)과 미국심리협회(American Psychological Society)의 제임스 멕킨 카텔 응용심리 분야 상(1993)을 받았다. 벡은 현재 펜실베이니아 의학대학의 정신의학과 명예교수로 있다.

벡은 1994년에 벡 인지행동치료연구소(Beck Institute for Cognitive Behavior Therapy)를 설립했다. 연구소에 대한 소개는 www.beckinstitute.org에서 볼 수 있다. 또 다른 주요 웹사이트에는 **인지치료학회지**(*Journal of Cognitive Therapy*)를 출간하는 국제 인지심리치료학회(International Association for Cognitive Psychotherapy)의 웹사이트(www.the-iacp.com)가 있다.

벡의 딸인 주디스는 심리학자이자 인지치료 상담자이다.[1] 그녀는 현재 벡 연구소의 회장으로 있다(아론 벡은 명예회장이다). 주디스의 저서 인지치료 : 이론과 실제(*Cognitive Therapy: Basics and Beyond*; 2011)와 난제를 위한 인지치료(*Cognitive Therapy for Challenging Problems*; 2005)는 체계적이며 따라 하기 쉬운 인지치료(CT) 가이드라인을 제공한다. 만약 항상 마음 한 켠에 미뤄두고 있는 다이어트에 인지치료(CT)를 접목시키고 싶다면 주디스 벡이 2008년에 발간한 벡의 다이어트 해결책(*The Beck Diet Solution*)을 참고하기 바란다. 학교상담에 관심 있는 사람에게는 청소년 학생을 위한 인지치료(*Cognitive Therapy for Adolescents in School Settings; Creed, Reisweber, & Beck*, 2011)가 도움이 될 수 있다. [글상자 10.1]에 인지치료 : 이론과 실제의 일부분이 발췌되어 있다.

글상자 10.1

자동적 사고에 대한 주디스 벡의 논의

자동적 사고란 좀 더 명확한 생각들과 공존하는 일련의 생각을 뜻한다(Beck, 1964). 이러한 생각들은 심리적 어려움을 겪고 있는 사람들에게만 나타나는 것이 아니라, 우리 모두에게 공통적으로 경험되는 것이다. 대부분의 경우 우리는 이러한 생각들을 거의 인지하지 못하지만, 조금의 훈련만으로 쉽게 이 생각들을 의식 수준으로 끌어올릴 수 있다. 우리 자신의 생각을 알아차리게 되면 우리는 자동적으로 현실검증을 통해 우리가 심리적 역기능을 가지고 있는지 확인할 수 있다.

예를 들어 이 글을 읽는 독자는 글의 내용에 대해 집중하면서도 "무슨 말인지 모르겠어."라는 자동적 사고를 가지며 경미한 불안을 경험할 수 있다. 하지만 그는 즉흥적으로(즉, 의식적 노력 없이) 그 생각에 "조금은 알 것 같기도 해. 이 부분을 한 번 더 읽어보자."라는 건설적인 방법으로 답할 수 있다.

부정적 생각에 대한 이러한 자동적 현실검증과 반응은 흔한 경험이다. 하지만 심리적 어려움을 겪고 있는 사람들은 이러한 비판적 검증을 하지 않을 수 있다. 인지치료(CT)는 사람들이 특히 부정적 정서를 경험할 때 그들의 생각을 의식적이고 체계적으로 평가할 수 있는 방법을 가르쳐준다.

예를 들어 경제학에 관한 책을 읽던 샐리는 위에 묘사된 독자와 같은 생각을 하게 된다. "무슨 말인지 모르겠어." 하지만 그녀의 생각은 점점 더 극단적이 되어간다. "난 절대로 이해 못할 거야." 그녀는 이 생각이 진실이라고 받아들이면서 슬퍼진다. 하지만 인지치료 기법을 배우고 난 후 그녀는 부정적 정서를 오히려 생각을 확인하고 평가할 단서로 활용하게 되고, 다음과 같이 더 적응적인 반응을 하게 된다. "잠깐만, 내가 이걸 절대로 이해하지 못하진 않을 거야. 지금은 좀 어렵지만, 반복해서 읽어보거나 기분전환을 하고 다시 읽어보면 더 잘 이해할 수 있을지 몰라. 어찌되었든지, 이걸 이해 못한다고 해서 죽는 것도 아니고, 만약 필요하다면 다른 사람에게 설명해달라고 부탁할 수도 있어."

자동적 사고가 즉흥적인 것처럼 보일 수 있지만, 내담자의 기저에 깔려 있는 신념을 이해하게 되면 어느 정도 예측이 가능해진다. 역기능적, 즉 현실을 왜곡시키거나 부정적 정서를 불러일으키거나, 목표 추구를 방해하는 생각을 확인하는 것이 중요하다. 역기능적 자동사고는 내담자가 조증 혹은 경조증, 자기애적 성격장애을 가지고 있거나 약물남용을 하지 않는 한 거의 언제나 부정적이다.

---

1 혼란을 막기 위해서 앞으로의 글이나 인용구에서 아론 벡은 벡(Beck)으로, 그의 딸은 주디스 벡(J. S. Beck)으로 표기한다.

자동적 사고는 대체로 짧으며, 내담자는 생각 그 자체보다는 그 생각으로 인한 '정서'를 더 잘 알아차리는 경우가 많다. 예를 들어 상담회기 동안 내담자는 조금 불안하거나 슬프거나, 짜증나거나 부끄러운 감정은 알아차리지만 상담자가 물어보기 전에는 자동적 사고는 알아차리지 못할 수 있다.

내담자가 느끼는 정서는 그들의 자동적 사고와 논리적으로 연관되어 있다. 예를 들어 한 내담자는 "나는 멍청이야. 회의에서 사람들이 뭐라고 하는지 하나도 모르겠어."라고 생각하며 슬픔을 느낀다. 또 다른 상황에서 그는 "아내는 날 제대로 대해주지 않아."라고 생각하며 분노를 느낀다. "대출을 받지 못하면 어쩌지? 그럼 어떻게 해야 하지?"라고 생각할 때 그는 불안을 느낀다.

자동적 사고는 종종 '줄임말' 형식으로 나타나지만, 그 뜻에 대한 질문을 통해 쉽게 설명될 수 있다. 예를 들어 한 내담자가 "이런!"이라고 생각했을 때, 그 짧은 생각의 의미는 "상사가 나한테 엄청난 일거리를 주려고 해."였다. 또 다른 내담자의 경우 "젠장!"이란 표현의 의미는 "집에 휴대전화를 두고 오다니, 멍청한 짓을 했네."였다.

자동적 사고는 언어적 형태나 시각적 형태(심상), 혹은 그 둘의 조합으로 나타날 수 있다. 언어적 자동적 사고인 "이런!"과 함께 내담자는 밤중에 혼자 사무실에서 야근을 하는 자신의 모습을 상상하였다(심상의 형태로 나타나는 자동적 사고는 제16장에 설명되어 있다).

자동적 사고는 그 생각의 '타당성'과 '유용성'에 따라 평가될 수 있다. 가장 흔한 유형의 자동적 사고는 왜곡되어 있으며 반대를 가리키는 객관적 증거에도 불구하고 생겨난다. 두 번째 유형의 자동적 사고는 정확하지만, 내담자가 그로 도출해내는 '결론'이 왜곡되어 있다. 예를 들어 "친구와의 약속을 어겨버렸어."는 타당한 생각이지만, "그렇기 때문에 난 나쁜 사람이야."라는 결론은 타당하지 않다.

자동적 사고의 세 번째 유형은 정확하지만 뚜렷하게 역기능적이다. 가령 샐리는 시험공부를 하면서 "이걸 다 끝내려면 몇 시간은 걸릴 거야. 새벽 3시까지 깨어 있어야 할 거야."라고 생각했다. 이 생각은 의심할 여지 없이 정확하지만 샐리의 불안을 높이고 집중력과 동기를 떨어뜨렸다. 이에 대한 합리적인 반응은 그 생각의 유용성을 다루는 것이다. "이걸 끝내는 데 오랜 시간이 걸릴 것은 사실이겠지만, 난 해낼 수 있어. 예전에도 해낸 적이 있는걸. 얼마나 오래 걸릴지에 집착하는 건 내 기분을 망칠 뿐이고, 그럼 난 집중하지도 못할 거야. 그럼 공부하는 데 더 오래 걸리겠지. 한 부분을 끝내는 데 집중하고 그걸 끝낸 나 자신을 칭찬하는 게 더 나을 거야." 자동적 사고의 타당성과 유용성을 판단하고 적응적으로 반응하는 것은 일반적으로 긍정적인 정서 변화를 이끌어낸다.

요약하자면 자동적 사고는 더 명확한 생각의 흐름과 공존하며, 즉흥적으로 생겨나며, 반영이나 반추에 기반을 두지 않는다. 사람들은 보통 이와 관련된 정서를 더 잘 알아차리지만, 조금의 훈련을 통해 생각 또한 알아차릴 수 있게 된다. 개인적 문제와 연관된 생각은 그것의 내용과 의미에 따라 '특정한' 감정과 연관되어 있다. 자동적 사고는 종종 짤막하고 순식간에 지나가 버리며, 언어적 혹은 심상적 형태로 나타날 수 있다. 사람들은 보통 반영이나 평가 없이 자동적 사고가 진실이라고 받아들인다. 자동적 사고를 더 적응적인 방법으로 확인하고 평가하면 보통 긍정적인 정서 변화로 이어지게 된다.

출처 : Excerpted from Beck, J. S. (2011). *Cognitive Therapy : Basics and Beyond* (pp. 137-140). New York : Guilford Press. Guilford Press의 허락하에 재인쇄함

기본 철학

인지치료(CT) 이론은 인간 본성에 대해 일반적으로 중립적인 입장을 취한다. 인간 존재의 전반적 특성을 다룰 때는 인간을 단순히 환경에 적응하는 유기체로 보는 진화적 관점이 적용된다.

알포드와 벡(Alford & Beck, 1997a)은 인지치료(CT) 이론의 경우, 인간 존재의 핵심적인 측면은 경험에서 의미를 창조해내는 것이라고 규정하기 때문에 구성주의적이라고 표현했다. 그러나 극단적 구성주의적 접근(객관적 진실은 하나도 없다고 보는 접근)과 달리, 인지치료(CT)는 외재적이고

객관적인 현실과 개인적이고 주관적이며 현상학적인 현실 둘 다의 존재를 가정한다(K. S. Dobson, 2012).

벡은 그의 이론을 거대한 통합이론, 즉 다른 모든 이론을 설명할 수 있는 '하나의' 심리이론으로 간주했다(Alford & Beck, 1997a). 그의 주장을 뒷받침하는 논점 하나는 인지이론이 행동적 접근과 정신분석적 접근 둘 다에 뿌리를 두고 있다는 점이다. 인지치료(CT)의 행동학적 뿌리는 개입에 사용되는 기법들과 의식 밖에서 진행되는 과정(예 : 후에 논의될 양식 과정)에 크게 초점을 두지 않은 초기 이론에서 잘 드러난다. 또한 벡(1991)은 다음과 같이 서술하였다.

> 인지모델의 일부분은 고전적 정신분석에서 파생되었으며, 또 다른 일부분은 고전적 정신분석 이론에 대한 반박으로 이루어졌다. 고전적 정신분석에서 파생된 부분은 의미에 대한 강조, 상징의 역할, 그리고 다양한 상황에 일반화되는 반응양식을 포함한다. 이를 반박하는 부분은 동기를 지나치게 강조한 모델, 억압과 다른 방어기제가 무의식적 금기의 뭉텅이를 막아낸다는 주장, 그리고 심리성적 발달단계에 중점을 두는 것을 피하는데서 드러난다.(p. 192)

최근 인지치료(CT) 이론가들은 핵심신념의 아동기적 근원에 대해 논의하고 있는데, 이는 역기능의 근원에 대한 정신분석적 논점과 유사하게 보인다(Padesky, 2004). 또한 현재의 인지치료(CT) 이론은 완벽히 의식적이지는 않은 인지적 과정(예 : 후에 논의될 자동적 사고와 인지도식)에도 더 큰 주의를 기울이고 있으며, 이는 무의식이 행동을 결정 짓는다는 프로이트의 생각과 유사한 면이 있다.

인지치료(CT) 이론에 관한 마지막 논점은 인지치료(CT)가 대체로 심리적 역기능에 관한 이론이라는 점이다. 인지치료(CT)는 우울에 관한 이론에서 출발하였으며(Beck, Rush, Shaw, & Emery, 1979) 실제 상담과 밀접하게 관련되어 있다. 그렇기 때문에 인지치료(CT) 이론은 건강한 기능보다는 심리적 부적응의 역동에 초점을 두는 경향을 보인다.

> 인지치료(CT) 상담자인 미아는 스티브의 상담자이다. 미아는 스티브가 여느 사람들과 같은 인간이라는 점을 가정하며, 그의 선함이나 악함에 대한 선입견 없이 그와 상담 작업을 시작한다. 스티브는 그저 그의 환경을 이해하려고 노력하는 사람으로 여겨진다. 미아의 관점에서 스티브의 행동은 그의 행동에 대한 현재 인식에 대한 반응이며, 이러한 인식은 그의 초기 학습과 연관이 있다고 보인다. 미아는 스티브가 생각하는 방식과 그의 인지과정이 어떻게 그의 현 상황과 연결되어 있는지를 이해하고자 한다.

인간 동기

인지치료(CT) 이론은 적응이론으로 가장 잘 묘사될 수 있다. 벡은 진화이론에 입각하여 생존, 자원의 유지·확장, 번식이라는 세 가지 주요 진화적 목표를 인간행동의 동기로 언급하였다(Beck, 2015, p. 19). 인지과정은 환경에의 적응을 향상시키기 위해, 다시 말해 생존을 위해 진화되었다. 인간은 세상을 이해하기 위해 노력하며 효과적인 적응전략을 만들기 위해 삶에서 일어나는 사건에 의미를 부여한다. "인지는 (단기적, 장기적) 긍정적 결과를 최대화하기 위하여 통제·지시하는 행동과 연관되어 있다."(Alford & Beck, 1997a, p. 64) 인간의 기본욕구는 보존, 번식, 지배, 그리고 사회성이라고 여겨진다(Clark & Beck, 1999, p. 67).

미아는 스티브의 상황이 여러 요인의 영향에 의한 것이지만, 가장 근본적인 수준에서 환경에 적응하는 데 어려움을 겪고 있다고 본다. 스티브는 적응적 결과(생존, 사회적 교류, 상황의 지배 혹은 통제, 친밀한 관계)를 추구한다. 미아는 스티브가 부여한 의미가 그의 행동과 정서에 어떻게 연관되는지를 이해하기 위해 그가 세상을 이해하는 방식을 알아본다.

주요 개념

인지모델

간단히 말하면 인지치료(CT)의 근간이 되는 인지모델은 정서와 행동이 상황에 대한 **지각**의 산물이라고 제안한다. "생각의 방식이 감정의 방식에 영향을 미치는 것이다."(Clark & Beck, 2010, p. 31). 비록 인지치료(CT) 이론가들이 인지와 정서 사이의 관계가 쌍방향적임을 인정하지만(즉, 감정이 생각에 영향을 줄 수 있다), 인지치료(CT)는 인지와 정서 사이의 '인과적' 관계에 초점을 맞춘다(Hofmann, Asmundson, & Beck, 2013). 이 모델의 경우 인지는 사고의 내용과 과정, 즉 어떻게 그리고 무엇을 생각하는지를 둘 다 의미한다(Kovacs & Beck, 1978). 인간은 자동적 혹은 전의식적, 의식적, 그리고 메타인지적 세 수준의 인지적 과정을 보인다(Alford & Beck, 1997a). 자동적 수준은 대체로 의식 밖에 있는 생존 과정(양식에 관한 추후 논의를 보자)에 기반을 둔 생각과 다른 인지적 조직을 포함한다. 의식적 수준은 우리가 일반적으로 생각이라고 여기는 것이며, 메타인지적 수준은 자신의 사고과정에 대해 생각할 수 있는 능력을 의미한다.

미아에게 특히 중요한 것은 스티브가 어떻게 생각하는지이다. 미아는 또한 스티브의 생각의 내용에도 관심이 있으며, 스티브가 지금 당장은 자신의 몇몇 생각들을 알아차리지 못할 수도 있다는 점을 인지하고 있다. 스티브의 감정과 행동은 그의 사고과정에 대한 단서를 제공한다.

도식

도식(schema)은 우리가 지속적으로 마주치게 되는 정보의 물결을 정리하는 인지적 체계이다(DeRubeis, Webb, Tang, & Beck, 2010). 도식은 우리가 혼란스러울 정도로 많은 내재적 · 외재적 자극에 의미를 부여하게 한다. 도식은 심리기능의 가장 기본적인 단위이다. 벡은 도식을 이론적으로 핵심적인 요소이지만 간접적으로만 관찰될 수 있다는 점에서 전자(electrons)에 비유하였다(Alford & Beck, 1997b, p. 282). 클락과 벡(Clark & Beck, 1999)은 도식에 대한 정식 정의를 다음과 같이 내렸다. "도식은 저장된 자극, 생각, 혹은 경험의 일반적 혹은 원형적인 특징들에 대한 지속적인 내적 체계이며, 새로운 정보를 의미 있는 방식으로 정리하여 특정 현상이 어떻게 지각되고 개념화되는지를 결정한다."(p. 79)

　　도식은 비활성적일 수도 활성적일 수도 있지만, 우리는 대체로 우리가 가지고 있는 도식을 알아차리지 못한다(K. S. Dobson, 2012). 도식과정에 대해 직관적으로 이해하고 싶으면, 도서관 사서라는 단어를 떠올려보자. 아마 그 단어와 연관된 일련의 심상이나 단어들(여성, 안경, 단정한 머리)이 즉각적으로 떠올랐을 것이다. 또한 만약 어떤 사람이 도서관 사서라는 이야기를 들으면 그 사람이 이러한 특징을 가질 것이라고 기대할 것이다. '도서관 사서' 도식이 활성화되어 정보에 반응하는 방식에 영향을 주는 것이다.

　　도식은 인지체계에서 정보를 선택하고 입력하며 불러오는 과정에 영향을 미친다. 도식은 특정한 경험의 영역과 관련된 일반지식, 핵심신념, 그리고 정서적 요소를 포함한다(Reinecke & Freeman, 2003). 도서관 사서에 대한 도식이 활성화되면, 그러한 도식과 일치되는 특징은 더 잘 관찰되는 반면에 그와 일치되지 않는 특징은 떠올리기 어려울 수 있다. 또한 이에 불러일으키는 감정은 도서관 사서에 대한 과거 경험에 기반을 둔다(예 : 어렸을 때 도서관에서 떠든다고 혼난 경험이 있는지?). 어떤 도식들은 다른 도식보다 더 쉽게 활성화되는데, 이는 이러한 도식이 더 광범위하고, 더 많은 요소들을 포함하며, 또한 더 다양한 상황에 적용되는 것으로, 즉 더 복합적이기 때문이다(Clark & Beck, 1999). 〈표 10.1〉에서 볼 수 있듯이 적응적 도식과 부적응적 도식은 구분될 수 있다. 클락과 벡(1999)은 단순도식(simple schema)이라는 가장 구체적인 형태의 도식에 대해 설명하였다. 단순도식은 물리적 대상이나 매우 특징적이고 단순한 개념(예 : 개, 책, 컴퓨터 등)을 다룬다. 도식이 어떻게 작동하는지에 대한 이해를 돕기 위해 [글상자 10.2]에 중요한 도식, 고정관념 위협(stereotype threat)에 대해 설명하였다.

　　미아의 인지치료(CT) 관점에서 볼 때 스티브는 부적응적 도식들을 가지고 있는 것으로 보인다. 이 도식들은 그가 세상을 바라보는 방식, 즉 그가 무엇에 주의를 기울이고 어떻게 행동하며 무엇을 느끼는지에 영향을 미친다. 미아는 스티브가 종종 "난 가짜고 실패자야."와 같은 도식에 의해 움직이지만, 또 다른 때에는 자기과장적 조증적 도식("난 강하고 뭘 해도 용서받을 수 있어. 이 점을 이용해야지. 술을 마시거나 돌출행동을 하지 않을 이유가 어디 있어?")에 의해 움직인다고 생각한다.

표 10.1　적응적·부적응적 도식 예시

적응적 도식	부적응적 도식
무슨 일이 일어나도 어떻게든 이겨낼 수 있을 거야.	수용받기 위해서 난 반드시 완벽해야만 해.
노력하면 잘할 수 있을 거야.	무언가를 시작하면 반드시 성공해야 해.
난 살아남을 수 있어.	난 가짜야.
난 신뢰받을 만해.	애인이 없다면 난 아무것도 아니야.
난 사랑스러워.	난 멍청해.
사람들은 날 존중해.	사람들은 믿을 수 없어.
난 도전하는 것을 좋아해.	세상은 무서운 곳이야.

출처 : Wright, J. H. & Beck, A. T. (1996). Cognitive Therapy. In R. E. Hales, & S. C. Yudofsky, (Eds.), *The American Psychiatric Press Synopsis of Psychiatry* (p. 1015). Washington, DC : American Psychiatric Press. 저자의 허락하에 사용함

글상자 10.2

도식의 영향력

앞서 읽은 것처럼 도식은 생각의 가장 기본적인 단위이며 세상에서 개인이 겪은 경험이나 대리학습(타인의 행동을 보고 배우는 것)을 통해 형성된다. 도식은 매우 어린 시절, 심지어 아동기에도 형성된다. 새로운 사건을 경험할 때 우리는 나중에 사용하기 위해 그 사건에 대한 정보를 저장한다. 예를 들어 알렉산드라가 애완 고양이를 쓰다듬을 때, 고양이가 부드럽고 따뜻하며 가르릉거린다는 것을 발견했다. 그다음 그녀가 다른 곳에서 고양이를 만나게 되면 고양이는 부드럽고 따뜻하며 가르릉거린다는 그녀의 '고양이 도식'이 자동으로 활성화될 것이다.

도식이 생각의 기본 단위이기는 하지만, 도식은 또한 상당히 복잡할 수 있다. 우리가 가지고 있는 각각의 도식은 세상에 대한 하나 혹은 그 이상의 핵심신념에 기반을 두고 있다. 그렇기 때문에 어떤 것에 대해 잘못된 핵심신념을 가지고 있다면, 우리는 잘못된 도식을 활성화하게 될 것이며, 이는 결국 행동에 영향을 미치게 된다. 만약 알렉산드라가 애완 고양이에게 할큄을 당했다면, 그녀는 모든 고양이가 그녀를 해치고 싶어 한다는 잘못된 핵심신념을 가지게 될 수 있다. 그렇다면 그녀가 고양이를 볼 때마다 할큄과 위험을 포함한 부정적 고양이 도식이 활성화될 것이다. 이 예시에서 알 수 있듯이 도식은 굉장한 영향력을 가질 수 있으며 개인의 경험에 따라 정확할 수도 부정확할 수도 있다.

도식의 영향력을 보여주는 또 다른 예시는 **고정관념 위협**(stereotype threat)이라고 불리는 역동이다. 고정관념 위협은 부정적 고정관념을 지닌 집단에 속해 있는 개인이 자신이 '그러한 부정적 고정관념을 믿고 확인시키지는 않을까.' 걱정하는 예기 불안을 뜻한다. 이러한 위협은 고정관념과 연관된 과업을 수행하는 데 지장을 초래하게 한다. 사회가 받아들이고 옹호하는 여러 고정관념이 있지만, 특별히 염려스러운 것은 여성이 선천적으로 남성보다 수학적 능력이 떨어진다는 고정관념이다. 켈러(Keller, 2002)의 연구에 따르면 남성과 여성에게 수학시험이 주어졌을 때, 두 집단은 동일한 성적을 나타냈다. 하지만 남성이 여성보다 일반적으로 더 높은 성적을 보였다는 고정관념을 알려준 후 시험을 보게 한 경우 여성이 남성보다 더 낮은 성적을 보였다.

스틸과 애런슨(Steele & Aronson, 1995)의 백인과 아프리카계 미국인의 지능검사에 관한 연구에서도 유사한 결과가 나타났다. 시험수행에 관한 인종적 고정관념 점화를 받은 경우 아프리카계 미국인 학생들은 백인 학생들보다 낮은 시험성적을 보였다. 하지만 시험 전에 그러한 점화가 주어지지 않은 경우 시험성적에 인종별 차이는 나타나지 않았다.

고정관념 위협에 관한 또 다른 예시는 여성이 남성보다 더 높은 사회적 민감성을 가지고 있다는 흔한 고정관념에 관한 쾨니그와 이글리(Koenig & Eagly, 2005)의 연구에서 찾아볼 수 있다. 앞으로 진행될 시험이 사회적 기술에 관한 것이며 여성이 일반적으로 이 영역에서 더 높은 점수를 받는다는 이야기를 들은 남성은 시험이 정보처리능력에 관한 것이라는 이야기를 들은 남성보다 더 낮은 수준의 수행을 보였다.

이 정보를 읽은 여러분이 가지고 있는 가장 강력한 도식은 무엇이며, 그 도식이 여러분에게 미치는 영향은 무엇인가?

출처 : Contributed by April I. Connery, Ph.D. 허락하에 사용함

신념

신념(beliefs)은 도식의 중요한 요소이며, 인지치료(CT)의 핵심 목표이기도 하다. 주디스 벡은 인지치료(CT)에서 중요한 인지의 두 종류, (1) 핵심신념과 (2) 가정과 규칙, 태도를 구별하였다. 도식은 핵심

신념을 포함하는데, 이는 가장 기본적인 신념이며 가장 수정하기 어렵다고 여겨진다. 핵심신념은 과일반화되고 절대적인 경향이 있으며, 자기참조적이다(Clark & Beck, 1999). 가정과 규칙, 태도는 중간신념(intermediate belief)이라고 불리기도 하며, 핵심신념과 자동적 사고 사이에 위치해 있다(J. S. Beck, 2011). 이러한 신념들은 '반드시~ 해야 한다'라는 당위적 신념과 조건적 신념을 포함하며, 이는 경험에 어떤 의미를 부여할지에 영향을 미친다. 조건적 신념의 예시는 "만약 내가 상담이론 과목에서 A를 받지 못하면 난 멍청이야."가 될 수 있다. 중간신념은 또한 개인이 다른 신념에 대한 반응으로 사용하는 규칙이나 대처전략을 포함한다(Beck, 2015). 이러한 대처전략은 대체로 자동적이며 다른 유형의 문제해결·대처전략과 확실하게 구분된다. 예를 들어 "난 실패자야."라는 핵심신념은 "난 반드시 전 과목 A를 받아야 해."라는 규칙과 연결된다. 이에 대한 대처전략은 "A를 받을 수 있도록 모든 과제를 완벽하게 해내야 해."가 될 수 있다.

> 스티브와 상담 작업을 시작하면서 미아는 스티브의 핵심신념과 관련된 태도, 규칙, 가정에 대한 증거를 주의 깊게 살펴본다. 스티브가 정신증적으로 보이지는 않기 때문에 그의 단순도식은 온전하다고 볼 수 있다. 미아는 스티브가 "난 쓸모없는 사람이고 아무도 나를 사랑하지 않아."라는 도식과 "난 멋지고 내가 원하는 건 뭐든지 할 수 있어."라는 역설적인 핵심신념들을 가지고 있다고 생각한다. 스티브는 이 신념들과 이와 관련된 도식과정 사이를 왔다 갔다 하는 것처럼 보인다.
>   스티브의 중간신념은 그의 핵심신념과 도식을 연결 짓는다. 미아는 사람들이 그를 사랑하도록 그들을 기쁘게 해야 하며, 그러면 그가 가치 있는 사람이 될 것이라는 스티브의 생각을 발견한다. 그의 조증 도식이 활성화되면 그는 아마 세상이 그를 좋게 대해야만 하며 그가 원하는 건 뭐든지 주어야 한다고 생각할 것이다. 만약 그렇지 않다면 그는 분노하게 된다.

자동적 사고

자동적 사고(automatic thoughts)는 인지과정의 정상적인 측면이다(J. S. Beck, 2011). 자동적 사고는 더 의식적인 사고와 공존하는 빠르게 지나가는 평가적인 문장 혹은 심상이다. 자동적 사고는 완전한 문장보다는 줄임말 형태로 나타나는 경향이 있으며, (이름에서 보이듯이) 종종 갑자기 튀어나오는 것처럼 종종 보인다. 내용에 따라 자동적 사고는 기능적일 수도 고통스러울 수도 있지만, 그 어떤 경우에서든지 생각하는 그 개인에게는 합리적으로 여겨진다(Beck, 1976). 우리는 보통 자동적 사고보다는 그와 관련된 감정을 더 잘 알아차린다. 자동적 사고는 핵심신념과 중간신념의 결과이며, 이 둘보다는 좀 더 수월하게 수정될 수 있다고 여겨진다(J. S. Beck).

주디스 벡(2011)은 자동적 사고의 세 가지 일반적인 유형을 기술하였다. 첫 번째는 주어진 객관적 증거와 반대되는 왜곡된 사고이다("난 제대로 하는 게 '하나도' 없어!"). 대부분의 자동적 사고는 이 유형에 속한다. 자동적 사고의 두 번째 유형은 정확하지만 왜곡된 결론을 낸다("남자친구를 화나게 만들었어. 이제 그는 날 절대로 사랑하지 않을 거야!"). 세 번째 유형은 정확하지만 역기능적이다(J. Beck, 2011, p. 139). 이 유형의 생각은 주어진 과제를 수행하는 데 머뭇거리게 만들거나, 불안을 증가시켜 집중을 방해한다. 예를 들어 저자는 "이 책을 다 쓰려면 굉장히 오랜 시간이 걸릴 거야!"라는 자동적 사고를 할 수 있다. 이 생각은 사실이지만 동기를 떨어뜨리거나 불안을 높여서 집중을 흐트러뜨릴 수 있다.

미아는 스티브의 행동에 영향을 주는 자동적 사고에 관심을 가진다. 스티브는 "난 무가치해.", "인생은 너무 힘들어.", "다른 사람을 실망시키면 안 돼.", "난 사랑받지 못해."와 같은 부정적인 자동적 사고를 가질 수 있다. 그의 음주행동은 "뭐 어쩌겠어.", "난 감당할 수 있어.", "금주는 소용없어.", 그리고 "술 없이는 견딜 수 없어."와 같은 생각을 동반할 수 있다. 조증삽화를 겪을 때 스티브는 "난 위대해.", "아무도 날 건들 수 없어.", "사람들은 나를 친절히 대해줘야만 해."와 같은 자동적 사고를 한다.

양식

인간 행동의 복잡성을 좀 더 온전히 설명하기 위해서 벡은 양식이라는 개념을 제안하였다. 양식(mode)은 "성격을 형성하고 상황을 해석하는 인지적, 정서적, 동기적, 행동적 도식의 관계망"이다(Beck & Weishaar, 2014, p. 232). 양식적 정보처리, 특별히 곧 논의될 원시적 양식은 대체로 자동적이고 전반적이다. 양식은 활성화될 수도 비활성화될 수도 있다. 활성화된 양식은 거의 자동적으로 행동을 지배한다.

의식적 통제체계(conscious control system)는 양식적 처리를 억누를 수 있다(Beck, 1996). 이 체계는 메타인지와 개인적 목표와 가치에 기반을 둔 행동과 같은 의도적 행동을 만든다. 논리적 추리와 장기적 계획 또한 의식적 통제체계의 산물이다.

인지치료(CT)는 원시적(primal), 건설적(constructive), 부차적(minor)이라는 세 가지 주요 양식 유형을 제시한다. 원시적 양식은 생존, 번식, 사회성이라는 진화적 목표를 추구하기 위한 가장 기본적인 형태의 작동과 기능이다(Beck & Clark, 1997). 생존의 근본을 이루기 때문에 이 양식은 빠르고 자동적으로 작동한다. 원시적 양식의 생각은 왜곡되어 있고 완고하다(Beck & Weishaar, 2014). 한 초기 양식이론에 의하면(Clark & Beck, 1999) 원시적 양식에는 네 가지가 유형이 있는데, 이는 위협, 상실/박탈, 피해자, 그리고 자기고양이다. 각 양식은 인지개념적, 정서적, 생리학적, 동기적, 행동적 도식의 무리를 포함한다. 〈표 10.2〉에 이러한 양식들의 특징이 요약되어 있다. 처음 세 가지 양식(위협, 상실, 피해자)은 생존의 위협에서부터 유기체를 보호하기 위해 진화되었다. 자기고양 양식은 처음 세 양식과 반대되는 방식으로 작동하며, 생존과 적응을 돕는다. 클락과 벡(1999)은 이 네 가지 원시적 양식을 제안하였지만, 그 후의 논문들은 다른 양식들도 제안하였다. 예를 들어 벡과 에머리(Beck & Emery, 2005)는 불안장애에 대한 논문에서 양식은 "생존, 보존, 번식, 자기고양 등의 적응적 원칙을 완성하기 위해 설계되었다. 따라서 우울 양식, 자기애 양식, 적대감 양식, 공포(혹은 위험) 양식, 성애 양식 등이 존재한다."(p. 59)라고 밝혔다.

벡(1996)은 원시적 양식은 인간의 생존을 돕기 때문에 선천적으로는 역기능적이 아니라고 주장하였다. 예를 들어 위협에 맞닥뜨렸을 때 유기체가 싸우거나 도망가도록 만드는 것은 매우 적응적이다. 하지만 불행하게도 원시적 양식이 진화되었을 때로부터 현재까지 환경이 변화하였기 때문에 '불일치' 현상, 즉 복잡한 상황을 다루는 데 적합하지 않은 양식적 행동이 일어나곤 한다(Beck, 1996). 긍정적이라고 여겨지는 양식(자기고양) 또한 조증(혹은 양극성)의 경우와 같이 과장될 경우에는 역기능적이 된다.

두 번째 양식 유형은 건설적 양식이다(Clark & Beck, 1999). 이 양식은 주로 인생 경험에 의해 형성되며 사용가능한 삶의 자원을 증가시키기 위해 작동된다(Clark & Beck, 2010). 건설적 양식은 긍정적 정서 및 적응적 특징과 관련이 있으며, (1) 친밀감 능력, (2) 개인적 숙달, (3) 창의력, (4) 독립성을 포함한다. 〈표 10.2〉에서 볼 수 있듯이 원시적 양식 중 하나인 자기고양 양식 또한 건설적이다.

세 번째 유형은 부차적 양식이며, 이 양식은 다른 양식에 비해 좀 더 의식적인 통제 아래에 있는 경향이 있다. 이 양식은 상황에 정밀하게 초점이 맞춰져 있으며 읽기, 쓰기, 사회적 교류, 운동 혹은 여가활동 등을 포함한다(Clark & Beck, 1999).

미아는 스티브의 말을 경청한다. 미아는 스티브의 인지와 행동을 지배하는 몇 가지 원시 양식이 주기적으로 작동되고 있다고 생각한다. 첫째로, 스티브가 우울하거나 속상할 때 술을 마시기 때문에 그의 부모에 대한 감정과 음주행동은 상실 양식에서 출발하는 것으로 보인다. 스티브는 그의 무책임한 행동에 대해 마음이 좋지 않은데, 이는 상실 양식과 빈약한 건설적 양식과 관련된 나쁜 자기개념을 가리킨다. 다른 때에 스티브는 조증행동에서 나타나는 자기고양 양식의 과잉활성화를 보인다. 조증삽화 동안 스티브는 과잉행동을 하고 비합리적 긍정 정서를 보이며, 자신과 자신의 능력에 대해 과장된 평가를 내린다. 스티브는 조증 모습을 보이고 있을 때 음주행동이 나타날 수 있는데, 이는 이 양식과 관련된 거대성 도식이 자신이 무적이라는 생각을 하게 하기 때문이다. 실패를 경험하거나 세상이 자신이 바라는 대로 자신을 대해주지 않을 때, 스티브의 피해자 양식이

표 10.2 네 가지 원시 양식

양식	특징
위협	위협에 대한 지각 불안 혹은 분노의 감정 생리적 각성
상실	주요 자원의 가능한 혹은 실제적 상실에 대한 지각 불쾌한(우울한) 혹은 슬픈 감정 피로 혹은 생리적 비활성화
피해자	부당성 혹은 자기를 향한 공격에 대한 지각 분노의 감정 생리적 활성화
자기고양	취득한 혹은 예상되는 개인적 이득에 대한 지각 행복한 감정 생리적 활성화

출처 : Information from Clark, D. A. & Beck, A. T. (1999). *Scientific Foundations of Cognitive Theroy and Therapy of Depression* (pp. 89-91). Copyright © 1999 by John Wiley & Sons, Inc. 이 자료는 John Wiley & Sons, Inc.의 허락하에 사용함

활성화된다. 이때 스티브는 분노하고 공격적이 된다.

스티브는 어떤 때에는 의식적 통제체계를 사용하여 그의 활성화된 원시 양식을 억누를 수 있다. 알코올중독이 재발하였을 때 이러한 통제체계가 작동되면, 스티브는 다시 치료를 받게 되며, 자신의 돌출행동을 평가하고 미래를 위한 계획을 세우게 된다.

인간과 개인발달에 관한 이론

인간발달에 대해서 논의할 때 인지치료(CT) 이론가는 인간기능을 학습과 유전의 산물로 개념화하였다. 벡(2015)은 발달심리학의 개념인 인간은 거절 민감성이나 의존성과 같은 특정 성격 성향을 유전받는다는 관점을 취했다 .

아동은 환경(자기 자신과 타인을 포함)을 이해하기 위해 노력하고 그 정보를 도식으로 정리한다. 도식을 사용하여 의미를 만드는 경향성은 선천적이라고 여겨진다. 개인은 긍정적·부정적 경험에 근거를 두고 자기 자신과 세상에 대한 관점을 형성한다. 칭찬을 많이 받은 아이는 자신과 세상에 대해 긍정적인 도식을 형성할 것이며, 그렇기에 잘못된 인지과정을 형성할 가능성은 작아진다.

가장 초기 인지치료(CT) 이론은 성격에 대한 구체적인 이론을 제시하지 않았다. 하지만 벡은 후에 자율성과 사회성 발육이라는 두 일반적 성향에 대한 이론을 제시하였다(Beck, 11997b; Beck & Weishaar, 2014). 높은 사회성 발육을 보이는 사람은 자신의 가치를 타인과 연결해 생각한다. 자율적 개인은 숙달과 독립성을 강조하며 성취와 통제를 통해 자기존중감을 형성한다(Clark & Beck, 1999). 이는 특정한 인생 경험은 한 개인이 어떤 차원을 더 지향하는지에 따라 다른 영향을 미칠 수 있음을 시사한다. 예를 들어 대인관계적 갈등은 사회성 발육이 잘된 사람과 자율적 사람에게 매우 다른 결과를 가져올 것이다. 하지만 벡과 동료들은 순전히 한 유형만을 가지는 것은 상대적으로 흔치 않다고 생각하였다. 대부분의 사람들은 사회성 발육과 자율성 경향성을 둘 다 가지고 있다(Beck & Weishaar, 2014).

일반적인 상황에서 우리는 단순 도식적 과정과 의식적 통제체계에 따라 작동한다(Beck, 1996). 우리는 부차적 양식을 통해 일상 활동을 하며 편안하게 살아간다. 이러한 도식은 활성화되고 어떤 인지적, (일반적으로 경도 수준의) 정서적, 행동적 효과를 미치지만, 이러한 효과는 빠르게 사라진다. 가끔씩 (혹은 역기능적 개인의 경우에는 종종) 원시 양식과 연결된 **지향적 도식**(orienting schema)과 일치하는 정보가 나타난다. 이러한 일치가 생기면 원시 양식이 활성화되고, 인지적·정서적·행동적·그리고 생리적 체계나 도식이 힘을 받게 되며, 원시적 양식과정이 나타난다(Beck, 1996). 행동·정서·인지는 활성화된 원시 유형이 건설적 양식인지 방어적 혹은 보호적 양식인지에 따라 결정된다.

여기서 중요한 점은 양식과 양식적 과정이 현재 인지치료(CT) 논의에 항상 포함되지는 않는다는 것이다. 어떤 학자들은 단순하게 도식과정(K. S. Dobson, 2012)이나 다양한 유형의 신념(J. S. Beck, 2011)만을 다룬다.

스티브는 자율성보다 사회성 발육을 더 지향하는 것으로 보인다. 미아는 그의 초기 가족 경험이 타인이 주는 사랑의 가치를 강조하는 도식의 형성으로 이어졌다고 생각한다. 스티브는 자라나면서 부모와의 친밀한 관계를 희망하였지만 결국 이를 얻지는 못하였다. 스티브는 또한 그의 행동에 대한 부모의 조건적 수용 때문에 친밀한 관계의 상실을 경험했을 수 있다. 스티브의 인지와 행동은 그가 성장하면서 상실 원시 양식이 매우 활성화되었음을 시사하며, 현재까지도 이 양식과 이에 동반된 도식들은 민감하게 쉽게 활성화된다. 또한 그가 학교에서 보였던 돌출행동은 스티브가 어렸을 때 자기고양적 원시 양식이 과활성화되었음을 나타낸다.

심리적 건강과 역기능

인지치료(CT) 이론은 건강한 심리적 기능에 대한 많은 논의를 제공하지는 않지만, 인지치료(CT)에서 언급하는 건강은 생존, 번식, 자원획득, 그리고 사회성 목표를 이루게 해주는 정보처리를 포함한다. 건강한 사람은 원시적 양식에 많이 의존하지 않으며 왜곡된 생각을 많이 보이지 않는다고 추론될 수 있다. 건강한 사람은 뚜렷한 건설적 양식을 보이며, 도식적 처리를 조정하는 의식적 통제체계를 사용할 수 있다. 건강한 사람은 또한 좋은 문제해결기술을 갖추고 있다. 비록 어떤 학자들은 인지치료(CT) 모델이 제안하는 건강이 '자신과 세상에 대한 정확한 시각'(Kellogg & Young, 2008; p. 49)을 포함한다고 주장하지만, 다른 인지치료(CT) 학자들은 이 주장에 대해 동의하지 않는다. 즉 "상담자들이 흔히 생각하는 바와 달리, 우울증과 정신병리에 대한 인지적 접근의 경우 건강한 사람을 논리적으로 생각하고 문제를 합리적으로 푸는 사람이라고 가정하지는 않는다."(Kovac & Beck, 1978, p. 528) 사람들은 비논리적 신념과 비합리적 사고를 가지고 있더라도 이러한 신념이나 사고가 생활에 문제를 일으키지 않는 한 잘 기능할 수 있다고 가정된다. 예를 들어 나의 내담자 중 한 명인 알렉스는 자신이 유연한 사람이라고 믿었다. 나는 그의 인지적 · 행동적 유연성이 제한적이라고 보았다. 알렉스는 또한 다른 사람들로부터도 비슷한 피드백을 받았다. 하지만 다행히도 알렉스는 유연성이 그의 자기가치에 중요한 요인이 아니라고 보았기에 이러한 부정확한 (즉, 외부와의 타협을 통해 타당화되지 않은) 신념은 그에게 역기능적이지 않았다.

벡과 동료들은 역기능에 대해 통합적 관점을 강조하였다. 예를 들어 벡과 바이사르(Beck & Weishaar, 2014)는 "심리적 고통은 궁극적으로 여러 선천적 · 생물학적 · 발달적 · 환경적 요인의 상호작용으로 야기되며, 그렇기 때문에 정신병리에는 유일한 '원인'이 존재하지 않는다."(p. 240; 원문에서 강조)고 주장하였다. 하지만 예상 가능하듯이 대부분의 인지치료(CT) 이론은 인지에 초점을 둔다. 주디스 벡(2004)은 "인지주의 심리학자의 경우 개인의 주문제는 그의 현실 구성과 관련이 있다. 이에 대한 해결책은 인지 변화에 있다. 심리적 변화는 생물화학적 변화를 이끌어내며, 이는 다시 인지에 영향을 미친다."(p. 200)고 가정하였다. 벡은 약물학적 개입이 인지신경화학적 변화를 야기할 수 있다고 보았다. 우울증에 대해 특별히 다룬 논문에서 J. E. 영과 벡, 바인베르거(J. E. Young, Beck, & Weinberger, 1993)는 다음과 같이 기술했다. "약물학자는 생물화학적 수준에서 개입을 하며, 인지치료 상담자는 인지적 · 정서적 · 행동적 수준에서 개입한다. 우리의 경험은 우울증 인지를 바꾸면 동시에 우울증의 특징적인 기분, 행동, 그리고 (가정되기로는) 생물화학적 상태가 변화됨을 시사한

다. 하지만 변화의 명확한 기제는 아직까지 연구 및 논쟁의 주제로 남아 있다."(p. 241)

이론적 여정의 매우 초창기에 벡(1976)은 우울한 사람에게 특징적으로 나타나는 인지적 문제를 확인하는 데 집중했다(그림 10.1 참조). 이러한 인지오류(cognitive distortion)는 인지치료(CT) 이론의 중요한 이론적 개념으로 남아 있다. [그림 10.1]에는 각 인지오류와 함께 스티브의 예가 함께 제시되어 있다. 벡의 초기 이론이 주로 우울증에 초점을 두고 있었기 때문에 또 다른 유용한 개념인 인지삼제(cognitive triad) 또한 우울증과 관련이 있다. 이 개념은 우울한 사람이 가지는 자기, 세상, 미래에 대한 부정적 시각을 나타낸다(Kovacs & Beck, 1978).

왜곡된 생각은 잘못된 도식과 그와 관련된 핵심신념에서 비롯된다. 영 등(1993)은 가장 '심오한' 도식 유형인 초기 부적응적 도식을 설명하였다(p. 242). 이러한 인지구조는 생애 초기에 주변 환경, 특히 주요 타인과의 상호작용에 의해 형성된다. 형성된 도식은 환경적 혹은 내적 사건에 의해 활성화될 수 있으며, 정보처리는 선택적이 된다. 즉, 도식과 일치되는 정보는 알아차리지만, 일치되지 않는 정보는 왜곡되거나 거부된다. 이러한 방법을 통해 부적응적 도식이 유지된다.

이러한 도식은 변화에 저항적이며, 중요한 정서반응과 연결되어 있으며, 내담자에게서 절대적인 진실이라고 여겨진다(Young et al., 1993). 내담자는 단순히 "그냥 전 이렇게 생겨 먹은 걸요!"라고 말할 수도 있다. 그러한 도식의 예시는 썩어빠진 사람 도식이라고 불릴 수 있다. 이 사람은 자신이 아무것도 제대로 할 수 없으며 모두가 자신을 싫어한다고 완전히 믿는다. 주디스 벡(2005)은 썩어빠진 사람 도식에서 보일 수 있는 세 가지 광범위한 부정적 핵심 자기신념을 무력함, 사랑받을 만하지 않음, 그리고 무가치함으로 보았다.

오랜 기간 벡과 동료들은 다양한 심리적 역기능을 특징짓는 특정 사고와 지각을 확인했다. 벡(2005)은 이를 인지적 특수성 원리(cognitive specificity principle)라고 불렀다. 예를 들어 불안장애의 경우 이를 갖고 있는 사람들은 취약성에 매우 민감하였다. 그들은 위험의 징조나 위협에 대해 과한 경계심을 보였다(Clark & Beck, 2010). 강력한 '위험' 도식으로부터 위협과 해로움에 대한 자동적 사고는 자주 그리고 쉽게 나타났다(K. S. Dobson, 2012). 역기능과 관련된 특정 신념의 다른 예시는 약물남용 내담자가 가지고 있는 "약물 없이는 무료함을 견딜 수 없어."와 같은 '필요' 신념이다(Beck, 1993). 양극성장애를 보이는 내담자는 우울증 신념과 "난 특별한 능력을 가지고 있고 그 능력을 사용해야만 해."와 같은 신념을 둘 다 가지고 있다고 여겨진다(Beck, 1993).

인지적 특수성은 인지치료(CT) 이론을 다양한 심리적 역기능과 연결시켜준다. 그중 공황장애를 포함한 불안장애가 많은 관심을 받았다(Clark & Beck, 2010). 다른 논문들은 섭식장애(Svaldi & Tuschen-Caffier, 2014), 약물남용(Beck, Wright, Newman, & Liese, 1993), 자살(Wenzel, Brown, & Beck, 2009), 그리고 심지어 조현병(Beck & Rector, 2005; Beck, Rector, Stolar, & Grant, 2009)을 개념화하였다.

벡은 심리적 역기능의 근원을 과도하게 활성화된 원시적 양식에서 찾으며 인지치료(CT)를 개정하였다(Beck, 1996; Clark & Beck, 1999). 인간은 모두 원시 양식의 원도식(protoschema)을 가지고 태어난다. 경험을 통해 원시 양식은 구성되고 에너지를 부여받게 된다(Beck, 1996). 구체적 양식과 관련된 일련의 경험들은 양식을 완전히 활성화시키고 작동시킬 수 있다. 벡(1996)이 설명하듯이, "특정

인지오류

1. **흑백논리**(양극화 혹은 이분법적 사고). 삶을 경직된 유형으로 나눠서 바라봄. 회색지대는 허용되지 않음. 스티브는 자기존중감을 지속하기 위해서는 주요 타인들의 눈에 완벽하게 비쳐져야만 한다고 믿는다.

2. **재앙화**(점치기). 미래가 재앙적일 것으로 생각됨. 다른 종류의 결과는 절대 불가능하다고 여겨짐. 스티브는 미래가 암울하기만 하다고 믿는다. 그는 절대로 마음에 드는 직업을 갖지 못할 것이며 어머니와의 관계를 회복하지 못할 거라고 믿는다.

3. **긍정 축소**. 좋은 일들이 가치 없다고 여겨짐. 스티브는 그의 과거 성공경험을 대단치 않게 여긴다. 그는 비록 실수했지만 다시 치료를 시작할 수 있었으며 현재 직업치료 프로그램에 잘 참여하고 있다는 사실을 인정하지 않는다.

4. **감정적 추론**. 많은 정서적 투여를 받은 생각은 그에 반하는 정보에도 불구하고 진실로 여겨짐. 스티브는 어머니의 의절에 깊은 상처를 받았으며 그가 무가치하다는 그녀의 생각이 옳다고 느낀다.

5. **명명하기**. 자기 혹은 타인에 대한 전반적 평가가 내려짐. 스티브는 자기 자신을 수용한다고 말하지만, 부모의 의견에 대해 전전긍긍하는 모습을 보면 스티브는 있는 그대로 자신을 수용하지 않고 있다는 점을 시사한다. 스티브는 그의 초기 경험과 일치되게 자신을 부정적으로 평가하고 있을 수 있다.

6. **확대화/축소화**. 부정적 정보는 확대하고 긍정적 정보는 무시되거나 축소화됨. 이러한 생각은 밝은 색안경을 끼고 세상을 보는 것과 반대됨. 스티브는 직장에서 만약 실수를 한다면 무능한 직원으로 여겨지고 퇴사당할까 봐 몹시 걱정한다. 그는 직장에서 잘한 일은 무시한다.

7. **정신 필터**(선택적 주의). 부정적 세부사항에는 주의를 기울이고 다른 요인들은 무시한 채 결론을 내림. 상사가 그에게 퉁명스럽게 대하자, 스티브는 상사가 자신에게 화가 났거나 자신을 마음에 들어 하지 않는다고 결론 내린다. 그는 상사가 다른 여러 일로 바쁘며, 다른 직원들에게 퉁명스럽게 대했다는 사실은 고려하지 않는다.

8. **독심술**. 무슨 설명이 더 필요하겠는가? 스티브는 그의 부모가 그에 대해 어떻게 생각하는지를 자신이 정확히 알고 있다고 믿는다.

9. **과잉일반화**. 한 사건에 대한 (보통 부정적인) 결론을 타당한 정도보다 더 확장. 예전에 금주시도가 실패했으므로 스티브는 그가 절대 금주하지 못하리라고 결론 내린다.

10. **개인화**. 다른 대안적 설명은 고려하지 않고 타인의 행동이 자신의 탓이라고 여김. 스티브의 상사는 화내는 사람은 한 시간 동안 밖에 나가 있어야 한다는 새로운 직장규율을 만들었다. 스티브는 그가 화를 냈던 일 때문에 이러한 규칙이 만들어졌다고 생각하며 우울해한다.

11. **당위적 진술**. 성취되지 않으면 재앙이 일어날 것이라고 생각되는 경직된 규칙. 스티브는 타인의 사랑을 받기 위해서는 반드시 완벽해져야만 한다고 믿는다. 다른 사람들은 그를 나쁘게 대해서는 절대 안 된다.

12. **터널시야**. 부정적 측면에만 집중함. 스티브는 인생을 그의 미성숙한 행동, 약물남용, 그리고 조증 및 우울의 순환으로 바라본다. 그는 도움을 구하고 그의 삶을 바꾸려는 그의 강점을 인정하지 않는다. 그는 또한 현재 직장에서의 성공경험을 무시한다.

그림 10.1 인지오류

출처 : Beck, J. S. (2011). *Cognitive Therapy: Basics and Beyond* (2nd ed., pp. 181-182). New York : Guilford Press. 허락하에 수정 사용함

양식은 일반적으로 처음에는 휴면상태에 있지만, 연속적인 관련경험이 활성화 역치를 넘을 때까지 점차적으로 에너지를 부여받는다. 재발성 우울증과 같은 어떤 정신병리의 경우 양식은 만성적으로 그러나 잠재적으로 에너지를 가지고 있기 때문에 비교적 작은 스트레스 사건만 일어나도 완전히 활성화될 수 있다.”(불쏘시게 현상)(p. 8)

벡(1996)에 의하면, 심리적 역기능의 여러 유형은 관련된 특정 원시 양식과 양식의 특징적 ‘목표’

에 의해 이해될 수 있다(p. 8). 예를 들어 우울증의 경우 상실이 유기체의 활기를 위협하며, 우울한 사람에게 자주 나타나는 행동의 비활성화는 유기체를 보존하기 위한 하나의 방법이다. 더군다나 우울증은 일반적으로 빈약한 건설적 양식을 동반하는데, 이는 나쁜 자기개념과 건설적으로 생각할 수 있는 능력의 저하를 가져올 수 있다(Beck, 1996). 심리장애에 대한 벡(1996)의 개념화와 연관된 양식적 기능은 〈표 10.3〉에 요약되어 있다. 벡은 여기에 적대감도 포함하였는데, 이는 그가 적대감이 과도한 폭력과 살인을 설명하는 데 필요하다고 보았기 때문이다.

최근 인지치료(CT) 이론가들은 성격장애 내담자와의 작업에 관심을 가지고 있다. 양식이론을 이야기하지는 않았지만 주디스 벡(2005)은 다음과 같이 언급하였다. "인지치료 상담자는 발달이 개인의 특정 성격기질을 가지게 되는 유전적 성향과 초기 경험의 상호작용에 의한 것으로 보아야 한다. 예를 들어 연극성장애를 가진 내담자는 극적인 성향을 타고났을 수도 있다."(p. 41) 벡(2015)은 다양한 성격장애에 대해 인지적 프로파일을 포함한 복합적이고 상세한 관점을 제시하였다. 이를 설명하는 것은 이 장이 다루는 범위를 벗어나는 것이지만, 이 주제에 관심이 있는 독자는 **성격장애의 인지치료**(*Cognitive Therapy of Personality*)(Beck, Davis, & Freeman, 2015) 제3판을 참고하길 바란다.

미아는 스티브의 가장 활성화된 도식이 우울도식이라고 생각한다. 스티브는 부정적 인지삼제를 가지고 있는데, 이는 그의 나쁜 자기인식, 타인이 자신을 좋아하지 않는다는 인식, 그리고 세상은 살기 어렵고 미래는 불투명하거나 부정적이라는 인식을 통해 나타난다. 미아는 스티브의 상실 양식이 현재 어느 정도 활성화되어 있지만, 간헐적이고 경미한 정도의 우울을 보이기 때문에 현재 어느 정도의 에너지는 가지고 있다고 예측한다. 스티브의 사회발육적 지향성 때문에 미아는 더 극단적인 양식과정이 야기되는 대인관계적 상황이 일어나는지 주시한다.

스티브의 상실 원시도식은 그의 부모와의 초기 경험을 통해 민감해졌을 것이다. 스티브의 부모는 그를 대하는 데 있어 거리감이 있었으며, 스티브는 그 거리감을 그의 부족함과 나쁜 행동에 기인한 거절로 해석했다. 피해자 양식 또한 스티브의 상황과 관련이 있을 수 있는데, 이는 그가 가끔 자신을 불공평한 세상의 희생양으로 보기 때문이다(예 : 자동차 사고의 경우). 스티브는 또한 수동적이고 우울한 행동과 관련된 유전적 성향을 타고났을 수도 있다.

스티브의 상실 양식이 활성화되면 그는 사회적으로 철수하고 현실에서 도피하고자 술을 마신

표 10.3 양식 및 진단 유형 : 원시 체계

장애	인지적 특징	정서적 특징	행동적 충동	생리적 활성화
특정 공포증	특정 위험	불안	도피 혹은 회피	자율신경계
일반적 두려움	일반화된 위험	불안	도피, 회피, 억제	자율신경계
적대감	위협받음, 부당대우 받음	분노	처벌	자율신경계
우울증	상실	슬픔	퇴행	부교감신경계

출처 : Beck, A. T. (1996). Beyond Belief : A Theory of Modes, Personality, and Psychopathology. In P. M. Salkovskis (Ed.), *Frontiers of Cognitive Therapy* (p. 232). New York : Guilford Press.

다. 그는 이 상황에서 인지오류("다 소용없어. 난 아무것도 제대로 할 수 없어. 세상이 이렇게 끔찍한데 금주해서 뭐 하겠어?"), 낮은 동기, 그리고 행동의 비활성화를 보인다. 만약 부당함에 대한 인식으로 인해 스티브의 희생자 양식 또한 활성화된다면, 그는 위협당한 것처럼 느끼고 분노를 느낄 수 있다. 이러한 경우 그는 분노에 의해 기운이 넘치는 것처럼 보일 수 있다.

가끔씩 스티브는 자기고양 양식의 활성화로 인해 조증삽화를 경험한다. 이 경우 스티브는 자신이 무적이라고 믿기 때문에 술을 마실 수 있다. 그는 자신의 힘을 과장되게 인지하여 돌출행동을 할 수 있다. 만약 그의 피해자 양식이 같은 시기에 활성화되면 자신을 위협한다고 생각되는 사람이나 대상을 물리적으로 공격할 수도 있다. 조증 양식이 활성화될 때 그는 "뭐 어쩌겠어.", "한 잔 정도는 괜찮아." 그리고 "모두가 날 사랑하는걸."과 같은 자동적 사고를 가지고 있을 수 있다.

치료의 특성

사정

인지치료(CT)는 공식 및 비공식적 평가를 사용한다. 뉴맨과 벡(Newman & Beck, 1990)은 공식적 종합진단평가가 (1) 내담자의 심리상태를 온전히 이해하고, (2) 기질성 증후군의 여부를 확인하고, (3) 약물치료나 입원의 필요를 판단하는 데 도움을 주기 때문에 실시하는 것이 좋다고 권장하였다. 일반적으로 표준화된 검사는 진단적 면담과 함께 사용된다(D. Dodson & Dodson, 2009). 궁극적으로 사정의 목표는 구조화된 인지적 사례개념화이다(J. S. Beck, 2011). 많은 경우 상담을 정식으로 시작하기 전 특별한 회기(접수면접)에서 사정이 진행된다. 일반적으로 초기평가를 통해 정식 DSM-V 진단을 내리게 된다(American Psychiatric Association, 2013).

인지치료(CT)에서 공식적 사정은 종종 벡 우울척도-II(Beck Depression Inventory-II, BDI-II) (Beck, Steer, & Brown, 1996), 자동사고 질문지(Automatic Thoughts Questionnaire, ATQ)(Hollon & Kendall, 1980), 도식과 관련된 핵심신념과 가정을 측정하는 역기능적 태도 척도(Dysfunctional Attitude Scale, DAS)(A. N. Weissman & Beck, 19787)와 같은 표준화된 자기보고 검사를 포함한다. 또한 여러 다른 도구들이 인지평가를 위해 고안되었으며, 이들에 대한 논의는 던클리와 블랭크스테인, 세갈(Dunkley, Blankstein, & Segal, 2009)의 논문에 잘 정리되어 있다. 이 도구들은 종종 상담을 진행하면서 그동안의 진척을 측정하기 위해 간헐적으로 사용된다(Persons, 2008).

인지치료(CT) 상담자는 내담자의 생각을 사정하는 데 가장 많은 관심을 가지고 있으며, 이를 상담 전반에 걸쳐 실시한다. 가장 간단한 사정방법은 내담자에게 "지금 머릿속에 무엇이 지나가고 있나요?"라고 물어보는 것인데, 이를 통해 상담회기 내의 기분 변화에 대해 알아보거나 내담자가 상담 밖의 상황에 대해 재구성하는 것을 도울 수 있다. 이전에 논의된 것처럼 DAS나 ATQ 또한 이를 위해 사용될 수 있다.

인지적 사정은 정식 치료계획으로 이어진다. 인지치료(CT)의 첫 번째 회기에서 내담자는 목표를 설정하게 된다. 상담자는 내담자가 구체적이고 실질적인 목표를 설정하도록 돕는다. 그 후 인지치료(CT) 상담자는 각 문제나 목표를 인지치료(CT)의 관점에서 분석한다. 주디스 벡(2011)은 최근 글들을 통해 구체적인 형식에 맞춰 각 내담자에 대한 정식 인지개념화의 중요성에 대해 강조하였다. 뒤에 제시되는 [그림 10.2]에서 인지적 사례개념화 예시를 볼 수 있다. 인지치료(CT) 상담자는 사례개념화가 내담자와 상담자 모두에게 받아들여질 수 있도록 내담자의 관점과 그의 구체적인 호소문제를 온전히 이해하는 데 주의를 기울여야 한다(K. S. Dobson, 2012).

> 미아는 스티브가 경험하는 불쾌감의 현재 수준을 알아보기 위해 BDI를 실시한다. 이를 통해 미아는 스티브가 중간 정도로 우울한 것을 알 수 있다. 미아는 또한 첫 회기(그리고 그 후의 회기들)의 일부를 사용하여 스티브가 그의 인지(처음에는 자동적 사고로 시작해서 나중에는 핵심신념까지)를 확인하는 것을 돕는다. 미아는 스티브의 핵심신념과 가정을 사정하기 위해 DAS를 실시하는 것을 고려하고 있다.

치료적 분위기

인지치료(CT)의 특징 중 하나는 내담자와 상담자의 협력관계이다(K. S. Dobson, 2012). 인지치료 상담자는 치료적 관계의 중요성을 인정하는데, 따뜻함, 진솔성, 신뢰, 존중에 대한 그들의 강조는 인간중심 상담자들과 유사하다(Kellogg & Young, 2008). 하지만 인지치료 상담자는 치료관계를 좋은 상담성과를 얻는 데 필요하지만 충분한 조건은 아니라고 생각한다(K. S. Dobson, 2012, p. 39).

인지치료(CT)에서의 상담관계는 과학적 접근을 강조하기 때문에 다른 상담관계들과 다르다(Beck, 1997a). 인지치료(CT)에서의 관계는 협력적 경험주의(collaborative empiricism)에 기반을 두고 있다(Beck & Weishaar, 2014). 내담자와 상담자는 내담자의 어려움에 관한 과학적 연구에 동참하는 공동연구자이다. 내담자의 도식, 신념, 자동적 사고는 두 과학자에 의해 검증되는 가설로 여겨진다. 이 가설을 검증하기 위해 정보를 모으고 실험을 고안하고 실시한다.

알포드와 벡(1997c)은 인지치료(CT)에서의 대인관계적 지지의 역할에 대해 논의하였다. 그들은 상담자가 반드시 내담자로 하여금 '책임감 있는 의존성'을 갖게 하며 내담자가 상담자와의 관계에 있어 수동적이지 않게 해야 한다고 주장하였다(p. 107). 인지치료(CT)에서 언급하는 상담자의 지지란 내담자가 인지치료(CT) 모델을 배우고 자신의 삶에서 적용하고자 하는 노력에 대해서 지지한다는 의미이다. 상담자는 내담자를 이해하기 위해 진솔한 노력을 하며, 내담자의 모든 인지·정서·행동의 장점과 단점을 개방적으로 탐색하는 방식으로 내담자를 수용한다(Alford & Beck, 1997c). 하지만 인지치료 상담자는 반사회적이라고 생각되는 내담자의 행동이나 목표(예 : 불법행위, 타인학대)는 수용하지 않는다.

벡(1976)은 인지치료(CT)를 단순히 내담자가 예전에 사용하였던 문제해결기술을 현재의 잘못된 사고과정에 적용하도록 돕는 상식적인 치료라고 불렀다. 인지치료(CT)는 일반적으로 단기적 개입방법이며, 10~20회기 동안 이루어진다. 심각한 문제(예 : 성격장애)를 다루기 위해서는 더 많은 회기가 필요할 수 있지만, 그럼에도 불구하고 이러한 역기능을 다루는 데 있어 비교적 단기적인 접근법이다. 많은 경우 상담이 정식으로 종료된 후에도 재발을 방지하기 위해 추후상담이 진행된다(J. S. Beck, 2011).

미아는 스티브를 친절하고 따뜻하게 대한다. 미아는 스티브에게 수용적이며 스티브가 문제, 소망, 꿈에 대해 이야기하는 것에 대해 공감적으로 반응한다. 미아는 스티브와 함께 그가 세상을 바라보는 방식을 탐색하고, 그가 도출하는 결과를 검증한다. 즉, 이러한 스티브의 사고가 그의 감정 및 행동과 어떻게 관련되는지를 알아보기 위함이다. 미아는 스티브가 이 구체적인 상담 프로젝트에 참여하게 되면 대략 6개월간 상담이 진행되리라 예상한다. 하지만 실제 상담 기간은 스티브가 세우는 목표에 따라 결정될 것이다.

내담자와 상담자의 역할

인지치료(CT)에서 상담자는 내담자에게 인지이론에 대해 가르쳐주는 전문가이다(D. Dobson & Dobson, 2009). 전문가 오리엔테이션과 평가 및 진단에 대한 강조는 의사와 환자 사이의 관계와 유사한 관계를 만들어낸다. 주디스 벡(2011)은 인지치료 상담자를 배려심 있고 협동적이며 유능한 사람으로 묘사하였다. 상담자는 일반적으로 매우 적극적인데, 특히 상담 초기에 적극적인 모습을 보인다. 인지치료 상담자는 내담자에게 많은 질문을 하며 종종 내담자의 호소문제와 관련된 숙제를 내준다. 크라스크(Craske, 2010)는 상담자가 내담자의 건설적 행동변화를 촉진하는 강화와 모델링을 제공한다고 설명하였다.

상담 초기에 내담자는 인지치료(CT)에 대해 열심히 배워 나가는 학생이 된다. 내담자는 자신의 생각을 탐색하고 이에 대해 검증 가능한 가설들을 만든다(Hofmann et al., 2013). 그와 동시에 내담자는 상담 과정의 조력자로서 회기 어젠다를 세우고 숙제를 정하는 데 직접적으로 관여하도록 초청된다(J. S. Beck, 2011). 내담자는 자신의 경험에 대한 전문가이다. 상담이 진행되면서 내담자는 상담에서 일어나는 일에 대해 점점 더 많은 책임을 지게 되며, 그의 감정과 행동에 대한 인지치료(CT) 설명을 만들고, 회기 어젠다를 설정하고, 숙제를 정하게 된다. 요약하면 내담자는 인지치료(CT)를 자신에게 적용하는 것에 대한 전문가가 되어 간다(Alford & Beck, 1997c).

미아는 스티브를 솔직하고 교육적인 태도로 대한다. 첫 회기에 미아는 스티브에게 인지모델에 대해 설명하며 스티브가 이러한 설명을 이해하고 받아들이며 인지치료(CT) 과정에서 그녀와 협력하도록 초대한다. 미아는 스티브에게 노트와 펜을 주고 인지모델에 대해 메모를 하도록 격려한다. 미아는 스티브가 사회발육적이며 타인의 판단에 민감하기 때문에 그와 좋은 작업관계를 설립하는 것이 중요하다는 것을 안다. 미아는 지지적이며 인지모델을 배우고 적용하려는 스티브의 노력을 칭찬한다.

스티브가 미아의 초대를 받아들여서 상담에 참여하게 된다면 좋은 인지치료(CT) 학생이 될 것이다. 스티브는 미아와 함께 그의 인지과정을 확인하고 어떻게 인지가 감정과 행동에 연관되어 있는지를 이해할 것이다. 스티브는 상담회기 내에 미아의 지시에 따르며 숙제를 완수해 갈 것이다. 스티브와 미아는 협력적 경험주의를 통해 스티브의 생각을 인지치료(CT) 모델을 가지고 검증해 볼 것이다.

상담 목표

인지치료(CT)의 목표는 잘못된 정보처리를 확인하고 변화시키며 심리적 역기능을 지지하는 신념을 더 적응적인 신념으로 수정하는 것이다(Beck & Weishaar, 2014). 혹시라도 인지치료(CT)를 긍정적 사고('밝은 색안경'을 끼고 세상을 보는 것)에 대한 것이라고 오해할까 봐 호프먼 등(Hofmann et al., 2013)은 "인지적 기술은 내담자에게 긍정적으로 생각해보라고 요구하는 것이 아니라 더 합리적으로 생각해보라고 요구하는 것이다."(p. 201)라고 주장하였다. 일반적으로 인지치료(CT)는 내담자의 자동적 사고에 주로 초점을 맞춘다(J. S. Beck, 2011). 자동적 사고를 다루는 것을 통해서 기본 신념이나 도식을 탐색할 수 있기도 하지만, 이러한 더 깊은 구조적 수준에서 상당한 변화를 일으키기 위해서는 일반적인 인지치료(CT)보다 장기적인 상담이 필요할 수 있다. 인지치료(CT)의 좀 더 광범위한 목표는 내담자에게 여러 상황에 걸쳐 사용할 수 있는 문제해결전략을 가르쳐주는 것이다.

잘못된 핵심신념과 그와 연관된 도식을 수정하는 것은 어렵기는 하지만 성공한다면 재발을 막는 데 도움을 줄 수 있다(Young et al., 1993). 이러한 경우 목표는 내담자가 원시도식이 아닌 반영적이고 건설적인 과정에 기반을 두고 의식적 통제체계, 혹은 메타인지를 사용하게 되는 것이다(Beck & Clark, 1997). 역기능적 양식은 비활성되어야 하며 더 적응적인 양식이 형성되어야 한다(Beck & Weishaar, 2014). 양식의 내용을 수정하는 것은 핵심신념과 도식을 다룸으로써 이루어지며, 이는 더 적응적인 행동으로 이어진다고 여겨진다.

> 스티브는 수정되어야 하는 몇 가지 잘못된 신념을 가지고 있다. 미아는 스티브가 먼저 자동적 사고를 확인하고 그 사고를 좀 더 기능적인 신념으로 바꾸도록 돕는다. 예를 들어 "아무도 날 사랑하지 않아."라는 자동적 사고는 조금 덜 극단적인 것으로 바뀌어야 한다.
> 미아는 스티브의 자기고양 원시 양식이 강화되어야 한다고 생각한다. 그러나 이 과정은 까다로울 수 있는데, 이는 가끔씩(조증삽화 중) 이 양식에 기반을 둔 스티브의 기능이 과장되기 때문이다. 스티브는 그의 의식적 통제체계를 사용하여 두 상태를 구별하는 법을 배워야 할 것이다. 미아는 스티브가 그의 원시적 상실 및 피해자 양식을 비활성화시키거나 에너지 수준을 낮추는 방법을 찾아야 한다고 생각한다. 미아는 이를 이루기 위해 스티브의 문제적인 자동적 사고와 중간신념을 목표로 삼는다. 상담 후기 과정에서 스티브는 핵심신념, 도식, 그리고 원시 양식의 내용과 과정을 탐색할 수 있다.

치료 과정

인지치료(CT)는 세 가지 일반적 과정을 통해 이루어진다(K. S. Dobson, 2012). 상담 초기에는 행동 활성화가 중요하다. 내담자가 어느 정도의 에너지 수준을 회복한 다음에는 구체적인 자동적 사고와 자동적 사고가 정서와 행동에 가지는 관계에 초점이 맞춰진다. 마지막으로 더 복잡한 단계인 도식과정에 중점을 두게 된다(어떤 내담자들은 이 단계까지 오지 못한다). 물론 우울이 아닌 다른 문제를 경험하는 내담자의 경우 행동 활성화 단계는 필요 없을 수도 있다.

첫 상담회기는 (1) 작업관계 수립하기, (2) 목표 설정하기, (3) 내담자 사회화시키기라는 세 가지 중요한 목표를 가진다(D. Dobson & Dobson, 2009). 영 등(Young et al., 1993)은 라포의 향상과 빠른 증상완화가 가능하다면 내담자의 고통 또한 첫 회기에서 감소될 수 있다고 덧붙였다. 주디스 벡 또한 이에 동의하였으며, "치료동맹을 강화시킬 수 있는 가장 좋은 방법 중 하나는 내담자의 문제해결을 돕고 기분이 나아지게 하는 것"이라고 서술했다(2005, p. 67).

사회화는 내담자에게 인지모델을 직접적으로 가르치는 것을 포함한다. 두 번째 중요한 교육적 과정은 상담의 구조에 대해 내담자에게 가르치는 것이다. 각각의 인지치료(CT) 회기는 일반적인 세 단계로 나누어져 있으며, 단계마다 구체적인 과제가 주어진다(J. S. Beck, 2011, pp. 100-101). 첫 번째 단계는 (1) 내담자의 기분 파악, (2) 어젠다 세우기, (3) 내담자 근황 확인하기, (4) 숙제 검토, (5) 어젠다 내용 우선순위 세우기가 포함된다. 두 번째 단계는 (1) 내담자와 상담자가 함께 문제에 대한 작업하기 (2) 인지적·행동적 기술 배우기, (3) 새로운 숙제 정하기로 이루어진다. 마지막 단계는 (1) 새로운 숙제 검토하기, (2) 회기 요약, (3) 내담자의 피드백 구하기를 포함한다. 요약과 피드백 과정은 상담자의 회기 요약도 포함하지만, 내담자가 회기를 평가할 수 있는 기회도 제공한다. 인지치료(CT) 상담자는 내담자에게 회기를 평가하고 상담자가 말한 것 중 틀리다고 여겨지는 부분이 있었는지 확인한다(J. S. Beck, 2011). 웬젤(Wenzel, 2012)은 내담자가 피드백 과정에서 회기에서 배운 것을 평가해야 하기 때문에 상담자가 "오늘 회기에서 가져가는 가장 중요한 것은 무엇인가요?"와 같은 질문을 해야 한다고 덧붙였다.

심상유도(guided imagery)는 인지치료(CT) 과정을 설명해준다(Beck & Weishaar, 2014). 상담자는 인지적 사례개념화에 기반을 두고 내담자가 무엇을 이루어야 할지를 생각하며 이에 도달할 수 있도록 질문을 던진다(Scott & Freeman, 2010). 퍼슨스와 톰킨스(Persons & Tompkins, 1997)는 "여기서의 목표는 내담자가 상담자의 유도하에 자신이 필요한 대답을 발견하게 되는 것"이라고 표현했다(p. 328). 이 과정 도중 상담자와 내담자는 상담의 목표 및 활동에 대해 서로 동의하는지를 종종 확인한다(Persons, 2008).

상담이 진행되면서 상담자는 점점 책임을 덜 지게 되며, 상담에서 무엇이 일어나는지에 대해 내담자가 좀 더 주도권을 가지게 된다. 내담자가 상담을 이끌어 가면서 상담자는 조언자 역할을 하게 된다(Young et al., 1993). 궁극적으로 인지치료 상담자의 목표는 내담자가 스스로 자신을 위한 상담자가 되도록 돕는 것이다(K. S. Dobson, 2012). 상담자는 심지어 상담이 끝난 후에 내담자가 인지치료(CT) 구조를 따라 '자기상담' 회기를 가지도록 격려한다(J. S. Beck, 2011).

인지치료(CT) 상담자는 전이의 존재를 인정하기는 하지만, 인지치료(CT)의 목표는 협력적 경험주의를 사용하여 이러한 반응을 최소화하는 것이다(Wright & Beck, 1996). 만약 내담자 전이가 나타난다면 이는 여타 가설과 같이 다루어진다. 즉, 내담자와 상담자가 전이와 연관된 인지적 과정을 탐색하며 이를 지지하거나 반박하는 증거를 찾아보는 것이다.

인지치료(CT) 이론가들은 저항으로 이어질 수 있는 협력의 문제에 대해 잘 알고 있다(Dienes, Torres-Harding, Reinecke, Freeman, & Sauer, 2011). 저항의 이유에는 상담자 오류(예 : 내담자의 경험을 타당화하지 못함, 성공적이지 못한 내담자 사회화), 내담자 혹은 상담자의 협력적 기술 부족, 내담자 요인(스트레스, 변화에 대한 신념), 내담자와 상담자의 역기능적 신념의 일치(예 : 상담자와 내담자 둘 다 상황이 손쓸 도리가 없다고 믿음), 개입의 부적절한 타이밍, 불확실하거나 비현실적인 상담 목표 등이 있다. 데이비스와 벡(Davis & Beck, 2015)은 상담자는 내담자가 상담에 대해 보이는 반응에 민감하게 반응하고 내담자의 성향에 맞춰 상담방식을 변화하는 것이 중요하다고 주장하였다. 예를 들어 많은 내담자들이 상담자의 자기개방을 좋아하지만, 몇몇 내담자들은 "대체 왜 상담자가 자기 얘기를 하면서 내 시간을 낭비하는 거지?"라고 생각할 수 있다.

난제를 위한 인지치료(2005)에서 주디스 벡은 치료동맹의 어려움에 대해 논의하면서 상담자가 오류를 범하거나 내담자의 신념이 동맹에 영향을 주기 때문에 치료동맹의 어려움이 발생할 수 있다고 지적하였다. 문제가 내담자의 신념체계에 있다고 밝혀지면 상담자는 이것이 상담자에 대한 구체적인 신념인지 아니면 사람과 세상에 대한 광범위한 신념인지를 확인해야 한다. 예를 들어 내담자는 무력함에 대한 핵심신념을 가지고 있으며 스스로가 취약하다고 느끼고 상담자와 관계 맺는 것을 회피할 수도 있으며, 혹은 내담자가 과하게 보호적이고 방어적일 수도 있다. 상담자는 기본적인 인지치료(CT) 기법을 사용하여 이 문제에 개입할 수 있다.

주디스 벡은 또한 상담자의 내담자에 대한 역기능적 반응에 대해 논의하면서 이 문제가 다루어질 수 있는 여러 방안을 제시하였다. 이러한 방안 중에는 상담자의 유능성에 주의를 기울이는 것, 내담자를 향한 기대를 측정해보는 것(기대가 너무 높거나 낮지는 않은가?), 피드백을 제공하고 한계를 설정하는 것, 그리고 자기돌봄을 실천하는 것이 있다. 극단적인 경우 내담자는 다른 상담자에게 의뢰될 수도 있다(J. S. Beck, 2005). 상담자는 상담의 진전에 방해가 되는 오류를 범하지 않기 위해서 반드시 내담자 및 상담 과정에 관한 자신의 인지적 과정(예 : 자동사고, 신념)과 정서적 반응에 주의를 기울여야 한다(Davis & Beck, 2015). 카트라이트(Cartwright, 2011)는 역전이에 관해 더 자세한 관점을 제시하였는데, 객관적 유형과 주관적 유형 사이를 구분하고 인지치료 상담자는 주관적 역전이에 더 초점을 두고 있다고 제안했다. 주관적 역전이는 자신의 개인 문제에 기반을 둔 내담자에 대한 상담자의 반응으로 정의된다(p. 115). 카트라이트는 또한 객관적 역전이, 혹은 내담자와 교류하는 사람이라면 거의 누구나 가질 만한 반응, 즉 내담자 주위의 사람들이 보이는 반응과 유사한 반응에 대해서도 인지치료(CT) 상담자는 주의를 기울여야 한다고 주장했다.

미아와 스티브는 생각, 감정, 행동 사이의 관계(인지모델)에 대해 배우는 것으로 상담 작업을 시작한다. 미아는 스티브에게 상담을 통해 무엇을 얻고 싶은지를 질문하고, 스티브는 다시 자신의 두 발로 딛고 서서 좋은 직장을 얻고 싶다고 대답한다. 미아는 '두 발로 딛고 서다'의 의미에 대해 질문한다. 스티브는 그것이 (1) 금주, (2) 성숙한 행동, (3), 우울과 무기력감(음주행위와 관련됨)의 감소, (4) 부모님과의 관계 개선, (5) (처음에 자기수용적인 모습을 보였음에도 불구하고) 자기 자신을 더 좋아하기, 그리고 (6) 일자리를 구하는 것이라고 하였다.

미아는 스티브가 어려움에 대해 구체적으로 말하도록 이끄는 데 어려움을 겪고 있다. 미아는 스티브에게 '돌출행동'과 '미성숙한' 행동이 무엇인지에 대해 묻는다. 스티브는 몇 가지 예시를 준다. 그는 짜증이 나면 직장 동료들에게 소리를 지른다. 일이 잘 안 풀리면(예 : 상사가 그의 일처리에 불만을 가질 때) 직장을 박차고 나왔다. 그가 지금 지내고 있는 요양시설에서 진행되는 집단토론 중에도 자신의 의견이 받아들여지지 않으면 그는 입술을 부루퉁하게 내밀곤 한다.

현재 스티브의 우울증이 이전과 같이 심각한 수준은 아니지만 그는 미래에 우울증이 심해질 때를 대비하고 싶어 한다. 스티브와 미아는 우울증에 대해 몇 가지 목표를 세우는 것이 좋겠다고 결정 내린다.

미아와 스티브는 다음과 같은 치료 계획을 세운다.

1. 스티브가 금주를 계속할 수 있는 전략을 세운다. 음주를 촉발시키는 상황(근본적으로 그의 상실 양식을 활성화시키는 상황)을 확인한다. 음주와 관련된 역기능적인 신념과 자동적 사고를 평가한다.
2. 스티브가 자신과 타인(부모를 포함)과의 관계에 대한 신념이나 사고를 확인하고 평가한다. 관계 개선을 위한 방안을 모색한다.
3. '돌출행동' 문제를 해결한다. 스티브가 비난받는다고 여겨지는 상황(즉, 피해자 양식이 작동되는 상황)과 연관된 신념과 자동적 사고를 확인한다. 이러한 상황에서 사용될 수 있는 대안적 전략을 고안한다.
4. 스티브의 우울증을 탐색한다. 그가 우울할 때 활성화되는 인지구조와 과정(우울증 도식과 그와 관련된 신념 및 자동적 사고)을 확인하고 평가한다.
5. 취업행동을 개발하고 실행에 옮긴다. 이러한 행동들과 연관된 인지와 정서를 탐색한다.

[그림 10.2]에 나타나 있는 미아의 인지적 사례개념화는 상담 작업을 인도한다. 미아는 스티브에게 탐색을 도와주는 질문을 던짐으로써(유도된 발견) 그가 겪고 있는 어려움을 도와준다. 미아는 스티브가 어젠다 주제를 정하는 책임을 지고 주도적으로 인지모델을 적용하도록 부드럽게 격려한다. 각 회기에서 그들은 다음과 같은 인지치료(CT) 모델의 단계를 따랐다. (1) 스티브는 그의 현재 상황에 대해 간략하게 보고한다, (2) 미아와 스티브는 이전 회기와 현재를 연결한다, (3) 어젠다를 세운다, (4) 숙제를 검토한다, (5) 어젠다 주제에 대해 논의한다, (6) 새로운 숙제를 고안한다, (7) 미아가 회기를 요약하고 스티브의 피드백(회기에 대해 어떻게 느꼈는지, 어떤 메시지를 가지고 돌아갈 것인지)을 구한다. 스티브와 미아 둘 다 이 과정에 기여를 한다.

치료 기법

인지치료(CT) 상담자는 여러 가지 기법을 유연하게 사용하며, 인지 · 정서 · 행동 · 생리현상(예 : 수면, 섭식; K. S. Dobson, 2012)을 목표로 삼는 여러 개입을 활용한다. "인지이론은 굉장히 절충적이지만 이론적으로 '중립적'인 것은 아니다."(Alford & Beck, 1997a, p. 90) 사용될 기법은 인지이론을 통해 만들어진 전반적 사례개념화에 맞춰 선택된다(Alford & Beck, 1997a).

기법은 다른 심리치료 접근에서 선택될 수 있는데, 다음과 같은 기준을 충족시켜야 한다. (1) 개입 방법이 인지이론 원칙과 맥을 같이하며 치료적 변화 이론과 논리적으로 연관이 되어 있다. (2) 기법의 선택은 내담자의 특성(자기관찰 능력, 문제해결 능력 등)을 고려한 통합적인 사례개념화에 기반

내담자 : 스티브	상담자 : 미아	**날짜** : 2016년 6월 12일

호소문제	음주문제, 미성숙한 행동, 돌출행동, 슬픔/우울, 불만족스러운 대인관계
관련 있는 과거사	학교에서의 어려움('돌출행동'), 가정문제(거리감 있는 부모, 부모의 이혼), 양극성 장애 진단(25세), 심각한 교통사고, 음주문제로 인한 여러 번의 입원치료, 중요 대인관계의 붕괴
양식, 핵심신념, 도식	상실, 피해자, 과활성화된 자기고양 양식. 부정적 자기도식("나는 무가치해."). 세상은 일반적으로 적대적이고 자비가 없다고 믿음("어차피 다른 사람들은 날 잘 대해주지도 않을 텐데."). 타인의 인정을 중요시 여기지만 이를 얻을 수 있으리라 확신하지 못함("난 반드시 사랑받아야만 해. 다른 사람들은 날 인정하지 않아.")
조건적 신념	"내가 부모님을 행복하게 해드리지 못하면 난 무가치해. 만약 다른 사람들이 나를 잘 대해주지 않으면, 그건 그 사람들은 악하고 세상은 썩어빠진 곳이란 뜻이야. 직장에서 완벽하지 않으면 나는 실패자야."
상황적 요인 자동적 사고 및 신념	다른 사람들이 비판할 때, 부모와의 교류, 지각된 실패
	상실 양식과 관련된 자동적 사고 및 신념 : "아무도 날 사랑하지 않아. 난 실패자고 무가치해. 난 반드시 완벽해야만 해. 난 화를 내서는 안 돼. 아무 소용없어. 난 아무것도 제대로 하지 못해."
	피해자 양식과 관련된 자동적 사고 및 신념 : "사람들은 나에게 적대적이야. 사람들은 날 끊임없이 피곤하게 해."
	자기고양 양식과 관련된 자동적 사고 및 신념 : "난 천하무적이야. 다른 사람들은 지옥에나 떨어지라지."
정서	슬픔과 우울, 직장에서의 분노와 짜증, 조증 기간의 환희
행동	우울하면 무기력해지고 술을 마실 수 있음. 피해자 양식이 활성화된 경우 다른 사람에게 화를 내거나 무례하게 대할 수 있음. 빈약한 사회적/자기주장 기술 의심됨
현재 문제에 대한 통합적/인지적 구조	양극성 성향은 부분적으로 유전적 요인에 의한 것일 수 있음. 이러한 성향은 상실, 피해자, 자기고양 양식과 연관되어 있음. 부정적 자기도식은 사회성 발육 성향과 초기 가정환경 및 부모와의 관계의 상호작용으로 초래됨. 원시 양식 또한 이러한 요인들에 의해 형성됨. 앞서 명시된 것처럼 여러 양식이 활성화되었을 때 정서, 행동, 인지와 연관됨. 음주행위는 상실 혹은 자기고양 양식이 활성화될 때 나타남

그림 10.2 스티브에 대한 인지치료 사례개념화

을 둔다. (3) 협력적 경험주의와 유도된 발견이 사용된다. (4) 기본 형식으로 면접을 진행할 수 없는 요인이 있지 않는 한 기본적 면접구조를 따른다.(Alford & Beck, 1997a, p. 91)

내담자의 인지를 변화시키는 모든 것을 지칭하는 일반적 용어는 인지 재구조화(cognitive restructuring)이다(Clark, 2014). 행동기법은 행동 활성화(behavioral activation)(예 : 활동 계획표를 통해 중증 우울증을 겪고 있는 내담자를 움직이게 하는 것)를 위해, 혹은 새로운 기술(예 : 자기주장이나 문제해결 훈련)을 가르치기 위해 사용된다. 숙제는 인지치료(CT)의 핵심적 요소로 여겨지며, 여기서 소개되는 여러 기법이 숙제의 형태로 사용될 수 있다(J. S. Beck & Tompkins, 2007).

대부분의 인지치료(CT)에 대한 논의는 도식, 핵심신념, 그리고 자동적 사고의 수정 혹은 제거에

초점을 맞춘다(J. S. Beck, 2011; Leahy, Beck, & Beck, 2005 참조). 그와 달리 양식적 처리과정에 대해서는 그렇게 많은 논의가 이루어지지 않았다. 하지만 벡과 바이사르(2014)는 역기능적 양식을 다루는 다음과 같은 세 가지 방안을 제시하였다. "(1) 양식을 비활성화시키고, (2) 양식의 내용과 구조를 수정하고, (3) 양식을 중성화시키기 위해 더 적응적인 양식을 구성한다."(p. 233) 벡(1996)에 의하면 상담자가 제시하는 교정적 정보는 내담자로 하여금 더 기능적 신념들을 가진 '안전' 양식을 활성화시킨다(p. 16). 숙달과 즐거움을 강조하는 기본적 인지행동 개입은 적응적 양식을 형성하거나 강화시킨다. 다른 개입들은 보호적 원시 양식의 비활성화를 지향점으로 삼는다. 양식 변화로 가는 길은 상황에 대한 인식 바꾸기(예 : 위험에서 무해함으로), 주의환기, 그리고 상담자로부터 받는 위안이다(즉, 교정적 정보는 내담자가 상황을 해석하는 방법을 변화시킴). 하지만 원시 양식의 가장 중요한 변화는 양식 기저에 작동하는 신념, 즉 개인이 세상을 해석하는 데 사용하는 규칙을 변화시키는 것이다. 이러한 신념의 변화는 적응적 양식의 활성화와 역기능적 양식의 비활성화로 이어진다(Beck & Weishaar, 2014). 예를 들어 처음에 빨리 뛰는 심장박동을 심장마비의 전조증상으로 여겼던 내담자는 "빠른 심장박동은 언제나 심장마비로 이어진다." 그리고 "나는 (매우 적은 위험요소를 가지고 있음에도 불구하고) 심장마비에 걸릴 가능성이 크다."라는 두 가지 신념을 바꾸게 된다. 이 신념들을 수정하는 것은 위험 혹은 공포 양식의 비활성화로 이어지리라 가정된다.

인지치료(CT) 상담자는 굉장히 다양한 기법을 사용할 수 있다. 여기에는 그중 몇 가지만이 소개되어 있다. 더 다양한 기법들에 대해 관심이 있다면 D. 돕슨과 돕슨(D. Dobson & Dobson, 2009)을 참고하자.

질문하기

인지치료(CT)의 가장 중요한 기법 중 하나는 질문하기이다. 실제로 인지치료(CT)에서 가장 기본적인 개입은 상담자가 내담자의 정서 상태에 변화가 있음을 알아차릴 때 내담자에게 "방금 무슨 생각이 드셨나요?"라고 질문하는 것이다(Newman & Beck, 1990). 이는 정서가 자동적 사고의 존재를 알려주는 좋은 지표이기 때문이다.

소크라테스식 질문(Socratic questioning)은 내담자로 하여금 왜곡된 생각과 역기능적인 신념을 탐색하고 도전해보게끔 촉진하는 질문을 던지는 것이다(K. S. Dobson, 2012). 인지치료(CT) 상담자가 가장 좋아하는 질문은 "그 생각/신념이 진실이라는 증거는 무엇이지요?"이다. 내담자가 현재의 관점을 '탐색적이고 궁금한 상태'로 바꾸도록 돕는 질문을 고안하는 것이 상담자의 역할이다(Wright & Beck, 1996, p. 1021).

내담자가 자동적 사고를 검증하도록 도와주는 여섯 가지 효과적인 질문은 다음과 같다.

(1) 이 생각을 지지하는 증거는 무엇인가? 이 생각을 반증하는 증거는 무엇인가? (2) 대안적인 설명이나 관점이 있는가? (3) (최악의 상황을 벌써 생각하고 있지 않다면) 일어날 수 있는 가장 최악의 결과는 무엇인가? 그 일이 실제로 벌어진다면 어떻게 대처할 수 있는가? 일어날 수 있는 가장 최선의 결과는 무엇인가? 가장 현실적인 결과는 무엇인가? (4) 자동적 사고를 믿는 것이 나에게 어떤 영

향을 미치는가? 생각을 바꾸면 어떤 영향이 있을 것인가? (5) _____ (구체적인 친구 혹은 가족)이 (가) 똑같은 상황에 처해 있다면 무슨 말을 해줄 것인가? (6) 무엇을 해야 하는가?(J. S. Beck, 2011, p. 172)

미아는 스티브에게 직장에서 화가 날 때 무슨 생각이 머릿속을 지나가는지 묻는다. 스티브는 잠시 생각을 한 뒤에 가끔씩은 "저 사람들 정말 못됐어.", "저들은 날 미워해."라고 생각을 하며, 다른 때는 "내가 다 망쳐버렸어." 혹은 "난 이 일을 해낼 수 없어."라는 생각을 한다고 보고한다. 미아는 스티브에게 다른 사람들이 그를 싫어하고 못됐다는 증거가 무엇인지 묻는다. 스티브는 사람들이 그가 수행한 일에 대해 비판을 한다고 대답한다. "그 비판을 받을 만했나요?" 미아가 묻는다. "음, 그랬죠. 제가 일을 망쳐버리긴 했으니까요." 스티브가 대답한다. "하지만 그게 자동적으로 그들이 당신을 미워한다는 뜻이 되나요?" 미아가 묻는다. "음, 아마 아니겠죠." 스티브가 대답한다. 미아는 그 후 "직장 사람들이 못됐으며 당신을 미워한다는 생각은 당신에게 어떤 영향을 끼치나요?"라고 묻는다. 스티브는 그의 신념이 쉽게 분노와 그 후의 '미성숙한' 행동을 촉발시켰음을 인정한다. 그러고 나면 스티브는 우울해지곤 했다.

하향 화살표 작업하기

수직하향(vertical descent)이라고도 불리는 이 기법은 내담자의 핵심신념을 발견하기 위해 사용된다 (Kellogg & Young, 2008). 이러한 이름이 붙은 이유는 내담자가 '표면'과 상대적으로 가까운 생각을 탐색하는 것에서 시작하여 핵심신념까지 아래로 내려가기 때문이다. 먼저 상담자가 핵심신념과 연관되어 있다고 생각하는 주요 자동적 사고가 확인된다. 상담자는 그리고 내담자에게 이 생각이 진실이라고 가정한다면 그것이 무엇을 의미하는지 묻는다. 내담자의 대답에 대해 이 질문을 반복하다 보면 결과적으로 핵심신념에 도달하게 된다. 주디스 벡(2011)은 내담자에게 그 생각이 '자신에게' 어떤 의미를 지니는지에 대한 질문은 중간신념으로 이어지는 경우가 많으며, 그 생각이 '자신에 대해' 어떤 의미를 지니는지에 대한 질문은 핵심신념으로 이어진다고 언급하였다(p. 207).

미아는 스티브에게 부모가 그를 알코올중독자, 양극성장애라고 생각한다는 그의 신념을 탐색하도록 요구한다. 미아는 스티브에게 이 생각이 사실이라고 가정하고, 이러한 사실이 그에게 무슨 의미인지 묻는다. 스티브는 부모가 그에 대해 나쁘게 생각한다는 의미라고 대답한다. "좋아요, 그게 사실이라고 가정해봅시다. 부모님이 당신에 대해 나쁘게 생각한다는 건 어떤 의미지요?" 미아가 묻는다. "글쎄요, 제가 실패자고 무가치하다는 의미지요." 스티브가 대답한다. 미아와 스티브는 역기능적 핵심신념 혹은 도식을 발견한 것이다.

생각 기록하기

인지치료(CT) 상담자는 거의 항상 내담자에게 어떤 형태의 생각 기록을 하도록 지시한다(Wright & Beck, 1996). 흔히 사용되는 도구 중 하나는 이전에 '역기능적 생각에 대한 일일 기록지(Daily Record of Dysfunctional Thought)'라고 불렸던 생각 기록지(Thought Record, TR)이며, 이는 〈표 10.4〉에서

표 10.4 스티브의 생각 기록지

날짜/시간	상황	자동적 사고	감정	적응적 반응	성과
	1. 어떤 사건·심상·기억이 감정으로 이어졌는가?	1. 어떤 생각/심상이 있었는가?	1. 어떤 감정을 느꼈는가?	1. (선택사항) 어떤 인지적 오류를 범하였는가?	1. 지금은 그 자동적 사고를 얼마나 믿는가?
	2. 신체적 감각이 있었는가?	2. 얼마나 그 생각/심상을 믿었는가?	2. 그 감정은 얼마나 강렬했는가? (0~100%)	2. 기록지 아래 질문을 사용하여 자동적 사고에 답하라.	2. 지금은 어떤 감정을 느끼는가? 얼마나 강렬한가? (0~100%)
				3. 이 답변을 얼마나 믿는가? (0~100%)	3. 이제 무엇을 할 것인가(혹은 무엇을 했는가)?
2016/6/19	1. 직장동료(수)와의 의견불일치	1. 수는 날 싫어해.	1. 슬픔	1. 확대화? 과일반화? (확실하지 않음)	1. 40%
			2. 80%	2. 의견이 갈렸다고 해서 반드시 수가 날 싫어한다는 뜻은 아냐.	2. 아직도 슬프기는 하지만 조금 덜하다.
				3. 70%	3. 아무것도

주 : 대안사고를 도와주는 질문 : (1) 자동적 사고가 진실이라는 증거는 무엇인가? 진실이 아니라는 증거는 무엇인가? (2) 대안적 설명이 있는가? (3) 일어날 수 있는 최악의 상황은 무엇인가? 어떻게 대처할 수 있겠는가? 가장 최선의 상황은 무엇인가? 가장 현실적인 상황은 무엇인가? (4) 자동적 사고를 믿는 것이 나에게 어떤 영향을 미치는가? 내가 생각을 바꾸면 어떤 영향이 있을 것인가? (5) 어떻게 해야 하겠는가? (6) 만약 _____(친구)이(가) 같은 상황에 있었다면 어떤 말을 해줄 수 있겠는가?

출처 : Beck, J. S. (2011). *Cognitive Therapy: Basic and Beyond*. (2nd ed., p. 195). New York : Guilford Press. © 2011 by The Guilford Press. 허락하에 수정 사용함

확인할 수 있다(J. S. Beck, 2011). 생각 기록지는 종종 내담자에게 어떻게 사용하는지를 보여주기 위해 상담회기 중에 처음 작성하게 된다. 그 후 상담자는 일반적으로 내담자가 생각 기록지를 집으로 가져가 상담회기 사이에 경험한 자동적 사고를 기록하도록 한다. 다음 회기에서 상담자와 내담자는 생각 기록지를 같이 검토하며, 내담자의 자동적 사고에 대한 반응을 평가하고 필요하다면 다른 대안에 대해 생각해본다. 또 다른 형태의 기록지인 '생각 검증 활동지(Testing Your Thought Worksheet)'는 생각 기록지가 너무 복잡하거나 헷갈린다고 여겨질 때 사용될 수 있다(J. S. Beck, 2011, p. 196).

스티브는 직장동료인 수와 의견충돌을 경험한 후 그의 자동적 사고를 기록한다. "수는 날 싫어해."라는 생각은 슬픔으로 이어졌다. 미아와 스티브는 기록지를 검토하면서 스티브가 고안한 적응

적 반응으로 인해 덜 슬퍼지기는 했지만 그러한 적응적 반응을 실제로 완전히 받아들이지는 못했음을 발견한다. 미아와 스티브는 스티브의 슬픔을 좀 더 줄이거나 전적으로 없앨 수 있는 반응을 찾아본다.

행동 실험하기

행동실험은 특정신념에 맞춰 설계되는 숙제이다. 상담자와 내담자는 잘못된 인지에 도전하는 과제나 활동을 고안한다(Clark & Beck, 2010). 예를 들어 자신의 삶에 재미라곤 하나도 없다고 믿는 낸시는 동물원에 가는 것과 같이 재미있을 수 있는 활동을 한 가지 고르게 된다. 낸시는 동물원에 가서 어떤 일이 일어나는지를 보고하는 숙제를 받는다. 만약 그 활동이 즐거웠다면, 그녀의 신념은 반증된 것이다. 만약 그 활동이 아무 재미도 없었다면, 그녀가 동물원에서 가졌던 생각을 탐색할 수 있다.

미아와 스티브는 "다 소용없어. 난 아무것도 제대로 못해."라는 그의 신념을 시험할 수 있는 행동실험을 고안한다. 그들은 '알맞은' 과제를 선택한다. 스티브는 거주 환경에서 일어나는 갈등에 대해 너무 화가 날 때 '폭발해버리지' 않고 협상해볼 수 있다. 예를 들어 스티브는 어떤 텔레비전 프로그램을 보고 싶지만, 텔레비전이 공동물품이기 때문에 요양시설에 함께 지내는 사람들에게 채널을 바꿔도 되는지 물어보기를 두려워한다. 미아와 스티브는 그가 이 질문을 물어보는 데 도움이 될 수 있는 전략들을 생각해본다.

활동계획 세우기

내담자가 심한 우울증이나 다른 이유로 인해 낮은 동기 수준을 가지고 있을 때는 일일계획표를 종이에 작성해서 가지고 있는 것이 도움이 된다(Newman & Beck, 1990). 상담자는 내담자에게 처음에는 기본 정보를 얻기 위해 단순히 매일의 활동을 적게 한다. 이 정보를 검토한 다음 내담자와 상담자는 상단에 요일이 적혀 있고 왼쪽 면에 시간이 적힌 활동표를 함께 채워나갈 수 있다(J. S. Beck, 2011). 일일활동을 기록할 때 종종 각 활동의 성취도와 즐거움 정도는 1~10점 척도에 표시하기도 한다(Beck & Weishaar, 2014). 이 기법은 가끔 '완수 및 즐거움 치료(mastery and pleasure therapy)'라고 불리기도 하는데, 특히 성공 경험을 만들기 위한 활동이 포함될 때 이렇게 표현된다(Beck, 1976).

스티브가 직업치료 프로그램에 속해 있기 때문에 그는 주중에는 활동계획을 세우지 않아도 된다. 하지만 스티브는 주말이 어렵다고 밝힌다. 미아와 스티브는 스티브가 완수하고 싶은 중요한 일들(예 : 식료품 사러 가기)과 즐거운 활동(예 : 아이들의 야구경기 구경하기)을 포함한 토요일 계획표를 세운다. 활동을 위한 특정 시간들이 정해지며, 스티브는 각 활동을 완수했는지, 성취도와 즐거움은 어느 정도였는지를 표시한다.

점진적 과제하기

내담자가 압도된다는 느낌을 갖게 하는 과제를 앞두고 있을 때, 상담자와 내담자는 그 과제를 작은 단계들로 나누어서 덜 위협적으로 보이게 만들 수 있다. 이 과정은 점진적 과제 만들기로 불린다(Beck & Weishaar, 2014). 동의된 목표를 성취하기 위한 실질적인 단계들이 고안되고, 내담자는 한 번에 한 단계씩 그 단계의 성취에 초점을 맞추며 완수해 나간다. 처음 단계들은 내담자가 압도되지 않게 상대적으로 쉽게 만들어지며, 이상적으로 내담자는 이를 통해 어느 정도의 초기 성공을 경험할 수 있다(Freeman, Schrodt, Gilson, & Ludgate, 1993). 실제로 벡은 이 기법을 **성공치료**(success therapy)'라 부르기도 하였다(Beck, 1976, p. 272). 이 과정에서 자기-강화 및 상담자 강화는 특히나 중요하다.

> 미아와 스티브는 일자리를 얻고자 하는 스티브의 목표를 탐색한다. 구직이 스티브에게 두려운 과제이기 때문에, 그들은 이를 점진적 과제 방법을 사용하여 여러 단계로 세분화하기로 했다. 첫 번째 단계에서 스티브는 구직에 관한 책을 읽는다. 그 후 스티브는 이력서를 작성하여 미아에게 검토 받는다. 스티브가 요식업에 가고 싶어 하기 때문에 그와 미아는 경력 없이 그 업계의 일자리를 어떻게 구할 수 있을지 문제해결을 한다. 그들은 스티브가 중간 정도 가격의 음식을 파는 식당에서 점심을 먹으며 그곳 종업원들과 구직에 관한 이야기를 나눠보기로 한다. 이러한 단계들은 그저 시작일 뿐이지만, 스티브와 미아는 이 단계들을 종이에 적으며 그가 한 단계씩 밟아나갈 때마다 그에 관한 스티브의 생각을 탐색한다. 미아는 스티브가 그 주에 주어진 과제를 완료할 때마다 칭찬하며 스티브 자신도 스스로를 칭찬하도록 한다.

사회적 기술훈련

행동주의에서 가져온 사회적 기술훈련은 내담자에게 조화롭고 생산적인 대인관계를 촉진하는 기술을 가르쳐준다. 간단한 실질적인 정보전달, 코칭, 모델링과 함께 역할극은 자주 사용된다(Mueser, Gottlieb, & Gingerich, 2014). 흔히 사용되는 사회적 기술훈련은 주장 훈련이다. 주장 훈련은 타인의 권리를 침해하지 않으면서 자신의 권리를 지지하는 기술을 가르쳐준다(Duckworth, 2009a).

> 미아는 스티브에게 주장 행동에 대해 가르친다. 미아는 스티브에게 자기주장 훈련에 관한 책을 읽어보게 한다. 미아와 스티브는 자기주장 훈련이 스티브의 직장과 요양원에서의 대인관계에 도움을 줄 수 있기 때문에 필요하다고 함께 결론 내린다. 스티브는 그의 미성숙한 행동이 수동적이거나(장소 떠나버리기) 공격적이기(분노하여 소리 지르기) 때문에 주장적이지 않다고 말한다. 미아와 스티브는 문제가 되는 상황 목록을 만들고 그 상황에서의 스티브의 생각, 감정, 행동을 탐색한다. 그 후 그들은 스티브의 수동적이거나 공격적이었던 행동을 대신할 자기주장적 행동을 고안한다. 미아는 상담회기 동안 스티브가 이 새로운 행동을 연습하도록 돕는다.

문제해결하기

문제해결 기법은 문제를 확인하고 명확히 하며, 대안을 만들어내고 평가하며, 대안을 실행에 옮기고, 새로운 접근의 유용성을 평가하는 과정을 포함한다(Newman & Beck, 1990). 인지치료(CT)에서 이 접근은 특정한 신념을 유지하는 것의 득과 실을 따져볼 때와 같이 왜곡된 신념을 평가하는 데 자주 사용된다.

스티브와 미아는 스티브의 금주에 대한 욕구와 관련된 문제를 해결한다. 그들이 동의한 한 가지는 스티브가 우울할 때 술을 마실 가능성이 크다는 점이다. 스티브와 미아는 스티브의 인지와 행동을 탐색하고 기분이 우울할 때 할 수 있는 대안적 반응을 고안한다.

심상

내담자가 자동적 사고를 알아차리는 데 어려움을 겪고 있다면 상담자는 문제적 상황을 생생하게 불러일으키기 위해 심상이나 역할극을 사용할 수 있다(Wright & Beck, 1996). 이러한 기법들은 문제적 상황과 연관된 정서를 불러일으킬 가능성이 크므로 내담자가 그 감정과 연관된 인지를 발견하는 데 도움을 줄 수 있다. 끄기 기법(turn-off technique)은 내담자에게 그들이 자신의 심상을 통제할 수 있음을 가르쳐주기 위해 사용될 수 있다(Beck & Emery, 2005). 이 기법에서 상담자와 내담자는 손뼉 치기나 휘파람 불기와 같이 내담자가 심상을 재빨리 끊어낼 수 있는 방법을 정한다. 심상은 또한 적응적 인지를 만들기 위해 사용될 수도 있으며, 내담자는 이를 상담회기 내에서 혹은 숙제로 연습할 수 있다. 벡과 바이사르(2014)는 '각본 다시 쓰기(rewriting the script)'를 옹호하였는데, 이 기법은 내담자의 심상을 바꾸는 것을 통해 내담자가 스스로에게 힘을 실어주고 문제 상황이 내담자의 삶을 덜 방해하도록 도울 수 있다(p. 252).

스티브는 부모와의 관계에서 좋은 감정을 느끼고 싶어 한다. 스티브는 어머니가 그와 '의절'했다는 이야기를 들었기 때문에 어머니에게 연락하는 것을 몹시 두려워하고 있다. 미아는 스티브가 어머니에게 전화를 거는 상상을 하도록 돕고, 둘은 함께 스티브의 생각과 반응을 살펴본다.

역할극과 다른 행동주의적 기법

행동 연습(behavioral rehearsal)이라고도 알려진 역할극(role playing)은 내담자가 사회적 상황에서 유용한 행동을 연습하도록 도울 수 있다(Beck & Weishaar, 2014). 상담자는 먼저 내담자를 위해 사회적 기술을 모델링해 보여줄 수 있으며, 그 후 내담자는 그 기술을 연습한다.

인지치료(CT)에서도 노출은 사용되는데, 특히 불안과 관련된 문제를 가진 내담자를 대할 때 활용된다(Clark & Beck, 2010). 일반적으로 내담자가 두려운 상황이나 대상에 천천히 다가가는 점진적 접근이 사용된다. 또한 자기지시(self-instruction)가 노출과 함께 사용될 수 있다. 즉, 내담자는 두려운 상황을 마주하는 스트레스에 대처하기 위해 준비된 자기지도적 문장들을 사용한다(Clark & Beck, 2010). 웬젤(2012)은 상담자는 내담자가 노출 동안 안전하다고 느끼게 만드는 행동이나 언어(예 : 다 괜찮을 거라고 내담자를 안도시키는 말)를 사용하여서 두려운 상황의 습관화(habituation)를 방해하지 않도록 주의해야 한다고 주장하였다. 그 대신 상담자는 내담자가 불안을 견딜 수 있으리라는 자신감을 표현해야 한다.

미아와 스티브는 어머니에게 전화를 거는 상황을 역할극을 통해 연습한다. 미아가 엄마 역할을 하고, 스티브는 부정적 자동적 사고가 아닌 적응적 사고를 사용하여 자신이 할 말을 연습한다.

개인적·문화적 다양성에 대한 논의

일반적으로 인지치료(CT)는 다양한 내담자에게 적용될 수 있다(Hays & Iwamasa, 2006). 호렐(Horrell, 2008)은 소수민족 성인 내담자를 대상으로 한 인지행동치료(CBT) 연구 12편을 검토하여 전반적으로 이 심리치료가 이러한 개인들이 가지고 있는 다양한 역기능에 효과적이라고 결론지었다. 하지만 실제 상담개입을 다루는 연구의 수가 적고 검토된 연구 중 많은 수가 예비연구라고 여겨질 만하기 때문에 호렐은 연구 결과가 확정적으로 여겨져서는 안 된다고 주의하였다. 호렐의 연구를 이은 네주와 그린버그, 네주(Nezu, Greenberg, & Nezu, 2014)의 연구는 그 후 진행된 연구를 포함하여 2000년에서 2009년 사이에 출간된 논문들을 검토하였다. 그 결과 그들은 CBT가 다양한 내담자에 가지는 효과성에 대한 연구가 필요하다는 지적이 반복적으로 제시되어 왔음에도 연간 평균적으로 372편의 출간된 논문 중 11편의 논문만이 이 주제를 다루었음을 보여주었다. 하지만 네주와 동료들은 더 다양한 문화권의 내담자에게 CBT를 적용시키기 위한 노력이 있었음을 인정하고 그러한 연구들 또한 검토하였다. 지면의 부족으로 이 장에서 다양한 적용에 대해 기술하지는 못하지만 더 자세한 내용은 네주와 동료들의 논문 및 그 논문의 참고문헌에서 찾아볼 수 있다.

S. G. 호프먼(S. G. Hoffman, 2006)은 개인의 문화가 자신의 행동을 포함한 세상을 지각하는 방식에 영향을 미치며, 그렇기 때문에 상담에서 고려되어야 할 주제라고 언급하였다. 사회심리학 문헌을 바탕으로 호프먼은 비서구권 문화에서 온 사람들은 서구권 사람들보다 모순되는 사고나 생각을 더 잘 수용할 수 있다고 제안하였다. 예를 들어 불안을 닥쳐오는 심장마비가 아니라 다가오는 업무관련 발표에 대한 걱정으로 설명하는 것이 서구권 내담자에게는 수용될 수 있다. 이 내담자는 첫 번째 대신 두 번째 설명을 택할 수 있다. 그와 달리 비서구권 내담자는 두 설명을 동시에 하는 것을 더 편안하게 여길 수 있다. 이와 같은 차이는 인지적 재구성에 있어 명백하게 중요한 함의를 가질 수 있다.

서구권에 기반을 둔 인지치료(CT) 원칙들은 다른 문화의 가치 및 규범과 갈등을 일으킬 수 있다. 인지치료(CT)는 개인이 자신의 운명에 대해 대부분의 책임을 진다고 가정한다. 이러한 개인주의적 관점은 몇몇 동양권, 히스패닉, 그리고 북미 원주민 문화의 집단주의적 가치와 충돌할 수 있다. 매우 영성적인 내담자의 경우 개인의 선택과 통제에 대한 강조에 잘 반응하지 않을 수 있는데, 이는 그들이 인간의 활동에 신적인 영향이 있다고 믿기 때문이다. 몇몇 연구 결과는 논리적이고 선형적인 인지치료(CT)의 특징이 북미 원주민과 그들과 유사한 세계관을 가진 집단에게 받아들여지지 않을 수 있음을 시사한다(Jackson, Schmutzer, Wenzel, & Tyler, 2006; Spiegler, 2013b). 한편, 다른 연구자들은 인지치료(CT)의 구조성과 명확성이 소수민족 내담자들에게 좋게 여겨질 수 있다고 보았다(Ivey, D'Andrea, & Ivey, 2012). 첸(Chen, 1995)이 논의한 REBT의 가치(논리적 사고, 정서의 인지적 통제, 교사로서의 상담자, 적극적-지시적 상담)와 중국 문화 사이의 일치성은 인지치료(CT)에도 아마 적용될 수 있을 것이다. 실제로 주 등(Zu et al., 2014)은 인지치료(CT)가 중국의 우울한(중간 혹은 중증 우울증을 겪는) 내담자들에게 효과적임을 보여주었다. 또한 즉각적인 성과와 증상의 차도에 대해서도 인지치료(CT)는 약물치료, 약물치료와 인지치료(CT)의 병행, 그리고 기존 치료(심리교육 그리고/혹은 약물치료)와 동일한 효과를 보였다.

스코첼리와 라인케-스코첼리(Scorzelli & Reinke-Scorzelli, 1994)는 다른 문화권 내담자에게 인지치료(CT)가 유용하다는 주장을 반박하는 자료를 모아 인지치료(CT)의 개인주의적 입장의 문제를 기술하였다. 그들은 인지치료(REBT와 CT)가 인도 문화에 적합한지에 대해 인도의 대학원생을 대상으로 설문조사를 하였다. 대부분의 학생들은 여성이었으며 힌두교가 주종교였다. 약 87%의 학생들이 인지치료(CT)가 그들의 문화적 가치, 특별히 개인의 운명이 정해져 있다는 카르마에 대한 신념과 맞지 않다고 답했다. 이 학생들은 또한 인지치료(CT)가 가족에 대한 순종과 성역할 기대와 같은 문화적 가치와도 충돌한다고 보았다.

그와 달리 웡과 킴, 제인, 킴, 황(Wong, Kim, Zane, Kim, & Huang, 2003)은 서구문화와 동일시하지 않는 내담자(즉, 동양적 지향성을 보인다고 예상되는 내담자)에게 인지치료(CT)가 시간제한적 정신역동치료보다 더 믿을 만하게 여겨진다는 점을 발견하였다. 그 연구는 다양한 동양계 민족적 정체성을 가진 내담자들에게 우울치료에 대한 두 이론의 근거를 제시하였다. 서구문화와 더 강하게 동일시한 동양인 내담자들은 두 이론적 근거에 대해 차이를 보이지 않았지만, 서구문화와 덜 동일시하는 내담자들은 인지치료(CT)를 더 선호하였다. 서구문화와 덜 동일시한 내담자들(동양 문화와 더 동일시한다고 가정되는 내담자들)은 불변하는 개인 외적 요인에 대한 개인의 적응을 강조하는 개입을 더 선호하였다. 또 다른 연구자들은 캐나다에 거주하는 중국인 이민자들을 대상으로 인지치료(CT)를 적용하였다. 전반적인 개입은 효과적이었지만 몇 가지 구체적인 어려움이 있었다. 한 예로 매우 완고한 문화적 신념이 문제를 야기할 수 있다는 것을 내담자가 이해하도록 돕는 것에 어려움이 있었다(예 : "화내는 것은 나쁘다."와 "나보다 다른 사람을 먼저 챙겨야만 한다.")(Shen, Alden, Söchting, & Tang, 2006, p. 524).

D. 데이비스와 파데스키(D. Davis & Padesky, 1989)는 인지치료(CT) 관계의 협력적인 특성이 여성 내담자와 작업할 때 중요한 평등주의를 촉진하였다고 주장하였다. 상담회기를 평가하도록 내담자를 격려하고 내담자에게 상담 어젠다를 정하고 진단에 대해 논의할 수 있는 기회를 주는 것은 남성에게 수동적이고 순응적이도록 문화적인 압박을 받는 여성에게 힘을 부여해준다. 하지만 그와 반대로 마치 의사-환자 양식과 같이 상담자를 전문가로 나타내는 것은 데이비스와 파데스키가 지지한 평등주의와 모순되는 것으로 보인다. 전통적 진단을 사용하는 것 또한 많은 페미니스트에게 잘 받아들여지지 않는다(K. M. Evans, Kincade, & Seem, 2011).

사회에 의해 낙인이 찍힌 내담자는 또한 문화적 압박에 의해 부정적인 자기도식을 형성할 수 있다. 여성·성소수자, 혹은 편견과 차별을 당한 집단의 집단원들은 특히나 이러한 면에서 취약하다. 하지만 고정관념 위협에 대한 연구는 도식 효과가 인종과 성별, 나이에서도 나타날 수 있음을 보여준다(Inzlicht & Schmander, 2012). 민감한 인지치료 상담자는 내담자가 자기도식을 수정하도록 도와줄 수 있지만, 이러한 개입은 내담자가 사회적 압박으로부터 완전히 면역이 되도록 할 수는 없다(D. Davis & Padesky, 1989). 상담자는 또한 내담자가 받는 문화적 비난을 다루는 것을 도와주는 데 주의를 기울여야 한다.

일반적으로 인지치료(CT) 이론의 환경적 요인과 영향에 대한 상대적 경시는 여성 및 문화·개인적으로 다양한 내담자들과 작업하는 데 문제가 될 수 있다. 편견과 차별, 억압을 경험해온 내담자들은 그들의 심리적 불편감의 원인을 오로지 그들의 인지적 과정에서만 찾는 것을 어려워할 수 있다. 인지치료(CT)를 사용하는 상담자는 그들의 인지치료(CT) 사례개념화에 중요한 사회문화적 요인을 주의 깊게 포함시켜야 한다(Duckworth, 2009b).

CHAPTER 11

현실치료

윌리엄 글래서

도널드는 31세의 백인 남성으로 현재 부인과 별거 중이다. 그는 재무관리사로 일하고 있었으나, 최근 직장에서 해고당했다. 도널드는 경제적 어려움을 겪고 있으나, 아무 일이나 덥석 잡고 싶지는 않다고 한다. 도널드는 이직 경험이 많다.

도널드는 겉으로 보이기에 단정한 편에 속하지만, 굉장히 빠른 말투와 불안한 인상을 주며, 다소 과장된 동작을 보이기도 한다. 상담자(여성)와 대화할 때 눈 맞춤을 매우 어려워하며, 자신의 감정을 말할 때는 특히 불안해한다.

도널드 본인의 말에 따르면 친한 친구는 없지만, 지역병원 자원봉사 활동에는 활발하게 참여하고 있다고 하며, 이러한 상황에서는 타인에게 보여주고 싶은 이미지를 만들어냄으로써 사람들과 잘 어울릴 수 있다고 말한다. 도널드는 휴식 시간에 잡지를 읽거나 영화 보는 것을 좋아하며, 가장 좋아하는 장르는 추리와 공상과학이다.

도널드는 세 명의 친형제, 여러 명의 의붓형제로 이루어진 대가족 속에서 자랐다. 어린 시절 아버지는 폭력성이 있었으며, 어떤 죄목으로 수감 생활을 했는지는 알 수 없으나 여러 차례 수감되었다. 어머니는 아버지가 수감되자 이혼 절차를 진행했고 곧바로 다른 사람과 재혼했다. 아버지가 감옥에서 출소한 후 도널드는 아버지와 함께 살았다. 당시 아버지가 자영업을 하고 있었던 것으로 기억하나, 정확히 어떤 업종에서 어떤 일을 했는지는 모른다. 도널드는 어머니에 대해 말할 때 분노를 표현하며 어머니를 나약한 사람, 바륨(Valium : 신경 안정제) 중독자로 묘사한다. 그는 아버지를 자신의 우상이라고 말한다.

도널드는 지금 재혼한 상태이다. 첫 번째 부인과 이혼했는데, 그 계기는 여자친구와 함께 침대에 있는 모습을 첫 번째 부인에게 발각되었기 때문이다. 두 번째 결혼은 4년 동안 유지되었으나, 한 달 전 그의 부인 타미가 더 이상 도널드를 사랑하거나 존중하지 않는다고 말하면서 집을 나갔다. 도널드는 타미가 다시 돌아와서 관계가 회복되길 간절히 바라고 있다.

도널드가 상담실을 찾은 이유는 실직과 결혼생활의 어려움 때문이다. 일과 결혼생활을 제외한 다른 부분에 있어서는 문제없이 잘 기능하고 있다고 생각하고 있다. 특별한 건강상의 이상은 없지만, 가끔 피로감이 들고, 구역질이 나고, 허리도 아프며, 뒷목이 뻐근해서 편두통이 있다고 한다.

도널드는 흥분상태에다가 중독된 느낌을 갖고 있고, 이 때문에 자꾸 이직하게 되는 것 같다고 한다. 또한 충동구매 습관 때문에 타미와 잦은 마찰이 있었다고 한다. 도널드는 부인과 감정을 공유할 수 없고 관계를 유지하기 어려운 자신이 피상적인 사람이라고 생각한다. 도널드는 스스로를 실패자로 여기고 있고, 자신에게 뭔가 문제가 있다고 생각하고 있으며, 무엇이 문제인지 알고 싶어 한다.

배경

윌리엄 글래서(William Glasser)는 전통적인 정신분석 이론에 대한 문제의식으로 현실치료(reality therapy, RT)를 개발했다. 이민자의 아들이었던 그는 1925년에 태어났고, 대공황 시기에 오하이오 클리블랜드에서 자랐다. 그는 어렸을 때 모습에 대해 매우 수줍음이 많고, 다른 사람들의 기대에 부응하는 아이는 아니었다고 이야기하였다. 이민 1세대 대학생으로서 공과대학을 졸업하였으며, 졸업 후 화학공학 엔지니어로 1년 동안 일했다(Wubbolding, 2000).

자신의 일에 만족하지 못했던 글래서는 의학대학에 진학하고 싶었으나 학부 성적이 너무 낮아서 어려울 것이라고 생각했다. 대신에 1948년에 케이스웨스턴리저브대학교에서 임상심리학 석사학위를 취득했고, 박사과정까지 진학하게 되었다. 그 와중에 한 심리학과 교수의 권유로 의과대학에 지원했다. 결국 글래서는 보편적인 자격요건을 갖추지 않고서도 케이스웨스턴 프로그램에 합격한 6~7명의 학생 중 한 사람이 되었다(Wubbolding, 2000). 글래서는 의과대학에서 살아남았으며, 1961년에 정신의학 분야 자격증을 취득했다(Howatt, 2001).

호와트(Howatt, 2001)가 언급한 초기 글래서 이론의 핵심은 "사람은 자신의 행동을 선택한다."라는 점이다. 재향군인병원 정신과 수련 과정에서 글래서는 자신의 가설을 검증하기 위해 짧은 연구 하나를 실시했다. 환자들은 허공에 소리를 지르거나 손짓을 하는 등 환각 증세를 보이고 있었고, 대부분의 환자들은 핀볼게임에 빠져 있었다. 가설 검증을 위해 글래서는 모든 핀볼게임 기계를 한 공간에 모은 후, 핀볼게임 공간에서는 "어떠한 미친 행동도 허락되지 않는다."는 규칙을 정하였다(Howatt, 2001, P. 9). 이 규칙에 따르면, 누구든 핀볼게임 공간에서 미친 행동을 할 경우 그곳을 떠나야만 했다. 어떤 일이 벌어졌을까? 대부분의 환자들은 규칙을 지켰다. 이는 환자들도 '핀볼게임을 할 것인지', '미친 행동을 할 것인지'를 스스로 선택할 수 있다는 것을 의미한다.

정신병동에서 근무하는 동안 글래서는 비행청소년을 위해 설립된 국가기관 '벤트라 학교'의 상담자로 일했다. 글래서의 베스트셀러 현실치료(*Reality Therapy*)(Glasser, 1965)는 이 학교에서의 경험을 기반으로 작성되었다. 처벌은 피하고 관계 양육에 초점을 맞춘다는 벤트라 학교의 품행지침에서 현실치료 원칙의 원형을 찾을 수 있다(Glasser, 1965).

1986년 글래서는 교직과 글쓰기에 전념하기 위해 현업 치료를 그만두었다. 2013년 8월 글래서의 서거로 심리치료 역사상 가장 위대한 이론가 한 명을 잃게 되었다. 글래서의 저서 중 가장 널리 알려진 책은 현실치료(1965)일 것이다. 관계의 중요성을 강조하기 위해, 1996년 그는 기존의 현실치료 이론을 철저하게 개정했다. 또한 기본 이론의 이름도 통제이론(control theory)에서 선택이론

(choice theory)으로 변경했다(Wubbboulding, 2000). 이 장에서는 개정된 버전의 현실치료를 소개할 것이다. 선택이론에 대해 가장 잘 설명하고 있는 저서는 **신현실치료 : 선택이론을 통한 상담**(*Counseling with Choice Theory: The New Reality Therapy*, Glasser, 2000a)이다. 2011년, 글래서와 그의 부인 카를린은 1984년의 저서 **효과적으로 삶을 통제하는 방법**(*Take Effective Control of Your Life*)의 제목을 선택이론을 통해 필요한 것을 얻는 방법 : 자신의 삶을 책임지라(*Take Charge of Your Life: How to Get What You Need with Choice Theory Psychology*)로 변경했다. 만약 현실치료의 부부상담 적용에 관심이 있다면, 부부상담의 최신 이슈들(*Contemporary Issues in Couples Counseling*)(Robey, Wubbolding & Carlson, 2012)을 읽어보길 권한다.

1967년 글래서는 현실치료 연구소를 설립했으며, 이는 1996년부터 윌리엄 글래서 연구소로 알려진다. 연구소의 심화수련과정을 수료하면, '현실치료사' 자격을 취득할 수 있으며(Wubbolding, 2000), 지금까지 전 세계에서 5,000명 이상이 자격증을 취득했다. 현실치료는 국제적으로 널리 알려져 활용되고 있으며, 현실치료 상담자도 세계 각국에서 활동하고 있다(노르웨이, 스웨덴, 호주, 홍콩 등). 1981년 초판이 출판된 이래 **국제현실치료학술지**(*International Journal of Reality Therapy*)는 지금까지 계속해서 출간되고 있다. 2010년 형식이 온라인으로 변경되면서 명칭 또한 **국제선택이론 및 현실치료 학술지**(*International Journal of Choice Theory and Reality Therapy*)로 변경되었다.

현실치료는 학교 교육장면에서 유용성을 인정받고 있다(Fuller, 2015; Gilchrist, 2009). 글래서는 **좋은 학교**(Quality Schools)(Glasser, 1990)에 대한 저술을 남겼으며, 교육장면에 현실치료의 원칙을 적용했다. 글래서 연구소는 현실치료의 원칙을 적용하는 교육기관을 '좋은 학교'로 인증하고 있으며, 인증 요건은 학교의 핵심인력들이 현실치료 수련을 받고, 학생과 학부모가 선택이론을 교육받는 것이다. 글래서 연구소의 웹사이트(www.wglasser.com)를 통해 현실치료 원칙이 교육장면에 적용된 많은 사례들을 찾아볼 수 있다.

영상 자료 11.1

교장과 화난 부모와의 현실치료기반 회의 역할극을 보자.

 https://www.youtube.com/watch?v=0_3oeqyrmoE

또 다른 주요 현실치료 이론가는 로버트 우볼딩(Robert Wubbolding)이다. 우볼딩은 글래서 연구소에서 함께 일했으며, 현실치료센터의 기관장으로 재임 중이다. 우볼딩은 최근 1999년 저서 **현실치료를 통한 상담**(*Counselling with Reality Therapy*)의 두 번째 에디션을 발행했다(Wubbolding, 2015). 우볼딩의 저서 **현실치료**(*Reality Therapy*)(Wubbolding, 2011a)의 일부 발췌 내용을 [글상자 11.1]에서 확인할 수 있다.

기본 철학

현실치료 이론가들은 본질적인 인간의 본성이 긍정적이라고 믿는다(Glasser & Wubbolding, 1995). 그러나 이 접근법에서 인간을 순수한 존재로만 보는 것은 아니다. 인간은 이타적이고, 관용적이며,

---

글상자 11.1

우볼딩의 현실치료 발췌문

이때까지 창시자 윌리엄 글래서 한 사람의 상담 접근법으로만 여겨졌던 현실치료는 이제 하나의 사상 체계 또는 학설로 설명하는 것이 더 적절해졌다. 내담자를 돕기 위해서 실용적이면서도 검증된 기술을 찾고 있는 전세계 전문가들에게 글래서의 기념비적인 공헌은 이론적 기반과 영감의 원천이 되고 있다. 글래서는 현실치료 초기 아이디어를 지속적으로 확장하였으며, 현실치료를 활용한 실천적인 인간관계 개선방법을 찾기 위해 계속해서 노력하였다. 특히 특수한 친밀 관계인 결혼생활에 현실치료를 적용하였다. 예를 들어 두 사람이 달성하고자 하는 목표와 기쁨의 원천을 공유한다면, 관계는 개선될 것이다. 글래서와 연구자들은 직장, 놀이, 가정에서 건강한 관계를 해치는 관계적 독성의 해독제로 현실치료를 적용하고자 계속해서 노력해 왔다. 그의 비전은 개인으로 하여금 선택이론과 현실치료의 원리를 스스로의 삶에 적용하게 함으로써 자신의 행동에 대해서 내적으로 통제하도록 돕는 것이다. 이를 받아들인 사람들은 타인에 대한 통제 욕구를 내려놓는 한편, 타인에게 도움의 손길을 제공하였다. 타인에 대한 통제 시도는 실패할 수밖에 없고, 불행을 만들며, DSM에 묘사된 비효과적이며 해로운 행동을 초래한다.

내부통제심리(internal control psychology)와 선택이론(choice theory)은 글래서가 비판한 외부통제심리(external control psychology)의 대안이며, 현실치료의 WDEP(Wants : 욕구, Doing : 행동, Self-evaluation : 자기 평가, Planning : 계획) 체계로 불린다.

많은 경우에 내담자들은 사회적 관습의 영향을 받아 현재 행동의 원인을 어린 시절의 영향 혹은 트라우마에 귀결시킨다. 특히 타인에 대한 강압적 통제행동의 책임을 환경적 요인에 투사하기도 한다. 현실치료 상담자는 비난과 비판은 피하되, 내담자가 현재의 욕구, 행동, 계획에 집중할 수 있도록 촉진한다. 치료 과정에서 내담자는 욕구의 달성 가능성, 행동의 효과성 및 합리성에 대한 진지하고 용기 있는 자기진단을 거치게 된다. 현실치료 효과성을 담보하기 위한 필수요소인 지속적 자기진단은 다음과 같은 질문으로 표현할 수 있다. "지금 하고 있는 행동이 당신에게 도움이 되나요?", "지금 하고 있는 행동이 다른 사람에게 도움이 되나요, 아니면 방해가 되나요?", "지금 하고 있는 행동이 원하는 결과를 가져다줄까요?", "당신의 욕구는 현실적으로 달성 가능한가요?", "만약 그 욕구가 충족된다면, 당신 혹은 타인의 욕구만은 줄어들까요, 혹은 늘어날까요?

출처 : Wubbolding, R. E.(2011). *Reality Therapy* (PP. 131-132). Washington, D.C., American Psychological Association.

다정하고, 생산적이지만, 다른 한편으로 간사하고, 가학적이며, 타인을 당혹스럽게도 만들 수 있다. 인간은 타인에게 행동할 때 주저할 수도 있고, 타인을 멈칫거리거나 몸서리치게 만들 수도 있다. 또한 인간은 이기적일 수 있고, 자신에게만 몰두하며, 제멋대로이며, 스스로를 과시할 수도 있는 존재이다(Wubbolding & Brickell, 1998, p. 48).

현실치료는 사회구성주의적 이론이다. 글래서는 인간 사이에 보편적으로 합의된 '현실세계'의 존재에 대해서 인정하고 있다. 동시에 글래서는 전체적 객관성은 우리의 상상이 만들어낸 허구의 산물이라는 점과 전체적 객관성(total objectivity)이란 모든 인간이 동일한 가치, 혹은 동일한 욕구 수준을 가질 때만 존재할 수 있다는 점을 인정한다(Glasser, 1998).

현실치료 이론은 인간이 자신의 행동을 선택하는 '운전석에 앉아 있는 운전자'라는 점을 확실하게 하고 있다. 인간은 자신을 둘러싼 외부 압력에 무력한 존재라는 신념은 글래서가 외부통제 이론이라고 지칭한 것의 일부일 뿐이다(Wubbolding, 2007).

글래서는 생물학적 모델에 기반하여 정신질환을 이해하는 성향을 갖고 있던 전통적 정신의학계에 도전장을 내밀었다. 글래서(2003)는 정신의학계를 비판하며 다음과 같이 주장했다. "의사-환자 관계를 맺어 당신의 마음에 대해 일방적으로 조언하는 혼신의 노력은 더 이상 의미가 없다. 지금까지 사람들은 정신질환이란 약물에 의해서만 교정될 수 있는 뇌의 화학적 불균형이라고 들어왔다."(p. 2) 글래서는 한 걸음 더 나아가서 향정신성 의약품은 오히려 내담자에게 해가 될 수도 있으며, 정신질환을 생물학적 원인으로만 귀인시키는 접근은 자신의 심리적 불편감을 스스로 해결할 수 있는 힘이 인간에게 전혀 없다는 인식을 만들어낸다고 주장했다(Glasser, 2003). 글래서는 정신과 의사로서 절대 향정신성 의약품을 처방하지 않겠다고 밝혔으며, 이에 대한 해결책으로 이 책에서 소개할 선택이론(choice theory)을 주장하였다(Glasser & Glasser, 2007).

영상 자료 11.2

윌리엄 글래서가 진단과 향정신성 의약품에 대한 의견을 제시하는 장면

 https://www.youtube.com/watch?v=AghOT3oCaM4

메이링은 도널드의 현실치료 상담자이다. 치료에 대한 메이링의 기본 접근법은 '도널드가 그의 인생을 스스로 책임질 수 있는 잠재력을 가지고 있다는 것'이다. 메이링은 도널드와 함께 상담을 진행하면서 도널드의 장점과 적절하지 않은 행동 요소들을 파악할 수 있다고 확신하고 있다. 도널드가 세상을 바라보는 방식은 그가 어떻게 행동할지를 결정하는 핵심요소이기 때문에 메이링은 도널드를 돕기 위해 도널드의 세상을 바라보는 방식을 이해할 필요가 있다고 깨달았다.

인간 동기

가장 분명한 인간의 동기는 기쁨을 최대화하고, 고통을 최소화하는 것이다(Glasser, 2001a). 기쁨 혹은 고통의 원천은 바로 기본욕구에 대한 만족감(혹은 불만족감)이다. 기본욕구는 생존, 사랑과 소속감, 권력, 자유, 즐거움이다(Wubbolding & Robey, 2010). 인간은 욕구가 충족되었을 때 기쁨을 경험하며, 욕구가 좌절되었을 때 고통을 경험한다. 바라는 것과 실제로 가질 수 있는 것 간의 차이는 행동을 촉발하는 가장 명확한 동기로 작용한다.

도널드는 매우 고통스러워 보인다. 이는 현재 그가 원하는 것 중 하나 혹은 그 이상의 욕구가 충족되고 있지 않다는 것을 의미한다. 도널드를 돕기 위해 가장 필요한 작업은, 도널드가 갖고 있는 욕구 중 어떤 것이 충족되지 않았는지를 찾는 것이며, 그 욕구를 충족하도록 돕는 것이다.

주요 개념

기본욕구

인간의 다섯 가지 기본욕구인 생존, 사랑과 소속감, 권력, 자유, 즐거움은 선천적인 것으로, 전 세계에서 공통적으로 나타나는 보편적인 특징이다(Wubbolding, 2011a). 인간은 우리를 기분 좋게 만들었던 행동, 혹은 기분 나쁘게 만들었던 행동(즉, 욕구를 충족시키거나 좌절시킨 경험들)을 기억하고 있으며, 이러한 기억이 우리로 하여금 미래에 어떤 행동을 선택할지 안내해준다(Glasser, 2011b). 글래서의 흥미로운 견해는 포유류 중에서 오직 인간만이 권력 욕구를 가지고 있다고 보는 점이다(Glasser & Glasser, 2007).

우리의 모든 행동은 그 상황에서 욕구를 충족하기 위한 최선의 노력을 표상한다(Glasser, 1998). 각각의 개인은 서로 다른 방법으로 욕구를 충족시키며, 욕구를 충족시켜주는 사람 혹은 사물을 원한다. 예를 들어 나의 권력 욕구는 이 책을 집필하거나, 사람들이 타인을 도울 수 있도록 안내함으로써 어느 정도 충족될 수 있을 것이다. 나에게 있어서 이 책을 끝마치는 것은 권력 욕구 충족을 돕는 하나의 나의 원함(want)인 것이다.

사랑과 소속감은 욕구 충족의 기반이 되는 관계에 관한 것이기 때문에 가장 중요한 욕구라고 볼 수 있다(Glasser, 2011b). 사랑하고 사랑받고자 하는 욕구는 우리의 가족, 친구, 친밀한 파트너와 연관된다. 글래서는 사랑, 소속감, 우정을 구별하여 설명했다. 성관계는 때로는 사랑과 연관되어 있으나, 사랑과 동의어는 아니다.

대부분 사람들은 우정을 통해 소속감을 성취한다. 하지만 사랑을 통해 소속감을 얻기는 더 어렵다. 왜냐하면 우리 애인을 '나의 것'으로 믿는 경향이 있어서, 이러한 관계에서는 외부통제심리가 작동하기 때문이다.

즐거움에 대한 욕구는 놀이를 통해 충족할 수 있다(A. V. Peterson, 2000). 그러나 즐거움 욕구 또한 인간의 학습능력과 관련이 있다. 글래서(2002)에 의하면, "좋은 느낌을 만들어내는 '즐거움'은 학습에 대한 유전적 보상이다."(p. 20) 즐거움 욕구는 우리의 욕구 중 가장 충족하기 쉬운 욕구 중 하나다. 왜냐하면 즐거움을 충족하기 위한 방법은 다양하기 때문이다(Glasser, 1998). 성공적인 대인관계는 즐거움 욕구를 충족시킨다. 그 이유는 대인관계가 학습과 웃음(즐겁다는 하나의 신호)을 동반하기 때문이다.

글래서에 의하면, 권력 그 자체에 대한 욕구는 인간에게만 나타나는 특징이다(Glasser, 2004). 인간은 중요한 사람이 되기를 원하는 특성을 타고났으며, 타인으로부터 자신의 중요성을 인정받길 바란다. 권력 욕구는 자신이 원하는 대로 삶을 살고, 옳다고 믿는 대로 행하고, 더 많이 소유함으로써 채워진다. 또한 권력 욕구는 타인에게 지시하고, 타인이 내가 지시한 대로 행하는 것을 관찰하고, 타인이 잘못된 행동을 할 때 처벌하는 것에 의해서도 충족된다. 권력 욕구의 통제적 측면은 타인을 강압하는 행동을 초래하게 한다.

타인을 위해 선의를 베푸는 행동은 권력 욕구를 충족시킬 수 있는 방법 중 덜 악의적인 방법이다. 성공적으로 일을 마침으로써 긍정 정서를 경험하는 것도 권력 욕구 충족의 한 형태이다. 따라서 인간이 열심히 일하는 것은 권력 욕구를 충족시키기 위한 하나의 방법이다(Glasser, 2002). 다른 한편으로 권력 욕구는 타인이 자신의 말을 듣도록 강제하는 행동을 초래한다. 만약 우리가 중요한 타인으로부터 무시를 받을 경우 무기력감을 느끼며, 이는 고통스럽다. 이와 같은 고찰에 기반하여, 우볼딩(2011a)은 내적 통제, 성취감, 자기존중감, 인정의 개념을 포괄하는 권력 욕구의 정의를 확장하였다.

자유에 대한 욕구는 스스로 삶을 통제하고 있다는 인식과 연관되어 있다(Wubbolding, 2013). 자유 욕구가 위협받을 경우 자유는 우리의 가장 중요한 관심사가 된다(Glasser, 1998). 선택할 수 있는 자유는 매우 중요한 요소이나, 우리는 때때로 선택의 자유를 갖고 있다는 사실 자체를 망각한다.

욕구들 간의 관계는 복잡하게 얽혀 있으며, 때로는 여러 가지 욕구가 동시에 충족될 수도 있다. 예를 들면 특정한 대인관계로 인해 사랑 욕구, 즐거움 욕구가 동시에 충족되는 경우가 있다. 다른 한편으로 사랑과 소속감 욕구는 권력 욕구에 의해 복잡해지기도 한다. 글래서(1998, p. 42)가 저술한 것처럼 "권력은 사랑을 파괴한다". 왜냐하면 그 누구도 지배당하고 싶어 하지 않기 때문이다. [글상자 11.2]에 대인관계에 있어서 문제가 되는 두 가지 성격 유형에 대한 글래서의 아이디어를 정리했다.

기본적인 생존 욕구는 때때로 인간을 사랑 없는 성관계로 이끌기도 하며, 이는 우리에게서 사랑과 소속감을 빼앗아 간다. 서로 다른 욕구 수준을 가지고 있지만, 자유와 소속감을 동시에 충족시키고자 하는 관계에서는 갈등이 일어나기 마련이다. 성공적인 대인관계란 파트너 양쪽이 함께 협상하고, 그로 인해 파트너 모두가 각자의 욕구를 충족하는 관계이다.

글상자 11.2

장기적 관계 형성에 부적합한 두 가지 성격 : 소시오패스, 그리고 실직자

글래서(1998)는 대부분의 인간이 사랑, 사랑을 동반한 성관계, 소속감을 중요한 욕구로 갖고 있다고 보았다. 그는 장기적 관계 형성에 어려움을 겪는 사람의 유형을 소시오패스와 실직자로 제시하였다.

소시오패스는 오로지 권력과 자유만 신경 쓰는 사람이다. 소시오패스는 주로 남성에 많이 나타난다. 왜냐하면 유전학적으로 남성이 여성에 비해 사랑과 소속감에 대한 욕구가 적고, 권력에 대한 욕구가 강하기 때문이다. 소시오패스가 여성을 유혹할 때 흔히 하는 말은 다음과 같다. "나는 한평생 당신 같은 여자를 찾아헤맸고, 이건 진실이에요." 그러나 대부분의 여성이 소시오패스를 찾아헤맨 것은 아니다(1998, p. 107). 소시오패스는 자신의 소유를 챙기는 것에만 급급하며, 피해자의 안위에는 관심조차 없다. 또한 피해자가 그에게 소속감의 욕구를 표현하는 순간 즉시 그 관계를 떠나버린다.

친구가 없다는 것은 그가 소시오패스일 수 있다는 징후이다.

실직자의 첫인상은 더욱 혼란스럽다. 아직까지 우리 사회는 여성이 실직자라는 사실에 더욱 수용적인 분위기이기 때문에 여성 실직자는 눈에 덜 띄며, 보편적인 인식 속에서 남성 실직자가 더욱 일반적이다. 실직자는 생존에 대한 욕구는 낮고, 권력과 소속감에 대한 욕구가 동시에 강하다. 이와 같은 욕구로 인해 그들은 자기 자신이 얼마나 대단한 사람인지에 대해 떠벌리고 싶어 한다. 여기서 나타나는 중요한 역동은 높은 권력 욕구와 이를 실행하기에는 너무 낮은 생존 욕구 간의 불일치이다.

출처 : Glasser, W. (1998). *Choice Theory: A New Psychology of Personal Freedom*. New York: HarperCollins.

지금 도널드에게 나타나고 있는 문제는 여러 욕구의 좌절로 인해 발생한 것으로 보인다. 도널드의 주요 욕구는 사랑과 소속감에 대한 욕구로 보이며, 그는 타미와 재결합하고 싶어 한다. 권력 욕구 또한 중요한 것으로 보인다. 예를 들어 실직 때문에 도널드는 화가 났다. 충동적 소비습관 역시 권력, 즐거움, 자유 욕구를 충족하기 위한 수단일 수 있다. 타미와의 관계에 비추어 생각해보면, 소비행동은 자유 욕구를 충족하기 위한 시도일 수도 있다. 도널드의 잦은 이직 행동은 자유 욕구와 연관될 수도 있다. 도널드의 권력 욕구는 타미의 행동을 통제하려는 시도에 영향을 미쳤을 것이다. 메이링은 이러한 도널드의 타미를 통제하려는 시도가 관계 악화에 일정 부분 영향을 미쳤을 것이라고 생각한다.

좋은 세계

원함(want)의 세계라고도 불리는 좋은 세계(quality world)는 욕구를 충족시키는 상황과 사물, 사람에 대한 정신적 심상을 의미한다(Wubbolding, 2011a). 욕구를 충족시켜주기 때문에 이러한 사람 혹은 사물은 우리의 기분을 좋게 만들어준다. 좋은 세계는 태어난 직후부터 만들어지며, 전 생애에 걸쳐 지속적으로 수정된다. 좋은 세계의 심상들은 우리가 함께하고 싶어 하는 사람과 사물, 우리의 기분을 좋게 만들어주는 경험, 우리의 삶을 이끌어 주는 신념과 생각으로 채워져 있다(Glasser & Glasser, 2007).

선택하기 전에 이미 존재하고 있었던 부모 혹은 주요 양육자를 제외하면, 대부분의 경우 좋은 세계를 구성하는 사람과 사물은 의식적으로 선택된다(Glasser, 1998). 글래서(2002)에 의하면, 엄마는 음식과 사랑을 주기 때문에 우리가 처음으로 좋은 세계에 포함시키는 존재이다. 또한 부모는 자동적으로 자녀를 자신의 좋은 세계에 포함시키며, 인생 내내 좋은 세계 내에 둔다(Glasser, 1998). 때때로 인간은 비현실적인 심상을 좋은 세계 안에 만들어 놓기도 한다. 예를 들어 학교 축구팀에서 후보 선수인 젊은이가 장차 프로선수로 성장하는 자신의 모습을 상상하는 경우를 들 수 있다.

우리는 좋은 세계의 심상을 삭제할 수도 있지만, 이는 매우 고통스러운 과정이다. 프로선수가 되기를 간절히 바라던 젊은이가 이러한 심상을 상실할 경우, 그는 분명히 어려움을 겪을 것이다. 친밀한 관계가 끝났을 때와 마찬가지로 좋은 세계에서 사람을 삭제하는 것은 특히 어렵다.

그러나 특정한 사람이나 사물이 반복적으로 우리의 욕구와 상충될 경우, 결국 특정 사람과 사물은 좋은 세계에서 사라져버린다(Glasser, 1998).

도널드의 좋은 세계 안에는 아마도 아버지, 타미, 충동적 소비, 소비한 물건들이 포함되어 있을 것이다. 추리와 공상과학 잡지, 영화도 즐거움 욕구를 채워주기 때문에 좋은 세계 안에 있을 것이다. 이러한 사람, 물건, 행동은 욕구를 충족하는 데 기여하며, 기분을 좋게 만들어 준다. 어머니가 도널드의 좋은 세계에 있을지에 대해서는 메이링이 확신하긴 어렵다. 다만 도널드가 표현하고 있는 어머니에 대한 적대감은 어머니가 도널드의 사랑과 소속감 욕구를 반복적으로 좌절시켰을 가능성을 암시한다. 도널드는 좋은 세계에서 부모 중 한 사람을 삭제하는 고통스러운 과정을 견디고 있을지도 모른다.

전체 행동

전체 행동(total behavior)이라는 용어는 인간 행동의 다각적인 면모를 강조하기 위하여 사용된다. 모든 행동은 항상 활동하기(acting), 생각하기(thinking), 느끼기(feeling), 생리적 반응(physiology)의 네 가지 요소로 구성된다(Glasser, 2000b). 글래서는 전륜구동차의 이미지를 사용하여, 네 가지 요소 간의 관계를 설명하였다. 앞바퀴 2개는 '행동'과 '생각'이며, 뒷바퀴 2개는 '감정'과 '신체반응'이다. 자동차 운전은 2개의 앞바퀴 방향을 바꾸는 것에 비유할 수 있으며, 대부분의 경우 뒷바퀴 2개는 따라온다. 이 비유는 다음 두 가지 핵심을 강조한다. (a) 감정, 신체반응보다 행동, 생각은 통제할 수 있는 여지가 더욱 크다. (b) 감정, 신체반응은 행동, 생각의 영향을 받을 수 있다(Glasser, 2002).

> 도널드의 전체 행동은 활동하기, 생각하기, 느끼기, 생리적 반응으로 이루어져 있다. 특정한 상황에 대해 생각하는 방식은 느낌과 행동에 지대한 영향을 미친다. 도널드는 타미가 자신의 욕구에 순종하여 결혼생활을 다시 이어가는 것이 마땅하다고 생각할 수도 있다. 이와 같은 생각의 방식은 분노와 연결되고 결국 우울감과 외로움을 야기한다. 그는 우울하게 행동하여 직장에서 해고되었으며, 이로 인해 감정은 더욱더 우울해진다. 따라서 도널드의 행동은 집에 앉아 있는 것으로 나타나며, 그의 생각은 '나는 무가치하다'로 표현되며, 그의 감정은 우울 혹은 분노로 나타나며, 신체반응은 목 결림과 두통으로 나타난다.

선택이론

선택이론(choice theory)이란 현실치료 이론의 이념적 토대이다. 선택이론에서 가장 중요한 명제는 "인간은 언제나 선택할 수 있다. 즉, 우리가 하는 모든 것을 선택한다."라는 것이다(Glasser, 1998, p. 3). 우리는 자신의 행동에 대한 통제권을 갖고 있다. 다만 다른 사람의 행동을 통제할 수는 없다. 우리가 할 수 있는 것은 다른 사람에게 정보를 주는 것뿐이다.

선택이론에서는 인간의 존재가 다른 사람을 포함한 외부환경에 의해 통제받는다고 가정하는 외부통제심리와 대립되는 개념을 주장하고 있다(Wubbolding, 2007). 외부통제심리에 깔려 있는 아이디어는 누군가 우리의 방식에 따라 행동하지 않는 것은 잘못된 일이므로 처벌받아야 마땅하고, 처벌에 의해서 우리의 방식대로 변화시켜야 한다는 것이다. 이와 같은 타인의 변화 이후 우리는 사랑, 돈, 또는 다른 어떤 보상을 제공함으로써 타인의 변화된 행동을 유지시킨다(Glasser, 1998). 타인을 통제할 권력이 있는 사람은 외부통제에 따라 원하는 것을 가질 수 있기 때문에, 때때로 외부통제심리가 효과적일 수도 있다. 권력이 없는 사람도 외부통제가 때로는 효과적이라고 믿으며, 언젠가 자신도 권력을 가질 것이라는 욕구를 가진다. 통제받는 사람은 (a) 굴복하는 것 이외에는 다른 선택이 없다고 믿으며(이러한 생각은 대부분 틀리다; Glasser), (b) 싸우는 것은 상황을 더욱 악화시킬 것이라고 믿는다(이러한 생각이 대부분 맞다; Glasser, 1998).

외부통제심리의 세 가지 기본가정은 다음과 같다. (a) 나의 행동은 외부요인에 의해 통제받는다. (b) 나는 타인으로 하여금 내가 원하는 방식을 따르도록 만들 수 있다. 또한 타인도 나에게 그들이 원하는 방식을 따르도록 만들 수 있다. (c) 내가 기대하는 행동 기준에 타인이 부합하는지 여부에 따라, 나는 타인에게 처벌과 보상을 할 권리를 갖고 있다(Glasser, 1998, p. 16). 외부통제심리로부터 비롯된 일곱 가지 치명적 습관은 비판, 책임전가, 불평, 잔소리, 위협, 처벌, 뇌물공세이다(Glasser & Glasser, 2007, p. 34). 이와 대비되는 일곱 가지 돌봄의 습관은 지지, 격려, 경청, 수용, 신뢰, 존경, 다름에 대한 협상이다(Glasser & Glasser, 2007, pp. 34-36).

글래서는 외부통제심리에 따라 살아가는 것은 매우 중대한 실수임을 단호하게 주장하였다. 기본적으로 인간은 남에게 통제받는 것을 원하지 않기 때문에(우리가 가진 '자유에 대한 욕구'에 대한 침해), 외부통제심리는 관계를 망친다. 글래서는 "우리 사회에 퍼져 있는 대부분의 폭력, 범죄, 약물남용, 사랑 없는 성관계의 원인은 외부통제심리 때문"(1998, p. 7)이라고 경고하였다.

중요한 대인관계에서 문제를 경험하고 있는 도널드의 경우 외부통제심리에 빠져 있을 가능성이 크다. 다른 사람들도 외부통제심리를 사용하여 도널드의 행동에 영향을 주려고 했을 가능성이 있다. 도널드는 상황에 대한 선택권이 자신에게 있다는 사실을 모른 채, 다른 사람들을 원망하고 있다. 그는 타미가 자신을 떠난 것에 대해 부정적 감정을 갖고 있다. 그는 타미가 충동구매를 막도록 도와주는 노력을 하지 않았다고 오히려 타미에게 분개하고 있다. 아마도 도널드와 타미는 서로에게 일곱 가지 치명적 습관을 행했을 것이다. 도널드는 자신의 해고에 대한 정당한 이유를 찾지 못했기 때문에, 매우 불편한 감정을 가지고 있다. 도널드는 우울감을 느끼고 있으며, 아무 일이나 덥석 잡는 것은 옳지 않다고 생각하기 때문에 상담에 참여하고 있다. 도널드는 자신이 너무 피상적인 사람이므로 누구와도 관계를 맺을 수 없다고 생각하고 있으며, 자신에게 매우 큰 문제가 있다고 믿고 있다.

메이링은 도널드가 선택이론을 받아들인다면 모든 행동은 자신의 선택이었고, 앞으로 더 나은 선택을 할 수 있다는 것을 깨달으리라 믿는다. 결국 알 수 없는 마력의 존재가 자신을 우울하게 만들고, 흥분에 대한 중독으로 이끌며, 실패한 사람으로 만든 것은 아니라는 점을 인식하게 될 것이다. 더 나아가 타인의 행동은 통제할 수 없으며, 타인 행동에 대한 통제 시도는 타인으로 하여금 자신을 불편하게 여김으로써 떠나가게 만든다는 점도 인식할 것이다. 또한 타인이 자신의 행동을 통제하려고 시도할 경우(예 : 직장에서의 경우), 도널드는 화가 나고 비협조적으로 행동한다는 것도 알게 될 것이다.

인간과 개인발달에 관한 이론

현실치료에 의하면 '성격'은 기본욕구 간의 상대적 강도에 따라 형성된다(Glasser, 1998). 글래서는 기본욕구들 간의 상대적 강도는 태어날 때 이미 고정되어 있다고 주장했다. 예를 들어 자유에 대한 강한 욕구를 갖고 있는 아이린은 자유에 대한 관심은 적고, 사랑과 소속감에 높은 관심을 갖는 캐시와는 매우 다른 특성을 보인다. 두 사람은 서로 다른 욕구를 갖고 있기 때문에 관계를 맺는 과정의 협상에서 어려움을 겪을 것이지만, 결국 어떠한 타협을 이루어낼 것이다. 그러나 두 사람 모두 권력에 대한 욕구가 높을 경우, 협상의 본질은 한쪽의 항복을 받아내는 것이 되므로 합의에 이르기 매우 어려워진다.

현실치료는 성격발달에 대한 공식적 이론을 갖고 있지는 않다. 다만 글래서(1998)는 우리에게 가장 필요한 것이 무엇인지 알고 있다고 믿는 사람들(부모 혹은 부모와 유사한 권력을 가진 사람들)과의 접촉이 시작된 '초기 경험'에서 인간이 느끼는 불행감의 근원을 찾을 수 있다고 생각했다. 외부통제심리를 사용하는 부모로 인해 아이는 부모에 대한 불신을 형성하게 되고, 이는 건강하지 않은 관계로 이어지며, 이러한 불신은 미래에 맺게 될 대인관계에 영향을 미친다(Glasser, 1998). 심각한 예로 아동학대를 들 수 있다. 부모로부터 안전감을 느끼지 못했던 사람이 어떻게 타인으로부터 안전감을 느낄 수 있겠는가?

학대받은 아동들은 부모를 신뢰하는 법을 배우지 못하며, 그 결과 관계에 대해 전반적인 어려움을 겪게 된다(Glasser, 1998). 양육 과정에서 부모가 외부통제심리를 사용하는 것은 아동이 자신의 선택에 대해 책임지는 것을 방해한다.

외부통제심리보다 선택이론을 사용할 것에 대한 글래서의 견해는 양육뿐만 아니라 교육 현장에도 시사하는 바가 크다(Glasser, 1968, 1990, 1998, 2002). 선택이론에 의하면 부모는 아이를 처벌하지 않으며, 아이의 행동과는 상관없이 무조건적으로 큰 사랑을 제공한다. 부모는 자신의 행동이 아이와 친밀감을 쌓을 수 있는 것인지 살펴보아야 하며, 외부통제심리와 권력 욕구로 인하여 혹시라도 아이에게 어떤 것이 옳은 행동인지 강요하고 있지 않은지 살펴보아야 한다. "이 선택이 중요한 관계를 더욱 친밀하게 만들 것인가?"라는 질문을 준거로 삼는 것은 어떠한 관계에도 도움이 된다.

다른 한편 글래서는 때때로 부모가 자신의 입장을 고수할 필요도 있음을 인정하고 있다. 왜냐하면 아이 스스로 선택할 준비가 되어 있지 않을 수도 있기 때문이다. 예컨대 8세 아이에게 있어서 학교에 입학할 것인지 선택할 수 있는 여지는 없다. 그러나 부모 혹은 책임감 있는 어른이 함께하면서, 아이가 자유롭게 선택해도 안전한 경우, 즉 아이 스스로 취침 시간을 결정하도록 하는 것이 좋다. 아이는 자신에게 필요한 수면시간을 선택한 결과를 스스로 경험함으로써 선택에 대한 책임감을 학습하게 된다. 또한 아이는 등교시간을 맞추기 위해서 기상시간이 협상의 대상이 될 수 없음을 깨닫게 될 것이다.

> 도널드는 권력 욕구, 자유 욕구가 상대적으로 높은 편으로 보인다. 잦은 이직, 충동적 소비는 권력과 자유 욕구를 충족하는 선택이었을 것이다. 또한 도널드는 관계에 대해 관심을 보이고 있으며, 이는 소속감 욕구를 보여준다. 생존 욕구, 즐거움 대한 욕구는 상대적으로 낮은 수준으로 보인다. 메이링은 도널드의 흥분 중독이 나타나는 특성은 즐거움 욕구, 권력 욕구와 관련되는 것은 아닌지 궁금해한다.
>
> 도널드는 부모와의 관계로부터 비롯된 신뢰 문제를 분명히 가지고 있다. 아버지는 그의 좋은 세계에 포함되어 있으나, 어쩌면 그가 경험했을 수도 있는 아버지의 폭력성이 대인관계에 대한 관점과 타인에 대한 신뢰 수준에 영향을 미쳤을 것이다. 어머니와의 관계에 있어서 큰 어려움을 경험하고 있는 것은 분명하나, 메이링은 어머니가 좋은 세계에 포함되어 있는지에 대해서는 아직 불확실하다고 판단한다. 도널드의 부모는 이혼했다. 메이링은 도널드의 부모도 서로에게 외부통제심리에 따른 행동을 했을 것이라고 추측한다. 서로에 대한 통제로 인하여 각자의 자유 욕구가 상승했을 것이며, 이로 인해 둘은 결별했을 것이라는 가설이다.

도널드의 인간관계 과거사는 현재의 인간관계에서 어떤 행동을 보이는지와 관련되어 있을 것이다. 도널드는 사랑과 소속감 욕구를 호소하고 있지만 자신의 자유 욕구, 권력 욕구를 충족하고자 타미를 억압했을 것이다. 타미 또한 소리 지르기, 비판하기, 떠나기와 같은 외부통제심리 기반의 처벌, 그리고 보상을 통해 도널드의 행동을 바꾸도록 강요했을 것이라고 메이링은 추정한다.

심리적 건강과 역기능

현실치료의 관점에 의하면, 건강한 사람은 선택이론을 지지한다. 건강한 사람이 행복한 이유는 자신의 욕구를 충족하기 위해 타인의 권리를 침해하지 않으면서도, 스스로 욕구를 충족할 수 있는 방법을 찾았기 때문이다. 더 중요한 사실은 건강한 사람은 대인관계에서 만족감을 얻는다는 점이다(Glasser, 2011a).

현실치료 이론의 관점에서 바라본 역기능의 원인은 욕구 충족의 실패이다. 글래서(2000b)의 주장에 의하면, "유전적 구조에 기반한 인간의 다섯 가지 욕구 중 하나 혹은 그 이상을 충족하는 방법을 스스로 찾지 못한다면, 정신질환이라 이름 붙여진 행동을 선택하게 된다."(p. 1)

우리는 언제나 욕구를 충족할 목적으로 행동을 선택한다. 인간이 심리적 역기능을 스스로 선택할 힘을 갖고 있다는 점을 분명히 강조하기 위해 전통적 행동 명칭에 접미사 '~하는 것(ing)'을 추가할 필요가 있다. 우울(depression)의 경우 나는 우울하다(depressing)라고 명명할 수 있다(Glasser, 1998). 단지 두통(Headache)은 '있는 것'이 아니라, 스스로 두통을 겪고 있는(headaching) 것이다. 이러한 선택들은 욕구를 충족하기 위해 스스로 만들어낸 최선의 선택인 것이다(Wubbolding, 2011a).

우리가 '잘못된 선택'을 하는 이유를 다음 세 가지로 설명할 수 있다.

1. 원하는 관계를 맺지 못해서 외로움을 느낄 경우 우리의 첫 번째 반응은 분노이지만, 우울증과 같은 슬픈 행동을 선택함으로써 분노는 억제된다. 분노를 표현할 경우 지금 맺고 있는 관계마저도 망칠 수 있다는 것을 알기 때문에 분노 대신 우울증을 선택하는 것이다.
2. 우울증과 같은 행동을 선택하는 것이 도움 요청에 효과적인 방법임을 익히게 된다. 또한 '우울하기로 선택하는 것'(혹은 다른 역기능적인 행동)은 분노하는 것보다 훨씬 더 기능적이다. 모든 사람이 원초적 분노를 토대로 행동한다면 인간의 문명은 존속할 수 없을 것이다.
3. '우울하기로 선택하는 것'은 문제 직면 혹은 거절 감수와 같은 더 고통스러운 선택을 피할 수 있도록 해준다(Glasser, 2000b, p. 5).

정신병적 행동 또한 자신의 욕구를 충족하기 위한 목적을 가진 잘못된 선택이다. 글래서(2000b)는 저서에서 다음과 같이 기록하였다.

우리는 불행한 상태에서 조현병, 조울증, 강박증, 끊임없는 고통, 장애 수준의 공황발작, 임상적인 우울증 등의 기괴하고 비현실적인 증상을 만들어낼 수 있다. 이러한 창조적 증상들(환각, 망상, 강박, 충동, 끊임없는 고통, 심각한 수준의 우울증 등)은 내담자의 통제 밖에 있는 것처럼 보이며, 그

증상들은 그저 환자들에게 나타나는 존재인 것처럼 보이지만 사실은 그렇지 않다.(p. 4)

글래서는 욕구 충족을 위해 타인과의 연결은 필수적이기 때문에, 대부분의 역기능은 타인과의 연결이 끊어졌다고 느낄 경우에 나타난다고 생각했다. 타인과의 관계에서 나타날 수 있는 문제는 다음 네 가지 중 하나, 혹은 하나 이상이다. (a) 누군가가 우리에게 원하지 않는 행동을 강요하는 경우, (b) 우리가 누군가에게 원하지 않는 행동을 강요하는 경우, (c) 서로 상대방에게 원하지 않는 행동을 강요하는 경우, (d) 우리 스스로가 자신에게 원하지 않는 행동을 강요하는 경우. 이러한 시도가 실패할 경우 우리는 좌절한다(Glasser, 2011a, p. 114). 전형적인 현실치료에서는 불행한 사람을 진단한다. "모든 불행한 사람은 동일한 문제를 갖고 있다. 즉, 문제는 바로 잘 지내길 원하는 사람과 잘 지내지 못하는 것이다."(Glasser, 1998, p. 5) 또한 "끝없이 계속되는 가난, 불치병, 압제에 억눌린 삶 등을 제외하고는 인간의 불행은 모두 인간관계의 문제이다."(Glasser, 2002, p. 2)

우볼딩(2011a)은 건강한 행동과 건강하지 않은 행동의 3단계를 다음과 같이 설명했다. 먼저 건강한 행동(혹은 성장적 진행)의 첫 번째 단계에서, 내담자가 더욱 효과적인 선택을 하기 시작한다[예 : "나는 나아지고 싶습니다."(p. 20)]. 두 번째 단계에서 긍정적 징후들이 나타난다. 즉 신체적 기능과 관련된 건강한 행동, 생각, 감정, 선택이 나타난다. 대부분의 사람들은 세 번째 단계인 긍정적 중독으로 넘어가는 대신 여기서 멈춘다. 세 번째 단계에 들어서면 욕구를 충족하거나, 건강을 향상시키거나, 내적 통제감을 촉진하는 활동을 스스로 선택한다(p. 22). 이러한 활동은 자연스럽게 그리고 경쟁적이지 않게 수행된다. 불행하게도 이러한 '긍정적 중독'에 이르려면 12~18개월간의 훈련이 필요하다.

다음으로 건강하지 않은 행동(비효율적 행동)의 단계는 효율적 행동의 정반대이다. 첫 번째 단계는 포기이고, 두 번째 단계는 부정적 증후이며, 세 번째 단계는 부정적 중독이다. 결국 활동하기, 생각하기, 느끼기, 생리적 반응을 통한 욕구 충족은 실패하게 된다(Wubbolding, 2011a).

도널드는 부인과의 불만족스러운 관계로 인해 불행을 경험하고 있다. 도널드는 친밀한 친구도 없고, 다른 인간관계에서도 실패했기 때문에 외로움을 느끼고 있다. 메이링은 도널드의 고통이 사랑과 소속감 욕구의 좌절로 인한 것임을 알고 있다. 도널드는 이 상황에 대한 반응으로 '우울하기를 선택'하였고, '두통을 앓기로 선택'한 것이다. 우울하기로 선택한 행동은 타인과 관계를 형성하기 위한 시도, 혹은 타미에게 관심을 갈구하는 시도일 것이다. 물론 이 모든 우울 행동의 이면에는 불만족감으로 인한 분노가 자리잡고 있을 것이다.

메이링은 도널드의 실직이 그의 우울한 행동으로 인한 것이라고 추측한다. 도널드는 일에 있어 비효율적이었을 것이며, 고객들에게 열의가 없는 모습을 보여주었을 것이며, 결근일수도 많았을 것이다. 이러한 행동은 성취를 바탕으로 권력 욕구를 충족시키는 도널드의 능력을 상쇄시켰을 것이다. 도널드는 현재 소비할 만한 돈이 없는 상황이므로 자유 욕구 또한 좌절됐을 것이다.

메이링은 도널드가 비효율적 행동의 두 번째 단계를 나타내고 있다고 생각한다. 즉, 도널드는 부정적 증상을 보이고 있으며 우울하기, 분노하기, 유해한 흥분 행동 추구(강박적 소비 성향) 등을 통해 그의 욕구를 충족하려 한다.

치료의 특성

사정

현실치료 상담에서는 내담자가 현재 어떠한 관계 문제를 갖고 있는지에 대한 탐색 이외에는 다른 진단을 실시하지 않는다. 전통적 정신의학적 접근에 대한 글래서의 관점을 감안하면, 진단에 대한 비판적 입장은 그리 놀라운 일은 아닐 것이다(Glasser, 2003). 우볼딩에 따르면 글래서가 **정신질환 진단 및 통계편람(DSM)**을 '불행에 대한 두꺼운 책'이라고 불렀던 것은 널리 알려진 사실이다(Robey, 2011, p. 235). 그러나 현대의 현실치료 상담자들은 진단에 대한 다양한 의견들을 표현하고 있다(Wubbolding, 2011a).

> 메이링은 도널드의 치료 과정에 있어 어떠한 공식적 사정도 실시하지 않았다. 메이링은 어떠한 관계 혹은 관계의 부재가 도널드의 문제와 관련이 있는지 이해하고자 노력했다(예 : 타미와의 관계 상실). 메이링은 그저 도널드를 '불행한 사람'으로 진단했다.

치료적 분위기

현실치료에서는 내담자와 상담자 간의 관계가 매우 중요하다. 궁극적으로 현실치료 상담자는 내담자의 '좋은 세계' 안의 하나의 그림이 되고자 노력한다(Wubbolding, 2011a). 이러한 상담관계는 내담자가 가진 사랑과 소속감 욕구를 충족하는 하나의 방법으로도 볼 수 있다. 더 나아가 상담자는 내담자가 욕구 충족을 위한 더 나은 방법을 학습할 수 있다는 자신감을 가지고 상담에 접근한다. 그리고 이러한 상담자의 자신감은 내담자가 자신을 바라보는 자기상의 일부분이 된다(Wubbolding et al., 2004).

현실치료에서 말하는 좋은 관계를 형성하기 위해 상담자는 진솔하고, 공감적이며, 지지적이어야 한다(Henderson, Robey, Dunham, & Dermer, 2012). 현실치료 상담자는 진솔하고 직설적이며, 자기개방 혹은 유머와 같은 방법으로 내담자와의 관계를 형성한다(Henderson et al., 2012; Wubbolding, 2000). 몇몇 사람은 현실치료 상담자가 지나치게 정면으로 직면시킨다고 말하지만, 글래서(1992b)에 의하면 "현실치료 상담자는 사람들 중에서 가장 덜 강압적인 편"(p. 282)이다. 글래서는 현실치료 상담자가 내담자의 현재 문제를 직접적으로 다루면서 내담자에게 외부통제심리를 적용하는 것을 피하며, 내담자가 스스로를 위한 선택을 하도록 격려한다고 언급하였다.

현실치료는 매우 활동적이고, 행동과 사고에 초점을 맞추며, 현실에 집중한다(Fulkerson, 2015). 현실치료에서의 관계를 설명하기 위하여 우볼딩(2011a)은 ABCDE의 첫 문자어를 사용했다. "현실치료의 내담자와 상담자 간의 관계는 언제나(Always) 용감하고(Be Courteous) 단호하며(Determined), 열정적(Enthusiastic)이다."(p. 84)

현실치료는 본질적으로 단기로 진행된다. 즉, 현실치료는 대부분의 12회기 정도로 진행된다(Glasser, 2011a). 글래서는 상담회기 수는 상담자가 내담자와 좋은 관계를 얼마나 신속하게 만드는지에 따라 결정된다고 강조하였다(Glasser, 2000a).

메이링은 도널드와 진솔한 관계를 맺고 도널드의 세계에 들어가기 위해 노력했다. 메이링은 한 명의 인간으로서 도널드를 존중하고, 무조건적 방식으로 긍정적 관심을 전달하고자 노력했다. 메이링의 열정과 투지는 도널드에게 자신의 인생을 변화시킬 수 있다는 욕구를 가져다줄 것이다. 메이링은 도널드에게 현재 상황에 대하여 진실하고도 직접적으로 질문할 것이다.

내담자와 상담자의 역할

현실치료 상담자는 내담자에게 많은 질문을 던지고, 내담자가 자신의 행동을 스스로 평가하도록 도전적 환경을 조성한다(Wubbolding, 2000). 상담자는 매우 지시적이기 때문에 상담관계는 '의사-환자'의 모습과 유사해 보일 수 있다. 상담자는 선택이론 전문가이며, 내담자는 상담자가 가진 선택이론에 대한 지식을 제공받는다. 그러나 현실치료 상담자는 외부통제심리를 거부하는 입장에서 상담에 임하기 때문에, 무엇이 옳은 선택인지 결정하는 주체는 오로지 내담자 자신뿐이다. 내담자는 현재 상황에 대해 스스로 평가하고, 스스로 변화할 것인지, 어떻게 변화할 것인지 결정하는 입장이기 때문에 상담 과정에 있어서 책임감을 수용해야 한다. 이러한 특성으로 인해 치료적 관계를 협업의 한 형태로 볼 수 있다(Fulkerson, 2015).

우볼딩과 브리켈(Wubbolding & Brickell, 1998)은 효율적인 현실치료 상담자는 인간이 가진 본성, 에너지, 능력 등에 대해 긍정적 관점을 가지고, 어떠한 상황에서도 긍정적 측면을 볼 줄 알아야 한다고 언급했다. 또한 그들은 현실치료 상담자가 "일정 수준 이상의 정신건강을 갖추고 있어야 한다."라고 덧붙였다. 글래서(2001a)는 상담자가 선택이론을 스스로의 인생에서 매일 사용하지 않는다면, 현실치료 상담자로서 기능하기 어려울 것이라는 점을 지적하였다.

메이링은 도널드와의 상담장면에서 에너지가 넘치고 활동적인 모습을 보인다. 메이링은 도널드에게 선택이론에 대해 가르치며, 외부통제심리가 인간관계에 얼마나 해로운지 설명해준다. 메이링은 도널드가 자신의 아이디어를 받아들이길 기대하지만, 동시에 그녀의 생각에 동의하지 않거나, 행동에 반영하지 않을 수 있다는 것도 알고 있다. 메이링은 도널드가 스스로 선택하고 평가할 능력을 갖고 있다고 믿으며, 그녀의 방식대로 도널드가 행동하도록 강요하지 않는다. 메이링은 도널드가 상담장면에서 일어나는 현상에 대해 책임감을 갖기를 기대한다.

상담 목표

현실치료 상담자는 내담자가 자신에게 도움이 되는 더 나은 선택을 하고, 타인을 해치거나 타인을 방해하지 않도록 돕는 데 관심이 있다(Glasser, 2000a). 궁극적으로 현실치료 상담자는 불편감의 핵심이 되는 중요한 관계를 회복하거나, 새롭고 더 만족스러운 관계를 구축하도록 가르친다. 상담의 일부로서 내담자는 잘못된 선택에 대해서도 배운다. 이상적인 현실치료에서 내담자는 앞으로 있을 미래 상황에서 선택이론을 활용할 수 있도록 학습한다. 내담자는 스스로의 선택에 책임지는 방법을 학습하게 되고, 더 효율적이고 더 만족스러운 관계를 다시 만들기 위해 더 효율적인 선택을 할 수 있게 된다. 넓은 관점에서 보면 이와 같은 상담 과정은 내담자의 욕구를 더 잘 충족하기 위한 선택을 하는 것이다(Wubbolding, 2011b). 우볼딩(2007)에 의하면 현실치료 상담자는 내담자가 기본욕구와 연관된 세부적인 욕구까지 스스로 알아챌 수 있도록 돕는 역할을 수행한다.

대다수의 내담자 목표는 감정의 변화이다. 현실치료 상담자는 더 효율적인 행동과 생각을 선택하는 것만으로 감정이 바뀔 수 있다고 믿는다. 글래서(1998)에 의하면 "우울하기와 같은 고통스러운 선택을 멈추면, (1) 우리의 욕구가 변화하고, (2) 우리의 행동이 변화하며, (3) 혹은 욕구와 행동 두 가지 모두가 변화한다."(p. 71)

메이링은 도널드가 자신의 현재 상황을 평가하도록 돕고, 타미에 대한 행동방식을 변화시킴으로써 관계 회복을 위해 노력할 것인지 결정하도록 하였다. 타미와의 관계 회복을 시도하려면 도널드는 우울하기를 제외한 다른 행동을 선택해야 한다. 도널드는 새로운 행동을 선택하기 위해 '친밀감의 기준'을 활용해야 한다. 이는 스스로에게 다음과 같이 묻는 것이다. "지금 하려는 행동이 타미와 더 가까워지는 데 도움이 될 것인가, 아니면 그 반대일 것인가?" 다만 메이링은 도널드에게 새로운 선택을 했음에도 불구하고, 타미는 관계를 끝내려는 선택을 할 가능성도 있다는 점을 주지시킨다. 도널드는 지금부터 타미가 어떻게 행동하고, 생각하고, 어떤 감정을 가져야 하는지가 아니라, 자신의 생각과 행동을 어떻게 변화시킬지에 대해 생각해야 한다. 도널드가 선택이론에 기반하여 행동을 선택한다면 타미도 도널드와의 관계에서 강요받는 느낌을 덜 받을 것이고, 더욱 사랑받는다고 느낄 것이며, 도널드와 관계를 맺는 것이 더욱 실현 가능해질 것이다.

치료 과정

현실치료는 현재 지향적이며, 현실치료 상담자는 과거에 대해 곱씹는 것은 잘못된 일이라고 간주한다. 트집잡기나 비난은 허용되지 않는다. 중요한 점은 '지금 무엇을 할 것인가?', 그리고 '내담자가 어떻게 새로운 선택을 할 수 있을 것인가?'이다(Wubbolding, 2011b).

유능한 현실치료 상담자는 과거를 놓아버리고, 내담자가 현재 가진 관계 문제에 집중하도록 돕는다. 이에 반해 잘못된 현실치료 상담자는 내담자를 자신의 상황을 전혀 통제하지 못하는 무능력한 사람으로 보기 때문에 내담자에게 도움이 되지 못한다.

스스로 선택한 증상에 대해 말하는 것은 주요 관계에 대한 불만족감과 같은 현재 문제에 대한 직면을 피하게 한다고 여기기 때문에, 현실치료 상담자는 증상에 대해서 말하는 작업에는 시간을 많이 할애하지 않는다(Glasser, 2000b, p. 9). 타인의 행동 혹은 과거의 행동과 같이 통제할 수 없는 것에 대해 시간을 할애하는 것은 의미가 없다. 만약 내담자가 이러한 외적인 요소가 중요하다고 저항한다면, 상담자는 내담자에게 인생에 있어 공평함은 보장되지 않으며, 내담자 본인만이 스스로를 변화시킬 수 있는 유일한 사람이라는 사실을 확실하게 말할 것이다.

우볼딩(2000, 2011a)은 WDEP라는 두문자어를 사용해서 상담 과정을 설명하였다. 현실치료 상담자는 내담자로 하여금 자신의 원함(Wants)을 탐색하고, 자신의 인생의 방향성에 대해 설명하고, 현재 자신이 무엇을 하고 있는지(Doing) 탐색하도록 돕는다. 가장 중요한 것은 치료자가 내담자로 하여금 자신의 행동이 효과적인지에 대해 스스로 평가(self-Evaluate)하도록 질문하는 것이다. 다음으로 상담자는 내담자가 간단하며 달성 가능한 실행 계획(Plans)을 설정하도록 돕는다. 실행 계획이 만들어지면 현실치료 상담자는 계획을 이행하지 않을 경우에 대한 어떠한 변명도 수용하지 않는다. 완벽한 계획은 없기 때문에 내담자가 세운 계획이 효과적이지 않다면 지속적으로 수정된다(Glasser, 1992a).

현실치료 상담자는 전이, 역전이와 같은 정신분석적 구성개념을 상담 과정에 관련시키지 않는다. 현실치료 상담자는 그저 치료자 자신으로서 존재할 뿐이다. 전이에 관한 어떠한 대화도 현재 관계에 대한 책임 회피 수단일 뿐이라고 본다.

풀러(Fuller, 2015, pp. 227-235)는 현실치료 과정의 8단계 접근을 고안했다. 여기서 소개하는 여덟 가지 모두가 단계로서의 의미를 갖고 있는 것은 아니며, 몇몇은 상담자에 대한 주의사항, 경고 등도 포함하고 있다.

1단계 : 관여. 상담자는 외로운 내담자와 친밀한 관계를 수립한다.

2단계 : 현재의 행동에 집중. 상담자와 내담자는 지금 내담자가 어떤 행동을 하고 있는지 탐색한다.

3단계 : 가치 판단. 내담자와 상담자는 내담자의 현재 선택에 대해 평가한다.

4단계 : 책임질 수 있는 행동 계획. 계획은 합리적이고, 구체적이며, 긍정적이어야 한다.

5단계 : 계획이행에 대한 약속. 상담자는 내담자에게 다음과 같이 질문한다. "당신은 다음의 계획을 수행하겠습니까? 혹은 다른 계획을 만들고 싶습니까?"

6단계 : 변명은 수용하지 않음. 내담자는 계획을 이행하지 않을 경우 처벌을 받지 않는다. 또한 상담자는 내담자가 계획을 이행하지 않은 이유에 대해서도 듣지 않는다. 상담자는 내담자에게 다음과 같이 질문한다. "당신은 언제 그 계획을 이행할 것입니까?"

7단계 : 처벌하지 않음. 상담자는 내담자에게 부정적 결과를 부과하거나 처벌하지 않는다. 단지 내담자의 행동에 대한 결과가 발생하도록 그대로 둔다. 외부통제심리가 가진 일곱 가지 치명적 습관은 금지된다.

8단계 : 포기하지 않음. 상담자는 수차례에 걸쳐서 '문제는 해결될 수 있다'는 메시지를 지속적으로 내담자에게 보낸다.

출처 : Fuller, G. B. (2015). Reality therapy approaches. In H. T. Prout & A. L. Fedewa (Eds.), *Counseling and psychotherapy with children and adolescents* (5th ed., pp. 217-278). Hoboken, NJ: Wiley.

메이링은 도널드와 좋은 관계를 형성했다고 확신한 후, 현재 상황에 집중하기 위하여 도널드가 하고 있는 행동에 대해 설명하도록 질문한다. 또한 도널드에게 현재 하고 있는 행동이 욕구를 이루는 데 도움이 되고 있는지 질문한다. 도널드는 다소 당황해하고 불편해하면서 현재 상황은 최선의 상태가 아니며 상황이 달라지기를 바란다는 것을 인정한다. 메이링은 도널드에게 변화시킬 수 있는 것은 오로지 자신의 행동뿐이라고 가르치며, 도널드가 새로운 선택지를 볼 수 있도록 돕고, 욕구 충족을 위한 더 나은 계획수립을 돕는다. 만약 타미와의 관계를 지속하고 싶다고 결정한다면, 메이링은 도널드가 타미와의 관계에서 다른 행동을 선택할 수 있는 계획을 수립하도록 돕는다. 반대로 도널드가 타미와의 관계를 회복하는 일은 헛된 일이라고 결정할 경우, 메이링은 도널드가 자신의 좋은 세계 안에 있던 타미를 제거하는 고통스러운 과정을 이겨내고, 결국 새로운 관계를 형성하도록 작업을 할 것이다. 도널드가 어떠한 결정을 내리더라도 메이링은 도널드를 포기하지 않을 것이다. 또한 타미와 대화를 시도하고 결국 화를 내더라도 그의 행동을 비판하지 않을 것이다. 대신 메이링은 다음에 타미와 대화를 시도한다면 어떻게 대화하고 싶은지에 관해 질문을 할 것이다.

치료 기법

현실치료는 다른 상담 접근법들과 달리 상담자가 활용할 수 있는 많은 기법을 일일이 나열하지 않는다. 현실치료의 실행은 다음과 같은 부분을 확인하기 위한 토론 과정이라고 할 수 있다. (a) 문제가 되는 현재 욕구와 관련된 행동을 탐색함, (b) 욕구 충족을 위해 더 기능적인 행동을 선택할 수 있는지 검토함. 선택이론 학습은 현실치료에서 언제나 중요한 부분이다. 현실치료 상담자가 고찰한 몇 가지 개입 방법에 대해 제시하면 다음과 같다.

질문하기

현실치료 상담자는 내담자에게 많은 질문을 한다. 호와트(2001, p. 9)는 가장 자주 사용되는 네 가지 질문에 대해 다음과 같이 제시하였다. (a) 당신이 원하는 것은 무엇입니까? 혹은 당신이 진짜로 원하는 것은 무엇입니까? (b) 당신은 지금 어떤 행동을 하고 있습니까? (c) 당신의 계획은 무엇입니까? (d) 당신이 지금 하고 있는 행동을 계속한다면 어떤 일이 벌어질까요? 그 밖의 주요 질문으로 "새롭게 선택한 행동과 생각은 당신이 원하는 것을 가져다줄까요?"를 예로 들 수 있다(Glasser, 1992a, p. 277). 마지막 질문은 자기평가 질문의 좋은 예시이다.

질문하기는 내담자의 현재 욕구와 행동 파악에 초점을 맞추고 있으며, 스스로의 선택을 강화하고 지속시키기 위한 목적도 가지고 있다. 마지막 2개 질문은 내담자의 자기평가를 돕기 위해 제공된다. 상담자의 주목적은 내담자가 스스로 인생의 책임자가 되기 위해 간단한 계획 수립을 하도록 돕는 것이다.

다음 질문은 현실치료 상담자에게 매우 중요하다. 내담자에게 현재의 삶에서 잘 되고 있는 부분은 무엇인지 질문하는 것이다(Wubbolding, 2000). 이 질문은 내담자로 하여금 욕구를 만들고, 강점을 발견하여 새로운 선택을 하도록 돕는 과정에 활용될 수 있다.

> 메이링은 도널드에게 현재의 행동들이 원하는 것들을 가져다주는지 질문한다. 도널드는 자신이 불행하다는 점을 인정하고, 새로운 일을 찾기를 바라고 있으며, 타미와의 관계를 변화하고자 하는 욕구를 갖고 있다. 메이링의 질문에 대해 도널드는 거의 아무것도 하고 있지 않으며, 만약 이렇게 아무것도 하지 않는 시간이 지속된다면 결국 집도 잃고 타미도 절대로 돌아오지 않을 것이라 대답한다.
>
> 메이링은 도널드의 현재 기능에 대한 구체적이고 상세한 설명을 통해 그를 안내한다. 메이링은 도널드에게 다른 어떤 계획을 수립할 것인지 묻는다. 도널드는 다음 한 주 동안 두 가지를 시도할 것이라고 말한다. 첫째, 타미에게 전화를 걸어 데이트 신청을 할 것이다. 둘째, 구직 정보를 탐색할 것이다. 메이링은 도널드에게 구직 정보 탐색에 대해 더 구체적인 계획을 세울 것을 촉구한다.

독서요법

현실치료에서 내담자는 책 읽기(특히 글래서의 책)를 권장받는다. 가장 일반적으로 추천하는 책은 선택이론(*Choice Theory*)(Glasser, 1998)이다. 글래서는 자녀와의 관계에 관한 책도 여러 권 집필하였다(Glasser, 2002; Glasser & Glasser, 2000; Glasser & Glasser, 2007).

> 메이링은 도널드에게 선택이론과 행복한 결혼생활을 위한 8가지 레슨(*Eight Lessons for a Happier Marriage*)이라는 책을 선물하였다. 도널드는 공상과학 소설을 더 좋아한다고 농담했지만, 다음 상담 시간까지 한 권의 책을 읽는 것에 동의하였다.

예상하지 않은 행동하기

'예상하지 않은 행동하기'는 스스로의 삶을 책임지도록 돕는 데 있어서 다른 어떤 기법보다도 창의적인 훈계가 될 수 있다. 같은 맥락에서 내담자에게 자신의 증상을 실행하도록 요구하는 역설적 기법도 고려해볼 수 있다. 만약 상담자의 요구대로 특정한 증상을 실행할 수 있다면, 내담자는 자신의 선택과 통제를 인정한 것이다. 만약 자신의 증상을 수행하지 않기로 선택한다면, 문제는 해결된 것이다. 예를 들어 아이에게 지금 당장 울거나, 울음을 참는 것 중에 하나를 선택하게 할 수 있다(Glasser, 1998). 내담자가 가진 강점 혹은 성공 경험에 집중하는 것 또한 '예상하지 않은 행동하기'에 속한다(Wubbolding, 2011b).

재구성하기

'재구성하기'는 역설적 기법으로 상황에 대한 다른 관점을 찾도록 돕는 방법이다(Wubbolding, 2015). 예를 들어 강박증상 행동을 '주의 깊고 신중한' 행동으로 바꾸어 보도록 돕는 것이다.

> 메이링은 '흥분에 대한 중독'을 일을 향해 쏟는 에너지로 바꿀 수 있도록 '재구성하기'를 적용한다. 메이링은 이를 위해 도널드에게 '하루에 15개 잠재적 구직 장소를 방문하는 행동'을 처방할 것이다.

유머

현실치료 상담자는 내담자의 문제를 웃음거리로 삼아 웃음을 유발하기도 한다. 다만 주의 깊은 접근이 필요하다. 그 예로써 글래서(2000a)의 저서에 제시된 다음의 사례를 살펴보자.

제리의 현실치료에서 제리의 여자친구는 즉각적으로 제리의 강박행동을 농담으로 승화시켰다. 동요의 운율에 맞춰 "이게 제리가 문 닫는 방식이에요~♬ 문 닫고, 문 닫고, 또 닫고~♪ (P. 96)" 이로써 제리가 가진 문제는 농담이 되었고, 동시에 본인 행동에 대한 '통제력'은 강조된다.

> 메이링은 도널드가 가진 '쇼핑중독'에 대해 부드러운 방식으로 장난을 시도한다. "도널드는 쇼핑의 유단자"임을 언급하며, 아마도 도널드에게 최적의 일은 백화점의 구매자 혹은, 어마어마한 부자의 퍼스널 쇼퍼(personal shopper)가 아닐까 이야기한다.

자기개방

현실치료 상담자에게 따뜻하고 인간적인 면모가 요구되며, 이를 실현할 수 있는 한 가지 방법은 바로 내담자에게 자신을 개방하는 것이다. 우볼딩(2011b)은 상담자 개인의 정보를 어느 정도 개방하는 것이 가까운 관계를 형성하는 매우 훌륭한 방법이 될 수 있다고 언급했다. 다만 상담자의 자기개방은 매우 주의 깊게 활용되어야 하며, 관계의 중심은 언제나 상담자가 아닌 내담자이어야 한다.

> 메이링은 도널드와의 상담에서 '자기개방'을 어떻게 사용할지에 대해 고민한다. 메이링은 자기개방을 매우 조심스럽게 사용하려 하며, '관계란 우리 인생에서 경험할 수 있는 최상과 최악 중에 하나'라는 생각을 전달한다. 메이링은 자신이 가진 실제 관계문제를 구체적으로 드러내지는 않는다. 조금 더 자기개방을 시도한다면 '운동 프로그램에 등록한 일'과 같이 스스로에게 도움이 되었던 일을 이야기할 수 있을 것이다.

은유

내담자 고유의 은유를 만들거나 사용하는 것도 내담자가 지각하는 세계를 이해하는 데 매우 도움이 된다(Wubbolding, 2011B). 예를 들어 내담자는 "직장에 가는 것이 마치 사자에게 끌려간 양이 된 것 같다."는 느낌으로 자신을 표현할 수 있다. 이때 현실치료 상담자는 이렇게 질문할 수 있다. "만약 그 양이 사자에게 덜 맛있는 것처럼 보이려면 무엇을 할 수 있을까요?" 혹은 "그 양이 사자와 친구가 될 수 있는 방법은 어떤 것들이 있을까요?"

> 도널드는 자신을 민달팽이라고 묘사한다. 즉, 도널드 자신은 무기력하고, 행동이 굼뜨며, 동기도 매우 낮은 상태이고, 즐거움을 거의 느끼지 못하는 상태라고 한다(도널드가 말하기로 민달팽이에게 인생의 즐거움은 없다). 메이링은 민달팽이의 이미지를 잠깐 떠올리고 도널드에게 다음과 같이 말한다. 약간 비슷한 부분이 있지만 완전히 똑같지는 않고, 도널드는 지금 나비가 되기 전의 애벌레라고 말해준다(나비는 즐거움을 느낄 수 있다). 도널드는 단지 고치를 짓기 시작하는 상태일 뿐이다. 메이링은 도널드에게 다음과 같이 질문하고자 한다. (a) 최고의 고치를 짓고 (b) 최고의 나비가 되기 위해 무엇을 할 수 있을까?

신체 활동과 명상

글래서와 현실치료자들은 신체 활동에 대해 매우 오랫동안 지지를 표명해 왔다. 글래서의 저서, **긍정적 중독**(*Positive Addiction*, 1976)에서는 달리기를 '긍정적 중독'을 대표하는 활동으로 보았다. 또한 다른 종류의 활동들도 이러한 '긍정적 중독' 상태를 일으킬 수 있다고 한다. '긍정적 중독' 활동의 핵심은 심리적 요인이다. 이러한 활동은 극도로 기쁜 최면과 같은 상태를 일으킨다. 이러한 심리적 상태는 우리의 마음을 '자유 낙하'와 같은 자유로운 상태로 이끌며, 그 결과 마음과 몸이 하나가 되어 보통 이상 수준의 성과와 창조성을 만들어낸다(Glasser, 1976). '긍정적 중독' 상태에 이르는 것은 결코 쉬운 일은 아니다. 예를 들면 6개월 동안 매일 꾸준히 달리기를 해야 하는 것이다.

글래서(1976)는 '긍정적 중독' 상태에 이를 수 있는 두 번째 방법으로 명상을 제시했다. 그러나 운동의 경우와 마찬가지로 모든 명상자가 진정한 긍정적 중독 상태에 이르지는 못한다.

> 도널드는 본인이 명상을 할 정도로 집중할 수 있을 거라고 생각하지 않는다. 메이링은 도널드가
> 집중할 수 있을 만한 신체 활동으로 어떤 것이 있을지 생각해보도록 격려한다. 도널드는 예전에
> 복싱을 좋아했다고 말한다. 메이링은 다시 복싱을 시작할 수 있는 방법은 무엇인지 질문한다. 도
> 널드는 다음 주 중으로 체육관에 찾아가서 복싱을 시작할 수 있을 것 같다고 말한다.

결과를 허용하거나 부여하기

문제행동의 전형적 결과는 일시적인 자유 또는 권한 상실이다(Fuller, 2015). 결과와 처벌 사이의 경
계는 모호하기 때문에 이 접근법은 매우 신중하게 다루어져야 한다(Wubbolding, 2000). 현실치료 지
지자들은 결과를 허용하는 사람의 태도가 매우 중요하다고 주장한다. 실수는 학습할 수 있는 기회로
받아들여져야 한다. 내담자는 상담 과정의 규칙에 대해 안내받고, 규칙을 어길 경우에 어떻게 할지
합의한다(Fuller, 2015). 처벌은 분노와 함께 전달되는 것이 필연적이지만, 결과는 친절하게 전달될
수 있다(Fuller, 2015). 가장 효과적으로 받아들일 수 있는 결과는 전날 밤 너무 늦게 잠자리에 들었기
때문에 다음날 졸린 것과 같은 자연 현상이다. 다음으로 효과적으로 받아들일 수 있는 결과는 사회
적 규칙에 관한 것이다. 예를 들어 교실에서 아이가 소란을 피운다면, 교실 밖 다른 곳으로 이동시키
고 본인의 행동을 평가해보도록 도울 수 있다.

> 도널드는 우울하기로 선택해서 실직이라는 결과를 이미 경험하였다. 또한 과소비 행동이 경제적
> 궁핍, 타미와의 관계 악화와 같은 원하지 않는 결과를 만들어냈음을 인정하였다.

개인적·문화적 다양성에 대한 논의

대부분의 현실치료 관련 문헌은 이성애에 초점을 두고 있으며 그중에서도 특히 결혼한 이성애자에
중점을 둔 것으로 보인다. 글래서의 선택이론을 통한 상담(*Counseling with Choice Theory*, 2000a)은 이성
애자 커플만을 배려하는 사례를 보여주며, 다른 책들에서도 동일한 경향을 보인다(Glasser & Glasser,
2000, 2007). 현실치료 관련 주요 문헌을 살펴보면, 다른 유형의 관계가 존재한다는 사실을 거의 인
식하지 못한 채, 오로지 관계에 대한 논의는 결혼 관계에만 초점을 맞추는 것처럼 보인다. 이성애에
대한 강조 자체를 내재적 편향으로 간주하기는 어렵지만, 관계가 인간 기능의 다른 측면들에 있어서
어떠한 역할을 하고 있는지 주목하는 것도 중요하다. 성소수자를 포함한 다양한 형태의 관계로 연구
의 범위를 확장할 수 있다면, 현실치료 이론의 호소력을 넓힐 수 있을 것이다.

'인간은 선택할 수 있다'는 가정은 문화적 소수자, 여성, 성소수자, 그리고 억압과 학대의 대상이
되고 있는 다양한 집단의 관점에서 보면 비판의 대상이 될 수 있다(Ballou, 2006; Linnenberg, 2006).
실제로 이들은 처벌이나 신체적 위험 속에서 특정한 방식으로 행동할 수밖에 없다. 이러한 상황은
'외부통제 이론'의 적절한 예시로 활용될 수 있다. 예를 들어 외부통제 이론은 1960년대 아프리카계
미국인의 선택이 제한적이었던 때(식사를 하거나 버스를 타거나, 분수식 공공음용수를 사용할 때)

분명히 입증되었다.

현실치료 이론가들은 개인이 환경을 통제할 수는 없지만 환경에 대한 반응은 선택할 수 있다고 주장할 것이다(Howatt, 2001; Tham, 2001). 개인은 적대적인 환경에 대처하는 방법을 스스로 선택할 수 있으며, 그러한 선택은 개인이 얼마나 심리적으로 잘 기능하고 있는지를 보여준다. 예컨대 알바니아 여성들에게 선택이론에 대해 설명하면, 이들은 선택의 자유가 환상일 뿐이라고 생각하면서도, 해당 이론이 유용한 아이디어라고 생각하는 모습을 보인다(Tham, 2001). 우볼딩(2007)은 다음과 같이 언급했다. "내담자, 특히 소수민족을 희생자로 보는 시각은 그들이 가진 영향력을 약화시키고, 그들의 품격을 떨어뜨리며, '그들이 나를 용납하지 않기 때문에 나는 어쩔 수 없다.'라는 자기대화로 표현된 정신 상태로 이끌 뿐이다. 어떤 고통을 받더라도 희생자의 입장을 유지할 필요는 없다."(p. 203)

현실치료 이론에서 제시한 욕구들은 문화적 요인에 의해 제한될 수 있다. 특히 권력 욕구와 자유 욕구는 더욱 그러하다. 이와 같은 비판에 대해 현실치료 지지자들은 다음과 같이 반론할 것이다. 개인의 욕구를 충족시킬 수 있는 다양한 방법이 존재하며, 이는 현실치료가 아닌 각 개인의 좋은 세계에 의해 결정된다.

좋은 세계는 각 개인이 속한 문화에 영향을 받으며, 좋은 현실치료 상담자는 이러한 선택을 존중한다(Sanchez, 1998; Wubbolding, 2011a). 우볼딩, 브리켈, 버덴스키, 로베이(Wubbolding, Brickell, Burdenski, & Robey, 2012)는 자신과는 다른 좋은 세계를 가진 사람과 교감하는 것은 '긍정성과 연민'을 필요로 하는 매우 어려운 기술이라고 인정한다.

현실치료 문헌을 살펴보면 현실치료 지지자들이 다양성 문제에 민감하다는 근거를 쉽게 발견할 수 있다(Holmes, White, Mills, & Mickel, 2011; Mason & Duba, 2011, Mickel, 2013). 주소호와 아흐마드(Jusoh & Ahmad, 2009)는 이슬람계, 아시아계, 호주계 내담자에게 있어서의 현실치료 적용 가능성을 조사하여, 현실치료는 다양한 배경의 내담자에게 적용하도록 조정할 수 있다고 결론지었다. 홈즈 등(Holmes et al., 2011)은 아프리카계 미국인 여성을 대상으로 선택이론과 현실치료의 적용 가능성을 조사했으며, 메이슨과 두바(Mason & Duba, 2011)는 소수민족 청소년 대상으로 적용 가능성을 검토했다. 미켈(Mickel, 2013)은 아프리카계 중심의 현실치료 양육 모델을 제시하면서, 아프리카계 미국인 내담자와 현실치료를 진행할 때, 글래서의 기본욕구에 영성을 추가해야 한다고 주장했다. 우볼딩 등(Wubbolding et al., 1998)은 현실치료 상담자를 위한 다문화상담 및 발달협회(Arrendondo et al., 1996)의 문화적 유능성을 인정하면서, 세계 다양한 곳에서 현실치료의 적용과 관련된 윤리적 문제에 대해 자세하게 설명했다. 또한 우볼딩(2011a)은 다양한 배경의 내담자에게 현실치료를 친숙하게 적용하기 위한 특질로 간결성, 내담자에 대한 존중, 내적 통제에 대한 강조라는 세 가지를 제시하였다. 내적 통제에 대한 강조는 내담자의 자율성에 중요한 영향을 미친다고 우볼딩이 주장했던 바이다(pp. 111-112).

다음의 몇 가지 연구 결과는 현실치료가 다양한 내담자들에게 받아들여질 수 있는 접근법일 수 있음을 시사한다(Wubbolding et al., 2004). 예를 들어 오콘지, 오소스키, 풀로스(Okonji, Ososkie, & Pulos, 1996)에 의하면 아프리카계 미국인 청소년(Job Corps 참가자) 집단은 개인중심의 상담보다 현실치료 상담의 비디오테이프 샘플에 더 호의적으로 반응했으며, 특히 상담자가 아프리카계 미국인 남성일 때 더욱 그러하였다. 그러나 한 연구 조사를 토대로 결론을 도출하는 것은 언제나 위험한 발상이다. 또한 이들이 실제로 현실치료 상담을 받은 것은 아니며 단지 현실치료 상담장면을 보았을 뿐이라는 점도 감안해야 한다.

우볼딩 등(2004)은 서유럽 문화권 이외의 지역의 내담자와 작업할 때, 안전한 치료관계가 중요함을 강조하면서 다음과 같이 언급하였다. "상담 자체에 익숙하지 않은 외국인 내담자는 현실치료 상담자가 진실로 공감적이고, 그들의 복지에 관심을 갖고 있으며, 그들을 돕기 위해 헌신한다는 점을 깨닫게 될 때 큰 도움을 얻을 수 있다."(p. 223) 우볼딩(2000)은 다양한 배경의 내담자에게 필요한 현실치료의 수정 사항에 대해 자세히 설명했다. 예를 들어 일본계 내담자와 함께 작업하는 현실치료 상담자는 온화하고 간접적인 질문 스타일을 사용해야 한다. 또한 삶에 대한 평가는 가족 혹은 공동체의 번영에 기반을 둔다는 점에서, 서구의 개인주의적 가치는 이러한 내담자에게 부적합할 수 있다는 점을 인식해야 한다고 덧붙였다. 우볼딩(2000)은 아프리카계 미국인, 푸에르토리코인, 한국인과 같은 다른 여러 그룹의 내담자를 대상으로 이러한 종류의 분석을 수행했다. 우볼딩은 영성에 기초한 관점의 차이에 대해서도 언급했다. 그러나 우볼딩은 성적 취향 문제에 대해서는 침묵했다.

CHAPTER 12

여성주의 치료

수잔은 30세로, 2년의 결혼생활 끝에 최근 이혼한 한국계 미국인이다. 그녀는 의학전문대학원에 재학 중이고 현재 어머니와 함께 살고 있다. 그녀는 대체로 깔끔한 수술복을 착용하고 면담에 왔다. 외모는 실제 나이보다 어려 보이며, 눈을 잘 마주치지 못하고 감정 표현을 거의 안 하는 편이다.

수잔은 수업시간 중 한 학생과 말다툼하여 교실에서 퇴실하게 된 사건 이후, 학교 상담자로부터 상담을 권유받았다. 수잔에게 상담을 권유한 학교 상담자는 수잔이 분노를 조절하고, 이를 적절히 표현하는 데 어려움을 겪는 것 같다고 언급하였으나, 수잔은 이에 동의하지 않았다. 그녀는 다른 남학생이 자신에게 '미쳤다'고 말했으므로, 자신의 분노는 정당한 것이라고 주장했다.

수잔은 입양되었으며, 친부모에 대한 정보는 없다. 양아버지는 백인, 양어머니는 동양인이며, 그녀는 외동이다. 2년 전에 돌아가신 아버지는 알코올 남용 병력이 있다. 상담을 시작하면서 수잔은 '기본적으로 좋은 유년기'를 보냈다고 말했다. 어머니에 대해서는 '엄하고, 근면하고, 애정 어린' 사람이라고 표현했다. 비록 아버지에게 알코올 남용 문제가 있었지만 이로 인해 큰 스트레스는 받지 않았고, 아버지를 '사랑'했고 아버지는 그녀에게 '매우 잘해주었다'고 말했다. 그러나 다음 상담장면에서 '어린 시절 불우한 가정환경을 겪었다'고 표현했고, 어머니와 아버지 사이에 말다툼이 자주 있었다고 했다. 더 나아가 아버지의 알코올 남용에 대해 분노와 죄책감을 토로했다.

수잔은 오래전부터 인간관계에서 어려움을 겪고 있음을 토로했다. 최근에 그녀의 전남편은 그녀가 인간관계를 정리하는 데 있어 어려움을 겪고 있기 때문에 상담을 받아야 한다고 제안했다. 그녀는 그의 진단에 동의하며, 자신을 '의존적'이라고 평가한다. 그녀는 자기 확신의 부족, 갈등 상황에서 겪는 신체 마비, 상급 권위자와의 관계 불안, 불편한 상황을 피하고자 하는 욕구를 호소한다.

수잔은 인간관계에서 겪는 어려움을 설명하기 위해 오랜 동성친구를 예로 들었다. 리아는 고등학교 1학년 때 만났고, 바로 친구가 되어 공부도 같이하고, 쇼핑과 점심식사도 같이했다. 그녀는 리아와의 관계를 '처음부터 굉장히 친한 사이', '말뜻 그대로 떨어질 수 없는' 관계라고 묘사했다. 그들은 의학분야로 진로를 결정했고, 같은 대학을 졸업했으며, 현재 의학전문대학원에 함께 다니

주 : 여성주의 치료의 평등주의 정신을 기리기 위해 이 장에 삽입한 사진은 이 치료 접근법에 기여한 모든 다양한 공헌자들을 대표하기 위한 목적으로 사용했다.

고 있다. 그녀는 리아가 항상 자신을 보호하고, 지인이나 가족과 문제가 있을 때에도 감싸주었다고 말했다.

수잔은 예전 남자친구가 바람을 피우고 있다고 의심하게 되었던 때를 회상했다. 그녀는 남자친구에 대한 의심을 리아와 상의했고, 리아는 남자친구의 차 타이어를 펑크 내고, 앞유리에 페인트칠을 해서 "본때를 보여주자."고 그녀를 설득했다. 수잔과 리아는 계획을 실행으로 옮겼고 비밀을 지키기로 약속했다. 그들은 몇 년 동안 이 사건과 비슷한 행동을 한 적이 있고, 그들이 했던 행동에 대해 다른 사람들에게 "살짝 죄책감이 든다."라고 말했다. 이어서 지금은 리아 때문에 숨이 막힐 지경이며, 다른 사람들과 관계를 맺고 싶다고 말했다. 그러나 리아에게 충실해야 한다고 여겼기 때문에 관계를 끝내지는 못할 것 같다고 말했다.

수잔은 남자들과의 관계에서 의견차이가 있을 때 감정을 솔직히 드러내지 못하고, 버려지는 데 대한 두려움이 있다고 한다. 전남편과 관계에서도 솔직하게 감정을 표현하지 못하고 버려짐에 대한 두려움이 있었다고 한다. 그녀는 결혼 이전에도 중요한 타인으로부터 신체 학대를 당한 적이 있음을 고백한다. 수잔은 종종 상대에게 언어 폭력을 가했기 때문에 학대의 책임이 자신에게 있다고 느낀다. 학대당하는 동안 차분한 기분이었고, 학대가 끝나면 그냥 그 상황을 벗어났다고 했다. 그녀는 전남편에게 충실해야 한다고 여겼기 때문에 관계를 끝내기가 매우 어려웠다.

수잔은 인간관계에 대한 어려움이 있다는 것을 알고 있음에도 불구하고 마지못해 상담을 받는 것 같았다(아마도 학교 상담자가 권유했기 때문일 것이다). 그녀는 '분노'와 '버려지는 데 대한 두려움' 문제를 다루고 싶다고 말했다.

배경

전통적으로 심리치료는 여성들을 실망시켜 왔다. 이는 소외된 계층에게도 마찬가지이다. 주류를 위해, 주류에 의해 만들어진 심리치료는 소외된 사람들에 대한 치료에 있어서는 근본적으로 실패해 왔다. 이는 여성 혹은 소수집단 구성원들이 전혀 도움을 못 받았다거나, 큰 도움을 받았다는 차원의 문제가 아니다. 실패의 핵심은 여성 혹은 소수집단 구성원들이 받은 심리치료가 문제의 근본 원인을 다루는 데 있어서 소홀했다는 점이다. 주류 심리상담자들은 개인의 개별적 차원에만 좁게 초점을 두기 때문에 큰 그림을 그리는 것을 간과했고 중요한 요점을 놓쳤다고 본다. 따라서 주류 상담자들이 인간의 삶에 영향을 미치는 권력 이슈를 다루지 못한 결과, 여성 또는 소수집단 구성원들의 억압을 강화하는 셈이 된 것이다.(McLellan, 1999, p. 325)

여성주의 치료(feminist therapy, FT)는 상담과는 조금 다른 접근법이다. 여성주의 치료는 구체적인 이론이나 기술이라기보다는 철학적 접근에 더 가깝다. 앞 단락의 인용문은 상담에 대한 급진적 여성주의 접근법의 좋은 예시이다. 그러나 여성주의 철학은 급진주의부터 보수주의까지 다양한 이데올로기적 형태를 띠고 있다. 이러한 여성주의 철학의 변형 형태는 이 장의 뒷부분에서 설명될 것이다. [글상자 12.1]에서 유명한 여성주의 상담자인 로라 브라운(Laura Brown)의 글을 읽을 수 있다.

여성주의 치료는 전통적 심리치료 접근법에 대한 깊은 불만(Gilbert, 1980)을 가지고, 여성과 젠

글상자 12.1

로라 브라운의 여성주의 치료

여성주의 치료에서는 억압받는 사람들을 위한 성장과 치유 전략인 전복(subversion)을 활용한다(L. S. Brown, 1994). 전복이란 상담자와 내담자가 협업하는 과정에서 심리치료 도구를 활용하여, 억압의 원인이자 성장의 장애물인 가부장적 현실을 약화시키는 전략이다. 여성주의적 관점에서 보면 전통적 심리치료 자체가 잠재적 억압 체계의 강화 요인으로 작용할 수 있다. 전통적 심리치료는 주로 젠더(gender)와 권력에 대한 분석을 간과한 채로 진행되기 때문에 적극적으로 혹은 무심결에, 문제가 되는 현재 상황을 오히려 옹호하고, 현재의 주류 문화에 내재된 위계적 가치관을 강화하는 방식으로 진행될 수 있다. 따라서 여성주의 치료를 하는 상담실의 위치는 어디인가, 분석은 어떻게 행해지는가, 상담자와 내담자는 어떻게 관계를 맺는가와 같은 기존에 관행으로써 당연하게 여겨지던 것들을 여성주의 이론의 관점에서 분석하고, 의문과 이의를 제기한다. 또한 이는 심리치료를 비억압적인 것으로 만드는 것에 그치지 않고, 적극적인 해방의 도구가 될 수 있도록 돕는 목적을 갖게 한다.

가부장제는 전 지구에 퍼져 있는 보편적 사회 체계이다. 가부장제 문화에서 남성적인 특성은 우월하게, 여성적인 특성은 열등하게 여겨진다. 여성주의 치료와 이론에서 가부장제는 인간이 겪는 고통의 주요한 근원으로 여겨진다. 이러한 고통에는 임상적 진단의 영역과 정신병리학에서 정신병이라 부르는 영역까지 포함한다. 개인으로 하여금 치료를 시작하게 만드는 이러한 고통과 역기능은 기능에 얼마나 손상을 주는지와 상관없이, 그 자체로 병리적이라기보다는 유해한 가부장적 현실에 빠짐으로써 나타나는 반응이라고 볼 수 있다. 이러한 위계적 가치관은 모든 개인의 정신건강에 해로우며, 심지어 가부장적 규범에 의해 특권을 누리는 사람에게조차 해롭다. 여성주의 치료는 모든 심리치료가 억압적인 규범의 유지에 기여하기 때문에 본질상 정치적이라고 보고 있다(이런 규범의 적용을 수동적으로 거부하는 경우에도 마찬가지이다). 여성주의 치료는 사회적 변화를 도모하기 위해서 적극적인 정치적 영향력을 미치기 위해 노력하고 있다.

출처 : Brown, L. S. (2010). Feminist therapy. Washington, DC : American Psychological Association. Pages 4–5.

더를 다루는 심리학이 출현하고, 1960~1970년대 페미니스트 운동(Remer, 2013; Worell & Johnson, 2001)이 일어남으로써 발전되었다. 페미니스트 운동의 중요한 측면은 강간, 가정폭력과 같이 여성을 대상으로 하는 폭력이 발생했을 때, 피해자 여성을 비난하는 사회 전반적인 태도에 저항했다는 점이다. 여성주의의 고전 체제전복을 위한 대화(*Subversive Dialogs*)에서 로라 브라운(1994)은 여성주의 치료를 다음과 같이 정의하였다.

> 여성주의 치료는 여성주의 정치철학 및 분석에 기반하고 있는 심리치료의 한 접근법이다. 또한 여성주의 치료는 여성과 젠더의 심리를 다룬 다문화 여성주의 학문에 기반하고 있다. 이 접근법은 일상적인 삶과 사회적·정서적·정치적 환경에서 저항하고, 변혁시키고, 사회 변화를 진전시키는 페미니스트 전략과 해결책으로 상담자와 내담자를 이끈다.(pp. 21-22)

여성주의 치료는 한 개인에 의해 개발되었다기보다는 여성주의 정치철학의 적용으로 대두되었다(L. S. Brown, 1994). 이와 같은 점에서 여성주의 치료의 시작은 풀뿌리 현상으로 볼 수 있으며, 여성주의 치료의 지지자들은 일반적으로 '전문가'라는 개념을 사용하지 않으려는 경향이 있다(L. S. Brown, 1994; L. S. Brown & Liss-Levinson, 1981). 여성의 행동에 대한 '문화적 영향'을 인정한 알프레드 아들러를 시작으로 여성주의 치료는 오랜 역사를 가지고 있다(그러나 아들러는 여전히 여성이 어머니 역할에 적응할 필요가 있다고 생각했음). 또한 초기 페미니스트 정신분석가 카렌 호나이(Forisha, 1981; Nutt, 1979)는 여성이 가진 남근 선망 개념을 거부하고, 이 개념을 남성이 가진 사회 특권에 대한 선망으로 대체하였다. 현재 많은 저자와 상담자가 여성주의 치료 분야에서 활발하게 활동하고 있으나, 특정인을 지목하여 목록화하는 것 자체가 여성주의 치료에서 주장하는 평등주의 원칙에 위배될 수 있다는 점을 감안하여 본서에서 이를 자세히 다루지는 않겠다.

많은 조직들이 페미니스트 심리학, 여성 심리치료 및 여성심리학에 기여하고 있다. 미국심리학회(APA)는 1970년대에 여성심리학 분과를 설립했으며, 이 위원회는 심리치료 관행에서 나타나는 성적 편견과 성역할 고정관념에 대한 대책으로 APA 태스크포스팀을 창설했다. APA의 제17분과학회인 상담심리학회는 여성위원회를 설립하고, 여성 심리치료 지침을 제정했으며(Fitzgerald & Nutt, 1986), 이는 아동 및 성인 여성의 심리적 실제를 위한 지침으로 개정되었다(American Psychological Association, 2007). APA의 제35분과학회인 여성심리학회는 여성심리학회지를 후원하고 있다. 1993년 제35분과학회는 여성주의 실무 교육과 수련에 관한 전국회의를 최초로 개최하였으며, [글상자 12.2]에서 본 회의에서 제시된 여성주의 치료의 핵심 강령을 볼 수 있다(Worell & Johnson, 1997).

널리 알려진 또 다른 여성주의 치료의 시초는 웰슬리 여성 센터를 후원하고 있는 웰슬리대학이다. 페미니스트의 핵심인 스톤 센터도 웰슬리에 있다. 여성발달의 관계 모델을 기반으로 연구와 상담자 수련 프로그램을 진행하고 있는 진 베이커 밀러 훈련 연구소 또한 이곳에 있다 (346쪽 '인간과 개인 발달에 관한 이론' 참조).

기본 철학

로라 브라운(1994)에 따르면 여성주의(feminism)란 "문화적 변혁과 급진적인 사회 변화를 통해 가부장제를 타도하고, 성별에 따른 불평등을 종식시키는 것을 목표로 하는 정치철학의 집합체"(p. 19)이다. 가부장제는 여성보다 남성에게 우선권을 부여하며, 이에 따라 남성(특히 기득권 백인 남성)에게 사회적 특권을 제공한다. 동시에 여성의 사회적 지위를 평가절하하며, 종속적 지위에 머무르도록 만든다. 이와 같은 가부장제는 대부분의 문화권에 만연한 사회적 규범이다. 이러한 정치적 관점은 심리적 역기능의 궁극적인 원인이 개인에 대한 사회의 억압에 있다는 여성주의 치료의 핵심신념으로 해석된다(Remer, 2013). 특히 여성에게는 엄격한 기대치를 세우고 지킬 것을 요구하며, 이에 대한 과도한 충성과 이탈행동은 정신질환으로 명명한다(Chesler, 1972).

페미니스트와 여성주의 상담자는 운동가적인 성향을 띠고 있으며, 때때로 상당한 소란을 일으킨다. 예를 들어 스스로를 체제 전복자라고 표현한 로라 브라운(2006)은 자신의 저서 체제 전복을 위한 대화(*Subversive Dialogs*, 1994)에서 페미니즘이 처한 현재 상태를 다음과 같이 평가했다.

글상자 12.2

여성주의 치료의 핵심 강령

1. 여성주의 치료는 여성으로 존재한다는 것이 언제나 문화적 · 사회적 · 정치적 · 경제적 · 역사적 맥락에서 나타나며, 전 생애의 발달 과정에 있어 큰 영향을 준다는 사실을 인식한다.

2. 여성주의 치료는 문화적 · 사회적 · 정치적 · 경제적 · 역사적 요인뿐만 아니라 인생 전반에 영향을 미치는 정신내적 요인에도 초점을 맞춘다.

3. 여성주의 치료는 권력과 여성 억압에 영향을 미치는 다양한 요인을 함께 분석한다. 성별, 인종, 계급, 민족, 성적 오리엔테이션, 나이, 신체장애와 같은 요인이 단독으로 혹은 결합하여 억압에 영향을 미칠 수 있다.

4. 여성주의 치료법은 겉으로 드러난 폭력 및 드러나지 않은 폭력 모두 정서적 · 육체적 · 영적으로 여성에게 해로움을 준다는 사실을 인식한다.

5. 여성주의 치료는 모든 여성의 삶에 여성혐오가 영향을 미치며, 이는 정서적 · 신체적 · 영적으로 여성에게 해로움을 준다는 사실을 인식한다.

6. 여성주의 치료의 주요 초점은 결핍이 아닌 강점이다. 따라서 여성의 행동은 억압적인 상황에 적응하기 위한 노력으로 간주된다.

7. 여성주의 치료는 평등을 위한 사회 변화에 헌신한다.

8. 여성주의 치료는 상담자와 내담자 사이에 존재하는 힘의 균형에 대해 끊임없이 모니터링한다. 또한 치료관계 내에서 일어날 수 있는 권력 남용과 오용에 주의를 기울인다.

9. 여성주의 치료는 상호존중에 기초한 평등주의적, 비권위주의적 관계를 지향한다.

10. 여성주의 치료는 상담자와 내담자가 치료의 목표, 방향, 속도를 함께 확립해 나가는 협동적인 과정이다.

11. 여성주의 치료는 아동과 성인 여성이 사회적 신념과 가치관을 어떻게 내면화하였는지 깨우치도록 돕는다. 상담자는 내담자와 협력하여 자기를 파괴하는 관념에 도전하고, 이를 변혁함으로써 내담자가 자신만의 관점을 확립할 수 있도록 돕는다.

12. 여성주의 치료는 개인으로서 혹은 집단으로서 여성의 권력을 인식하고, 주장하고, 내면화할 수 있도록 촉진한다.

13. 여성주의 치료는 아동과 성인 여성이 전 생애에 걸쳐서 가질 수 있는 대안과 선택권을 확대하기 위해서 노력한다.

14. 여성주의 치료는 아동과 성인 여성의 삶에서 나타날 수 있는 다양한 경험을 확인하고 타당화하는 폭로 과정이다.

15. 여성주의 치료에는 적절한 유형의 자기개방이 활용될 수 있다. 그러나 자기개방은 부작용을 가질 수 있기 때문에, 타당한 가치와 이론에 기반해야 한다. 상담자는 내담자의 자기인식 수준을 지속적으로 모니터링할 수 있는 방법을 마련해야 한다.

16. 여성주의 상담자는 아동과 성인 여성의 경험에 대한 문화적 · 사회적 · 정치적 · 경제적 · 역사적 측면에서의 왜곡된 인식, 한계를 가지고 있는지 지속적으로 모니터링해야 한다.

출처 : Wyche, K. F. & Rice, J. K. (1997). Feminist Therapy (p. 69). In J. Worell and G. Johnson (Eds.), *Shaping the Future of Feminist Psychology*. Washington, DC : American Psychological Association. Copyright © 1997 by the American Psychological Association.

오랜 시간이 지난 후에도 여전히 페미니스트 접근법이 화제가 되고 있다. 가장 체제 전복을 해야 하는 것은 인종차별, 성차별, 동성애차별, 계급차별적인 요소를 포함하고 있으며, 소수자를 무시하고, 식민지화하고, 폭력적으로 점령하고자 하는 태도를 문명으로 인식하는 신념이다. 상담실, 학교, 연구소 안팎에서 일어나고 있는 페미니스트 운동은 이에 대한 하나의 해결책이다.(p. 22)

메리 발로우(Mary Ballou, 2005)는 의학 모형, 전통과학, 건강보험산업, 전문협회, 자격관리위원회와 같은 기관들이 가진 패권에 주목했다(p. 202). 그녀는 이러한 기관들의 지배력과 강한 보수적 정치 편향성에 주목하였다. 이러한 기관의 지배력과 보수적 정치 편향성은 타인을 이해하고 도우려는 상담자와 페미니스트의 비전을 제한하고 있다. 예를 조금만 살펴보아도 여성주의 치료자들은 현재의 세계에 대해 적극적으로 비판적 평가를 내림을 알 수 있다.

페미니스트는 언제나 권력의 차이에 관심을 가지며, 그러한 차이를 촉진하는 상호작용의 특징에 주의를 기울인다(Gilbert & Rader, 2007). 그중 하나는 언어이다. 말하는 방식은 우리의 세계관을 반영하며 또한 세계관에 영향을 미친다. 따라서 페미니스트는 남녀를 지칭하는 대명사에 '그(he, him)'라는 단어를 사용하지 않는다. 페미니스트는 전통적으로 권력을 가진 사람(남자)은 일반적으로 '성(last name)'으로 언급되지만, 여성과 어린이는 '이름(first name)'으로 불린다고 주장했다. 따라서 페미니스트 저자들은 다른 사람의 글을 언급할 때 성과 이름을 모두 사용한다. 여성주의 치료 이데올로기에 충실하기 위해 이 장의 저자를 처음으로 언급할 때에는 성과 이름을 모두 사용할 것이다.

여성주의 치료의 기반을 형성하는 여성주의 이론은 광범위한 관점을 포괄한다. 이 장에서는 몇몇 여성주의 철학에 대해 배울 것이다. 그러나 여성주의 철학의 범주들 사이의 경계가 뚜렷하게 구분되어 있지 않다는 점을 명심하길 바란다. 복잡한 문제의 경우 작가들은 비슷한 입장을 언급하면서 각기 다른 용어를 사용하기도 한다. 이를테면 페미니즘의 한 변형인 유색인종 여성주의는 자유주의, 급진주의, 또는 문화적 페미니스트 관점 모두를 포함할 수 있다. 페미니즘을 역사적 단계의 관점에서 본 로라 브라운(2010)의 시각도 주목할 필요가 있다. 그녀의 관점에 따르면 오늘날 여성주의 치료의 최첨단은 다문화적 페미니즘, 글로벌 페미니즘, 포스트모던 페미니즘이다.

여성주의의 입장은 (a) 여성의 독특한 특성을 강조하는 정도, (b) 남성성과 가부장제에 대한 거부의 정도, (c) 그들의 관점에 문화와 계급의 문제를 통합한 정도에 따라 다양하다. 이러한 여성주의의 철학과 역사에 대해 더 자세히 검토하려면, 캐롤린 제르브 엔즈(Carolyn Zerbe Enns, 2004)의 페미니스트 이론과 여성주의적 심리치료법(*Feminist Theories and Feminist Psychotherapies*), 또는 로라 브라운(1994)의 체제 전복을 위한 대화를 읽어보길 바란다.

자유주의적 페미니스트는 합리적 틀 안에서 성평등을 강조한다(Worell & Johnson, 2001). 개혁주의 페미니스트라고도 불리는 이 관점의 지지자들은 여성과 남성의 평등을 강조하고, 여성의 사회진출 촉진을 위한 법적 구조 개선과 개입에 집중하는 경향이 있다. '이름 없는 문제'라고 불리는 전통적인 1960년대의 '주부'의 불안을 규명한 베티 프리단(Betty Friedan)은 자유주의적 페미니스트로 볼 수 있다(Friedan, 1963). 왜냐하면 그녀는 여성이 자신의 잠재력을 발휘하지 못하도록 사회가 막고 있으며, 가부장적인 사회는 이런 이슈들에 대한 논의를 억제한다고 주장하였기 때문이다. 프리단은 미국 여성기구(National Organization for Women, NOW)를 설립하는 데 일조했으며, 이 단체는 미국 헌법 평등권 수정안(ERA)의 통과에 기여했다. 결과적으로 ERA는 대부분 실패했지만, 출산휴가 및 출산에 대한 여성의 자기결정권 문제에 있어서는 부분적인 성공을 거두었다. 자유주의적인 입장은 여성으로 하여금 남성 집단의 일원이 되도록 격려하고, 이를 통해 사회구조적 가부장주의를 부정할 것을 주장하는데, 이와 같은 견해는 다른 페미니스트로부터 비판을 받고 있다. 여성으로 하여금 더 남성

같이 될 것을 촉진하는 자유주의적 입장은 본질적으로 여성을 결핍된 존재로 가정하기 때문이다(L. S. Brown, 1994, p. 54).

급진적이며 **사회변혁적** (또는 사회주의적) **페미니스트**는 성별에 기반한 억압을 가장 근본적이고 완고한 형태의 불의로 보고, 모든 남성 지배를 제거하고자 노력한다(Enns, 2004; Worell & Johnson, 2001). 마르크스주의에 기반한 사회주의 페미니스트는 여성 억압의 두 번째 주요 요인을 자본주의로 보며, 양성 간 노동 역할 평등성을 강조하는 공동생활 환경을 주장한다(Enns, 2004). 급진주의 및 사회주의 페미니스트는 폭력과 학대를 강제하고, 생식권을 제한하는 것과 같은 다양한 억압 방법을 지적한다. 여성을 사회적 권력자의 지위로 끌어올리기 위한 자유주의적 페미니스트의 노력은 진정성 없는 형식주의로 여겨진다(L. S. Brown, 2000). 왜냐하면 이와 같은 노력은 가부장주의와 자본주의를 변화시키기보다는 남성의 규범에 맞도록 여성을 변화시킬 가능성이 크기 때문이다. 가부장제 폐지 이외의 해결책은 받아들일 수 없다는 것이 급진주의 및 사회주의 페미니스트의 관점이기 때문에, 이들은 분리주의를 옹호하며 심리치료를 포함한 가부장제를 영속시키는 모든 행위에 참여를 거부한다(Remer, 2013). 레즈비언 페미니스트들은 이성애주의를 문화 지배의 목록에 추가하여, 이러한 편향을 이성애적 가부장제로 정의하였다(L. S. Brown, 1994; Worell & Remer, 2003).

문화적 혹은 **차별적 페미니스트**는 여성의 고유한 특질, 예컨대 관계성과 협력성을 강조한다. 그들은 관계성과 협력성의 가치관과 관련 행동을 통해 남성과 여성 간의 차이점을 강조하는 경향이 있다(L. S. Brown, 2010). 여성성에 대한 사회규범을 비판하는 급진주의 및 사회주의 페미니스트들과는 달리 문화적 페미니스트들은 관계성, 협력성과 같은 여성 고유의 특질을 축복으로 여긴다(Worell & Remer, 2003).

유색인종 여성 페미니즘은 유색인종 여성의 경험을 무시한 것에 대한 반작용으로, 더 직접적으로 말하자면 초기의 주류 페미니즘에 내재된 인종차별에 대한 반작용으로 나타났다. 이러한 페미니스트들은 '젠더'만이 억압의 요인으로 우선시되어야 한다는 주장을 거부했으며, 젠더는 인종 · 사회계급, 다른 사회적 요인들과 상호작용하여 개인의 삶에 영향을 미친다고 주장한다(Rice, Enns, & Nutt, 2015). 어떤 저자들은 여성주의와 흑인 여성주의를 동일시하지만, 엔즈(Enns, 2004)는 '여성주의'라는 단어가 여성의 모든 것을 사랑하는 사람을 가리키는 말로 더 광범위하게 사용된다는 점을 지적했다. 일부 유색인종 페미니스트는 유색인종이 백인 및 유럽 중심의 가치와 규범을 채택하도록 압력을 받는다는 사실을 강조하기 위해서 '억압의 식민지(colonization to oppression)'라는 용어를 사용하였다(Comas-Díaz, 1994, p. 288). 릴리앙 코마 디아즈(Lillian Comas-Díaz, 1994)는 "식민지인은 지배세력의 이익을 위해 착취당하고 희생되었기 때문에 좀 더 본질적인 의미의 희생양이었다고 볼 수 있다."(p. 289)고 주장했다. 많은 페미니스트들이 내면화된 성차별주의를 강조하는 것과 마찬가지로, 유색인종 페미니스트들은 내적인 식민지화와 외적인 식민지화 사이를 구별할 것을 주장한다(Comas-Díaz, 1994). 이러한 입장을 지지하는 사람들은 때때로 다른 인종의 여성 사이의 유사성보다 같은 인종 또는 민족의 남성과 여성 사이에서 더 많은 유사성을 발견할 수 있다고 주장한다.

또 다른 여성주의 치료 이데올로기는 **포스트모던 페미니스트**라고 부른다(L. S. Brown, 2010, Enns, 2004). 포스트모더니즘은 이 세상에 하나의 객관적 진리가 존재한다는 생각을 거부한다. 현실은 관계 속에서 형성되며, 진실은 누가 권력을 장악하는지에 따라 결정된다고 주장한다. 레즈비언/퀴어 페미니즘의 일부는 포스트모더니스트 접근법으로 분류될 수 있다. 엔즈(2004)는 제3의 물결 페미니 즘이라고도 불리는 포스트모던 접근법이 초기 페미니즘의 도움을 받아 형성되기는 하였으나, 페미 니즘에 대한 반발에 대처하고 폭력에 맞서고, 의료서비스 문제를 해결하고, 경제와 환경문제를 공론 화시키는 투쟁을 통해 사회의 진보를 이끌고 있다고 설명하였다.

포스트모더니즘에 대해 설명하기는 어렵다. 왜냐하면 이해의 대상이 되는 현실이 존재하는지 아 닌지에 대해 온건한 관점부터 급진적인 관점까지 해석이 다양하기 때문이다. 포스트모더니즘 관점 을 택한 학자들 중에는 "견해는 언제나 바뀔 뿐 하나의 현실은 존재하지 않는다."고 보는 급진적 상대 주의를 문제시하는 사람도 있다. 왜냐하면 이와 같은 관점의 경우 여성과 다른 소수자에 대한 (현재 도 지속되고 있는) 역사적 억압에 대한 논의를 차단하기 때문이다. 사회적 구성주의자들은 이러한 관점을 취하기 때문에 성별, 인종 등과 같은 문제적 사회구조를 다루고 있다(Enns, 2004). 모든 포스 트모더니스트가 동의하는 것은 우리, 그리고 우리의 내담자는 상담장면에서 '진실'이라고 생각하는 것을 자유롭게 이야기할 수 있다는 점이다(Hare-Mustin, 1994).

앞서 언급했듯이 로라 브라운(2010)은 페미니즘의 최신 사조는 다문화적 페미니즘, 글로벌 페미 니즘이라는 의견을 제시했다. 식민주의를 탐구한 초기 페미니즘의 저자들은 여성주의 사상에 큰 영 향을 주었으며, 이는 글로벌 페미니즘으로 볼 수 있다. 또한 이들은 영적 이슈에 관심을 가졌으며, 남 성이 페미니스트 치료자가 될 수 있는 가능성을 확인해주었다.

영상 자료 12.1

현재 페미니스트의 시각에 대한 이해를 돕기 위한 비디오(4 : 26부터 시작)를 보자.

 https://www.youtube.com/watch?v=czc2_uidOm8

수잔의 여성주의 상담자인 찬드라는 우선 수잔이 유럽 남성의 가치관에 젖어 있는 아시아 여성임 을 인식하고 있다. 찬드라는 스스로를 급진적 문화적 페미니즘을 존중하는 글로벌 페미니스트라 고 특징 짓고 있다. 찬드라는 수잔의 여성성과 한국적 문화유산이 그녀의 정체성, 그녀가 세상에 서 기능하는 방식, 그녀가 세상과 상호작용하는 방식에 큰 영향을 미치고 있다고 생각한다. 찬드 라는 수잔이 주류 문화에서 권력 격차를 경험하고 있으며, 다른 사람들이 '역기능적'이라고 명명 한 수잔의 행동은 이러한 불평등에 대한 반응이라고 가정한다.

인간 동기

여성주의 상담자는 개입하는 것만으로 너무 바쁘기 때문에 인간의 동기에 대해 많은 시간을 할애하 지 못한다. 매리 브라벡(Mary Brabeck)과 로라 브라운(Laura Brown)(1997)에 의하면, 여성주의 치료 에 전통적 이론이 부재하는 이유는 이것이 학계가 아닌 현장에서 개발되었기 때문이다.

여성주의 상담자는 성차별적이지 않다는 전제하에 기존의 동기이론으로부터 자신의 견해를 이끌어낼 수 있을 것이다. 낸시 초도로우(Nancy Chodorow, 1978, 1989)는 '남근 선망'이라는 편견을 제거하기 위하여 고전적인 정신분석 이론을 수정했다. 그녀는 아동의 발달에 있어서 엄마의 역할수행에 중점을 두었다. 진화론적 관점과 마찬가지로 애착이론과 같은 현대의 정신분석 이론은 페미니즘으로부터 비판을 받아 왔다(Contratto, 2002). 궁극적으로 인간의 동기를 확인하는 작업은 (존재 여부가 불확실한) 성 차이에 일정 부분 기반하고 있으며, 이에 대해서는 논란이 계속되고 있다.

동기를 다루는 또 다른 방식은 인본주의적 접근법(예 : 게슈탈트치료 또는 인간중심치료)이다. 이와 같은 실현화 관점은 페미니스트의 지향점과 일치할 수 있다(Enns, 2004). 그러나 인간중심 접근은 자기발달에 영향을 주는 사회적 요인에 대한 고려의 부족으로 비판을 받고 있다. 또한 인본주의/존재론적 접근에서 개인주의를 강조하는 것은 미국의 전통적 가치(견고한 개인주의 혹은 존 웨인 증후군 : 유명한 서부영화 주인공, 남자는 강해야 한다는 강박관념)를 반영한다. 이는 억압적 문화에서 겪는 여성의 경험을 망각하게 하는 결과를 초래할 수 있다(Enns, 2004).

> 찬드라는 수잔에게서 잠재력을 최대한 발현하고자 하는 동기를 관찰한다. 인본주의 지지자인 찬드라는 긍정적인 관점에서 수잔을 바라보는 동시에, 수잔의 삶에 중요하게 영향을 미치고 있는 사회적 요인에도 주의를 기울이고 있다.

주요 개념

젠더

어떠한 여성주의 치료 이념을 채택하든 간에 성(sex)의 사회적 표현으로 간주되는 **젠더**(gender)는 중요한 개념이다. 여성주의 상담자는 생물학적 차이(해부학적 차이)를 논하는 장면에서는 성(sex)이라는 용어를 사용한다. 젠더는 생물학적 차이뿐만 아니라 우리의 문화가 남성성과 여성성을 정의하는 사회적 학습과 사회적 맥락 또한 중요하다는 점을 강조하는 용어이다(Yoder, 2003). 자유주의 페미니스트 상담자는 젠더가 문화의 산물이며, 남녀 간의 분명한 심리적 차이점은 생물학적 성이 아닌 사회적 영향력의 산물이라고 주장한다(Gilbert & Scher, 1999). 저자에게는 '남자아이를 키우는 것'과 '여자아이를 키우는 것'은 다르다고 확신하는 친구가 있다. 그 친구는 남자아이는 적극적이고 공격적이며, 여자아이는 부드럽고 고분고분하다고 말한다. 이것이 바로 '사내애들이 다 그렇지 뭘(boys will be boys)' 현상이다. 자유주의 페미니스트에 의하면 자녀들은 매우 어릴 때부터 부모들에 의해 차별적으로 강화된다(Etaugh & Bridges, 2010). 여자 신생아와 남자 신생아는 생애 초기부터 매우 다르게 다뤄진다. 남자아이는 파란색 옷을 입고, 여자아이는 분홍색 옷을 입는다. 남자아이에게는 장난감 트럭이나 도구 키트가, 여자아이에게는 인형이나 부엌 세트가 놀이용품으로 주어진다.

문화적이고, 어느 정도 급진적이고 사회주의적 성향을 가진 페미니스트는 젠더 차이(gender differences)를 성(sex)에 내재되어 있는 것으로 볼 가능성이 크다. 이러한 입장은 때때로 **본질주의적 입장**이라 불린다(L. S. Brown, 1994). 여성이 갖고 있는 관계적 강점은 축복으로 여겨야 하는 현상이지, 사회화에 의한 인공물로 취급되는 것은 옳지 않다는 것이다(Enns, 2004).

이와 같은 논란에 대해 재니스 요더(Janice Yoder, 2003)는 통합주의적 관점을 제시했다. 생물학적 요인은 환경보다 더 '근본적'이고 잘 변하지 않는 것으로 여겨지지만, 경험이 생리에 영향을 미칠 수 있음을 주장했다. 또한 다음과 같이 언급했다 "생물학적 유연성이 점점 더 세상에 알려지면, 여성주의 심리학자는 기존에 믿고 있던 성과 젠더, 천성과 양육 간의 구분에서 얽매이지 않는 편이 유용하다는 것을 알게 될 것이다. 성과 젠더는 서로 얽혀 있어 분리할 수 없기 때문에 여성과 남성, 소녀와 소년에 대한 통합적인 이해는 생물학적 요인과 젠더를 포괄할 수 있을 것이다."(2003, p. 17; 원문에서 강조).

모든 여성주의 상담자들은 사회가 여성, 그리고 전형적인 여성적 특질을 평가절하했다고 인식한다. 권력과 젠더는 전 세계 대부분의 문화에 단단히 얽매여 있는 것이다(L. S. Brown, 1994).

> 찬드라는 현재 수잔의 정체성에 영향을 미친 여러 요인을 식별한다. 즉, 영향요인은 생물학적인 성, 가족배경, 사회적 계급, 한국적 문화유산을 중요 요인으로 꼽을 수 있다. 찬드라는 이러한 각각의 요인이 수잔에게 얼마나 많은 영향을 미치는지 알지 못한다. 다만 젠더가 강력한 요인이라고 추측한다. 수잔은 전통적인 '여성적' 행동을 내보일 때 강화받았을 것이며, 반대로 '남성적' 행동을 내보일 때 처벌받았을 것이다.

개인적인 것은 정치적이다

행동의 내적 결정 요인에 초점을 맞추는 전통적 심리학 이론과는 달리, 여성주의 치료는 사회적 규범과 전통을 내포하는 외적 요인이 여성의 경험에 미친 영향을 강조한다(Remer, 2013). 여성주의 치료 이론가들은 남성에게 권력과 지위가 부여되는 전통적 젠더 불균형(gender imbalance)에 대해 잘 알고 있다. 여성의 문제는 여성을 억압하고 권위를 박탈하는 사회적·정치적·법적 체계의 결과로 초래된다고 본다(Worell & Johnson, 2001). 페미니스트는 '개인적 경험은 정치적 현실의 생생한 체험'이라고 믿는다(L. S. Brown, 1994, p. 50). 다시 말해 한 여성(개인)의 고통은 그녀가 살고 있는 사회적 원칙과 규범(정치)의 결과이다.

> 찬드라는 수잔이 호소하는 어려움은 환경의 산물, 특히 그녀가 나고 자란 문화적 맥락의 결과라고 가정한다. 수잔은 여성의 임파워먼트를 박탈하는 사회 속에 살기 때문에 고통받을 수밖에 없으며, 현재 나타나는 행동들은 이로 인한 무력감에 대한 반응일 가능성이 크다. 예를 들어 수잔의 낮은 수준의 자신감은 여성에 대해 평가절하하는 사회의 영향을 받은 것이다.

인간과 개인발달에 관한 이론

여성주의 치료의 관점에서 성격과 발달을 검토하는 방법에는 여러 가지가 있다. 첫째, 여성주의 치료 접근법은 성 차이(sex differences)에 관한 이론과 연구에 면밀히 관여한다. 자유주의 페미니스트들은 출생 시 남성과 여성 간에 중요한 심리적 차이가 없다고 가정한다(L. S. Brown & Liss-Levinson, 1981). 이들은 사회적 환경에서의 후천적 경험으로 인해 남녀의 관찰 가능한 차이가 나타난다고 설명한다.

생애발달 과정에서 성별화된 학습의 결과는 무엇일까? 고정관념에 따르면 남성은 독립적이고, 적극적이고, 경쟁적이고, 감정을 드러내지 않으며, 경력을 중요시하는 특징을 갖는다. 여성은 정서적이고, 관계 지향적이고, 수동적이고, 자신보다 타인(특히 남성)의 욕구를 우선적으로 충족시키려 한다. 남성은 지배적이며, 여성은 복종적이다. 남성은 경력과 일에 집중하며, 여성들은 가족과 자녀에 집중한다.

젠더의 차이가 '실제'하는지에 대한 논증은 1914년 초에 시작되어 현재까지 지속되고 있다(Hyde, 2005). 일반적으로 젠더 차이가 발견되지만, 차이의 기원에 대해서는 여전히 논쟁 중이다(예 : 젠더의 차이가 사회적으로 만들어진 것인지 또는 유전적 요인 때문인지에 관한 논쟁)(Etaugh & Bridges, 2010). 자넷 쉬블리 하이드(Janet Shibley Hyde, 2005)는 젠더의 차이에 관한 46편의 메타 연구를 분석할 결과, 78%의 자료에서 젠더 차이가 없거나 매우 작다는 것을 발견하였다. 전통적으로 젠더 차이가 예상되는 수학, 언어 능력 영역에서도 젠더 차이를 보이지 않거나 아주 작은 차이를 보임을 알수 있었다. 운동 능력, 성적인 행동과 태도(성적 만족감은 포함하지 않음), 공격성(특히 신체적 공격성)의 세 가지 영역에 있어서는 중간 정도 또는 큰 젠더 차이가 나타났다. 이 연구에서는 많은 페미니스트의 관심사인 관계성(relationality) 측면에서의 젠더 차이(여성은 양육자이고 남성은 그렇지 않다)는 지지받지 못했다. 하이드의 연구 이후에도 젠더의 차이를 조사하는 수많은 메타 연구가 진행되었고, 에단 젤, 즐라탄 크리잔, 사브리나 티터(Ethan Zell, Zlatan Krizan, & Sabrina Teeter, 2015)는 이중 106편을 추적하여 메타분석(연구 결과를 종합하는 광범위하고 강력한 방법)를 수행하였다. 연구결과 효과크기의 평균은 0.21로 상대적으로 작게 나타났다. 효과크기의 범위는 0.02~0.73이었으며, 남성성 대 여성성의 대조만이 유일하게 큰 효과크기를 나타냈다. 전체 요인의 약 19%가 중간 수준의 효과크기를 나타냈다. 남성에서 더 높게 나타난 특성의 예로 심적 회전 능력(시각 심상을 평면적 또는 입체적으로 회전시키는 능력), 공격성, 배우자의 아름다움에 대한 중요도, 육체적 능력에 대한 자신감이 있었다. 여성에서 더 높게 나타난 특성은 동료애착, 영화상영 후 느끼는 공포감이었다. 성별에 따른 차이가 중간 수준에서 큰 차이까지 보이는 요인은 많지 않지만, 중요한 질문은 "남녀 차이의 원인은 무엇인가?"이다. 남녀가 다른 행성에서 왔다는 설명은 충분하지 않다.

아이들은 성별에 따라 다르게 대해진다. 성역할 사회화(sex-role socialization)를 학습하게 되면서 관찰 가능한 남성 행동과 여성 행동의 차이를 초래하게 한다. 문화는 남성 또는 여성이라는 것이 무엇을 의미하는지를 분명히 규정하는 가치관을 선호하며 부모, 동료, 교사는 이 가치관에 따라 아이를 대하는 경향이 있다. 클레어 이터프와 주디스 브릿지(Claire Etaugh & Judith Bridges, 2010)는 성역할 사회화 현상을 보여주는 연구 결과를 다음과 같이 요약했다. 예를 들어 부모는 여자아이보다 남자아이를 더 거칠게 다루고, 성역할에 맞는 장난감을 구입하며, 아이들에게 성역할 고정관념에 따른 집안일을 시키는 경향이 있다. 로라 버크(Laura Berk, 2007)는 고정관념에 어긋나는 행동이 여자아이보다 남자아이에게 나타날 때 부모의 반응이 더욱 부정적이며, 또래 집단에서도 동일한 패턴이 나타남을 지적했다. 이터프와 브릿지는 동일한 맥락의 현상이 교사에서도 나타난다는 것을 보여주었다. 남자아이는 더 많은 주의와 교정적 피드백을 받는 반면, 여자아이는 단순한 OK와 같이 단조롭고 모호한 반응을 받는다. 전형적으로 남자아이는 똑똑하게 행동할수록 강화를 받고, 여자아이는 단정하고 순응적으로 행동할수록 강화를 받는다. 남자아이는 고정관념적인 여성성을 상징하는 행동을 할 때 또래들로부터 심하게 처벌당하는 반면, '남자 같은 말괄량이' 여자아이는 관대하게 받아들여지는 경향이 있다. 마지막으로 언론 매체의 경우 과거보다는 균형 잡힌 관점을 보여주지만, 여전히 여성보다는 남성이 더 두드러지고 지배적인 역할을 맡고 있는 모습을 보여준다. 아마도 여러분은 거의 대부분의 만화 캐릭터가 남성이라는 점을 떠올릴 수 있을 것이다(스폰지밥과 스쿠비두에 대해 생각해 보자). 지나 데이비스 연구소의 스테이시 스미스와 동료들은 가족 영화, 황금 시간대 TV 프로그램, 아동 TV쇼(Smith, Choueiti, Prescott, & Piper, 2013)에서 대사가 있는 12,000명 인물의 연기를 분석했다. 여성의 비중이 가장 높았던 경우는 황금 시간대 TV였으나, 그 비율은 38.9%에 불과했다. 여성의 비중이 가장 낮은 경우는 가족 영화였으며, 28.3%로 나타났다. 여성 캐릭터는 대부분 섹시한 의상과 노출을 목적으로 출연한 경우가 많았다. 등장인물의 직업을 분석한 스미스와 동료들에 의하면, 특히 가족 영화에서 고위직 직업(예 : 정치인, 의사, 고위직 임원)에 여성 캐릭터는 잘 나타나지 않았다. 만약 누군가가 우리 사회가 이제는 젠더 중립적(gender neutral)이라고 한다면, 그렇지 않다고 말할 수 있다. 실제로 아직 여성의 권력이 얼마나 낮게 표현되고 있는지 확인하기 위해서는 오직 몇 시간 동안 TV를 보거나, 가족 영화만 시청해보아도 알 수 있다.

발달에 대한 두 번째 관점은 웰슬리대학의 진 베이커 밀러 수련 연구소(Jean Baker Miller Training Institute)의 학자들이 제시하고 있다. 진 베이커 밀러(Jean Baker Miller, 1991)는 '관계 내에서의 자기(self-in-relation)'라는 여성발달 모델을 제안했다. 최초에 이 이론은 아동과 성인 여성의 경험을 설명하기 위해 도입되었으나, 현재는 모든 인간 경험을 포괄하는 관계문화 이론으로 불린다(Frey, 2013; J. V. Jordan, 2010). 부모(주로 어머니)는 아이의 안녕감에 지속적으로 주의를 기울이기 때문에 아이는 관계 속에서 자기를 인식하게 된다. 아이는 주 양육자의 감정 상태에 주의를 기울이는 것을 배운다. 그러나 남자아이의 경우 자라면서 양육자와의 관계에서 자기를 연결하는 부분이 빠르게 사라진다. 왜냐하면 남자아이는 활동적이어야 하고 엄마와 적극적으로 분리되도록 훈육을 받기 때문이다. 이와는 반대로 여자아이는 타인의 감정에 집중하는 훈육을 받는다. 따라서 여자아이의 자존감은 관계 유지와 관련이 있다. 밀러는 여자아이에게 나타나는 오이디푸스 갈등에 대해 다음과 같이 기술했다. "프로이트로부터 비롯된 오이디푸스 갈등 개념을 사람들이 이해하는 데 어려움을 겪었던 이유 중 하나는, 여자아이의 발달단계에서 오이디푸스 갈등이 존재하지 않을 수도 있기 때문이다. 특히 무언가를 제거한다는 그러한 주요 위기는 특히 관계에서는 존재하지 않는다."(1991, p.18) 다만 이 단계에서 여자아이는 문화적 신념에 근거하여, 남성과의 관계에 초점을 맞추어야 한다는 메시지를 전달받을 가능성이 높다.

청소년기의 소년은 자기감을 적극적으로 탐구하고 확장하도록 격려 받는다. 반면에 성취와 섹슈얼리티(sexuality)는 젊은 여성에게 받아들여지지 않는 특성이기 때문에, 소녀는 정체성을 축소하도록 배운다. 따라서 소녀의 정체성과 성취감은 다시 관계와 연관된다. 밀러는 남성과 여성 간에는 성인의 정체성에 이르는 경로는 매우 다르다는 것을 설명했다. 이러한 다른 경로를 통해 전통적 성역할에 부합하는 가치관과 캐릭터가 만들어진다.

여성 발달에 대한 또 다른 시각은 여성주의 정체성 발달이론(Feminist Identity Development

Theory, FIDT)(Downing & Roush, 1985; Moradi, Subich, & Phillips, 2002)을 통해서 알 수 있다. 이 모델은 전형적인 단계 모형으로 여겨지며, 여성은 여성주의적 정체성의 '더 높은' 수준에 도달하기 위해서는 다섯 단계를 통과하게 된다. 그러나 일부 저자는 이론에서 제시된 '단계'를 태도나 상태로 보는 것이 더 유용하다고 주장한다. 또한 누군가가 어떤 단계에 속하는지 알아보는 것이 중요한 게 아니라 누군가가 다섯 가지 상태에 어느 정도 지지하는지를 알아보는 것이 더 유용하다고 주장한다 (Fischer & DeBord, 2013).

여성주의 정체성 발달의 첫 번째 단계는 억압과 차별을 인정하거나 부정하지 않고 있는 그대로 받아들이는 수동적 수용단계(passive acceptance stage)이다. 이러한 여성은 전통적인 성역할과 가부장적 권력 구조를 지지하는 경향이 있다.

두 번째는 눈뜸단계(revelation stage)이다. 이 단계에서 여성은 긍정적 페미니즘 경험(예 : 의식고양 집단)을 하거나 부정적 경험(예 : 이혼, 대출 거부)을 겪게 된다(Downing & Roush, 1985). 이 단계에서 여성은 성차별적인 사회와 이러한 시스템에 참여할 수밖에 없는 자기 자신에 대해 분노를 느끼게 된다.

세 번째는 새겨둠-발현단계(embeddedness-emanation)로 2개의 하위단계로 구성된다. 새겨둠단계에서 여성은 여성주의 문화에 몰두하고 많은 페미니스트 이데올로기를 받아들이며, 동성친구와 관계를 매우 밀접하게 유지한다. 그러나 대부분의 여성은 매일 어떠한 방식으로든 남성과 연관되기 때문에, 무비판적인 페미니즘 고수와 이로 인한 분노가 생산적이지 않을 수 있음을 깨닫는다. 다음의 발현단계에서는 더 상대주의적이고 유연해지지만, 여전히 남성과의 관계에서 머뭇거리는 입장을 취한다.

다음은 **통합단계**(synthesis)로 나아감에 따라 삶에 대해 더 유연한 지각을 하게 된다. 남성에 대한 그들의 반응은 '자동적'인 경향이 낮아지며, 삶의 사건에 대해 좀 더 유연성 있는 평가를 하게 되며 모든 사건을 성차별의 결과로 귀인시키는 경향도 낮아진다.

여성주의 정체성 발달이론(FIDT)의 최종 단계는 **적극적 전념**(active commitment)의 상태이다. 이 단계의 특징은 사회 변화 활동을 통해서 모든 형태의 억압을 제거하는 데 전념하는 것이다.

찬드라는 수잔의 행동에서 **성역할 사회화**의 증거를 발견한다. 그러나 수잔의 행동 중 일부는 전형적인 규범에 위배된다. 예를 들어 분노의 폭발은 착하고 친절한 전통적인 여성역할에 포함되지 않는다. 이에 반해 낮은 자신감, 버려질 것에 대한 염려, 관계에 대한 충성(심지어 나쁜 관계에 대한 충성)은 전형적인 여성성의 표상이다. 찬드라는 가부장적 사회의 무의식적 대리인으로서 부모가 수잔의 이러한 행동을 강화했으리라 추정한다. 또한 수잔의 양육 환경은 성차별과 억압으로 가득차 있었다. 이러한 압력으로 인하여 수잔은 불안과 무력감을 느끼고 있다. 때때로 그녀는 분노를 표현하며, 전통적인 성역할과 반대로 행동한다. 이러한 행동은 타인과의 관계에 있어서 문제를 야기하며, 권위자와의 관계에서는 더욱 문제를 일으킨다. 수잔은 현재 수동적 수용단계 혹은 눈뜸단계에 있는 것으로 보이며, 새겨둠-발현단계가 아니라는 점은 분명하다.

심리적 건강과 역기능

여성주의 치료의 중요한 측면은 심리적 역기능과 개입에 대한 기존의 전통적인 접근법에 대해 비판적 입장을 취한다는 점이다(Ballou & Brown, 2002; Worell & Remer, 2003). 이와 관련한 강력한 진술은 필리스 체슬러(Phyllis Chesler, 1972)의 고전 저서인 **여성과 광기**(*Women and Madness*)에서 찾을 수 있다.

> '광기'라는 개념은 평가절하된 여성 역할에서 벗어나거나 성역할 고정관념에 대한 전체 또는 일부분을 거부하는 행동을 의미한다. 조건화된 여성 역할로부터 완전히 벗어난 행동을 보이는 여성은 임상적으로 신경증 또는 정신증으로 간주된다. 이들이 입원하게 될 경우 우울증, 자살 충동, 불안 신경증, 편집증 또는 성적 난잡함과 같은 전형적으로 여성적 행동과 연관된 진단명이 부여된다. 여성 역할을 거부하거나 양가적인 관점을 보이는 여성의 경우는 자신과 사회 모두에 당혹감을 주기 때문에, 배척과 자기 파괴가 매우 일찍부터 시작될 수 있다. 그러한 여성에게도 정신병적 진단명이 부여되며, 입원하게 될 경우 조현병, 레즈비언 또는 성적 난잡함과 같은 여성에게 기대되지 않는 행동을 표상하는 진단명이 부여된다.(p. 56)

여성주의 치료 이론가들은 사회가 여성의 전형적인 특성과 행동을 평가절하하고, 이를 남성 관련 특성과 비교하여 건강하지 않은 특성처럼 명명한다고 주장한다(Worell & Johnson, 2001). 따라서 건강의 기준은 독립성, 경쟁성, 주장성, 객관성, 활동성과 같은 남성적 특징에 기반하여 설정된다(Chesler, 1972). 체슬러와 최근의 여성주의 치료자들은 젠더가 여성의 역기능의 고정관념에 영향을 미치는 유일한 요인이 아니라는 점을 밝혔다. 즉, 전통적인 심리치료 접근법에서는 유색인종이며 중산층이 아닌 여성과 관련된 특징 및 행동을 역기능적으로 간주한다. 일반적으로 사회는 여성의 문제를 사회 및 문화적 불평등으로 인식하기보다는 여성 본인에게 문제가 있다는 내부요인에서 원인을 찾으려 한다(Remer, 2013).

정신질환 진단 및 통계편람(DSM-V, 2013)에 나타난 전통적인 진단 범주도 여성주의 치료의 비판 대상이다(Ancis & Davidson, 2013). 페미니스트는 모든 형태의 고통이 비정상이라는 가정 자체를 문제로 본다(L. S. Brown, 2010). 왜냐하면 억압적 사회에 내재된 문제들에 대한 정상적인 반응이 고통으로 표출되는 경우도 많기 때문이다. 예를 들어 사회정의를 위한 상담활동가 집단은 **정신질환 진단 및 통계편람**(DSM-V)에 '월경전장애'와 '성적흥분장애'를 추가하는 것에 반대의견을 표명했으며, 이는 여성의 실체적 경험을 병리화하는 것이라고 주장했다(Enns, Rice, & Nutt, 2015). 다른 학자들은 연극성, 의존적, 경계선적 성격장애와 같은 진단을 비판했다(Ali, Caplan, & Fagnant, 2010; M. Kaplan, 1983; Kupers, 1997; M. R. Walsh, 1997). [글상자 12.3]은 심리적 역기능 중 하나로 알려진 **종속적 의존성**(codepedence)에 대해 페미니스트 의견을 제시한 내용이다.

여성주의 치료 관점에서 심리적 고통 혹은 질병이란 부당한 체계에 대한 의사 표현이다(Brabeck & Brown, 1997, p. 28). 또한 증상이란 억압적 환경에 대한 정상적인 반응으로 간주한다(Enns, 2004). 증상은 가부장제에 대한 저항 시도이기 때문에 건강과 힘의 신호인 것이다. 결과적으로 여성주의 치료 상담자는 내담자의 역기능이 아니라 내담자가 가진 강점(strengths)에 집중한다(Wyche & Rice,

---

글상자 12.3

종속적 의존성, 여성, 혹은 권력의 부재?

로라 브라운과 다른 페미니스트들이 논의하기를 원하는 용어인 **종속적 의존성**에 대해 비판적 검토를 실시했다. 이 용어는 1980년대 후반, 알코올중독자가 사회 시스템의 일부이고, 그 주변 사람들(종속적 관계자)은 알코올중독자의 음주에 대한 책임을 공유해야 한다고 주장하기 위해 만들어졌다. 알코올 남용이 초래한 부정적 결과로부터 알코올중독자를 보호하는 한편 종속적 관계자는 음주행동을 지속하도록 만든 것으로 여겼다. 전형적인 종속적 관계자는 백인 남성 알코올중독자의 백인 중년 아내이다. 이 개념을 바탕으로 상담 개입의 초점은 알코올중독자와 종속적 관계자의 행동 모두로 확대되었다. 그 이후 이 용어는 훨씬 더 광범위하게 사용되었다. 페미니스트들은 이 용어에 대해서는 예외를 허용했다. 이 이슈에 대해 로라 브라운과 케이 레이 하간의 저서를 토대로 견해를 제시한다.

종속적 관계에 대한 많은 정의가 있지만, 일반적 정의는 종속적 관계자와 관련된 타인과의 관계 역동을 설명하고 있다. 종속적 관계자가 가지는 특성은 다음과 같다.

1. 다른 사람들의 욕구를 충족시키기 위해 본인(종속적 관계자)의 욕구를 희생함
2. 무력감을 느낌
3. 타인이 자신을 필요로 함으로써 자기 가치를 느낌
4. 낮은 자존감을 나타냄
5. 갈등을 회피함

로라 브라운(1994)에 의하면 문제는 종속적 관계자의 행동을 이해하는 과정에서 사회적 · 문화적 요인을 고려하지 않았다는 점이다. 성차별적 사회에서는 여성에게 남성의 정서를 돌보는 책임이 맡겨졌기 때문에, 종속적 관계자의 행동은 사회에서 기대되는 이성애적 여성의 행동과 매우 흡사하다.

이 관계에서 여성이 느끼는 실패감은 심각한 죄책감과 수치심을 유발할 수 있다. 하지만 이러한 관계 역동은 문화적 규칙에 근거한 것이지 개인의 결함에 의한

것은 아니다. 이러한 '진단' 자체도 인종차별적 성향을 갖고 있다. 왜냐하면 '종속적 관계'에서 설명된 행동은 유색인종의 문화적 배경을 가진 개인에게 매우 전형적인 현상이기 때문이다.

케이 하간(Kay Hagan, 1993)은 종속적 관계와 가족의 역기능을 연결시킴으로써 '종속적 관계'라는 용어의 해체를 시작했다. 역기능적 가족은 억압적인 특징을 갖고 있다. 이러한 가족은 엄격한 규칙을 가지고 있으며, 솔직한 감정 표현을 억제하고, 가족 구성원에게 완벽함을 강요한다. 이러한 특징은 낮은 자존감, 종속적 관계를 표상하는 특성과 같은 결과를 초래한다. 케이 하간은 "약물중독의 여부와 상관없이 대부분의 미국 가정은 억압적 규칙을 갖고 있다는 점에서 역기능적 가족에 해당한다고 볼 수 있다."(p. 31)고 언급했다. "따라서 종속적 관계라는 용어는 전통적 서구 가정생활에 의해 주입된 순종적인 역할을 잘 설명해주는 명칭이다. 가부장적 가족체계에 **내재된 억압적 규칙**은 지배와 종속의 패러다임을 수용하고, 기대하도록 훈육시킨다. 비교적 온화한 편에 속하는 가정에서조차도 **종속적 관계를 촉진하는 훈육**이 이루어진다. 이는 우리로 하여금 기존의 권력에 의문을 제기하고 저항할 필요성을 야기한다."(p. 32; 원문에서 강조).

종속적 관계의 행동 특성을 이해하기 위해서는 힘없는 집단원이 권력자에게 행하는 행동을 살펴보는 것도 도움이 된다(L. S. Brown, 1994). 종속 집단들의 행동은 지나치게 주의를 기울이는 민감성, 마음 읽기, 권력자의 권력 합법화 등의 형태로 나타난다. 현실적인 관점에서 이러한 접근법은 적응적이다. 왜냐하면 이들의 생존은 권력자의 규칙과 욕망에 달려 있고, 결과적으로 개인의 생존에 도움이 되기 때문이다.

요즘은 종속적 관계라는 용어가 의존적이거나 관계에 '중독된' 사람을 묘사할 때 광범위하게 사용되고 있다. 브라운에 의하면 불행히도 '종속적 관계'에서 묘사하고 있는 행동 특성은 우리가 갖고 있는 여성 역할의 고정관념과 유사하기 때문에, 수천 명의 여성이 '종속

(계속)

적 관계'라는 진단을 받게 되었다. 안타깝게도 '종속적 관계'라는 용어는 중독 및 질병과 관련된 낙인으로 자리잡았으며, 이러한 일련의 행동 특성은 힘없는 집단구성원의 생존에 도움이 되는 적응적 행동 특성과 비슷하다.

1997). 여성주의 치료 상담자는 인간의 행동이 내부요인(생물학적, 심리적)과 외부요인 간의 복합적 조합으로 발생한다고 본다. 개인의 경험을 이해하는 데 있어서 사회적 · 정치적 · 경제적 맥락요인은 매우 중요하게 여겨진다(Remer & Oh, 2013).

예를 들어 우울증은 남성보다 여성에게 더 자주 진단된다. 요더(Yoder, 2003)는 이러한 현상에 대한 몇 가지 설명을 제시했으며, 이는 여성의 낮은 자기존중감과 연결된다. 이 사회에서 여성적 특성으로 여겨지는 관계 지향적, 협력을 선호하는 부분은 평가절하되기 때문에, 여성이 남성보다 더 자주 우울에 빠질 가능성이 있는가? 또 다른 설명은 여성이 직면하는 차별에 초점을 맞춘다. 예로 성취 행동은 일반적으로 남성보다 여성의 경우 덜 받아들여지는 경향이 있다. 공격적인 여성을 떠올려보자. 그녀는 공격적인 남자와 다르게 평가될까? 여성들에게는 여러 가지 역할을 유지해야 하는 스트레스 또한 가중된다. 가장 최근에 "남자는 모든 것(성공적인 직업, 가족생활)을 가질 수 있다."라는 말을 들었던 적은 언제였던가?

여성주의 치료 이론가들은 섭식장애에도 관심이 있으며, 이러한 섭식장애의 행동에 대한 몇 가지 가설을 발전시켰다(Dohm, Brown, Cachelin, & Strigel-Moore, 2010). 즉, 섭식장애 내담자의 경우 날씬한 몸매가 이상적이라는 문화적 압박감, 무력한 위치에서 힘을 가지려는 방법의 하나로 체중 조절을 하는 것, 성취와 관련된 불안에 대처하기 위해서, 위협적인 남자를 피하기 위해 작은 상태로 머무르려는 욕구 등과 같이 다양한 요인 간의 조합이 작용했을 것이다. 신체상 혼란은 인종에 따라 다르게 나타나는 것을 지적한 페이스 앤 돔 등(Faith-Anne Dohm et al., 2010)은 섭식장애란 생리적 수단을 통해서 심리적 고통을 표현하는 것이라고 덧붙였다.

여성주의 운동의 기원은 1960년대, 가정폭력 여성 쉼터와 강간 위기 센터 설립에서 찾을 수 있다. 따라서 여성주의 치료 상담자는 특히 남성보다 여성에게 영향을 미칠 가능성이 큰 문제, 주로 가부장적 문화적 규범과 관련된, 그중에서도 특히 육체적 · 성적 및 정서적 폭력과 관련된 문제에 세심한 주의를 기울이고 있다.

수잔은 전통적인 여성의 역할과 행동을 유지해야 한다는 압력과 관련된 고통을 겪고 있는 것으로 보인다. 찬드라는 수잔이 보이는 증상을 이해하기 위해 어떠한 진단 시스템도 사용하지 않을 것이다. 왜냐하면 이러한 진단 시스템도 남성중심으로 만들어졌다고 믿기 때문이다. 찬드라는 수잔을 '역기능적'으로 보는 대신 수잔이 타인들로부터 나쁜 취급을 당할 때(예: 교실에서 남학생과의 갈등) 자신을 표현하고자 했던 강점, 그리고 다른 사람들을 보살피려고 노력했던 강점들에 주목한다. 찬드라는 수잔이 전통적으로 남성적이라고 보이는 경력을 추구하고 있다는 사실도 인지하고 있다.

찬드라는 수잔의 알코올중독이었던 아버지와의 경험이 그녀가 가진 '여성과 남성의 본질'에 대한 인식에 어떠한 영향을 주었을지 궁금하다. 수잔은 아마도 남성은 신뢰할 수 없는 존재라는 것을 아주 일찍부터 배웠을 것으로 추측되기 때문에, 남성과의 관계에서의 그녀의 투쟁은 어떤 면에서는 아버지와의 경험과 연관이 있을 것이다. 수잔이 남성들로부터 언어적 · 신체적 학대의 대상이 된 트라우마 경험이 있다는 점은 결코 간과할 수 없다.

치료의 특성

사정

여성주의 치료 상담자는 공식적 진단 방법을 사용하지 않는다. 실제로 급진적인 여성주의 치료 상담자는 공식 진단 시스템이 서비스 접근을 통제하고 사회 내에서 계층적 시스템을 강화하는 가부장제 제도에 뿌리를 두고 있다고 보기 때문에 공식 평가 및 진단체계를 완전히 거부한다(K. M. Evans, Kincade, & Seem, 2011). 다른 여성주의치료 상담자들은 진단체계를 내담자에게 서비스를 제공하는 수단의 의미로만 간주한다면 기존 진단을 사용할 수도 있을 것이다(L. S. Brown, 2010).

주디스 우렐과 팜 레머(Judith Worell & Pam Remer, 2003)는 진단과 평가에 대한 전통적인 접근방식이 환경과 문화의 영향을 최소화하고 있다고 지적했다. 또한 앞서 언급했듯이 전통적인 접근방식은 여성의 행동을 남성 표준과 비교한다. 캐롤린 엔즈(Carolyn Enns, 2000)가 제시한 '여성보다 높은 자만심을 가진 남성'이 '낮은 자존감을 가진 여성'과 비교되는 것이 전형적인 예가 된다(p. 619). 전통적인 접근방식은 여성과 남성 간의 생리적 차이를 지지한다. 유명한 책 화성에서 온 남자 금성에서 온 여자(*Men Are Mars, Women Are Venus*)(Gray, 1992)를 통해 잠시 생각해보길 바란다. 여성과 남성은 그 자체로 다를 뿐만 아니라 삶의 종류도 다를 수 있다!

로라 브라운(1994)은 고통에 대한 생물심리사회적 모델을 제안했다. 이 모델은 내담자의 강점을 강조하면서도 정치 세력 및 전통적 사회 구조(예 : 이성애, '정상적인' 가족에 대한 개념)와 같은 문화의 영향을 인정한다. 브라운(2006)에 의하면 전통적인 진단의 경우 DSM-V 진단명이 여성주의 치료 상담자에 의해 사용되기도 하는데, 이런 경우 상담자는 훨씬 더 상세하고 광범위한 맥락(상담자 자신의 인식과 사회문화적 영향 포함)을 고려한다. 브라운(2010)은 상담자가 전통적인 진단을 사용할 때에는 내담자와 상담자가 진단 범주를 선택하는 과정에서 함께 협력해야 한다고 제안했다. 상담자가 진단명을 사용할 경우에는 발생 가능한 잠재위험요인을 고려해야 하며, 내담자의 증상이 내담자가 처해 있는 상황에서 적응적이고 의미가 있었는지도 고려해야 한다. 여성주의 치료 상담자는 내담자의 다양한 정체성이 그녀의 고통 및 임파워먼트 관련 경험에 어떻게 영향을 미치는지, 진단을 내리는 것이 치료 개입에 도움이 될 것인지 여부도 고려해야 한다(Enns et al., 2015, p. 32).

찬드라는 수잔에 대해 공식 평가나 진단을 내리지 않는다. 찬드라는 이러한 진단체계 자체가 현재 수잔이 경험하고 있는 고통에 대한 문화적 영향의 역할을 '국한시키고 제한하고 왜곡시키게' 한다고 본다.

치료적 분위기

심리치료에 대한 전통적 접근방식은 여성으로 하여금 고정관념과 억압에 도전하기보다는 여성이 스스로를 외부에 '맞추도록' 도와줌으로써 남성중심적이고, 가부장적인 현상 유지에 기여한다고 가정한다(Worell & Johnson, 2001). 필리스 체슬러(1972)에 의하면, "대부분의 중산층 여성들에게 있어 심리치료적 만남은 불평등한 관계의 또 다른 예일 뿐이며, 전문적으로 지배하는 사람에게 자신의 고통을 표현하여 보상을 받거나 도움을 받는 기회를 갖는 것뿐이다."(p. 108)

현대 페미니스트들은 올바른 관계적 요소가 전제된다면, 상담관계가 내담자의 성장을 이끌어낼 수 있다고 자신한다. 캐시 에반스 등(Kathy Evans et al., 2011)은 진정한 여성주의 치료법에는 다음과 같이 네 가지 구성 요소가 있어야 한다고 제안했다: (1) 개인은 정치적인 존재라는 것에 대한 믿음, (2) 평등한 관계, (3) 여성의 경험에 대한 특권의식, (4) 강점 기반 관점(pp. 87-88). 또한 여성주의 치료 상담자는 '반대편의 지식' 또는 성 문제에 대한 자각, 보편적으로 퍼져 있는 신념 및 가정에 대한 비판적, 문제 제기 태도를 지녀야만 한다(Evans et al., 2011).

> 찬드라는 여성주의 치료의 실현 가능성에 대해 많은 생각을 해왔다. 그녀는 상담이 무엇인지에 관한 자신의 신념을 검토하고, 임파워먼트 접근법과 관계적 접근법을 혼합한다. 찬드라는 수잔으로 하여금 여성적 경향성을 받아들이도록 돕는 동시에 자신이 하나의 인간으로서 가진 힘을 받아들일 수 있도록 돕는다.

내담자와 상담자의 역할

모든 여성주의 치료 이론가들은 한 가지 사실에 동의한다. 즉, 상담자와 내담자 사이에 평등한 관계를 촉진하는 것이 여성주의 치료에서 필수적이라는 사실이다. 상담장면에서는 상담자가 가진 전문성으로 인해 어쩔 수 없는 힘의 불균형이 가정된다. 따라서 상담자는 이러한 불균형을 인지하고, 이를 내담자와 상의해야 한다(Enns, 2004). 상담자가 상담 시간과 장소를 결정하고, 내담자가 상담자에게 돈을 지불한다는 것은, 평등주의적이지만 완전히 평등하다는 의미는 아니다. 내담자와 상담자는 똑같이 전문가로 간주되어야 한다(Enns, 2004; Gilbert, 1980). 내담자는 자신에 대한 전문가이고, 상담 전문가는 자신의 전문 지식과 전문성을 보유하고 있다. 상담자의 힘은 일시적이며, 변화 과정에 투입되는 지식에 녹아 있고, 내담자의 역량 강화를 돕는 능력에 스며들어 있는 것이다(Remer, 2013).

로라 브라운(2000)은 "환자의 임파워먼트는 상담자의 무력화가 아니다."라고 언급했다(p. 372). 로라 브라운은 여성주의 치료 상담자가 힘을 사용하는 방법 중 하나는 내담자로 하여금 자신의 힘을 상기시키는 것임을 제안했다. 또한 여성주의 치료 상담자는 내담자가 자신이 경험한 두렵고 고통스러운 이야기에 대해 말하는 과정에서 내담자를 양육하고 돌보면서, 침착하게 경청할 수 있는 힘을 발휘한다고 보았다(L. S. Brown, 2000).

내담자가 가진 힘의 일부는 상담관계를 시작하려는 의지에서 비롯된다. 이렇게 일시적인 종속성을 인정하는 것은 종속성이 오직 간접적으로 또는 사회적으로 승인받는 방식으로만 표현되어야 한다는 것으로, 이는 가부장제에 대한 저항의 표현이다(L. S. Brown, 2000). 또한 내담자는 자신에 대해 유일하게 아는 존재로 간주된다(Enns, 1995). 여성주의 치료 상담자는 내담자가 개인적이고 문화적인 맥락에서 자신을 정의할 수 있는 힘을 가지고 있다고 강조한다(L. S. Brown, 2000).

찬드라는 수잔에게 자신이 가진 힘의 속성을 설명하며, 수잔이 자신의 삶의 방식을 찾을 수 있도록 최선을 다할 것이라고 말했다. 또한 찬드라는 수잔이 가지고 있는 강점과 투쟁을 강조하면서, 수잔이 도움요청 의지를 가지고 상담을 찾은 것에 대해 존중하고 있다고 알린다. 찬드라는 또한 수잔이 그녀의 인생에 대한 전문가이며, 수잔이 이러한 자신에 대한 앎을 상담 과정에 기여할 것으로 기대한다고 제안한다.

상담 목표

여성주의 치료의 가장 중요한 목표는 내담자를 임파워시키고 여성주의 의식을 창출하는 것이다(L. S. Brown, 2010, p. 29). 여성주의 상담자는 내담자가 삶에서의 자신의 개인적인 힘을 받아들이도록 도우며, 내적 힘과 강압 또는 타인을 지배하려는 힘 사이의 차이를 가르친다(Enns & Byars-Winston, 2010). 상담자는 내담자가 그들이 가진 대안을 주의 깊게 탐색하게 하고 자유롭게 선택하지 않고, 그저 자신에게 주어진 상황에 맞게 자신을 맞추려 하는 행동을 보일 때 격려하지 않는다. 따라서 내담자를 임파워시킬 수 있는 중요한 부분은 바로 상담자가 내담자의 목표를 수용하는 것이다. 그러나 상담자는 내담자가 다양한 삶의 가능성을 탐구할 수 있도록 도움을 제공한다.

로라 브라운(2000)은 조금 더 급진적인 의견을 제시했다. "여성주의 치료는 가부장제가 존재한다는 사실을 폭로하는 것을 목표로 삼아야 할 것이다. 이로 인해 억압적 영향을 명명하고, 약화시키며, 저항하고, 전복시킬 수 있어야 한다."(p. 367) 유색인종 페미니스트들은 상담 목표로서 경각심의 발달 및 비판적 의식을 제안한다(Comas-Díaz, 1994) 식민지화에 대한 내담자의 인식을 높이고, 내면화된 인종차별주의에 대한 인식을 수반하게 되면, 내담자는 사회에서의 자신의 위치를 인식하고, 사회적 규범과 구조를 비판적으로 인식하게 된다. 이로써 내담자는 자신의 환경에서 변화를 목표로 행동을 시도할 수 있다.

찬드라는 수잔이 삶에서 자신의 길을 찾을 수 있도록 돕고, 수잔 스스로도 자신의 길을 찾을 수 있는 힘을 충분히 갖고 있다는 것을 인식하도록 돕는다. 찬드라의 과업 중 하나는 수잔이 그녀의 삶 속에 존재하는 사회적 태도와 구조, 특히 비(非)백인 문화의 여성과 개인을 억압하는 힘이 그녀를 방해하는 등 상당한 영향을 미치고 있다는 점을 인식할 수 있도록 돕는 것이다. 이것은 찬드라가 가진 일반적인 목표이다. 찬드라는 또한 수잔의 목표가 무엇인지 발견하고, 그 목표들을 명확하고 구체적으로 만들고, 그 목표에 도달할 수 있는 방법을 고안하기 위해 매우 신중하게 접근한다.

수잔은 '세상이 그녀의 등 뒤로 물러나기를' 원하고 있다. 찬드라는 이러한 수잔에게 공감하며, 수잔의 목표를 지지한다.

치료 과정

1993년 여성주의 실제에서의 교육 및 훈련을 주제로 열린 국제회의에서는 여성주의 치료의 원리들을 개발했는데(Worell & Johnson, 1997), 이는 [글상자 12.2]에 제시되어 있다. 여성주의 상담자는 가치로부터 자유로운 치료는 불가능하다고 믿는다(L. S. Brown, 2010). 따라서 여성주의 상담자는 자신의 가치와 신념, 특히 성, 젠더, 인종, 계급을 포함하는 모든 신념 및 가치에 대해 자각하고 있어야 한다. 또한 상담자는 자신이 가진 특권(예 : 인종, 사회경제적 지위, 성적 오리엔테이션)(L. S. Brown, 2010)을 알아차려야 한다. 일부 여성주의 상담자들은 여성주의 관점을 내담자들에게 직접 전달한다. 또 다른 상담자들은 페미니스트라는 용어가 가지고 있는 고정관념 때문에 내담자에게 이러한 용어를 사용하는 것을 주저하기도 한다. 그러나 여기서 중요한 점은 여성주의 상담자가 내담자에게 상담자가 가지고 있는 가치체계를 강요하지 않는 것이다(Enns, 2004).

여성주의 상담자가 내담자와의 평등과 협력을 향상시킬 수 있는 좋은 방법 중 하나는 내담자에게 여성주의 상담에 대한 정보를 제공하고 사전동의를 요청하는 것이다(K. M. Evans et al., 2011). 치료계약은 여성주의 상담자들에 의해 처음 개발되었으며, 이후 다른 이론적 경향의 지지자들에 의해 널리 채택되었다(L. S. Brown, 2010). 계약은 치료 과정의 목표와 진행 속도를 결정하는 협동 과정에 내담자와 상담자를 함께 포함시키는 것이다. 여성주의 상담자는 내담자에게 치료에 대한 접근방식, 치료비용 및 혜택, 내담자 및 상담자의 역할, 그리고 이 외의 치료 과정의 특징들을 설명한다(K. M. Evans et al., 2011). 이 내용들은 서로 합의한 목표와 함께 서면으로 작성하거나 보다 비공식적으로 처리할 수도 있다.

사전동의 및 계약을 맺는 의도 중 하나는 치료 과정을 좀 더 이해하기 쉽게 명료화하기 위함이다. 내담자가 여성주의 치료 과정에 참여할 수 있도록 돕기 위해서는 여성주의 상담자가 전문용어를 피해야 한다. 내담자가 치료 과정에 참여하도록 하는 또 다른 방법은 상담자의 자기개방을 주의 깊게 사용하는 것이다. 이러한 자기개방은 내담자, 상담자, 그리고 모든 여성의 경험을 공유하고, 관계에서 힘을 동등하게 유지하기 위한 것이다(Remer, 2013). 그러나 상담자는 인종, 성적 정체성 등과 같이 억압과 관련된 다른 중요 요소의 영향을 잊지 않도록 주의해야 한다.

여성주의 치료에서의 '저항'은 억압을 물리치는 사람의 건강한 시도로 정의된다(Brabeck & Brown, 1997). 사실 로라 브라운(1994)은 여성주의 치료의 한 측면으로서 가부장제의 저항에 대해 내담자들에게 가르쳤다. 상담자나 치료에 대한 내담자의 감정과 반응은 전형적으로 '전이'로 명명하지 않으며, 다루어야 할 하나의 문제로 간주된다. 여성주의 상담자는 여성은 표현을 억제하도록 가르침을 받아 왔기 때문에, 치료 과정에 대한 내담자의 피드백, 특히 분노의 표현을 반긴다(Worell & Remer, 2003).

"남성이 여성주의 상담자가 될 수 있는가?"에 관한 질문이 종종 제기된다. [글상자 12.4]는 이러한 질문에 대한 의견을 제시한다. 급진적인 페미니스트들은 단호하게 'NO'라고 대답할 것이다! 예를 들어 1994년에 로라 브라운은 남성이 여성주의 상담자가 될 수는 없지만, 치료에 대한 접근방식에서 페미니즘을 선호하거나 혹은 성차별주의를 반대하는 상담자가 될 수 있다고 제안했다. 그러나 그녀

글상자 12.4

남성도 여성주의 치료의 상담자가 될 수 있을까?

언뜻 보면 페미니스트와 남성이라는 용어는 모순된 것처럼 보인다. 그러나 여성주의 치료에 관한 최근의 논의는 남성 상담자도 여성주의적 관점을 받아들일 수 있음을 시사한다.

지만스키, 베어드, 콘먼(Szymanski, Baird, & Kornman, 2002)은 여성주의적 관점을 가진 남성 상담자는 어떠한 특성을 가지는지에 관해 연구해보기로 결정했다. 그들은 91명의 남성 상담자를 대상으로 설문 조사한 결과, 18명의 상담자가 여성주의적 관점을 가졌다고 답했다. 연구자들은 여성주의적 관점을 가진 남성 상담자가 여성 운동과 성역할 태도에 대하여 비여성주의적 관점을 가진 남성 상담자와는 다른 태도를 갖고 있음을 발견했다. 여성주의적 관점을 지닌 남성 상담자는 또한 여성주의 치료와 관련된 치료 행동을 지지했다. 스스로를 여성주의 상담자라고 밝힌 남성 상담자들은 성역할 태도에 대해 좀 더 자유로운 입장을 가지고 있었고, 여성 운동에 대해 더 긍정적이었으며, 내담자와 평등한 관계를 수립하고, 성별은 사회적 구성물이라는 점을 강조하는 것과 같은 치료 개입을 지지했다. 기본적으로 남성이면서 여성주의 치료를 수행하는 사람들은 페미니즘 관점을 지닌 여성 상담자와 매우 흡사하게 보였다.

는 이후 이 입장에 대해 '본질주의적이고 문제적'인 시각으로 보았다(2006, p. 20).

최근에 로라 브라운은 "만약 누군가 페미니스트로서 생각할 수 있다면 성별, 권력, 사회적 위치에 대해 고려할 수 있고, 만약 젠더가 사회적으로 구성되는 것이라면, 상담자가 페미니스트와 같이 생각하는 생물학적 성별과 젠더 부분은 전혀 문제가 되지 않을 것이다."(p. 20)라고 주장했다.

찬드라와 수잔은 함께 고안한 상담 목표를 명시한 치료 계약을 서면으로 작성한다. 계약서는 일상 언어로 작성되며, 다음의 계약 내용과 목표를 포함한다.

1. 수잔과 찬드라는 서로의 의견을 토대로 바람직한 치료관계를 만들기 위해 적극적으로 참여할 것이다.
2. 수잔의 고통에 영향을 미치고 있는 사회 및 정치적 요인의 역할을 탐색할 것이다.
3. 수잔과 찬드라는 수잔의 관계에 대한 생각과 감정을 탐구할 것이다. 찬드라는 치료 과정에서 수잔이 가진 권리를 침해받지 않도록 관계에서 수잔 자신이 가진 힘을 인식할 수 있도록 도울 것이다.
4. 수잔과 찬드라는 수잔이 갖고 있는 분노의 근원을 탐색할 것이다. 특히 분노를 생기게 한 사회적 구조 · 사회적 태도 및 실제에 대해서 주의를 기울여야 한다.

치료 기법

여성주의 치료에서는 고유한 기법이 거의 없다. 어떠한 기법 혹은 접근이라도 여성주의의 목표 성취에 도움이 된다면 수용 가능하다(L. S. Brown, 2010). 일부 상담자는 여성주의 원리에 맞도록 전통적인 상담이론을 수정한다. 따라서 여성주의 치료의 경우 정신역동적, 융심리학적, 인지적·행동적 접근 등을 활용한다(Enns, 1995). 이 부분에서는 여성주의 치료와 가장 밀접하게 관련된 몇 가지 기법을 제시하고자 한다.

젠더 역할 및 권력에 관한 분석

젠더 역할 분석(gender-role analysis)은 실제로 여성주의 치료와 동의어라고 볼 수 있다. 내담자는 여성과 남성의 행동에 대한 문화적 규칙이 무엇인지, 이러한 문화적 규칙이 내담자의 어려움과 어떻게 관련되는지에 대한 개인적인 탐색 과정을 통해서 지지를 받는다(K. M. Evans et al., 2011).

내담자를 해독(detoxifying)시키기 위해서 사회화 과정이 내담자의 현재 행동과 어떻게 관련되는지에 대해 논의한다. 예를 들어 '종속적(dependent)'으로 분류될 수 있는 행동은 우리 사회가 여성역할에 적절하다고 강력히 강조하는 행동으로 해석될 수 있다(Philpot, Brooks, Lusterman, & Nutt, 1997). 내담자는 상담을 통해 사회적 규준과 억압적인 환경에서 행동의 기원을 발견하고 이러한 행동을 변화시킴으로써 얻게 되는 결과를 이해하도록 도움을 받는다(Enns, 2004). 이러한 탐색 과정의 일부는 내담자의 경험에서 권력의 출처와 권력의 사용을 확인하는 것을 포함한다. 내담자는 다양한 유형의 권력(예 : 법적, 규범적, 자원 기반)에 대해 배우며, 내담자 삶에서의 권력의 작동 방식을 분석하는 것을 배운다(Remer & Oh, 2013). 현대 페미니스트들은 문화의 영향, 다른 측면의 다양성까지 탐색 과정을 확장하며, 내담자가 보유한 다양한 사회적 위치 간의 상대적 중요성을 검토하기 위해 사회적 정체성 분석(social identities analysis)의 실시를 권고한다(Rice et al., 2015).

> 찬드라는 수잔이 관계에서 자유롭지 못한 부분에 대해 매우 관심이 있다. 찬드라는 이러한 수잔의 특성에 대한 분석과 함께 지배적인 문화에 의해 강화된 전통적 성역할을 과장해서 수행하는 행동의 근원에 대해 탐색한다. 찬드라와 수잔은 전통적인 사회에서 자랐던 수잔의 양모가 가졌던 가치를 탐색한다. 즉, 이러한 요인들이 수잔의 자기에 관한 관점과 행동 형성에 어떻게 영향을 미쳤는지에 관해 검토하는 것은 수잔 행동의 탈병리화를 도모하는 시도이며 문제의 근원을 정치적 영역으로 확장하는 것이다.

자기개방

여성주의 치료의 권력 불균형의 균형을 이루게 하기 위한 또 다른 접근법은 상담자가 자기개방을 활용하는 것이다(Enns, 2004). 와이키와 라이스(Wyche & Rice, 1997)는 상담자의 자기개방 기법에 대한 명확한 합의가 이루어지지 않았다고 언급한다. 앞에서 언급했듯이 상담자의 자기개방은 치료 과정을 알기 쉽게 설명하는 데 도움이 되며, 여성의 공유된 경험을 강조하는 데 도움이 된다. 또한 상담자의 자기개방은 상담자 본인의 욕구를 충족시키기보다는 내담자의 이익에 기여해야 한다(K. M. Evans et al., 2011).

> 찬드라는 자기개방이 수잔에게 도움이 되는지를 고민한다. 찬드라는 수잔이 다른 여성과의 공동체 의식을 갖고 있지 않은 상태이기 때문에 일부만 자기공개하는 것은 적절하다고 결정한다. 간단

히 말해서 찬드라는 남성에게 힘을 주는 세상에서 그녀가 경험하고 있는 자율성과의 투쟁에 대해 이야기한다. 수잔은 이러한 상담자의 자기개방에 대해 긍정적으로 반응하고, 자신의 경험에 대한 생산적인 탐색을 계속한다.

주장 훈련

주장 훈련은 타인의 권리를 침해하지 않고, 자신의 권리를 추구하는 것을 가르친다(Jakubowski, 1977a). 페미니스트들은 여성이 문화적으로 강요된 수동성을 포기하고, 개인적인 목표를 결정하고 성취하도록 돕기 위해 행동주의 상담이론으로부터 이 기법을 빌려왔다(Truscott, 2010). 주장성은 타인의 권리를 침해하는 공격성과 다르며, 또한 자기 자신의 권리를 침해하도록 허용하는 비주장성과 또 다른 개념이다. 이 분야의 유명 저자, 패트리샤 자쿠보우스키(Patricia Jakubowski, 1977a)는 주장성이란 "자신의 사고, 감정, 신념에 대해서 직접적이고, 솔직하고 적절하게 표현하는 것"(p. 147)이라고 언급했다. 자기와 타인을 존중하는 것은 주장적 행동의 중요한 요소이다. 여러분은 비주장적 행동이 다른 사람들의 필요를 우선적으로 두며, 자신의 의견을 보류하고, '착한 사람이 되는 것' 등과 같은 고정관념 속 여성적 행동에 적합하다는 것을 알아챘을 것이다.

현대 여성주의 상담자에게서 드물게 언급되지만, 1970년대와 1980년대에는 문화적으로 강요된 비(非)주장적 행동을 포기하도록 여성을 가르치는 데 주장 훈련(assertive training)이 사용된 바 있다. 그러나 현대 여성주의 치료 상담자들은 주장 훈련 기법의 기본 원리와 목표에 동의할 것이다. 주장 훈련은 개인상담에서도 사용될 수 있으나, 대부분의 경우 집단(일반적으로 여성전용 집단)상담 형태로 실시되었다. 자쿠보우스키(1977b)는 주장 훈련의 네 가지 구성 요소를 확인했다. (a) 주장적 행동 대 비주장적 행동 대 공격적 행동 간의 구분을 가르치고, 내담자가 자신의 행동을 관찰하도록 돕는다. (b) 내담자에게 개인의 권리를 존중하고 주장적인 행동을 지지하는 철학을 교육한다. (c) 주장적 행동을 억제하는 요소를 제거하거나 감소시킨다. (d) 실제 주장기술을 가르친다(p. 169). 교육과 집단토론을 결합하는 방법은 내담자에게 주장적인 행동, 공격적인 행동, 비주장적인 행동 사이의 차이점을 가르치는 동시에, 기본적인 주장성에 대한 철학을 장려하는 데 도움이 된다.

찬드라는 수잔과 함께 수잔의 주장적인 행동을 늘리고, 때때로 나타나는 분노와 공격적인 행동을 줄이기로 결심한다. 그러나 찬드라는 수잔의 분노가 수잔이 갖고 있는 내적 에너지의 한 형태이며, 사회적 규범을 제한하려는 그녀의 저항에서 유래하고 있음을 잘 알고 있다. 이런 이유로 찬드라는 수잔의 분노를 없애버리고 싶지는 않다. 즉, 수잔의 분노는 타당하고 건강한 감정이다. 수잔과 찬드라는 비주장적인 상황과 분노하는 상황에 대해 역할극을 수행해본다.

독서요법

여성주의 상담자는 종종 자신의 관심사와 목표에 따라 내담자에게 읽을 책을 제안한다. 그중에서 일부는 기법 관련 책일 수도 있지만 권력, 특권, 억압 및 불평등에 대한 인식을 높일 수 있는 책도 추천한다. 섭식장애, 가정폭력, 강간, 근친상간 및 성희롱 등과 같이 여성의 경험과 직접적으로 관련되어 있는 문제에 대한 페미니즘 시각은 자기비난을 줄이는 데 도움이 될 수 있다(Remer, 2013).

찬드라는 수잔에게 도움이 될 만한 책을 고려해본다. 찬드라는 심사숙고 후에 **춤의 분노**(*The Anger of Dance, Lerner*)(1985)의 사본을 수잔에게 제공하기로 결정한다.

개인적·문화적 다양성에 대한 논의

여성주의 치료는 여성에게 좋은 접근법이라는 점은 명백하다. 그러나 일부 급진적인 페미니스트들은 자유주의 여성주의 접근법을 사용하는 것에 반대할 것이다. 왜냐하면 이러한 치료 접근법이 가부장적 현상을 유지시킨다고 생각하기 때문이다. 예를 들어 초기 여성주의 치료의 주요 기반인 '주장 훈련'은 고정관념적 여성의 행동을 결함으로 보는 모델에 기반했다는 비판을 받아 왔다(Fodor, 1985).

여성주의 치료는 억압에 대한 민감성에 기반을 두고 있기 때문에 다양한 배경의 사람들과 함께 사용하는 것이 매우 적절하다고 여겨질 수 있다. 백인 중산층의 경험을 바탕으로 한 여성주의 치료의 초기 버전은 인종차별주의 혐의로 비난을 받았다. 현대 여성주의 상담자는 계층, 연령, 능력, 성적 오리엔테이션 및 인종/민족성 등과 같은 경험에 중요하게 영향을 미치는 요인을 인식한다(L. S. Brown, Riepe, & Coffey, 2005). 페미니즘은 이성애적 가부장제를 인식하고, 레즈비언 페미니즘은 레즈비언 여성을 위한 대안으로 제시되었다. 실제로 여성주의 학자들은 레즈비언과 양성애자들과 관련된 이론 및 실제에 관련된 문제에 항상 관심을 가져왔다(L. S. Brown et al., 2005). 그러나 여성주의 치료 문헌에서 남성 동성애자, 트랜스젠더, 남성 양성애자에 관련된 논의는 찾기가 쉽지 않다. 다양성 문제에 대한 관심이 높아지면서 아프리카계 미국인(W. S. Williams, 2015), 라틴계(Díaz-Lázaro, Verdinelli, & Cohen, 2012; Gonzáles, Castañada-Sound, & Navarro, 2015), 혼혈(Nishimura, 2004), 무슬림(SR Ali, 2009), 일본인(Machizawa & Enns, 2015) 내담자 등에 대해 여성주의가 가진 함의에 대한 탐색으로 이어지고 있다.

문제는 남성 내담자를 위한 여성주의 치료의 적합성 부분이다. 로라 브라운(2010)은 역사적으로 여성주의 치료는 여성만을 위한 것이었지만 최근에는 "여성주의 치료는 성별에 상관없이 가능한 모든 유형과 구성의 내담자에게 적용된다."(p. 6)고 인정했다.

안드레 브라운(Andraé Brown, 2008)은 흑인 남성 내담자를 치료하는 여성주의 가족 상담자가 되기 위한 여정에 대해 설득력 있게 저술하였다. 로리 민츠와 데이비드 태거(Laurie Mintz & David Tager, 2013)는 여성주의 학문과 남성 및 남성성 연구들 간의 교차점을 분석하여, "여성주의 치료법은 남성과의 심리치료를 위해서도 탁월한 치료 방법"이라고 밝혔다(p. 322). 권력, 성별, 사회적 위치의 영향을 분석하는 것은 여성의 경우와 마찬가지로 남성에게도 적합하다. 단, 남성의 경우 전통적으로 남성에게 부여된 권력 때문에 이상의 영향을 살펴보기가 어려울 수 있다.

이러한 관찰은 남성이 매우 중요한 성역할 갈등을 경험한다는 인식과 함께 젠더에 대한 인식 또는 젠더에 민감한 치료의 발전을 촉발시켰다(Philpot et al., 1997; Wester & Lyubelsky, 2005). 젠더에 민감한 치료적 접근법은 여성주의 원칙과 젠더에 대한 광범위한 검토를 통합한다. 남성 내담자를 위한 젠더에 대한 인식을 도모하는 치료는 전통적인 남성 역할의 영향에 대해 탐색하도록 격려하고, 대인관계 기술을 개발하며, 그들의 직업 및 일과 관련된 고정관념적인 정체성에 대한 강조를 줄여 나가는 작업을 한다.

CHAPTER 13

가족체계 이론

버지니아 사티어

진은 아들 데릴의 분노 행동에 대한 걱정으로 상담실을 방문했다. 데릴은 올해 12세로, 백인인 아버지 알과 흑인인 어머니 진 사이에서 태어난 외동아들이다. 진에게는 데릴 외에도 전남편과의 사이에서 태어난 20세 된 딸이 있으며, 딸은 출가하여 자녀를 출산하였다. 진은 현재 42세이며 독신이다.

진과 알은 6년간의 결혼생활을 끝으로 2년 전에 이혼했고, 알은 지난해부터 3명의 자녀가 있는 여성의 집으로 들어가 동거 중이다. 데릴은 현재 진(어머니)과 함께 살고 있으며, 일요일 오전에는 교회에서 알(아버지)과 함께 시간을 보낸다. 하지만 데릴은 아버지와 시간을 보내고 싶은 마음이 별로 없으며, 아버지의 여자친구나 그녀의 자녀들과도 잘 어울려 지내지 않는다고 한다. 진과 알은 극심한 갈등 끝에 이혼하였는데, 알은 진에게 신체적 학대까지 일삼았었다. 데릴은 종종 알의 폭행을 저지하려고 둘 사이에 끼어들곤 하였다. 현재 진과 알은 간단한 대화 정도는 주고받으나 여전히 관계가 좋지 않은 것으로 보인다. 진은 알과 단둘이 있을 때 불편감을 느낀다고 보고한다.

진은 경영학 학사학위를 가지고 있으며, 한 정부기관의 행정관으로 일하고 있다. 진의 원가족은 가까운 곳에 살고 있으나, 예전처럼 많은 시간을 함께 보내고 있지는 않다. 진은 친구가 별로 없으며 딸과도 많은 시간을 함께 보내지는 않는다. 하지만 데릴은 이복누나와 조카들 집에서 종종 하룻밤을 보내고는 한다. 진과 데릴은 대부분의 시간을 함께 보낸다.

진의 말에 의하면 데릴의 문제행동은 알(아버지)이 여자친구와 살림을 차렸을 때부터 심각해지기 시작하였다고 한다. 데릴을 상담실에 데리고 오게 된 계기는 최근에 데릴이 학교 경비원과 벌인 언쟁이다. 보고된 바에 의하면 데릴은 경비원에게 반복적으로 말대꾸를 하였으며, 경비원이 가까이 다가와서 말을 할수록 점점 더 화를 냈다고 한다. 결국 경비원은 데릴을 사물함 쪽으로 밀쳤고, 이 사건으로 인해 데릴은 10일간의 정학처분을 받았다.

최근 들어 데릴의 문제행동은 다소 완화되었으나, 그럼에도 불구하고 데릴은 거의 격주 간격으로 사고를 쳤다. 예를 들어 데릴은 자신의 엄마에 대해 뭐라고 한 아이의 따귀를 때려서 방과후 프로그램에서 쫓겨나기도 하였다. 진은 데릴이 여성과 연장자를 존중하지 않아서 걱정이 되며, 어떻게 해야 데릴의 문제행동을 변화시킬 수 있을지 모르겠다고 토로하였다.

배경

이 책은 주로 개인에 초점을 맞춘 이론으로 구성되어 있기 때문에 가족체계 이론이 포함된 것이 의아하게 느껴질 수도 있다. 비록 저자가 가장 선호하는 이론이 아님에도 불구하고 가족체계 이론(family systems, FS)을 본서에 포함시킨 이유는 다음과 같다. 첫째, 가족체계 이론은 상담 및 심리치료 학계 내에서 주요한 학파 중 하나로 인정받고 있다. 둘째, 가족체계 접근법은 개개인의 내담자에게도 충분히 적용될 수 있는 이론이다. 가족체계 상담자에 의하면 가족 구성원으로서의 내담자의 경험을 이해하는 것은 내담자를 파악하는 데 큰 도움이 된다. 하지만 효과적인 가족체계치료를 위해 온 가족이 상담회기에 참여해야 하는지에 대해서는 엇갈리는 의견들이 존재한다.

이 장에서 소개할 가족체계 접근은 구조적 접근, 전략적 접근, 머레이 보웬의 가족체계 이론, 그리고 버지니아 사티어의 실존주의적/인본주의적 접근으로 총 네 가지 접근을 소개할 것이다. 해결중심 접근, 이야기치료 접근과 같은 최근에 제시된 구성주의 이론들은 제14~15장에서 다룰 것이다. 니콜스(Nichols, 2014)는 후자의 두 가지 접근법을 미래의 물결로 분류하였지만, 가족치료 상담자는 다양한 접근법을 필요에 따라 자유자재로 적용할 수 있음을 강조하였다. 우선 본서에서는 가족체계 이론의 역사적 기반이며 현재까지도 많은 상담자에게 영향을 미치고 있는 네 가지 접근의 고전적인 형태를 간략적으로 소개할 것이다. 오늘날 대부분의 상담자는 하나 이상의 접근법들을 구성주의적 틀에 통합하여 활용하고 있다.

가족치료 및 이론에 대한 자세한 역사는 이 장에서는 다루지 않을 것이므로, 보다 자세한 역사에 대해 관심 있는 독자는 니콜스(2014) 혹은 P. J.게린과 차봇(P. J. Guerin & Chabot 1995)의 글을 참고하길 바란다. 또한 시몬(Simon, 1992)의 흥미로운 저서 일대일(*One on One*)에는 제이 할리, 클로에 메데니스, 살베이더 미누친, 버지니아 사티어를 포함한 가족치료운동 선구자들의 인터뷰 내용이 기술되어 있다.

가족치료 전문가집단은 매우 적극적으로 활동한다. 물론 모든 가족치료 상담자들이 가족체계 이론의 지지자는 아니지만, 대부분의 가족치료 상담자들은 가족체계 이론과 관련된 지식을 조금씩 자신의 상담에 활용하고 있다고 볼 수 있다. 가족체계치료 상담자는 다른 치료 접근을 지지하는 상담자에 비해 보다 폭넓은 전문가 집단에 속해 있는 것으로 볼 수 있다. 가족체계치료 상담자는 자신의 정체성을 심리학자, 전문상담자, 사회복지사, 혹은 커플/가족상담사 등으로 표현한다.

가족체계치료 지지자들의 주요 단체 중 하나는 '미국 결혼 및 가족치료학회(AAMFT)'이다. 미국 결혼 및 가족치료학회는 부부 및 가족치료 학회지(*Journal of Marrital and Family Therapy*)와 가족치료 매거진(*Family Therapy Magazine*)을 출간하고 있다. 미국심리학회(APA)의 제43분과인 부부 및 가족심리학회(Society for Couple and Family Psychology)에서는 소식지 가족심리학자(*The Family Psychologist*)와 공식 APA 학술지인 부부 및 가족심리학 : 연구와 실제(*Couples and Family Psychology : Research and Practice*)를 출간하고 있다. 아마도 가장 명망 있는 가족체계치료 학술지는 1967년에 설립된 가족 과정(*Family Process*)일 것이다. 가족 과정의 첫 번째 편집자는 제이 할리와 가족 과정 연구소의 이사진인 페기 팝, 살바도르 미누친, 버지니아 사티어, 돈 잭슨, 그레고리 베이트슨 등이었다. 머레이 보웬은 가족체계 이슈에 헌신하고 있는 교사, 연구자, 그리고 실무자를 위한 미국 가족치료 아카데미(American Family Therapy Academy; 추가 정보는 www.afta.org 참조)의 첫 번째 원장이었다.

네 가지 가족체계 접근법에 대한 본격적인 설명을 시작하기 전에 가족체계 이론가들이 공유하는 몇 가지 중요한 신념들을 강조하고자 한다. 가족체계 이론가들은 무엇보다 **체계로서의 가족의 개념을** 중요시 여긴다. 이러한 관점에서 볼 때 가족은 상호 연관된 사람들의 집단일 뿐만 아니라, "공유된 방식으로 함께 기능하는 집단"이다(Nichols, 2014, p. 259; 저자 강조). 가족체계 이론가들에 의하면, 개인을 돕기 위한 가장 좋은 방법은 개인이 속해 있는 더 큰 체계의 맥락 속에서의 개인을 파악하는 것이다. 또한 가족체계 이론가들은 체계 내 구성원 간의 관계에 초점을 맞추는 경향이 있다(Becvar & Becvar, 2013).

가족체계 이론가들에 의하면, 가족 구성원은 서로 연결되어 있기 때문에 체계 내 한 부분에 대한 영향은 다른 부분에 대한 영향으로 귀결된다. 이 개념을 설명하는 데에는 장난감 모빌 비유가 효과적일 수 있다. 2개의 요트, 3개의 쾌속선, 1개의 유람선으로 구성된 모빌을 떠올려보자. 모빌의 모든 부속품은 하나의 구조물에 연결되어 매달려 있다. 요트 중 하나를 만지면 이 요트는 유람선의 방향으로 움직이며, 이때 유람선도 함께 움직이게 된다. 이때 요트를 만지면 쾌속선이 요트의 방향으로 움직이게 된다. 가족체계 이론가들의 주장에 의하면, 이러한 모빌의 움직임과 마찬가지로 가족 구성원 중 한 명이 어떤 방식으로든 움직이면, 체계의 다른 부분에도 움직임이 생긴다. 모빌의 움직임에 명확한 시작이나 끝과 같은 순서가 없다는 점에 주목하자. 유람선은 요트를 이끌지 않고, 단지 쾌속선을 따라가는 것처럼 보인다. 또한 모빌을 만지는 손가락 이외의 다른 원인들도 여러 부품에 개별적 혹은 집단적인 영향을 미칠 수 있듯이, 한 체계가 속한 사회적 환경 및 여러 기타 원인들도 각 요소에 차별적인 영향을 미칠 수 있다. 산들바람이 모든 보트를 움직이게 하더라도, 요트는 유람선보다 빠르게 반응한다. 또한 모빌에 제트스키가 추가되거나 쾌속선이 떨어져 나가는 경우도 있을 수 있다.

인간의 삶에서 이러한 비유와 같은 상황을 생각해보자. 자녀가 어떠한 행동을 할 때 표면적으로 살펴보면 부모는 대체로 차분히 자녀를 도우려고 한다. 그러나 어느 순간부터 자녀의 행동이 '고착될' 경우 부모는 심각하게 싸우기 시작한다. 가족체계 이론에 따르면, 이때 부모 사이의 갈등은 자녀로 인해 분산되거나 혹은 자녀에게로 쏠리게 된다. 증상이 사라져 압력이 풀리면 부모 간의 갈등이 분명해진다.

대부분의 가족 안에는 '문제 있는 사람'으로 분류된 사람이 존재한다. 체계 이론가들은 "온전히 개인 혼자만의 이유로 문제가 만들어질 수 있다."는 주장에 반대하기 때문에, 대부분의 가족체계 상담자들은 이와 같이 문제가 있다고 분류된 가족 구성원을 **지목된 환자**(identified patient, IP)라고 명명한다.

체계는 일련의 사건들로 구성된 사슬과 같기 때문에 행동이나 문제의 이유를 하나의 원인으로 특정 지을 수는 없다. 한 사건을 다른 사건의 원인으로 지정하는 것은 "닭이 먼저냐, 달걀이 먼저냐?"라고 묻는 것과 같이 무의미하다. 체계 이론가들은 상호작용적 관점을 설명하기 위해 **순환적 인과성**(circular causality)이라는 용어를 사용한다. 지목된 환자의 행동 A가 행동 B(부모의 분노, 슬픔 등)를 유발한다는 전형적인 직선형 인간관계와 이러한 순환적 인과성을 대조해보자. 예를 들어 사춘기 소녀 에이미는 마일리 사이러스의 스타일을 연상시키는 드레스를 좋아한다(마일리 사이러스를 모르는 독자라면, 옛 포크송 스타 셰어를 떠올려 보라). 그녀의 어머니는 에이미의 옷이 끔찍하다며 질색을 한다. 그렇다고 에이미가 양보해서 골프셔츠와 카키색 바지를 입을까? 물론 아니다. 그녀는 평상시와 같이 도발적인 행동을 계속할 것이고, 심지어는 삭발을 하겠다고 으름장을 놓는 것과 같이 더 극단적인 행동을 취할지도 모른다. 그리고 그러한 행동 때문에 에이미의 어머니는 더 크게 소리를 지를 것이다. 그렇다면 에이미가 어머니의 고함을 유발하였다고 볼 수 있을까? 체계 이론가들은 이에 동의하지 않을 것이다. 어머니의 간섭이 자기개성을 찾고 친구들과 비슷한 옷을 입으려는 에이미의 시도에 영향을 미쳤을 수도 있다. 이와 같은 간단한 사례에서도 누가 무엇을 일으켰는지를 명확히 구분하는 것은 쉽지 않다. 바로 이 점이 체계 이론가들이 강조하고자 하는 요점이다. 이러한 이유로 가족체계 상담자들은 사건의 내용이 무엇인가보다는 사건의 과정이 가족관계 안에서 어떻게 진행되어 왔는지에 더욱 관심을 갖는다(Becvar & Becvar, 2013).

체계의 유형은 '열린 체계'와 '닫힌 체계'로 구분될 수 있다(Nichols, 2014). '열린 체계'에서는 각 부분이 상호작용하며 정보가 체계 안팎으로 쉽게 유입된다. '닫힌 체계'는 정보의 유입을 허용하지 않으며, 이러한 불투과성으로 인해 경직성이 나타나 환경의 변화에 적응하는 데 어려움을 겪는다.

가족체계 이론가들이 강조하는 체계의 또 다른 주요한 특징은 항상성(homeostasis)이다. 항상성은 체계가 스스로를 통제함으로써 변화에 저항하는 특징을 말한다. 이와 같은 관점에 따르면, 한 구성원이 독립적인 변화를 겪은 후 체계로 돌아가게 되면, 체계는 그의 변화를 돌려놓으려고 시도하게 된다. 하지만 니콜스(2014)는 초기 체계이론이 항성성을 지나치게 강조함으로써 이론가들과 상담자들이 가족에게서 보여지는 내재적인 유연성과 성장을 간과하게 되었다고 주장하였다.

사티어 접근

개요

흔히 사티어 접근이라고 불리고 있지만, 사티어 자신은 자신의 이론을 인간의 타당화 과정모형(human validation process model)이라고 지칭했다. 버지니아 사티어(Virginia Satir, 1916~1988)는 1941년에 시카고대학교의 사회복지행정 석사과정에 들어가면서 가족치료 상담자로서의 경력을 시작했다(McLendon & Davis, 2002). 1959년부터 정신연구소(MRI)의 원년멤버였던 사티어는 1967년 영향력 있는 저서 공동 가족치료(*Conjoint Family Therapy*)를 발표하였다. 정신연구소(MRI)에서 일하기 전에 그녀는 개인 상담자로서 가족치료를 진행하였고, 일리노이 주립정신의학연구소에서 가족치료 수련 프로그램 개발을 총괄했다(Nichols, 2013). 여담으로 사티어는 머레이 보웬의 저서를 읽었을 뿐만 아니라 1958년에 보웬과 직접 만나기도 하였다(Brother, 2000).

1964년 사티어는 공식적으로 정신연구소(MRI)를 떠났다. 꽤 오랜 시간 사티어는 캘리포니아 빅서에 있는 에살렌 연구소에서 진행된 인간의 잠재력에 관한 흥미로운 연구들에 참여하였다(W. T. Anderson, 2004; McLendon & Davis, 2002). 그 당시 프리츠 펄스를 포함한 많은 인간 잠재력 운동의 선구자들이 에살렌 연구소에 있었다. 결과적으로 사티어의 사상은 다른 가족치료학파의 관점보다 더 경험적이고 인본주의적으로 발전하였으며, 사티어는 개인의 정서적 · 신체적 경험을 자신의 연구에 포함시켰다. 사티어는 모든 사람들은 유일무이한 특성을 갖고 있으며, "자기와 타인 간의 접촉은 신성하고 영적인 사건"임을 강조하였다(Haber, 2002, p. 23).

1970년대에 들어서서 전문적 · 이론적 관점에서 사티어의 영향력은 줄어들기 시작하였으며, 결국 사티어는 가족치료 영역에서 멀어지게 되었다(Nichols & Schwartz, 2001). 1974년에 있었던 유명한 논쟁을 기점으로 사티어는 가족치료의 주류학계로부터 멀어지게 되었는데, 이 토론에서 살바도르 미누친(Salvador Minuchin)은 사티어의 인본주의 입장을 비판하였다. 니콜스와 슈바르츠(Nichols & Schwartz, 2001)는 이를 다음과 같이 요약하였다.

> 미누친은 [가족치료]란 온정과 믿음이 아닌 기술이 요구되는 과학이며, 가족치료의 주목적은 상처 입은 가족을 교정하는 것이라고 주장하였다. 사티어는 사랑의 치유력에 대한 자신의 믿음을 고수하였으며, 가족치료를 통한 인류 구원을 주장했다. 하지만 미누친의 의견은 가족치료 분야 전문가들의 의견을 대변하고 있는 것이었다.(pp. 174-175)

거먼과 프랜켈(Gurman & Fraenkel, 2002)에 의하면, 사티어는 "(남성) 가족체계 이론가들이 만들어낸 새로운 물결에 의해 인정받지 못하고 소외당했다."고 느꼈다(p. 215).

사티어는 대규모 강의에서 자신의 치료 작업을 시연하면서 상담자로서 유명세를 얻었다. 맥렌던과 데이비스(McLendon & Davis, 2002)에 의하면, 1972년에 출간된 사티어의 저서 **사람 만들기** (*Peoplemaking*)는 "건강한 가정생활을 위한 가계 지침서"가 되었다(p. 177). 사티어는 미누친만큼이나 타고난 카리스마를 가지고 있었다.

1977년에 사티어는 교육기관 '아반타'를 설립하였다. 현재 아반타는 버지니아 사티어 글로벌 네트워크(https://satirglobal.org)라고 불리며, 국제적으로 활동하고 있다. 2006년에 사티어 태평양 연구소(http://satirpacific.org)는 사티어 학술지 : 변형적 체계치료(*The Satir Journal: Transformational Systemic Therapy*)를 출간하였다.

영상 자료 13.1

버지니아 사티어의 시연장면을 확인하자.

 https://www.youtube.com/watch?v=hLfaNQF7trs

주요 개념

자기존중감. 사티어 접근의 초석은 자기존중감 혹은 자기가치감이다. 자기존중감은 타인의 의견에 관계없이 개인이 자신을 가치 있게 여기는 정도로 정의된다(Satir & Baldwin, 1983). 자기 자신을 사랑하는 것은 타인을 사랑할 수 있는 전제 조건이 된다(Satir, 1988).

낮은 자기존중감은 전염성을 가지고 있다. 사티어와 볼드윈(Satir & Baldwin, 1983)의 주장에 의하면, "낮은 자기존중감을 가진 사람은 자기존중감이 낮은 배우자를 선택하는 경향이 있다. 그들의 관계는 내면의 감정에 대한 무시에 기반하고 있으며, 스트레스를 받으면 더 낮은 자기존중감을 보이게 된다. 이러한 환경에서 자라는 자녀는 대체로 낮은 자기가치감을 갖는다."(p. 195)

자기존중감의 수준은 초기 가족 경험의 산물이다. 안정적인 자기존중감을 가지고 있는 부모는 그들이 가지고 있는 자기존중감을 자녀들에게 가르쳐줄 수 있다(Satir, 1988). 불안정한 자기가치감을 가진 부모는 그들이 가지고 있지 않은 것을 자녀들에게 가르쳐줄 수 없다. 그러나 스스로 기꺼이 노력하는 경우 사람들은 성인이 되어서 자기존중감을 습득하기도 한다.

사티어에 의하면 자기존중감은 각 개인이 유일무이하다는 점과 자기가치에 대해 인정하는 데 기반한다. 그녀는 저서에 "당신은 인류의 구성원이며, 기적입니다. 그뿐만 아니라 당신은 유일무이한 기적입니다."라고 기록하였다(2009, p. x; 원문에서 강조).

> 엘리스는 스스로를 사티어 접근법의 지지자로 칭한다. 엘리스는 데릴과 진과 상담관계를 맺어가면서, 그들이 무한한 잠재력을 가진 유일무이한 존재라고 가정하고 있다. 엘리스는 그들이 낮은 자기존중감을 갖고 있는 이유는 삶에서 곤경을 겪고 있기 때문이라고 생각한다. 진과 알은 자신의 감정을 말하는 데 어려움을 겪는 것과 마찬가지로 타인의 감정을 존중하는 데 어려움을 겪고 있다. 엘리스는 데릴 또한 이러한 경향성을 그의 부모로부터 학습하였다고 본다.

자기 만다라. 사티어는 인간의 본질이 신체, 사고, 감정, 감각, 관계, 맥락, 영양, 영혼의 여덟 가지 측면을 가지고 있음을 설명하기 위해 '만다라(mandala)' 개념(원형으로 배열된 원들)을 일부 차용하였다(Satir, 1988). 각 원 중 어느 것도 독립적으로 기능하지 않으며, 개인의 심리적·신체적 건강을 위해서는 각각의 원에 관심을 기울이는 것이 필요하다.

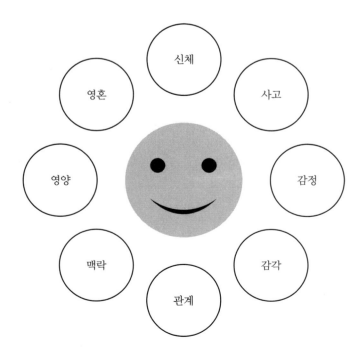

엘리스는 내담자를 다면적인 존재로 바라본다. 데릴과 진은 '생각'과 '감정'에 매우 몰두한 나머지 다른 중요한 자기영역들을 방치하고 있는 것처럼 보인다. 엘리스는 신체, 감각, 맥락, 영양, 그리고 영혼에 집중하는 것이 데릴과 진에게 도움이 될 것이라고 생각한다. 특히 그들의 관계에 관심을 기울이는 것이 필요할 것이다.

의사소통. 사티어(1967)에 의하면, 의사소통의 과정과 결과는 가족생활에 매우 중요하다. 의사소통은 인간의 생존에 필수적인 요소이다. 기능적 의사소통은 명확하고, 완전하며, 주장적이다. 일치적인 의사소통은 언어적 메시지와 비언어적 메시지가 일치하는 의사소통을 말하며, 언어적 메시지와 비언어적 메시지가 일치하지 않을 때 비일치적인 의사소통이 일어난다(Brothers, 2000). 메타의사소통(즉, 의사소통에 관한 의사소통)을 통해 우리는 메시지를 확인하거나 기각할 수 있으며, 이는 상호작용하는 관계가 어떠한지를 반영한다.

가장 기본적인 수준에서 두 사람 사이의 의사소통은 한 사람이 상대방에게 타당화에 대해 요청하는 것이다. 예를 들어 제멋대로인 상사 때문에 스트레스를 받은 타미는 친구가 "그 상사 정말 구제불능이네!"라고 말하면서 자신의 경험을 타당화해주기를 바란다.

인간은 스트레스를 받으면 대체로 문제시되는 네 가지 의사소통 패턴(회유형, 비난형, 초이성형, 산만형)을 사용하게 된다(Satir, 1972; Satir, Banmen, Gerber, & Gomori, 1991). 이 네 가지 패턴은 어려운 상황에 처했을 때 인간이 할 수 있는 최선을 다하려고 노력하고 있음을 강조하는 의미로 **생존을 위한 대처 자세**(survival coping stances)라고 불리기도 한다(Banmen & Maki-Banmen, 2014). 어떠한 경우에도 이러한 자세는 낮은 자기존중감의 산물이며, 개인의 취약성을 감추려는 시도이다. 우리 모두는 이러한 네 가지 방식으로 의사소통을 할 수 있지만, 대체로 네 가지 중 선호하는 패턴을 가지고 있다(Satir & Baldwin, 1983).

회유형(placator)은 언제나 타인으로부터 인정받고자 하는 '예스맨'이다. 그는 비위를 맞추면서 사과하며, 징징거리는 어조를 사용한다. 사티어는 이 패턴을 한쪽 무릎을 꿇은 채 한 손을 구걸하듯이 뻗고, 위로 올려다보는 자세로 비유하였다.

비난형(blamer)은 권위적인 독재자이며, 시끄럽고 날카로운 목소리로 말하며 경직되어 있다. 비난하는 사람의 자세는 한 손은 뒷짐을 진 채 다른 한 손으로 손가락질하는 모습으로 표현될 수 있다.

초이성형(computer)은 모든 것을 분석하고 어떤 일에 있어서도 감정을 거의 표출하지 않는다. 때때로 '지나치게 합리적인 사람'으로 불리기도 하는 이들은 현명하고 이성적이지만, 타인에게 거리를 두고 냉정한 태도를 취한다. 이러한 유형의 사람은 마치 긴 금속 막대기가 척추를 관통하고 있는 것마냥 뻣뻣하고 부동적이다.

산만형(being irrelevant)은 다른 사람이나 맥락에 아무런 주의를 기울이지 않는 것처럼 보인다. 때때로 '산만한 사람'으로 불리는 이들은 여러 가지 생각으로 머리가 가득 차 있다. 그들은 대화의 논점에서 벗어난 딴소리를 하며, 한시도 가만히 있지 못하며, 항상 여러 가지 일을 동시에 하려고 든다. 이들은 몸을 배배 꼬는 사람이나 한쪽으로 기울어져 어디로 튈지 모르는 팽이와 같은 모습으로 비유될 수 있다(Satir, 1967; Satir et al., 1991).

사티어가 주장하는 건강한 사람은 균형을 맞추려는 자세를 취한다. 건강한 사람은 조리 있게 의사소통하며, 몸짓과 언어, 목소리 톤이 조화를 이룬다. 사티어가 건강한 의사소통을 설명하기 위해 사용한 또 다른 용어는 일치(congruent)이다. 일치적이고 높은 자기존중감을 가진 사람은 자기 자신을 숨길 필요가 없기 때문에 자유롭고 솔직하게 의사소통을 한다. 모든 자세 중 "균형을 맞추는 자세만이 불화를 치유하고, 곤경을 돌파하며, 사람들 사이에 화합을 도모할 수 있다."(Satir, 1972, p. 73)

엘리스는 진과 데릴이 상담회기 내에서 상호작용하는 장면을 관찰한다. 진과 데릴은 상대방을 비난하는 모습을 자주 보인다. 엘리스는 진과의 대화를 통해 진과 알 사이의 관계도 이와 비슷하리라 짐작한다. 그러나 때때로 엘리스는 진과 데릴 사이에서 둘 사이를 지탱시켜주는 연결의 단서인 진정성 있고 서로를 돌보는 상호작용을 발견하기도 한다.

엘리스는 진과 데릴 사이의 의사소통에서 많은 메시지를 감지한다. 진은 데릴에게 다른 사람을 존중할 것을 권위적으로 지시하지만, 정작 데릴을 존중하지는 않는다. 데릴은 어른스럽게 행동하고 싶다고 말하지만, 자신이 그럴 수 있으리라고 확신하지는 못하는 것처럼 보인다.

원가족 삼자관계. 삼자관계(triad)는 세 명의 가족 구성원을 그룹으로 묶은 것을 말하며, 모든 가족체계 이론에서 매우 중요하게 다루어지고 있다. 사티어는 어머니-아버지-자녀의 관계를 원가족 삼자관계(primary triad)라고 명명하였는데, 이 관계는 개인의 삶에 가장 중요한 영향을 미친다(Satir et al., 1991). 자녀들은 원가족 삼자관계로부터 세상에 대처하는 방법, 관계의 본질(다른 사람을 신뢰할 수 있는지), 그리고 의사소통을 이해하는 방법을 배운다.

의사소통의 불일치(즉, 언어 및 비언어적 채널 간의 불일치)는 가족 내에서 불가피하게 일어나는 현상이며, 자녀가 이를 해석하는 방법은 초기 학습의 중요한 한 형태이다. 예를 들어 엄마가 화난 상태로 직장에서 귀가한 상황을 떠올려 보자. 엄마가 아무 말 하지 않아도, 자녀는 비언어적인 분노의 메시지를 감지할 수 있다. 혼란에 빠진 자녀가 엄마의 분노는 자신 탓이라고 오해한다면, 자녀의 자기가치감은 심각하게 약화될 것이다. 사티어에 의하면 이와 같은 경우 엄마는 차라리 자녀에게 오늘 엄마가 직장에서 못된 상사 때문에 힘든 하루를 보냈다고 솔직하게 설명하는 편이 낫다.

한 사람이 종종 다른 두 사람 간의 관계에서 제외된 것처럼 느끼는 것은 삼자관계의 본질이다. 그러므로 자녀가 부모 두 사람으로부터 느끼는 간헐적 배제 경험을 어떻게 해석하는지가 매우 중요하다. 만약 자녀가 자신이 거절당했다고 믿는다면 낮은 자기가치감을 형성할 것이다.

원가족 삼자관계는 자녀가 개인적 권력에 대한 아이디어를 형성하는 과정에 영향을 미친다(Satir & Baldwin, 1983). 부모 두 사람 간의 상호작용은 권력의 작동을 보여주는 예시이다. 또한 자녀는 한 부모가 다른 부모를 상대로 자신의 편을 들도록 설득할 수 있다는 것을 학습한다. 이와 같은 패턴은 한 부모가 자녀를 엄하게 훈육하고 다른 부모가 그 자녀를 그 상황에서 구출할 때 자주 나타난다.

가족에 관한 많은 이론들이 원가족 삼자관계 부정적인 측면을 강조하고 있는 것처럼 보이지만, 사티어는 삼자관계의 힘이 긍정적으로 작용할 수 있음을 강조하였다(Satir & Baldwin, 1983). 삼자관계 구성은 많은 지지자원을 이끌어낼 수 있다. 만약 삼자관계 내의 세 명 모두 좋은 자기존중감을 가지고 있다면, 이들은 관계 내에 존재하는 사회적 자원을 함께 활용할 수 있다.

엘리스는 원가족 삼자관계 개념이 진, 데릴, 그리고 알을 이해하는 데 매우 중요하다고 생각한다. 데릴은 진과 알을 관찰하면서 비난과 논쟁이 관계의 주요 요소임을 학습하였다. 데릴은 권력이라는 것은 종종 언어적 상호작용으로 표현되며 때로는 물리적 힘이 사용되기도 한다고 학습하였다.

엘리스는 데릴이 부모로부터 자신이 배제되었다고 느끼는지 궁금하다. 아이 입장에서 싸움과 침묵을 번갈아 가면서 보이는 부모에게 접촉하기는 어렵기 때문이다. 알과 대면할 때 진이 데릴을 옆에 두고 싶어 한다는 점에서, 데릴이 그의 어머니와 아버지 사이에 묶여 있다는 단서를 발견할 수 있다. 데릴은 부모 간의 물리적 대립을 보면서 매우 두려운 감정을 느꼈다고 토로한다. 데릴은 싸움을 멈추라고 소리를 지르거나 아버지가 어머니를 때리는 것을 막기 위해 그들 사이에 끼어들기도 하였다고 한다.

엘리스는 데릴이 수년간 원가족 삼자관계에 노출되어 있었고, 이로부터 데릴이 학습한 반응이 현재 부모와의 관계 및 그의 자존감에 영향을 미쳤을 것이라고 가설을 세운다. 이 과정에서 데릴은 가장 강력한 의사소통 방법은 고함과 분노이며, 물리적 힘은 언어적 분노를 강화한다는 것을 학습했다. 또한 타인에게 영향력을 미칠 수 있는 태도는 진정성 있는 소통이 아니라 타인의 면전에 대고 고함과 비난을 쏟아붓는 것이라고 학습하였다.

가족 규칙. 가족이 작동하는 방식에 대한 규칙은 명시적일 수도, 암묵적일 수도 있다. 예를 들어 데비의 취침시간에 대한 명시적 규칙은 8시이다. 암묵적 규칙은 데비가 칭얼거림을 통해 이 시간을 8시 30분까지 연장할 수 있다는 것이다. 더욱 심각한 가정 내 암묵적 규칙으로, '이모의 음주문제를 누구도 입에 담지 말아야 한다는 것'과 같은 예를 들 수 있으며, 이러한 현상은 문제가 있는 가정에서 더욱 쉽게 발견된다.

가족 규칙은 실행 가능하여야 하며 사티어가 말했듯이 '인간적으로 가능'해야 한다(Satir & Baldwin, 1983, p. 202). 사티어는 이를 설명하기 위해 '가족 구성원끼리는 언제나 행복해야 한다'라는 비현실적 규칙을 예로 들었다. 이와 같은 규칙을 준수하는 것은 명백히 불가능하며, 가족 구성원들로 하여금 자신의 감정을 감추게 하여 결국 격리와 정서적 거리감을 초래하게 된다. 또한 이와 같은 규칙에 얽매일 때, 행복하지 않은 가족 구성원은 불량하고 순종적이지 않은 사람으로 여겨지게 되며, 이와 같은 평가는 그 가족 구성원의 낮은 자기존중감으로 귀결될 수 있다.

유연성과 연령 적합성 또한 가족 규칙의 중요한 요소이다. 자녀가 성장함에 따라 가족은 규칙을 조정해야 한다. 예를 들면 오후 7시 취침시간은 5세 자녀에게는 받아들여질 수 있지만 12세 자녀에게는 말도 안 되는 규칙일 것이다.

가족 규칙은 전 세계 다양한 가족의 운영방식이 가진 다양성을 수용할 수 있어야 하며, 구성원 간 자유로운 정보 공유를 허용해야 한다. 사티어 접근에서 가족 간의 비밀은 터부시된다. 친밀감은 물론 분노와 같은 감정과 의견도 가족 구성원 간에 받아들여져야 한다(Satir & Baldwin, 1983).

데릴의 가족 규칙은 '분노는 곧 권력'이라는 점을 제외하고는 엘리스가 곧바로 파악할 수 있을 만큼 명시적이지 않았다. 진은 데릴에게 분노를 표현하지 말 것을 가르치려고 애쓰지만 그녀 자신이 데릴과의 관계에서 분노를 표현하고 있으며, 이는 알과의 관계에서도 마찬가지다. 진과 데릴은 분노를 표현할 때 균형을 맞추려 하기보다는 폭발적인 태도를 보여서 문제를 일으키게 된다.

가족 내에서 데릴의 역할에 관한 규칙은 불분명하며 모순된 것처럼 보인다. 그는 집에서 많은 책임을 지도록 요구받고 있으며, 많은 집안일(예 : 청소, 세탁 건조, 쓰레기 반출, 잔디 깎기)을 담당하고 있다. 데릴은 어머니의 외모에 대해 거침없이 말하며 거의 매일 그녀의 옷차림을 비판한다.

반면에 진은 데릴을 그의 실제 나이보다 더 어리게 대한다. 진은 데릴을 마치 여덟 살 어린아이처럼 곁에 두려고 하며, 데릴을 청소년이라기보다는 아동처럼 묘사한다.

인간과 개인발달에 관한 이론

사티어는 성격 및 성격발달에 대한 공식적인 이론을 제안하지는 않았다. 그녀는 삶을 하나의 여행으로 보았으며, 기본적인 삶의 다섯 단계는 임신부터 출생, 출생부터 사춘기, 사춘기부터 성인기, 성인기부터 노년기, 노년기부터 죽음으로 이루어진다고 기술하였다(1988, p. 306).

사티어에 의하면 가족은 개인을 담는 도가니이며, 성인은 '인간 제작자'(1972, p. 3)이며, 부모는 '가족의 건축가'(1988, p. 141)이다. 가족의 네 가지 주요 차원은 각 가족 구성원의 자기존중감, 의사소통 패턴, 가족 규칙, 가족과 사회 간의 관계로 이루어져 있다(Satir, 1972).

다음의 일곱 가지 차원(혹은 과정)은 온전한 인간이 되기 위한 본질적 요소이다. 분화(자기와 타인 간의 구분), 관계(자기와 타인을 연결하는 방법을 아는 것), 자율성(자신을 믿는 방법을 아는 것), 자기존중감(스스로에 대한 가치감), 권력(행동을 지시하기 위해 힘을 사용함), 생산성(능력을 보여줌), 사랑이다(Satir, 1988, p. 307). 사티어는 특히 사랑에 대한 인간의 욕구를 강조하면서 이렇게 말했다. "나는 사랑하고 사랑받는 것을 믿는다. 사랑은 성적인 사랑을 포함하여 인간이 경험할 수 있는 가장 가치 있고 만족스러운 느낌이라고 생각한다. 사랑하거나 사랑받지 못한다면, 인간의 정신과 영혼은 얼어붙어 죽을 것이다."(1988, 141)

엘리스는 이 가족의 자기존중감, 의사소통, 그리고 가족 규칙을 평가하였다. 엘리스는 진과 데릴이 사회와 맺는 관계가 조심스럽고 방어적이라고 생각한다. 엘리스는 데릴과 진 모두 '분화'와 '관계'의 성장에 직면해 있다고 생각한다. 데릴은 자율적인 태도와 개인의 권력을 찾는 방법을 배우고 있다. 이 두 사람은 서로 밀접한 연결과 애정을 공유하지만, 때때로 이러한 연결성과 사랑을 표현하는 데 어려움을 겪는다.

심리적 건강과 역기능

사티어는 인본주의자이기 때문에 건강한 인간에 대한 긍정적인 언급을 많이 하였다. 사티어의 견해에 따르면, "모든 인간은 성장하는 데 필요한 자원을 가지고 있다."(Satir & Baldwin, 1983, p. 208). 행동의 기저에는 선한 의도가 있으며, 개인이 알고 있는 최선을 나타낸다(Woods & Martin, 1984). 브라더스(Brothers, 2000)는 사티어에 대해 다음과 같이 기술하였다. "사티어는 악한 사람은 존재하지 않으며, '악(파괴성)'은 사람 자체가 아니라 사람들 사이의 관계 과정에 존재한다고 보았다."(p. 5; 원문에서 인용).

건강한 사람은 개방적이고 자기와 타인에게 정직하며, 위험을 감수하고 창조적이며, 새로운 상황에 적응하기 위해 변화할 수 있다(Satir, 1972). 쾌활하고, 상냥하고, 진정성 있는 건강한 사람은 자기 자신을 믿으며 "깊이 사랑하고, 공정하게 싸울 수 있다."(Satir, 1972, p. 3) 앞서 설명한 것처럼 사티어의 인간에 대한 관점에서 자기가치감은 매우 두드러진다. 사티어 등(1991)은 일치성과 높은 수준의 자기존중감을 심리적 건강의 주요한 지표로 언급하였다.

건강하고 양육 지향적인 가정에서 의사소통은 개방적이며, 개인의 자기가치감은 강하고, 가족 규칙은 유연하고 인간적이며, 적절한 경우 변경될 수 있다. 사티어는 어떠한 개인이나 가족도 완벽할 수는 없다는 점을 인정하였지만, 건강한 가정에서는 의사소통이 대부분 일치성 있게 이루어진다고 보았다(Satir, 1975). 또한 건강한 가족의 사회에 대한 연결은 개방적이고 희망적이다(Satir, 1972, p. 4).

역기능적이거나 문제가 있는 가정에서는 이와 반대되는 현상이 나타난다. 의사소통은 불명확하며 자기존중감은 낮다. 이와 같은 가족은 사회와의 관계를 두려워한 나머지, 비난하거나 아첨(회유)하는 반응을 보일 수 있다. 가족 규칙은 고정되어 있으며 비인간적이다. 가족 구성원은 서로 친하지 않다.

사티어의 가족체계 이론에 의하면, 문제 증상은 의사소통이 잘못되었거나 규칙이 역기능적이라는 신호이며, 이러한 증상은 한 명 혹은 그 이상의 가족 구성원의 성장을 저해한다(Satir & Baldwin, 1983). 개인이 자신의 능력을 넘어서는 스트레스를 받을 때, 두려움에 찬 개인은 상황에 대처하고자 하는 노력의 일환으로 원시적인 생존 방법을 사용하게 된다(Haber, 2002). 이와 같은 현상에 대해서 사티어는 "문제 그 자체는 문제가 아니며, 대처하는 방법이 문제"라고 말한 이유이다(Haber, 2002, p. 28 인용). 이러한 대처전략의 대부분은 어린 시절의 경험으로부터 비롯되며 성년기까지 충분히 인식되지 못한 채 이어지게 된다(Banmen & Maki-Banmen, 2014).

엘리스는 데릴이 어머니로부터 분화된 개체로서 성인으로 성장하기 위해 최선을 다하고 있다고 생각한다. 동시에 진도 본인이 할 수 있는 한 최선의 부모가 되기 위해 노력하고 있다. 그러나 두 사람은 때때로 의사소통에 큰 어려움을 겪고 있으며, 서로를 존중하지 않는 방식으로 비난하고 있다. 두 사람 사이의 의사소통 문제는 진과 알 사이의 문제를 되풀이하는 것처럼 보인다. 진은 데릴에 대한 통제력을 잃어버리는 것처럼 느끼기 때문에, 그에 대한 통제력을 회복하기 위해 '소리지르기'와 '비난하기'에 의존한다. 진은 때로는 데릴을 실제 나이보다 훨씬 어린 아동으로 대하고, 때로는 데릴을 자신의 파트너로 대함으로써 관계의 규칙을 종종 변경하는 것처럼 보인다.

엘리스는 데릴의 분노 행동은 부모 간의 상호작용을 관찰한 결과이기 때문에 전혀 놀랍지 않다고 생각한다. 데릴은 그가 사랑하는 두 사람이 서로에게 화를 내며 서로를 공격하는 것을 지켜보았다. 엘리스는 진과 알이 서로의 행동에 대해 쉽게 화가 나는 것은 그들의 자기가치감이 매우 약하기 때문이라고 생각한다. 그들은 소리지르기, 낙인찍기, 비난하기 외에 갈등을 관리하는 방법을 알지 못한다.

진은 데릴의 긍정적인 면에 대해서는 거의 이야기하지 않으며, 상담회기 내에서 항상 데릴을 비판한다. 동시에 진은 데릴을 '아기' 또는 '나의 희망'이라고 부른다. 이와 같은 의사소통은 매우 모순적이다. 엘리스는 진과 데릴이 서로에게 사랑을 표현하는 데 어려움을 겪고 있기 때문에 진정한 사랑에 대한 결핍으로 고통받고 있다고 생각한다.

치료의 특성

사정. 사티어 접근으로 치료하는 상담자는 가족에 대한 중요한 사정을 하기 위해 본인의 관찰력에 주로 의존한다. 상담자는 의사소통 패턴을 측정하기 위해 개인 간의 관계를 관찰한다. 가족 구성원의 자기에 대한 표현은 자기존중감에 대한 정보를 제공하며(Satir & Baldwin, 1983), 가족 구성원 간의 상호작용은 암묵적 혹은 명시적 가족 규칙에 대한 정보를 제공한다.

합동 가족치료에서 사티어(1967)는 공식적인 진단에 관해 논의했는데, 이러한 진단명에 전적으로 기반하여 내담자를 대하려는 경향에 대해 경고하였다. 상담자는 내담자에게 다음과 같이 말할 수 있다. "당신은 지금 임상적 진단명인 '조현병'의 증상처럼 행동하고 있습니다. 그러나 이 진단명은 **지금 현재, 이 장소, 이 맥락**에만 적용됩니다. 미래의 시간, 장소, 맥락에서는 매우 다른 결과가 나타날 수 있습니다."(Satir, 1967, p. 103; 원문에서 강조).

> 엘리스는 상담회기에서 진과 데릴의 상호작용을 주의 깊게 관찰한다. 진은 데릴이 사람에 대한 존중이 결여되었다고 질책하고, 엘리스는 데릴이 이에 대해 못마땅한 반응을 보이는 것에 주목한다. 때때로 데릴은 자신의 행동을 비난하는 진을 비난한다. 두 사람은 미약한 자기가치감으로부터 비롯된 취약성을 숨기기 위해 이와 같은 행동 양식을 사용하는 것으로 보인다. 다른 상담회기에서 진은 아들에 대한 사랑과 아들이 큰 문제를 맞닥뜨리진 않을지에 대한 염려를 표현한다.

치료적 분위기 및 내담자와 상담자의 역할. 사티어(1988)는 인생의 그 어떤 시점에서도 사람은 변화할 수 있다고 믿었다. 이러한 긍정적인 전망은 낙관적이고, 따뜻하며, 긍정적인 치료적 접근법으로 귀결된다. 사티어의 주된 관심사는 모든 내담자가 가치 있다고 느낄 수 있는 안전한 환경을 조성하는 것이었다(Martinez, Hollingsworth, Stanley, Shephard, & Lee, 2011).

인본주의적 접근은 일반적으로 상담에서 상담자라는 인간의 활용을 강조하는데, 사티어는 이 점에 있어서 대가였다. 다시 말해 상담자의 활용이 사티어 접근의 핵심이라고 볼 수 있다(Satir, 2000). 엘리스의 합리적·정서적 행동치료와 같은 접근은 인본주의적 접근의 구현을 어렵게 만든다. 사티어에게 있어서 사람 그 자체는 곧 치료적 접근법과 동의어이다.

사티어 접근을 따르는 상담자의 가장 중요한 기준은 상담자 자신의 내면과 조우하여 자신을 있는 그대로 받아들이는 것이며, 이를 통해 상담회기에 내담자에게 진정성 있게 다가가는 것이다. 상담자는 내담자 가족의 명시적·암묵적 의사소통에 대한 판단적이지 않고 진솔한 태도로 접근해야 한다(Satir & Baldwin, 1983).

사티어 접근에서 상담자는 자원을 가진 사람으로 특징지어진다(Satir, 1967, p. 67). 사티어(1967)는 상담자를 전문가로 인정하였지만, 상담자가 '신, 부모 또는 판사'는 아니라고 보았다(p. 67). 좋은 가족치료 상담자가 되기 위해서는 어느 정도의 겸손이 필요하다. 그러나 상담자는 숙련된 관찰자이며, 기능적 의사소통의 본보기이다. 교사의 역할은 사티어 접근에서 필수적으로 요구되는데, 이는 가족이 보다 효과적인 의사소통을 학습해야 하기 때문이다.

우즈와 마틴(Woods & Martin, 1984)에 의하면, 사티어 접근은 다음 네 가지 요소로 요약된다.

1. 칼 로저스의 따뜻함과 수용성
2. 프리츠 펄스를 연상시키는 강력한 경험적 '지금-여기 접근'
3. 사티어의 '탐정'으로서의 천재성
4. 사티어의 편안하고 인본주의적인 존재(p. 8)

엘리스는 진과 데릴에 대해 진솔하게 대하고자 노력한다. 엘리스는 자신이 불완전한 인간임을 알고 있지만, 상담자로서 훌륭한 수련을 받았으며 자기 탐구에 헌신적인 노력을 쏟는다. 엘리스는 진과 데릴의 강점을 관찰하고 상담의 결과를 낙관적으로 생각한다. 엘리스는 진과 데릴과의 관계에서 수용적이며 따뜻하다.

상담 목표. 치료는 본질적으로 "고통 속에 있는 가족을 위한 경험 기반 교육 프로그램"이다(Woods & Martin, 1984, p. 8). 사티어 접근에는 서로 연결된 여러 가지 목표가 있으며, 가족의 막힌 잠재력을 풀어주고, 내담자의 치유력을 키우는 것에 중점을 둔다(Satir, 2000). 치료의 한 가지 중요한 목표는 가족 구성원의 자기존중감을 향상시키는 것이다(Banmen & Maki-Banmen, 2014). 또한 상담자는 가족이 보다 명확하고 자유롭게 의사소통할 수 있도록 도우며 회유형, 비난형, 초이성형, 산만형 같은 문제적 의사소통 유형에 덜 의존하도록 돕는다(Hale-Haniff, 2013).

엘리스는 진과 데릴이 자신들의 강점, 독창성, 개성을 인정하고 성장할 수 있도록 지원하고자 한다. 엘리스는 그들이 자기가치감을 갖기를 바란다. 엘리스는 진과 데릴이 서로, 그리고 타인과 의사소통하는 방식에서 본 이론에서 설명하고 있는 균형 맞추기와 일치성 있는 의사소통에 가까워지길 기대한다.

치료 과정

사티어는 치료의 내용보다 과정을 강조하는 경향이 있다(Woods & Martin, 1984). 사티어는 가족 간에 관계 맺는 방식을 변화시키고, 상담관계를 통해 새로운 관계 경험을 제공하는 것이 치료의 주요 요소라고 믿었다. 가족 구성원이 '무엇을' 언급하거나 논쟁하는지보다는 그들이 '어떻게' 언급하거나 논쟁하는지가 더 중요하다.

사티어의 접근은 일반적으로 다음의 세 단계를 따른다(Satir & Baldwin, 1983, p. 209). 가족 구성원이 상담 과정에서 각 단계를 여러 번 경험하는 것도 가능하다. 단, 세 단계를 모두 경험한 후 다시 경험하게 되는 1단계는 처음에 경험했던 것과는 다를 것이다. 사티어와 볼드윈(Satir & Baldwin, 1983)은 각 단계를 다음과 같이 요약하였다.

1단계 : 접촉. 상담실에 방문할 당시 가족은 고통받고 있는 상황이다. 이때 상담자의 첫 번째 임무는 기대와 신뢰 분위기를 조성하는 것이다. 모든 구성원은 가족의 중요한 구성원으로서 환영받고 인정받는다. 상담자는 가족을 심리적으로 편하게 만듦과 동시에 가족 간 상호작용 패턴을 관찰함으로써 정보를 수집한다. 사티어와 볼드윈(1983)에 의하면 상담자의 주요 목표는 "자신이 관찰한 바를 가족 구성원과 명백히 공유하고, 가족 구성원이 암묵적으로 알고 있는 바를 명백히 하는 것"(p. 213)이다. 때때로 상담자는 이 단계에서 치료계약을 수립하기도 한다.

2단계 : **혼란.** 상담의 두 번째 단계는 한 명의 가족 구성원이 위험한 영역으로의 모험을 시도할 때 나타난다. 상담자는 예전에는 숨겨져 있던 개인의 상처, 고통, 분노를 드러내도록 돕는다. 또한 상담자는 내담자로 하여금 과거에 대한 두려움이나 미래에 대한 불확실성에 초점을 맞추지 않고 현재에 머무를 수 있도록 돕는다. 또한 상담자는 필요할 경우 다른 가족 구성원을 지지하기도 한다. 이 단계에서 대부분의 가족들은 꼼짝도 할 수 없이 희망을 잃어버린 것과 같은 느낌을 받기도 한다.

3단계 : **통합.** 가족 구성원이 혼란을 야기한 문제를 이겨낼 수 있는 방법을 발견하면 3단계가 시작된다. 이들은 새로운 삶의 방식을 개발하며, 몇몇 중요한 이슈는 종결되기도 한다.

> 엘리스는 그녀 자신과 진, 데릴이 세 단계로 이루어진 치료의 여정을 함께할 것이라고 예상한다. 첫 단계에서 그들은 서로를 알게 되고, 엘리스는 진과 데릴이 관계 맺는 방식(비난, 무례함)을 명백히 보여줄 것이다. 얼마 후 엘리스는 무례한 모습 뒤에 숨겨져 있던 상처, 고통, 그리고 분노를 표면화시킬 위험을 데릴 혹은 진이 감수할 것임을 확신한다. 누가 먼저 위험을 감수하든 간에 이러한 일련의 과정은 두 내담자(진, 데릴) 모두에게 두려움을 줄 것이다. 위험을 감수하는 사람은 알지 못했던 영역으로 크게 한 발을 내딛게 될 것이고, 다른 한 사람은 취약성을 감수하면서 위험 감수자의 다른 경험을 받아들여야 한다. 엘리스는 결국 이 두 사람이 혼돈에서 탈출구를 찾을 것이라고 확신한다.

치료 기법

사티어는 인간의 독특성(유일무이함)과 경험적 본질을 강조하기 때문에, 사티어의 접근에 대한 구체적 기법을 기술하는 것은 쉽지 않다. 사티어는 가족 구성원이 삶에 대한 태도를 크게 바꿀 만한 경험을 고안해내는 데 능숙하였다. 이 과정에서 자발성은 결정적이었으며, 사티어는 가족 구성원과의 연결을 강화하기 위해 접촉을 자주 사용하였다(Nichols, 2013). 사티어와 다른 상담자들이 내담자와의 작업에서 가장 일반적으로 사용하는 몇 가지 경험을 이 장에서 설명할 것이다. 단, 이 장에서는 지면상의 이유로 매우 간략한 설명만을 제시할 것이며, 매우 정교한 주요 기술인 가족재구성은 포함되지 않았다. 이 기술에 관심이 있는 독자들은 사티어 등(Satir et al., 1991)의 저서를 참고하길 바란다.

가족 조각기법. 신체적·지적·정서적 통합에 대한 사티어의 강조는 가족 조각기법(family sculpting)의 개발로 귀결되었는데, 이는 가족 구성원이 가족 내 상호작용의 전형적인 모습을 신체적으로 표현한 것이다. 일반적으로 가족 구성원은 네 가지 의사소통 유형(회유형, 비난형, 초이성형, 산만형) 중 하나 이상을 반영하는 자세를 취하고, 사티어는 각 구성원이 자신의 생각, 감정, 신체적 반응을 탐색하도록 돕는다(Haber, 2002). 초이성적인 부모를 의자 위에 서 있도록 하는 것과 같이, 누군가를 다른 구성원보다 물리적으로 높거나 낮은 곳에 위치시킴으로써 권력 관계를 표현할 수 있다(Satir et al., 1991). 게슈탈트 치료를 연상시키는 방법으로 상담자는 가족 구성원에게 "지금 어떤 기분이 듭니까? 몸에 어떤 감각이 느껴집니까? 그 동작을 좀 더 과장해서 표현해주시겠습니까?"와 같은 질문을 한다. 그러나 가족 조각기법은 의사소통의 자세를 표현하는 것에만 국한되지 않는다.

가족 구성원 또한 조각가의 역할을 할 수 있다(Satir et al., 1991). 예를 들어 한 가족 구성원이 가족 분위기에 대한 자신의 견해가 반영되도록 다른 구성원들의 위치를 정할 수 있다. 이 기법에서 조각가는 자신의 작업이 의미하는 바를 설명해야 한다. 가족 조각기법의 확장판인 **가족 스트레스 발레**(family stress ballet)에서 가족 구성원은 자신의 경험을 묘사하는 방식으로 움직여야 한다(Satir & Baldwin, 1983).

> 엘리스는 진과 데릴에게 서로 마주보고 비난하는 사람의 자세를 취하도록 한다. 또한 그들에게 비난하는 목소리 톤을 과장할 것과 서로에게 심하게 삿대질할 것을 요청한다. 다음으로 그들에게 말하는 방식을 바꾸고 몸을 편안하게 하도록 요청한다. 이후 엘리스는 진과 데릴에게 다양한 위치에 있었을 때의 느낌과 변화했을 때의 느낌이 어떤지에 대해 이야기하게 한다.

의사소통분석. 사티어는 가족 의사소통을 검토하고, 각 구성원을 지지하거나 타당화해주는 건강한 의사소통을 촉진하는 경험을 창출하는 데 많은 시간을 할애했다(Woods & Martin, 1984). 가족 구성원은 자신의 감정을 표현하고, 이에 대한 의사소통을 존중하도록 격려된다. 추후 사티어는 다음과 같은 상호작용 기술요소를 발달시켰다. 각각의 가족 구성원은 특정한 상호작용을 떠올리고 다음의 질문에 대답한다. (a) 나는 무엇을 보고 듣는가? (b) 내가 보고 듣는 것에 나는 어떤 의미를 부여하는가? (c) 내가 부여하는 의미에 대해 어떤 감정이 드는가? (d) 이 감정에 대해 어떤 느낌이 드는가? (e) 나는 어떤 방어방법을 사용하는가? (f) 나는 어떤 말하기 규칙을 가지고 있는가?(Satir et al., 1991, p. 124).

> 엘리스는 진과 데릴에게 존중이 무엇인지에 대해 이야기해줄 것을 요청한다. 엘리스는 이 논의에서 진이 데릴을 전혀 설득하지 못하는 것처럼 보인다는 점을 지적한다. 진은 데릴을 비난하며 항상 어머니를 존중할 것을 요구한다! 데릴은 이에 대해 격노로 반응한 후 침묵한다. 엘리스는 진에게 데릴을 비난하기보다 이 대화 중에 느낀 자신의 경험과 좌절감을 설명할 것을 요청한다. 진이 자신의 감정, 데릴과의 관계에서 바라는 점을 일치성 있는 방식으로 데릴에게 설명하면, 그 후 데릴은 어머니인 진에게 다른 방식으로 반응할 것을 요청받는다. 엘레스는 이 상호작용에서 분노를 표현하는 것은 중요하지만, 다른 사람을 탓하기보다는 분노 자체를 자신의 감정으로 받아들이는 것이 핵심이라는 점을 강조한다.

치료자 의사소통. 사티어의 전통을 따르는 치료자는 언어의 선택에 있어서 매우 신중하게 접근한다. 재구조화는 가족이 현상을 다른 시각에서 바라보도록 도움을 주는 데 사용될 수 있다. 유머도 같은 목적으로 사용될 수 있으며, 비유 또한 사용될 수 있다. 자기가치감을 표현하는 잘 알려진 비유는 '냄비'의 개념이다(Satir, 1988). 냄비는 가득 차거나 비어 있을 수 있고, 팔팔 끓거나 조용할 수 있다.

> 데릴의 반 친구가 데릴의 어머니를 비난했던 최근 사건에 대해 이야기하는 과정에서, 엘리스는 데릴이 그의 어머니를 돌보려는 마음 때문에 공격적으로 반응했다는 측면에서 사건을 재구조화한다.
> 엘리스는 데릴에게 어머니를 돌보고자 하는 마음을 표현할 수 있는 방법 중에 덜 극단적인 방법이 있을지에 대해 질문한다.

엘리스가 다룬 또 다른 주제는 존중이다. 엘리스는 이 가족에게 필요한 가치는 '존중'임을 언급한다. 데릴이 자신의 세상으로부터 존중을 얻을 수 있는 방법은 오로지 자신에게 다가온 사람에게 분노로 반응하는 것이었다. 엘리스는 데릴의 행동을 묘사하기 위해 황소와 붉은 천의 비유를 사용하며, 진이 데릴과 상호작용하는 모습을 표현할 때도 같은 비유를 사용한다.

가족 온도계.　사티어는 1988년 그녀의 고전적 저서인 사람 만들기(*Peoplemaking*, 1972)를 개정하면서 가족 온도계의 개념을 설명하였다. 가족과 관련된 감사, 삶에 대한 부정, 수수께끼, 새로운 정보, 그리고 희망과 소망으로 이루어진 총 5개의 주제가 논의된다(Satir, 1988, pp. 190-191). 가족들은 5개의 주제에 대해 그리고 현재 가족이 어떤 위치에 있는지에 대해 의견을 나누고, 이를 표현하는 물리적 온도계를 만든다. 그 후 이를 가정에 매달아 놓고, 주기적으로 각각의 주제에 대해 읽어봄으로써 각각의 주제를 상기한다.

가족 온도계는 데릴과 진에게 적용하기에 최상의 방법이다. 왜냐하면 그들이 다루지 않았던 많은 영역과 교묘하게 숨겨져 있던 영역에 대해 논의할 수 있는 기회를 제공하기 때문이다. 예를 들어 희망과 소망 영역에서 데릴은 어머니가 자신을 '나의 희망'이라고 부를 때, 매우 압박감을 받고 두려움을 느낀다는 점을 인정한다. 데릴과 진은 엘리스의 안내에 따라 이 문제를 신중하게 논의한다.

부분들의 잔치.　실질적인 집단기술인 '부분들의 잔치(Parts Party)'(Satir et al., 1991)는 주인인 내담자가 자신에게 있어서 매력적이거나 불쾌한 6명에서 10명의 인물을 지정하면서 시작된다. 이 인물들은 대부분의 사람이 알 수 있는 유명인이어야 한다(예 : 마틴 루터 킹, 힐러리 클린턴, 마이클 잭슨, 킴 카다시안). 이 인물들은 주인의 일부분을 대표하는 역할을 하며, '부분들의 잔치'라는 기술의 이름은 이를 반영하여 붙여진 것이다. 집단 내 나머지 사람들은 상담자(안내자)의 지시에 따라, 각 인물을 연기하고 상호작용하는 역할을 한다. 나머지 사람들은 내담자(주인)가 바라보는 각각의 인물의 역할을 이해해야 한다. 부분들은 서로 만나고 상호작용하며, 때로는 갈등을 일으키며, 주인은 각 부분에게 서로를 대하는 방식을 변경하도록 요청할 수 있다. 마지막으로 주인은 자신의 감정을 말로 표현하면서 공식적으로 각 부분을 받아들인다.

사티어는 당신의 많은 얼굴들(*Your Many Faces*, 2009)에서 개인이나 가족 구성원 모두가 할 수 있는 '부분들의 잔치'의 수정된 버전을 제시하였다. 상담자는 내담자에게 유명인의 이름(매력적 인물, 불쾌한 인물 모두)과 그 사람을 연상시키는 형용사 하나를 담은 목록을 작성하도록 한다. 이 목록은 우리가 연상하는 긍정적 측면과 부정적 측면을 모두 아우르는 인물들로 구성되어야 한다. 사티어는 이 목록이 우리 자신의 부분을 대표한다고 생각했다. 물론 우리는 '좋은' 형용사를 우리의 일부로 보고, '나쁜' 형용사를 거부하려고 한다. 사티어는 독자들에게 "부정적 부분에는 유용함의 단초가 있고, 긍정적 부분에는 파멸의 단초가 있기 때문에"(p. 54) 자신의 좋은 부분과 나쁜 부분을 둘 다 찾을 것을 촉구하였다.

전형적인 '부분들의 잔치' 기법은 데릴과 진에게 특별히 효과적이거나 도움이 될 것 같지 않다. 따라서 엘리스는 이 기법을 우회하여 사용하기로 한다. 엘리스는 '자신에게 있어서 가장 매력적이고 혐오스러운 인물 5명과 그 인물을 떠올리는 형용사의 목록'을 적어오도록 그들에게 숙제를 내준다. 그들이 다시 상담에 올 때 엘리스는 그들이 자신의 부분을 찾고 이를 받아들일 수 있도록 도울 것이다.

구조적 가족치료

개요

구조적 가족치료(Structural Family Therapy, SFT)와 가장 관련이 깊은 사람은 살바도르 미누친(Salvador Minuchin)이다. 미누친의 저서인 가족 및 가족치료(*Families and Family Therapy*, 1974)는 이 분야의 고전으로 간주되며, 니콜스(Nichols, 2013)는 구조적 가족치료(SFT)가 1970년대 가족치료 분야의 주류였다고 주장했다. 미누친은 카리스마가 넘치는 인물로서, 가족치료 작업에서의 그의 영향력을 높이기 위해 개인적인 특성을 잘 활용하였다.

실제로 미누친 이론의 힘은 체계 그 자체보다도 그가 가진 개성에 기인한다고 주장하는 사람들도 있다(Nichols, 2013). 미누친은 작업에 있어서 자신의 개인적 영향력을 기꺼이 인정한다. 그는 다음과 같이 말했다. "나의 스타일은 점점 더 부드럽고 효과적으로 변했다. 가족과 함께할 때 연민과 유머를 자유롭게 사용할 수 있었다. 가족치료 과정의 일환으로 나의 인생 경험과 가족에 대한 동료의식을 활용하는 방법을 배웠다. 나도 살면서 실수를 저질렀기 때문에, 내담자가 완벽할 것이라고 기대하지 않는다."(Minuchin & Fishman, 1981, p. 289)

다채로운 남자인 미누친은 아르헨티나로 이민 온 러시아계 유대인 이민자의 아들이다. 그는 자신의 심리적 고향인 아르헨티나에 대해 양가감정을 가지고 있었고, 시오니즘(Zionism : 유대인 민족국가 건설을 위한 민족주의 운동)에 대해 더 큰 동질감을 느끼고 있었다(Simon, 1992). 1943년에 미누친은 아르헨티나 독재자인 후안 페론(Juan Peron)에 대항하는 학생 시위에 참여하였다가 체포되었다. 미누친은 이스라엘이 독립을 위해 투쟁하던 시기에 2년간 이스라엘 군대에서 복무하였다.

의학학위를 받은 후, 미누친은 어려움에 처한 도심의 청소년들을 위한 학교인 윌트위크센터에서 일을 시작하였다. 유능한 동료들과 함께 가난한 아프리카계 미국인 가정을 위해 일하면서 미누친은 가족치료에 대해 생각하기 시작하였다. 후에 그는 영향력 있는 저서 빈민가의 가족들(*Families of the Slums*)을 집필하였다(Minuchin, Montalvo, Gurney, Rosman, & Schumer, 1967).

윌트위크센터를 떠난 후, 미누친은 필라델피아 아동상담소의 관리직을 맡았다. 그는 제이 헤일리를 연구 책임자로 고용했으며, 헤일리와 브라우리오 몬탈보와 함께 구조적 가족치료 접근을 개발하였다. 그에게 명성을 가져다준 그의 가장 큰 업적 중 하나는 심각한 문제를 겪고 있는 내담자들, 특히 거식증을 앓는 소녀들에 대한 가족치료 작업이다. 그는 이와 같은 심신증을 가지고 있는 가족과의 작업을 통해 그의 이론을 정교화하였다(Minuchin, Rosman, & Baker, 1978).

영상 자료 13.2

구조적 가족치료의 기원에 대한 살바도르 미누친 박사의 설명을 확인하자.

 https://www.youtube.com/watch?v=2evU02UocpQ

미누친은 1986년에 은퇴하였으나, 현재도 여전히 활발한 저술활동과 가족치료자 수련에 힘쓰고 있다. 그의 저서 가족치료의 기술: 도전적 확신(*Craft of Family Therapy: Challenging Certainties*)(Minuchin, Reiter, & Borda, 2014)은 가족치료 프로그램에서 대학원생을 슈퍼비전한 경험의 산물이다. 주목할 만한 또 하나의 저서는 그의 아내 패트리샤가 저자 중 한 명으로 참여한, 가난한 가족과의 가족치료 작업(*Working with Families of the Poor*)(P. Minuchin, Colapinto, & Minuchin, 2007) 제2판이다.[1]

뉴저지에 있는 미누친 가족치료센터(www.minuchincenter.org)는 전문가를 수련시키고 가족과 기관을 대상으로 상담서비스를 제공한다. '순수한' 구조적 가족치료(SFT) 시행 자체는 현재 그렇게 보편적이지 않지만, 가족치료에 관한 현재의 많은 통합적 관점은 구조적 모델로부터 유래하였다는 점은 주목할 만하다[예: 기능적 가족치료(functional family therapy)(Alexander & Sexton, 2002), 단기 전략적 가족치료(brief strategic family therapy)(Szapocznik & William, 2000), 다체계적 가족치료(multisystemic fam-ily therapy)(Littell, 2005)]. 예를 들어 필라델피아 아동 및 가족치료 훈련센터(구 필라델피아 아동상담소)에서 개발한 생태체계적 구조적 가족치료(ecosystemic structural family therapy)는 구조적 가족치료(SFT)를 기반으로 하지만, 몇몇 추가적인 이론을 그 토대에 추가하였으며, 가족기능에 대한 문화 및 생태적 영향력에 중대한 관심을 두고 있다(Lindblad-Goldberg & Northey, 2013).

주요 개념

가족 구조. 미누친에 따르면, "가족 구조는 가족 구성원이 상호작용하는 방식을 조직화하는, 보이지 않는 일련의 기능적 요구이다."(Minuchin, 1974, p. 51) 본질적으로 가족 구조는 누가 누구와 이야기하는지, 누가 누구와 어떤 방식으로 놀이를 하는지 등을 결정하는 일련의 규칙이다. 가족 구성원은 두 명 이상이 가까운 친구가 되어 이야기를 나누는 '연합'을 이룰 수 있다. 특히 논쟁에서 누가 누구의 편을 드는가는 중요하다. 상호작용 패턴은 반복되고 일상화되며, 가족과 가족 구성원이 가진 정체성의 일부가 되며, 모든 이들의 행동 방식을 결정하기 때문에 중요하다. 상호작용 패턴은 또한 가족의 '위계'와 권력에 대한 정보를 제공한다(P. Minuchin et al., 2007). 본질적으로 이러한 상호작용 패턴이 곧 가족 구조이다. 특정한 형태의 가족 구조는 개인 및 가족의 심리적 역기능에 영향을 미친다.

> 진과 데릴의 구조적 가족치료 상담자인 존은 현재 가족에게 존재하는 몇몇 구조에 주목한다. 어머니와 아들이 연합을 형성한 것은 명백하다. 아버지는 가족과 거리를 두고 있다. 존은 하위체계의 관점에서 이를 좀 더 살펴보고자 한다.

---

1 독서의 편의를 위해 살바도르 미누친의 저서에는 이니셜 S.를 표시하지 않음(Minuchin으로 표기)

하위체계. 가족은 자연스럽게 하위체계 또는 가족 내 작은 집단으로 구분된다(Minuchin, 1974). 하위체계는 성인인 파트너가 자녀양육을 위한 하위체계를 구성하는 경우와 같이 가족의 일을 수행하는 데 도움이 된다. 한 명의 개인이 하나의 하위체계를 이룰 수도 있고, 더 큰 하위체계는 성별, 세대, 관심사 혹은 기능에 따라 형성될 수 있다(Minuchin, 1974, p. 52). 한 개인은 하나 이상의 하위체계의 구성원일 수 있으며, 더 나아가 여러 가족 내 하위체계의 구성원일 수도 있다. 예를 들어 한 여성은 막내딸, 배우자, 어머니, 이모 등이 될 수 있다. 또한 그녀와 그녀의 시동생이 승마를 좋아한다면, 그들은 이 관심사를 중심으로 그들만의 하위구조를 구성할 수 있다.

구조적 이론가들에 따르면 부모 하위체계와 파트너(배우자) 하위체계는 서로 다른 기능을 갖기 때문에 이를 구분하는 것은 중요하다. 부모 하위체계는 아이를 양육하는 기능을 갖는다. 파트너 하위체계는 자녀에게 있어서 성숙한 관계의 모델로 작용하기 때문에 중요하다(Minuchin & Fishman, 1981).

> 존은 자녀(데릴), 여성(진), 그리고 부모(진, 어떤 면에 있어서는 진과 알)로 이루어진 하위체계를 관찰한다. 알의 가족은 데릴을 포함하지 않는 자녀 하위체계를 가지고 있다. 진의 딸 또한 하나의 하위체계를 이루며, 그녀의 가족은 배우자 하위체계, 부모 하위체계, 자녀 하위체계도 가지고 있다. 존은 데릴과 진도 일종의 하위체계라고 생각한다. 상호작용이 제한적이긴 하지만 진은 자신이 출생한 가족의 형제자매 하위체계의 구성원이다.

경계. 경계의 개념 혹은 하위체계에 누가 참여하는지를 결정하는 규칙은 구조적 치료의 핵심이다(Minuchin, 1974). 경계는 하위체계의 온전한 상태를 보호해야 하며, 유연하지만 명확해야 한다. 하위체계 주위의 경계가 너무 엄격할 경우, 개인의 고립을 만들어 가족으로부터의 보호와 다른 구성원의 삶에 대해 배울 수 있는 기회를 빼앗는다. 반면 하위체계 간의 경계가 흐려질 경우, 모든 사람의 일이 다른 모든 사람의 일이 되는 상황이 벌어진다. 이와 같은 체계는 구성원을 압도하게 하여 능력 이상의 압박감을 느끼게 한다. 가족 구성원은 개인적인 삶을 살기 어려워지고 자녀들은 성장하기 어려워진다.

경계가 너무 엄격할 때 체계는 '유리되었다(disengaged)'고 볼 수 있으며, 경계가 너무 불분명할 때 체계는 '얽혀 있다(enmeshed)'고 볼 수 있다(Minuchin, 1974). 예를 들어 10대 소녀가 어떤 문제행동을 보이고 있고 어머니가 그 행동을 고치려 시도하지만 아버지가 이를 방해하는 상황을 생각해보자. 미누친은 이러한 패턴이 부모 하위체계와 딸 사이에 약한 경계를 나타내는 것이라고 표현한다. 아버지와 딸은 연합을 이루었거나, 밀착되어 있다.

체계 내 경계는 여러 가지 방식으로 관찰될 수 있다(Minuchin & Fishman, 1981). 구체적으로 가족 구성원이 상담회기 중에 앉아 있는 위치를 바탕으로 하위체계에 대한 가설을 세울 수 있다. 자녀들은 서로의 옆에 나란히 앉는가, 아니면 한 명이 부모님 사이에 앉는가? 또한 가족 간의 대화 양상(누가 누구에게 말하는가? 누가 누구를 방해하는가? 침묵을 지키는 것은 누구인가?)도 경계에 대한 정보를 제공한다.

존은 진과 데릴의 상황에서 경계의 이슈를 발견한다. 부모 하위체계와 자녀 하위체계 간의 경계가 약하다(즉, 진과 데릴은 부모–자녀 관계라기보다는 형제 관계와 같은 하위체계를 형성하는 것으로 보임). 이 가족은 얽혀 있는 것처럼 보인다. 이와 같은 새로운 하위체계는 엄격한 경계를 가지고 있으며, 주변 환경에 거의 영향을 받지 않는다. 아버지는 이와 같은 하위체계에 포함되지 않았다.

가족의 과거사를 살펴보면, 특히 알과 진이 싸우는 장면에서 부모 하위체계가 데릴에게 영향을 미쳤을 것으로 보인다. 이제 배우자 하위체계는 존재하지 않으며, 알은 데릴에게 더 이상 부모 역할을 하지 않는다는 점에서 부모 하위체계는 유리된다.

인간과 개인발달에 관한 이론

구조적 가족 이론가들은 개인보다 가족의 발달에 더 관심을 둔다. 미누친과 피시먼(Minuchin & Fishman, 1981)은 가족의 주요단계를 부부 성립, 어린 자녀가 있는 가정, 취학연령 혹은 사춘기 자녀가 있는 가정, 성장한 자녀를 둔 가정의 4단계로 제시하였다(p. 23). 이러한 전환점은 새로운 하위체계의 추가, 혹은 이미 존재하는 하위체계의 변화를 초래한다. 미누친과 피시먼에 따르면 이와 같은 설명은 평균적으로 2.2명의 자녀를 둔 전형적인 중산층 가정에 적합하며, 친척 혹은 친구와 같은 좀 더 광범위한 네트워크를 충분히 다루지 않는다고 인정한다. 그러나 대부분의 내담자가 이러한 전환점을 겪은 경험이 있기 때문에 이를 기억해 두는 것이 유용할 것이다.

각 파트너는 부부가 될 때 자신이 출생한 원가족으로부터 갖고 있던 소속감을 새로운 동반자와의 관계로 전환시켜야 한다(Minuchin, 1974). 이때 그 정체성을 확립할 수 있도록 동반자 관계를 둘러싼 경계가 설정되어야 한다. 자녀가 태어나면 부모 하위체계가 함께 출현하면서 가족체계는 중대한 재편성을 거치게 된다. 물론 말할 필요도 없이, 이는 매우 스트레스가 심한 시기이다!

사춘기에 접어든 가족 구성원이 어느 시점부터 원가족으로부터 분화되기 시작한다는 것은 인간발달의 자연스러운 특징이다. 궁극적으로 자녀는 대학에 진학하는 등의 이유로 원가족을 떠나게 될 것이다. 이 변화는 가족 하위체계에 중대한 영향을 미친다. 만약 자녀가 자녀 하위체계의 일원이었다면, 그 역할과 기능은 사라진다. 만약 자녀가 어린 동생들을 돌보는 사람이었다면, 부모는 자녀의 부재에 적응해야 할 것이다. 만약 자녀가 어느 한쪽 부모와 연합되어 있다면, 자녀의 상실은 충격적일 것이다. 이는 발달단계적 전환점에 의해 초래된 스트레스의 단지 몇 가지 예시일 뿐이다.

미누친(1974)은 개인의 정체성은 개별성과 소속감 간의 균형으로 구성되어 있다고 주장하였다. 가족은 개인의 분리감과 소속감의 주요 원천이며, 이는 주로 하위체계에 대한 소속감으로부터 비롯된다(한 명의 개인이 하나의 하위체계로 간주될 수 있음을 기억하자).

구조적 이론가들이 확신하는 한 가지는 바로 체계는 변한다는 것이다. 가족, 사회서비스 기관, 병원 또는 기타 다른 종류의 체계를 관찰해보면 한동안 변화가 없는 안정된 시기와 전환기가 둘 다 존재한다는 것을 알 수 있다(P. Minuchin et al., 2007).

데릴은 사춘기에 접어들고 있다. 존은 이 전환 경험이 진과 데릴 모두에게 어렵게 느껴진다는 점에 주목한다. 어머니와 언제나 붙어 있던 소속된 '작은 아이 데릴'에서, 자신의 독립적 개성과 인격을 발달시키는 '청소년 데릴'로의 변화로 인해 두 사람은 어려움을 겪고 있다. 또한 데릴은 이 과정 속에서 자신의 하위체계 경계를 강화시키기 위한 분투를 경험 중이다.

심리적 건강과 역기능

가장 보편적인 수준에서 구조적 가족치료 상담자는 가족이 관계 맺는 방식의 측면에서 나타나는 역기능을 논의한다. 가족은 오래된 관계 맺기 패턴이 효과가 없을 때 어려움을 겪는 경향이 있다. 이러한 역동은 특히 전환점의 시기에 분명히 나타나는데, 이러한 전환점이 삶의 순환주기의 '일반적인' 부분(예 : 새로운 자녀의 출생)이든, 일반적이지 않든(예 : 자연재해)(Minuchin et al., 2007) 마찬가지이다.

구조적 가족치료에서 가장 중요한 점은 문제가 인간이 아닌 관계에 있다고 보는 인식이다. 가족은 집단에 속한 한 사람이 문제라는 결론을 내리는 경향이 있고, 이 한 사람을 **환자로 확인된 사람**이라고 명명할 수 있다. 미누친은 문제의 근원지에 대한 확신을 바탕으로, "상담실에 온 모든 가족 구성원이 세운 가설은 '틀렸으며', 가족이 갖고 있는 확신은 변화의 적"임을 선언한다(Minuchin et al., 2014, p. 4). 또한 가족이 갖고 있는 협소한 시각은 활용 가능한 자원을 사용하지 못하게 막기도 한다.

아폰테와 반두센(Aponte & VanDeusen, 1981)은 다음과 같이 제안하였다. "기능 및 역기능의 수준은 일련의 환경으로부터 비롯된 요구사항과 존재하는 가족체계 구조 간의 적합성에 의해 결정된다." (p. 313) 어떠한 구조는 특정한 삶의 사건에 적용될 수 없으며, 때로는 가족 간의 밀착이나 유리(따로 떨어짐)가 도움이 되지 않는 경우가 있다(같은 패턴이 다른 맥락에서는 잘 작동하였다 할지라도).

미누친은 하위체계 간 너무 엄격한 경계와 너무 흐릿한 경계, 즉 얽힘 또는 유리된 관점에서 이를 구체적으로 설명하였다(Minuchin, 1974). 유리된 가족이 스트레스를 받고 적응해야 할 때, 체계의 엄격한 경계가 다른 모든 구성원에게 스트레스를 전달하지 않기 때문에 체계는 반응하지 않는다. 각각의 구성원은 자신의 이슈에 몰두하고 있으며, 도움 또는 지원을 필요로 하는 다른 구성원의 요구에 응답하지 못할 수 있다(Becvar & Becvar, 2013). 밀착된 가족에서 구성원과 하위체계 사이에 확산된 경계는 자녀의 독립성과 자율성의 결여로 귀결될 수 있다. 부모 하위체계와 자녀 하위체계 간에 약한 경계가 형성되어 있을 경우 자녀를 위해 너무 많은 일을 해주는 등의 과한 돌보기의 형태로 나타날 수 있다. 또한 하위체계 간 흐릿한 경계는 스트레스를 즉각적이며 강력하게 전달할 수 있으며, 잠재적으로 과도한 반응을 유발할 수 있다(Minuchin, 1974). 본질적으로 얽힌 가족은 위협에 즉각적으로 놀라고 당황하는 방식으로 반응한다. 반면에, 유리된 가족은 구성원을 돌보지 않는 것처럼 보인다. 유리된 가족은 많은 개별성을 허용하는 경향이 있는 반면, 얽힌 가족은 순종과 충성을 기대한다(Minuchin, 1974).

미누친과 동료들은 심신증이 있는 가족을 관찰함으로써 가족 구조와 기능에 대해 가치 있는 현상을 발견했다. 심신증이 있는 가족(psychosomatic families)의 자녀들에서 천식, 신경증 혹은 거식증보다 더욱더 심각한 증상이 나타났다. 이러한 관찰을 통해 미누친 등(Minuchin et al., 1978)은 이러한 가족이 갖고 있는 다섯 가지 유사점을 이론화하였다. 원래는 심신증이 있는 가족을 묘사하려는 의도였으나, 이러한 특징은 일반적인 가족 구조를 설명하는 데도 활용되었다.

미누친 등(Minuchin et al., 1978)은 심신증을 가진 가족은 서로 얽혀 있고, 구성원을 과보호하며, 변화에 대해 융통성이 없고, 갈등을 해결하는 데 어려움을 겪는다고 주장하였다. 그러나 이러한 가족의 핵심적인 특징은 부모관계에 대한 자녀의 관여이다. 본질적으로 아동의 증상은 체계의 조절자 역할을 함으로써 부모 간의 갈등을 방지한다. 세 가지 상황(얽혀 있는 가족, 유리된 가족, 심신증을 가진 가족)은 일반적으로 가족에서 발견되는 지지의 유형을 보여준다(Aponte & VanDeusen, 1981). 이러한 체제는 일시적으로 스트레스를 완화시킬 수 있지만, 장기적으로 자녀의 기능에 부정적인 영향을 미칠 수 있다(Kerig, 1995).

한 가지 보편적으로 나타나는 패턴은 갈등에 대처하기 어려운 부모들이 합동하여 고통받는 자녀에게 초점을 맞추는 것이며, 이 현상은 우회하기 혹은 희생양 만들기라고 불린다(Minuchin, 1974). 이와 같은 체계에서 부부는 평온하고 단합되어 있지만, 부모는 자녀에게 스트레스를 전가하고 있다. 자녀는 가족의 문제로 정의되고, 희생자가 되어 증상을 나타낸다. 이 과정은 부모가 어떤 방식으로든 증상을 강화할 때 영속화된다.

또한 다음의 두 가지 패턴, 즉 부모-자녀 연합(parent-child coalition)과 삼각관계(triangulation)는 부모 두 사람이 공개적으로 분열할 때 나타난다. 우선 부모-자녀 연합은 자녀가 부모 중 한 명과의 안정적인 파트너십을 형성하면서 다른 나머지 한 명의 부모와 대립하는 형태로 합류하게 되는 상황을 말한다.

삼각관계에서 자녀는 부부 사이에 묶여 있으며, 자신의 감정이나 의견을 표현하기 위한 위험을 감수할 수 없다. 왜냐하면 이러한 표현은 어느 한쪽 부모의 편을 드는 결과를 낳을 수 있기 때문이다. 본질적으로 양쪽의 부모는 자녀로부터 타당성을 검증받기 위해 서로 경쟁하고 있으며, 자녀가 어떤 한 명에게 합류하는 것으로 인식하면 자녀 또한 공격받을 수 있다(Minuchin, 1974). 이러한 패턴은 부모-자식 관계라는 용어로 자주 설명되지만, 두 자매가 남동생을 두고 삼각관계를 이루는 것과 같이 다른 가족 구성원들 사이에서도 삼각관계와 우회하기가 발생한다는 점에 유의하여야 한다.

건강한 가족이란 구조가 명확하고, 유연하며, 당면한 문제에 적합하게 구성된 가족이다. 전형적으로 부모는 책임을 지며, 명확한 부모 하위체계와 파트너 하위체계가 존재한다. 건강한 체계는 새로운 발달단계가 임박했을 때와 같이 변화가 필요한 상황에서 변화를 할 수 있다(Aponte & VanDeusen, 1981). 부모 두 사람이 적절한 경계 수준을 가지고 있기 때문에 건강한 가정에는 최소한의 삼각관계, 우회하기, 부모-자녀 연합이 존재한다. 배우자 하위체계는 연합과 개별성이 균형을 이루며(Becvar & Becvar, 2013), 배우자는 서로를 지지하고 수용한다.

건강한 가족의 경우 자녀 하위체계는 부모 하위체계로부터 지원을 받고, 배우자 하위체계 및 형제자매 하위체계로부터 배움을 얻는다(Becvar & Becvar, 2013). 자녀들은 자유롭게 탐색하고 성장할 수 있다. 구조적 이론에 따르면, 건강한 개인은 개별화와 가족에 대한 소속감 사이의 균형을 잘 유지할 수 있다. 문제가 있는 가족 구조에서는 개인의 능력이 나타나지 않을 수 있으나, 구조적 가족치료에서 개인은 본래 생득적으로 능력을 타고난다고 간주된다(Lindblad-Goldberg & Northey, 2013).

존은 이 가족의 체계는 적응적이지 못함을 알고 있다. 존은 데릴이 어머니와 연합되어 있지만, 한편 부모 하위체계의 한 요소이기도 하다고 생각한다. 진과 알은 데릴이 무엇을 해야 할지에 대해 심각하게 논쟁하고 있으며, 이는 데릴이 부모 하위체계에 결합되어 있다는 신호이다. 자녀와 성인 여성 하위체계를 둘러싼 미약한 경계는 스트레스가 진에서 데릴로, 데릴에서 진으로 자유롭게 전이되도록 한다. 더욱이 이 체계는 명확한 정체성을 확립하려는 데릴의 시도에 의해 더욱 스트레스를 받는다. 데릴의 분노 행동은 어머니와 아버지로부터 분리되려는 투쟁의 한 단면으로 보인다. 가족과 유리된 알은 가족 과정에 상대적으로 영향을 받지 않는 것으로 보인다. 그는 데릴-진-알 삼각관계에서 외부인으로 존재한다.

치료의 특성

사정. 구조적 치료 상담자의 첫 번째 일은 가족 구조를 사정하는 것이다. 공식적 사정 방법을 사용하지 않으며, 상담자는 다음과 같은 일련의 질문을 제공한다(Minuchin, 1974). 가족의 대변인은 누구인가? 누가 대변인을 선정했는가? 왜 이 사람을 대변인으로 선정했는가? 가족의 진짜 수장은 누구인가? 대변인이 발언할 때 다른 구성원은 무엇을 하고 있는가? 그들은 대변인의 발언에 주의를 기울이는가, 혹은 무관심한가? 아폰테와 디세자르(Aponte & Dicesare, 2002)는 (현대의 구조적 상담자는) 미누친, 니콜스, 리(Minuchin, Nichols, & Lee, 2007)가 **구조적으로 표현된 과거사 설명**이라고 명명한 것을 진단하기 위해 가계도(genograms)를 사용해 왔다는 점을 언급했다.

> 진과 데릴의 상호작용을 관찰한 존은 알 또한 상담회기에 참여하는 것이 좋겠다고 생각한다. 그러나 진은 본인과 알이 너무 많이 싸워서 상담회기를 비생산적으로 만들 것이라고 염려하며 반대하였다.
>
> 진과 데릴의 상호작용을 살펴보면 진이 데릴에게 그가 얼마나 예의 없는 행동을 하는지 말하는 것으로 대부분 채워진다. 진은 데릴이 대체 왜 그렇게 행동하는지 이해하지 못하겠다고 이야기한다. 화가 난 경우를 제외하면 데릴은 주로 이에 대해 최소한으로 반응한 후, 어머니에게 자신을 가만히 내버려두라고 말한다. 진과 데릴은 때때로 함께 재미있는 시간을 보내기도 하지만, '그만하라'는 진의 말을 데릴이 듣지 않으면 진은 화를 낸다. 존은 진과 데릴이 대부분의 자유시간을 함께 보낸다는 점, 가정에서 데릴의 역할, 어머니의 외모에 대한 데릴의 자유로운 비난 등을 기반으로, 그들이 서로 얽힌 체계를 이루고 있다고 추론한다. 아마 진과 알 간의 갈등을 단초로 하여, 세대를 가로지르는 어머니-자녀 연합이 형성되었을 것이다.

치료적 분위기 및 내담자와 상담자의 역할. 구조적 가족치료는 엄격하게 현재에 초점을 맞추고 있다. 미누친(1974)은 자신이 수련한 정신분석적 전통에 반감을 가지면서, "구조적 가족치료에서 사용되는 도구는 과거를 탐색하고 해석하는 것이 아니라 현재를 수정하는 것"(p. 14)이라고 기록하였다. 최근에는 "구조적으로 초점을 맞춘 과거 탐색"이 현재의 치료에서 보이는 관계 행동이나 특징에 관한 중요한 정보를 제공하는 방법으로도 간주된다(Minuchin et al., 2014, p. 58).

구조적 가족치료에서 상담자의 역할은 전문가이다. 상담자는 가족에 합류하지만(주로 상담 후반), 상담 과정의 리더로서의 입장을 유지한다. 미누친 등(Minuchin et al., 2007)은 구조적 상담자의 역할이 아닌 것을 나열하는 것이 상담자의 역할이 무엇인지를 묘사하는 것보다 쉽다고 주장하며 다음과 같이 기록하였다.

상담자는 공평하거나 정의롭지 않으며, 혹은 정치적으로 올바른 전문가도 아니다. 상담자는 윤리학자나, 모든 것을 알고 있는 논리학자도 아니다. 상담자는 변화를 돕는 전문가이다. 그러나 변화는 가족에게 익숙한 삶의 방식, 무엇이 어떻게 되어야 하는지에 대한 가족의 확신, 가족을 구성하는 '구성원 간의 관계'에 놓인 경쟁적인 긴장감, 가족 구성원의 서로에 대한 변화 요구에 의해 항상 저항을 받는다.(p. 13; 원문에서 인용).

미누친의 성격은 종종 구조적 상담자의 자질 및 역할과 혼동된다. 미누친은 밀어붙이는 것을 두려워하지 않는 카리스마적인 사람이다. 구조적 가족치료 상담자가 반드시 밀어붙이는 사람이 되어야 하는 것은 아니지만, 위의 인용문에서 볼 수 있듯이 상담자는 매우 적극적이어야 하며 때로는 사회적 규범까지도 기꺼이 침해할 수 있어야 한다(적어도 미누친의 의견에 따르면).

미누친은 상담자가 변화의 도구로서 상담자 자기를 활용할 것을 강력하게 강조한다(Minuchin et al., 2014). 이는 다음의 두 가지 의미를 갖는다. 상담자는 내담자 가족과 함께하는 치료 과정을 관찰하는 데 자신의 일부를 헌신해야 한다. 구조적 가족치료에 있어 각 상담자는 독특한 개인으로 존재하기 때문에, 가족의 변화를 돕는 과정에서 자신의 특성이 어떤 영향을 미치는지 파악하는 것이 필요하다. 이는 곧 자기를 활용하는 방법을 배우는 과정이다.

존은 진과 데릴에게 질문하고 대화를 이끌어 가면서 적극적인 역할을 수행한다. 존은 진의 좌절감을 확인하고, 독립적 개인이 되기 위한 데릴의 시도를 인식해 나가면서 두 사람에게 합류한다. 존은 자신이 진과 데릴과의 관계에 영향을 미치는 점에 대해 자각한다. 존은 형제로서 데릴과 유대감을 가지며, 같은 부모의 입장에서 진과 유대감을 가질 수도 있다. 그러나 존은 이러한 유형의 유대감이 치료의 과정과 결과에 영향을 줄 것임을 잘 알고 있기 때문에, 상담회기 내에서의 치료적 상호작용을 주의 깊게 관찰한다.

상담 목표. 구조적 상담자는 가족체계의 구조를 변화시킴으로써 가족 구성원의 경험을 변화시키고자 한다(Minuchin, 1974). 구조적 상담자는 가족에 합류하여 가족으로 하여금 오래된 사고방식과 관계 맺는 패턴에서 벗어나게 하여, "즉각적이고 명확한 결과를 이끌어내는 새로운 패턴을 형성하도록"(Aponte & Dicesare, 2002, p. 1) 돕는다.

구조적 가족치료의 또 다른 목표는 호소문제에 대한 가족의 관점을 변화시키고 가족 구성원 중에서 특히 확인된 환자의 정체성을 확장하는 것이다(Minuchin et al., 2014). 개인을 넘어선 하위체계의 기능과 활동 또한 탐색된다. 이러한 해부 작업의 최우선 목표는 가족이 보다 적응력 있는 구조를 구축하기 위해 가족이 현재 취하고 있는 방식의 대안을 모색하는 것이다.

존의 목표는 여전히 어머니와 아들로 연결되어 있는 진과 데릴의 개별화를 돕는 것이다. 체계의 경계를 재정렬(진과 데릴의 사적 공간과 같은)하고, 개인 하위체계 주변의 경계를 강화하며, 부모 하위체계와 자녀 하위체계 간에 더욱 강한 경계를 만드는 것이 존이 본질적으로 추구하는 바이다. 존은 진과 데릴이 그들이 처한 상황을 다르게 볼 수 있도록 도우려 한다. 데릴의 행동은 자신이 현재 성장 중인 독립과 정체성을 주장하는 방법일 수 있다. 이를 달성하기 위해 더욱더 적응적인 방법을 함께 찾을 수 있을 것이다.

치료 과정

구조적 가족치료 상담자는 가족체계 내 리더인 동시에 체계의 구성원이 되어야 한다. 미누친은 이를 합류(joining)라고 불렀다(Minuchin & Fishman, 1981). 미누친과 피시먼이 말했듯이 "상담자는 가족과 같은 배를 타야 하지만, 조타수가 되어야 한다."(p. 29) 합류는 단지 하나의 기술이 아니다. 합류라는 개념은 상담자가 가족과 같은 편이며, 그들을 위해 함께 작업할 것이라는 점을 전달하는 상담자가 가진 마음가짐이다. 구조적 가족치료 상담자는 가족 구성원과의 유사점을 드러내고, 그들을 지지하며, 가족 구성원의 관점에 대한 상담자의 이해를 전달하는 과정을 통해 가족에게 합류한다. 그러나 미누친은 가족치료 상담자가 가족 상호작용에서 자유롭게 드나들 수 있어야 한다는 점을 조심스럽게 지적하였다. 때때로 가족치료 상담자는 가족의 가짜 구성원 역할을 하고, 때로는 관찰자의 역할도 수행해야 한다(Minuchin, Lee, & Simon, 2006).

미누친 등(2007)은 4단계 가족 사정모델을 제시하였다(pp. 9-12). 1단계는 호소문제의 개방에서 상담자의 임무는 가족으로 하여금 문제를 체계적으로 재구성하도록 돕는 것이다. 니콜스와 타푸이(Nichols & Tafui, 2013)는 이 단계의 목표를 '가족의 관점에서 문제를 이해하기'와 '문제를 체계적인 요인으로 고려하도록 도전시키기' 두 가지로 제시하였다.

2단계는 문제를 지속시키는 상호작용의 강조이다. 즉, 문제를 지속시키는 상호작용에 특히 주의하여, 가족의 행동에 무엇이 문제인지를 명료화하고 강조하는 것이다. 이 단계에서 상담자는 특히 순환적 인과성에 주의를 기울여야 한다. 상담자는 순환 인과관계에서 순수한 원인과 결과는 없으며, 방향성만이 존재한다는 점을 상기해야 한다(Nichols & Tafui, 2013). 순환적인 방향성은 문제를 지속시키는 일련의 사건 속에서, 어떤 단계에 있는 누가 연속적인 사건의 고리를 중단시킬 수 있는지에 대한 정보를 제공한다. 사실 누가 시작했는가는 중요하지 않으며, 어떠한 경우에도 이 질문에 대해 절대적인 답을 내리는 것도 불가능하다.

3단계는 과거에 대한 구조적 탐색이다. 가족 내 성인들은 자신의 경험이 자기 자신과 다른 구성원에 대해 가지는 현재의 협소한 관점 형성에 어떤 영향을 미쳤는지 살펴보아야 한다. 이때 구조적 상담자는 현재의 문제에 직접 연결된 과거에 초점이 맞춰지도록 해야 한다. 마지막으로 4단계는 관계 맺는 대안적 방법 탐색이다. 즉, 내담자와 상담자는 현재의 문제를 지속시키는 상호작용에 대한 대안을 모색한다.

미누친 등(2007)은 특별히 더 심각한 스트레스를 받고 있는 가족과 작업할 때, 가족이 가진 강점을 인식하고 인정하는 것이 중요하다고 언급하였다. 또한 상담자가 가족체계에 합류하게 되면, 상담자도 문제에 대해 가족이 갖고 있는 관점 및 문제해결 방식에 유혹될 수 있다는 점을 깨닫는 것이 중요하다(P. Minuchin et al., 2007). 구조적 관점에서 작업하는 경우 내담자가 이전과는 다른 방식으로 세계를 보고 새로운 방식으로 행동할 수 있도록 돕는 것이 상담자의 임무임을 잊어서는 안 된다.

존은 진과 데릴의 곤경에 조심스럽게 합류한다. 존은 데릴의 미래에 대한 진의 걱정을 이해한다. 존은 데릴과 스포츠, 특히 농구에 대한 공통된 관심사를 이야기한다. 존 또한 아프리카계 미국인이기 때문에, 그의 개인적 특성은 이 가족과의 접합점이기도 하다.

존은 진과 데릴의 세계를 탐색하면서, 그들로 하여금 맥락에서 문제를 보도록 도왔다. 동료, 부모, 아버지, 어머니에게 보이는 데릴의 '표출 행동'의 의미는 무엇인가? 데릴에게 '남자답게 행동하도록' 하는 압력이 존재하는가? 진과 원가족 사이의 거리감이 이 상황에 미치는 영향은 무엇인가? 데릴은 아버지, 그리고 아버지의 새로운 가족과 어떤 관계가 있는가? 존은 진과 데릴 사이의 상호작용을 탐색하고 호소문제를 지속시키는 요인은 무엇인지 살펴본다. 과거사 요인의 관점에서 존은 진과 알의 갈등이 현재까지도 영향을 미치고 있는지 궁금해한다.

존은 진과 데릴 사이의 긴밀한 유대감, 유일한 부모로서의 진이 가진 용기, 스스로 일어서고자 하는 데릴의 의지와 같은 가족의 강점에 대해 언급하고 강조한다. 존은 데릴이 성장하여 독립적인 개인이 되고 싶어 한다는 것을 알아차린다.

치료 기법

구조적 치료에서는 문제 증상에 대한 가족의 관점에 도전하게 하고, 문제에 대한 설명이 정확하다는 그들의 확신에 의문을 제기하는 전략을 일반적으로 사용한다(Minuchin et al., 2014). 또한 구조적 상담자는 현재의 가족 구조에 의문을 제기하면서, 가족 구성원에게 체계를 조직화하고 관계를 맺는 대안을 찾아볼 것을 요구한다.

이러한 일반적 전략을 수행하는 데에는 여러 가지 기법이 활용될 수 있다. 아마도 구조적 치료에서 가장 중요한 기술은 실연(enactment)이며, 이는 가족 구조를 평가하고 변경하는 데 사용된다. 증상에 대한 가족의 관점을 변화시키기 위해 재구성하기, 초점화하기, 강도 높이기 등의 기법 또한 사용된다. 상담자는 가족 구조를 변화시키기 위해 경계 형성하기, 균형 깨뜨리기, 역할 및 기능의 상보성에 대한 가족교육 등에 관여하게 된다(Minuchin & Fishman, 1981, p. 69). 또한 구조적 상담자는 문제에 대한 가족의 확신에 의문을 제기하고 구조를 바꾸기 위해 은유, 역설 등의 방법을 사용한다. 다음은 구조적 가족치료 상담자가 사용하는 몇 가지 기법에 대한 설명이다.

실연. 미누친은 상담회기 내에서 가족들로 하여금 상호작용을 실행해보도록 하는 것으로 유명하다. 이 전략은 가족들이 서로 관련된 자신의 문제를 상담자에게 털어놓지 않는 경우가 많기 때문에, 상담회기 내에서 그들 간의 상호작용을 관찰하는 것이 유익하다는 개념에 근거한다. 상담자는 실연 장면을 관찰만 할 수도 있으며, 필요한 순간에 개입할 수도 있다(Minuchin & Fishman, 1981). 예를 들어 상담회기 내에서 어떤 자녀가 화를 낸다면, 미누친은 부모에게 이 문제를 풀기 위해 어떻게 할지를 실연해보도록 요청한다. 부모와 자녀가 상호작용하는 방식을 관찰하면 부모 하위체계와 자녀 하위체계가 작동하는 방식에 대한 중요한 정보를 얻을 수 있다. 한 부모가 자신의 역할을 수행하지 않을 경우, 상담자는 그 부모에게 상황에 적극적으로 대처할 것을 요청함으로써 두 사람의 부모 하위체계를 재설립하도록 촉진할 수 있다.

존은 짧은 실연 경험들이 진과 데릴에게 도움이 될 것이라고 생각한다. 존은 다른 가족 구성원을 상담실에서 내보내고, 각각의 구성원과 단둘이 이야기하면서 이 작업을 수행한다. 때때로 다른 구성원에게 특정 화제는 그가 상관할 바가 아니라고 이야기하기도 한다. 존은 또한 내담자로 하여금 문제 영역과 일상에 대해 이야기하도록 이끈다. 또한 진이 데릴을 대할 때 침착함을 유지하고 데릴의 성장을 존중하는 합리적인 결정과 규칙을 만들도록 지도한다. 형제자매와 대화할 때와 같은 비난적인 논조보다는 침착하게 대화하는 것이 부모-자녀 경계의 수립에 도움이 될 것이다.

재구성하기. 재구성하기에서 상담자는 가족 구성원들로 하여금 그들이 가지고 있었던 자신에 대한 편협하고 부정적인 관점을 좀 더 긍정적이고 유연한 모습으로 변화시킬 수 있도록 돕는다(P. Minuchin et al., 2007). 미누친 등(2006)은 재구성하기가 행동화(acting out)를 통해 부모의 관심을 끌려고 시도하는 청소년의 행동과 같은 거리조절 행동에도 적용할 수 있음을 제안하였다. 일반적으로 행동은 긍정적인 방식으로 재구성된다. 예를 들어 키우고 있는 강아지의 난폭한 행동을 열정적이라고 기술할 수 있다.

존은 진과 데릴이 재구성할 수 있는 가능성에 대해 생각한다. 여기서 분명한 점은 데릴이 어머니, 아버지, 반 친구와의 관계에 있어서 보이는 과격한 행동은 데릴이 성인이 되고자 하는 하나의 투쟁으로 해석할 수 있다는 점이다. 진과 데릴이 보이는 긴밀한 관계 역시 '좋은 친구' 관계로 긍정적으로 재구성될 수 있다. 이를 위해 진과 데릴이 다른 친구를 대하듯이 서로를 존중하고 친절하게 대할 것을 확실히 할 필요가 있다. 또한 이러한 재구성은 진을 고립시키고 성인으로의 데릴의 성장을 가로막고 있는 현재의 관계를 지적함으로써 두 사람의 변화를 촉진할 수 있다.

초점화하기. 가족은 어떻게 기능하고 있는지에 대한 광범위한 자료를 제공하기 때문에, 상담회기에서 상담자는 주의가 필요한 영역을 선택하여 초점을 맞추어야 한다. 기본적으로 상담자는 현재 가족의 모습에서 가장 중요한 요소를 선택한다. 이러한 선택은 구조적 이론에 의해 결정된다. 하지만 미누친은 이론에 의한 터널비전(tunnel vision : 터널에서 시야가 좁아지는 것과 같이, 전체를 보지 못하고 작은 일부분에만 집중하게 되는 효과)의 잠재적 위험성을 지적하였다(Minuchin & Fishman, 1981). 상담자는 자신이 선택한 초점을 인식하고, 초점을 좁히는 효과에 민감해야 한다. 초점화는 환자로 확인된 사람(IP)으로부터 다른 곳으로 주목을 돌리는 데 활용될 수 있다. 즉, 부모 두 사람의 관계, 형제자매를 돌보는 노력과 같은 다른 가족 간의 역동으로 초점을 옮길 수 있다.

존은 진에게 좋은 양육은 무엇인지 질문함으로써 진과의 상담 초점을 양육에 맞춘다. 존은 진이 양육문제를 알과 상의할 수 있는지, 양육 과정에 알이 더 많이 합류하기를 원하는지 질문한다. 존은 데릴의 사회생활에 대해 많은 질문을 던짐으로써 데릴이 가족 외부의 지원 네트워크를 개발할 필요가 있음을 암시한다.

강도 높이기. 가족은 세상을 보는 관점에 있어 공통된 시각을 갖고 있기 때문에, 상담자의 메시지를 받아들이기 어려울 때가 많다. 상담자의 메시지를 받아들이는 것은 가족의 구조 변화를 돕는 상담자의 관점을 경험한다는 것을 의미한다. 강도 높이기는 별도로 구분된 작업이 아니다. 이를 위해 상담자가 가족 과정에 개입하는 수준에 따라 다양한 개입 방법이 활용될 수 있다(Minuchin & Fishman, 1981).

상담자는 상담회기 중에 자신이 전달하고자 하는 메시지를 여러 차례 반복할 수 있다. 다음과 같은 장면을 예로 들어보자. 상담자는 6살짜리 제임스가 다른 가족 구성원이 더 유능감을 느낄 수 있도록 스스로 무능하게 행동한다고 보았다. 상담자는 이 메시지를 여러 번 반복한 후, 모든 가족 구성원에게 이 과정에서 무엇을 경험했는지 물어볼 수 있다.

상담자는 강도 높이기를 활용하여, 가족 구성원으로 하여금 서로 간에 상호작용이 불가능할 정도의 스트레스 지점을 넘어서도록 이끌기도 한다. 대부분의 커플 및 가족들은 상호작용을 중단할 수밖에 없는 한계점을 가지고 있다. 가족 구성원에게 '그 지점에 멈추기'를 요청하고 그 강한 감정을 계속해서 이어 나가게 하면, 이 새로운 영역으로의 모험은 새로운 관점과 행동 패턴으로 이어질 수도 있다. 상담자와 가족 구성원 간의 거리를 바꾸는 조치(예 : 상담자가 무릎을 꿇고, 작은 어린이와 이야기하기, 성인 내담자에게 매우 가까이 다가가기 등)를 통해서도 강도를 높일 수 있다. 강도 높이기는 주로 경계 만들기의 기법으로 활용되는 가족 구성원 간 좌석 재배열 또한 상담 과정에서 활용될 수 있다(Minuchin & Fishman, 1981).

> 존은 데릴이 어머니를 보호하려고 노력하고 있다는 주장을 반복적으로 제시한다(한때 데릴이 아버지로부터 어머니를 보호했던 것과 같이 세상으로부터 어머니를 보호하고 있다는 의미로). 존은 데릴이 어떻게 어머니를 보호하고 있는지 이야기하게 한 후, 진에게 이 이야기를 듣고 어떤 느낌이 드는지 묻는다.
>
> 진과 데릴이 최근 학교에서 있었던 싸움에 대해 얘기할 때 데릴은 불만스러운 표정으로 침묵한다. 존은 이 과정에 개입하여 데릴이 더욱 어른스럽게 말하도록 촉진함으로써 데릴이 계속해서 어머니와의 대화를 이어 나갈 수 있도록 돕는다.

경계 설정. 유명한 구조적 기법 중 하나는 가족체계 내에 더 나은 경계를 설정하는 방법이다. 경계설정 기법은 다음과 같이 매우 간단하게 이루어질 수 있다. 상담자는 질문을 받지 않은 가족 구성원은 답을 하지 않고, 바로 질문을 받은 당사자가 대답할 것을 주장할 수 있다. 또 다른 방법은 가족 구성원에게 자리를 바꿀 것을 요청하는 좌석 재배열이다. 전통적인 재배열 방식은 심리적으로 부모 사이에 있는 자녀에게 부모를 마주보는 상담자의 옆자리로 좌석을 옮기는 것이다.

> 존의 개입 중 많은 부분은 '경계 설정'으로 묘사될 수 있다. 진과 데릴이 서로에게 말하는 방식을 바꾸도록 돕는 것도 경계 설정 기법이다. 존은 데릴이 이야기할 때 진이 방해하는 것을 막고, 진이 이야기할 때 데릴이 방해하는 것을 막는다. 이를 통해 각자 자기 자신에 대해 더욱 솔직히 이야기할 수 있으며, 개별화가 더욱 가능해질 수 있다. 존이 진 또는 데릴과 개별적으로 이야기하는 것 또한 경계 설정 기법이다. 존은 그들에게 상담회기 사이의 기간에 특정한 작업을 완료하거나 사회적 활동에 개별적으로 참여할 것을 요청한다. 만약 상담에 알을 참여시키는 것이 성공한다면, 존은 부모 하위체계 내 경계 설정을 시도할 것이다. 이 개입은 몇 시간 동안 데릴을 상담실 밖으로 내보내거나, 데릴이 옆에 앉아서 관찰하도록 하면 더 효과적일 것이다. 그러나 알과 진이 부모 역할에 대해 이야기하는 것만으로도 데릴에게 도움이 될 것이다.

균형 깨트리기. 이 기법은 가족 내 위계를 변경하기 위한 것이다. 구조적 상담자는 체계 내에서 권력이 적은 사람 또는 하위체계의 편을 드는 것을 통해 보다 강력한 사람의 권력을 무력화한다. 또한 특정 가족 구성원이나 체계를 무시하는 방법도 활용할 수 있다. 말할 필요도 없이 이 방법은 까다로운 개입이며, 가족 및 개별 구성원에 대한 잠재적 영향 측면에서 윤리적 이슈가 제기될 수 있다. 미누친과 피시먼(1981)은 상담자가 가족 구성원의 스트레스 수준을 항상 인식하고 있어야 한다고 주장하였는데, 더 강력한 사람에 대항하여 한 구성원과 짝을 이룰 때 특히 더 신경 쓸 필요가 있다. 균형 깨트리기는 단어 그 자체로도 이미 공평하지 않은 작업이기 때문에, 이를 활용하는 상담자에게 어려움이 있을 수 있다. 또한 상담자는 이 기법에 필요한 내담자와의 근접성에 불편함을 느낄 수 있고, 혹은 무례하게 행동하는 내담자의 편에 서야 하는 불편감을 느낄 수 있다.

> 존은 데릴에게 더 많은 자율성을 부여하기 위해 그의 편에 서는 것을 고려한다. 존은 진에게 데릴이 어머니의 간섭에서 벗어나 성장하기 위해 무엇을 해야 하는지에 대해 데릴과 단둘이 마음을 터놓고 대화할 것이라고 말할 수 있다. 존은 이 개입이 데릴과 진 모두에게 스트레스가 될 것이라고 생각한다. 데릴은 어머니를 버리는 스트레스와 함께 성장의 압력을 동시에 느낄 것이다. 진은 이 개입에 대한 반응으로 불안해지거나 화가 날 수도 있다.

지시하기. 구조적 가족치료 상담자는 상담회기 내에서 혹은 숙제로 가족에게 지시를 내린다(어떤 의미에서 실연을 위한 지시도 지시하기로 볼 수 있음). 지시하기는 직접적이거나 역설적일 수 있다. 팝(Papp, 1981)은 가족이 지침을 준수할 가능성이 큰 경우 직접 개입(예 : 조언 제안하기, 과제 처방하기)을 권고했다. 가족이 지속적으로 저항적이라면 역설적 개입이 고려될 수 있으며, 이 기법에는 재정의하기, 처방하기, 제지하기의 세 가지 요소가 있다(Papp, 1981, p. 246). 역설적 개입은 가족이 요구하는 결과와 반대의 결과를 얻으면 성공한다는 점에서 기존의 심리학을 뒤집은 이론이라 할 수 있다. 이 아이디어는 증상을 없애기 위해 가족의 저항을 사용하는 것이다. 재정의하기는 앞서 설명한 긍정적 재구조화와 같다. 증상은 긍정적으로 정의되고, 이면의 역동과 연결된다. 증상은 긍정적인 특징을 부여받았기 때문에, 논리상으로는 가족은 증상을 계속해서 실연하게 된다(처방하기). 처방하기는 상담회기 밖에서 가족으로 하여금 증상을 경험하게 과제를 내준다. 일반적으로 이 작업은 증상과 관련되어 있기 때문에 가족은 이를 어렵고 불쾌하게 여기게 되고, 이에 따라 증상은 효과적으로 사라지게 된다. 가족이 상담회기에 돌아와 증상의 변화를 보고하면, 상담자는 한편으로 증상의 제거에 따른 가족의 변화를 걱정하면서, 변화의 타당성을 가족에게 설득한다(제지하기).

> 존은 진과 데릴에게 적용할 지시하기 기법에 대해 고려하여, 지시하기 기법을 택하기로 한다. 진에게는 그녀의 원가족과 더 많은 시간을 보낼 것을 지시하고, 데릴에게는 어머니와 함께 어머니의 원가족을 방문할 것인지 혹은 다른 적절한 활동을 할 것인지 선택하게 한다.

전략적 가족치료

개요

전략 치료(strategic therapy)는 주로 조현병 환자의 가족에서 나타나는 의사소통 과정을 연구하는 모임인 정신연구소(MRI)의 '팰러앨토 집단'의 작업으로부터 유래하였다(P. J. Guerin & Chabot, 1995; Watzlawick, Beavin, & Jackson, 1967). 그레고리 베이트슨, 제이 헤일리, 돈 잭슨, 존 위클랜드가 MRI의 연구원으로 포함되어 있었으며, 이들은 **이중구속 의사소통**(double-bind communication)에 대한 설명을 제시한 연구자들로 유명했다. 이중구속 의사소통은 조현병 환자의 가족에게서 반복적으로 관찰되는데, 한 가족 구성원이 다른 가족 구성원에게 서로 모순되는 두 가지 의미를 하나의 메시지로 전달할 때 나타난다. 즉, 언어적 채널을 통해서 전달하는 메시지와 비언어적 채널을 통해서 전달하는 메시지가 서로 모순되는 것이다. 결과적으로 이 상황을 피할 수 없게 된 이중구속 의사소통의 대상은 시간이 지남에 따라 이와 같은 곤경에 대처하기 위한 방법으로써 심리적 증상을 발생시키게 된다(Nichols, 2013). 다음은 이중구속 의사소통의 간단한 예시이다. 여러분의 배우자 또는 부모님이 겉으로는 "너는 당연히 그 모임에 가야겠지."라고 말하지만 사실 그가 말하는 방식을 살펴보면 다음과 같은 의미가 담겨 있을 수 있다. "나는 네가 그 모임에 가지 않았으면 좋겠어. 만약 거기에 간다면, 나는 너랑 멀어질 거야. 그리고 그건 너의 탓이야." 2개의 메시지가 표현되었고, 이 둘은 서로 모순된다. 여러분이라면 어떻게 하겠는가?

제이 헤일리(Jay Haley)는 MRI 집단작업을 확장하고, 전략적 치료계에서 가장 중요한 인물이 되었다. 헤일리는 약간 이단아적인 측면이 있었다. 헤일리는 심리학이나 의학의 전통적인 학위를 받지 않았고, 예술 및 커뮤니케이션 학위 전공자였다(Becvar & Becvar, 2013). 헤일리는 전통적 심리치료 집단이 고수하는 가치와 절차에 대해 끊임없이 비판적인 질문을 던졌다. 제목에서 짐작할 수 있듯이 그의 저서 중 하나인 예수 그리스도의 힘 있는 전략전술 및 다른 이야기들(*The Power Tactics of Jesus Christ and Other Stories*, 1969)은 1950년대와 1960년대 정신병원에서 일어났던 권력 역동을 분석하는 것을 포함하여, 확고하게 자리잡은 기득권 기관들을 풍자한 것이다.

헤일리는 심리치료의 대가인 밀턴 에릭슨(Milton Erickson)에 의해 많은 영향을 받았다(에릭슨에 대한 더 많은 정보는 제14장 참조). 또한 헤일리의 연구에서 찾아볼 수 있는 위계에 대한 관심은 그가 미누친과 함께 구조적 가족치료법 개발에 10년을 보냈다는 사실을 알고 나면 이해하기 쉬울 것이다(Becvar & Becvar, 2013). 전략적 치료의 정의에 대한 설명은 헤일리의 저서 **문제해결치료**(*Problem-Solving Therapy*, 1987)에서 확인할 수 있으며, 이 책은 제1·2판이 출판되었다. 전략치료의 또 다른 주요 인물은 한때 헤일리와 부부였던 클로에 마데네스(Cloé Madanes)이다. 마데네스의 저서 **전략 가족치료**(*Strategic Family Therapy*, 1981)는 이 접근법에 대해 설명한 훌륭한 자료로 알려져 있다(마데네스의 웹사이트는 www.cloemadanes.com). 이 접근법에 대한 또 다른 주목할 만한 저서는 헤일리와 리치포트 헤일리(Richeport-Haley)의 2003년작 **전략 치료의 예술**(*The Art of Strategic Therapy*)이다.

구조적 치료 상담자와 마찬가지로 전략적 치료 상담자는 가족 내 위계에 관심을 두고 있다. 가족 내에 존재하는 권력은 내담자에게 나타난 증상을 이해하는 데 필수적 수단이다. 헤일리와 마데네스(1981)가 설명하고 있는 전략 상담자와 구조적 상담자 간의 중요한 차이는 전략 상담자가 구조적 상담자보다 가족 내 의사소통과 행동에서 발견되는 '반복적인 패턴'에 대해서 더 많은 관심을 기울인다는 점이다.

이 이론은 다른 이론들보다 개념과 기법에 대한 설명이 짧은 편이다. 전략적 치료 상담자는 각 개인의 개별적인 문제에 맞추어 특정 과제를 설계함으로써 가족의 변화를 도모한다. 이 접근법과 관련된 성격이론은 없다.

주요 개념

의사소통. 전략적 가족치료 상담자는 가족 혹은 커플 간의 대화에서 반복적으로 나타나는 연속적 상호작용에 관심을 둔다. 헤일리(Haley, 1987)는 우리가 의사소통할 때 말하는 내용의 대부분은 여러 수준의 의미를 가진다는 점을 지적하였다. 여기서 가장 중요한 것은 상호작용에서 나타나는 관계의 본질에 관한 메시지이다(Ray & Sutton, 2011). 예를 들어 사라와 존이 누가 욕실을 청소할 것인지에 대해 싸우는 장면에서 표면적 논점은 청소이지만, 이 상호작용은 둘의 관계에 대한 묘사이기도 한 것이다. 전략적 가족치료 상담자에 따르면, 인간 사이의 상호작용은 아날로그식 의사소통의 수준에서 발생한다. 예를 들어 헤일리(1987)는 내담자를 상담실에 오게 만든 증상 혹은 문제는 내담자의 현재 상황에 대한 은유라고 주장하였다.

헤일리(1987)는 의사소통에 보고(내용)와 지시(관계) 두 가지 수준이 존재한다고 보았다. '보고'는 언어로 전달된 '메시지의 실제 내용'과 관련된 수준이다. '지시'는 주로 비언어적이며, 상호작용자 간의 '관계'를 내포하는 수준이다. 사라와 존의 예를 들어 살펴보자. 긴장하고 화가 난 사라가 존에게 "욕실청조 좀 하라고 너한테 상기시키는 것도 이젠 지쳤어."라고 말한다. 내용 수준의 의미는 사라가 한 말 그대로 그녀가 욕실청소를 존에게 상기시키는 것에 지쳤다는 것이다. 그러나 관계 수준에서는 사라가 존에게 청소를 시키는 역할, 즉 그녀가 관계에서 지시자의 역할을 차지한다는 것을 의미한다.

> 전략적 가족치료 상담자 모건은 데릴의 행동이 가족 내의 어떤 고통을 은유하는지 궁금하다. 한 가지 은유는 데릴이 일상적으로 진의 '면전에 대고 반박하는' 행동에서 찾을 수 있을 것이다. 이 가족은 서로의 면전에 대고 반박하는 가족력을 가지고 있다. 누군가가 상대방에게 윽박지르거나, 비난하거나, 낙인찍으려 하면, 상대방은 같은 방법으로 보복한다. 이 모습은 학교에서 데릴이 보이는 행동과 다소 비슷한 측면이 있다. 모건은 '지시'의 수준이 그들 간의 갈등에서 어떠한 의미를 갖고 있는지 파악하기 위해, 데릴과 진의 의사소통 패턴을 면밀히 관찰한다.

위계. 모든 조직에는 위계가 존재하며, 가족도 예외는 아니다. 위계는 권력을 포함하는 개념이기 때문에, 종종 문제의 소지로 간주된다. 전통적인 가족 위계에서는 부모가 아이들을 책임지는 위치에 있는 것으로 정의할 수 있다(Madanes, 1981). 더 전통적으로 살펴보면, 이와 같은 구조에서는 남성이 책임지는 역할을 맡고 그 이외의 모든 구성원은 그 남성에게 복종해야 한다는 것을 암시한다. 헤일리(1987)는 위계가 존재하는 것은 사실이지만, 위계의 존재를 받아들이는 것이 곧 특정한 구조가 반드시 존재해야 한다는 것을 의미하지는 않는다고 언급했다. 또한 부당한 위계가 가족 내에 존재한다는 사실 자체만으로는 위계에 변화가 필요하다는 정당성이 부여되는 것은 아니라고 경고했다. 위계에 변화가 필요한 시점은 오로지 변화해야만 하는 증상이 존재할 때라는 것이다.

> 모건이 보기에 이 가족은 분명한 위계를 가지고 있지 않다. 진은 어머니이지만 종종 데릴과 함께 10대처럼 행동한다. 데릴은 때로는 나이보다 훨씬 더 어리게 행동하며, 때로는 어머니와의 관계에

서 훨씬 더 나이든 어른처럼 행동하기도 한다. 아버지의 역할은 외부인이다. 모건은 이 관계에서 누가 진정한 책임자의 역할을 맡고 있는지 궁금하다.

인간과 개인발달에 관한 이론

전략적 치료 상담자는 공식적인 성격이론을 가지고 있지 않다. 그들은 발달에 대한 몇 가지 아이디어를 가지고 있으나, 일반적으로 인생주기에 있어 전환기에 주목한다. 헤일리(1973)에 의하면, 전략치료에서 중요한 생애단계는 (a) 연애 기간, (b) 결혼 초기, (c) 출산 및 육아, (d) 결혼 중기, (e) 자녀와의 분리, (f) 은퇴와 노년기이다. 밀턴 에릭슨의 방법론을 다룬 헤일리의 저서 비보편적 치료(*Uncommon Therapy*, 1973)의 한 장에서는 에릭슨의 작업 사례를 예로 들면서, 이와 같은 단계를 설명하고 있다.

모건은 데릴이 사춘기 직전에 있다는 점을 주목한다. 데릴은 12세에 불과하지만 성장의 조짐을 보이고 있다. 진을 데릴로부터 떼어놓아야 하는 시기가 곧 올 것인가?

심리적 건강과 역기능

전략적 치료 상담자는 심리적 역기능을 경직된 반복적인 상호작용 행동으로 정의한다(Haley, 1987). 또한 마데네스(1981)와 헤일리(1987; Haley & Richeport-Haley, 2003)는 가족 내의 문제가 발생하는 이유는 문제가 있는 위계 또는 마데네스(1981, p. 67)가 지칭한 "가족 내의 일치하지 않는 위계조직" 때문이라고 주장했다. 이 위계는 가족 구성원의 경직된 상호작용 행동과 밀접한 관계가 있음을 내포한다. 레이와 서튼(Ray & Sutton, 2011)은 체계 내에서 문제의 영향을 탐색하는 작업은 그 관계에 존재하는 규칙에 대한 단서를 제공할 수 있다고 제안한다. 예를 들어 부부가 자녀인 조지의 문제 증상으로 인하여 부부관계에서 갖고 있던 불편감에서 자녀문제로 관심을 돌리게 되는 경우, 조지는 자신이 가족체계 내에서 부적절한 권력을 가졌음을 감지한다. 부모는 조지에게 집중하고, 계속해서 그의 행동에 대해 동일한 반응을 보인다(대체적으로 반응의 강도는 점점 강해짐). 이 경우 그들의 해결책은 오히려 문제를 유지하는 역할을 하게 된다.

헤일리(1987)에 의하면, 가족 중에 문제가 있는 자녀가 있다면 가족 내 누군가는 세대 경계를 넘어 자녀에게 지나치게 집중하게 된다(집중의 대상이 반드시 증상이 있는 자녀일 필요는 없으나, 대개는 증상이 있는 자녀에게 관심이 쏠리게 됨). 이와 같은 역기능적 연합이 부정되거나 숨겨질 경우 상황은 더욱 나빠진다. 또한 이와 같은 연합형성 과정은 반복적으로 이루어진다. 다시 말해 세대 간 연합이 반드시 문제현상인 것은 아니지만, 이러한 연합이 일상화된다면 문제가 된다는 것이다(Haley, 1987). 또한 헤일리와 리치포트-헤일리(Haley & Richeport-Haley, 2003)는 가족위계에서 흔히 볼 수 있는 두 가지 문제를 지적하였는데, 부모가 서로 반대 연합을 형성하고 친인척이 경계를 위반하는 경우이다.

증상은 보통 문제에 대한 '은유'로 보여지지만 역설적으로 문제해결을 위한 '시도'일 수도 있다(O'Connor, 1986). 부부 간에 불화가 있는 부모로 하여금 그들의 갈등으로부터 주의를 돌리는 방법의 일환으로, 자녀들은 자신의 증상을 표출함으로써 부모와 협력관계를 구축한다(S. Cheung, 2005). 따라서 조지의 짜증 증상은 부모에 대한 분노의 표현임과 동시에 한편으로 부모로 하여금 고통스러운 상황으로부터 벗어나게 하려는 시도인 것이다.

전략적 치료 상담자는 건강한 사람과 가족에 대해서는 거의 논하지 않는 것처럼 보일 수도 있다. 헤일리(1987)는 건강한 가족 내에도 혼란스럽거나 왜곡된 위계가 존재할 수 있다고 언급하였다. 레이와 서튼(2011, p. 171)은 전략적 치료법은 내담자가 먼저 요구하지 않는 이상, '탈규범적이고 비병리적인 접근'을 고수해야 한다고 주장하였다.

전략적 치료 관점에서 건강한 가족이란 가족의 맥락(즉, 가족이 살고 있는 문화)(Stanton, 1981)과 일치하는 명확한 위계를 가진 가족이라고 추론할 수 있다. 이러한 가족에서는 확고히 자리잡은 세대 간 연합은 거의 관찰되지 않을 것이다. 이러한 가족들은 가족 생애주기에서 발생하는 각각의 전환기에서 어떻게 하면 혼란 없이 방향을 찾을 수 있는지 파악할 수 있다. 이들의 의사소통 패턴은 명확하고 유연하다.

> 모건이 보기에 진과 데릴은 세대 간 연합을 하고 있는 것처럼 보인다. 둘 사이에는 팀워크가 존재하며, 집안일을 하는 것과 같은 경우에는 적응적으로 기능한다. 그러나 데릴의 행동은 무엇인가가 잘못되었다는 것을 암시한다. 모건은 데릴의 분노 표출(행동화)이 그의 면전에서 싸우는 부모 사이의 갈등을 상징함과 동시에, 진이 외로움과 고통으로부터 벗어나도록 하는 시도일 것이라고 추측한다. 모건은 진에게 문제해결을 위해 데릴의 아버지에게 도움을 요청할 것인지, 그럴 경우 어떤 일이 일어날 것 같은지를 묻는다.

치료의 특성

사정. 전략적 가족치료에서는 공식적인 평가나 진단이 사용되지 않는다. 과거에 전략적 치료 상담자들은 급진주의자로 여겨졌다. 왜냐하면 이들은 누군가에게 '조현병, 비행청소년, 조울증'이라는 진단명을 부여하는 것은 치료에서 해결해야 할 문제를 오히려 만드는 것이라고 주장하는 등 진단 자체에 비판적이었기 때문이다. 때로는 진단명 자체가 문제를 만들어내기도 하며, 치료를 위한 해결을 더욱 어렵게 만들기도 한다(Madanes, 1981, p. 20). 또한 일부 전략적 치료 상담자들은 향정신성 약물 처방은 내담자가 '단순히 잘못된 행동을 하는 것'이 아니라, '정신적으로 아프다'는 정의를 내리도록 하기 때문에, 향정신성 약물 처방은 즉각 중단되어야 한다고 주장한다. 이는 다소 충격적으로 받아들여지기도 하였다(Madanes, 1981). 이와 같은 선언은 심리적 역기능에 대한 생물학적 원인을 완전히 거부하는 입장과 결합하여 전략적 접근법에 대해 많은 비판을 야기했다(Lebow, 2014). 최근의 전략적 치료 상담자들은 약물을 처방하는 정신과 의사를 포함한 다른 전문가들과 우호적인 관계를 맺기 위해 노력하면서, 이러한 이슈에 관해서 덜 단호한 입장을 보이고 있다(Haley & Richeport-Haley, 2003).

전략적 치료 상담자는 가족 내 상호작용을 관찰함으로써 가족을 사정하는데, 이는 역기능적 요소가 존재할 가능성이 있는 '가족 위계'에 관한 정보를 얻게 된다. 전략적 치료 상담자는 또한 의도적으로 가족관계에 개입하고 가족 구성원이 이에 어떻게 반응하는지를 관찰함으로써 정보를 수집한다 (Stanton, 1981).

> 모건은 진과 데릴이 상담에서 무엇을 다룰지 논의하는 장면을 면밀히 관찰한다. 모건은 문제를 갖고 온 사람(진), 이에 대한 데릴의 반응(본인의 행동방식으로 표현되는), 그리고 데릴의 표현에 반응하는 진을 관찰한다. 이들이 표현하는 실제 내용보다는 이들의 상호작용의 질적인 측면이 더욱 중요하다. 이 둘은 관계에서 거의 같은 수준의 권력을 갖고 있는 것으로 보인다. 모건은 가족의 상호작용에 대한 완전하고 상세한 그림을 얻기 위해 데릴의 아버지와 관련된 내용을 포함한 일련의 질문을 던진다.

치료적 분위기 및 내담자와 상담자의 역할. 전략적 가족치료는 일반적으로 단기적이며, 상담자는 매우 적극적이고 지시적이다(T. N. Smith, Ruzgyte, & Spinks, 2011). 일반적으로 치료의 초점은 현재이며, 상담자는 상담 과정의 구조에 대한 책임을 지고 있다. 대부분의 다른 접근법과 달리 전략적 가족치료는 약물을 처방하고 입원환자를 관리하는 의료전문가를 치료 과정에 참여시키는 과정에서 현재 내담자에게 나타난 문제의 사회적 맥락을 고려한다(Haley, 1987; Madanes, 1981). 치료 과정에 참여하게 되는 기관 및 개인들은 "개인에게만 초점을 맞출 뿐 가족관계의 맥락을 고려하지 않기 때문에" 문제가 될 수 있다(Haley, 1980, p. 53). 전략적 가족치료 상담자는 치료가 이루어지는 장소와 시간에 있어서 유연해야 한다(Haley, 1987). 치료회기는 가정, 학교 또는 전형적인 사무실 공간 등에서 실시될 수 있다. 치료회기는 50분에서 몇 시간이 될 수도 있다(Haley, 1987).

전략적인 가족치료 상담자는 상담 결과에 대해 전적인 책임을 지며(Carlson, 2002), 전략적 가족치료에서는 내담자의 역할에 대한 기대는 거의 표현되지 않는다.

> 모건은 치료 상황에 대해 직접적인 책임을 진다. 모건은 진과 데릴이 해결할 수 있는 문제를 정의하도록 적극적으로 돕는 작업을 시작한다. 모건은 데릴을 문제청소년으로 정의하고 있는 학교의 역할을 인지하고 있지만, 필요한 상황이 오기 전까지는 이에 대해 개입하지 않기로 결정하였다.

상담 목표. 전략적 가족치료 상담자의 목표는 현재 제시된 문제를 해결하는 것으로, 매우 단순하고 직설적이다(Madanes, 1981). 목표와 관련된 행동은 "셀 수 있고, 관찰 가능하고, 측정 가능하며, 어떤 방법으로든 내담자에게 영향을 미친다는 것을 알 수 있는 것이어야 한다."(Haley, 1987, p. 39) 궁극적으로 전략적 가족치료 상담자는 내담자가 '다르게 행동하는 것'을 목표로 삼고, 통찰에 대해서는 크게 신경 쓰지 않는다(Haley, 1987; Nichols, 2014). 실제로 헤일리와 리치포트-헤일리(2003)는 많은 내담자가 해석에 대해 편하게 느끼지 않기 때문에 통찰을 강요하는 것은 문제가 될 수 있다고 지적했다. 이와 같은 관점에서 또 다른 치료 목표는 상담이 내담자로 하여금 삶의 단계들 사이의 전환기를 잘 보내도록 안내, 조력하는 것이다. 즉, 내담자는 발달의 한 단계에서 위기를 겪었기 때문에 다음 단계로 나아갈 수 없어 문제를 경험한다는 것이다. 예를 들어 헤일리(1980)는 청소년들이 집으로부터 독립하는 것에 어려움을 겪는 것으로 인해 조현병을 앓게 된다고 주장했다.

전략적 가족치료 상담자는 왜곡된 위계를 지지하는 내담자의 의사소통 패턴에 관심을 갖는다. 이는 내담자에게서 발견된 일상적인 패턴을 변화시키는 작업으로 이어진다. 따라서 전략적 가족치료 상담자는 내담자가 보다 복합적인 의사소통 방법을 배우고, 이를 통해 가족 체계 내에서 상호작용할 수 있도록 돕는다(Madanes, 1981). 스탠튼(Stanton, 1981)이 말했듯이, "전략적 가족치료 상담자는 가족이 명시적으로 표현한 목표 혹은 불만사항을 역기능적 연쇄 과정을 변화시키기 위한 결집 포인트로 삼는다."(p. 366)

상담에서 동의된 목표는 데릴이 문제에서 벗어나도록 돕는 것이다. 그가 학교에서 문제를 일으키는 횟수는 세어볼 수 있다. 이를 위해 모건은 데릴이 성장하는 과정을 도울 것이며, 진이 데릴과의 관계를 벗어나 본인의 삶을 살도록 도울 것이다. 이러한 목표를 달성하기 위해서는 두 사람이 서로 관계 맺는 패턴과 두 사람이 외부세계와 관계 맺는 패턴에 변화가 필요하다.

치료 과정

전략적 가족치료 상담자의 첫 번째 과제는 문제에 대한 개념화를 하기 위해서 가족과 작업하는 것이다(Haley, 1987). 이로써 치료는 진행될 수 있으나, 여기서 헤일리와 리치포트-헤일리(2003)는 "상담 수련생에게 치료가 어려운 이유는 인생이 너무 복잡하기 때문에 각 사례에 대해 개별적 치료법을 설계하고, 상담자가 혁신적인 사고를 가져야만 하기 때문"이라고 지적하였다(p. xv).

헤일리는 상담의 첫 회기를 실시하는 장면에 대해 많은 이야기를 하였다. 그는 "한 사람의 내담자를 직접 독대하는 것으로도 그 사람을 변화시키는 것은 가능하다. 하지만 그 변화 과정에서 필요한 질문 기술은 평균적인 상담자 한 명에게 있어서 너무 지나친 양이다."라고 말하면서, 최소한 첫 번째 상담회기에는 모든 가족 구성원의 참석이 중요하다고 생각했다(1987, p. 11). 칼슨(Carlson, 2002)은 효과적인 치료가 모든 가족 구성원들의 참여 없이도 일어날 수 있다고 주장하며, 헤일리와는 다른 견해를 보였다.

헤일리(1987)는 상담의 첫 번째 회기를 사회적 단계, 문제 단계, 상호작용 단계, 목표설정 단계, 과제설정 단계로 이루어진 5단계로 나누었다. 사회적 단계(social stage)에서 상담자는 가족과의 가벼운 대화를 통해 가족 구성원들과의 관계 형성을 시작한다. 이 단계에서는 모든 가족 구성원이 상담 과정에서 중요한 역할을 한다는 점을 인식할 수 있도록 모두 발언할 수 있도록 유도하는 것이 중요하다. 또한 상담자는 양육, 전반적인 가족 분위기, 역할, 권력 구조 등과 같은 가족 내 주요 과정을 관찰하기 위하여 가족의 '행동'을 분석한다. 상담자는 이를 바탕으로 잠정적 가설을 세우지만, 이를 바로 가족들에게 공개하지는 않는다(Haley, 1987).

문제 단계(problem stage)에서 상담자는 가족에게 어떤 문제로 상담실에 오게 되었는지 질문한다. 이 질문에 대한 가족 구성원의 응답은 유익한 정보다. 모든 사람은 문제에 대한 자신의 견해를 말할 기회가 있어야 하지만, 헤일리는 확인된 문제와 가장 관련이 없는 성인이 먼저 질문을 받아야 한다고 권고하였다. 그러나 상담자는 가족을 치료에 데려올 만큼 영향력이 큰 사람을 특별히 존중하고 정중하게 대하도록 신경 써야 한다. 이 사람들은 그냥 똑같은 사람이 아니다! 헤일리는 또한 문제가 있는 아동부터 시작하는 것은 좋지 않다고 경고하였다. 왜냐하면 문제가 있는 아동은 상담자가 자기를 탓한다고 결론 내릴 수도 있기 때문이다.

이 단계에서 상담자는 '기꺼이 돕고자 하는' 태도를 지녀야 한다(Haley, 1987, p. 27). 혹여 조언을 요청하더라도 이에 답하면 안 된다. 가족 구성원은 상황에 대한 자신의 감정이 아닌 의견에 대해 질문을 받아야 한다. 상담자는 언제나 가족을 관찰하지만, 자신이 관찰한 것에 대해 드러내거나, 해석을 전달하지 않아야 한다. 문제에 대한 논의는 일반적인 진술부터 시작하여 보다 구체적인 구조로 진행해야 하며, 구조에 대한 설명은 한 명 이상의 가족 구성원과 관련되어 제시되어야 한다.

첫 회기의 그다음 단계는 **상호작용 단계**(interaction stage)이다(Haley, 1987). 가족 구성원은 문제에 대해 서로 이야기하도록 지시받는다. 이 단계에서 이상적인 전략적 가족치료 상담자가 가져야 하는 의도는 바로 문제의 실체를 명백하게 드러내는 것이다. 상담자는 가족 내에서 실제로 무슨 일이 일어나는지 관찰할 수 있도록, 가족 중 누군가가 불안해한다면 계속 불안하도록 그대로 둔다. 또한 이 과정을 통해 가족 내 형성된 위계에 대한 정보를 얻을 수 있다.

가족 구성원이 어느 정도 상호작용한 이후에는 **목표설정 단계**(goal-setting stage)로 넘어가며, 이 단계에서는 문제를 해결 가능한 방식으로 명확하게 정의하게 된다(Haley, 1987). 가족과 상담자가 문제의 상태가 나아지고 있는지 파악할 수 있도록 문제는 관찰 가능해야 한다. 예를 들어 존이 자신의 불안 줄이기와 같은 추상적인 목표가 아닌 말더듬기를 멈추기, 일주일에 세 번 이상 집 밖으로 외출하기와 같은 보다 구체적인 목표를 세우도록 안내하는 것이다.

첫 회기의 마지막 단계는 **과제설정 단계**(task setting)로, 때로는 생략될 수도 있다(Haley, 1987). 유능한 상담자라면 다음 상담회기 전에 가족이 수행할 수 있는 숙제를 준다. 이러한 종류의 지침은 전략치료에 필수적이며, 치료 기법 부분에서 보다 자세하게 논의될 것이다.

전략적 가족치료 상담자는 독특한 방식으로 내담자의 저항에 대처한다. 즉, 상담자는 가족과 함께 작업하며, 권력 투쟁을 피한다(Stanton, 1981). 상담자는 또한 내담자의 저항을 활용하여 변화를 유도하는데, 간접적 또는 역설적 지시를 사용한다. 이러한 개입에 대해서는 나중에 자세히 다룰 것이다.

> 모건이 진에게 첫 번째 상담회기에 알을 데려오라고 요청했을 때, 진은 매우 단호하게 반응하면서 알은 가족의 일원이 아니기 때문에 아무 쓸모가 없다고 말하였다. 모건은 이 합의가 이상적이라고 생각하지는 않았지만 받아들였다.
>
> 모건은 진과 데릴을 만나 일상적인 일에 관해 이야기한다. 상담실을 찾는 데 어려움이 있었는지, 어디에 사는지 등을 묻는다. 다음으로 모건은 진과 데릴에게 어떤 이유로 상담실을 찾게 되었는지 질문한다. 데릴은 침묵하고, 진이 문제를 설명한다. 어느 순간 데릴은 화가 나서 어머니의 이야기에 끼어들기도 한다. 모건은 이러한 사건들을 관찰하고 가설을 세우기 시작한다. 모건은 진과 데릴 두 사람이 서로 문제에 대해 이야기하도록 요청함으로써 상호작용 단계로 나아간다. 이 대화를 살펴보면서 모건은 두 사람이 어머니와 아들이라기보다는 동등한 관계에 있다는 사실을 알아챈다. 어머니는 남 탓을 하고 데릴은 자신의 행동에 대해 다른 사람들을 비난하면서 두 사람은 말다툼을 하기 시작한다.
>
> 모건은 진과 데릴이 문제를 해결 가능하게 정의할 수 있도록 돕는다. 모건은 데릴이 학교에서

문제를 일으키는 것을 방지하기 위해 데릴의 문제를 진과 데릴이 연합해서 노력해야 하는 문제로 정의한다. 진은 데릴이 성장해서 자신의 행동에 대해 책임질 수 있도록 돕는 이 과정에 기여해야 한다. 데릴이 성장한다면 갈등을 다룰 수 있는 새로운 방법을 찾을 것이다.

　모건은 데릴이 자신의 삶을 돌보는 대신 어머니를 돌보고 있다고 판단한다. 진은 데릴이 어머니 (진)를 돌볼 필요가 없음을 인식할 수 있도록 도와주어야 한다. 만약 모건이 진과 데릴을 위한 보다 기능적인 위계를 설정할 수 있다면, 이 문제는 자연스럽게 해결될 것이다.

치료 기법

지시하기.　전략적 가족치료 상담자는 거의 항상 가족들에게 지시하며, 종종 다음 상담회기에 오기까지 가정에서 수행해야 할 과제들을 지시한다. 지시는 사람들이 기존과 '다르게 행동하도록' 하는 목표를 달성하는 데 사용된다. 또한 지시를 통해 상담자와의 관계는 변화된다. 내담자는 일주일 내내 상담자의 지시에 따라 삶을 살기 때문에 상담자와의 관계는 강화된다(Haley, 1987). 또한 지시는 상담자가 정보를 수집하는 데 도움을 준다. 내담자가 지시를 따르든 따르지 않든 상담자와의 의사소통은 지속된다.

　전략적 가족치료에는 두 종류의 지시가 활용되는데, 직접적이며 직설적인 지시, 간접적이며 역설적인 지시로 구분된다(Haley, 1987; Haley & Richeport-Haley, 2007). 직접적 개입은 상담자가 내담자에게 무엇을 해야 하는지 바로 말해주는 것이다. 직접적 지시는 가족 구성원이 상담자의 지시를 준수할 것이라 기대되는 경우에 사용된다(O'Connor, 1986). 지시는 조언을 제공하는 것과는 다르다. 헤일리(Haley, 1987)에 의하면 "훌륭한 조언을 한다는 것은 인간이 자신이 하는 일을 이성적으로 통제할 수 있다고 상담자가 가정한다는 의미를 내포한다. 그러나 치료 효과를 위해서는 그런 아이디어를 버리는 것이 더 나을 것이다."(p. 6) 좋은 조언은 누구나 가족에게 제공할 수 있다. 예를 들어 "사람들에게 서로를 더 잘 대우해야 한다고 말하는 것은 소용이 없다."(Haley, 1987, p. 61) 더 유용한 것은 의사소통의 패턴과 가정의 위계까지 변화시킬 수 있는 지시이다.

　직설적 지시의 한 예는 참회이다(Haley & Richeport-Haley, 2003). 이는 내담자가 미안하고 끔찍한 감정을 느끼고 있을 때 사용되는 방식이다. 전략적 가족치료 상담자는 내담자가 다른 가족 구성원에게 도움이 될 수 있는 일을 하도록 지시한다(p. 9).

　역설적 지시는 가족이 직접적 지시에 저항할 것으로 보일 때 사용된다. 역설의 두 가지 일반적인 형태는 헤일리와 리치포트-헤일리(2003)에 의해 다음과 같이 기술되었다. 내담자에게 변화하지 말 것을 지시하는 제지명령과 증상처방이다. 이러한 개입은 내담자를 승산 없는 상황에 처하도록 고안되었다. 이러한 딜레마를 설명하기 위해 오코너(O'Connor, 1986)는 구토에 집착하는 어린이에게 주어진 지시를 설명했다. 10세의 아이는 주방에서 매일 한 시간 동안 앉아서 구토에 대해서만 생각하도록 지시받았다. 아이가 이 지시에 따른다면 그는 자신의 증상에 대한 통제권을 증명하는 것이다. 아이가 이 지시에 따르지 않는다면 증상은 사라진 것이다.

　상담자가 내린 모든 지시는 가족 구성원 모두가 명확하고 정확하게 이해해야 한다(Haley, 1987). 이상적인 관점에서 볼 때, 모든 가족 구성원은 지시된 작업에 일정 부분 참여해야 한다. 지시는 위계를 혼동시키는 것이 아닌 명확하게 하는 것이 필요하다. 물론 헤일리는 때로는 혼란스러운 지시를 내리고, 가족 구성원 모두를 참여시키지 않거나, 위계를 혼동시키는 것이 도움이 된다는 점을 업급했다. 마지막으로, 가족 중 누군가는 다음 상담회기에서 그 간에 나타난 가족의 성과를 보고해야 한다. 가족이 지시를 따랐다면 괜찮지만, 지시를 따르지 않았다면 이를 쉽게 넘겨서는 안 된다(Haley, 1987).

역설적인 지시의 특별한 형태는 고된 체험(ordeal)이다. 고된 체험의 목표는 다른 사람들과의 관계를 통제하는 차원에서 그 증상을 더 큰 문제로 만드는 것이다. 내담자는 자발적으로 증상을 포기하게 된다. 이 접근법의 가정은 증상을 포기한 개인은 사람들과의 관계를 위해 더욱 적응적인 방법을 찾게 될 것이라는 것이다.

헤일리(1984)는 고된 체험에 대한 세 가지 특징을 설명했다. 첫째, 이전에 언급했듯이 고된 체험은 증상보다 더 힘든 것이어야 한다. 둘째, 고된 체험은 그 사람이 실행할 수 있어야 하며, 도덕적 또는 윤리적 위배가 없는 행동이어야 한다. 셋째, 고된 체험은 내담자나 다른 사람에게 피해를 주어서는 안 된다(p. 7). 지시와 마찬가지로 고된 체험에는 두 가지 종류가 있다. 직설적 고된 체험은 증상이 발생할 때 불쾌감을 느끼지만 '내담자에게 좋은' 과제를 의미한다. 내담자는 더 많이 해야 하는 일(예 : 운동, 집 청소)에 대해 질문을 받는다. 일단 증상이 명확하게 설정된 후, 내담자는 증상이 발생할 때마다 고된 체험을 수행하라는 지시를 받는다. 헤일리(1984)는 고된 체험이 한밤중에 수행된다면 최선이라고 언급했다. 나는 불면증으로 고생하는 내담자를 돕기 위해 고된 체험을 지시했다. 그는 차고청소를 더 해야 한다고 결정했다. 나는 그가 침대에 누운 후 20분 안에 잠이 오지 않는다면, 일어나서 차고를 청소해야 한다고 말했다. 이 내담자는 그 후 몇 주 동안 잠을 자는 데 거의 문제를 겪지 않았으며, 그의 차고는 계속 더러운 상태를 유지했다.

역설적 고된 체험은 증상의 실행을 요구하는 지시이다. 단순히 증상을 수행해야 하는 것은 일종의 고된 체험으로 간주될 수 있다. 또 다른 시도는 혐오 조건하에서 해당 증상을 실행하도록 요구하는 것이다. 역설적 고된 체험의 한 가지 흥미로운 측면은 내담자가 지시를 따를 경우, 증상이 내담자의 통제하에 자발적으로 실행된다는 것이다(Haley, 1984). 반대로 지시를 따르지 않는 것은 증상을 포기하는 것이다.

고된 체험으로 간주될 수 있는 직설적이고 역설적인 지시뿐만 아니라 전략치료 그 자체를 고된 체험으로 볼 수도 있다. 상담자 자체가 고된 체험이 되는 방법은 다양하다. 기본적인 관점에서 볼 때, 문제 없는 사람처럼 보이는 상담자 앞에서 내담자가 본인의 부적절함을 이야기하기 위해 본인의 돈을 지불해야 한다는 사실 자체가 고된 체험이다. 헤일리는 고된 체험의 한 방법으로서 내담자가 상담자에게 돈을 지불하는 방식을 설명했다. 여기서 상담자는 고된 체험으로 지불된 돈을 가지고 상담자가 원하는 것을 무엇이든 할 수 있다는 동의를 내담자로부터 받는다. 한 예로 내담자가 폭식하고 구토할 때마다 상담자에게 돈(1센트)을 지불해야 했다. 그녀가 이 행동을 반복할 때마다 그 양은 두 배씩 뛰었다(Haley, 1984). 그녀가 처음 구토했을 때 그녀는 1센트를 빚지고 있었고, 두 번째는 2센트였다. 세 번 째 내담자가 토했을 때는 4센트, 그다음에 8센트, 그리고 16센트를 지불해야 했다. 하루에 10번 토하는 내담자에게는 매우 비싼 계약이 될 수 있다. 치료 지시가 내려진 일주일 만에, 하루에 4번

~25번 하던 구토가 6회로 줄어들었다. 그리고 두 번째 주에는 1회로 줄었으며, 그 이후에 완전히 구토를 멈췄다.

내담자의 행동에 대한 상담자의 직면과 해석은 종종 내담자가 알고 싶지 않은 것을 내담자가 알아야 된다는 결과를 가져오게 된다. 내담자가 원치 않는 방식으로 내담자의 행동을 재구성하거나, 재정의하는 것은 내담자에게 불쾌한 경험을 제공한다. 분노라는 감정은 누군가를 돌보는 방법의 하나로 재정의될 수 있다. 내담자가 특정 작업에 저항하는 경우 상담자는 이 행동을 "자신 혹은 다른 사람들을 보호하기 위한 내담자의 행동"이라고 명명할 수 있다. 이러한 재구성은 내담자로 하여금 자신의 행동을 책임지도록 만든다.

> 모건은 진과 데릴에게 줄 수 있는 지시를 생각한다. 일부 직설적인 방법은 진에게 '그녀 자신의 인생을 살라고' 지시하는 것이다. 즉, 다음 한 주 동안 진이 이전처럼 매주 데릴의 교사들에게 전화하는 것을 멈춤으로써 데릴에게 더 많은 자율성을 부여하는 방법을 생각한다. 데릴은 진이 직장에서 돌아오면 하루 동안 무슨 일들이 있었는지 이야기함으로써 어머니를 도와야 한다.
>
> 역설적인 대안으로는 이들의 불복종을 의도하는 방법으로, 진과 데릴을 서로 가깝게 이동시키는 것을 생각해볼 수 있다. 모건은 진과 데릴에게 서로에게 시간을 보낼 수 있는 더 많은 방법을 고안해내도록 요구하고, 매일 밤 두 시간 동안 카드게임을 함으로써 이 지시를 고된 체험의 대상으로 삼을 것을 고려한다. 그녀는 또한 진이 매일 아침 데릴과 함께 학교에 등교하는 것을 생각한다. 그녀는 아들의 일거수일투족에 대한 일일 보고를 얻을 수 있다.

재구성하기. 때로는 내담자가 문제를 인식하는 방식을 변화시키는 것이 도움이 된다. 사실 재구성은 다루기 힘들 것 같다고 생각했던 문제를 해결할 수 있는 것으로 전환하는 데 도움이 된다. 강박관념의 경우 덜 위협적으로 전환한다면, 걱정하기 또는 생각하는 것으로 여길 수 있다. 또한 재구성은 가정 내에 존재하는 부정성을 없애기 위해 제안되었다(Szapocznik, Zarate, Duff, & Muir, 2013). 예컨대 반항적인 청소년의 분노를 완화시키는 방법으로 부모의 '분노'를 '관심'으로 재구성하는 것이다.

> 모건은 데릴의 행동을 자신의 어머니를 돌보는 방법이라고 재구성할 수 있다. 데릴은 사실은 친구도 거의 없는 싱글맘인 엄마가 괴로움으로부터 자유롭게 해주기 위해, 스스로 학교문제를 일으켜서 자신의 문제로 인해 엄마가 바쁘게 지낼 수 있도록 돕는 것이다.

위계문제 작업하기. 직설적 지시는 종종 위계 구조를 재배열하는 데 사용된다(Szapocznik, Hervis, & Schwartz 2010). 예를 들면 엄마와 아이 사이의 세대 간 연합(그리고 결과적으로 거리가 멀어진 아버지)이 형성되어 있다면, 상담자는 아버지와 아이가 상담회기 사이에 즐거운 활동을 함께하도록 요구할 수 있다.

헤일리(Haley, 1987)는 역설적 개입을 사용하여 위계문제를 과장하는 방법을 통해 가족 구성원 간 연합을 붕괴시켰다. 헤일리(1973)는 12세 아들의 야뇨증을 염려하는 어머니를 치료하는 에릭슨의 사례를 설명했다. 에릭슨은 어머니가 오전 4시에 일어나 아들의 침대를 확인하도록 고된 체험을 지시했다. 확인 결과 아들이 침대에 오줌을 쌌을 경우 아들은 오전 7시까지 책을 베껴 쓰는 작업을 하도록 지시받았고, 그 결과 야뇨증은 매우 빨리 사라졌다.

위장 지시하기. 마데네스(1981)는 위장 지시하기 전략 기법의 개발에 공헌한 인물이다. 그녀는 이러한 지시가 두 방법으로 활용될 수 있음을 제안하였다. ⒜ 증상을 가진 내담자가 상담회기에서 증상을 위장하도록 하거나 ⒝ 증상을 가진 자녀의 부모가 자녀의 도움이 필요한 것처럼 위장하도록 하는 것이다. 만약 부모 중 한 명이 증상을 가진 것처럼 위장하면, 배우자는 이 증상에 대해 비판적인 분석의 태도를 취하도록 지시받는다. 부모가 자녀의 도움을 필요로 하는 것처럼 위장하는 두 번째 예시에서, 자녀는 부모에게 도움을 주는 것처럼 행동한다. 이 접근법에서 증상은 덜 현실적이 되며 증상과 동일한 기능으로 위장된다. 따라서 내담자는 '진짜' 증상을 그만둘 수 있다(Nichols, 2014). 또한 이와 같은 상황이 놀이(play)로 간주되면, 내담자는 다른 종류의 행동을 새로이 실험할 가능성이 커진다(Becvar & Becvar, 2013).

　모건은 회기 내에서 위장 지시하기를 사용하여, 진에게 외로운 척하면서 데릴에게 자기를 도와줄 수 있는 방법을 찾아달라고 부탁하도록 한다.

보웬의 가족체계 이론

개요

가족체계 이론(family systems theory)은 머레이 보웬(Murray Bowen, 1913~1990)의 작품이다. 다른 체계 접근과의 구별을 돕기 위하여 이를 보웬의 가족체계 이론(Bowen family systems theory, BFST)이라고 부른다. 이 접근법은 가족체계 이론 중에서 가장 격조 높은 이론적 구조로 이루어졌다고 널리 인정받고 있다(Gurman & Kniskern, 1981).

　보웬은 1946년부터 1954년까지 메닝거 클리닉에서 조현병 환자와 함께 일하면서 이론적 연구를 시작했다. 이후 보웬은 미국국립정신보건연구소(NIMH)로 자리를 옮기고, 그 후 조지타운대학교로 옮겼다. 보웬의 생각의 발전에 대한 자세한 역사는 보웬의 제자인 커의 저서(Kerr, 1981)에 자세히 기술되어 있다.

　보웬은 가족치료 분야에서 두 가지 진보에 있어 선구자 역할을 한 인물로 잘 알려져 있다. 첫째, 미국국립정신보건연구소(NIMH)에서 조현병 환자들의 전체 가족 구성원을 입원시키는 실험을 실시하였다. 이를 커(Kerr, 1981)는 가족집단치료(p. 230)라고 부른다. 이 연구에서 보웬은 조현병 환자의 가족 간의 격렬한 정서적 과정을 주목하기 시작했으나, 그 당시 그의 외래 환자와의 작업 결과, 조현병 환자 가족과 덜 심각한 역기능을 가진 환자 가족과의 차이는 증상의 질적인 차이가 아닌 양적 차이에서 찾을 수 있다는 점을 발견하였다.

　보웬의 두 번째 공헌은 자신의 가족과 분화하려는 자신의 여정을 분석한 점이다[이 백서는 보웬(1978)에서 볼 수 있으며, 글상자 13.1에서 이 책의 일부를 접할 수 있다]. 보웬은 이 분석을 가족치료 이론가들과 연구자 집단에게 발표하였으며 곧 그의 학생들에게 이 접근법을 가르치기 시작하였다.

보웬의 자기분화 발췌문

이 당시 나는 '어머니-둘째 형-나' 사이에 존재했던 삼각관계에 대해 작업하고 있었다. 나는 부모님과 나 사이의 삼각관계에 대한 작업이 나의 문제를 해결할 것이라고 가정하고 이에 많은 노력을 기울였던 적이 있었다. 이번에는 새로운 형태의 문제가 새로운 삼각관계로 옮겨졌다. 어머니는 꼭 직접적으로 표현하지 않더라도 어떠한 방식으로든 내가 어머니의 편이라고 말할 것이며, 나의 형제는 마치 이 상황이 진짜인 것처럼 반응할 것이다. 나는 점차 이러한 삼각관계의 발달 과정에 대해 인식하기 시작하였다. 이 과정은 가십과 같은 이야기 형식으로 등장하며, 이는 정서적 체계 의사소통 속에서 "우리 둘은 이 문제에 대해서는 같은 편이야. 우리는 우리 외 제3자에 대해 똑같은 입장을 가지고 있어."라고 소통한다. 이러한 '비밀스러운' 의사소통의 삼각관계로부터 나를 분리하는 방법 중에 좋은 방법은 그 3자에게 가서 이 비밀스러운 메시지를 중립적인 방법으로 전달하는 것이다. 나는 내 둘째 형(제3자)에게 효과적으로 접촉할 수 있는 방법이 딱히 없었기 때문에, 내가 시도할 수 있는 행동은 어머니에게 가서 나는 '중립적인 입장'이라고 말해주는 것뿐이었다. 어머니는 나의 위치를 존중한다고 말하였으며, 나는 어머니가 다른 사람들에게 나에 대해 중립적인 입장을 취할 것이라고 가정하였다. 하지만 내가 동네를 떠난 뒤, 나의 가족은 내가 어머니의 편인 것마냥 반응할 것이다.

언어를 통한 개입이 정서 체계에 존재하는 삼각관계 해체에 도움이 되지 않는 경우 행동이 필요하다. 어머니는 그녀가 정서 체계에서 가지고 있는 위치를 촉진하기 위하여 언제나 '비밀스러운' 커뮤니케이션을 사용했다. 내가 어머니에게 초반에 반응했던 방법은 그저 듣는 것이었다. 나는 그 누구의 편을 들지 않고 그냥 듣기만 할 수 있을 것이라고 생각하였다. 돌아보면 나의 이러한 대응은 정서 체계로 융합되는 데 기여한 핵심 요인 중에 하나였던 것 같다. 어머니의 그러한 커뮤니케이션에 대해 어떠한 반응도 하지 않고 나는 관여되지 않은 척 그저 듣는 것으로 반응했던 것만으로는 정서 체계를 속일 수 없었다. '무응답'이 효과적이지 않다는 것을 알았을 때, 나는 "좋은 이야기네요."와 같은 발언을 사용하기 시작했다. 이 방법은 조금 더 효과적이었다. 돌이켜 보았을 때 의심할 여지 없이 나는 중립적이라고 나 자신을 속이면서 응답하였다. 나는 '아버지-어머니-나 자신'과의 삼각관계에 대해 훨씬 더 적극적으로 작업했으며, 그 삼각관계로부터 벗어나는 작업은 더 효과적으로 해낼 수 있었다. 그때는 전세를 뒤엎은 '비밀'에 관한 여러 상호작용이 존재했다.

첫 번째는 어머니가 아버지에 대해 부정적인 이야기를 전달한 편지였다. 나는 다음 편지에서 아버지에게 어머니가 나에게 아버지에 대한 이러한 이야기를 들려주었는데, 왜 당사자인 아버지가 아닌 나에게 말하는 건지 물었다. 아버지는 나의 편지를 어머니에게 보여주었고, 어머니는 그렇게 행동한 나를 믿을 수 없다고 소란을 피웠다. 이러한 방식으로 여러 통의 편지와 상호작용이 오고 갔고, 이 방법은 부모님과의 삼각관계에서 벗어나는 데 효과적으로 작용했다. 어머니는 나에게 "너는 숨겨진 의미를 지나치게 찾는다."고 말했고, 나는 어머니에게 "어머니는 숨겨진 의미를 지나치게 사용한다."고 대답하였다.

나의 가족과의 삼각관계는 모든 정서 체계에서 나타나는 보편적인 예시이며, 스트레스 상태에서 더욱더 활발해졌다. 다양한 가족 구성원들은 정서적 문제에 따라 각기 다른 특징을 가지는 집단을 제외하고는 삼각관계의 모퉁이에 무리 짓는다. 삼각관계에서 같은 편에 있는 두 사람은 제3자에 대해 이야기한다. 내 첫째 형은 여기서 거의 언급되지 않았다. 그는 평생 가족 내에서 중용의 자세에서의 개입에 머물렀으며, 행동적인 개입은 하지 않았다. 그는 필요하다면 언제든지 기꺼이 돕겠다고 밝히면서 '그냥 의미 없이 말하는 것'은 원치 않았다.

출처 : Bowen, M. (1978). *Family Therapy in Clinical Practice* (pp. 505-506). New York : Jason Aronson. 허락하에 재인쇄함

보웬의 가족체계 이론을 설명하는 가장 잘 알려진 자료 중 하나는 커와 보웬(Kerr & Bowen, 1988)의 저서 가족 평가 : 보웬 이론을 바탕으로 한 접근법(*Family Evaluation: An Approach Based on Bowen Theory*)이다. 보웬의 가족체계 이론 문헌을 많이 읽다 보면 전통적이면서도 저자들이 전통적인 보웬 이론 대 비전통적인 보웬 이론 또는 보웬 및 보웨니안 변형적 접근으로 구별지음을 알 수 있다(K. Guerin & Guerin, 2002). 전통적 형태는 보웬이 실시한 기법이며, 장기상담으로 진행하고 내담자가 원가족 문제를 작업하는 데 중점을 둔다. 보웨니안 요법은 치료의 확대된 버전이며, 상담자는 다세대 문제에 초점을 맞추기 때문에 현재(예 : 현재의 가족체계에 대해 작업하거나, 현재 발생한 증상에 초점을 맞추는 것)에 개입할 가능성이 있다(Murdock, 2007). 이 장에서는 이 두 가지 이론에 대해 두 가지 중요 부분을 제시하려고 한다.

주요 개념

자기분화. 보웬의 가족체계 이론의 가장 기본적인 구조는 원가족으로부터 자기를 분화하는 것이다. 보웬에 의하면 모든 유기체는 연합하려는 힘과 분리하려는 힘 사이에 균형을 유지하고자 하는 고유한 특성을 타고났다(Titelman, 2014). 자기분화란 전 생애에 걸쳐 이러한 힘 간의 균형을 잡기 위한 일련의 과정이다(Kerr & Bowen, 1988).

분화(differentiation)는 개인 개념인 동시에 가족의 개념이기도 하다. 개인은 특징적인 분화 수준을 갖고 있으나, 대부분 원가족과의 분화 수준의 평균치가 개인의 분화 수준을 결정한다. 분화는 연속적인 개념으로 이해되어야 한다. 개인 및 가족들은 매우 낮은 수준의 분화 수준에서부터 상대적으로 매우 높은 수준의 분화 수준에 이르기까지 다양하게 분포되어 있다. 이 책에서는 설명을 돕기 위하여 매우 낮은 수준과 매우 높은 수준의 자기분화 특성을 가진 개인들 간의 차이에 대해 비교해보고자 한다.

비교적 자기 분화가 잘 이루어진 개인은 공고한 자기인식을 한다. 그들은 본인이 멈춰야 할 때와 다른 사람이 시작해야 하는 때에 대하여 매우 분명한 인식을 갖고 있다. 그들은 사고와 감정을 분명하게 구별할 수 있으며, 그들의 행동은 감정적 요인이 아니라 자기 자신의 고유 원칙 및 사고에 따라 움직인다(K. Guerin & Guerin, 2002). 반면에 분화 수준이 낮은 사람은 매우 반응적이다. 그들은 객관적 사고(명석함)에 기반하여 반응하는 것으로 밝혀진 분화 수준이 높은 사람들에 비하여 정서에 기반하여 반응하는 경향이 있다(E. H., Friedman, 1991).

관계에서 분화 수준이 높은 개인은 견고한 자기인식을 유지하면서도 다른 사람과 친밀하게 접촉할 수 있다(Kerr, 1984). 정서적 자율성(*emotional autonomy*)이라고 불리는 이 특성은 개인이 타인을 필요로 하는 자신의 욕구를 부정하는 것과는 다르다. 타인을 필요로 하는 자신의 욕구를 부정함으로써 타인과 거리를 유지하는 사람은 '거짓된 독립 자세'를 취하는 것이며, 이는 오히려 정서적 자율성이 결핍된 증거라고 볼 수 있다(Kerr, 1984, p. 9).

융합(fusion)이라는 용어는 낮은 수준의 자기분화와 거의 동의어로 사용되며(Titelman, 2008), 보웬의 가족체계 이론에서는 적어도 두 가지 의미를 갖는다. 보웬은 융합이란 개인의 정서 체계와 지적 체계가 서로 분리될 수 없다는 것을 의미한다고 주장하였다(Bowen, 1978). 정서 체계는 행동을 지배하는 경향이 있으며, 일반적으로 정서성은 중요한 타인 혹은 중요한 관계로부터 발생한 불안에 의해 활성화된다(K. Guerin & Guerin, 2002).

융합의 두 번째 정의는 '공동자기(common self with others)'로서 자신을 타인과 융합시키려는 낮은 수준의 자기분화 경향성을 의미한다(Bowen, 1978, p. 472). 이러한 과정은 결혼관계와 같은 친밀한 관계 내에서 매우 분명하게 드러난다. 이러한 융합은 일시적으로 '정서적 천국'(1978, p. 473)을 창출해내지만, 이를 유지하기는 어렵다. 분리되려는 개인의 힘이 언젠가는 표면 위로 떠오를 것이기 때문에 부부는 융합하고자 하는 힘과 분리되고자 하는 힘 간의 균형잡기를 해야만 한다. 때로는 한 사람이 높은 수준의 자기상을 흡수해서 더 지배적이고, 더 강해지는 반면, 다른 한 사람은 그에 적응하여 더 약해질 수 있다. 이러한 패턴을 과소기능-과대기능 역동(underfunctioning-overfunctioning dynamic)이라고 부른다(Titelman, 2014). 대체로 문제증상은 '과소기능'을 하는 더 약해 보이는 개인에게서 나타날 가능성이 더 크다. 보웬에 의하면 여기서 중요한 표현은 더 강해 '보이는(looks & appear)' 혹은 더 약해 '보이는(looks, appears)'이라는 용어를 사용하는데, 이는 우리가 대개 우리와 '비슷한 분화 수준'에 있는 사람들과 밀접한 관계를 맺게 되기 때문이다(Bowen, 1978). 융합 과정에 자신을 넣는 것은 개인으로 하여금 다른 사람이 보기에 더 동질적으로 보일 수 있도록 만들어 준다.

> 진과 데릴의 보웬의 가족체계 상담자인 제이콥은 진과 데릴 모두 자기분화 수준이 상대적으로 낮은 범위에 속해 있다는 전제하에 작업을 시작한다. 진과 데릴은 서로 융합된 관계로 보이며 두 명 모두 상대방과 분리된 형태의 강한 자기정체감을 갖고 있지 않아 보인다. 이 둘은 갈등 상황에서의 모습으로 비춰봤을 때 둘 다 정서적으로 반응한다.

만성적인 불안. 자기분화와 밀접하게 관련이 있는 개념은 보웬이 제시한 만성불안(chronic anxiety)이다. 자기분화와 만성불안은 자연스러운 생물학적 현상으로 간주된다(E. H. Friedman, 1991). 만성불안은 생존에 기본적으로 필요한 자동적으로 발생하는 현상이다. 급성불안은 실제 위험에 대한 반응인 반면, 만성불안은 상상 속의 위협에 대한 유기체의 반응이다(Kerr & Bowen, 1988). 보웬은 만성불안이 어떤 특정한 요인들에 기인한 것이 아니라고 주장하였지만 만성불안은 주로 관계적 혼란에 의해 발생하는 것으로 보인다(Kerr & Bowen, 1988, p. 113). 만성불안은 심리적 역기능을 이해하는데 필수적이다. 증상은 불안을 통제하는(보웬학파의 용어로는 '구속하는') 방법이다. E. H. 프리드먼(E. H. Friedman, 1991)의 저서에는 다음과 같은 내용이 담겨 있다. "만성불안은 조현병에서부터 암, 거식증에서 선천적 결함에 이르기까지 모든 증상의 주된 촉진제로 이해된다. 이에 대한 해독제와 예방약은 언제나 자기분화이다."(p. 140; 원문에서 강조). 분화, 만성불안, 스트레스에 대한 정의가 보웬의 체계에서 겹치므로, 이러한 개념들 사이의 관계를 이해하는 데 약간의 모호함을 유발할 수 있기 때문에 이에 대한 설명은 잠시 멈추도록 하겠다. 때로는 스트레스, 분화 및 불안이 별도의 독립된 개념으로 보인다. 그러나 보웬은 이 용어들을 상호 교환적으로 사용하는 것처럼 보인다. 또는 보웬은 이 세 가지 특성이 완벽하게 공변한다는 것을 암시하였다.

> 제이콥은 진과 데릴의 체계 내에 굉장히 중요한 만성불안이 존재하며, 이는 그들이 직면한 갈등에서 매우 의미 있는 요소라고 추측한다. 사실 제이콥은 진이 데릴에게 열중하는 반응 자체가 이러

한 만성불안에 의해 발생한다고 상당히 확신한다. 데릴은 이러한 진의 압력에 대해 행동화를 통해 반응한다.

삼각관계. 보웬은 인간의 상호작용에 있어 삼각관계를 기본 단위로 보았다(Kerr & Bowen, 1988). 가장 엄격한 정의에서의 삼각관계는 세 명의 살아 있는 사람을 포함한다(Titelman, 2008). 언제나 두 명이 내부 집단에 위치하며, 세 번째 사람은 외부에 위치한다. 삼각관계는 일반적으로 관계 또는 가족에서 불안의 수준이 높아질 때 형성된다(Titelman, 2008). 불안정한 양자관계에서 존재했던 긴장은 제3자의 개입으로 만들어진 삼각관계를 통해 감소된다. 양자관계에서 한 사람이 제3자에게 융합하면서 이 둘은 서로 내부집단을 형성하며, 나머지 한 사람은 외부집단에 위치하게 된다. 외부인이 된 사람은 자신의 위치에 대해 안도할 수도 있고 불편해할 수도 있다. 삼각관계는 자기분화와 연결되어 있으며 낮은 분화 수준을 가진 개인(혹은 가족)일수록 그들이 느끼는 강렬한 수준의 정서성으로 인해, 삼각관계를 만들려는 노력은 더욱 강렬하다(Kerr, 1981).

삼각관계는 사람들을 꼼짝 못하게 만들며, "적극적인 삼각관계의 경우 사람들은 결코 자유롭지 못하다. 사건에 대한 그들의 반응은 얽매여 있으며 예측 가능하다. 그들은 다른 대안을 고려하지 못한다."(P. J. Guerin, Fogarty, Fay, & Kautto, 1996, p. 35). 따라서 어떤 내담자가 다른 사람과 관련하여 반복적인 방식으로 행동한다면(특히 특정 사람에게), 삼각관계가 활성화되었다고 의심해 보아야 한다. 그러나 모든 삼인 구조가 삼각관계는 아니다(P. J. Guerin et al., 1996). 양자관계인 두 사람이 제3자를 외부인으로 만들지 않고도 함께 대화하는 것도 가능하다.

> 제이콥은 진과 데릴이 내부집단에 있고 알이 외부에 있는 삼각관계를 관찰한다. 원래의 갈등은 진과 알 사이에서 발생하였으며, 진은 체계가 갖고 있던 불안을 보지 않기 위하여 아들인 데릴과 융합하였을 것이다.

정서적 거리. 우리와 다른 사람과의 거리는 우리가 선택한 것이거나 혹은 반응의 결과일 수 있다. 모든 사람은 때로 거리두기를 사용하는데, 이는 정서적 단절(emotional cutoff)이라고도 한다(Papero, 1990). 자기분화 수준이 비교적 높은 사람은 이미 일상의 여러 가지 일들로 바쁘기 때문에 특정 사람과의 거리 정도를 스스로 선택할 수 있다. 그러나 자기분화 수준이 낮은 사람은 관계에 대한 불안감을 참을 수 없기 때문에 중요한 다른 사람(가족)과 충동적으로 거리를 두는 행동을 종종 한다. 단절은 가족과의 접촉으로 인해 발생하는 불안을 감소시키기 때문에 순간 긍정적으로 느껴질 수 있으나, 결국은 본질적으로 가족으로부터 받을 수 있는 지지자원이 결핍되기 때문에 바람직한 현상은 아니다(Kerr & Bowen, 1988).

> 데릴의 아버지 알은 진과의 갈등 관계에 대처하기 위한 방법으로 진과 데릴로부터 정서적 단절을 선택하였다. 이 과정에서 알은 아마 자기분화 수준이 그와 비슷한 수준의 사람을 만났을 가능성이 크므로, 그가 맺은 관계에서의 불안을 해소하기 위하여 새로운 여자친구와 융합하였을 것이다.

출생순위. 보웬은 토먼(Toman, 1961)의 작업에 기반하여 출생순위가 개인의 관계 성향에 미치는 영향에 대해 저술하였다(출생순위에 대한 더 많은 정보는 제4장 참조). 그는 "현재와 과거 세대의 출생순위(sibling position)를 아는 것보다 더 중요한 단일 정보는 없다."고 주장하였다(Bowen, 1978, p. 385). 보웬은 각 출생순위에서 기대되는 것들로부터 일탈한 현상은 분화 수준 및 가족 기능에 대한 정보를 제공한다고 생각하였다. 예를 들어 만약 장남이 외동아들에게 기대되는 행동을 취하고 있다면 아마 그 가정에서는 특정한 삼각관계가 일어나고 있을 것이라고 추측할 수 있다. 형제간의 성별 구성 또한 중요하다. 예를 들어 두 언니와 막내 여동생 사이의 관계는 두 오빠와 막내 여동생 사이의 관계와 완전히 다를 수 있다. 출생순위는 부부의 기능에도 영향을 미친다. 예를 들어 두 명의 장자(즉, 남편이 장남이고 아내도 장녀인 경우)는 책임자 자리를 놓고 서로 싸울 가능성이 있으며, 이와 달리 막내와 장자는 이 영역에 있어서 싸울 일이 별로 없을 것이다(Papero, 1990).

제이콥은 데릴이 현재 가족체계 내에서 유일한 자식이라는 점을 지적한다. 20세인 그의 누이는 개념적 관점에서 다른 가족으로 간주된다. 데릴은 어느 누구와도 관심을 나눠 갖지 않은 환경에서 자랐고, 이러한 환경은 의심할 여지 없이 그가 어떤 사람인지를 형성하는 데 큰 영향을 미쳤다. 진은 장녀로 어린 여동생들과 남동생들이 있다. 알은 막내이고 위로 큰 누나가 있다. 언뜻 보기에 이 커플은 상대적으로 상호 보완적이어야 한다. 그래서 제이콥은 왜 이 둘은 상호 보완적인 관계를 형성하지 않게 되었는지에 대해 궁금해한다.

인간과 개인발달에 관한 이론

보웬에게 있어 인간의 삶(더 나아가서 인간의 본성)이 가진 본질적 특징은 분화로, 개별성 및 연합성의 두 가지 자연적 힘 간의 균형을 이루는 것이다(Titelman, 2008). 이 두 가지 과정은 생물학적인 요인에 의해 기인하는 것으로 간주되나 자기분화의 상대적 수준은 가족으로부터 전수된다.

보웬은 가족이 핵가족 정서 체계를 통해 가족 구성원에게 분화 수준을 전수한다고 생각하였다(Titelman, 2014). 커와 보웬(Kerr & Bowen, 1988)은 "사람은 자신과 비슷한 수준의 분화 상대를 배우자로 선택하여 결혼한다. 그들이 결혼하면 두 배우자는 핵가족의 정서적 분위기의 주요 '건축가'가 되며, 이들로부터 태어난 각 아동은 그 분위기에 편입된다."(p. 225; 원문에서 인용)고 주장하였다. 다세대 전수과정(multigenerational transmission process)으로 불리는 이 과정은 여러 세대에 걸쳐 작동한다.

가족 구성원의 자질(분화 수준)과 가족 외부요인들의 결과로 각 가족은 시간이 지남에 따라 만성불안의 평균치를 보이게 된다. 경험되는 만성불안의 총량과 그 불안이 발생하는 방식(삼각관계, 부부 갈등, 증상 등)에 따라 가족 구성원의 평균 분화 수준은 결정된다. 어떤 아이가 다른 자녀보다 조금 더 분화될 수 있지만, 이러한 차이는 극단적으로 높거나 낮은 수준이 되기는 어렵다(Kerr & Bowen, 1988). 만약 한 아이가 가족투사 과정의 대상이 된다면 그 아동은 가족이 가진 분화 수준보다 더 낮은 분화 수준을 발달시키게 되고, 다른 자녀들은 더 높은 분화 수준을 발달시킬 수도 있다. 만약 분화 수준이 가장 낮은 자녀였던 프랭크가 배우자를 고른다면, 보웬의 가족체계 이론에 따라 그 배우자는 프랭크와 동일한 자기분화 수준을 가지고 있을 것이며, 이 둘은 프랭크의 원가족이 가지고 있던 수준보다 더 낮은 수준의 분화 수준을 가진 가족체계를 형성할 것이다. 이러한 패턴은 자신의 원가족보다 더 높은 수준의 자기분화 수준을 가지고 있던 니콜의 경우도 마찬가지로 적용된다. 보웬의 가족체계 이론에 따르면 이러한 편차가 분화 수준의 가족 내 세대별 차이와 일반적인 개인차를 설명한다.

진과 알은 자신의 분화 수준을 아들인 데릴에게 전수하였으며 데릴은 현재 청소년으로서 개별화되기 위한 갈등 상황에 놓여 있다. 분화의 다세대 전수 과정을 살펴봄으로써 진과 알의 원가족이 아마도 많은 불안과 삼각관계 및 단절 경험을 갖고 있었을 것이라고 예측할 수 있다.

심리적 건강과 역기능

보웬의 가족체계 이론의 경우 증상은 가족의 정서적 기능의 특정 유형의 결과로서 나타나는 것이다(Kerr & Bowen, 1988). 증상이 가장 자주 나타나는 가정의 형태는 분화 수준이 낮은 가정이다. 보웬에 의하면 분화가 낮은 집단에 속한 가족 구성원은 스트레스 수준이 높아지면 언제든 증상이 나타날 수 있는 가능성을 가지고 있다. 보웬은 다음과 같이 네 가지 일반적인 관계 문제의 패턴을 제시했다. (1) 커플의 갈등, (2) 부모인 부부의 역기능, (3) 자녀의 역기능, (4) 정서적 거리(Bowen Center for the Family, n.d.). 각각의 이러한 패턴은 삼각관계의 작동으로도 볼 수 있다. 예를 들어 충돌하는 부부는 관계를 진정시키기 위해 제3자를 끌어들일 수 있다. 아이나 다른 친척이 역기능적인 부부 중 한 명과 편을 먹을 수 있는데, 이는 일반적인 과소기능-과대기능 역동의 패턴이다. 역기능적 아이의 경우 융합된 관계에 있는 부모가 그들의 불안을 자녀에게 투사하는 것일 수 있다(Titelman, 2008). 정서적으로 거리를 두는 개인은 친밀감에서 도망칠 가능성이 크며, 버림받은 대상은 제3자를 끌어들일 수도 있다. 분화 수준이 높은 가정도 증상에 면역력이 있는 것은 아니다. 커와 보웬은 충분히 오랜 기간 스트레스를 받는다면 잘 분화된 가족조차도 역기능을 보일 수 있다고 지적했다.

역기능은 또한 자기분화의 개념을 사용하여 보다 개인주의적인 관점에서 개념화될 수도 있다. 보웬의 가족체계 이론의 중요한 구성 요소는 불안이다. 불안은 "개인이나 유기체가 위협적인 실제 또는 상상의 것에 대한 반응"(Kerr & Bowen, 1988, p. 112)으로 정의된다. 자기분화와 불안의 결속은 개인의 기능 수준과 특히 관계 체계에서 매우 중요한 만성불안의 수준을 결정한다. "따라서 증상의 발달은 스트레스의 '양'과 스트레스를 받는 개인 혹은 가족의 '적응력'에 달려 있다."(Kerr & Bowen, 1988, p. 112; 원문에서 강조). 중요한 스트레스의 원인 중 하나는 관계 체계 내에 존재하는 만성불안의 수준이다(Kerr & Bowen, 1988). 낮은 자기분화 수준을 가진 사람은 스트레스에 대한 적응력이 낮기 때문에, 분화 수준이 더 높은 사람보다 더 자주 그리고 더 쉽게 문제를 경험하는 경향이 잇다.

보웬의 가족체계 이론 관점에서의 건강한 가정은 상대적으로 높은 수준의 자기분화 수준을 가지고 있으며, 가족 구성원은 더 차분하며 덜 반응적이고 융합이나 정서적 거리두기를 덜 경험한다. 또한 삼각관계가 발생하더라도 이는 더 짧은 기간 덜 경직된 수준으로 진행될 것이다(Titelman, 2014). 건강한 개인은 '나'의 입장(I-position)'에서 다른 사람과 관계를 맺으며, 자신의 입장을 분명하게 아는 동시에 다른 사람 또한 그들 자신으로서 존재하게 한다.

제이콥은 이 가족이 불안을 다루는 세 가지 패턴 중 두 가지를 보여준다고 생각한다. 이전의 불안은 진과 알 사이의 싸움으로 분출되었다. 그러나 알이 진과 데릴로부터 단절하고 자신의 여자친구와 융합한 후, 그 불안은 데릴의 행동 증상으로 분출되었다. 주기적으로 그들의 환경적 스트레스 요인과 진이 데릴에 집중하는 현상은 데릴의 파괴적이고 정서적으로 반응하는 행동으로 이어진다.

치료의 특성

사정. 보웬식 접근방식에서의 사정은 비공식적 방법과 공식적 방법을 통해 진행된다. 비공식적 사정은 질문을 통해 이루어진다. 보웬의 가족체계 상담자는 필요에 따라 개인, 원가족, 현재 핵가족의 특성을 평가하기 위한 일련의 지시적 질문을 사용한다.

보웬의 가족치료 상담자는 "강한 정서는 두려워해야 할 것이 아니라 존중되어야 하는 것"으로 여기기 때문에 내담자가 보이는 정서 수준에 매우 깊은 관심을 보인다(Kerr & Bowen, 1988, p. 328). 내담자가 현재 스트레스를 많이 받고 있으며 적응력(분화)이 매우 낮은 상황이라면, 상담자는 이 불안정한 위치를 흔들지 않도록 주의하여야 한다.

이 접근에서 사정은 내담자가 불안을 다루는 기본 방법을 살펴보는 것도 포함할 수 있다. 불안은 (1) 커플의 갈등, (2) 부모인 부부 구성원의 역기능, (3) 자녀의 역기능, (4) 정서적 거리와 관련될 수 있음을 기억할 필요가 있다. 보웬의 가족치료 상담자는 이 네 가지 중 무엇이 현재 내담자에게 중요한지를 확인하고 이에 맞춰서 상담을 진행한다(Kerr & Bowen, 1988). 예를 들어 부부 사이의 갈등 때문에, 혹은 이러한 갈등을 피하고자 한 배우자가 계속해서 다른 배우자에게 맞춰줄 때, 그 맞춰주는 배우자는 자신이 누구인지를 잃어버리고 문제 증상을 보일 수 있다. 이때 상담자는 부부를 각각 따로 만날 수 있는데, 이는 이 둘을 함께 상담하는 것이 약한 배우자의 상태를 더 악화시킬 수 있기 때문이다.

커와 보웬(1988)은 불안에 대한 주요 기제가 부모가 자녀에게 과도한 관여를 할 경우(삼각관계), 상담자는 아마도 우선적으로, 부모가 자신들의 원가족으로부터 분화하는 작업을 하길 원한다(자녀는 우선 상담에서 배제시킴). 이론적으로 보았을 때 현재 이 부모는 자녀와의 정서적 유착감이 지나치게 강하게 형성되어 있기 때문에 어떠한 진전도 보이지 못한다. 부모의 원가족과의 분화는 그들로 하여금 자신과 자녀와의 관계를 더 객관적으로 관찰할 수 있게 도와줄 수 있다.

가계도(genogram)는 보웬의 가족치료의 주요 진단법 중 하나이다. 기본적으로 가계도는 개인의 가족 구성원(대개 3세대 이상)을 보여주는 족보의 형태를 갖추고 있다. 일부 보웬의 가족치료 상담자는 가계도에 묘사된 다양한 관계의 본질을 표현하는 방법인 '상징표기법'을 발달시켰다. 예를 들어 사촌과 매우 사이가 나쁜 내담자의 경우 그 사촌과의 관계는 가계도에 지그재그 선으로 표시된다.

[그림 13.1]은 진과 데릴의 가족에 대해 제이콥이 작성한 가계도이다. 그는 알이 무직 상태라고 지적하며, 이는 그의 현재 파트너(핵물리학자)와 비교하여 과소기능인 상태로, 그의 원가족에서의 상황을 반복하고 있다고 본다. 또한 알은 막내였기 때문에 부모의 관심 대상이었을 가능성이 있다. 진은 장녀였기 때문에 아마도 형제를 돌보는 역할을 수행했을 것이며, 그중 특히 가족 내 문제 아였던 제롬을 돌보는 역할을 맡았을 것이다. 진의 가족은 여성이 남성을 돌보는 것이 여성의 역

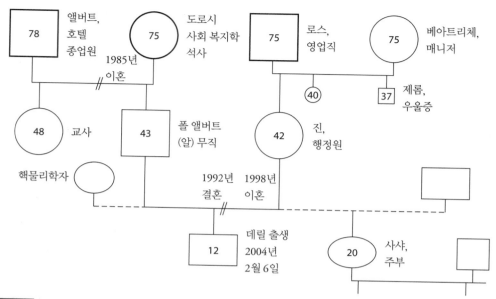

그림 13.1 진과 데릴의 가계도

할이라고 생각했던 것일까?

제이콥은 진의 의사소통에 존재하는 높은 수준의 정서성과 데릴이 진에게 정서적 차단과 분노를 번갈아 나타내는 경향을 관찰한다. 그는 진의 가족이 어떻게 대화하는지(정서적 단절 다음으로 나타나는 분노), 그리고 그녀의 형제자매와의 현재/과거 관계에 대해 질문한다. 진과 데릴 간의 지나친 관여가 문제인 것처럼 보이기 때문에 제이콥은 진이 자신의 원가족으로부터 분화되도록 돕는 것을 첫 번째 과제로 삼는다.

치료적 분위기 및 내담자와 상담자의 역할. 보웬의 가족치료는 매우 어려운 작업인 분화를 기본 목표로 삼기 때문에, 전통적인 보웬의 가족치료는 다른 유형의 가족치료보다 오래 진행되는 경향이 있다. 이 접근에서 상담자는 다른 상담 접근에서 보여지는 것과는 매우 다른 방법으로 적극적이다. 무엇보다도 보웬의 가족치료 상담자는 "정서적 과정으로부터 탈삼각화의 유지"를 추구한다(Kerr, 1981, p. 255; 원문에서 강조). 상담자는 객관적이고 비정서적인 태도를 취한다. 보웬의 가족치료 상담자는 탈삼각화를 유지하기 위해서는 감정이 아니라 사실을 다루고 차분한 목소리로 상담을 진행하여야 한다고 주장한다(Nichols, 2013). 상담자가 내담자와의 작업에 정서적으로 반응한다는 것은 상담자가 삼각관계에 얽히게 된다는 것이며, 이는 상담 과정을 방해할 수 있다(P. J. Guerin et al., 1996). 예를 들어 상담자가 부부 중 한 명에게 화가 나기 시작하면, 상담자는 이를 삼각관계로 인식하고 이에서 벗어나기 위해 노력해야 한다.

보웬의 가족치료는 종종 코칭으로 묘사된다(McGoldrick & Carter, 2011). 상담자는 코치이고 내담자는 운동 선수인 것이다. 상담자는 치료에서 일어나는 대부분이 내담자가 작업한 결과라고 믿기 때문에 이러한 비유는 적절하다. 상담자는 단지 내담자가 원가족으로부터 분화되는 과정을 시작할 수 있도록 돕고 분화를 시작한 내담자를 격려해주는 역할을 수행한다(Bowen, 1978). 코칭이란 코치가 내담자의 가족체계 내에서 어떠한 삼각관계로도 엮이지 않고, 내담자를 지원하고 명확한 경계를 유지하며 자신의 불안을 관리하는 과정이다(Baker, 2014). 예를 들어 코치가 내담자 부부 중 한 명의 편을 드는 방식은 부적절한 코칭이다. 본질적으로 보웬의 가족치료 상담자는 "직접적인 정서적 지지, 승인 또는 안심을 바라는 내담자의 요구를 예상하고 이에 저지한다. 코치는 내담자의 가족 구성원보다 더 정서적으로 중요한 사람이 되는 것을 원치 않으며, 내담자 자신보다 내담자의 삶에 대한 결정과 행동에 대해 더 걱정하거나 책임지지 않는다."(Carter & Orfanidis, 1976, p. 216)

제이콥은 진과 데릴과의 작업에서 중립적 입장을 취한다. 제이콥은 많은 질문을 하고 둘 사이에서 삼각관계에 빠지지 않도록 주의한다. 제이콥은 진으로부터 함께 데릴의 나쁜 행동을 꾸짖으며, 자기 편을 들어달라는 듯한 압력을 느낀다. 동시에 그는 데릴로부터 엄마의 끊임없는 잔소리를 인정해주기를 원하는 바람을 알아차린다. 제이콥은 두 사람 모두에게 이 상황에 대한 의견을 물어봄으로써 두 명을 각각의 개인으로서 존중한다. 제이콥은 진의 원가족으로부터의 분화작업을 돕는 과정에서 코치 역할을 수행한다.

상담 목표. 보웬의 가족치료의 목표는 개인(또는 각각의 개인들)이 원가족으로부터 분화되도록 돕는 것이다(Titelman, 2014). 커와 보웬(1988)은 개인의 불안 혹은 체계 내 불안의 감소는 증상을 완화시킬 수 있기 때문에 매우 중요하다고 언급하였다. 분화란 자신의 가족으로부터 정서적으로나 어떠한 방식으로도 완전히 단절된다는 의미는 아니다. 분화된 개인은 가족체계와 접촉을 유지하면서도 가족의 패턴에 의해 행동이 좌지우지되지는 않는다. 분화 수준을 변화시키는 작업은 내담자를 스트레스 상황에 더 적응적으로 대처하고 관계 상황에서는 덜 반응적으로 행동할 수 있도록 변화시킴으로써 내담자가 가지고 있는 증상을 제거하는 데 기여한다.

이 가족이 갖고 있는 전형적 패턴을 기반으로 제이콥이 결정한 치료의 방향은 진으로 하여금 자신의 원가족으로부터 분화되는 것을 돕는 것을 통해, 데릴 또한 동일한 방식으로 더 자유로워질 수 있도록 돕는 것이다. 이러한 접근을 통해 진과 데릴이 형성한 융합의 강도를 감소시킬 수 있을 것이다. 이 과정을 진행하기 위하여 제이콥은 진을 단독으로 면담할 것이다. 그러나 치료의 시작 단계에서는 진과 데릴의 불안 수준을 조금이라도 줄여서 그들이 일상생활에서 조금이라도 더 효과적으로 기능할 수 있도록 돕기 위한 작업을 함께 진행할 것이다.

치료 과정

보웬의 가족치료 상담자는 통찰을 중요시하지만 원가족의 구성원과 다른 방식으로 행동하는 것도 매우 중요하게 여긴다. 보웬의 가족치료에서 내담자에게 제공하는 과제 중에 가장 흔히 사용되는 것은 그들의 집에서 가족 간의 상호작용을 관찰하는 것이다. 상담자는 내담자에게 가족체계가 어떻게 운영되는지에 대해 가르치고, 내담자는 스스로 관찰을 통해 본인의 가족이 그 가족체계를 실제로 어떻게 운영하는지를 알아본다. 그 후 내담자는 가족과 상호작용하는 방법을 변화시킬 수 있게 된다.

보웬에 따르면 상담자는 자신의 분화 수준에 대해 우선적으로 작업해야 한다고 생각했다. 커와 보웬(1988)은 "상담자가 자신의 원가족으로부터 자기를 분화하는 데 더 많은 노력을 기울일수록 내담자 가족체계의 외부에 존재하면서도 내담자 가족과 더욱더 밀접하게 관여하여 작업할 수 있을 것이다."(p. 285; 원문에서 인용)고 언급했다. 상담자는 내담자의 정서 체계에 말려들지 않으면서 중립적이고 객관적인 관찰자의 역할을 수행한다. 보웬 이론가들은 '전이'의 존재를 인정하였으나, 이를 피해야 할 것으로 보았다(Titleman, 2014). 그러므로 상담자는 우선 자신이 먼저 내담자가 되어 보웬의 가족치료를 받아야 유능한 상담자로서 다른 사람을 도울 수 있다.

> 제이콥은 진이 그녀의 원가족을 방문하는 것이 필요하다고 확신한다. 제이콥은 삼각관계, 반응성 및 정서적 단절의 개념을 진에게 설명한다.

치료 기법

보웬의 가족치료와 관련된 기법은 많지 않다(Kerr, 1981). 사실 보웬은 기법을 무시하고 가족체계에 대한 이해를 더 강조하는 경향이 있었다(Nichols, 2013). 보웬의 가족치료 상담자는 가족체계를 이해한 후 개인 코칭을 통해 원가족과의 분화 과정을 돕는다.

일반적으로 내담자는 분화를 위한 '여행'을 떠난다. 이때 가장 좋은 방법은 배우자, 자녀 또는 형제자매와 함께하는 것이 아닌 혼자 여행을 떠나는 것이다. 또 다른 접근법은 전화통화 또는 편지를 사용하는 것이다. 여행은 가족 내의 정서가 극에 달했을 때 떠나는 것이 좋으며, 여행의 목표는 내담자의 가족 과정을 관찰하고, 만약 내담자가 준비되었다면 다르게 행동하도록 돕는 것이다. 탈삼각화(아래 참조)는 이 여행에서 특히 중요한 부분이다.

보웬의 가족치료에서 사용되는 주요 전략 중 하나는 과정질문(process questioning)이다(Nichols, 2013). 상담자는 내담자에게 삶과 대인관계에 관여하는 방식에 대해 일련의 질문을 제시한다. 이때 상담자는 내담자의 정서적 반응과 연관되어 있는 내용 질문(content questioning)은 피한다. 예를 들어 상담자는 내담자에게 "동생이 성질을 부리면 가족 내에 무슨 일이 생기나요?"와 같은 질문을 할 수 있다.

1978년 발간된 논문집인 임상장면에서의 가족치료(*Family Therapy in Clinical Practice*)에서 보웬은 내담자의 자기분화를 위한 세 가지 방법을 설명하였다. 첫째, 내담자가 가족 구성원과 **사람 대 사람의 관계를 수립하고 유지하려고 노력하는 것**이다(Bowen, 1978, p. 540). 물론 이러한 관계는 성취하기 쉽지 않다. 이 관계에서는 직접적인 개인 간 대화를 포함하며, 개인을 제외한 제3자 혹은 비인격적인 주제에 대해서는 이야기하지 않는다. 보웬(1978)은 내담자가 자신의 원가족 내 모든(살아 있는) 사람과 사람 대 사람 관계를 수립할 것을 권고하였다.

개인의 분화 수준을 높이기 위한 두 번째 방법은 가족 간의 **상호작용을 더 잘 관찰하고 정서적 반응을 더 잘 조절하는 방법**을 배우는 것이다. 보웬에 의하면 이 두 가지 과제는 서로 연결되어 있다. 가족에 대한 관찰과 학습 작업은 정서적 반응성이 낮아지도록 하며, 이는 우리로 하여금 더 나은 관찰자가 될 수 있는 자유를 주기 때문이다. 그러나 보웬은 그 누구도 완벽할 수는 없다고 경고했다. 자신의 가족을 완벽하게 객관적으로 관찰하는 것은 불가능하지만, 열심히 노력한다면 더 잘 관찰하게 될 수 있다.

탈삼각화(detriangling)는 자기분화의 세 번째 경로이다. 실제로 보웬(1978)은 탈삼각화를 '절대적 필요'라고 보았다(p. 542). 탈삼각화를 위해서 상담자는 두 명의 가족 구성원과 정서적인 문제와 관련하여 지속적으로 접촉해야 한다. 상담자는 가족 구성원 중 어느 한 명의 편을 들어서는 안 되며 스스로를 방어해서도 안 된다. 대신 상담자는 객관적이고 중립적인 자세를 유지하여야 한다. 상담자의 침묵은 사람들에게 정서적 반응으로 인식될 수 있기 때문에, 상담자는 특정 사안에 대해 침묵해서도 안 된다. 정서적으로 침착한 상황에서는 가족 구성원이 대부분 정서적 문제를 묻으려고 하기 때문에 삼각관계가 덜 드러나 보일 수 있다. 그렇기 때문에 탈삼각화는 가족체계 내에 강한 정서가 올라왔을 때 다루기가 가장 효과적이다. 따라서 내담자는 명절(언제나 스트레스가 많은 기간이다!) 혹은 가족 내 병환 혹은 사망이 발생했을 때 원가족을 방문하도록 권유받는다. 전통적인 보웬의 가족치료보다 더 광범위한 보웬학파 접근에서 상담자는 삼각관계에 속한 가족 구성원을 치료장면으로 불러와서 그들의 상호작용을 직접적으로 재구조화하는 개입을 사용할 수 있다(P. J. Guerin et al., 1996).

보웬의 가족치료에서 나의 입장 취하기(taking an I-position) 기법은 매우 중요하게 여겨진다. 상담자와 내담자는 모두 '나의 입장' 기법을 사용한다. '나의 입장'이란 "공격하거나 방어적이기보다 자신의 생각과 감정에 초점을 맞추어 명확하게 진술하는 방법이다."(Carter & Orfanidis, 1976, p. 202) 나의 입장을 취하는 것은 분화의 중요한 구성 요소이다.

이제 진은 보웬의 가족치료의 기본 개념을 이해하게 되었으므로, 진과 제이콥은 함께 진을 위한 가족여행을 고안한다. 그녀는 어머니, 형제자매를 방문하여 서로 따로 살고 있음에도 불구하고 어떻게 삼각관계를 이루는지를 관찰할 것이다. 진의 어머니는 진과 아버지에 대해 이야기하고 싶어 한다. 진의 여동생은 우울증에 걸린 형제의 문제에 관해 이야기하고 싶어 한다. 그녀의 가족은 장녀인 진이 그녀의 부모 관계에 개입하고 그녀의 동생을 도와줄 것으로 기대한다. 그녀는 부모님 관계에서 아버지에 맞서서 어머니의 편을 들어야 할 것 같다고 느낀다.

진은 각 가족 구성원과 '사람 대 사람 관계'를 유지하려고 노력하는 동시에, 다른 가족 구성원과 대화할 때는 그 자리에 없는 다른 가족 구성원에 대해 이야기하지 않으려고 노력한다. 제이콥은 진을 코칭하는 과정에서 그녀의 가족이 그녀에게 상호작용하는 방식을 설명해달라고 요청한다. 제이콥은 진의 부모와 남동생 간의 삼각관계를 탐색하고 진과 여동생 및 남동생 간에 형성된 형제자매 간의 삼각관계를 탐색한다. 진과 제이콥은 진이 이 삼각관계로부터 빠져나와 자유롭게 기능할 수 있는 방법을 찾을 수 있도록 함께 작업한다.

개인적·문화적 다양성에 대한 논의

페미니즘 상담자는 전통적인 가족체계 이론을 받아들이는 데 있어 큰 어려움을 겪었다(Braverman, 1988; Nichols, 2014). 페미니스트들은 체계이론과 같은 중립적 입장과 순환적 인과성과 같은 개념은 가정폭력 및 아동학대의 가해자들로 하여금 변명의 여지를 만들어 줄 수 있다고 믿는다.

지나치게 관여하는 어머니, 가정으로부터 멀어진 아버지, 그리고 질식할 것 같은 자녀 등으로 묘사되는 가정에서의 가장 흔한 '역기능적 삼각관계'는 여성이 가정 밖에서 행동할 수 있는 선택지가 거의 없는 가부장 제도의 특성으로 인해 생기는 현상이라고 보여진다(Lerner, 1988).

> 남성이 가정 밖 세상 문화를 만들고 형성하는 역할을 도맡는 한, 여성이 자신의 삶을 자유롭게 결정하지 못하는 한, 사회가 어머니는 자녀의 환경이라는 메시지를 계속해서 전달하는 한, 거리를 두고 과대기능하는 아버지, 정서적으로 격앙되고 지나치게 관여하는 어머니, 스스로 성장할 여지가 거의 없는 아이로 이루어진 역기능적 삼각관계는 문화의 자연스러운 산물이자 이를 반영하는 소우주이다.(p. 51; 원문에서 강조)

페미니즘 상담자의 주장에 의하면 가족체계 이론은 남성권력 중심의 가부장적 모형에 기반한 전통적 가족 구조를 강화하고 있다. 특히 구조적 가족치료는 이러한 비판의 대상이 되어 왔다(Simon, 1992). 모자 간의 얽힘이 병리적이라는 생각도 문제가 있다고 간주된다. 비록 이러한 얽힘 구조가 병리적이라고 할지라도(물론 아직도 의문은 존재하나), 이는 여성이 가질 수 있는 수단들을 박탈하고 그러한 사회적 규범을 따르도록 압력을 가하는 등의 다양한 문화적 요인들이 종합적으로 영향을 미친 결과라고 할 수 있다(Bograd, 1990). 또한 페미니스트들의 주장에 의하면 가족치료 과정에서 가족 구성원 중 불참하는 구성원이 있다면 대부분의 경우 그 불참 대상은 아버지이며, 이러한 현상은 아버지는 생계비를 버는 사람이고 어머니는 양육을 담당하는 사람이라는 고정관념적인 인식을 강화시킬 수 있다고 지적한다.

몇몇 학자들은 보웬의 분화가 가지고 있는 구성개념에 있어 몇 가지 결함을 발견했다. 러너(Lerner, 1988)는 분화 수준이 높은 개인에 대한 묘사는 남성에 대한 고정관념과 동의어인 반면, 낮은 수준의 분화는 여성에 대한 고정관념과 동일하다고 지적하였다. 이와 비슷한 맥락에서 너슨-마틴(Knudson-Martin, 1994)은 보웬 이론에서 '분리 정도 = 건강'이라는 공식에 대해 지적하면서, 분리와 연합은 건강기능에 필수적인 상호 과정이며 "낮은 분화 수준에서는 분리와 연합 둘 다 개발될 수 없다."고 주장하였다. 더 나아가 보웬 이론에서 건강한 행동은 객관적 사고의 결과라고 보지만, 너슨-마틴은 자기분화 수준이 높을수록 감정과 지적 체계 모두 행동을 인도한다고 주장하였다.

또한 가족체계 접근은 문화적 편견에 취약하다. 이상적인 가족 기능의 대부분은 백인 중산층 핵가족에 기초하여 개발되었다(Falicov & Brudner-White, 1983; Imber-Black, 1990). 단, 구조적 가족치료는 예외의 경우에 해당된다. 미누친은 가난한 도심의 젊은이 및 그들의 가족과 함께 작업하는 과정에서 자신의 이론을 발달시켰다. 또한 앞서 언급한 단기 전략적 가족치료(brief strategic family therapy)에 대한 연구 결과에 의하면, 이 접근은 히스패닉계 청소년과 그 가족에게도 적용 가능한 것으로 보인다.

니콜스(2014)는 가족치료를 실시하는 상담자 대부분은 경제적 어려움을 겪지 않고 있으며, 결과적으로 사회경제적 지위와 영향으로부터 내담자가 경험했을 법한 시련과 이로 인해 영향받았을 심리적 기능 및 가족 기능에 관해 이해하기 어려울 것이라고 지적하며, 상담자로 하여금 가족이 가진 사회층 문제에 더 많은 주의를 기울이도록 권유하였다. 이 문제를 해결하고자 맥골드릭과 카터(McGoldrick & Carter, 2011)는 가족치료 과정에서 문화적 주제를 조사하는 항목에 '사회계층'을 포함시켰다. 킬링과 피어시(Keeling & Piercy, 2007)는 다양한 국가 및 문화적 배경에서 상담자로 활동하고 있는 20명의 가족치료 상담자를 대상으로 질적 연구를 수행하여 문화적 주제에 관한 자료를 제공하였다. 질적 분석 결과 연구에 참여한 20명의 상담자는 상담에서 나타나는 문화, 성별, 권력 문제에 대해 매우 잘 인식하고 있음이 나타났다.

베르무데스(Bermudez, 2008)는 히스패닉 가족을 상담하는 데 있어 사티어 접근방식의 강점과 약점에 대해 논의하였다. 그녀는 6명의 전문 사티어 상담자들과 이야기한 내용을 바탕으로 사티어 접근을 평가하고 히스패닉 내담자들을 위해 이 접근이 어떻게 수정되어야 할지를 제시하였다. 예를 들어 베르무데스는 "사람들은 자신들이 할 수 있는 최선의 행동을 하고 있다."라는 사티어 접근의 격언은 압제자의 행동을 지지하는 것으로 인식될 수 있다고 지적하였다. 그녀는 또한 히스패닉 가정의 아동들은 어른들에게 무례를 범하지 않기 위해서 가족 내 규칙에 대한 자신들의 의견을 표현하기 꺼릴 수 있다고 지적하였다. 그럼에도 불구하고 베르무데스와 그녀와 함께 일하는 전문가들은 사티어 접근이 유연하며 개인의 삶에서 가족의 중요성에 대해 강조하기 때문에 문화적 적용 가능성을 가지고 있다고 결론지었다.

청과 찬(G. Cheung & Chan, 2002)은 사티어가 개인적으로도 그리고 학문적으로도 문화적 다양성에 관심을 보였지만, 중국인 내담자에게 사티어의 이론을 적용하는 데에는 몇 가지 문제점이 존재한다고 주장하였다. 그들은 사티어 접근에서 개인주의를 강조하는 부분은 중국인 내담자에게 부적절하다고 지적하였다. 청과 찬(2002)은 의사소통의 일치성 측면에서, 관계에서 직접적이고 진솔하게 자신의 감정을 표현하도록 강조하는 것은 중국 문화에 맞지 않다는 주장을 제기하였다. 중국 문화에서는 언제나 자신보다 타인을 우선시해야 할 것으로 요구한다. 자기표현보다는 조화를 더욱 중요하게 여기는 중국 문화에서 갈등회피는 조화로운 관계를 유지하는 방법으로 여겨진다. 그러나 사티어 이론의 총체적 관점[예 : 자기 만다라(Shelf Mandela)]은 중국 문화에서 추구하는 가치와 일치한다고 볼 수 있다(Epstein et al., 2012).

상담자가 중산층 유럽계 미국인 가정의 구조, 규범 및 관행에 대한 편견에 빠질 때, 다른 형태의 가족들이 가진 구조 및 과정이 가진 적응력을 간과하는 오류를 범할 수 있다(Falicov & Brudner-White, 1983). 예를 들면 조부모의 '침해'는 친밀한 가족관계가 긴밀하게 형성된 문화에서는 적응적일 수 있다. 더 나아가 보웬과 같이 확대가족관계의 탐색을 장려하는 이론은 많은 문화들이 가진 규범에 위배되는 '개인주의적 가치'인 확대가족으로부터의 분리를 지지하는 경향이 있기 때문에 문화적 이슈에 대해서는 민감하지 않을 수 있다. 가족 구성원들 간에 긴밀한 관계문화를 형성하고 있는 라틴계 가족 구성원들에게 서로 분화하도록 장려하는 것은 히스패닉/라틴계 문화에서 발견되는 파밀리시모(familismo) 전통에 반하는 것일 수 있다(Sue & Sue, 2013). 아프리카계 미국인 가족의 경우에도 확대가족을 둘러싼 다양한 가족 이슈 및 기능을 포함하고 있기 때문에 가족체계 접근이 문제가 될 수 있다.

가족이론가들은 문화적 특징에 대한 지나친 관심 또한 위험할 수 있다고 경고한다. 가족체계 상담자는 "문화적 측면이 문제해결을 어떤 방식으로 촉진 혹은 방해하는지에 초점을 맞추어야 하며, 단순히 내담자 가족의 문화가 가진 독특한 측면에 대해 기쁘게 공감하지 않도록 주의해야 한다(Montalvo & Gutierrez, 1983, p. 18)고 밝혔다.

　　가족체계 이론가들은 그들의 연구에서 문화적 다양성 문제를 다루었다(McGoldrick, Carter, & Garcia-Preto, 2011). 미누친은 가족 및 가족구조의 문화적 다름에 대해 종종 언급하였다(Minuchin, Lee & Simon, 1996). 창과 예(Chang & Yeh, 1999)는 이 장에서 기술된 여러 가족체계 이론들을 검토하여 각각의 접근이 동양계 가족을 상담하는 데 있어 강점을 가지고 있다고 주장하였다. 예를 들어 보웬 이론의 다세대 문제에 대한 강조는 동양 문화적 가치와 일치하며, 코칭은 동양계 가족이 가족과 개인의 힘 사이의 균형을 맞추는 데 도움이 될 수 있다. 또한 보웬의 접근 및 구조적 이론은 동양계 가족 구성원이 개인주의 문화와 같은 다른 문화에 동화하는 과정에서 도움이 될 수 있다고 주장하였다. 또한 가족체계 접근에서의 적극적인 전문코치 또는 리더로서의 상담자 역할은 동양 출신의 개인이 상담에 대해 가지는 기대와도 일치한다.

　　헤일리와 리치포트-헤일리(2003)는 전략적 가족치료 기법이 다음과 같은 이유로 서유럽 문화 이외의 많은 문화에 적합하다고 주장하였다.

> (1) 가족 및 사회적 네트워크는 상담에 포함된다. (2) 상담은 탐색이나 통찰을 강조하지 않는다. (3) 토론 지향적이 아닌 행동 지향적이다. (4) 상담자는 전문 지식과 권위를 가진 위치를 유지한다. (5) 내담자는 구체적인 조언을 받는다. (6) 상담자는 정중한 관심의 자세를 유지한다.(p. 28)

　　헤일리와 리치포트-헤일리(2003)는 서구유럽 문화의 전형적인 신념 체계를 벗어난 내담자를 대하는 네 가지 방법을 설명하였다. 첫째, 아마도 가장 논란의 여지가 있는 방법은 문화적 다름을 무시하고 그 문제를 일반적인 자세로 대하는 것이다. 헤일리와 리치포트-헤일리는 이러한 접근방식이 일부 내담자의 문화적 가치와 상반될 수 있음을 인정하면서도, 이 방식이 내담자의 문화적 행동이 '주류' 미국 현실에서 문제를 일으킨다는 현상에 도전하는 데 도움이 될 수 있다고 주장하였다. 예시로 이들은 이 방법을 폭력문제를 가지고 있는 히스패닉계 가족의 치료에 적용한 사례를 소개하였다. 그들은 가족이 가지고 있던 히스패닉계 문화적 가치체계인 권위에 대한 존중을 어기고, 부인이 남편에 대해 덜 복종적이고 덜 순종적일 수 있도록 격려하였다. 남편을 상담장면에 데려와서 자신의 개인적 삶에 대해 나누도록 요구하는 것 또한 그들의 문화적 가치에 반하는 것이었다. 두 번째 접근법은 내담자의 신념 체계의 일부분을 사용하여 문제를 해결하는 것이다. 예를 들어 "좋은 영혼은 악한 영혼과 싸울 수 있다."와 같은 신념이다. 내담자가 가진 신념 체계를 다룰 수 있는 세 번째와 네 번째 방법은 내담자를 내담자와 동일한 문화적 배경을 가진 상담자에게 의뢰하거나 그러한 상담자와 협력하는 것이다.

　　전통적 가족체계 이론은 성소수자에 대해 많은 관심을 보이지 않았다. 하지만 최근에는 성소수자 커플 및 가족의 경험에 대한 관심이 증가하는 추세를 보이고 있다(Ashton, 2011; Nichols, 2014).

CHAPTER 14

해결중심치료

인수 김 버그

켈리는 분노조절 문제를 해결하기 위해 상담에 찾아온 22세 백인 남성이다. 최근 웹사이트 작가로서 일을 하고 있는 켈리는 3년 전 저널리즘으로 학사학위를 받았다. 켈리는 미혼이며(결혼을 한 적이 없음), 큰 도시에 있는 부모님 집에서 함께 살고 있다. 여자친구인 자넷과 꾸준히 만나고 있으며, 미래에 결혼을 계획하고 있지만 공식적으로 약혼을 한 상태는 아니다.

켈리는 상담에서 "걸핏하면 화를 내는 문제"를 해결하고 싶다고 말했다. 그는 스스로를 "화난 사람"이라고 묘사했으며 쉽게 짜증이 나고 뭔가 좌절할 때 '폭발'하는 경향이 있다고 했다. 과거에 켈리는 때로 화가 심하게 났을 때 무언가를 집어던지기도 했다. 하지만 누군가를 향해 던지지는 않는다. 종종 이런 본노폭발은 부모님과 갈등이 있을 때 일어나며, 여자친구인 자넷과는 갈등이 덜한 편이다.

켈리는 외모, 일에서 완벽주의적이며, 이러한 완벽주의로 인해 때로 세세한 부분에 지나치게 신경을 많이 쓰며, 그의 기준에 동의하지 않는 사람에 대해 불만을 갖는다. 켈리는 권위적 인물에 대해 화가 많다는 것을 인정하지만, 직장에서는 화내는 문제가 없다고 했다. 이러한 '완벽주의'로 인해 동료의 일처리에 불만을 갖지만 대체로 이런 상황은 건설적인 방식으로 해결할 수 있다. 사실 켈리는 고용인으로부터 '혹사'를 당하고 있다. 또한 캘리는 직업이 그에게 도전이 되지 않는다고 느끼지만 만족스럽지 않은 그 일을 그대로 유지하면서 일에서 점점 수동적이 되어 가고 있다.

켈리의 비언어적인 태도는 다소 경직되고 긴장된 모습이다. 자신의 문제에 대해서 이야기할 때는 화와 슬픔이 오간다.

배경

해결중심치료(solution-focused therapy, SF 치료)라고 명명하게 될 이 접근은 초기 의사소통/체계 이론과 밀턴 에릭슨(Milton Erickson)의 이론(이후에 좀 더 설명할 것임)에 근거를 두고 있다. 해결중심치료는 위스콘신 밀워키에 있는 단기가족치료센터(BFTC)를 설립한 스티브 드 세이저(Steve de Shazer)와 인수 김 버그(Insoo Kim Berg)에 의해서 처음으로 개발되었다. 그 이후 해결중심치료는 빌 오핸런(Bill O'Hanlon)과 동료들이 변화를 주도했다. 오핸런은 이 접근을 언급하기 위해 해결 중심적인, 가능성 상담 그리고 협력적이면서 유능성에 기반을 둔 상담이라는 다양한 용어를 사용해 왔지만 가장 최근에는 가능성 치료(possibility therapy)라고 불리고 있다. 해결중심치료(solution-focused therapy)가 가장 널리 인식되고 있는 용어이기 때문에 이 장에서도 해결중심치료라고 명명할 것이다. 해결중심치료의 이론적 역사에 대해서는 케이드와 오핸런(Cade & O'Hanlon, 1993) 그리고 너널리, 드 세이저, 립치크 그리고 버그(Nunnally, de Shazer, Lipchik, & Berg, 1986)의 연구를 통해 알 수 있다. 드 세이저, 버그와 동료들(주로 엘럼 너널리, 마빈 위너)은 1978년에 단기가족치료센터를 설립했다(Nunnally et al., 1986). 해결중심치료 최초의 상담회기는 세이저-버그 거실에서 집단의 한 구성원과의 상담장면을 비디오로 녹화하면서 이루어졌다. 해결중심치료는 이러한 작은 시작으로부터 지금은 국제적인 규모로 성장해 있다.

해결중심치료 대부분의 저자들은 밀턴 에릭슨[에릭슨의 작업에 대해서는 헤이즈(1973) 참조]의 기여에 대해 모두 찬사를 보낸다. 사실 빌 오핸런은 에릭슨에게 수련받기를 원했지만 수련비를 지불할 여유가 없었기에 몇 년 동안 에릭슨의 정원사로 일했다(O'Hanlon, 1986). 해결중심 상담자는 내담자의 현재 문제에 적용할 수 내담자의 강점을 끌어내기 위해 에릭슨이 사용하는 언어, 비유 그리고 최면에 많은 관심을 가졌다(de Shazer, 1982). 에릭슨은 새로운 방식으로 내담자로 하여금 강점을 사용할 수 있도록 도우면서 내담자의 세계관이나 삶의 패턴을 수용하였다. 드 세이저와 동료인 조셉 버거(Joseph Berger)는 상호작용적인 (의사소통) 요소를 포함하는 거의 마술에 가까운 에릭슨의 작업으로부터 이론을 발전시키는 데 상당히 많은 시간을 보냈다. 그러나 드 세이저(1998)는 이러한 노력이 성공적이지는 않았다고 보고했다. 사실 "알고 보니 에릭슨은 하나의 이론만 세운 게 아니다. 그는 아마 여러 가지 많은 이론을 정립했던 것 같다. 하지만 사례마다 하나의 이론만이 성립되었던 것은 아니다."(p. 3)

스티브 드 세이저 그리고 인수 김 버그는 켈리포니아 팰러앨토에 있는 정신연구소(MRI)에서 만났다. 해결중심치료는 의사소통 접근에서 나온 아이디어와 MRI에서 비롯된 심리치료를 통합하였다(Watzlawick, Weakland, & Fisch, 1974). 이들은 초기에 조현병으로 진단받은 사람의 가족 내 의사소통을 연구하면서 작업을 시작하였다. 특정 상호작용 패턴이 조현병 가족에서 공통적으로 나타났다. 후에 그들은 대부분의 심리적 역기능이 상호작용 패턴에 뿌리를 둔 것으로 개념화하면서 사상을 넓혀 갔다. 해결중심 상담자가 관심을 갖은 바로 MRI 집단의 작업 중 가장 중요한 것은 내담자의 문제를 "같은 방법으로 계속 시도하는" 현상으로 개념화한 것이다. 그 순환 안에서 문제를 해결하려는 내담자의 실패한 노력은 결과적으로 똑같은 전략을 사용하면서 더 열심히 부정적으로 시도하는 결과를 초래한다. [글상자 14.1]에서는 해결중심치료에서의 기본적인 기법인 '기적 질문'의 기원을 살펴볼 수 있다.

드 세이저와 버그는 28년 동안 결혼생활을 했고 1년 반 기간의 간격을 두고 사망했다. 스티브 드 세이저는 2005년에 사망했다. 그의 마지막 책인 기적 그 이상 : 해결중심 상담의 예술적 상태(*More Than Miracles: The State of the Art of Solution-Focused Therapy*)(이본느 돌란과 공저)는 2007년에 유작으로 출간되었다. 인수 김 버그는 2007년 1월 10일에 예기치 않게 사망했다. 버그는 최근 해결중심치료 관점

글상자 14.1

기적 질문의 역사

인수와 동료들은 뜻하지 않게 기적 질문을 발견했다. 인수는 삶의 무게로 힘겨워하는 한 여성을 면담하고 있었다. 그 여성의 자녀는 부모의 통제를 벗어났고, 제멋대로인 자녀의 행동 때문에 학교에 자주 불려다니곤 했다. 결혼한 지 17년 동안 남편의 음주는 점점 더 심해졌다. 이로 인해 남편은 직장을 잃게 생겼고, 역시 생계도 어려운 상황이었다. 그 여성은 너무 좌절한 나머지 하루도 더 헤쳐나갈 수 없다고 말했다. 인수는 그 여성에게 물었다. "우리가 함께 있는 시간이 당신에게 도움이 되었다고 말할 수 있기 위해서는 어떤 일이 일어나야 한다고 생각하십니까?" 그 여성 내담자는 말했다. "모르겠습니다. 나는 너무 많은 문제를 가지고 있습니다. 아마도 오직 기적이 일어난다면 도울 수 있을 겁니다. 하지만 그건 너무 큰 기대라고 생각해요." 인수는 내담자의 말과 생각을 이해하기 위해 전념하면서 내담자에게 물었다. "좋아요. 기적이 일어났다고 가정해보죠. 여기에 찾아오게 된 그 많은 문제가 해결될 수 있다고 생각해보죠. 당신의 삶에서 무엇이 달라질까요?"

놀랍게도 너무나 압도되어 앞으로 나아갈 수 없는 것처럼 보였던 그 여성은 다른 삶의 모습을 표현하기 시작했다. 그녀의 남편이 "좀 더 책임감 있고 직업을 유지하고 돈관리를 좀 더 잘하게 될 겁니다."라고 말했다. 그녀의 아이들이 "학교나 집에서 규칙을 잘 따르고 불평 없이 집안 일을 도울 겁니다."라고 말했다. 무엇보다 그녀가 다음과 같이 달라질 거라고 말했다. "에너지가 더 많아질 것이고, 더 많이 웃고 아이들에게 좀 더 침착한 모습을 보이고, 아이들을 때리는 대신 부드러운 목소리로 말을 할 겁니다. 남편과는 마치 우리가 결혼했을 때 그랬던 것처럼 편안한 대화를 시작할 수도 있을 겁니다."

인수와 동료들은 그 여성과의 회기에서 무엇이 일어났는지 생각했다. 심지어 우리가 기적을 현실이라고 생각하지는 않더라도, 이 내담자가 기적이 일어난 이후 그녀의 삶에 대한 표현은 확실히 잘 기능하는 가족의 합당하고 현실적인 그림이라는 것을 알았다. 기적에 대한 설명은 그녀의 입장에서 매우 가치 있는 목표라는 것이다. 이렇게 해서 기적 질문이 탄생했다. 인수와 동료들은 정기적으로 기적 질문을 하기 시작했다.

기적 질문은 적어도 다음의 두 가지 이유로 매우 유용하다. 첫째, 기적 질문을 통해 내담자가 무한한 가능성에 대해 생각할 수 있다는 것이다. 상담자는 내담자에게 원하는 변화가 무엇인지를 찾도록 보다 넓은 방식으로 사고할 것을 요청한다. 둘째, 기적 질문은 미래에 초점을 둔다. 그들의 문제가 더 이상 문제가 되지 않을 때, 그들 삶에서 어떤 장면의 그림을 떠올린다. 현재 그리고 과거 문제로부터 벗어나 초점을 좀 더 만족스러운 삶을 향해 이동하기 시작한다.

기적 질문은 세계 도처에서 수천 번 질문되었다. 상담자들이 기적 질문을 하는 다양한 방법들을 실험하면서 기적 질문은 더 정교해졌다. 기적 질문은 신중하게 그리고 극적으로 이루어진다.

이제 나는 여러분에게 낯선 질문을 하고자 한다. 오늘밤 여러분이 잠들어 있는 동안 그리고 집 전체가 조용한 순간에 기적이 일어난다고 상상해보라. 그 기적을 통해 현재 여러분이 겪고 있는 문제가 해결될 것이다. 그러나 여러분이 잠들어 있는 동안이기 때문에, 기적이 일어났다는 것을 알지 못한다. 그렇다면 여러분이 내일 아침 잠에서 깨었을 때, 무엇이 달라져 있기에 어젯밤 기적이 일어났고, 여러분이 상담받으러 온 문제가 해결되었다고 말할 수 있을까?

출처 : De Jong, P., & Berg, I. K. (2008). *Interviewing for solutions*. Belmont, CA : Thomson Higher Education, p. 84. 허락하에 사용함

에서 코칭에 대한 책을 출간한 바 있다(Berg & Szabo, 2005).

영상 자료 14.1

해결중심치료 회의 참여자를 반기는 스티브 드 세이저와 인수 김 버그의 영상을 보자.

 https://www.youtube.com/watch?v=v6rXeglulT4&list=PLkdC1bxKsrHZJ4gpORpRdyd7FsxLF4CwJ

빌 오핸런 관련 사항은 웹사이트(www.billohanlon.com)에서 확인할 수 있다. 그리고 최근 책은 우울함에서 벗어나기 : 우울증을 완화하는 여섯 가지 비약물적 방법(*Out of the Blue: Six Non-Medication Ways to Relieve Depression*, 2014)이다. 해결중심치료에서 두 가지 주요한 전문적 조직은 1994년에 결성된 유럽단기치료학회(www.ebta.eu)와 2002년 미국에서 설립한 해결중심단기치료학회가 있다(www.sfbta.org).

영상 자료 14.2

우울증에 대한 빌 오핸런의 자료

 https://www.youtube.com/watch?v=NYGteG-ANdl

기본 철학

해결중심 상담자는 진지한 낙천주의자이다. 그들은 현실을 창조하고 정의하는 언어적 힘을 믿는다. 그러기에 절대적인 진리란 없다고 본다(De Shazer, 1994).

MRI와 밀턴 에릭슨 접근의 영향은 구성주의 이론에 녹아 들어가 있다. 구성주의 이론은 인간이 그들의 현실을 창조하고, 만약 문제가 생기면 도움이 되는 방식으로 그들의 현실을 재창조할 수 있다고 가정한다. 해결중심치료의 경우 상담자와 내담자가 새로운 방식으로 그들의 삶을 창조할 수 있으며, 이를 통해 내담자의 문제를 해결하도록 함께 상담을 구성해 나가는 것을 강조한다. 해결중심 상담자는 내담자에게는 문제를 해결할 수 있는 자원과 힘이 있다는 태도로 다가가면서, 내담자의 잠재력을 최대화하는 상호작용을 조성한다.

해결중심 상담자는 내담자를 '고객'이라고 부르고 내담자의 문제는 '호소문제'로 본다. 해결중심 접근은 내담자가 가고 싶은 곳을 아는 것과 가고 싶은 곳에 이르고자 하는 동기부여를 중시 여긴다. 상담자는 단순히 해결을 구축하는 데 필요한 전문성을 가지고 있기 때문에 단순히 '고용된' 상태이다.

해결중심치료의 가정은 소위 말하는 전통적 심리치료 접근에서 발견되는 가정들과 상충된다. 예를 들어 다른 상담 접근들이 변화는 어렵다는 입장을 유지하는 반면, 해결중심 이론가들은 변화는 지속된다고 주장한다. 전통적 심리치료 접근들이 가지고 있는 '근거 없는 믿음'이 [글상자 14.2]에 제시되어 있다.

켈리와의 작업을 시작하려고 할 때, 해결중심 상담자인 메리는 상담이 오래 걸리지 않을 것이고 켈리가 쉽게 그 문제를 해결할 수 있을 것이라는 기대를 가지고 시작했다. 상담자는 켈리의 강점

글상자 14.2

'전통적인' 심리치료의 근거 없는 믿음

1. 항상 증상에 대한 깊은 기저의 원인이 있다 — 내담자 문제는 이러한 기저의 원인으로 인한 증상이다.
2. 자각 혹은 통찰은 변화 혹은 증상 감소를 위해 필요하다 — 사람이 개선되기 위해서 증상의 원인을 이해해야 한다.
3. 증상의 개선 혹은 제거는 유용하지 않거나 혹은 기껏해야 매우 낮은 수준의 해결된 상태이며 최악의 경우는 해롭거나 위험하다.
4. 증상은 기능을 가지고 있다.
5. 내담자는 변화에 대해서 양가적이며 상담에 저항한다.
6. 진실한 변화는 시간이 필요하다. 즉, 단기 개입은 피

상적이거나 변화가 지속되지 않는다.
7. 병리와 손상을 확인하고 교정하는 것에 초점을 맞춘다. 전통적인 상담 접근들은 병리를 찾는 데 주력한다. 해결중심 상담자는 "만약 당신이 보았다면, 당신이 그것을 찾을 것이다."라고 말한다.

출처 : IN SEARCH OF SOLUTIONS: A NEW DIRECTION IN PSYCHOTHERAPY, REVISED EDITION by Bill O'Hanlon and Michele Weiner-Davis. Copyright © 2003, 1989 by Bill O'Hanlon and Michele Weiner-Davis. W.W. Norton & Company, Unc.의 허락 하에 사용함

과 자원에 집중했고 켈리가 대학 과정을 마칠 정도로 지능과 끈기를 가지고 있다고 확신했다. 메리는 켈리의 변화가 이루어지는 것이 쉽고 만약 켈리가 변화하지 않는다면 매우 놀랄 일이라는 태도로 켈리를 대했다.

오핸런과 와이너 데이비스(O'Hanlon & Weiner-Davis, 2003)는 전통적인 심리치료 접근과는 다른 해결중심치료의 몇 가지 중요한 가정을 확인했다. 해결중심치료의 원리는 다음과 같다.

1. 내담자는 호소하는 고통을 해결할 자원과 힘을 가지고 있다. 상담자의 역할은 내담자가 이러한 능력에 접근해서 문제를 해결하기 위해 능력을 발휘하도록 돕는 것이다. 내담자는 종종 어려움에 너무 집중하는 나머지 자신의 강점을 잊게 된다. 해결중심 상담자는 내담자로 하여금 잊어버린 강점을 상기시켜주는 것을 중요하게 여긴다.

   켈리는 자신의 분노폭발이 바로 자신이 통제를 잃어버리는 정말 "화가 난 사람"으로 입증될까 봐 염려한다. 그리고 자신이 변화하지 않는다면 모든 관계는 끝나버릴 거라고 말했다. 상담자인 메리는 켈리의 이러한 걱정을 이해했으며 켈리의 개인적 강점에 또한 집중하였다. 이러한 과정을 통해 켈리는 자신의 강점 부분으로 주의를 환기시키게 되었다. 예를 들어 메리는 켈리가 감수성이 높고 다른 사람을 잘 돌본다는 것을 언급했으며, 이러한 특성 때문에 상담에 오게 되었다고 말했다. 상담자인 메리는 켈리에게 일에 대해 물어보면서 만족스럽게 완수될 때까지는 과제에 몰두하고 집중하는 능력이 있다고 언급했다('완벽주의자'라기보다는). 메리는 켈리가 어떤 일이든 잘하려고 하는 점을 알아주었으며 또한 개인적 관계도 개선시키려는 동기가 있음을 알아주었다.

2. 변화는 지속적이다. 해결중심 철학에 따르면 만약 누군가 변화가 지속적이라고 가정한다면, 그

사람은 마치 변화가 필연적인 것처럼 행동할 것이다. 기본적으로 해결중심 상담자는 내담자에게 언어적으로 비언어적으로 만약 문제가 계속 지속된다면 놀라운 일이라고 전달한다. 오핸런은 내담자는 변화하지 않으려고 열심히 노력을 해야 할 것이라고 덧붙였다. '심리적 건강과 역기능' 부분에서 나오는 [글상자 14.3]에서는 정체되어 머무르기 위한 11가지 방법이 제시되어 있다.

메리는 켈리의 변화를 기대하며 당장 변화를 기대할 수 있다는 태도를 전달한다. 메리는 켈리에게 '변화된다면'이 아닌, 변화가 (당연히) 일어날 때, 삶이 어떻게 되었으면 좋겠는지 질문한다.

3. 해결중심 상담자의 역할은 변화를 확인하고 증폭시키는 것이다. 상담자는 내담자에게 질문을 하고 집중해야 하는 부분과 간과해야 하는 부분을 선택함으로써 내담자와 함께 하나의 현실을 창조해 간다. 상담자는 내담자에게 일어나고 있는 것을 확인하고, 명명하고, 종종 더 많이 일어나도록 작업한다.

켈리는 부모님과 여러 가지 문제로 논쟁을 벌인다고 한다. 논쟁 주제는 토요일 오후에 어떤 축구 게임을 볼 것인지부터 시작해서 집에서 그의 책임과 권리가 무엇인지까지 다양하다. 그러나 종종 켈리가 '폭발하지' 않은 경우가 있다. 메리는 부모와의 이러한 폭발하지 않는 예외적인 상황들에 관심을 가졌다. 메리는 켈리가 이런 경우에 어떻게 폭발하지 않는지 확인하고, 다른 상황에서 이와 같은 방식으로 하도록 요청한다.

4. 호소문제를 해결하기 위해 호소문제에 대해 많은 것을 알아야 하는 것은 일반적으로 불필요하다. 오핸런과 와이너 데이비스(2003)에 의하면, 상담자는 "호소문제에 대해서 너무 많은 정보를 가지고 있고 해결에 대해서는 너무 적은 정보"를 가지고 있기 때문에 막히게 된다(p. 38). 대신 해결중심 상담자는 내담자가 이미 하고 있는 것과 작용하고 있는 것에 주목한다. 일단 상담자와 내담자가 갈등이 없는 순간의 특성을 확인한다면, 내담자는 모든 시간에 갈등이 없는 특성을 행하는 쪽으로 작용할 수 있다.

메리는 켈리가 종종 여자친구인 자넷에게 화가 날 때 그녀에게 말할 수 있고, 대개 둘 다 어려운 주제를 이야기하면서도 그 주제에 대해 해결할 수 있는 것을 발견했다. 메리는 관련이 없는 특정 주제에 관심을 갖지 않았고, 켈리가 어떻게 폭발하기보다는 평온하게 그 문제에 접근할 수 있는지에 대해서는 더 관심을 가졌다. 켈리는 자넷에게 더 다가가기 전에 몇 분 동안은 스스로 주의를 다른 곳으로 돌리면서 그 상황을 해결한다는 것을 알았다. 메리는 즉시 켈리에게 이러한 방식을 다른 상황에서도 할 수 있는지를 요청했다. 예를 들어 부모님과 갈등이 임박했을 때이다.

5. 문제를 해결하기 위해 호소문제의 원인 혹은 기능을 반드시 알아야 하는 것은 아니다. 상담자를 찾는다는 것은 일반적으로 마지막 수단이다. 그들이 상담에 오기 전에 많은 내담자들은 무엇이 문제의 원인인지 이해하기 위해 많은 시간을 보낸다. 주류 문화는 우리에게 호소하는 고통의 원인을 이해한다면 해결책이 따라올 것이라고 가르친다(O'Hanlon & Weiner-Davis, 2003). 이러한 심사숙고가 항상 그들의 고객을 돕는 것은 아니라는 것이 해결중심 상담자의 생각이다. 그

러나 우리가 사회, 매체, 그리고 상담자에 의해 세뇌되었기에 우리 고객은 때때로 여전히 '전문 가'에게 왜 그들이 문제를 갖게 되었는지를 묻는다. 해결중심 상담자는 간단히 "당신이 문제를 갖게 된 이유를 결코 알 수 없다고 해도 그 문제가 사라진다면 충분하지 않은가요?"라고 대답 한다(O'Hanlon & Weiner-Davis, 2003, p. 41).

메리는 켈리의 과거사에 대해서 관심을 갖지 않았고 분노문제의 내력에 대해 뒤지는 데 거의 시 간을 쓰지 않았다. 반대로 사회에 의해 세뇌당한 켈리는 아마도 그의 분노문제가 바로 과거 아동기 에 어떤 복잡한 사건들의 결과라고 생각한다. 즉, 캘리의 문제는 확실히 부모 때문이라는 것이다!

6. 작은 변화가 필요한 모든 것이다. 체계의 한 부분에서의 변화는 다른 부분의 변화에 영향을 미친 다. 작은 긍정적인 변화는 내담자로 하여금 확신을 갖게 하고 상담자의 지지에 힘입어, 자신이 더 많은 변화를 일으킬 수 있다고 믿게 한다. 오핸런과 와이너 데이비스(2003)는 예시를 위해 밀턴 에릭슨의 눈덩이 비유를 제안한다. 일단 눈덩이가 언덕을 굴러 내려가면, "상담자는 참견 하지 않는 것이 좋다."(p. 42)

메리의 첫 회기의 주요 목표는 긍정적으로 지각할 수 있는 켈리의 작은 변화를 확인하는 것이다. 예를 들어 켈리는 거의 매주 토요일에 어떤 축구경기를 시청할 것인지를 놓고 항상 아버지와 싸 웠다. 메리는 켈리의 여자친구인 자넷이 축구를 좋아하고 일반적으로는 어떤 경기를 볼 것인지 에 대해 켈리와는 쉽게 합의가 된다는 것을 알았다. 메리는 자넷에게 돌아오는 토요일에 그녀의 노트북을 들고 켈리와 아버지와 함께할 것을 권했다. 켈리가 경기들을 왔다 갔다 하며 볼 수 있 는 방법이다. 아버지와의 관계에서 변화가 일어났을 뿐만 아니라 자넷과의 관계도 좋아졌다.

7. 내담자는 목표를 정의한다. 해결중심 상담자는 삶을 살아가는 단 하나의 '옳은' 방법이 있다는 생 각에 의문을 제기한다(O'Hanlon & Weiner-Davis, 2003). 증상 밑에 '진짜 문제'가 있다는 생각 을 거부하면서 해결중심 상담자는 내담자가 상담에서 목표를 결정하도록 한다. 이러한 규칙에 서 유일한 예외는 그 목표가 불법이고 혹은 명백히 현실적이지 않을 경우이다.

켈리의 상황에 대해 어떤 상담자는 우선적으로 켈리가 부모님과 떨어져 살아야 한다고 제안할 수 있다. 어쨌든 그는 22세이고 이미 취직을 한 상태이다. 이제 혼자 살기에 "충분히 성장하지 않 았나요?"라고 말할 수 있다. 해결중심 상담자로서 메리는 부모의 집에 그대로 남아 있는 것이 그 의 타당한 선택이라는 것을 암묵적으로 인정하면서, 분노문제를 해결하려는 바람을 가진 켈리와 함께한다.

8. 빠른 변화와 문제해결이 가능하다. 첫 회기는 해결중심 접근에서 특히 가장 강력한 시간이다. 상담 자와 함께 문제 상황에 대한 내담자의 견해를 재구조화하는 것을 통해, 내담자는 대체로 그들 이 이미 호소문제를 해결할 방법을 알고 있다는 것을 인식하게 된다. 만약 내담자가 첫 회기 마 지막에 계속 변화에 대한 욕구가 보인다면, 상담자는 다음 시간 전에 해결을 위해 필요한 무엇 이든 시도해보도록 안내한다.

첫 회기 동안 메리는 켈리가 분노폭발을 피하기 위해 필요한 타협기술을 가지고 있다는 것을 이해했다. 어쨌든 켈리는 동료들과 잘 지낼 수 있고, 자넷과의 관계가 항상 화로 가득한 것은 아니다. 그는 이 기술들을 단지 부모님과의 상호작용에 적용해볼 필요가 있다.

9. 어떤 것을 볼 때 단 하나의 '옳은' 방식이 있는 것은 아니다. 다른 관점이 그만큼 타당할 수 있고 더 적합할 수 있다. 해결중심 접근에 따르면 비록 상황에 대한 다른 많은 관점이 타당할지라도 어떤 관점이 다른 관점보다 더 도움이 된다. 내담자가 상담에 올 때 그들은 문제에 초점이 맞춰진 상태이다. 해결 지향적 관점을 적용하는 것이 변화를 일으키기에 더 가능성이 크다.

문제를 보는 내담자의 관점은 종종 '같은 방법을 계속 시도하는' 증후군을 부추긴다 (Watzlawick et al., 1974). 전형적으로 그 문제를 해결하려는 시도들이 효과적으로 작용하지 않는다면, 이는 "만약 처음에 성공하지 못하면 계속…"이라는 오래된 속담이 적용되는 것처럼, 이런 경우 내담자는 같은 전략을 가지고 '도전하고 또 도전'하는 경향이 있다. 해결중심 상담자는 문제에 대한 다른 관점을 갖는다는 것은 다른 전략을 사용할 수 있게 하고 심지어 문제가 아닌 것으로 그 문제를 정의할 수 있다고 주장한다! 아홉살 소년 진은 엄마가 자신의 행동을 교정할 때 "나는 엄마가 싫어!"라고 말하며 엄마를 괴롭혔다. 진에 대한 엄마의 전형적인 반응은 아이에게 이런 행동이 얼마나 부적절한지에 대해 교육을 시키는 것이었다. 하지만 엄마가 계속 그렇게 교육하는 것은 아이의 행동에 어떤 효과도 미치게 할 수 없었다. 그래서 우리는 엄마가 아이에게 같은 행동을 계속하는 것을 멈추고, 다른 방식을 하도록 결정했다. 아이가 엄마에게 하는 말은 진심을 뜻하는 것은 아니기 때문에 그 말을 무시하는 것이다. 이 전략은 꽤 성공적이었다 즉 "나는 엄마가 싫어!"라고 아이가 말하는 빈도가 줄었다. 더 나아가 그 소년이 이 말을 했을 때, 어머니는 아이의 말에 더 이상 신경을 쓰지 않았다. 이후 엄마와 아이의 관계는 더 편안해졌다.

켈리는 주로 부모님이 "나를 건드릴 때", "나를 아이 취급할 때" 가장 고질적으로 폭발한다고 보고한다. 켈리는 부모가 자신을 통제하고 어른으로 대하지 않기 때문에 이러한 행동을 할 수밖에 없다는 것이다. 화가 나면 부모 행동의 '문제점'에 대해서 말하고, 그들이 이야기를 나눌 때 켈리는 관심을 얻기 위해서 점점 목소리를 높였다. 목소리를 크게 해도 별 효과가 없을 때 무언가를 던지게 된다. 그러나 켈리의 분노 표출은 부모의 행동을 변화시키는 데 전혀 효과가 없었다. 그리고 켈리는 자신의 행동이 매우 어린아이 같다는 것을 알았다. 메리는 켈리가 "같은 방법을 계속 시도하면서" 화가 커지는 것을 알았고, 그가 다음번에 부모와의 갈등 조짐이 보일 때 어떤 것, 무엇이든지 다른 것을 하도록 했다. 상담자인 메리는 또한 켈리를 '쉽게 화가 나는' 혹은 '방어적'으로 보기보다는 '예민한, 민감한'으로 묘사하였다.

10. 불가능한 것 그리고 복잡한 것보다는 가능한 것 그리고 변화할 수 있는 것에 초점을 맞춘다. 해결중심 상담자와 그들의 내담자가 다루는 호소문제는 변화 가능한 것들이다.

메리는 '성격 재건'을 시도하지 않는다. 그녀는 켈리가 분노폭발을 줄이도록 도우려고 한다.

인간 동기

강경한 해결중심 상담자는 무엇이 사람을 동기화시키는지에 대해 대체로 관심을 두지 않는다. 상담자는 단순히 내담자가 얻고 싶은 것을 확인하고 그들이 해결에 도달하는 것을 돕기 위해 내담자의 확인된 장점과 자원을 활용한다.

그렇기는 하지만 오핸런(2006)은 긍정적 · 부정적 동기 그리고 더 나아가서 과거, 현재, 미래의 동기를 구분했다. 긍정적 · 부정적 동기는 우리가 원하는 것을 향해 움직이려는 경향 그리고 피하고자 하는 것으로부터 멀어지려는 경향을 말한다. 오핸런의 관점에서 우리의 행동은 현재의 동기 혹은 과거와 미래의 경험/기대에 의해 영향을 받는다. 오핸런은 고등학교 상담자가 '대학에 갈 재목'이 아니라고 주장을 해서 부정적으로 과거에 동기화된(오핸런의 용어로 보자면) 한 젊은 남자의 예를 제시했다(2006, p. 3). 그 젊은 남자는 결국 박사가 되었다!

메리는 켈리의 행동 혹은 호소하는 문제의 기저에 있는 동기에 대해서는 관심을 두지 않았다. 메리는 켈리가 다른 사람과 더 좋은 관계를 맺기 위해 단순하게 변화를 원한다고 인식했다.

주요 개념

예외 상황

해결중심 상담자는 내담자가 호소하는 문제의 심각성에 상관없이 문제가 일어나지 않는 상황이 있다는 기본 가정을 가지고 출발한다(Lutz, 2014). 해결중심 상담자는 호소문제에서 예외가 전혀 없다면 매우 놀라운 일이라는 입장을 취한다. 즉, 해결중심 상담자는 내담자로 하여금 호소문제가 항상 일어나는 것이 아니며 이미 때때로 성공하고 행복했던 점도 있다는 사실을 알게 하고자 한다. 상담자는 이러한 예외 상황을 만들어 가는 활동을 증가시킬 수 있는 방법을 내담자가 발견할 수 있도록 함께 작업한다.

내담자는 언제나 이러한 예외 상황에 대해 주의를 기울이지 못한다. 내담자는 종종 상담자가 호소문제가 일어나는 지점보다 문제로부터 자유로운 지점에 집중을 할 때 놀라곤 한다. 내담자는 호소문제에 대해서 생각하는 것에 익숙해져 있다. 그리고 내담자는 전형적으로 많은 시간을 어떻게, 왜 그 문제가 생겼는지에 대한 전통적인 심리상담 모델에 노출되어 왔다(혹자는 세뇌되었다고 말할 수도 있음).

메리가 첫 회기 초반부터 켈리의 '화내는 성격'에 대한 예외 상황을 발견하기는 어려울 것이다. 메리는 켈리가 분노를 표현하고 갈등을 해결하는 데 어려움을 겪는 것으로 문제를 재정의하였다. 메리는 켈리에게 부모님과 의견이 부딪히지만, 분노를 폭발하지 않고 분노를 피할 수 있었던 시점을 묻는다. 켈리는 왜 자신이 별일 아닌 일에 그렇게 '화'가 나는지 이해하려고 많은 노력을 해왔다. 메리는 켈리가 화가 나지 않고 누군가와 타협할 수 있었던 순간들을 생각해볼 것을 격려했다. 켈리는 상담자의 질문에 답을 하면서 기분 좋게 놀랐고 심지어 웃음을 보였다.

변화를 이끄는 대화

해결중심 면담의 목표는 변화를 일으키는 방식으로 내담자의 문제에 대해서 이야기하는 것이다(de Shazer, 1985). 호소문제는 부정적 의미를 담은 용어를 사용하기보다는 변화할 수 있는 구체적 행동으로 논의된다. 변화에 대한 이야기에서 가능성이 담긴 언어 대신에 이미 예정되어 있다는 용어를 사용['만약(if)'보다는 '때(when)'와 같은]하는 것은 상담자가 일어나는 변화를 확실히 예상한다는 것을 강조하는 것이다(Corcoran, 2005). 예를 들어 상담자는 내담자에게 "당신이 예외적인 행동을 했을 때는 어떤가요?"라고 물을 수 있다.

> 켈리가 언제 화를 내지 않는지(예 : 이완되고 행복할 때)에 대해서 메리와 논의하는 것은 분노는 일시적이며 성격특성도 처음부터 고정된 것이 아니라는 것을 켈리가 알도록 돕기 위함이다. '분노 성격'을 의사소통에서의 어려움으로 재정의하는 것(예 : 짜증)은 그 문제가 사라지는 것이 쉽다는 것을 알려준다. 메리는 켈리에게 "당신은 언제 어머니와 잘 의사소통하나요? 어머니와 당신과의 관계를 어떻게 설명할 수 있을까요?"라고 질문한다.

해결책

해결중심 상담자는 "내담자가 상담을 시작하는 이유로 내담자의 호소문제를 받아들인다면, 같은 논리로 상담자는 내담자가 상담을 종결하는 이유인 내담자의 만족스러운 향상에 대한 진술을 받아들여야 한다."고 믿는다(de Shazer, 1991, p. 57). 해결중심 상담은 내담자의 문제에 초점을 맞추기보다는 내담자가 수용 가능한 해결책을 인식하는 것에 집중한다.

> 켈리는 분노문제를 다루기를 원한다. 메리는 켈리의 목표를 받아들이면서, 켈리가 만족스럽게 갈등을 해결하는 상황을 확인하고 더 자주 많이 이러한 긍정적인 방식으로 갈등을 해결하도록 돕는다.

강점과 자원

장차 해결중심 상담자가 되려는 상담자는 인간에 대한 특별한 관점을 취할 필요가 있다. 해결중심 상담자는 약함에 대해 탐색하기보다(왜냐하면 당신이 병리를 찾기 위해 모든 바위 밑을 뒤진다면, 확실히 병리를 발견할 수 있기 때문이다)는 내담자가 이미 접근할 수 있는 내담자의 강점과 자원을 강조한다. 호소문제의 해결책을 발견하는 작업에서 내담자의 강점과 자원은 강조된다(Lutz, 2014).
케이드와 오핸런(1993, p. 138)은 거친 말을 훌륭하게 조련시키는 한 내담자의 이야기를 연결 지어 설명했다. 상담자는 내담자에게 어떻게 이러한 동물(말)을 잘 다루는지 상세히 말해달라고 물은 후에 이 원칙들이 그녀의 남편과의 문제를 다루는 데 적용될 수 있는지 물었다!

> 메리는 켈리가 해결책에 이르는 데 사용할 수 있는 강점과 기술을 확인하고 강조하였다. 상담자는 켈리가 똑똑하고 문제를 해결하는 것을 좋아한다는 점을 발견했다. 켈리는 세부적인 일에 집중하는 데 뛰어나며, 훌륭한 집중력을 가지고 있었다.

인간과 개인발달에 관한 이론

해결중심 지지자들은 인간에 대한 혹은 한 개인에 대한 발달이론을 가정하지 않는다. 이론은 인간 본성에 대한 이론보다는 상담이론에 더 가깝다. 관습적으로 이론에서 설명하는 내적 정신 기제들을 열거하는 것(예 : 성격특성, 태도, 동기 등)에 대해서, 맥케르고와 코만(McKergow & Korman, 2009) 은 다음과 같이 언급했다. "해결중심적 상담자는 인간과 개인발달에 대해 가정하지 않는다. 그리고 내담자를 변화시키려고 하지 않는다."(p. 39) 이와 유사하게 체계, 권력의 구조 그리고 문화적 기준과 같은 개인에 대한 외적인 구조 혹은 과정은 개인의 변화에 중요하지 않다. 맥케르고와 코만(2009) 은 "예를 들어 문화적 기준이 전혀 영향이 없다고 말하는 것은 아니다…. 그러나 문화적 기준이 '실제 체계' 혹은 '권력 구조'처럼 발견되어야 하고, 그려져야 하고, 따라야 하는, 혹은 변화되어야 하는 것은 아니다."(p. 41; 원문에서 인용)라고 언급하였다.

그래서 해결중심 상담자는 그 문제가 어디에서 왔는지를 고려하지 않고, 특별한 경우를 제외하고는, 한 개인의 과거력이나 문제의 내력에 대해서 관심을 갖지 않는다. 예를 들어 상담자가 조현병과 같은 심각한 심리적 역기능에 직면하는 가장 어려운 문제를 논의하는 데 있어, 오핸런과 로웬(O'Hanlon & Rowan, 2003)은 "어떤 약물이 특정장애의 증상을 다루는 데 도움이 된다고 할 때 이는 그 장애가 생물학적 토대를 가지고 있다는 증거로 간주된다. 마치 당신이 코카인을 섭취했는데 우울한 기분이 나아졌다면, 우울증이 코카인 결핍에 관련된 생물학적 장애를 가지고 있다고 주장하는 것과 유사하다."(p. 19)고 언급하였다. 오핸런과 로웬은 개인의 역기능의 기원에 대한 어떠한 판정도 아직 내려지지 않았다는 것을 강조하지만 만약 상담자가 내담자가 제시하는 문제에 영향을 주는 신경학적 그리고 생화학적 요인을 잘 이해하고 있다면 해결중심 기법을 활용하는 데 더욱 도움이 될 것이라고 주장하였다.

메리는 켈리의 아동기의 요인이나 성격이론에 시간을 쓰지 않는다. 그러한 아동기나 성격요인은 메리가 제공하는 상담 유형과는 관련이 없었다.

심리적 건강과 역기능

해결중심 상담에서 진단은 다음과 같다: 한 내담자가 호소문제를 가지고 온다. 해결중심 상담자는 건강 혹은 역기능이라는 개념을 중요하게 여기지 않는다. 상담자는 단순히 내담자의 문제를 경청하고, 예외 상황을 찾고 해결책을 모색할 뿐이다. 내담자가 무엇이 건강한 것인지 결정한다. 즉, 고객(내담자)은 상담의 목표를 결정한다. 문제에 대한 상담자의 개인적 견해(예 : 문제의 원인과 의미)가 유일하게 옳은 것이라고 생각하는 상담자는 "확실함의 착각 혹은 이론 역전이"로 고통을 받는다 (Hudson & O'Hanlon, 1991, p. 17).

각각의 내담자를 한 개인으로서 개별적으로 경청하는 것을 강조함에도 불구하고, 해결중심 상담자는 "모든 호소문제가 유사하다. 대부분의 사례에서 내담자의 호소문제는 종종 무엇이 타당한 대체가 될 수 있는지에 대한 이해 없이 문제만 없어지기만을 바란다."고 경고하였다(de Shazer, 1988, p. 52).

상담자는 내담자가 해결지향적인 용어로 호소문제를 재정의하는, 이른바 재구성이라고 부르는 과정
이 이루어지도록 돕는다(de Shazer, 1991). 사실상 드 세이저는 "당신은 어떻게 _____을(를) 다루나
요?(여기 빈칸에는 우울증과 같이 진단명을 넣을 수 있다)"라는 질문을 받았다. 그는 "나는 그 질문
을 이해할 수 없습니다."(McKergow & Korman, 2009, p. 45)고 답했다. 이 반응은 얼핏 보기에는 다
소 이상하게 (혹은 안 좋게) 들릴 수 있다. 하지만 맥케르고와 코만(2009)은 해결중심의 관점에서, 해
결중심 상담자는 "우울증을 다루지 않는다. 우울증에 관한 문제를 해결하지 않고 혹은 전혀 우울증
을 다루지 않는다. 진단명이 어떻든 간에 같은 방식으로 내담자들과 해결 작업을 한다."(p. 45)고 설
명하였다. 여러분이 관심을 갖고 있는 사례처럼 다른 해결중심 저자들은 자살, 정신증, 불안과 같은
구체적인 내담자 호소문제를 다루어 왔다(Guterman, 2013; Lutz, 2014). 그러나 나는 여기에서 이러
한 호소문제를 논의하는 데 있어서 항상 문제가 일어나지 않을 때 무엇이 진행되고 있는지 그리고 내
담자의 강점과 자원의 맥락을 확인하는 것을 강조한다.

　내담자가 막혀 있는 상태를 역기능으로 볼 수 있다. 오핸런(2006)은 이에 대한 견해를 제시한 바
있는데, [글상자 14.3]에서 읽을 수 있다.

　　켈리의 사례에서 그는 울화통이 터지지 않기를 원했다. 하지만 분노로 졸도할 지경이 되는 대신
　어떻게 행동을 해야 하는지를 모른다. 켈리는 분노와 충동적인 성격을 없앨 필요가 있다고 생각하
　며 메리를 찾아왔다. 켈리는 메리가 그를 도와 주변에 있는 사람들, 특히 그의 부모를 변화시키는
　방법을 찾을 수 있도록 도와줄 거라고 기대하였다. 메리는 이러한 생각을 이해하였지만 켈리가 해
　결책에 이르는 방식으로 그 호소문제를 재구성하는 과정을 진행하였다. 메리와 켈리는 켈리가 중
　요한 사람과의 더 조화로운 관계를 맺기를 원한다는 점에 동의하였다.

글상자 14.3

변화하지 않는 방법
막혀 있기 위한 11가지 전략

1. 누구의 말도 듣지 않는다.
2. 모든 사람의 말을 듣는다.
3. 끊임없이 분석하지만 변화를 만들지 않는다.
4. 자신의 행동 혹은 문제에 대해서 다른 사람을 비난한다.
5. 스스로를 비난하거나 자주 자신을 비하한다.
6. 효과가 없는데 똑같은 방식을 고수한다.
7. 도움이 되지 않을 것에 초점을 맞출 때 똑같은 행동을 고수한다.
8. 생각들이 도움이 되지 않을 때 역시 같은 생각을 지속적으로 떠올린다.
9. 도움이 되지 않는 환경에 계속해서 자신을 둔다.
10. 도움이 되지 않는 사람들과 같은 방식으로 관계를 유지한다.
11. 변화하는 것보다 옳은 것에 더 강조를 둔다.

치료의 특성

사정

해결중심 지지자들은 전통적인 사정을 신뢰하지 않는다. 그들은 내담자를 사정하는 것이 상담에서 의학적, 문제 중심적 접근에 속하는 것이라고 말한다. 대신 해결중심 상담자는 상담의 아주 초기부터 해결책을 위해 면담을 한다(De Jong & Berg, 2013). 내담자의 감정과 자원은 해결중심 면담에서 상당히 핵심을 차지한다. 사정의 중요한 부분은 내담자에게 아주 중요한 사람(Very Important People, VIPs)(Lutz, 2014)을 발견하는 것이다. 내담자 주변의 아주 중요한 사람은 단순히 내담자를 지지하는 자원만이 아니다. 그들은 종종 내담자의 문제가 해결되었는지를 결정하는 데 관련된다.

> 메리는 켈리에게 많은 질문을 했지만 주로 화가 폭발한다는 호소문제('부모와 의견 충돌')의 예외 상황 그리고 그의 강점과 자원에 대해 초점을 맞췄다. 켈리가 무엇을 잘하고 있는가? 분명하게 켈리 주변의 아주 중요한 사람은 부모, 여자친구인 자넷을 포함하지만 다른 사람들이 있는가?

치료적 분위기

너널리 등(Nunnally et al., 1986)은 해결중심 집단적 접근이 비교적 독립적으로 그 과정들을 발전시켰다고 보고하지만, 밀워키에 있는 해결중심 단기가족치료센터(BFTC) 상담자들의 경우, 가족체계 상담자가 사용한 것과 유사한 팀으로 조력하는 상담 접근을 사용하였다. 즉, 상담자는 전형적으로 한 팀의 자문상담자와 함께 작업을 한다. 그 상담자들은 일반적으로 일방경 뒤에 있다. 회기는 물론 비디오로 종종 녹화된다. 그 회기 동안(주로 회기의 끝에) 상담자는 팀과의 자문을 위해 중지를 하고 내담자에 대한 칭찬할 만한 것들 그리고 다음 회기 사이에 수행하는 과제를 가지고 다시 돌아온다. 상담자와 함께 그 팀은 심리상담 시스템의 통합된 부분이다(de Shazer, 1991). 그러나 많은 해결중심 상담자들이 팀 접근을 할 수 있는 자원을 가지고 있지 않기 때문에 팀 접근의 이점을 갖지 못하면서 상담을 하게 된다.

전형적으로 해결중심 상담은 4~5회기 진행한다. 그리고 대부분 10회기 이내에서 해결책을 발견한다. 종종 내담자는 상담의 단회 상담에 참여하며 만족스러운 고객이 된다.

해결중심 상담은 협력적인 모험이다(Guterman, 2006). 첫 회기에서 상담자의 과제는 드 세이저(1988)가 언급한 "조화로움을 발전시키는"(p. 90) 과정으로 협력적인 관계를 내담자와 형성하는 것이다. 상담자는 협력적인 행동을 주도함으로써 내담자를 초대한다. 내담자는 그들만의 협력적인 행동을 보이면서 반응할 것이다.

해결중심 상담에서 관계는 특별한 종류의 친밀함과 조화를 이루는 것이다. 상담자와 내담자는 서로 말하는 것에 집중하고 다른 사람이 타당하고 의미 있다고 보는 세계관을 존중한다(de Shazer, 1988). 드 세이저와 돌란(De Shazer & Dolan, 2007)은 해결중심 상담자는 "내담자에 대해 어떠한 판단도 하지 않으며 그들의 바람, 욕구 혹은 행동 이면에 있는 의미에 대한 해석을 피한다. 상담자의 역할은 선택을 제한하는 것이라기보다는 선택을 확장하려고 노력하는 것이다."(p. 4)고 언급했다.

오핸런과 와이너 데이비스(2003)는 언어는 상담관계를 형성하는 것을 돕기 위해 사용될 수 있다고 했다. 초기에 해결중심 상담자는 내담자와 함께하는 방식으로서 내담자의 언어에 적응하려고 한다. 해결중심 상담자는 그런 후에 부드럽게 내담자가 호소문제에 대해 사용한 언어에 대해서 더 해결지향적 형태(예 : 변화와 예외 상황에 관한 이야기)로 조율하도록 돕는다.

상담에 강제로 끌려온 내담자와의 작업에 대한 기술에서 버그와 섀퍼(Berg & Shafer, 2004)는 다음과 같이 협력하는 해결중심 접근에 대해 요약하였다.

> 내담자와의 협력은 경쟁에서처럼 내담자에게 맞서는 것이 아니고 그들과 나란히 있는 법을 배우는 것이다…. [우리는] 내담자의 견해로부터 많은 것을 이해하고, 그들을 판단하는 '전문적인 자세'를 지양한다. 내담자는 '무능한' 혹은 '까다로운'과 같은 명명의 어떤 실패 혹은 진단이 필요하지 않다. 상담자로서 내담자와 초기 접촉을 하는 동안 할 수 있는 가장 중요한 기여는 내담자가 과거에 마주했을 부정적 시각을 가진 전문적 태도와는 다른 방식으로 내담자의 경험을 구성하는 것이다. 내담자는 순응하도록 강압받는 대신 선택할 수 있는 기회와 자유가 필요하다. 즉, 진단이 내려지는 대신 이해받는 느낌이 필요하다.(p. 90; 원문에서 인용)

메리는 첫 회기에서 켈리가 편안하게 느끼게 하기 위해서 켈리가 자신을 일컫는 "화가 난 사람"이라는 용어를 사용한다. 물론 켈리는 상담자가 자신을 아이같이 볼지도 모르며 문제에 대한 자신의 입장을 거부할지도 모른다는 두려움 때문에 처음에는 약간 망설이는 모습을 보였다. 메리는 켈리의 좌절과 함께하였으며 켈리가 다른 사람에게 얼마나 민감한지에 대해 언급했다. 이는 부모 혹은 자녀와 싸운 후 일어나는 그의 슬픔을 통해 알 수 있다.

내담자와 상담자의 역할

해결중심 상담자는 회기 내에서 일어나는 것에 대해 책임을 진다. 해결중심 상담자는 문제가 유지되고 변화하는 방식에 대해 어떤 특별한 지식을 갖고 있다. 상담자는 변화에 있어 전문가이지만 내담자의 특정 문제에 대해서는 전문가가 아니다. 즉, 내담자가 자신과 문제에 대해 전문가이다. 해결중심 상담에서는 내담자가 상황을 변화시킬 능력과 함께 그들의 구체적인 호소문제에 대한 필요한 지식을 가지고 있다고 가정한다(Lutz, 2014). 상담자는 내면 깊은 것에 대한 추측이 아닌 내담자의 말의 내용(내담자가 달라질 필요가 있다고 말하는 것)에 집중한다(de Shazer, 1994).

해결중심 상담은 예외 상황 그리고 해결과 관련된 정보를 얻기 위한 질문을 사용하는데, 이는 상담자와 함께하는 활기찬 과정이다. 내담자는 이 과정에서 적극적인 협력자이며 문제를 해결하기 위해 필요한 것을 할 책임이 있다.

드 세이저(1988)는 내담자의 세 가지 유형을 확인했다. 즉, 내담자는 방문자(visitors), 불평자(complainants), 고객(customers) 유형으로 나눌 수 있다. 방문자형은 어떠한 호소문제도 가지고 있지 않는 내담자이다. 그들은 종종 누군가가 상담 받으러 가라고 해서 상담실에 온 것이다. '비자발적'이라기보다는 '방문하는' 내담자라고 여기는 것은 '비자발적인' 상담자가 되지 않기 위함이다. 비자발적인 상담자와 함께 비자발적인 내담자는 문제를 만들게 된다. 드 세이저에 의하면, '방문자'를 다루는 방식은 친절하게 대하고, 그의 입장에 서고, 무엇이 일어나고 있는지 집중하며 칭찬한다.

불평자형은 상담이 시작될 수 있다는 점을 알려준다. 얼마나 장황하고, 모호하고 혹은 혼란스러운 문제인지와 상관없이 적어도 문제가 있다는 것은 사실이다! 불평자는 상담의 결과로서 변화가 일어날 수 있을 것이라는 기대를 갖게 된다.

호소문제의 해결에 대해서 어떤 것을 시도하려는 바람을 갖고 있는 사람을 고객형이라고 부른다. 이들은 어떤 상담자에게도 이상적인 내담자로 간주된다. 고객은 실천해야 하는 과제를 부여받을 수 있다.

이후 드 세이저는 상담을 받으러 오는 내담자를 이와 같은 유형으로 구분하는 것에 대한 견해를 변경하였다(Ratner, Geoge, & Iveson, 2012). 상담에 오는 모든 사람들은 심지어 주변 사람이 데리고 오더라도 뭔가가 달리지기를 원한다. 내담자를 방문자형, 불평자형, 혹은 고객형인지 결정하려고 상담자가 노력하는 것은 내담자의 동기에 대해 추측하려는 것이며, 오히려 주의를 분산시키게 된다. 래트너 등은 설사 다시는 내담자가 우리를 만날 필요가 없다고 하더라도, "만약 우리의 만남을 통해 내담자가 원하는 것을 진지하게 다룬다면, 이것은 협력적인 작업동맹의 기초가 된다."(p. 23)고 하였다.

> 메리는 켈리와의 회기에서 적극적이며, 변화에 대한 전문가로 이해하고 있다. 메리는 켈리가 변화 과정에서 협력자이며 문제가 해결되기 위해 열심히 할 것이라고 기대한다. 만약 켈리가 부모 혹은 여자친구인 자넷으로부터 상담을 받도록 강요받은 경우라면, 상담 초기에는 상담에서 벗어나고자 하는 부분에 초점을 두어야 하지만, 메리는 협력적인 특성을 강조한다.

상담 목표

버그와 드 세이저(2004)는 "[해결중심 상담]은 내담자가 원하는 것을 확인하는 것으로 시작한다."(p. 85; 원문에서 강조)고 강조하였다. 상담자는 해결중심 상담에서 핵심인 구체적, 달성 가능한 그리고 명확한 목표를 발전시키기 위해 내담자와 함께 작업한다. 목표는 관찰 가능해야 한다. 이전에 지적한 바와 같이 아주 작은 변화조차도 더 큰 변화로 이어지기에, 어떠한 합리적인 객관적인 목표도 사소한 것으로 묵살되어서는 안 된다. 종종 상담자는 내담자에게 "무엇이 변화의 가장 첫 신호일까요?"라고 물을 것이다. 이러한 질문을 통해 내담자로 하여금 의미가 있는 변화의 가장 작은 부분을 탐색하게 한다.

호소문제와 관계없이 좋은 해결중심 상담자의 목표는 다음과 같다.

1. 문제라고 인식되는 상황의 행동을 변화하기
2. 문제라고 인식하는 상황에 대한 관점을 변화하기
3. 자원, 강점 그리고 해결책을 불러일으켜 문제라고 인식되는 상황에 가져가기(O'Hanlon & Weiner-Davis, 2003, p. 126)

해결중심 상담자는 '부재(absence)'의 목표 — 없애고 싶은 어떤 것을 구체화하지만 대체해서 채울 어떤 것을 상세화지 않는 목표 — 에 대해 주의한다. 해결중심 상담의 경우 가장 좋은 목표는 원치 않는 행동을 대체할 것을 구체화하는 것이다(de Shazer, 1988; Lutz, 2014).

메리가 켈리에게 상담에서 얻고 싶은 것을 물었을 때, 켈리는 화가 난 사람이 되는 것을 멈추고 싶다고 했다. 켈리는 덜 완벽주의적이길 원한다. 그는 "고함치지 않고" 혹은 "화로 집을 날려버리지 않는" 혹은 "가까이에 있는 물건을 집어던지지 않기"를 원한다고 말한다. 메리는 이를 '부재의 목표'라고 언급했고, 자주 소리치는 행동을 대체하는 행동들을 찾기 시작했다.

메리는 켈리에게 부모와 정상적인 목소리로 이야기를 하는 것에 초점을 맞추는 것이 적절한지 물었다. 그는 협상하는 기술들을 배웠다. 켈리는 전반적으로 좀 더 편안해지고 싶고 그렇다면 또한 직장에서도 더 편안할 수 있을 것이라고 말했다. 메리는 켈리에게 어떻게 하면 좀 더 편안한 상태인지를 알 수 있는지 물었다. "무엇이 가장 첫 번째 신호일까요?"

치료 과정

해결중심 상담자는 행동을 지금 당장 원한다! 상담의 가장 첫 번째 그리고 가장 중요한 임무는 문제를 정의(실제적으로 재정의하는 것)하는 것이다. 내담자와 상담자는 호소문제의 특성과 의미를 논의한다(Guterman, 2013). 예를 들어 내담자는 다음과 같은 질문을 받는다. "'우울하다'는 것은 당신에게 무엇을 뜻합니까?" 혹은 더 자주 "당신이 우울하지 않을 때는 어떠한가요?" 해결중심 상담자가 내담자의 표현을 그대로 사용하는 것은 내담자의 세계로 들어가 상담관계를 구성하기 위함이다.

일단 상담관계가 확립된 후에 상담자는 점진적으로 내담자가 사용하는 말보다는 덜 부정적인 의미를 가지고 있으며 사건의 정적인 상태보다는 변화를 의미하는 말들을 제안하면서, 변화를 이끄는 대화를 하기 시작한다. '연설 공포증'인 내담자는 '긴장하는' 내담자로, 혹은 우울한 내담자를 '슬픈' 내담자로 칭할 수 있다. 가장 중요한 것은 해결중심 상담자가 변화를 위해 더 받아들이기 쉬운 행동의 구체적 기술로 이전의 꼬리표들을 변화시키려고 노력하는 것이다(Winbolt, 2011).

해결중심 상담자는 과거가 아닌 현재에 집중한다. 내담자가 과거에 대한 상세한 탐색이 필요하다고 생각할지라도, 해결중심 상담자는 과거에 너무 많은 집중을 하게 되면 문제 속에서 꼼짝하지 못하게 되는 위험에 빠지게 된다고 생각한다. 상담자는 가능한 해결의 자원으로서만 과거사 정보를 다루려고 한다(Rossiter, 2000).

해결중심 상담자는 내담자의 저항이라는 것은 이미 사장되었다고 주장해 왔다(실제로 그들은 냉정하게 저항을 죽였다고 강조하였다; de Shazer, 1998, p. 5). 그리고 저항에 대한 장례식을 치렀다고 한다(Cade & O'Hanlon, 1993). 드 세이저(1994)는 내담자가 원하는 것이 정확하게 무엇인지에 대해 초점을 맞추고 그것을 안내로 삼을 때, '저항'이라는 개념은 필요하지 않다고 주장했다(p. 61; 원문에서 인용).

해결중심 상담자는 다른 많은 이론적 접근의 방식인 전이와 역전이를 인정하지 않는다. 이론이라는 렌즈를 통해 모든 것을 보고 휩쓸리는 상담자의 경향인 '이론 역전이'를 경고한다(O'Hanlon & Rowan, 2003).

해결중심 상담자는 상담의 첫 회기를 대단히 강조한다(Guterman, 2013). 회기 시작에서 해결중심 상담자는 내담자와 함께 문제와 관련이 없는 것에 대해 이야기를 나눈다. 그러나 상담자는 매우 신속하게 내담자와 함께 문제를 재구성하는 작업으로 나아간다. 이를 구터만(Guterman, 2013)은 "문제와 목표를 공동으로 설정"(p. 73)이라고 명명한다. 우선 상담자는 내담자에게 문제에 대한 짧은 기술을 요청할 것이다. 하지만 즉시 그 문제의 예외 상황에 관한 정보를 얻을 수 있는 일련의 질문을 한다(모든 것이 순조롭게 잘 진행되고 있는 상황, 현재 문제에 대한 과거 해결책, 그리고 개인의 강점과 자원). [글상자 14.4]는 오핸런과 와이너 데이비스(2003)에 의해 제안된 질문들이다. 해결중심 상담자는 상담 전 변화에 대해 자각하고 질문한다(즉, 내담자가 약속을 잡기 위해 전화했던 시간과 약속 시간 사이의 변화).

첫 회기의 목표는 적어도 해결 가능한 호소문제를 확인하는 것이고, 최대한으로는 그 문제를 해결하는 것이다. 어려운 사례의 경우 해결중심 상담자가는 그 문제의 불확실성을 제시하려고 한다. 즉, 어찌되었든 그 문제에 대한 내담자의 견해에 대해 의문들을 제기하는 것이다(de Shazer, 1988). 문제에 대해 가지고 있는 내담자의 확고한 견해를 완화시키기 위해 상담자는 종종 내담자가 문제에 대해 가지고 있는 치료적 오해를 활용한다. 예를 들어 내담자는 자신이 '강박적'이라고 보고할 수 있다. 해결중심 상담자는 내담자가 많은 시간을 할애해서 일을 하는 것이 '시간 관리 문제'는 아닌지 의문을 제기한다.

첫 회기의 나머지 부분은 문제에 대한 예외 상황을 발견하고 이를 탐색하는 데 시간을 보내는 것이다. 이 과정에서 상담자와 내담자는 구체적인 해결 가능한 목표를 구성하고 이 목표에 도달할 수 있는 방법들을 조사한다. 해결중심 상담의 책에서 권하는 대로, 상담자는 회기 끝에 잠깐 휴식을 갖

글상자 14.4

해결중심 질문

1. _____ (예외가 일어난) 때는 무엇이 다른가?

2. 예외 상황에서 어떻게 하였는가?

3. (예외가 일어난) _____ 때에 여러분의 일상이 어떻게 달랐는가?

4. _____ (예외)(이)라는 것을 다른 누가 알았는가? 여러분은 어떤 식으로 그녀/그가 알았던 것을 알 수 있는가? 그녀/그가 무엇을 하고 혹은 무엇을 말했는가?

5. 여러분이 어떻게 그녀/그가 _____을(를) 멈추도록 하였는가?

6. 여러분이 그것을 다루었던 방식과 _____ (한 주, 일주 등) 전에 그것을 다루었던 방식과 어떻게 다른가?

7. 즐거움을 위해 무엇을 하는가? 여러분의 취미 혹은 흥미는 무엇인가?

8. 과거에 여러분이 이 어려움을 겪은 적이 있는가? 그때는 이것을 해결하기 위해 무엇을 하였는가? 지금 그 일이 다시 발생한다면 무엇을 해야 하는가?

출처 : *In search of solution: A new direction in psychotherapy*, revised edition by Bill O'Hanlon and Michele Weiner-Davis. Copyright © 2003, 1989 by Bill O'Hanlon and Michele Weiner-Davis. W.W. Norton & Company, Inc. 의 허락하에 사용함

고 방을 떠나고 내담자를 위한 메시지를 준비한다(Winbolt, 2011). 그 메시지는 내담자에 대한 칭찬으로 시작하고 종종 회기들 사이에 수행할 수 있는 해결에 관련된 과제를 포함하는데, 이것은 한 주부터 몇 달까지 걸릴 수 있다.

상담의 나머지 회기들에서 상담자는 내담자로 하여금 장점에 대해 '같은 것을 계속 시도하는' 원칙을 사용하기를 원한다. 효과가 있는 것은 지속하고 효과가 없는 것은 포기하는 것이다. 어떤 해결중심 상담의 저자들은 내담자가 숙제를 하지 않았다면 실패 경험이 만들어질 수 있기에 숙제를 확인하지 않는 것에 대해 충고하지만, 회기들은 종종 숙제의 결과를 확인하면서 시작한다(Hanton, 2011; Macdonald, 2007). 핸튼(Hanton, 2011)은 내담자에게 과제를 가져오도록 하고 회기 끝 무렵 과제에 대해서 질문할 것을 조언한다. 상담자는 거의 항상 내담자에게 효과가 있는 것이 지속되기를 바라는 그 기간에 어떤 일이 일어났는지에 대해 질문한다.

일단 내담자는 상담회기 사이에서 경험했던 좋았던 것에 대해서 말하면 상담자는 이러한 긍정적인 경험에 대해 과거시제 질문으로 반응한다. 이러한 질문의 예들은 다음과 같다. 어떻게 그 일이 일어났나요? 이러한 긍정적인 변화는 당신의 일상생활과 어떻게 달랐나요? 해결중심 상담자는 가능하다면(그리고 종종) 전체 회기 동안 일어났던 좋은 일에 대해 이야기하기를 원한다. 해결중심 상담 이론가들은 많은 내담자들이 매우 **빠르게** (즉, 한 회기만에) 그들의 원하는 것을 성취한다고 주장하지만, 오핸런과 와이너 데이비스(2003)는 내담자의 세 가지 집단을 확인하였다.

1. 기적 집단(한 회기만에 효과가 나타난다).
2. 그저 그런 집단(개선된 한 주를 보냈다고 보고하지만 아직 그 문제가 완벽하게 해결되었다고 확신하지 못한다).
3. 이전 상태와 같거나 혹은 더 나빠진 집단

기적 집단의 내담자와 작업하는 것은 쉽다. 상담자는 단지 변화에 초점을 맞추고 그러한 변화를 유지한다. 또한 내담자는 실패를 이끌 수 있는 요인에 대해서 생각하도록 요청받는다. 그리고 실패 요인을 이겨내기 위해 계획을 세운다. 종종 내담자는 변화가 지속될지에 대해 회의감을 품는다. 즉, 내담자는 문제에 개선을 보였지만 그러한 개선이 오래 지속되지는 않았다. 해결중심 상담자는 이러한 내담자의 건강한 경고를 저항이라고 보기보다는 존중한다. 그리고 상담자는 내담자가 이전 패턴을 탐색하도록 돕는다. 상담자는 내담자에게 진실로 달랐던 변화의 짧은 시간을 구체화하도록 요청한다. 해결중심 상담자는 일반적으로 재발을 언급하지는 않는다. 하지만 만약 내담자에게 실패가 일어나는 것 같다면, 상담자는 좋아짐과 나빠짐의 반복이 문제를 해결하는 정상적인 과정의 한 부분으로 설명한다. 회기의 끝에 상담자는 이후 회기를 더 할 것인지 질문한다. '점검'회기는 내담자와 함께 계획된다.

그저 그런 **집단**과의 작업은 다소 더 까다롭다. 이러한 내담자의 경우 그동안 일어났던 좋은 것들에 대한 질문을 하면 역시 그들은 직면한 어려운 문제를 말하려고 한다. 오핸런과 와이너 데이비스(2003)에 의하면, 상담자는 긍정적인 것에 재초점을 맞추기 위해 내담자에게 즉각적으로 개입해야 한다. 내담자가 겪는 어려움은 회기의 나중에 논의될 것이라고 말하면서 내담자를 안심시킨다.

내담자의 긍정적인 부분을 철저히 다룬 후에, 내담자가 보고한 어려움을 다루기 위해 해결 지향적 과정들을 사용한다. 예외적 상황을 찾고, 척도 질문을 사용한다(아래 '치료 기법' 부분 참조).

이전 상태와 같거나 더 나빠진 집단의 내담자는 물론 가장 힘겨운 내담자들이다. 현명한 해결중심 상담자는 내담자가 자동적으로 보고하는 부정적인 것들을 수용하지 않는다. 면밀한 조사를 하다 보면 첫 회기의 결과로 내담자의 인식을 변화시키는 데 필요한 작은 변화가 드러난다. 나의 내담자 수잔과 조지는 첫 회기에서 자신들은 관계에서 너무 심각한 갈등이 있어서 스스로 '부부가 아니다'라고 설명했다. 두 번째 회기의 시작에서 그들은 지난 일주일이 이전과 더 나아진 것이 없는 한 주였다고 했다. 하지만 나는 곧 그들이 주중에 함께 더 많은 시간을 보냈고 주말에는 특별한 저녁을 위해 심지어 함께 외출을 했다는 사실을 알아냈다. 이러한 행동은 확실히 나에게는 더 '부부' 같아 보였다.

이전 상태와 같거나 혹은 더 나빠진 내담자는 종종 진실로 문제를 지속한다. 이 경우에 상담자는 다른 어떤 것을 할 수 있는지 고려할 수 있다(Guterman, 2013). 너무 쉽게 해결중심적인 태도를 포기하지 말자. 하지만 강점과 해결에 대한 발견은 종종 '같은 것을 계속 시도하는' 것이 될 수 있다. 어떤 상담적 접근에서와 같이, 엄격하고 혹은 독단적인 상담자의 행동은 내담자의 개선에 해로울 수 있다. 특히 같거나 혹은 더 나빠진 내담자의 경우, 상담자와 상담이 해결의 부분이라기보다는 오히려 문제의 한 부분이 될 수 있다는 점을 고려하자. 오핸런과 와이너 데이비스(2003)는 이러한 상황에서는 내담자의 호소문제의 패턴을 탐색하는 것에 의지하거나 혹은 전쟁 중인 부부가 빌어먹을 상황에서 도무지 어떻게 같이 지낼 수 있느냐를 묻는 것과 같이 회의적인 입장이 되는 것이 더 현명할 수 있다고 제안한다. 회의적인 입장이 되는 것은 마지막 전술로 고려한다(Corcoran, 2005). 다른 전략으로는 목표 설정을 재평가하는 것을 고려할 수 있다. 될 수 있으면 목표를 내담자와 상담자가 공동으로 재구성하는 것이 필요하다. 또한 상담자는 내담자가 시도하는 해결책이 문제를 지속시키고 있는지, 그리고 해결을 위한 다른 시도 방법을 이해하고 있는지도 고려해야 한다(Guterman, 2013).

> 메리는 문제를 재정의하는 것이 첫 번째 과제라는 것을 알고 있다. 메리는 켈리에게 그의 '세부사항에 집착'하는 상황이 문제가 되지 않았거나, 심지어 도움이 된 적이 있는지 물었다. 메리와 켈리는 켈리가 분노를 견딜 수 있고, 소리 지르지 않거나 혹은 물건을 집어던지지 않았던 상황들을 탐색한다. 켈리는 "그의 부모가 자신을 열 받게 하고" 혹은 어린아이같이 대하는 부모에 대해서 이야기를 했을 때, 메리는 다음과 같이 켈리에게 질문한다. "당신이 열 받지 않을 때 무슨 일이 일어나나요? 그들이 당신을 어른같이 대할 때 어떤 일들이 일어나나요? 소리 지르지 않고 당신의 부모와 서로의 차이점에 대해 의논할 수 있을 때는 무엇이 다른 건가요?"

치료 기법

해결중심 상담은 많은 기법이 있는데 다양한 호소문제에 적용할 수 있도록 마련되었다. 그러나 '기법'은 상담자가 내담자에게 어떤 식으로 질문을 하느냐에 따라 미묘한 차이가 발생할 수 있기에 내담자에게 기법을 적용할 때 주의를 기울여야 한다. 해결중심 상담에서 매우 일반적인 전략은 예외의 것들을 확인하고 내담자가 '같은 것을 더 많이 시도'하도록 격려한다(Guterman, 2013).

질문하기

해결중심 상담자는 내담자에게 질문하는 것에 주로 의존한다. 구체적인 해결중심 전략은 가정 질문(presuppositional question)인데, 이는 내담자에게 몇 가지 선택안을 준다. 의뢰인에게 "부인을 때리는 것을 멈춘 적이 있나요?"를 질문하는 변호사는 고전적인 가정 질문으로 물은 것이다(O'Hanlon & Weiner-Davis, 2003, p. 80). 해결중심 상담의 경우 가정 질문들은 변화 가능성 그리고 내담자의 강점을 강조하기 위해 사용된다. 예를 들면 해결중심 상담의 가정 질문은 "그 문제가 일어나지 않을 때 무엇이 다른가요?"이다. 이 문장에서 "만약 그 문제가 일어나지 않는다면"이 아니라는 점에 주목하라. 좋은 가정 질문은 이미 그 성공이 일어났다는 것을 가정한다. 가정 질문은 열린 질문이지만 부정적인 대답에 대한 여지를 주지 않는다.

피콧과 돌란(Pichot & Dolan, 2003)은 해결중심 상담자가 사용하는 여러 가지 형태의 질문을 확인하였다. 질문(기적 그리고 척도 질문)은 다음에 논의될 것이다. 다른 질문은 차이 질문들이다(예 : 이번 주 무엇이 달랐기에 매일 딸에게 "좋은 아침!"이라고 말했나요?) 그리고 관계 질문(예 : 당신이 더 이상 우울하지 않다는 것을 어떻게 남편이 알 수 있었나요?). 일반적으로 내담자의 해결책을 돕기 위해 상세하게 묘사하도록 돕는 많은 질문들이 이어진다. 따라서 내담자와 상담자는 더욱 생생한 내담자의 해결책에 이르게 된다.

> 메리는 켈리에게 많은 가정 질문들을 사용했다. 즉, 부모님이 당신을 어른으로 대할 때 무엇이 진행되나요? 무슨 일이 일어나나요? 어머니와의 관계 혹은 아버지와의 관계에서 어떤 것이 다른가요?

문제를 정상화시키기

문제의 정상화 기법은 내담자로 하여금 '미치지' 않았거나 극단적이지 않은 것처럼 느끼도록 돕는다. 정상화하는 한 가지 방법은 내담자에게 다음과 같이 질문하는 것이다. "[진술된 문제]와 [문제에 대한 정상화된 설명] 사이의 차이를 어떻게 말할 수 있는가?"(O'Hanlon & Weiner-Davis, 2003, p. 97). 내담자는 정상화하기를 통해서 자신의 문제와 유사한 문제로 많은 사람들이 갈등하고 있다는 점에서 안심할 수 있다(Winbolt, 2011). 정상화시키는 칭찬은 문제를 정상화시키는 특별한 경우이며, 일반적으로는 내담자가 매우 어려운 상황을 다룰 때 드러나는 강점에 대해 내담자를 칭찬하는 형태를 띤다.

> 메리는 켈리에게 부모님이 어린아이같이 그를 대하는 것과 그를 돌보는 마음을 표현하는 것 사이에 차이를 어떻게 아는지 물었다. 상담자인 메리는 켈리에게 "그러한 상황에서 당신이 종종 어떻게 그렇게 침착함을 유지할 수 있는지 감동적입니다. 어린아이가 되는 것에서 벗어나는 것은 참 어려운 것 같습니다. 그렇지 않은가요?"라고 말한다.

칭찬하기

사람은 칭찬을 좋아한다! 상담자는 이 점을 기억해야 하며 내담자가 어떤 기회에 하고 있는 대단한 행동에 대해 언급해야 한다(De Jong & Berg, 2013). 재구성 혹은 긍정적인 은유는 특히 내담자를 칭찬하는 데 도움이 되는 방식이다. 예를 들어 부부 중 한 사람이 매우 경계심이 많을 때 상담자는 이러한 내담자의 행동을 "관계에서 무엇이 일어나고 있는지 주의를 기울이고 있는 것"으로 볼 수 있다고 칭찬한다. 내담자를 칭찬하는 다른 좋은 방법은 그들이 이미 해결을 위해 하고 있었던 것들을 언급하는 것이다. 데 용과 버그(De Jong & Berg, 2013)는 내담자는 종종 자기칭찬을 한다는 점을 언급한다. 즉, 상담자는 내담자가 자기칭찬을 하고 있음에 주목하고 강화해야 한다. 또한 상담자는 모든 사례에서 내담자에게 칭찬할 때 진실해야 하고(단지 용기를 주기 위해 사용하는 것이 아니고) 정확하게 내담자에 의해 제공된 정보에 근거하는 것이 매우 중요하다.

> 메리는 켈리가 여자친구인 자넷과 갈등 상황을 해결하는 데 성공한 것을 칭찬해준다. 켈리는 관계에 예민하고 다른 사람에 대해 많은 배려를 한다. 사실 그는 너무 많이 배려를 해서 상담에 왔다!

기적 질문하기

해결중심 상담을 대표하는 기법은 [글상자 14.1]에서 읽은 기적 질문이다(Lutz, 2014). 기적 질문은 문제 그 자체와 문제의 원인에 대해서 생각하는 데 많은 시간을 보내는 대신 상담을 통해 내담자가 원하는 것을 이해하도록 만들어졌다. "어느날 밤 당신이 잠든 사이 기적이 일어났고, 이 문제는 해결되었다고 가정해봅시다. 기적이 일어났다는 것을 당신은 어떻게 알지요?"(de Shazer, 1988, p. 5) 드 세이저와 돌란(2007)은 기적 질문이 해결중심 상담에서 여러 가지 기능을 한다고 설명한다. 기적 질문의 기능 중에 한 가지는 내담자로 하여금 상담 목표가 무엇인지를 이해하도록 돕는 것이다. 또한 기적 질문은 내담자로 하여금 이미 해결의 일부가 일어나고 있다는 것을 알도록 한다. 변함없이 이어지는 상세한 질문들은 내담자로 하여금 이미 삶에서 기적과 관련된 일들이 발생하고 있음을 알게 한다. 전형적으로 기적 질문은 척도 질문으로 이어진다(다음 단락 참조). 내담자에게 0점(0은 상담자에게 가려고 막 결정한)부터 10점(기적이 성취된)까지의 0~10점 척도에서 내담자가 지금 어디쯤 있는지 질문한다(de Shazer & Dolan, 2007).

핸튼(2011)은 종종 내담자는 "제가 더 이상 불안하지 않아요."와 같은 부재 반응으로 기적 질문에 반응할 수 있다. 상담자는 대신 질문으로 반응해야 한다. 즉 "대신에 어떤 기분이 들 것 같아요?"

> 메리는 켈리가 문제가 해결될 때를 어떻게 알 수 있는지에 대한 어떤 구체적인 지표들을 떠올릴 수 있도록 기적 질문을 사용했다. 메리는 또한 켈리의 부모(혹은 자넷)가 어떻게 켈리가 달라졌을 때를 알 수 있을지를 알고 싶었다.

척도 질문하기

척도 질문은 여러 가지 방식으로 사용될 수 있다. 가장 공통적인 반응은 다음과 같다. "0~10의 척도

상에서 0점은 문제가 지속되는 중 가장 최악의 상태이고 10점은 문제가 완전하게 해결되는 상태입니다. 당신은 오늘 어디쯤 있나요?"(Cade & O'Hanlon, 1993; de Shazer, 1988, 1994) 내담자가 상담을 받고 있을 때에는 그 문제는 절대적으로 최악일 가능성은 거의 없다. 덧붙여 윈볼트(Winbolt, 2011)는 척도 질문이 내담자로 하여금 작지만 긍정적인 단계로 생각하도록 돕거나 문제를 좀 더 구체적으로 여기게 하는 등의 많은 다른 장점을 가지고 있다고 제안한다.

일단 내담자가 척도에서 어떤 숫자를 표시하면, 상담자는 종종 "당신이 2점을 높이기 위해 이번 주에 할 수 있는 1~2가지 일은 무엇이 있을까요?"라고 질문한다. 내담자는 회기들 사이에 일어난 7~8가지 일들을 기록하는 것과 같은 숙제를 한다. 척도 기법의 경우 0점은 그 문제를 해결할 확신이 거의 없는 상태 그리고 10점은 해결할 강한 확신이 있다는 의미를 설정함으로써 자신감을 북돋워줄 수 있다(Cade & O'Hanlon, 1993).

> 메리는 켈리에게 분노문제를 0~10점까지 척도에서 평가하라고 요청한다. 켈리는 6점이라고 말한다. 이번 주에 7점까지 올리기 위해서 할 수 있는 한 가지가 무엇인지를 질문받았을 때 켈리는 잠시 생각한다. 어머니나 아버지가 묻는 질문에 답하기 전에 10까지를 세볼 수 있을 것 같다고 말한다.

빨리 감기 질문하기

빨리 감기 질문은 내담자가 절대적으로 예외를 떠올릴 수 없을 때 사용된다(O'Hanlon & Weiner-Davis, 2003). 상담자는 그 문제가 더 이상 존재하지 않는 미래를 상상해볼 것으로 요청한다. 추측을 하는 특성이 있는 질문이기에 내담자가 구체적으로 그려보도록 하는 데 많은 시간이 필요하다("당신의 삶은 어떻게 달라질까요?", "누가 당신의 변화를 가장 먼저 눈치 챌까요?", "그들은 뭐라고 말을 할까요?" 이에 "당신은 어떻게 반응할까요?"와 같은 것들을 질문한다).

> 메리는 지금부터 2년 후로 켈리를 보내 느긋한 자신을 묘사하도록 돕는다. 켈리는 부모님과 잘 타협할 수 있다고 말한다. 그는 직장에서 열심히 일하고 사람들을 돕기도 하며 나머지 시간에 편안하게 쉰다고 보고한다. 메리는 켈리의 미래에 대한 설명에 아주 많이 지지를 보낸다.

문제에 대해 질문하기

문제를 탐색하는 것은 내담자가 예외 상황을 생각할 수 없을 때 사용되는 최종적인 시도이다(O'Hanlon & Weiner-Davis, 2003). 이 기법은 전형적으로 변화될 수 있는 호소문제의 패턴을 발견하기 위해 사용된다(기억하자, 작은 변화가 출발하기에 가장 좋은 지점이다).

상담자는 문제 고리에서 정확한 연쇄적 사건을 끌어내기 위해 구체적이고 상세한 질문을 한다. 이 질문은 물론 원인 혹은 다른 의미 없는 것들을 끌어내기 위한 것이 아니라 희망하건대 작은 변화가 더 큰 변화를 이끌 수 있도록 정확한 문제의 추이를 기록하는 것이다. 또한 "같은 것을 계속 시도하는" 원칙은 사람들의 잘못된 변화 시도에 의해 오히려 문제가 유지된다는 것을 가정하기에, 구체적 정보는 같은 것을 계속 시도하는 원칙을 역전시키기 위해 필요하다.

켈리가 해결을 위한 대화에 매우 긍정적으로 반응하고 예외의 것을 쉽게 발견하기 때문에 메리는 그 문제에 대해 더 많은 것을 질문할 필요가 없다고 느꼈다.

외재화하기

화이트와 엡스톤(White & Epston, 1990)의 작업에서 가져온 것으로, 오핸런과 와이너 데이비스 (2003)는 문제에 이름을 붙이고 이러한 명명된 문제를 내담자 밖으로 위치시키는 것이 매우 유용하 다고 제안했다. 여러분은 이 기법을 제15장 이야기치료에서 더 상세히 읽을 수 있다.

메리와 켈리는 과거에는 짜증이 켈리를 이겼다고 보았다. 지금은 켈리가 자신의 짜증을 좌절시키 고 그것을 처리하는 방법을 찾아야 할 시점이다.

첫 회기 공식 과제하기

가정 질문은 아니지만 첫 회기 공식 과제는 어떤 좋은 것이 내담자의 인생에서 이미 일어나고 있다고 가정한다. 해결중심 상담자는 "당신이 지속적으로 일어나기를 원하는 것(하나를 고르라 : 가족, 삶, 결혼, 관계)에서 실제 일어난 상황을 나에게 묘사할 수 있도록 지금부터 다음 상담 사이 동안 스스로 를 관찰하세요."라고 요청한다(de Shazer, 1985, p. 137). 종종 부정적인 것에 사로잡혀 있는 내담자 는 상담자가 긍정적인 것을 요청할 때 당황할 수 있다. 오핸런과 와이너 데이비스(2003)에 의하면 내 담자는 당장의 변화를 요청받지 않을지라도 이 과제에 반응하면서 종종 새로운, 기존과 다른, 좋은 어떤 것을 하게 된다.

메리는 켈리에게 첫 시간에 공식적 과제를 부여한다. 그리고 켈리는 삶에서 좋아하는 주제들을 떠 올린다. 그는 자녯과의 관계에서 행복을 원했고 대체로 일도 좋아한다. 메리는 켈리에게 자녯과의 관계에서 좋아하는 것에 대해서 질문한다. 그런 후 메리는 켈리에게 다음의 기법인 전반적인 과제 에 대해 소개한다.

일반적 과제하기

일단 목표가 세워지면 상담자는 내담자에게 _____(더 통제감을 느낄 수 있도록, 스트레스를 덜 받 을 수 있는 등등)을(를) 위해 이번 주에 그(그녀)가 하고 있는 것을 관찰할 것을 요청한다(O'Hanlon & Weiner-Davis, 2003). 빈칸을 예외 상황으로 채우는 것이다. 중독적이거나 혹은 강박적인 과정에 특히 효과가 있는 이러한 과제의 변형은 "당신이 _____ 하려는 충동을 극복할 때 당신이 무언가 하 고 있는 것에 주의를 집중해보세요."라는 과제이다.

켈리는 대부분 시간 동안 긴장감을 느낀다. 켈리는 이렇게 긴장을 느낄 때 화를 표출하기가 더 쉽 다고 보고한다. 메리는 켈리의 문제를 재구성하면서 켈리에게 더 편안했던 한 주 동안에 그가 했 던 것을 관찰하는 숙제를 내준다.

호소문제 패턴을 단절시키기

호소문제의 패턴을 변화시키는 것은 내담자에게 도움이 된다. 오핸런(O'Hanlon, 2006, pp. 57-90; O'Hanlon & Weiner-Davis, 2003, pp. 130-132)은 호소문제의 패턴을 변화시키는 다음과 같은 몇 가지 개입 방법을 소개한다.

호소문제 패턴과 관련이 있는 신체 행동을 변화시키기. 오핸런(2006)은 과식하는 사람에게 잘 사용하지 않는 손으로 먹기를 지시한다. 이렇게 서툰 손으로 음식을 먹다 보면 무릎에 쏟게 됨으로써 과식에 관한 자각을 높일 수 있다고 확신한다.

호소문제 패턴이 지속되는 기간 혹은 시간을 변화시키기. 예를 들어 부부에게 새벽 6시부터 6시 17분까지 싸울 것을 요청할 수 있다(다음 단락에 구조화된 싸움의 논의를 보자). 발표하는 것이 불안한 사람에게는 발표 마치기 전 2시간 동안 불안한 채로 있기를 요청할 수 있다. 내담자 데니즈는 강박적으로 자러 가기 전에 문을 확인하곤 했다(자신이 문을 잠갔는지 확인하기 위해). 그녀는 10번 대신 25번 문을 확인할 것을 요청받는다.

호소문제 패턴의 수행 장소를 변화시키기. 오핸런(2006)은 특별하게 위치를 변화시키는 흥미로운 예를 제시하였다. 부부가 끔찍한 싸움을 하고 있다고 보고했다. 그들은 논쟁이 벌어지기 시작할 때 바로 화장실로 즉시 갈 것을 지시받았다. 남편은 옷을 벗고 욕조에 들어가 눕고 아내는 변기 위에 정장을 입고 앉는다. 부부에게 계속 싸울 것을 지시한다. 부부는 상담자의 지시를 따르려고 할 때 물론 그들은 할 수 없을 것이고 웃음을 터뜨릴 것이다. 이 사건 이후에 그 부부는 긴장이 흐를 때마다 욕조를 보고 웃는 스스로를 발견한다.

호소문제의 패턴에 적어도 한 가지 새로운 요소 추가하기. 금연을 하려는 내담자는 잡기 어려운 장소에 담배를 올려놓으라고 지시를 받는다(예 : 이웃집 우편함). 오핸런(2006)은 폭식을 하기 전에 내담자에게 가장 좋아하는 구두를 한번 신어보라고 제안한다.

호소문제와 힘겨운 활동 연결시키기. 이 기법은 헤일리(Haley, 1963)의 자비로운 시련과 유사하다. 어떤 내담자는 화가 나는 생각에 사로잡혀 있기 때문에 잠을 들 수 없는 문제를 가지고 있었다. 내담자는 종종 차고를 청소해야 하고 자신이 그 일을 너무 싫어한다고 한탄했었다. 나는 잠자리에 들기 20분 내에 잠이 오지 않으면 일어나서 차고를 청소할 것을 지시했다. 결국 내담자는 쉽게 잠들지 못하는 시간을 잘 활용할 수 있었다. 다음 회기에 내담자는 지난주 동안 잠에 빠져드는 데 어떠한 어려움도 없었다고 보고했다!

호소문제의 맥락 변화시키기. 보통 혼자서 먹지만 충분하게 먹지 못하는 내담자에게는 항상 다른 사람들 앞에서 먹는 것을 지시한다(물론 거식증을 보이지 않는다는 점을 주목하자).

호소문제 패턴 동안 입은 옷을 변화시키기. 만약 내가 보라색 옷을 입는다면 주의하라! 그것은 내가 기분이 나쁘다는 것을 뜻한다. 대신 녹색 옷을 입어야 한다.

메리는 켈리가 화를 폭발하는 것을 변화시키기 위해 힘든 과제를 결정한다. 자신의 개인적인 경험을 작성하는 것을 좋아하지 않는 켈리는 부모님에게 어떤 것을 말하기 전에 부모에게 말하고 싶은 모든 것을 적어보도록 한다. 부모님의 말로 인해 기분이 상하기 시작하는 순간, 바로 방으로 가서 책상에 앉아 불만을 기록했고 작성한 것을 부모님에게 전했다.

기습 과제하기

이 과제는 부부 혹은 가족 상담에서 종종 사용되며 가족 구성원 혹은 파트너를 놀라게 하는 하나 혹은 두 개의 과제를 하도록 지시하는 것이다. 내담자는 다음과 같이 지시를 받는다 ."다음 주 동안 나는 당신이 파트너/부모를 놀라게 하는 적어도 두 가지 행동을 하면 좋겠습니다. 당신은 비밀을 유지해야 합니다. 그들에게 알리지 마세요. 당신은 부모/파트너가 무엇을 놀라워했는지 이해하려고 노력해 보세요. 당신은 주중에는 이것에 대해서 이야기하지 마세요. 다음 회기에 이러한 부분에 대해 나눌 것입니다."(O'Hanlon & Weiner-Davis, 2003, p. 137) 만약 목표가 되는 개인이 어린아이라면, 상담자가 아이에게 가족을 놀라게 하기 위해 사용할 수 있는 전략을 지도하는 동안, 나머지 가족들은 방을 떠나 있는다(Reiter, 2004).

상담이 종종 즐거울 수는 없다고 어떤 누구도 말할 수 없다! 이 과제에 진실로 참여하는 내담자들은 일반적으로 이러한 과제를 즐긴다. 내담자는 해결중심적인 탐정들이 된다(즉, 좋은 것, 나쁘지 않은 것을 탐색). 적어도 이 과제는 긍정적인 방식으로 상호작용 패턴의 변화를 안내할 수 있다. 종종 놀라움은 해결로 이어진다.

> 메리는 켈리의 가족을 상담에 오도록 하였고, 그들에게 기습 과제를 준다면 무슨 일이 일어날 수 있는지 고려해본다. 메리는 과제를 내준 후 켈리와 부모가 다음 회기에 왔을 때 서로에게 무엇을 했는지 묻지 않았다. 대신 메리는 켈리에게 아버지가 무엇을 했는지 알아차렸는지 묻고, 아버지에게도 켈리가 무엇을 했는지 알아차렸는지 물었다. 어머니 또한 켈리와 아버지가 무엇을 했는지 알아차렸는지에 관한 질문을 받았다. 종종 이 과정에서 켈리는 자신이 좋아하는 야채 요리(끓인 당근)를 해주는 어머니를 칭찬하는 것과 같이, 의도적으로 하지 않았던 행동이 다른 사람에게 신뢰를 줄 수 있다. 어머니는 속으로 생각한다. "나는 켈리가 끓인 당근을 싫어할 거라고 생각했는데…" 하지만 부드럽게 켈리의 칭찬을 받아들였다.

쓰고, 읽고 그리고 태우기

이 과제는 강박적인 혹은 우울한 사고에 대해 유용하다(de Shazer, 1985). 내담자는 구체적으로 정해진 기간 동안, 짝수 일에는 문제에 대해 몇 문장만이라도 쓰게 된다. 홀수 날에는 내담자는 작성한 것을 읽고 태워버린다. 쓰고, 읽고, 소각하는 사이에 내담자는 규칙적으로 정해진 시간까지 그 문제에 대해 생각하는 것을 연기하게 된다.

드 세이저(1985)가 언급했듯이 이 과제는 문자 그대로 내담자의 문제를 연기 속으로 사라지게 하는 것이다(p. 121)! 또한 쓰고, 읽고, 소각하는 것은 내담자로 하여금 그들의 걱정거리로부터 거리를 두고 더 객관적이 되도록 돕는다. 대부분의 내담자들은 며칠 후에 그 문제에 골몰하기보다 더 좋은 할 일들을 발견한다.

> 메리는 짝수 날에 캘리를 미치게 하는 부모의 행동 목록을 만들고, 홀수 날에 그 목록을 읽고 태워버릴 것을 켈리에게 제안한다.

구조화된 싸움하기

이 기법은 부부를 대상으로 종종 사용할 수 있는 호소문제의 패턴을 변화시키는 형태이다. 해결중심 상담자는 내담자에게 다음과 같은 방식으로 싸우도록 지시한다: (a) 누가 먼저 시작할 것인지 결정하기 위해 동전을 던져라. (b) 이긴 사람은 상대의 간섭 없이 10분 동안 모든 말을 할 수 있다. (c) 이어서 상대방이 10분 동안 불만을 이야기한다. (d) 다시 동전을 던지기 전에 10분 동안 침묵을 유지해야 한다(de Shazer, 1985).

켈리는 다음 회기에서 세 번 부모님과 언쟁을 했다. 각각은 불만을 토로하고 경청하는 '10분의 절차'를 따랐다. 만약 켈리와 부모님이 한 판의 싸움을 한 후에도 끝나지 않는다면, 그들은 그 과정을 다시 한 번 반복하는 데 10분을 기다려야 한다.

다른 것 시도하기

문제를 지속하게 하는 '같은 것을 계속 시도하는' 증후를 중단시키기 위해 고안된 이 과제는 종종 한 사람이 다른 사람의 행동에 대해서 불평하고 헛되이 다른 사람을 변화시키기 위해 '모든 것'을 하려고 할 때 종종 사용된다(de Shazer, 1985).

메리는 다음번 부모님과 언쟁을 할 때 켈리에게 다른 무언가를 하도록 제안한다. 켈리는 메리의 조언을 받아들였고 다음번에 부모가 켈리를 비난하려고 할 때, 켈리는 거실을 뛰어다니며 춤을 추기 시작한다. 그의 부모는 웃으며 무너진다.

해결 지향적 최면 걸기

전형적인 최면 사용과 달리 해결중심 상담자는 해결을 지원하는 기술로 최면 기법을 사용한다. 이러한 최면 접근은 분명하게 '무의식적 자원에 접근'하기 위해 사용했던 '에릭슨학파'의 상담자들로부터 시작되었다(O'Hanlon & Wener-Davis, 2003, p. 139). 떠올린 자료들은 내담자의 의식적 통제 너머에 있는 것을 뜻한다.

메리는 켈리에게 최면을 걸어 그가 차분하게 부모님에게 반응하는 자신을 보도록 한다. 그는 심지어 얼마나 많이 그가 참기 힘들 정도로 부모님이 그를 돌보았는지에 대해 농담을 하는 상황에서조차도 조용하게 반응하는 자신을 본다.

개인적·문화적 다양성에 대한 논의

드 세이저와 동료들은 상담자는 내담자와 함께 문제의 관점을 건설해 나간다고 주장하기 때문에 내담자에게 상담자의 입장을 강요하는 것을 피하면서, 내담자의 세계로 들어가는 것을 강조한다(de Shazer, 1994). 상담자는 내담자의 설명을 있는 그대로 수용하고 인식의 틀 안에서 작업을 하는 데 세심한 주의를 기울인다. 따라서 해결중심 이론가들은 사실상 그들의 접근이 이론이나 상담자의 문화보다는 내담자의 문화에 연결되어 있다고 강조한다. J. S. 킴(J. S. Kim, 2014)에 의하면, 많은 해결중심치료 이론가들은 편견을 피할 수 있게 하는, '알지 못한다'는 자세를 지지하면서, 문화적 요인과 관련이 있는 고정관념의 가능성을 강조해 왔다. 킴은 문화적 유능감에 대해 주의를 기울이는 것이 문화적 장벽에 대한 상담자의 이해를 높이고 문화적인 오해의 위험을 감소시킬 수 있을 것이라고 결론지었다.

해결중심 지지자들은 남성 의상 도착증 내담자(Dzelme & Jones, 2001), 이슬람교도-미국인 내담자(Chaudhry & Li, 2011), 그리고 종교적/영적 관심(Guterman & Leite, 2006)을 가진 내담자를 포함하여 다양한 내담자와 함께 해결중심 접근의 사용을 탐색해 왔다. 블리스와 브레이(Bliss & Bray, 2009)는 인지적 한계들(예 : 뇌졸중, 발달장애, 혹은 자폐증의 결과)을 가지고 있는 개인에게 해결중심치료를 적용함에 있어, 그들이 신경학적 요인들로 인해 미래를 상상하는 데 어려움을 가지고 있기 때문에 기적 질문을 사용하는 것은 문제가 될 수 있다고 지적하였다.

바이글러(Bigler, 2014)는 아프리카계 미국인 내담자에게 해결중심치료는 세심하게 활용한다면 도움이 될 수 있다고 제시하였다. 어떤 아프리카계 미국인들은 전문가와 상담으로부터 도움을 받는 것에 대해 호의적이지 않다. "종종 아프리카계 미국인과 이러한 상호작용을 하는 데 있어서 세 가지 유형(예 : 사무적 유형, 중립적 유형, 부정적 유형)을 만날 수 있다. 아프리카계 미국인 내담자에게 칭찬을 제공하는 것은 특히 상담관계에 도움이 될 수 있다."(p. 80) 또한 해결중심치료에서 내담자의 이야기를 집중적으로 경청하고 수용하는 데 초점을 두는 것은 아프리카계 미국인 내담자에게는 "무엇에 대해 이야기하는 것보다 누군가에게 말하는 것과 같이" 타당화를 받고, 잘 듣고 있다는 느낌을 받게 할 수 있다(p. 79; 원문에서 강조). 이와 유사하게 리먼, 조단, 그리고 마쉐프(Lehman, Jordan, & Masharef, 2014)는 라틴계 미국인 그리고 라틴계 남성 내담자에게 해결중심치료를 활용할 수 있다는 점을 발견하였다. 토착 미국인 내담자에게 해결중심치료를 적용하는 것을 지지하는 입장에서는 기적이라는 용어가 기독교인이라는 숨은 뜻을 가지고 있다고 인식될 수 있기에 비전으로 대체되어야 한다고 제안한다(Blakeslee & Jordan, 2014).

버그와 밀러(Berg & Miller, 1992) 그리고 창과 예(Chang & Yeh, 1999)는 특히 아시아 혈통인 내담자를 대상으로 하는 해결중심치료의 적용에 대해 구체적으로 평가했다. 연구자들은 아시아 사람 혹은 아시아계 미국인에 대해 선입견에 따라 행동하는 것은 위험하다고 경고하지만, 해결중심치료의 어떤 측면은 이러한 내담자의 사상과 매우 일맥상통하다고 보고 있다. 아시아계 미국인은 마지막 수단으로 상담을 찾으려고 하고, 종종 위기에 처해 있기에 빨리 문제에 초점을 맞추려고 한다. 일반적으로 아시아계 혈통을 가진 개인은 정서적 내용을 이야기하기보다 문제를 해결하는 것을 더 편안해 한다(Berg & Miller, 1992). 해결중심치료는 강렬한 문제(해결)에 초점을 두면서 **빠른 변화**를 강조하기 때문에 이러한 내담자에게 꽤 잘 어울리는 것 같다. 버그와 밀러는 상담자가 예외적인 상황에 초점을 맞추는 것은 아시아계 내담자로 하여금 그들의 중요한 문화적 과정인 '체면을 세우도록' 돕는 것이라고 강조하였다.

넓은 관점에서 해결의 개념은 문화적으로 연결될 수 있다. 예를 들어 예외 상황에 대한 탐색은 종종 행동을 고려하는 것이며 전형적으로 행동변화를 위한 처방을 이끈다. 이러한 개인주의적인 초점은 라틴계의 남성과 여성 혹은 본토 미국인과 같이 좀 더 관계 지향적 문화로부터 온 개인의 욕구를 무시할 수 있다. 하지만 해결중심치료는 빈번하게 개인보다는 어떤 다른 형태(즉, 연인, 가족, 그리고 집단 상담)에 적용된다. 버그와 밀러(1992)는 해결중심 상담자는 이러한 관계의 중요성을 인정하면서, 종종 중요한 타인들이 그 상황을 어떻게 볼 것인지를 질문하면서 예외 상황을 탐색하는 것을 강조하였다. 탄압과 차별(예 : 신체장애인, 아프리카계 미국인, 성소수자, 그리고 라틴계 남성/라틴계 여성)을 경험한 개인은 너무 많은 사회적 그리고 문화적 요인들이 그들의 일상의 삶에 영향을 미치기 때문에, 해결에만 협소하게 초점을 맞추는 것은 어렵다. 그러나 S. A. S. 조단(S. A. S. Jordan, 2014)은 성소수자 내담자에게 내담자 강점과 내담자의 입장에 대한 존중을 강조하는 해결중심치료가 도움이 된다고 주장하였다.

해결중심치료는 매우 초점적이고 지시적인데, 이러한 점이 삶에 대한 접근에 있어 덜 문제 지향적인 문화로부터 온 내담자의 가치와는 충돌할 수 있다. 여성에게 문제와 해결에 초점을 두는 것은 그들에게 중요한 관계 주제를 무시하고, 문제를 직접적으로 해결하는 데 그들의 능력을 제한하는 문화적 요인에 대해 덜 강조하는 것으로 보일 수 있다. 극단적으로 해결중심 상담자는 매우 구체적으로 미리 정해진 질문 혹은 과제를 제시하면서, 내담자를 다루는 데 어떤 공식을 따르려고 한다. 예를 들어 실용적인 서구 가치를 반영하는 척도기법과 같은 것은 서양문화 이외의 문화로부터 온 내담자에게는 매우 낯선 것이다.

더머, 해메사스, 그리고 러셀(Dermer, Hemesath, & Russell, 1998)은 내담자와 상담자 사이에 협력적인 관계에 대한 해결중심치료의 강조는 페미니스트의 입장과 일치한다고 강조한다. 그러나 그들은 해결중심 이론가들이 고정관념적인 성역할의 힘을 간과하였고, 상담자의 중립적인 입장은 (가부장적인) 현재의 상황을 강화할 수 있다고 주장했다. 이러한 상담자의 중립적인 입장은 폭력 그 자체가 지탄받아야 함에도 불구하고 가정폭력과 같은 문제에 대한 책임감을 부여하는 데 실패할 수도 있다는 것이다.

로시터(Rossiter, 2000)는 과거를 회피하는 해결중심 상담자는 문제가 될 수 있다고 강조한다. 특히 역사적으로 억압을 받아 왔거나 신체적 · 성적 학대를 경험해 왔던 집단의 개인과 동맹을 형성할 때 특히 그러하다. 로시터에 의하면 내담자로 하여금 그들이 경험했던 불평등에 대해 검증하도록 지지하는 것은 매우 중요한 사건이다. 과거에 대해 이야기하는 것을 격려하지 않는 것은 상담자를 잠재적으로 특권이 있고 강력한 힘이 있다는 쪽으로 만드는 매우 중대한 실수이다.

심리치료가 내담자로 하여금 과거사를 볼 수 없게 만들고, 불평등의 증상(이야기의 형태)을 '불평거리'와 사소한 것으로 치부하면서, 커다란 침묵과 공모하기 위해 폭넓게 사용된다는 것은 매우 소름끼치는 일이다. 그러한 환경에서 이루어지는 치료는 부정, 억압 그리고 힘의 남용이 일어난다.(Rossiter, 2000, p. 158; 원문에서 인용)

CHAPTER 15

이야기치료

마이클 화이트

케네디 가족은 거식증으로 고생하고 있는 큰 딸 레이첼(17세)을 돕고자 상담에 왔다. 부모인 데이빗과 멜라니는 이혼한 지 4년이 지났다. 레이첼의 문제는 부모가 별거를 했던 13세경부터 시작되었다. 케네디 부부에게는 레이첼 말고 제프(12세), 제시카(15세)가 있다.

데이빗과 멜라니는 데이빗이 '커밍아웃'을 했기 때문에 그들의 결혼이 끝장났다고 했다. 부부생활의 다른 문제는 멜라니의 음주였다. 술을 마실 때 그녀는 분명히 아이들에게 신체적 학대를 했으며, 이를 계기로 데이빗과의 빈번한 갈등으로 이어졌다. 멜라니는 최근 4년 동안은 술에 취해 있지 않았다고 보고했다.

레이첼 어머니의 보고에 의하면 레이첼은 부모의 결별, 게이인 아버지, 어머니의 알코올 재활문제를 처리할 수 없었을 것이라고 한다. 또한 레이첼은 15세경 삼촌으로부터 성폭행을 당했다고 한다. 가족이 함께 살 때 아버지는 완벽주의였고, 요구적이어서 학교 공부나 운동에서 최고를 성취할 것을 요구했다. 이 기준에 미치지 못했을 때, 아버지는 레이첼에게 삶에서 어떤 성공도 이룰 수 없을 것이라고 말했다. 레이첼은 거식증이 '수동적인 자살'이라는 것을 쉽게 인정한다.

레이첼은 이러한 문제로 인해 세 번이나 병원에 입원했었고, 최근에 그녀를 상담했던 정신과 의사가 가족을 상담에 의뢰했다. 최면, 항우울제, 개인상담, 음악치료, 그리고 섭식장애를 겪고 있는 사람들을 위한 익명 집단을 포함하여 다양한 형태의 개입이 시도되었다. 레이첼은 1년 전까지 저체중을 유지하기 위해 변비약, 이뇨제, 살 빼는 약을 사용했다고 했다. 최근 그녀의 몸무게는 48kg 정도인데, 키에 비해서는 심각하게 적은 체중이다. 그녀는 음식 섭취를 제한하고 하루에 여러 번 운동을 한다.

가족은 그들이 레이첼을 도울 수 있는지 알기 위해 상담에 오고 있다. 하지만 데이빗은 가족이 레이첼을 도울 수 있다고 보지 않는다. 즉, 데이빗은 레이첼이 문제라고 보고 있으며, 그녀 자신이 정신을 차려서 먹기 시작해야 한다고 생각한다.

배경

근본적으로 이야기치료 상담자는 삶을 이야기의 과정으로 본다. 이야기치료(narrative therapy, NT)는 상대적으로 최근에 발전되었으며, 심리상담 분야에서 사회적 구성주의적 접근으로 확고하게 자리를 잡고 있다. 어떤 것도 진실한 이야기가 아니라는 입장은 이야기치료 접근과는 관련 없는 관점이다. 나는 이 문제를 나중에 더 언급할 것이다.

이야기치료 접근과 관련된 대표적인 인물로는 마이클 화이트(Michael White) 그리고 데이빗 엡스턴(David Epston)이다. 이야기치료 이론에서 '성경'과 같이 간주되는 책은 화이트와 엡스턴(1990)의 책인 치료의 목표에 이르는 이야기치료라는 수단(*Narrative Means to therapeutic Ends*)이다. 안타깝게도 마이클 화이트는 2008년에 사망했지만, 그에 대한 추억은 2007년에 발행된 이야기치료의 지도(*Maps of Narrative Practice*)와 같은 그의 책에 살아 있다. [글상자 15.1]은 마이클 화이트가 자신의 작업에 대해

글상자 15.1

이야기치료 작업에 관한 마이클 화이트의 입장

나는 치료 실제에서 무엇에 관한 기법인지가 매우 중요하다고 믿는다. 이야기치료의 맥락에서는 항상 존재하지만 삶에서 무시된 주도성의 작은 부분이 확인되고, 묘사되고, 인정되고, 존중되며, 종종 문제로 흠뻑 젖어 있는 이야기들에 의해 지배되어 온 줄거리를 고려해야 한다. 나는 예외(exception) 그리고 독특한 성과(unique outcome)라는 용어 대신 주도성(initiative)이라는 용어를 사용하고 있다. 왜냐하면 이 용어는 개인적 주체감, 즉 자신의 행동을 형성하는 데 역할을 한다는 느낌 그리고 어떤 면에서는 누군가 존재한다는 사실에 세상이 응답한다는 느낌을 갖게 하기 때문이다.

이렇게 무시된 주도성에 대한 묘사와 인식을 돕는 여러 가지 방식이 있다. 하나의 방법은 이 주도성의 토대를 발달시키는 사람들을 지원하는 것이다. 주도성의 토대는 삶이라는 역사에서 발전시켜 온, 삶에 대한 구체적인 지식과 기술이다. 그리고 사람들이 삶에서 가치를 두는 것과 의도하는 것 또한 주도성의 토대가 된다. 이렇게 다양한 형태의 지식과 기술에 대한 풍부한 설명, 가치와 일치하거나 삶의 의도의 발달은 치료적 대화라는 신중한 비계(scaffolding)를 통해 성취된다.

비계라는 용어는 원래 러시아 심리학자, 레프 비고츠키 지지자들의 작업에서 가져온 것으로 '건설 작업'을 비유한 것이다. 비계를 상담의 실제에 적용했을 경우, 비계는 상담자가 내담자로 하여금 삶에 대해 알고 있고 익숙했던 것과 삶에서 알게 되고 행할 가능성에 도달하는 것 사이를 구별할 수 있는 맥락을 제공하는 것을 의미한다. 이렇게 비계를 제공하는 데 있어 상담자는 내담자에게 '긍정적인 것을 지적하기', '확증하기', '강점과 자원을 조명하기', 삶의 어려운 경험을 '재구성하기', '가설 만들기' 혹은 '개입을 전달하기'에는 관여하지 않는다. 이보다 상담자는 사람들이 그들에게 알려져 있고 익숙한 것과 그들이 알게 되고 행할 가능성이 있는 것 사이에 차이를 횡단하는 것이 가능하도록 하는 일종의 질문을 던진다. 비계는 사람들로 하여금 알게 되고 그리고 할 수 있는 가능성이 있는 것을 향하면서 이미 알려져 있고 익숙한 것으로부터 점진적으로 거리두기를 하게 한다. 이러한 비계의 조력이 없다면, 알고 있는 것 그리고 익숙한 것을 알게 될 것이고, 할 수 있는 가능성 사이의 차이는 극복할 수 없는 틈이며 격차를 뜻한다.

출처 : White, Michael. Scaffolding a Therapeutic Conversation, pp. 122-123. In *Masters of Narrative and Collaborative Therapies* edited by Malinen et al. 허락하에 사용함

어떻게 생각했는지 이해할 수 있는 기술이다.

빌즈(Beels, 2001)는 이야기치료를 만들어내는 데 있어 화이트와 엡스턴의 협력의 역사를 제시한 바 있는데, 다음 단락의 내용은 그의 저술로부터 많이 가져왔다. 화이트와 엡스턴은 개인치료보다는 가족치료에 더 초점을 둔 전문 배경을 가진 사회복지사로 수련을 받았다. 엡스턴은 학부 과정에서 인류학을 전공했고 호주 북부 지역 원주민 복지부에서 일했다. 빌즈에 의하면 엡스턴은 1960년 말 혹은 1970년 초에 많은 직업을 가졌었고, "캐나다 벤쿠버의 히피 세계로 빠졌다."(p. 166) 결국 엡스턴은 1970년 말에 뉴질랜드로 돌아와서 아동과 가족을 위해 일하기 시작했다.

애들레이드 출신인 화이트는 사회복지로 학위를 받으면서 복지부에서 일을 했고, 후에 아동병원에서 일했다. 수련에서 흥미로운 점은 화이트가 배운 첫 번째 접근이 인간중심 이론이었다는 것이다.

전하는 바에 의하면, 화이트와 엡스턴은 1980년에 있었던 오스트리아의 첫 번째 가족치료학회에서 만났다. 그리고 가족치료의 초석으로서 인류학에 대한 공동의 관심을 발견했다. 이러한 근본적인 영향은 이야기치료가 문화적·역사적 맥락에 기초하여 개인 이야기들에 전념한다는 점에서 분명히 드러난다. 호주와 뉴질랜드에서 이야기치료의 발생과 함께, 문화적·역사적 맥락의 강조는 호주 원주민 집단을 위한 덜위치 센터의 자문과 같은 지역사회 수준의 개입을 통해 상담자들의 관심을 이끌어냈다. 화이트와 엡스턴의 생각은 모든 것에 의문을 품도록 격려했던 1960년대의 문화 변혁에 의해 강하게 영향을 받았다(Beels, 2001; Duvall & Young, 2009). 그래서 이야기치료는 페미니즘, 성소수자 문제들, 인종/문화적 분석, 그리고 사회 정의의 가치에 의해 영향을 받았다(Madigan, 2011).

최근에 이야기치료는 상당한 국제적 지지를 받고 있다. 이야기치료의 온상은 호주 애들레이드에 있는 덜위치 센터인데 셰릴 화이트(Cheryl White)가 이끌고 있으며 웹사이트(www.dulwichcentre.com.au)에서 더 많은 정보를 볼 수 있다. 또한 데이빗 엡스턴과 동료들에 의해 설립되어 유지되고 있는 다른 웹사이트(www.narrativeapproaches.com)를 확인해보자. NT 집단에서 다른 중요한 저자들은 일리노이의 에번스턴에 있는 질 프리드먼과 진 콤스(www.narrativetherapychicago.com), 그리고 캐나다 브리티시컬럼비아 벤쿠버의 스티븐 메디건(www.stephenmadigan.ca)이 있다. 만약 섭식장애에 대한 이야기치료적 견해에 관심이 있다면, 데이빗 엡스턴과 동료들의 책 당신을 허기지게 한 것에 복수하기 : 거식증/폭식증에 대한 감동적 저항(*Biting the Hand that Starves You: Inspiring Resistance to Anorexia/Bulimia*)(Maisel, Epston, & Borden, 2004)을 확인해보자. 또 다른 관련 자료는 이전에 마이클 화이트의 미출판된 저술들의 모음인 이야기치료 : 대화 이어가기(*Narrative Practice: Continuing the Conversations*)가 있다(White & Denborough, 2011).

기본 철학

앞서 언급했듯이 이야기치료는 사회 구성주의적 철학에 근거를 두고 있다. 순수한 사회 구성주의자는 객관적인 사회적 현실이 없다고 믿는다. 대신 우리가 자신, 타인들, 그리고 우리가 살고 있는 사회적 세계를 보는 방식은 사회적 과정, 그리고 가장 중요하게 타인들과의 상호과정을 통해 창조된다.

우리 자신 그리고 우리를 둘러싼 세계에 대해서 다른 사람과 나누는 대화는 현실을 결정하는 데 특히 강력하다. 그러나 사회적 관습 그리고 기준 또한 현실을 결정하는 데 영향을 준다. 이야기치료의 철학적 기초를 설명하는 또 다른 방식은 이야기적 은유, 혹은 자신에 대한 견해를 포함하여 우리가 만든 이야기를 통해 사회적 현실을 창조한다는 점이다(Combs & Freedman, 2012). 하지만 역시 이야기치료 상담자는 삶에 영향을 미치는 문화적 기준과 가치와 같은 맥락적인 요인의 영향을 매우 잘 알고 있다는 점을 기억해야 한다.

이야기치료 이론가들은 또한 프랑스 철학자 미셸 푸코(Michel Foucault)의 사상에서 가져온 사회 권력의 작용에 관심을 갖고 있다(White & Epston, 1990). 이러한 관점에서 보면 권력이라는 것은 사회가 작동하는 진실을 결정하며, 결국 개인이 그들의 삶에 대해 창조하고 말하는 이야기에 강하게 영향을 미치게 된다. 여러분은 이야기치료의 관점이 페미니스트 관점과 동일하지는 않지만 유사함을 알 수 있을 것이다. 두 접근 모두 누군가를 도와주는 방식일 뿐만 아니라 정치적 입장으로도 고려된다. 이야기치료 상담자는 '개인은 정치적이다'라는 문구를 잘 구사한다.

(주류문화에 의해 수용된) 권력과 지식은 분리될 수 없다. 그러나 권력의 작용이 '진실'이라는 개념으로 위장되어 있기 때문에 권력과 지식 간의 관계를 보는 것은 어렵다. 진실을 가진 사람들은 사회에서 힘을 가지고 있고 그 역도 가능하다. 예를 들어 서유럽 문화는 모든 사람에 의해 일반적으로 알려진 과학적 방법을 통해 연구되는 객관적인 현실(우리 외부)이 있다는 개념을 수용한다. 현실에 대한 이러한 견해로부터 벗어난 사람은 일반적으로 주변 사람들에 의해 '미친' 사람으로 간주되며 힘을 잃게 된다(예 : 심령술사에 대해서 사람들이 평가하는 것을 떠올려 보자).

치료는 지배적인 지식/권력의 부분이기에 사회적 통제의 형태가 가능하다. 만약 이러한 입장을 받아들인다면, 힘을 행사할 수 있는 상담자로서 우리의 행동에 대한 비판적인 평가가 이루어져야 한다. 이야기치료는 내담자로 하여금 그들 문화의 지배적인 이야기에 대해 의문을 품는 것을 지지하고 격려하기 때문에 이야기치료 상담자는 치료가 사회적 · 정치적 행동의 형태라는 것을 알고 있어야 한다(White & Epston, 1990). 화이트(2011)는 "정치를 상담실에 가져오는지 아닌지가 중요한 것이 아니라, 우리가 이러한 정치의 존재를 인식할 준비가 되어 있는지 그리고 우리가 이러한 정치의 재현에 공모할 수 있는 정도를 인식할 준비가 되어 있느냐가 중요하다."라고 했다(p. 49; 원문에서 강조). 도안(Doan, 1998)이 잘 포착했듯이, 이 접근은 사회적 행동주의에 대한 분명한 이해를 가지고 있다. "이야기치료는 내담자의 목소리와 선호하는 것을 발산시키게 함으로써 억압된 그리고 전체화된 이야기의 무게로부터 내담자를 구제하는 그 자체에 관심이 있다."(p. 219)

이야기치료 상담자는 심리적 건강과 강점을 강조하는 입장으로 내담자에게 접근한다(Semmler & Williams, 2011). 현실은 사회적으로 만들어진다는 이야기치료의 주장과 연관된 이러한 입장은 전통적인 심리적 관점에 의문을 갖는다. 전통적인 진단은 개인 안에서 문제를 확인하는 것이며 그렇기 때문에 작용하고 있는 역사적 정치적 힘을 모호하게 한다고 본다(White, 2011). 이러한 전통적인 진단에 대한 아이디어는 인간에 관한 전문가들의 지식을 지지하는데, 이는 이야기치료와는 거리가 멀다. 이야기치료 상담자들은 특히 내담자라는 용어를 좋아하지 않으며 심지어 환자라는 말은 더 싫어한다. 화이트가 치료라고 언급함에도 불구하고 일관성 있게 "우리에게 자문을 구하는 사람"으로 내담자를 보았으며 기법보다는 이야기 실제를 강조하였다. 이야기치료의 또 다른 가치는 페미니스트와 같이 내담자에 대한 상담자의 책임감, 내담자에게 가능한 투명하게 치료하고자 하는 상담자의 전념이다(치료에 대해 탈신비화를 도모하는 페미니스트의 가치를 상기해보자). 여기 치료와 정치에 대한 자신의 입장의 일부를 전한 마이클 화이트의 글을 소개한다.

> 나는 치료에서 사람들과 함께 다양한 힘의 실제에 도전하는 데 참여했다. 다음과 같은 부분에 도전한다: (a) 자기의 기술(technologies of the self) : 신체, 영혼, 사고의 훈련과 특정 존재방식에 따른 행동(성별에 따른 구체적인 지식에 따라 신체를 조형하는 다양한 조작들 포함)을 통해 자기를 지배함, (b) 힘의 기술(technologies of power) : 고립, 감시와 같은 기술과 평가와 비교를 통해 타인을 지배함.(1993, p. 54)

> 디파는 케네디 가족과 작업을 하기로 한 이야기치료 상담자이다. 그녀는 30세이며 아시아계 인디언 출신이며, 이는 디파가 이야기치료를 선택하게 된 데에 중요한 영향을 미쳤다. 그녀의 민족성은 일에서의 지속적인 기준점이다. 역사적 문화적 영향이 삶에 미치는 영향을 자각하고 그녀 자신의 배경에 대한 이해를 통해 레이첼의 가족에 접근하면서, 디파는 특히 상담관계에 내재해 있는 서로 다른 힘, 거식증에 대한 문화적 관점, 그리고 더 매력적으로 보이기 위해 여성에게 날씬한 몸을 유지하도록 요구하는 문화적 이야기에 관심을 가졌다.

인간 동기

이야기치료 이론가들은 무엇이 사람을 동기화시키는지에 대한 논의에 많은 시간을 할애하지 않는다. 아마도 그들은 개별 내담자의 이야기에 강하게 초점을 두기 때문일 것이다. 더 나아가 인간의 동기 영역에서 어떤 입장을 취한다는 것은 의미 있는 삶에 대한 개인 자신만의 견해를 창조하는 개인의 가능성에 한계를 지어버리는 것으로 볼 수 있다. 이야기치료는 개인적으로 구성된 의미에 강조를 두기 때문에, 이야기치료에서는 의미를 창조하는 경향을 인간 존재의 핵심 특성으로 본다고 말하는 것이 아마 안전할 것이다(Morgan, 2000).

> 디파는 레이첼과 그녀의 가족이 그들의 경험 속에 있는 다양한 삶의 사건을 통해 의미를 창조하려고 고투하고 있는 것으로 본다. 레이첼은 섹슈얼리티의 의미와 여성이 되는 것에 대해 고군분투하고 있는 것 같다. 디파는 어떻게 해서 현재에 이르렀는지에 대한 가족의 설명을 경청하면서 가족의 입장과 그들이 현재 상황을 어떻게 이해하고 있는지에 대해 생각한다.

주요 개념

이야기

전통적 이야기치료에 의하면 인간의 삶은 이야기(stories)의 연속이다. 이러한 이야기는 우리의 경험에서 사건들을 연결하려는 시도를 통해 시간에 따라 창조되며, 이러한 방식에서 의미가 도출된다. 모건(Morgan, 2000)은 "이야기들은 시간에 걸쳐 줄거리에 따라 순차적으로 연결된 사건들로 구성된 다."(p. 5)고 기술했다. 그 과정은 우리가 많은 사건들을 줄거리 혹은 이야기로 연결하기 시작할 때 출발된다. 일단 첫 번째 이야기로 연결이 시작되면, 줄거리와 일관성이 있는 더 많은 사건들을 수집 하기가 더 쉬워지기 시작한다. 이야기치료 이론가들의 말을 빌리자면, 어떤 사건은 다른 사건보다 '특권을 부여받게' 되고 개인에게 지배적인 이야기에 포함된다(Morgan, 2000). 예를 들어 나는 탱고를 배우고 살사댄스를 배웠다. 나는 춤을 좋아하는 자신에 대한 이야기를 창조하기 시작한다. 나는 이 러한 이야기에 살기 시작한다. 그리고 이러한 이야기는 삶에서 나에 대한 의미를 창조한다. 나는 그 래서 탭 댄싱을 선택한다. 나는 이제 춤추는 사람인 낸시로 나 자신의 이야기를 갖게 된다.

지배적인 이야기의 반대는 대안적 이야기이다(White & Epston, 1990). 우리 모두는 복잡한 삶을 살 고 있어서 지배적인 이야기로부터 숨겨진 혹은 배제된 경험의 측면이 필연적으로 있기 마련이다. 이 러한 측면은 대안적 이야기로 알려져 있고 종종 내담자를 돕는 데 중요하다.

그러나 이야기는 고립 속에서 만들어지지 않는다. 이야기는 우리가 다른 사람들과 맺는 상호작용 을 통해 창조된다. 이야기는 종종 그 개인이 참여하는 문화에 의해 영향을 많이 받는다. 실제로 이야 기치료 이론가들은 우리의 삶에 영향을 미치는 '진실'이라는 문화에 근거한 시스템을 문화적 담론 혹 은 지배적 담론이라고 한다(Combs & Freedman, 2012). 이러한 담론에 순응하거나 수용하는 사람들 은 집단 '안에' 있고 소외되지 않은 사람들이다. 더 좋지 않은 것은 이러한 담론의 진실이 당연하게 받아들여지며 이러한 작용이 그 문화 안에 있는 사람들에게는 보여지지 않는다는 점이다. 서유럽의 문화적 담론의 예는 개인주의(사람은 타인과 분리되어 강한 자기감을 발전시켜야 한다는 사상)이다. 서유럽 문화에서 작용하는 또 다른 문화적 담론은 성역할, 문화적 편견, 그리고 과학과 '실제' 지식에 대한 아이디어와 관련이 있다.

어떤 특별한 이야기의 형태는 문제로 포화된 이야기이며, 사람들이 상담에 오게 되는 이유이기도 하 다(Payne, 2006). 대부분 내담자의 경우 문제로 포화된 이야기는 그 당시에 그들 삶에 대한 지배적 이 야기로, 그들을 상담에 오도록 촉진시킨다. 그러한 문제 중심 이야기는 종종 강렬하게 문화적 담론 에 의해 영향을 받는다.

레이첼의 가족은 레이첼의 거식증이라는 문제로만 가득한 이야기를 가지고 상담에 왔으며 상담 자인 디파의 도움을 구했다. 최근 이 가족에게는 레이첼의 거식증이 지배적인 이야기이다. 이러한 이야기는 여성에 대한 수용할 수 있는 역할과 외모에 대해 갖고 있는 문화적 담론 안에 자리하고 있다. 이 가족은 또한 멜라니의 알코올중독증으로부터 비교적 온전한 상태로의 여정 그리고 데이 빗의 커밍아웃 과정에 대한 이야기를 한다.

빈약한 서술과 심층적인 서술

이 형용사들은 사람들이 말하는 이야기의 질에 관한 것이다. 빈약한 서술의 이야기는 몇몇 사건만 포함되어 있고 상대적으로 상세함이 부족하다. 반면 심층적인 서술의 이야기는 매우 정교하고 풍부하다. 이야기는 반복해서 말하기 때문에 심층적이 되어 간다. 이야기는 매번 말할 때마다 일반적으로 각색된다. 더 많은 상세함과 기술이 원래의 엉성한 이야기에 첨가되고 그렇게 다시 바뀌어진 이야기는 더 생생해지고 완벽해진다. 지배적인 이야기는 풍부하고 심층적이 된다. 대안적 이야기는 엉성하고 빈약한 서술이다.

사람들이 상담에 가지고 오는 문제 중심의 이야기는 관점의 문제이다. 지배적인 문화의 관점에서의 '정신병리'는 존재하는 권력 구조를 강화하도록 풍부하고 세부적인 이야기들을 가지고 있다. 그러나 지배적인 이야기에 의해 눌려 있는 개인에 대해 생각해본다면, 문제 중심의 이야기는 상대적으로 빈약하고 일원화된 것으로 볼 수 있다. 왜냐하면 문제 중심의 이야기는 하나의 명명이며 문화적 담론을 포함하기 때문이다. 문제 중심의 이야기는 개인의 독특성과 그 명명 안에 내재해 있는 권력 정치학을 볼 수 없도록 한다. 즉, 문화적 담론 안에 각인된 사회적 힘과 억압이 인식될 수 없고 어떠한 의문점도 갖지 않게 된다. 문제 중심의 이야기는 또한 개인의 강점과 유능함에 대한 상세함을 포함하지 않으면서 개인에 대한 매우 제한적인 견해를 갖게 한다.

케네디 가족은 레이첼의 문제에 대한 풍부하고, 심층적인 이야기를 가지고 있다. 이러한 이야기는 '거식증'에 대한 사회의 지배적인 담론과 연결되어 있다. 가족은 레이첼의 먹는 것에 대한 거부, 입원, 치료에 대해 이야기한다. 가족은 레이첼의 문제를 내면에 있는 약함으로 보았다. 동시에 그녀의 아버지는 레이첼이 정신을 차려야 한다고 생각했다. 디파는 가족이 레이첼에 대해 이렇게 기술하는 것은 바로 권력과 정치에 의해 영향을 받은 것이며, 레이첼이 정말 한 사람으로서 누구인지에 대해서는 아주 빈약한 견해를 보이는 것이라고 생각한다. 지배적인 이야기는 레이첼이 질병의 보균자이면서 이 문제에 대해 책임이 있는 것으로 말한다. 레이첼과 그녀의 가족은 여성이라는 존재에 대한 문화적 담론 그리고 신체적 외모에 대한 가치가 현재 상황에 깊게 관여하고 있는 것을 인식하지 못한다.

독특한 결과

독특한 결과는 지배적인 문제 중심의 이야기에 속해 있지 않은 사건이다(White & Epston, 1990). 독특한 결과는 문제의 규칙에서 벗어난 예외 상황이며 내담자가 새로운 가능성을 고려하도록 돕는 점에서 매우 중요하다. 화이트는 독특한 결과와 관련된 개인적 주체성을 더 강조하기 위해, 독특한 결과의 발생에 대해 주도권이라는 용어를 사용한다(White, 2012). 대안적 이야기에서 발견된, 독특한 결과는 일반적으로 내담자가 선호하는 이야기(여기서는 '상담 목표'를 말한다)의 부분이 된다. 이야기치료 상담자는 독특한 결과에 많은 관심을 갖고, 내담자가 독특한 결과에 대한 기술을 확장하도록 하기 위해 구체적인 질문을 하는 데 많은 시간을 할애한다.

곤살베스, 마토스, 그리고 산토스(Gonçalves, Matos, & Santos, 2009)는 다음과 같은 다섯 가지 다른 형태의 독특한 결과를 확인하였다: 활동, 성찰, 저항, 재인식, 새로운 경험. 처음 세 가지 형태는 문제와 관련이 있는 단순한 행동 혹은 언어화를 말한다. 곤살베스 등은 독특한 결과가 변화에 중요하다는 것을 재인식하는 것은 그들이 문제로부터 스스로 거리를 두도록 하고, 독특한 결과에 의미를 부여하고, 변화의 저자로서 자리를 잡도록 하고, 이것이 새로운 경험으로 확장되도록 한다는 점에서 중요하다고 설명한다.

디파는 레이첼이 더 이상 설사제 혹은 이뇨제를 사용하지 않는다는 가족의 보고를 듣고 실낱같은 희망을 본다. 레이첼은 또한 설사제 사용 중지를 스스로 잘 관리했는데, 디파는 이것을 독특한 결과 의 잠재적인 예라고 본다. 디파는 레이첼과 그녀의 가족과 이야기하기 시작하면서 레이첼에게 독특 한 결과가 일어났음을 명심하면서 가족의 지배적인 이야기와 반대되는 다른 예를 찾을 것이다.

인간과 개인발달에 관한 이론

이야기치료 상담자는 전통적인 단계 지향적인 발달이론을 많이 활용하지 않는다. 비록 이러한 발달 이론이 도움이 되는 것으로 보일지라도(C. Smith, 1997), 이야기치료 상담자는 일반적으로 삶, 문화 적 맥락 그리고 현재 상황에 대한 개인적 이해를 통해 내담자의 독특한 궤적에 관심을 갖는다.

가장 최근 저술에서 화이트는 레프 비고츠키(Lev Vygotsky)의 발달이론의 유용성을 탐색하기 시 작했다. 이 이론에서는 발달이 다른 사람들과의 관계에서 일어나는 것을 강조한다(Duvall & Young, 2009; White, 2011). 화이트는 비고츠키의 이론에서 비계(scaffolding)의 개념을 가져왔다. 비계는 성 인이 아이로 하여금 그들의 살아온 경험으로부터 거리를 두도록 도와서 사건과 행동의 관계를 배워 서 좀 더 세련된 자기감을 발전시킬 수 있도록 돕는 과정으로 해석할 수 있다. 비계는 "만약 네가 만 든 블록 작품에서 바로 이 작은 블록을 하나 제거한다면 무슨 일이 일어날까?"와 같이 아이에게 많 은 질문을 하는 것이다. 아이는 불록들 간의 연결성으로 인해 조각들이 무너질 것이라는 것을 배우 며 자신의 행동의 결과 시끄러운 소음이 일어난다는 연결을 배우게 된다. 더구나 이러한 대화는 결 과의 평가와 이후 행동에 대한 계획으로 이어진다. 블록 조각을 무너뜨린 아이는 붕괴와 소음이 재 미있다고 하면서 그 행동을 반복하려고 한다. 화이트는 상담자를 찾아오는 많은 사람들이 이러한 종 류의 경험이 거의 없으며, 결국 자기에 대한 인식의 부족에 이르렀다고 주장했다. 내담자로 하여금 오래된 지배적인 이야기로부터 거리를 두고 분리하는 것 그리고 새로운 가능성을 고려하도록 하는 비계를 발전시키도록 돕는 것이 상담자의 임무이다(Duvall & Young, 2009; White, 2011).

우리는 모두 다양한 견해를 갖고 있고 혹은 다양한 이야기를 가지고 있다(Crocket, 2013). 주어진 상황에서 우리가 행동하는 방식은 어떤 이야기가 그 시점에 가장 큰 영향을 미쳤는지에 달려 있다. 예를 들어 J. L. 지머맨과 디커슨(J. L. Zimmerman & Dickerson, 2001)은 "가부장제의 영향하에 있을 때는 남성은 지배와 많은 권한을 가질 수 있다. 그러나 이 남성이 연민의 영향을 받을 때는 완전히 다 르게 반응할 수 있다."(p. 419)

그래서 이야기치료 상담자는 인간은 다양한 자기를 가지고 있으며, 상황에 따라 결정된 자기 가 표현된다고 보았다. 그러나 주류 서양 사회는 너무 개인주의적이기 때문에 하나의 자기를 가지 고 있다는 생각에 매달려 있고, 이와 같은 방식으로 다양한 자기를 한 관점으로만 경험한다(J. L. Zimmerman & Beaudoin, 2002). 단독 자기(single self)에 대한 개념은 서부 유럽 문화에 깊게 뿌리를 두고 있다. 그러기에 우리는 다르게 생각하는 것이 어렵다. 그래서 바비 인형과 노는 것보다 나무에 오르는 것을 좋아하는 사라는 소녀에 대한 문화적 담론을 위배하기에 선머슴으로 불린다. 그리고 그녀가 성 중립적(독서와 같은)인 다른 활동을 좋아한다는 사실에도 불구하고, 사라 자신 그리고 주변 사람들은 선머슴이라는 사라의 이야기에 갇히게 된다. 이와는 반대로 이야기치료 이론가들은 자기(self)를 관계적인, 다양한 이야기를 가진 그리고 정치와 권력의 맥락에 위치한 것으로 이해하면서 개인주의적인 모델을 거부한다(Madigan, 2011). 그러나 시간에 걸쳐 모든 이야기를 관통하는 자기의 '흔적'이 있다(Combs & Freedman, 2012).

> 디파는 레이첼이 청소년이라는 일반적인 발달 시기에 있다는 것을 인식했지만 이러한 청소년기 경험이 레이첼에게 의미가 있다고 가정을 하지는 않는다. 디파는 레이첼을 스스로 자신을 정의하려고 고군분투하는 아이로 보았다. 그리고 레이첼의 이야기를 잘 경청한 후에, 최근 레이첼의 자기(self)는 거식증이 있다고 이해한다.

심리적 건강과 역기능

이야기치료 상담자는 개인이 그들의 이야기로서는 충분하게 자신의 삶의 경험을 표상하지 못했기 때문에 상담에 온다고 믿는다(White & Epston, 1990). 이야기의 어떤 부분은 상황이 어떠한지 혹은 어떠해야 하는지에 대한 내담자의 관점과 딱 맞지 않는다. 내담자는 특정 이야기에 초점을 맞추며 내담자의 설명은 문제 중심적이다. 화이트와 엡스턴은 다음과 같이 언급하였다. "사람들은 그들의 삶을 특정 의미의 주변으로 조직화한다. 그리고 그렇게 함으로써 그들은 의도하지 않지만 그 문제로부터 '살아남기', 혹은 종종 문제의 '이력'이라고 부를 수 있는 것에 기여한다."(1990, p. 3; 원문에서 인용).

몇몇 저자들은 내담자에게 공통적으로 발견되는 문제의 줄거리를 확인하려고 시도한 바 있다. 도안(1998)은 두 개의 핵심적인 이야기가 모든 사람에게 공통적일 가능성이 있다고 제안했는데 바로 두려움과 사랑이다. 그는 우리가 상상할 수 있는 결과인 이 두 가지 주제 중 하나로 가득한 삶의 이야기를 선택하는 것이 인간 본질에 내재되어 있다고 했다. 이러한 두 개의 주제에 대한 도안의 면담은 흥미롭고 유익한 자료이다. 또한 '사랑'을 면담하는 것은 가능하더라도 '두려움'을 면담하려고 할 때는 어쨌든 두려움을 변화시키려고 할 것이기 때문에 취재 기자로서 상담자는 편견 없는 방식에서 면담을 진행해야 한다. 상담자는 내담자의 두려움을 변화시키려는 시도를 하는데, 이는 면담의 조기종결을 초래하게 하며 상담자는 이들에게 '의심이 많은', '저항하는' 내담자라고 명명하게 된다(p. 220).

메디건(Madigan, 2011)은 문화적 기준으로 우리 자신을 평가하면서, 학습된 "내면화된 문제 중심의 대화 습관"을 확인하였다. 그는 내면화된 문제 중심의 대화습관을 다음과 같이 여덟 가지로 명명했다: 자기-감시, 불법성, 두려움, 부정적인 상상/부당한 비교, 내면화된 언쟁, 무기력, 완벽주의 그리고 죄책감(2011, pp. 96-113).

선호하는 이야기라는 용어는 이야기치료 접근에서 건강한 사람과 가장 가까운 용어일 것이다. 건강한 사람은 그들의 다양한 줄거리의 본질과 그들이 타인과 어떻게 연결되는지 잘 자각하고 있으며, 이러한 상황에 편안해한다. 건강한 사람은 무엇이 가치 있는지에 대해 알고 있으며 문화적 압력이 그들의 행동에 영향을 미치지 못하게 한다. 주체감은 건강한 사람에게서 나타난다(Combs & Freedman, 2012).

> 디파는 레이첼이 어쨌든 그녀의 삶의 현재 이야기에 행복하지 않으며 그녀 가족 역시 레이첼이 행복하지 않다는 점에 동의한다고 생각한다. 레이첼의 가족은 거식증에 지나치게 집중하면서 거식증의 이야기를 만드는 데 기여하고 있으며 레이첼이 유일하게 이 이야기의 원인이라고 정의하고 있다. 아직은 디파에게 명확하게 와 닿지는 않지만, 인정받지 못하고 혹은 사랑받지 못한다는 레이첼의 느낌이 이 이야기를 보는 다른 방식이라고 생각한다. 디파는 이 이야기를 더 깊게 이해하기를 바라고 레이첼과 가족이 그들에게 더 적합한 선호하는 이야기를 발견하도록 돕기를 바란다.

치료의 특성

사정

이야기치료 상담자는 공식적인 사정을 잘하지 않는다. 왜냐하면 사정 체계에 대한 가정은 일반적으로 이야기치료 철학과 맞지 않기 때문이다. 전통적인 사정 모델의 특징은 다음과 같다. 첫째, 상담자가 접근하는 단일한 현실을 가정한다. 또한 병리 지향적이며 문화적 혹은 다른 맥락적 요인들을 무시한다. 둘째, 내담자의 정체성을 빼앗는 명명(이름 붙이기)을 도출하여 개인을 '전체화'하려고 한다.

이야기치료 상담자는 단순히 내담자가 가지고 있는 삶에 대한 관점을 이해하려고 한다. 특히 내담자 경험의 문화적 그리고 다른 맥락에 주의를 기울인다. 다양한 관점이 존중되기에 "상담의 초기에는 관련된 모든 사람들이 가지고 있는 각각의 의미와 이해를 파악하려고 노력한다."(C. Smith, 1997, p. 29)

이야기치료 상담자는 문제에 대한 철저한 탐색에 관심을 갖는 것이다. 모건(2000)은 문제의 속임수, 의도, 계획, 동기, 기만 그리고 거짓말을 탐색할 것을 제안한다(p. 25).

> 케네디 가족이 그들의 이야기를 할 때, 디파는 그들의 관점을 인정하면서 가까이에서 각각의 관점에 대해 경청하였다. 디파는 경청하면서 그 문제의 다양한 입장을 수용하였지만 거식증(공식적인 진단)보다는 '먹는 문제들' 혹은 '거식증의 문제들'로 레이첼의 상황을 언급하였다. 디파는 거식증이 레이첼로 하여금 너무 많이 운동하도록 혹은 먹지 않도록 어떻게 '속임수'를 쓰는지, 즉 거식증의 작동방식에 대해 질문했다. 거식증이라는 것이 레이첼에게 그녀 자신에 대해 그리고 그녀가 누구여야 하는지에 대해 무엇을 말하고 있는가?

치료적 분위기

상담관계의 협력적인 본질은 내담자의 속도에 맞춰 진행하는 상담 과정을 이끈다(Carr, 1998). 내담자의 언어는 상담자의 언어보다 더 많이 사용되고 특권을 부여받는다. 이야기치료 상담자는 내담자와 함께 진행이 적절한지, 내담자의 이야기를 정확하게 옳은 방향으로 이해하고 있는지를 공개적으로 점검하는 것이 일반적이다(White, 2007). 전형적으로 이야기치료 상담자는 내담자를 충분히 이해하고 있다는 것을 확신하고 독특한 결과를 기록하는 수단으로 내담자의 실제적 단어 혹은 문장을 사용한다(Crocket, 2013).

> 디파는 케네디 가족의 삶에서 레이첼의 거식증의 영향을 더 잘 이해할 수 있도록 몇 가지 질문을 던지는 것이 괜찮은지를 물으면서 케네디 가족과 상담을 시작한다. 디파는 가족이 생각하는 더 좋게 살아갈 수 있는 방식을 발견하기 위해 함께 작업할 것을 제안한다.

내담자와 상담자의 역할

이야기치료에서 상담자는 협력자 혹은 자문가이다. 내담자는 그들 삶에 대한 진정한 전문가이다(Monk & Gehart, 2003). M. 웨버, 데이비스, 그리고 맥피(M. Weber, Davis, & McPhie, 2006)는 "전문 지식이 상담자의 세계 그리고 의학적 모델에 속한다는 아이디어에 이야기치료는 도전한다."고 기술했다(p. 393). 상담자의 존경 어린 호기심은 내담자로 하여금 대안적 이야기가 나타날 수 있는 여지를 주는 '알지 못한다'는 이야기치료 상담자의 태도를 정확하게 묘사한 것이다(Monk & Gehart, 2003). 화이트(2007)는 특히 상담자와 내담자가 외재화를 위한 대화에 대해 서로 협력하고 있을 때, 둘 모두에 대해서 취재기자라는 비유를 사용하였다(이후에 좀 더 다룰 것이다). 기자는 문제에 관여하려고 하지 않지만 다소 문제의 특성, 작용 그리고 동기를 노출하려고 한다(p. 28). 기자로서 내담자는 "그 문제의 '활동 무대'를 넘어서, 즉 익숙한 영역이 아닌 다른 영역에서 그 문제를 설명할 수 있다."(p. 29; 원문에서 인용). 다른 위치로 이동하면서 내담자는 취약한 기분과 스트레스를 덜 느낀다.

이야기치료에서는 내담자에 대한 상담자의 책임은 대단히 중요하다. 화이트(2011)는 "상담자는 도움을 구하는 사람을 책임지는 맥락으로 치료를 확립하는 데 전념한다. 즉, 우리(상담자)가 생각하는 것, 수행하는 것, 우리의 상호작용 그리고 도움을 구하는 사람과의 상호작용의 효과 혹은 결과에 대해 책임을 진다."(p. 63)라고 기술했다. 종종 이야기치료 상담자는 내담자에게 역으로 돌려, 상담을 어떻게 수행하고 있는지에 대해 상담자를 인터뷰하도록 요청한다(J. L. Zimmerman & Dickerson, 2001).

이야기치료 상담자는 다소 정치적 활동가이다. 상담자는 내담자 삶에 관련이 있는 억압적이고 우세한 문화적 담론에 집중할 것이고 이에 관한 대화를 시작할 것이다.

> 레이첼과 그녀의 가족에 대한 디파의 기본적 태도는 '잘 알지 못한다'는 입장이다. 즉, 디파는 문제가 어떻게 삶과 에너지를 얻게 되었는지 그리고 이 상담이 어떻게 진행될 것인지에 대한 어떠한 가정도 하지 않는다. 디파는 케네디 가족 구성원들을 전문가로 이해하고 있으며 그들의 입장을 이해하려고 열심히 노력한다. 디파는 종종 케네디 가족과 함께 그들이 생각하기에 상담이 어떻게 진행되고 있는지 그리고 그들과 상담자의 작업이 어떠한지에 대해 확인한다. 데이빗이 초기에 비판적이었기에 그가 생각하기에 상담이 어떻게 흘러가고 있는지에 대해 면담을 했고 상담자의 수행을 평가해줄 것으로 요청했다. 하지만 디파는 가족 구성원 모두가 이 평가 과정에서 각자의 의견

을 가지고 있음을 분명히 했다.

디파는 또한 레이첼의 상황과 매우 관련된 여성다움과 매력에 대해 문화적 담론을 고려한다. 상담자는 가족 구성원들이 그들의 경험과 관련하여 이러한 문화적 담론에 대해 반향할 수 있을지 알아보기 위해서 가족에게 이 주제를 제기한다.

상담 목표

이야기치료 상담자는 내담자를 위한 새롭고, 만족스러운 이야기들을 원한다. 더 공식적으로 언급하자면, 이야기치료의 목표는 문제 중심의 이야기를 해체하여 선호하는 결과를 지지하는 이야기로 다시 쓰는 것이다(West & Bubenzer, 2002, p. 366). 상담자와 내담자는 지배적인 문제 중심의 이야기를 함께 해체하고 독특한 결과에 대한 구성을 심층적으로 만들어 간다. 이는 내담자에게 더 만족스러운 새로운 이야기 줄거리를 만들 수 있도록 하는 것이다.

디파는 케네디 가족이 그들의 삶에서 새로운 이야기 혹은 선호하는 결과를 정의하도록 돕는 작업을 협력적으로 하기를 원한다. 이 가족이 선호하는 결과는 거식증이라는 압제에서 벗어나서 사랑스럽고, 돌보는 가족으로서 이야기를 다시 시작하는 것이다. 이 과정에서 거식증 이야기의 해체가 필요할 것이다.

치료 과정

가장 단순하게 보자면 이야기치료는 내담자가 상담자에게 이야기하고 이에 상담자는 경청하며, 상담자와 내담자는 함께할 수 있는 이야기를 만드는 것이다. 소위 다시 쓰는 대화라고 볼 수 있는데 문제 중심의 이야기에 의해 가려진 이야기를 내담자가 발견하도록 돕는 것이다(Madigan, 2011).

여러 저자는 이야기치료의 단계를 확인한 바 있다. 브로먼스와 슈바이처(Vromans & Schweitzer, 2010)는 이야기치료 매뉴얼을 만드는 데, 다섯 가지 이야기치료의 단계를 확인하였다: (a) 관계 확립하기, (b) 문제 이야기 끌어내기, (c) 지배적인 이야기 해체하기, (d) 선호하는 이야기 수용하기, (e) 풍부한 이야기들 살리기(p. 4). 그들은 이 단계들은 서로 중복되지만 아마도 엄격하게 순서가 있는 단계라는 원칙을 가져야 한다고 강조한다.

빌즈(2001, pp. 177-178)는 이야기치료의 세 가지 단계를 확인하였다. 첫 번째, 문제의 이야기를 경청하면서, 내담자의 고통을 다시 구성하는 것이다. 이를 위해 상담자와 내담자는 문제의 원인이라기보다는 영향에 집중한다. 이러한 노력들은 문제를 외재화하는 과정에서 도움이 된다. 다음으로는 문제에 대한 대안들을 탐색하는데, 대안적 이야기는 독특한 결과에 집중하거나 혹은 문제가 분명하지 않을 때를 집중함으로써 창조된다. 이 경험들을 더 정교화하게 하기 위해 세심한 노력이 이루어지는데 결과적으로 심층적이고, 풍부한 독특한 결과에 대한 설명으로 이어진다.

상담자는 독특한 결과의 이야기가 내담자가 더 선호하는 이야기인지 내담자가 결정하도록 한다. 즉 내담자는 자신의 행동 혹은 상황이 문제로 포화된 이야기보다 독특한 결과 이야기가 자신의 경험과 더 부합하고 더 받아들일 수 있는지 결정한다. 이러한 발전이 시작되면서, 이야기는 줄거리가 강화되고 새로운 이야기가 일어날 수 있는 계획과 전략들이 포함된다. 선호하는 이야기에서 내담자는 그 문제에 저항할 수 있으며 '탄압받는'보다는 '할 수 있는'으로 묘사한다. 이 과정은 종종 새롭게 쓰기, 다시 이야기하기, 혹은 다시 회상하기라고 불린다(White & Epston, 1990). 그리고 "새로운 이야기에서 개인/가족의 경험을 재위치시키는데, 이전에 우세했던 이야기는 쓸모가 없어지는 것이다. 이러한 과정에서 자신의 삶, 관계, 그리고 문제들 간의 관계가 다시 기술된다."(White & Epston, 1990, p. 127)

빌즈의 견해에서 가장 중요한 것은 상담자와 내담자가 새로운 이야기를 지속할 수 있도록 돕기 위해 지지집단을 형성하는 것이다. 지지집단은 내담자에 의해 선택되며 가족, 친구, 혹은 어떤 공동체가 될 수 있다(이와 같은 공동체는 저항의 기록 저장소 : 반거식증/반폭식증에서 찾을 수 있다; '다시 실행하기'라는 책에 있는 기술을 보자). 지지집단은 내담자가 선호하는 이야기를 믿고 내담자를 위해 '새로운' 현실을 창조하도록 돕는다.

이야기치료의 중요한 과정은 **외재화하는** 대화(externalizing conversation)이다(Combs & Freedman, 2012; Whie, 2007). 외재화하기에서 이야기치료 상담자는 내담자의 이야기를 주의 깊게 경청하면서 내담자 그리고 내담자 주변의 사람들에게 문제의 영향에 대해 많은 질문들을 하면서 내담자 외부의 어떤 것으로 문제를 다시 구성하도록 돕는다. 이와 같은 질문하기를 소위 **상대적 영향에 대해 질문하기**(relative influence questioning)라고 부른다. 사실상 "문제는 문제가 되고, 그래서 그 사람과 문제와의 관계는 역시 문제가 된다."(White & Epston, 1990, p. 40) 항상은 아니지만 일반적으로 그 사람으로부터 문제를 분리하는 것을 강조하기 위해 문제에 이름이 주어진다. 그 예로 '곤란', '걱정', '짜증', '죄책감', 그리고 '나쁜 습관' 등이 있다.

문제를 외재화하는 것은 내담자로 하여금 문제에 반하는 입장을 갖도록 돕는 것이다(J. L. Zimmerman & Dickerson, 2001). 이는 내담자와 상담자가 지배적인 문화의 권력 구조의 억압 주체로서 문제를 노출시키는 것으로, 매우 정치적인 활동으로 간주된다. 이야기치료 상담자는 예를 들어 우울한 내담자를 슬픔이라는 영향하에 있는 것으로 본다. 상담자는 다음과 같은 질문들을 한다. 무엇이 슬픔의 효과인가? 슬픔이 다른 사람과의 관계에 어떻게 영향을 주는가? 슬픔은 당신에게 무엇을 말하는가? 슬픔은 '내담자에게 누군가(사회)의 기준들을 만족시키지 못하고 있다'고 말한다. 이는 억압적이고 독재적인 것이다. 더불어 상담자와 내담자는 이에 저항하고 타도하는 방법을 발견할 수 있다. 여러분은 [글상자 15.2]의 '교활한 변(똥) 이야기'에서 문제를 명명하는 좋은 예를 읽을 수 있다.

외재화 대화는 특별한 특성을 가지고 있다. 문제에 이름을 부여함으로써 문제 자체는 생명을 얻게 되며, 문제의 원인에 대해 내담자를 '설득하는' 역할을 한다(White & Epston, 1990). 종종 문제는 지배적인 담론 안에 위치한다. 이는 특별한 형태의 해체가 필요하다. 문제의 기원에서 문화적 진실의 영향을 검토한다(J. L. Zimmerman & Dickerson, 2001).

화이트(2007)는 외재화 대화에서 사용되는 네 가지 일반적인 질문의 범주를 확인하였다: (1) 문제에 대해 특정 경험에 가까운 정의로 합의하기, (2) 문제의 영향에 대해 보여주기, (3) 문제 활동의 영향력 평가하기, (4) 평가의 정당화하기(pp. 40-48). 경험에 가까운 문제 정의는 내담자의 삶과 문화에 의해 쓰이며 똑같은 문제는 있을 수 없기 때문에 경험에 가까운 문제 정의는 각각 특별하다. 문제

글상자 15.2

'교활한 변(똥)' 이야기

화이트 그리고 엡스턴이 제시한 흥미롭고 재미있는 사례는 '교활한 변'이라는 제목을 가진 유분증이 있는 6세 남자아이의 이야기이다. 닉이라는 소년은 거의 매일 '사고'를 친다. 가족을 가장 힘겹게 하는 것은 아이가 변을 가지고 놀려고 하는 것이다. 변을 벽에 바르고, 변을 가지고 공을 만들고, 옷이나 집의 어딘가 구석, 욕실 하수구에 변을 숨기는 것이다. 닉과 가족에게 '상대적 영향'에 대한 질문하기를 통해서 다음과 같은 점을 밝혀냈다. "변이 닉을 다른 아이들로부터 고립시키고 학교생활을 방해해서 닉의 삶을 엉망으로 만들고 있다. 변은 그의 미래를 볼품없게 만들었고 다른 사람들이 그가 정말로 다른 사람과 같다고 보는 것을 불가능하게 만들었다."(White & Epston, 1990, p. 44) 그의 어머니는 어찌할 바를 몰랐고 거의 포기상태였으며, 스스로 부모로서 실패했다고 생각했다. 아버지는 변에 대해 매우 당황하였고, 수치심으로 인해 스스로 친척이나 친구들로부터 멀어졌다. 변은 가족 모두의 관계에 영향을 미쳤다. "변이 부모(수와 론)와 닉 사이에 끼어 있었다. 닉과 엄마의 관계는 어쨌든 스트레스가 많았고, 변이 많은 기쁨을 몰아낸 상태였다. 닉과 아빠의 관계는 변 때문에 지속되는 폭정의 정치하에 상당히 고통스러웠다. 또한 닉의 문제로 인한 좌절은 항상 수(엄마)와 론(아빠)이 나누는 이야기를 차지했기 때문에, 아들의 변 문제는 부부 사이의 관계에 큰 영향을 미쳐 왔고, 서로에게 집중하는 것을 어렵게 하였다."(p. 44)

화이트 그리고 엡스턴은 닉과 부모가 닉이 교활한 변을 이길 수 있었던 상황들을 확인하도록 도왔다. 즉, 닉이 변을 가지고 문지르는 것을 자제했거나 다른 방식으로 놀 때를 말한다. 수는 압도되지 않고 끔찍해하지 않았던 상황을 찾았다. 론은 변 때문에 당황하지 않았던 상황을 기억할 수 없었다. 하지만 그의 이러한 아들의 끔찍한 비밀을 동료들에게 고백할 여지가 있다. 어떻게 그들의 이야기를 다시 쓸 수 있을까?

이야기치료 상담자는 가족이 교활한 변에 의해 지배되는 것을 멈추기 위해 사용할 수 있는 그들의 자원들을 확인하도록 도왔다. 닉은 더 이상 교활한 변의 놀이 친구가 되는 '속임수'에 넘어가지 않을 것이라고 결심했다. 론은 다른 사람들에게 아이의 문제를 드러낼 수 있다고 생각했고, 수는 고통스러운 교활한 변의 초대를 거절하는 방법에 대해 대안을 가지고 있었다.

3회기 후에 가족은 교활한 변을 정복했다. 닉은 많은 친구를 사귀고 있었고 수와 론은 부모 역할 기술에 대해 걱정했었는데, 다른 부모들과 나누면서 이제 혼자가 아니라는 것을 알게 되었다. 가족은 교활한 변을 닉에게서 분리시키고 교활한 변을 적으로 재명명함으로써 결속할 수 있었고 결국 그것을 물리칠 수 있었다. 문제와의 관계를 재조명함으로써 이겨냈다. 닉은 교활한 변의 손아귀에서 벗어난 그의 노력에 대해 상을 받았다.

출처 : White, M. & Epston, D. (1990). *Narrative Means to Therapeutic Ends*. NY: W. W. Norton & Company.

를 보여주고 평가하는 것은 문제가 무엇이고 문제가 무엇을 하는지에 관한 많은 질문을 하는 것이다. 그리고 마지막 단계인 평가의 정당화는 내담자에게 문제와 그 문제의 작용을 왜 그렇게 평가하는지를 질문하는 것이다. 평가의 정당화는 아마 질문 중에서 가장 복잡하고 혼란스러운 부분이다. 왜냐하면 평가의 정당화는 내담자로 하여금 문제에 대한 자신의 평가에 대해 '왜'라는 질문에 답하도록 하며, 내담자의 가치를 더 탐색하게 하고, 내담자 자신에 대한 긍정적인 관점을 더 발전시키고자 하기 때문이다. 종종 내담자는 상담자의 이 마지막 전략에 놀라게 된다. 왜냐하면 일반적으로 내담자는 상담자로부터 문제에 대해 어떻게 느끼는지 그리고 왜 문제로 느끼는지를 질문 받지 않고 즉시 상담자가 그 문제를 선고해주기를 기대하기 때문이다.

그러나 이야기치료 상담자는 폭력 혹은 학대의 경우, 가해자가 책임에서 자유롭지 않다는 것을 신속하게 언급한다. 문제를 외재화한다는 것이 문제에 대한 책임에서 가해자를 벗어나게 한다는 뜻은 아니다. 하지만 학대를 영속화하는 사람은 학대적인 행동의 기원자가 아니며, 문화적 수단에 의해 학대자가 되는 것이다(White, 2011). 가해자는 문화의 공모자다. 그러나 문화적 힘이라는 담론을 폭로하는 이러한 개념화가 가해자를 책임으로부터 면제해주지는 않는다. 이러한 개념화는 희생자에게 보상을 하도록 하며, 착취하고 학대하지 않는 존재방식을 발견하도록 한다(White, 2011).

외재화 대화가 이야기치료에서 지나치게 강조되는 점에 대한 우려도 있다. 이러한 대화의 가치를 인정하는 반면, 화이트(2007)는 내담자와의 작업에 항상 외재화가 존재하지는 않는다고 설명한다. 외재화는 단지 여행의 시작일 뿐이다. 초점은 다음의 독특한 결과들의 탐색으로 이어져야 한다.

화이트(2007, 2011, 2012)는 학습에 대한 비고츠키의 아이디어를 적용하면서, 이야기치료에서 비계 대화의 가치를 강조하였다. 이야기치료 상담자는 질문을 함으로써 내담자로 하여금 지배적인 이야기에 따른 문제로부터 스스로 거리두기에 필요한 인지적 구조를 형성하도록 돕는다. 그래서 내담자는 어떤 다른 것이 가능하고, 가능한 것이 실연될 수 있다는 것을 볼 수 있다(혹은 지배적인 이야기로 인해 잘 알려지지 않았지만 이미 일어나고 있는 주도성을 강화시킬 수 있다). 비계는 외재화에서 사용된 똑같은 영역에 관한 질문을 함으로써 이루어지는데, 그 질문은 독특한 결과들 혹은 주도성에 관한 것이다. 상담자와 내담자는 함께 (a) 주도성에 대한 풍부하고, 개인적인 기술을 하고, (b) 독특한 결과의 영향에 대해 상세하게 설명하고, (c) 결과의 영향을 평가하고, (d) 내담자는 그 평가를 정당화한다.

지배적인 이야기는 종종 많은 줄거리에 의해서 지지되며 쉽게 사라지지 않는다. 그러기에 해체하는 것이 어렵다. 이러한 관점은 이야기치료 상담자가 내담자에 대해 '저항'이라고 보는 부분이다. 사회적 구성주의 접근에서 내담자 저항은 변화의 가능성에 의해서 위협감을 느낄 때 자기와 세계에 대한 견해를 보호하려는 내담자의 시도로 볼 수 있다(Richert, 2003). 화이트(2007, 2011)는 상담자가 내담자와 올바른 관계를 형성하지 못했을 때 저항이 일어난다고 지적했다. 올바른 관계는 협력적이며 상담자가 내담자에게 예전의 사고방식을 넘어서서 나아갈 수 있도록 필요한 비계를 제공하는 것이다. 마침내 압력을 가하는 이론으로 인해 내담자를 온전히 이해하지 못하는 상담자의 실패 혹은 상담자의 정치 · 문화적/종교적 맥락에 대한 무관심은 내담자의 저항을 일으킨다(White, 2011).

디파는 거식증에 대한 상세한 논의를 통해 레이첼과 가족이 관심을 갖도록 했다. 거식증이 어떻게 레이첼을 지배하게 되었는가? 거식증은 레이첼에게 무엇이라고 이야기하는가? 거식증이라는 친구 혹은 아이는 완벽한가? 거식증은 이 가족을 떠맡고 있는 것으로 볼 수 있고, 특히 레이첼의 삶을 통제하는 것으로 볼 수 있다. 즉, 거식증은 가족의 장기적인 목표를 방해하는 폭군이다. 디파는 거식증이 이러한 폭군 역할을 어떻게 하는지 물었다. 레이첼 이외에 누가 가장 영향을 받는 사람인가? 거식증이 지배하지 않는 시간이 있는가?

디파는 거식증의 이야기가 매우 세밀하고 복잡하다는 것을 알았다. 거식증은 이혼, 알코올 혹은 음주와 밀접하게 관련이 있었다. 또한 레이첼은 삼촌으로부터 성학대를 당했던 문제도 있다. 그리고 이 이야기가 다른 사람들과의 관계에서 어떻게 작용하는지는 명확하지 않았다. 교활하고 강력한 존재로 거식증은 레이첼에게 그녀가 뚱뚱하고 가치가 없다고 말한다는 점이 디파에게 분명하게 인식되었다. 거식증이 그녀보다 항상 한수 앞서기 때문에 그녀로 하여금 완벽하지 않고 또한 약하다고 느끼게 한다. 거식증은 여성과 외모에 대한 사회적 판단이라는 압력을 전달한다.

치료 기법

질문하기

이야기치료에서 중요한 기법은 질문하기(questioning)이다. 질문하기는 매우 중요한데, 메디건(2011)은 치료에서 적어도 99%의 시간 동안 질문을 사용한다고 인정한 바 있다(p. 93). 질문하기는 내담자가 지배적인 이야기를 해체하도록 돕는 데 결정적이며, 문제를 외재화하는 과정에서 중요한 기제이다. 이야기치료 상담자는 질문이 내담자에게 어떤 경험을 불러일으키게 한다고 믿는다. 즉, 질문은 사물을 보는 새로운 방식을 가져올 수 있다(Freedman & Combs, 1996).

질문하기의 가장 중요한 유형은 상대적 영향에 대한 질문하기이다(Madigan, 2011). 이러한 질문은 내담자로 하여금 다음과 같은 두 가지 결정적인 정보를 탐색하도록 돕는다: (a) 내담자 삶에서 문제가 미치는 영향, 가장 중요하게는 문제가 내담자와 다른 사람과의 관계에 미치는 영향, 그리고 (b) 문제에 미치는 내담자의 영향.

첫 번째 질문은 다음과 같은 것을 포함한다.

누가 그 순간에 책임이 있습니까? 당신입니까? 혹은 문제입니까?
그 문제의 편은 누구입니까?
당신이 최근에 하고 싶지 않았던 것을 하도록 하는 데 문제는 어떤 기여를 하였습니까?
당신과 남편에게 죄책감이 어떻게 영향을 줍니까?

두 번째 질문은 개인이 문제에 미친 영향이 무엇인지를 보도록 돕고 일반적으로 그 문제의 영향에 저항할 수 있을 때에 초점을 맞추는 것이다. 두 번째 종류의 예는 다음과 같다.

이것은 상당히 강력한 문제입니다. 더 상황이 나빠지지 않도록 어떻게 조절합니까?
문제가 원하는 대로 하길 원할 때 당신은 그 문제를 어떻게 피할 수 있었습니까?
분노가 당신을 괴롭히는 것을 어떻게 못하도록 행동하였습니까?

질문은 항상 독특한 결과를 포함하는 대안적인 이야기를 강화하는 데 중요하다. 다음과 같은 예가 있다.

당신은 어떻게 이것이 가능하도록 조절했습니까? 그것이 가능하도록 도왔던 어떤 생각을 좀 알려 주실 수 있습니까?
두려웠습니까? 그런데도 당신은 어떻게 그 두려움을 견딜 수 있었습니까?
삶의 다른 부분에서 진행되고 있는 것 중 어떤 것이 이런 과정이 가능하도록 도왔다고 생각합니까?

질문하기의 또 다른 방법은 **행동**에 대한 측면과 **정체성**에 대한 측면이다(White, 2007). 이는 지배적인 이야기 그리고 대안적인(선호하는) 이야기를 모두 검토하는 데 사용된다. 행동 질문은 내담자가 시간에 따른 추이를 통해 결과를 확인하는 것이다. 정체성 질문은 행동 질문으로부터 얻어진 자료를 내담자가 성찰하고 그것에 의미를 부여하도록 할 때 사용된다. 내담자의 정체성에 대해 다시-이야기한다는 의미를 함축하고 있다(사실 화이트는 처음에 이 질문을 언급하면서 의식화라는 용어를 사용하였지만, 나중에는 위와 같은 측면을 강조하기 위해 **정체성**으로 변경하였다; White, 2007).

디파는 주의 깊게 경청하고 중간중간 가족 구성원이 레이첼에게 말한 것을 레이첼이 잘 이해하고 있는지를 확인하면서 레이첼과 가족에게 많은 질문을 한다. 거식증이 가족과의 관계에 어떻게 영향을 주었는가? 시간에 걸쳐 나타나는 거식증의 영향의 패턴은 어떠한가? 거식증이 레이첼에게 무능하고, 약하고 뚱뚱하고 추하다는 식으로 어떻게 속였는가? 음주와 학대에 관해 이러한 유사한 질문을 고려한다. 하지만 가족이 거식증에 너무 초점을 두고 있기에, 지금은 가장 지배적인 이야기(거식증)에 머무를 것을 결정한다.

디파는 레이첼이 거식증의 영향을 피할 수 있었던 시간에 관심을 갖는다. 레이첼이 어떻게 거식증을 피했으며, 폭식하고, 토하고, 설사제를 먹는 것을 그만둘 수 있었는가? 누가 거식증에 대항하여 레이첼 편인가? 최근에 레이첼이 거식증의 명령을 거절할 수 있었던 때는 있었는가? 레이첼은 어떻게 거식증의 명령을 거절했나? 한 인간으로서 레이첼에게 이러한 저항은 무엇을 의미하는가?

이중 경청하기

이중 경청(double listening)은 내담자로 하여금 언어화되지 못한 가치와 의미를 탐색하는 것을 돕기 위해 이야기치료 상담자에 의해 사용되는 기법이다. 이중 경청의 기초는 부재하지만 의미가 있다는 화이트(2000)의 생각이다. 우리는 다른 무엇과 비교하면서 단지 그것을 알게 된다. 예를 들어 어떤 사람은 다른 사람과 연결된 경험을 가질 경우에 비로소 외로움을 알 수 있다(Aman, 2014). 이중 경청은 말하지 않은 것을 내담자가 탐색하도록 도우며, 압제와 사회로부터의 소외로 인해 형성된 부정적인 정체성의 이야기에 도전하는 대안적 이야기들을 발전시키는 것을 돕는다.

디파는 레이첼이 게으르고 무력하다는 거식증의 고발을 성찰한다. 레이첼에게 이 단어들은 진정한 의미가 없기 때문에, 디파는 활력적이고 자신의 능력을 경험한 상황들을 묻는다. 디파는 또한 레이첼의 에너지와 주도성을 담고 있는 레이첼과 가족 구성원들의 기억을 찾는다.

외부 참고인 활용하기

이름이 의미하듯이 외부 참고인 기법(outsider witness practices)은 치료적 대화에 참여하기 위해 특별한 사람 혹은 집단을 초대하는 것이다(Russell & Carey, 2004; White, 2007). 이 기법은 정의의식(definitional ceremony)이라고 부른다. 화이트(2004)는 이 기법을 용인이라는 우리 문화의 전통에 뿌리를 둔 것으로 기술하였다. 매우 공적인 방식으로 내담자를 위해 풍부하고, 심층적인 이야기 줄거리를 발전시키는 것이 가장 큰 목적이다(Chang & Nylund, 2013). 화이트(2007)는 일반적으로 사용되는 "이봐요, 정말 잘했어요."와 같이 진심으로는 용인하지 않는 반응에 대해 특히 염려하였다. 참고인들은 어떤 식으로든 내담자의 이야기를 평가하고, 해석하고, 혹은 판단하지 말아야 한다. 대신 가장 좋은 외부 참고인은 내담자의 말이 그들 자신에게 미치는 영향을 기술한다(나중에 이 부분에 대해서 더 다룰 것이다). 외부 참고인 기법의 다른 목적은 내담자가 확신을 갖고 더 선호하는 이야기를 만들도록 조력하는 것이다. 변화하는 내담자를 잘 지지할 수 있는 사람으로 내담자에 의해 지목된 누군가를 초대해서 내담자의 더 선호하는 이야기를 듣고 그것에 반응하도록 한다. 외부 참고인은 내담자가 더 선호하는 이야기를 만드는 데 있어 내담자의 동맹자들이 된다.

이 기법은 내담자(들) 그리고 외부 참고인 집단이 참여한다. 참고인(들)은 연인, 가족 구성원, 친구가 될 수 있다. 내담자(들)와 관계가 있다고 여겨지는 누군가이다. 성찰팀과 함께 작업하는 T. 앤더슨(T. Anderson, 1987)의 영향을 받은 화이트와 동료들은 또한 종종 외부 참고인으로서 다른 전문가들을 활용한다(White, 2007).

이 의식(ceremony)은 내담자가 선택한 이야기를 하고, 이에 참고인은 주의 깊게 경청하면서 시작된다. 어떤 시점에서 (상담자에 의해 결정된) 참고인은 내담자의 이야기에서 가장 핵심적인 것을 말하기 위해 초대된다. 화이트(2007, pp. 190-192)는 외부 참고인에게 사용했던 네 가지 주요 질문 영역을 확립했다: 표현, 이미지, 공명, 그리고 전송. 참고인들은 내담자의 이야기에서 그들의 주의를 끌었던 것이 어떤 요소였는지(표현을 위해), 그리고 그들이 경청하면서 나타나는 이미지들이 무엇이었는지 확인한다. 그리고 참고인들의 개인적인 이야기(공명)를 통해, 왜 그들이 내담자의 이야기 중 이러한 요소들에 가장 끌리는지를 설명한다. 마지막으로 참고인들은 경청을 통해 어떻게 개인적으로 변화되었는지를 설명한다. 화이트(2007)에 의하면, "참고인들은 내담자의 삶에 대한 표현을 목격하기 전보다 그리고 그들에게 반응할 기회를 갖기 전보다 자신들이 내담자의 이야기를 들으면서 어떻게 또 다른 사람이 되었는지에 대해 말한다."(p. 192) 화이트는 정서의 방출로서 카타르시스(catharsis)의 전형적인 개념과 구별하기 위해 이 후자의 현상에 대해 카타르시스(katharsis)라는 용어를 사용하였다. 그는 또한 좋은 치료 대화에서 상담자들 또한 카타르시스(katharsis)를 경험해야 한다고 덧붙였다.

이러한 참고인들의 이야기 이후에, 상담자는 내담자에게 똑같은 질문을 하면서 면담한다. 참고인들의 이야기에서 무엇이 두드러지는지, 이 과정에서 내담자 자신의 삶에 대해 어떤 이미지들이 떠올랐는지, 그리고 내담자에게 무엇이 가장 중요했는지를 묻는다. 다시 말해 내담자는 참고인의 표현을 듣고 자기를 보는 관점과 문제에 대한 관점에 어떤 영향을 받았는지에 대해 성찰해보는 것은 매우 중요하다. 이 과정에서 상담자는 질문을 통해 면담의 틀을 제시하고 상호작용을 다루게 된다. 상담자는 참고인들의 성찰에 대해서는 직접적으로 다루지 않는다(White, 2007).

내담자의 필요에 따라 외부 참고인은 선택된다. 종종 참고인은 내담자의 가족 혹은 아주 가까운 친구들이 된다. 다른 경우에서 참고인은 유사한 문제로 치료를 받았던 이전 내담자들 또는 팀, 그리고 상담자 집단이 될 수도 있다. 예를 들어 러셀과 케리(Russell & Carey, 2004)는 이전에 학대적인 관계를 경험했던 여성들이 내담자의 상담회기에 참여했던 상황을 기술했다. 이 여성들은 경청했고 공손하게 오빠와의 관계에 대한 내담자의 이야기에 반응했다. 이 여성들은 내담자가 학대에서 생존하도록 도왔다.

디파는 외부 참고인 기법이 레이첼과 가족에게 매우 도움이 될 것이라고 생각한다. 디파는 섭식장애로 고군분투하는 많은 내담자와 작업을 했기 때문에, 외부 참고인으로 섭식문제를 겪는 집단을 초대했다. 레이첼은 그들에게 어떻게 그녀가 폭식하고, 토하고, 그리고 설사제를 사용하는 것을 멈추었는지를 말할 수 있었다. 참고인들은 경청을 하고 그들이 들었던 것 중에 무엇이 가장 중요했는지에 대해 이야기를 했다. 레이첼은 또한 거식증의 손아귀에서 벗어난 사람으로서 미래에 대한 자신의 꿈을 설명할 수 있었다. 대안으로 레이첼이 참고인으로서 중요한 개인을 선택할 수도 있다. 이들은 아주 가까운 사람 혹은 확대 가족 그리고 친구가 될 수 있다.

디파는 성찰팀을 고려하고 있는데, 성찰팀은 거식증을 다루는 데 기여할 것으로 본다. 이 과정에서 케네디 가족이 이러한 성찰팀을 수용할 만하다고 확신한 후에, 성찰팀을 초대하기로 결정한다. 3명의 이야기치료 상담자로 구성된 성찰팀은 디파가 레이첼 가족의 삶에서 최근 일어나는 진전에 대해 그리고 거식증을 극복하고 있는 레이첼의 과정에 대해 가족과 면담하는 장면을 관찰한다. 이후 팀구성원들은 일방경에서 나와 가족에게 받은 인상을 전달한다. 성찰팀 중 한 명은 고통스러운 어려움에도 불구하고 가족들 사이에 분명한 배려와 관심이 있다는 점을 언급한다. 다른 성찰팀원은 멜라니가 알코올을 극복하는 과정에 대한 설명에서 감동을 받았다고 언급했고, 이것이 레이첼에게 무엇을 의미하는지 궁금해했다. 그리고 나서 디파는 이러한 성찰팀의 관찰에 대한 가족의 반응을 면담했다.

되돌려주기

이 용어는 이야기치료에서 상담자와 내담자 둘 다에게 적용되는데, 이야기치료로부터 누군가 배운 것을 되돌려주는 것(taking it back practices)을 말한다. 성찰팀은 상담자에게 내담자에게 어떤 영향을 받았는지를 말해준다(J. L. Zimmerman & Dickerson, 2001). 상담자가 내담자로부터 영향을 받는 것에 대해 다른 상담 접근들에서는 부정적으로 여기는 경향이 있다. 하지만 이야기치료의 경우 내담자가 상담자에게 미치는 영향을 긍정적으로 본다. 이야기치료 상담자는 이야기치료가 내담자 그리고 상담자 둘 다를 변화시킨다고 인정한다(White, 2011).

되돌려주기는 내담자가 유사한 문제에 대한 투쟁과 승리를 드러냄으로써 다른 내담자들을 돕는 경우와 같이, 다른 사람과 그들의 경험을 공유하는 기회를 갖게 될 때 나타난다(Carr, 1998). 이러한 활동의 좋은 예로, '저항의 기록 저장소 : 반거식증과 반폭식증'인데, 이야기 접근의 인터넷 주소(narrativeapproaches.com)에서 확인할 수 있다. 그 기록 저장소는 예술 작품, 글, 그리고 학위논문들을 담고 있다. 많은 기여자들은 거식증 혹은 폭식증으로부터 살아남은 사람들이며, 다른 사람들이 이와 같은 노력을 하도록 돕기 위해 그들의 이야기, 시, 예술 작품을 제공한다. 엡스턴과 마이슬(Epston & Maisel, 2006)에 의하면 200~300명의 사람들이 이 자료실에 기여하였으며, 거식증과 폭식증에 대한 그들의 항거 그리고 불복종을 표현하였다.

디파는 레이첼에게 저항의 기록 저장소를 상기시켰고 그녀가 어떤 방식으로든 기여하거나 참여하기를 원하는지를 물었다. 디파는 레이첼의 노력을 인정하면서 다른 사람들이 레이첼로부터 배울 수 있다는 것을 강조한다. 레이첼은 자신이 저장소 자료들을 공부하면서 많은 것을 배웠고, 다른 사람들이 그녀와 유사한 방식으로 투쟁하면서 만족스럽고 새로운 이야기를 발견할 수 있다는 사실에 상당히 고무된 것으로 보였다.

기록물 활용하기

이야기치료 상담자는 내담자와 그리고 내담자의 삶에 중요한 다른 사람들을 위해 선호하는 이야기를 강화하는 방식으로 쓰인 기록물(written artifacts)을 종종 사용한다(Combs & Freedman, 2012). 쓰인 글들이 말보다는 더 강력하기 때문에, 이러한 산물은 내담자의 새로운 이야기 속의 내담자와 다른 사람들에게 매우 중요한 자료이다. 이러한 기록물에는 편지, 증서, 낙서 등이 포함되며 거의 상담자와 내담자로부터 나온 것이다(Payne, 2006). 예를 들어 화이트와 엡스턴(1990)은 치료에서의 성공 이야기를 기념하기 위해 상담자가 내담자에게 부여하는 '집중 확인 증서' 그리고 '짜증 회피 증서'(pp. 196-197)를 소개하였다. 이러한 기록물은 역기록물(counterdocuments)이라고 언급되는데, 이는 내담자의 삶에 영향을 미치는 억압적이고 지배적인 담론을 반대하기 때문이다.

이야기치료 상담자는 종종 회기 사이에 내담자에게 편지를 보낸다. 편지는 치료에서 있었던 사건을 강화하기 위해 활용된다. 편지는 종종 회기 내용을 요약하고 독특한 결과에 관한 평가를 위해 사용된다. 혹은 편지는 문제로 가득한 내담자의 이야기에 대한 새로운 관점을 제시하기도 한다. "준비를 위한 편지(Readiness letters)"는 '치료를 거부하는 내담자'에게 삶에서 내담자의 선택과 통제를 인정하도록 돕기 위해 사용될 수 있다(글상자 15.3 참조).

글상자 15.3

헬렌에게 보내는 상담자 짐의 편지

친애하는 헬렌에게
어제 우리 만남의 마지막에 언급했듯이, 나는 종종 사람들과 만남 후에 떠오르는 추가적인 생각들을 전하기 위해 편지를 보냅니다. 한 생각이 가끔 다른 생각을 이끌기에, 이 편지는 다음 만남에서 더 깊은 논의를 위해 자신의 생각을 되돌아보도록 돕습니다. ('객관적 현실'을 통해 제공되는 지식과는 반대로, 다양한 해석과 논의가 가능하다는 의미를 가지고 있는 '아이디어'로 우리의 대화를 기술하기)

당신과의 만남 그리고 당신 삶을 위해 당신이 쓰고 있

는 새로운 이야기들에 대한 배움이 얼마나 즐거웠는지 모릅니다. ('이야기'라는 아이디어를 소개하고 있는데, 사회적 '현실' 그리고 '정체성' 모두가 주관적이며, 이는 결과적으로 이야기하기 그리고 다시 이야기 하기를 할 여지를 준다). 오래된 이야기에서 계속되는 불만족은 당신을 옭아매서 옴짝달싹 못하게 당신이 더 이상 참고 견디기 어려운 이야기를 만들었습니다. ('그 문제'라고 표현하면서 문제를 기술하기, 그리고 '그 문제'를 그 사람으로부터 분리해서 외재화하기. '그 문제'의 중심 줄거리 그리고 개인에게 미치는 영향을 보여주기) 나는 당신의 계속되는 불만족은 당신을 불안하게 하거나, 엄마의 사랑을 반영하지 않는 방식으로 아이들을 대하고 통제력을 잃게 하는 것보다는, 아마도 다른 일을 찾아봐야 된다는 것은 아닌지 의문이 듭니다. *(표면적인 문제중심 이야기와 의미, 가치, 목적에 근거한 가능성이 있는 이야기 대비시키기)*

당신이 나머지 삶 동안 치료가 필요한지에 대한 나의 생각을 물었을 때, 나는 이 나라 대부분의 사람들이 여섯 번 혹은 그보다 적은 횟수의 치료를 받고 있기 때문에 삶의 대부분 동안 치료를 받아야 된다는 점에는 의문이 든다고 말했습니다. *('전문적' 지식을 나눔으로써 (상담자라는) 특권과 반대로 반응하기)* 당신과 이야기를 한 후에, 나는 심지어 오랜 기간의 치료가 필요할 것 같지 않다고 확신했습니다. *('그 문제'라는 위축시키는 이야기가 갖고 있는 영향력과는 반대방향으로 전문적인 특권을 '축소하기')* 나는 당신이 '집에 있는 엄마'로서 아이들의 삶에서 당신이 하는 중요한 역할에 대해 얼마나 열정이 있는지 그리고 얼마나 많이 이 역할을 사랑하는지에 대해 당신이 이미 이해하고 있다는 것을 알고 있습니다. 아이들의 삶을 형성하는 데에서 당신 역할의 중요성을 훌륭하게 설명하였습니다. 당신은 아이들이 누구인지, 아이들이 무엇에 대해 열정을 가지고 있는지, 아이들이 미래에 대해 품은 꿈이 어떤 것인지를 발견하도록 돕는 데 헌신하고 있습니다. *(무의식적 혹은 체계적 병리적 동기보다는 의식적 목적의 이야기를 더 강조하기)*. 나 또한 부모로서 당신을 온전히 투자한다는 점에서 이보다 더 중요한 일은 없다고 생각합니다. *(소외와 종속이라는 여성들의 지배적인 이야기에 반대하는 수단으로 그녀의 작은 의미에 집중하기 위해 더 오래된 '전문적' 남성으로서 나의 특권을 축소하기)*

나는 아이들의 현재 그리고 미래 삶에 대한 당신의 헌신이 지속되는 불만족의 위협적인 전술과 거짓말이 더 이상 당신을 위협하고 혼란스럽게 하지 못하게 한다는 점에서 매우 감동을 받았습니다. *(이러한 독특한 결과에서 발견된, 개인적 주체성에 관한 부분적으로 지배적인 줄거리의 이야기를 다시 이야기함으로써 '그 문제'에 미치는 개인의 영향력에 특권 부여하기)* 이에 대해 생각하면서 나는 당신이 언급했던 당신에게 주어진 세 가지 점이 얼마나 중요한지에 대해 이해했습니다.

1. 당신은 성장하면서 당신의 가족에게 '잘 보이지' 않았습니다. 즉, 자신의 능력과 가치에 대해 의심의 씨앗을 키워 왔습니다.
2. 당신의 결혼은 당신을 위해서 무엇이 실현되고 있는지 알 수 없게 했습니다. 따라서 당신은 삶에서 얼마나 많이 희망을 가질 수 있는지에 대한 의심을 할 수밖에 없습니다.
3. 당신의 어머니는 자신의 삶의 이야기에 행복해하는 것 같았습니다. 이러한 점이 오히려 당신이 삶에 불만이 있어도, 당신의 삶의 이야기에 행복해야만 했습니다.

(다양한 이야기의 기술과는 반대로 '그 문제'의 이야기에 은밀하게 기여하고 있는 사회적·역사적 맥락 속에 '그 문제'를 위치시키기)

지속적인 불만족을 갖지 않기 위해서는 우리 문화가 집에 머무는 엄마에 대해서 "충분하지 않다 : 그 이상을 해야 한다."고 암시하는 부분을 고려하는 것이 필요합니다. *(억압적인 지배적인 담론을 노출시키면서 '그 문제'를 정치화시키기, 그러한 담론의 본질주의자들은 맥락을 개별화시키면서 '그 문제' 이야기들을 강하게 구성하도록 한다)* 지속적 불만족은 당신 삶에서 앞서 말한 세 가지 민감한 영역에서 사회적 메시지를 담아 당신을 속이고 낙담시키려고 했던 것으로 보입니다. 지속되는 불만족은 당신에게 겁을 주어 "내가 하는 무엇이든지 간에 그것은 충분하지 않다."라고 믿도록 하는 것 같습니다. *(자신에게 반하는 행동을 하지 않으면서 '그 문제'에 대항하여 행동하도록 하는 여지를 주기 위해 외재화를 서술하기)* 하지만 1929년에 태어난 한 여성인 당신의 어머니가 만족스러웠던 것이 오늘날 도전과 기회에 직면한 한 여성인 당신을 반드시 만족시켜주지는 못한다는 것을 정확하게 주목했을 때 지속하는 불만의 가장 중요한 속임수 중 하나를 제거하는 것입니다. *(빈약한 결론을 이끄는 빈약한 기술을 드러나게 하기, 그리고 '그 문제'에 미치는 개인의 영향에 대한 이야기를 존중하고 특권화하기)*

이제 당신은 지속되는 불만족의 주도권을 멈추게 했습니다. 당신이 아이들의 삶에 중요한 역할을 하고 있음을 인식하는 것이 어떻게 당신의 열정과 꿈을 재발견

(계속)

하도록 도울 수 있는지 궁금할 수밖에 없습니다. (희망과 유능함의 줄거리에 근거하여 미래의 가능성을 가진 이야기를 위한 여지 만들기) 또한 이러한 당신의 깨달음이 결국 당신의 삶을 앞으로 나아가도록 어떻게 도울 것인지 궁금합니다. (개인적 목적과 의미에 근거하여 더 풍부하고 더 심층적인 이야기에 대해 숙고하기) 그러나 이러한 깨달음과 재발견이 당신이 언급했던 문제가 되는 분노, 두려움, 그리고 갈망과 같이 불안한 느낌들을 많이 불러일으킬 수 있습니다. 엄마로서 당신은 어떠한 변화에는 이러한 혼란스러운 정서들이 올라올 거라고 예상할 수 있을 겁니다. (전문가와의 대화에 만연해 있는 병리의 문화에 반대하면서 내담자를 정상화하기) 하지만 나는 지속되는 불만족이 당신을 위협하는 방식으로, 당신을 '잠들어 버리게 하는' 형태로 이 느낌들을 이용할 수 있다는 점에서 걱정이 됩니다. 과거에 그러했듯이, 그래서 당신이 삶에서 정말 중요한 것이 무엇인지에 대해 집중하지 못하게 할 수 있습니다. ('작은 진실'을 모호하게 하는 '일반적인 진실'로 이루어진 문제중심의 이야기에 반대하기)

다른 한편으로는 지난 면담에서 당신이 울면서 언급했던 '희망'은 당신이 진실로 깨어 있으며 더 많은 가능성을 가지고 이 이야기를 다시 쓰게 했습니다. (등장하는 이야기에서 새로운 정체성을 축하하기. 그리고 다양한 가능성들을 가지고 미래에 대해 다시 마음속에 그리기) 지속되는 불만족이 생각하는 것과는 다른 새로운 이야기의 시작을 들으면서, 나는 삶에서 당신이 지속되는 불만족의 주문을 깰 수 있다고 생각합니다. 또한 당신에게 진실로 무엇이 중요한지를 기억할 수 있는 사람이 있는지가 궁금합니다. ('그 문제'와 그녀의 관계를 변화시킬 수 있는 사람으로서, 문제에 대한 그녀의 재기술을 지지할 수 있는 공동체가 중요함. 다시 기억하는 변화를 도울 수 있는 가능한 청중은 누구인지에 대해 담론 일으키기) 지속되는 불만족의 속임수를 잡는 것이 어떻게 당신이 앞으로 나아갈 수 있도록 돕는 것인지 언급한 바가 있습니다. 나는 이 변화가 또한 당신 아이들의 미래에 도움이 될 가능성이 크다고 생각합니다. (유능성의 정체성을 가진 누군가로서 그녀의 독특한 재기술을 강화함으로써 개인적 의미 그리고 의식적인 목적의 이야기를 풍부하게 하기)

우리가 만나면서 내가 당신에게 묻고 싶었던 것은 우리의 대화가 당신을 위해 잘 진행되고 있는지에 관한 것입니다. 특별하게 나는 우리의 대화가 유용한 방향으로 가고 있는지 그리고 내가 당신을 위해 할 수 있는 더 유용한 어떤 것이 있는지 궁금합니다. 나는 당신이 이 부분에 대해 가지고 있는 모든 생각을 환영합니다. 도움이 될 것이라고 생각하는 나의 최선의 추측은 당신에게 적합할 수도 있고 혹은 아닐 수도 있습니다. (위계 무너뜨리기, 반억압적인 행동으로 그녀의 목소리에 특권 부여하기) 당신은 한 여성으로서 그리고 어머니로서만 당신의 삶의 이야기를 이해하고 있습니다. 남성으로서 나는 단지 당신의 이야기를 외부인으로 이해할 수 있습니다. (가부장제 그리고 계층에 내재해 있는 힘의 정치학 드러내기) 나는 당신이 자신과 아이들을 위해 쓰고 있는 이러한 새로운 이야기에 '지속되는 불만족'이 방해하지 못하도록 하는 것을 배우면서, 가장 도움이 될 수 있는 방식에 대한 당신의 지도가 필요하다는 것을 충분히 인정합니다. ('전문가'라기보다는 이와 같이 진행되는 이야기의 공동 저자로서 상담자인 나 자신을 위치시키기, 그녀의 고유한 지식과 지혜의 통치와 예속을 기꺼이 환영하기)

나는 당신의 변화하는 이야기에 대해 가졌던 어떤 아이디어뿐만 아니라 내가 제공했던 아이디어에 대한 당신의 의견을 듣는 데 관심이 있습니다. 당신과 다음 주에 더 많은 이야기를 하기를 기대합니다. (주체성을 가진 한 사람으로 이야기하는 데에 공동 협력자로 나 자신을 위치시키기. 결과적으로 이 새로운 줄거리는 더 나은 미래를 향한, 살아 있는 경험에 영향을 미치는 능력을 가진 한 사람으로 그녀를 이야기한다. 이것은 희망이라는 이야기를 공동으로 구성해 나가는 것에 결정적으로 중요하다.)

따뜻한 마음을 담아

짐
(비기법적인 그리고 권위 있는 역할로 남자에게 부여되는 특권을 줄이는 '비전문적인' 방식으로 흥미와 관심을 표현하기)

출처 : Jim Kreider의 호의로 게재함

디파는 첫 상담회기 후에 케네디 가족에게 요약된 편지를 보내기로 결정한다. 이 편지에서는 가족에 대한 상담자의 이해와 알코올과 거식증이라는 커다란 두 가지 문제의 도전에 맞선 가족의 집념에 대해 칭찬을 했다. 디파는 멜라니가 알코올을 극복하는 과정에서 수년 동안 레이첼이 멜라니를 관찰해 왔다는 점에 관심을 가졌다. 그리고 레이첼이 자신 안에서 이러한 강점을 본 것이라고 생각했다. 레이첼은 어머니의 결심과 결코 포기하지 않는 태도가 감동적이었다고 반응했다. 레이첼은 자신 안에 이러한 특성과 접촉하기로 결심한다.

개인적·문화적 다양성에 대한 논의

이야기치료 지지자들은 이 접근이 다양한 배경을 가진 개인에게 사용하기에 완벽하다고 제안한다. 이야기치료 상담자는 내담자 문제와 잠재적으로 관련이 있는 억압적 문화적 담론에 대해 민감하게 대화를 주도한다(Chang & Nylund, 2013). 카미야(Kamya, 2012)는 "이야기치료는 빠르게 진행하는 맥락에서 다양성을 인정하는 눈을 가지고 당연하다고 생각하는 기준을 해체하려고 한다."(p. 234)고 주장하였다. 페인(Payne, 2006)은 현재 심리상담 접근이 반-주의(예 : 종교주의, 성차별주의, 계급주의, 이성애주의)이더라도, "이러한 주제의 미묘한 증후에 반하여 지속적인 경계의 필요를 강조하는 이야기치료는 특별히 일관적이고 공감적이다."라고 했다(p. 31). 요약하면 문화적 영향의 검토는 이야기치료에 내재되어 있는데, 다양한 배경을 가진 개인을 위한 사용에 탁월한 접근이다.

그러나 다른 상담 접근과 마찬가지로 이야기치료를 모든 문화에 맹목적으로 적용할 수 없다는 점을 경고한다. 문화에 따른 관습에서 차이(기록 및 구전에 대한 의존 정도, 직접적 질문을 허용하는 정도)는 이야기치료 접근의 적용에 영향을 미친다. 덜위치 센터 웹사이트에 따르면 이상적으로 상담자는 내담자와 같은 문화권이어야 한다.

이야기치료의 가치는 여성주의 치료의 가치와 맥을 같이한다. 여성주의 치료는 내담자와의 협력과 치료 과정에 대한 설명을 강조한다. 억압적인 실제에 반하는 이야기치료의 입장은 여성 내담자 그리고 과거 혹은 현재의 억압적 실제의 표적이 되어 온 사람들의 성장을 촉진시킨다. 페미니스트들은 남성 우월을 지지하는 문화적 담론을 해체하는 이야기치료의 강조점을 환영한다(C. G. Brown, Weber, & Ali, 2008; Nylund & Nylund, 2003).

성적 지향에 대한 이야기치료의 입장은 동성애에 비해 이성애에 특권을 주는 성에 대한 지배적인 문화적 담론의 영향을 인정한다(White, 2009; Yarhouse, 2008). 그래서 이야기치료는 성소수자 내담자를 위한 좋은 접근으로 고려된다. B. 로간(B. Logan, 2002)은 "커밍아웃은 한 사람이 스스로에 대해 가지고 있는 이야기를 '다시 쓰는' 과정"이라고 기술하였다(p. 140; 원문에서 인용).

CHAPTER 16

마음챙김 접근

마샤 리네한

27세 에니카는 관계문제와 일에서 어려움이 있는 백인 미혼 여성이다. 그녀는 우울, 불안, 분노가 번갈아 일어난다고 보고하고 있으며 삶을 '진정시키고' 회복하는 데 도움을 구하고 있다.

에니카는 외동이었고 부모는 그녀가 12세경 이혼을 했다. 전 패션 모델인 어머니는 에니카가 성장하는 대부분의 시간 동안 심각한 심리적 어려움을 겪었고 우울과 자살 시도로 반복적으로 입원을 했다. 에니카의 아버지는 대부분 에니카의 곁에 없었다. 그녀의 아버지는 상당히 유명한 국제적 패션 사진작가로서 다양한 곳으로 여행을 다녔다. 집에 있을 때 아버지는 에니카를 맹목적으로 사랑했지만 종종 거리감이 있었고 차가웠다.

에니카는 지역 TV 방송국에서 특집 기자로 일한다. 4세 여아의 실종, 성학대, 살인에 대한 방송국 보도에 깊게 참여하였다. 에니카는 먹고 자는 데 문제가 있고, 쉽게 화를 냈고, 직장에서 제대로 일을 할 수 없었다. 직장을 그만둘 것을 잠시 미루고, 6주 전 심리학자를 알아볼 것을 권유받은 지점까지 그녀의 직장 내 수행은 점점 악화되었다. 과거 에니카는 또한 유부남 뉴스 연출자와 짧은 바람을 피웠고, 그 남자와는 적대적인 일 관계로 끝이 났다고 말했다. 에니카는 여성 아나운서와 친밀한 관계를 맺고 있는데, 그녀와의 성적 환상을 인정했다. 최근에 에니카는 카메라맨과 8개월째 관계를 맺고 있는데, 그 카메라맨은 그녀에게 끈덕지게 집착하고 있다. 그러나 에니카는 그에게 특별하게 빠져 있지는 않다. 그녀는 "나의 삶이 엉망진창입니다. 무엇을 어떻게 해야 할지 모르겠어요. 나는 제대로 된 건강한 관계와 약간의 평화를 원해요."라고 호소하면서 도움을 구했다. 에니카는 직업을 유지하기를 원했다. 그녀는 궁극적으로 뉴욕 혹은 로스엔젤레스와 같은 주류 무대에서 뉴스 아나운서가 되고 싶어 한다.

배경

수년에 걸쳐 창의적인 상담자는 다양한 접근으로부터 어떠한 요소를 가져와 기존에 존재하는 체계를 독특하게 수정하거나 혹은 다른 영역으로부터 가져온 지식을 통합하였다. 전형적으로 기존의 심리치료 이론에 기대거나 반응하면서 결과적으로 이루어진 창조물은 새로운 접근이다. 이러한 새로운 접근은 종종 특별한 내담자의 호소문제에 맞춰져 있다. 이번 장은 이러한 접근 중 두 가지를 기술할 것인데, 이 두 접근은 공통적인 요소를 공유한다. 즉 상담 접근이 인지행동치료에 기원을 두고 있다는 점 그리고 마음챙김과 수용의 원칙 및 실체를 통합하였다는 점이다. 기독교의 사색 그리고 선불교의 수행 둘 다의 핵심적인 요소인 마음챙김의 개념은 진실로 오랜 시간 존재해 왔다(Lynch, Chapman, Rosenthal, Kuo, & Linehan, 2006). (상담이론의 범위 내에서는) 비교적 최근에 마음챙김이 체계적으로 (감히 말하자면 마음챙김적으로) 접근 안으로 통합되어 왔다. 하지만 요즈음 여러분은 가는 곳 어디에서나 마음챙김을 들을 수 있을 것이다. '마음챙김 식품 가계'가 최근 하나의 두드러진 현상이다.

마음챙김 접근은 행동과 인지치료에서 제3의 물결로 불린다(S. C. Hayes, 2004). 첫 물결은 우리가 행동치료로 알고 있는 것이다(제8장 참조). 행동치료는 전통적 심리치료 접근(특히 정신분석)이 비과학적이라는 입장에 대한 반작용으로 나타났다. S. C. 헤이즈(S. C. Hayes, 2004)는 "행동치료 상담자는 간단한 유관성(contingency)이 독특한 정신분석적 해석을 일으키는 행동을 쉽게 생성하게 할 수 있다는 것을 실험적으로 제시하면서 정신분석적 이론화의 복잡성을 조롱하였다."(p. 641)고 설명하였다. 하지만 정통 행동치료(혹은 응용된 행동분석으로 알려진)가 성공하였다고 하더라도, 사람에게는 인지, 정서, 언어 그리고 삶의 의미 같은 실존적 관심사가 중요하다는 숙제를 남겼다. 위와 같은 주제에 대한 간과와 인지실험심리학의 태동으로 행동치료의 제2의 물결인 인지적(혹은 인지행동) 접근이 일어나게 되었다(제9~10장 참조). 그러나 행동의 인지적 개념이 가진 문제(예 : 인지적 모델이 항상 경험적 관찰에 의해 지지되지 않는다는 발견에 대한)와 사회적 구성주의자와 포스트모던적 사고의 출현은 행동치료의 제3의 물결을 촉발시켰다.

이 장에서 소개하는 두 가지 접근인 수용전념치료(acceptance and commitment therapy, ACT, 낱자로 읽지 않고 한 단어로 읽음)와 변증법적 행동치료(dialectical behavior therapy, DBT)는 제3의 물결을 대표한다. 또 다른 접근으로 마음챙김에 기반한 인지치료는 [글상자 16.1]에서 조명한다. 비록 ACT와 DBT 둘 다 마음챙김을 강조하고 인지행동치료를 포함하는 측면에서 보면 서로 유사하더라도 나는 그들의 기원이나 철학이 다르다고 말한다. 여러분 스스로 이것을 판단할 수 있을 것이다.

수용전념치료

개요

ACT의 창시자는 현재 네바다-리노대학교 심리학과 교수인 스티브 헤이즈(Steven Hayes)이다. 헤이즈는 대학교 공부를 시작할 때 '히피' 문화의 일원으로 그가 인정한 동양적 사고에 관심을 가졌다(HappinessTrap, n.d.). 동시에 B. F. 스키너(1976)의 월든 투(Walden Two)에 매료되면서 심리학에서 행동적 접근을 탐색하기 시작했다. 결국 헤이즈는 대학원에서 박사학위를 받고 심리학을 가르치기 시작했다 — 여기가 바로 그의 이야기가 흥미로워지는 부분이다. 1978년 어느날, 헤이즈는 교수회의 중에 공황발작을 겪는다(Cloud, 2006). 헤이즈는 불안을 알기도 전에 불안이 그의 삶을 덮쳤고, 인지

글상자 16.1

마음챙김에 기반한 인지치료

처음에 우울증의 재발을 막기 위해 개발된 마음챙김에 기반한 인지치료(mindfulness-based cognitive therapy, MBCT)는 인지행동치료의 기법과 원칙을 마음챙김 실제와 결합하였다(Segal, Williams, & Teasdale, 2012). MBCT 이론가들에 의하면 우울증의 재발은 사고와 느낌의 부정적 기제의 재발과 관련이 있으며, 결국 우울삽화로 되돌아가는 것이다. MBCT 매뉴얼은 **우울증을 위한 마음챙김에 기반한 인지치료**에 들어 있다(Segal et al., 2012).

MBCT 이론가는 오랜 사고 습관은 우울증을 회피하고 도피하려는 목적에 의해 동기화되며, 유용하지 않지만 반복해서 연습된, 반추적인, 인지적인 틀에 기반을 두고 있다고 설명한다. 이러한 판에 박힌 틀은 비효율성에도 불구하고, 개인이 현재와 바라는 것 사이의 불일치에 맹렬하게 초점을 맞추고 거기에 빠져서 갇히게 되면서 '자동 조종'으로 들어가기 때문에 유지된다. 우리는 그 불일치를 피하거나 혹은 변화시키려고 쳇바퀴를 돌린다. 그리고 그러한 무능력은 자기에 대한 부정적 느낌을 강화시킨다(Segal et al., 2012).

MBCT의 핵심은 마음을 챙기면서 그리고 내려놓으면서 오래된 사고의 패턴을 비우는 방법을 배운다. MBCT 상담자는 **경험적 학습**을 강조한다. 즉, 요구되는 기술과 지식은 실제적 경험을 통해 얻어지며 단순히 인지적 혹은 '책'을 통한 지식이 아니라는 것이다. 이 경험적 학습은 내담자 자신의 경험에 기반해야 한다. 내담자가 자신에 대한 전문가라는 가정은 내담자를 **임파워시킨다**(Segal et al., 2012).

이렇게 해서 MBCT는 교육의 장에서 전달되었다. 따라서 MBCT가 '치료' 양식으로 전락하는 것을 막기에 충분히 커져야 했다(around 12 people; Segal et al., 2012, p. 83). 많은 MBCT 상담자는 기술을 가르친다. 첫 번째는 집중, 혹은 다양한 과제를 시도하는 대신에 한 번에 한 가지에 집중을 유지할 수 있는 능력이다. 두 번째는 사고, 느낌, 정서 그리고 신체 감각에 대한 **자각/마음챙김**이다. 누군가가 건강하지 못한 패턴

을 자각할 때까지는 내려놓을 수 없기 때문에, 건강하지 못한 패턴을 내려놓도록 하는 데 자각은 가장 중요하다. 세 번째는 **순간에 머무르기** 기술인데 순간순간 현재를 경험할 수 있는지와 관련이 있다. 네 번째는 사고의 오래된 도움이 되지 않는 사고 패턴을 **내려놓는** 능력 혹은 관여하는 것을 멈추는 것이다. **하는 것보다는 존재하는** 것이 누군가로 하여금 그 순간에 마음챙김 하도록 하는 게 중요한데, 이는 다음에 일어날 것에 대한 걱정 혹은 염려가 없는 것이다. 마지막으로 **문제가 되는 신체 증상에 자각을 가져가기**는 내담자가 직면하는 어려움에서 야기된 신체 감각을 자각하는 것이다. 신체 감각을 자각하는 것은 건강하지 못한 사고와 느낌의 패턴을 그대로 내려놓는 첫 번째 단계이다(Segal et al., 2012, pp. 91-93).

MBCT 상담자는 내담자의 삶에서 새로운 존재방식을 경험했을 때 배운 기법들을 잊지 않게 하기 위해 적극적인 치료 단계 동안 내담자로 하여금 매일매일의 삶에서 배운 기법들을 실습하도록 격려한다. 8주 치료는 두 부분으로 구분된다. 즉, **마음챙김을 배우고**(1~4회기), **기분 변화를 다룬다**(5~8회기). 내담자는 수업을 시작하기 전에 개인 면담에 참여하는데 MBCT 상담자는 우울의 경험을 탐색하고, MBCT를 내담자에게 가르쳐주고, MBCT가 힘든 작업이 될 것이라는 점을 강조하면서, 어떻게 도움이 되는지 알려준다.

1~4회기 동안은 세 가지 기본 과제로 구성된다. 첫째, 내담자는 얼마나 빨리 마음이 한 주제에서 다른 주제로 이동할 수 있는지를 배우면서, 경험을 통해 배우는 것에 목적을 두고 연습을 통해 매일의 삶을 더 자각한다(마음챙김을 한다). 일단 특정 주제가 멀어져 가는 것을 알아차리면서, 부드럽게 특정 주제로 다시 마음을 가져간다. 마침내 내담자는 마음이 방황할 때, 부정적 사고 혹은 느낌이 표면으로 올라와 상승한다는 것을 알게 된다. MBCT의 근본은 부드러움과 연민을 가지고 자기를 다루는 것을 배우는 것이다(Segal et al., 2012).

(계속)

5~8회기에서 내담자는 우선 부정적 사고와 느낌을 그대로 두면서, 몇 분 동안 호흡에 집중하고 전체 몸으로 자각을 확장함으로써 의도적으로 벗어나려고 하기 전에 그것을 탐색한다. 쉬는 부분을 **호흡 공간**(breathing space)이라고 부른다(Segal et al., 2012, p. 84). 이러한 호흡 공간을 사용한 후에는 다양한 방안이 취해질 수 있다: 현실에 더 기반한 방식으로 일상적인 경험으로 단순하게 돌아오기, 신체 경험을 더 온전히 탐색하기, 부정적인 사고가 부정적인 기분과 다른 영향에 어떻게 관련이 있는지를 조사하기, 숙달된 혹은 즐거운 활동하기. 우울한 증상이나 문제를 곱씹거나 "왜 하필 나야?"라고 자문하거나 우울증으로 내려가는 데 기여하는 비슷한 질문을 하는 대신, 내담자는 공감, 인내 그리고 부드러움을 가지고 부정적인 고통스러운 사고, 인지, 감정을 만나는 것을 배운다.

많은 경험적 연구들은 공황장애(B. Kim et al., 2010), 아동의 사회정서적 탄력성(Semple, Lee, Rosa, & Miller, 2010), 양극성장애(B. Weber et al., 2010)를 포함하면서, 우울증 이외의 다른 문제를 다루는 것뿐만 아니라 우울증 재발을 막는 MBCT의 효과를 검증했다(예 : Kuyken et al., 2010). MBCT는 다른 일반적인 개입 또는 우울의 재발을 막는 어떤 처치보다 더 효과적이며 특히 주요우울증의 세 가지 삽화 이상을 경험하는 사람에게도 효과적이다(Coelho, Canter, & Ernst, 2013; Metcalf & Dimidjian, 2014). 하지만 우울증치료에서 다른 접근들보다 더 효과적이라는 뚜렷한 증거는 없다.

MBCT가 어떻게 작용하는지에 대해 매트컬프와 디미지안(Metcalf & Dimidjian, 2014)은 "마음챙김의 실습이 MBCT의 중요한 요소라는 것은 잘 알려져 있지 않다."(p. 275)고 결론지었다. 우울증 이외에 다른 장애들에 대한 연구들은 여전히 초기 단계에 있고, 많은 문헌의 전반적인 합의로는 MBCT는 약물치료와 함께 병행될 때 도움이 된다는 것이다. 하지만 대부분의 평가자들은 무작위 대조실험방법을 사용하는 더 많은 연구가 필요하다고 지적한다.

출처 : Romana C. Bresin의 허락하에 사용함

행동치료에서 그가 받은 전통적인 수련은 도움이 되지 못했다. 그는 다시 히피 집단으로 되돌아갔고 그 자신을 치유하기 위한 수단으로 동양 사상과 인본주의 원리를 탐색하기 시작했다(Happiness Trap, n.d.).

영상 자료 16.1

스티븐 헤이즈가 ACT에 대한 자신의 길을 어떻게 발견했는지를 설명하는 영상을 보자.

 https://www.youtube.com/watch?v=VYht-guymF4

헤이즈는 다작을 하는 작가이며 과학자이다. 저술에 대한 많은 상(행동인지치료학회로부터 평생공로상을 포함)을 받은 그는 ACT를 위한 상담 매뉴얼(Luoma, Hayes, & Walser, 2007) 그리고 ACT의 자습서인 마음에서 뛰쳐나와 삶으로 들어가라(*Get Out of Your Mind and into Your Life*)(S. C. Hayes, 2005)를 저술했다. 최근 출판물로는 맥락 속에서 행동 : 스티븐 C. 헤이즈의 고전적 논문들(*The Act in Context: The Canonical Papers od Steven*)(S. C. Hayes, 2016)이라는 제목으로 ACT로의 여정을 기술한 헤이즈의 저술 모음집이 있다. 맥락적 행동적 과학을 위한 협회이자, ACT 웹사이트로는 www.contextualscience.org가 있다. [글상자 16.2]에서 전형적인 남성성에 대한 ACT의 관점을 읽을 수 있다.

글상자 16.2

고정관념에 의한 남성 행동에 대한 ACT 관점

[관계적 틀 이론] 연구자는 사건을 서로 연결시키는 것으로, 맥락적으로 위치하며 학습된 능력으로서의 상징적·언어적 행동의 유용함에 대해 많은 증거들을 발전시켜 왔다. 아이가 언어화될 때 유사성, 반대, 차이, 혹은 비교와 같은 다양한 언어적 관계를 배운다. 이러한 관계는 관련된 사건의 형태에 의해 유일하게 결정되기보다는 빠른 사회적 판단이 적용된다. 예를 들어 사건 그 자체가 아닌, 관계적 맥락이 서로 관계하는 5센트와 10센트 동전을 구체화시키고 있기 때문에, 5센트 동전은 10센트 동전보다 '더 작다'라고 할 수 있다.

그러한 관계적 능력이 일단 확인된다면, 언어 공동체는 쉽게 관계망을 창조할 수 있으며, 너무 포괄적이어서 그들은 다양한 행동 목록으로 제한하게 되고, 결국 이것은 개인과 사회에 대한 부정적인 심리적 효과를 촉진한다. "남성은 남성적이어야 한다."와 같은 언어적 규칙은 문장 그 자체에서 의미하는 관계를 훨씬 넘어 확장되는 복잡한 관계망을 확립한다. 예를 들어 남성다움, '남성적인 행동들' 사이에 언어적으로 구성된 조직(예 : 감정적 억압, 위험 추구)은 남성다움과 '여성스러운 행동'(예 : 감정 표현, 도움 추구)이 서로 반대되는 틀이라는 유도를 통해 여성에 대한 견해에 영향

을 줄 가능성이 크다. 예를 들어 "남성은 남성다워야 한다."는 규칙이 어떻게 다양한 행동을 감소시킬 수 있으며 혹은 그러한 학습이 일어나는 맥락을 넘어서 그 규칙을 확장시키는지를 고려해보자. 언어 공동체는 일관적이지 않은 전체 역사적인 행동으로부터 일관적인 자기개념의 구성을 요구한다. 이러한 개념화된 자기에 누군가의 행동을 맞추려는 것은 그 사람의 행동적 항목을 좁히고 효과적일 수 있는 행동들을 심지어 배제시키게 된다(예 : 심리적으로 고통스러운 상황에서 도움 추구). 예를 들어 만약 도움 추구가 여성성과 조화된 틀이며, 남성성과 여성성이 서로 반대의 틀이라면, 도출된 관계는 도움 추구가 남성성과 반대되는 틀이다. 그러한 언어적 과정이 도출된 관계적 반응을 통해, 어떻게 남성 존재의 생물학적인 사실을 도움 추구와는 반대로 곤경에 빠뜨리는지를 상상하는 것은 쉬운 일이다. 비록 정확하게 일반적인 언어 과정이 지향할 수 있는 것과 일치하더라도, 도움을 구하는 남성이 생물학적으로 남성이 아니라고 말하는 것은 명백히 불합리하다.

출처 : Sylvester, M., & Hayes, S. C. (2010). Unpacking masculinity as a construct : Ontology, pragmatism, and an analysis of language. *Psychology of Men & Masculinity*, 11, p. 95.

주요 개념

ACT는 임상이론을 구체화했는데, 인간 기능의 여섯 가지 핵심적인 과정을 확인했다: 수용, 현존하기, 인지적 탈융합, 맥락으로서 자기, 가치, 전념 행동(S. C. Hayes, Strosahl, & Wilson, 2012). 이 과정의 이면은 역기능을 말한다. ACT의 각 과정에 대한 기술을 통해 주요 개념의 기능적·역기능적 측면 둘 다를 이해할 수 있을 것이다. 이어서 ACT의 핵심 과정인 마음챙김에 대해 짧은 기술을 덧붙이고자 한다.

수용. 놀랍지 않은가! ACT에서 가장 기본적인 아이디어 중 하나는 수용(acceptance)이다. ACT 이론에서 수용은 자신의 사고나 정서를 바꾸려고 시도하지 않으면서 사고 혹은 정서를 수용하는 적극적이며 신중한 과정을 의미한다(S. C. Hayes, Pistorello, & Levin, 2012). 수용이 원하거나 바라는 경험들에만 해당되는 것은 아니다(Bach & Moran, 2008). 기꺼움 그리고 내려놓음과 같은 용어는 이러한

태도를 기술하기 위해 사용된다. 더 나아가 수용은 "여러분 자신의 경험을 단순히 자각할 가능성을 높이기 위해 여러분 자신, 여러분의 역사, 그리고 여러분의 계획을 향해 부드럽고 사랑스러운 자세"를 취하는 것이다(S. C. hayes, 2005, p. 45). 반대로 역기능적 과정은 경험적 회피 혹은 경험을 피하려는 경향인데 주로 우리를 불편하게 만든다.

영상 자료 16.2

가치 있는 목표를 성취하는 데 있어 수용에 대한 스티븐 헤이즈의 이야기를 들어보자.

 https://www.youtube.com/watch?v=O-Ith3X1x9k

글로리아는 에니카의 ACT 상담자이다. 글로리아는 새로운 내담자인 에니카에게서 수용의 단서를 찾는다. 글로리아는 에니카가 말을 할 때 상당히 불편해 보인다는 것을 알아차린다. 에니카는 자신의 변덕스러운 기분을 없애고 진정되어 평온한 삶을 살고 싶다고 말한다. 에니카의 고군분투는 자신의 사고와 느낌을 기꺼이 받아들이지 않지만 더 고요한 존재가 되는 길을 원한다는 것을 뜻한다.

현존하기. 우리는 건강하게 기능하기 위해 지금 우리 주변에 일어나는 것과 접촉할 필요가 있다. 즉, 우리는 과거, 미래 혹은 우리의 뒤얽힌 사고에 불잡혀서는 안 된다. 순간에 집중하기는 유연해야 하고, 자발적이어야 하고 초점적이어야 한다(S. C. Hayes, Pistorello, & Levin, 2012). '현존한다(현재 존재하기, being present)'는 것은 마음챙김으로 우리의 가치에 집중하는 것인데, 이는 적극적으로 우리의 가치를 실현시키게 한다. 역기능적 개인은 현존하기보다는 과거 혹은 미래에 더 고집스럽게 집중한다.

에니카는 과거와 미래에 초점을 맞추는 것 같았다. 그녀는 우울하고 불안하고 화가 나 있고 반복해서 자신이 저지른 실수에 대해서 반추하는 것 같았다(새 감독과의 외도). 에니카는 최근 살해된 학대당한 아동을 조사하면서 자신의 혼란스러운 아동기가 다시 살아나는 것 같다고 말했다. 에니카는 종종 친구와의 관계, 아나운서, 그리고 미래의 꿈에 대한 환상 속에서 살고 있는 것 같았다. 전반적으로 에니카는 현재에 집중하지 않는 것 같다.

인지적 탈융합. 인지적 탈융합(cognitive defusion)은 생각을 단지 생각으로 인식하는 것을 학습하는 것이다(S. C. Hayes, Strosahl, & Wilson, 2012). 인간 존재는 이 단순한 원칙을 잊는 경향이 있으며 우리의 인지를 진실로 보려는 경향을 가지고 있다. 이것이 바로 우리에게 문제를 일으키는데, 이는 인지적 융합의 상태이다(476쪽 '인간과 개인발달에 관한 이론' 부분에서 '관계구성틀 이론' 논의 참조). 그러나 자기감을 포함하여 다른 것들과의 관계로부터 생각들을 분리하는 것은 가능하다. 그렇게 함으로써 우리의 심리적 삶에서 언어의 힘을 감소시킬 수 있다—이것이 인지적 탈융합이다.

글로리아는 에니카가 화, 불안, 그리고 우울로 인해서 생각에 매우 집착하고 있다고 생각한다. 과거, 현재 삶, 미래에 사로잡혀 잠을 잘 수 없다고 한다. 불안할 때 에니카의 사고는 마치 "그녀를 압도적으로 이기는 것" 같다. 그러면서 매우 우울한 기분을 느낀다. 에니카는 주변에 온통 화를 내고 있고 작은 촉발인데도 폭발적인 화를 주기적으로 낸다. 이러한 모든 특성을 통해 글로리아는 에니카가 인지적 탈융합이 매우 낮은 수준이라고 보았다.

맥락으로서 자기. 맥락으로서의 자기는 우리가 ACT를 이해하는 데 가장 어려운 아이디어 중 하나이다. ACT 이론가들에 의하면 자기를 고정된 개념(개념적인 자기를 구성하는 역할과 특성으로 제한)으로 보지 말아야 하며, 대신에 '삶의 사건이 펼쳐지는 맥락'으로 이해해야 한다고 본다(Waltz & Hayes, 2010, p. 162). 과정으로 자기의 용어는 경험하기의 방식을 기술하기 위해 사용하는데, 판단하거나 정당화하지 않으면서 우리 주변과 내면에서 일어나는 것에 대한 관찰자가 되도록 격려하는 것이다(S. C. Hayes, Strosahl, & Wilson, 2012, p. 223). 웨스트럽(Westrup, 2014)은 과정으로서의 자기 그리고 맥락으로서의 자기 사이에 차이를 강조하였다. 즉, 과정으로서의 자기는 경험에 대해 지속적으로 주목하는 것이다. 반면에 맥락으로서의 자기는 우리가 경험에 대해 주목하고 있다는 것을 알아차리고 있는 것이다.

에니카는 다른 사람과의 관계에 아주 가치를 두면서 평온하고 능력 있는 사람이 되길 원한다. 그러나 에니카의 최근(그리고 과거) 경험은 이러한 견해와 일치하지 않는다. 그녀는 자신을 끔찍하고 화를 내고 불안하고 우울한 사람으로 여기고, 관계와 일에서 실패했다고 느꼈다. 그녀는 화, 불안, 슬픔 그리고 다른 사람과의 문제가 너무 위협적이어서 자신과 이러한 사건들에 대한 생각과 감정을 피하려고 고군분투하고 있다. 에니카는 험난한 아동기에서 이러한 사건들에 대한 원인을 발견했고 부모가 어떻게 그녀를 좌절시켰는지를 생각하면서 더 슬프고 화가 났다.

가치. ACT 이론에서 가치(values)는 자신이 의식적으로 선택한 사고 그리고 행동이다. 가치에 따라 행동하는 것은 우리에게 보상을 준다(S. C. Hayes, Strosahl, & Wilson, 2012).

에니카는 그녀의 가치에 대해 모호한 인식을 하고 있다. 그녀는 다른 사람과의 관계에 가치를 두길 원한다. 하지만 어쨌든 관계면에서의 가치는 결코 옳지 않아 보인다. 일은 중요한 가치로 보인다. 글로리아는 에니카의 혼란이 일 자체의 문제가 아니라 일을 통해서 사람들의 관심을 받고자 하는 데 더 가치를 두는 것은 아닌지 의문을 가졌다. 그녀는 일이라는 수단을 통해 그녀의 관계 가치를 만족시키려고 하고 있다. 글로리아는 에니카가 일에서 보이는 문제는 그녀의 가치 체계와 일에 몰두하는 유능한 직업인으로서 자기감을 날려버렸다고 보았다.

전념 행동. ACT의 목표는 인간이 경험하는 필연적인 괴로움에도 불구하고 우리의 가치와 일치하는 방식으로 행동하도록 돕는 것이다(S. C. Hayes, Levin, Plumb-Vilardaga, Villatte, & Pistorello, 2013). 가치가 분명하지 않을 때는 방향타가 없어 심지어 좌초 상태에 있는 배와 같다. 우리가 다른 사람의 가치를 적용할 때 (혹은 흉내를 낼 때), 우리는 자신에게 진실한 존재가 되지 못하며, 가치와 일치하지 않은 정보를 받아서 자기감을 혼란스럽게 한다.

글로리아는 에니카의 진실한 가치에 대해 명확한 인식을 할 수 없었다. 따라서 글로리아는 에니카가 가치를 발달시키는 행동에 전념하지 않는다고 생각했다. 에니카는 내적 경험에 따른 반응으로 삶을 살아가고 있기에 글로리아는 그녀가 혼란스러운 상태에 갇혀 있다고 보았다.

마음챙김. 마음챙김(mindfulness)을 단순한 방식 그 이상으로 기술하는 것은 매우 까다로운 일이다. 기본적인 수준에서 마음챙김은 현재 순간에서 전심으로 경험에 집중하는 것이며 그러한 경험을 수용하는 것을 뜻한다. 마음챙김은 노력 끝에 이루어낸 상태이다(Herbert & Forman, 2014). 마음챙김에 대한 많은 정의들은 호기심, 수용, 그리고 비판단적 태도와 같은 요소들을 추가하였다. 마음챙김은 자동적으로 안내되는 것과는 반대이다(Sauer & Baer, 2010). ACT 이론에서 마음챙김은 인간 기능의 네 가지 핵심 과정의 연합으로부터 기인된다고 본다. 인간 기능의 네 가지 핵심 과정은 수용, 인지적 탈융합, 현존하기, 맥락으로서의 자기를 포함한다(S. C. Hayes, Pistorello, & Levin, 2012).

글로리아는 에니카가 경험으로부터 벗어나려 하거나 경험을 변화시키려고 애쓰는 것을 주목했다. 결과적으로 에니카는 정확히 자동적이지도 않았지만 진실로 그녀의 경험에 주의를 기울이지도 못했다.

인간과 개인발달에 관한 이론

헤이즈(2005)는 고상하게 말하지 않는다. 단순하게 여러분에게 '인간은 괴롭다'고 말할 것이다(p. 1). 괴로움은 보편적인 인간의 조건이다. 하지만 헤이즈는 우리가 종종 가장 어려운 조건에 대해 인내하고 성공한다고 언급하면서, 인간 존재의 용기와 확신을 인정한다. 그는 ACT 자습서에서 당당하게 다음과 같이 기술하였다. "상처받을 수 있다는 것을 알면서 인간은 여전히 다른 사람을 사랑한다. 죽을 것을 알면서 인간은 여전히 미래에 관심을 갖는다. 의미 없음을 직면하면서 인간은 여전히 가치를 수용한다."(2005, p. 1) 그러기에 인간이 심지어 필연적으로 고통, 슬픔, 그리고 다른 원하지 않는 정서, 기억, 경험을 하더라도 인간은 의미 있고 생산적인 삶을 살 수 있다는 것이 ACT의 철학이다. 따라서 인간 존재의 기본적 동기는 의미를 발견하고 생산적인 삶을 사는 것이다.

ACT 배후의 철학은 기능적 맥락주의(functional contextualism)로 알려져 있다(S. C. Hayes, Strosahl, & Wilson, 2012). 기능적 맥락주의는 세 가지 토대가 되는 가치에 의해 다른 접근과는 구별된다. 세 가지 토대가 되는 가치는 다음과 같다. (a) 전체주의적이다, (b) 맥락의 역할이 사건을 이해하는 데 핵심이다, (c) 진실의 준거는 실용성이다(S. C. Hayes, Strosahl, & Wilson, 2012). 쉽게 말하면 이 원칙들은 사람이 그들의 부분(신체적, 심리적)과 혹은 환경(현재, 그리고 과거)과 분리될 수 없다는 것이다. 또한 사건에 대한 설명의 가치는 그 설명이 개인에게 작용하는 정도에 의해 판단된다(이것은 실용주의의 부분이다). 이 접근에 행동적 경향이 있는데, 항상 맥락에서 행동의 기능을 염두에 두면서 선행사건과 행동의 결과가 평가된다(Bach & Moran, 2008).

ACT는 헤이즈에 의해서 발전된 관계구성틀 이론(RFT)에 토대를 두고 있다(S. C. Hayes, Strosahl, & Wilson, 2012). 급진적 행동주의에 뿌리를 두고(제8장) 있는 RFT는 관계구성틀(relational frames)이라고 부르는 현상들 사이의 일련의 관계들과 함께 언어와 인지가 학습된다는 가정으로 출발한다. 관계구성틀은 비교하고 평가하는 구성틀로서 ~보다 더 좋은, ~보다 더 큰, ~보다 더 예쁜과 같은 용어와 함께 어떤 것들을 연결시키는 것이다(S. C. Hayes, 2005, p. 18). 비록 관계는 구체적인 맥락에서 처음에 학습되더라도, 이러한 관계는 심지어 직접적인 경험 없이도 확립되고 일반화될 수 있다. 즉, 인간은 관찰과 언어를 통해 학습할 수 있다(내가 누군가 얼음판에서 미끄러지는 것을 목격할 때 혹은 엄마가 제레미에게 불에 데니까 난로 위에 있는 뜨거운 냄비를 만지지 말라고 말할 때와 같이). 우리는 이 학습을 다른 상황, 혹은 ACT 언어로 말하자면 맥락으로 전이시킬 수 있다(얼음이 맨질맨질하다고 배운다. 그리고 얼음을 길거리나 연못에서 발견할 수 있고, 맙소사, 눈 아래 숨어 있을 수도 있음을 배운다). 우리는 작은 아기같이 이 관계를 배우기 시작할 것이고 관계를 배우는 것을 멈추지 않을 것이다. 우리는 구두쇠가 돈을 모으는 것과 같이 관계들을 축적한다.

더 중요하게 행동 연구에서는 언어적 관계를 포함하여 행동은 진실로 학습된다는 것을 보여준다(S. C. Hayes, et al., 2012). 그래서 종종 우리가 학습한 낯선 관계(남자친구가 나를 떠났고, 그래서 나는 사랑받을 만하지 않다)는 우리에게 달라붙어, 더 안 좋게는, 전통적인 인지적 접근이 하는 방식("이 생각을 주의 깊게 검토합시다.")으로 그러한 생각과 하나가 되어 그 생각을 정교하게 하고 더 굳건하게 만든다. 또한 이러한 생각을 생각하지 않으려고 하는 것은 효과적이지 않다. 물론 그러한 생각은 하지 않으려는 시도는 잠시 효과적일 수 있다. 하지만 회피된 생각은 다시 돌아온다(글상자 16.3에서 이 효과에 대한 확인을 위해 '보라색 유니콘'을 보자). 헤이즈에 의하면 회피할수록 다시 돌아온다는 원리는 행동과 정서에 적용된다. 이 주제의 중요성에 대해서는 다음 단락의 "심리적 건강과 역기능"에서 더 자세히 말할 것이다.

글로리아는 에니카가 현재 그녀에게 도움이 되지 않은 많은 관계를 배웠다고 생각한다. 가장 중요한 것은 그녀가 변화시킬 수 없는 초기 양육에서 이 역기능의 원인을 찾으면서 스스로를 부러진 상태로 본다는 것이다. 관계라는 것은 항상 어렵고 험악하고 그녀는 관계 안에서 실패한다. 하지만 에니카는 스스로를 유능하고 전체로서 자신을 보기를 원하면서 이러한 생각에서 벗어나려고 몸부림친다. 이러한 관계구성들이 항상 그녀에게 유리하게 작용하지 않으며, 또한 삶의 좋은 것과 나쁜 것을 수용하는 것을 못하도록 한다.

글상자 16.3

보라색 유니콘

가능한 한 편안한 자세를 취하고 여러분의 마음에서 일상의 생각, 걱정 등등을 지우려고 노력해보십시오. 당신의 폐로 공기가 들어가고 나오는 것에 집중하면서 편안하게 숨을 여러 번 쉬십시오. 가능하면 이완된 기분을 느낄 때, 보라색 유니콘을 떠올리십시오. 시간을 갖고 상세히 보십시오. 수컷인가요? 암컷인가요? 뿔은 얼마나 긴가요? 앙증맞고 작은 말굽과 나부끼는 갈기를 보십시오. 청명하고 파란 하늘에 구름과 구름 사이로 뛰어오를 때를 보십시오. 일단 당신이 유니콘의 분명한 모습을 보게 되면, 생각하는 것을 멈추십시오. 이제 그 유니콘에 대해 **생각하지 않으려고** 노력해보십시오.

무엇이 일어납니까?

심리적 건강과 역기능

ACT 상담자는 심리적 역기능에 대한 질병모델보다는 건강모델을 더 선호한다(S. C. Hayes, Pistorello, & Levin, 2012). ACT의 첫 번째 교훈은 건강한 사람은 좋음과 나쁨의 모든 것을 가지고 있으며, 그들의 인간다움을 수용하고 개인적 가치에 의해 삶이 움직이는 존재라고 한다. 우리 모두는 괴롭기도 하고 행복하기도 하기 때문에 우리는 단순하게 흐름과 같이 가야 한다. 헤이즈, 스트로살, 윌슨(Hayes, Strosahl, & Wilson, 1999)이 말했듯이, "건강한 삶의 목표는 좋은 것을 더 많이 느껴야 한다는 것이 아니라 있는 그대로 좋다는 것을 느끼는 것이다."(p. 77; 원문에서 강조).

구체적으로 ACT 용어에서 건강이라는 것은 인지적 유연성(cognitive flexibility)을 뜻한다(S. C. Hayes, Pistorello, & Levin, 2012). 즉, 현재 사고와 느낌이 우리의 가치 있는 장기적 삶의 목표를 향해 움직이는 것을 방해하지 못하도록 한다. ACT 이론에서 구체화된 과정들(수용, 인지적 탈융합, 현존하기, 자기를 알아차리기, 가치, 그리고 전념 행동)은 인지적 유연성에 기여하는데, [그림 16.1]에서 볼 수 있듯이 인지적 탈융합이 핵심에 있는 이유이다. 기본적인 ACT 과정은 마음챙김, 수용과정, 전념, 변화로 나눠질 수 있다. 이러한 관점으로부터 심리적 건강을 살펴볼 수 있다.

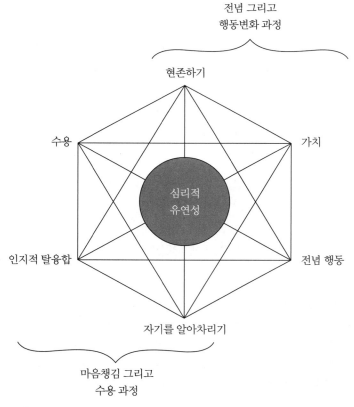

그림 16.1 ACT 모델

출처 : The ACT model of behavior change from "Acceptance and Commitment Therapy as a Unified Model of Behavior Change" Steven C. Hayes; Jacqueline Pistorello; Michael Levin. 허락하에 사용함

ACT 과정에 의하면 건강은 우리가 경험(특히 느낌)에 개방적이어야 한다는 것을 뜻한다. 하지만 사고와 느낌이 우리의 세계를 지배하지 않는다. 마음을 챙김으로써 우리의 경험을 수용하지만, 사고나 느낌을 진실로 간주하려는 우리의 자연스러운 경향은 피한다. 즉, 내가 앞서 주목했듯이, **인지적 융합**(cognitive fusion)이라고 불리는 과정(S. C. Hayes et al., 2013)을 피한다. 건강한 사람은 사고는 단지 사고이며, 그 이상이 아니라는 것을 안다. 종종 사고가 중요할 수도 있다. 그러나 건강한 사람은 사고를 그저 사고로 본다. 사고를 진실이 아닌 작용 가능한 것으로 간주한다. 건강한 생각은 **탈융합**된 것이다. 예를 들어 나는 지금 배가 고프다. 나는 이 생각을 주목한다. 하지만 지금 당장 컴퓨터에서 작업하는 것을 그만두고 맥도날드로 달려가지 않는다. 나는 단지 내 마음을 관찰한다. 그리고 지금 이 순간에 글을 쓰는 것이 먹는 것보다 더 중요하다고 결정한다.

반대로 심리적 역기능을 경험하는 사람은 그들의 사고와 융합될 가능성이 크다. 그들은 사고에 몰두하고, 그것을 **진실**로 여기고, 항상 그러한 사고가 행동을 일으킨다고 믿는다. 심리적 역기능은 우리를 효과적이지 않은 곳으로 치닫게 하는 언어의 결과로 볼 수 있다. 사람이 잘못되는 것은 내적 삶의 부분에 반응하고, 통제하려고 하고 피하려고 할 때이다. 특히 우리가 혐오적이라고 보는 사고 혹은 느낌에 대해 통제하거나 피하려고 할 때 우리는 잘못되어 간다(Arch & Craske, 2008). 경험에 대해 강박적으로 관리하려고 매달리는 것은 가치와 일치하는 방식으로 행동하는 선택을 제한하게 된다. 예를 들면 불안을 느꼈을 때 전형적으로 우리는 불안한 느낌을 피하고, 두려운 존재와 연관된 생각을 변화시키려고 몸부림치거나 전적으로 불안을 유발하는 상황을 우회한다. 다양한 물질 혹은 경험(예 : 약물, 성, 록큰롤 음악)(Luoma & LeJeune, 2006)을 투여함으로써 사고 혹은 느낌을 억누르려고 한다. 이러한 과정을 **경험 회피**(experiential avoidance)라고 명명한다. 경험회피는 인간의 많은 고통의 근간이 된다. ACT 이론에 따르면 경험 회피가 학습이 되면서 지속적으로 고통해결에 효과적이지 않게 작용한다.

ACT 모델에서 역기능의 또 다른 특징으로 **개념화된 자기**(conceptualized self)를 들 수 있다. 자기에 대한 한 가지 견해에 막혀 있어("나는 관심을 받을 자격이 없다." 혹은 "나는 내가 하는 일에 매우 능숙하다.") 자신이 경험한 다양한 삶의 맥락에서 벗어날 수 없을 때이다. 종종 이러한 개념화된 자기는 타인에게 우리 자신을 기술하는 상황에서는 도움이 된다. 하지만 원치 않는 정서를 일으키고 경험 회피를 유발하는 모순되는 정보를 받을 때 이러한 개념화는 문제가 될 수 있다(Hayes, Pistorello, & Levin, 2012). 또한 경직되게 보유하고 있는 부정적인 개념화는 진실로 부여받은 관계구성틀과 관련이 있으며 없애고 싶어 하는 부정적인 정서와 연관된다.

에니카는 분명하게 그녀의 사고와 투쟁 중인데 사고가 불편한 정서를 불러일으킬 때 피하거나 변화시키고자 하고 있다. 불안을 느꼈을 때 즉시 불안을 회피했고 연관된 사고를 억압했다(예 : "나는 결코 일로 돌아가지 않을 거야."). 에니카는 자신의 생각을 진실이라고 여겼지만, 자신이 바라는 개념("나는 유능한 직장인이야.")과 자신의 모습이 일치하지 않았기 때문에 그녀의 불안은 요동쳤다. 그녀의 '통제될 수 없는' 분노는 관계에서 혹은 타인에게 집착할 때("왜 다른 사람들이 나를 함부로 대하는 거지? 나는 실패자이고 다 끝났어. 나는 삶을 견딜 수 없어!") 표면 위로 올라왔다. 그녀는 기대하는 것과 모순되는 피드백을 다른 사람으로부터 받을 때 아동기에 상처를 받았다는 것과 같은 오래된 관계들이 떠올랐다. 그녀는 상처받았던 말들을 진실로 믿었고 더 우울해졌다.

치료의 특성

사정. ACT에서 사정은 다양한 형태로 이루어질 수 있다. 기본적인 수준에서 ACT 상담자는 내담자를 이해하려고 노력하며 내담자가 막혀 있거나(개념화된 자기) 혹은 경험을 회피하고 있다고 본다. ACT 이론가들은 종종 공식적인 사정 도구가 도움이 될 수 있다고 인정한다. 하지만 표준적인 도구들(예 : 증상 사정)은 대부분 증상의 유무를 기록하지 증상의 기능(즉, 증상이 내담자의 언어 체계와의 관련)을 기재하지 않는다는 것을 경고한다. S. C. 헤이즈, 스트로살, 그리고 윌슨(2012)은 '일-사랑-놀이'에 대한 사정이 이루어져야 한다고 제안하였는데, 이는 상담자가 내담자 삶의 가치 있는 측면을 통해 내담자의 기능을 이해하려는 노력을 의미한다(p. 107). 또한 수용 및 행동 질문지(Acceptance and Action Questionnaire)(Bond et al., 2011)와 같이 ACT의 구체적인 측정 도구가 있다.

글로리아는 세상에서 에니카의 존재방식을 분명히 확인하려고 노력한다. 글로리아는 에니카가 상당히 유연하지 못하고 감정 기복이 아주 심한 상태임을 이해하면서 에니카와 이야기를 나눴다. 에니카는 좀 더 편안한 상태로 일에 임하고 싶다고 보고했다. 글로리아는 이런 에니카의 바람을 좋은 신호로 보았다. 에니카는 그녀의 세상을 변화시키고 싶어 하는 것으로 보였다. 글로리아는 또한 에니카의 느낌을 이끄는 구체적인 상황과 사고를 탐색하면서 에니카가 마치 자신의 사고에 대해 논쟁의 여지가 없으며 저항할 수 없는 것처럼 느낀다는 것을 알았다.

치료적 분위기 및 내담자와 상담자의 역할. 따뜻함 그리고 진솔성이라는 핵심적인 조건이 ACT에서 중요하다(Strosahl, Hayes, Wilson, & Gifford, 2010). 스트로살 등(Strosahl et al., 2010)은 "언어라는 덫에 걸려 있는 내담자를 볼 때 우리는 우리 자신, 고통을 일으키는 덫을 본다."(pp. 52-53)고 언급했다. 상담자와 내담자는 ACT에서 동등하다. 그리고 내담자가 변화할 수 있다는 믿음이 강조된다. 내담자와 상담자가 동등하다는 것은 ACT 상담자가 내담자의 진전을 촉진시키기 위해 자기노출을 기꺼이 할 수 있다는 것을 의미한다(Strosahl et al., 2010).

ACT 상담자는 또한 가치에 따른 행동을 선택하고 이행하는 데 내담자가 책임이 있다고 보는 증언자이다(Waltz & Hayes, 2010). 그러나 상담자와 내담자는 이 과정을 일반적인 삶의 과정으로 보는 것에는 주의를 해야 한다. 내담자가 가치에 따라 행동하고 이행하는 길은 기대하는 것과는 분명하게 다른 길이 있는 여행이며 결과는 유연하게 평가되어야 한다. 거기에 도달하는 특별한 방식이나 혹은 목적에 오히려 꼼짝 못하게 되는 것은 융합으로 볼 수 있다. 가치에 따라 행동을 선택하고 이행하는 과정은 내담자의 가치에 의해 안내되는 시행착오적인 과정이다. ACT 언어에서 내담자는 "전념하고 내려놓는" 역할이 기대된다(Waltz & Hayes, 2010, pp. 165-166).

상담자라는 한 사람은 ACT에서 중요하다. 상담자는 ACT의 원칙을 스스로에게 적용한다. 예로 ACT 상담자는 자신의 사고가 단순히 맥락과 연결되어 있는 언어적 사건이라고 생각한다(Bach & Moran, 2008). 상담자 자신의 경험을 수용할 수 있어야지 내담자가 그들의 경험을 수용하는 것을 더 잘 도울 수 있다. 상담자는 치료에서 '해야만 하는 것'에 갇히거나 탐색과 경험의 어떤 경로를 피하거나 혹은 상담자로서 자신의 가치와 일치하지 않는 행동을 선택해서도 안 된다(Vilardaga, Villatte, & Hayes, 2015, p. 40).

글로리아는 에니카와 신뢰로운 관계를 성립하려고 노력한다. 글로리아도 에니카와 비슷한 생각과 경험을 하고 있다는 것을 알아차리면서, 그녀 삶에서 일어나고 있는 것에 대한 논의에 에니카를 참여하도록 한다. 글로리아는 상담자인 자신이 이 관계에서 유연해야 할 필요가 있다는 것을 알고 있기에 진솔한 태도를 가지고 에니카를 이해하고자 노력한다.

상담 목표. ACT의 주요 목표는 불편하고 원치 않는 사적 경험이 내담자에게 그들의 가치와 맞지 않는 다른 것을 하라고 말할 때조차, 내담자가 그들의 가치에 부합하는 방식으로 행동하도록 돕는 것이다(Waltz & Hayes, 2010). 행하는 것에 대해 생각하는 것만으로는 충분하지 않다. ACT는 **전념 행동** (committed action)을 요구한다. 전념 행동에 필요한 선행조건은 심리적인 유연성이다(Sauer & Baer, 2010).

ACT 목표를 살펴보는 또 다른 방법은 기꺼움(willingness)의 개념을 통해서인데, 기꺼움은 "가치에 따른 삶의 방향으로 움직일 것을 적극적으로 의도적으로 선택하면서 전체 경험에 열려져 있는 상태"로 정의될 수 있다(Luoma et al., 2007, p. 24). 기꺼움이란 용어는 종종 수용과 같은 뜻으로 사용된다. 어떤 내담자는 단념하는 것으로 수용의 의미를 잘못 해석할 수 있지만, 수용과 기꺼움은 포기한다는 의미가 아니다.

좀 더 좁은 관점에서 보면 ACT 상담자는 내담자의 경험의 형태가 아닌 경험의 기능(주로 사고의 기능)을 변화시키도록 도우려고 노력한다. 내담자가 도움을 구할 때는 그들이 얽혀붙어 있기 때문이다. 내적 경험은 경직되게 행동을 지시한다(이것이 '기능'의 부분이다). ACT 상담자가 원하는 것은 이러한 관계들의 사회적ㆍ언어적 의미의 변화이다. 결국 생각이 '진실'이 아니라면, 그러한 생각이 우리의 행동을 이끌 필요는 없다.

글로리아는 에니카가 목표와 가치를 향해 나아갈 수 있는 선택을 할 수 있도록 그녀의 목표와 가치를 확인할 필요가 있다고 생각했다. 글로리아는 에니카와의 작업에서 유연성이 필요함을 인식하면서, 에니카를 괴롭히는 사고를 발견하고 단절시키는 것이 필요하다고 생각했다. 예컨대 에니카는 "나는 대인관계가 항상 끔찍해요. 내가 항상 어떻게 대인관계를 망치는지 보실래요?"라고 말한다. 글로리아는 더 주의를 기울이며 이러한 에리카의 생각에 주목한다.

치료 과정

ACT라는 글자를 구성하는 각 문자는 바로 치료적 접근으로 볼 수 있다: 수용하기(Accept), 선택하기 (Choose), 행동 취하기(Take Action)(S. C. Hayes et al., 1999, p. 77). [그림 16.1]은 ACT에서의 여섯 가지 핵심 과정을 보여준다: 수용, 인지적 탈융합, 현존하기, 자기를 알아차리기, 가치, 전념 행동(S. C. Hayes, Strosahl, & Wilson, 2012). ACT 상담자는 내담자로 하여금 현재 경험에 접촉하도록 돕는다. 그리고 문화, 인종, 사회적 혹은 언어적 상황과 같은 내담자의 특성에 주의를 기울이면서 내담자의 현재에 맞게 개입한다(Strosahl et al., 2010). 상담자는 내담자와 논쟁하지 말아야 하며 치료 상황과 관련된 경험을 인식하여 비유를 제시하고 이러한 인식을 토대로 개입을 계획한다.

치료 과정은 FEAR로부터 ACT로의 이동이다(Strosahl et al., 2010). FEAR는 융합(Fusion), 평가(Evaluation), 회피(Avoidance), 이유 제공(Reason giving)을 의미한다. 이유 제공을 제외한 나머지 융합, 평가, 회피는 자기 확증적인데, 이는 논리적으로 그리고 문화적으로 승인된 정당화에 의존하려는 경향을 말한다. 즉, 이러한 승인된 정당화는 환경에서 실제로 일어나는 유관성(contingencies)에 개인이 덜 반응하도록 하는 효과적이지 않은 대처 전략의 사용을 '설명'하고 '합리화'하는 것이다(Strosahl et al., 2010, p. 32; 원문에서 인용).

상담자는 우선적으로 내담자의 창조적인 무망감(creative hopelessness)을 촉진시켜야 한다. 해로운 것처럼 들릴지 몰라도 이는 내담자가 끝도 없이 노력하고 있는 문화적으로 지지된 변화 전략들(예 : 원인을 알아내서 부정적 경험을 제거할 필요가 있다는 생각인데, 일반적으로 내담자에게는 부족하다)이 효과적이지 않다는 것을 보도록 돕는 것이다. 실행 가능성이라는 기준을 가지고 상담자는 세 가지 질문을 하면서 내담자의 노력을 평가한다: "(a) 내담자가 원하는 것이 무엇인가? (b) 내담자가 무엇을 노력해 왔는가? (c) 이러한 노력이 어떻게 작용했는가?"(Hayes et al., 1999, p. 89) ACT 상담자는 내담자가 실패하지 않았으며 혹은 희망이 있다는 것을 알도록 한다. 하지만 내담자가 이때까지 사용해온 전략(문제를 통제하려는 시도)은 낙담과 무망감을 가져다준다는 것도 알도록 한다(Strosahl et al., 2010). 여기에 ACT에 따라 탈융합, 수용 그리고 전념 행동으로 가는 출입구가 있다.

> 글로리아는 에니카에게 사고나 행동에 대한 상세한 질문을 하면서 에니카로 하여금 경험을 검토하도록 돕는다. 글로리아는 에니카로 하여금 문제를 해결하기 위해 노력해 온 전략을 탐색하고 이러한 시도들(분노를 누르려고 하고, 우울을 일으키는 불안이나 고통스러운 사고를 회피하기)이 매우 효과적이지 않았다는 것을 보도록 한다. 에니카는 이러한 창조적인 무망감이 커져 갔다. 이를 지켜본 글로리아는 진실로 에니카가 그녀의 가치를 확인하고 그것을 향해 나아가는 계획을 세우고 더 만족스러운 삶을 살기를 희망한다.

치료 기법

ACT에서 사용될 수 있는 많은 기법들이 있다. 그 예로써 다음에는 몇몇 구체적 기법을 가지고 논의를 할 것이다. 개입을 위한 좋은 자료들은 루오마 등(Luoma et al., 2007), S. C. 헤이즈(S. C. Hayes, 2005), 그리고 맥락적 행동과학학회 웹사이트(http://contextualscience.org)에서 확인할 수 있다.

비유. ACT 상담자는 내담자에게 핵심을 이해시키기 위해서 비유를 종종 사용한다. 공통적으로 사용된 비유는 자기와 사고를 분리하는 데 사용되는(즉, 맥락으로서 자기를 이해하기 위해) 체스판 비유이다. 내담자의 자기(맥락)는 체스판이다. 체스판은 체스말(내담자의 사고)이 무엇을 하는지 신경 쓰지 않는다. 심지어 체스말들이 싸우고 있을 때(대부분 내담자의 경우에서 일어나는)조차도 신경 쓰지 않는다. 상담자는 여왕이 기사를 죽이려고 전력투구하는 동안에도, 결국 체스판에는 어떠한 손상도 일어나지 않는다는 것을 주목한다. 또한 일반적으로 잘 쓰이는 '버스 탑승객' 비유가 있다. 내담자는 그들의 원치 않는 불편한 경험을 버스라는 삶에서의 승객들로 구성한다. 심지어 그 불편한 경험에 애완동물 이름을 붙여줄 수도 있다(Vilardaga et al., 2015, p. 40). 각 승객과 내담자의 관계가 검토되고 승객들이 어떻게 내담자가 가려고 하는 방향에 영향을 미치는지를 고려한다. 의미 있는 삶에 다가가거나 멀어지거나를 검토한다.

글로리아는 사용할 수 있는 비유를 에니카와 함께 고려한다. 체스판 비유는 그녀가 좋아하는 비유이다. 그래서 에니카에게 그녀의 분노, 불안, 슬픈 생각이 체스말이라고 보여주면서 명명한다. 상담자인 글로리아는 에니카에게 부드럽게 이러한 이미지를 떠올리도록 안내하면서 어떤 사고가 왕("나는 실패했어요.")과 여왕("나는 대인관계에서 도움이 되는 어떠한 것도 할 수 없어요.")인지를 물었다. 에니카는 왕과 여왕이 어떻게 해도 체스판을 상처낼 수 없다는 것을 이해하기 시작했다. 그리고 그녀의 경험에 대해 마음챙김 관찰을 연습하는 과정을 시작했다.

수용 다이얼. 종종 두 가지 척도의 비유라고 불리는 이 기법은 부정적인 개인의 경험을 통제하려는 것의 무익함을 설명하기 위해 사용된다(Hayes et al., 1999). 내담자가 부정적인 개인의 경험을 대표하는 하나의 다이얼을 상상하도록 한다. 예를 들어 공통적인 목표는 불안이다. 불안 다이얼은 낮은 것부터 높은 것까지 있다. 물론 내담자는 이것을 낮추려고 노력한다. 그때 상담자는 수용 다이얼을 제시하는데, 이것은 내담자가 불안을 경험하려는 기꺼움을 말하며 역시 높거나 혹은 낮다. 만약 수용 다이얼이 낮으면, 내담자는 불안 다이얼을 제로(0)로 설정하려고 노력하는 데 많은 에너지를 사용할 것이다. 그러나 불안을 통제하려는 노력은 불안 다이얼이 높은 상태에서 막히게 되면서 단지 더 많은 불안을 일으키게 된다. 대신 내담자는 자신의 수용 다니얼의 수준을 선택할 수 있기 때문에, 수용 다니얼을 가지고 놀 수 있다. 만약 그녀가 수용 다이얼을 높은 상태로 설정한다면, 불안은 높거나 혹은 낮을 수 있을 것이다. 결국 내담자는 경험을 통제하려는 그 투쟁으로부터 해방되고 가치 있는 삶의 목표를 추구할 수 있을 것이다.

두 개의 다이얼을 에니카에게 설명하면서, 글로리아는 에니카가 하나(그녀의 수용)를 통제할 수 있고 다른 것(그녀의 불안)은 통제할 수 없다는 것을 설명한다. 에니카는 항상 불안을 통제해야 하고, 경험하지 말아야 하는 것으로 생각했기 때문에 이러한 생각과 투쟁했다. 에니카는 "내가 더 좋은 사람이 된다면 더 이상 불안하지 않을 텐데요."라고 글로리아에게 말했다. 글로리아는 에니카에게 이것이 단지 하나의 생각일 뿐이고, 그녀는 다이얼을 사용할 수 있고, 결국 더 잘 살아갈 수 있는 길이라고 설득했다.

마음챙김 기법. 마음챙김을 이루기 위해서는 수많은 연습이 필요하다. 마음챙김은 진행되는 것을 판단하지 않고, 대신 관찰하고 수용하는 경험에 접근하는 것을 배우는 것이다. 다양한 명상과 신체 자각 연습이 마음챙김을 위해 활용된다. 다른 개입은 건포도를 먹는 것과 같이 마음을 챙기며 어떤 행동을 하는 형태가 있다(Luoma et al., 2007). 이러한 연습에서 내담자는 건포도의 크기, 주름의 모습 그리고 손에서의 느낌이 어떠한지를 비교하면서 건포도를 세밀히 관찰한다. 그리고 나서 여러 개의 건포도에 매우 진중히, 천천히 모든 주의를 집중하면서 먹는다.

에니카가 섭식에 어려움이 있기에 글로리아는 에니카에게 집에서 이번 주에 3번 건포도 실습을 하도록 했다. 에니카는 자주 배가 고프지 않다고 한다. 하지만 글로리아는 에니카에게 배가 고프지 않을 때 한 개의 건포도를 먹는 것이 어떠한 해가 없다는 것을 알려준다. 그녀는 에니카가 마음을 평온하게 할 수 있는 요가 수업을 시작할 것을 제안한다. 회기 마지막에 그들은 호흡 연습을 하고 호흡에 집중하면서 그들의 마음을 평온하게 하는 데 10분 정도를 사용한다.

인지적 탈융합 기법. 다양한 종류의 개입은 내담자로 하여금 자신으로부터 생각을 분리시키도록 돕는 것에 초점이 맞추어져 있다. 전형적인 인지행동적 개입과는 대조적으로 ACT는 사고의 내용(인지적 재구성)이 아닌 사고의 기능을 변화시키는 것이다. 근본적으로 ACT 목표는 이전의 역기능적인 느낌 혹은 행동으로부터 사고를 분리시킴으로써 사고는 단지 사고일 뿐 그 어떤 것도 아니라는 것을 알게 하는 것이다(Arch & Craske, 2008). 인지적 탈융합의 하나의 방법은 의미로부터 단어를 분리하는 것으로, 우리가 세계를 구성하는 방식을 결정하는 데 매우 강력하다. 가장 기본적인 개입은 단순히 내담자에게 "그 생각을 알아차리라."고 주문하는 것이다(Luoma et al., 2007). 그리고 그 생각에 사로잡히고 그 생각에 따라 행동하는 대신 내려놓으라고 주문한다.

잘 알려진 ACT 연습은 '우유, 우유, 우유'인데 내담자가 우유에 대해 전체적으로 생각하도록 하는 것이다—모습, 맛, 느낌. 그래서 내담자는 반복해서 우유라는 단어를 말하도록 한다(1분 혹은 2분 동안). 그 단어는 의미를 잃기 시작한다. 그래서 내담자는 자신에 대해 가졌던 부정적인 사고에 대해서 같은 과정을 거치도록 요청을 받는다(Luoma et al., 2007). 내담자는 또한 같은 효과를 위해 재미난 목소리로 내담자의 생각을 말하거나 노래를 하도록 한다.

글로리아는 우유 기법에 대해 생각하지만 에니카에게 그 실습을 소개하기 전에 잠시 기다린다. 대신 에니카가 골칫거리 사고를 보고했을 때, 에니카에게 청명한 하늘에 구름이 있는 것으로 그녀의 표류하는 사고를 시각화하도록 했다. 에니카는 그 구름을 걷어내려고 하지 않고 그 사고를 단순히 관찰하는 방법을 배웠다.

가치 작업. 내담자가 가치를 확인하는 것은 ACT의 핵심이다. 가치를 확인하는 데 사용될 수 있는 한 가지 연습은 "당신의 삶을 대표하는 것이 무엇이면 좋겠는가?"이다(S. C. Hayes, Strosahl, & Wilson, 2012). 다소 강한 개입으로 내담자는 편안한 이완 상태에서 자신의 장례식을 상상해본다. 상담자는 내담자가 그녀의 장례식에 참석한 사람들이 그녀에 대해서 말하는 다양한 말 중 듣고 싶은 것은 무엇인지에 대해 질문한다. 가족, 친구 그리고 다른 중요한 사람에게 그녀는 어떻게 기억되고 있는가? 일단 시각화가 끝난 후 내담자와 상담자는 이 연습에 의해 드러난 가치에 대해 말할 수 있고 현재 내담자의 문제가 결과적으로 덜 중요한 것으로 볼 수 있다.

좀 더 가벼운 측면에서 '가치 쇼핑몰'(LeJeune, 2007, pp. 139-141)이 있다. 몰에 17개의 가게가 있는데 여가와 학습의 거리, 가족과 친구 가게, 그리고 영성 가게와 같은 이름을 갖고 있다. 그 가게 내에 있는 항목들은 값이 매겨져 있는데, 내담자는 쓸 돈이 100달러뿐이다. 내담자가 그 돈을 어떻게 사용하느냐에 따라 핵심적 가치를 알 수 있다. 일단 핵심 가치가 확인된다면 내담자와 상담자는 이 목표에 이르는 방향으로 전념 행동을 위한 계획을 세운다.

에니카는 처음 상담을 시작했을 때 원하는 것이 평화로운 삶이라고 했다. 글로리아는 에니카에게 평화로운 삶이 어떤 상태인지 묘사하도록 질문했다. 에니카는 의미 있는 대인관계를 갖고 일에서 대체로 행복하고 전반적으로 잘 수행하는 것이라고 말했다. 글로리아는 에니카에게 심지어 그녀의 삶이 평화롭지 않을 때조차도 이러한 것들과 함께라면 좋을 수 있는지를 물었다. 많은 논의 후에, 에니카는 자신이 바람을 피우는 상황에 어느 정도 만족하고 있다는 것을 알았다. 글로리아는 가치 쇼핑몰에서 함께 쇼핑을 제안한다. 그들은 에니카가 진실로 삶에서 가치 있다고 여기는 다른 것들이 무엇인지를 발견하기 위해 함께 작업을 했다. 상담이 진행되면서 글로리아는 에니카가 삶의 가치를 세우는 것 중 하나로 자신의 성적 지향을 탐색하도록 도왔다. 하지만 이러한 작업은 단지 에니카에게 문제라고 보일 때만 한다.

변증법적 행동치료

개요

변증법적 행동치료(Dialectical Behavior Therapy, DBT)는 매우 구체적인 내담자 집단(높은 자살 충동자)을 치료하기 위해 마샤 리네한(Marsha Linehan)이 고안하였다(Linehan & Wilks, 2015). 자해 행동을 보이는 내담자 대부분은 정신질환의 진단 및 통계편람(DSM-V)(American Psychiatric Association, 2013)에서 경계선 성격장애(BPD) 진단 기준을 충족시킨다. 그래서 DBT는 이러한 특정 진단 범주에 맞춰진 접근으로 알려져 있다. 경계선 성격장애 개인들(대부분 여성들)은 도움을 주기가 매우 어렵다고 간주된다. 여러분은 [글상자 16.4]에서 DBT에 대해 리네한이 언급한 일부를 읽을 수 있다.

글상자 16.4

수용과 변화에 대한 마샤 리네한의 입장

지난 20년 동안에 걸쳐 나는 자살을 시도하는 사람들, 특별히 만성적인 자살 시도자들을 위해 설계된 치료에 대한 접근을 발전시키고 평가하고 있다. DBT(Dialectical Behavior Therapy)가 지금 많은 사람들에게 적용 가능한 일반적인 상담 접근으로 고려되고 있지만, 그 기원은 심각하게 자살시도를 하는 내담자들을 위한 치료로 시작되었으며 점차 지금의 모습을 갖추게 되었다. 이름에서 제안하고 있듯이, DBT는 행동치료에 확고하게 기반을 두고 있다. DBT의 핵심에 있는 변화 전략은 표준적인 인지행동치료 접근이다. 그러나 표준적인 행동치료를 심각하고 만성화된 자살 시도자에게 적용하려고 했을 때 나는 두 가지 문제가 분명하게 드러나는 것을 주목했다. 첫째, 동기 혹은 능력을 강화하면서 내담자 변화에 초점을 맞추는 접근이 종종 강렬한 정서적 고통 속에 있는 내담자에게는 소용이 없음을 경험하였다. 즉, 이러한 내담자 변화에 초점을 둔 접근에서 많은 내담자들은 불순응, 철수, 그리고 종종 치료의 조기 중단으로 이어졌으며, 또 다른 내담자의 경우 상담자에 대한 극단적인 분노 그리고 공격을 보였다. 그리고 또 다른 내담자는 이러한 두 가지 행동 패턴이 모두 나타났다. 둘째, 상담자가 내담자의 변화를 돕는 부분에서 분명한 초점이 없는 상태에서

(계속)

탐색과 이해를 시도하는 경우, 상담자는 내담자들의 견딜 수 없음을 이해하지 못하고, 내담자는 현재 끝없는 고통에 대한 즉각적인 변화의 필요성을 인식하지 못하기 때문에 내담자들에게 효과가 없었다. 또한 (변화보다는) 내담자의 수용에만 초점을 맞추는 치료 접근 또한 내담자로 하여금 철수, 공격 혹은 철수와 공격 모두 측면에서 위험에 처하게 한다. 내담자는 변화를 시도하는 과정에서 상담자를 공격하는 모습을 보이거나 혹은 상담자의 원치 않는 행동을 피하려는 시도에서 수동적 철수가 나타난다. 이에 상담자도 역시 상호적으로 내담자를 타당화하지 못하는 결과를 낳게 된다. 상담자는 부지부식 간에 종종 거의 감지할 수 없더라도 실제로는 내담자를 공격 혹은 내담자로부터 철수하게 된다. 피할 수 없는 내담자의 공격과 철수 또는 상담자의 공격과 철수는 상담 과정에서 필요한 협력적인 상담관계를 방해한다.

바로 이 순간에 내담자 변화에 초점을 맞추는 것과 그 순간에 있는 그대로 내담자를 수용하는 것에 초점을 맞추는 것 사이에 긴장이 있고 이러한 근본적인 갈등에 대한 궁극적인 해결책이 있다. 즉, 해결책은 치료의 제목인 변증법이라는 용어에서 찾을 수 있다. 치료에서는 통합의 지속적인 과정에서의 반대편과 화해를 중요하게 강조하고 있다. 가장 근본적인 변증법은 상담자가 내담자의 변화를 조력하는 맥락(그리고 진실로 상담자의 존재 이유) 내에서 내담자를 있는 그대로 수용하는 것을 필요로 한다. 변화를 위한 균형으로서 수용에 대한 강조는 직접적으로 동양의 마음챙김(주로 선[禪]) 관점과 서양의 인지행동심리학의 통합으로부터 기인했다. 비록 내가 기술하였듯이 수용과 변화가 명확하게 구분될 수 없다고 하더라도 DBT에서 내담자에 대한 수용은 세 가지 근본적인 치료 전략으로 설명될 수 있다: 타당화, 상호 호혜적 의사소통(온정, 진솔성, 반응성), 그리고 환경적 개입(즉, 내담자를 돕기 위해 환경의 변화에 영향을 미치거나 혹은 변화를 만들거나)이다.

이러한 수용 전략들은 문제해결을 위한 '변화' 전략(행동분석, 대안 행동과 해결에 대한 분석, 전념과 심리교육 전략들, 기술훈련의 기본적 변화 과정, 노출 기반 절차, 인지 수정, 그리고 조건화에 기반한 절차들), 무례한 직면적 의사소통, 그리고 치료 이외의 외부 공동체와 상호작용할 때(내담자의 개인적 혹은 직업적 관계망) 내담자에게 제공하는 자문적 태도와 균형을 이루게 한다. 모든 전략은 변증법적 전략과 태도의 맥락 내에서 적용된다.

DBT에서 타당화의 중요성을 과대평가하는 것은 곤란하다. 타당화는 변증법적 그리고 문제해결 전략과 함께 치료의 핵심을 구성한다. 비록 타당화가 공감을 포함하고 필요로 한다고 해도 타당화는 공감 그 이상이다.

출처 : Linehan, M. M. (1997). Validation and Psychotherapy. In Bohart, Arthur C., and Leslie S. Greenberg, *Empathy reconsidered: New directions in psychotherapy*(Opp. 535-592). American Psychological Association, Washington, D. C., ⓒ 1997. 허락하에 재인쇄함

리네한은 경계선 성격장애 내담자와 인지행동치료를 시도하는 이론적 여정을 시작했다. 하지만 곧 리네한은 경계선 성격장애 치료에서 느낌과 정서의 수용이라는 요소, 그리고 이상하게 가족체계이론(제13장 참조)에서 사용하는 것과 유사한 것으로 보이는 직면적, 그리고 다소 역설적인 개입들을 추가하고 있다는 것을 알았다. 리네한은 내담자를 타당화하는 것(수용)과 이 내담자의 변화를 위한 실제 필요를 강조하는 것 사이에 갈등을 알아차렸다. 이러한 갈등이 DBT를 발전시킨 현상이다(T. R. Lynch et al., 2006).

DBT는 소개된 이후에 수년 동안 대중에게 폭발적인 인기를 끌었다. 리네한은 DBT를 연구하고 그녀의 작업을 소개하기 위해 전 세계적으로 여행을 다니는 매우 바쁜 여성이다. 리네한은 DBT의 효과를 연구하기 위해 많은 보조금을 받았고, DBT를 다양한 내담자 문제에 적용하는 워싱턴대학교 내에 있는 클리닉을 관장하고 있다. 그녀는 리네한 연구소라는 수련기관을 설립했다(www.

linehaninstitute.org). DBT의 매뉴얼은 리네한(1993)의 책 경계선 성격장애의 인지행동적 치료(*Cognitive-Behavioral Treatment of Borderline Personality Disorder*)에 제시되어 있으며, 이 책에서 많은 자료를 가져왔다. 리네한은 최근에 DBT 기술훈련 매뉴얼(*Skills Training Manual*)(Linehan, 2015)의 개정판을 냈다. 만약 여러분이 DBT를 하기를 원한다면 이 책을 반드시 읽어야 한다. 리네한이 연구하고 상담한 주제들과 그녀 자신의 고군분투에 대한 이야기는 2011년 뉴욕타임스에 실렸다.

주요 개념

변증법. DBT에서 D는 철학을 언급하며 또한 이 접근에서 사용하는 전략을 의미한다. 철학적으로 보면 변증법적 입장은 ACT의 철학과 유사하다. 즉, 맥락이 중요하다는 전체주의적인 입장을 말한다. 이러한 관점에서 보면 현실은 유동적이며 현실은 정반대의 힘들 혹은 극성(polarities)으로 구성되며, 극성의 통합은 정반대 힘들의 새로운 형태를 창조하게 된다. 여기서 여러분이 길을 잃지 않기 위해 리네한(2015)이 제시한 한 가지 예를 살펴보자. 내담자를 조력하는 입장에서 내담자가 변화하도록 돕는 것과 내담자가 자신을 수용하도록 돕는 것 사이에 긴장이 존재한다. 만약 여러분이 이러한 양극단에 갇혀 있다면 아마 효과적인 상담자가 되지 못할 것이다. 따라서 방법은 앞뒤로 움직이면서 삶을 계속 변화하며 균형을 잡는 활동으로 보는 것이다. DBT에서는 전략을 변화를 위해 내담자와 직접적으로 작업하는 것 그리고 환경을 변화시키는 것 사이에 균형을 잡는 행동으로 이해한다. DBT의 핵심 전략은 문제해결과 내담자의 입장을 타당화하는 것 사이에 긴장으로 개념화할 수 있다.

> DBT 상담자인 오베론에게 에니카는 변화-수용 극점의 한쪽 끝에 갇혀 있는 것처럼 보였다. 에니카는 진심으로 자신의 정서를 없애버리고 자신의 존재를 변화시켜 평화로운 삶을 살기를 원한다.

정서조절. 전통적인 인지치료의 경우 정서는 주로 사고로부터 초래되는 것으로 개념화된다. 이와 반대로 DBT에서 정서는 그 자체로 심리 기능에서 중요한 요소로 여겨진다(Swales & Heard, 2009). 정서조절이란 정서에 휩쓸리지 않으며 정서 경험에 주의를 기울이면서 동반되는 생리적 각성에 대해 스스로 달래는 능력이며, 강한 정서 속에서 신중하게 행동할 수 있는 능력을 의미한다(Linehan, 2015). DBT 지지자들은 정서조절보다는 정서조절 곤란에 대해 더 많이 언급한다. 그러나 우리는 건강한 정서조절은 적응적 행동을 초래하게 하며, 정서조절 기술을 갖지 못한 정서적으로 취약한 개인은 극단적인 정서 기복을 보인다고 추론할 수 있다.

> 오베론은 에니카가 그녀의 정서 특히 분노를 조절하는 것을 어려워한다는 것에 주목했다. 에니카의 변화무쌍한 정서는 그녀로 하여금 어떤 행동을 하도록 부추긴다.

인간과 개인발달에 관한 이론

DBT의 이론적 구조는 경계선 성격장애(BPD)로 진단된 개인을 돕는 차원에서 등장했기 때문에 인간발달과 성격의 개념은 경계선 성격장애의 증상을 이해하는 데 초점을 두고 있다. 리네한(1993a)은 경계선 성격장애의 주요한 원인으로서 정서조절 체계의 실패와 역기능적인 환경의 결합으로 보았는

데, 이는 발달의 생물사회적 이론과 부합한다.

DBT는 행동인지적 원리에 근간을 두고 있다. 행동인지적 원리는 개인의 행동이 강하게 환경적 유관성(contingencies, 강화와 처벌)에 의해 영향을 받는다는 기본 가정을 염두에 둔다. 하지만 동시에 발달에서 또한 중요한 요인은 정서를 조절하는 능력이다. 정서를 다루는 능력은 생물학적으로 기반을 두고 있다(Linehan, 2015). "생물학적으로 기반을 둔다."고 말했다고 해서 리네한이 정서조절 능력을 반드시 유전적으로 본다는 의미는 아니다(유전이 한 요인이더라도). 자궁 내 사건 그리고 환경적 사건과 같은 다른 요인도 또한 신경계 발달에 영향을 미칠 가능성이 있다. 아이들은 정서에 대해 서로 다른 감수성을 가지고 태어난다. 아이가 타당화받지 못하는 환경에서 양육되었을 때(다음에 이어지는 '심리적 건강과 역기능' 참조), 아이의 정서 경험은 타당화되지 못하고, 아이는 정서를 조율하는 법을 배우지 못한다. 건강한 가족 환경의 경우 부모와 다른 사람들은 아이로 하여금 정서적 경험을 확인하고, 정서 경험을 표현하고, 그리고 적절하게 행동하도록 돕는다.

그러기에 아동기 경험은 DBT 모델이 언급하는 개인의 발달에서 중요하다. 리네한(1993a)에 의하면 아이는 부모로부터 그들의 경험을 타당화받는 것이 필요하다. 아이가 자신의 내적인 경험을—배가 고파서 아이가 울 때와 같이—표현할 때, 양육자는 아이의 내적 경험을 무시하지 않고 아이에게 반응해주어야 한다. 예를 들어 작은 소년이 발가락이 찧었을 때 건강한 부모는 아이를 치유하기 위해 발가락을 '호' 하고 불어주고 뽀뽀해준다.

> 오베론은 에니카가 다른 사람보다 정서적으로 더 취약한 것은 아닌지 의문을 가졌다. 분명하게 에니카는 현재 정서조절에 어려움을 보이고 있다. 그는 초기 경험을 평가하면서 에니카의 과거사를 검토한다.

심리적 건강와 역기능

DBT 모델에서 건강한 사람은 정서적으로 취약하지 않으며 정서를 잘 조절할 수 있다. 건강한 사람의 경우 자신의 내적 삶을 경험하고 표현하도록 허용하고 적절한 방식으로 그들의 욕구에 반응해주는 중요한 사람들 주변에서 성장한다. 앞선 사례에서 배고픈 아기가 울 때, 부모는 아기에게 젖을 준다. 아기가 안아주기를 원하면서 울 때, 중요한 것은 부모가 그 아기에게 젖을 주는 게 아니라 아이가 원하는 포옹을 해주는 것이다.

생물사회적 이론을 토대로 리네한(1993a)은 정서적으로 취약한 생물사회적 특성과 타당화시켜주지 못하는 양육 환경의 조합은 심리적인 역기능을 초래한다고 제안했다. 정서적 취약성은 높은 수준의 민감성, 정서적 사건에 대한 강렬한 반응 그리고 정서에 압도되지 않는 상태 혹은 기저선 상태로의 느린 회복이라고 정의한다(Linehan, 2015).

타당화시켜주지 못하는 환경의 경우 아이의 경험의 표현(특히 정서)은 양육자에게 지지되지 못하고 혹은 지지된다고 하더라도 일관적이지 못하다. 리네한(1993a)에 의하면 아이의 내적 경험의 표현은 부모에 의해 종종 처벌되거나 무시된다. 아이는 자신이 배고프지 않고, 상처받지 않았고, 무섭지 않다고 양육자로부터 듣는다. 또는 아이는 양육자로부터 자신이 믿고 원하는 것이 사실이 아니라는 것을 듣는다. 특히 아이는 분노와 같은 부정적인 정서 상태에 대해 양육자로부터 타당화받지 못한다. 환경과 개인은 상호작용한다(T. R. Lynch & Cuper, 2010). 예를 들어 정서적으로 취약한 아이는 강한 정서를 표현한다. 그리고 타당화시켜주지 못하는 환경에서 이러한 정서 표현은 무시당한다. 따라서 아이는 더 시끄러운 정서 표현을 하게 되며, 이로 인해 아이 주변 사람들의 거부 반응(이런 경우에는 합당한 느낌) 또한 강화된다.

타당화받지 못한 경험은 아이로 하여금 정서를 어떻게 처리해야 하는지를 결코 배우지 못하도록 한다. 더 나아가 아이는 고통을 감내하는 방법을 배우지 못한다. 더 나쁜 것은 아이는 삶에 대한 자신의 관점을 신뢰하지 못하게 된다는 점이다. 아이는 지속적으로 자신의 느낌, 견해 그리고 경험이 틀렸다는 것을 듣는다. 아이는 타당화받지 못한 경험으로 인해 정서적 상태를 어떻게 표현해야 되는지를 배우지 못하기에 문제해결 기술에서 손상을 보인다. 대신 그 아이는 자해, 자살시도, 혹은 부적응적인 섭식행동과 같은 역기능적인 방식으로 정서를 조절하게 된다(T. R. Lynch & Super, 2010). 정서를 적응적으로 처리하거나 반응하지 못하는 것을 정서적 조절곤란(emotional dysregulation)이라고 부른다. 이는 경계선 성격장애의 핵심 특성이라고 간주한다(Neacsiu, Ward-Ciesielski, & Linehan, 2012).

> 에니카가 호소하는 염려와 최근 경험들을 경청하면서, 오베론은 정서적 조절곤란의 단서를 관찰했다. 에니카는 분노, 불안 그리고 우울 사이를 오간다. 그녀의 삶의 이야기는 타당화시켜주지 못한 환경이 있었다는 것을 알려준다. 그녀의 아버지는 대부분 부재했다. 어머니는 심각한 심리적 고통을 경험하는 것 같았다. 부모는 에니카에게 관심을 거의 기울이지 못했다. 물론 아버지가 곁에 있을 때는 에니카에게 맹목적으로 사랑을 주곤 했다는 것은 하나의 좋은 신호이다. 아버지는 에니카의 느낌에 대해 필요한 타당화를 많이 제공했다. 하지만 에니카는 참을성이 없고, 느낌이나 경험에 대해 잘 조절하지 못하며, 자거나 먹지 않는 방식으로 급변하는 정서를 다루었다.

치료의 특성

사정. 리네한(1993a)은 철저한 사정은 면담을 포함한다고 강조했다. 이러한 면담을 통해 상세한 내담자의 과거력과 이전 상담 경험에 대한 자료를 수집한다. 리네한은 DSM-IV의 진단을 위한 구조화된 임상적 면담의 사용(SCID; First, Spitzer, Gibbon, & Williams, 2002; 현재 SCID-5가 사용 가능; www.appi.org/products/structured-clinical-interview-for-dsm-5-scid-5)과 경계선을 위한 진단적 면담(Zanarini, Gunderson, Frankenburg, & Chauncey, 1989)을 추천하였다.

DBT에서는 일차적 그리고 이차적인 표적 행동 사이에 뚜렷한 차이가 있다(Linehan, 1993a). 일차적인 표적 행동은 자살시도, 자해, 혹은 내담자의 삶의 질이나 치료 작업을 심각하게 방해하는 위협적인 행동이다. 이차적인 표적 행동은 정서조절, 문제해결, 자기 타당화, 그리고 다른 삶의 기술이다. DBT에서 사정은 이러한 표적 행동 범주에 비추어 내담자의 호소문제를 검토하는 것으로 이루어진다. 일차적인 표적 행동이 우선적으로 강조된다. 상담자는 매주 내담자의 상태를 추적하기 위해 내담자에게 일일카드를 작성하는 숙제를 내준다. 이 카드의 일차적인 목표는 DBT 상담자가 내담자의 일차적인 표적 행동이 표면에 올라올 때 개입할 수 있도록 내담자의 자살사고, 약물 사용 그리고 기분과 같은 중요한 행동을 추적하는 것이다(Linehan, 1993a).

오베론은 에니카와의 면담을 통해 그녀의 가족사와 현재 환경을 확인한다. 비록 에니카가 현재 심각하게 자살충동을 느끼지 않지만 섭식문제와 같은 특정 행동에서 문제가 있기에 이를 일차적인 표적 행동으로 분류하였다. 에니카는 현재 치료를 위협하는 어떤 행동도 보이지는 않는다. 오베론은 에니카의 현재 정서조절과 그녀가 고질적인 느낌을 다루는 데 사용했던 전략을 확인한다. 에니카는 자신을 '망가졌다'고 기술하고 언제나 관계에서 문제를 가지고 있다고 표현하는 것을 보면 자기 타당화 이슈가 자명하게 드러나고 있음을 알 수 있다. 오베론은 에니카에게 DBT 일일카드를 보여주고 그녀의 정서, 수면 형태, 그리고 규칙적으로 건강한 음식을 먹는 것을 추적하도록 했다.

치료적 분위기 및 내담자와 상담자의 역할. DBT 상담자는 내담자가 더 개선되기를 원하고 "내담자가 할 수 있는 최선을 다하고 있다."(Linehan, 1993a, p. 106)고 본다. 비록 내담자가 자신의 문제에 대해 책임이 없을지라도 문제를 해결하는 데 책임이 있으며 문제해결을 위해 열심히 노력해야만 한다. DBT 상담자는 또한 내담자에게 실패란 없다는 입장을 취한다. 단지 상담 혹은 상담자만이 실패할 수 있다는 입장이다. DBT의 흥미로운 원칙은 어려운 내담자를 다루는 데 있어 상담자도 지지를 필요로 한다(Linehan, 1993a).

상담자의 첫 번째 임무는 위에 기술된 사정으로 시작하여, 기초가 되는 생물사회적 이론을 설명하는 포괄적인 치료 오리엔테이션을 내담자에게 수행하는 것이다(Linehan, 1993a). 오리엔테이션 동안(몇 회까지 지속될 수 있음), 상담자와 내담자는 일반적으로 상담 기간과 형식에 대해 동의한다. DBT 전 과정의 경우 1년 동안 치료에 전념하는 기간이 필요하고 개인치료와 기술훈련 집단에 참여하는 것을 포함한다. 치료회기에서 상담자와 내담자 간의 굳건한 동맹 형성은 매우 중요하다. 굳건한 동맹이 형성되어야 상담자가 내담자에게 타당화를 충분히 할 수 있다(Rizvi, 2011). 리즈비(Rizvi, 2011)는 DBT 치료를 수영을 하지 못하는 내담자가 수영을 '해야' 하기 때문에 거친 바닷속으로 용감하게 뛰어드는 것이라고 비유한다. 상담자는 수영 코치이다(p. 262).

리네한에 의하면 "기법면에서 보면 DBT는 현재 그리고 이전의 유사 자살행위 그리고 다른 역기능적인 행동에 대해서는 사무적이며 직면적이고 때로는 과격한 치료자 태도를 보이지만 기본적으로 내담자에 대한 따뜻함, 유연함, 반응적인 태도, 그리고 전략적 자기노출을 시도하면서 이 둘을 잘 통합한다."(1993b, p. 5). 치료관계는 DBT 성공에서 중요하며 내담자에 대한 타당화를 치료 접근의 핵심 요소로 보았다(Linehan, 1993a). 타당화는 핵심적인 치료 전략으로 여섯 가지 수준에 의해 설명될 수 있다(Linehan 1993a; Swales & Heard, 2009). 타당화 1 수준은 상담자가 정확하게 내담자의 말을 경청하고 내담자의 경험에 대한 관심을 보이는 것이다. 타당화 2 수준은 상담자의 정확한 반영 혹은 내담자가 이해받고 있다는 것을 알도록 하는 것이다. 타당화 3 수준에서는 상담자는 내담자가 분명하게 표현하지 않은 경험 측면을 언어화하는 것이다. 내담자의 과거와 현재의 느낌 혹은 행동 사이에 연결을 타당화하는 것이 타당화 수준 4이다. 내담자의 현재 행동 혹은 느낌이 합리적 혹은 기능적이라고 전달하는 의사소통이 타당화 수준 5를 구성한다. 마지막으로 타당화 6 수준은 철저한 진솔성, 혹은 내담자의 내재적인 강점을 타당화한다. 상담자는 효과적인 방식으로 행동하고 어려움을 극복할 수 있는 내담자의 능력을 믿고 있다는 것을 내담자에게 전달한다(기본적인 공감을 유지).

영상 자료 16.3

마샤 리네한이 DBT를 수행하는 영상을 보자. 리네한의 치료 방식을 여러분은 어떻게 묘사할 수 있는가?

 https://www.youtube.com/watch?v=S4Ccpqh6giM

오베론은 에니카와 철저한 초기 사정을 수행한다. DBT 이론을 에니카에게 설명하고, 매주 개인치료 혹은 집단치료에 참여하는 1년 동안 상담에 전념할 것을 요구한다. 에니카의 반응을 민감하게 살피면서, 오베론은 가능한 지지적이며 타당화하는 태도로 대한다.

상담 목표. 리네한(1993a)에 따르면, DBT의 목표는 내담자에게 (a) 강렬한 정서를 조절하고 강렬한 정서와 연관된 부적응적인 행동을 줄이거나 제거하는 것과 (b) 자기, 사고, 느낌, 행동에 대해 신뢰하도록 가르치는 것이다(p. 62). 궁극적으로 내담자로 하여금 이러한 변화를 통해 삶이 살 만한 것임을 경험하게 한다(Linehan, 1993a).

오베론은 에니카와 상담 목표를 논의하였다. 에니카는 덜 우울하고 덜 불안하고 덜 화내기를 바란다. 에니카는 종종 자신감을 보이기도 하지만, 내면에서 자기를 의심하고 감정을 통제할 수 없다고 느끼는데, 이러한 상태가 또한 비생산적인 행동을 하게 한다. 에니카와 오베론은 에니카가 만족스러운 관계를 지속하고, 직장에서 생산적으로 일하는 것과 같은 가치 있는 삶의 목적에 도달하지 못했음에 동의했다. 그들은 에니카가 이러한 삶의 목적에 도달할 수 있도록 '정서'조절 능력의 신장을 향하도록 목표를 설정한다.

치료 과정

DBT는 다음과 같은 세 가지 주요 이론으로부터 나온 원칙에 근거한다: DBT의 생물사회적 이론, 행동이론, 변증법적 철학(Rizvi, 2011). 집중적인 접근인 DBT는 네 가지 치료 형태가 있다: 개인치료, 집단 기술훈련, 전화 자문, 상담자 자문집단(물론 상담자 자문집단은 상담자를 위한 것이고 내담자를 위한 것은 아니다)(Neacsiu et al., 2012).

DBT에서 개인치료는 네 가지 단계로 이루어져 있다(Neacsiu et al., 2012). 1단계는 내담자의 삶의 질이나 치료 과정을 방해하는 요인과 더불어 삶을 위협하는 행동에 관심을 갖는다. 2단계는 내담자가 고통스러운 정서를 경험하도록 돕는 것과 관련이 있다. 3단계에서는 내담자로 하여금 원하는 삶의 목표를 성취하기 위해 문제행동을 감소하면서 세상과 더 연결하고 자기존중감을 높이도록 돕는다. 마지막으로 4단계는 불완전에 대한 여운의 느낌을 다룬다. 나는 여러분이 치료를 방해하는 행동에 대해 좀 더 알기를 원한다고 생각한다. 즉 치료 과정을 방해하는 내담자 혹은 상담자의 행동이다. 치료 방해 행동으로는 내담자의 자살시도 혹은 다른 자해 행동, 회기에 참석하지 않는 것, 숙제를 해오지 않는 것 그리고 내담자에 대한 부정적인 상담자 반응이 포함된다.

DBT 상담자는 문제해결과 타당화, 변화와 수용이라는 반대극 간의 균형을 잡는 데 세심한 주의를 기울이면서 구조화된 접근을 사용한다(Bedics, Korslund, Sayrs, & McFarr, 2013). 리네한(1993a)
은 DBT 상담자는 "우선 내담자와 강한 긍정적인 관계를 발전시키고, 이를 통해 내담자를 '조용하여'
극심하게 어렵지만 내담자의 행동에서 필요한 변화를 목표로 삼도록 한다."(p. 296; 원문에서 인용)
고 하였다. 상담자와 내담자 모두 유관성에 의해서 영향을 받는다. 내담자는 상담자의 행동을 강화
하거나 처벌한다. 그리고 종종 이러한 유관성은 문제가 된다(상담자가 자살시도 그리고 치료를 방해
하는 행동 같은 주제로부터 벗어날 때 내담자가 치료에 적극적으로 참여하는 경우).

　　내담자와 전화 자문은 여러 가지 치료 목적 성취에 기여한다. 벤-포라스(Ben-Porath, 2014)는 전
화 자문의 세 가지 기능을 확인했다: (a) 자해 행동 감소시키기, (b) 내담자가 상담에서 배운 기술
을 다른 상황으로 일반화시키는 것을 배우도록 돕기, (c) 치료관계에서 발생하는 문제들을 다루기
(p. 2). 또한 내담자가 상담자에게 도움을 요청하지 않거나 또는 강요적으로 부적절한 방식으로 요
청할 경우가 있으므로 전화 자문을 통해 적절한 방식으로 도움을 요청하는 방법을 알려주어야 한다
(Linehan, 1993a). 아주 구체적인 전화 자문에 대해서는 치료 시작 초기에 설명해주어야 한다. 전화
호출은 문제를 어떻게 해결하거나 혹은 인내할 수 있는지에 대한 짧은 논의이다. DBT 상담자는 전
화 호출과 내담자의 행동에 관해 자신만의 한계를 탐색하게 된다. 전화 호출을 모든 시간에 수용할
것인가, 혹은 단지 저녁 8시까지만 할 것인가? 리네한에 의하면 이러한 상담자의 한계설정이 말처럼
쉽지 않기에 이러한 한계에 대해서는 분명하게 내담자와 의사소통을 해야 하고 상담자의 한계설정
은 신중하게 유지되어야 한다.

　　DBT의 성공에 중요하게 차지하는 부분은 상담자 자문집단(Linehan, 1993a)이다. 경계선 성격장
애로 진단을 받은 내담자는 상담자로 하여금 부정적 반응을 불러일으키게 한다고 널리 알려져 있다.
따라서 변증법적 행동치료 상담자팀은 매주 만나 상담자의 동기와 기술에 대해 초점을 맞춰서 나눈
다(McMain & Wiebe, 2013). 이러한 자문팀에서는 내담자에 대해 논의를 할 수도 있다. 하지만 더 중
요한 부분은 상담자가 DBT에서 종종 겪게 되는 어려운 상황을 어떻게 대처할 것인지에 중점을 둔
다. DBT 상담자가 내담자에게 제공하는 것과 유사한 지지와 타당화는 자문집단의 중요한 요소이다.
상담자는 종종 부정적인 반응을 관리하고 내담자에 대한 연민을 높이는 방식으로 그들의 DBT 기술
을 스스로 실습하도록 격려받는다(McMain & Wiebe, 2013).

　　오베론은 에니카에게 자해를 하거나 자살시도에 대해 어떤 생각을 하고 있는지 물었다. 에니카는
　　그녀가 종종 자살에 대해 생각하지만 최근에는 심각하지는 않다고 말했다. 이러한 자해나 자살사
　　고에 대해 좀 더 구체적으로 질문한 후에 오베론은 에니카가 지금은 위험에 처해 있지 않지만, 상
　　담이 진행되면서 그녀의 상태에 대해 확인을 해야 할 것으로 결론 내렸다. 오베론은 에니카가 행
　　동화하지 않고 감정을 감내할 수 있는 능력을 갖추도록 초점을 맞추었다. 오베론은 자문집단과 함
　　께 에니카에 대한 치료 계획에 대해 공유했고 자문집단은 그의 계획을 타당화하였다. 오베론은 에
　　니카에게 전화 자문의 가능성에 대해 말했고 개인치료 그리고 집단치료에 매주 참여하는 것의 중
　　요성을 강조했다.

치료 기법

많은 특정 기법들이 DBT를 사용하는 상담자에게 유용하다. 노출, 사고 수정 그리고 행동을 유지시키는 유관성의 조정과 같은 전통적인 인지적 그리고 행동적 기법에 덧붙여(이에 대한 더 정도 깊은 기술을 위해서는 제8장과 제10장 참조), DBT에서는 특정 기법들이 더 추가된다. 우선 나는 치료의 초기 단계와 기술훈련 집단에서 내담자에게 가르치는 중요한 기술을 설명하려고 한다. 이러한 기술들에 대한 설명은 부족할 수밖에 없다. 더 많은 정보를 위해 리네한(2015)의 기술훈련 매뉴얼을 참고해야만 한다. 이러한 설명을 한 후에 DBT 상담자가 사용하는 다른 전략들을 선택적으로 설명할 것이다.

핵심적인 마음챙김 기술. DBT는 여러분(여러분의 내담자)에게 '마음챙김'이라는 중요한 기술을 가르친다. 상담자가 DBT 기술을 배우는 것은 매우 중요하다. 이 기술은 물론 내담자가 개인치료의 초기나 기술훈련 집단에서 주로 배운다. 마음챙김은 단순히 여러분이 지금 여기에 진행되는 것을 판단하지 않고 알아차리는 것을 의미하는 데 여러분이 생각하는 것보다 훨씬 어려운 기술이다(Linehan, 2015). 마음챙김 기술은 세 가지로 구성된다. 즉 지혜로운 마음 기술, 무엇 기술 그리고 어떻게 기술이다(Linehan, 2015).

영상 자료 16.4

마음챙김

 https://www.youtube.com/watch?v=5d46amIJEkl

지혜로운 마음 기술은 마음의 세 가지 상태(합리적인 마음, 정서적인 마음, 지혜로운 마음)를 내담자에게 가르치는 것이다. 처음 두 가지 마음 상태(합리적인 마음과 정서적인 마음)는 서로에게 배타적이다(즉, 합리적인 마음은 논리적이고, 정서적인 마음은 감정이 지배한다). 지혜로운 마음은 이 두 가지 마음상태인 합리적인 마음과 정서적인 마음의 통합이다(Linehan, 2015). 지혜로운 마음 상태는 내적 지혜 혹은 가치 있는 결과를 얻기 위해 상황을 다루는 데 자원을 동원하는 능력을 포함한다. 내담자는 합리적인 마음과 정서적인 마음이 지혜로운 마음을 사용하는 데 방해가 될 수 있다는 것을 배운다. 이러한 마음챙김 기술을 활용하는 회기에서 내담자는 합리적인 그리고 정서적인 마음의 장점과 단점을 평가하고 합리적인 마음과 정서적인 마음이 지혜로운 마음으로 통합하는 것을 탐색한다.

무엇에 대한 기술은 경험을 관찰하고, 기술하고, 참여하는 것을 배우는 것이다. 경험이 심지어 고통스럽다고 해도 내담자는 이 경험에 관해 관찰하고 기술하도록 배운다. 경험은 반응하거나 혹은 회피하기보다는 그 경험에 대해 말한다. 바로 이 지점이 ACT와 DBT의 유사한 부분이다. 리네한(1993a)은 경험에 대해 기술하는 것을 배우는 것은 사고와 정서가 단지 사고와 정서이지 사실도 진실도 아니라는 것을 배우는 것이라고 주장한다. 그러나 한 단계 더 나아가서 리네한은 사고와 정서는 사실과 비교해서 검증되어야 한다고 주장하고 있어서 전통적인 인지치료의 원칙과 함께한다. 경험에 참여한다는 것은 자의식 없이 수행되는 것으로, 처음에는 다소 역설적으로 들릴 수 있다. 여기에서 의미하는 바는 여러분이 온전히 자발적인 방식으로 그 순간에 참여하는 것이다. 여러분은 알아차리고 깨어 있고 자기와 관련된 경험에 대해 조바심 나지 않는 것이다.

판단하지 않고, 한 번에 한 가지에 집중하고, 효율적인 것을 행하는 것이 바로 세 번째 어떻게 기술이다(Linehan, 1993a, p. 146). 판단하지 않는다는 것은 어떤 것도 좋거나 나쁘지 않다는 의미이다. 즉 부정적인 것을 긍정적인 것으로 바꾸라는 의미가 아니다. 사실상 리네한은 전적으로 판단을 멈추고 행동과 사건의 결과를 단순히 평가하는 것이 가장 좋다고 제안한다. 어떤 행동의 결과를 살펴보는 것은 그 행동 자체가 나쁘다는 것이 아니라 일어날 수 있는 변화를 제안할 수 있다.

덧붙여 어떻게 기술은 그 순간에 집중하기 위해 주의를 통제하는 것이다. 우리는 종종 현재 상황에 참여하는 것과 관련이 없는 사고 혹은 걱정을 하면서 우리의 마음 안에서 종종 다양한 일을 한다. DBT 이론에 따르면 이것은 마음을 챙기는 것이 아니다.

마지막으로 효율적이라는 것은 '옳다'고 생각되는 것과 상관없이 그 상황에 필요한 것을 하는 것이다. 여러분이 원칙을 가질 수 없다는 의미는 아니다. 하지만 종종 여러분은 효율적인 것에 관심을 기울일 필요가 있다. 여러분은 효율성을 성취하기 위해 자신의 인식, 판단, 의사결정 능력을 신뢰할 필요가 있다.

> 오베론과 에니카는 무엇 그리고 어떻게 기술에 관해 작업했다. 에니카는 정서적 경험을 관찰하고 판단하지 않으려고 노력했다. 오베론은 에니카로 하여금 한 번에 한 가지를 하도록 초점을 맞추도록 도왔다. 오베론은 지금 바로 그녀에게 무엇이 가장 중요한 것인지 결정하도록 도왔다. 그녀의 문제들 중 섭식과 수면을 우선적으로 다루기로 결정했다. 즉, 섭식과 수면문제가 불안을 일으키는 삶의 사건에 대한 반추와 관련이 있다고 보았다. 오베론은 에니카가 반추를 단지 사고로 보도록 도왔는데, 그녀는 마음을 챙기면서 관찰할 수 있었다. 그는 에니카가 이러한 경험을 가능한 온전하게 기술하도록 도왔다. 그리고 사고와 불안이 일어날 때 어떻게 다뤄야 하는지 이해하도록 도왔다.

고통 감내 기술. 미샤 리네한은 삶이 고통스럽고 괴롭다는 스티븐 헤이즈의 견해에 동의한다. 삶은 항상 행복하고 평화스러워야 한다는 생각은 고통을 더 초래한다. 우리가 어떤 것도 바꿀 수 없다는 점을 받아들여야 하고, 여러분 자신, 여러분의 행동 혹은 여러분의 사고를 판단하지 않거나 혹은 변화시키려고 애쓰지 말아야 한다는 것을 받아들여야 한다. 변화를 위한 행동이 중요할 때가 있더라도 괴로움 감내 기술 역시 위기 상황을 극복하는 것과 주로 관련이 있다. DBT의 변증법적 특성이 항상 수용과 변화의 균형에 있다는 것을 기억하자.

많은 고통 감내 기술들이 있다. 하지만 주요한 기술은 분산시키기, 자기위로하기, 순간을 개선하기, 그리고 장단점에 대해 생각하기가 있다(Linehan, 1993a, pp. 147-148). 리네한(1993a)은 고통 감내 기술에 세 가지 수용 기술까지 추가했다: 전적인 수용, 수용으로 마음 돌리기, 기꺼움(p. 148). 분산시키기는 여러분의 마음을 상황에서 벗어나게 하는 것이다. 이를테면 다른 활동 혹은 다른 사고에 관여함으로써 분산이 가능하다. 차분한 활동에 참여하는 것은 자기위로하기의 핵심이다. 예를 들면 거품목욕은 어떤 사람들에게는 바로 위로가 될 수 있다. 심상, 기도, 자기-격려 등은 그 순간을 개선시키도록 도우며, 장단점 생각하기는 말 그대로 장점과 단점을 모두 생각해보는 것이다.

전적인 수용은 진솔한, 깊은 수용이다. 수용으로 마음 돌리기는 수용하는 것을 선택하는 것이다.

리네한(2015)이 설명하듯이 "수용은 진실한 사실을 인정하는 것이고 현실과의 투쟁을 내려놓는 것이다."(p. 147) 기꺼움은 실존적인 아이디어이다. 우리가 우주의 일부분이라는 것을 아는 것, 그리고 우주의 일부분으로서 참여하는 것, 반면 분리되었다는 독단적인 생각을 포기하는 것이다.

오베론은 고통 감내가 에니카가 배워야 할 가장 중요한 기술이라고 생각했다. 그는 에니카에게 어떤 진정시키는 활동들(조깅을 한다든지)이 그녀를 위해 효과가 있는지를 물었다. 이러한 자기진정 전략 효과는 하루 동안 지속될 수 있다. 하지만 그녀가 자려고 하는 늦은 밤에 불안해지기 때문에 에니카는 다른 전략들이 필요했다. 오베론과 에니카는 그녀 스스로 혼란스러운 사고로부터 주의를 돌릴 수 있고 단순히 혼란스러운 사고를 사고로 수용하고 사고가 흘러가도록 하는 방법들을 논의했다. 에니카는 자러 갈 때 음악을 들으면서 불안한 사고로부터 벗어날 수 있다고 했다.

정서조절 기술. 경계선 성격장애로 진단된 개인들은 정서적으로 강렬하고 취약하기 때문에 정서조절이 핵심 기술이다. 내담자로 하여금 정서를 조절하도록 돕기 위해 DBT 상담자는 내담자에게 감정을 확인하고 명명하고, 정서를 변화시키는 데 방해가 되는 요인을 확인하고, 긍정적인 정서를 일으키는 사건을 증가시키는 방법을 가르쳐준다. 주의를 기울이게 하는 것은 내담자가 '정서적인 마음', 즉, 정서적으로 민감하게 반응하는 부분에서 필요하다(Linehan, 1993a, p. 150). 상담자는 내담자가 신체적 정서적 스트레스 요인, 예컨대 영양, 운동 그리고 삶의 상황들을 다루도록 돕는다. 이 기술의 공식적인 용어는 여러분의 몸을 돌보면서 여러분의 마음을 돌보는 것(taking care of your mind by taking care of your body)으로 PLEASE로 소개된다. PLEASE는 다음과 같은 의미를 담고 있다. 신체적 질병을 치료하고, 섭식에 대한 균형을 유지하고, 기분이 변화시키는 물질을 피하며, 수면의 균형을 잡고, 운동을 하는 것이다(PhysicaL illness, balance Eating, avoid mood-Altering substances, balance Sleep, and get Exercise)(Linehan, 2015). 다른 중요한 정서조절 기술은 앞서 논의하였듯이, 현재 정서에 대한 마음 챙김을 증가시키는 것이며 정서에 의해 촉발된 경향과 반대되는 행동을 취하는 것이다. **반대되는 행동**이란 내담자가 도움이 되지 않는 정서를 확인하고 솔직하게 정서 충동과 일치하지 않는 방식으로 행동하는 것이다. 예를 들면 여러분이 화가 난 누군가에 대해 오히려 좋은 행동을 하는 것이다(Linehan, 2015).

오베론과 에니카는 규칙적으로 먹고 운동하는 것을 다루었다. 오베론은 만약 에니카가 거의 매일 운동을 한다면, 그녀의 입맛이 좋아질 것이라고 생각했다. 그러나 에니카가 규칙적인 음식을 섭취하는 것을 도울 수 있는 환경적인 단서를 설정하는 것이 필요해 보였다. 그녀에게 쇼핑을 가서 특별히 먹고 싶은 음식을 사도록 했다. 에니카는 또한 음식을 준비할 수 있도록 먹고 싶은 시간 한 시간 전에 타이머를 맞춰 놓도록 했다.

에니카와 오베론은 괴로운 정서가 일어날 때 이러한 정서를 감내하는 것을 다루었다. 오베론은 에니카에게 정서에 신경을 안 쓰려고 애쓰는 것을 하지 말도록 격려한다. 오히려 괴로운 정서를 지켜보고 관찰하는 것이라고 격려했다. 오베론은 에니카에게 느낌을 다룰 수 있다는 것을 확신시켰다. 오베론은 또한 에니카가 즐거운 활동이 무엇인지 알기를 원했다. 그녀는 뛰거나 음악을 듣는 것이라고 말했다. 오베론은 에니카에게 즐거운 활동을 하도록 격려했고 자원봉사를 하고 싶은

지 혹은 다시 일로 돌아가고 싶은지 질문하였다.

네 가지 치료 범주. DBT의 공식적인 매뉴얼에서 리네한(1993a)은 다음과 같은 네 가지 필수적인 전략 범주를 확인했다: 핵심 전략, 변증법적 전략, 의사소통 전략, 사례관리 전략(p. 199). 다음에서 나는 이러한 일반적인 전략을 정의할 것이고 대표적인 기법의 몇 가지 예를 제시할 것이다. 대부분 리네한의 매뉴얼에서 가져왔는데, 만약 이 전략과 기법에 대해 더 배우고 싶다면 리네한의 매뉴얼부터 시작해야 할 것이다.

핵심 전략. DBT의 핵심 전략은 타당화와 문제해결이다. 내담자에 대한 타당화는 다양한 형태를 취할 수 있다. 리네한(1993a)은 정서적·행동적·인지적 타당화 전략과 내담자를 '응원하는' 타당화 전략을 기술한다. 타당화의 핵심은 현재 상황을 고려할 때 내담자의 행동이 이해할 만하다는 점을 내담자가 확실히 알도록 하는 것이다(p. 221). **정서적 타당화**는 내담자가 정서를 확인하고 명명하도록 도우면서, 정서적 표현을 격려하고, 겨우 인식되기 시작한 느낌을 강조하고, 내담자에게 느낌은 타당한 것이라고 간단히 말하는 형태를 취한다. **행동적 타당화**는 내담자로 하여금 어떤 행동을 하게 하는 '해야 한다'는 것에 대해 확인하고, 이에 맞서도록 돕고 내담자의 행동을 수용하도록 돕는 것이다. **인지적 타당화** 전략은 내담자로 하여금 사건과 그 사건에 대한 해석을 구분하도록 돕고, 내담자의 인식에서 진실의 부분을 발견하고, 내담자가 가지고 있을 '지혜로운 마음'을 인정하는 것인데, 이는 내담자가 가지고 있는 직관적 이해에 대한 타당화이다(Linehan, 1993a, p. 241). 변증법적 행동치료 상담자는 자신의 가치가 내담자의 가치와 다르다는 것을 인정해야 한다. 절대적인 진실이 반드시 필요한 것이 아니라는 것이다. 마지막으로 **응원하기** 전략은 상담자가 내담자에게 최선을 다하고 있는 것에 대한 신뢰를 전달하는 것, 희망을 표현하는 것, 내담자의 강점에 초점을 맞추는 것, 칭찬을 하는 것, 내담자의 편에 서는 것, 그리고 위기에 있을 때 내담자를 붙잡아 주는 것을 포함한다(Linehan, 1993a, p. 245).

DBT에서 문제해결 전략은 표준적인 인지행동적 개입과 상당히 유사하다. 예를 들어 **연쇄 분석**(chain analysis)은 직접적으로 전통적인 행동치료에서 가져온 기법이다(Rizvi & Ritschel, 2014). 다양한 문제에서 사용될 수 있지만, 내담자가 자살시도 혹은 자살시도 행동을 보고할 때 적용될 수 있다. 표적 행동이 명확히 확인된 후 상담자와 내담자는 무엇이 표적 행동을 촉발하는지 그리고 표적 행동의 결과는 무엇인지를 함께 검토한다(이것을 유관분석이라고 한다). 또한 촉발인자에 내담자를 더 취약하게 만드는 상황을 확인한다. 이 정보를 가지고 상담자와 내담자는 취약한 요인을 줄이는 방법을 마련하고 촉발인자를 피하는 방법을 찾는다(Safer, Telch, & Chen, 2009). 연쇄 분석의 흥미로운 점은 내담자가 삶을 위협하는 행동을 할 때 상담자가 의도적으로 혐오적인 결과를 부여하는데도 신중하게 사용할 수 있다는 점이다(Linehan, 1993a). 연쇄 분석은 해결을 위한 분석으로 이어지는데, 내담자와 상담자는 문제행동의 가능성을 줄이기 위해서 선행인자 혹은 결과를 다룬다(Rizvi & Ritschel, 2014).

다른 문제해결 전략은 해결책을 마련하고 해결책을 평가하는 것과 같은 본질 면에서 상당히 행동적이다. 인지적·행동적 시연 또한 사용될 수 있다. 모든 문제해결 전략의 핵심은 전념하기인데, 리네한(1993a)은 전념을 이루고 강화시키는 일련의 개입(예 : 선택의 자유 그리고 실행 가능한 대안의 부재를 강조)을 기술하였다.

에니카와 오베론은 현재 상황과 관련이 있는 문제해결 전략들에 대해서 작업하였다. 이미 수면과 섭식에 대해 작업하였기에 현재 대인관계에 대한 에니카의 사고를 점검하는 것을 통해 그녀가 관계에서 무엇을 하기를 원하는지 결정하도록 도왔다. 오베론은 에니카의 우울한 사건의 연쇄 분석이 도움이 될 것이라고 판단하였다. 신중하게 지난 시간들 중 우울했던 상황을 상세하게 물었다. 이러한 모든 작업에서 오베론은 에니카를 공감하고 타당화해주었고 그녀가 변화할 수 있다고 확신하였다.

변증법적 전략. DBT의 정수는 변증법적 전략과 결합한 핵심 전략들이다. 변증법적 전략은 치료에 내재해 있는 근본적인 긴장으로부터 나온다. 이러한 필수적인 긴장은 존재의 끊임없이 변화하는 특성, 수용과 변화 사이의 모순, 그리고 '진실'과 '현실'이 고정되어 있지 않다는 인식, 즉 지속적으로 진전되면서 많은 상반되는 것들로 가득하다는 인식으로부터 형성된다(Linehan, 1993a). 다음은 두 개의 변증법적 전략이다.

- 레몬으로부터 레모네이드 만들기. 이름이 의미하듯이 이 기법은 내담자가 나쁜 것(레몬)을 좋은 것(레모네이드)으로 만드는 것을 상담자가 돕는 것이다. 만약 내담자가 문제를 가지고 있지 않다면 상담자는 내담자를 도울 수 없다. 슬픔과 고통은 자기와 타인을 더 잘 이해하도록 한다. 우리 삶에서 가장 골치 아픈 경험은 새로운 기술을 실습하는 더 없이 좋은 기회를 제공한다. 계속되는 문장을 읽으면서 여러분은 이 기법을 사용하는 것이 약간 교묘하다는 것을 이해하게 된다. 상담자는 내담자의 문제를 무시하는 것 같지만 한편으로 내담자를 타당화하지 않는 것은 아니다. 견고한 치료관계는 이 접근의 선행요건이고 종종 가벼운 유머와 함께 사용될 수 있다.

  오베론은 레모네이드 기법을 사용할 것을 고려한다. 하지만 오베론은 에니카와 굳건한 관계 형성을 하고 있는지가 염려가 되었다. 관계 형성이 된 이후에 오베론은 그저 내버려두는 것이 어떻게 삶을 검토하게 하고 그녀가 원하는 것을 결정하는 기회를 갖게 하는지에 관해 에니카에게 말할 수 있다. 대인관계에서 문제는 미처 인식하지 못하는 부분을 우리에게 알려줄 수 있다.

- 역설로 들어가기. 상담자는 내담자 상황의 역설적인 측면을 강조한다. 근본적으로 상담자는 내담자로 하여금 이야기에 다양한 측면이 있다는 것을 알도록 하고 모든 것은 진실인 동시에 진실이 아닐 수도 있다는 것을 알도록 한다(Linehan, 1993a). 고전적인 예는 치료적 역설이다. 즉, 상담자는 내담자의 경험을 타당화하는 동안에 또 한편으로는 내담자의 변화를 촉구하는 것이다. 일주일에 한 회 이상 상담을 하는 것이 내담자에게 좋을 수 있다는 것을 인정하면서 상담자는 여전히 한계를 정하고 한계를 넘어서지 않는다.

  오베론은 에니카가 자신을 단순하게 수용하는 것을 요구하는 역설이 도움이 될 것이라고 생각한다. 만약 에니카가 자신을 수용하는 데 전념한다면 그녀의 일부분으로서 그리고 그녀의 삶의 일부분으로서 불편한 정서를 수용해야만 할 것이다. 만약 그녀가 불편한 정서를 없애려고 노력하지 않고 인내할 수 있다면 더 많은 진전을 보이고 아마도 지혜로운 마음이 작용할 수 있을 것이다.

의사소통 전략. 이 전략은 상담자가 내담자와 관계하는 방식에 관련된다. 리네한(1993a)은 상호 호혜적 형태와 직면적 형태의 변증법적 사용을 지지한다. 호혜적인 의사소통은 반응성, 진정성, 온정, 그리고 자기노출과 같은 것들이다. 직면적 전략은 예상하지 못한 방식으로 내담자가 주의를 기울이도록 하고 사물을 새로운 관점으로 볼 수 있도록 하기 위해 사용되는 것으로 변증법적 기법의 양극단의 한쪽에 해당된다. 이러한 전략은 얼핏 보기에는 위협적으로 보일 수 있다. 이러한 전략은 직면적 태도 취하기, 평범하지 않은 재구조화를 사용하여 내담자의 허세 요구하기, 전능감 혹은 무능감 표현하기 등이 포함된다(Linehan, 1993a).

특히 도발적인 직면적 전략은 천사도 가기 두려워하는 곳에 뛰어드는 것이다(Linehan, 1993a). 이러한 접근에서 상담자는 내담자가 자살을 할 수도 있다는 것을 솔직하게 드러내는 것과 같이(이것이 분명히 상담을 방해할 수 있음을 언급하면서), 직접적으로 그리고 분명하게 이러한 문제들을 강조한다. 리네한은 이러한 전략들을 마치 소방관이 불타고 있는 빌딩의 창문에서 건물 아래 쳐져 있는 그물로 누군가를 던질 때 사용하는 전략에 비유한다. 말할 것도 없이 이러한 종류의 개입은 타당화 위에 세워진 탄탄한 관계 형성 위에서 이루어져야 할 필요가 있다.

상담자로서 오베론의 태도는 따뜻하고 진솔하다. 그는 자기노출을 하지는 않지만 적당한 때에는 기꺼이 개방한다. 직면적인 전략을 사용할 것을 고려하지만 지금은 불확실하다고 생각한다.

사례관리 전략. 치료관계 이외의 부분은 사례관리 전략의 초점이 된다(Linehan, 1993a). 상담자는 내담자가 건강을 위해 환경을 잘 관리하도록 돕고, 또한 상담자로서 자신이 DBT를 잘 제공하고 있는지에 집중한다. 상담자는 자신의 한계를 관찰하고, 내담자가 다른 지지 제공자들, 친구들 그리고 가족 구성원들에게 대하는 것을 코칭하고 자문하고, 내담자를 대신해 개입할 때(효과가 극히 중요하고, 내담자가 행동할 수 없을 때)를 결정해야 한다. 상담자가 지도감독과 자문을 위한 자원을 가져야 한다는 절대적인 규칙 또한 여기에 해당된다.

오베론은 에니카와의 치료를 관리하는 데 도움을 주는 지도감독자와 사례 자문집단을 가지고 있다. 그는 에니카를 대신해서 개입하는 것을 고려하지 않았고 이제까지 에니카는 그의 한계를 시험하지 않았다. 오베론은 에니카가 일로 다시 복귀하는 데 있어 고용주에게 어떻게 다가갈지 그리고 부모와 관계를 어떻게 관리할지에 관해 작업을 하였다.

개인적·문화적 다양성에 대한 논의

ACT 그리고 DBT는 내담자 가치를 강조하는데, 이러한 의미에서 서부 유럽문화 이외에 문화에서 온 내담자에게 우호적으로 보일 수 있다. 가치 있게 살아가는 삶에 대한 강조(DBT) 그리고 가치로부터 나온 전념된 행동(ACT)은 다양한 배경으로부터 온 내담자가 자신의 문화와 맥을 같이하는 목표를 결정할 수 있는 상황을 창조한다. ACT와 DBT는 모두 마음챙김과 수용 같은 동양의 실제를 중요시 여기는데, 이는 특별히 다른 문화로부터 온 내담자에게 도움을 줄 수 있다. 이러한 이론적 체계 또한 다양한 성적 지향을 가진 개인에 대해서도 도움을 줄 수 있다. 스티트(Stitt, 2014)는 성소수자를 위해 ACT에서 수용은 심한 편견과 동성애 혐오증을 수용하라는 의미가 아니라, 심한 편견이나 동성애 혐오증에 대한 반응으로서의 공포, 분노, 그리고 충격을 수용한다는 의미라고 기술한다(p. 284). ACT는 맥락이 사건의 의미를 결정하는 데 중요하다는 이론적 강조 때문에 다양한 특성을 가진 개인과의 작업에 특히 적합하다.

흥미롭게도 리네한(1993a)은 DBT의 전체주의적인 강조가 개인주의, 독립, 그리고 분리의 서구화된 가치에 대해 의문을 던지는 페미니스트 관점과 어떻게 일맥상통하는지에 관해 논의했다. DBT에서 정체성은 관계적이라고 가정한다. 그리고 리네한(1993a)은 여성 그리고 사회적으로 힘이 약한 개인은 개별 정체성보다는 사회적 · 관계적 정체성을 가지고 있는 경향이 있다고 강조한 바 있다. 리네한(1993a)은 여성은 남성보다 더 많이 경계선 성격장애로 진단받고 있다고 지적하였다. 즉, 장애의 발달에서의 성차별주의의 영향을 검토한 점은 높이 살 만하다.

CHAPTER 17

결론

다음과 같은 각본을 생각해보자.

1. 스칼렛의 상담자는 현재 스칼렛이 레트와의 관계에서 겪는 혼란이 그녀의 아동기로부터 나온 무의식적인 힘의 결과라고 믿는다. 레트는 스칼렛이 바라는 아버지이면서 동시에 금지된 대상이다. 스칼렛은 아버지의 거절에 대한 분노를 레트에게 옮겼고 결국 유사한 방식으로 상담자와 상호작용을 할 것이다.

2. 비합리적인 신념은 스칼렛의 현재 고통 이면에 있는 문제이다. 스칼렛은 모든 사람이 그녀를 사랑해야 하고 세상은 그녀에게 친절해야 하고, 그렇지 않은 삶은 용납할 수 없다고 믿었다. 스칼렛의 상담자는 그녀가 "레트가 떠나는 것은 너무 안타까운 일이다. 일어나지 않았다면 더 좋았을 것이다. 하지만 그것이 나를 쓸모없는 벌레로 만드는 것은 아니다."와 같은 합리적인 신념을 적용할 수 있도록 ABC를 알려주었다.

3. 스칼렛은 소속 욕구에 상처가 있기에 상담에 오게 되었다. 그녀는 관계에서 문제를 경험하고 있으며, 자신의 좋은 세계에서는 레트와 보니 둘을 중요한 인물로 꼽았다. 그녀는 고집스럽게 그들의 행동을 통제하려고 했고, 자신의 책임은 회피했다. 그녀가 할 수 있는 최선의 방식이지만, 이와 같은 방식으로 사랑에 대한 욕구를 만족시키고 있기에 늘 불안하고, 화가 나고, 우울하다.

4. 스칼렛은 분명히 행동을 변화시키는 개입이 필요하다. 상담자는 스칼렛의 기절로 이어지는 불안 발작에 집중할 것이다. 스칼렛이 불안을 느끼기 시작할 때 인지적 그리고 행동적 기법들을 적용할 수 있다. 노출치료가 그녀에게 가장 도움이 될 것이다.

5. 스칼렛은 개인적 경험을 회피하기 때문에 문제가 발생하는 것 같다. 그녀는 생각을 진실로 믿고, 이에 근거해서 맺는 관계는 그녀를 늘 괴롭히고 있다(예 : 나는 너무 힘들다. 그리고 레트는 결코 내게 돌아오지 않을 것이다). 그녀는 과거와 미래에서 살고 있다. 그녀는 결과적으로 불안을 느낄 때 불안을 없애려고 노력한다. 상담자는 스칼렛이 갇혀 있어서 그녀의 소중한 가치에 맞게 그녀 자신의 삶을 살고 있지 않다고 생각한다.

6. 해결되지 않은 과제가 스칼렛이 세상에 창조적으로 적응하는 것을 분명히 방해하고 있다. 그녀는 사랑받는 사람이 되는 것에 있어 충족되지 못한 욕구를 가지고 있다. 결과적으로 자

유롭게 그녀의 느낌을 경험할 수 없다.

7. 스칼렛은 사랑, 일 그리고 사회성이라는 삶의 과제에 성공하지 못했다. 그녀는 위축되어 있으며 사회적으로 유용하지 않은 생활 양식을 추구하고 있다. 분명하게 그녀는 레트와 싸움에서 이기는 것과 같은 유아적 동기로부터 벗어나는 힘을 성취할 필요가 있다. 주목을 받으려는 유아적인 방식이 무엇인지 이해되어야 할 필요가 있다.

8. 레트와 스칼렛의 관계는 딸인 보니의 삼각관계에 의해 안정화되어 왔었다. 레트와 보니는 세대에 걸친 연합을 형성했다. 하지만 보니의 죽음으로 인해 레트와 스칼렛은 관계에서 갈등과 함께 아이의 죽음을 애도하는 것에 직면했다. 레트는 정서적으로 스칼렛으로부터 거리를 두며 반응한다. 그리고 스칼렛은 레트를 뒤쫓으려고 한다.

9. 스칼렛은 사회에 의해 압력을 받고 있는데, 사회 규칙은 그녀가 여성이기 때문에 개인적인 힘을 경험할 수 없다고 말한다. 그녀는 자신의 사업을 시작하고 마음을 자유롭게 표현하는 것과 같이 여성스럽지 않은 특성을 보였기에 삶에서 많은 거절을 경험했다. 어느 정도는 백인 남성에 의해 억압된 그녀의 화가 레트를 향해 있었기 때문에 레트는 그녀를 떠나버렸다.

10. 스칼렛은 분명히 정서조절의 문제를 가지고 있다. 그녀는 강한 정서를 드러내고, 종종 격렬한 정서에 따라 행동한다. 상담자는 그녀의 초기 양육에서 사고나 느낌을 거의 지지받지 못했을 것이라고 추측한다.

11. 왜 스칼렛이 그렇게 행동하는지가 매우 중요하다. 스칼렛과 상담자는 문제가 정확히 무엇인지 결정하고 그것을 고려할 필요가 있다. 스칼렛은 외로움을 느끼며 두려워한다. 그녀가 외롭고 두렵지 않을 때를 검토하면서, 그녀와 상담자는 이러한 예외 상황들이 더 빈번하게 일어나도록 작업한다.

12. 스칼렛의 현재 고통 이면에는 손실과 위협 양식의 활성화가 있다. 그녀는 우울한 도식적 기능("모든 것은 결코 좋아질 수 없을 거야.") 그리고 불안-유발적인 사고("나 스스로 세상을 헤쳐 나가기에 나는 적합하지 않아.")를 보였다. 이러한 일련의 사고는 스칼렛의 역기능적인 정서와 행동을 일으키고 있다.

13. 스칼렛은 분명하게 존재론적인 위기를 경험하고 있다. 보니의 상실은 삶의 의미에 대한 질문을 던지면서 그녀 자신의 죽음에 직면하도록 했다. 그녀는 존재론적인 불안과 공포를 막기 위해 레트가 궁극적인 구원자가 되어 주길 바랐다. 하지만 이러한 방어는 실패했는데, 레트 역시 자신의 죽음에 직면해 있었기에 그녀를 떠났다(아마도 그는 특별함이라는 방어를 사용하면서 혼자 머무는 듯하다).

14. 스칼렛은 자기와 경험 사이에 불일치를 경험하고 있다. 그녀는 자기에 대한 긍정적 긍중과 타인으로부터의 긍정적 존중에 대한 욕구가 있어서 달콤하고 여성스러운 남부 여성이라는 견해와 일관적이지 않은 경험은 회피했다. 척박한 환경에 대한 분노는 그녀의 이미지와 맞지 않았기에 부인되었다. 그녀는 우울해졌고 방어가 약하기 때문에 종종 분노는 분출되었다.

15. 스칼렛은 파편화된 자기개념을 가지고 있는 것 같다. 최근 상실로 인해 스트레스가 컸으며 편안하게 다른 사람과 관계를 맺는 것이 어려웠다. 다음과 같은 사실은 레트와 수년 동안 거리를 둔 이유였다. 즉, 레트의 어떤 특성은 스칼렛으로 하여금 그를 이해하기 어렵고 통

제할 수 없다는 기분을 활성화시켰다. 그녀의 부모와의 관계에서 초기 역기능(아버지의 음주)이 이러한 역동의 근원이 될 가능성이 있다.

16. 스칼렛이 현재 그녀의 삶에 대한 견해에는 그녀가 되고자 했던 것과는 상당히 다르다. 덫에 걸려 있으며 현재 삶의 이야기에 들어 있는 힘의 구조에 의해 억압되었고, 필사적으로 다른 결과를 추구하고 있다. 그녀는 독립적인 여성이지만 고정관념으로 되돌아가라는 압력(레트와 정착) 그리고 자신과 자신의 이야기로 살아가려는 바람 사이에 갇혀 있는 기분을 느꼈다.

스칼렛 상담자들의 치료 접근 : 1. 정신분석, 2. 합리적 정서행동치료, 3. 현실치료, 4. 행동치료, 5. 수용전념치료, 6. 게슈탈트 치료, 7. 개인심리학에 토대를 둔 치료, 8. 가족체계치료, 9. 여성주의 치료, 10. 변증법적 행동치료, 11. 해결중심치료, 12. 인지치료, 13. 실존치료, 14. 인간중심치료, 15. 신정신분석 치료, 16. 이야기치료.

스칼렛에 대한 다양한 기술에 대해 어떻게 생각하는가? 각각의 문장은 이 책에서 다루고 있는 각 이론으로부터 나온 간략한 사례개념화라는 것을 의심하지 않고 이해했을 것이다(만약 여러분이 어떤 접근인지 혼란스럽다면, 끝부분에 있는 각 상담자의 치료 접근을 확인해보자). 여러분이 생각하기에 어떤 내용이 가장 이해가 잘 되는가? 어떤 접근이 다른 접근들보다 더 잘 스칼렛을 도울 수 있다고 생각하는가? 이 질문에 대한 대답은 현재 여러분의 경력의 수준에서 바람직한 이론적 지향을 탐색하는 데 도움이 될 것이다.

상담 및 심리치료의 15가지 이론을 처음부터 끝까지 살펴보았기에, 여러분은 약간 압도되었을 것이다. 흥미 있는 접근이 너무 많은 것처럼 보일 수도 있을 것이다. 여행을 하는 데 너무 많은 길, 혹은 너무 많은 종류의 자동차가 있는 것과 같을 것이다. 이 책에서 다루는 접근들은 모두 어떤 형태로든 경험적 지지를 가지고 있고, 매우 타당하고, 접근들 대부분은 오랫동안 존재해 오고 있다. 여러분은 아마도 일부 접근만 좋아할 수 있다. 여러분은 아마 일부는 선호하지 않을 수 있다. 아마 양극단 사이에 있을 수도 있다. 그러나 나는 기초 이론 교육 과정에서, 주요 접근 중 어느 하나의 접근이 완벽하게 적합하다고 확신하는 누군가를 본 적이 없다. 많은 학생들은 약간 당황스러워하며, 많은 이론 중 어떤 것을 선택해야 하는지 여전히 방황하기도 한다.

제1장에서는 이론을 검토하는 데 있어 중요한 고려사항을 중심으로 기술하였다. 알다시피 이론들은 고려할 차원 면에서 폭넓게 다양하다. 여러분은 고려해야 하는 차원들 중 어떠한 차원이 가장 중요한 것인지 궁금할 것이다. 만약 대답을 해야 한다면, 아마도 '경험적 지지'라고 말할 것이다. 내가 제시한 이론적 체계 중 대부분이 경험적 지지를 가지고 있기 때문에 나의 대답은 여러분에게 별로 도움이 되지 않을 수 있다. 이러한 갈등에서 벗어나는 하나의 방법은 '좋은' (가장 많은) 경험적 지지를 가진 이론을 선택하는 것이다. 아마도 행동치료 혹은 인지치료.

그러나 상황을 보는 또 다른 방법이 있다. 상담에 주요한 접근들이 특별한 처치가 없지만 내담자의 변화를 일으킨다는 것을 증명하고 있는 연구 자료들을 고려하면, 경험적 지지가 여러분의 이론적 지향을 선택하는 데 유일한 기준이 될 수 없다는 것이다. 이론을 검토하는 데 있어서 제1장에서 논의한 다른 요인들을 고려하는 것이 도움이 된다. 근본적으로 여러분이 누구이고, 당신의 철학적 가정은 무엇이고, 여러분이 어떻게 인간 존재를 이해하고 있는지와 적합한 접근을 발견할 필요가 있다. 물론 마지막 장에서 이러한 차원들에 따라 이론을 힘겹게 비교하는 것이 나의 의도는 아니다. 그러나 핵심적인 차원에서 각 접근이 어떻게 다른지의 예를 제공하였다. 또한 이어지는 질문들에 대한 답을 하도록 여러분을 초대할 것이다.

철학적 가정

인간 특성에 대한 광범위한 진술을 모두 검증 가능할 수 없기 때문에 인간에 대한 철학적 가정을 고려하는 것은 이론을 선택하는 과정에서 중요하다. 잠시 시간을 가지고 다음과 같은 주제들을 생각해 보자.

> 인간이 선하게 또는 선하지도 않고 악하지도 않게 혹은 악하게 태어난다고 생각하는가?
> 우리가 접근할 수 있는 하나의 구체적인 현실이 있다고 생각하는가? 아니면 현실에 대한 다양한 관점이 존재한다고 믿고 있는가?
> 인간 행동은 생물학적 요인 또는 학습의 결과인가, 혹은 다른 것들(즉, 사회적 관계)의 영향인가?
> 인간을 전체로 보는 것이 중요한가, 혹은 구체적인 행동을 관찰의 목표로 삼아야 하는가?

각 장의 기본 철학 부분에서, 이러한 차원에 따라 이론들이 표방하는 바를 기술하였다. 분명하게 말하지만 정신분석은 인간성에 대한 다소 암울한 그림을 제시하고, 인간중심치료의 지지자들은 인간에 대한 낙관적인 견해로 비난을 받아 왔다. 다른 이론들은 인간 본성에 대한 기본적인 특성에 대한 견해가 분명하지 않다. 즉, 이러한 주제에서 중립성의 입장을 취한다고 보는 것이 적합하다.

해부학이 운명이라는 생각에 대해 어떻게 생각하는가? 어떤 이론가들(예 : 행동주의자와 페미니스트)은 행동이 사회적으로 결정된다고 보는 반면, 다른 이론가들은 타고난 혹은 생물학적 요인들에 더 많은 무게를 두고 있다. 심지어 앨버트 엘리스는 비합리성은 타고난 인간 특성(합리성이 그렇듯이)이라고 생각했다.

만약 여러분이 객관적인 현실을 믿는다면(즉, 하나의 실제, 진실한 현실), 행동주의가 여러분의 배움과 가장 양립할 수 있으며, 혹은 묘하게도, 행동의 기원에 대해 확신하는 정신분석을 만날 것이다. 현실치료는 객관성을 특히 강조한다. 구성주의 접근들 ― 이야기치료, 해결중심치료, 게슈탈트 치료, 인간중심치료 ― 은 개인이 세상을 어떻게 해석하는지에 대해 더 많은 관심을 갖는다.

상담에서 여러분(상담자)의 목표를 생각해보자. 여러분은 내담자의 구체적인 행동변화 혹은 전반적인 행복감에 초점을 두는가? 여러분의 내담자는 행복한가 혹은 증상이 없어지는가? 여러분은 인간의 기능이 가족, 일 그리고 환경적 단서와 연결되어 있다고 생각하는가? 혹은 인간의 기능이 구체적 사고 혹은 욕구의 결과라고 생각하는가?

인간 행동에 대한 신념

어떤 전문가들은 우리가 여기에서 신념에 대해서 말하는 것조차 하지 말아야 한다고 생각한다 — 인간 행동을 이해하는 데 과학적인 증거를 고수해야 한다는 것이다. 만약 여러분이 이러한 입장에 가깝다면 무작위 할당으로 검증된 치료 방안을 가진, 경험적으로 충분히 지지된 접근을 이해하고 선택하자. 그러나 여러분은 좀 더 온건한 입장을 원할 수 있다. 이런 경우에 인간 기능에 대한 여러분의 생각과 일맥상통하는 접근을 선택하는 것이 아마도 좋은 상담자가 되는 데 최선의 길일 것이다. 다음과 같은 질문을 고려해보자.

● 여러분은 인간 행동을 동기화한다는 것이 무엇이라고 믿는가?

〈표 17.1〉은 이 책에서 제시된 인간 동기의 견해들을 비교한다. 여러분은 인간 행동의 주요 동

표 17.1　인간 동기에 대한 관점

정신분석	회의적, 인간은 본능적 추동인 성과 공격성에 의해 동기화된다.
신정신분석적 접근	회의적, 본능적 추동을 인정하지만, 자아의 힘도 강조한다.
개인심리학	낙관적, 인간은 우월성에 대한 추구 그리고 공동체감에 의해 동기화된다.
인간중심치료	낙관적, 인간은 잠재력을 실현하도록 동기화되어 있다.
실존치료	어떤 접근인지에 달려 있다. 어떤 것은 낙관적이고, 어떤 것은 회의적(유일하게 확실한 것은 죽음). 의미에 대한 인간의 추구
게슈탈트 치료	낙관적, 인간은 성장하고자 한다(욕구를 충족시키려고 한다). 하지만 또한 환경과 균형을 이루려는 동기가 있다(항상성).
행동치료	중립적, 인간은 환경에 적응하고, 생존하기 위한 자원을 얻으려고 동기화된다. 즉각적 행동은 환경에서 얻는 자원(강화)에 의해 통제된다 — 행동의 결과.
합리적 정서행동치료	중립적, 인간은 인간이며, 인간은 합리적이면서 비합리적이다.
인지치료	중립적, 인간은 환경에 적응하고 생존하는 데 필요한 자원을 얻으려고 동기화되어 있다. 인지는 행동을 이끄는 데 가장 우선적이다. 인지치료 중 어떤 입장은 행동을 일으키는 데 무의식적 구조/과정을 인정한다.
현실치료	낙관적, 인간은 기본적 욕구에 의해 동기화되어 있다. 가장 중요한 것은 사랑과 소속감에 대한 욕구이다.
여성주의 치료	분명한 진술이 없다. 하지만 권력과 친밀성을 강조한다.
가족체계 이론	접근에 따라 다양하다. 보웬은 중립적, 개별성과 통합성 사이의 긴장이 행동을 일으킨다고 본다. 사티어는 낙관적, 인간은 성장하고 사랑하도록 동기화된다. 전략적 그리고 구조적 접근은 엄밀하게 말하면 동기를 고려하지 않는다.
해결중심치료	중립적, 동기에 대한 실제적인 진술이 없다.
이야기치료	낙관적, 인간은 의미를 추구하려고 동기화되어 있다.
마음챙김 접근	접근에 따라 다양하다. 수용전념치료(ACT), 개인은 의미(관계)를 만들도록 동기화된다. 변증법적 행동치료(DBT), 분명하지 않다.

력이 무의식이라고 믿는가? 정신분석가는 무의식을 인간 행동의 주요 동기로 믿고 있다. 그리고 인지치료 상담자는 원형 도식 혹은 양식의 무의식적 영향을 제안한다. 확실히 자동적 사고는 즉각적으로 접근할 수 없다. 행동치료 상담자는 이 문제에서 덜 강경하다. 그들은 생존하고 환경에 적응하기 위한 동기로부터 행동이 나온 것이라고 본다. 더 좁게 보자면 행동주의자에게 있어 인간은 긍정적인 자극을 향해 움직이고 혐오적인 자극은 피하는 존재로 본다. 설사 행동주의자가 무의식을 믿는다고 해도 무의식적인 과정에 거의 집중하지 않는다. 체계 이론가들은 우리 자각 밖의 영향력을 인정하는 것 같다(가족체계). 하지만 이러한 접근들은 또한 무의식적 활동들을 인정하는 정신분석 혹은 심지어 인간중심적인 치료에서 제안하는 무의식의 영향과는 매우 다르다.

- 경험을 설명하는 중요한 구성개념은 무엇인가?

〈표 17.2〉는 이 책에서 다루고 있는 15개 이론의 중요한 이론적 구성개념을 검토하였다. 양식, 삶의 방식, 욕구와 같은 '깊은' 심리적 구성개념이 내담자를 이해하는 데 토대가 되는가? 우리가 가부장제의 영향을 명확하게 검토할 필요가 있는가? 내담자가 바라는 것, 모든 것이 잘 되고 있을 때만을 단순하게 초점을 맞추면서 내담자를 도울 수 있는가? 우리는 실제로 이상적 자기

표 17.2 **주요 이론적 구성개념**

정신분석	원초아, 자아, 초자아, 발달의 심리성적 단계
신정신분석적 접근	타인에 대한 내면화된 표상, 방어, 관계 맥락
개인심리학	우월성 추구, 기본적 과제, 생활 양식, 사회적 관심, 가족 구조
인간중심치료	실현 경향성, 자기 그리고 경험, 일치성 그리고 불일치성
실존치료	존재 양식, 궁극적인 관심(죽음, 자유, 의미, 소외), 불안, 방어
게슈탈트 치료	접촉, 욕구, 자각의 순환, 양극성
행동치료	고전적 조건화, 조작적 조건화, 사회 학습
합리적 정서행동치료	신념, 합리적 그리고 비합리적
인지치료	신념, 도식, 양식
현실치료	기본적 욕구, 좋은 세계, 전체 행동, 선택이론
여성주의 치료	젠더, 개인은 정치적이다.
가족체계 이론	체계로서 가족, 의사소통, 하위체계 그리고 경계, 삼각구도, 가족 위계, 자기의 분화, 만성적 불안
해결중심치료	예외 상황, 해결, 내담자 강점 그리고 자원
이야기치료	이야기, 독특한 결과
마음챙김 접근	변증법, 정서조절, 수용, 마음챙김, 인지적 탈융합, 현존하기, 관점으로서 자기, 가치, 전념

에 대한 정신적 그림 혹은 우리의 욕구를 만족시키는 타인에 대한 정신적 표상을 가지고 있는 가? 행동을 결정하는 데 신념이 영향을 주는가? 한 가지만을 고려하는 것으로는 충분하지 않다 고 생각하는가?

● 여러분은 인간발달 과정을 어떻게 보고 있는가? 현재 행동을 결정하는 데 인간발달 과정이 중요한가? 혹은 우리가 이 이론적 단계를 간과할 수 있는가?

15가지 상담 접근의 발달적 측면을 〈표 17.3〉에 제시하였다. 비록 접근들이 이 부분을 구체적 으로 명시하지 않을지라도 모든 이론은 인간발달과 관련된 성장의 생물학적/생리학적 과정을 인정한다. 생리학적 과정이 발달의 심리적 과정과 어떻게 상호작용하는지는 다양한 이론들에 따라 다르게 기술된다. 내담자를 돕기 위해 심리적 발달을 기술하는 데 어떤 구조가 필요한가? 과거는 현재에 살아 있는가? 혹은 과거는 현재와 관련이 없는가?

● 건강한 사람의 특징을 나열해보자. 여러분의 생각에 어떤 상담 접근이 가장 부합하는가?

심리적 건강에서 어떤 요인이 가장 중요한가? 여러분은 사고에 초점을 맞추는가? 창의적인, 성 장 지향적인 행동에 초점을 두는가? 혹은 개인이 타인의 권리와 사회집단의 규칙을 위반하지 않는 좋은 선택을 하는 것에 초점을 두는가? 인간의 유한성에 대한 우리의 생각은 어떠한가?

표 17.3 인간발달에 대한 관점

정신분석	심리성적 단계는 타고난다. 초기 경험이 가장 중요하다.
신정신분석적 접근	초기 경험이 중요하다. 본능적 추동
개인심리학	가족 환경은 타고난 창의적 과정과 우월성에 대한 추구와 함께 발달에 영향을 미친다.
인간중심치료	발달이 잠재력의 극대화를 향한다. 발달은 가족, 다른 중요한 개인들에 의해 영향을 받는다.
실존치료	구체적 모델이 없다.
게슈탈트 치료	인간은 환경으로부터 자기-지지로 진행한다. 욕구 만족은 주변 환경과 그 환경 안에 있는 개인들에 의해 영향을 받는다.
행동치료	발달은 학습의 과정이다.
합리적 정서행동치료	타고난 생리적 · 심리적 경향성이 사회적 영향과 상호작용한다.
인지치료	초기 삶의 경험이 도식 발달에 영향을 미친다. 양식의 기능은 대체로 타고난다.
현실치료	기본적 욕구의 강도는 타고난다. 발달은 개인의 주변 인물들에 의해 영향을 받는다.
여성주의 치료	젠더와 권력의 영향을 강조한다.
가족체계 이론	접근에 따라 다양한데 모두 가족의 영향을 강조한다.
해결중심치료	공식적인 입장이 없다.
이야기치료	구체적 진술이 없다.
마음챙김 접근	학습이 결정적이다. DBT에서 초기 환경의 질이 중요하다.

인간의 유한성이 어떤 역할을 하는가? 개인은 건강해지기 위해 건강한 가족 혹은 합리적 사회가 필요한가? 〈표 17.4〉는 이 책에서 다루고 있는 이론들이 제시한 건강한 개인의 견해에 대한 개요를 제시하였다.

● 인간이 기능하는 데 가족, 친밀한 타인, 그리고 친구 등 무엇이 상대적으로 중요한가?

개인으로서 한 사람과만 작업하면서 내담자를 도울 수 있는가? 가족체계 접근을 제외하면 답은 "그렇다."이다. 그러나 가족 구성원과 사건들의 상대적인 영향에 대한 입장은 접근에 따라 다양한다. 개인심리학은 가족이 중요한 영향을 가지고 있다고 본다. 반면 많은 다른 이론들은 가족을 다양한 방식으로 단지 학습의 장이라고 본다. 물론 정신분석 이론에서 가족 영향은 매우 중심에 두고 있다.

여성주의 치료는 관계를 중요하게 여기는데, 특히 성과 여성 사이의 관계를 중요하게 본다. 그리고 여성과의 관계가 지지의 핵심 자원이라고 본다. 실존치료 상담자는 다른 사람들과 진정성 있는 관계를 가장 중요하게 간주한다.

표 17.4 심리적 건강에 대한 관점

정신분석	억압된 충동의 수준이 낮다. 건강한 방어, 성숙한 자아
신정신분석적 접근	일관적인 자기감, 적응된 자아
개인심리학	사회적 우월에 대한 유용한 추구, 기본적 과제의 성공, 한 인간으로서 자기의 수용, 실수할 수 있다는 견해
인간중심치료	자기와 경험 사이의 일치, 자기수용, 경험의 진실한 표현
실존치료	진정성, 궁극적 관심에 대한 자각
게슈탈트 치료	욕구 만족, 경험의 자각, 진정성
행동치료	적응적 행동
합리적 정서행동치료	대부분 합리적 신념, 합리적 삶의 철학
인지치료	적응적 행동을 이끄는 적응적인 신념
현실치료	상대적으로 만족하는 기본적 욕구, 건강한 관계
여성주의 치료	경험에 대한 사회적 영향의 자각, 사회적 제한에 의해 지장받지 않는 삶의 목표를 설정하고 도달함
가족체계 이론	건강한 가족 구조와 의사소통 패턴
해결중심치료	호소문제는 존재하지 않는다.
이야기치료	선호하는 결과, 새롭게 완성된 이야기
마음챙김 접근	ACT : 맥락으로서 자기를 보기, 인지적 유연성, 중요한 가치와 일치된 삶 DBT : 정서를 조절하는 능력 그리고 삶을 가치 있게 살아갈 수 있는 능력

● 우리가 기능하는 방식에서 행동, 인지 그리고 감정이 상대적으로 얼마나 중요한가?

정서에 초점을 맞추는 것이 상담에서 일어나는 가장 중요한 부분이라고 생각하는가? 그렇다면 여러분은 정신분석, 게슈탈트 치료, 혹은 인간중심치료를 고려하길 원할 것이다. 만약 여러분이 기능하는 면에서 사고가 느낌 혹은 행동보다 상대적으로 더 중요하다고 생각한다면, 선택은 인지치료 캠프에 떨어질 것이다(인지치료 혹은 합리적 정서행동치료). 만약 행동이 가장 큰 관심이라면 행동치료 혹은 현실치료가 옳을 것이다. 하지만 해결중심적 혹은 가족체계치료 또한 고려할 수 있다. 만약 여러분이 사회적 영향이 중요하다고 생각한다면 이야기치료 혹은 여성주의 치료에 도전해보자.

개인적 스타일 : 치료 접근과 치료 기법

여러분은 적극적인 편인가? 혹은 뒤로 앉아 기다리는 것을 더 잘할 수 있는가?

여러분은 상담 시간에 일어나는 것을 결정하는 데 있어서 상담자 또는 내담자가 이끌어 가야 한다고 생각하는가?

여러분은 내담자 혹은 상담자가 상담에서 일어나는 것에 대해 책임을 져야 한다고 생각하는가? 여러분은 문제 해결사인가?

다양한 이론은 자연스럽게 다른 상담 방식을 이끌어 간다. 예를 들어 어떤 치료 접근은 공식적인 사정에 매우 많이 의존한다. 공식적인 사정(로르샤흐 혹은 벡 우울검사와 같은)은 검사를 하는 것 혹은 (아들러 접근 상담자의 초기 회상과 같은) 구조화된 기법들과 같은 구조화된 과정을 의미한다. 비공식적 사정은 상담 시간 동안 내담자와 이야기하는 것 혹은 내담자의 행동을 관찰하는 것을 뜻한다.

〈표 17.5〉는 15가지 이론의 사정 방식을 제시하였다. 각 상담/치료적 접근에서의 내담자와 상담자 간의 관계의 특성은 〈표 17.6〉에 요약하였다. 〈표 17.7〉은 다양한 상담이론의 목표를 비교하였으며, 〈표 17.8〉은 각 접근에서 사용하는 기법을 제시하였다.

제1장의 [글상자 1.3]에서 나는 철학적 가정과 대인관계적 경향이 이론적 지향을 선택하는 데 하나의 요인이 될 수 있다고 제안했다. 철학적 가정은 "당신의 철학적 가정"(예 : 객관적 대 주관적, 신체적 원인 대 심리적 원인, 전체주의 대 요소주의)로 이전 단락에 포함되어 있다.

대인관계의 지배성은 자료에서 나타나는 대인관계적인 차원을 말한다. 정신분석적 지향을 지지하는 사람들은 다른 접근을 지지하는 사람들과 비교할 때 대인관계적인 자료들이 더 지배적이다. 지배적(dominant)이라는 용어의 사용으로 방해받지 말자. 물론 '지배적'이란 용어가 우리 문화에서는 부정적인 의미인 것은 맞다. 하지만 기법적으로 사용될 때는 약간 다르다. 첫 번째, 행동에서 관찰된 지배성의 정도는 연속선상에서 이해된다. 극단적인 지배성은 실제로 문제가 있다. 엄격함 그리고 지배적인 행동의 극단적인 수준을 보이는 상담자는 좋은 상담자가 아닐 것이다. 이론적 지향의 맥락에서 지배성은 상담자가 자신의 활동에 기꺼이 책임을 지려는 것으로 이해할 수 있다. 두 가지 형태의 지배적인 행동은 치료에서 같은 것은 아니다. 상담자가 회기를 책임지는 정도는 접근들에서 관찰되는

표 17.5 　사정에 대한 오리엔테이션

정신분석	공식적·비공식적 사정 모두 사용된다. 치료자의 초기 관찰을 통해 치료의 적합성을 결정한다. 투사적 기법이 유용하다고 생각한다. 무의식적 과정을 중요하게 본다.
신정신분석적 접근	내담자가 상담자와 관계하는 방식을 관찰
개인심리학	공식적·비공식적 사정이 유용하다고 간주한다. 상담자의 관찰이 중요하다. 힘/우월성을 성취하는 수단을 중요하게 본다. 가족 구조 그리고 초기 회상이 중요하다.
인간중심치료	사정을 적절하지 않다고 본다. 사정은 상담자와 내담자 사이에 거리를 만든다.
실존치료	사정을 적절하지 않다고 본다. 사정은 치료적 관계의 진정성을 방해할 수 있다.
게슈탈트 치료	일반적으로 공식적 사정은 사용되지 않는다. 비공식적 사정은 내담자 경험, 특히 정서적 기능에 초점을 둔다.
행동치료	공식적 사정이 중요하다. 일반적으로 상담자 혹은 중요한 타인의 행동적 관찰 혹은 자기 관찰, 지필 객관적인 측정을 자주 사용한다.
합리적 정서행동치료	공식적·비공식적 사정 모두를 수용한다. 신념을 중요하게 간주한다.
인지치료	공식적, 객관적, 증상중심적 측정이 빈번하게 사용된다. 사고를 평가하는 것이 중요하다. 종종 지필 검사지를 사용한다. 사고와 신념을 중요하게 간주한다.
현실치료	비공식적 사정, 욕구, 특히 소속/애정을 중요하게 간주한다.
여성주의 치료	어떤 사정도 지지하지 않는다. 사회적·환경적 영향에 대한 상담자의 관찰이 중요하다.
가족체계 이론	공식적 사정을 사용하지 않는다. 가족의 패턴에 대한 상담자의 관찰이 중요하다.
해결중심치료	어떤 사정도 사용하지 않는다. 내담자가 문제를 결정한다. 초점은 문제의 예외 상황이다.
이야기치료	사정을 적절하지 않다고 본다. 사정은 내담자와 상담자의 이야기를 제한하게 한다.
마음챙김 접근	ACT에서 사정과 진단은 내담자가 막혀 있고 혹은 경험을 피하는 것을 이해하는 것에 초점을 둔다. DBT는 공식적 사정과 진단을 사용한다.

활동에 따라 다르다. 예를 들어 정신분석에서 상담자는 분명하게 책임을 진다(자유연상에 대한 규칙을 정하고 행동을 해석한다—분석가의 역할). 하지만 행동에서는 상대적으로 수동적이다. 인간중심치료에서 상담자는 적극적이지만 지시성은 분명하지 않다.

　활동성 면에서 여러분의 선호는 상담/치료적 접근을 선택하는 데 꽤 중요하다. 만약 여러분이 활동적이고 문제를 해결하는 것을 좋아한다면 해결중심치료, 가족체계치료, 현실치료, 혹은 인지 혹은 행동적 접근 중 하나의 이론이 여러분에게 맞을 것이다. 만약 여러분이 더 느긋하고 태평스럽다면, 정신분석 혹은 인간중심치료를 생각해보자.

내담자의 역할 : 다양성은 존재한다

여러분이 함께 작업할 것이라고 예상하는 내담자의 유형은 또한 이론 선택에서 또 하나의 중요한 요

표 17.6 상담/치료 접근의 일반적인 특징

정신분석	공식적, 의사-환자 관계, 장기 과정
신정신분석적 접근	공식적, 상황에 따라 의사-환자가 될 수 있음, 장기 과정
개인심리학	협력적, 상담자는 교육자 혹은 모델의 역할, 상담자는 인간이고 실수할 수 있음, 다른 이론에 비해 장기 과정
인간중심치료	동등하게 진정성을 가진 상담자, 내담자와 솔직한 관계, 장기 과정이 될 수 있음
실존치료	진정으로 잘 모른다는 태도로 임하는 상담자, 동료로서 내담자와 함께 여행하는 여행자, 장기 과정
게슈탈트 치료	상담은 상담자와 내담자 사이에 진실한 만남, 치료 기간은 다양함
행동치료	상담자는 교사/자문가, 내담자는 배우는 사람, 일반적으로 단기 접근
합리적 정서행동치료	상담자는 교사/자문가, 내담자는 학생, 일반적으로 단기 접근
인지치료	상담자는 교사/자문가, 내담자는 학생, 의사-환자 관계의 요소, 일반적으로 단기 접근
현실치료	상담자는 진실하고, 지시적, 단기 접근
여성주의 치료	평등한 관계가 기본, 내담자를 격려하며 힘을 지지함, 치료 기간은 다양함
가족체계 이론	상담자는 조화로운 구성원으로 가족에 참여함, 일반적으로 단기 접근
해결중심치료	목표를 결정하는 내담자에게 상담자는 자문가, 단기 치료 접근
이야기치료	협력적, 동등한 관계가 기본, 치료 기간 다양함
마음챙김 접근	ACT와 DBT 접근에서 상담자는 따뜻하고 진실하고, 문제의 이론적 견해에 대해 전문가. DBT는 1년 내내 지속됨(혹은 더 지속된다). 반면 ACT 이론가는 치료 기간에 대해서 구체적이지 않음

인이다. 만약 여러분이 주로 아동과 상담을 한다면, 어떤 접근이 다른 접근보다 더 나을 수 있다. 하지만 모든 접근은 아동에 맞춰 수정될 수 있다. 이 책의 초점을 좁히기 위한 필요 때문에 적어도 아동과 작업하는 가장 인기 있는 접근인 놀이치료를 제5장에서 피상적으로 기술하였다. 당신은 더 완벽하게 확인하고 싶을 수 있다.

자료와 경험은 세상이 변한다는 것을 확인시켜주고 있다. 소수라고 간주해 왔던 문화적 집단과 특정 인종집단은 빠르게 다수의 자리에 접근하고 있다. 실용적 그리고 윤리적인 이유 둘 다로 인해 여러분이 선택한 접근을 다양한 배경의 내담자들에게 편견 없이 사용할 수 있는지를 결정해야 하는 책임을 지고 있다.

나는 백인, 서유럽, 개신교 외의 배경의 내담자와 작업하는 데 각 이론이 가지고 있는 강점 그리고 한계점을 제공했다. 나는 성과 성적 지향 문제를 고려해 왔다. 여러분은 이 주장들을 개인적으로 평가할 필요가 있다. 대부분의 접근은 개인주의 혹은 독립과 분리가 심리적 건강의 핵심이라고 생각하는 결정적 편견을 가지고 있다. 진정으로 인간중심적 치료는 기본적 삶을 유지하는 문제와 투쟁하고 있는 불리한 배경을 가진 내담자를 도울 수 있는가? 가족체계 접근에 포함된 분화의 개념은 집단주

표 17.7 상담/치료의 목표

정신분석	무의식적 갈등을 해결, 통찰, 건강한 방어
신정신분석적 접근	통합된 자기, 적응된 자아, 통찰
개인심리학	이기적인 생활 양식을 사회적으로 유용한 것으로 전환, 기본적 실수를 교정, 통찰
인간중심치료	자기와 경험 사이에 불일치를 해결
실존치료	삶에 대해 이해, 진정성, 자유
게슈탈트 치료	자각, 자기-지지, 성장을 이끄는 환경과 조화
행동치료	적응적인 행동
합리적 정서행동치료	합리적 사고, 합리적 삶의 철학, ABC의 지식을 포함
인지치료	왜곡된 사고 패턴을 수정, 인지적 모델에 대한 앎
현실치료	기본적 욕구(특히 소속/애정 욕구)를 만족시키는 건강한 선택
여성주의 치료	내담자에게 삶의 목표에 도달하도록 힘을 부여, 억압적인 영향을 이해하고, 저항하고 그리고 전복시킴
가족체계 이론	사티어 : 가족 구성원의 자기존중감 향상, 가족 구성원의 차단된 잠재력을 해방시킴, 분명한 의사소통 구조적 : 호소하는 문제를 해결하면서 가족 구조를 변화시킴 전략적 : 호소하는 문제를 해결함, 역기능적 위계를 수정 보웬 : 원가족으로부터 자기 분화의 수준을 높임
해결중심치료	호소문제를 해결, 문제에 대한 예외 상황을 증가시킴
이야기치료	선호하는 이야기를 다시 씀
마음챙김 접근	ACT : 소중한 가치를 향한 일관적인 삶을 살기 위해 문제가 되는 언어로부터 내담자를 해방시킴 DBT : 내담자가 가치 있는 삶을 살 수 있도록 정서조절과 자기에 대한 신뢰를 가르침

의 문화로부터 온 내담자들을 돕는 여러분의 능력을 제한할 수도 있는가?

나는 이러한 질문이 내담자와 함께하는 여정에서 여러분이 선택하려는 이론적 길을 정하는 데 도움이 되길 바란다. 하지만 나는 여전히 다음과 같은 질문으로 되돌아오는 자신을 발견한다. 왜 하나의 접근을 선택해야 하는가? 우리는 최선의 혹은 적절해 보이는 여러 이론을 사용할 수는 없는 것인가? 이 질문은 우리에게 절충적 혹은 통합적 접근을 고려하도록 한다.

심리치료에서 절충적 그리고 통합적 접근

일찍이 1932년에 심리치료에서 여러 이론을 통합하려는 시도가 있었다. 이름 하여 그 당시 가장 우세한 이론인 행동주의(고전적 조건화)와 정신분석의 통합이다(Goldfried, Glass, & Arnkoff, 2011).

표 17.8 **치료 기법**

정신분석	자유연상, 전이 해석, 꿈 분석
신정신분석적 접근	자유연상, 전이 해석, 꿈 분석
개인심리학	해석, 격려, 자연적 그리고 논리적 결과, 마치 ~처럼 행동하기, 버튼을 누르기, 자신을 포착하기, 이미지를 창조하기, 누군가를 기쁘게 하기, 역설적 의도
인간중심치료	기법이 없음, 상담자는 공감적, 무조건 긍정적 존중, 그리고 진솔함(일치)을 제공
실존치료	자기노출, 꿈 분석, 역설, 팔호매김, 안내된 환상
게슈탈트 치료	상담자 자기노출, 대화, 투사를 연기, 양극성과 작업하기, 책임지기, 과장, 전환 기법, 꿈 작업, 신체 작업
행동치료	이완, 홍수법, 노출 그리고 반응 개입, 체계적 둔감화, 혐오 기법, 역설적 의도, 조형, 강화, 소거, 처벌, 주장 훈련, 자극 통제, 역조건화, 모델링, 행동적 자기통제
합리적 정서행동치료	논쟁, 독서 요법, 설득하기, 치료회기를 기록하기, 재구성, 멈추고 관찰하기, 합리적 대처 전략들 그리고 합리적 정서적 이미지 사용, 대담한 상담자 행동, 유머, 강력한 대처 진술, 역할극, 대화, 강화, 기술훈련, 실제 상황 둔감화, 수치심 깨뜨리기
인지치료	질문하기, 하향 화살표, 사고 기록, 행동 실험, 활동 일정 잡기, 등급 과제들, 주장 훈련, 문제해결, 상상 그리고 역할극
현실치료	질문하기, 독서치료, 예상하지 못한 것을 하기, 유머, 상담자 자기노출, 비유, 신체적 활동/명상, 결과를 허용하고 혹은 받아들이기
여성주의 치료	젠더-역할 분석, 자기노출, 주장 훈련
가족체계 이론	사티어 : 가족 조각, 가족 스트레스 발레, 의사소통 분석, 상담자 의사소통, 가족 온도계, 부분들의 잔치 구조적 : 실연, 초점두기, 강력한 힘을 성취하기, 경계 만들기, 불균형, 상보성에 대해 교육 전략적 : 지시, 재구조화, 위계적 문제를 과장하기, 위장 지시(~인 체로 살도록 지시) 보웬 : 과정 질문하기, 탈삼각화, 코칭, 나의-입장 취하기
해결중심치료	질문들, 문제에 대해 질문하기, 그 문제를 정상화시키기, 칭찬, 기적 질문, 척도 질문, 과제 예측하기, 빨리 감기 질문들, 첫 회기 공식 과제, 일반적 과제, 호소문제의 수행을 변경하기, 기습 과제 , 읽고 · 쓰고 · 태우기, 구조화된 싸움, 다른 것을 하기, 해결 지향된 최면
이야기치료	외재화 : 질문하기, 시각화, 책임감 실습, 성찰 실습, 쓰인 자료
마음챙김 접근	ACT : 비유, 마음챙김 기법, 수용 다이얼, 인지적 탈용합 기법, 가치 작업 DBT : 핵심적인 마음챙김 기술, 고통 감내와 감정 조절 가르치기, 연쇄 분석 그리고 다른 행동적 기법들, 변증법적 · 감각적 · 그리고 사례관리 전략

1936년에 로젠츠바이그는 자신의 유명한 논문에서 상담에서 서로 다른 접근에서 작용하고 있는 공통적인 요인에 관해 기술했다(Rosenzweig, 1936/2002). 이러한 그의 초기 노력은 거의 개척자로 인정된다. 하지만 2000년대에 와서 절충주의 그리고 통합주의의 특성은 이와 다소 다르다.

우리는 이제 심리치료의 절충주의가 가지고 있는 골치 아픈 문제 중 네 가지 일반적인 항목을 확

인하고자 한다: 기법적 절충주의, 이론적 통합, 동화적 통합, 공통 요인(Norcross & Beutler, 2014). 이어지는 문장에서 알 수 있듯이 노크로스(Norcross, 2005)는 실제적으로 이러한 네 가지 항목은 쉽게 구별될 수 없다고 경고하였다. 그러나 명료성이라는 목적을 위해 이러한 네 가지 항목을 구별하여 논의하는 것이 유용하다.

절충주의는 아마 **기법적 절충주의**의 입장을 보이는 사람에 의해 분명히 드러난다. 이 입장의 상담자는 각 기법 면의 이론적 가정을 지지하지 않으면서 다양한 접근으로부터 기법을 가져와 이용한다. 그러나 대부분의 기법적 절충주의는 그들의 기법 선택을 안내하는 하나의 통합적인 이론적 체계가 있다고 가정한다.

다중양식치료(multiModal therapy, MMT)를 발전시킨 아놀드 라자루스(Arnold Lazarus)는 아마도 가장 잘 알려진 기법적 절충주의 지지자이다. 행동적 지향 특히, 사회적–인지적 학습이론(Lazarus, 2009)은 이러한 접근에 정보를 주었다. 이는 또한 동화적 통합으로 분류될 수 있다(여기에서 당신은 내가 앞서 언급했던 항목들의 문제점을 볼 수 있을 것이다). 라자루스(2000)에 따르면, 다중양식치료는 "대부분의 심리적 문제가 다양한 측면으로 이루어졌고, 다양한 요인에 의해 결정되며, 다층으로 이루어졌다는 가정에 근거한다. 그리고 포괄적인 치료는 7가지 변수 혹은 양식 ─ 행동(behavior), 감정(affect), 감각(sensation), 심상(imagery), 인지(cognition), 대인관계적 관계(interpersonal relationship), 생물학적 과정(biological processes) ─ 에 대한 신중한 평가를 요구한다."(p. 107) 생물학적 과정을 대신해 약물로 대체하였는데(라자루스는 생물학적 과정에서 주로 약물이 처치되기 때문에 이러한 대체가 적절하다고 주장한다), 우리는 BASIC ID로 기억하기 쉬운 앞자를 취했다. 일단 BASIC ID 평가가 내담자에게 이루어진다면, 내담자의 호소문제에 가장 핵심적인 양식에 적절한 기법을 선택한다.

기법적 절충주의(혹은 동화적 절충주의)의 현재 상태를 잘 대표하는 또 다른 접근은 초이론적 접근이다(Prochaska, 1979; Prochaska, DiClemente, & Norcorss, 1992; Prochaska & Norcross, 2014). 처음에는 중독 행동(예 : 담배 피우기)을 변화시키는 개인들에 대한 연구에 기초를 두었는데, 이후 변화의 포괄적인 과정을 기술하면서(초기에는 주요한 이론들의 개념 분석으로부터 나왔음), 내담자에 걸쳐 변화의 공통적인 단계를 확인함으로써 상담의 모든 이론을 결합하였다. [그림 17.1]에 이 단계와 과정이 잘 제시되어 있다. [글상자 17.1]은 접근의 간략한 요약을 제시한다.

이론적 통합주의 접근은 전통적 이론에 두 번째 대안이다. 이러한 패러다임에서는 둘 혹은 그 이상의 이론적 체계가 통합되었다. 근본적으로 이러한 접근은 모든 접근 중 최고를 취하여 그것들을 함께 '통합한다'(Stricker & Gold, 2011). 정신분석과 행동주의를 합하려는 초기의 시도는 이러한 입장을 가장 잘 대표한다. 그러나 이러한 통합 체계는 결코 인기를 끌지 못했다.

또 다른 중요한 통합적 접근은 **동화적 접근**이다. 이 모델에서 상담자는 한 가지 모델의 이론적 가정과 구조에 엄격하게 관여한다. 하지만 의도적으로 다른 이론적 체계로부터 기법과 가정을 추가한다. 예를 들어 스트리커와 골드(Stricker & Gold, 2005)는 동화적 정신역동적 심리치료를 기술하였는데, 관계적 정신분석에 이론적 기초를 가지고 있지만(제3장 참조), 행동적 · 경험적 · 가족체계 접근의 기법을 활용한다. 이러한 접근에서 작용의 세 가지 수준을 확인할 수 있다: 대인관계적인 관련성(수준 1), 인지 · 지각 · 정서(수준 2), 그리고 정신역동적 갈등, 자기표상 그리고 대상표상(수준 3). 이 세 가

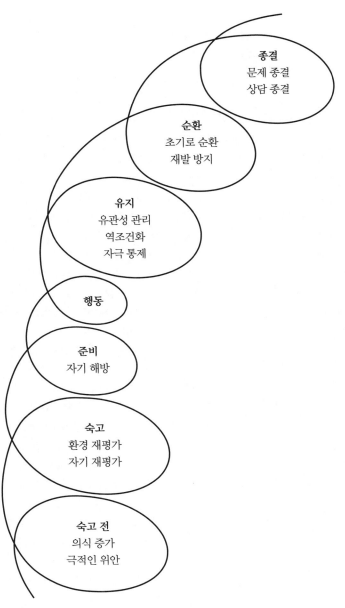

그림 17.1 변화 과정이 강조되는 7가지 단계

출처 : Prochaska, J. O., & Norcross, J. C. (2014). *Systems of Psychotherapy: A Transtheoretical Analysis*(7th Ed.). ⓒ 2010 Wadsworth, a part of Cengage Learning, Inc.

지 수준으로 내담자를 사정하는 데 있어 개입은 내담자의 강점을 강화하고 각 수준에서 역기능을 설명한다. 모든 목표는 수준 3의 성공적인 작업을 방해하는 것으로 수준 1과 수준 2의 문제를 표적으로 삼는다.

　다른 동화적 접근은 인지적-행동적 동화적 통합(Castonguay, Newman, Borkovec, Holtforth, & Maramba, 2005)과 샤프란과 동료들에 의해 제안된 대인관계적-인지적 접근이다(Marcotte & Safran,

글상자 17.1

초이론적 치료

초이론적 치료는 1970년 후반에 발달하였다. 초이론적 치료는 상담의 주요 이론들 간에는 변화 내용보다는 어떻게 변화가 일어나는지에서 대해서 더 유사점을 보인다는 가정에 토대를 두고 있다(Prochaska, 1979; Prochaska, DiClemente, & Norcross, 1992; Prochaska & Norcross, 2014). 프로차스카, 노크로스와 동료들은 많은 이론적 관점들의 요소를 통합하는 소위 말해, 초이론적 치료(transtheoretical therapy, TT)라고 부르는 모델을 제안하였다. 초이론적 치료(TT)는 세 가지 변화의 기본 차원을 확인한다: **변화 과정, 변화 단계, 변화 수준**

변화 과정

사람이 어떻게 변화하는지 이해하는 것은 부분적으로 자신의 행동을 변화시키려는 시도를 할 때 무엇을 하는지를 이해하는 것을 통해 부분적으로 얻을 수 있다. 초이론적 치료(TT)는 변화를 위한 열 가지 기본 과정을 제시하였다.

1. 의식 증가
2. 카타르시스/극적인 위안(정서적 표현)
3. 자기 재평가
4. 환경 재평가
5. 자기 해방
6. 사회적 해방
7. 유관성 관리
8. 역조건화
9. 자극 통제
10. 돕는(조력) 관계

변화 단계

상담실에 들어오는 모든 내담자가 바로 행동으로 건너뛸 준비가 되어 있는 것은 아니다. 프로차스카와 노크로스(Prochaska & Norcross, 2014)는 일곱 가지 가능한 변화의 단계를 확인하였다: 숙고 전, 숙고, 준비, 행동, 유지, 순환, 종결. 이 단계를 이해하는 것은 간단하며 내담자가 그 단계들을 지나쳐 가면서, 변화의 어

떤 과정이 내담자에게 가장 유용한지를 밝히는 데 도움이 된다(그림 17.1). 다음의 기술은 프로차스카, 디클레멘트, 그리고 노크로스(Prochaska, DiClemente, & Norcross, 1992), 그리고 프로차스카와 노크로스(Prochaska & Norcross, 2014)를 요약한 것이다.

숙고 전 단계에서, 내담자는 변화에 대해서는 심지어 생각조차 않는다. 상담에 찾아온 숙고 전의 사람은 누군가가 그들을 거기로 가도록 압력을 가했기 때문에(예: 가족, 법원) 별로 행복하지 않다. 초이론적 치료(TT)는 상담자가 그러한 환경에서 할 수 있는 최고의 것은 의식 높이기 기법을 통해 내담자의 자각을 증가시키려고 노력하는 것, 혹은 내담자가 극적인 위안을 통해 정서적 해방을 얻도록 노력하는 것이다.

숙고 단계에 있는 내담자는 변화에 대해 생각하기 시작한다. 그들은 문제를 인식하고 진지한 방식으로 무엇을 할 것인지에 대해 생각한다. 초이론적 치료는 이론가들에 의하면, 내담자는 아주 긴 시간 동안 숙고 단계에서 머무를 수 있다고 한다. 숙고 전 단계에 있는 사람과 같이 이 단계에 있는 사람은 전통적인 행동에 기반한 치료 접근에 잘 반응하지 않을 것이다.

행동을 변화시키는 첫 번째 단계는 **준비** 단계이다. 예를 들어 담배를 끊고 싶은 내담자의 경우, 하루에 피우는 담배의 양을 줄일 것이고, 담배 피우기 전에 수행해야만 하는 어떤 의식을 마련할 것이다. 그러나 이후 단계에서 나타나는 변화를 위한 더 완전한 전념에는 도달하지 못한다.

중요한 몰입된 행동 변화는 **행동** 단계에서 일어난다. 진지하게 변화를 보이는 날들이 있다면 행동 단계로 인식될 수 있다.

변화의 6개월 후는 유지 단계로 고려된다. 이 단계 동안, 개인은 얻은 것을 유지하고 공고히 하기 위한 작업을 한다. 변화는 매우 어렵고, 흡연 혹은 물질남용과 같이 특별하게 고질적인 문제는 재발이 공통적이다. 따라서 어떤 문제에 대해서 변화의 유지는 평생에 걸친 경험이 될 수 있다.

순환에서 많은 사람들은 첫 시도에서 일어난 변화를

유지하지 못하는 상태를 관찰하게 된다. 그들은 시작과 재시도를 순환해야만 한다. 그래서 변화의 과정은 경사 길보다는 나선형이다. 상담자는 재발 방지 훈련을 제공하면서 도울 수 있는데 이것은 재발을 피하고, 변화가 일어난 후에 순환하는 것에 방향이 맞춰져 있다(전형적으로 치료 종결의 3개월 내에 중독적인 행동이 일어난다)(Prochaska & Norcross, 2014).

종결은 개인이 더 이상 재발과 싸울 필요가 없을 때 일어난다고 말한다. 상담의 종결과 문제의 종결이 항상 일치하는 것은 아니다.

초이론적 치료(TT) 지지자들은 개인들이 단순히 단계별로 순차적으로 진행되지 않는다는 것을 알고 있다. 재발이 일어나고 개인은 행동 혹은 유지 단계로부터 그 이전 단계로 다시 순환한다.

변화 수준

초이론적 치료(TT) 이론가들은 변화의 다섯 가지 수준을 확인하였다.

1. 증상/상황적 문제
2. 부적응적 인지
3. 현재 대인 갈등
4. 가족/체계 갈등
5. 개인 내 갈등

(Prochaska & Norcorss, 2014, p. 468).

수준은 문제가 과거 내력의 영향에 의해 얼마나 '깊은' 것인지 그리고 그 개인의 자기감과 관련이 있는지에 따라 정해진다. 심리치료 접근들은 서로 변화의 다른 수준에 초점을 둔다. 예를 들어 정신분석은 개인 내(개인 안에) 갈등에 관심을 갖는다. 가족체계 상담자는 가족/체계 갈등에 목표를 맞춘다. 프로차스카와 노크로스(2014)에 따르면, 내담자와 상담자가 그들이 문제의 원인이 되는 수준 혹은 수준들에 동의하는 것이 중요하다.

치료

초이론적 치료(TT) 상담자는 변화 과정에서 중요한 세 가지 구조를 평가하는 것이 중요하다. 상담자는 변화의 **단계**, 내담자가 사용하고 있고 혹은 사용해 온 **과정**, 그리고 내담자와 관련이 있는 **문제 수준**을 사정하는 것이 가장 중요하다(Prochaska & Norcross, 2014).

내담자에게 개입하는 데 있어, 초이론적 치료(TT) 지지자들은 변화의 단계, 수준, 그리고 과정에 대한 그들의 지식을 하나의 접근으로 통합하려고 한다. 골드프라이드와 노크로스(Goldfried & Norcross, 1995)는 "효과적인 행동변화는 적절한 시기(단계)에 적합한 것을 하는 것(과정들)에 달려 있다."(p. 263)고 표현했다. 따라서 변화의 다른 단계에 있는 내담자에 따라 개입이 다르다. 예를 들어 행동 단계에서 내담자에게 의식증진 기법들을 사용하는 것은 실수이다. 이 단계에서 내담자들은 유관성 관리와 같은 행동적 과정을 강조하는 접근으로 도움을 받는다(Prochaska & Norcross, 2014). 비슷하게 숙고 혹은 숙고 전 단계에 있는 내담자에게 행동 지향된 기법을 사용하는 것은 효과적이지 않을 가능성이 있다. 일반적으로 증상 혹은 상황이 내담자가 치료에 오도록 이끌기 때문에 상담자의 우선적 관심은 증상/상황적 수준에 개입하는 것이다. 문제 원인의 어떤 것이 자각 밖이거나 혹은 직접적으로 내담자의 자기감과 연결되어 있는 경우에 깊은 수준에서 변화를 시도하는 것은 더욱 복잡하다. 이러한 종류의 변화는 시간이 더 소요된다(Prochaska & Norcross, 2014).

그러나 상담자는 그 수준이 서로 연결되어 있어서 한 수준에서 변화가 또한 다른 수준에서 변화를 이끌 수 있다고 이해한다. 예로 대인 간 갈등은 종종 역기능적 인지와 관련이 있고 그래서 하나를 변화시키는 것은 다른 것에 영향을 준다(Prochaska & Norcross, 2014).

기법

초이론적 치료(TT) 접근은 기법 그 자체를 구체화시키지는 않는다. 대신 초이론적 치료(TT) 이론가들은 개입을 위한 전략을 강조한다. 전략의 목표는 내담자가 변화의 과정을 활용하면서, 변화의 단계로 진행하도록 돕는 것이다. 이러한 과정은 성격/심리치료에 존재하는 이론들 내에 포함될 수도 있고 혹은 전통적인 상담이론과는 별개일 수 있다.

수준 이동하기는 이러한 전략 중 하나이다. 문제가 주어진 수준에서 제거될 수 없을 때 사용된다(Prochaska & Norcross, 2014). 가령 중요한 관계를

(계속)

상실한 결과로 생긴 우울증으로 상담받고 있는 내담자를 고려해보자. 그는 증상에 초점을 맞추며 작업을 시작한다. 그러나 상담자는 인지가 증상을 더 강화하거나 악화시키기 때문에 증상 수준으로부터 부적응적인 인지 수준으로 변화가 필요할 수 있다고 본다. 하지만 우울이 중요한 관계의 상실과 관련이 있다면, 인지적 초점은 또한 효과적이지 않을 수 있다. 따라서 상담자는 적절해 보이는 다른 수준들의 하나로 이동할 수 있다.

두 번째 전략은 **핵심 수준**에 개입하는 것이다(Prochaska & Norcross, 2014). 단순 공포증과 같은 호소문제의 경우 적용할 수 있는 수준은 꽤 분명하다. 상담자는 증상 수준에 초점을 둔다.

최대 영향 전략은 문제가 다양한 수준의 요소들을 가지고 있을 때 관여한다(Prochaska & Norcross, 2014). 개입은 내담자 문제의 여러 가지 수준에 영향을 미치도록 고안된다.

요약과 평가

초이론적 치료(TT) 이론가들은 상담 과정에서 세 가지 중요한 요소를 확인한다: 변화 과정, 변화 단계, 변화 수준. 상담자는 우선 유용한 과정과 수준을 결정하기 전에 변화의 단계에서 우선 내담자 상태를 사정해야 한다. 개입은 변화의 핵심 수준에 방향을 맞춘다. 종종 수준을 이동하는 것은 유용한 전략이다. 기법들은 구체적이지 않다. 변화 과정을 일으키는 모든 개입을 수용할 수 있다.

초이론적 치료(TT) 접근은 상대적으로 새롭다. 하지만 조력하는 전문가들 사이에 이러한 개념화는 긍정적이었다. 초이론적 치료(TT) 지지자들—프로차스카, 노크로스와 동료들—은 그들 접근에 대한 경험적 지지를 확립하기 위해 열심히 노력을 했고, 이 과정에서 인상적인 연구 결과의 양을 축적해 왔다. 그러나 이 접근이 매우 구체적 행동에 맞춰 발전되어 왔기 때문에 더 일반적인 내담자 호소문제에 적용하는 것은 어렵다. 또한 초이론적 치료(TT) 지지자들은 이 접근이 넓고 유연해서 개인적 그리고 문화적 다양성에 민감한 방식으로 사용되기에 충분하다고 한다.

2002; Safran, 1998; Safran & Segal, 1990). 이러한 접근은 그들이 사용하는 혹은 경험적 지지를 가지고 있는 주요 이론의 문제점을 가질 수 있다.

마지막 접근은 **공통요인** 접근으로 제1장에서 간략하게 검토되었다. 이 논의를 마치면서 나는 공통요인 모델을 제안하고자 한다. 이 모델은 상담 과정에서 이론적 구조 혹은 신념체계의 가치를 강조하지만 또한 관계를 치유하는 데 내재되어 있는 근본적인 공통요인들을 강조하고 있다.

맥락적 모델

심리치료가 어떻게 작용하는지 고려하는 데 있어 브루스 웜폴드(Bruce Wampold)는 심리치료 효과에 관한 포괄적인 연구의 검토를 통해서 바람직한 과학자—임상가 모델을 가지고 시작하였다. 그 과정에서 웜폴드는 도움이 되는 두 가지 모델을 확인하였는데, 의학 모델과 맥락 모델이 그것이다(Wampold, 2001; Wampold & Imel, 2015).

의학 모델은 다양한 치료가 내담자 혹은 환자를 치유하는, 그 치료와 관련된 구체적 효과를 산출한다는 가정에 근거하고 있다. 의학적 연구에서 강조하는 바는 치료의 구체적인 생리적 효과에 있다. '심리적' 효과는 단순히 문제를 혼란스럽게 만드는 것으로 본다. 고전적 의학 연구에서 위약을 사용하는 것은 심리적 효과를 걸러내기 위함이다. 그러나 심리치료에서 상황은 약간 다르다—구체적 기제 그리고 위약 효과 둘 다 모두 심리적이다.

그럼에도 불구하고 심리치료 연구에서 의학 모델 지지자들은 치료의 구체적 효과를 확인하려고 하고 상담관계와 같은 비구체적인 효과를 낮은 수준으로 격하시키려고 한다. 그래서 의학 모델의 가장 최근 지지자들, 즉 경험적으로 지지된 치료(empirically supported treatment, EST)의 지지자들은 다음과 같이 언급한다. "경험적으로 지지된 치료는 설명할 수 있는 전집을 가진, 통제된 연구에서, 효과적이라고 증명된, 구체적으로 분명한 심리적 개입들로 정의한다…. 우리는 임상가들과 연구들이 어떤 치료가 어떤 내담자 혹은 환자에게 효과적인지를 알도록 하는 데 이득을 줄 것이라고 본다." (Chambless & Hollon, 1998, p. 7)

하지만 우리는 내담자 효과에서 이러한 다양한 이론적 접근 사이에 거의 차이가 없다는 제1장을 되짚어 볼 것이다. 우울증의 정신건강치료의 국제기관 그리고 MATCH 협력연구 프로그램과 프로젝트와 같은 신중한 내담자-치료개입을 연결한 연구들조차 치료 그리고 내담자 특성의 구체적 효과를 발견하지 못했다. 웜폴드는 이러한 정보를 심리치료의 다른 개념을 지지하기 위해 사용하였다. 공통 요인 관점으로부터 놀라운 양의 심리치료 효과 연구를 검토한 후에, 그는 상담 효과에서 가장 강력한 영향은 치료관계이고 상담자가 보이는 이론에 대한 충성이라고 주장했다. 여기서 상담자의 충성은 자신의 접근이 효과적이라고 믿는 정도이다.

웜폴드는 심리치료의 작용이 맥락 모델에 의해 더 잘 확인된다고 제안한다. 프랭크와 프랭크(Frank & Frank, 1991)의 작업에서 나온 이 모델은 "심리치료의 목표는 한 개인이 그가 가정하는 세상에서 적절한 수정을 격려하고, 결국 더 바람직한 방식으로 경험의 의미를 변형시킴으로써 더 잘 느끼고 더 잘 기능하도록 돕는 것이다."(p. 30)라는 가정에 근거한다. 사람들은 낙담하여 치료에 온다. 증상 때문에 오는 것이 아니다. 이러한 이유로 인해 모든 성공적인 치료는 다음과 같은 요소를 가지고 있다.

1. 치료관계에서 내담자는 상담자에게 털어놓을 수 있고 그 속에는 감정이 있다.
2. 관계는 치유라는 임무로 연결된 상황에서 이루어진다.
3. 내담자의 증상에 대한 근거 혹은 개념적 이해 그리고 증상을 어떻게 해결할 것인지에 대한 아이디어가 있다.
4. 증상의 이유는 '진실'일 필요가 없지만 내담자와 상담자에 의해 수용되어야 한다.
5. 증상의 이유는 내담자의 세계관 그리고 가치관과 맥을 같이해야 한다. 상담자는 내담자가 증상의 이유를 이해하고 수용하도록 도와야 한다.
6. 개념체계는 내담자와 상담자의 적극적인 관여를 요구하는 의식 혹은 과정을 이끈다.

(Wampold & Imel {2-15}, p. 48에서 인용)

상담자로서 여러분이 하려고 하는 것을 위해 이 모델의 함의점을 찾을 수 있는가? 첫째, 여러분은 내담자와 올바른 관계를 확립해야만 한다. 더 나아가 여러분과 내담자는 여러분이 하고 있는 것을 믿어야 한다. 그리고 이러한 믿음이 치유를 이끄는 것으로 기대되는 과정 안에서 적극적인 참여로 이어져야 한다.

내가 맥락 모델에서 강조하고자 하는 몇 가지 점이 있다. 첫째, 이 입장에서 개념적 도식은 단순히 그냥 도식이 아니다—타당하다고 전문가들에 의해 인정된 것이어야 한다(윔폴드는 이것을 '진실된' 접근이라고 불렀다). 더 나아가 개념적 도식은 경험적 검증을 견디는 어떤 것이어야 한다. 둘째, 종종 어떤 사람들은 맥락 모델이 변화를 일으키는 치료적 관계라고 말한다. 하지만 여러분이 이 모델에 대한 앞선 기술을 다시 읽는다면, 거기에는 관계 이상의 중요한 요소가 있다는 것을 알 것이다: 환경, 정서 그리고 마음에서 가장 중요한 것으로 개념적 체계 그리고 관련 의식(ritual). 실제로 윔폴드와 이멜(Wampold & Imel, 2015)은 일단 확립된 '좋은' 치료관계(신뢰, 공감이 특징이고 유능하다고 인식되는 상담자와 사이에 확립된)는 내담자의 심리적 안녕을 높인다는 것을 증명하는 초기의 맥락 모델을 서술한 바 있다. 그러나 변화의 두 가지 경로가 더 있다: 치료가 효과적일 것이라는 내담자(그리고 상담자)의 기대 그리고 개념적 도식과 연관된 구체적 과제와 행동. 그래서 이상적 치료 과정은 이러한 세 가지 경로 모두를 사용하게 된다.

결론

내담자는 그들의 삶에서 무엇이 잘못되었는지에 대한 이론적 설명을 가지고 치료에 오지 않는다. 만약 내담자가 그러한 설명을 가지고 있다면, 대부분은 그런 설명은 별로 도움이 되지 못했을 것이다. 상담자로서 여러분의 과제는 내담자를 조력하는 과정에 대해 비판적으로 사고하는 것이다. 그 평가는 내가 이 책의 전체에서 여러분에게 제시한 많은 정보에 근거할 수 있다. 내가 선택한 접근들은 일반적으로 상담의 주요한 이론적 접근들이다(여러분의 요구에 따라 몇몇은 더 넣고 혹은 뺄 수 있다). 상담 과정에 대한 설명을 위해 좋은 출발점이 될 수 있을 것이다. 여러분이 내담자들과 작업을 시작하면서 이러한 이론들 중 한 이론을 적용하는 것이 낫다.

만약 여러분이 윔폴드의 관점을 고려한다면, 어떤 방식으로든 여러분이 의학적 혹은 맥락적 모델의 지지자인지는 중요하지 않다. 기본적으로 여러분이 필요로 하는 것은 믿을 수 있는 이론이다. 다시 말해 나는 여러분이 상담에 대한 주된 접근 중 하나에 잘 자리 잡기를 제안한다. 더 나아가 지금 여러분의 경력에서 자신의 절충적인 접근을 만들려고 노력하는 것은 내담자와 의사소통을 하기가 어려운 체계로 이어지기가 쉽다.

지금 나는 내가 할 수 있는 것을 말한다고 생각한다. 나는 이론적 입장에 대한 최종적인 결론을 여러분에게 맡긴다. 여러분의 여정에서 최선을 다하길 희망하고, 나의 생각에 대한 여러분의 피드백은 언제든 환영한다.

참고문헌

Abbass, A. A., Rabung, S., Leichsenring, F., Refseth, J. S., & Midgley, N. (2013). Psychodynamic psychotherapy for children and adolescents: A meta-analysis of short-term psychodynamic models. *Journal of the American Academy of Child & Adolescent Psychiatry*, *52*(8), 863–875. doi:10.1016/j.jaac.2013.05.014

Abela, J. R. Z., & D'Alessandro, D. U. (2002). Beck's cognitive theory of depression: A test of the diathesis–stress and causal mediation components. *British Journal of Clinical Psychology*, *1*, 111–128. doi:10.1348/014466502163912

Abramowitz, J. S. (2013). The practice of exposure therapy: Relevance of cognitive-behavioral theory and extinction theory. *Behavior Therapy*, *44*(4), 548–558.

Adams, B. N. (1972). Birth order: A critical review. *Sociometry*, *35*, 411–439. doi:10.2307/2786503

Adams, M. (2013). *A concise introduction to existential counselling*. London, UK: Sage Publications Ltd.

Adler, A. (1927). Individual psychology. *Journal of Abnormal and Social Psychology*, *22*, 116–122. doi:10.1037/h0072190

Adler, A. (1969). *The science of living*. H. L. Ansbacher (Ed. & Trans.). New York, NY: Doubleday. (Original work published 1929)

Adler, A. (1982). *Co-operation between the sexes*. H. L. Ansbacher & R. R. Ansbacher (Eds. & Trans.). New York, NY: Norton.

Adler, A. (1998a). *Understanding human nature*. C. Brett (Trans.). Center City, MN: Hazelden. (Original work published 1927)

Adler, A. (1998b). *What life could mean to you*. C. Brett (Trans.). Center City, MN: Hazelden. (Original work published 1931)

Adler, A. (1999). *The neurotic constitution: Outlines of a comparative individualistic psychology and psychotherapy*. Florence, KY: Routledge. (Original work published 1912)

Adler, A. (2004). *Adler speaks: The lectures of Alfred Adler*. M. Stone & K. Dreschedr (Eds.). Lincoln, NE: iUniverse Inc.

Adler, A. (2009). Etiology and therapy of neuroses. T. Paulin & N. Kapusta (Trans.). *Journal of Individual Psychology*, *65*, 103–109. Retrieved from http://utpress.utexas.edu/index.php/journals/journal-of-individual-psychology (Original work published 1930)

Adler, A. D., Strunk, D. R., & Fazio, R. H. (2015). What changes in cognitive therapy for depression? An examination of cognitive therapy skills and maladaptive beliefs. *Behavior Therapy*, *46*, 96–109.

Adler, J. M., Harmeling, L. H., & Walder-Biesanz, I. (2013). Narrative meaning making is associated with sudden gains in psychotherapy clients' mental health under routine clinical conditions. *Journal of Consulting and Clinical Psychology*, *81*(5), 839–845. doi:10.1037/a0033774

Adler, K. (1994). Socialist influences on Adlerian psychology. *Journal of Individual Psychology*, *50*, 131–141.

Alexander, J. F., & Sexton, T. L. (2002). Functional family therapy: A model for treating high-risk, acting-out youth. In H. J. Lebow (Ed.), *Comprehensive handbook of psychotherapy: Vol. IV. Integrative/Eclectic*. New York, NY: Wiley.

Alford, B. A., & Beck, A. T. (1997a). *The integrative power of cognitive therapy*. New York, NY: Guilford Press.

Alford, B. A., & Beck, A. T. (1997b). The relation of psychotherapy integration to the established systems of psychotherapy. *Journal of Psychotherapy Integration*, *7*, 275–289. doi:10.1023/B:JOPI.0000010884.36432.0b

Alford, B. A., & Beck, A. T. (1997c). Therapeutic interpersonal support in cognitive therapy. *Journal of Psychotherapy Integration*, *7*, 105–117.

Ali, A., Caplan, P. J., & Fagnant, R. (2010). Gender stereotypes in diagnostic criteria. In J. C. Chrisler & D. R. McCreary (Eds.), *Handbook of gender research in psychology: Vol. 2* (pp. 91–110). New York, NY: Springer.

Ali, S. R. (2009). Using feminist psychotherapy with Muslim women. *Research in the Social Scientific Study of Religion*, *20*, 297–316.

Alleyne, A. (1998). Which women? What feminism? In I. B. Seu & M. C. Heenan (Eds.), *Feminism and psychotherapy* (pp. 43–56). London, UK: Sage.

Alliance of Psychoanalytic Organizations. (2006). *The psychodynamic diagnostic manual*. Retrieved from https://sites.google.com/a/icdl.com/pdm/introduction

Altman, N. (2013). Psychoanalytic therapy. In J. Frew & M. D. Spiegler (Eds.), *Contemporary psychotherapies for a diverse world* (1st rev. ed., pp. 39–86). New York, NY: Routledge/Taylor & Francis Group.

Aman, J. (2014). *Understanding pain, anger, and fear: Michael White's absent but implicit*. Rochester, NY: Starry Night Publisher.

American Counseling Association (n.d.). 20/20: Consensus definition of counseling. Retrieved from http://www.counseling.org/knowledge-center/20-20-a-vision-for-the-future-of-counseling/consensus-definition-of-counseling

American Counseling Association. (2005). *ACA code of ethics*. Alexandria, VA: Author.

American Psychiatric Association. (2013). *Diagnostic and Statistical Manual of Mental Disorders* (5th ed.). Arlington, VA: American Psychiatric Publishing.

American Psychological Association, Division of Counseling Psychology, Committee on Definition. (1956). Counseling psychology as a specialty. *American Psychologist, 11*, 282–285.

American Psychological Association. (2002). Ethical principles of psychologists and code of conduct. *American Psychologist, 57*, 1060–1073. doi:10.1037/0003-066X.57.12.1060

American Psychological Association. (2006). Evidence-based practice in psychology. *American Psychologist, 61*, 271–285.

American Psychological Association. (2007). *Guidelines for psychological practice with girls and women*. Washington, DC: Author.

Ancis, J. R., & Davidson, M. M. (2013). Gender and mental health in ecological/sociocultural context. In C. Z. Enns & E. N. Williams (Eds.), *The Oxford handbook of feminist multicultural counseling psychology* (pp. 67–86). New York, NY: Oxford University Press.

Anderson, T. (1987). The reflecting team: Dialogue and meta-dialogue in clinical work. *Family Process, 26*, 415–428.

Anderson, W. T. (2004). *The upstart spring: Esalen and the human potential movement: The first 20 years*. Lincoln, NE: iUniverse Inc.

Anestis, M. D., Anestis, J. C., & Lilienfeld, S. O. (2011). When it comes to evaluating psychodynamic therapy, the devil is in the details. *American Psychologist, 66*(2), 149–151. doi:10.1037/a0021190

Ang, D. C., Kaleth, A. S., Bigatti, S., Mazzuca, S. A., Jensen, M. P., Hilligoss, J., & . . . Saha, C. (2013). Research to encourage exercise for fibromyalgia (REEF): Use of motivational interviewing, outcomes from a randomized-controlled trial. *The Clinical Journal of Pain, 29*(4), 296–304. doi:10.1097/AJP.0b013e318254ac76

Ansbacher, H. L. (1962). Was Adler a disciple of Freud? A reply. *Journal of Individual Psychology, 18*, 126–135.

Ansbacher, H. L. (1969). Introduction. In A. Adler, *The science of living* (pp. vii–xxii). New York, NY: Doubleday. (Original work published 1929)

Ansbacher, H. L. (1970). Alfred Adler: A historical perspective. *American Journal of Psychiatry, 127*, 777–782.

Ansbacher, H., & Ansbacher, R. (Eds.). (1956). *The individual psychology of Alfred Adler*. New York, NY: Basic Books.

Antony, M. M. (2014). Behavior therapy. In D. Wedding & R. J. Corsini (Eds.), *Current psychotherapies* (10th ed., pp. 193–229). Belmont, CA: Brooks/Cole.

Antony, M. M., & Roemer, L. (2011a). Behavior therapy. In A. S. Gurman & S. B. Messer (Eds.), *Essential psychotherapies: Theory and practice* (3rd ed., pp. 107–142). New York, NY: Guilford Press.

Antony, M. M., & Roemer, L. (2011b). *Behavior therapy*. Washington, DC: American Psychological Association.

Aponte, H. J., & Dicesare, E. J. (2002). Structural family therapy. In J. Carlson & D. Kjos (Eds.), *Theories and strategies of family therapy* (pp. 1–18). Boston, MA: Allyn & Bacon.

Aponte, H. J., & VanDeusen, J. M. (1981). Structural family therapy. In A. S. Gurman & D. P. Kniskern (Eds.), *Handbook of family therapy* (pp. 310–360). New York, NY: Brunner/Mazel.

Arch, J. J., & Craske, M. G. (2008). Acceptance and commitment therapy and cognitive behavioral therapy for anxiety disorders: Different treatments, similar mechanisms? *Clinical Psychology: Science and Practice, 15*(4), 263–279. doi:10.1111/j.1468-2850.2008.00137.x

Arlow, J. A. (2005). Psychoanalysis. In R. J. Corsini & D. Wedding (Eds.), *Current psychotherapies* (7th ed., pp. 15–51). Belmont, CA: Brooks/Cole-Thompson Learning.

Arnkoff, D. B., & Glass, C. R. (1995). Cognitive therapy and psychotherapy integration. In D. K. Freedheim (Ed.), *History of psychotherapy: A century of change* (pp. 657–694). Washington, DC: American Psychological Association.

Arnold-Baker, C., & van Deurzen, E. (2008). Existential psychotherapy: Philosophy and practice. In K. Jordan (Ed.), *The quick theory reference guide: A resource for expert and novice mental health professionals* (pp. 47–62). Hauppauge, NY: Nova Science.

Arrendondo, P., Toporek, R., Brown, S. P., Jones, J., Locke, D., Sanchez, J., et al. (1996). *Operationalization of the multicultural counseling competencies*. Alexandria, VA: Association for Multicultural Counseling and Development.

Ashby, J. S., & Kottman, T. (1996). Inferiority as a distinction between normal and neurotic perfectionism. *Individual Psychology: The Journal of Adlerian Theory, Research & Practice, 52*(3), 237–245.

Ashton, D. (2011). Lesbian, gay, bisexual, and transgender individuals and the family life cycle. In M. McGoldrick, B. Carter, & N. Garcia-Preto (Eds.), *The expanded family life cycle* (pp. 115–132). Boston, MA: Allyn & Bacon.

A-Tjak, J. G. L., Davis, M. L., Morina, N., Powers, M. B., Smits, J. A. J. & Emmelkamp, P. M. G. (2015). A meta-analysis of the efficacy of acceptance and commitment therapy for clinically relevant mental and physical health problems. *Psychotherapy and Psychosomatics, 84*, 30–36. doi:10.1159/000365764

Axelrod, S., McElrath, K. K., & Wine, B. (2012). Applied behavior analysis: Autism and beyond. *Behavioral Interventions, 27*, 1–15. doi:10.10002/bin.1335

Axline, V. M. (1947). *Play therapy: The inner dynamics of childhood*. Oxford, UK: Houghton Mifflin.

Baardseth, T. P., Goldberg, S. B., Pace, B. T., Wislocki, A. P., Frost, N. D., Siddiqui, J. R., . . . & Wampold, B. D. (2013). Cognitive-behavioral therapy versus other therapies: Redux. *Clinical Psychology Review, 33*(3), 395–405.

Bach, P. A., & Moran, D. J. (2008). *ACT in practice*. Oakland, CA: New Harbinger.

Bachelor, A. (1988). How clients perceive therapist empathy: A content analysis of 'received' empathy. *Psychotherapy, 25*, 227–240. doi:10.1037/h0085337

Baird, M., Szymanski, D. M., & Ruebelt, S. G. (2007). Feminist identity development and practice among male therapists. *Psychology of Men and Masculinity, 8*, 67–78. doi:10.1037/1524-9220.8.2.67

Baker, K. G. (2014). A long-term coaching process: Differentiation for client and coach. In P. Titelman (Ed.), *Differentiation of self: Bowen family systems theory perspectives* (pp. 219–237). New York, NY: Routledge.

Baldwin, S. A., Christian, S., Berkeljon, A., & Shadish, W. R. (2012). The effects of family therapies for adolescent delinquency and substance abuse: A meta-analysis. *Journal of Marital & Family Therapy, 38*(1), 281–304. doi:10.1111/j.1752-0606.2011.00248.x

Ballou, M. (2005). Threats and challenges to feminist therapy. *Women and Therapy, 28,* 201–210. doi:10.1300/J015v28n03_12

Ballou, M. (2006). Critical self-reflection necessary but not sufficient. *International Journal of Reality Therapy, 26,* 27–28.

Ballou, M., & Brown, L. S. (Eds.). (2002). *Rethinking mental health and disorder: Feminist perspectives.* New York, NY: Guilford Press.

Banai, E., Mikulincer, M., & Shaver, P. R. (2005). 'Selfobject' needs in Kohut's self psychology: Links with attachment, self-cohesion, affect regulation, and adjustment. *Psychoanalytic Psychology, 22*(2), 224–260. doi:10.1037/0736-9735.22.2.224

Bandura, A. (1969). *Principles of behavior modification.* New York, NY: Holt, Rinehart & Winston.

Bandura, A. (1974). Behavior theory and the models of man. *American Psychologist, 29,* 859–869. doi:10.1037/h0037514

Bandura, A. (2004). Health promotion by social cognitive means. *Health Education & Behavior, 31*(2), 143–164. doi:10.1177/1090198104263660

Banmen, J., & Maki-Banmen, K. (2014). What has become of Virginia Satir's therapy model since she left us in 1988? *Journal of Family Psychotherapy, 25*(2), 117–131. doi:10.1080/08975353.2014.909706

Barber J. P., Muran, J. C., McCarthy, K. S., & Keefe, J. R. (2013). Research on dynamic therapies. In M. J. Lambert (Ed.), *Bergin and Garfields' handbook of psychotherapy and behavior change* (6th ed., pp. 443–494). Hoboken, NJ: Wiley.

Barrett-Lennard, G. T. (1959). *Dimensions of perceived therapist response related to therapeutic change.* Unpublished doctoral dissertation, University of Chicago.

Barrett-Lennard, G. T. (1986). The Relationship Inventory now: Issues and advances in theory, method, and use. In L. Greenberg & W. Pinsof (Eds.), *The psychotherapeutic process* (pp. 439–476). New York, NY: Guilford Press.

Bascoe, S., Davies, P. T., & Cummings, E. (2012). Beyond warmth and conflict: The developmental utility of a boundary conceptualization of sibling relationship processes. *Child Development, 83*(6), 2121–2138. doi:10.1111/j.1467-8624.2012.01817.x

Bass, M. L., Curlette, W. L., Kern, R. M., & McWilliams, A. E. (2002). Social interest: A meta-analysis of a multidimensional construct. *Journal of Individual Psychology, 58,* 4–34.

Batthyany, A., & Guttmann, D. (2006). *Empirical research in logotherapy and meaning-oriented psychotherapy: An annotated bibliography.* Phoenix, AZ: Zeig, Tucker & Theisen.

Baumeister, R. F. (2012). Need-to-belong theory. In P. A. M. Van Lange, A. W. Kruglanski, & E. T. Higgins (Eds.), *Handbook of theories of social psychology* (Vol. 2., pp. 121–140). Thousand Oaks, CA: Sage.

Baumeister, R. F., & Leary, M. R. (1995). The need to belong: Desire for interpersonal attachments as a fundamental human motivation. *Psychological Bulletin, 117,* 497–529. doi:10.1037/0033-2909.117.3.497

Beach, D. A. (2005). The behavioral interview. In R. J. Craig (Ed.), *Clinical and diagnostic interviewing* (pp. 91–105). Lanham, MD: Jason Aronson.

Beal, D., Kopec, A. M., & DeGiuseppe, R. (1996). Disputing clients' irrational beliefs. *Journal of Rational-Emotive and Cognitive-Behavior Therapy, 14,* 215–229. doi:10.1007/BF02238137

Beck, A. T. (1964). Thinking and depression: II. Theory and therapy. *Archives of General Psychiatry, 10,* 561–571.

Beck, A. T. (1976). *Cognitive therapy and the emotional disorders.* Madison, WI: International Universities Press.

Beck, A. T. (1991). Cognitive therapy as the integrative therapy. *Journal of Psychotherapy Integration, 1*(3), 191–198.

Beck, A. T. (1993). Cognitive therapy: Past, present and future. *Journal of Consulting and Clinical Psychology, 61,* 194–198. doi:10.1037//0022-006X.61.2.194

Beck, A. T. (1996). Beyond belief: A theory of modes, personality, and psychopathology. In P. M. Salkovskis (Ed.), *Frontiers of cognitive therapy* (pp. 1–25). New York, NY: Guilford Press.

Beck, A. T. (1997a). Cognitive therapy: Reflections. In J. Zeig (Ed.), *The evolution of psychotherapy: The third conference* (pp. 55–64). New York, NY: Brunner/Mazel.

Beck, A. T. (1997b). The past and future of cognitive therapy. *Journal of Psychotherapy Practice and Research, 6,* 276–284.

Beck, A. T. (2005). The current state of cognitive therapy. *Archive of General Psychiatry, 62,* 953–959. doi:10.1001/archpsyc.62.9.953

Beck, A. T. (2015). Theory of personality disorders. In A. T. Beck, D. D. Davis, & A. Freeman (Eds.), *Cognitive therapy of personality disorders* (3rd ed., pp. 19–62). New York, NY: Guilford Press.

Beck, A. T., & Clark, D. A. (1997). An information processing model of anxiety: Automatic and strategic processes. *Behavior Research and Therapy, 35,* 49–58. doi:10.1016/S0005-7967(96)00069-1

Beck, A. T., Davis, D. D. & Freeman, A. (Eds.). (2015). *Cognitive therapy of personality disorders* (3rd ed.). New York, NY: Guilford Press.

Beck, A. T., & Emery, G. (2005). *Anxiety disorders and phobias: A cognitive perspective.* New York, NY: Basic Books.

Beck, A. T., Epstein, N., Brown, G., & Steer, R. A. (1988). An inventory for measuring clinical anxiety: Psychometric properties. *Journal of Consulting and Clinical Psychology, 56,* 893–897. doi:10.1037//0022-006X.56.6.893

Beck, A. T., & Rector, N. A. (2005). Cognitive approaches to schizophrenia: Theory and therapy. *Annual Review of*

Clinical Psychology, 1, 577–606. doi:10.1146/annurev.clinpsy.1.102803.144205

Beck, A. T., Rector, N. A., Stolar, N., & Grant, P. (2009). *Schizophrenia: Cognitive theory, research, and therapy.* New York, NY: Guilford Press.

Beck, A. T., Rush, A. J., Shaw, B. F., & Emery, G. (1979). *Cognitive therapy of depression.* New York, NY: Wiley.

Beck, A. T., Steer, R. A., & Brown, G. K. (1996). *Manual for the Beck Depression Inventory-II.* San Antonio, TX: The Psychological Corporation.

Beck, A. T., Ward, C., Mendelson, M., & Erbaugh, J. (1961). An inventory for measuring depression. *Archives of General Psychiatry, 6,* 561–571.

Beck, A. T., & Weishaar, M. E. (2014). Cognitive therapy. In R. J. Corsini & D. Wedding (Eds.), *Current psychotherapies,* (10th ed., pp. 231–264). Belmont, CA: Brooks/Cole.

Beck, A. T., Wright, F. D., Newman, C. F., & Liese, B. (1993). *Cognitive therapy of substance abuse.* New York, NY: Guilford Press.

Beck, J. S. (2004). Cognitive therapy, behavior therapy, psychoanalysis and pharmacotherapy: A cognitive continuum. In A. Freeman, M. J. Mahoney, P. Devito, & D. Martin (Eds.), *Cognition and psychotherapy* (pp. 197–220). New York, NY: Springer.

Beck, J. S. (2005). *Cognitive therapy for challenging problems: What to do when the basics don't work.* New York, NY: Guilford Press.

Beck, J. S. (2008). *The Beck diet solution: Train your brain to think like a thin person.* Birmingham, AL: Oxmoor House.

Beck, J. S. (2011). *Cognitive therapy: Basics and beyond.* New York, NY: Guilford Press.

Beck, J. S., & Tompkins, M. A. (2007). Cognitive therapy. In N. Kazantzis & L. L'Abate (Eds.), *Handbook of homework assignments in psychotherapy: Research, practice, prevention* (pp. 51–63). New York, NY: Springer.

Becvar, D. S., & Becvar, R. J. (2013). *Family therapy* (7th ed.). Upper Saddle River, NJ: Pearson.

Bedics, J. D., Korslund, K. E., Sayrs, J. R., & McFarr, L. M. (2013). The observation of essential clinical strategies during an individual session of dialectical behavior therapy. *Psychotherapy, 50*(3), 454–457. doi:10.1037/a0032418

Beels, C. C. (2001). *A different story . . . the rise of narrative in psychotherapy.* Phoenix, AZ: Zeig, Tucker & Theisen.

Belli, R. F. (2012). *True and false recovered memories: Toward a reconciliation of the debate.* New York, NY: Springer Science + Business Media. doi:10.1007/978-1-4614-1195-6

Bendit, N. (2014). Reputation and science: Examining the effectiveness of DBT in the treatment of borderline personality disorder. *Australasian Psychiatry, 22*(2), 144–148. doi:10.1177/1039856213510959

Ben-Porath, D. D. (2014). Orienting clients to telephone coaching in dialectical behavior therapy. *Cognitive and Behavioral Practice, 73*(6), doi:10.1016/j.cbpra.2014.02.004

Berg, I., & Miller, S. D. (1992). Working with Asian American clients: One person at a time. *Journal of Contemporary Human Services, 73,* 356–363.

Berg, I. K., & Shafer, K. C. (2004). Working with mandated substance abusers: The language of solutions. In S. L. A. Straussner (Ed.), *Clinical work with substance abusing clients* (2nd ed., pp. 82–102). New York, NY: Guilford Press.

Berg, I. K., & Szabo, P. (2005). *Brief coaching for lasting solutions.* New York, NY: Norton.

Berghout, C. C., Zevalkink, J., Katzko, M. W., & de Jong, J. T. (2012). Changes in symptoms and interpersonal problems during the first 2 years of long-term psychoanalytic psychotherapy and psychoanalysis. *Psychology & Psychotherapy: Theory, Research and Practice, 85*(2), 203–219.

Berghout, C. C., Zevalkink, J., Pieters, A. J., & Meyer, G. J. (2013). Rorschach-CS scores of six groups of patients: Evaluated before, after, and two years after long-term psychoanalytic psychotherapy and psychoanalysis. *Rorschachiana, 34*(1), 24–55. doi:10.1027/1192-5604/a000039

Bergman, D. (1951). Counseling method and client responses. *Journal of Consulting Psychology, 15,* 216–224. doi:10.1037/h0054071

Berk, L. E. (2007). *Development through the lifespan* (4th ed.). Boston, MA: Allyn & Bacon.

Bermudez, D. (2008). Adapting Virginia Satir techniques to Hispanic families. *The Family Journal, 16,* 51–57. doi:10.1177/1066480707309543

Bernard, M. E. (2009). Dispute irrational beliefs and teach rational beliefs: An interview with Albert Ellis. *Journal of Rational-Emotive and Cognitive-Behavior Therapy, 27,* 66–76. doi:10.1007/s10942-009-0089-x

Bernard, M. E., Ellis, A., & Terjesen, M. (2006). Rational-emotive behavioral approaches to childhood disorders: History, theory, practice, and research. In A. Ellis & M. E. Bernard (Eds.), *Rational emotive behavioral approaches to childhood disorders* (pp. 3–84). New York, NY: Springer. doi:10.1007/0-387-26375-6_1

Beutler, L. E., Machado, P. P. P., & Neufeldt, S. A. (1994). Therapist variables. In A. E. Bergin & S. L. Garfield (Eds.), *Handbook of psychotherapy and behavior change* (4th ed., pp. 229–269). New York, NY: Wiley.

Bieling, P. J., & Kuyken, W. (2003). Is cognitive case formulation science or science fiction? *Clinical Psychology: Science and Practice, 10,* 52–69. doi:10.1093/clipsy.10.1.52

Bigler, D. (2014). Solution-focused approach with African American clients. In J. S. Kim (Ed.), *Solution-focused brief therapy: A multicultural approach* (pp. 72–87). Thousand Oaks, CA: Sage.

Bird, B. E. I. (2005). Understanding dreams and dreamers: An Adlerian perspective. *Journal of Individual Psychology, 61,* 200–216.

Bishop, D. R. (1993). Applying psychometric principles to the clinical use of early recollections. *Journal of Individual Psychology, 49,* 153–165.

Bitter, J., Robertson, P. E., Healey, A. C., & Cole, L. (2009). Reclaiming a profeminist orientation in Adlerian therapy. *Journal of Individual Psychology*, 65, 13–33. Retrieved from http://www.utexas.edu/utpress/journals/jip.html xs

Black, K. A., Whittingham, C. L., Reardon, L. E., & Tumolo, J. M. (2007). Associations between young adults' recollections of their childhood experiences with parents and observations of their interaction behavior with best friends. *International Journal of Behavioral Development*, 31, 28–37. doi:10.1177/0165025407073536

Blakeslee, S., & Jordan, S. A. S. (2014). Soltuion-focused approach with American Indian clients. In J. S. Kim (Ed.), *Solution-focused brief therapy: A multicultural approach* (pp. 106–121). Thousand Oaks, CA: Sage.

Blau, S. (1998). Introduction. In A. Ellis & S. Blau (Eds.), *The Albert Ellis reader*. Secaucus, NJ: Carol.

Bleske-Rechek, A., & Kelley, J. A. (2014). Birth order and personality: A within-family test using independent self-reports from both firstborn and laterborn siblings. *Personality & Individual Differences*, 56, 15–18. doi:10.1016/j.paid.2013.08.011

Bliss, E. V., & Bray, D. (2009). The smallest solution focused particles: Towards a minimalist definition of when therapy is solution focused. *Journal of Systemic Therapies*, 28(2), 62–74. doi:10.1521/jsyt.2009.28.2.62

Bluett, E. J., Homan, K. J., Morrison, K. L., Levin, M. E., & Twohig, M. P. (2014). Acceptance and commitment therapy for anxiety and OCD spectrum disorders: An empirical review. *Journal of Anxiety Disorders*, 28(6), 612–624.

Bograd, M. (1990). Scapegoating mothers: Conceptual errors in systems formulations. In M. P. Mirkin (Ed.), *The social and political contexts of family therapy* (pp. 69–88). Boston, MA: Allyn & Bacon.

Bohart, A. (1991). The missing 249 words: In search of objectivity. *Psychotherapy*, 28, 497–503. doi:10.1037/00333204.28.3.497

Bohart, A. C. (2007). The actualizing person. In M. Cooper, M. O'Hara, P. Schmid, & G. Wyatt (Eds.), *The handbook of person-centred psychotherapy and counseling* (pp. 47–63). New York, NY: Palgrave Macmillan.

Bohart, A. C. (2012). Can you be integrative and a person-centered therapist at the same time? *Person-Centered & Experiential Psychotherapies*, 11(1), 1–13. doi:10.1080/14779757.2011.639461

Bohart, A. C. (2013). Darth Vader, Carl Rogers, and self-organizing wisdom. In A. C. Bohart, B. S. Held, E. Mendelowitz, & K. J. Schneider (Eds.), *Humanity's dark side: Evil, destructive experience and psychotherapy* (pp. 57–76). Washington, DC: American Psychological Association.

Bohart, A. C., Elliot, R., Greenberg, L. S., & Watson, J. C. (1992). Empathy. In J. C. Norcross (Ed.), *Psychotherapy relationships that work: Therapist contributions and responsiveness to patients* (pp. 89–108). New York, NY: Oxford University Press.

Bond, C. L., Woods, K., Humphrey, N., Symes, W., & Green, L. (2013). Practitioner review: The effectiveness of solution focused brief therapy with children and families: A systematic and critical evaluation of the literature from 1990–2010. *Journal of Child Psychology & Psychiatry*, 54(7), 707–723. doi:10.1111/jcpp.12058

Bond, F. W., & Dryden, W. (1996). Why two central REBT hypotheses appear untestable. *Journal of Rational-Emotive and Cognitive-Behavior Therapy*, 14, 29–40. doi:10.1007/BF02238092

Bond, F. W., Hayes, S. C., Baer, R. A., Carpenter, K. M., Guenole, N., Orcutt, H. K., Waltz, T., & Zettle, R. D. (2011). Preliminary psychometric properties of the Acceptance and Action Questionniare—II: A revised measure of psychological flexibility and experiential avoidance. *Behavior Therapy*, 42, 6576–6688.

Bornstein, R. F. (2005). Reconnecting psychoanalysis to mainstream psychology: Challenges and opportunities. *Psychoanalytic Psychology*, 22, 323–340. doi:10.1037/0736-9735.22.3.323

Bowen, M. (1978). *Family therapy in clinical practice*. New York, NY: Jason Aronson.

Bowen Center for the Study of the Family. (n.d.). Nuclear family emotional system [Web post]. Retrieved from http://www.thebowencenter.org/pages/conceptnf.html

Bowman, C. E. (1998). Definitions of gestalt therapy: Finding common ground. *Gestalt Review*, 2(2), 97–107.

Bozarth, J. D., Zimring, F. M., & Tausch, R. (2001). Client-centered therapy: The evolution of a revolution. In D. J. Cain & J. Seeman (Eds.), *Humanistic psychotherapies: Handbook of research and practice* (pp. 147–188). Washington, DC: American Psychological Association.

Brabeck, M., & Brown, L. (1997). Feminist theory and psychological practice. In J. Worell & N. G. Johnson (Eds.), *Shaping the future of feminist psychology: Education, research and practice* (pp. 15–36). Washington, DC: American Psychological Association. doi:10.1037/10245-001

Brassai, L., Piko, B. F., & Steger, M. F. (2011). Meaning in life: Is it a protective factor for adolescents' psychological health? *International Journal of Behavioral Medicine*, 18(1), 44–51. doi:10.1007/s12529-010-9089-6

Bratton, S. C., Ray, D. C., Edwards, N. A., & Landreth, G. (2009). Child-centered play therapy (CCPT): Theory, research, and practice. *Person-Centered & Experiential Psychotherapies*, 8(4), 266–281.

Bratton, S. C., Ray, D., Rhine, T., & Jones, L. (2005). The efficacy of play therapy with children: A meta-analytic review of treatment outcomes. *Professional Psychology: Research and Practice*, 36(4), 376–390. doi:10.1037/0735-7028.36.4.376

Braverman, L. (Ed.). (1988). *A guide to feminist family therapy*. New York, NY: Harrington Park Press.

Breger, L., & McGaugh, J. L. (1973). Critique and reformulation of "learning-theory" approaches to psychotherapy and neuroses. In T. Millon (Ed.), *Theories of personality and psychopathology* (2nd ed., pp. 407–426). New York, NY: Holt, Rinehart, & Winston. (Reprinted from *Psychological Bulletin*, 1965, *33*, 338–358)

Brenner, C. (1982). *The mind in conflict*. New York, NY: International Universities Press.

Breuer, J., & Freud, S. (1937). *Studies in hysteria* (A. A. Brill, Trans.). Boston, MA: Beacon Press. (Original work published 1895)

Briere, J. (1995). Science versus politics in the delayed memory debate. *The Counseling Psychologist*, *23*, 290–293. doi:10.1177/0011000095232003

Broomfield, N. M., & Espie, C. A. (2003). Initial insomnia and paradoxical intention: An experimental investigation of putative mechanisms using subjective and actigraphic measurement of sleep. *Behavioural and Cognitive Psychotherapy*, *31*(3), 313–324. doi:10.1017/S1352465803003060

Brothers, B. J. (2000). Virginia Satir. In M. Suhd, L. Dodson, & M. Gormori (Eds.), *Virginia Satir: Her life and circle of influence* (pp. 1–102). Palo Alto, CA: Science and Behavior Books.

Broverman, I. K., Broverman, D. M., Clarkson, F., Rosenkrantz, P., & Vogel, S. (1970). Sex-role stereotyping and clinical judgments of mental health. *Journal of Consulting and Clinical Psychology*, *45*, 250–256. doi:10.1037/h0028797

Brown, A. (2008). I too am feminist: The journey of a black male transformative feminist family therapist. *Journal of Feminist Family Therapy*, *20*, 1–20.

Brown, C. G., Weber, S., & Ali, S. (2008). Women's body talk: A feminist narrative approach. *Journal of Systemic Therapies*, *27*, 92–104. doi:10.1521/jsyt.2008.27.2.92

Brown, G. K., Have, T. T., Henriques, G. R., Xie, S. X., Hollander, J. E., & Beck, A. T. (2005). Cognitive therapy for the prevention of suicide attempts. *Journal of the American Medical Association*, *294*, 563–570. doi:10.1001/jama.294.5.563

Brown, L. S. (1994). *Subversive dialogues*. New York, NY: Basic Books.

Brown, L. S. (1995). Toward not forgetting: The science and politics of memory. *The Counseling Psychologist*, *23*, 310–314. doi:10.1177/0011000095232006

Brown, L. S. (2000). Feminist therapy. In C. R. Snyder & R. E. Ingram (Eds.), *Handbook of psychological change: Psychotherapy processes and practices for the 21st century* (pp. 358–380). New York, NY: Wiley.

Brown, L. S. (2006). Still subversive after all these years: The relevance of feminist therapy in the age of evidence-based practice. *Psychology of Women Quarterly*, *30*, 15–24. doi:10.1111/j.1471-6402.2006.00258.x

Brown, L. S. (2010). *Feminist therapy*. Washington, DC: American Psychological Association.

Brown, L. S., & Liss-Levinson, N. (1981). Feminist therapy I. In R. J. Corsini (Ed.), *Handbook of innovative psychotherapies* (pp. 299–314). New York, NY: Wiley.

Brown, L. S., Riepe, L. E., & Coffey, R. L. (2005). Beyond color and culture: Feminist contributions to paradigms of human difference. *Women and Therapy*, *28*, 63–92. doi:10.1300/J015v28n03_04

Brownell, P. (2009). Gestalt therapy. In I. Marini & M. A. Stebnicki (Eds.), *The professional counselor's desk reference* (pp. 399–407). New York, NY: Springer.

Brownell, P. (2010). *Gestalt therapy: A guide to contemporary practice*. New York, NY: Springer.

Buckley, P. (2003). Revolution and evolution: A brief intellectual history of American psychoanalysis during the past two decades. *American Journal of Psychotherapy*, *57*, 1–17.

Buckman, J. R., & Barker, C. (2010). Therapeutic orientation preferences in trainee clinical psychologists: Personality or training? *Psychotherapy Research*, *20*(3), 247–258. doi:10.1080/10503300903352693

Buehler, C., Franck, K. L., & Cook, E.C. (2009). Adolescents' triangulation in marital conflict and peer relations. *Journal of Research on Adolescence*, *19*, 669–689. doi:10.1111/j.1532-7795.2009.00616.x

Bugental, J. T., & Bracke, P. E. (1992). The future of existential-humanistic psychotherapy. *Psychotherapy*, *29*, 28–33. doi:10.1037/0033-3204.29.1.28

Bugental, J. T. & Kleiner, R. I. (1993). Existential psychotherapies. In G. Stricker & J. R. Gold (Eds.), *Comprehensive handbook of psychotherapy integration* (pp. 101–112). New York, NY: Plenum Press.

Burdenski, T. K., & Faulkner, B. (2010). Empowering college students to satisfy their basic needs: Implications for primary, secondary, and post-secondary educators. *International Journal of Choice Theory and Reality Therapy*, *30*(1), 73–97.

Burlin, F. D., & Guzzetta, R. A. (1977). Existentialism: Toward a theory of psychotherapy for women. *Psychotherapy*, *14*, 262–266. doi:10.1037/h0086536

Burnett, P. C. (1988). Evaluation of Adlerian parenting programs. *Journal of Individual Psychology*, *44*, 63–76.

Butler, A. C., Chapman, J. E., Forman, E. M., & Beck, A. T. (2006). The empirical status of cognitive-behavioral therapy: A review of meta-analyses. *Clinical Psychology Review*, *26*, 17–31. doi:10.1016/j.cpr.2005.07.003

Cade, B., & O'Hanlon, W. H. (1993). *A brief guide to brief therapy*. New York, NY: Norton.

Caffaro, J. (1991). A factor analytic study of deflection. *The Gestalt Journal*, *14*(1), 73–94.

Cain, D. J. (2010). *Person-centered psychotherapies*. Washington, DC: American Psychological Association.

Cain, D. J. (2013). Person-centered therapy. In J. Frew & M. D. Spiegler (Eds.), *Contemporary psychotherapies for a diverse world* (pp. 165–214). New York, NY: Routledge.

Cain, E. (2013). Between image and voice: Dream work in Gestalt therapy. *Gestalt Journal of Australia & New Zealand*, *10*(1), 48–59.

Campbell, L., White, J., & Stewart, A. (1991). The relationship of psychological birth order to actual birth order. *Individual Psychology*, *47*, 380–391.

Carlson, J. (2002). Strategic family therapy. In J. Carlson & D. Kjos (Eds.), *Theories and strategies of family therapy* (pp. 80–97). Boston, MA: Allyn & Bacon.

Carlson, J. D., & Englar-Carlson, M. (2013). Adlerian therapy. In J. Frew & M. D. Spiegler (Eds.), *Contemporary psychotherapies for a diverse world* (pp. 87–130). New York, NY: Routledge.

Carlson, J., & Knaus, W. (2014). *Albert Ellis revisited.* New York, NY: Routledge/Taylor & Francis Group.

Carlson, J., Watts, R. E., & Maniacci, M. (2006). *Adlerian therapy*. Washington, DC: American Psychological Association.

Carr, A. (1998). Michael White's narrative therapy. *Contemporary Family Therapy, 20*, 485–503. doi:10.1023/A:1021680116584

Carter, E. A., & Orfanidis, M. M. (1976). Family therapy with one person and the family therapist's own family. In P. J. Guerin (Ed.), *Family therapy: Theory and practice* (pp. 193–219). New York, NY: Gardner Press/Wiley.

Cartwright, C. (2011). Transference, countertransference, and reflective practice in cognitive therapy. *Clinical Psychologist, 15*(3), 112–120. doi:10.1111/j.1742-9552.2011.00030.x

Casement, A. (2002). Psychodynamic therapy: The Jungian approach. In W. Dryden (Ed.), *Handbook of individual therapy* (pp. 77–102). London, UK: Sage.

Cashdan, S. (1988). *Object relations therapy: Using the relationship.* New York, NY: Norton.

Cashin, A., Browne, G., Bradbury, J., Mulder, A. (2012). The effectiveness of narrative therapy with young people with autism. *Journal of Child & Adolescent Psychiatric Nursing, 26*(1), 32–41. doi:10.1111/jcap.12020

Castonguay, L. G., Newman, M. G., Borkovec, T. D., Holtforth, M. G., & Maramba, G. G. (2005). Cognitive-behavioral assimilative integration. In J. C. Norcross & M. R. Goldfried (Eds.), *Handbook of psychotherapy integration* (pp. 214–262). New York, NY: Oxford University Press.

Cautela, J. R. (1994). Covert conditioning: Assumptions and procedures. In J. R. Cautela & A. J. Kearney (Eds.), *Covert conditioning casebook* (pp. 3–10). Pacific Grove, CA: Brooks/Cole.

Cautela, J. R., & Kastenbaum, R. (1967). A reinforcement survey schedule for use in therapy, training, and research. *Psychological Reports, 20*, 1115–1130. doi:10.2466/pr0.1967.20.3c.1115

Chair, S. Y, Chan, S. W., Thompson, D. R., Leung, K., Ng, K., & Choi, K. (2013). Long-term effect of motivational interviewing on clinical and psychological outcomes and health-related quality of life in cardiac rehabilitation patients with poor motivation in Hong Kong: A randomized controlled trial. *Clinical Rehabilitation, 27*(12), 1107–1117. doi:10.1177/0269215513490527

Chamberlain, J. M., & Haaga, D. A. F. (2001). Unconditional self-acceptance and responses to negative feedback. *Journal of Rational-Emotive and Cognitive-Behavior Therapy, 19*, 177–189. doi:10.1023/A:1011141500670

Chambless, D. L. (1986). Contributing topic editor's introduction. *The Behavior Therapist, 1*, 7–10.

Chambless, D. L., & Hollon, S. D. (1998). Defining empirically supported therapies. *Journal of Consulting and Clinical Psychology, 66*, 7–18. doi:10.1037//0022-006X.66.1.7

Chang, J., & Nylund, D. (2013). Narrative and solution-focused therapies: A twenty-year retrospective. *Journal of Systemic Therapies, 32*(2), 72–88. doi:10.1521/jsyt.2013.32.2.72

Chang, T. H., & Yeh, R. L. (1999). Theoretical framework for therapy with Asian families. In K. S. Ng (Ed.), *Counseling Asian families from a systems perspective* (pp. 3–13). Alexandria, VA: American Counseling Association.

Chantler, K. (2005). From disconnection to connection: 'Race,' gender and the politics of therapy. *British Journal of Guidance and Counselling, 33*, 239–256. doi:10.1080/03069880500132813

Chantler, K. (2006). Rethinking person-centred therapy. In G. Proctor, M. Cooper, P. Sanders, & B. Malcom (Eds.), *Politicizing the person-centred approach: An agenda for social change* (pp. 45–54). Ross-on-Wye, UK: PCCS Books.

Chaudhry, S., & Li, C. (2011). Is solution-focused brief therapy culturally appropriate for Muslim American counselees? *Journal of Contemporary Psychotherapy, 41*, 109–113. doi:10.1007/s10879-010-9153-1

Chen, C. P. (1995). Counseling applications of RET in a Chinese cultural context. *Journal of Rational–Emotive and Cognitive-Behavior Therapy, 13*, 117–128. doi:10.1007/BF02354457

Chesler, P. (1972). *Women and madness.* Garden City, NY: Doubleday.

Chester, A., & Bretherton, D. (2001). What makes feminist counselling feminist? *Feminism and Psychology, 11*, 527–545. doi:10.1177/0959353501011004006

Cheung, G., & Chan, C. (2002). The Satir model and cultural sensitivity: A Hong Kong reflection. *Contemporary Family Therapy, 24*(1), 199–215. doi:10.1023/A:1014338025464

Cheung, S. (2005). Strategic and solution-focused couples therapy. In M. Harway (Ed.), *Handbook of couples therapy* (pp. 194–210). New York, NY: Wiley.

Chodorow, N. J. (1978). *The reproduction of mothering.* Berkeley, CA: University of California Press.

Chodorow, N. J. (1989). *Feminism and psychoanalytic theory.* New Haven, CT: Yale University Press.

Chodorow, N. J. (2002). Prejudice exposed: On Stephen Mitchell's pioneering investigations of the psychoanalytic treatment and mistreatment of homosexuality. *Studies in Gender and Sexuality, 3*, 61–72. doi:10.1080/15240650309349188

Chung, H., & Gale, J. (2009). Family functioning and self-differentiation: A cross-cultural examination. *Contemporary Family Therapy: An International Journal, 31*, 19–33. doi:10.1007/s10591-008-9080-4

Clark, D. A. (2014) Cognitive restructuring. In S. G. Hofmann & D. J. A. Dozois (Eds.), *The Wiley handbook of cognitive behavioral therapy: Vol. I* (pp. 23–44). Malden, MA: Wiley.

Clark, D. A., & Beck, A. T. (1999). *Scientific foundations of cognitive theory and therapy of depression.* New York, NY: Wiley.

Clark, D. A., & Beck, A. T. (2010). *Cognitive therapy of anxiety disorders: Science and practice*. New York, NY: Guilford Press.

Clarkin, J. F., Foelsch, P. A., Levy K. N., Hull, J. W., Delaney, J. C., & Kernberg, O. F. (2001). The development of a psychodynamic treatment for patients with borderline personality disorder: A preliminary study of behavioral change. *Journal of Personality Disorders, 15*, 487–495.

Clarkin, J. F., Levy, K. N., Lenzenweger, M. F., & Kernberg, O. F. (2007). Evaluating three treatments for borderline personality disorder: A multiwave study. *American Journal of Psychiatry, 164*, 922–928. doi:10.1176/appi.ajp.164.6.922

Clarkson, P. (2014). *Gestalt counselling in action* (4th ed.). London, UK: Sage.

Clarkson, P., & Mackewn, J. (1993). *Fritz Perls*. Thousand Oaks, CA: Sage.

Cloud, J. (2006, February). The third wave of therapy. *Time Magazine*. Retrieved from http://www.time.com/time/magazine/article/0,9171,1156613,00.html

Coan, R. W. (1979). *Psychologists: Personal and theoretical pathways*. New York, NY: Irvington.

Coelho, H. F., Canter, P. H., & Ernst, E. (2013). Mindfulness-based cognitive therapy: Evaluating current evidence and informing future research. *Psychology of Consciousness: Theory, Research, and Practice, 1*(S), 97–107. doi:10.1037/2326-5523.1.S.97

Cole, P. H. (1998). Affective process in psychotherapy: A Gestalt therapist's view. *The Gestalt Journal, 21*(1), 49–72.

Coleman, E. Z. (1988). Room to grow: How divergent approaches to counseling can enrich one another. *British Journal of Guidance and Counselling, 16*, 21–32. doi:10.1080/03069888800760031

Colledge, R. (2002). *Mastering counseling theory*. New York, NY: Palgrave Macmillan.

Collins, R. L., & McNair, L. D. (1986). Black women and behavior therapy: Exploring the biases. *The Behavior Therapist, 1*, 7–10.

Comas-Díaz, L (1994). An integrative approach. In L. Comas-Díaz & B. Green (Eds.), *Women of color: Integrating ethnic and gender identities in psychotherapy* (pp. 287–318). New York, NY: Guilford Press.

Combs, G., & Freedman, J. (2012). Narrative, poststructuralism, and social justice: Current practices in narrative therapy. *The Counseling Psychologist, 40*(7), 1033–1060. doi:10.1177/0011000012460662

Contratto, S. (2002). A feminist critique of attachment theory and evolutionary psychology. In M. Ballou & L. S. Brown (Eds.), *Rethinking mental health and disorder* (pp. 29–47). New York, NY: Guilford Press.

Cook, J. M., Biyanova, T., Elhai, J., & Schnurr, P. P. (2010). What do psychotherapists really do in practice? An internet survey of over 2000 practitioners. *Psychotherapy 47*, 260–267. doi:10.1037/a0019788

Cooper, M. (2003). *Existential therapies*. London, UK: Sage.

Cooper, M. (2005). Therapists' experiences of relational depth: A qualitative interview study. *Counselling & Psychotherapy Research, 5*, 87–95. doi:10.1080/17441690500211130

Cooper, M. (2007). Developmental and personality theory. In M. Cooper, M. O'Hara, P. Schmid, & G. Wyatt (Eds.), *The handbook of person-centred psychotherapy and counseling* (pp. 77–92). New York, NY: Palgrave Macmillan.

Cooper, M. (2008). Existential psychotherapy. In J. L. Lebow (Ed.), *Twenty-first century psychotherapies: Contemporary approaches to theory and practice* (pp. 237–276). Hoboken, NJ: Wiley.

Cooper, M. (2013). Developmental and personality theory. In M. Cooper, M. O'Hara, P. F. Schmid, & A. C. Bohart (Eds.), *The handbook of person-centred psychotherapy and counseling* (2nd ed., pp 118–135). New York, NY: Palgrave Macmillan.

Cooper, M., O'Hara, M., Schmid, P. F., & Bohart, A. C. (2013). Person-centered therapy today and tomorrow: Vision, challenge, and growth. In M. Cooper, M. O'Hara, P. F. Schmid, & A. C. Bohart (Eds.), *The handbook of person-centered psychotherapy and counseling* (2nd ed., pp 1–23). New York, NY: Palgrave Macmillan.

Corcoran, J. (2005). *Building strengths and skills: A collaborative approach to working with clients*. New York, NY: Oxford University Press.

Corcoran, J., & Pillai, V. (2009). A review of the research on solution-focused therapy. *British Journal of Social Work, 39*, 234–242.

Corey, D. W. (1951). *The homosexual in America*. New York, NY: Greenberg.

Cornelius-White, J. H. D., & Cornelius-White, C. F. (2005). Reminiscing and predicting: Rogers's beyond words speech and commentary. *Journal of Humanistic Psychology, 45*, 383–396.

Cottraux, J., Note, I., Boutitie, F., Milliery, M., Genouihlac, V., Yao, S., . . . & Gueyffier, F. (2009). Cognitive therapy versus Rogerian supportive therapy in borderline personality disorder: Two-year follow-up of a controlled pilot study. *Psychotherapy and Psychosomatics, 78*, 307–316. doi:10.1159/000229769

Cottraux, J., C., Note, I., Yao, S. N., Mey-Guillard, C., Bonasse, F., Djamoussian, D., . . . & Chen, Y. (2008). Randomized controlled comparison of cognitive behavior therapy with Rogerian supportive therapy in chronic post-traumatic stress disorder: A 2-year follow-up. *Psychotherapy & Psychosomatics, 77*(2), 101–110. doi:10.1159/000112887

Cox, S. (2009). Relational depth: Its relevance to a contemporary understanding of person-centered therapy. *Person-Centered and Experiential Psychotherapies, 8*, 208–223. Retrieved from http://www.pce-world.org/ doi:10.1080/14779757.2009.9688489

Coyne, J. C., & Gotlib, I. H. (1983). The role of cognition in depression: A critical appraisal. *Psychological Bulletin, 94*, 472–505. doi:10.1037//0033-2909.94.3.472

Coyne, J. C., & Gotlib, I. (1986). Studying the role of cognition in depression: Well-trodden paths and cul-de-sacs. *Cognitive Therapy and Research, 10*, 695–705. doi:10.1007/BF01173755

Crabtree, C. (2009). Rethinking sexual identity. *Existential Analysis, 20,* 248–261. Retrieved from http://www.existentialanalysis.co.uk/page22.html

Craig, E. (2008). A brief overview of existential depth psychotherapy. *The Humanistic Psychologist, 36,* 211–226. doi:10.1080/08873260802349958

Craighead, W. E. (1990). There's a place for us: All of us. *Behavior Therapy, 21,* 3–23. doi:10.1016/S0005-7894(05)80185-6

Cramer, D., & Buckland, N. (1995). Effect of rational and irrational statements and demand characteristics on task anxiety. *Journal of Psychology, 129,* 269–275. doi:10.1080/00223980.1995.9914964

Craske, M. G. (2010). *Cognitive-behavioral therapy.* Washington, DC: American Psychological Association.

Creed, T. A., Reisweber, J., & Beck, A. T. (2011). *Cognitive therapy for adolescents in school settings.* New York, NY: Guilford Press.

Crocker, S. F. (1999). *A well-lived life.* Cambridge, MA: GIC Press.

Crocket, K. (2013). Narrative therapy. In J. Frew & M. D. Spiegler (Eds.), *Contemporary psychotherapies for a diverse world* (1st rev. ed., pp. 459–500). New York, NY: Routledge/Taylor & Francis Group.

Crowell, S. E., Beauchaine, T. P., & Linehan, M. M. (2009). A biosocial developmental model of borderline personality: Elaborating and extending Linehan's theory. *Psychological Bulletin, 135,* 495–510.

Crumbaugh, J., & Maholick, L. (1964). *Purpose in life test.* Murfreesboro, TN: Psychometric Affiliates.

Cuhna, C. A. C., Spinola, J., & Gonçalves, M. M. (2012). The emergence of innovative moments in narrative therapy for depression: Exploring client and therapist contributions. *Research in Psychotherapy: Psychopathology, Process and Outcome, 15*(2), 62–74.

Cundiff, P. R. (2013). Ordered delinquency: The 'effects' of birth order on delinquency. *Personality and Social Psychology Bulletin, 39*(8), 1017–1029. doi:10.1177/0146167213488215

Curlette, W. L., & Kern, R. M. (2010). The importance of meeting the need to belong in lifestyle. *Journal of Individual Psychology, 66,* 30–42. Retrieved from http://www.utexas.edu/utpress/journals/jip.html

Curlette, W. L., Wheeler, M. S., & Kern, R. M. (1997). BASIS-A Inventory technical manual. Highlands, NC: TRT Associates.

Curtis, F. (1994). Gestalt couples therapy with lesbian couples: Applying theory and practice to the lesbian experience. In G. Wheeler & S. Backman (Eds.), *On intimate ground: A Gestalt approach to working with couples* (pp. 188–209). San Francisco, CA: Jossey-Bass.

Curtis, R. C., & Hirsch, I. (2011). Relational approaches to psychoanalytic psychotherapy. In A. S. Gurman & S. B. Messer (Eds.), *Essential psychotherapies: Theory and practice* (pp. 72–104). New York, NY: Guilford Press.

Davanloo, J. (2000). *Intensive short-term dynamic psychotherapy.* Chichester, UK: Wiley.

David, D., & Hofmann, S. G. (2013). Another error of Descartes? Implications for the "third wave" of cognitive-behavioral therapy. *Journal of Cognitive and Behavioural Psychotherapies, 13*(1), 115–124.

David, D., Szentagotai, A., Eva, K., & Macavei, B. (2005). A synopsis of rational-emotive behavior therapy (REBT): Fundamental and applied research. *Journal of Rational-Emotive and Cognitive-Behavior Therapy, 23,* 175–221. doi:10.1007/s10942-005-0011-0

David, D., Szentagotai, A., Lupu, V., & Cosman, D. (2008). Rational emotive behavior therapy, cognitive therapy, and medication in the treatment of major depressive disorder: A randomized clinical trial, posttreatment outcomes, and six-month follow-up. *Journal of Clinical Psychology, 64,* 728–746. doi:10.1002/jclp.20487

Davies, M. F. (2006). Irrational beliefs and unconditional self-acceptance. I. Correlational evidence linking two key features of REBT. *Journal of Rational-Emotive and Cognitive-Behavior Therapy, 24,* 113–124. doi:10.1007/s10942-006-0027-0

Davies, M. F. (2008). Irrational beliefs and unconditional self-acceptance. II. Experimental evidence for a causal link between two key features of REBT. *Journal of Rational-Emotive and Cognitive-Behavior Therapy, 26,* 89–101. doi:10.1007/s10942-007-0060-7

Davis, B. T., Hops, H., Alpert, A., & Sheeber, L. (1998). Child responses to parental conflict and their effect on adjustment: A study of triadic relations. *Journal of Family Psychology, 12,* 163–177. doi:10.1037//0893-3200.12.2.163

Davis, D. D., & Beck, J. S. (2015). The therapeutic alliance with patients with personality disorders. In A. T. Beck, D. D. Davis, & A. Freeman, *Cognitive therapy of personality disorders* (3rd ed., pp. 125–139). New York, NY: Guilford Press.

Davis, D., & Padesky, C. (1989). Enhancing cognitive therapy with women. In A. Freeman, K. M. Simon, L. E. Beutler, & H. Arkowitz (Eds.), *Comprehensive handbook of cognitive therapy* (pp. 535–557). New York, NY: Plenum Press.

Davison, G. C. (1976). Homosexuality: The ethical challenge. *Journal of Consulting and Clinical Psychology, 44,* 157–162.

Day, H. D., St. Clair, S., & Marshall, D. D. (1997). Do people who marry really have the same level of differentiation of self? *Journal of Family Psychology, 11,* 131–135. doi:10.1037//0893-3200.11.1.131

De Jong, P., & Berg, I. K. (2013). *Interviewing for solutions* (4th ed.). Belmont, CA: Brooks/Cole.

de Maat, S., de Jonghe, F., de Kraker, R., Leichsenring, F., Abbass, A., Luyten, P., Barber, J. P., Van, R., & Dekker, J. (2013). The current state of the empirical evidence for psychoanalysis: A meta-analytic approach. *Harvard Review of Psychiatry, 21*(3), 107–137. doi:10.1097/HRP.0b013e318294f5fd

Depression and anxiety: Readers reveal the therapists and drugs that helped. (2010, July). *Consumer Reports,* 28–31.

Dermer, S. B., Hemesath, C. W., & Russell, C. S. (1998). A feminist critique of solution-focused therapy. *American Journal of Family Therapy, 26,* 239–250.

Dermer, S. B., Robey, P. A., & Dunham, S. M. (2012). A comparison of reality therapy and choice theory with solution-focused therapy. *International Journal of Choice Theory and Reality Therapy, 31*(2), 14–21.

Derogatis, L. R. (1994). *SCL-90-R: Symptom checklist-90-R: Administration, scoring & procedures manual.* Minneapolis, MN: National Computer Systems.

DeRubeis, R. J., & Crits-Christoph, P. (1998). Empirically supported individual and group psychological treatments for adult mental disorders. *Journal of Consulting and Clinical Psychology, 66,* 37–52. doi:10.1037//0022-006X.66.1.37

DeRubeis, R. J., Webb, C. A., Tang, T. Z., & Beck, A. T. (2010). Cognitive therapy. In K. S. Dobson (Ed.), *Handbook of cognitive-behavioral therapies* (pp. 277–316). New York, NY: Guilford Press.

de Shazer, S. (1982). *Patterns of brief therapy.* New York, NY: Guilford Press.

de Shazer, S. (1985). *Keys to solution in brief therapy.* New York, NY: Norton.

de Shazer, S. (1988). *Clues: Investigating solutions in brief therapy.* New York, NY: Norton.

de Shazer, S. (1991). *Putting difference to work.* New York, NY: Norton.

de Shazer, S. (1994). *Words were originally magic.* New York, NY: Norton.

de Shazer, S. (1998). *Beginnings.* Unpublished manuscript.

de Shazer, S., & Dolan, Y. (2007). *More than miracles: The state of the art of solution focused therapy.* New York, NY: Haworth Press.

Desjardins, T., & Scoboria, A. (2007). "You and your best friend Suzy put slime in Ms. Smollett's desk": Producing false memories with self-relevant details. *Psychonomic Bulletin and Review, 14,* 1090–1095. doi:10.3758/BF03193096

Dezutter, J., Casalin, S., Wachholtz, A., Luyckx, K., Hekking, J., & Vandewiele, W. (2013). Meaning in life: An important factor for the psychological well-being of chronically ill patients? *Rehabilitation Psychology, 58*(4), 334–341. doi:10.1037/a0034393

Diamond, G., & Josephson, A. J. (2005). Family-based treatment research: A 10-year update. *Journal of the Academy of Child and Adolescent Psychiatry, 44,* 872–887. doi:10.1097/01.chi.0000169010.96783.4e

Díaz-Lázaro, C. M., Verdinelli, S., & Cohen, B. (2012). Empowerment feminist therapy with Latina immigrants: Honoring the complexity and socio-cultural contexts of clients' lives. *Women & Therapy, 35*(1–2), 80–92. doi:10.1080/02703149.2012.634730

Dienes, K. A., Torres-Harding, S., Reinecke, M. A., Freeman, A., & Sauer, A. (2011). Cognitive therapy. In A. S. Gurman & S. B. Messer (Eds.), *Essential psychotherapies: Theory and practice* (3nd ed., pp. 143–183). New York, NY: Guilford Press.

DiGiuseppe, R. (1995a). A rational-emotive model of assessment. In W. Dryden (Ed.), *Rational emotive behavior therapy: A reader* (pp. 73–93). London, UK: Sage.

DiGiuseppe, R. (1995b). Comprehensive cognitive disputing. In W. Dryden (Ed.), *Rational emotive behavior therapy: A reader* (pp. 108–129). London, UK: Sage.

DiGiuseppe, R. A., Doyle, K. A., Dryden, W., & Backx, W. (2014). *A practitioner's guide to rational emotive behavior therapy* (3rd ed.). New York: NY: Oxford University Press.

DiGiuseppe, R., Leaf, R., Exner, T., & Robin, M. W. (1988). The development of a measure of irrational/rational thinking. Paper presented at the World Congress of Behavior Therapy, Edinburgh, Scotland.

DiLorenzo, T. A., David, D., & Montgomery, G. H. (2007). The interrelations between irrational cognitive processes and distress in academic settings. *Personality and Individual Differences, 42,* 765–776. doi:10.1016/j.paid.2006.08.022

Dimidjian, S., Barrera, M. R., Martell, C., Muñoz, R. F., & Lewinsohn, P. M. (2011). The origins and current status of behavioral activation treatments for depression. *Annual Review of Clinical Psychology, 7,* 1–38. doi:10.1146/annurev-clinpsy-032210-104535

DiNardo, P. A., Brown, T. A., & Barlow, D. H. (1994). *Anxiety Disorders Interview Schedule of DSM-IV.* Albany, NY: Graywind.

Dinkmeyer, D. C., Dinkmeyer, D. C., Jr., & Sperry, L. (1987). *Adlerian counseling and psychotherapy.* Upper Saddle River, NJ: Merrill/Prentice Hall.

Dinkmeyer, D., & Dreikurs, R. (1963). *Encouraging children to learn: The encouragement process.* Upper Saddle River, NJ: Prentice Hall.

Dinkmeyer, D. C., Jr., & Sperry, L. (2000). *Counseling and psychotherapy: An integrated individual psychology approach* (3rd ed.). Upper Saddle River, NJ: Merrill/Prentice Hall.

Dixon, M. M., Reyes, C. J., Leppert, M. F., & Pappas, L. M. (2008). Personality and birth order in large families. *Personality and Individual Differences, 44,* 119–128. doi:10.1016/j.paid.2007.07.015

Doan, R. E. (1998). Interviewing fear and love: Implications for narrative therapy. In M. F. Hoyt (Ed.), *The handbook of constructive therapies: Innovative approaches from leading practitioners* (pp. 219–240). San Francisco, CA: Jossey-Bass.

Dobson, D., & Dobson, K. (2009). *Evidence-based practice of cognitive behavioral therapy.* New York, NY: Guilford Press.

Dobson, K. S. (2012). *Cognitive therapy.* Washington, DC: American Psychological Association.

Doering, S., Hörz, S., Rentrop, M., Fischer-Kern, M., Schuster, P., Benecke, C., . . . Buchheim, P. (2010). Transference-focused psychotherapy vs. treatment by community psychotherapists for borderline personality disorder: Randomised controlled trial. *British Journal of Psychiatry, 196,* 389–395. doi:10.1192/bjp.bp.109.070177

Dohm, F., Brown, M., Cachelin, F. M., & Strigel-Moore, R. H. (2010). Ethnicity, disordered eating, and body image. In H. Landrine & N. F. Russo (Eds.), *Handbook of diversity in feminist psychology* (pp. 285–309). New York, NY: Springer.

Donaldson, G. (1996). Between practice and theory: Melanie Klein, Anna Freud and the development of child analysis. *Journal of the History of the Behavioral Sciences*, *32*, 160–176. doi:10.1002/(SICI)1520-6696(199604)32:2

Douglas, C. (2005). Analytical psychotherapy. In R. J. Corsini & D. Wedding (Eds.), *Current psychotherapies* (7th ed., pp. 96–129). Belmont, CA: Brooks/Cole.

Downing, N. E., & Roush, K. L. (1985). From passive acceptance to active commitment: A model of feminist identity development for women. *The Counseling Psychologist*, *21*, 3–87. doi:10.1177/0011000085134013

Dozois, D. J. A., & Backs-Dermott, B. J. (2000). Sociotropic personality and information processing following imaginal priming: A test of the congruency hypothesis. *Canadian Journal of Behavioral Science*, *32*, 117–126. doi:10.1037/h0087106

Dreikurs, R. (1952–1953). The psychological interview in medicine. *American Journal of Individual Psychology*, *10*, 99–122.

Dreikurs, R. (1953). *Fundamentals of Adlerian psychology*. Chicago, IL: Alfred Adler Institute.

Driessen, E., Cuijpers, P., de Maat, S. C. M., Abbass, A. A., de Jonghe, F., & Dekker, J. J. M. (2010). The efficacy of short-term psychodynamic psychotherapy for depression: A meta-analysis. *Clinical Psychology Review*, *30*, 25–36. doi:10.1016/j.cpr.2009.08.010

Dryden, W. (1995a). *Brief rational emotive behavior therapy*. New York, NY: Wiley.

Dryden, W. (1995b). The use of chaining in rational emotive therapy. In W. Dryden (Ed.), *Rational emotive behavior therapy: A reader* (pp. 94–99). London, UK: Sage.

Dryden, W. (1995c). Vivid methods in rational emotive therapy. In W. Dryden (Ed.), *Rational emotive behavior therapy: A reader* (pp. 151–174). London, UK: Sage.

Dryden, W. (2009). *Understanding emotional problems*. New York, NY: Routledge.

Dryden, W. (2011). *Understanding psychological health: The REBT perspective*. New York, NY: Routledge.

Dryden, W. (2012). *Dealing with emotional problems using rational-emotive cognitive behavior therapy: A client's guide*. New York, NY: Routledge.

Dryden, W. (2013). *The ABCs of REBT revisited: Perspectives on conceptualization*. New York, NY: Springer.

Dryden, W., David, D., & Ellis, A. (2010). Rational emotive behavior therapy. In K. S. Dobson (Ed.), *Handbook of cognitive-behavioral therapies* (pp. 226–276). New York, NY: Guilford Press.

Dryden, W., DiGiuseppe, R., & Neenan, M. (2010). *A primer on rational emotive behavior therapy* (3rd ed.). Champaign, IL: Research Press.

Dryden, W., & Mytton, J. (1999). *Four approaches to counselling and psychotherapy*. New York, NY: Routledge.

Dryden, W., & Neenan, M. (2006). *Rational emotive behavior therapy: 100 key points and techniques*. New York, NY: Routledge.

Dryden, W., & Yankura, J. (1993). *Counselling individuals: A rational-emotive handbook* (2nd ed.). London, UK: Whurr.

Duan, C., & Hill, C. E. (1996). The current state of empathy research. *Journal of Counseling Psychology*, *43*, 261–274. doi:10.1037//0022-0167.43.3.261

Duckworth, M. P. (2009a). Assertiveness skills and the management of related factors. In W. O'Donohue & J. E. Fisher (Eds.), *General principles and empirically supported techniques of cognitive behavior therapy* (pp. 124–131). Hoboken, NJ: Wiley.

Duckworth, M. P. (2009b). Cultural awareness and culturally competent practice. In W. O'Donohue & J. E. Fisher (Eds.), *General principles and empirically supported techniques of cognitive behavior therapy* (pp. 63–76). Hoboken, NJ: Wiley.

Dunkley, D. M., Blankstein, K. R., & Segal, Z. (2009). Cognitive assessment: Issues and methods. In K. S. Dobson (Ed.), *Handbook of cognitive-behavioral therapies* (3rd ed., pp. 133–171). New York, NY: Guilford Press.

Duvall, J., & Young, K. (2009). Keeping faith: A conversation with Michael White. *Journal of Systemic Therapies*, *28*, 1–18.

Dzelme, K., & Jones, R. A. (2001). Male cross-dressers in therapy: A solution-focused perspective for marriage and family therapists. *American Journal of Family Therapy*, *29*, 293–305. doi:10.1080/01926180126499

D'Zurilla, T. J., & Nezu, A. M. (2007). *Problem-solving therapy: A positive approach to clinical intervention* (3rd ed.). New York, NY: Springer.

Eckstein, D., Aycock, K. J., Sperber, M. A., McDonald, J., Van, W. V., Watts, R. E., & Ginsburg, P. (2010). A review of 200 birth-order studies: Lifestyle characteristics. *Journal of Individual Psychology*, *66*(4), 408–434.

Eckstein, D., Milliren, A., Rasmussen, P. R., & Willhite, R. (2006). An Adlerian approach to the treatment of anger disorders. In E. L. Feindler (Ed.), *Anger-related disorders: A practitioner's guide to comparative treatments* (pp. 257–276). New York, NY: Springer.

Efran, J. S., & Clarfield, L. E. (1992). Contructionist therapy: Sense and nonsense. In S. McNamee & K. J. Gergen (Eds.), *Therapy as social construction* (pp. 200–217). London, UK: Sage.

Elkin, I. (1994). The NIMH Treatment of Depression Collaborative Research Program: Where we began and where we are. In A. Bergin & S. Garfield (Eds.), *Handbook of psychotherapy and behavior change* (4th ed., pp. 114–139). New York, NY: Wiley.

Elkin, I., Shea, M. T., Watkins, J. T., Imber, S. D., Sotsky, S. M., Collins, J. F., et al. (1989). NIMH Treatment of Depression Collaborative Research Program: General effectiveness of treatments. *Archives of General Psychiatry*, *46*, 971–983.

Elliott, R. (2013a). Therapist negative reactions: A person-centered and experiential psychotherapy perspective. In A. W. Wolf, M. R. Goldfried, & J. C. Muran (Eds.), *Transforming negative reactions to clients: From frustration to compassion* (pp. 69–90). Washington, DC: American Psychological Association.

Elliott, R. (2013b). *Research*. In M. Cooper, M. O'Hara, P. F. Schmid, & A. C. Bohart (Eds.), *The handbook of person-centered psychotherapy and counseling* (2nd ed., pp 468–482). New York, NY: Palgrave Macmillan.

Elliot, R., Bohart, A. C., Watson, J. C., & Greenberg, L. S. (2011). Empathy. *Psychotherapy*, *48*, 43–49. doi:10.1037/a0022187

Elliott, R., Greenberg, L. S., Watson, J., Timulak, L., & Freire, E. (2013). Research on humanistic-experiential psychotherapies. In M. J. Lambert (Ed.), *Bergin and Garfields' handbook of psychotherapy and behavior change* (6th ed., pp. 495–538). Hoboken, NJ: Wiley.

Elliot, R., Watson, J. C., Goldman, R. N., & Greenberg, L. S. (2004). *Learning emotion-focused therapy: The process experiential approach to change*. Washington, DC: American Psychological Association.

Ellis, A. (1979a). The biological basis of human irrationality: A reply to McBurnett and La Pointe. *Journal of Individual Psychology*, *35*(1), 111–116.

Ellis, A. (1979b). The practice of rational-emotive therapy. In A. Ellis & J. M. Whitley (Eds.), *Theoretical and empirical foundations of rational-emotive therapy* (pp. 61–100). Monterey, CA: Brooks/Cole.

Ellis, A. (1979c). Toward a new theory of personality. In A. Ellis & J. M. Whitley (Eds.), *Theoretical and empirical foundations of rational-emotive therapy* (pp. 7–32). Monterey, CA: Brooks/Cole.

Ellis, A. (1985). The evolution of rational-emotive therapy (RET) and cognitive-behavior therapy (CBT). In J. K. Zeig (Ed.), *The evolution of psychotherapy*. New York, NY: Brunner/Mazel.

Ellis, A. (1987). The impossibility of achieving consistently good mental health. *American Psychologist*, *42*, 364–375. doi:10.1037//0003-066X.42.4.364

Ellis, A. (1989). Comments on my critics. In M. E. Bernard & R. DiGiuseppe (Eds.), *Inside rational-emotive therapy: A critical appraisal of the theory and therapy of Albert Ellis* (pp. 199–233). San Diego, CA: Academic Press.

Ellis, A. (1990). Rational-emotive therapy. In J. K. Zeig & W. M. Munion (Eds.), *What is psychotherapy? Contemporary perspectives*. San Francisco, CA: Jossey-Bass.

Ellis, A. (1991). Using RET effectively: Reflections and interview. In M. Bernard (Ed.), *Using rational-emotive therapy effectively: A practitioner's guide*. New York, NY: Plenum Press.

Ellis, A. (1992a). My early experiences in developing the practice of psychology. *Professional Psychology: Research and Practice*, *23*, 7–10. doi:10.1037//0735-7028.23.1.7

Ellis, A. (1992b). The revised ABCs of rational-emotive therapy (RET). In J. K. Zeig (Ed.), *The evolution of psychotherapy: The second conference* (pp. 91–99). New York, NY: Brunner/Mazel.

Ellis, A. (1994a). Rational emotive behavior therapy approaches to obsessive-compulsive disorder (OCD). *Journal of Rational-Emotive and Cognitive-Behavior Therapy*, *12*, 121–141. doi:10.1007/BF02354608

Ellis, A. (1994b). *Reason and emotion in psychotherapy* (rev. ed.). New York, NY: Birch Lane Press.

Ellis, A. (1995a). Fundamentals of REBT for the 1990s. In W. Dryden (Ed.), *Rational emotive behavior therapy: A reader* (pp. 1–30). London, UK: Sage.

Ellis, A. (1995b). Reflections on rational emotive therapy. In M. J. Mahoney (Ed.), *Cognitive and constructive psychotherapies: Theory, research, and practice* (pp. 69–73). New York, NY: Springer.

Ellis, A. (1996). *Better, deeper, and more enduring brief therapy: The rational emotive behavior therapy approach*. New York, NY: Brunner/Mazel.

Ellis, A. (1997a). The evolution of Albert Ellis and rational emotive behavior therapy. In J. K. Zeig (Ed.), *The evolution of psychotherapy: The third conference* (pp. 69–78). New York, NY: Brunner/Mazel.

Ellis, A. (1997b). REBT with obsessive-compulsive disorder. In J. Yankura & W. Dryden (Eds.), *Using REBT with common psychological problems* (pp. 197–222). New York, NY: Springer.

Ellis, A. (1998a). How rational emotive behavior therapy belongs in the constructivist camp. In M. F. Hoyt (Ed.), *Handbook of constructive therapies: Innovative approaches for leading practitioners* (pp. 83–99). San Francisco, CA: Jossey-Bass.

Ellis, A. (1998b). The biological basis of human irrationality. In A. Ellis & S. Blau (Eds.), *The Albert Ellis reader* (pp. 271–291). Secaucus, NJ: Carol.

Ellis, A. (1999a). Early theories and practices of rational emotive behavior therapy and how they have been augmented and revised during the last three decades. *Journal of Rational-Emotive and Cognitive-Behavior Therapy*, *17*, 69–93. doi:10.1023/A:1023048830350

Ellis, A. (1999b). *How to make yourself happy and remarkably less disturbable*. Atascadero, CA: Impact.

Ellis, A. (1999c). Rational emotive behavior therapy as an internal control psychology. *International Journal of Reality Therapy*, *19*, 4–11.

Ellis, A. (1999d). Treatment of borderline personality disorder with rational emotive behavior therapy. In C. R. Cloninger (Ed.), *Personality and psychopathology*. Washington, DC: American Psychiatric Press.

Ellis, A. (1999e). Why rational-emotive therapy to rational emotive behavior therapy? *Psychotherapy*, *36*, 154–159. doi:10.1037/h0087680

Ellis, A. (2000). Can rational emotive behavior therapy (REBT) be effectively used with people who have devout beliefs in God and religion? *Professional Psychology: Research and Practice*, *31*(1), 29–33. doi:10.1037/0735-7028.31.1.29

Ellis, A. (2001). Rational and irrational aspects of countertransference. *Journal of Clinical Psychology*, *57*, 991–1004.

Ellis, A. (2002). *Overcoming resistance: A rational emotive behavior therapy integrated approach* (2nd ed.). New York, NY: Springer.

Ellis, A. (2003). How to deal with your most difficult client—you. *Journal of Rational-Emotive and Cognitive-Behavior Therapy*, *21*, 203–213. doi:10.1023/A:1025885911410

Ellis, A. (2004). Why I (really) became a therapist. *Journal of Rational-Emotive and Cognitive-Behavior Therapy, 22,* 73–77. doi:10.1023/B:JORE.0000025437.99090.2c

Ellis, A. (2005). *The myth of self-esteem: How rational emotive behavior therapy can change your life forever.* Amherst, NY: Prometheus Books.

Ellis, A. (with Ellis, D. J.). (2010). *All out! An autobiography.* Amherst, NY: Prometheus Books.

Ellis, A. (2011). Vigorous disputing of irrational beliefs in rational emotive behavior therapy. In H. G. Rosenthal (Ed.), *Favorite counseling and therapy techniques* (2nd ed., pp. 115–116). New York, NY: Routledge.

Ellis, A., David, D., & Lynn, S. J. (2010). Rational and irrational beliefs: A historical and conceptual perspective. In D. David, S. J. Lynn, & A. Ellis (Eds.), *Rational and irrational beliefs* (pp. 3–22). New York, NY: Oxford University Press.

Ellis, A., & Dryden, W. (1997). *The practice of rational emotive behavior therapy* (2nd ed.). New York, NY: Springer.

Ellis, A., & Ellis, D. J. (2011). *Rational emotive behavior therapy.* Washington, DC: American Psychological Association.

Ellis, A., & Ellis, D. J. (2014). Rational emotive behavior therapy. In D. Wedding & R. J. Corsini (Eds.), *Current psychotherapies* (10th ed., pp. 151–192). Belmont, CA: Brooks/Cole.

Ellis, A., & Joffe, D. (2002). A study of volunteer clients who experienced live sessions of rational emotive behavior therapy in front of a public audience. *Journal of Rational-Emotive and Cognitive-Behavior Therapy, 20,* 151–158. doi:10.1023/A:1019828718532

Ellis, A., & MacLaren, C. (2005). *Rational emotive behavior therapy: A therapist's guide* (2nd ed.). Atascadero, CA: Impact.

Ellison, J. A., Greenberg, L. S., Goldman, R. N., & Angus, L. (2009). Maintenance of gains following experiential therapies for depression. *Journal of Consulting and Clinical Psychology, 77,* 103–112. doi:10.1037/a0014653

Emmelkamp, P. M. G. (1990). Anxiety and fear. In A. S. Bellack, M. Hersen, & A. E. Kazdin (Eds.), *International handbook of behavior modification and therapy* (2nd ed., pp. 283–305). New York, NY: Plenum Press.

Emmelkamp, P.M.G. (2013). Behavior therapy with adults. In M. J. Lambert (Ed.), *Bergin and Garfield's handbook of psychotherapy and behavior change* (6th ed, pp. 343–392). Hoboken, NJ: Wiley.

Eng, D. L., & Han, S. (2007). Desegregating love: Transnational adoption, racial reparation, and racial transitional objects. In M. Suchet, A. Harris, & L. Aron (Eds.), *Relational psychoanalysis* (Vol. 2, pp. 151–173). Mahwah, NJ: Analytic Press.

Engles, G. I., Garnefski, N., & Diekstra, R. F. (1993). Efficacy of rational-emotive therapy: A quantitative analysis. *Journal of Consulting and Clinical Psychology, 61,* 1083–1090.

Enns, C. Z. (1987). Gestalt therapy and feminist therapy: A proposed integration. *Journal of Counseling and Development, 66,* 93–95.

Enns, C. Z. (1995). Toward integrating feminist psychotherapy and feminist philosophy. *Professional Psychology: Research and Practice, 23,* 453–466.

Enns, C. Z. (2000). Gender issues in counseling. In S. D. Brown & R. W. Lent (Eds.), *Handbook of counseling psychology* (3rd ed., pp. 601–669). New York, NY: Wiley.

Enns, C. Z. (2004). *Feminist theories and feminist psychotherapies: Origins, themes, and variations* (2nd ed.). New York, NY: Haworth Press.

Enns, C. Z., & Byars-Winston, A. M. (2010). Multicultural feminist therapy. In H. Landrine & N. F. Russo (Eds.), *Handbook of diversity in feminist psychology* (pp. 367–388). New York, NY: Springer.

Enns, C. Z., McNeilly, C. L., Corkery, J. M., & Gilbert, M. S. (1995). The debate about delayed memories of child sexual abuse: A feminist perspective. *The Counseling Psychologist, 23,* 181–279. doi:10.1177/0011000095232001

Enns, C. Z., Rice, J. K., & Nutt, R. L. (2015). Working with diverse women: Tools for assessment and conceptualization. In C. Z. Enns, J. K. Rice, & R. L. Nutt (Eds.), *Psychological practice with women: Guidelines, diversity, empowerment* (pp. 31–51). Washington, DC: American Psychological Association. doi:10.1037/14460-002

Enright, J. B. (1970). An introduction to Gestalt techniques. In J. Fagan & I. L. Shepherd (Eds.), *Gestalt therapy now* (pp. 107–124). New York, NY: Harper & Row.

Epp, A. M., & Dobson, K. S. (2010). The evidence base for cognitive-behavioral therapy. In K. S. Dobson (Ed.), *Handbook of cognitive-behavioral therapies* (pp. 39–73). New York, NY: Guilford Press.

Epstein, N. B., Berger, A. T., Fang, J. J., Messina, L. A., Smith, J. R., Lloyd, T. D., & . . . Liu, Q. X. (2012). Applying western-developed family therapy models in China. *Journal of Family Psychotherapy, 23*(3), 217–237. doi:10.1080/08975353.2012.705661

Epston, D., & Maisel, R. (2006). *The history of the archives of resistance: Anti-anorexia/anti-bulimia.* Retrieved from http://www.narrativeapproaches.com/antianorexia%20folder/anti_anorexia_index.htm

Erchull, M. J., Liss, M., Wilson, K. A., Bateman, L., Peterson, A., & Sanchez, C. E. (2009). The feminist identity development model: Relevant for young women today? *Sex Roles, 60,* 832–842. doi:10.1007/s11199-009-9588-6

Ernst, C., & Angst, J. (1983). *Birth order.* New York, NY: Springer.

Estrada, B., & Beyebach, M. (2007). Solution-focused therapy with depressed deaf persons. *Journal of Family Psychotherapy, 18*(3), 45–63. doi:10.1300/J085v18n03_04

Etaugh, C. A., & Bridges, J. S. (2010). *Women's lives: A psychological exploration* (2nd ed.). Boston, MA: Allyn & Bacon.

Etchison, M., & Kleist, D. M. (2000). Review of narrative therapy: Research and utility. *The Family Journal: Counseling and Therapy for Couples and Families, 8,* 61–66. doi:10.1177/1066480700081009

Evans, K. M., Kincade, E. A., & Seem, S. R. (2011). *Introduction to feminist therapy: Strategies for social and individual change.* Thousand Oaks, CA: Sage.

Eysenck, H. J. (1952). The effects of psychotherapy: An evaluation. *Journal of Consulting Psychology, 16,* 319–324. doi:10.1037/h0063633

Eysenck, H. J. (1960). Learning theory and behavior therapy. In H. J. Eysenck (Ed.), *Behaviour therapy and the neuroses* (pp. 4–21). New York, NY: Macmillan.

Fabiano, G. A., Pelham, W. R., Coles, E. K., Gnagy, E. M., Chronis-Tuscano, A., & O'Connor, B. C. (2009). A meta-analysis of behavioral treatments for attention-deficit/hyperactivity disorder. *Clinical Psychology Review, 29*(2), 129–140. doi:10.1016/j.cpr.2008.11.001

Fabry, D. S. (2010). Evidence base for paradoxical intention: Reviewing clinical outcome studies. *International Forum for Logotherapy, 33*(1), 21–29.

Falbo, T. (2012). Only children: An updated review. *Journal of Individual Psychology, 68*(1), 38–49.

Falicov, C. J., & Brudner-White, L. (1983). The shifting family triangle: The issue of cultural and contextual relativity. In J. C. Hansen & C. J. Falicov (Eds.), *Cultural perspectives in family therapy* (pp. 51–67). Rockville, MD: Aspen Systems.

Falman, S. A., Mercer, K. B., Gaskovski, P., Eastwood, A. E., & Eastwood, J. D. (2009). Does a lack of life meaning cause boredom? Results from psychometric, longitudinal, and experimental analyses. *Journal of Social and Clinical Psychology, 28*(3), 307–340.

Farber, B. A., & Doolin, E. M. (2011). Positive regard. *Psychotherapy, 48,* 58–64. doi:10.1037/h0063633

Faulkner, B., & Burdenski, T. R. (2011). Empowering lower-income developmental math students to satisfy Glasser's five basic needs. *International Journal of Choice Theory and Reality Therapy, 31*(1), 128–142.

Feaster, D. J., Brincks, A. M., Mitrani, V. B., Prado, G., Schwartz, S. J., & Szapocznik, J. (2010). The efficacy of structural ecosystems therapy for HIV medication adherence with African American women. *Journal of Family Psychology, 24*(1), 51–59. doi:10.1037/a0017954

Feldman, G., Harley, R., Kerrigan, M., Jacobo, M., & Fava, M. (2009). Change in emotional processing during a dialectical behavior therapy-based skills group for major depressive disorder. *Behaviour Research and Therapy, 47*(4), 316–321. doi:10.1016/j.brat.2009.01.005

Feliu-Soler, A., Pascual, J. C., Borràs, X., Portella, M. J., Martín-Blanco, A., Armario, A., & . . . Soler, J. (2014). Effects of dialectical behaviour therapy-mindfulness training on emotional reactivity in borderline personality disorder: Preliminary results. *Clinical Psychology & Psychotherapy, 21*(4), 363–370. doi:10.1002/cpp.1837

Ferguson, E. (2010). Adler's innovative contributions regarding the need to belong. *Journal of Individual Psychology, 66,* 1–7. Retrieved from http://www.utexas.edu/utpress/journals/jip.html

Ferguson, K. E., & Christiansen, K. (2009). Shaping. In W. O'Donohue & J. E. Fisher (Eds.), *General principles and empirically supported techniques of cognitive behavior therapy* (pp. 591–599). Hoboken, NJ: Wiley.

Ferguson, K. E., & Sgambati, R. E (2009). Relaxation. In W. O'Donohue & J. E. Fisher (Eds.), *General principles and empirically supported techniques of cognitive behavior therapy* (pp. 532–542). Hoboken, NJ: Wiley.

Fernbacher, S. (2005). Cultural influences and considerations in Gestalt therapy. In A. L. Woldt & S. M. Toman (Eds.), *Gestalt therapy: History, theory and practice* (pp. 117–132). Thousand Oaks, CA: Sage.

Ferster, C. B. (1983). Behavioral approaches to depression. In T. Millon (Ed.), *Theories of personality and psychopathology* (3rd ed., pp. 372–383). New York, NY: Holt, Rinehart & Winston.

Fiebert, M. S. (1997). In and out of Freud's shadow: A chronology of Adler's relationship with Freud. *Journal of Individual Psychology, 53,* 241–269.

Field, N. P., & Horowitz, M. (1998). Applying an empty-chair monologue paradigm to examine unresolved grief. *Psychiatry, 61,* 279–287.

Fine, R. (1979). *A history of psychoanalysis.* New York, NY: Columbia University Press.

Finlay, L. (2012). Research: An existential predicament for our profession? In L. Barnett & G. Madison (Eds.), *Existential therapy: Legacy, vibrancy and dialog* (pp. 183–192). East Sussex, UK: Routledge.

Fiorillo, D. R., & Fruzzetti, A. E. (2015). Dialectical behavior therapy for trauma survivors. In V. M. Follette, J. Briere, D. Rozelle, J. W. Hopper, & D. I. Rome (Eds.), *Mindfulness-oriented interventions for trauma: Integrating contemplative practices* (pp. 75–90). New York, NY: Guilford Press.

First, M. B., Spitzer, R. L., Gibbon M., & Williams, J. B. W. (2002). *Structured Clinical Interview for DSM-IV-TR Axis I disorders, research version, non-patient edition.* New York, NY: Biometrics Research, New York State Psychiatric Institute.

Fischer, A. R., & DeBord, K. A. (2013). Critical questioning of social and feminist identity development literature: Themes, principles and tools. In C. Z. Enns & E. N. Williams (Eds.), *The Oxford handbook of feminist multicultural counseling psychology* (pp. 87–111). New York, NY: Oxford University Press.

Fischer, A. R., & Good, G. E. (2004). Women's feminist consciousness, anger, and psychological distress. *Journal of Counseling Psychology, 51,* 437–446. doi:10.1037/0022-0167.51.4.437

Fischer, A. R., Jome, L. M., & Atkinson, D. R. (1998). Reconceptualizing multicultural counseling: Universal healing conditions in a culturally specific context. *The Counseling Psychologist, 26,* 525–588. doi:10.1177/0011000098264001

Fischer, C. T. (1991). Phenomenological-existential psychotherapy. In M. Hersen, A. E. Kazdin, & A. S. Bellack (Eds.), *The clinical psychology handbook* (2nd ed., pp. 534–550). New York, NY: Pergamon Press.

Fischer, C. T., McElwain, B., & DuBoise, J. T. (2000). Existential approaches to psychotherapy. In C. R. Snyder & R. E. Ingram (Eds.), *Handbook of psychological change* (pp. 243–257). New York, NY: Wiley.

Fischer, S., & Peterson, C. (2015). Dialectical behavior therapy for adolescent binge eating, purging, suicidal behavior and non-suicidal self-injury: A pilot study. *Psychotherapy, 52,* 78–92. doi:10.1037/a0036065

Fishman, D. B., & Franks, C. M. (1997). The conceptual evolution of behavior therapy. In P. L. Wachtel & S. B. Messer (Eds.), *Theories of psychotherapy: Origins and evolution* (pp. 131–180). Washington, DC: American Psychological Association. doi:10.1037/10239-004

Fishman, D. B., Rego, S. A., & Muller, K. L. (2011). Behavioral theories of psychotherapy. In J. C. Norcross, G. R. Vandenbos, & D. K. Freedheim (Eds.), *History of psychotherapy: Continuity and change* (2nd ed., pp. 101–140). doi:10.1037/12353-004

Fitzgerald, L., & Nutt, R. (1986). The Division 17 Principles Concerning the Counseling/Psychotherapy of Women. *The Counseling Psychologist, 14,* 180–216. doi:10.1177/0011000086141019

Fivaz-Depeursinge, E., Lopes, F., Python, M., & Favez, N. (2009). Coparenting and toddler's interactive styles in family coalitions. *Family Process, 48,* 500–516. doi:10.1111/j.1545-5300.2009.01298.x

Flanagan, L. M. (2008a). Object relations theory. In J. Berzoll, L. M. Flanagan, & P. Hertz (Eds.), *Inside out and outside in: Psychodynamic clinical theory and psychopathology in contemporary multicultural contexts* (pp. 121–160). New York, NY: Jason Aronson.

Flanagan, L. M. (2008b). The theory of self psychology. In J. Berzoll, L. M. Flanagan, & P. Hertz (Eds.), *Inside out and outside in: Psychodynamic clinical theory and psychopathology in contemporary multicultural contexts* (pp. 161–188). New York, NY: Jason Aronson.

Fleming, A. P., McMahon, R. J., Moran, L. R., Peterson, A. P., & Dreessen, A. (2015). Pilot randomized controlled trial of dialectical behavior therapy group skills training for ADHD among college students. *Journal of Attention Disorders, 19,* 260–271. doi:10.1177/1087054714535951

Fodor, I. G. (1985). Assertiveness training for the eighties: Moving beyond the personal. In L. B. Rosewater & L. E. A. Walker (Eds.), *Handbook of feminist therapy: Women's issues in psychotherapy* (pp. 257–265). New York, NY: Springer.

Foley, Y., Matheny, K. B., & Curlette, W. L. (2008). A cross-generational study of Adlerian personality traits and life satisfaction in Mainland China. *Journal of Individual Psychology, 64,* 324–338. Retrieved from http://www.utexas.edu/utpress/journals/jip.html

Fonagy, P., & Target, M. (1996). Prediction of outcome of child psychoanalysis: A retrospective study of 763 cases at the Anna Freud Centre. *Journal of the American Psychoanalytic Association, 44,* 27–77.

Forisha, B. L. (1981). Feminist psychotherapy II. In R. J. Corsini (Ed.), *Handbook of innovative psychotherapies* (pp. 315–332). New York, NY: Wiley.

Fosco, G. M., & Grych, J. H. (2010). Adolescent triangulation into parental conflicts: Longitudinal implications for appraisals and adolescent-parent relations. *Journal of Marriage and Family 72,* 254–266. DOI:10.1111/j.1741-3737.2010697.x

Fosshage, J. L. (2003). Contextualizing self psychology and relational psychoanalysis: Bi-directional influence and proposed synthesis. *Contemporary Psychoanalysis, 39,* 411–448.

Foster, R. P. (2010). Considering a multicultural perspective for psychoanalysis. In A. Roland, B. Ulanov, & C. Barbre (Eds.), *Creative dissent: Psychoanalysis in evolution* (pp. 173–185). Westport, CT: Praeger/Greenwood Publishing Group.

Frank, J. D., & Frank, J. B. (1991). *Persuasion and healing: A comparative study of psychotherapy* (3rd ed.). Baltimore, MD: Johns Hopkins University Press.

Frank, M. L. B. (2011). Existential theory. In D. Capuzzi & D. R. Gross (Eds.), *Counseling and psychotherapy: Theories and interventions* (5th ed., pp. 119–142). Alexandria, VA: American Counseling Association.

Frankl, V. E. (1984). *Man's search for meaning.* New York, NY: Pocket Books.

Frankland, A. G. (2010). *The little psychotherapy book: Object relations in practice.* New York, NY: Oxford University Press.

Franks, C. M., & Barbrack, C. R. (1990). Behavior therapy with adults: An integrative perspective for the nineties. In M. Hersen, A. E. Kazdin, & A. S. Bellack (Eds.), *The clinical psychology handbook* (2nd ed., pp. 551–566). New York, NY: Pergamon Press.

Freedman, J., & Combs, G. (1996). *Narrative therapy: The social construction of preferred realities.* New York, NY: Norton.

Freeman, A., Schrodt, G. R., Gilson, M., & Ludgate, J. W. (1993). Group cognitive therapy with inpatients. In J. H. Wright, M. E. Thase, A. T. Beck, & J. W. Ludgate (Eds.), *Cognitive therapy with inpatients: Developing a cognitive milieu* (pp. 121–153). New York, NY: Guilford Press.

Freire, E. S., Koller, S. H., Piason, A., & da Silva, R. B. (2005). Person-centered therapy with impoverished, maltreated, and neglected children and adolescents in Brazil. *Journal of Mental Health Counseling, 27,* 225–237.

Freud, A. (1966). *The ego and the mechanisms of defense.* Madison, CT: International Universities Press. (Original work published 1936)

Freud, A. (1974). Introduction to psychoanalysis: Lectures for child analysts and teachers. In *The writings of Anna Freud* (p. 200). Oxford, UK: International Universities Press.

Freud, S. (1909). Analysis of a phobia in a five-year-old boy. In *Collected papers of Sigmund Freud* (Vol. 3, pp. 49–295). New York, NY: Basic Books.

Freud, S. (1913). *The interpretation of dreams* (3rd ed.). A. A. Brill (Trans.). New York, NY: Macmillan. (Original German work published 1900)

Freud, S. (1949). *An outline of psycho-analysis.* New York, NY: Norton. (Original work published 1940)

Freud, S. (1952). *A general introduction to psycho-analysis.* (J. Riviere, Trans.). New York, NY: Washington Square. (Original work published 1920)

Freud, S. (1955). From the history of an infantile neurosis. In J. Strachey (Ed. & Trans.), *The standard edition of the complete psychological works of Sigmund Freud* (Vol. 17, pp. 7–122). London, UK: Hogarth Press. (Original work published 1918)

Freud, S. (1957). "Wild" psycho-analysis. In J. Strachey (Ed. & Trans.), *The standard edition of the complete psychological works of Sigmund Freud* (Vol. 11, pp. 219–227). London, UK: Hogarth Press. (Original work published 1910)

Freud, S. (1958a). Observations on transference love. In J. Strachey (Ed. & Trans.), *The standard edition of the complete psychological works of Sigmund Freud* (Vol. 12, pp. 157–171). London, UK: Hogarth Press. (Original work published 1915)

Freud, S. (1958b). On beginning the treatment. In J. Strachey (Ed. & Trans.), *The standard edition of the complete psychological works of Sigmund Freud* (Vol. 12, pp. 121–144). London, UK: Hogarth Press. (Original work published 1913)

Freud, S. (1958c). Recommendations to physicians practicing psycho-analysis. In J. Strachey (Ed. & Trans.), *The standard edition of the complete psychological works of Sigmund Freud* (Vol. 12, pp. 109–120). London, UK: Hogarth Press. (Original work published 1912)

Freud, S. (1961a). The ego and the id. In J. Strachey (Ed. and Trans.), *The standard edition of the complete psychological works of Sigmund Freud* (Vol. 19, pp. 13–59). London, UK: Hogarth Press. (Original work published 1923)

Freud, S. (1961b). Some psychological consequences of the anatomical distinction between the sexes. In J. Strachey (Ed. & Trans.), *The standard edition of the complete psychological works of Sigmund Freud* (Vol. 19, pp. 243–258). London, UK: Hogarth Press. (Original work published 1925)

Freud, S. (1963). Introductory lectures on psycho-analysis, Part III. General theory of the neuroses. In J. Strachey (Ed. & Trans.), *The standard edition of the complete psychological works of Sigmund Freud* (Vol. 16, pp. 243–463). London, UK: Hogarth Press. (Original work published 1917)

Freud, S. (1964a). New introductory lectures on psycho-analysis. In J. Strachey (Ed. and Trans.), *The standard edition of the complete psychological works of Sigmund Freud* (Vol. 22, pp. 3–182). London, UK: Hogarth Press. (Original work published 1933)

Freud, S. (1964b). An outline of psychoanalysis. In J. Strachey (Ed. and Trans.), *The standard edition of the complete psychological works of Sigmund Freud* (Vol. 23, pp. 141–207). London, UK: Hogarth Press. (Original work published 1940)

Freud, S. (1989a). An autobiographical study. In P. Gay (Ed. & Trans.), *The Freud reader* (pp. 3–41). New York, NY: Norton. (Original work published 1925)

Freud, S. (1989b). Three essays on the theory of sexuality. In P. Gay (Ed. & Trans.), *The Freud reader* (pp. 239–293). New York, NY: Norton. (Original work published 1924)

Frew, J. (2013). Gestalt therapy. In J. Frew & M. D. Spiegler (Eds.), *Contemporary psychotherapies for a diverse world* (1st rev. ed., pp. 215–257). New York, NY: Routledge/Taylor & Francis Group.

Frey, L. L. (2013). Relational-cultural therapy: Theory, research, and application to counseling competencies. *Professional Psychology: Research and Practice, 44*(3), 177–185. doi:10.1037/a0033121

Friedan, B. (1963). *The feminine mystique.* New York, NY: Norton.

Friedman, E. H. (1991). Bowen theory and therapy. In A. S. Gurman & D. P. Kniskern (Eds.), *Handbook of family therapy: Vol. 2* (pp. 134–170). New York, NY: Brunner/Mazel.

Friedman, N. (2003). Bringing together some early and later gestalt therapy theory concepts. *International Gestalt Journal, 26,* 59–78.

Fuller, G. B. (2015). Reality therapy approaches. In H. T. Prout & A. L. Fedewa (Eds.), *Counseling and psychotherapy with children and adolescents: Theory and practice for school and clinical settings* (5th ed., pp. 217–278). Hoboken, NJ: Wiley.

Fulkerson, M. H. (2015). *Treatment planning from a reality therapy perspective.* Bloomington, IN: iUniverse.

Gaffan, E. A., Tsaousis, I., & Kemp-Wheeler, S. M. (1995). Researcher allegiance and meta-analysis: The case of cognitive therapy for depression. *Journal of Consulting and Clinical Psychology, 63,* 966–980. doi:10.1037//0022-006X.63.6.966

Galatzer-Levy, R. M., Bachrach, H., Skolnikoff, A., & Waldron, S. (2000). *Does psychoanalysis work?* New Haven, CT: Yale University Press.

Gardner, B. C., Busby, D. M., & Brimhall, A. S. (2007). Putting emotional reactivity in its place? Exploring family-of-origin influences on emotional reactivity, conflict, and satisfaction in premarital couples. *Contemporary Family Therapy, 29,* 113–127. doi:10.1007/s10591-007-9039-x

Garfield, S. L. (1989). The client-therapist relationship in rational-emotive therapy. In M. E. Bernard & R. DiGiuseppe (Eds.), *Inside rational emotive therapy: A critical appraisal of the theory and therapy of Albert Ellis* (pp. 113–134). San Diego, CA: Academic Press.

Garfield, S. L. (1995). The client–therapist relationship in rational emotive therapy. *Journal of Rational-Emotive and Cognitive-Behavior Therapy, 13,* 101–116. doi:10.1007/BF02354456

Garratt, G., Ingram, R. E., Rand, K. L., & Sawalani, G. (2007). Cognitive processes in cognitive therapy: Evaluation of the mechanisms of change in the treatment of depression. *Clinical Psychology: Science & Practice, 14*(3), 224–239. doi:10.1111/j.1468-2850.2007.00081.x

Gay, P. (1988). *Freud: A life for our time.* New York, NY: Norton.

Gay, P. (Ed. and Trans.). (1989). *The Freud reader.* New York, NY: Norton.

Gelé, K., McNamara, S., Phillips, S. H., Shelby, R. D., Grossman, G., Vaughan, S. C., & Roughton, R. (2012). Emerging view on gender and sexuality: Celebrating twenty years of new perspectives on lesbian, gay, bisexual, and trans people. *Journal of the American Psychoanalytic Association, 60,* 949–967. doi:10.1177/0003065112459956

Geller, J. D., Norcross, J. C., & Orlinsky, D. E. (2005). The question of personal therapy. In J. D. Geller, J. C. Norcross, & D. E. Orlinsky (Eds.), *The psychotherapist's own psychotherapy* (pp. 3–11). New York, NY: Oxford University Press.

Gendlin, E. T. (1990). The small steps of the therapy process: How they come and how to help them come. In G. Lietaer, J. Rombauts, & R. Van Balen (Eds.), *Client-centered and experiential psychotherapy in the nineties*. Leuven, Belgium: Leuven University Press.

Gendlin, E. T. (1996). *Focusing-oriented psychotherapy: A manual of the experiential method*. New York, NY: Guilford Press.

Gere, J., & MacDonald, G. (2010). An update of the empirical case for the need to belong. *Journal of Individual Psychology, 66*, 93–115. Retrieved from http://www.utexas.edu/utpress/journals/jip.html

Ghahramanlou-Holloway, M. M., Bhar, S. S., Brown, G. K., Olsen, C. C., & Beck, A. T. (2012). Changes in problem-solving appraisal after cognitive therapy for the prevention of suicide. *Psychological Medicine, 42*(6), 1185–1193. doi:10.1017/S0033291711002169

Ghent, E. (2001). Relations: Introduction to the first IARPP Conference. *IARPP E-News, 1*(2). Retrieved from http://www.iarpp.org/html/resources/newsletter_1_1.cfm#article4

Gibbons, C. J., Fournier, J. C., Stirman, S. W., DeRubeis, R. J., Crits-Christoph, P., & Beck, A. T. (2010). The clinical effectiveness of cognitive therapy for depression in an outpatient clinic. *Journal of Affective Disorders, 125*(1–3), 169–176. doi:10.1016/j.jad.2009.12.030

Gilbert, L. A. (1980). Feminist therapy. In A. M. Brodsky & R. T. Hare-Mustin (Eds.), *Women and psychotherapy* (pp. 245–265). New York, NY: Guilford Press.

Gilbert, L. A., & Rader, J. (2007). Feminist counseling. In A. Rochlen (Ed.), *Applying counseling theories: An online, case-based approach* (pp. 225–238). Upper Saddle River, NJ: Prentice Hall.

Gilbert, L. A., & Scher, M. (1999). *Gender and sex in counseling and psychotherapy*. Needham Heights, MA: Allyn & Bacon.

Gilchrist, S. B. (2009). *Choice theory: Using choice theory and reality therapy to enhance student achievement and responsibility*. Alexandria, VA: American School Counseling Association.

Gillon, E. (2008). Men, masculinity and person-centered therapy. *Person-Centered and Experiential Psychotherapies, 7*, 120–134. Retrieved from http://www.pce-world.org/ doi:10.1080/14779757.2008.9688458

Gingerich, W. J., Kim, J. S., Geert, J. J., Stams, J. M., & Macdonald A. J. (2012). Solution-focused brief therapy outcome research. In C. Franklin, T. S. Trepper, W. J. Gingerich, & E. E. McCollum (Eds.), *Solution-focused brief therapy: A handbook of evidence-based practice* (pp. 95–111). New York, NY: Oxford University Press.

Gingerich, W. J., & Peterson, L. T. (2012). Effectiveness of solution-focused brief therapy: A systematic qualitative review of controlled outcome studies. *Research on Social Work Practice, 23*(3), 266–283. doi:10.1177/1049731512470859

Glass, C. R., & Arnkoff, D. B. (1992). Behavior therapy. In D. K. Freedheim (Ed.), *History of psychotherapy: A century of change* (pp. 587–628). Washington, DC: American Psychological Association.

Glasser, W. (1965). *Reality therapy: A new approach to psychiatry*. New York, NY: Harper & Row.

Glasser, W. (1968). *Schools without failure*. New York, NY: HarperCollins.

Glasser, W. (1976). *Positive addiction*. New York, NY: Harper & Row.

Glasser, W. (1990). *The quality school*. New York, NY: HarperCollins.

Glasser, W. (1992a). Reality therapy. In J. K. Zeig (Ed.), *The evolution of psychotherapy: The second conference* (pp. 270–278). New York, NY: Brunner/Mazel.

Glasser, W. (1992b). Response by Dr. Glasser. In J. K. Zeig (Ed.), *The evolution of psychotherapy: The second conference* (pp. 282–283). New York, NY: Brunner/Mazel.

Glasser, W. (1998). *Choice theory: A new psychology of personal freedom*. New York, NY: HarperCollins.

Glasser, W. (2000a). *Counseling with choice theory: The new reality therapy*. New York, NY: HarperCollins.

Glasser, W. (2000b). *Reality therapy in the year 2000*. Paper presented at the Evolution of Psychotherapy Conference, Anaheim, California. Retrieved from http://www.wglasserinst.com/rt2000.htm

Glasser, W. (2002). *Unhappy teenagers: A way for parents and teachers to reach them*. New York, NY: HarperCollins.

Glasser, W. (2003). *Warning: Psychiatry can be hazardous to your mental health*. New York, NY: HarperCollins.

Glasser, W. (2004). A new vision for counseling. *The Family Journal: Counseling for Couples and Families, 12*, 339–341. doi:10.1177/1066480704267486

Glasser, W. (2010). My vision for the *International Journal of Choice Theory and Reality Therapy*. *International Journal of Choice Theory and Reality Therapy, 29*(2), 12.

Glasser, W. (2011a). Reality therapy and choice theory. In H. G. Rosenthal (Ed.), *Favorite counseling and therapy techniques* (2nd ed., pp. 137–144). New York, NY: Routledge.

Glasser, W. (2011b). *Take charge of your life: How to get what you need with choice theory psychology*. Bloomington, IN: iUniverse.

Glasser, W., & Glasser, C. (2000). *Getting together and staying together: Solving the mystery of marriage*. New York, NY: HarperCollins.

Glasser, W., & Glasser, C. (2007). *Eight lessons for a happier marriage*. New York, NY: Harper.

Glasser, W., & Wubbolding, R. (1995). Reality therapy. In R. Corsini & D. Wedding (Eds.), *Current psychotherapies* (5th ed., pp. 293–321). Itasca, IL: Peacock.

Gloaguen, V., Cottraux, J., Cucherat, M., & Blackburn, I. (1998). A meta-analysis of the effects of cognitive therapy in depressed patients. *Journal of Affective Disorders, 49*, 59–72. doi:10.1177/1066480704267486

Gloster, A. T., Wittchen, H., Einsle, F., Lang, T., Helbig-Lang, S., Fydrich, T., & . . . Arolt, V. (2011). Psychological treatment for panic disorder with agoraphobia: A randomized controlled trial to examine the role of therapist-guided exposure in situ in CBT. *Journal of Consulting and Clinical Psychology, 79*(3), 406–420. doi:10.1037/a0023584

Gochman, S. I., Allgood, B. A., & Geer, C. R. (1982). A look at today's behavior therapists. *Professional Psychology, 13,* 605–609. doi:10.1037/0735-7028.13.5.605

Goldfried, M. R., & Davison, G. C. (1994). *Clinical behavior therapy.* New York, NY: Wiley.

Goldfried, M. R., Glass, C. R., & Arnkoff, D. B. (2011). Integrative approaches to psychotherapy. In J. C. Norcross, G. R. Vandenbos, & D. K. Freedheim (Eds.), *History of psychotherapy: Continuity and change* (2nd ed., pp. 269–296). doi:10.1037/12353-009

Goldfried, M. R., & Norcross, J. C. (1995). Integrative and eclectic therapies in historical perspective. In B. Bongar & L. E. Beutler (Eds.), *Comprehensive textbook of psychotherapy* (pp. 254–273). New York, NY: Oxford University Press.

Goldman, R. N., & Greenberg, L. S. (2015). *Case formulation in emotion-focused therapy.* Washington, DC: American Psychological Association.

Goldman, R. N., Greenberg, L. S., & Angus, L. (2006). The effects of adding emotion-focused interventions to the client-centered relationship conditions in the treatment of depression. *Psychotherapy Research, 16,* 537–549. doi:10.1080/10503300600589456

Gonçalves, M. M., & Bento, T. (2008). *Manual terapêutico psicoterapia narrativa de-re-autoria.* Braga, Protugal.

Gonçalves, M. M., Matos, M., & Santos, A. (2008). *Innovative moments coding system, version 7.0.* Braga, Portugal: University of Minho.

Gonçalves, M. M., Matos, M., & Santos, A. (2009). Narrative therapy and the nature of "innovative moments" in the construction of change. *Journal of Constructivist Psychology, 22,* 1–23.

Gonçalves, M. M., Ribeiro, A. P., Stiles, W. B., Conde, T., Matos, M., Martins, C. & Santos, A. (2011). The role of mutual in-feeding in maintaining problematic self-narratives: Exploring one path to therapeutic failure. *Psychotherapy Research, 21,* 27–40.

Gonzáles, D. M., Castañada-Sound, C. L., & Navarro, R. L. (2015). The mosaic of Latinas in the United States: Psychological practice with Latina women and girls. In C. Z. Enns, J. K. Rice, & R. L. Nutt (Eds.), *Psychological practice with women: Guidelines, diversity, empowerment* (pp. 3–29). Washington, DC: American Psychological Association. doi:10.1037/14460-004

Gonzáles, J. E., Nelson, J. R., Gutkin, T. B., Saunders, A., Galloway, A., & Shwery, C. S. (2004). Rational emotive therapy with children and adolescents: A meta-analysis. *Journal of Emotional and Behavioral Disorders, 12,* 222–235.

Good, G., Thoreson, R., & Shaughnessy, P. (1995). Substance use, confrontation of impaired colleagues, and psychological functioning among counseling psychologists: A national survey. *The Counseling Psychologist, 23,* 703–720. doi:10.1177/0011000095234010

Gotlib, I. H., & Joormann, J. (2010). Cognition and depression: Current status and future directions. *Annual Review of Clinical Psychology, 6,* 285–312. doi:10.1146/annurev.clinpsy.121208.131305

Graham, A. R., Sherry, S. B., Stewart, S. H., Sherry, D. L., McGrath, D. S., Fossum, K. M., & Allen, S. L. (2010). The existential model of perfectionism and depressive symptoms: A short-term, four-wave longitudinal study. *Journal of Counseling Psychology, 57,* 423–438. doi:10.1037/a0020667

Gray, J. (1992). *Men are from Mars, Women are from Venus.* New York, NY: HarperCollins.

Greenberg, J. R. (1999). Theoretical models and the analyst's neutrality. In S. A. Mitchell & L. Aron (Eds.), *Relational psychoanalysis: The emergence of a tradition* (pp. 133–152). Hillsdale, NJ: Analytic Press.

Greenberg, J. R., & Mitchell, S. A. (1983). *Object relations in psychoanalytic theory.* Cambridge, MA: Harvard University Press.

Greenberg, J., Pyszczynski, T., Solomon, S., Rosenblatt, A., Veeder, M., Kirkland, S., & Lyon, D. (1990). Evidence for terror management theory II: The effects of mortality salience on reactions to those who threaten or bolster the cultural worldview. *Journal of Personality and Social Psychology, 59,* 308–318. doi:10.1037//0022-3514.58.2.308

Greenberg, L. S. (2011) *Emotion focused therapy.* Washington, DC: American Psychological Association.

Greenberg, L. S., Elliot, R., Watson, J. C., & Bohart, A. C. (2001). Empathy. *Psychotherapy, 38,* 380–384. doi:10.1037//0033-3204.38.4.380

Greenberg, L. S., & Foerster, F. S. (1996). Task analysis exemplified: The process of resolving unfinished business. *Journal of Consulting and Clinical Psychology, 64,* 439–446. Retrieved from http://spider.apa.org/ftdocs/ccp/1996/june/ccp6434390.html. doi:10.1037//0022-006X.64.3.439

Greenberg, L. S., Goldman, R., & Angus, L. (2001). *The York II psychotherapy study on experiential therapy of depression.* Unpublished manuscript, York University.

Greenberg, L. S., & Malcolm, W. (2002). Resolving unfinished business: Relating process to outcome. *Journal of Consulting and Clinical Psychology, 70,* 406–416. doi:10.1037//0022-006X.70.2.406

Greenberg, L. S., & Watson, J. C. (1998). Experiential therapy of depression: Differential effects of client-centered relationship conditions and active experiential interventions. *Psychotherapy Research, 8,* 210–224. doi:10.1080/10503309812331332317

Greene, G. J., & Mabee, T. F. (1992). Differentiation of self and marital adjustment of clinical and nonclinical spouses. In B. J. Brothers (Ed.), *Couples therapy, multiple perspectives: In search of universal threads* (pp. 133–151). New York, NY: Haworth Press.

Griffin, W. A., Parrella, J., Krainz, S., & Northey, S. (2002). Behavioural differences in families with and without a child with asthma: Testing the psychosomatic family model. *Journal of Social and Clinical Psychology, 21*(3), 226–255.

Grist, R., & Cavanagh, K. (2013). Computerised cognitive behavioural therapy for common mental health disorders: What works, for whom under what circumstances? A systematic review and meta-analysis. *Journal of Contemporary Psychotherapy, 43*(4), 243–251. doi:10.1007/s10879-013-9243-y

Grosskurth, P. (1986). *Melanie Klein: Her world and her work.* Cambridge, MA: Harvard University Press.

Guerin, K., & Guerin, P. (2002). Bowenian family therapy. In J. Carlson & D. Kjos (Eds.), *Theories and strategies of family therapy* (pp. 126–157). Boston, MA: Allyn & Bacon.

Guerin, P. J., & Chabot, D. R. (1995). Development of family systems theory. In D. K. Freedheim (Ed.), *History of psychotherapy: A century of change* (pp. 225–260). Washington, DC: American Psychological Association.

Guerin, P. J., Fogarty, T. F., Fay, L. F., & Kautto, J. G. (1996). *Working with relationship triangles: The one-two-three of psychotherapy.* New York, NY: Guilford Press.

Gurman, A. S., & Fraenkel, P. (2002). The history of couple therapy: A millennial review. *Family Process, 41,* 199–260. doi:10.1111/j.1545-5300.2002.41204.x

Gurman, A. S., & Kniskern, D. P. (1981). *Handbook of family therapy.* New York, NY: Brunner/Mazel.

Guterman, J. T. (2006). *Mastering the art of solution-focused counseling.* Alexandria, VA: American Counseling Association.

Guterman, J. T. (2013). *Mastering the art of solution-focused counseling* (2nd ed.). Alexandria, VA: American Counseling Association.

Guterman, J. T., & Leite, N. (2006). Solution-focused counseling for clients with religious and spiritual concerns. *Counseling and Values, 51,* 39–52.

Haaga, D. A. F., & Davison, G. C. (1989). Slow progress in rational-emotive therapy outcome research: Etiology and treatment. *Cognitive Therapy and Research, 13,* 493–508. doi:10.1007/BF01173908

Haaga, D. A. F., & Davison, G. C. (1993). An appraisal of rational-emotive therapy. *Journal of Consulting and Clinical Psychology, 61,* 215–220. doi:10.1037//0022006X.61.2.215

Haaga, D. A., Dyck, M. J., & Ernst, D. (1991). Empirical status of cognitive theory of depression. *Psychological Bulletin, 110,* 215–236. doi:10.1037//0033-2909.110.2.215

Haaken, J. (2008). When white buffalo calf woman meets Oedipus on the road. *Theory and Psychology, 18,* 195–208. doi:10.1177/0959354307087881

Haber, R. (2002). Virginia Satir: An integrated, humanistic approach. *Contemporary Family Therapy, 24*(1), 23–34. doi:10.1023/A:1014317420921

Hacker, T., Stone, P., & MacBeth, A. (2016). Acceptance and commitment therapy—Do we know enough? Cumulative and sequential meta-analysis of randomized controlled trials. *Journal of Affective Disorders, 190,* 551–565. doi:10.1016/j.jad.2015.10.053

Hagan, K. L. (1993). *Fugitive information: Essays from a feminist hothead.* New York, NY: HarperCollins.

Haldeman, D. C. (1994). The practice and ethics of sexual orientation conversion therapy. *Journal of Consulting and Clinical Psychology, 62,* 221–227. doi:10.1037//0022-006X.62.2.221

Hale-Haniff, M. (2013) Virginia Satir's growth model. In A. Rambo, C. West, A. Schooley, & T. V. Boyd (Eds.)

Family therapy review: Contrasting contemporary models (pp. 54–57). New York, NY: Routledge.

Haley, J. (1963). *Strategies of psychotherapy.* New York, NY: Grune & Stratton.

Haley, J. (1969). *The power tactics of Jesus Christ and other stories.* New York, NY: Grossman.

Haley, J. (1973). *Uncommon therapy: The psychiatric techniques of Milton H. Erickson, M.D.* New York, NY: Norton.

Haley, J. (1980). *Leaving home: The therapy of disturbed young people.* New York, NY: McGraw-Hill.

Haley, J. (1984). *Ordeal therapy.* San Francisco, CA: Jossey-Bass.

Haley, J. (1987). *Problem-solving therapy* (2nd ed.). San Francisco, CA: Jossey-Bass.

Haley, J., & Madanes, C. (1981). Dimensions of family therapy. In C. Madanes, *Strategic family therapy* (pp. 1–18). San Francisco, CA: Jossey-Bass.

Haley, J., & Richeport-Haley, M. (2003). *The art of strategic therapy.* New York, NY: Brunner-Routledge.

Haley, J., & Richeport-Haley, M. (2007). *Directive family therapy.* New York, NY: Hayworth Press.

Hall, C. S. (1954). *A primer of Freudian psychology.* New York, NY: Mentor. doi:10.1037/10640-001

Hamilton, M. (1960). A rating scale for depression. *Journal of Neurology, Neurosurgery and Psychiatry, 23,* 56–62. doi:10.1136/jnnp23.1.56

Hamilton, N. G. (1988). *Self and others: Object relations.* Northvale, NJ: Jason Aronson.

Hamilton, N. G. (1989). A critical review of object relations. *American Journal of Psychiatry, 146*(12), 1552–1560.

Hampton, B. R. (1991). Ethical issues in the practice of strategic therapy. *Psychotherapy in Private Practice, 9*(2), 47–59.

Hansen, J. T. (2010). Counseling and psychoanalysis: Advancing the value of diversity. *Journal of Multicultural Counseling and Development, 38,* 16–26.

Hanton, P. (2011). *Skills in solution focused brief counselling and psychotherapy.* Thousand Oaks, CA: Sage.

HappinessTrap. (n.d.). Interview with Steven Hayes. *The HappinessTrap Newsletter.* Retrieved from http://www.thehappinesstrap.com/upimages/Steve_Hayes_Interview.pdf

Hare-Mustin, R. T. (1994). Discourses in the mirrored room: A postmodern analysis of therapy. *Family Process, 33,* 19–35. doi:10.1111/j.1545-5300.1994.00019.x

Harman, R. L. (Ed.). (1990). *Gestalt therapy discussions with the masters.* Springfield, IL: Charles C. Thomas.

Harned, M. S., Chapman, A. L., Dexter-Mazza, E. T., Murray, A., Comtois, K. A., & Linehan, M. M. (2008). Treating co-occurring Axis I disorders in recurrently suicidal women with borderline personality disorder: A 2-year randomized trial of dialectical behavior therapy versus community treatment by experts. *Journal of Consulting Clinical Psychology, 76*(6), 1068–1075.

Harrington, N. (2006). Frustration intolerance beliefs: Their relationship with depression, anxiety, and anger, in a clinical population. *Cognitive Therapy and Research*, *30*, 699–709. doi:10.1007/s10608-006-9061-6

Harrington, N. (2011). Frustration intolerance: Therapy issues and strategies. *Journal of Rational-Emotive and Cognitive-Behavior Therapy*, *29*, 4–16. doi:10.1007/s10942-011-0126-4

Harris, S., Davies, M. F., & Dryden, W. (2006). An experimental test of a core REBT hypothesis: Evidence that irrational beliefs lead to physiological as well as psychological arousal. *Journal of Rational-Emotive and Cognitive-Behavior Therapy*, *24*, 101–111. doi:10.1007/s10942-005-0019-5

Hartmann, H. (1939). *Ego psychology and the problem of adaptation*. New York, NY: International Universities Press.

Harvey, D. M., Curry, C. J., & Bray, J. H. (1991). Individuation and intimacy in intergenerational relationships and health patterns across two generations. *Journal of Family Psychology*, *5*, 204–236. doi:10.1037//0893-3200.5.2.204

Harvey, V. S., & Retter, K. (1995). The development of the Basic Needs Survey. *Journal of Reality Therapy*, *15*(1), 76–80.

Hayes, J., Schimel, J., Arndt, J., & Faucher, E. H. (2010). A theoretical and empirical review of the death-thought accessibility concept in terror management research. *Psychological Bulletin*, *136*, 699–739.

Hayes, S. C. (2004). Acceptance and commitment therapy, relational frame theory, and the third wave of behavioral and cognitive therapies. *Behavior Therapy*, *35*(4), 639–665. doi:10.1016/S0005-7894(04)80013-3

Hayes, S. C. (2005). *Get out of your mind and into your life*. Oakland, CA: New Harbinger.

Hayes, S. C. (Ed.). (2016). *The act in context: The canonical papers of Steven C. Hayes*. New York, NY: Routledge.

Hayes, S. C., Levin, M. E., Plumb-Vilardaga, J., Villatte, J. L., & Pistorello, J. (2013). Acceptance and commitment therapy and contextual behavioral science: Examining the progress of a distinctive model of behavioral and cognitive therapy. *Behavior Therapy*, *44*(2), 180–198. doi:10.1016/j.beth.2009.08.002

Hayes, S. C., Luoma, J. B., Bond, F. W., Masuda, A., & Lillis, J. (2006). Acceptance and commitment therapy: Model, processes and outcomes. *Behavior Research and Therapy*, *44*, 1–25. doi:10.1016/j.brat.2005.06.006

Hayes, S. C., Pistorello, J., & Levin, M. (2012). Acceptance and commitment therapy as a unified model of behavior change. *The Counseling Psychologist*, *40*(7), 976–1002.

Hayes, S. C., Strosahl, K. D., & Wilson, K. G. (1999). *Acceptance and commitment therapy: An experiential approach to behavior change*. New York, NY: Guilford Press.

Hayes, S. C., Strosahl, K. D., & Wilson, K. G. (2012). *Acceptance and commitment therapy: An experiential approach to behavior change* (2nd ed.). New York, NY: Guilford Press.

Hayes-Skelton, S. A., Roemer, L., & Orsillo, S. M. (2013). A randomized clinical trial comparing an acceptance-based behaviour therapy to applied relaxation for generalized anxiety disorder. *Journal of Consulting and Clinical Psychology*, *81*(5), 761–773.

Hays, P. A., & Iwamasa, G. Y. (2006). *Culturally responsive cognitive-behavioral therapy*. Washington, DC: American Psychological Association.

Hayward, M. (2003). Critiques of narrative therapy: A personal response. *ANZJFT*, *24*, 183–189.

Hazlett-Stevens, H., & Craske, M. G. (2009). Live (in vivo) exposure. In W. O'Donohue & J. E. Fisher (Eds.), *General principles and empirically supported techniques of cognitive behavior therapy* (pp. 407–414). Hoboken, NJ: Wiley.

Head, L. S., & Gross, A. M. (2009). Systematic desensitization. In W. O'Donohue & J. E. Fisher (Eds.), *General principles and empirically supported techniques of cognitive behavior therapy* (pp. 640–647). Hoboken, NJ: Wiley.

Hébert, M., & Bergeron, M. (2007). Efficacy of a group intervention for adult women survivors of sexual abuse. *Journal of Child Sexual Abuse*, *16*(4), 37–61. doi:10.1300/J070v16n04_03

Hedman, E., Ljótsson, B., Kaldo, V., Hesser, H., El Alaoui, S., Kraepelien, M., & ... Lindefors, N. (2014). Effectiveness of Internet-based cognitive behaviour therapy for depression in routine psychiatric care. *Journal of Affective Disorders*, *155*, 49–58. doi:10.1016/j.jad.2013.10.023

Heinonen, E., Lindfors, O., Laaksonen, M. A., & Knekt, P. (2012). Therapists' professional and personal characteristics as predictors of outcome in short- and long-term psychotherapy. *Journal of Affective Disorders*, *138*(3), 301–312. doi:10.1016/j.jad.2012.01.023

Henderson, A., Robey, P. A., Dunham, S. M., & Dermer, S. B. (2013). Change, choice, and home: An integration of the work of Glasser and Gottman. *International Journal of Choice Theory and Reality Therapy*, *32*(2), 36–47.

Henggeler, S. W., Schoenwald, S. K., Borduin, C. M., Rowland, M. D., & Cunningham, P. B. (1998). *Multisystemic treatment of antisocial behavior in children and adolescents*. New York, NY: Guilford.

Hensley, P. L., Nadiga, D., & Uhlenhuth, E. H. (2004). Long-term effectiveness of cognitive therapy in major depressive disorder. *Depression and Anxiety*, *20*, 1–7. doi:10.1002/da.20022

Heppner, P. P., Wampold, B. E., Owen, J., Thompson, M. N., & Wang, K. T. (2016). *Research design in counseling*. Boston, MA: Cengage Learning.

Herbert, J. D., & Forman, E. M. (2014). Mindfulness and acceptance techniques. In S. G. Hofmann, D. A. Dozois, W. Rief, & J. J. Smits (Eds.), *The Wiley handbook of cognitive behavioral therapy* (Vols. 1–3, pp. 131–156). Malden, MA: Wiley-Blackwell.

Herrington, A. N., Matheny, K. B., Curlette, W. L., McCarthy, C. J., & Penick, J. (2005). Lifestyles, coping resources, and negative life events as predictors of emotional distress in university women. *Journal of Individual Psychology*, *61*, 343–364.

Hettema, J., Steele, J., & Miller, W. R. (2005). Motivational interviewing. *Annual Review of Clinical Psychology*, *1*, 91–111. doi:10.1146/annurev.clinpsy.1.102803.143833

Highland, R. A., Kern, R. M., & Curlette, W. L. (2010). Murderers and nonviolent offenders: A test of Alfred Adler's theory of crime. *Journal of Individual Psychology*, *66*(4), 435–458.

Hill, C. A. (2014). *Helping skills: Facilitating exploration, insight, and action* (4th ed.). Washington, DC: American Psychological Association.

Hill, C. E., & Corbett, M. M. (1993). A perspective on the history of process and outcome research in counseling psychology. *Journal of Counseling Psychology, 30,* 3–24. doi:10.1037//0022-0167.40.1.3

Hilsenroth, M. J. (Ed.). (2014). Common factors [special section]. *Psychotherapy, 51,* 467–524.

Himelein, M. J., & Putnam, E. A. (2001). Work activities of academic clinical psychologists: Do they practice what they teach? *Professional Psychology: Research and Practice, 32,* 537–542.

Hinshaw, A., Murdock, N. L., Ng, G. W., & Ross, A. (2012, August). Do they walk the walk? Practice activities of scientist-practitioners in academia. Poster presented at the annual meetings of the American Psychological Association, Orlando, FL.

Hoffman, E. (1994). *The drive for self.* Reading, MA: Addison-Wesley.

Hoffman, S. G. (2006). The importance of culture in cognitive and behavioral practice. *Cognitive and Behavioral Practice, 13,* 243–245.

Hoffman, S. G., & Asmundson, G. J. G. (2008). Acceptance and mindfulness-based therapy: New wave or old hat? *Clinical Psychology Review, 28,* 1–16.

Hofmann, S. G., Asmundson, G. G., & Beck, A. T. (2013). The science of cognitive therapy. *Behavior Therapy, 44*(2), 199–212. doi:10.1016/j.beth.2009.01.007

Hofmann, S. G., Asnaani, A., Vonk, I. J., Sawyer, A. T., & Fang, A. (2012). The efficacy of cognitive behavioral therapy: A review of meta-analyses. *Cognitive Therapy and Research, 36*(5), 427–440. doi:10.1007/s10608-012-9476-1

Hofmann, S. G., Wu, J. Q., & Boettcher, H. (2014). Effect of cognitive-behavioral therapy for anxiety disorders on quality of life: A meta-analysis. *Journal of Consulting and Clinical Psychology, 82*(3), 375–391. doi:10.1037/a0035491

Høglend, P., Amlo, S., Marble, A., Bøgwald, K., Sorbye, Ø., Sjaastad, M., & Heyerdahl, O. (2006). Analysis of the patient–therapist relationship in dynamic psychotherapy: An experimental study of transference interpretations. *American Journal of Psychiatry, 163,* 1739–1746.

Høglend, P., Bøgwald, K., Amlo, S., Marble, A., Ulberg, R., Sjaastad, M., . . . Johansson, P. (2008). Transference interpretations in dynamic psychotherapy: Do they really yield sustained effects? *American Journal of Psychiatry, 165,* 763–761.

Høglend, P., Johansson, P., Marble, A., Bøgwald, K., & Amlo, S. (2007). Moderators of the effects of transference interpretations in brief dynamic psychotherapy. *Psychotherapy Research, 17,* 160–171.

Holdstock, L. (1990). Can client-centered therapy transcend its monocultural roots? In G. Lietaer, J. Rombauts, R. Van Balen, (Eds.), *Client-centered and experiential psychotherapy in the nineties* (pp. 109–121). Leuven: Belgium: Leuven University Press.

Holländare, F., Johnsson, S., Randestad, M., Tillfors, M., Carlbring, P., Andersssun, G., & Engström, I. (2011). Randomized trial of internet-based relapse prevention for partially remitted depression. *Acta Psychiatrica Scandinavica, 124*(4), 285–294. doi:10.1111/j.1600-0447.2011.01698.x

Hölldampf, D., Behr, M., & Crawford, I. (2010). Effectiveness of person-centered and experiential psychotherapies with children and young people. In M. Cooper, J. Watson, & D. Hölldampf (Eds.), *Person-centered and experiential therapies work: A review of the research on counseling, psychotherapy, and related practices.* Ross-on-Wye, UK: PCCS Books.

Hollon, S. D., & Beck, A. T. (2014). Cognitive and cognitive-behavioral therapies. In M. J. Lambert (Ed.), *Bergin and Garfield's handbook of psychotherapy and behavior change* (6th ed., pp. 393–442). Hoboken, NJ: Wiley

Hollon, S. D., & DiGiuseppe, R. (2011). Cognitive theories of psychotherapy. In J. C. Norcross, G. R. Vandenbos, & D. K. Freedheim (Eds.), *History of psychotherapy: Continuity and change* (2nd ed., pp. 203–241). Washington, DC: American Psychological Association.

Hollon, S. D., & Kendall, P. C. (1980). Cognitive self-statements in depression: Clinical validation of an Automatic Thoughts Questionnaire. *Cognitive Therapy and Research, 4,* 383–395. doi:10.1007/BF01178214

Holmes, K. Y., White, K. B., Mills, C., & Mickel, E. (2011). Defining the experiences of Black women: A choice theory®/reality therapy approach to understanding the Strong Black Woman. *International Journal of Choice Theory and Reality Therapy, 31*(1), 73–83.

Hooper, L. M., & DePuy, V. (2010). Mediating and moderating effects of differentiation of self on depression symptomatology in a rural community sample. *The Family Journal: Counseling and Therapy for Couples and Families, 18,* 358–368. doi:10.1177/1066480710374952

Horney, K. (1932). The dread of women. *International Journal of Psychoanalysis, 13,* 348–360.

Horney, K. (1967). The distrust between the sexes. In H. Kelman (Ed.), *Feminine psychology.* New York, NY: Norton. (Original work published 1930)

Horrell, S. C. V. (2008). Effectiveness of cognitive-behavioral therapy with adult ethnic minority clients: A review. *Professional Psychology: Research and Practice, 39,* 160–168.

Hovarth, A. O., Del Re, A. C., Fluckiger, C., & Symonds, D. (2011). Alliance in individual psychotherapy. *Psychotherapy, 48,* 9–16.

Howatt, W. A. (2001). The evolution of reality therapy to choice theory. *International Journal of Reality Therapy, 21,* 7–11.

Hudson, P. O., & O'Hanlon, W. H. (1991). *Rewriting love stories.* New York, NY: Norton.

Hunter, P., & Kelso, E. N. (1985). Feminist behavior therapy. *The Behavior Therapist, 8*(10), 201–204.

Hycner, R. H. (1987). An interview with Erving and Miriam Polster: The dialogical dimension in gestalt therapy. *The Gestalt Journal, 10*(2), 27–66.

Hyde, J. S. (2005). The gender similarities hypothesis. *American Psychologist, 60,* 581–592. doi:10.1037/0003-066X.60.6.581

Hyland, P. Shevlin, M., Adamson, G., & Boduszek, D. (2014). The organization of irrational beliefs in posttraumatic stress symptomology: Testing the predictions of REBT theory using structural equation modelling. *Journal of Clinical Psychology, 70*(1), 48–59. doi:10.1002/jclp.22009

Iftene, F., Predescu, E, Stefan, S., David, D. (2015). Rational-emotive and cognitive behavior therapy (REBT/CBT) versus pharmacotherapy versus REBT/CBT in the treatment of major depressive disorder in youth; A randomized clinical trial. *Psychiatry Research, 225*, 687–694.

Imber-Black, E. (1990). Multiple embedded systems. In M. P. Mirkin (Ed.), *The social and political contexts of family therapy* (pp. 3–18). Boston, MA: Allyn & Bacon.

Imel, Z. E., Malterer, M. B., McKay, K. M., & Wampold, B. E. (2008). A meta-analysis of psychotherapy and medication in unipolar depression and dysthymia. *Journal of Affective Disorders, 110*(3), 197–206. doi:10.1016/j.jad.2008.03.018

Innes, M. (2002). Satir's therapeutically oriented educational process: A critical appreciation. *Contemporary Family Therapy, 24*(1), 35–56. doi:10.1023/A:1014369504991

Inzlicht, M., & Schmader, T. (Eds.). (2012). *Stereotype threat: Theory, process, and application.* New York, NY: Oxford University Press.

Ivey, A. E., D'Andrea, M. J., & Ivey, M. B. (2012). *Theories of counseling and psychotherapy: A multicultural perspective.* Thousand Oaks, CA: Sage.

Ivey, A., Ivey, M., & Zalaquett, C. (2016). *Essentials of intentional interviewing: Counseling in a multicultural world* (3rd ed.). Belmont, CA: Brooks/Cole.

Jackson, L. C., Schmutzer, P. A., Wenzel, A., & Tyler, J. D. (2006). Applicability of cognitive-behavior therapy with American Indian individuals. *Psychotherapy, 43*, 506–517. doi:10.1037/0033-3204.43.4.506

Jacobs, L., & Hycner, R. (Eds.). (2009). *Relational approaches in gestalt therapy.* Santa Cruz, CA: Gestalt Press.

Jacobson, N. S. (1997). Advancing behavior therapy means advancing behaviorism. *Behavior Therapy, 28*, 629–632. doi:10.1016/S0005-7894(97)80022-6

Jakes, S. C., & Rhodes, J. E. (2003). The effect of different components of psychological therapy on people with delusions: Five experimental single cases. *Clinical Psychology and Psychotherapy, 10*, 302–315. doi:10.1002/cpp.373

Jakobsen, J. C., Hansen, J. L., Simonsen, S. S., Simonsen, E. E., & Gluud, C. C. (2012). Effects of cognitive therapy versus interpersonal psychotherapy in patients with major depressive disorder: A systematic review of randomized clinical trials with meta-analyses and trial sequential analyses. *Psychological Medicine, 42*(7), 1343–1357. doi:10.1017/S0033291711002236

Jakobsen, J., Hansen, J., Storebø, O., Simonsen, E., & Gluud, C. (2011). The effects of cognitive therapy versus "treatment as usual" in patients with major depressive disorder. *Plos ONE, 6*(8). doi:10.1371/journal.pone.0022890

Jakubowski, P. A. (1977a). Assertive behavior and clinical problems of women. In E. I. Rawlings & D. K. Carter (Eds.),

Psychotherapy for women: Treatment toward equality (pp. 147–167). Springfield, IL: Charles C. Thomas.

Jakubowski, P. A. (1977b). Self-assertion training procedures for women. In E. I. Rawlings & D. K. Carter (Eds.), *Psychotherapy for women: Treatment toward equality* (pp. 168–190). Springfield, IL: Charles C. Thomas.

Jauhar, S. S., McKenna, P. J., Radua, J. J., Fung, E. E., Salvador, R. R., & Laws, K. R. (2014). Cognitive-behavioural therapy for the symptoms of schizophrenia: Systematic review and meta-analysis with examination of potential bias. *The British Journal of Psychiatry, 204*(1), 20–29. doi:10.1192/bjp.bp.112.116285

Jensen, J. P., Bergin, A. E., & Greaves, D. W. (1990). The meaning of eclecticism: New survey and analysis of components. *Professional Psychology: Research and Practice, 21*, 124–130. doi:10.1037//0735-7028.21.2.124

Johansen, T. M. (2005). Applying individual psychology to work with clients of the Islamic faith. *Journal of Individual Psychology, 61*, 174–184.

Johansson, P., Høglend, P. J., Ulberg, R., Amlo, S., Marble, A., Bøgwald, K., . . . Heyerdahl, O. (2010). The mediating role of insight for long-term improvements in psychodynamic therapy. *Journal of Consulting and Clinical Psychology, 78*(3), 438–448.

Johnson, G. B. (1966). Penis envy? Or pencil needing? *Psychological Reports, 19*, 758. doi:10.2466/pr0.1966.19.3.758

Johnson, P., Smith, A. J., & Nelson, M. D. (2003). Predictors of social interest in young adults. *Journal of Individual Psychology, 59*, 281–292.

Johnson, S. M. (2004). *The practice of emotionally focused couple therapy* (2nd ed.). New York, NY: Brunner-Routledge.

Johnson, W. B., Ridley, C. R., & Nielsen, S. L. (2000). Religiously sensitive rational emotive behavior therapy: Elegant solutions and ethical risks. *Professional Psychology: Research & Practice, 31*(1), 14–20. doi:10.1037//0735-7028.31.1.14

Johnson, W. R., & Smith, E. W. L. (1997). Gestalt empty-chair dialogue versus systematic desensitization in the treatment of phobia. *Gestalt Review, 1*(2), 150–162.

Jones, E. (1927). Symposium on child analysis. *International Journal of Psychoanalysis, 8*, 387–391.

Jones, J., & Trower, P. (2004). Irrational and evaluative beliefs in individuals with anger disorders. *Journal of Rational-Emotive and Cognitive-Behavior Therapy, 22*, 153–169. doi:10.1023/B:JORE.0000047305.52149.a1

Jones, M. C. (1960a). The elimination of children's fears. In H. J. Eysenck (Ed.), *Behaviour therapy and the neuroses* (pp. 38–44). New York, NY: Macmillan. (Reprinted from *Journal of Experimental Psychology*, 1924, 7, 383–390) doi:10.1037/h0072283

Jones, M. C. (1960b). A laboratory study of fear: The case of Peter. In H. Eysenck (Ed.), *Behaviour therapy and the neuroses* (pp. 45–51). New York, NY: Macmillan. (Reprinted from *Pedagogical Seminary*, 1924, 31, 308–315)

Jordan, E. W., Whiteside, M. M., & Manaster, G. J. (1982). A practical and effective research measure of birth order. *Journal of Individual Psychology, 38*, 253–260.

Jordan, J. V. (2010). *Relational-cultural therapy*. Washington, DC: American Psychological Association.

Jordan, K. (2008). Behavior therapy: A foundational overview. In K. Jordan (Ed.), *The quick theory reference guide: A resource for expert and novice mental health professionals* (pp. 107–125). New York, NY: Nova Science.

Jordan, S. A. S. (2014). Solution-focused approach with LGBTQ clients. In J. S. Kim (Ed.), *Solution-focused brief therapy: A multicultural approach* (pp. 150–165). Thousand Oaks, CA: Sage

Josefowitz, N., & Myran, D. (2005). Towards a person-centred cognitive behavior therapy. *Counselling Psychology Quarterly, 18*, 329–336. doi:10.1080/09515070500473600

Joshi, C., Marszalek, J. M., Berkel, L. A., & Hinshaw, A. B. (2014). An empirical investigation of Viktor Frankl's logotherapeutic model. *Journal of Humanistic Psychology, 54*(2), 227–253. doi:10.11770022167813504036

Joyce, P., & Sills, C. (2010). Skills in Gestalt counselling and psychotherapy (2nd ed.). Thousand Oaks, CA: Sage.

Julom, A. M., & de Guzmán, R. (2013). The effectiveness of logotherapy program in alleviating the sense of meaninglessness of paralyzed in-patients. *International Journal of Psychology & Psychological Therapy, 13*(3), 357–371.

Juntunen, C. L., Atkinson, D. R., Reyes, C., & Gutierrez, M. (1994). Feminist identity and feminist therapy behaviors of women psychotherapists. *Psychotherapy, 31*, 327–333. doi:10.1037/h0090229

Jusoh, A. J., & Ahmad, R. (2009). The practice of reality therapy from the Islamic perspective in Malaysia and variety of custom in Asia. *International Journal of Reality Therapy, 28*, 3–8.

Kal, E. F. (1994). Reaction to 'Applying psychometric principles to the clinical use of early recollections' by D. Russell Bishop. *Journal of Individual Psychology, 50*, 256–261.

Kamya, H. (2012). The cultural universality of narrative techniques in the creation of meaning. In R. A. McMackin, E. Newman, J. M. Fogler, T. M. Keane (Eds.), *Trauma therapy in context: The science and craft of evidence-based practice* (pp. 231–245). Washington, DC: American Psychological Association.

Kanfer, F. H., & Karoly, P. (1972). Self-control: A behavioristic excursion into the lion's den. *Behavior Therapy, 3*, 398–416. doi:10.1016/S0005-7894(72)80140-0

Kantrowitz, R. E., & Ballou, M. (1992). A feminist critique of cognitive-behavioral therapy. In L. S. Brown & M. Ballou (Eds.), *Personality and psychopathology: Feminist reappraisals* (pp. 70–87). New York, NY: Guilford Press.

Kanus, W., & Wessler, R. L. (1976). Rational-emotive problem simulation. *Rational Living, 11*(2), 8–11.

Kaplan, A. G., & Yasinski, L. (1980). Psychodynamic perspectives. In A. M. Brodsky & R. T. Hare-Mustin (Eds.), *Women and psychotherapy* (pp.191–216). New York, NY: Guilford Press.

Kaplan, M. (1983). A woman's view of the DSM-III. *American Psychologist, 20*, 786–792. doi:10.1037//0003-066X.38.7.786

Karon, B. P., & Widener, A. J. (1995). Psychodynamic therapies in historical perspective: "Nothing human do I consider alien to me." In B. Bongar & L. E. Beutler (Eds.), *Comprehensive textbook of psychotherapy* (pp. 24–47). New York, NY: Oxford University Press.

Kassoff, B. (2004). The queering of relational psychoanalysis: Who's topping whom? *Journal of Lesbian Studies, 8*, 159–176.

Kazdin, A. E. (2001). *Behavior modification in applied settings* (6th ed.). Belmont, CA: Wadsworth.

Kazdin, A. E. (2007). Mediators and mechanisms of change in psychotherapy research. *Annual Review of Clinical Psychology, 3*, 1–27. doi:10.1146/annurev.clinpsy.3.022806.091432

Kazdin, A. E. (2008). Evidence-based treatment and practice: New opportunities to bridge clinical research and practice, enhance the knowledge base, and improve patient care. *American Psychologist, 63*, 146–150. doi:10.1037/0003-066X.63.3.146

Kearney, A. B. (1994). The use of covert conditioning in the treatment of obsessive compulsive disorder. In J. R. Cautela & A. J. Kearney (Eds.), *Covert conditioning casebook* (pp. 22–37). Pacific Grove, CA: Brooks/Cole.

Kearney, A. J. (2006). A primer of covert sensitization. *Cognitive and Behavioral Practice, 13*(2), 167–175. doi:10.1016/j.cbpra.2006.02.002

Keeling, M. L., & Bermudez, M. (2006). Externalizing problems through art and writing: Experiences of process and helpfulness. *Journal of Marital and Family Therapy, 32*, 405–419. doi:10.1037/0003-066X.63.3.146

Keeling, M. L., & Piercy, F. P. (2007). A careful balance: Multinational perspectives on culture, gender, and power in marriage and family practice. *Journal of Marital and Family Therapy, 33*, 443–463. doi:10.1111/j.1752-0606.2007.00044.x

Keene, K. K., & Wheeler, M. S. (1994). Substance use in college freshmen and Adlerian life-style themes. *Journal of Individual Psychology, 50*, 97–109.

Keller, J. (2002). Blatant stereotype threat and women's math performance: Self-handicapping as a strategic means to cope with obtrusive negative performance expectations. *Sex Roles, 47*, 193–198. doi:10.1177/0145445500242006

Kellogg, S. H., & Young, J. E. (2008). Cognitive therapy. In J. L. Lebow (Ed.), *Twenty-first century psychotherapies: Contemporary approaches to theory and practice* (pp. 43–79). Hoboken, NJ: Wiley.

Kerig, P. K. (1995). Triangles in the family circle: Effects of family structure on marriage, parenting, and child adjustment. *Journal of Family Psychology, 9*, 28–43. doi:10.1037//0893-3200.9.1.28

Kern, R. M. (1976). *Life Style Inventory Questionnaire*. Atlanta, GA: Georgia State University.

Kern, R., Gfroerer, K., Summers, Y., Curlette, W., & Matheny, K. (1996). Life-style, personality and stress coping. *Journal of Individual Psychology, 52*, 42–53.

Kernberg, O. F. (1984). *Severe personality disorders: Psychotherapeutic strategies*. New Haven, CT: Yale University Press.

Kernberg, O. F. (1996). The analyst's authority in the psychoanalytic situation. *Psychoanalytic Quarterly, 65*, 137–157.

Kernberg, O. F. (2001). Recent developments in the technical approaches of the English-language psychoanalytic schools. *Psychoanalytic Quarterly, 70,* 519–547.

Kernberg, O. F. (2005). The influence of Joseph Sandler's work on contemporary psychoanalysis. *Psychoanalytic Inquiry, 25,* 173–183. doi:10.1080/07351692509349126

Kernberg, O. F., Yeomans, F. E., Clarkin, J. F., & Levy, K. N. (2008). Transference focused psychotherapy: Overview and update. *International Journal of Psychoanalysis, 89,* 601–620. doi:10.1111/j.1745-8315.2008.00046.x

Kerr, M. E. (1981). Family systems theory and therapy. In A. S. Gurman & D. P. Kniskern (Eds.), *Handbook of family therapy* (pp. 226–264.). New York, NY: Brunner/Mazel.

Kerr, M. E. (1984). Theoretical base for differentiation of self in one's family of origin. *The Clinical Supervisor, 2*(2), 3–36. doi:10.1300/J001v02n02_02

Kerr, M. E., & Bowen, M. (1988). *Family evaluation: An approach based on Bowen theory.* New York, NY: Norton.

Kim, B., Lee, S., Kim, Y. W., Choi, T. K., Yook, K., & Suh, S. Y. (2010). Effectiveness of a mindfulness-based cognitive therapy program as an adjunct to pharmacotherapy in patients with panic disorder. *Journal of Anxiety Disorders, 24,* 590–595. doi:10.1016/j.janxdis.2010.03.019

Kim, H., Prouty, A. M., Smith, D. B., Ko, M., Wetchler, J. L., & Oh, J. (2014). Differentiation of self and its relationship with family functioning in South Koreans. *American Journal of Family Therapy, 42*(3), 257–265. doi:10.1080/01926187.2013.838928

Kim, J. (2006). The effect of a bullying prevention program on responsibility and victimization of bullied children in Korea. *International Journal of Reality Therapy, 26,* 4–8.

Kim, J. S. (2008). Examining the effectiveness of solution-focused brief therapy: A meta-analysis. *Research on Social Work Practice, 18,* 107–116. doi:10.1177/1049731507307807

Kim, J. S. (2014). Solution-focused brief therapy and cultural competency. In J. S. Kim (Ed.), *Solution-focused brief therapy: A multicultural approach* (pp. 1–13). Thousand Oaks, CA: Sage.

Kim, J. S., & Franklin, C. (2009). Solution-focused brief therapy in schools: A review of the outcome literature. *Children and Youth Services Review, 31,* 464–470. doi:10.1016/j.childyouth.2008.10.002

Kim, K. (2002). The effect of a reality therapy program on the responsibility of elementary school children in Korea. *International Journal of Reality Therapy, 22,* 30–33.

Kindler, A. (2007). Self psychology. In A. B. Rochlen (Ed.), *Applying counseling theories: An on-line, case-based approach* (pp. 53–74). Upper Saddle River, NJ: Prentice Hall.

Kirkaldy, B., Richardson-Vejlgaard, R., & Siefen, G. (2009). Birth order: Self-injurious and suicidal behavior among adolescents. *Psychology, Health, and Medicine, 14,* 9–16.

Kirschenbaum, H. (2004). Carl Rogers's life and work: An assessment on the 100th anniversary of his birth. *Journal of Counseling and Development, 82,* 116–124. doi:10.1037/0033-3204.42.1.37

Kirschenbaum, H. (2012). What is 'person-centered'? A posthumous conversation with Carl Rogers on the development of the person-centered approach. *Person Centered & Experiential Psychotherapies, 11*(1), 14–30. doi:10.1080/14779757.2012.656406

Kirschenbaum, H., & Henderson, V. L. (Eds.). (1989). *The Carl Rogers reader.* Boston, MA: Houghton Mifflin.

Kirschenbaum, H., & Jourdan, A. (2005). The current status of Carl Rogers and the person-centered approach. *Psychotherapy, 42,* 37–51.

Klein, M. (1927). Symposium on child analysis. *International Journal of Psychoanalysis, 8,* 339–370.

Klein, M. (1952). The origins of transference. *International Journal of Psychoanalysis, 33,* 433–438.

Klein, M., Riviere, J., Searl, N., Sharpe, E., Glover, E., & Jones, E. (1927). Symposium of child analysis, *International Journal of Psychoanalysis, 8,* 339–391.

Klerman, G. L., Weissman, M. M., Rounsaville, B. J., & Chevron, E. S. (1984). *Interpersonal theory of depression.* New York, NY: Basic Books.

Kliem, S., Kröger, C., & Kosfelder, J. (2010). Dialectical behavior therapy for borderline personality disorder: A meta-analysis using mixed-effects modeling. *Journal of Consulting and Clinical Psychology, 78,* 936–951. doi:10.1037/a0021015

Kluft, R. P., & Loftus, E. F. (2007). Issue 8: Are repressed memories real? In J. A. Nier, *Taking sides: Clashing views in social psychology* (2nd ed., pp. 152–171). New York, NY: McGraw-Hill.

Knauth, D. G., Skowron, E. A., & Escobar, M. (2006). Effect of differentiation of self on adolescent risk behavior. *Nursing Research, 55,* 336–345. doi:10.1097/00006199-200609000-00006

Knekt, P. P., Lindfors, O. O., Härkänen, T. T., Välikoski, M. M., Virtala, E. E., Laaksonen, M. A., . . . Renlund, C. C. (2008). Randomized trial on the effectiveness of long- and short-term psychodynamic psychotherapy and solution-focused therapy on psychiatric symptoms during a 3-year follow-up. *Psychological Medicine: A Journal of Research in Psychiatry and the Allied Sciences, 38,* 689–703. doi:10.1017/S003329170700164X

Knekt, P., Lindfors, O., Laaksonen, M. A., Renlund, C., Haaramo, P., Härkänen, T., Virtala, E., & the Helsinki Psychotherapy Study Group. (2011). Quasi-experimental study on the effectiveness of psychoanalysis, long-term, and short term psychotherapy on psychiatric symptoms, work ability and functional capacity during a 5 year follow-up. *Journal of Affective Disorders, 132*(1–2), 37–47. doi:10.1016/j.jad.2011.01.014

Knudson-Martin, C. (1994). The female voice: Applications to Bowen's family systems theory. *Journal of Marital and Family Therapy, 20*(1), 35–46. doi:10.1111/j.1752-0606.1994.tb01009.x

Koenig, A. M., & Eagly, A. H. (2005). Stereotype threat in men on a test of social sensitivity. *Sex Roles, 52,* 489–496. doi:10.1007/s11199-005-3714-x

Kohut, H. (1971). *The analysis of the self: A systematic analysis of the treatment of the narcissistic personality disorders.* Chicago, IL: University of Chicago Press.

Kohut, H. (1977). *The restoration of the self.* New York, NY: International Universities Press.

Kohut, H. (1984). *How does analysis cure?* A. Goldberg & P. Stepansky (Eds.). Chicago, IL: University of Chicago Press.

Kohut, H., & Wolf, E. S. (1978). The disorders of the self and their treatment: An outline. *International Journal of Psychoanalysis, 59*, 413–25.

Kolden, G. G., Klein, M. H., Wang, C., & Austin, S. B. (2011). Congruence/genuineness. *Psychotherapy, 48*, 65–71. doi:10.1037/a0022064

Kosek, R. B. (1998). Self-differentiation within couples. *Psychological Reports, 83*, 275–279. doi:10.2466/pr0.1998.83.1.275

Kovacs, M., & Beck, A. T. (1978). Maladaptive cognitive structures in depression. *American Journal of Psychiatry, 135*, 525–533.

Krebs, L. L. (1986). Current research on theoretically based parenting programs. *Journal of Individual Psychology, 42*, 375–387.

Kuehnel, J. M., & Liberman, R. P. (1986). Behavior modification. In I. L. Kutash & A. Wolf (Eds.), *Psychotherapist's casebook* (pp. 240–262). San Francisco, CA: Jossey-Bass.

Kuhn, T. S. (1970). *The structure of scientific revolutions* (2nd ed.). Chicago, IL: University of Chicago Press.

Kupers, T. A. (1997). The politics of psychiatry: Gender and sexual preference in DSM-IV. In M. R. Walsh (Ed.), *Women, men, and gender: Ongoing debates* (pp. 340–347). New Haven, CT: Yale University Press.

Kurtz, M. M., & Mueser, K. T. (2008). A meta-analysis of controlled research on social skills training for schizophrenia. *Journal of Consulting and Clinical Psychology, 76*, 491–504. doi:10.1037/0022-006X.76.3.491

Kuyken, W., Watkins, E., Holden, E., White, K., Taylor, R. S., Byford, S., . . . Dalgleish, T. (2010). How does mindfulness-based cognitive therapy work? *Behavior Research and Therapy, 48*, 1105–1112. doi:10.1016/j.brat.2010.08.003

LaFond, B. A. G. (2000). Glasser's reality therapy approach to relationships: Validation of a choice theory basic needs scale. *Dissertation Abstracts International: Section B. Sciences and Engineering, 60*(7), 3615.

LaFond, B. (2012). Glasser's approach to relationships: Validation of a Choice Theory Basic Needs Scale. *International Journal of Choice Theory and Reality Therapy, 31*(2), 54.

Lago, C., & Hirai, T. (2013). Counselling across difference and diversity In M. Cooper, M. O'Hara, P. F. Schmid, & A. C. Bohart (Eds.), *The handbook of person-centered psychotherapy and counseling* (2nd ed., pp 436–467). New York, NY: Palgrave Macmillan.

Laing, A. (2007). *R. D. Laing: A life.* Gloucestershire, UK: The History Press.

Laing, R. D. (1960). *The divided self.* New York, NY: Pantheon Books.

Laing, R. D. (1967). *The politics of experience.* New York, NY: Pantheon Books.

Lambert, M. J. (2013). The efficacy and effectiveness of psychotherapy. In M. J. Lambert (Ed.), *Bergin and Garfield's handbook of psychotherapy and behavior change* (6th ed., pp. 169–218). Hoboken, NJ: Wiley.

Lambert, M. J., & Ogles, B. M. (2004). The efficacy and effectiveness of psychotherapy. In M. J. Lambert (Ed.), *Bergin and Garfield's handbook of psychotherapy and behavior change* (5th ed., pp. 139–193). New York, NY: Wiley.

Laney, C., Morris, E. K., Bernstein, D. M., Wakefield, B. M., & Loftus, E. F. (2008). Asparagus, a love story: Healthier eating could be just a false memory away. *Experimental Psychology, 55*, 291–300. doi:10.1027/1618-3169.55.5.291

Lantz, J., & Gregoire, T. (2000a). Existential psychotherapy with couples facing breast cancer: A twenty year report. *Contemporary Family Therapy, 22*, 315–327. doi:10.1027/1618-3169.55.5.291

Lantz, J., & Gregoire, T. (2000b). Existential psychotherapy with Vietnam veteran couples: A twenty-five year report. *Contemporary Family Therapy, 22*, 19–37. doi:10.1023/A:1007766431715

Lantz, J., & Raiz, L. (2004). Existential psychotherapy with older adult couples: A five-year treatment report. *Clinical Gerontologist, 27*(3), 39–54. doi:10.1300/J018v27n03_04

Laska, K. M., Gurman, A. S., & Wampold, B. E. (2014). Expanding the lens of evidence-based practice in psychotherapy: A common factors perspective. *Psychotherapy, 51*(4), 467–481. doi:10.1037/a0034332

Last, C. G., & Hersen, M. (1994). Clinical considerations. In C. G. Last & M. Hersen (Eds.), *Adult behavior therapy casebook* (pp. 3–12). New York, NY: Plenum Press. doi:10.1007/978-1-4615-2409-0_1

Lawrence, D. H. (2004). The effects of reality therapy group counseling on the self-determination of persons with developmental disabilities. *International Journal of Reality Therapy, 23*, 9–15.

Lawson, D. M., & Brossart, D. F. (2004). The association between current intergenerational family relationships and sibling structure. *Journal of Counseling and Development, 82*, 472–482.

Lazarus, A. A. (2000). Multimodal strategies with adults. In S. Carlson & L. Sperry (Eds.), *Brief therapy with individuals and couples* (pp. 106–124). Phoenix, AZ: Zeig, Tucker & Theisen.

Lazarus, A. A. (2009). Multimodal behavior therapy. In W. O'Donohue & J. E. Fisher (Eds.), *General principles and empirically supported techniques of cognitive behavior therapy* (pp. 440–444). Hoboken, NJ: Wiley.

Lazarus, A. A. (2014). Introduction. In J. Carlson & W. Knaus (Eds.), *Albert Ellis revisited* (pp. 269–271). New York, NY: Taylor & Francis.

Leahy, R. L. (2008). A closer look at ACT. *The Behavior Therapist, 31*(8), 148–150.

Leahy, R. L., Beck, J., & Beck, A. T. (2005). Cognitive therapy for the personality disorders. In S. Strack (Ed.), *Handbook of personology and psychopathology* (pp. 442–461). New York, NY: Wiley.

Lebow, J. L. (2014). *Couple and family therapy: An integrative map of the territory.* Washington, DC: American Psychological Association.

Leak, G. K. (2006). An empirical assessment of the relationship between social interest and spirituality. *Journal of Individual Psychology, 62*, 59–69.

Lee, Y., & Rees, C. S. (2011). Is exposure and response prevention treatment for obsessive-compulsive disorder as aversive as we think? *Clinical Psychologist*, *15*(1), 17–21. doi:10.1111/j.1742-9552.2011.00001.x

Lehmann, P., Jordan, C., & Masharef, D. (2014). Solution-focused approach with Hispanic and Latino clients. In J. S. Kim (Ed.), *Solution-focused brief therapy: A multicultural approach* (pp. 88–104). Thousand Oaks, CA: Sage.

Leiberman, M. A., Yalom, I. D., & Miles, M. B. (1973). *Encounter groups: First facts*. New York, NY: Basic Books.

Leichsenring, F. (2009). Psychodynamic psychotherapy: A review of efficacy and effectiveness studies. In R. A. Levy & J. S. Ablon (Eds.), *Handbook of evidence-based psychodynamic psychotherapy* (pp. 3–28). New York, NY: Humana Press. doi:10.1007/978-1-59745-444-5_1

LeJeune, C. (2007). *The worry trap: How to free yourself from worry and anxiety using acceptance and commitment therapy*. Oakland, CA: New Harbinger.

Lejuez, C. W., Hopko, D. R., Levine, S., Gholkar, R., & Collins, L. M. (2006). The therapeutic alliance in behavior therapy. *Psychotherapy*, *42*, 456–468.

Lemmens, L. H. J. M, Arntz, A., Peeters, F., Hollon, S. D., Roefs A., & Huibers, M. J. H. (2015). Clinical effectiveness of cognitive therapy versus interpersonal psychotherapy for depression: Results of a randomized controlled trial. *Psychological Medicine*, *45*, 2095–2110. doi:10.1017/S0033291715000033

Lemoire, S. J., & Chen, C. P. (2005). Applying person-centered counseling to sexual minority adolescents. *Journal of Counseling and Development*, *83*, 146–154.

Lenz, A. S., Taylor, R., Fleming, M., & Serman, N. (2014). Effectiveness of dialectical behavior therapy for treating eating disorders. *Journal of Counseling & Development*, *92*(1), 26–35. doi:10.1002/j.1556-6676.2014.00127.x

Leonsky, E. M., Kaplan, N. R., & Kaplan, M. L. (1986). Operationalizing Gestalt therapy's processes of experiential organization. *Psychotherapy*, *23*, 41–49.

Lerner, H. (1985). *The dance of anger*. New York, NY: Harper & Row.

Lerner, H. G. (1988). Is family systems theory really systemic? A feminist communication. In L. Braverman (Ed.), *A guide to feminist family therapy* (pp. 47–63). New York, NY: Harrington Park Press. doi:10.1300/J287v03n04_04

Letourneau, E. J., Henggeler, S. W., McCart, M. R., Borduin, C. M., Schewe, P. A., & Armstrong, K. S. (2013). Two-year follow-up of a randomized effectiveness trial evaluating MST for juveniles who sexually offend. *Journal of Family Psychology*, *27*(6), 978–985. doi:10.1037/a0034710

Leung, G. S. M., Leung, T. Y. K., & Ng, M. L. T. (2013). An outcome study of Gestalt-oriented growth workshops. *International Journal of Group Psychotherapy*, *63*(1), 117–125. doi:10.1521/ijgp.2013.63.1.117

Leuzinger-Bohleber, M., & Target, M. (Eds.). (2002). *Outcomes of psychoanalytic treatment: Perspectives for therapists and researchers*. New York, NY: Brunner-Routledge.

Levin, M. E., Hildebrandt, M. J., Lillis, J., & Hayes, S. C. (2012). The impact of treatment components suggested by the psychological flexibility model: A meta-analysis of laboratory-based component studies. *Behavior Therapy*, *43*(4), 471–756.

Levin, R. B. (1966). An empirical test of the female castration complex. *Journal of Abnormal Psychology*, *71*, 181–188. doi:10.1037/h0023386

Levis, D. J. (2009). The prolonged CS exposure techniques of implosive (flooding) therapy. In W. T. O'Donohue & J. E. Fisher (Eds.), *General principles and empirically supported techniques of cognitive behavior therapy* (pp. 370–380). Hoboken, NJ: Wiley.

Levitsky, A., & Perls, F. S. (1970). The rules and games of gestalt therapy. In J. Fagan & I. L. Shepherd (Eds.), *Gestalt therapy now* (pp. 140–149). New York, NY: Harper & Row.

Levy, K. N., Clarkin, J. F., Yeomans, F. E., Scott, L. N., Wasserman, R. H., & Kernberg, O. F. (2006). The mechanism of change in the treatment of borderline personality disorder with transference focused psychotherapy. *Journal of Clinical Psychology*, *62*, 481–501. doi:10.1002/jclp.20239

Levy, K. N., Meehan, K. B., & Yeomans, F. E. (2012). An update and overview of the empirical evidence for transference-focused psychotherapy and other psychotherapies for borderline personality disorder. In R. A. Levy, J. S. Ablon, & H. Kachele (Eds.), *Psychodynamic psychotherapy research: Evidence-based practice and practice-based evidence* (pp. 139–167). New York, NY: Springer.

Levy, K. N., & Scala, J. W. (2012). Transference, transference interpretations, and transference-focused psychotherapies. *Psychotherapy*, *49*(3), 391–403. doi:10.1037/a0029371

Lewin, K. (1951). *Field theory in social science*. New York, NY: Harper & Brothers.

Lewis, T. F., & Osborn, C. J. (2004). An exploration of Adlerian lifestyle themes and alcohol-related behaviors among college students. *Journal of Addictions and Offender Counseling*, *25*, 2–17.

Liddle H. A., & Hogue, A. (2001). Multidimensional family therapy for adolescent substance abuse. In E. F. Wagner & H. B. Waldron (Eds.), *Innovations in adolescent substance abuse interventions* (pp. 229–261). Kidlington, UK: Elsevier.

Lietaer, G. (1990). The client-centered approach after the Wisconsin Project: A personal view on its evolution. In G. Lietaer, J. Rombauts, & R. Van Balen (Eds.), *Client-centered and experiential psychotherapy in the nineties*. Leuven, Belgium: Leuven University Press.

Lindblad-Goldberg, M., & Northey, W. (2013). Ecosystemic structural family therapy: Theoretical and clinical foundations. *Contemporary Family Therapy: An International Journal*, *35*(1), 147–160. doi:10.1007/s10591-012-9224-4

Linehan, M. M. (1993a). *Cognitive-behavioral treatment of borderline personality disorder*. New York, NY: Guilford Press.

Linehan, M. M. (1993b). *Skills training manual for treating borderline personality disorder*. New York, NY: Guilford Press.

Linehan, M. M. (2015). *DBT® Skills Training Manual* (2nd ed.). New York, NY: Guilford Press.

Linehan, M. M., & Wilks, C. R. (2015). The course and evolution of dialectical behavior therapy. *American Journal of Psychotherapy*, *69*, 97–110.

Linnenberg, D. M. (2006). Thoughts on reality therapy from a pro-feminist perspective. *International Journal of Reality Therapy*, 26, 23–26.

Liss, M., & Erchull, M. J. (2010). Everyone feels empowered: Understanding feminist labeling. *Psychology of Women Quarterly*, 34, 85–96.

Littell, J. H. (2005). Lessons from a systematic review of effects of multisystemic therapy. *Children and Youth Services Review*, 27(4), 445–463. doi:10.1016/j.childyouth.2004.11.009

Livingstone, T. (2008). The relevance of a person-centered approach to therapy with transgendered or transsexual clients. *Person-Centered and Experiential Psychotherapies*, 7, 135–144. Retrieved from http://www.pce-world.org/. doi:10.1080/14779757.2008.9688459

Lloyd, H., & Dallos, R. (2008). First session solution-focused brief therapy with families who have a child with severe intellectual disabilities: Mothers' experiences and views. *Journal of Family Therapy*, 30, 5–28. doi:10.1111/j.1467-6427.2008.00413.x

Lock, A., Epston, D., Maisel, R., & de Faria, N. (2005). Resisting anorexia/bulimia: Foucauldian perspectives in narrative therapy. *British Journal of Guidance and Counseling*, 33, 315–322. doi:10.1080/03069880500179459

Loewald, H. W. (1989). On the therapeutic action of psychoanalysis. In *Papers on psychoanalysis* (pp. 140–159). New Haven, CT: Yale University Press.

Loftus, E. F. (1993). The reality of repressed memories. *American Psychologist*, 48, 518–537. doi:10.1037//0003-066X.48.5.518

Loftus, E. F., & Ketcham, K. (1994). *The myth of repressed memory*. New York, NY: St. Martin's Press.

Logan, B. (2002). Weaving new stories over the phone: A narrative approach to a gay switchboard. In D. Dengborough (Ed.), *Queer counseling and narrative practice* (pp. 138–159). Adelaide, South Australia: Dulwich Centre Publications.

Logan, E., Kern, R., Curlette, W., & Trad, A. (1993). Couples adjustment, life-style similarity and social interest. *Journal of Individual Psychology*, 49, 456–467.

Long, C. R., & Greenwood, D. N. (2013). Joking in the face of death: A terror management approach to humor production. *Humor: International Journal of Humor Research*, 26(4), 493–509. doi:10.1515/humor-2013-0012

Looyeh, M. Y., Kamali, K., Ghasemi, A., & Tonawanik, P. (2014). Treating social phobia in children through group narrative therapy. *The Arts in Psychotherapy*, 41, 16–20. doi:10.1016/j.aip.2013.11.005

Looyeh, M. Y, Kamali, K., & Shafieian, R. (2012). An exploratory study of the effectiveness of group narrative therapy on the school behavior of girls with attention-deficit hyperactivity symptoms. *Archives of Psychiatric Nursing*, 26(5), 404–410. doi:10.1016/j.apnu.2012.01.001

Looyeh, M. Y., & Matin, A. (2006). The effect of narrative therapy on coping strategies of children with learning difficulties. *Journal of Research on Exceptional Children*, 6, 603–622.

Lopes, R. T., Gonçalves, M. M., Machado, P. P. P., Sinai, D., Bento, T., & Salgado, J. (2014). Narrative therapy vs. cognitive-behavioral therapy for moderate depression: Empirical evidence from a controlled clinical trial. *Psychotherapy Research*, 24(6), 662–674. doi:10.1080/10503307.2013.874052

Lopez, F., Siffert, K., Thorne, B., Schoenecker, S., Castleberry, E., & Chaliman, R. (2013). Probing the relationship between selfobject needs and adult attachment orientations. *Psychoanalytic Psychology*, 30, 247–263. doi:10.1037/a0032514

LoPiccolo, J. (1990). Sexual dysfunction. In A. S. Bellack, M. Hersen, & A. E. Kazdin (Eds.), *International handbook of behavior modification and therapy* (2nd ed., pp. 547–580). New York, NY: Plenum Press. doi:10.1007/978-1-4613-0523-1_26

Lovaas, O. I. (1987). Behavioral treatment and normal educational and intellectual functioning in young autistic children. *Journal of Consulting and Clinical Psychology*, 55(1), 3–9. doi:10.1037/0022-006X.55.1.3

Loyd, B. D. (2005). The effects of reality therapy/choice theory principles on high school students' perception of needs satisfaction and behavioral change. *International Journal of Reality Therapy*, 25, 5–9.

Luborsky, E. B., O'Reilly-Landry, M., & Arlow, J. A. (2011). Psychoanalysis. In R. J. Corsini & D. Wedding (Eds.), *Current psychotherapies* (9th ed., pp. 15–66). Belmont, CA: Brooks/Cole.

Luoma, J. B., Hayes, S. C., & Walser, R. D. (2007). *Learning ACT: An acceptance and commitment therapy skills-training manual for therapists*. Oakland, CA: Harbinger.

Luoma, J. B., & LeJeune, J. T. (2006). Suffering, a dog, and Woody Allen: An introduction to acceptance and commitment therapy. *Oregon Psychological Association Newsletter*, 25(13), 16–18.

Lutz, A. B. (2014). *Learning solution-focused therapy: An illustrated guide*. Washington, DC: American Psychiatric Publishing.

Lynch, D., Laws, K. R., & McKenna, P. J. (2009). Cognitive behavioural therapy for major psychiatric disorder: Does it really work? A meta-analytical review of well-controlled trials. *Psychological Medicine*, 40, 9–24.

Lynch, T. R., Chapman, A. L., Rosenthal, M., Kuo, J. R., & Linehan, M. M. (2006). Mechanisms of change in dialectical behavior therapy: Theoretical and empirical observations. *Journal of Clinical Psychology*, 62, 459–480. doi:10.1002/jclp.20243

Lynch, T. R., & Cuper, P. (2010). Dialectical behavior therapy. In N. Kazantis, M. A. Reinecke, & A. Freeman (Eds.), *Cognitive and behavioral theories in clinical practice* (pp. 218–243). New York, NY: Guilford Press.

Lyons, L. C., & Woods, P. J. (1991). The efficacy of rational-emotive therapy: A quantitative review of the outcome research. *Clinical Psychology Review*, 11, 357–369. doi:10.1016/0272-7358(91)90113-9

Macavei, B. (2005). The role of irrational beliefs in the rational emotive behavior therapy theory of depression. *Journal of Cognitive and Behavioral Psychotherapies*, 5, 73–81.

Macavei, B., & McMahon, J. (2010). The assessment of rational and irrational beliefs. In D. David, S. J. Lynn, & A. Ellis (Eds.), *Rational and irrational beliefs* (pp. 115–148). New York, NY: Oxford University Press.

Macdonald, A. J. (2007). *Solution-focused therapy: Theory, research, and practice*. Thousand Oaks, CA: Sage.

MacDougall, C. (2002). Rogers's person-centered approach: Consideration for use in multicultural counseling. *Journal of Humanistic Psychology, 42*, 48–65. doi:10.1177/0022167802422005

Machizawa. S., & Enns, C.Z. (2015). Transnational psychological practice with women: Perspectives from East Asia and Japan. In C. Z. Enns, J. K. Rice, & R. L. Nutt (Eds.), *Psychological practice with women: Guidelines, diversity, empowerment* (pp. 3–29). Washington, DC: American Psychological Association. doi:10.1037/14460-009

MacInnes, D. (2004). The theories underpinning rational emotive behaviour therapy: Where's the supportive evidence? *International Journal of Nursing Studies, 41*(6), 685–695. doi:10.1016/j.ijnurstu.2004.02.004

Mackewn, J. (1997). *Developing Gestalt counseling*. London, UK: Sage.

Madanes, C. (1981). *Strategic family therapy*. San Francisco, CA: Jossey-Bass.

Maddi, S. R. (1996). *Personality theories: A comparative analysis* (6th ed.). Pacific Grove, CA: Brooks/Cole.

Maddi, S. R. (2005). The existential/humanistic interview. In R. J. Craig (Ed.), *Clinical and diagnostic interviewing* (2nd ed., pp. 106–130). Lanham, MD: Jason Aronson.

Madigan, S. (2011). *Narrative therapy*. Washington, DC: American Psychological Association.

Mahler, M. S. (1972). On the first three subphases of the separation–individuation process. *International Journal of Psychoanalysis, 53*, 333–338.

Mahler, M. S., Pine, F., & Bergman, A. (1975). *The psychological birth of the human infant*. New York, NY: Basic Books.

Mahoney, M. J. (1997). Psychotherapists' personal problems and self-care patterns. *Professional Psychology: Research and Practice, 28*, 14–16. doi:10.1037//0735-7028.28.1.14

Mahoney, M. J., Lyddon, W. J., & Alford, D. J. (1989). An evaluation of the rational-emotive theory of psychotherapy. In M. E. Bernard & R. DiGiuseppe (Eds.), *Inside rational-emotive therapy: A critical appraisal of the theory and therapy of Albert Ellis* (pp. 69–94). San Diego, CA: Academic Press.

Maisel, R., Epston, D., & Borden, A. (2004). *Biting the hand that starves you: Inspiring resistance to anorexia/bulimia*. New York, NY: Norton.

Malouff, J. M., & Schutte, N. S. (1986). Development and validation of a measure of irrational belief. *Journal of Consulting and Clinical Psychology, 54*, 860–862. doi:10.1037//0022-006X.54.6.860

Manaster, G. J. (1977). Alfred Adler: A short biography. In G. Manaster, D. Painter, J. Deutch, & B. Overholt (Eds.), *Alfred Adler: As we remember him*. Chicago, IL: North American Society of Adlerian Psychology.

Manaster, G. J. (1990). Adlerian psychotherapy. In J. K. Zeig & W. M. Munion (Eds.), *What is psychotherapy? Contemporary perspectives* (pp. 34–53). San Francisco, CA: Jossey-Bass.

Manaster, G. J., Painter, D., Deutch, J., & Overholt, B. (Eds.). (1977). *Alfred Adler: As we remember him*. Chicago, IL: North American Society of Adlerian Psychology.

Manaster, G. J., & Perryman, T. B. (1974). Early recollections and occupational choice. *Journal of Individual Psychology, 30*, 302–311.

Maniacci, M. P., Sackett-Maniacci, L., & Mosak, H. H. (2014). Adlerian psychotherapy. In D. Wedding & R. J. Corsini (Eds.), *Current psychotherapies* (10th ed., pp. 55–94). Belmont, CA: Brooks/Cole.

Mann, D. (2010). *Gestalt therapy: 100 key points and techniques*. New York, NY: Routledge.

Manzoni, G., Pagnini, F., Castelnuovo, G., & Molinari, E. (2008). Relaxation training for anxiety: A ten-year systematic review with meta-analysis. *BMC Psychiatry, 8*. doi:10.1186/1471-244X-8-41

Marcotte, D., & Safran, J. D. (2002). Cognitive-interpersonal psychotherapy. In F. W. Kaslow, (Ed.), *Comprehensive handbook of psychotherapy: Integrative/eclectic: Vol. 4* (pp. 273–293). Hoboken, NJ: Wiley.

Markowitz, J. C., & Swartz, H. A. (1997). Case formulation in interpersonal psychotherapy of depression. In T. D. Eells (Ed.), *Handbook of psychotherapy case formulation* (pp. 192–222). New York, NY: Guilford Press.

Marsh, E. J. (1985). Some comments on target selection in behavior therapy. *Behavioral Assessment, 7*, 63–78.

Marshall, W. L., & Gauthier, J. (1983). Failures in flooding. In E. B. Foa & P. M. G. Emmelkamp (Eds.), *Failures in behavior therapy* (pp. 82–103). New York, NY: Wiley.

Martell, C. R. (2007). Behavioral therapy. In A. Rochlen (Ed.), *Applying counseling theories: An online, case-based approach* (pp. 143–156). Upper Saddle River, NJ: Prentice Hall.

Martinez, J., Hollingsworth, B., Stanley, C., Shephard, R., & Lee, L. (2011). Satir human validation process model. In L. Metcalf (Ed.), *Marriage and family therapy: A practice-oriented approach* (pp. 175–199). New York, NY: Springer.

Marttunen, M., Välikoski, M., Lindfors, O., Laaksonen, M., & Knekt, P. (2008). Pretreatment clinical and psychosocial predictors of remission from depression after short-term psychodynamic psychotherapy and solution-focused therapy: A 1-year follow-up study. *Psychotherapy Research, 18*, 191–199. doi:10.1080/10503300701429958

Maslow, A. H. (1962). Was Adler a disciple of Freud? A note. *Journal of Individual Psychology, 18*, 125.

Mason, C., & Duba, J. D. (2011). Using choice theory principles and the Choice Theory Career Rating Scale to enhance academic achievement for minority youth. *International Journal of Choice Theory and Reality Therapy, 30*(2), 61–72.

Massad, P. M., & Hulsey, T. L. (2006). Exposure therapy renewed. *Journal of Psychotherapy Integration, 16*, 417–428. doi:10.1037/1053-0479.16.4.417

Masson, J. M. (1984). *The assault on truth: Freud's suppression of the seduction theory*. New York, NY: Farrar, Straus, & Giroux.

Masuda, A., Hayes, S. C., Sackett, C. F., & Twohig, M. P. (2004). Cognitive defusion and self-relevant negative thoughts: Examining the impact of a ninety year old technique. *Behaviour Research and Therapy, 42*, 477–485. doi:10.1016/j.brat.2003.10.008

Matos, M., Santos, A., Gonçalves, M., & Martins, C. (2009). Innovative moments and change in narrative therapy. *Psychotherapy Research, 19*, 68–80. doi:10.1080/10503300802430657

Maucieri, L., & Stone, M. (2008). Adler's interpretation of same-gender orientation from a neurobehavorial perspective. *Journal of Individual Psychology, 64*, 213–223. Retrieved from http://www.utexas.edu/utpress/journals/jip.html

Maultsby, M. C., Jr., & Ellis, A. (1974). *Techniques for using rational-emotive imagery.* New York, NY: Institute for Rational-Emotive Therapy.

May, R. (1982). The problem of evil: An open letter to Carl Rogers. *Journal of Humanistic Psychology, 22*, 10–21. doi:10.1177/0022167882223003

May, R., & Yalom, I. (2005). Existential psychotherapy. In R. J. Corsini & D. Wedding (Eds.), *Current psychotherapies* (7th ed., pp. 269–298). Belmont, CA: Brooks/Cole.

McGoldrick, M., & Carter, B. (2011). Coaching at various stages of the life cycle. In M. McGoldrick, B. Carter, & N. Garcia-Preto (Eds.), *The expanded family life cycle* (4th ed., pp. 412–428). Boston, MA: Allyn & Bacon.

McGoldrick, M., Carter, B., & Garcia-Preto, N. (Eds.). (2011). *The expanded family life cycle* (4th ed.). Boston, MA: Allyn & Bacon.

McGovern, T. E., & Silverman, M. (1986). A review of outcome studies of rational-emotive therapy from 1997 to 1982. In A. Ellis & R. M. Grieger (Eds.), *Handbook of rational-emotive therapy* (pp. 81–102). New York, NY: Springer.

McGuire, J. F., Piacentini, J., Brennan, E. A., Lewin, A. B., Murphy, T. K., Small, B. J., & Storch, E. A. (2014). A meta-analysis of behavior therapy for Tourette syndrome. *Journal of Psychiatric Research, 50*, 106–112. doi:10.1016/j.jpsychires.2013.12.009

McKay, D. (2011). Method and mechanisms in the efficacy of psychodynamic psychotherapy. *American Psychologist, 66*(2), 147–148.

McKay, G. (2012). Position in family constellation influences lifestyle. In J. Carlson & M. P. Maniacci (Eds.), *Alfred Adler revisited* (pp. 71–88). New York, NY: Routledge.

McKeel, J. (2012). What works in solution-focused brief therapy: A review of change process research. In C. Franklin, T. S. Trepper, W. J. Gingerich, & E. E. McCollum (Eds.), *Solution-focused brief therapy: A handbook of evidence-based practice* (pp. 130–143). New York, NY: Oxford University Press.

McKergow, M., & Korman, H. (2009). Inbetween—neither inside nor outside: The radical simplicity of solution-focused brief therapy. *Journal of Systemic Therapies, 28*(2), 34–49.

McLellan, B. (1999). The prostitution of psychotherapy: A feminist critique. *British Journal of Guidance and Counselling, 27*, 325–337. doi:10.1080/03069889900760291

McLendon, J. A., & Davis, B. (2002). The Satir system. In J. Carlson & D. Kjos (Eds.), *Theories and strategies of family therapy* (pp. 170–189). Boston, MA: Allyn & Bacon.

McMain, S., & Wiebe, C. (2013). Therapist compassion: A dialectical behavior therapy perspective. In A. W. Wolf, M. R. Goldfried, & J. C. Muran (Eds.), *Transforming negative reactions to clients: From frustration to compassion* (pp. 163–173). Washington, DC: American Psychological Association.

McNally, R. J., Perlman, C. A., Ristuccia, C. S., & Clancy, S. A. (2006). Clinical characteristics of adults reporting repressed, recovered, or continuous memories of childhood sexual abuse. *Journal of Consulting and Clinical Psychology, 74*, 237–242. doi:10.1037/0022-006X.74.2.237

Mearns, D., & Cooper, M. (2005). *Working at relational depth in counseling and psychotherapy.* Thousand Oaks, CA: Sage.

Medina, M. (2008). Can I be a homosexual please? A critique of existential deliberations on the issue of homosexuality and their significance for the practice of existential psychotherapy. *Existential Analysis, 19*, 129–142. Retrieved from http://www.existentialanalysis.co.uk/page22.html

Meichenbaum, D. (1977). *Cognitive-behavior modification.* New York, NY: Plenum Press. doi:10.1080/16506073.1977.9626708

Meichenbaum, D. (1993). Changing conceptions of cognitive behavior modification: Retrospect and prospect. *Journal of Consulting and Clinical Psychology, 61*, 202–204. doi:10.1037//0022-006X.61.2.202

Meichenbaum, D. H., & Jaremko, M. (Eds.). (1983). *Stress management and prevention: A cognitive-behavioral perspective.* New York, NY: Plenum Press.

Meindl, J. N., & Casey, L. B. (2012). Increasing the suppressive effect of delayed punishers: A review of basic and applied literature. *Behavioral Interventions, 27*(3), 129–150. doi:10.1002/bin.1341

Merry, T., & Tudor, K. (2006). Person-centred counseling and psychotherapy. In C. Feltham & I. E. Horton (Eds.), *The Sage handbook of counseling and psychotherapy* (2nd ed., pp. 292–297). London, UK: Sage.

Metcalf, C. A., & Dimidjian, S. (2014). Extensions and mechanisms of mindfulness-based cognitive therapy: A review of the evidence. *Australian Psychologist, 49*(5), 271–279. doi:10.1111/ap.12074

Mickel, E. (2013). African-centered reality therapy parenting: An alternative paradigm. *Journal of Human Behavior in the Social Environment, 23*(2), 278–286. doi:10.1080/10911359.2012.747347

Milan, M. A. (1990). Applied behavior analysis. In A. S. Bellack, M. Hersen, & A. E. Kazdin (Eds.), *International handbook of behavior modification and therapy* (2nd ed., pp. 67–84). New York, NY: Plenum Press. doi:10.1007/978-1-4613-0523-1_4

Miller, J. B. (1991). The development of women's sense of self. In J. V. Jordan, A. G. Kaplan, J. B. Miller, I. P. Stiver, & J. L. Surrey (Eds.), *Women's growth in connection: Writings from the Stone Center* (pp. 11–26). New York, NY: Guilford Press.

Miller, M. V. (1989). Introduction to Gestalt Therapy Verbatim. *The Gestalt Journal*, *12*(1), 5–24.

Miller, R. B., Anderson, S., & Keala, D. K. (2004). Is Bowen theory valid? A review of basic research. *Journal of Marital and Family Therapy*, *30*, 453–466. doi:10.1111/j.1752-0606.2004.tb01255.x

Miller, S. D. (1994). The solution conspiracy: A mystery in three installments. *Journal of Systemic Therapies*, *13*, 18–37.

Miller, W. R. (1983). Motivational interviewing with problem drinkers. *Behavioral Psychotherapy*, *11*, 147–172. doi:10.1017/S0141347300006583

Mills, B. (1997). A psychometric examination of Gestalt contact boundary disturbances. *Gestalt Review*, *1*, 278–284.

Mills, J. (2012). *Conundrums: A critique of contemporary psychoanalysis*. New York, NY: Taylor and Francis.

Mintz, L. B. & Tager, D. (2013). Feminist therapy with male clients: Empowering men to be their whole selves. In C. Z. Enns & E. N. Williams (Eds.), *The Oxford handbook of feminist multicultural counseling psychology* (pp. 322–338). New York, NY: Oxford University Press.

Minuchin, P., Colapinto, J., & Minuchin, S. (2007). *Working with families of the poor* (2nd ed.). New York, NY: Guilford Press.

Minuchin, S. (1974). *Families and family therapy*. Cambridge, MA: Harvard University Press.

Minuchin, S. (1998). Where is the family in narrative family therapy? *Journal of Marital and Family Therapy*, *24*, 397–403. doi:10.1111/j.1752-0606.1998.tb01094.x

Minuchin, S., & Fishman, H. C. (1981). *Family therapy techniques*. Cambridge, MA: Harvard University Press.

Minuchin, S., Lee, W., & Simon, G. M. (2006). *Mastering family therapy: Journeys of growth and transformation*. Hoboken, NJ: Wiley.

Minuchin, S., Montalvo, B., Gurney, B., Rosman, B., & Schumer, F. (1967). *Families of the slums*. New York, NY: Basic Books.

Minuchin, S., Nichols, M. P., & Lee, W. (2007). *Assessing families and couples: From symptom to system*. Boston, MA: Allyn & Bacon.

Minuchin, S., Reiter, M. D., & Borda, C. (2014). *The craft of family therapy: Challenging certainties*. New York, NY: Routledge.

Minuchin, S., Rosman, B. L., & Baker, L. (1978). *Psychosomatic families: Anorexia nervosa in context*. Cambridge, MA: Harvard University Press.

Mishne, J. M. (1993). *The evolution and application of clinical theory: Perspectives from four psychologies*. New York, NY: Free Press.

Mitchell, S. A. (1978). Psychodynamics, homosexuality, and the question of pathology. *Psychiatry*, *41*, 254–263.

Mitchell, S. A. (1988). *Relational concepts in psychoanalysis: An integration*. Cambridge, MA: Harvard University Press.

Mitchell, S. A. (1992). True selves, false selves, and the ambiguity of authenticity. In N. J. Skolnick & S. C. Warshaw (Eds.), *Relational perspectives in psychoanalysis* (pp. 1–20). Hillsdale, NJ: Analytic Press.

Mitchell, S. A. (1998). The analyst's knowledge and authority. *Psychoanalytic Quarterly*, *67*, 1–31.

Mitchell, S. A., & Black, M. J. (1995). *Freud and beyond: A history of modern psychoanalytic thought*. New York, NY: Basic Books.

Mitrani, V. B., McCabe, B. E., Robinson, C., Weiss-Laxer, N. S., & Feaster, D. J. (2010). Structural ecosystems therapy for recovering HIV-positive women: Child, mother, and parenting outcomes. *Journal of Family Psychology*, *24*(6), 746–755. doi:10.1037/a0021638

Mitrani, V. B., Robinson, C., & Szapocznik, J. (2009). Structural ecosystems therapy (SET) for women with HIV/AIDS. In M. Stanton and J. Bray (Eds.), *Handbook of family psychology* (pp. 355–369). West Sussex, UK: Blackwell Publishing. doi:10.1002/9781444310238.ch24

Mollon, P. (2007). *Self psychology psychoanalysis: Releasing the unknown self*. Retrieved from http://www.selfpsychology-psychoanalysis.org/mollon.shtml

Moncayo, R. (1998). Cultural diversity and the cultural and epistemological structure of psychoanalysis. *Psychoanalytic Psychology*, *15*, 262–286. doi:10.1037//0736-9735.15.2.262

Monk, G., & Gehart, D. R. (2003). Sociopolitical activist or conversational partner? Distinguishing the position of the therapist in narrative and collaborative therapies. *Family Process*, *42*(1), 19–30. doi:10.1111/j.1545-5300.2003.00019.x

Montalvo, B., & Gutierrez, M. (1983). A perspective for the use of the cultural dimension in family therapy. In J. C. Hansen & C. J. Falicov (Eds.), *Cultural perspectives in family therapy* (pp. 15–32). Rockville, MD: Aspen Systems.

Monte, C. F. (1999). *Beneath the mask: An introduction to theories of personality* (6th ed.). Fort Worth, TX: Harcourt Brace.

Moradi, B., & Subich, L. M. (2002a). Feminist identity development measures: Comparing the psychometrics of three instruments. *The Counseling Psychologist*, *30*, 66–86. doi:10.1177/0011000002301004

Moradi, B., & Subich, L. M. (2002b). Perceived sexist events and feminist identity development attitudes: Links to women's psychological distress. *The Counseling Psychologist*, *30*, 44–65. doi:10.1177/0011000002301003

Moradi, B., Subich, L. M., & Phillips, J. C. (2002). Revisiting feminist identity development theory, research and practice. *The Counseling Psychologist*, *30*, 6–43. doi:10.1177/0011000002301002

Morgan, A. (2000). *What is narrative therapy? An easy to read introduction*. Adelaide, South Australia: Dulwich Centre Publications.

Mosak, H. H. (1985). Interrupting a depression: The push-button technique. *Journal of Individual Psychology*, *41*, 210–214.

Mosak, H. H. (2005). Adlerian psychotherapy. In R. J. Corsini & D. Wedding (Eds.), *Current psychotherapies* (7th ed., pp. 52–95). Belmont, CA: Brooks/Cole.

Mosak, H. H., & Di Pietro, R. (2006). *Early recollections: Interpretive method and application*. New York, NY: Routledge.

Mosak, H. H., & Dreikurs, R. (1977a). The tasks of life II: The fourth life task. In H. H. Mosak (Ed.), *On purpose*. Chicago, IL: Alfred Adler Institute.

Mosak, H. H., & Dreikurs, R. (1977b). The tasks of life II: The fifth life task. In H. H. Mosak (Ed.), *On purpose*. Chicago, IL: Alfred Adler Institute.

Mosak, H. H., & Maniacci, M. P. (1998). *Tactics in counseling and psychotherapy*. Itasca, IL: Peacock.

Mosak, H. H., & Maniacci, M. P. (1999). *A primer of Adlerian psychology: The analytic-behavioral-cognitive psychology of Alfred Adler*. London, UK: Taylor & Francis.

Mosak, H. H., & Maniacci, M. (2011). Adlerian psychotherapy. In R. J. Corsini & D. Wedding (Eds.), *Current psychotherapies* (9th ed., pp. 67–112). Belmont, CA: Brooks/Cole.

Mosak, H. H., & Schneider, S. (1977). Masculine protest, penis envy, women's liberation and sexual equality. *Journal of Individual Psychology, 32*, 193–202.

Mozdzierz, G. J., & Mozdzierz, A. B. (1997). A brief history of the journals of individual psychology. *Journal of Individual Psychology, 53*, 275–285.

Mueser, K. T., Gottlieb, J. D., & Gingerich, S. (2014). Social skills and problem-solving training. In S. G. Hofmann & D. J. A. Dozois (Eds.), *The Wiley handbook of cognitive behavioral therapy: Vol. 1* (pp. 243–271). Malden, MA: Wiley.

Murdock, N. L. (2001, August). Theoretical orientation: Personal orientation and that of the counselor's counselor. In R. H. McPherson (Chair), *National Counseling Psychology Survey: Culture, personal orientation and life satisfaction*. Symposium presented at the annual meeting of the American Psychological Association, San Francisco.

Murdock, N. L. (2007). Family systems theory. In A. B. Rochlen (Ed.), *Applying counseling theories: An online case-based approach* (pp. 209–224). Upper Saddle River, NJ: Prentice Hall.

Murdock, N. L. (2015). Therapists' personal therapy experiences. Unpublished manuscript, University of Missouri-Kansas City, Kansas City, Missouri.

Murdock, N. L., Banta, J., Stromseth, J., Viene, D., & Brown, T. M. (1998). Joining the club: Factors related to counselors' theoretical orientations. *Counselling Psychology Quarterly, 11*, 63–78. doi:10.1080/09515079808254043

Murdock, N. L., & Brooks, R. P. (1993). Some scientist–practitioners do. *American Psychologist, 48*, 1293. doi:10.1037//0003-066X.48.12.1293

Murdock, N. L., Duan, C., & Nilsson, J. E. (2012). Emerging approaches to counseling intervention: Theory, research, practice, and training. *The Counseling Psychologist, 40*(7), 966–975. doi:10.1177/0011000012460663

Murdock, N. L., & Gore, P. A. (2004). Differentiation, stress, and coping: A test of Bowen theory. *Contemporary Family Therapy, 26*, 319–335. doi:10.1023/B:COFT.0000037918.53929.18

Murdock, N. L., & Wang, D. C. (2008). Humanistic approaches. In H. E. A. Tinsley & S. Lease (Eds.), *Encyclopedia of Counseling*. Thousand Oaks, CA: Sage.

Murphy, D., & Cramer, D. (2014). Mutuality of Rogers's therapeutic conditions and treatment progress in the first three psychotherapy sessions. *Psychotherapy Research, 24*(6), 651–661. doi 10.1080/10503307.2014.874051

Murphy, T. F. (1984). Freud reconsidered: Bisexuality, homosexuality, and moral judgment. *Journal of Homosexuality, 9*(2–3), 56–77. doi:10.1300/J082v09n02_04

Murray, K. (2006). A call for feminist research: A limited client perspective. *The Family Journal: Counseling and Therapy for Couples and Families, 14*, 169–173. doi:10.1177/1066480705285254

Myers, I. B., & McCaulley, M. H. (1985). *MBTI manual: A guide to the development and use of the Myers–Briggs Type Indicator*. Palo Alto, CA: Consulting Psychologists Press.

Nathan, P. E. (2000). The Boulder model: A dream deferred—or lost? *American Psychologist, 55*, 250–252. doi:10.1037//0003-066X.55.2.250

Neacsiu, A. D., Lungu, A., Harned, M. S., Rizvi, S. L., & Linehan, M. M. (2014). Impact of dialectical behavior therapy versus community treatment by experts on emotional experience, expression, and acceptance in borderline personality disorder. *Behaviour Research and Therapy, 53*, 47–54. doi:10.1016/j.brat.2013.12.004

Neacsiu, A., Ward-Ciesielski, E. F., & Linehan, M. M. (2012). Emerging approaches to counseling intervention: Dialectical behavior therapy. *The Counseling Psychologist, 40*(7), 1003–1032.

Neenan, M., & Dryden, W. (1996). Trends in rational emotive behavior therapy: 1955–95. In W. Dryden (Ed.), *Developments in psychotherapy: Historical perspectives* (pp. 213–237). London, UK: Sage.

Neenan, M., & Dryden, W. (2000). *Essential rational emotive behavior therapy*. London, UK: Whurr.

Neenan, M., & Dryden, W. (2011). *Rational emotive behavior therapy in a nutshell* (2nd ed.). Thousand Oaks, CA: Sage.

Nelson-Jones, R. (2000). *Six key approaches to counselling and therapy*. London, UK: Continuum.

Nemeroll, C. J., & Karoly, P. (1991). Operant methods. In F. H. Kanfer & A. P. Goldstein (Eds.), *Helping people change* (4th ed., pp. 122–160). New York, NY: Pergamon Press.

Newby, J. M., Mackenzie, A. A., Williams, A. D., McIntyre, K. K., Watts, S. S., Wong, N. N., & Andrews, G. G. (2013). Internet cognitive behavioural therapy for mixed anxiety and depression: A randomized controlled trial and evidence of effectiveness in primary care. *Psychological Medicine, 43*(12), 2635–2648. doi:10.1017/S0033291713000111

Newman, C. F., & Beck, A. T. (1990). Cognitive therapy of affective disorders. In B. B. Wolman & G. Stricker (Eds.), *Depressive disorders: Facts, theories, and treatment methods* (pp. 343–367). New York, NY: Wiley.

Newton, B. J., & Mansager, E. (1986). Adlerian life-styles among Catholic priests. *Journal of Individual Psychology, 42*, 367–374.

Nezu, A. M., Greenberg, L. M., & Nezu, C. M. (2014). Cognitive and behavioral therapies. In F. T. L. Leong (Ed.), *APA handbook of multicultural psychology: Vol. 2* (pp. 443–454). Washington, DC: American Psychological Association.

Nichols, M. P. (2013). *Family therapy: Concepts and methods* (8th ed.). Boston, MA: Allyn & Bacon.

Nichols, M. P. (2014). *The essentials of family therapy* (6th ed). Boston, MA: Allyn & Bacon.

Nichols, M. P., & Schwartz, R. C. (2001). *Family therapy: Concepts and methods* (5th ed.). Boston, MA: Allyn & Bacon.

Nichols, M., & Tafui, S. (2013). Techniques of structural family assessment: A qualitative analysis of how experts promote a systemic perspective. *Family Process, 52*(2), 207–215. doi:10.1111/famp.12025

Nikučević, A. V., & Nicolaides, K. H. (2014). Search for meaning, finding meaning and adjustment in women following miscarriage: A longitudinal study. *Psychology and Health, 29*(1), 50–63. doi:10.1080/08870446.2013.823497

Niles, A. N., Burklund, L. J., Arch, J. J., Lieberman, M. D., Saxbe, D., & Craske, M. G. (2014). Cognitive mediators of treatment for social anxiety disorder: Comparing acceptance and commitment therapy and cognitive-behavioral therapy. *Behavior Therapy, 45*(5), 664–677. doi:10.1016/j.beth.2014.04.006

Nishimura, N. (2004). Counseling biracial women: An intersection of multiculturalism and feminism. *Women and Therapy, 27*, 133–145. doi:10.1300/J015v27n01_09

Norcross, J. C. (1987). A rational and empirical analysis of existential psychotherapy. *Journal of Humanistic Psychology, 27*, 41–68. doi:10.1177/0022167887271005

Norcross, J. C. (Ed.). (2001). Empirically supported therapy relationships: Summary report of the Division 29 Task Force. *Psychotherapy, 38*(4).

Norcross, J. C. (2005). A primer on psychotherapy integration. In J. C. Norcross & M. R. Goldfried (Eds.), *Handbook of psychotherapy integration* (pp. 3–23). New York, NY: Oxford University Press.

Norcross, J. C., & Beutler, L. E. (2014). Integrative psychotherapies. In D. Wedding & R. J. Corsini (Eds.) *Current psychotherapies* (10th ed; pp. 499–532). Belmont, CA: Cengage.

Norcross, J. C., Beutler, L. E., & Levant, R. F. (Eds.). (2006). *Evidence-based practices in mental health: Debate and dialogue on the fundamental questions*. Washington, DC: American Psychological Association. doi:10.1037/11265-000

Norcross, J. C., & Guy, J. D. (2005). The prevalence and parameters of personal therapy in the United States. In J. D. Geller, J. C. Norcross, & D. E. Orlinsky (Eds.), *The psychotherapist's own psychotherapy* (pp. 165–176). New York, NY: Oxford University Press.

Norcross, J. C., Hedges, M., & Castle, P. H. (2001). Psychologists conducting psychotherapy in 2001: A study of the Division 29 membership. *Psychotherapy, 39*, 97–102.

Norcross, J. C., Karpiak, C. P., & Lister, K. M. (2005). What's an integrationist? A study of self-identified integrative and (occasionally) eclectic psychologists. *Journal of Clinical Psychology, 61*(12), 1587–1594. doi:10.1002/jclp.20203

Norcross, J. C., Karpiak, C. P., & Santoro, S. O. (2005). Clinical psychologists across the years: The Division of Clinical Psychology from 1960 to 2003. *Journal of Clinical Psychology, 61*, 1467–1483. doi:10.1002/jclp.20135

Norcross, J. C., & Rogan, J. D. (2013). Psychologists conducting psychotherapy in 2012: Current practices and historical trends among Division 29 members. *Psychotherapy, 50*(4), 490–495. doi:10.1037/a0033512

Norcross, J. C., Strausser-Kirtland, D., & Missar, C. D. (1988). The processes and outcomes of psychotherapists' personal treatment experiences. *Psychotherapy, 25*, 36–43. doi:10.1037/h0085321

Nord, G., Wieseler, N. A., & Hanson, R. H. (1991). Aversive procedures: The Minnesota experience. *Behavioral Residential Treatment, 6*(3), 197–205. doi:10.1002/bin.2360060305

Northey, S., Griffin, W. A., & Krainz, S. (1998). A partial test of the psychosomatic family model: Marital interaction patterns in asthma and nonasthma families. *Journal of Family Psychology, 12*, 220–235. doi:10.1037//08933200.12.2.220

Nunnally, E., de Shazer, S., Lipchik, E., & Berg, I. (1986). A study of change: Therapeutic theory in process. In D. E. Efron (Ed.), *Journeys: Expansion of the strategic-systemic therapies* (pp. 77–96). New York, NY: Brunner/Mazel.

Nutt, R. L. (1979). Review and preview of attitudes and values of counselors of women. *The Counseling Psychologist, 8*, 18–20. doi:10.1177/001100007900800112

Nye, R. D. (1996). *Three psychologies* (5th ed.). Belmont, CA: Brooks/Cole.

Nylund, D., & Nylund, D. A. (2003). Narrative therapy as a counter-hegemonic practice. *Men and Masculinities, 5*, 386–394. doi:10.1177/1097184X03251086

O'Connor, J. J. (1986). Strategic psychotherapy. In I. L. Kutash & A. Wolf (Eds.), *Psychotherapist's casebook* (pp. 489–520). San Francisco, CA: Jossey-Bass.

Oei, T. P. S., & Free, M. L. (1995). Do cognitive behavior therapies validate cognitive models of mood disorders? A review of the empirical evidence. *International Journal of Psychology, 30*, 145–179. doi:10.1080/00207599508246564

Oei, T. P. S., Hansen, J., & Miller, S. (1993). The empirical status of irrational beliefs in rational emotive therapy. *Australian Psychologist, 28*, 195–200. doi:10.1080/00050069308258901

Ogunfowora, B., & Drapeau, M. (2008). A study of the relationship between personality traits and theoretical orientation preferences. *Counselling and Psychotherapy Research, 8*(3), 151–159. doi:10.1080/14733140802193218

O'Hanlon, B. (1986). Fragments of a therapeutic autobiography. In D. E. Efron (Ed.), *Journeys: Expansion of the strategic-systemic therapies* (pp. 30–39). New York, NY: Brunner/Mazel.

O'Hanlon, B. (2006). *Change 101: A practical guide to creating change in life or therapy*. New York, NY: Norton.

O'Hanlon, B. (2014). *Out of the blue: Six non-medication ways to relieve depression*. New York, NY: Norton.

O'Hanlon, B., & Rowan, T. (2003). *Solution oriented therapy for chronic and severe mental illness*. New York, NY: Norton.

O'Hanlon, B., & Weiner-Davis, M. (2003). *In search of solutions* (rev. ed.). New York, NY: Norton.

Oishi, S., & Diener, E. (2014). Residents of poor nations have a greater sense of meaning in life than residents of wealthy nations. *Psychological Science, 25*(2), 422–430. doi:10.1177/0956797613507286

Okonji, J. M. A., Ososkie, J. N., & Pulos, S. (1996). Preferred style and ethnicity of counselors by African American males.

Journal of Black Psychology, 22, 329–339. doi:10.1177/00957984960223004

Olatunji, B. O., Davis, M. L., Powers, M. B., & Smits, J. J. (2013). Cognitive-behavioral therapy for obsessive-compulsive disorder: A meta-analysis of treatment outcome and moderators. *Journal of Psychiatric Research, 47*(1), 33–41. doi:10.1016/j.jpsychires.2012.08.020

O'Leary, E. (1992). *Gestalt therapy: Theory, practice and research.* London, UK: Chapman & Hall.

O'Leary, E. (2013). Techniques, experiments, and dreams. In E. O'Leary (Ed.), *Gestalt therapy around the world* (pp. 61–91). Malden, MA: Wiley.

O'Leary, E., Sheedy, G., O'Sullivan, K., & Thoresen, C. (2003). Cork older adult intervention project: Outcomes of a Gestalt therapy group with older adults. *Counselling Psychology Quarterly, 16,* 131–143. doi:10.1080/0951507031000152641

Ollendick, T. H., & King, N. J. (2006). Empirically supported treatments typically produce outcomes superior to non-empirically supported treatment therapies. In J. C. Norcross, L. E. Beutler, & R. F. Levant (Eds.), *Evidence-based practices in mental health: Debate and dialogue on the fundamental questions* (pp. 308–317). Washington, DC: American Psychological Association.

Omar, K., & Barzan, H. (2012). An examination of the effectiveness of choice theory on teachers' teaching effectiveness and students' subsequent academic achievement. *International Journal of Choice Theory and Reality Therapy, 31*(2), 55–63.

Opriş, D., Pintea, S., García-Palacios, A., Botella, C., Szamosközi, Ş., & David, D. (2012). Virtual reality exposure therapy in anxiety disorders: A quantitative meta-analysis. *Depression and Anxiety, 29*(2), 85–93. doi:10.1002/da.20910

Orlinksy, D. E., & Society for Psychotherapy Research Collaborative Research Network. (2013). Reasons for personal therapy given by psychoanalytically oriented psychotherapists and their effects on wellbeing and professional development. *Psychoanalytic Psychology, 30*(4), 644–662. doi:10.1037/a0034587

Öst, L. (2014). The efficacy of acceptance and commitment therapy: An updated systematic review and meta-analysis. *Behavior Research and Therapy, 61,* 105–121. doi:10.1016/j.brat.2014.07.018

Otway, L. J., & Vignoles, V. L. (2006). Narcissism and childhood recollections: A quantitative test of psychoanalytic predictions. *Personality and Social Psychology Bulletin, 32,* 104–116. doi:10.1177/0146167205279907

Oyama, Y. (2014). The transformation of Rogerian client-centered techniques of psychotherapy in Japan: Background and implications. *Asia Pacific Journal of Counselling and Psychotherapy, 3*(1), 10–17. doi:10.1080/21507686.2011.637567

Padesky, C. A. (2004). Aaron T. Beck: Mind, man, and mentor. In R. L. Leahy (Ed.), *Contemporary cognitive therapy: Theory, research, and practice* (pp. 3–26). New York, NY: Guilford Press.

Paivio, S. C., & Greenberg, L. S. (1995). Resolving "unfinished business": Efficacy of experiential therapy using empty-chair

dialogue. *Journal of Consulting and Clinical Psychology, 63,* 419–425. doi:10.1037//0022-006X.63.3.419

Paivio, S. C., Jarry, J. L., Chagigiorgis, H., Hall, I. & Ralston, M. (2010). Efficacy of two versions of emotion-focused therapy for resolving child abuse trauma. *Psychotherapy Research, 20*(3), 353–366. doi:10.1080/10503300903505274

Panos, P. T., Jackson, J. W., Hasas, O., & Panos, A. (2014). Meta-analysis and sytematic review assessing the efficacy of dialectical behavior therapy. *Research on Social Work Practice, 24*(2), 213–223. doi:10.1177/1049731513503047

Papero, D. V. (1990). *Bowen family systems theory.* Boston, MA: Allyn & Bacon.

Papp, P. (1981). Paradoxes. In S. Minuchin & H. C. Fishman (Eds.), *Family therapy techniques.* Cambridge, MA: Harvard University Press.

Parish, T. (2010). Editorial—Readership and contributor guidelines for the *International Journal of Choice Theory and Reality Therapy. International Journal of Choice Theory and Reality Therapy, 30*(1), 6–8.

Park, C. L. (2010). Making sense of the meaning literature: An integrative review of meaning making and its effects on adjustment to stressful life events. *Psychological Bulletin, 136*(2), 257–301. doi:10.1037/a0018301

Parlett, M. (2005). Contemporary Gestalt therapy: Field theory. In A. L. Woldt & S. M. Toman (Eds.), *Gestalt therapy: History, theory and practice* (pp. 41–63). Thousand Oaks, CA: Sage.

Parlett, M., & Hemming, J. (1996a). Developments in gestalt therapy. In W. Dryden (Ed.), *Developments in psychotherapy: Historical perspectives* (pp. 91–110). Thousand Oaks, CA: Sage.

Parlett, M., & Hemming, J. (1996b). Gestalt therapy. In W. Dryden (Ed.), *Handbook of individual therapy* (pp. 194–218). Thousand Oaks, CA: Sage.

Parlett, M., & Lee, R. G. (2005). Contemporary Gestalt therapy: Field theory. In A. L. Woldt & S. M. Toman (Eds.), *Gestalt therapy: History, theory, practice* (pp. 41–64). Thousand Oaks, CA: Sage.

Paskauskas, A. (1988). *The complete correspondence of Sigmund Freud and Ernest Jones, 1908–1939.* Cambridge, MA: Harvard University Press.

Patten, C. A., Fadahunsi, O., Hanza, M. M. K., Smith, C. A., Hughes, C. A., Boyer, R., . . . Offord, K. P. (2013). Development of a tobacco cessation intervention for Alaska Native youth. *Addiction Research and Therapy, 21*(4), 273–284.

Patterson, C. H. (1984). Empathy, warmth, and genuineness in psychotherapy: A review of reviews. *Psychotherapy, 21,* 431–438. doi:10.1037/h0085985

Patterson, C. H. (2000). *Understanding psychotherapy: Fifty years of client-centred theory and practice.* Ross-on-Wye, UK: PCCS Books.

Payne, M. (2006). *Narrative therapy: An introduction for counselors.* London, UK: Sage.

PDM Task Force. (2006). *Psychodynamic diagnostic manual.* Silver Spring, MD: Alliance of Psychoanalytic Organizations.

Peleg, O., & Zoabi, M. (2014). Social anxiety and differentiation of self: A comparison of Jewish and Arab college students. *Personality and Individual Differences, 68,* 221–228. doi:10.1016/j.paid.2014.04.032

Peluso, P. R., Stoltz, K. B., Belangee, S., Frey, M. R., & Peluso, J. P. (2010). A confirmatory factor analysis of a measure of the Adlerian lifestyle, the BASIS–A Inventory. *Journal of Individual Psychology, 66,* 152–165. Retrieved from http://www.utexas.edu/utpress/journals/jip.html

Perkins-Dock, R. E. (2005). The application of Adlerian family therapy with African American families. *Journal of Individual Psychology, 61,* 233–249.

Perls, F. S. (1947). *Ego, hunger, and aggression.* London, UK: Allen & Unwin.

Perls, F. S. (1969a). *Gestalt therapy verbatim.* Lafayette, CA: Real People Press.

Perls, F. S. (1969b). *In and out the garbage pail.* Lafayette, CA: Real People Press.

Perls, F. S. (1970a). Four lectures. In J. Fagan & I. L. Shepherd (Eds.), *Gestalt therapy now* (pp. 14–38). New York, NY: Harper & Row.

Perls, F. S. (1970b). Dream seminars. In J. Fagan & I. L. Shepherd (Eds.), *Gestalt therapy now* (pp. 204–233). New York, NY: Harper & Row.

Perls, F. S., Hefferline, R. F., & Goodman, P. (1951). *Gestalt therapy: Excitement and growth in the human personality.* New York, NY: Dell.

Perls, L. (1992). Concepts and misconceptions of gestalt therapy. *Journal of Humanistic Psychology, 32*(3), 50–56. doi:10.1177/0022167892323004

Persons, J. B. (2008). *The case formulation approach to cognitive-behavior therapy.* New York, NY: Guilford Press.

Persons, J. B., & Tompkins, M. A. (1997). Cognitive-behavioral case formulation. In T. D. Eells (Ed.), *Handbook of psychotherapy case formulation* (pp. 314–339). New York, NY: Guilford Press.

Peterson, A. V. (2000). Choice theory and reality therapy. *TCA Journal, 28*(1), 41–49.

Peterson, A. V., Chang, C., & Collins, P. L. (1998). The effects of reality therapy and choice theory training on self-concept among Taiwanese university students. *International Journal for the Advancement of Counseling, 20,* 79–83. doi:10.1023/A:1005340014026

Peterson, R. D., Tantleff-Dunn, S., & Bedwell, J. S. (2006). The effects of exposure to feminist ideology on women's body image. *Body Image, 3,* 237–246. doi:10.1016/j.bodyim.2006.05.004

Peven, D. E., & Shulman, B. H. (1986). Adlerian psychotherapy. In I. L. Kutash & A. Wolf (Eds.), *Psychotherapist's casebook.* San Francisco, CA: Jossey-Bass.

Phillips, R. D., & Gilroy, F. D. (1985). Sex role stereotypes and clinical judgments of mental health: The Broverman findings re-examined. *Sex Roles, 12,* 179–193. doi:10.1007/BF00288046

Philpot, C. L., Brooks, G. R., Lusterman, D. D., & Nutt, R. L. (1997). *Bridging separate gender worlds: Why men and women clash and how therapists can bring them together.* Washington, DC: American Psychological Association. doi:10.1037/10263-000

Pichot, T., & Dolan, Y. M. (2003). *Solution-focused brief therapy: Its effective use in agency settings.* New York, NY: Haworth Clinical Practice Press.

Piercy, F. P., Lipchik, E., & Kiser, D. (2000). Miller and de Shazer's article on "Emotions in solution-focused therapy." *Family Process, 39,* 25–28. doi:10.1111/j.1545-5300.2000.39104.x

Pinquart, M., Oslejsek, B, & Teubert, D. (2016). Efficacy of systemic therapy on adults with mental disorders: A meta-analysis. *Psychotherapy Research, 26,* 241–257. doi:10.1080/10503307.2014.935830

Piran, N., & Cormier, H. C. (2005). The social construction of women and disordered eating patterns. *Journal of Counseling Psychology, 52,* 549–558. doi:10.1037/0022-0167.52.4.549

Poling, A., & Gaynor, S. T. (2009). Stimulus control. In W. O'Donohue & J. E. Fisher (Eds.), *General principles and empirically supported techniques of cognitive behavior therapy* (pp. 614–620). Hoboken, NJ: Wiley.

Pollet, T. V., Dijkstra, P., Barelds, D. H., & Buunk, A. P. (2010). Birth order and the dominance aspect of extraversion: Are firstborns more extraverted, in the sense of being dominant, than laterborns? *Journal of Research in Personality, 44,* 742–745. doi:10.1016/j.jrp.2010.10.002

Polster, E., & Polster, M. (1973). *Gestalt therapy integrated.* New York, NY: Random House.

Polster, M., & Polster, E. (1990). Gestalt therapy. In J. K. Zeig & W. M. Munion (Eds.), *What is psychotherapy?* (pp. 103–107). San Francisco, CA: Jossey-Bass.

Pope, K. S., & Tabachnick, B. G. (1994). Therapists as patients: A national survey of psychologists' experiences, problems, and beliefs. *Professional Psychology: Research and Practice, 25,* 247–258. doi:10.1037//0735-7028.25.3.247

Powers, M. B., & Emmelkamp, P. M. G. (2008). Virtual reality exposure therapy for anxiety disorders: A meta-analysis. *Journal of Anxiety Disorders, 22,* 561–569. doi:10.1016/j.janxdis.2007.04.006

Poyrazli, S. (2003). Validity of Rogerian therapy in Turkish culture: A cross-cultural perspective. *Journal of Humanistic Counseling, Education, and Development, 42,* 107–115.

Prendergast, M., Podus, D., Finney, J., Greenwell, L., & Roll, J. (2006). Contingency management for treatment of substance use disorders: A meta-analysis. *Addiction, 101,* 1546–1560. doi:10.1111/j.1360-0443.2006.01581.x

Priester, P. E. (2014). Who (in the world) wants to work? The international presence of Gestalt psychotherapy. *PsycCRITIQUES, 59*(26). doi:10.1037/a0037120

Prochaska, J. O. (1979). *Systems of psychotherapy: A transtheoretical analysis.* Chicago, IL: Dorsey.

Prochaska, J. O., DiClemente, C. C., & Norcross, J. C. (1992). In search of how people change: Applications to addictive behaviors. *American Psychologist, 47,* 1102–1114. doi:10.1037//0003-066X.47.9.1102

Prochaska, J. O., & Norcross, J. C. (1983). Contemporary psychotherapists: A national survey of characteristics, practices, orientations and attitudes. *Psychotherapy, 20,* 161–173. doi:10.1037/h0088487

Prochaska, J. O., & Norcross, J. C. (2014). *Systems of psychotherapy: A transtheoretical analysis* (8th ed.). Belmont, CA: Brooks/Cole.

Project MATCH Research Group. (1997). Matching alcoholism treatments to client heterogeneity: Project MATCH posttreatment drinking outcomes. *Journal of Studies on Alcohol, 58,* 7–29.

Prouty, G. (1998). Pre-therapy and pre-symbolic experiencing: Evolutions in person-centered/experiential approaches to psychotic experience. In L. S. Greenberg, J. C. Watson, & G. Lietaer (Eds.), *Handbook of experiential psychotherapy* (pp. 388–409). New York, NY: Guilford Press.

Quinn, A. (2011). A person-centered approach to the treatment of borderline personality disorder. *Journal of Humanistic Psychology, 51*(4), 465–491. doi:10.1177/0022167811399764

Quinn, A. (2013). A person-centered approach to multicultural counseling competence. *Journal of Humanistic Psychology, 53*(2), 202–251. doi:10.1177/0022167812458452

Quintar, B., Lane, R. C., & Goeltz, W. B. (1998). Psychoanalytic theories of personality. In D. F. Barone, M. Hersen, & V. B. Van Hasselt (Eds.), *Advanced personality* (pp. 27–55). New York, NY: Plenum Press.

Rader, J., & Gilbert, L. A. (2005). The egalitarian relationship in feminist therapy. *Psychology of Women Quarterly, 29,* 427–435. doi:10.1111/j.1471-6402.2005.00243.x

Radtke, L., Sapp, M., & Farrell, W. C. (1997). Reality therapy: A meta-analysis. *Journal of Reality Therapy, 17,* 4–9.

Raff, J. (2007). Analytical (Jungian) psychology. In A. B. Rochlen (Ed.), *Applying counseling theory: An online, case-based approach* (pp. 21–36). Upper Saddle River, NJ: Prentice Hall.

Raimey, V. C. (Ed.). (1950). *Training in clinical psychology.* Upper Saddle River, NJ: Prentice-Hall.

Rakowska, J. M. (2011). Brief strategic therapy in patients with social phobia with or without personality disorder. *Psychotherapy Research, 21,* 462–471. doi:10.1080/10503307.2011.581707

Ramey, H., Young, K., & Tarulli, D. (2012). Scaffolding and concept formation in narrative therapy: A qualitative research report. *Journal of Systemic Therapies, 29*(4), 74–91. doi:10.1521/jsyt.2010.29.4.74

Randall, E. (2001). Existential therapy of panic disorder: A single system study. *Clinical Social Work Journal, 29,* 259–267. doi:10.1023/A:1010459712685

Raskin, N. J. (1952). An objective study of the locus-of-evaluation factor in psychotherapy. In W. Wolff & J. A. Precker (Eds.), *Success in psychotherapy.* New York, NY: Grune & Stratton.

Raskin, N. J., Rogers, C. R., & Witty, M. C. (2011). Client-centered therapy. In R. J. Corsini & D. Wedding (Eds.), *Current psychotherapies* (9th ed., pp. 148–195). Belmont, CA: Brooks/Cole.

Raskin, N. J., Rogers, C. R., & Witty, M. C. (2014). Client-centered therapy. In R. J. Corsini & D. Wedding (Eds.), *Current psychotherapies* (10th ed., pp. 95–150). Belmont, CA: Brooks/Cole.

Ratner, H., George, E., & Iveson, C. (2012). *Solution focused brief therapy: 100 key points and techniques.* New York, NY: Routledge.

Ray, W. A., & Sutton, J. P. (2011). Strategic couple therapy. In D. K. Carson & M. Casado-Kehoe (Eds.), *Case studies in couples therapy: Theory based approaches* (pp. 161–175). New York, NY: Routledge.

Reichow, B. (2012). Overview of meta-analyses on early intensive behavioral intervention for young children with autism spectrum disorders. *Journal of Autism & Developmental Disorders, 42*(4), 512–520. doi:10.1007/s10803-011-1218-9

Reinecke, M. A., & Freeman, A. (2003). Cognitive therapy. In A. S. Gurman & S. B. Messer (Eds.), *Essential psychotherapies: Theory and practice* (2nd ed., pp. 224–271). New York, NY: Guilford Press.

Reiter, M. D. (2004). The surprise task: A solution-focused formula task for families. *Journal of Family Psychotherapy, 15,* 37–45. doi:10.1300/J085v15n03_03

Reitman, D. (1997). The relation between cognitive and behavioral therapies: Commentary on "Extending the goals of behavior therapy and of cognitive behavior therapy." *Behavior Therapy, 28,* 341–345. doi:10.1016/S0005-7894(97)80079-2

Remer, P. (2013). Feminist therapy. In J. Frew & M. D. Spiegler (Eds.), *Contemporary psychotherapies for a diverse world* (1st rev. ed., pp. 373–414). New York, NY: Routledge/Taylor & Francis Group.

Remer, P. A., & Oh, K. H. (2013). Feminist therapy in counseling psychology. In C. Z. Enns & E. N. Williams (Eds.), *The Oxford handbook of feminist multicultural counseling psychology* (pp. 304–321). New York, NY: Oxford University Press.

Remley, T. P., Jr., & Herlihy, B. (2014). *Ethical, legal, and professional issues in counseling.* Upper Saddle River, NJ: Merrill.

Reynolds, G. S. (1968). *A primer of operant conditioning.* Glenview, IL: Scott Foresman.

Rice, J. K., Enns, C. Z., & Nutt, R. L. (2015). Inclusive and affirmative psychological practice: Unifying themes. In C. Z. Enns, J. K. Rice, & R. L. Nutt (Eds.), *Psychological practice with women: Guidelines, diversity, empowerment* (pp. 31–51). Washington, DC: American Psychological Association. doi:10.1037/14460-010

Richert, A. J. (2003). Living stories, telling stories, changing stories: Experiential use of the relationship in narrative therapy. *Journal of Psychotherapy Integration, 13,* 188–210. doi:10.1037/1053-0479.13.2.188

Rickman, J. (Ed.). (1957). *A general selection from the works of Sigmund Freud.* New York, NY: Doubleday.

Rizvi, S. L. (2011). The therapeutic relationship in dialectical behavior therapy for suicidal individuals. In K. Michel & D. A. Jobes (Eds.), *Building a therapeutic alliance with the suicidal patient* (pp. 255–272). Washington, DC: American Psychological Association. doi:10.1037/12303-014

Rizvi, S. L., & Ritschel, L. A. (2014). Mastering the art of chain analysis in dialectical behavior therapy. *Cognitive and Behavioral Practice, 21*(3), 335–349. doi:10.1016/j.cbpra.2013.09.002

Roazen, P. (2002). *The trauma of Freud: Controversies in psychoanalysis.* New Brunswick, NY: Transaction.

Robey, P. A. (2011). Reality therapy and choice theory: An interview with Robert Wubbolding. *The Family Journal, 19,* 231–237. doi:10.1177/1066480710397129

Robey, P. A., Wubbolding, R. E., & Carlson, J. (Eds.). (2012). *Contemporary issues in couples counseling: A choice theory and reality therapy approach.* New York, NY: Routledge, Taylor & Francis Group.

Robin, M. W., & DiGiuseppe, R. (1997). "Shoya Moya Ik Baraba": Using REBT with culturally diverse clients. In J. Yankura & W. Dryden (Eds.), *Special applications of REBT* (pp. 39–68). New York, NY: Springer.

Robinson, L. A., Berman, J. S., & Neimeyer, R. A. (1990). Psychotherapy for the treatment of depression: A comprehensive review of controlled outcome research. *Psychological Bulletin, 108,* 30–49. doi:10.1037//0033-2909.108.1.30

Rogers, C. R. (1942). *Counseling and psychotherapy.* Boston, MA: Houghton Mifflin.

Rogers, C. R. (1951). *Client-centered therapy: Its current practice, implications, and theory.* Boston, MA: Houghton Mifflin.

Rogers, C. R. (1957). The necessary and sufficient conditions of therapeutic personality change. *Journal of Consulting Psychology, 21,* 95–103. doi:10.1037/h0045357

Rogers, C. R. (1958). A process conception of psychotherapy. *American Psychologist, 13,* 142–149. doi:10.1037/h0042129

Rogers, C. R. (1959). A theory of therapy, personality, and interpersonal relationships, as developed in the client-centered framework. In S. Koch (Ed.), *Psychology: A study of a science* (pp. 184–256). New York, NY: McGraw-Hill.

Rogers, C. R. (1961). *On becoming a person.* Boston: Houghton Mifflin.

Rogers, C. R. (1966). Client-centered therapy. In S. Arieti (Ed.), *American handbook of psychiatry* (pp. 183–200). New York, NY: Basic Books.

Rogers, C. R. (1967). Carl R. Rogers. In E. Boring & G. Lindzey (Eds.), *A history of psychology in autobiography.* New York, NY: Appleton-Century-Crofts.

Rogers, C. R. (1972). *Becoming partners.* New York, NY: Delacorte.

Rogers, C. R. (1977). *On personal power.* London, UK: Constable.

Rogers, C. R. (1980). *A way of being.* Boston, MA: Houghton Mifflin.

Rogers, C. R. (1982). Notes on Rollo May. *Journal of Humanistic Psychology, 22,* 8–9. doi:10.1177/0022167882223002

Rogers, C. R. (1986a). Client-centered therapy. In I. L. Kutash & A. Wolf (Eds.), *Psychotherapist's casebook* (pp. 197–208). San Francisco, CA: Jossey-Bass.

Rogers, C. R. (1986b). Reflection of feelings. *Person-Centered Review, 1,* 375–377.

Rogers, C. R. (1987). Comment on Shlien's article 'A counter-theory of transference.' *Person-Centered Review, 2,* 182–188.

Rogers, C. R., & Freiberg, H. J. (1994). *Freedom to learn* (3rd ed.). Upper Saddle River, NJ: Merrill/Prentice Hall.

Rogers, C. R., Gendlin, E. T., Kiesler, D. V., & Truax, C. (Eds.). (1967). *The therapeutic relationship and its impact: A study of psychotherapy with schizophrenics.* Madison, WI: University of Wisconsin Press.

Rogers, N. (1993). *Beyond Carl Rogers.* London, UK: Constable.

Rorschach, H. (1942). *Psychodiagnostics: A diagnostic test based on perception* (P. Lemkau & B. Kronenburg, Trans.). Berne, Switzerland: Huber.

Rosa-Alcázar, A. I., Sánchez-Meca, J., Gómez-Conesa, A., & Marín-Martínez, F. (2008). Psychological treatment of obsessive-compulsive disorder: A meta-analysis. *Clinical Psychology Review, 28*(8), 1310–1325. doi:10.1016/j.cpr.2008.07.001

Roseborough, D. J., Luptak, M., McLeod, J., & Bradshaw, W. (2013). Effectiveness of psychodynamic psychotherapy with older adults: A longitudinal study. *Clinical Gerontologist, 36*(1), 1–16. doi:10.1080/07317115.2012.731476

Rosenzweig, S. (2002). Some implicit common factors in diverse methods of psychotherapy: "At last the Dodo said, 'Everybody has won and all must have prizes.'" *Journal of Psychotherapy Integration, 12,* 5–9. (Reprinted from *American Journal of Orthopsychiatry,* 1936, 6, 412–415)

Ross, A. S., & Murdock, N. L. (2014). Differentiation of self and well-bring: The moderating effect of self-construal. *Contemporary Family Therapy, 36*(4), 485–496.

Rossiter, A. (2000). The professional is political: An interpretation of the problem of the past in solution-focused therapy. *American Journal of Orthopsychiatry, 70,* 150–161. doi:10.1037/h0087656

Rothbaum, B. O., Anderson, P., Zimrand, E., Hodges, L., Lang, D., & Wilson, J. (2006). Virtual reality exposure therapy and standard (in vivo) exposure therapy in the treatment of fear of flying. *Behavior Therapy, 37,* 80–90. doi:10.1016/j.beth.2005.04.004

Roubal, J. (2009). Experiment: A creative phenomenon of the field. *Gestalt Review, 13*(3), 263–276.

Rowe, C. L., Gozez, L., & Liddle, H. A. (2006). Family therapy research: Empirical foundations and practice implications. In M. P. Nichols (Ed.), *Family therapy: Concepts and methods* (7th ed., pp. 399–440). Boston, MA: Allyn & Bacon.

Ruiz, F. J. (2012). Acceptance and commitment therapy versus traditional cognitive behavioral therapy: A systematic review and meta-analysis of current empirical evidence. *International Journal of Psychology and Psychological Therapy, 12*(2), 333–357.

Rule, W. R. (2006). Lifestyle self-awareness and the practitioner: Understanding and reframing resistance using angels and devils as metaphor. In W. R. Rule & M. Bishop (Eds.), *Adlerian lifestyle counseling* (pp. 45–53). New York, NY: Routledge.

Rummel, C., Garrison-Diehn, C., Catlin, C., & Fisher, J. E. (2012). Clinical functional analysis: Understanding the contingencies of reinforcement. In W. T. O'Donohue & J. E. Fisher (Eds.), *Cognitive behavior therapy: Core principles for practice* (pp. 13–36). Hoboken, NJ: Wiley.

Russell, S., & Carey, M. (2004). *Narrative therapy: Responding to your questions.* Adelaide, South Australia: Dulwich Centre Publications.

Ruthven, A. J. (1992). A person-centered/humanistic approach to intervention. In R. C. D'Amato & B. A. Rothlisberg (Eds.), *Psychological perspectives on intervention: A case study approach to prescriptions for change* (pp. 95–111). New York, NY: Longman.

Ryan, R., & Deci, E. (2008). A self-determination theory approach to psychotherapy: The motivational basis for effective change. *Canadian Psychology, 49,* 186–193. doi:10.1037/a0012753

Rynes, K. N., Rohrbaugh, M. J., Lebensohn-Chialvo, F., & Shoham, V. (2014). Parallel demand-withdraw processes in family therapy for adolescent drug abuse. *Psychology of Addictive Behaviors, 28*(2), 420–430. doi:10.1037/a0031812

Sabik, N. J., & Tylka, T. L. (2006). Do feminist identity styles moderate the relation between perceived sexist events and disordered eating? *Psychology of Women Quarterly, 30,* 77–84. doi:10.1111/j.1471-6402.2006.00264.x

Safer, D. L., Telch, C. F., & Chen, E. Y. (2009). *Dialectical behavior therapy for binge eating and bulimia.* New York, NY: Guilford Press.

Safran, J. D. (1998). *Widening the scope of cognitive therapy.* New York, NY: Jason Aronson.

Safran, J. D. (2012). *Psychoanalysis and psychoanalytic therapies.* Washington, DC: American Psychological Association.

Safran, J. D., & Kriss, A. (2014). Psychoanalytic psychotherapies. In D. Wedding & R. J. Corsini (Eds.), *Current psychotherapies* (10th ed., pp. 19–54). Belmont, CA: Brooks/Cole.

Safran, J. D., & Segal, Z. V. (1990). *Interpersonal process in cognitive therapy.* Lanham, MD: Jason Aronson.

St. Clair, M. (2004). *Object relations and self psychology* (4th ed.). Belmont, CA: Brooks/Cole.

St. James-O'Connor, T., Meakes, E., Pickering, M., & Schuman, M. (1997). On the right track: Client experience of narrative therapy. *Contemporary Family Therapy, 19,* 479–495.

Saner, R. (1989). Culture bias of Gestalt therapy: Made-in-U.S.A. *The Gestalt Journal, 12*(2), 57–71.

Sansone, D. (1998). Research, internal control and choice theory: Where's the beef? *International Journal of Reality Therapy, 17*(2), 4–6.

Santisteban, D. A., & Mena, M. P. (2009). Culturally informed and flexible family-based treatment for adolescents: A tailored and integrative treatment for Hispanic youth. *Family Process, 48,* 253–268. doi:10.1111/j.1545-5300.2009.01280.x

Santisteban, D. A., Szapocznik, J., Perez-Vidal, A., Kurtines, W. M., Murray, E. J., & LaPerriere, A. (1996). Efficacy of intervention for engaging youth and families into treatment and some variables that may contribute to differential effectiveness. *Journal of Family Psychology, 10,* 35–44. doi:10.1037//0893-3200.10.1.35

Santos, A., Gonçalves, M., Matos, M., & Salvatore, S. (2009). Innovative moments and change pathways: A good outcome case of narrative therapy. *Psychology and Psychotherapy: Theory, Research and Practice, 82,* 449–466. doi:10.1348/147608309X462442

Sapp, M. (1997). *Counseling and psychotherapy.* Lanham, MD: University Press of America.

Sapp, M., McNeely, R. L., & Torres, J. B. (2007). Dying a "good" death, the desire to die, and rational-emotive behavior therapy: Focus on aged African Americans and Hispanics/Latinos. In L. See (Ed.), *Human behavior in the social environment from an African-American perspective* (2nd ed., pp. 695–713). New York, NY: Haworth Press.

Sartre, J. P. (1956). *Being and nothingness.* New York, NY: Philosophical Library.

Satir, V. (1967). *Conjoint family therapy.* Palo Alto, CA: Science and Behavior Books.

Satir, V. (1972). *Peoplemaking.* Palo Alto, CA: Science and Behavior Books.

Satir, V. (1975). You as a change agent. In V. Satir, J. Stachovwiak, & H. A. Taschman (Eds.), *Helping families to change* (pp. 37–63). New York, NY: Jason Aronson.

Satir, V. (1988). *The new peoplemaking.* Mountain View, CA: Science and Behavior Books.

Satir, V. (2000). The therapist story. In M. Baldwin (Ed.), *The use of self in therapy* (2nd ed., pp. 17–27). New York, NY: Haworth.

Satir, V. (2009) *Your many faces: The first step to being loved.* Berkeley, CA: Celestial Arts.

Satir, V., & Baldwin, M. (1983). *Satir step by step.* Palo Alto, CA: Science and Behavior Books.

Satir, V., Banmen, J., Gerber, J., & Gomori, M. (1991). *The Satir model: Family therapy and beyond.* Palo Alto, CA: Science and Behavior Books.

Sauer, S., & Baer, R. A. (2010). Mindfulness and decentering as mechanisms of change in mindfulness and acceptance-based interventions. In R. A. Baer (Ed.), *Assessing mindfulness and acceptance processes in clients: Illuminating the theory and practice of change* (pp. 25–50). Oakland, CA: New Harbinger.

Saunders, K. J., & Kashubeck-West, S. (2006). The relations among feminist identity development, gender role orientation, and psychological well-being in women. *Psychology of Women Quarterly, 30,* 199–211. doi:10.1037//0893-3200.10.1.35

Sava, F. A., Yates, B. T., Lupu, V., Szentagotai, A., & David, D. (2009). Cost-effectiveness and cost-utility of cognitive therapy, rational emotive behavioral therapy, and fluoxetine (Prozac) in treating clinical depression: A randomized clinical trial. *Journal of Clinical Psychology, 65,* 36–52. doi:10.1002/jclp.20550

Schamess, G., & Shilkret, R. (2008). Ego psychology. In J. Berzoll, L. M. Flanagan, & P. Hertz (Eds.), *Inside out and outside in: Psychodynamic clinical theory and psychopathology in contemporary multicultural contexts* (pp. 63–98). New York, NY: Jason Aronson.

Scharff, J. S., & Scharff, D. E. (2005). *The primer of object relations therapy.* Northvale, NJ: Jason Aronson.

Schigl, B. (1998). *Evaluationssudie zur Integrativen Gestalttherapie: Wirkungen und Wirkfaktoren-aus katamnestischer Sicht ehemaliger KlientInnen* [Evaluative study on integrative gestalt psychotherapy]. Vienna, Austria: Endbericht zum Forschungsprojekt der Fachsektion fur Integrative Gestalttherapie in OAGG.

Schlosser, A. (2009). Oedipus in China: Can we export psychoanalysis? *International Forum of Psychoanalysis, 18,* 219–224.

Schmid, P. F. (2013a). Whence the evil? A personalistic and dialogic perspective. In A. C. Bohart, B. S. Held, E. Mendelowitz, & K. J. Schneider (Eds.), *Humanity's dark side:*

Evil, destructive experience and psychotherapy (pp. 35–55). Washington, DC: American Psychological Association.

Schmid, P. F. (2013b). The anthropological, relational and ethical foundations of person-centered therapy. In M. Cooper, M. O'Hara, P. F. Schmid, & A. C. Bohart (Eds.), *The handbook of person-centered psychotherapy and counseling* (2nd ed., pp. 66–83). New York, NY: Palgrave Macmillan.

Schneider, K. J. (Ed.). (2008). *Existential-integrative psychotherapy*. New York, NY: Routledge.

Schneider, K. J. (2011). Existential-humanistic psychotherapies. In A. S. Gurman & S. B. Messer (Eds.), *Essential psychotherapies: Theory and practice* (3nd ed., pp. 261–298). New York, NY: Guilford Press.

Schneider, M. F. (2007). Adlerian psychology. In A. B. Rochlen (Ed.), *Applying counseling theories: An online, case-based approach* (pp. 37–52). Upper Saddle River, NJ: Prentice Hall.

Schneider, K. J. & Krug, O.T. (2010). *Existential-humanistic therapy*. Washington, DC: American Psychological Association.

Schoenewolf, G. (1990). *Turning points in analytic therapy: The classic cases*. Northvale, NJ: Jason Aronson.

Schulenberg, S. E. (2003). Approaching terra incognita with James F. T. Bugental: An interview and overview of existential humanistic psychotherapy. *Journal of Contemporary Psychotherapy, 33*, 273–285. doi:10.1023/B:JOCP.0000004499.73316.5b

Schulenberg, S. E., Hutzell, R. R., Nassif, C., & Rogina, J. M. (2008). Logotherapy for clinical practice. *Psychotherapy, 45*, 477–463. doi:10.1037/a0014331

Scorzelli, J. F., & Reinke-Scorzelli, M. (1994). Cultural sensitivity and cognitive therapy in India. *The Counseling Psychologist, 22*, 603–610. doi:10.1177/0011000094224006

Scott, J., & Freeman, A. (2010). Beck's cognitive therapy. In N. Kazantzis, M. A. Reinecke, & A. Freeman (Eds.), *Cognitive and behavioral theories in clinical practice* (pp. 28–75). New York, NY: Guilford Press.

Seager, M. (2003). Problems with client-centred therapy. *The Psychologist, 16*, 400–415.

Seeman, J. (1990). Theory as autobiography: The development of Carl Rogers. *Person-Centered Review, 5*, 373–386.

Segal, Z. V., Williams, M. G., & Teasdale, J. D. (2002). *Mindfulness-based cognitive therapy for depression: A new approach to preventing relapse*. New York, NY: Guilford Press.

Seidel, A., & Hedley, D. (2008). The use of solution-focused brief therapy with older adults in Mexico: A preliminary study. *American Journal of Family Therapy, 36*, 242–252. doi:10.1080/01926180701291279

Seligman, M. E. P. (1975). *Helplessness: On depression, development, and death*. San Francisco, CA: Freeman. doi:10.1037//0003-066X.50.12.965

Seligman, M. E. P. (1995). The effectiveness of psychotherapy: The *Consumer Reports* study. *American Psychologist, 50*, 965–974.

Semmler, P. L., & Williams, C. B. (2000). Narrative therapy: A storied context for multicultural counseling. *Journal of Multicultural Counseling and Development, 28*, 51–60.

Semple, R. J., Lee, J., Rosa, D., & Miller, L. F. (2010). A randomized trial of mindfulness-based cognitive therapy for children: Promoting mindful attention to enhance social-emotional resiliency in children. *Journal of Child and Family Studies, 19*, 218–229. doi:10.1007/s10826-009-9301-y

Serok, S., & Zemet, R. M. (1983). An experiment of gestalt group therapy with hospitalized schizophrenics. *Psychotherapy, 20*, 417–424. doi:10.1037/h0088502

Sexton, T. L., & Alexander, J. F. (2002). Family-based empirically supported interventions. *The Counseling Psychologist, 30*, 238–261. doi:10.1177/0011000002302003

Shadish, W. R., & Baldwin, S. A. (2003). Meta-analysis of MFT interventions. *Journal of Marital and Family Therapy, 29*, 547–570. doi:10.1111/j.1752-0606.2003.tb01694.x

Shadish, W. R., Montgomery, L. M., Wilson, P., Wilson, M. R., Bright, I., & Okwumabua, T. (1993). Effects of family and marital psychotherapies: A meta-analysis. *Journal of Consulting and Clinical Psychology, 61*, 992–1002. doi:10.1037//0022-006X.61.6.992

Shedler, J. (2010). The efficacy of psychodynamic psychotherapy. *American Psychologist, 65*(2), 98–109. doi:10.1037/a0018378

Shedler, J. (2011). Science or ideology? *American Psychologist, 66*(2), 152–154. doi:10.1037/a0022654

Sheibani, S., Looyeh, M. Y., & Delvar, A. (2007). The effect of narrative therapy on children with depression. *Journal of Research on Exceptional Children, 6*, 893–916.

Sheldon, C. (2013). *Gestalt as a way of life: Awareness practices as taught by Gestalt therapy founders and their followers*. Bellingham, WA: Author.

Shen, E. K., Alden, L. E., Söchting, I., & Tsang, P. (2006). Clinical observations of a Cantonese cognitive behavioral treatment program for Chinese immigrants. *Psychotherapy, 43*, 518–530. doi:10.1037/0033-3204.43.4.518

Sherman, A. R. (1973). *Behavior modification: Theory and practice*. Monterey, CA: Brooks/Cole.

Shlien, J. M., Mosak, H. M., & Dreikurs, R. (1962). Effect of time limits: A comparison of two psychotherapies. *Journal of Counseling Psychology, 9*, 31–34. doi:10.1037/h0045495

Shostrom, E. L. (Producer). (1965). *Three approaches to psychotherapy* [Film]. Orange, CA: Psychological Films.

Shulman, B., & Mosak, H. (1977). Birth order and ordinal position: Two Adlerian views. *Journal of Individual Psychology, 33*, 114–121.

Silverman, M. S., McCarthy, M., & McGovern, T. (1992). A review of outcome studies of rational emotive therapy from 1982–1989. *Journal of Rational-Emotive and Cognitive Behavior Therapy, 10*, 111–186.

Simon, R. (1992). *One on one: Conversations with the shapers of family therapy*. Washington, DC: The Family Therapy Network.

Singer, A. (1994). Gestalt couples therapy with gay male couples: Enlarging the therapeutic ground of awareness. In G. Wheeler & S. Backman (Eds.), *On intimate ground: A Gestalt approach to working with couples* (pp. 166–187). San Francisco, CA: Jossey-Bass.

Skinner, B. F. (1953). *Science and human behavior.* New York, NY: Free Press.

Skinner, B. F. (1971). *Beyond freedom and dignity.* New York, NY: Bantam/Vintage.

Skinner, B. F. (1976). *Walden Two.* New York, NY: Macmillan.

Skinner, N. F. (1977). Failure to support a test for penis envy. *Psychological Reports, 80,* 754.

Skowron, E. A., Kozlowski, J. M., & Pincus, A. L. (2010). Differentiation, self–other representations, and rupture–repair processes: Predicting child maltreatment risk. *Journal of Counseling Psychology, 57*(3), 304–316. doi:10.1037/a0020030

Skowron, E. A., Stanley, K. L., & Shapiro, M. D. (2009). A longitudinal perspective on differentiation of self, interpersonal and psychological well-being in young adulthood. *Contemporary Family Therapy, 31,* 3–18. doi:10.1007/s10591-008-9075-1

Skowron, E. A., Van Epps, J. J., & Cipriano-Essel, E. A. (2014). Toward a greater understanding of differentiation of self in Bowen family systems theory: Empirical developments and future directions. In P. Titelman (Ed.), *Differentiation of self: Bowen family systems theory perspectives* (pp. 303–330). New York, NY: Routledge.

Sloane, R. B., Staples, F. R., Cristol, A. H., Yorkston, N. J., & Whipple, K. (1975). *Psychotherapy vs. behavior therapy.* Cambridge, MA: Harvard University Press.

Smit, Y., Huibers, M. J. H., Ioannidis, J. P. A., van Dyck, R., van Tilburg, W., & Arntz, A. (2012). The effectiveness of long-term psychoanalytic psychotherapy: A meta-analysis of randomized controlled trials. *Clinical Psychology Review, 32*(2), 81–92. doi:10.1016/j.cpr.2011.11.003

Smith, C. (1997). Introduction: Comparing traditional theories with narrative approaches. In C. Smith & D. Nylund (Eds.), *Narrative therapies with children and adolescents* (pp. 1–52). New York, NY: Guilford Press.

Smith, D. L. (1982). Trends in counseling and psychotherapy. *American Psychologist, 37,* 802–809. doi:10.1037//0003-066X.37.7.802

Smith, E. W. L. (1991). Gestalt, a Dionysian path. *The Gestalt Journal, 14*(2), 61–69.

Smith, M. L., & Glass, G. V. (1977). Meta-analysis of psychotherapy outcome studies. *American Psychologist, 32,* 752–760. doi:10.1037//0003-066X.32.9.752

Smith, M. L., Glass, G. V., & Miller, T. I. (1980). *The benefits of psychotherapy.* Baltimore, MD: Johns Hopkins University Press.

Smith, S. L., Choueiti, M., Prescott, A., & Pieper, K. (2013). Gender roles & occupations: A look at character attributes and job-related aspirations in film and television. Geena Davis Institute on Gender in Media. Retrieved from http://seejane.org/wp-content/uploads/key-findings-gender-roles-2013.pdf

Smith, T. N., Ruzgyte, E., & Spinks, D. (2011). Strategic family therapy. In L. Metcalf (Ed.), *Marriage and family therapy: A practice-oriented approach* (pp. 255–286). New York, NY: Springer.

Smith, T. W. (1989). Assessment in rational-emotive therapy: Empirical access to the ABCD model. In M. E. Bernard & R. DiGiuseppe (Eds.), *Inside rational-emotive therapy: A critical appraisal of the theory and therapy of Albert Ellis* (pp. 199–233). San Diego, CA: Academic Press.

Smith, T. W., Houston, B. K., & Zurawski, R. M. (1984). Irrational beliefs and the arousal of emotional distress. *Journal of Counseling Psychology, 31,* 190–201. doi:10.1037//0022-0167.31.2.190

Smock, S. A., Trepper, T. S., Wetchler, J. L., McCollum, E. E., Ray, R., & Pierce, K. (2008). Solution-focused group therapy for level 1 substance abusers. *Journal of Marital and Family Therapy, 34,* 107–120.

Smout, M. F., Hayes, L., Atkins, P. B., Klausen, J., & Duguid, J. E. (2012). The empirically supported status of acceptance and commitment therapy: An update. *Clinical Psychologist, 16*(3), 97–109. doi:10.1111/j.1742-9552.2012.00051.x

Sollod, R. N., Wilson, J. P., & Monte, C. F. (2009). *Beneath the mask: An introduction to theories of personality* (8th ed.). Hoboken, NJ: Wiley.

Solomon, S., Greenberg, J., & Pyszczynski, T. (2004). The cultural animal: Twenty years of terror management theory and research. In J. Greenberg, S. L. Koole, & T. Pyszczynski (Eds.), *Handbook of experimental existential psychology* (pp. 13–34). New York, NY: Guilford Press.

Sommers-Flanagan, J. (2007). The development and evolution of person-centered expressive art therapy: A conversation with Natalie Rogers. *Journal of Counseling and Development, 85,* 120–125. Retrieved from http://www.counseling.org/publications/journals.aspx

Spangenberg, J. J. (2003). The cross-cultural relevance of person-centered counseling in postapartheid South Africa. *Journal of Counseling and Development, 81,* 48–54.

Sperry, L., & Carlson, J. (2012). The global significance of individual psychology: An introduction and overview. *Journal of Individual Psychology, 68*(3), 205–209.

Spiegler, M. D. (2013a). Behavior therapy I: Traditional behavior therapy. In J. Frew & M. D. Spiegler (Eds.), *Contemporary psychotherapies for a diverse world* (1st rev. ed., pp. 259–300). New York, NY: Routledge/Taylor & Francis Group.

Spiegler, M.D. (2013b). Behavior therapy II: Cognitive-behavioral therapy. In J. Frew & M. D. Spiegler (Eds.), *Contemporary psychotherapies for a diverse world* (1st rev. ed., pp. 301–337). New York, NY: Routledge/Taylor & Francis Group.

Spiegler, M. D. (2016). *Contemporary behavior therapy* (6th ed). Boston, MA: Cengage Learning.

Spiegler, M. D., & Guevremont, D. C. (2003). *Contemporary behavior therapy* (4th ed.). Pacific Grove, CA: Brooks/Cole.

Spielmans, G. I., Benish, S. G., Marin, C., Bowman, W. M., Menster, M., & Wheeler, A. J. (2013). Specificity of psychological treatments for bulimia nervosa and binge eating disorder? A meta-analysis of direct comparisons. *Clinical Psychology Review, 33*(3), 460–469. doi:10.1016/j.cpr.2013.01.008

Spinelli, E. (1997). *Tales of un-knowing.* Washington Square, NY: New York University Press.

Spinelli, E. (2001). Psychosis: New existential, systemic, and cognitive-behavioral developments. *Journal of Contemporary Psychotherapy, 31,* 61–67. doi:10.1023/A:1010283032539

Spinelli, E. (2002). The therapeutic relationship as viewed by existential psychotherapy: Re-embracing the world. *Journal of Contemporary Psychotherapy, 32,* 111–118. doi:10.1023/A:1015547632139

Spinelli, E. (2007). *Practicing existential psychotherapy: The relational world.* Thousand Oaks, CA: Sage.

Staemmler, F. M. (2004). Dialogue and interpretation in gestalt therapy. *International Gestalt Journal, 27,* 33–57.

Stanton, M. D. (1981). Strategic approaches to family therapy. In A. S. Gurman & D. P. Kniskern (Eds.), *Handbook of family therapy* (pp. 361–402). New York, NY: Brunner/Mazel.

Steele, C. M., & Aronson, J. (1995). Stereotype threat and the intellectual test performance of African Americans. *Journal of Personality and Social Psychology, 69,* 797–811. doi:10.1037//0022-3514.69.5.797

Steger, M. F., Kawabata, Y., Shimai S., and Otake, K. (2008). The meaningful life in Japan and the United States: Levels and correlates of meaning in life. *Journal of Research in Personality, 42*(3), 660–678. doi:10.1016/j.jrp.2007.09.003

Stein, H. T. (2000). *Adlerian overview of birth order characteristics.* Retrieved from http://ourworld.compuserve.com/homepages/hstein/borthord.htm

Stein, H. T., & Edwards, M. E. (1998). Classical Adlerian theory and practice. In P. Marcus & A. Rosenberg (Eds.), *Psychoanalytic versions of the human condition: Philosophies of life and their impact on practice.* New York, NY: New York University Press.

Stewart, A. E. (2012). Issues in birth order research methodology: Perspectives from individual psychology. *Journal of Individual Psychology, 68*(1), 75–106.

Stiles, W. B., Barkham, M., Mellor-Clark, J., & Connell, J. (2008). Effectiveness of cognitive-behavioural, person-centred, and psychodynamic therapies in UK primary-care routine practice: Replication in a larger sample. *Psychological Medicine, 38,* 677–688. doi:10.1017/S0033291707001511

Stiles, W. B., Barkham, M., Twigg, E., Mellor-Clark, J., & Cooper, M. (2006). Effectiveness of cognitive-behavioural, person-centred and psychodynamic therapies as practised in UK National Health Service settings. *Psychological Medicine, 36,* 555–566. doi:10.1017/S0033291706007136

Stitt, A. L. (2014). The cat and the cloud: ACT for LGBT locus of control, responsibility and acceptance. *Journal of LGBT Issues in Counseling, 8*(3), 282–297. doi:10.1080/15538605.2014.933469

Stoltz, K. B., Wolff, L. A., & McClelland, S. S. (2011). Exploring lifestyle as a predictor of career adaptability using a predominantly African American rural sample. *Journal of Individual Psychology, 67*(2), 147–161.

Strange, D., Hayne, H., & Garry, M. (2008). A photo, a suggestion, a false memory. *Applied Cognitive Psychology, 22,* 587–603. doi:10.1002/acp.1390

Strano, D. A., & Petrocelli, J. V. (2005). A preliminary examination of the role of inferiority feelings in the academic achievement of college students. *Journal of Individual Psychology, 61*(1), 80–89.

Strasser, F., & Strasser, A. (1997). *Existential time-limited therapy.* New York, NY: Wiley.

Stricker, J., & Gold, J. (2005). Assimilative psychodynamic psychotherapy. In J. C. Norcross & M. R. Goldfried (Eds.), *Handbook of psychotherapy integration* (pp. 221–240). New York, NY: Oxford University Press.

Stricker, J., & Gold, J. (2011). Integrative approaches to psychotherapy. In S. B. Messer & A. S. Gurman (Eds.), *Essential psychotherapies* (3rd ed. pp. 426–459). New York, NY: Guilford Press.

Strosahl, K. D., Hayes, S. C., Wilson, K. G., & Gifford, E. V. (2010). An ACT primer: Core therapy processes, intervention strategies, and therapist competencies. In S. C. Hayes & K. D. Strosahl (Eds.), *A practical guide to acceptance and commitment therapy* (pp. 31–58). New York, NY: Springer.

Strozier, C. B. (2006). "Heinz Kohut." *Psychology of the self online.* Retrieved from http://www.psychologyoftheself.com/kohut/strozier1.htm

Strumpfel, U. (2004). Research on Gestalt therapy. *International Gestalt Journal, 27,* 9–59.

Strumpfel, U., & Goldman, R. (2001). Contacting gestalt therapy. In D. J. Cain & J. Seeman (Eds.), *Humanistic psychotherapies: Handbook of research and practice* (pp. 189–219). Washington, DC: American Psychological Association.

Sue, D. W., Ivey, A. E., & Pedersen, P. B. (1996). *A theory of multicultural counseling and therapy.* Pacific Grove, CA: Brooks/Cole.

Sue, D. W., & Sue, D. (2013). *Counseling the culturally diverse: Theory and practice* (6th ed.). Hoboken, NJ: Wiley.

Suinn, R. M. (1969). The STABS, a measure of test anxiety for behavior therapy: Normative data. *Behavior Research and Therapy, 7,* 335–339. doi:10.1016/0005-7967(69)90018-7

Svaldi, J., & Tuschen-Caffier, B. (2014). Anorexia nervosa and bulimia nervosa. In S. G. Hofmann & D. J. A. Rief (Eds.), *The Wiley handbook of cognitive behavioral therapy: Vol. I* (pp. 567–591). Malden, MA: Wiley.

Swales, M., & Heard, H. (2009). *Dialectical behaviour therapy: Distinctive features.* New York, NY: Routledge/Taylor & Francis Group.

Swales, M., Heard, H. L., & Williams, M. G. (2000). Linehan's dialectical behaviour therapy (DBT) for borderline personality disorder: Overview and adaptation. *Journal of Mental Health, 9,* 7–23.

Sweeney, T. J. (2009). *Adlerian counseling and psychotherapy.* New York, NY: Routledge.

Sweet, A. A. (1984). The therapeutic relationship in behavior therapy. *Clinical Psychology Review, 4*, 253–272. doi:10.1016/0272-7358(84)90003-5

Sweitzer, E. M. (2005). The relationship between social interest and self-concept in conduct disordered adolescents. *Journal of Individual Psychology, 61*, 55–79.

Szapocznik, J., Hervis, O., & Schwartz, S. (2010). *Brief strategic family therapy for adolescent drug abuse.* Retrieved from National Institute on Drug Abuse website: http://archives.drugabuse.gov/txmanuals/bsft/BSFTIndex.html

Szapocznik, J., Perez-Vidal, A., Brickman, A. L., Foote, F. H., Santisteban, D., Hervis, O., & Kurtines, W. M. (1988). Engaging adolescent drug abusers and their families in treatment: A strategic structural systems approach. *Journal of Consulting and Clinical Psychology, 56*, 552–557. doi:10.1037//0022-006X.56.4.552

Szapocznik, J., Schwartz, S. J., Muir, J. A., & Brown, C. (2012). Brief strategic family therapy: An intervention to reduce adolescent risk behavior. *Couple and Family Psychology: Research and Practice, 1*(2), 134–145. doi:10.1037/a0029002

Szapocznik, J., & William, R. A. (2000). Brief strategic family therapy: Twenty-five years of interplay among theory, research and practice in adolescent behavior problems and drug abuse. *Clinical Child and Family Psychology Review, 3*(2), 117–134. doi:10.1023/A:1009512719808

Szapocznik, J., Zarate, M., Duff, J., & Muir, J. (2013). Brief strategic family therapy: Engaging drug using/problem behavior adolescents and their families in treatment. *Social Work in Public Health, 28*(3/4), 206–223. doi:10.1080/19371918.2013.774666

Szentagotai, A., David, D., Lupu, V., & Cosman, D. (2008). Rational emotive behavior therapy versus cognitive therapy versus pharmacotherapy in the treatment of major depressive disorder: Mechanisms of change analysis. *Psychotherapy, 45*, 523–538. doi:10.1037/a0014332

Szentagotai, A., & Kallay, E. (2006). The faster you move the longer you live—A test of rational emotive behavior therapy? *Journal of Cognitive and Behavioral Psychotherapies, 6*, 69–80.

Szymanski, D. M., Baird, M. K., & Kornman, C. L. (2002). The feminist male therapist: Attitudes and practices for the 21st century. *Psychology of Men and Masculinity, 3*, 22–27.

Tate, K. A., Williams, C., & Harden, D. (2013). Finding purpose in pain: Using logotherapy as a method for addressing survivor guilt in first-generation college students. *Journal of College Counseling, 16*(1), 79–91. doi:10.1002/j.2161-1882.2013.00028.x

Taub, R. R. (1995). An Adlerian approach to the treatment of a contemporary Little Hans. *Journal of Individual Psychology, 51*, 332–344.

Tham, E. (2001). The meaning of choice theory for the women of Albania. *International Journal of Reality Therapy, 21*, 4–6.

Thoma, N. C., & Cecero, J. J. (2009). Is integrative use of techniques in psychotherapy the exception or the rule? Results of a national survey of doctoral-level practitioners. *Psychotherapy, 46*, 405–417. doi:10.1037/a0017900

Thombs, B. D., Jewett, L. R., & Bassel, M. (2011). Is there room for criticism of studies of psychodynamic psychotherapy? *American Psychologist, 66*(2), 148–149. doi:10.1037/a0021248

Thompson, C. L., & Rudolph, L. B. (2000). *Counseling children* (5th ed.). Belmont, CA: Brooks/Cole.

Thompson, J. K., & Williams, D. E. (1985). Behavior therapy in the 80s: Evolution, exploitation, and the existential issue. *The Behavior Therapist, 8*, 47–50.

Thompson, M. G. (1997). The fidelity to experience in R. D. Laing's treatment philosophy. *Contemporary Psychoanalysis, 33*, 595–614.

Thompson, M. G. (2000). The heart of the matter: R. D. Laing's enigmatic relationship with psychoanalysis. *The Psychoanalytic Review, 87*, 483–509.

Titelman, P. (2008). The concept of the triangle in Bowen theory: An overview. In P. Titelman (Ed.), *Triangles: Bowen family systems theory perspectives* (pp. 3–62). New York, NY: Routledge.

Titelman, P. (2014). The concept of differentiation of self in Bowen theory. In P. Titelman (Ed.), *Differentiation of self: Bowen family systems theory perspectives* (pp. 3–64). New York, NY: Routledge.

Todres, L. (2012). Experiential-existential therapy: Embodying freedom and vulnerability. In L. Barnett & G. Madison (Eds.), *Existential therapy: Legacy, vibrancy and dialog* (pp. 67–80). East Sussex, UK: Routledge.

Togashi, K., & Kottler, A. (2012). The many faces of twinship: From the psychology of the self to the psychology of being human. *International Journal of Psychoanalytic Self Psychology, 7*(3), 331–351. doi:10.1080/15551024.2012.686158

Toman, W. (1961). *Family constellation.* New York, NY: Springer.

Town, J. M., & Driessen, E. (2013). Emerging evidence for intensive short-term dynamic psychotherapy with personality disorders and somatic disorders. *Psychiatric Annals, 43*(11), 502–507. doi:10.3928/00485713-20131105-05

Trail, S. M., McCreary, M. J., Gray, J., Burt, J., Saibil, J., & Leung, W. (2008). Lesbian, gay, bisexual, and transgender issues in the student forum. *Journal of Individual Psychology, 64*, 224–245. Retrieved from http://www.utexas.edu/utpress/journals/jip.html

Truax, C., & Carkhuff, R. (1965). Experimental manipulation of therapeutic conditions. *Journal of Counseling Psychology, 29*, 119–124. doi:10.1037/h0021927

Truscott, D. (2010). *Becoming an effective therapist: Adopting a theory of psychotherapy that's right for you and your client.* Washington, DC: American Psychological Association.

Tryon, W. W. (2005). Possible mechanisms for why desensitization and exposure therapy work. *Clinical Psychology Review, 25*(1), 67–95. doi:10.1016/j.cpr.2004.08.005

Tryon, W. W., & Tryon, G. S. (2011). No ownership of common factors. *American Psychologist, 66*(2), 151–152. doi:10.1037/a0021056

Tuason, M. T., & Friedlander, M. L. (2000). Do parents' differentiation levels predict those of their adult children? And other tests of Bowen theory in a Philippine sample. *Journal of Counseling Psychology, 47*, 27–35. doi:10.1037//0022-0167.47.1.27

Tudor, K., & Worrall, M. (2006). *Person-centered therapy: A clinical philosophy*. London, UK: Routledge.

Ullmann, L. P., & Krasner, L. (1965). *Case studies in behavior modification*. New York, NY: Holt, Rinehart & Winston.

Usher, C. H. (1989). Recognizing cultural bias in counseling theory and practice: The case of Rogers. *Journal of Multicultural Counseling and Development, 17*, 62–71.

Valentine, S. E., Bankoff, S. M., Poulin, R. M., Reidler, E. B. & Pantalone, D. W. (2015). The use of dialectical behavior therapy skills training as stand-alone treatment: A systematic review of the treatment outcome literature. *Journal of Clinical Psychology, 71*, 1–20. doi:10.1002/jclp.22114

UKATT Research Team. (2007). UK alcohol treatment trial: Client-treatment matching effects. *Addiction, 103*(2), 228–238. doi:10.1111/j.1360-0443.2007.02060.x

van Blarikom, J. (2008). A person-centered approach to borderline personality disorder. *Person-Centered and Experiential Psychotherapies, 30*, 20–36. doi:10.1080/14779757.2008.9688450

van der Veen, F. (1967). Basic elements in the process of psychotherapy: A research study. *Journal of Consulting Psychology, 31*, 295–303. doi:10.1037/h0024668

van der Veen, F. (1998). *Core principles of the person-centered approach*. Retrieved from http://www.centerfortheperson.org/page28.html

van Deurzen, E. (2006). Existential counseling and therapy. In C. Feltham & I. E. Horton (Eds.), *The SAGE handbook of counseling and psychotherapy* (2nd ed., pp. 281–285). London, UK: Sage.

van Deurzen, E. (2010). *Everyday mysteries: A handbook of existential psychotherapy* (2nd ed.). London, UK: Routledge.

van Deurzen, E. (2012). *Existential counselling and psychotherapy in practice* (3rd ed.). London, UK: Sage.

van Deurzen, E., & Adams, M. (2011). *Skills in existential counselling and psychotherapy*. London, UK: Sage.

van Oppen, P., van Balkom, A. J. L. M., de Haan, E, & Van Dyck, R. (2005). Cognitive therapy and exposure in vivo alone and in combination with Fluvoxamine in obsessive-compulsive disorder: A 5-year follow-up. *Journal of Clinical Psychiatry, 66*, 1415–1422. doi:10.4088/JCP.v66n1111

Verdeli, H., & Weissman, M. M. (2014). Interpersonal psychotherapy. In D. Wedding & R. J. Corsini (Eds.), *Current psychotherapies* (10th ed., pp. 339–372). Belmont, CA: Brooks/Cole.

Vilardaga, J. C. P., Villatte, M., & Hayes, S. C. (2015). Understanding and taking advantage of experiential work in acceptance and commitment therapy. In N. C. Thoma & D. McKay (Eds.), *Working with emotion in cognitive-behavioral therapy: Techniques for clinical practice* (pp. 32–58). New York, NY: Guilford Press.

von Sydow, K., Beher, S., Schweitzer, J., & Retzlaff, R. (2010). The efficacy of systemic therapy with adult patients: A meta-content analysis of 38 randomized controlled trials. *Family Process, 49*, 457–485. doi:10.1111/j.1545-5300.2010.01334.x

Vontress, C. E. (2013). Existential therapy. In J. Frew & M. D. Spiegler (Eds.), *Contemporary psychotherapies for a diverse world* (pp. 131–164). New York, NY: Routledge.

Vromans, L., & Schweitzer, R. (2011). Narrative therapy for adults with major depressive disorder: Improved symptom and interpersonal outcomes. *Psychotherapy Research, 21*, 4–5. doi:10.1080/10503301003591792

Wachter, C. A., Clemens, E. V., & Lewis T. F. (2008). Exploring school counselor burnout and school counselor involvement of parents and administrators through an Adlerian theoretical framework. *Journal of Individual Psychology, 64*(4), 432–449.

Wagner-Moore, L. (2004). Gestalt therapy: Past, present, theory, and research. *Psychotherapy, 41*, 180–189. doi:10.1037/0033-3204.41.2.180

Walen, S. R., DiGiuseppe, R., & Dryden, W. (1992). *A practitioner's guide to rational-emotive therapy* (2nd ed.). New York, NY: Oxford University Press.

Walker, N. (1957). *A short history of psychotherapy in theory and practice*. New York, NY: Noonday Press.

Wallace, M. D., & Najdowski, A. C. (2009). Differential reinforcement of other behavior and differential reinforcement of alternative behavior. In W. O'Donohue & J. E. Fisher (Eds.), *General principles and empirically supported techniques of cognitive behavior therapy* (pp. 245–255). Hoboken, NJ: Wiley.

Wallerstein, R. S. (2002). The growth and transformation of American ego psychology. *Journal of the American Psychoanalytic Association, 50*(1), 135–169.

Walsh, M. R. (Ed.). (1997). *Women, men, and gender: Ongoing debates*. New Haven, CT: Yale University Press.

Walsh, R. A., & McElwain, B. (2001). Existential psychotherapies. In D. J. Cain & J. Seeman (Eds.), *Humanistic psychotherapies: Handbook of research and practice* (pp. 253–278). Washington, DC: American Psychological Association.

Walton, D. E. (1978). An exploratory study: Personality factors and the theoretical orientations of therapists. *Psychotherapy, 14*, 390–395. doi:10.1037/h0086033

Waltz, T., & Hayes, S. (2010). Acceptance and commitment therapy. In N. Kazantis, M. A. Reinecke, & A. Freeman (Eds.), *Cognitive and behavioral theories in clinical practice* (pp. 148–192). New York, NY: Guilford Press.

Wampold, B. E. (2001). *The great psychotherapy debate*. Mahwah, NJ: Erlbaum.

Wampold, B. E., & Imel, Z. E. (2015). *The great psychotherapy debate: The evidence for what makes psychotherapy work* (2nd ed.). New York, NY: Routledge.

Wampold, B. E., Lichtenberg, J. W., & Waehler, C. A. (2002). Principles of empirically supported intervention in counseling psychology. *The Counseling Psychologist, 30*, 197–217. doi:10.1177/0011000002302001

Wampold, B. E., Minami, T., Baskin, T. W., & Tierney, S. C. (2002). A meta-(re)analysis of the effects of cognitive therapy versus "other therapies" for depression. *Journal of Affective Disorders, 68*, 159–165. doi:10.1016/S0165-0327(00)00287-1

Wampold, B. E., Mondin, G. W., Moody, M., Stich, F., Benson, K., & Ahn, H. (1997). A meta-analysis of outcome studies comparing bona fide psychotherapies: Empirically, "all must have prizes." *Psychological Bulletin, 122*(3), 203–215. doi:10.1037/0033-2909.122.3.203

Waterhouse, R. L. (1993). 'Wild women don't have the blues': A feminist critique of 'person-centred' counseling and therapy. *Feminism and Psychology, 3,* 55–71. doi:10.1177/0959353593031004

Watkins, C. E., Jr. (1982). A decade of research in support of Adlerian psychological theory. *Journal of Individual Psychology, 38,* 90–99.

Watkins, C. E., Jr. (1992a). Adlerian-oriented early memory research: What does it tell us? *Journal of Personality Assessment, 59,* 248–263.

Watkins, C. E., Jr. (1992b). Birth order research and Adler's theory: A critical review. *Journal of Individual Psychology, 48,* 357–366.

Watkins, C. E., Jr. (1994). Measuring social interest. *Journal of Individual Psychology, 50,* 69–96.

Watkins, C. E., Jr. (2012). Race/ethnicity in short-term and long-term psychodynamic psychotherapy treatment research: How "White" are the data? *Psychoanalytic Psychology, 29*(3), 292–307. doi:10.1037/a0027449

Watkins, C. E., Jr. (2013). Do cultural and sociodemographic variables matter in the study of psychoanalysis? A follow-up comment and simple suggestion. *Psychoanalytic Psychology, 30*(3), 488–496. doi:10.1037/a0033616

Watkins, C. E., Jr., & Guarnaccia, C. A. (1999). The scientific study of Adlerian theory. In R. E. Watts & J. Carlson (Eds.), *Interventions and strategies in counseling and psychotherapy.* Philadelphia, PA: Accelerated Development.

Watkins, C. E., Jr., Lopez, F. G., Campbell, V. L., & Himmell, C. D. (1986). Contemporary counseling psychology: Results of a national survey. *Journal of Counseling Psychology, 33,* 301–309. doi:10.1037//0022-0167.33.3.301

Watson, J. B. (1913). Psychology as the behaviourist views it. *Psychological Review, 20,* 158–177.

Watson, J. B., & Morgan, J. J. (1917). Emotional reactions and psychological experimentation. *American Journal of Psychology, 28,* 163–174. doi:10.2307/1413718

Watson, J. B., & Rayner, R. (2000). Conditioned emotional reactions. *American Psychologist, 55,* 313–317. (Reprinted from *Journal of Experimental Psychology,* 1920, *3,* 1–14) doi:10.1037//0003-066X.55.3.313

Watson, J. C., Goldman, R. N., & Greenberg, L. S. (2011). Humanistic and existential theories of psychotherapy. In J. C. Norcross, G. R. Vandenbos, & D. K. Freedman (Eds.), *History of psychotherapy: Continuity and change* (2nd ed., pp. 141–172). Washington, DC: American Psychological Association. doi:10.1037/12353-005

Watson, J. C., Gordon, L. B., Stermac, L., Steckley, P., & Kalogerakos, F. (2003). Comparing the effectiveness of process-experiential with cognitive behavioral psychotherapy in the treatment of depression. *Journal of Consulting and Clinical Psychology, 71,* 773–781. doi:10.1037/0022-006X.71.4.773

Watts, B. V., Schnurr, P. P., Mayo, L., Young-Xu, Y., Weeks, W. B., & Friedman, M. J. (2013). Meta-analysis of the efficacy of treatments for posttraumatic stress disorder. *Journal of Clinical Psychiatry, 74*(6), e551–e557. doi:10.4088/JCP.12r08225

Watts, R. E., Peluso, P. R., & Lewis, T. F. (2005). Expanding the acting as if technique: An Adlerian/constructive integration. *Journal of Individual Psychology, 61,* 380–387.

Watzlawick, P., Beavin, A. B., & Jackson, D. D. (1967). *Pragmatics of human communication.* New York, NY: Norton.

Watzlawick, P., Weakland, J. H., & Fisch, R. (1974). *Change: Principles of problem formation and resolution.* New York, NY: Norton.

Weaver, A., Greeno, C. G., Marcus, S. C., Fusco, R. A., Zimmerman, T., & Anderson, C. (2013). Effects of structural family therapy on child and maternal mental health symptomatology. *Research on Social Work Practice, 23*(3), 294–303. doi:10.1177/1049731512470492

Weaver, L. (2008). Facilitating change in men who are violent towards women: Considering the ethics and efficacy of a person-centered approach. *Person-Centered and Experiential Psychotherapies, 7,* 173–184. Retrieved from http://www.pce-world.org/ doi:10.1080/14779757.2008.9688463

Weber, B., Jermann, F., Gex-Fabry, M., Nallet, A., Bondolfi, G., & Aubry, J. M. (2010). Mindfulness-based cognitive therapy for bipolar disorder: A feasibility trial. *European Psychiatry, 25,* 334–337. doi:10.1016/j.eurpsy.2010.03.007

Weber, M., Davis, K., & McPhie, L. (2006). Narrative therapy, eating disorders, and groups: Enhancing outcomes in rural NSW. *Australian Social Work, 59,* 391–405. doi:10.1080/03124070600985970

Weinrach, S. (1990). Rogers and Gloria: The controversial film and the enduring relationship. *Psychotherapy, 27,* 282–290. doi:10.1037/0033-3204.27.2.282

Weinrach, S. (1991). Rogers' encounter with Gloria: What did Rogers know and when? *Psychotherapy, 28,* 504–506. doi:10.1037/0033-3204.28.3.504

Weinrach, S. (1996). Reducing REBT's "wince factor": An insider's perspective. *Journal of Rational-Emotive and Cognitive-Behavior Therapy, 14,* 63–78. doi:10.1007/BF02238094

Weishaar, M. E. (1993). *Aaron T. Beck.* London, UK: Sage.

Weissman, A. N., & Beck, A. T. (1978). *Development and validation of the Dysfunctional Attitude Scale: A preliminary investigation.* Paper presented at the annual meeting of the American Educational Research Association, Toronto, Canada.

Weissman, M. M., & Markowitz, J. C. (1994). Interpersonal psychotherapy: Current status. *Archives of General Psychiatry, 51,* 599–606.

Weissman, M. M., & Markowitz, J. C. (1998). An overview of interpersonal psychotherapy. In J. C. Markowitz (Ed.), *Interpersonal psychotherapy* (pp. 1–27). Arlington, VA: American Psychiatric Association Publishing.

Welfel, E. R. (2016). *Ethics in counseling and psychotherapy: Standards, research, and emerging issues.* Belmont, CA: Brooks/Cole.

Wenzel, A. (2012). *Strategic decision making in cognitive behavioral therapy.* Washington, DC: American Psychological Association.

Wenzel, A., Brown, G. K., & Beck, A. T. (2009). *Cognitive therapy for suicidal patients: Scientific and clinical applications.*

Washington, DC: American Psychological Association. doi:10.1037/11862-013

Wenzel, A., Sharp, I. R., Brown, G. K., Greenberg, R. L., & Beck, A. T. (2006). Dysfunctional beliefs in panic disorder: The Panic Belief Inventory. *Behaviour Research and Therapy*, 44, 819–833. doi:10.1016/j.brat.2005.06.001

Werde, D. V., & Prouty, G. (2013). Clients with contact-impaired functioning: Pre-therapy. In M. Cooper, M. O'Hara, P. F. Schmid, & A. C. Bohart (Eds.), *The handbook of person-centered psychotherapy and counseling* (2nd ed., pp 327–342). New York, NY: Palgrave Macmillan.

Wessler, R. L. (1996). Idiosyncratic definitions and unsupported hypotheses: Rational emotive behavior therapy as pseudoscience. *Journal of Rational-Emotive and Cognitive-Behavior Therapy*, 14, 41–61. doi:10.1007/BF02238093

West, J. D., & Bubenzer, D. L. (2002). Narrative family therapy. In J. Carlson & D. Kjos (Eds.), *Theories and strategies of family therapy* (pp. 353–381). Boston, MA: Allyn & Bacon.

Westen, D. (1998). The scientific legacy of Sigmund Freud: Toward a psychodynamically informed science. *Psychological Bulletin*, 124, 333–371.

Wester, S. R., & Lyubelsky, J. (2005). Supporting the thin blue line: Gender-sensitive therapy with male police officers. *Professional Psychology: Research and Practice*, 36, 51–58.

Westrup, D. (2014). *Advanced acceptance & commitment therapy: The experienced practitioner's guide to optimizing delivery*. Oakland, CA: New Harbinger.

Wettersten, K. B., Lichtenberg, J. W., & Mallinckrodt, B. (2005). Associations between working alliance and outcome in solution-focused brief therapy and brief interpersonal therapy. *Psychotherapy Research*, 15, 35–43. doi:10.1080/10503300512331327029

Wheeler, G. (1991). *Gestalt reconsidered*. New York, NY: Gardner Press/Gestalt Institute of Cleveland Press.

Wheeler, G., & Axelsson, L. (2015). *Gestalt therapy*. Washington, DC: American Psychological Association.

Wheeler, M. S., Kern, R. K., & Curlette, W. L. (1991). Lifestyle can be measured. *Journal of Individual Psychology*, 47, 229–240.

Wheeler, M. S., Kern, R., & Curlette, W. (1993). BASIS–A Inventory. Highlands, NC: TRT.

White, M. (1993). Deconstruction and therapy. In S. Gilligan & R. Price (Eds.), *Therapeutic conversations* (pp. 22–80). New York, NY: Norton.

White, M. (2000). *Reflections on narrative practice: Essays and interviews*. Adelaide, South Australia: Dulwich Centre Publications.

White, M. (2004). Folk psychology and narrative practices. In L. E. Angus & J. McLeod (Eds.), *The handbook of narrative and psychotherapy: Practice, theory, and research* (pp. 15–51). Thousand Oaks, CA: Sage.

White, M. (2007). *Maps of narrative practice*. New York, NY: Norton.

White, M. (2009). Narrative practice and conflict dissolution in couples therapy. *Clinical Social Work Journal*, 37, 200–213. doi:10.1007/s10615-009-0192-6

White, M. (2011). *Narrative practice: Continuing the conversations*. D. Denborough (Ed.). New York, NY: Norton

White, M. (2012). Scaffolding a therapeutic conversation. In T. Malinen, S. J. Cooper, and F. N. Thomas (Eds.), *Masters of narrative and collaborative therapies: The voices of Andersen, Anderson, and White* (pp. 121–169). New York, NY: Routledge.

White, M., & Denborough, D. (Eds.). (2011). *Narrative practice: Continuing the conversations*. New York, NY: Norton.

White, M., & Epston, D. (1990). *Narrative means to therapeutic ends*. New York, NY: Norton.

Widiger, T. A., & Settle, S. A. (1987). Broverman et al. revisited: An artifactual sex bias. *Journal of Personality and Social Psychology*, 53, 463–469. doi:10.1037//0022-3514.53.3.463

Williams, W. S. (2015). Women and girls of Black/African descent. In C. Z. Enns, J. K. Rice, & R. L. Nutt (Eds.), *Psychological practice with women: Guidelines, diversity, empowerment* (pp. 3–29). Washington, DC: American Psychological Association. doi:10.1037/14460-003

Wilson, G. T. (1987). Chemical aversion conditioning as a treatment for alcoholism. *Behavior Research and Therapy*, 25, 503–516. doi:10.1016/0005-7967(87)90058-1

Wilson, G. T. (2011). Behavior therapy. In R. J. Corsini & D. Wedding (Eds.), *Current psychotherapies* (9th ed., pp. 235–275). Belmont, CA: Brooks/Cole.

Winbolt, B. (2011). *Solution focused therapy for the helping professions*. Philadelphia, PA: Jessica Kingsley Publishers.

Wolfe, J. (1986). RET and women's issues. In A. Ellis & R. M. Grieger (Eds.), *Handbook of rational-emotive therapy* (pp. 397–421). London, UK: Sage.

Wolfe, J. L. (2007). Rational emotive behavior therapy (REBT). In A. Rochlen (Ed.), *Applying counseling theories: An online, case-based approach* (pp. 177–191). Upper Saddle River, NJ: Prentice Hall.

Wolitzky, D. L. (2005). The theory and practice of traditional psychoanalytic treatment. In A. S. Gurman & S. B. Messer (Eds.), *Essential psychotherapies* (2nd ed., pp. 24–68). New York, NY: Guilford Press.

Wolitzky, D. L. (2011). Contemporary Freudian psychoanalytic psychotherapy. In S. B. Messer & A. S. Gurman (Eds.), *Essential psychotherapies* (3rd ed., pp. 33–71). New York, NY: Guilford Press.

Wolitzky, D. L., & Eagle, M. N. (1997). Psychoanalytic theories of psychotherapy. In P. L. Wachtel & S. B. Messer (Eds.), *Theories of psychotherapy: Origins and evolution* (pp. 39–96). Washington, DC: American Psychological Association.

Wolpe, J. (1960). Reciprocal inhibition as the main basis of psychotherapeutic effects. In H. J. Eysenck (Ed.), *Behaviour therapy and the neuroses* (pp. 88–113). New York, NY: Macmillan.

Wolpe, J. (1985). Existential problems and behavior therapy. *The Behavior Therapist*, 8, 126–127.

Wolpe, J. (1990). *The practice of behavior therapy* (4th ed.). New York, NY: Pergamon Press.

Wolpe, J. (1992). Toward better results in the treatment of depression: The analysis of individual dynamics. In J. K.

Zeig (Ed.), *The evolution of psychotherapy: The second conference* (pp. 129–138). New York, NY: Brunner/Mazel.

Wolpe, J. (1997). Thirty years of behavior therapy. *Behavior Therapy, 28,* 633–635. doi:10.1016/S0005-7894 (97)80023-8

Wong, E. C., Kim, B. S., Zane, N. W. S., Kim, I. J., & Huang, J. S. (2003). Examining culturally based variables associated with ethnicity: Influences on credibility perceptions of empirically supported interventions. *Cultural Diversity and Ethnic Minority Psychology, 9,* 88–96. doi:10.1037//1099-9809.9.1.88

Woods, M. D., & Martin, D. (1984). The work of Virginia Satir: Understanding her theory and technique. *American Journal of Family Therapy,12*(4),3–11.doi:10.1080/01926188408250192

Woolfolk, R. L., & Sass, L. A. (1989). Philosophical foundations of rational-emotive therapy. In M. E. Bernard & R. DiGiuseppe (Eds.), *Inside rational-emotive therapy: A critical appraisal of the theory and therapy of Albert Ellis* (pp. 9–26). San Diego, CA: Academic Press.

Worell, J., & Johnson, D. (2001). Therapy with women: Feminist frameworks. In R. K. Unger (Ed.), *Handbook of the psychology of women and gender* (pp. 317–329). New York, NY: Wiley.

Worell, J., & Johnson, N. G. (1997). *Shaping the future of feminist psychology: Education, research and practice.* Washington, DC: American Psychological Association. doi:10.1037/10245-011

Worell, J., & Remer, P. (2003). *Feminist perspectives in therapy* (2nd ed.). New York, NY: Wiley.

Wright, J. H., & Beck, A. T. (1996). Cognitive therapy. In R. E. Hales & S. C. Yudofsky (Eds.), *The American Psychiatric Press synopsis of psychiatry* (pp. 1011–1038). Washington, DC: American Psychiatric Press.

Wubbolding, R. E. (2000). *Reality therapy for the 21st century.* Philadelphia, PA: Brunner-Routledge.

Wubbolding, R. E. (2007). Reality therapy. In A. Rochlen (Ed.), *Applying counseling theories: An online, case-based approach* (pp. 193–207). Upper Saddle River, NJ: Prentice Hall.

Wubbolding, R. E. (2011a). *Reality therapy.* Washington, DC: American Psychological Association.

Wubbolding, R. E. (2011b). Reality therapy/choice theory. In D. Capuzzi & D. R. Gross (Eds.), *Counseling and psychotherapy: Theories and interventions* (pp. 263–285). Alexandria, VA: American Counseling Association.

Wubbolding, R. E. (2013). Reality therapy. In J. Frew & M. D. Spiegler (Eds.), *Contemporary psychotherapies for a diverse world* (pp. 339–372). New York, NY: Routledge.

Wubbolding, R. E. (2015). *Counseling with reality therapy.* London, England: Speechmark Publishing, Ltd.

Wubbolding, R. E., Al-Rashidi, B., Brickell, J., Kakitani, M., Kim, R. I., Lennon, B., . . . Tham, E. (1998). Multicultural awareness: Implications for reality therapy and choice theory. *International Journal of Reality Therapy, 17*(2), 4–6.

Wubbolding, R. E., & Brickell, J. (1998). Qualities of the reality therapist. *International Journal of Reality Therapy, 17*(2), 47–49.

Wubbolding, R. E., & Brickell, J. (2000). Misconceptions about reality therapy. *International Journal of Reality Therapy, 19*(2), 264–265.

Wubbolding, R. E., Brickell, J., Burdenski, T. J., & Robey, P. (2012). Implementing one caring habit: Listening with reality therapy procedures, part I. *International Journal of Choice Theory and Reality Therapy, 31*(2), 22–26.

Wubbolding, R. E., Brickell, J., Imhof, L., Rose, I. K., Lojk, L., & Al-Rashidi, B. (2004). Reality therapy: A global perspective. *International Journal for the Advancement of Counseling, 26,* 219–228. doi:10.1023/B:ADCO.0000035526.02422.0d

Wubbolding, R. E., & Robey, P. A. (2012). Introduction to choice theory and reality therapy. In P.A. Robey, R.E. Wubbolding, & J. Carlson (Eds.), *Contemporary issues in couples counseling* (pp. 3–19). New York, NY: Routledge.

Wyche, K. F., & Rice, J. K. (1997). Feminist therapy: From dialogue to tenets. In J. Worell & N. G. Johnson (Eds.), *Shaping the future of feminist psychology: Education, research and practice* (pp. 57–71). Washington, DC: American Psychological Association. doi:10.1037/10245-003

Yaakobi, E. (2015). Desire to work as a death anxiety buffer mechanism. *Experimental Psychology, 62*(2), 110–122. doi:10.1027/1618-3169/a000278

Yakushko, O. (2007). Do feminist women feel better about their lives? Examining patterns of feminist identity development and women's subjective well-being. *Sex Roles, 57,* 223–234. doi:10.1007/s11199-007-9249-6

Yalom, I. D. (1980). *Existential psychotherapy.* New York, NY: Basic Books.

Yalom, I. D. (2003). *The gift of therapy.* New York, NY: Harper Perennial.

Yalom, I. D. (2008). *Staring at the sun: Overcoming the terror of death.* San Francisco, CA: Jossey-Bass.

Yalom, I. D., & Josselson, R. (2014). Existential psychotherapy. In D. Wedding & R. J. Corsini (Eds.), *Current psychotherapies* (9th ed., pp. 265–298). Belmont, CA: Brooks/Cole.

Yang, J., Milliren, A., & Blagen, M. (2010). *The psychology of courage: An Adlerian handbook for healthy social living.* New York, NY: Routledge.

Yankura, J., & Dryden, W. (1994). *Albert Ellis.* London, UK: Sage.

Yarhouse, M. (2008). Narrative sexual identity therapy. *American Journal of Family Therapy, 36,* 196–210. doi:10.1080/01926180701236498

Yates, A. J. (1960). Symptoms and symptom substitution. In H. J. Eysenck (Ed.), *Behaviour therapy and the neuroses* (pp. 22–27). New York, NY: Macmillan.

Yoder, J. (2003). *Women and gender: Transforming psychology* (2nd ed.). Upper Saddle River, NJ: Prentice Hall.

Yontef, G. M. (1995). Gestalt therapy. In A. S. Gurman & S. B. Messer (Eds.), *Essential psychotherapies: Theory and practice* (pp. 261–303). New York, NY: Guilford Press.

Yontef, G. M. (2005). Gestalt theory of change. In A. L. Woldt & S. M. Toman (Eds.), *Gestalt therapy: History, theory and practice* (pp. 81–100). Thousand Oaks, CA: Sage.

Yontef, G. (2009). The relational attitude in gestalt therapy and practice. In L. Jacobs & R. Hycner (Eds.), *Relational approaches in gestalt therapy* (pp. 37–59). Santa Cruz, CA: Gestalt Press.

Yontef, G., & Fairfield, M. (2008). Gestalt therapy. In K. Jordan (Ed.), *The quick theory reference guide: A resource for expert and novice mental health professionals* (pp. 83–106). Hauppauge, NY: Nova Science.

Yontef, G. M., & Jacobs, L. (2000). Gestalt therapy. In R. J. Corsini & D. Wedding (Eds.), *Current psychotherapies* (6th ed., pp. 303–339). Itasca, IL: Peacock.

Yontef, G., & Jacobs, L. (2014). Gestalt therapy. In D. Wedding. & R. J. Corsini (Eds.), *Current psychotherapies* (10th ed., pp. 299–338). Belmont, CA: Brooks/Cole.

Young, J. E., Beck, A. T., & Weinberger, A. (1993). Depression. In D. H. Barlow (Ed.), *Clinical handbook of psychological disorders: A step-by-step treatment manual* (2nd ed., pp. 240–277). New York, NY: Guilford Press.

Young, K., & Cooper, S. (2008). Toward co-composing an evidence base: The Narrative Therapy Re-visiting Project. *Journal of Systemic Therapies, 27*, 67–83.

Yovel, I., Mor, N., & Shakarov, H. (2014). Examination of the core cognitive components of cognitive behavioral therapy and acceptance and commitment therapy: An analogue investigation. *Behavior Therapy, 45*(4), 482–494. doi:10.1016/j.beth.2014.02.007

Zalta, A. K., & Foa, E. B. (2012). Exposure therapy: Promoting emotional processing of pathological anxiety. In W. T. O'Donohue & J. E. Fisher (Eds.), *Cognitive behavior therapy: Core principles for practice* (pp. 75–104). Hoboken, NJ: Wiley.

Zanardi, C. (Ed.). (1990). *Essential papers on the psychology of women*. New York, NY: New York University Press.

Zanarini, M. C., Gunderson, J. G., Frankenburg F. R., & Chauncey, D. L. (1989). The Revised Diagnostic Interview for Borderlines: Discriminating BPD from other Axis II disorders. *Journal of Personality Disorders, 3*, 10–18. doi:10.1521/pedi.1989.3.1.10

Zarski, J., Sweeney, T. J., & Barcikowski, R. S. (1977). Counseling effectiveness as a function of counselor social interest. *Journal of Counseling Psychology, 24*, 1–5. doi:10.1037//0022-0167.24.1.1

Zeig, J. K. (1992). Discussion. In J. K. Zeig (Ed.), *The evolution of psychotherapy: The second conference* (pp. 278–282). New York, NY: Brunner/Mazel.

Zell, E., Krizan, Z., & Teeter, S. R. (2015). Evaluating gender similarities and differences using metasynthesis. *American Psychologist, 70*(1), 10–20. doi:10.1037/a0038208

Zhang, W., Yan, T., Du, Y., & Liu, X. (2014). Brief report: Effects of solution-focused brief therapy group-work on promoting post-traumatic growth of mothers who have a child with ASD. *Journal of Autism and Developmental Disorders, 44*(8), 2052–2056. doi:10.1007/s10803-014-2051-8

Zhong, J. (2011). Working with Chinese patients: Are there conflicts between Chinese culture and psychoanalysis? *International Journal of Applied Psychoanalytic Studies, 8*(3), 218–226. doi:10.1002/aps.304

Ziegler, D. J. (1999). The construct of personality in rational emotive behavior therapy (REBT) theory. *Journal of Rational-Emotive and Cognitive-Behavior Therapy, 17*, 19–32. doi:10.1023/A:1023069030063

Ziegler, D. J. (2000). Basic assumptions concerning human nature underlying rational emotive behavior therapy (REBT) personality theory. *Journal of Rational-Emotive and Cognitive-Behavior Therapy, 18*, 67–85. doi:10.1023/A:1007858502932

Zimmerman, G., Favrod, J., Trieu, V. H., & Pomini, V. (2004). The effect of cognitive-behavioral treatment on the positive symptoms of schizophrenia spectrum disorders: A meta-analysis. *Schizophrenia Research, 77*, 1–9.

Zimmerman, J. L., & Beaudoin, M. (2002). Cats under the stars: A narrative story. *Child and Adolescent Mental Health, 7*, 31–40. doi:10.1111/1475-3588.00007

Zimmerman, J. L., & Dickerson, V. C. (2001). Narrative therapy. In R. J. Corsini (Ed.), *Handbook of innovative therapy* (pp. 415–426). New York, NY: Wiley.

Zimring, F. M., & Raskin, N. J. (1992). Carl Rogers and client/person-centered therapy. In D. K. Freedheim (Ed.), *History of psychotherapy: A century of change* (pp. 629–656). Washington, DC: American Psychological Association. doi:10.1037/10110-018

Zinbarg, R. E., & Griffith, J. W. (2008). Behavior therapy. In J. L. Lebow (Ed.), *Twenty-first century psychotherapies: Contemporary approaches to theory and practice* (pp. 8–42). Hoboken, NJ: Wiley.

Zoellner, L. A., Abramowitz, J. S., Moore, S. A., & Slagle, D. M. (2009). Flooding. In W. O'Donohue & J. E. Fisher (Eds.), *General principles and empirically supported techniques of cognitive behavior therapy* (pp. 300–308). Hoboken, NJ: Wiley.

Zu, S., Xiang, Y., Liu, J., Zhang, L., Wang, G., Ma, X., . . . & Li, Z. (2014). A comparison of cognitive-behavioral therapy, antidepressants, their combination and standard treatment for Chinese patients with moderate–severe major depressive disorders. *Journal of Affective Disorders, 152–154*, 262–267. doi:10.1016/j.jad.2013.09.022

Zurawski, R. M., & Smith, T. W. (1987). Assessing irrational beliefs and emotional distress: Evidence and implications of limited discriminant validity. *Journal of Counseling Psychology, 34*, 224–227. doi:10.1037//0022-0167.34.2.224

Zuroff, D. C., Mongrain, M., & Santor, D. A. (2004). Conceptualizing and measuring personality vulnerability to depression: Comment on Coyne and Whiffen (1995). *Psychological Bulletin, 130*, 489–511. doi:10.1037/0033-2909.130.3.489

찾아보기

ㅇ

기타

Nancy L. Murdock

미주리대학교(캔자스시티 캠퍼스) 상담심리학 교수이다. 고급 상담이론 및 연구방법론에 대한 강의를 하고 있으며, 부부 및 가족치료 실습 프로그램의 관리·감독을 맡고 있다. 그리고 미국 심리학회(APA)의 29분과인 SAP(Society for the Advancement of Psychotherapy)의 2019년 회장을 맡고 있다.

역자 소개

이은경

이화여자대학교 심리학과에서 상담심리학으로 박사학위를 받았다. 이화여자대학교 학생상담센터 연구원, 한국청소년상담복지개발원 상담교수를 역임했으며, 현재는 명지대학교 청소년지도학과 교수로 재직 중이다. 한국상담심리학회 회장(2016년), 한국심리학회 부회장(2016~2018)을 역임하였다. 저서로는 집단상담의 기초, 학교폭력 예방의 이론과 실제, 역서로는 좋은 상담자되기, 아동 및 청소년상담이 있다.

이은진

이화여자대학교 심리학과에서 상담심리학으로 박사학위를 받았다. 국민대학교 교육대학원 초빙교수, 고려대학교 대학교육개발원 연구교수, 이화여자대학교 학생상담센터 특임교수를 역임했으며, 현재는 명지대학교 객원교수로 재직 중이다. 역서로는 상담 및 실무자를 위한 정신역동상담이론, 감정공포치료, 아동·청소년 성격장애 치료가 있다.

주영아

계명대학교 대학원에서 교육학 박사학위(상담교육전공)를 받았다. 한국청소년상담복지개발원 상담교수, 이화여자대학교 학생상담센터 특임교수를 역임했으며, 현재는 한국상담대학원대학교 교수로 재직 중이다. 저서로는 청소년심리와 상담, 지역사회상담, 역서로는 괴롭힘으로부터 내 아이 지키기, 아동청소년상담에서의 영적 개입, 우울증 101이 있다.

이문희

이화여자대학교 심리학과에서 상담심리학으로 박사학위를 받았다. 한국청소년상담복지개발원, 이화여자대학교, 경기대학교에서 상담원으로 일한 경험이 있다. 현재는 용문상담심리대학원대학교에서 상담심리학과 교수로 재직 중이다. 역서로는 건강한 상담자만이 남을 도울 수 있다, 심리치료의 거장, 감정공포치료, 아동·청소년 성격장애 치료가 있다.

박찬정

이화여자대학교 심리학과에서 상담심리학으로 석사학위를 받았으며, 현재 미국 미주리대학교(컬럼비아 캠퍼스) 박사과정에 재학 중이다. 역서로는 심리치료의 세 가지 접근이 있다.